독도총람

독도총람

초판 1쇄 발행 2015년 4월 30일

편저자 | 김명기
펴낸이 | 윤관백
펴낸곳 | 도서출판 선인

등록 | 제5-77호(1998.11.4)
주소 | 서울시 마포구 마포대로 4다길 4(마포동 324-1) 곶마루 B/D 1층
전화 | 02)718-6252 / 6257 팩스 | 02)718-6253
E-mail | sunin72@chol.com
Homepage | www.suninbook.com

정가 85,000원
ISBN 978-89-5933-783-5 94360
978-89-5933-602-9 (세트)

영남대학교 독도연구소
독도연구총서 11

독도총람

김 명 기 편저

도서출판 선인

책머리에

대한민국 국민은 "헌법"상 국토방위의 의무가 있다(제39조 제1항). 따라서 모든 국민은 우리의 국토인 독도 방위의 의무가 있다. 이 의무를 다하기 위해서는 독도가 우리의 영토라는 확고한 영토의식을 가져야 하며, 이 영토의식은 독도문제의 이해를 기초로 한 것이어야 하며, 독도문제의 이해는 객관적인 자료에 근거한 것이어야 함은 논의의 여지가 없다.

독도문제에 관한 각 분야별 자료는 수없이 많다. 저자는 이들 중 대한민국의 보통사람이 독도문제를 이해하는 데 꼭 필요한 범위와 수준의 자료를 어떻게 결정해야 할 것인가에 고민했다. 다행히 동북아역사재단이 간행한 『독도바로알기』, 『독도를 만나다』, 『영원한 땅 독도』 등이 제시한 지침이 적절한 것이라고 수용하여 이에 따라 자료의 범위와 수준을 정하고, 이를 보완하는 의미에서 더러 자료를 추가하기로 했다.

이 자료들을 한국의 독도영유권 변천과정을 중심으로 열거하기로 했다.

이 자료집이 모든 국민에게 널리 애용되어 모든 국민의 영토의식 함양과 애국심 고양에 일조할 수 있고, 역사를 바로 잡아 인류평화에 기여할 수 있기를 기대해본다.

저자의 독도연구에 도움을 준 영남대학교 독도연구소, 대한국제법학회, 동북아역사재단, 독도조사연구학회 그리고 국립중앙도서관의 여러 선생님에게 깊이 감사드리며, 시장성이 없는 이 자료집의 출판을 오직 국민의 영토의

식의 함양을 위한 애국심으로 받아준 도서출판 선인 윤관백 사장님에게 경의를 표한다. 그리고 난삽한 자료집의 편집과 제작에 심혈을 다해주신 편집부의 여러 선생님들과 저자의 집필을 도와준 아내의 노고에도 충심으로 감사드리는 바이다.

2015년 4월
저자 씀

목 차

I. 독도의 명칭과 개황

1. 독도의 명칭

"심흥택 보고서"
本郡所屬 獨島가 左於本郡 外洋百里어이옵드니 本月初4日 辰時量에 輪船1隻이 策泊 于島內道洞 浦而 日本官人 一行이 到于官舍ᄒᆞ야 自云 獨島가 今爲日本領地 故로 視察자 來島였다 이온바

위의 1906년 3월 29일 울릉군수 "심흥택 보고서"에 의해 한국정부는 최초로 독도라는 명칭을 사용하였다. 이하 한국의 명칭과 일본의 명칭으로 구분하여 기술하기로 한다.

가. 한국의 명칭

(1) 공식명칭과 표기

(가) 공식명칭

한국정부의 독도의 공식 명칭은 "독도"이다.

1. 1951년 7월 19일의 양유찬(梁裕贊) 주미한국대사가 미 국무성에 보낸 공한에 "독도(Dokdo)"라는 명칭을 쓰고 있다.
2. 1952년 2월 12일 일본측에 보낸 한국측 최초 구술서에 "독도(Dokdo)"라는 명칭을 쓰고 있다.

(나) 공식표기

1. 한글표기: 한국정부의 독도의 공식한글표기는 "독도"이다.
1954년 9월 26일의 "한국정부 견해(2)"에는 "독도"로 표기되어 있다.
2005년 7월의 바른역사정립기획단이 발간한 「독도-16세기 이래 대한민국의 영토」에는 "독도"로 표기되어 있다.
2005년 5월 18일 "독도의 지속 가능한 이용에 관한 법률"은 "독도"로 규정하고 있다.

2. 한자표기: 한국정부의 독도의 공식한자표기는 "獨島"이다.
1954년 9월 26일의 "한국정부 견해(2)"에는 "獨島"로 표기되어 있다.
1959년 1월 7일의 "한국정부 견해(3)"에는 "獨島"로 표기되어 있다.

3. 영자표기: 한국정부의 독도의 공식 영자표기는 "Dokdo"이다.
1951년 7월 19일의 양유찬 주미한국대사의 미 국무성에 보낸 공한에는 "Dokdo"로 표기되어 있다.
1952년 2월 12일 일본측에 보낸 한국측 최초구술서에는 "Dokdo"로 표기되어 있다.
2005년 7월의 바른역사정립기획단이 발간한 「독도-16세기 이래 대한민국의 영토」에 "Dokdo"로 표기되어 있다.
Dokdo Island, Dok Island, Dokdo Rocks, Dok-Do, Dok-To, Liancourt Rocks 등은 공식 표기가 아니다.

(2) 역사상 명칭

(가) 신라시대

1. 우산국(于山國)
『삼국사기』 권24 열전이사부조(列傳異斯夫條)에 기록되어 있다.
지증왕 13년(512년)에 우산국이 신라에 귀복해왔으며, 우산국은 무릉도(울릉도)와 독도로 구성되어 있었다.

2. 우능(于陵)

『삼국유사』 권1 지철로왕조(智哲老王條)에 기록되어 있다.

신라시대에 울릉도를 무릉(武陵)이라 했으므로 우릉(于陵)은 독도를 지칭하는 것이었다.

(나) 고려시대

1. 우산국(于山國)

『고려사』 권4 현종9년 11월 병인조(丙寅條)에 기록되어 있다.

『동국여지승람』 가원도 울진현조에 기록되어 있다.

우산국은 울릉도와 독도를 지칭하는 것인가에 관해 논의가 있다.

2. 우산도(于山島)

『고려사』 지리지 권58 울진현조에 기록되어 있다.

울릉도를 무릉(武陵)이라 했으므로 우산도는 독도를 지칭하는 것이다.

(다) 조선시대

1. 우산도(于山島)

『태종실록』 권34 태종 17년 8월 을축조(乙丑條)에 기록되어 있다.

우산무릉도(于山武陵島)라 기록되어 우산도는 독도를, 무릉도는 울릉도를 지칭하고 있다.

2. 자산도(子山島)

『숙종실록』 권3 숙종 22년 9월 무인조(武寅條)에 기록되어 있다.

子山은 于山의 오기라는 견해와 母島인 울릉도의 子島라는 견해가 있다.

3. 삼봉도(三峰島)

『성종실록』 권8 성종 원년 12월 갑인조(甲寅條)에 기록되어 있다.

독도가 멀리서 보면 세 개의 봉우리(동도, 서도, 촛대바위)로 보이는 데서 유래된 것으로 본다.

4. 가지도(可支島)

정조 18년 6월 무오조(戊午條)에 기록되어 있다.

가지(可支)는 물개를 지칭하며 독도에 물개가 서식한 데서 유래된 것이다.

5. 요도(蓼島)

『성종실록』 성종 4년 1월 경자조(庚子條)에 기록되어 있다.

기록에는 요도가 울릉도의 북쪽에 있는 것으로 되어 있다. 이는 함경도에서 울릉도로 항행해 올 때 해류에 따라 독도를 거쳐 오게 되는 데서 연유한 것으로 본다.

(라) 대한제국시대

1. 석도(石島)

1900년 10월 25일 "칙령 제41호"에 기록되어 있다.

동 칙령은 울릉도를 울릉군으로 승격시키고 울릉군수가 울릉도, 죽도, 석도를 관할한다고 규정하고 있다(제2조).

이는 현대국제법에 의한 실효적 지배로서 중요한 의미를 갖는다. 이는 1905년 2월 22일의 "도근현 고시 제40호"보다 앞선 것이다.

2. 독도(獨島)

1906년 3월 29일 울릉군수 심흥택(沈興擇)의 보고서에 기록되어 있다.

독도라는 명칭이 최초로 사용된 것은 동 보고서에서부터이다.

그 후 1947년 8월 16일 독도학술조사단이 독도에 "南面所屬獨島"(남면소속독도)라는 표주를 세웠다.

그 후 1951년 7월 19일 양유찬 주미한국대사가 미국무성에 보낸 공한에서 "Dokdo"라는 명칭을 사용하여 오늘에 이르고 있다.

나. 일본의 명칭

(1) 공식명칭과 표기

(가) 공식명칭

일본정부의 독도의 공식명칭은 "다케시마"(竹島)이다.

1. 1952년 1월 28일의 일본측 구술서는 "다케시마"라는 명칭을 쓰고 있다.
2. 1956년 9월 20일의 "일본정부 견해(3)"은 "다케시마"라는 명칭을 쓰고 있다.

(나) 공식표기

1. 한자표기: 일본정부의 "다케시마"의 공식한자 표기는 "竹島"이다.
 1956년 9월 20일의 "일본정부 견해(3)"에는 "竹島"로 표기되어 있다.
 1962년 7월 13일의 "일본정부 견해(4)"에는 "竹島"로 표기되어 있다.
2. 영문표기: 일본정부의 다케시마의 공식 영자표기는 "Takeshima"이다.
 1952년 1월 28일의 일본측 최초 구술서에 "Takeshima"로 표기되어 있다.
 1953년 9월 9일의 "일본정부 견해(1)"에 "Takeshima"로 표기되어 있다.

(2) 역사상 명칭

(가) 마쓰시마(松島)

1. 1667년 제등풍선(濟藤豊仙, 사이 또 호센)이 저술한 은주시청합기(隱州視聽合記)에 "松島"로 최초 기록되어 있다.

(나) 다케시마(竹島)

1. 1905년 2월 22일 "도근현 고시 제40호"에 기록되어 있다.
2. 동 고시 이후 다케시마(竹島)로 공식적으로 명명되었다.

(다) 리앙고 島

1. 1867~1906년 기간에 제작된 일본의 여러 지도에 표기되어 있다.
2. 이는 외국지도에 표기된 것을 따른 것으로 보여진다.

(라) 오리브차 · 미넬자이 島

1. 1867-1897년 기간에 제작된 일본의 여러 지도에 표기되어 있다.
2. 리앙고도로 표기된 것이 오리브차 · 미넬자이도로 표기된 것보다 많다.

(3) 독도고와 다케시마잡지

(가) 『독도고』(獨島考)

독도고(獨島考, 다케시마고(竹島考)는 돗토리번(鳥取番)의 번사(番士) 오카지마 마사요시(岡嶋正義)가 1828년에 저술하나 두 권으로 된 책의 이름이다.

(나) 『독도잡지』(獨島雜誌)

독도잡지(獨島雜誌, 竹島雜誌)는 일본 막부 말기의 북방(홋카이도) 탐험가인 마쓰우라 다케시로(松浦武四郎)가 1871년에 저술한 울릉도 기행문이다.

다. 제3국의 명칭

(1) 브솔암(Boussole RK)

(가) 1787년 프랑스 군한 브솔호가 울릉도와 독도를 발견하고 그 선명을 따라 독도를 브솔암(Bousole RK)이라 명명했다.

(나) 울릉도는 이를 발견한 사관학교교수 다줄레(Dagelet)의 이름을 따라 다줄레도(Dagelet IS)라 명명했다.

(2) 리앙끄르암(Liancourt RK)

(가) 1849년 프랑스 포경선 리앙끄르 호가 독도를 발견하고 그 선명을 따라 리앙끄르암이라 명명했다.

(나) 그 이후 외국의 지도에 흔히 사용되었다. 일본의 명칭인 리앙고도 이에서 유래된 것이다.

(다) 1946년 1월 29일의 "SCAPIN 제677호" 제3항은 독도를 "Liamcourt RK"으로 표기하고 있다.

(라) 1947년 3월 20일의 "대일평화조약 제1차 미국 초안"

(마) 1947년 8월 5일의 "대일평화조약 제2차 미국 초안"

(바) 1948년 1월 2일의 "대일평화조약 제3차 미국 초안"

(사) 1949년 10월 13일의 "대일평화조약 제4차 미국 초안"

(아) 1949년 11월 2일의 "대일평화조약 제5차 미국 초안"

등에 각각 독도를 "Liancourt RK"으로 표기하고 있다.

2. 독도의 개황

가. 독도의 달

경상북도 독도의 달 조례
(제정) 2005-07-04 조례 제 2879호

제1조(목적)
이 조례는 대한민국의 영토인 경상북도 울릉군 울릉읍 독도리 소재 독도에 대하여 일본국 시마네현 의회가 매년 2월 22일을 이른바 '다케시마의 날'로 정하는 조례를 제정한 것에 대하여 이에 대응하기 위함을 목적으로 한다.

제2조(적용범위)
경상북도 소속 공무원과 경상북도가 기본재산으로 1/2이상을 출자 · 출현한 법인 및 단체의 임직원은 이 조례의 적용을 받는다. 다만, 상법의 적용을 받는 영리법인 및 단체의 임직원은 제외할 수 있다.

제3조(독도의 달)
'독도의 달'은 매년 10월로 한다.

제4조(준수사항)
① 도지사는 제2조의 규정에 적용을 받는 자에 대하여 '독도의 달'에는 공무상 일본국 방문을 규제할 수 있다. 다만, 국가 및 국제적인 행사 참여의 경우에는 예외로 한다.
② 경상북도와 경상북도의회는 독도영토 침탈시도를 명문화한 시마네현 및 시마네현 의회가 이른바 '다케시마의 날 조례'를 폐기하지 않는 한 이들 기관과 교류할 수 없다.

제5조(행사 등)
① '독도의 달'에는 도민의 단결과 독도침탈시도 행위에 대응하기 위한 각종 행사 등을 개최하여야 한다.
② 도지사는 독도 관련 단체 등에 대하여 예산을 지원할 수 있다.
③ '독도의 달'운영 등에 관한 세부적인 사항은 도지사가 정한다.

제6조(시행규칙) 이 조례의 시행에 필요한 사항은 규칙으로 정한다.

부칙
이 조례는 공포한 날부터 시행한다.

이상은 독도의 달을 제정한 경상북도 조례이다. 이는 일본 다케시마현이 2003년 3월 16일에 매년 2월 22일을 다케시마의 날로 정한 것에 대응하는 것이다.

이하 독도에 관한 개황을 요약기술하기로 한다.

나. 독도의 생성과 구성

(1) 독도의 생성

(가) 해중 화산폭발로 생성

(나) 460만 년 전(울릉도: 250만 년 전 / 제주도: 120만 년 전)

(2) 독도의 구성

동도, 서도, 89개의 바위섬

다. 독도의 해저 지형

(1) 독도봉우리

(가) 수면 하 약 2,000m

(나) 하부지름 약 20~25km

(2) 독도 해산

(가) 독도와 울릉도 사이에 "안용복 해산"이 있고, 이를 "제1독도 해산"이라 한다.

(나) 독도 동남쪽 15km에 "심흥택 해산"이 있고, 이를 "제2독도 해산"이라 한다.

(다) 독도 동남쪽 50km에 "이사부 해산"이 있고, 이를 "제3독도 해산"이라 한다.

라. 독도의 위치, 면적, 높이 등

(1) 위치

(가) 동도: 북위 37°14′ 26.8″, 동경 131°52′ 10.4″

(나) 서도: 북위 37°14′ 30.6″, 동경 131°51′ 54.6″

(2) 면적

(가) 동도: 73.297㎡

(나) 서도: 88.638㎡

(다) 부속도서: 25.517㎡

(라) 총계: 187.452㎡(약 56,416평)

(3) 높이

(가) 동도 : 98.6m

(나) 서도 : 168.5m

(다) 울릉도 선인봉 : 983m

(4) 둘레

(가) 동도 : 2.8km

(나) 서도 : 2.6km

(5) 거리

(가) 독도 - 울릉도 : 87.4km

(나) 독도 - 죽변(경상북도, 울진) : 216.8km

(다) 독도 - 은기(오끼)도 : 157.5km

(라) 죽변 - 울릉도 : 130.3km

(6) 동도와 서도 간의 물길

(가) 너비 : 110- 160m

(나) 길이 : 330m

마. 동도와 서도에 위치한 것들

(1) 시설물 등

(가) 동도: 경찰경비대, 독도등대, 독도선착장, 천장굴, 독도 이사부길, 98.6고지

(나) 서도: 주민숙소, 물골, 독도 안용복길, 168.5 고지, 한국의 동단 = 동도의 동단 : 131°52'22"

(2) 바위

(가) 동도: 한반도 바위, 물오리 바위, 독립문 바위, 얼굴 바위, 탱크 바위, 동키 바위, 부채 바위, 숯돌 바위, 닭바위, 권총바위

(나) 서도: 삼형제 굴바위, 권총 바위, 미역 바위, 촛대 바위, 코끼리 바위, 보찰 바위, 넘덕 바위군, 함 바위, 상장군 바위, 지네 바위, 김 바위, 탄긴 봉

바. 독도의 기후와 동식물

(1) 기후: 해양성 기후, 연평균 12°C

(2) 동물: 괭이 갈매기 1만여 마리를 비롯한 조류 139종, 고충 93종

(3) 식물: 해국, 사철나무 등 60종

(4) 동식무 총 292종

(5) 독도에만 서식하는 특이 미생물: 2005년 발견된 "동해아나-독도넨시스 (Dongharana-Dokdonensis)"

사. 독도의 거주인원

(1) 최종덕

1965.3.부터 울릉도 주민으로, 도동어촌계 1종 공동어장 수산물 채취를 위해 독도에 거주하면서 어로활동을 했으며, 1968.5. 시설물을 건축했다.

1981.10.14 최초로 독도(당시 주민등록지: 경상북도 울릉군 울릉읍 도동리 산 67번지)에 주민등록을 했으며, 1987.9.23 사망할 때까지 독도에 거주했다.

(2) 조준기

최종덕의 사위로 장인의 뜻을 이어 부인과 같이 독도에 거주했다.

1991.2.9 최종덕의 뒤를 이어 독도(당시 주민등록지: 경상북도 울릉군 울릉읍 도동 산 63번지)에 주민등록을 했고, 1994.3.31 강원도 동해시로 전출했다.

(3) 김성도

1991.11.17 부인 김신열과 함께 독도에 주민등록을 했다. 매년 11월부터 5월까지 어로활동을 위해 거주해 왔으나, 1997.11. 이후 거주하지 않고 있다.

(4) 송재욱

최초로 독도에 호적을 옮겼으며 가족은 호주를 포함하여 5인이다. 최초의 호적 등재일은 1987.11.2.이고, 최초의 호적지는 최초 등재일 당시 독도리 산 30번지이다.

(5) 황백현

1999년 일본인의 독도 호적 등재 보도 이후 독도유인화운동 본부가 결성되었다.

위 운동본부 의장 황백현이 독도에 호적을 옮겼으며, 가족은 호주를 포함하여 6인이다. 호적 등재일은 1999.11.3이고 호적지는 독도리 산 30번지이다. 그 이후 100여 가구 400여 가족이 독도에 호적을 옮겼다.

(6) 독도경비대원과 독도등대요원

41명의 독도 경비대원이 매2개월 마다 41명씩 교대근무를 하고 있으며, 6명의 독도 등대요원이 3명씩 2교대 근무를 하고 있다.

아. 독도의 행정구역과 우편번호

(1) 행정구역: 경상북도 울릉군 울릉읍 독도리 1-96번지

(2) 우편번호: 799-805

자. 독도의 천연보호구역과 특정도서

(1) 천연보호구역

(가) 1982.11.4. : "문화재 보호법"에 의거하여 천연기념물(지정종별), 제336호(지정번호), 독도해조류번식지(지정명칭)으로 지정되었다.

(나) 1997.12.10 : "문화재 보호법"에 의거하여 "문화재청 고시 제1999-25호"로 지정 명칭만을 "독도천연보호구역"으로 변경했다. 따라서 독도는 현재 천연기념물(지정종별) 제336호(지정번호) 독도천연보호구역(지정명칭)이다.

(2) 특정도서

2000.9.5 환경부장관은 "독도 등 도서지역의 생태보전에 관한 특별법" 제4조에 의거, 독도를 "특정도서"로 지정했다.

차. 동해의 명칭과 동양해의 명칭

(1) 동해의 명칭

(가) 동해

『삼국사기』(고려본기 동명성왕조), 광개토왕 왕릉비 비문, 팔도총도, 아국총도 등에 기록되어 있다.

(나) 일본해

1929년 「바다와 해양의 경계」, 1937년 「바다와 해양의 경계」, 1953년 「바다와 해양의 경계」 등에 기록되어 있다.

(다) 동해/일본해(East Sea/Japan Sea)

1992 유엔지명 표준화회의에서 한국의 제의한 명칭으로 대다수의 국가가 발행한 세계지도에 사용되고 있다.

(2) 동양해의 명칭

동양해(Oriental Sea)는 16세기에서 18세기 후반까지 유럽에서 제작된 고지도상에 우리나라 동해를 통칭하던 해양의 명칭이다. 유럽인들에게 아시아 대륙의 동쪽에 있는 알려지지 않았던 상상의 바다를 의미했다.

'동양해' 명칭은 17세기 후반 당빌(N. Sanson d'Abbeville)이 그린 Asie 지도처럼 한국, 일본, 중국 연안해와 동해를 지칭하는 명칭으로 널리 사용되었다.

(3) 국제수로기구

국제수로기구(International Hydrographic Organization: IHO)는 1967년에 채택된 국제수로기관조약에 입각하여 1921년에 창립된 국제수로국(International Hydrographic Bureau, IHB)의 전신으로, 1970년부터 현재의 명칭으로 바뀌었다. 한국은 1957년에 가맹했으며, 현재 북한 · 일본을 포함하여 80개 국가와 지역이 가맹하고 있다. IHO의 업무 중 하나에 세계의 해역의 경계와 명칭을 기재한 『해양과 바다의 경계(Limits of Oceans and Seas)』의 편집 · 출판이 있다. 1928년에 초판, 1937년에 제2판, 1953년에 현행의 제3판이 출판되었고, 초판에서 제3판까지 동해(東海)의 명칭이 'Japan Sea'라고 기재되어 있었다. 1977년부터 제4판 출판을 위한 개정 작업이 진척되고 있는데, 한국 정부는 1997년의 제15회 IHO총회에서 동해 명칭을 병기할 것을 공식 요구하였다.

카. 근세 이전의 독도 연대기

(1) 512년 (신라 지증왕 13년): 이사부가 우산국을 복속, 역사적 권원의 취득

(2) 1018년 (고려 현종 9년): 여진족 침략으로 우산국이 황폐해지자 고려 조정에서 농기구 하사

(3) 1407년 (조선 태종 7년): 무릉도 거주민에게 육지로 나올 것을 하명, 쇄

환정책 수립

(4) 1454년 (조선 단종 2년): 『세종실록』 지리지에 우산과 무릉 두 섬은 날씨가 맑으면 바라다볼 수 있다고 기록

(5) 1531년 (조선 중종 26년): 『신증동국여지승람』에 우산과 무릉 두 섬에 대해 기록

(6) 1693년 (조선 숙종 19년): 경상도와 전라도 어부들이 울릉도에 갔다가 안용복과 박어둔이 일본인 어부들에게 피랍, 이를 계기로 조선과 일본 사이에 울릉도 분쟁 시작. 일본 관헌이 독도는 한국의 땅이라는 서계를 써줌.

(7) 1696년 (조선 숙종 22년): 안용복이 울릉도에서 일본인을 만나 울릉도와 함께 송도(자산도)는 조선 땅이라는 것을 밝히고 도주하는 일본인을 쫓아 일본으로 건너감

(8) 1697년 (조선 숙종 23년): 일본 막부는 울릉도가 조선 땅이라는 사실을 인정하고 일본인의 왕래를 금지함, 조선 정부는 정기적인 울릉도 순찰을 결정

타. 독도를 한국의 영토로 표기한 고문서

(1) 『삼국사기』 신라본기(512년)

지증왕 13년 여름 6월에 우산국이 항복하고 매년 토산물을 공물로 바쳤다. 우산국은 명주의 정동쪽 바다에 있는 섬으로 울릉도라고도 한다.

(2) 『고려사』 「지리지」(1451년)

우산과 무릉은 본래 다른 섬으로 서로의 거리가 멀지 않아 날씨가 맑으면 바라볼 수 있다고 하였다.

(3) 『세종실록』 「지리지」(1454년)

두 섬은 서로의 거리가 멀지 않아 날씨가 맑으면 바라볼 수 있다 신라 때에는 우산국이라 칭했다.

(4) 『신증동국여지승람』(1531년)

두 섬은 현의 정동쪽 바다에 있다. … 날씨가 맑으면 봉우리 위의 수목과 산 밑의 모래톱을 또렷이 볼 수 있으며...

(5) 『울릉도』(박세당)(1696년 이후)

우산도는 지세가 낮아 날씨가 매우 맑지 않거나 가장 높은 곳에 오르지 않으면 보이지 않는다.

(6) 『강계고』(신경준)(1756년)

여러 도지를 상고하면 두 섬이다. 하나는 왜가 말하는 송도라고 했으니 대체로 두 섬은 모두 우산국이다.

(7) 『동국문헌비고』(1770년)

『여지지』에 이르기를, '울릉과 우산은 모두 우산국 땅인데, 우산은 바로 왜인들이 말하는 송도이다'라고 하였다.

(8) 『만기요람』(1808년)

『여지지』에 이르기를, '울릉과 우산은 모두 우산국 땅인데, 우산은 바로 왜인들이 말하는 송도이다'라고 하였다.

(9) 『증보문헌비고』(1908년)

『여지지』에 이르기를, '울릉과 우산은 모두 우산국 땅인데, 우산은 바로 왜인들이 말하는 송도이다'라고 하였다.

파. 독도의용수비대, 독도경비대, 그리고 정부합동 독도영토관리 대책단

(1) 독도의용수비대와 독도경비대

(가) 독도의용수비대

1950년대 초까지 일본인이 독도에 무단 상륙하여 표지판을 세우는 등 침탈 행위가 이루어지자 이를 저지하고 독도를 방어하기 위해 특무상사로 명예전역한 홍순칠 대장을 비롯한 울릉도 주민들이 조직한 의용수비대를 말한다. 홍순칠이 작성한 수기에 따르면 상이군인 등으로 구성된 33명의 수비대원은 1953년 4월 20일에 독도에 상륙하여 1956년 12월 30일 독도 경비를 경찰에 넘기고 해산할 때까지 독도에 접근하는 일본 순시선 저지 등 독도 수호를 위해 활동하였다고 한다. 1996년, 국가보훈처는 33명의 독도의용수비대원에 대해 서훈을 결정했다.

(나) 독도경비대

독도를 경비하는 경북지방경찰청 울릉경비대 산하 경찰경비대를 말하며, 소대규모의 조직이다. 따라서 40여명의 경찰병력으로 구성되어 있다. 경비대는 독도의 동도(東島)정상부에 위치하고 있고, 초소 2개소, 레이더 기지, 헬리콥터 착륙장(400m²), 숙소 9개 동(내무반 250m²)의 시설을 갖추고 있다. 독도의 의용수비대와 독도를 정기 순시한 울릉경찰서 '독도순라반(獨島巡邏班)'이 독도경비대의 전신(前身)에 해당된다. 1993년 12월 20일 경찰통제의 레이더 기지가 설치되었다. 1996년 2월에는 경찰력이 증원·보강되었다. 1996년 6월 27일 울릉도 경비를 전담하는 제318전투경찰대와 독도경비대를 합쳐 경북지방경찰청 상설 중대로 울릉 경비대가 창설되면서, 울릉경비대가 울릉경찰서로부터 경비업무를 인수받아 활동을 전개하고 있다. 화력은 소대화력 외에 증강된 화력을 보유하고 있다.

(2) 정부합동 독도영토관리 대책단

2008년 8월 4일 '국무총리훈령 제517호'로 정부통합 독도관리대책단이 설치되어 정부 각 부처 간의 독도관련 업무에 관하여 협의하여 독도문제를 처리하고 있다.

하. 독도효과

섬 주위에 해수의 운동은 섬과 마찰하여 해수가 상하방향으로 혼합하는 결과를 발생한다. 이 결과를 "섬효과"(island effect)라 한다. 독도의 섬효과를 독도효과(Dokdo effect)라 한다.

갸. 독도폭파론, 독도공유론, 방공식별구역

(1) 독도폭파론

독도폭파론은 한일회담 간 독도문제로 회담의 진행이 자초되자 이를 타개하는 외교정책으로 상대방을 심리적으로 압박하기 위해 제의된 감상론이다. 1962년 9월 3일 제6차 한일회담 제2차 정치회담 예비절충 제4차 회의에서 이세키 유지로(伊關佑二郎) 일본 외무성 아시아국장이 한국 측에 외교적 압박을 가하고 한국 측의 반응을 탐색해 볼 의도에서

"사실상 독도는 무가치한 섬이다. 크기는 히비야 공원(日比谷公園)정도인데 폭파해서라도 없애버리면 문제도 없어질 것"이라고 주장한 바 있다. 10월 20일에는 오히라 외상과의 회담을 위해 방일한 김종필 중앙정보부장이 오노 반보쿠(大野伴睦) 자민당 부총재와 가진 회담에서 독도 문제가 거론되자 "독도를 폭파해버리는 것이 좋겠다."라고 언급했다고 일본의 신문들이 보도했다. 1997년 국내에서 '독도 폭파 제안설'이 문제가 되었을 때 김종필 당시 자민련 총재는 독도를 폭파하는 한이 있어도 일본에는 건네줄 수 없다는 의미로 한 발언이라고 해명하였다.

이와 같이 독도폭파론은 한국과 일본의 독도에 관한 외교정책이라고 할 수 없고 외교적 제스처에 불과한 것이다.

(2) 독도공유론

독도공유론은 독도영유권 문제가 한일회담의 진행에 걸림돌이 되므로 이를 타개하기 위한 대책으로 독도를 한국과 일본이 공유하자는 외교정책상의 제안이다.

1962년 12월 10일 오노가 인솔하는 자민당 의원들이 방한하여, 당시 김종필 중앙정부부장과 회담했을 때 오노가 한국측에 독도 공유안을 제의한 바 있다.

2002년 세리타 겐타로(芹田健太郎) 당시 고베대학 교수가 '다케시마(竹島) 자연보호구'를 설립하여 공동 관리할 것을 제안한 바 있다.

그리고 와카미야 오시부미(若宮啓文) 당시 아사히신문 주필은 2005년 3월 자신의 칼럼에서 공유론을 제의한 바 있다.

우리 한국측에서는 박유하(朴裕河) 세종대학 교수가 저서 「화해를 위하여」(2005)에서 한일 간의 역사 화해의 한 방안으로 독도 공유론을 제안한 바 있으나, 국가의 공식적인 제의는 한 바 없다. 국제법상 *condomium*은 관계국의 합의에 의해서만 이루어질 수 있는 것이나 한국이 독도공유론에 합의할 이유가 없으므로 독도공유론은 공론에 불과하다.

독도는 한국이 영유하고 그의 배타적 경제수역과 대륙붕은 일본이 영유하는 절충방안도 제기된 바 있다.

(3) 방공식별구역

<table>
<tr><td>방공식별구역의 의의</td><td colspan="2">가. 방공식별구역(Air Defense Identification Zone: ADIZ)은 영공을 보호하기 위해 영공의 외측에 설정하는 일정범위의 공역을 말한다.
나. 이는 영공의 수평외측에 설정되는 안전공역이다.</td></tr>
<tr><td rowspan="2">한일 방공식별구역의 설치</td><td>한국방공식별구역의 설치</td><td>가. 1951.3.22 국제연합군사령부는 "한국방공식별구역"(Korean Air Defense Identification Zone: KADIZ)을 설정했다.
나. 동 구역은 독도의 상공을 포함하고 있다.</td></tr>
<tr><td>일본방공식별구역의 설치</td><td>가. 1969년 일본도 방공식별구역을 설정했다. 동 구역은 "내부 일본방공식별구역"(Inner JADIZ)과 그 외부에 설치된 "외부일본방공식별구역"(Outer JADIZ)으로 구분된다.
나. "외부일본방공식별구역"은 독도의 상공을 포함하고 있지 않다.</td></tr>
<tr><td>국제연합에 의한 한국의 독도 영유권 승인</td><td colspan="2">가. 국제연합이 독도의 상공을 포함하는 "한국방공식별구역"을 설정했다.
나. 이는 국제연합이 독도의 한국영유권을 승인한 것이다.</td></tr>
</table>

※ 방공식별구역은 "영공"을 보호하기 위한 것이므로 영토와 관계있다. 왜냐하면 "영공"은 "영토와 영해"의 수직상방이기 때문이다.

II. 신라의 독도영유권의 역사적 권원의 취득

1. 『삼국사기』(1145년) 신라 지증왕 13년조

十三年 夏六月 于山國歸服 歲以土宜爲貢 于山國在溟州正東海島 或名鬱陵島 地方一百里 恃嶮不服 伊湌異斯夫 爲何瑟羅州軍主 謂于山人愚悍 難以威來 可以計服 乃多造木偶師子 分載戰船 抵其國海岸 誑告曰 汝若不服 則放此猛獸踏殺之 國人恐懼則降

13년 6월에 우산국이 항복하여 복귀하고 해마다 토산물을 바치게 되었다. 우산국은 명주의 정동쪽 바다 가운데 있는 섬으로 혹은 울릉도라고도 이름하는데, 그 땅의 크기는 100리로 사람들이 지세 험한 것만 믿고 굴복하지 않으므로 이찬 이사부를 아슬라주의 군주로 삼아 이를 복속시키게 하였다.
우산국 사람들이 미련하고 사나와 위력으로 복속시키기 어려우니 계교로써 하는 것이 가하다고 하면서 나무 사자를 만들어 전선에 싣고 해안에 도착하여, 거짓말로 이르되 너희가 항복하지 않으면 이 맹수들을 풀어 너희를 밟아 죽게 하겠다라고 하였다. 이에 우산국 사람들은 두려워하면서 곧 항복하였다.

2. 『삼국사기』(1145년) 열전 제4 이사부조

異斯夫[或云苔宗] 姓金氏 奈勿王四世孫 智度路王時 爲沿邊官 襲居道權謀 以馬戱誤加耶 或云加羅國取之 至十三年壬辰 爲阿瑟羅州軍主 謀并于山國 謂其國人愚悍難以威降 可以計服 乃多造木偶獅子 分載戰舡 抵其國海岸 詐告曰 汝若不服 則放此猛獸 踏殺之 其人恐懼則降

이사부(태종이라고도 함)의 성은 김씨요 내물왕의 4세손이다. 지도로왕때에 연변관이 되어 거도의 꾀를 본떠 말놀이로써 가야(가라라고도 함)국을 속여 빼앗았다. 13년에 사슬라주의 군주가 되어 우산국을 삼키려 하면서 그 나라 사람들이 미련하고 사나와 위력으로는 항복시키기 어려우니 계교로 항복시키는 것이 가하다고 말하며 이에 나무로 만든 사자의 형상을 많이 만들어 전선에 나누어 싣고 그 나라의 해안에 닿아 속여 고하되, 너희가 만약 항복하지 않는다면 이 맹수를 풀어놓아 너희를 밟아 죽이게 하리라하니 그 나라 사람들이 겁내서 항복하였다.

3. 『만기요람』(1809년) 군정편

輿地志云, 鬱陵于山皆于山國地于山則倭所謂松島也

여지지에 이르기를 울릉도와 우산도는 모두 우산국의 땅이며, 우산도는 왜인들이 말하는 소위 송도이다.

4. 『해동역사』(1823년)

文獻備考云 于山皆于山國地 于山島倭所謂松島也

문헌비고에 울릉 우산이 모두 우산국지인데 우산도는 왜가 말하는 소위 송도이다.

5. 『세종실록』(1454년) 지리지 강원도 울진현군

于山·武陵二島 在縣正東海中 二島相去不遠 風日淸明 則可望見 新羅時 稱于山國 一云鬱陵島 地方百里 恃險不服 智證王十二年 異斯夫爲何瑟羅州軍主 謂于山人愚悍 難以威來 可以計服 乃多以木造猛獸 分載戰船 抵其國詐之曰 汝若不服則卽放此獸 國人懼來降 高麗太祖十三年 其島人 使白吉土豆獻方物 毅宗十三年 審察使 金柔立 等回來 告島中有泰山 從山頂向東行 至海一萬餘步 向西行一萬三千餘步 向南行一萬 五千餘步 向北行八千餘步 有村落基址七所, 或有石佛像鐵鐘石塔 多生柴胡藁本石南 草 我太祖時 聞流民 外入其島者甚多 再命三陟人金麟雨 爲按撫使 刷出空其也 麟雨言 土地沃饒 竹大如柱 鼠大如猫 桃核大於升 凡物稱是

우산과 무릉 두 섬이 현의 정동쪽 바다 가운데 있다. 두 섬이 서로 거리가 멀지 아니하여, 날씨가 맑으면 가히 바라볼 수 있다.
신라 때에 우산국, 또는 울릉도라 하였는데, 넓이가 1백리이며, 섬사람들이 지세가 험함을 믿고 항복하지 아니하므로, 지증왕 12년에 이사부가 하슬라주의 군주가 되어 이르기를 우산국 사람들은 미련하고 사나와 위력으로는 항복시키기 어려우니 계교로 항복시키는 것이 가하다고 말하였다. 이에 나무를 깎아 맹수를 많이 만들어 전선에 나누어 싣고 그 나라에 닿아 속여 고하되 너희가 만약 항복하지 않는다면 이 짐승들을 풀어놓겠다하니 그 나라 사람들이 겁내어 항복하여 왔다.
고려 태조 13년에 그 섬사람들이 백길과 토두를 시켜 특산물을 바쳤다. 의종 13년에 심찰사 김유립 등이 돌아와서 고하기를 섬 중에 큰 산이 있는데 산 정상으로부터 동쪽으로 바다에 이르기를 1만여보이며, 서쪽으로는 1만3천7보이고, 간혹 돌부처, 쇠종, 돌탑이 있으며, 시호· 고본· 석남초가 많이 자라고 있다고 하였다. 우리 태조 때, 떠돌이 백성들 중 그 섬으로 도망쳐 들어가는 자가 심히 많다함을 듣고, 다시 삼척 사람 김인우에게 명하여 안무사를 삼아서 사람들을 내몰고, 그 땅을 비우게 하였는데 김인우가 말하기를 땅이 비옥하고 대나무의 크기가 기둥 같으며, 쥐의 크기는 고양이 같고, 복숭아씨가 됫박보다 크며 모든 물건이 이와 같다고 하였다.

〈해설〉

1. 『삼국사기』의 기록

가. 『삼국사기』

(1) 『삼국사기』는 고려 인종 13년(1145년)에 학자이며 정치가인 김부식이 저술한 삼국의 역사 기록이다.

(2) 『삼국사기』는 고려 인종의 명에 따라 편찬된 것이다.

나. 우산국의 귀복기록

(1) 『삼국사기』에 신라 지증왕 13년(512년)에 우산국이 신라에 귀복해 왔다는 기록이 있다.

(2) 이는 2개의 조(條)에 기록되어 있다.

(가) 신라본기(新羅本紀) 지증마립간(智證麻立干)조에 다음과 같이 기록되어 있다.

1. 지증마립간 13년 6월에 우산국이 귀복해 오고 해마다 토산물을 바쳤다.
2. 우산국은 명주의 정동에 있는 바다 가운데의 섬으로 혹은 울릉도라고도 이름 하는데 그 지방은 100리로 사람들이 험한 것만 믿고 굴복하지 않았다.
3. 그래서 이찬(伊湌) 이사부를 아슬라주의 군주로 삼아 귀복하게 했다.

(※) "마립간"은 왕을 뜻하며, "명주"는 지금의 강릉이며, "이찬"은 관직명이다. "아슬라주"는 지금의 강릉과 명주일대이다.

(나) 열전이사부조(列傳異斯夫條)에 다음과 같이 기록되어 있다.

1. 이사부는 신라사람으로 성은 김이고 17대왕인 내물왕의 4세이다.
2. 이사부가 신라의 이웃나라 가야를 속임수로 뺏는데 이어 우산국을 속임수로 귀복하게 했다.
3. 목우사자(木偶獅子)를 많이 만들어 전선에 나누어 싣고 그 나라 해안에 도착하며 "만일 너희들이 항복하지 아니하면 이 맹수들을 풀어 놓아 너희들을 밟아 죽이게 할 것이다" 하고 말하여 그들이 무

서워 항복했다.

"목우사자"는 나무로 만든 가짜 사자이다.

2. 우산국의 영역

가. 신라에 귀복한 우산국의 영역

(1) 『삼국사기』에는 우산국으로만 기록되어 있고 우산국은 울릉도라고도 한다는 기록이 있을 뿐(신라본기 지증마립간조) 독도가 우산국의 영역에 포함되는지에 관해 아무런 언급이 없다.

(2) 따라서 일본측은 우산국의 영역에 울릉도만 포함되고 독도는 이에 포함되지 아니한다고 주장한다.

나. 독도는 우산국의 영역의 일부

(1) 우산국의 영역은 울릉도와 독도로 구성되어 있었다.

(2) 그 근거는 다음과 같다.

(가) 『세종실록』 지리지

1. 『세종실록』은 조선 단종 2년(1454년)에 정인지 등이 편찬한 세종대왕 때의 실록이다. 권 153이 지리지이다.
2. 동 지리지 울진현조에 "우산도(독도)와 무릉도(울릉도)라는 두 섬이 날씨가 청명하면 서로 가히 바라 볼 수 있다... 신라시대는 우산국이라 칭했다"라고 기록되어 있다.

(나) 『만기요람』

1. 『만기요람』은 조선 순조 8년(1808년)에 서영보(徐榮輔)와 심상규(沈象奎) 등이 편찬한 것으로 재용(財用)편과 군정(軍政)편으로 구성되어 있다.
2. 동 요람 군정편에 "울릉도와 우산도는 모두 우산국의 땅이며, 우산도는 왜인들이 말하는 송도이다"라고 기록되어 있다.

3. 우산국의 귀복과 역사적 권원

가. 역사적 권원

(1) 512년에 우산국의 귀복으로 독도가 신라의 영토로 되었다.

(2) 이에 따라 독도는 한국(통일신라)의 고유영토로 되었으며, 독도에 대한 한국의 권원은 역사적 권원, 즉 본원적 권원이다. 지증왕 13년에는 신라의 취득영토이고 고유영토가 아니다. 그 이후는 고유영토이다.

나. 역사적 권원의 대체

(1) 역사적 권원은 현대 국제법에 의한 권원으로 대체되어야 오늘의 국제법상 권원으로 인정된다. 대체 이후 역사적 권원은 법적으로 실효되게 된다.

(2) 1900년 10월 25일의 "대한제국 칙령 제41호"에 의한 석도(독도)의 관할에 의해 역사적 권원은 현대 국제법상 권원으로 대체되었다.

III. 고려의 역사적 권원의 승계 · 확인 및 행사

1. 역사적 권원의 승계 · 확인

가. 『고려사』 태조 13년(930년) 8월 병오조

芋陵島遣白吉土豆 貢方物 拜白吉爲正爲 土豆爲正朝 우릉도가 백길과 토두를 보내어 지방의 특산물을 바치고, 백길은 정위, 토두는 정조의 직을 받았다.

나. 『고려사』 현종 9년(1018년) 11월 병인조

以于山國 被東北女眞所寇 廢農業 遣李元龜 賜農器 우산국이 동북여진족의 침입을 받아 농업이 황폐하였으므로 이원구를 파견하여 농기구를 하사하였다.

〈해설〉

1. 태조의 중앙집권통치

가. 고려의 제1단계 통치: 930년~

나. 영유권 확인 통치

(1) 신라의 울릉도 · 독도의 통치권 승계를 확인하고 통치권의 기반을 정립하는 통치로 주민들로부터 조공을 받고 주민들에게 관직을 주는 방법으로 영유권 확인 통치를 중앙집권적 통치로 시행했다.

(2) 태조 13년(930년) 백길(白吉)과 토두(土豆)가 울릉도에서 사절로 와서 태조를 알현했다. 태조는 백길에게 정위의 관직을, 토두에게 정조의 관직을 각각 주었다.

2. 현종의 시혜통치

가. 고려의 제2단계 통치 : 1009년~1031년

나. 주민보호통치

(1) 울릉도 · 독도로부터 일방적으로 조공을 받는 통치로부터 여진족의 침략으로부터 주민을 보호 · 지원하는 시혜통치를 시행했다.

(2) 현종 9년(1018년) 11월 이원구(李元龜)를 파견하여 농구 등을 지원해 주었다.

(3) 현종 10년(1019년) 7월 여진족의 침략으로 피난해 온 울릉도 주민을 울릉도로 귀환하도록 명했다.

(4) 현종 13년(1022년) 울릉도로 귀환하지 아니한 피난민을 예주(지금의 원산)에 정착하게 하고 식량 등을 지원해 주었다.

2. 역사적 권원의 행사

가. 『고려사』 현종 10년(1019년) 7월 기묘조

于山國民戶 曾被女眞虜掠 來奔者 悉令歸之 우산국의 백성들이 일찍이 여진의 침략을 받고 (육지로) 도망해온 사람들을 모두 돌아가도록 명령하였다.

나. 『고려사』 덕종 원년(1032년) 11월 병자조

羽陵城主 遣子夫於仍多郎 來獻土物 우릉성주가 아들 부어잉다랑을 보내어 토산물을 헌납해오다.

3. 덕종의 방위통치

가. 고려의 제3단계 통치: 1031~1034년

나. 요새화통치

(1) 여진족의 침략을 교훈삼아 울릉도 · 독도를 요새화하는 방위통치를 시행했다.

(2) 울릉도를 우릉성(羽陵城)이라 개칭하고 성주(城主)를 조정에서 직접 지원하는 방법으로 성을 중앙정부의 직할로 하는 중앙집권적 통치권을 강화했다.

다. 『고려사』 인종 원년(1141년) 7월 기해조

> 溟州道監倉使 李陽實遣人 入島鬱陵島 取果核木葉異常者 以獻
>
> 명주도 감창사 이양실이 사람을 파견하여 울릉도에 들어가게 해서 과실 열매들과 나뭇잎들과 이상한 것들(특산물)을 취하여 조정에 바쳤다.

4. 인종의 지방분권통치

가. 고려의 제4단계 통치: 1122~1146년

나. 지방관제 편입 통치

(1) 울릉도 · 독도를 중앙집권적 통치로부터 지방분권적 자치통치로 편입하는 지방분권적 통치를 시행했다.

(2) 울릉도 · 독도를 명주도(溟州道, 지금의 강원도)에 편입시켰다.

(3) 인종 19년(1141년) 7월 명주도 감창사(監倉使) 이양실(李陽實)이 파견한 자가 울릉도 · 독도의 특산물을 조사했다. 이는 울릉도 · 독도가 중앙의 관할 하에 있는 것이 아니라 명주도의 관할 하에 있음을 의미한다.

IV. 조선의 역사적 권원의 행사

1. 쇄환정책의 수립

가. 『태종실록』 태종3년(1403년) 8월 병신조

命出江原道武陵島居民 于陸地 從監司之啓也

강원도의 무릉도 거주민들에게 육지에 나오도록 명령했는데 이것은 감사의 품계에 따른 것이다.

〈해설〉

1. 제1단계

가. 김인우의 의견

(1) 태종 16년(1416년) 9월 태종은 호조참판 박습(朴習)의 추천에 따라 울릉도·독도에 관한 김인우(金麟雨)의 의견을 묻기로 했다.

(2) 김인우는 울릉도는 바다 가운데 멀리 떨어져 있는 섬이므로 사람들이 서로 통하지 못하고 군역을 피하여 도망해 간 자가 많이 있으며, 울릉도에 주민이 많이 거주하게 되면 왜인의 노략질이 있게 되고, 이는 왜인이 강원도까지 침입할 것이라고 했다.

나. 김인우 무릉등처안무사의 파견

(1) 김인우의 의견을 물은 태종은 김인우를 무릉등처안무사(武陵等處安撫使)로 임명하여 울릉도에 파견하여 울릉도 주민과 두목을 설득하여 데려오도록 그에게 명했다.

(2) 태종 17년(1417년) 2월 5일 울릉도에서 귀환한 김인우는 울릉도에 15가구 86명이 거주하고 있으며, 그 중 3명만을 데리고 왔다고 보고했다.

2. 제2단계

가. 대신회의의 개최

(1) 김인우 안무사의 보고를 접한 태종은 우의정 한상경(韓尙敬)에게 대신회의를 소집하여 울릉도 주민의 쇄환문제를 논의하도록 지시했다.

(2) 태종 17년(1417년) 2월 9일 소집된 대신회의에서 울릉도 주민 쇄환문제가 논의되었다.

나. 황희(黃喜)의 의견 채택

(1) 대신회의에서 울릉도 주민에게 곡식과 농구를 지원해주어 이들이 편히 안주할 수 있도록 하여야 한다는 의견과 이들을 쇄환하여야 한다는 의견이 대립이 있었다.

(2) 태종은 이들을 쇄환해야 한다는 공조판서 황희의 의견을 따라 쇄환정책을 확정했다.

나. 『세종실록』 세종7년(1425년) 8월 갑수조

以前判長鬐縣事金麟雨 爲于山武陵等處按撫使 初江原道平海人 今乙之李萬金又乙金等 曾逃居武陵島 歲內甲 國家遣麟雨 盡行刷還 癸卯乙之等男婦共二十八名 復逃入本島 今年五月 乙之等七人 留其妻子於本島 乘小船 潛到平海郡仇彌浦發覺

전판장기현사 김인우를 우산무릉등처 안무사로 임명하였다. 처음에 강원도 평해인 김을지(金乙持), 이만(李曼), 김우을금 등이 무릉도에 도망하여 거주했었는데 병신년에 국가에서 김인우를 파견하여 모두 쇄환케 했었다.

〈해설〉

1. 태종의 쇄환정책 계승

가. 세종은 태종이 수립한 쇄환정책을 계승했다.

나. 태종에 의해 수립된 쇄환정책은 세종에 의해 실천되게 되었다.

2. 쇄환정책의 실천

가. 우산무릉등처안무사 파견

(1) 세종은 세종 7년(1425년) 태종이 임명파견했던 김인우를 우산무릉등처안무사로 임명 울릉도에 파견했다.

(2) 김인우는 태종이 임명 파견할 당시에는 "무릉등처안무사"였다. 이에 "우산"이 추가된 "우산무릉등처안무사"로 임명 파견되었다. 이는 세종이 우산(독도)을 무릉(울릉도)의 속도로 실효적 지배를 한 것이다.

나. 무릉도순심경차관

(1) 세종은 세종 20년(1438년) 남회와 조민을 무릉도순심경차관으로 임명 파견하여 66명을 수색하여 본토로 송환했다.

(2) 이들은 본국모배죄로 처벌되었다.

2. 안용복의 도일 활동 : 일본 관헌으로부터 독도영유권의 승인

가. 『숙종실록』 숙종20년(1694년) 2월 신묘조(其一)

> 癸酉春 蔚山漁採人四十餘口 泊船於鬱陵島 倭船適到 誘執朴於屯安龍福二人而去
>
> 계유(1963)년 봄 울산 어부 40여 명이 울릉도에 배를 대었는데, 왜선이 마침 도착하여 박어둔, 안용복 2인을 꾀어 붙잡아 갔다.

나. 『숙종실록』 숙종20년(1694년) 2월 신묘조(其二)

> 是夏 南九萬白上曰 .... 島中多大角 又有大木大竹如杠土且沃饒 倭若據而有之 旁近江陵三陟 必受其害 上用九萬言 令還前書
>
> 이해 여름에 남구만이 상소하여 가로되, ... 섬 가운데는 대어가 많고 또 대목, 대죽이 깃대같이 많으며 토산물도 풍부하다고 합니다. 만약 왜가 (울릉도를) 점거하여 이것들을 가지면 가까운 강릉 삼척이 반드시 그 해를 입을 것입니다. 왕이 남구만의 말을 채용하여 앞서의 서계를 돌려오도록 명령하였다.

다. 『숙종실록』 숙종22년(1696년) 9월 무인조

> 兩島旣屬爾國之後 或有更爲犯越者 島主如或橫侵 竝作國書 定譯官入送 則當爲重處 仍給糧 定差倭護送 渠以帶去有弊辭之云 雷憲等諸人供辭略同
>
> 두 섬이 이미 귀국에 속한 이상 만약 다시 넘어가는 자가 있거나 도주가 혹시 멋대로 침범하거나 하는 일이 있을 때 국서를 작성하고 역관을 정하여 들여보내면 마땅히 무겁게 처리할 것이요 라고 하며 양식을 주고 사신을 정하여 호송하여 주려 하였으나 그들을 대동하고 가는 것이 번거로울 것 같아 이를 사양하였다고 안용복은 간하였다. 뇌헌 등 모든 사람들의 말도 대략 같았다.

〈해설〉

1. 제1차 도일활동

가. 일본 어부들과 충돌 납치

(1) 숙종 19년(1693년) 3월 안용복 등 40여 명의 어부들이 울릉도에서 일본 백주(호오슈)에 사는 대곡심길(大谷甚吉, 오오야 진키치) 가문의 어부들과 충돌하게 되었다.

(2) 일본 어부들이 협상하자고 조선어부 대표들을 꾀어 안용복과 박어둔 2인을 은기도(오키시마 또는 옥기도)로 납치해 갔다.

나. 은기도주, 백기주태수와 담판

(1) 안용복은 은기도주에게 울릉도는 조선의 영토임을 강조하고 "조선사람이 조선 땅에 들어갔는데 왜 구속하느냐"고 항의했다.

(2) 이 항의에 은기도주는 안용복 등을 그의 상사인 백기주태수(伯耆州太守, 호오키슈 다이슈)에게 이송했다.

(3) 백기주태수의 심문에도 안용복은 울릉도가 조선의 영토임을 강조하고 조선의 영토인 울릉도에 일본인의 출입을 금해줄 것을 요청했다.

(4) 이에 백기주태수는 안용복을 강호(동경)의 관백(關白, 막부장권)에게 보냈다. 관백은 안용복을 심문한 후 백기주태수로 하여금 "울릉도는 일본의 영토가 아니다(鬱陵島非日本界)"라는 서계를 써주고 강호, 장기(나가사끼), 대마도(쓰시마)를 거쳐 송환했다.

다. 장기도주와 대마도주의 문책

(1) 안용복이 장기에 이르자 장기도주는 안용복을 구속하고 백기주태수가 써준 서계(書契)를 빼앗고 일본 영토 죽도(울릉도)를 침범한 죄로 동래부(지금 부산의 구)에 인계했다.

(2) 이 때 "일본의 영토인 죽도에 조선어부들의 침범을 금할 것"을 요구하는 서찰(書札)을 보내왔다.

라. 조선 정부의 반응

(1) 안용복은 그가 은기도, 백기주, 장기 등지에서의 체험과 활동을 정부에 보고했으나 정부는 그의 공을 인정하지 아니하고 그를 투옥했다.

(2) 그러나 정부는 안용복의 보고를 통해 백기주태수와 관백이 울릉도를 조선의 영토로 인정하나, 장기도주와 대마도주는 이를 인정하지 아니함을 알게 되었다.

2. 제2차 도일활동

가. 제2차 활동 시도

(1) 안용복은 숙종 22년(1696년) 3월에 백기주태수와 다시 담판하기 우해 순천 송광사의 승 뇌헌(雷憲) 등과 사공 유일부(劉日夫), 문사, 이인성(李仁成) 등 16인과 함께 울릉도로 갔다.

(2) 안용복 일행은 울릉도에서 정박 중인 일본어선과 어부를 조우하게 되어 울릉도는 조선의 경지인데 감히 월경했느냐고 고함치자 어부들은 "우리들은 본래 송도(독도)에 사는데 채어차 왔으나 그곳으로 돌아갈 것이다"라고 답했다.

(3) 안용복은 "송도, 즉 자산도인데 이 역시 우리나라 영토이다. 너희들이 겁 없이 여기에 산다고 하느냐"라고 호통쳤다.

(4) 안용복 등은 이들을 쫓아 송도(독도)로 갔다. 마침 어부들이 식사 준비중에 있었다. 이들은 안용복 일행에 쫓겨 모두 배를 타고 돌아갔다.

나. 은기도주, 백기주태수와 담판

(1) 안용복 일행은 일본 어부들을 쫓아 은기도로 갔다. 은기도주가 안용복

에게 찾아온 연유를 물어보자 안용복은 3년 전에 울릉도와 자산도가 조선의 영토라는 서계를 받아 갔는데 일본어선이 계속 침범하므로 이를 금지해줄 것을 요구하려 왔다고 항의했다.

(2) 은기도주는 이를 백기주태수에게 전하겠다고 했다. 그러나 소식이 없어 안용복 등은 "울릉자산양도감세장(鬱陵子山兩島監稅將)"이라는 기를 둘고 백기주 태수에게 가서 그와 대좌하였다. 백기주태수는 안용복에게 "양도가 이미 당신네 나라에 속한 이상 만일 다시 월경하는 자가 있으면 마땅히 무겁게 처벌할 것이다"라고 약속했다.

3. 쇄환정책의 폐지

가. 『승정원일기』 고종19년(1882년) 8월 20일조

> 爲先募民起墾 五年後定稅 則自至漸成聚落 且兩南漕船 許令來此取材而造之 人業亦當繁集 此爲及今可圖者也 .... 上曰 依爲之
>
> 우선 백성을 모집하여 개간하고 5년 후부터 세를 정해주면 스스로 점차 취락을 이루기에 이를 것입니다. 또한 호남과 영남의 조운선을 여기에 와서 재목을 취하고 배를 짓도록 허락하여 명령하면 많은 사람들이 역시 당연히 빈번하게 모일 것입니다. 이것이 지금에 이르러 가히 도모할 수 있는 일일 것입니다. .... 왕께서 가로되, 그렇게 하라 하시다.

나. 『승정원일기』 고종20년(1883년) 3월 16일조

> 傳曰 參議交涉通商事務金玉均 爲東南諸島開拓使兼 管捕鯨事 使之除下直 從便往來
>
> 왕이 전하여 가로되, 참의교섭통상사무 김옥균을 동남제도개척사겸관포경사에 임명하니, 그로 하여금 길 떠날 때 일일이 웃어른에게 고하는 것을 면제하고 편한대로 왕래하도록 하라.

〈해설〉

1. 일본인의 울릉도 침범 벌목

가. 일본에서 막부정권이 무너지고 명치정권이 수립되어 정한론이 대두된다. 일본인이 울릉도에 침입하여 벌목하는 사례가 점차 증가되고 있었다.

나. 이러한 사실은 강원도 관찰사를 통해 중앙조정에 보고되었다.

2. 통리기무아문의 조치

가. 강원도 관찰사의 상기 보고에 따라 통리기무아문(統理機務衙門)은 2개의 대책을 결정했다.

나. 그 대책은 다음과 같다.

(1) 일본 외무성에 일본의 울릉도 침범을 금해줄 것을 요구할 것.

(2) 울릉도 검찰사의 자세한 조사보고서에 따라 울릉도 공도정책 여부를 결정할 것.

3. 이규원 울릉도 검찰사의 조사보고

가. 통리기무아문의 대책에 따라 조정은 1881년 5월 23일 이규원(李奎遠)을 울릉도 검찰사로 임명 파견했다.

나. 고종은 이규원의 출발에 앞서 우산도에 관해서도 조사해 올 것을 명했다.

다. 1882년 4월 30일 이규원 일행은 울릉도에 도착하여 조사활동을 개시했다.

라. 1882년 6월 5일 이규원은 고종에게 조사결과를 보고했다. 그 내용은 다음과 같다.

(1) 거주 조선인은 140명이며, 그 중 출신도별로는 전라도 출신이 115명(82%)으로 가장 많고, 직업별로는 조선이 129명(92%)으로 가장 많다.

(2) 일본인은 모두 78명으로 모두 벌목에 종사하고 있다.

(3) 설읍한다면 나리동이 적합하다.

(4) 해안가에서 "일본국 송도"라는 길이 6책의 입표목을 발견했다.

마. 이규원은 6월 5일 고종에게 복명하는 자리에서 다음 사항을 건의했다.

(1) 일본인이 푯말을 세운 것에 대해 일본 외무성에 항의할 것.

(2) 설읍할 경우 나리동을 선정할 것.

4. 고종의 울릉도 개척 결정

가. 고종은 이규원의 보고와 건의에 대해 다음과 같이 강조했다.

(1) 일본에게 항의 서계를 보낼 것.

(2) 울릉도의 개척을 서둘러 추진할 것.

나. 이로서 조선의 울릉도 · 독도 쇄환정책은 폐지되었고, 울릉도 · 독도 개척사업이 추진되게 되었다.

V. 한국의 독도영유권을 승인한 일본의 자료

1. 은주시청합기(1667년)

隱州 在北海中故云隱岐島. 按倭訓海中言遠幾故名歟 其在巽地言嶋前也 知夫郡海部郡屬焉 其位震地言嶋後也 周吉郡穩地郡屬焉 其府有周吉郡南岸西鄕豊崎也. 從是. 南至雲州美穗關三十五里辰巳至伯州赤碕浦四十里未申至石州温泉津五十八里 自子至卯 無可往地戌亥間行二日一夜有松島 又一日程有竹島. 俗言磯竹島 多竹魚海鹿按神言所謂五十猛歟 此二島無人之地 見高麗如雲州望隱州 然則 日本之乾地 以 此州 爲限矣

은주는 북해 가운데 있다. 그러므로 은기도라고 말한다… 북서쪽으로 2일밤을 가면 송도가 있다. 또 1일 거리에 죽도가 있다.(속언에 기죽도라고 말하는데 대나무와 물개가 많다. 신서에 말한 소위 50맹일까.) 이 이도(송도와 죽도)는 무인도인데, 고려를 보는 것이 마치 운주에서 은주를 보는 것과 같다. 그러한즉 일본의 서북[건]경지는 이 주로써 한을 삼는다.

〈해설〉

은주시청합기

가. 1667년 운주의 관리인 재등풍선(齋藤豊仙, 사이토 호센)이 번주의 명에 따라 은기(오끼시마)를 순시한 다음 그가 순시 시 견문한 바를 보고서

로 작성하여 제출하였다.

나. 동 보고서가 은주시청합기이다. 이를 은주시청공기(隱州視聽公記)라 고도 한다.

다. 동 보고서에는 "따라서 일본의 북쪽 경계는 이주(오끼시마)를 경계로 한다."라고 기록되어 있다. 따라서 독도는 일본의 경계 외에 있음을 인정하고 있다.

2. 조선국교제시말내탐서(1869–1870년)

竹島松島朝鮮附屬ニ相成候始末

此儀松島ハ竹島ノ隣島ニテ松島ノ儀ニ付是迄掲載セシ書留モ無之. 竹島ノ儀ニ付テハ元祿度後ハ暫クノ間朝鮮ヨリ居留ノ爲差遣シ置候處當時ハ以前ノ如ク無人ト相成竹木又ハ竹ヨリ太キ假ヲ産シ人參等自然ニ生シ其餘魚産モ相應ニ有之趣相聞ヘ候事.

右ハ朝鮮事情實地偵索イタシ候大略書面ノ通リニ御座候間一ト先歸府仕候依之件々取調書類繪圖面トモ相添此段申上候以上.

죽도와 송도가 조선부속으로 되어 있는 시말

이 건의 송도는 죽도의 인접 섬으로서 송도의 건에 관해서는 이제까지 게재된 서류가 없다. 죽도의 건에 관해서는 덕천막부시대에 잠시 조선으로부터 거류를 위해 빌렸다가 돌려준 바 있다. 당시는 이전과 같이 무인으로 되어 있었다. 죽목 또는 죽으로부터 큰 갈대가 자라며 인삼 등이 자연으로 난다. 그밖에 어산물도 상응하여 있다고 들었다…

〈해설〉

조선국교제시말내탐서

가. 1869년 일본 외무성은 3인의 외무성 관리를 조선에 파견하여 조선의 사정을 탐사하도록 하면서 "죽도(울릉도)와 송도(독도)가 조선의 부속으로 되어 있는 전말"까지 조사하도록 지시했다.

나. 외무성 관리는 1876년에 조사결과를 보고서로 작성하여 외무성에 제출

했다. 동 보고서가 조선국교제시말내탐서(朝鮮國交際始末內探書)이다.

다. 동 내탐서에 "송도의 건에 관해서는 지금까지 게재된 서류가 없다"라고 기록되어 있다. 송도가 일본의 영토라고 게재된 서류가 없다는 것은 송도는 일본의 영토가 아니라는 것을 의미한다.

3. 태정관 지령문(1877년)

明治十年三月廿日
別紙內務省伺日本海內竹嶋外一嶋地籍編纂之件
右ハ元禄五年朝鮮人入嶋以来旧政府該国ト往復之末遂
ニ本邦関係無之相聞候段申立候上ハ伺之趣御聞置左
之通御指令相成可然哉此段相伺候也
御指令按
伺之趣書面竹島外一嶋之義本邦関係無之義

별지 내무성 품의 일본해내 죽도외 일도지적 편찬지건
위는 원록 5년 조선인이 입학한 이래 구정부와 조선과의 왕복의 결과 마침내 본방은 관계가 없다는 것을 들어 상신한 품의의 취지를 듣고, 다음과 같이 지령을 작성함이 가한지 이에 품의합니다.
지령안
품의한 취지의 죽도 외 일도의 건에 대하여 본방은 관계가 없다는 것을 명심할 것.

〈해설〉

태정관의 지령문

가. 1876년 10월 16일 일본 내무성은 지적조사와 지도편찬 작업을 진행 중이던 시마네현으로부터 죽도(울릉도)와 송도(독도)를 시마네현의 관할에 포함시킬 것인가 여부의 질의서를 받았다.

나. 내무성은 동 질의서의 부석 문서와 17세기말 조일간의 왕복문서를 검토하고 죽도와 송도는 조선의 영토라는 결론을 내렸다.

다. 1877년 3월 17일 내무성은 태정관(太政官)에게 죽도의 지적편찬에 관한 질의서를 제출했다.

라. 1877년 3월 29일 태정관은 이에 관한 지령문을 내무성에 하달했다. 동 지령문에는 "죽도의 1도외 건에 대하여 일본은 관계가 없다는 것을 명심할 것"이라고 기록되어 있었다. 죽도의 1도는 송도(독도)를 뜻하는 것으로 송도는 일본과 관계없다는 것은 독도는 조선의 영토임을 태정관이 인정한 것이다. 그러나 태정관이 한국에 대해서 인정한 것인가는 검토를 요한다.

VI. 독도영유권에 관한 고문서와 고지도

1. 한국의 관찬문헌 중 독도에 관한 기술

가.『세종실록지리지』

于山武陵二島在縣正東海中 二島相距不遠 風日淸明 可望見 新羅時 于山國一云鬱陵島

〈해설〉

관찬문헌의 기록

	년도	문헌명	주요기록	주요기록 번역
1	1454	『세종실록지리지』	**于山武陵二島在縣正東海中** 二島相距不遠 風日淸明 可望見 新羅時 于山國一云鬱陵島	**우산(于山)과 무릉(武陵) 두 섬이 현의 정동쪽 바다 가운데 있다.** 두 섬은 서로 멀리 떨어서 있지 않아, 날씨가 맑으면 바라볼 수 있다. 신라 때에 우산국 또는 울릉도라 하였다.

2	1531	『신증동국여지승람』	**于山島 鬱陵島** 一云武陵 一云羽陵 二島在縣正東海中	**우산도 · 울릉도** 무릉(武陵)이라고도 하고, 우릉(羽陵)이라고도 한다. 두 섬이 현(懸)의 정동쪽 바다 가운데 있다.
3	1770	『동국문헌비고』	**于山島 鬱陵島** ... 二島一卽于山... 與地志云 鬱陵 · 于山皆于山國地于山則倭謂松島也	**우산도 · 울릉도** ... 두 섬으로 하나가 바로 우산이다... 여지지에 이르기를, 울릉과 우산은 모두 우산국의 땅인데, 우산은 일본이 말하는 송도(松島)라고 하였다.
4	1808	『만기요람』	**鬱陵島在蔚珍正東海中**... 與地志云 鬱陵于山皆于山國地于山則倭謂松島也	**울릉도가 울진 정동**쪽 바다 가운데 있다... 여지지에 이르기를, 울릉과 우산은 모두 우산국의 땅인데, 우산은 일본이 말하는 송도(松島)라고 하였다.
5	1908	『증보문헌비고』	**于山島 鬱陵島** ... 二島一卽山芋山 續今爲鬱島郡	**우산도 · 울릉도** ... 두 섬으로 하나가 우산이다. 속(續: 새로 추가한 내용) 지금은 울도군이 되었다.

2. 독도를 조선의 영토로 표기한 한국의 고지도

가. 개설

(1) 독도를 일본의 영토로 표기한 한국지도는 없다.

(2) 독도를 한국의 영토로 표기한 일본지도는 있다.

(3) 독도를 울릉도의 서쪽에 표기한 지도는 울진에서 항해를 시작할 경우 해류의 관계로 독도를 거쳐 울릉도에 도달하는데서 오는 오류인 것 같다.

(4) 정확성이 없는 지도는 국제법상 증거능력이 인정되지 아니하므로 그러한 지도들을 여기 지도로 표시하는 것을 생략하기로 한다.

나. 독도를 한국의 영토로 표시한 고지도

(1) 동국지도

동국지도(東國地圖)는 1700년대 초에 정상기가 제작한 지도이다.

독도를 울릉도의 동쪽에 표기하고 있다. 이 지도 이후 독도의 위치가 울릉도의 동쪽으로 바로 잡히게 되었다.

(2) 여도

여도(輿圖)는 18세기 전반의 작자미상의 조선전도이다. 이는 정상기의 "동국지도"가 제작되기 이전의 지도이다. 북부지방이 남부지방보다 상대적으로 작게 표현되어 있다. 압록강과 두만강, 이북의 산천의 명칭이 상세히 기록되어 있다. 백두산이 한반도의 산막의 조정으로 강조되어 있다. 도서의 관심이 지도에 반영되어 있지 아니하다. 동해에는 울릉도와 우산도가 그려져 있으며, 울릉도와 우산도는 비슷한 크기로 그려져 있고 우산도는 울릉도의 서쪽에 위치하고 있다. 이런 점에서 여도는 정척과 양성지의 "동국지도"와 유사한 계열에 속한다.

(3) 동국전도

동국전도(東國全圖)는 19세기 전반에 제작된 지도이다.

독도를 울릉도의 동쪽에 표기하고 있다.

(4) 조선전도

조선전도(朝鮮全圖)는 19세기 후반에 제작된 지도이다.

독도를 울릉도의 동쪽에 표기하고 있다.

(5) 청구도

청구도(靑丘圖)는 김정호가 제작한 지도로 대동여지도의 기초가 된 지도이다.

독도를 울릉도의 동쪽에 표기하고 있다.

(6) 대동여지도

대동여지도(大東輿地圖)는 김정호가 1864년에 제작한 지도이다.

독도가 표기되어 있지 아니하나, 판각을 하기 위해 준비작업으로 그린 필사본에는 우산(독도)이 표기되어 있다. 우산도가 판각의 범위를 넘어

판각에서 우산이 누락된 것으로 본다.

(7) 팔도총도

팔도총도(八道總圖)는 1530년에 편찬된 『동국여지승람』에 들어있는 1481년에 양성지가 제작한 지도로 한반도의 남북은 압축되고 동서는 팽창된 지도이다. 따라서 한반도의 동서 폭은 넓어지고 남북 거리는 짧아져 있다. 압록강과 두만강이 거의 일직선으로 그려져 있다. 동해에 울릉도와 우산도(독도)가 그려져 있으며 우산도(독도)가 울릉도보다 작게 그려져 있으며 우산도(독도)가 울릉도의 서쪽에 그려져 있다. 독도가 표기된 최초의 지도이다.

(8) 천하대총일람지도

천하대총일람지도(天下大摠一覽之圖)는 18세기에 제작된 작자미상의 지도이다. 청나라시대에 제작된 처안라 지도에 조선과 유구(琉球)를 추가 보완한 지도이다. 일본은 그려져 있지 않다. 중국 중심의 세계지도이다. 북으로는 중국의 흑룡강 북쪽에서 남으로는 제주도까지 그려져 있다. 울릉도와 우산도(독도)가 그려져 있으며 팔도총도와 같이 우산도가 울릉도의 서쪽에 그려져 있다.

(9) 아국총도

아국총도(我國總圖)는 18세기 말 작자미상의 한국지도이다. 이는 정조대의 지도첩인 “여지도”에 수록된 지도이다. 남해에는 쓰시마도가 남북으로 길게 그려져 있고, 동해에 울릉도와 우산도(독도)가 그려져 있으며 울릉도 동쪽에 우산도(독도)가 그려져 있으며 우산도를 울릉도보다 작게 그려 우산도가 울릉도의 속도임을 나타내고 있다.

(10) 동국지도

동국지도(東國地圖)는 18세기 중반에 정상기(鄭尙驥)가 제작한 한국지도이다. 백두산에서 지리산까지 뻗어진 백두대간의 산줄기가 강조되어 있다. 관문, 산성과 같은 군사시설 그리고 육로의 해로와 같은 교통망이 자세히 그려져 있다. 지도제작에 백리척의 축척법을 사용하여 우리나라 지도제작에 과학적으로 크게 공헌했다. 이 지도에는 한반도뿐만 아니라 만주, 중국동해연안, 일본 등이 그려져 있다. 동해에는 울릉도와 우산도가 그려져 있는데 울릉도의 동쪽에 우산도를 위치시켜 "팔도총도"류의 도식을 바로잡았다. 그 이후의 지도들은 우산도를 울릉도의 동쪽에 위치시키고 있다.

3. 독도를 조선의 영토로 표기한 일본의 고지도

가. 일본여지로정전도

일본여지로정전도(日本輿地路程全圖)는 1773년 장구보적수(長久保赤水, 나가꾸보세끼 수이)가 제작한 일본지도이다.

동 지도는 최초로 위도와 경도를 기입한 지도이다.

울릉도는 죽도로, 독도는 송도로 각각 표기하고, 일본 영토는 착색했으나 울릉도와 독도는 착색하지 아니하여 울릉도와 독도는 일본의 영토가 아님을 표시했다.

나. 삼국접양도

삼국접양도(三國接壤圖)는 임자평(林子平, 하야시 시헤이)이 1785년에 제작한 지도이다. 이후 하야시 시헤이가 1785년에 제작한 "삼국통람도식"의 부도에 삽입된 지도 중 하나이다. 이 지도의 동해남서에 다케시마(竹島)라고 쓰여진 섬과 그 동쪽에 작은 선이 하나 그려져 있다. 일본은 녹색으로 채색되어 있고, 이들 섬들은 모두 한반도와 같은 황색으로 채색되어 있고 두 섬 옆에 조선의 것이라고 표기되어 있다. 이들 중 다케시마는 울릉도이지만 작은 섬은 독도인지 울릉도 옆에 있는 작은 섬(竹島)인지 문제가 되나 독도인 것으로 보여진다

다. 삼국총도

삼국총도(三國總圖)는 1785년 임자평이 저술한 삼국통합도에 들어있는 지도이다.

라. 일본변계도

일본변계도는 1809년 고교경보(高橋景保, 다까하시가게가즈)가 제작한

지도이다.

동 지도는 서양의 지도제작법에 따라 제작한 지도로 세계지도와 함께 간행되었다.

동 지도는 울릉도와 독도를 한반도 쪽으로 붙여 그리고, 동해를 조선해로 표기하고 있어 독도를 조선의 영토로 보고 있는 것으로 인정된다.

마. 일본부현전도

일본부현전도(日本府懸全圖)는 1872년 내전보제(內田普濟, 우찌나 신사이)가 제작한 일본지도이다.

동 지도는 울릉도와 독도를 일본열도와 다른 색으로 착색하여 울릉도와 독도가 일본의 영토가 아님을 표시하고 있다.

바. 일본국전도

일본국전도(日本國全圖)는 1891년 대교신태랑(오하시 신따로)이 제작한 일본지도이다. 동 지도는 일본 열도는 착색했으나 울릉도와 독도는 착색하지 아니하여 울릉도와 독도가 일본의 영토가 아님을 표시하고 있다.

사. 조선국전도

조선국전도(朝鮮國全圖)는 1882년에 영목경작(鈴木敬作, 스스키 게이사구)이 제작한 조선의 지도인 일본지도이다. 동해에 울릉도와 독도 두 섬이 그려져 있다. 울릉도는 다케시마(竹島)로, 독도는 마쓰시마(松島)로 표기되어 있다. 다케시마와 마쓰시마가 한반도와 같이 모두 황색으로 채색되어 이 두 섬이 한국의 영토임을 표시하고 있다.

아. 일청한 삼국지도

일청한삼국지도(日淸韓三國地圖)는 1894년 청수상태량(淸水常太良, 시미르 조타로)이 조선, 중국, 일본 3국을 그린 일본의 지도이다. 동해의 두 섬을 마쓰시마(松島)와 다케시마(竹島)로 표기하고 있다. 송도는 울릉도를, 그리고 죽도는 독도를 각각 의미한다. 이 두 섬은 조선의 내륙에 가깝게, 그리고 조선과 동일하게 채색했다.

자. 총회도

총회도(總繪圖)는 18세기에 제작된 작자미상의 조선, 중국, 일본의 지도이다. 조선, 일본, 중국의 색깔이 각기 달리 채색된 지도이다. 조선은 황색, 일본은 적색이고, 울릉도와 독도는 조선의 색인 황색으로 채색했다. 그리고 그 옆에 "조선의 것"이라고 표기했다.

차. 대일본국연해약도

대일본국연해약도(大日本國沿海略圖)는 승해주(勝海舟, 가산 가이슈)가 1867년 제작한 지도이다. 동해안에 세 개의 섬을 그려 넣고 가장 북쪽에 있는 것을 죽도(竹島), 중간에 있는 것은 송도(松島)로 기입했다. 일본 최초의 근대식 해도 평가를 받고 있다. 조선의 동해에 다케시마(竹島)를 점선으로 그렸고 마쓰시마(松島, 울릉도), 리앙쿠르도(독도) 등 세 개의 섬이 표기되어 있다. 울릉도와 독도의 위치 및 명칭에 혼란을 주는 이 지도는 일본이 독도와 울릉도에 대한 인식이 비약된 것임을 보여주고 있다.

카. 노일전쟁실기

노일전쟁실기(露日戰爭實記)는 일본 도쿄에 있는 출판사인 박문관에서 1905년에 출판되었다. 제76편 부록으로 1906년 당시 "한국전도"가 실려 있다. 이에는 독도가 한국의 영토로 표기되어 있다. 1905년까지 발행된 일본 지도 중 울릉도와 독도가 가장 정확하게 그려져 있는 지도이다. 울릉도 우측에 "울릉도"와 "마쓰시마" 지명을 병기했다. 독도는 두 개의 바위섬으로, 그리고 다케시마(리암코르 암)이라 표기했다. 지면이 부족하여 독도를 지도의 내도곽과 외도곽 사이에 그려 넣었다.

VII. 독도영유권의 역사적 권원의 대체

1. 우용정의 『울도기』

『鬱島記』

鬱島 古稱于山國 未知羅朝何代之建國 而文獻無徵亦不可考 至智證王 亂徒窃據恃險不服 命帥臣異斯夫 船載木獅子 往于山紿之日 '爾若不服 多放此獸噬殺爾輩於是.' 國人大惧而乃降云. 此乃野史之所傳而亦無國乘所載 自此以後空廢其地 幾百年而史無傳焉. 至我朝 龍蛇之變 三陟鄭氏幾人避兵於此

肅廟朝 搜出金丸等七十餘人 載於史册 而此後 命三陟副使 越松萬戶 間三年搜討 使之不得居生 蓋慮絕島中若有無賴 成群或作禍胎也.

粵在皇上 踐祚聖德巍蕩遐通 一體率土之濱莫非王民 頃於壬午 命帥臣李奎遠爲開拓使 在前潛渡日人一千五百餘名 盡爲撤歸後 關東人七八家先入 而嶺南人十餘家 隨入倚巖 爲屋放火菑田 自此以後 八路之人 稍稍移來 漸成村落 然而鼠灾甚酷 田穀無遺 其時島長徐敬秀 告狀政府 領議政沈舜澤 筵奏劃下 三陟蔚珍平海三邑 還穀中三百石 以賑島民 自是以後 生齒日蕃 土地漸闢 儼成一都會 然挽近日人 浸浸潛越 侵虐居民 亂斫木料 島監裵季周 自丙申到任以後 禁止不得 屢度報告 內部大臣李建夏 深慮弊源 上年九月 以本部視察官 爲調查委員 使之前往詳察該島情形之意 上奏裁可 而余以不才猥承此　命又與日本公使 會辦外部 迺於本年五月廿五日 發向仁港.

鬱島는 예전에 于山國이라 일컬었다. 신라의 어느 代에 건국하였는지 알지 못하는데 문헌에 증빙할 수가 없고 역시 상고할 수도 없다. 智證王 때 이르러 반란의 무리들이 몰래 점거하여 지형이 험난한 것을 믿고 복종하지 않으므로 臣 異斯夫에게 군사를 거느리고 정벌하라 命하니, 선박에 나무로 만든 獅子를 싣고 산에 가서 속여서 말하기를 "너희들이 만약 복종하지 아니하면 이 짐승을 많이 풀어놓아 너희들을 물어 죽이겠다"고 하니 여기에서 우산국 사람들이 크게 두려워하고 그래서 항복하였다고 하였다. 이것은 바로 野史에서만 전하는 것이고 역시 나라에서 편찬한 역사책에는 기재된 것은 없다. 이런 이후부터 그 땅을 몇 백년동안 비워버린 것이니 역사에 전하는 것이 없다. 우리 조선조에 이르러 임진왜란에 삼척의 정씨 몇 사람이 전쟁을 여기에서 피하였고, 숙종조에 金丸 등 70여명을 찾아 쫓아낸 사실이 역사책에 기재되어 있는데 이 후에 삼척부사와 越松萬戶에게 3년 간 搜討使를 명하여 사람이 살지 못하게 하였던 것이니, 대체로 絕島 중에서 만약 무뢰배가 무리를 이루어 혹 禍胎를 만들까 염려한 것이었다.

皇上이 등극하심에 있어, 聖德이 높고 넓어 원근의 백성이 일체가 되니, 온 천하의 땅에 왕의 백성이 아닌 사람이 없었다. 近者 임오년에 臣 李奎遠에게 군사를 거느리고 실행하라 명하고 開拓使를 삼음에, 이전에 몰래 건너온 日本人 1천5백 명을 모두 철수하여 돌아가게 하니, 후에 關東 사람 7·8집이 먼저 들어오고 그리고 영남 사람 10여 집이 따라 들어와서 바위에 의지하여 집을 짓고 불을 놓아 밭을 일구었다. 이로부터 팔도의 사람이 조금씩 옮겨와서 점차 촌락을 이루었는데 그러나 쥐의 피해가 혹심하여 밭곡식이 남아나지 않았다. 그때 島長 徐敬秀가 政府에 장계를 올려 영의정 沈舜澤이 임금에게 아뢰어 삼척, 울진, 평해, 세 고을 還穀 중에서 3백 석을 가지고 도민을 구휼하도록 조처하였다. 이로부터 백성들이 나날이 번성하고 토지가 점차 개척되어 엄연하게 하나의 都會를 이룩하였던 것이다. 그러나 근자에 일본인들이 살금살금 몰래 경계를 넘어와서 주민들을 侵虐하고 목재를 함부로 베니, 島監 裵季周가 丙申年에 도임한 이후부터 금지하는 일이 잘 되지 아니하여 여러 차례 보고함에 내부대신 臣 李乾夏가 폐단의 원인을 깊이 염려하여 지난해 9월, 본부 시찰관을 조사위원으로 하여 미리 앞에 가서 이 섬의 情形을 상세히 살필 뜻을 上奏하여 上께서 裁可하였는데, 나는 재주가 없음에도 외람되게 이 명을 받아 또 일본공사와 함께 회동하여 外部의 일을 처리하고서, 이에 금년 5월 25일 인천항으로 向發하였다.

2. 대한제국 칙령 제41호(1900.10.25.)

勅令

勅令第四一號

鬱陵島를 鬱島로 改稱하고 島監을 郡守로 改正한 件

第一條 鬱陵島를 鬱島라 改稱하야 江原道에 附屬하고 島監을 郡守로 改正하야 官制中에 編入하고 郡等은 五等으로 할 事

第二條 郡廳位置는 台霞洞으로 定하고 區域은 鬱陵全島와 竹島石島를 管轄할 事

第三條 開國五百四年八月十六日官報中 官廳事項欄內 鬱陵島以下十九字를 刪去하고 開國 五百五年 勅令第三十六號 第五條 江原道二十六郡의 六字는 七字로 改正하고 安峽郡下에 鬱島郡三字를 添入할 事

第四條 經費는 五等郡으로 磨鍊하되 現今間인즉 吏額이 未備하고 庶事草創하기로 該島收稅中으로 姑先磨鍊할 事

第五條 未盡한 諸條는 本島開拓을 隨하야 次第磨鍊할 事

附則

第六條 本令은 頒布日로부터 施行할 事

光武四年十月二十五日

御押 御璽 奉

勅 議政府議政臨時署理贊政內部大臣 李乾夏

칙령

칙령 제41호

울릉도를 울도로 이름을 바꾸고, 도감을 군수로 개정하는 건

제1조 울릉도를 울도라 개칭하여 강원도에 소속하고, 도감을 군수로 개정하여 관제 중에 편입하고 군등은 5등으로 할 일

제2조 군청위치는 대하동으로 정하고 구역은 울릉전도와 죽도, 석도를 관할할 일

제3조 개국 504년 8월 16일 관보 중 관청사항란에 울릉도 이하 19자를 삭제하고, 개국 505년 칙령 제36호 제5조 강원도 26군의 '6'자는 '7'자로 개정하고 안협군 밑에 '울도군' 3자를 추가할 일.

제4조 경비는 5등군으로 마련하되 현재 이액이 미비하고 서사초창이므로, 이 섬

의 세금에서 먼저 마련할 일 - 돈이 별로 없으므로, 세금을 먼저 거둬서 경비를 마련해 써라.
제5조 미진한 여러 조항은 이 섬을 개척하면서 차차 다음에 마련할 일

부칙
제6조 본 령은 반포일로부터 시행할 일)
광무4년 10월25일)
어압 어새 봉
칙 의정부의정임시서리찬정내부대신 이건하

〈해설〉

1. 재정의 배경

가. 일본인의 울릉도 침범 벌목과 대한제국의 조사

(1) 울릉도감 배계주의 조사보고

(가) 대한제국 정부는 1895년 5월 배계주(裵季周)를 울릉도감으로 재임명하면서 일본인의 울릉 침입실태를 조사보고 하도록 명했다.

(나) 상기 명에 따라 울릉도감은 조사보고서를 정부에 제출했으며, 동 보고서에 의하면 일본인 수백가구가 촌락을 형성하고 있으며 벌목을 자행하고 있다는 것이었다.

(2) 우용정의 조사보고

(가) 대한제국 내부는 1899년 12월 15일 내부관원(內部官員) 우용정(禹用整)을 울릉도 조사단의 책임자로 임명했다. 일본정부도 조사위원을 파견하여 한일 합동으로 조사하기로 한일간에 합의를 보았다. 한국 조사단은 1900년 6월 1일부터 5일간 현지조사를 하고 돌아와 내부대신에게 조사보고서 울릉도사핵(鬱陵島査覈)을 제출했다.

(나) 상기 보고서에 울릉도에 체제 중인 일본인은 남녀 144명이며, 정박 중인 선박은 11척이나 왕래하는 상선 수가 일정치 않으므로 정확한 선박수를 파악하기 어려우며, 방대한 규모의 산림 벌목을 자행하고 있

으며, 도감 단신으로는 이를 방치할 수 없는 상황이므로 일본공사에게 항의하여 시정을 촉구하여야 한다는 등의 내용이 포함되어 있었다.

나. 일본인 울릉도 침벌 벌목에 대한 대한제국의 항의와 일본의 거부

(1) 대한제국의 항의

(가) 상기 보고서에 의거 대한제국 외부(外部)는 일본공사에게 울릉도에서 일보인의 철환문제를 논의하자고 제의했으나 일본공사는 일본 조사위원의 조사보고가 아직 없다는 이유로 이에 불응했다.

(나) 1900년 9월 초에 일본공사는 다음과 같은 주장을 해왔다.

1. 일본인의 체류는 도감이 십 수 년 전부터 묵인 종용해온 것이다.
2. 도벌이 아니라 도감의 의뢰나 합의매매에 의한 벌목이다.
3. 울도에서의 일본인의 상업무역은 도민의 희망에 따른 것이며 장차 도감이 수출 입세를 징수할 예정으로 안다.

(2) 대한제국 외부와 일본공사간의 주장과 반박

(가) 상기 일본공사의 주장이 있은 후 이에 대한 대한제국 외부의 반발이 있었다.

(나) 이와 같이 일본인의 울릉도 침범 벌목은 대한제국과 일본간의 외교적 문제로 대두되게 되었다.

2. 제정의 경위

가. 내부대신의 청의서

(1) 상술한 일본인의 울릉도 침범 벌목 사태의 해결을 위해 대한 제국 내부은 울릉도에 군수를 두기로 결정했다.

(2) 내부는 1900년 10월 22일 "울릉도를 울도로 개칭하고 도감을 군수로 개성에 관한 청의서"를 의성부회의(내각회의)에 제출했다.

나. 의정부회의의 결의

(1) 상기 청의서는 1900년 10월 24일 의정부회의에 회부되었다.

(2) 의정부회의에서 상기 청의서는 만장일치(8:0)로 결의 통과되었다.

다. 의정부의 공표

(1) 상기 의정부회의 결의 통과에 따라 1900년 10월 25일 의정부는 이를 "칙령 제41호"로 공포했다.

(2) 상기 칙령은 1900년 10월 27일 "관보 제1715호"에 게재되었다.

3. 칙령의 내용

가. 칙령의 명령과 구성

(1) 명칭: "칙령 제41호"의 명칭은 "울릉도를 울도로 개칭하고 도감을 군수로 개정하는 건"이다.

(2) 구성: 동 칙령은 6개조로 구성되어 있다.

나. 제1조와 제2조의 규정

(1) 제1조: 울릉도를 울도로 개칭하여 강원도에 부속하고 도감을 군수로 개청하여 관제에 편입하고 군의 등급을 5등으로 한다.

(2) 제2조: 군처 위치는 대하동으로 정하고 구역은 울릉 전도와 죽도 석도(石島)를 관할한다.

4. 제2조의 석도

가. 제2조의 규정

전술한 바와 같이 제2조는 울릉군의 관할구역을 "울릉전도와 죽도 석도"로 규정하고 있다. 여기 석도는 독도를 뜻한다.

나. 석도의 해석

(1) 한국측의 주장

(가) 주장내용: 제2조에 규정된 석도는 독도를 뜻한다.

(나) 주장근거

1. 당시 울릉도 주민 대다수는 전라도 출신으로 전라도 방언에 의하면 "독"을 "돌"이라 불렀다. 즉 독섬을 돌섬이라 불렀다.

2. 동 제2조에 규정된 죽도는 울릉도 옆에 있는 죽서도(竹敍島)를 뜻하고 독도를 뜻하는 것이 아니다.

(2) 일본측의 주장

(가) 주장내용: 제2조에 규정된 석도는 독도를 뜻하는 것이 아니다.

(나) 주장근거

1. 동 칙령에 석도는 독도를 뜻한다는 어떠한 규정도 없다.
2. 한국의 어떠한 기록에도 석도가 독도라는 표현을 찾아볼 수 없다.

5. 칙령 제41호의 현대 국제법상 의미

가. 신라 지증왕 13년(512년) 우산국의 귀복으로 독도는 신라의 영토, 즉 한국의 영토가 되었다. 이는 역사적 권원(historical title) 또는 본원적 권원(original title)에 의한 것이다.

나. 역사적 권원은 현대 국제법상 권원으로 대체되어야 오늘날 권원으로 주장될 수 있다. 동 칙령은 독도에 대한 한국의 법령에 의한 실효적 지배로 이는 역사적 권원을 현대 국제법상 권원으로 대체한 의미를 갖는다. 따라서 신라의 역사적 권원은 법적으로는 효력을 상실하게 되었다.

VIII. 일본의 독도 침탈

1. 시마네현고시 제40호(1905.2.22.)

가. 시마네현고시 제40호의 고시

나. 대한제국의 조치

(1) 울릉군수 심흥택의 보고서(1906.3.29.)

報告書號外

本郡所屬 獨島가 在於外洋 百餘里外이삽더니 本月 初四日 辰時量에 輪船一雙이 來泊 于郡內道洞浦 而日本官人一行이 到于官舍ᄒᆞ야 自云 獨島가 今爲日本領地故로 視察次來到이다 이온바 其一行 則日本島根懸 隱岐島司 東文輔 及 事務官 神西由太郎 稅務監督局長 吉田平吾 分署長 警部 影山巖八郎 巡査一人會議一人 醫師 技手 各一人 其外 隨員 十餘人이 先問 戶摠 人口 土地生産 多少하고 且問 人員 及 經費 幾許 諸般事務를 以調査樣으로 錄去아읍기 玆에 報告ᄒᆞ오니 照亮ᄒᆞ시믈 伏望等 因으로 准此 報告ᄒᆞ오니 照亮ᄒᆞ시믈 伏望

光武十年 四月二十九日
江原道觀察使署痢 春川郡守 李明來
議政府 參政大臣 閣下

(2) 강원도관찰사 서리 이명래의 보고서 (1906.4.29.)

報告書號外

欝島郡守 沈興澤報告書 內開에 本郡所屬 獨島가 在於外洋 百餘里 外 이살더니 本月 初四日 辰時量에 輪船一隻이 來泊于郡內道洞浦 而日本官人 一行에[이] 到于官舍ᄒᆞ야 自云 獨島가 今爲日本領地 故로 視察次 來島이다 이온바 其一行 則日本島根縣 隱技[岐]島司 東文輔 及事務官 神西田[由]太郎 稅務監督局長 吉田平吾 分署長警部 影山巖八郎 巡查一人 會議一人 醫師·技手 各一人 其外 隨員十餘人이 先問戶摠·人口·土地·生産 多少ᄒᆞ고 且問 人員 及經費 幾許 諸般事務을 以調査樣으로 錄去이읍기 玆에 報告ᄒᆞ오니 照亮ᄒᆞ시믈 伏望等 因으로 准此 報告ᄒᆞ오니 照亮ᄒᆞ시믈 伏望

光武十年 四月 二十九日
江原道觀察使署理 春川郡守 李明來
議政府 叅政大臣 閤下

(3) 대한제국 내부대신의 지령문(1906년)

遊覽道次에 地界戶口之錄去는 容或無怪어니와 獨島之稱云日本屬地는 必無其理니 今此所報가 甚涉訝然이라.

(4) 대한제국 의정부 참정대신의 지령문

來報는 閱悉이고 獨島領地之設은 全屬無根ᄒᆞ나 該島 形便과 日人 如何行動을 更爲査報홀사.

〈해설〉

시마네현고시 제40호의 통고와 그에 대한 항의

1. 통고

가. 통고의 의의

(1) “시마네현고시 제40호”의 통고는 동 고시에 의해 독도를 선점할 의사를 이해관계국에 통고하는 것을 말한다. 이 선점의사의 통고는 국제법상 선점의 한 요건이다.

(2) 여기 통고는 영토편입조치 그 자체인 고시와 구별된다. 동 고시의 “고시”에 관해 보기로 한다.

(가) 고시의 기관

1. 동 고시의 기관은 시마네현 지사 송영무길(松永武吉, 미쓰나가 다케요시)이다.

2. 시마네현 지사는 국가의 의사를 국제적으로 대표할 권한을 가진 국제법상 국가기관이 아니다.

(나) 고시의 방식

1. 동 고시의 방식은 현고시의 방식이다. 동 고시는 현청내에 회람했다.

2. 동 고시는 현청내에 회람했을 뿐 관보에 게재한 바 없으며 또 정부 중앙 신문에 게재한 바도 없다.

나. 통고의 기관

(1) 통고 기관은 시마네현 은기도사(島司) 동문보(東文輔, 마즈마 분스케)와 사무관 신전유태랑(神田由太郎, 긴다 요시타로) 일행이다.

(2) 이들은 국가의 의사를 국제적으로 대표할 권한을 가진 국제법상 국가기관이 아니다.

(3) 조신측의 통고집수기관은 울릉군수 심흥택(沈興擇)이나. 이노 국가의 의사를 국제적으로 대표할 권한을 가진 국제법상 국가기관이 아니다.

다. 통고의 시기

(1) 오끼도사가 울릉군수에게 통고해 온 것은 시마네현 고시가 있은 후 1년

이나 경과한 1906년 3월 28일이었다.

(2) 오끼도사의 울릉군수에 대한 통고는 국제법상 통고로 볼 수 없으나, 이를 국제법상 통고로 본다할지라도 이는 합리적인 통고기간을 경과한 후의 통고이므로 유효한 통고로 볼 수 없다.

라. 통고의 상황

(1) 동 고시가 있기 이전에 1904년 2월 22일 "한일협약"(제1차 한일협정서)를 체결하여 일본은 대한제국의 외교권을 사실상 박탈했다.

(2) 동 고시가 있은 후인 1905년 11월 18일 "을사보호조약"을 체결하여 일본은 대한제국의 외교권을 완전히 박탈했다.

(3) 1906년 1월 17일 대한제국의 외부(外部)가 완전히 폐쇄되었다.

(4) 1906년 2월 1일 통감부가 서울에 설치되어 대한제국의 내정권과 외정권 모두가 일본에게 박탈되었다.

마. 통고의 방식

(1) 동 고시의 통고는 울릉군수를 방문한 오끼도사 일행이 구두로 전달하는 방식으로 이루어졌다.

(2) 어떤 문서도 남긴 바 없다.

2. 항의

가. 통고를 접수한 이후의 정부의 조치

(1) 울릉군수의 조치

(가) 1906년 3월 28일 은기도사의 통고를 받은 울릉군수 심흥택은 다음날인 3월 29일 이 사실을 강원도 관찰사 이명래(李明來)에게 보고했다.

(나) 동 보고서에는 "··· 독도가 이제부터 일본의 영지가 된다고 시찰차 나왔다고 했습니다... 때문에 보고하오니 살펴주시기 바랍니다"라고 기술되어 있다.

(2) 강원도 관찰사 이명래의 조치

(가) 3월 29일 울릉군수의 보고를 받은 강원도 관찰사 이명래는 즉시 이 사실을 내부대신 이지용(李祉鎔)에게 보고했다.

(나) 동 보고서에는 울릉군수의 보고내용이 상세히 기술되어 있다.

(3) 내부대인 이지용의 조치

(가) 강원도 관찰사의 보고를 받은 내부대신 이지용은 일본의 독도편입을 부정·항의하는 지령을 내렸다.

(나) 동 지령에는 "독도를 일본의 속지라고 칭한 것은 전혀 이치가 없는 것(必無基理)이다"라고 기술되어 있다.

(4) 참정대신 박제순의 조치

(가) 강원도 관찰사의 보고를 받은 참정대신 박제순(朴濟純)도 일본의 독도편입을 부정·항의하는 "지령 제3호"를 하달했다.

(나) 동 지령에는 "독도 편입은 전혀 근거 없는 것이며(全 無根), 독도의 형편과 일본인들의 행동을 조사 보고할 것"이라고 기술되어 있다.

나. 통고를 접한 이후의 언론의 항의

(1) 대한매일신보의 항의

(가) 1906년 5월 1일 매일신보는 항의기사를 기재했다.

(나) 동 기사에는 "변이 생겼다... 독도를 일본의 속지라고 한 것은 이치가 없는 것이니... 아연할 수밖에 없다"라고 표시되어 있다.

(2) 황성신문의 항의

(가) 1906년 5월 9일 황성신문도 항의 기사를 기재했다.

(나) 동 기사는 울릉군수의 보고서의 내용을 상세히 기록 항의하고 있다.

3. 통고와 항의의 평가

가. 통고의 평가

(1) 일본의 통고는 국제법상 통고로서의 효력이 없다. 그 이유는 다음과 같다.

(가) 오끼도사는 국제법상 통고를 할 수 있는 국가의 대외기관이 아니다.

(나) 상당한 통고기간을 경과한 이후의 통고로 통고로서의 효력이 부정된다.

(다) 대한제국의 외교권을 박탈한 후 통고는 항의의 기회를 주지 않은 통

고로 통고로서의 효력이 부정된다.

(라) 구두에 의한 전언은 국제법상 통고로 볼 수 없다.

(2) 일본의 상술한 간교한 통고는 독도가 한국의 영토임을 일본 스스로 알고 있었다는 증거에 불과하다.

나. 항의의 평가

(1) 한국의 항의는 국제법상 항의로서의 효력이 없다. 그 이유는 다음과 같다.

(가) 정부의 지령에는 항의가 명백히 표기되어 있지 않다.

(나) 정부의 지령은 대내적인 의미밖에 없다.

(다) 언론기관의 기사에 명백한 항의가 표시되어 있지 않다.

(라) 언론기관의 항의는 언론기관이 국가기관이 아니므로 그것은 국제법상 항의가 아니다.

(2) 한국의 항의는 외교권·내정권이 박탈된 상황에서 일본의 통고에 대해 항의할 수 없다는 정황적 증거로서의 의미만을 갖는다.

다. 종합평가

"시마네현고시 제40호"에 대한 일본의 통고도 이에 대한 대한제국의 항의도 항의로서 국제법상 효력이 없는 것이다. 그러나 대한제국에 의해 울릉도와 독도에 대한 실효적 지배의 효과는 있는 것이다.

2. 한일합방조약(1910.8.27)

1910년 8월 일본의 강압 아래 대한제국의 통치권을 일본에 넘기는 것을 규정한 한국과 일본 사이의 조약이다. 이는 8월 22일 한국의 내각총리대신 이완용과 일본의 조선통감 데라우치(寺內正毅) 사이에 조인되고, 8월 29일 공포되었다. 전문 8개항으로 되어 있는 이 조약의 전문은 다음과 같다.

한국황제폐하와 일본국황제폐하는 양국간의 특수하고도 친밀한 관계를 회고하여 상호행복을 증진하며 동양의 평화를 영구히 확보코자 하는바, 이 목적을 달성하기 위해서는 한국을 일본제국에 합병함만 같지 못한 것을 확신하여 이에 양국간에 합병조약을 체결하기로 결하고, 일본국황제폐하는 통감 자작 데라우치 마사다케를, 한국황제폐하는 내각총리대신 이완용을 각각 전권위원으로 임명함. 이 전권위원은 회동협의한 후 좌의 제조를 협정함.

제1. 한국황제폐하는 한국전부에 관한 일체의 통치권을 완전하고도 영구히 일본국황제폐하에게 양여함.

제2. 일본국황제폐하는 전조에 게재한 양여를 수락하고, 또 전연 한국을 일본국에 병합함을 승락함.

제3. 일본황제폐하는 한국황제폐하 · 태황제폐하 · 황태자폐하와 그 후비(后妃) 및 후예로 하여금 각기 지위에 응하여 상당한 존칭 · 위엄 그리고 명예를 향유케 하며, 또 이를 보지하기에 충분한 세비를 공급할 것을 약함.

제4. 일본국황제폐하는 전조 이외의 한국 황족과 그 후예에 대해 각기 상당한 대우를 향유케 하며, 또 이를 유지하기에 필요한 자금을 공여할 것을 약함.

제5. 일본국황제폐하는 훈공 있는 한인으로서 특히 표창을 행함이 적당하다고 인정되는 자에 대하여 영작(榮爵)을 수여하고 또 은금(恩金)을 줄 것.

제6. 일본국정부는 전기 병합의 결과로서 한국의 시정을 모두 담임하고, 동지(同地)에 시행하는 법규를 준수하는 한인의 신체와 재산에 대해 충분한 보호를 하며 또 그 복리의 증진을 도모할 것.

제7. 일본국정부는 성의와 충실로 신제도를 존중하는 한인으로서 상당한 자격이 있는 자를 사정이 허하는 한에서 한국에 있는 제국관리로 등용할 것.

제8. 본 조약은 일본국황제폐하와 한국황제폐하의 재가를 거친 것으로 공포일로부터 시행함.
위 증거로 양전권위원은 본 조약에 기명 조인하는 것이다.

융희 4년 8월 22일
내각총리대신 이완용
메이지 43년 8월 22일
통감 자작 데라우치 마사다케

〈해설〉

1. 한일합방조약의 체결

가. 1910년 8월 22일 일본은 강박과 매수에 의해 "한일합방조약"을 체결했다.

나. 동 조약은 내각총리대신 이완용(李完用)과 통감 자작 사내정의(事內正義, 데라우치 마사다케) 간에 서명되었다.

다. 영토를 병합하는 조약은 비준을 요한다. 그러나 동 조약은 비준한 바 없으므로 동 조약은 무효라기보다 부존재라 할 수 있다. 조약은 서명에 내용이 확립되고, 그 후 비준에 의해 조약은 성립되고, 비준서의 교환에 의해 효력을 발생하기 때문이다.

2. 한일합방조약의 성격

가. 국제법상 국가 통합의 유형

(1) 합병(amalgamation) : 2개 이상의 국가가 결합하여 종전의 2개 이상의 국가는 모두 소멸하고 새로운 하나의 국가가 성립하는 유형(A국 + B국 → C국)

(2) 병합(annexation) : 2개 국가가 결합하여 종전의 1개 국가는 존속하고 다른 1개 국가는 소멸하는 유형(A국 + B국 → A국)

나. 한일합방의 유형

(1) 한일합방은 한국과 일본국이 통합하여 한국은 소멸하고 일본국은 그대로 존속한 것이므로 "병합"인 것이다.

(2) “합방”과 “합병”은 구별해야 하며, 전자는 나라를 합친다는 뜻으로 국제법상 용어가 아니다.

3. 한일합방조약의 내용

동 조약은 8개 조로 구성되어 있으며, 그 내용은 다음과 같다.

제1조. 한국황제폐하는 한국전부에 관한 일체의 통치권을 완전하고도 영구히 일본국황제폐하에게 양여함.

제2조. 일본국황제폐하는 전조에 게재한 양여를 수락하고, 또 전연 한국을 일본국에 병합함을 승락함.

제3조. 일본황제폐하는 한국황제폐하 · 태황제폐하 · 황태자폐하와 그 후비(后妃) 및 후예로 하여금 각기 지위에 응하여 상당한 존칭 · 위엄 그리고 명예를 향유케 하며, 또 이를 보지하기에 충분한 세비를 공급할 것을 약함.

제4조. 일본국황제폐하는 전조 이외의 한국 황족과 그 후예에 대해 각기 상당한 대우를 향유케 하며, 또 이를 유지하기에 필요한 자금을 공여할 것을 약함.

제5조. 일본국황제폐하는 훈공 있는 한인으로서 특히 표창을 행함이 적당하다고 인정되는 자에 대하여 영작(榮爵)을 수여하고 또 은금(恩金)을 줄 것.

제6조. 일본국정부는 전기 병합의 결과로서 한국의 시정을 모두 담임하고, 동지(同地)에 시행하는 법규를 준수하는 한인의 신체와 재산에 대해 충분한 보호를 하며 또 그 복리의 증진을 도모할 것.

제7조. 일본국정부는 성의와 충실로 신제도를 존중하는 한인으로서 상당한 자격이 있는 자를 사정이 허하는 한에서 한국에 있는 제국관리로 등용할 것.

제8조. 본 조약은 일본국황제폐하와 한국황제폐하의 재가를 거친 것으로 공포일로부터 시행함.

4. 한일합방조약의 영향

가. 동 조약에 의해 일본의 한국침략은 법적으로 완료되었다.

나. 동 조약 제1조의 규정에 따라 한국의 영토 전부가 일본의 영토로 병합되었다.

다. 따라서 독도도 당연히 일본의 영토로 병합되었다.

5. 시마네현고시 제40호와의 관계

가. 시마네현고시 제40호가 유효이고 한일합방조약이 유효인 경우의 관계

(1) 동 고시가 유효한 것으로 보면 독도는 동 고시에 의해 일본의 영토로 편입된 것이므로 동 조약에 의해 일본의 영토로 편입된 것이 아니다.

(2) 일본정부는 위와 같이 보고 있다.

나. 시마네현고시 제40호가 무효하고 한일합방조약이 유효인 경우의 관계

(1) 동 고시가 무효인 것으로 보면 독도는 동 고시에 의해 일본의 영토로 편입된 것이 아니므로 동 조약에 의해 일본의 영토로 편입된 것으로 된다.

(2) 일본정부는 상기 가. (1)과 같이 보고 있음은 상술한 바와 같다.

다. 시마네현고시 제40호가 유효이고 한일합방조약의 무효인 경우의 관계

(1) 동 고시가 유효한 것으로 보면 독도는 동 고시에 의해 일본의 영토로 편입된 것으로 된다.

(2) 일본 정부는 상기 가. (1)과 같이 보고 있음은 전술한 바와 같다.

라. 시마네현고시 제40호가 무효이고 한일합방조약이 무효인 경우의 관계

(1) 동 고시에 의해 독도는 일본의 영토로 편입된 것으로 되지 아니한다.

(2) 동 조약에 의해 독도는 일본의 영토로 편입된 것으로 되지 아니한다.

(3) 동 고시도 무효이고, 동 조약도 무효이므로 독도는 일본의 영토로 편입된 것이 아니며 일본이 사실상 불법적 지배를 해왔을 뿐이다.

IX. 독도영유권의 연합국에 의한 회복

1. 카이로 선언(1943.12.1.)

THE CAIRO DECLARATION

December 1, 1943

The several military missions have agreed upon future military operations against Japan. The Three Great Allies expressed their resolve to bring unrelenting pressure against their brutal enemies by sea, land, and air. This pressure is already rising. The Three Great Allies are fighting this war to restrain and punish the aggression of Japan. They covet no gain for themselves and have no thought of territorial expansion. It is their purpose that Japan shall be stripped of all the islands in the Pacific which she has seized or occupied since the beginning of the first World War in 1914, and that all the territories Japan has stolen from the Chinese, such as Manchuria, Formosa, and the Pescadores, shall be restored to the Republic of China. Japan will also be expelled from all other territories which she has taken by violence and greed. The aforesaid three great powers, mindful of the enslavement of the people of Korea, are determined that in due course Korea shall become free and independent. With these objects in view the three Allies, in harmony with those of the United Nations at war with Japan, will continue to persevere in the serious and prolonged operations necessary to procure the unconditional surrender of Japan.

> 외국 군사사절단은 일본군에 대한 장래의 군사작전을 협정하였다. 3대 동맹국은 해로, 육로, 공로로써 야만적인 적군에 대하여 가차없는 압력을 가할 결의를 표명하였다, 이 압력은 이미 증대되고 있다.
> 3대 연합국은 일본의 침략을 제지하고 징벌하기 위하여 현재의 전쟁을 수행하고 있는 바이다. 위 연합국은 자기 자신들을 위해서 이득을 요구하고 있는 것이 아니며, 또한 영토확장의 의도도 없다. 위 연합국의 목적은 일본으로부터 1914년 제1차 세계대전 개시 이후에 일본이 장악 또는 점령한 태평양상의 모든 섬들을 박탈할 것과 아울러 만주, 질탄, 주호도 등 일본이 중국인들로부터 절취한 일체의 지역을 중화민국에 반환함에 있다. 또한 일본은 폭력과 탐욕에 의하여 약탈한 모든 다른 지역으로부터도 축출될 것이다. 위의 3대국은 조선 민중의 노예상태에 유의하여 적당한 시기에 조선이 자유롭게 되고 독립하게 될 것을 결의하였다. 이러한 목적으로 위의 3대 연합국은 일본과 교전중인 여러 연합국들과 협조하여 일본의 무조건 항복을 촉진하는 데 필요한 엄중하고 장기적인 작전을 계속할 것이다.

〈해설〉

1. 선언

가. 카이로 선언(Cairo Declaration)은 1943년 11월 27일 루즈벨트(F.D.Roovelt) 미국대통령, 처칠(W. Churchill) 영국수상 그리고 장개석(蔣介石) 중국 총통이 카이로에서 회합하며 한 선언이다.

나. 12월 1일에 대일전에서 승리를 다짐하고 장차 일본의 영토처리에 관해 협의 · 결정하고 "카이로 선언"을 선포했다.

2. 내용: 동 선언의 한국에 관한 내용은 다음과 같다.

가. "또한 일본은 그가 폭력과 탐욕에 의하여(by violence and greed) 착취한 모든 다른 영토로부터 축출된다."

나. "전기의 3대국(미 · 영 · 중)은 한국의 노예상태에 유의하고 상당한 경로를 밟아 한국이 해방되고 독립될(in due course Korea shall become free and independent) 것을 결의한다."

3. 법적 효력

가. 동 선언은 주축 연합국의 일방적 선언으로 일본에 대해 법적 구속력을 갖는 것이 아니다.

나. 동 선언은 그 후 "포츠담 선언"에 의해 흡수되고, "포츠담 선언"은 그 후 "항복문서"에 의해 수용되어, 결국 "항복문서"를 통해 법적 구속력을 갖게 되었다.

다. 따라서 독도를 포함한 한국의 영토가 일본으로부터 분리되게 된 것은 직접적으로 동 선언에 의한 것이 아니라 "항복문서"를 통해 간접적으로 동 선언에 따라 분리되게 되었다.

2. 포츠담 선언(1945.7.26.)

"Proclamation Defining Terms For Japanese Surrender"

(1) We - the President of the United States, the President of the National Government of the Republic of China, and the Prime Minister of Great Britain, representing the hundreds of millions of our countrymen, have conferred and agree that Japan shall be given an opportunity to end this war.

(2) The prodigious land, sea and air forces of the United States, the British Empire and of China, many times reinforced by their armies and air fleets from the west, are poised to strike the final blows upon Japan. This military power is sustained and inspired by the determination of all the Allied Nations to prosecute the war against Japan until she ceases to resist.

(3) The result of the futile and senseless German resistance to the might of the aroused free peoples of the world stands forth in awful clarity as an example to the people of Japan. The might that now converges on Japan is immeasurably greater than that which, when applied to the resisting Nazis, necessarily laid waste to the lands, the industry and the method of life of the whole German people. The full application of our military power, backed by our resolve, will mean the inevitable and

complete destruction of the Japanese armed forces and just as inevitably the utter devastation of the Japanese homeland.

(4) The time has come for Japan to decide whether she will continue to be controlled by those self-willed militaristic advisers whose unintelligent calculations have brought the Empire of Japan to the threshold of annihilation, or whether she will follow the path of reason.

(5) Following are our terms. We will not deviate from them. There are no alternatives. We shall brook no delay.

(6) There must be eliminated for all time the authority and influence of those who have deceived and misled the people of Japan into embarking on world conquest, for we insist that a new order of peace, security and justice will be impossible until irresponsible militarism is driven from the world.

(7) Until such a new order is established and until there is convincing proof that Japan's warmaking power is destroyed, points in Japanese territory to be designated by the Allies shall be occupied to secure the achievement of the basic objectives we are here setting forth.

(8) The terms of the Cairo Declaration shall be carried out and Japanese sovereignty shall be limited to the islands of Honshu, Hokkaido, Kyushu, Shikoku and such minor islands as we determine.

(9) The Japanese military forces, after being completely disarmed, shall be permitted to return to their homes with the opportunity to lead peaceful and productive lives.

(10) We do not intend that the Japanese shall be enslaved as a race or destroyed as a nation, but stern justice shall be meted out to all war criminals, including those who have visited cruelties upon our prisoners. The Japanese Government shall remove all obstacles to the revival and strengthening of democratic tendencies among the Japanese people. Freedom of speech, of religion, and of thought, as well as respect for the fundamental human rights shall be established.

(11) Japan shall be permitted to maintain such industries as will sustain her economy and permit the exaction of just reparations in kind, but not those which would enable her to re-arm for war. To this end, access to, as distinguished from control of, raw materials shall be permitted. Eventual Japanese participation in world trade

relations shall be permitted.

(12) The occupying forces of the Allies shall be withdrawn from Japan as soon as these objectives have been accomplished and there has been established in accordance with the freely expressed will of the Japanese people a peacefully inclined and responsible government.

(13) We call upon the government of Japan to proclaim now the unconditional surrender of all Japanese armed forces, and to provide proper and adequate assurances of their good faith in such action. The alternative for Japan is prompt and utter destruction.

1. 미국 대통령과 중국 총통과 영국 수상은 수억 명에 달하는 우리 동포들을 대표하여, 일본에게 이 전쟁을 종식할 기회를 부여하겠다는 점에 대해 협의한 결과, 의견 일치를 보았다.
2. 미국과 영국과 중국의 막강한 육해공군이 수시로 서방측으로부터 병력과 항공함대를 보충 받으면서 일본에 대한 최후의 일격을 가할 준비가 되어 있다. 일본이 저항을 멈출 때까지 전쟁을 지속한다는 연합국 전체의 결의에 따라 이러한 군사력은 유지됨과 동시에 강화되고 있다.
3. 세계의 자유 국가 국민들이 들고 일어선 위력 앞에 독일이 쓸데없이 저항하다가 무기력하게 항복한 결과가 일본 국민에게 본보기로서 매우 명료하게 드러났다. 이제 일본에 집중되고 있는 위력은 나치가 저항하고 있었던 당시에 영토와 산업과 독일 국민의 생활 터전을 황폐화시켰던 위력보다도 이루 헤아릴 수 없을 정도로 엄청나다. 우리의 결의에 따라 우리의 군사력을 충분히 동원할 경우, 일본의 군사력은 어쩔 수 없이 완전히 파괴당할 뿐만 아니라 일본 전역이 초토화되지 않을 수 없을 것이다.
4. 일본이 어리석은 속셈 때문에 자국을 전멸시킬 위험에 빠뜨리는 오만방자한 군사 전문가에 의해 지속적으로 통제될 것인지 아니면 이성적인 길을 따라갈 것인지에 대해 결정을 내릴 시점이 다가왔다.
5. 우리가 제시하는 조건은 다음과 같다. 우리는 그 조건을 끝까지 요구할 것이다. 대안은 없다. 촌각을 지체할 수 없다.
6. 무책임한 군국주의가 이 세상에서 사라지지 않는 한 평화와 안보와 정의가 보장되는 새로운 질서는 불가능하기 때문에, 세계 정복을 꿈꾸는 길로 일본 국민을

잘못 이끌었던 당사자와 세력은 영원히 제거되어야 한다.
7. 우리가 여기서 밝히고 있는 기본 목표의 달성을 보장하기 위한 목적에서, 일본 영토의 요충지가 장악되고 난 다음에 그러한 신질서가 확립되고 전쟁을 일으킨 일본 세력이 격퇴되었다는 사실이 확실하게 입증될 것이다.
8. 〈카이로 선언〉의 조건은 이행되어야 하고, 일본의 주권은 혼슈 섬과 홋카이도 섬과 규슈 섬과 시코쿠 섬과 우리가 이미 결의한 바와 같은 소규모 섬들로 제한되어야 한다.
9. 일본의 군사력은 완전히 무장 해제된 다음에 평화롭고 생산적인 생활을 꾸려 나갈 기회를 제공받도록 귀국이 허용되어야 한다.
10. 우리는 일본이 하나의 민족으로서 예속을 당하거나 하나의 국가로서 파괴당해서는 안 된다고 생각하지만, 우리의 포로에게 잔혹 행위를 가한 자를 포함하여 모든 전범자에 대해 엄중한 심판이 내려져야 한다고 생각한다. 일본 정부는 일본 국민의 민주적 성향을 되살리고 강화하는 데 걸림돌로 작용하는 모든 장애 요소를 제거해야 한다. 기본적 인권이 존중될 뿐만 아니라 언론의 자유와 종교의 자유와 사상의 자유가 확실하게 보장되어야 한다.
11. 일본이 자국의 경제를 유지하면서 현물 배상을 할 수 있는 산업을 유지하도록 허용해야 하지만, 재무장하여 전쟁을 일으킬 소지가 있는 산업을 유지하도록 허용해서는 안 된다. 이러한 목적을 달성하기 위해서는 원자재에 대한 관할권을 허용해서는 안 되고, 원자재에 대한 이용권만 허용되어야 한다. 세계 무역 관계에 대한 일본의 참여는 최종적으로 허용되어야 한다.
12. 연합국 점령 세력은 이러한 목표가 달성되고, 일본 국민의 자유로운 의사에 따라 평화를 지향하고 신뢰할 만한 정부가 수립되자마자 일본으로부터 철수해야 한다.
13. 우리는 이제 일본 정부가 모든 일본 군사력의 무조건적 항복을 선언하고 그러한 조치를 확실하게 믿을 수 있도록 타당하고도 적절한 방안을 보장할 것을 요구한다. 그렇게 하지 않을 경우, 일본은 지금 당장 전멸을 파괴당할 따름이다.

〈해설〉

1. 선언

가. 1945년 2월 26일 미국대통령, 영국수상 그리고 중국총통이 포츠담에서 회합하여 "포츠담 선언"을 했다.

나. 1945년 8월 8일 소련은 대일선전포고와 동시에 동 선언에 가담했다.

2. 내용

가. "카이로 선언의 제 조항은 이행될 것이며(the terms of the Cairo Declaration shall be carried our)"

나. "일본의 주권은 혼슈, 홋카이도, 규슈, 시코크와 우리들이 결정하는 제 소도(such minor Islands as we determine)에 국한될 것이다."

3. 법적 효력

가. 동 선언도 "카이로 선언"과 같이 주축 연합국에 의한 일방적 선언으로 일본에 대해 법적 구속력을 갖는 것이 아니었다.

나. 동 선언은 그 후 "항복문서"에 수용되어, 동 문서를 통해 간접적으로 법적 구속력을 갖게 되었다.

다. 따라서 독도를 포함한 한국의 영토가 일본으로부터 분리되게 된 것은 직접적으로 동 선언에 의한 것이 아니다. "항복문서"를 통해 간접적으로 동 선언에 따라 분리되게 된 것이다.

3. 항복문서(1945.9.2.)

We, acting by command of and in behalf of the Emperor of Japan, the Japanese Government and the Japanese Imperial General Headquarters, hereby accept the provisions set forth in the declaration issued by the heads of the Governments of the United States, China, and Great Britain on 26 July 1945 at Potsdam, and subsequently adhered to by the Union of Soviet Socialist Republics, which four powers are hereafter referred to as the Allied Powers.

We hereby proclaim the unconditional surrender to the Allied Powers of the Japanese Imperial General Headquarters and of all Japanese Armed Forces and all Armed Forces under Japanese control wherever situated.

We hereby command all Japanese forces wherever situated and the Japanese people to cease hostilities forthwith, to preserve and save from damage all ships, aircraft, and

military and civil property, and to comply with all requirements which may be imposed by the Supreme Commander for the Allied Powers or by agencies of the Japanese Government at his direction.
We hereby command the Japanese Imperial General Headquarters to issue at once orders to the commanders of all Japanese forces and all forces under Japanese control wherever situated to surrender unconditionally themselves and all forces under their control.
We hereby command all civil, military, and naval officials to obey and enforce all proclamations, orders, and directives deemed by the Supreme Commander for the Allied Powers to be proper to effectuate this surrender and issued by him or under his authority; and we direct all such officials to remain at their posts and to continue to perform their non-combatant duties unless specifically relieved by him or under his authority.
We hereby undertake for the Emperor, the Japanese Government, and their successors to carry out the provisions of the Potsdam Declaration in good faith, and to issue whatever orders and take whatever action may be required by the Supreme Commander for the Allied Powers or by any other designated representative of the Allied Powers for the purpose of giving effect to that declaration.
We hereby command the Japanese Imperial Government and the Japanese Imperial General Headquarters at once to liberate all Allied Prisoners of War and civilian internees now under Japanese control and to provide for their protection, care, maintenance, and immediate transportation to places as directed.
The authority of the Emperor and the Japanese Government to rule the State shall be subject to the Supreme Commander for the Allied Powers, who will take such steps as he deems proper to effectuate these terms of surrender.

Signed at TOKYO BAY, JAPAN at 09.04 on the SECOND day of SEPTEMBER, 1945
Mamoru Shigemitsu
By Command and in behalf of the Emperor of Japan and the Japanese Government
Yoshijirō Umezu
By Command and in behalf of the Japanese Imperial General Headquarters

Accepted at TOKYO BAY, JAPAN at 09.08 on the SECOND day of SEPTEMBER, 1945, for the United States, Republic of China, United Kingdom and the Union of Soviet Socialist Republics, and in the interests of the other United Nations at war with Japan.

Douglas MacArthur

Supreme Commander for the Allied Powers

C.W. Nimitz

United States Representative

Hsu Yung-Ch'ang

Republic of China Representative

Bruce Fraser

United Kingdom Representative

Kuzma Derevyanko

Union of Soviet Socialist Republics Representative

Thomas Blamey

Commonwealth of Australia Representative

Lawrence Moore Cosgrave

Dominion of Canada Representative

Philippe Leclerc de Hauteclocque

Provisional Government of the French Republic Representative

C.E.L. Helfrich

Kingdom of the Netherlands Representative

Leonard M. Isitt

Dominion of New Zealand Representative

일본 천황의 명령에 의해, 그리고 일본 천황을 위해 행동하는 우리 일본 정부 및 대본영은 이로써 1945년 7월 26일, 포츠담에서 미국, 중국 및 영국 정부수반들에 의해 발표된 뒤, 소련이 추가된 선언서에 규정된 조항들을 받아들인다. 이후 그 4개국은 연합국으로 명명된다.

우리는 이로써 연합국에게 일본 대본영과 모든 일본군 그리고 소재지와 관계없이 일본 통치 하의 모든 군대를 무조건 양도할 것을 선언한다.

우리는 이로써 소재지와 관계없이 모든 일본군과 일본국민들에게 적대행위들을 즉

각 중지하고, 모든 선박, 항공기 그리고 군 재산 및 민간 재산의 피해를 복구하며, 연합국 최고사령관이나, 연합국 최고사령관의 지시를 받는 일본 정부 기관들이 부과할 모든 지시를 따를 것을 명령한다.
우리는 이로써 일본 대본영으로 하여금 즉각 모든 일본군 사령부 및 소재지에 관계없이 일본 통치 하의 모든 군 사령부에 다음과 같은 지시를 내리도록 명령한다. 모든 일본군 사령부 및 소재지에 관계없이 일본 통치 하의 모든 군 사령부는 자신은 물론 그 통제 하에 있는 모든 군에게 무조건 항복라고 지시한다.
우리는 이로써 모든 민간 관료들과, 군인 및 해군 장교들에게 연합국 최고사령관이 이 항복을 유효하게 하는 데 적절하다고 생각하여, 최고사령관이 발하거나, 그 권한의 위임을 받아 발하는 모든 포고령, 훈령 및 지시사항들을 준수하고 시행할 것을 명령한다. 그리고 우리는 모든 그러한 관리들에게 특별히 최고사령관이나, 그 권한의 위임을 받은 자에 의해 해임되지 않는 한, 자신의 자리에서 비전투적인 임무를 수행할 것을 명령한다.
우리는 이로써 천황과 일본정부 및 그 후계자들이 포츠담 선언의 조항들을 성실하게 이행하고, 연합국 최고사령관이나 또는 연합국에 의해 지명된 다른 대표자가 그 선언을 실행하기 위해 요구할 어떤 명령이나 어떤 조치를 취할 것을 천황·일본정부 및 그 후계자를 위하여 확약한다.
우리는 이로써 일본 정부와 일본 대본영에 현재 일본 통제 하에 있는 모든 연합국 전쟁포로들과 민간인 수용자들을 즉각 석방하는 동시에, 그들을 보호하고 보살피며, 부양하며, 지시된 장소로 지체없이 이송할 것을 명령한다.
일본을 통치하는 천황과 일본정부의 권한은 연합국 최고사령관에게 위임된다. 그는 항복 조건들을 유효화시키는 데 적절하다고 생각하는 조치들을 취하게 될 것이다.

〈해설〉

1. 서명

가. 1945년 8월 6일 히로시마에 역사적인 원자폭탄이 투하되었고, 8월 8일 소련의 대일 선전포고가 있었으며, 8월 9일 나가사키에 또다시 원자폭탄이 투하되었다.

나. 8월 15일 일본은 라디오 방송을 통해 "무조건 항복 선언"을 했다.

다. 위 항복선언을 성문화하기 위한 "항복문서"(the Instrument of Surrender)의 서명이 9월 2일 도쿄만에 있는 미군함 미조리함상에서 있었다.

2. 내용

가. "1945년 7월 26일 포츠담에서 미국, 영국, 중국의 정부 거두에 의해 발표되고, 그 후 소련에 의해 지지된 선언에 제시한 제조항을 수락한다(accept the provisions set forth in the declaration)".

나. "우리는 이후 일본정부와 그 승계자가 포츠담 선언의 규정을 성실히 수행하는 것을 확약한다."

3. 법적효력

가. 동 문서는 연합국과 일본이 서명하여 일본에 대해 법적 구속력을 갖게 되었다.

나. 동 문서는 "포츠담 선언"을 수락하여 동 선언은 일본에 대해 법적 구속력을 갖게 되었고, 따라서 동 선언에 수용되어 있는 "카이로 선언"은 일본에 대해 법적 구속력을 갖게 되었다.

다. 동 문서에 의해 독도를 포함한 한국의 영토가 일본으로부터 분리되게 되었다.

4. 시행

가. 항복 후 미국의 초기 대일정책

(1) 하달: "항복문서"의 시행을 위해 미국은 1945년 9월 6일 "항복후 미국의 초기 대일정책"(United States Initial Post Surrender Policy for Japan)이라는 문서를 연합군 최고사령관에게 하달했다.

(2) 내용: "일본의 주권은 홋카이도, 혼슈, 큐슈, 시코크와 카이로 선언 및 미국이 이미 당사자가 되거나 또는 장래에 당사자가 되는 기타 협정에 의하여 결정되는 주변의 제소도(minor outlying islands)에 한정된다."

(3) 법적 효력: 동 문서는 연합국에 의한 "항복문서"의 시행조치로서 연합군 최고사령관에 대해 훈령으로서의 법적 효력을 갖는다.

나. 항복 후 초기 기본지침

(1) 하달: "항복문서"의 시행을 위해 1945년 11월 3일 미국은 "항복 후 초기

기본지침"(Basic Initial Post Surrender Directive)을 연합군 최고사령관에게 하달했다.

(2) 내용: "일본은 다음과 같은 것을 포함하는 것으로 한정된다. 일본의 4개 본도, 즉 홋카이도, 혼슈, 큐슈, 시코크와 대마도를 포함한 약 1천여의 인접 제소고(about 1,000 smaller adjacent islands)"

(3) 법적 효력: 동 문서는 연합국에 의한 "항복문서의 시행"조치로서 연합군 최고사령관에 대해 일반명령으로서의 법적 효력을 갖는다.

다. 연합군 최고사령관 훈령 제677호

(1) 하달: 1946년 1월 29일 연합군 최고사령관은 "항복 후 조기기본지침"에 따라 "항복문서"를 시행하기 위해 "연합군 최고사령관 훈령 제677호" (Supreme commander for Allied Powers Instruction No.677 : SCAPIN No. 677)를 일본정부에 하달했다.

(2) 내용: 일본의 통치권으로부터 제외되는 영토로 제주도, 울릉도, 독도를 열거하고 있다.

(3) 법적 효력

(가) 동 훈령은 "항복문서"의 시행조치로서 "항복문서"와 같이 일본에 대해 법적 구속력을 갖는다.

(나) 동 훈령에 의해 독도는 한반도와 같이 일본으로부터 분리되었다.

(다) 이 "분리"는 *dominium*(영유권)의 분리가 아니라 *imperium*(영역권)의 분리이다. *dominium*의 분리는 "대일평화조약"에 의했다.

4. 항복 후 미국의 초기 대일정책(1945.9.6.)

United States Initial Post-Surrender Policy for Japan(Sep.6, 1945)
(전략)
(a) Japan's sovereignty will be limited to the islands of Honshu, Hokkaido, Kyushu, Shikoku and such minor outlying islands as may be detemined, in accordance with the Cairo Declaration and other agreements to shich the United States is or may be a party...
항복 후 미국의 초기 대일본 대응
(a) 일본의 주권은 본주, 북해도, 열주, 사국과 카이로 선언 및 미국이 이미 참가하였고 또 장래에 참가하는 기타 협정에 의하여 결정되는 주변의 제소도(minor outlying islands)에 국한된다.

5. 연합국 최고사령부 지령 제677호(1946.1.29.)

GENERAL HEADQUARTERS

SUPREME COMMANDER FOR THE ALLIED POWERS

29 January 1946

AG 091 (29 Jan. 46)GS
(SCAPIN - 677)

MEMORANDUM FOR: IMPERIAL JAPANESE GOVERNMENT.
THROUGH : Central Liaison office, Tokyo.
SUBJECT : Governmental and Administrative Separation of Certain Outlying Areas from Japan.

1. The Imperial Japanese Government is directed to cease exercising, or attempting to exercise, governmental or administrative authority over any area outside of Japan,

or over any government officials and employees or any other persons within such areas.

2. Except as authorized by this Headquarters, the Imperial Japanese Government will not communicate with government officials and employees or with any other persons outside of Japan for any purpose other than the routine operation of authorized shipping, communications and weather services.
3. For the purpose of this directive, Japan is defined to include the four main islands of Japan (Hokkaido, Honshu, Kyushu and Shinkoku) and the approximately 1,000 smaller adjacent islands, including the Tsushima Islands and the Ryukyu (Nansei) Islands north of 30° North Latitude (excluding Kuchinoshima Island); and excluding (a) Utsuryo (Ullung) Island, Liancourt Rocks (Tako Island) and Quelpart (Saishu or Cheju) Island, (b) the Ryukyu (Nansei) Islands south of 30° North Latitude (including Kuchinoshima Island), the Izu, Nanpo, Bonin (Ogasawara) and Volcano (Kazan or Iwo) Island Groups, and all the other outlying Pacific Islands [including the Daito (Ohigashi or Oagari) Island Group, and Parece Vela (Okinotori), Marcus (Minami-tori) and Ganges (Nakano-tori) Islands], and (c) the Kurile (Chishima) Islands, the Habomai (Hapomaze) Island Group (including Suisho, Yuri, Akiyuri, Shibotsu and Taraku Islands) and Shikotan Island.
4. Further areas specifically excluded from the governmental and administrative jurisdiction of the Imperial Japanese Government are the following: (a) all Pacific Islands seized or occupied under mandate or otherwise by Japan since the beginning of the World War in 1914, (b) Manchuria, Formosa and the Pescadores, (c) Korea, and (d) Karafuto.
5. The definition of Japan contained in this directive shall also apply to all future directives, memoranda and orders from this Headquarters unless otherwise specified therein.
6. Nothing in this directive shall be construed as an indication of Allied policy relating to the ultimate determination of the minor islands referred to in Article 8 of the Potsdam Declaration.
7. The Imperial Japanese Government will prepare and submit to this Headquarters a report of all governmental agencies in Japan the functions of which pertain to areas

outside a statement as defined in this directive. Such report will include a statement of the functions, organization and personnel of each of the agencies concerned.

8. All records of the agencies referred to in paragraph 7 above will be preserved and kept available for inspection by this Headquarters.

총사령부
연합국 최고 사령부
1946년 1월 29일
AG 091 (1월 29일 46) GS
(SCAPIN - 677)

일본 제국에 대한 각서

경유 : 도쿄 중앙 연락 사무실
제목 : 일본에서의 일부 외곽 지역의 정부 및 행정 분리.

1. 일본 국외의 모든 지역에 대해, 또 그 지역에 있는 정부 공무원, 고용원 및 기타 모든 사람에게, 정치적 또는 행정상의 권력을 행사하는 것 및 행사하려고 기획하는 것을 중지하도록 일본 제국 정부에 지령한다.
2. 일본 제국 정부는 이미 허용되고 있는 선박의 운항, 통신, 기상 관계의 상식 작업을 제외하고 당 사령부로부터 승인되지 않은 한 일본 제국 밖의 정부 관리, 고용인 및 그 모든 사람 사이에 목적의 여하를 불문하고 통신을 할 수 없다.
3. 이 지령의 목적에서 일본이라고 할 경우 다음의 정의에 의한다. 일본 범위에 포함되는 지역으로 일본 네 개의 주요 섬 (홋카이도, 혼슈, 시코쿠, 규슈)과 쓰시마 섬, 북위 30도 이북의 류큐 (남서) 제도 (쿠치노섬 제외)를 포함한 약 1 천개의 인접한 작은 도서. 일본 범위에서 제외되는 지역으로 (a) 울릉도, 리앙쿠르록(다케시마), 제주도. (b) 북위 30도 이남의 류큐 (남서) 열도 (쿠치노섬 포함), 이즈, 남방, 오가사와라, 이오토리 섬 및 다이토 제도 오키노토리 섬, 미나미 토리 섬, 나카노 도리 섬 등 다른 외곽 태평양 모든 제도. (c) 치시마 열도, 하보마이 군도 (스이쇼, 유리토, 아키유리토, 다라쿠토 포함) 시코탄토.

4. 또한 일본제국 정부의 정치적 행정 관할권에서 특히 제외할 수 있는 지역은 다음과 같다. (a) 1914년 세계 대전 이후 일본이 위임 통치 및 기타 방법으로 탈취 또는 점령한 모든 태평양 섬. (b) 만주, 대만, 팽호 열도. (c) 조선 및 (d) 사할린.
5. 이 지령에 있는 일본의 정의는 특히 지정하는 경우를 제외하고, 앞으로 본 사령부에서 발생되는 모든 지령, 각서 또는 명령에 적용하게 된다.
6. 이 지령 중의 조항은 모두 포츠담 선언 제 8 조에 있는 작은 섬의 최종적 결정에 관한 연합국 측의 정책을 나타내는 것으로 해석해서는 안 된다.
7. 일본 제국 정부는 일본 국내 정부 기관에서, 이 지령의 정의에 의한 일본 외의 지역에 관한 기능을 가진 모든 것의 보고를 조정해서 당 지령부에 제출할 것을 요청한다. 이 보고는 관계 각 기관의 기능, 조직 및 직원들의 상태를 포함해야 한다.
8. 오른쪽 제 7 항에 언급된 기관에 대한 보고는 모두 유지하고 언제든지 본 사령부의 검열을 받을 수 있도록 하는 것을 요청하다.

〈해설〉

1. 하달

가. 항복문서의 서명: 1945년 8월 15일의 일본의 '항복선언'을 문서화하기 위한 "항복문서"의 서명이 1945년 9월 2일 도교만에 있는 미 전함 미조리함상에서 있었다.

나. 항복문서의 시행: "항복문서"의 시행을 위해 다음과 같은 조치가 행해졌다.

(1) 항복 후 미국의 초기 대일정책: 1945년 9월 6일 미국은 "항복문서"의 시행을 위해 "항복 후 미국의 초기 대일정책"이라는 문서를 연합군 최고사령관에게 하달했다.

(2) 항복 후 초기 기본지침: 1945년 11월 3일 미국은 "항복문서"의 시행을 위해, 위 문서에 이어 "항복 후 초기기본지침"을 연합군 최고사령관에게 하달했다.

(3) 연합군 최고사령관 훈령: 1946년 1월 29일 연합군 최고사령관은 상기 2개의 문서에 따라 "항복문서"의 시행을 위해 "연합군 최고사령관 훈령

제677호"(Supreme Commander for th Allied Powers Instruction No. 677)를 일본정부에 하달했다.

2. 법적 근거와 성격

가. 법적 근거: 동 훈령의 법적 근거는 "항복문서"이다.

나. 법적 성격: 동 훈령의 법적 성격은 "항복문서"의 시행조치이다.

3. 구성과 내용

가. 구성: 동 훈령은 8개항으로 구성되어 있으며 그중 독도에 관계되어 있는 것은 제3항과 제6항이다.

나. 내용

(1) 제3항

(가) 이 지령에 있어서 일본이라 함은 일본 4대도(홋카이도, 혼슈, 큐슈, 및 시코크) 및 약 1,000의 인접제소도를 포함한다. 상기 인접제소도에는 대마도 및 북위 30도 이북의 유구(남서)제도 (구지도 제외)를 포함하나, 다음의 제도는 포함하지 아니한다. (a)울릉도, 죽도(독도), 제주도 (b)생략

(나) 제3항의 규정에 의해 독도는 일본으로부터 분리되게 된 것이다.

(2) 제6항

(가) "이 훈령의 어떠한 부분도 포츠담 선언 8항에 언급된 제소도(the minor islands)의 최종적인 결정에 관한 연합국의 정책을 표시하는 것으로 해석되어서는 아니 된다."

(나) 위의 "최종적인 결정이 아니다."는 의미에 관해 한국정보와 일본정부의 견해가 대립되어 있다.

1. 일본정부의 견해: 이는 평화조약으로 변경할 수 있다는 의미이다. 전쟁 후 점령영토의 변경여부는 평화조약으로 정해진다(1962년 7월 13일 "일본정부견해(4) 표명" 제6항, 제7항).

2. 한국정부의 견해: 이는 연합군 최고사령부가 추후의 훈령으로 이

를 변경할 수 있다는 의미이다(1959년 1월 7일 "한국정부견해(3) 표명" 제6항).

3. 일본정부견해 부당성: 동 훈령은 "항복문서"에 근거한 것이며 항복문서는 예비평화조약의 성격을 가진 것이므로 평화조약으로 영토의 변경이 정해진다는 일본정부견해는 부당하다. 평화조약으로 영토의 변경이 정해진다는 일본 정부견해를 따른다 해도 "대일평화조약"에 독도를 일본으로부터 분리되지 아니한다는 변경을 가한 바 없으므로 일본정부견해는 부당하다.

4. 대일평화조약과의 관계

가. 대일평화조약 제2조와의 관계

(1) "대일평화조약" 제2조는 "일본은 한국의 독립을 승인하고, 제주도, 거문도 및 울릉도를 포함한 한국의 대한 권리, 권원 및 청구권을 포기한다"라고 규정하고 있다.

(2) 동 조에 독도는 열거되어 있지 않다. 그러나 독도는 포기의 대상에서 제외된다는 규정을 두고 있지 아니하므로 동 훈령에 의해 독도가 일본에서 제외된다는 효력은 그대로 지속된다.

나. 대일평화조약 제19조 (d)항과의 관계

(1) "대일평화조약" 제19조 (d)항은 "일본은 점령기간 중에 점령 당국의 지령에 의하거나 또는 그 결과로서 행하여진... 모든 작위 또는 부작위의 효력을 승인하며"라고 규정하고 있다.

(2) 동 조항을 위해 일본은 동 훈령의 효력을 승인한 것이다. 따라서 동 훈령 제3항에서 독도가 일본으로부터 제외된다는 효력은 동 조약에 의해 계속 유지된다.

(3) 동 훈령에 의해 독도의 *imperium*(영역권)만이 분리되고 동 조약에 의해 *dominium*(영유권)이 분리된 것으로 본다.

(4) 일국가가 분리 · 독립할 경우 *imperium* 위에 신국가로 성립하며, 그 후 본국과의 조약의 체결에 의해 *dominium*을 취득하게 된다.

6. 연합국 최고사령부 지령 제1033호(1946.6.22.)

(전략)

b. Japanese vessels and crews shall not come within the area nearer than 12 miles of Takeshima situated at 37° 15' N., 131° 53' E., nor shall they have any access to the islands.

(이하 생략)

b. 일본인의 선박 및 승무원은 금후 북위 37도 15분, 동경 131도 53분에 있는 리앙꾸르암(獨島)의 12해리 이내에 접근하지 못하며 또한 同島에 어떠한 접근도 하지 못한다.

7. 한미간 대한민국의 통치권 이양 및 미국점령 군대의 철수에 관한 협정 (1948.8.9~11.)

Agreement between the Government of the Republic of Korea and the Government of the United States of America Concerning the Transfer of Authority to the Government of the Republic of Korea and the Withdrawal of United States Occupation Forces

Effected by Exchange of Letters
Signed at Seoul August 9 and 11, 1948
Entered into force August 11, 1948

The president to the Commanding General, the United States Army Forces in Korea

Republic of Korea
Office of the President

Seoul, 9 August 1948

Sir,

I have the honour to inform you that, in consequence of the deliberations and acts of the Korean National Assembly, which was constituted as a result of the election held on 10 May 1948, under the observation of the United Nations Temporary Commission on Korea, there was formed, as of 5 August 1948, the Government of the Republic of

Korea. In accordance with paragraph 3 of resolution Ⅱ of the United Nations General Assembly resolutions on Korea of 14 November 1947, the United Nations Temporary Commission on Korea was notified, on 6 August 1948, of the formation of this Government.

In furtherance of the United Nations General Assembly resolutions on Korea, particularly paragraph 4 of resolution Ⅱ, I have the honour further to inform you that the Government of the Republic of Korea, after consultation with the United Nations Temporary Commission on Korea, will be prepared to take over the functions of government. To that end, your co-operation and assistance are requested in transferring to the Government of the Republic of Korea all such functions now exercised by you as Commanding General. United States Army Forces in Korea, including the direction of all police, coast guard and constabulary units now in being. The Government of the Republic of Korea recognizes that it will be necessary for you to retain control over areas and facilities of vital importance to you (such as ports, camps, railways, lines of communications, airfields, etc.) as you may deem necessary in order to accomplish the transfer of authority to the Government of the Republic of Korea and the withdrawal of United States occupation forces from Korea in accordance with the United Nations General Assembly resolutions on Korea. During this period, the personnel of your Command, both military and civilian, including their dependents, shall remain under your exclusive jurisdiction.

In the interest of providing a progressive and orderly transfer of full governmental responsibility and authority from the United States Army Forces in Korea to the Government of the Republic of Korea and to accomplish the purposes set forth above, I am prepared to name Mr. Lee Bum Suk, Mr. Yun Tchi Young and Mr. T.S. Chang to consult with representative of your Command.

SYNGMAN RHEE
President

Lieutenant General JOHN R. HODGE,
Commanding General, United States Army Forces in Korea,
Seoul

The Commanding General, the United States Army Forces in Korea to the President

11 August 1948

Sir,

I have the honour to acknowledge Your Excellency's Note of 9 August 1948, in which you informed me of the fact that, in accordance with the United Nations General Assembly resolution Ⅱ of 14 November 1947, the United Nations Temporary Commission on Korea was notified on 6 August 1948 of the formation of the Government of the Republic of Korea, and in which you requested my co-operation and assistance in transferring to that Government the functions of government now exercised by me as Commanding General of the United States Army Forces in Korea.

I am pleased to note that the Government of the Republic of Korea recognizes that it will be necessary for me to retain control over areas and facilities of vital importance (such as ports, camps, railways, lines of communication, airfields, etc.) as I deem necessary in order to accomplish the transfer of authority to the Government of the Republic of Korea and the withdrawal of United States occupation forces from Korea in accordance with the United Nations General Assembly resolutions on Korea. Furthermore, I note that the Government of the Republic of Korea recognizes my exclusive jurisdiction over the personnel of my Command, both military and civilian, including their dependents.

I shall be pleased to co-operate with you in arranging a progressive and orderly transfer of governmental functions, including the assumption of responsibilities for the direction of all police, coast guard and constabulary units now in being, leading to the withdrawal of United States force from Korea and the termination of the United States occupation. To this end, and for the purpose of facilitating arrangements for the withdrawal of the forces under my Command, I have appointed Major General C. G. Helmick and Mr. Everett F. Drumright to consult with Your Excellency's representatives: Mr. Lee Bum Suk, Mr. Yun Tchi young and Mr. T.S. Chang.

JOHN R. HODGE
Lieutenant General, U.S. Army,
Commanding

His Excellency SYNGMAN RHEE,
President of the Republic of Korea,
Seoul

대한민국 정부와 아메리카합중국 정부간의 대한민국 정부에의 통치권이양 및 미국 점령군대의 철수에 관한 협정

각서교환으로 체결
1948년 8월 9일 및 11일 서울에서 서명
1948년 8월 11일 발효

대통령으로부터 주한 미군 총사령관에게

대한민국 1948년 8월 9일
대통령실 서 울

귀하,

본관은 1948년 5월 10일 국제연합 임시 한국위원단 감시 하에 실시된 선거의 결과로 구성된 한국 국회의 토의와 조치의 결과 1948년 8월 5일자로 대한민국 정부가 수립된 것을 귀하에게 통고함을 영광으로 생각합니다. 한국에 관한 1947년 11월 14일자 국제연합 총회 결의2의 제3항에 따라 국제연합 임시 한국위원단에 대하여 본 정부 수립을 통고한 바 있습니다.

한국에 관한 국제연합 총회 결의 특히 결의2의 제4항을 조성하기 위하여 대한민국 정부는 국제연합 임시 한국위원단과 협의한 후 통치기능을 인수할 것임을 귀하에게 통고하는 영광을 또한 가지는 바입니다. 이를 위하여 현존하는 모든 경찰, 해양경비대 및 국방경비대의 지휘와 함께 귀하가 주한 미국군대 총사령관의 자격으로 현존 행사하는 일체의 기능을 대한민국 정부에 이양함에 있어서 귀하의 협력과 원조를 바라는 바입니다. 대한민국 정부는 귀하가 한국에 관한 국제연합 총회의 결의에 따라서 대한민국 정부에 대한 권한의 이양과 한국으로부터의 미국 점령군의 철수를 수행하기 위하여 필요하다고 생각하는 매우 중요한 구역과 시설(이를

테면 항구, 야영지, 철도, 통신망, 비행장 등)에 대한 관리권을 계속 보유할 필요가 있으리라는 점을 인정합니다. 이 기간 중에는 귀하의 지휘를 받는 인원은 군인과 문관을 불문하고 또한 그들의 부양가족과 함께 귀하의 전속적 관할에 계속 복할 것입니다.

일체의 통치 책임과 권한을 주한 미국군대로부터 대한민국 정부에 점진적이고 질서있게 이양하는 준비를 하고 또한 위에 언급된 목적을 달성하기 위하여 이범석, 윤치영 및 장택상 제씨를 귀 사령부의 대표와 협의하도록 임명하겠습니다.

이 승 만
대통령

서울
주한 미군총사령관
존 R. 하지 중장 귀하

주한 미군 총사령관으로부터 대통령에게

1948년 8월 11일

귀하,

본관은 1948년 8월 9일자의 각하의 각서를 접수하였음을 영광으로 생각합니다. 각하는 그 각서에서 국제연합 총회의 1947년 11월 14일자 결의2에 따라 1948년 8월 6일 국제연합 임시 한국위원단에 대한민국 정부의 수립을 통고한 사실을 본관에게 통지하시고 또한 본관이 현존 주한 미국군대 총사령관의 자격으로 행사하는 통치 기능을 그 정부에 이양함에 있어서 본관의 협력과 원조를 요청하였습니다.

본관은 대한민국정부가 한국에 관한 국제연합 총회의 결의에 따라 본관이 대한민국 정부에 대한 권한의 이양과 한국으로부터의 미국 점령군의 철수를 수행하기 위하여 필요하다고 생각하는 매우 중요한 구역과 시설(이를테면 항구, 야영지, 철도, 통신망, 비행장 등)에 대한 관리권을 계속 보유할 필요가 있으리라는 점을 인정하는 것을 알고 기쁘게 생각하는 바입니다. 또한 본관은 대한민국 정부가 본관의 지휘를 받는 인원에 대하여 군인과 문관을 불문하고 또한 그들의 부양가족과 함께 본관의 전속적 관할을 인정하는 것으로 압니다.
본관은 한국으로부터의 미국 군대의 철수와 미국 점령의 종결을 이룩하기 위하여 현존하는 모든 경찰, 해양경비대 및 국방경비대의 지휘책임 인계를 포함하는 통치 기능의 점진적이고 질서있는 이양을 조치함에 있어서 각하와 협력하는 것을 기쁘게 생각합니다. 이를 위하여 그리고 또한 본관의 지휘하에 있는 군대의 철수를 위한 조치를 용이하게 하기 위하여 본관은 C. G. 헬믹 소장과 에베렐 F. 드럼라이트 씨를 각하의 대표인 이범석, 윤치영 및 장택상 제씨와 협의하도록 임명하였습니다.

존 R. 하지
육군중장
총사령관

서 울
대한민국 대통령
이 승 만 각하

〈해설〉

1945년 9월 2일 "항복문서"의 서명이 있은 후 동 문서의 부록으로 첨부된 연합군 최고사령부 "일반명령 제1호"에 의하여 38선 이북은 소련군이, 그 이남은 미군이 각각 점령하여 한국은 38선을 경계로 남북으로 분단되게 되었다. 1946년 1월 29일 "SCAPIN 제677호"에 의해 일본의 관할권으로부터 분리된 독도는 남한을 점령한 미군 사령관의 관할 하에 있게 되었다. 1948년 5월 10일 대한민국 국회가 구성되게 되었고, 7월 17일 "대한민국 헌법"을 제정 공표하고, 대한민국 정부의 수립이 동년 8월 15일로 예정되어 있었다. 이에 지금까지 38선 이남에 대한 통치권을 행사해오던 주한 미군사령관은 한국 대통령에게 통치권을 이양하는 협정을 교환공문의 형식으로 체결하게 되었다. 이승만 대통령의 하지 사령관에 대한 공문은 1948년 8월 9일에 있었고, 이에 대한 하지 사령관의 회한은 동년 동월 11일에 있었다.

"SCAPIN 제677호"에 의해 일본의 통치로부터 분리된 독도는 비로소 주한 미군사령관으로부터 한국 대통령에게 이양된 것이다. 따라서 1948년 1월 29

일 "SCAPIN 제677호"에 의해 일본의 통치로부터 분리된 독도의 영유권(imperium)은 같은 일자에 한국의 영토로 된 것이 아니라 주한 미군사령관의 관할 하에 있다가 1948년 8월 11일에 한국의 관할로 귀속되게 된 것이다. 그 후 8월 15일 정부수립에 의해 독도의 영유권(dominium)은 대한민국의 영토로 귀속된 것이다.

8. 대일평화조약

가. 대일평화조약 제1차 미국 초안(1947.3.20.)

GENERAL HEADQUARTERS
SUPREME COMMANDER FOR THE ALLIED POWERS
Diplomatic Section

APO
20 March 1947

MEMORANDUM FOR : General MacArther.
SUBJECT : Outline and Various Sections of Draft Treaty.
Subjoined are preliminary State Department "committee" draft as follows :
(1) Outline of the Peace Treaty with Japan
(2) Preamble to the Treaty.
(3) Chapter Ⅰ - Territorial Clauses.
(4) Chapter Ⅱ - Clauses Relating to Ceded Territories.
Chaper Ⅴ, Interim Controls, was recently communicated to you.

As stated in the covering memorandum addressed to me these drafts are tentative and have not as yet been approved by the States Department committee working on the drafts or elsewhere in the States Department.

The other sections of the draft treaty as indicated in the outline have not yet been drafted.

With reference to Chapter Ⅰ, Territorial Clauses, article A, 1, Ⅰ understand that discussion is still continuing between JCS and SWNCC in regard to the future of Okinawa and the most southern part of the Kuriles.

Any comment you might wish to make in regard to any portion of the draft would, of course, be most welcome.

George Atcheson, Jr.

Incl :

Drafts, as described.

March 19, 1947

Ambassador Atcheson :

Attached are two copiesof each of the following draft documents :

1. Outline of the Peace Treaty with Japan.
2. Preamble to the Treaty.
3. Chapter Ⅱ - Territorial Clauses.
4. Chapter Ⅳ - Clauses Relating to ceded Territories.

These drafts are tentative and have not as yet been approved by the committee working or the draft treaty or elsewhere in the Department.

CHAPTER Ⅰ - TERRITORIAL CLAUSES

Article 1

The territorial limits of Japan shall be those existing on January 1, 1894, subject to the modifications set forth in Article 2, 3... As such these limits shall include the four principal islands of Honshu, Kyushu, Shikoku and Hokkaido and all minor offshore islands, excluding the Kurile Islands, but including the Ryukyu Islands forming part of Kagoshima Prefecture, the Izu Islands southward to Sofu Gan, the islands of the Inland Sea, Rebun, Riishiri, Okujiri, Sado, Oki, Tsushima, Iki and the Goto Archipelago. These territorial limits are traced on the maps attached to the present treaty.

Article 2

Japan hereby cedes to China in full sovereignty the island of Formosa and adjacent minor islands, including Agincourt (Hokasho), Menkasho, Kaheisho, Kashoto, Kotosho, Shokotosho, Shichiseigan and Ryukyusho, and the Pescadores Islands. Japan hereby renounces all special rights and claims in or to the Liaotung Peninsula.

Article 3

Japan hereby cedes to the Soviet Union in full sovereignty that portion of the island of Saghalien (Karafuto) south of 50° N. Lat., and Kaiba Island. Japan hereby cedes to the Soviet Union in full sovereignty the Kurile Islands, lying between Kamchtka and Hokkaido.

Article 4

Japan hereby renounces all rights and titles to Korea and all minor offshore Korean Islands, including Quelpart Island, Port Hamilton, Dagelet (Utsuryo) Island and Liancourt Rock (Takeshima).

Article 5

Japan hereby renounces all claims to Pratas Island, to the Spratly and Paracel Islands, or to any other islands in the South China Sea.

Article 6

Japan hereby renounces all rights and titles to the Bonin Islands, including Nishino Island, to the Volcano Islands and to Parece Vela.

Article 7

Japan hereby renounces all rights and titles to the Ryukyu Islands forming part of Okinawa Prefecture, and to Daito and Rasa Islands.

Article 8

Japan here by renounces all territorial claims in the Antarctic.

(이하 생략)

〈해설〉

한국과 관련해서는 제4조에서 규정하고 있는데 제주도, 거문도, 울릉도와 독도를 분명히 한국의 영토로 인정하고 있다. 제6차 초안에는 시볼트(William J. Sebald)의 의견에 따라 제6조에서 독도를 일본의 영토로 명시하고 있다. 이는 미국이 시볼트의 의견(1949.11.19)에 따른 것으로 보여진다.

요컨대, 제1차 초안에서 독도를 일본이 포기하는 영토로 규정된 것은 제5차 초안까지 유지되고 시볼트의 의견에 따라 제6차 초안부터 독도가 일본의 영토로 규정되게 되었다. 제7차 초안은 한국관련 조항을 삭제했다. 제8차 초안은 독도에 관한 명문적 규정을 삭제하고 제4장에서 일본을 한국의 독립을 승인하는 규정을 두고 있다. 제9차 초안에서도 독도에 관한 규정은 삭제되고 제3장에서 한국에 대한 권리, 권원을 포기한다는 규정을 두고 일본은 한국의 독립을 승인한다는 제8차 초안 제4장의 규정도 삭제되었다.

요컨대, 제6차 초안에서 독도는 일본의 영토로 규정되었고 제7차 초안, 제8차 초안, 제9차 초안에서 독도에 관한 규정은 삭제되었다.

나. 대일평화조약 제2차 미국 초안(1947.8.5.)

August 5, 1947 DRAFT

TREATY OF PEACE WITH JAPAN CHAPTER I

TERRITORIAL CLAUSES

Article 1

1. The territorial limits of Japan shall comprise the four principal Japanese islands of Honshu, Kyushu, Shikoku and Hokkaido and all minor islands, including the islands of the Inland Sea (Seto Nakai), the Habomai Islands, Shikotan, Kunashiri and Etorofu, the Goto Archipelago, the Ryukyu Islands, and the Izu Islands southward to and including Sofu Gan (Lot's Wife). As such, the territorial limits of Japan shall include all islands with their territorial waters within a line beginning at a point in 45° 45' N. latitude, 140° E. longitude; proceeding due east through La Peroues Strait (Soya Kaikyo) to 149 0 10' E. longitude; due south through Etorofu Strait to 37 0 N. latitude; thence

in a southwesterly direction to a point in 23° 30' N. latitude 134° E. longitude;
thence due went to 122° 30' E. longitude;
thence due north to 26° N. latitude;
thence in a northeasterly direction to a point in 30° N.
latitude, 127° E. longitude; thence due north to 33 0 N. latitude; thence in a northeasterly direction to a point in 40 0 N.
latitude, 136° E. longitude; thence in a the east of north to the point of beginning.
2. These territorial limits are indicated on Map No. 1 attached to the present Treaty.

Article 2

1. Japan hereby cedes to China in full sovereignty the island of Taiwan (Formosa) and adjacent minor islands, Agincourt (Hoka Sho), Crag (Menka Sho), Pinnacle (Kahei Sho), Samasana
(Kasho To), Botel Tobago (Koto Sho), little Botel Tobago (Shokoto Sho), Vele Reti Rocks (Shichisei Seki), and Lambay (Ryukyu Sho); together with the Pescadores Islands (Hoko Shoto); and all other islands to which Japan had acquired title within a line beginning at a point in 26 0 N. latitude, 121° E. longitude and proceeding due east to 122° 30' E. longitude, thence due south to 21° 30 ' N. latitude,
thence due west through the Bashi Channel to 119° E. longitude,
thence due north to a point in 24 0 N. latitude,
thence northeasterly to the point of beginning.
This line is indicated on Map No. 2 attached to the present Treaty.
2. Japan hereby renounces all extraterritorial concessions, special rights and claims in or to the Liautung Peninsula and elsewhere in China.

Article 3

1. Japan hereby cedes to the Union of Soviet Socialist Republics in full sovereignty that portion of the island of Sakhalin (Karafuto) south of 50° N. latitude, and adjacent islands, including Totamoshiri (Kaiba To, or Moneron), and Robben Island (Tyuleniy Ostrov, or Kaihyo To).
2. Japan hereby cedes to the Union of Soviet Socialist Republics in full sovereignty the

Kurile Islands, comprising the islands northeast of Etorofu Strait (Etorofu Kaikyo) from Urup (Uruppu) to Shumushu inclusive, which were ceded by Russia to Japan by the Treaty of 1875.

Article 4

Japan hereby renounces all rights and titles to Korea (Chosen) and all offshore Korean islands, including Quelpart (Saishu To); the Nan How group (San To, or Komun Do) which forms Port Hamilton (Tonakai); Dagelet Island (Utsuryo To, or MatsuShima); Liancourt Rocks (Takeshima); and all other islands and islets to which Japan had acquired title lying outside the line described in Article 1 and to the east of the meridian 124° 15 ' E. longitude, north of the parallel 33' N. latitude, and west of a line from the seaward terminus of the boundary at the mouth of the Tumen River to a point in 37° 30' N. latitude, 132° 40' E. longitude. This line is indicated on Map No. 1 attached to the present Treaty. (이하 생략)

다. 대일평화조약 제3차 미국 초안(1948.1.2.)

CHAPTER I TERRITORIAL CLAUSES

Article 1

1. The territorial limits of Japan shall comprise the four principal Japanese islands of Honshu, Kyushu, Shikoku and Hokkaido and all adjacent minor islands, including the islands of the Inland Sea (Seto Naikai), Sado, Oki Retto, Tsushima, the Goto Archipelago, the Ryukyu Islands north of 29° N. latitude, and the Izu Island southward to and including Sofu Gan (Lot's Wife).

NOTE 1

The Question whether provision should be made in the draft for the retention by Japan of all or some of the southernmost Kurils (Kunashiri and Etorofu), the Habomais and Shikotan is still being studied. It is believed that legally the case for the retention by Japan of the Hanomais and Shikotan is stronger than case for the retention of the southernmost Kurils.

NOTE 2

The draft provide for the retention by Japan of the Ryukyus north of 29° north latitude, although a firm U.S. position on the disposition of the Ryukyus has not yet been reached.

NOTE 3

After decision have been reached concerning the disposition of the islands mentioned in NOTES 1 and 2 above, there should be interested in Article 1 provisions setting forth the territorial limits of Japan in terms of latitude and longitude.

2. These territorial limits are indicated on Map No. 1 attached to the present Treaty.

Article 2

Japan hereby cedes to China in full sovereignty the island of Taiwan (Formosa) and adjacent minor islands, including Agincourt (Hoka Sho), Crag (Menka Sho), Pinnacle (Kahei Sho), Samasana (Kasho To), Botel Tobago (Koto Sho), Little Botel Tobago (Shokoto Sho), Vele Reti Rocks (Shichisei Seki), and Lambay (Ryukyu Sho); together with the Pescadores Islands

(Hoko Shoto); and all other islands to which Japan had acquired title within a line beginning at a point in 26° N. latitude, 121° E, longitude, and proceeding due east to 122° 30' E longitude,

thence due south to 21° 30' N. latitude thence due west through the Bashi Channel to 119° E. longitude,

thence due north to a point in 24° N. latitude, thence northeasterly to the point of beginning. This line is indicated on Map No. 2 attached to the present Treaty.

Article 3

1.Japan hereby cedes to the Union of Soviet Socialist Republics in full sovereignty that portion of the island of Sakhalin (Karafuto) south of 50° N. latitude, and adjacent islands, including Totamoshiri (Kaiba To, or Moneron), and Robben Island (Tyuleniy Ostrov, or Kaihyo To).

2.Japan hereby cedes to the Union of Soviet Socialist Republics in full sovereignty the

Kurile Islands.(Note: This provision is subject to modification in accordance with the decision reached concerning the disposition of the southern Kurils. See Note 1 under Article 1 above.)

Article 4

Japan hereby renounces in favor of the Korean people all rights and titles to Korea (Chosen) and all offshore Korean islands, including Quelpart (Saishu To); the Nan How group (San To, or Komun Do) which forms Port Hamilton (Tonakai);
Dagelet Island (Utsuryo To, or MatsuShima); Ijancourt Rocks (Take^ia); and all other islands and islets to which Japan had acquired title lying outside the line described in Article 1 and to the east of the meridian 124° 15' E longitude, north of the parallel 33' N. latitude, and west of a line from the seaward terminus of the boundary at the mouth of the Tumen River to a point in 37° 30' N. latitude, 132° 40' E. longitude. This line is indicated on Map No. 1 attached to the present Treaty.

Article 5

1. Japan hereby renounces all rights and titles to the Bonin Islands (Ogasawara Gunto) including Rosario Islands (Nishino Shima), the Volcano Islands (Kazan Retto), Parece Vela (Douglas Reef), and marcus Island (Mnamitori Shima). (이하 생략)

라. 대일평화조약 제4차 미국 초안(1949.10.13.)

October 13, 1949
TREATY OF PEACE WITH JAPAN

Have therefore agreed to declare the cessation of the state of war, and for this purpose to the present Treaty of Peace, and have accordingly appointed the undersigned plenipotentiaries who, after presentation of their full powers, found in good and due from, have agreed on the following provisions:

CHAPTER I TERRITORIAL CLAUSES

Article 1

1. The territorial limits of Japan shall comprise the four principal Japanese islands of Honshu, Kyushu, Shikoku and Hokkaido and all adjacent minor islands, including the islands of the Inland Sea(Seto Naikai), Sado, Oki Retto, Tsushima, the Goto Archipelago, the Ryukyu Islands north of 29° N. latitude, and the Izu Island southward to and including Sofu Gan(Lot's Wife).
2. These territorial limits are indicated on the map attached to the present Treaty.

Article 2

Japan hereby cedes to China in full sovereignty the island of Taiwan (Formosa) and adjacent minor islands, including Agincourt (Hoka Sho), Crag (Menka Sho), Pinnacle (Kahei Sho), Samasana (Kasho To), Botel Tobago (Koto Sho), Little Botel Tobago (Shokoto Sho), Vele Reti Rocks (Shichisei Seki), and Lambay (Ryukyu Sho); together with the Pescadores Islands (Hoko Shoto); and all other islands to which Japan had acquired title within a line beginning at a point in 26° N. latitude, 121° E, longitude, and proceeding due east to 122° 30' E. longitude, thence due south to 21° 30' N. latitude, thence due west through the Bashi Channel to 119° E. longitude, thence due north to a point in 24° N. latitude, thence northeasterly to the point of beginning. This line is indicated on Map attached to the present Treaty.1)

Article 3

1. Japan hereby cedes to the Union of Soviet Socialist Republics in full sovereignty that portion of the island of Sakhalin (Karafuto) south of 50° N. latitude, and adjacent islands, including Totamoshiri (Kaiba To, or Moneron), and Robben Island (Tyuleniy Ostrov, or Kaihyo To).
2. Japan hereby cedes to the Union of Soviet Socialist Republics in full sovereignty the Kurile Islands.2)

Article 4

Japan hereby renounces in favor of the Korean people all rights and titles to Korea

(Chosen) and all offshore Korean islands, including Quelpart (Saishu To); the Nan How group (San To, or Komun Do) which forms Port Hamilton (Tonakai); Dagelet Island (Utsuryo To, or MatsuShima); Liancourt Rocks

1) Note I - If China does not sign the treaty, it would be the U.S position that the treaty should not contain a provision whereby Japan would cede Formosa and the Pescadores to China, but that it should provide that disposition of these islands should be determined subsequently by the states concerned, including the parties to the present Treaty.
2) Note I - If the U.S.S.R does not sign the treaty, it would be the US. position that the treaty should not contain a prevision whereby Japan would cede the territories described in Article 3, but that it should provide that the status of these territories should be determined subsequently by the states concerned, including the parties to the present treaty.

(Takeshima); and all other islands and islets to which Japan had acquired title lying outside the line described in Article 1 and to the east of the meridian 124° 15' E. longitude, north of the parallel 33' N. latitude, and west of a line from the seaward terminus of the boundary at the mouth of the Tumen River to a point in 37° 30' N. latitude, 132° 40' E. longitude. This line is indicated on Map attached to the present Treaty.

Article 5

1. Japan hereby renounces all rights and titles to the Bonin Islands (Ogasawara Gunto) including Rosario Islands (Nishino Shima), the Volcano Islands (Kazan Retto), Parece Vela (Douglas Reef), and marcus Island (Mnamitori Shima).

The Allied and Associated Powers undertake to support an application by the United States for the placing of these islands under trusteeship, in accordance with Articles 77, 79, and 83 of the Charter of the United Nations, the trusteeship agreement to designate the islands as a strategic area and to provide that the United States shall be the administering authority.

Article 6

Japan hereby renounce all rights and title to the Ryukyu Island south of 29° N latitude.

The Allied and Associated powers undertake to support an application by the United States for the placing of these islands ......

마. 대일평화조약 제5차 미국 초안(1949.11.2.)

TREATY OF PEACE WITH JAPAN
(전략)

CHAPTER II TERRITORIAL CLAUSES

Article 3

1. The territory of Japan shall comprise the four principal Japanese islands of Honshu, Kyushu, Shikoku, and Hokkaido and all adjacent minor islands, including the islands of the Inland Sea(Seto Naikai), Sado, Oki Retto, Tsushima, the Goto Archipelago, the Ryukyu Islands north of 29° N. latitude, and the Izu Islands southward to and including Sofu Gan (Lot's Wife) and all other islands within a line beginning at a point in 45° 45' N. latitude, 140° longitude east of Greenwich, proceeding due east through La Perouse Street (Soya Kaikyo) to 146° E. longitude; thence by a rhumb line in a direction to the west of south to a point in 43° 45' E. longitude; thence by a rhumb line in a southeasterly direction to a point in 43° 20' N. latitude, 146° E. longitude, thence due east to a point in 149° E. longitude; thence due south to 37° N. longitude; thence by a rhumb line in a southwesterly direction to a point in 29° N. latitude, 140° E. longitude; thence due west to 127° E. longitude; thence due north to a point in 33° N. latitude; 298' thence due north to a point in 33° N. latitude; thence by a rhumb line in a northeasterly direction to a point in 40° N. latitude, 136° E. longitude; thence by a rhumb line in a direction to the east of north to the point of beginning. All islands within said line, and all islands, islets and rocks traversed by the said line, should there be such, with a three-mile belt of territorial waters, shall belong to Japan. 2. This line of allocation is indicated on the map attached to the present Treaty.

Article 4

1. Japan hereby cedes to China in full sovereignty the island of Taiwan (Formosa) and adjacent minor islands, including Agincourt (Hoka Sho), Crag (Menka Sho), Pinnacle (Kahei Sho), Samasana (Kasho To), Botel Tobago (Koto Sho), Little Botel Tobago (Shokoto Sho), Vele Reti Rocks (Shichisei Seki), and Lambay (Ryukyu Sho); together with the Pescadores Islands (Hoko Shoto); and all other islands to which Japan had acquired title within a line beginning at a point in 26° N. latitude, 121° E. longitude, and proceeding due east to 122° 30' E. longitude; thence due south to 21° 30' N. latitude; thence due west through the Bashi Channel to 119° E. longitude; thence due north to a point in 24° N. latitude; thence northeasterly to the point of beginning.

2. This line is indicated on the map attached to the present Treaty.1)

Article 5

1. Japan hereby cedes to the Union of Soviet Socialist Republics in full sovereignty that portion of the island of Sakhalin (Karafuto) south of 50° N. latitude, and adjacent islands, including Totamoshiri (Kaiba To, or Moneron), and Robben Island (Tyuleniy Ostrov, of Kaihyo To).

2. Japan hereby cedes to the Union of Soviet Socialist Republics in full sovereignty the Kuril Islands.2)

1) Note I-if China does not sign the treaty, it would be the U.S. position that the treaty should not contain a provision whereby Japan should cede Formosa and the Pescadores to China, but that it should provide that disposition of these islands should be determined subsequently by the states concerned, including the parties to the present Treaty.

2) Note I—If the USSR does not sign the treaty, it would be the U.S. position that the treaty should not contain a provision whereby Japan would cede the territories described in Article 5 but that it should provide that the status of these territories should be determined Subsequently by the states concerned, including the parties to the present Treaty.

Note II—With reference to paragraph 2 of Article 5, decision whether the US. should propose the retention by Japan of Etorofu Kunashiri, and the Lesser Kuriles (the Habomais and Shikotan) das not been finally made Present thinking is that the US. should not raise the issue but that if it is raised by Japan we might show a sympathetic attitude. Consideration should also be given to the question whether it might be advisable for the U. S. to propose that USSR place the Kuriles under the trusteeship system.

Article 6

1. Japan hereby renounces in favor of Korea all rights and titles to the Korean mainland territory and all offshore Korean islands, including Quelpart (Saishu To), the Man How group (San to, or Komun Do) which forms Port Hamilton (Tomaikai), Dagelet Island (Utsuryo To, of Matsu Shima), Liancourt Rocks (Takeshima), and all other islands and islets to which Japan has acquired title lying outside the line described in Article 3 and to the east of the meridian 124° 15' E. longitude, north of the parallel 33° N. latitude, and west of a line from the seaward terminus of the boundary approximately three nautical miles from the mouth of the Tumen River to a point in 37° 30r N. latitude, 132° 40r E. longitude.

2. This line is indicated on the map attached to the present Treaty.

(이하생략)

바. 시볼트의 전문의견서(1949.11.14.)

740.0011 PW (Peace)/11-1149 : Telegram

The Acting Political Adviser in Japan (Sebald) to the Secretary of State

SECRET TOKYO, November 14, 1949

NO. 495

For Butterworth:

General MacArthur and I have independently given careful study and consideration to the November 2 draft treaty forwarded under cover of your letter November 4, minus chapter 5 reserved for security provisions. General MacArthur submits the following observations:

a. That the provisions contained in Article 52 should be eliminated as contrary to the concept of a definitive peace enunciated in the preamble, and would be generally construed by both Japanese and the outside world as continuing restriction upon, Japanese sovereignty, becoming a psychological barrier to the promt, orderly and progressive re-entry of Japan into a dignified place within the community of nations.

b. That Article 39 and annex 7 should be re-examined in the light of the bitterness which would be aroused if provision is made for the partial recovery from Japan for losses sustained by United Nations nationals resulting from damage to property in Japan, while losses sustained by United Nations nationals in areas occupied by the Japanese or in the areas of formal Japanese empire to be cede to other nations under terms of the treaty are excepted from claim or recovery.
That such provisions are entirely inconsistent with the intent and effect of Article 31, 32 and 36 of the treaty draft and could not fail to be challenged as a move designed to afford special protection to British and American investments in Japan, providing the Soviet and a Communist China with a major propaganda advantage. That the imposition of such a burden upon Japan would most seriously eventually confront the American people with the possibility of having to assume this financial burden either directly or indirectly.

c. Article 41, paragraph 3 is considered unrealistic for the reasons not only that the Japanese economy most probably could not stand the tremendous drain consequent upon compensation for Japanese assets abroad, but also because it attempts to legislate upon a matter which might better be left for determination between the Japanese Government and its nationals.

I fully concur with General MacArthur's observations set forth in a, b, and c above.

Although I propose to submit by airmail mission's comments in greater detail and on an article by article basis, I believe it might be helpful to give our tentative reactions: While the mission is agreed that it would be preferable to have a shorter treaty with less emphasis upon technical matters, we feel that to a large extent the problem is one that must be solved in consequence of the needs, desires and recommendations of the many Washington agencies concerned, as well as with a view to presenting an acceptable draft to our Allies.

On the other hand, we are somewhat concerned that the November 2 draft seemingly represents the maximum conditions which the United States seeks to place upon Japan, and that it leaves little room for bargaining purposes should a "harder" treaty be desired by our Allies. We are, of course, fully aware that the security provisions have not yet been formulated and that revisions of fundamental provisions in the draft may be affected thereby. The following are our preliminary comments concerning those provisions which we consider of high importance:

Article 4 : Presumably security provisions will effect eventual determination Taiwan and adjacent islands. Suggest consideration question of trusteeship for Taiwan consequent upon plebiscite.

Article 5, paragraph 2 : Japan will unquestionably advance strong claim to Etorofu, Kunashiri, Habomai, and Shikotan. Believe United States should support such claim and due allowance made in draft for peculiarities this situation. Consider problem highly important in view questions permanent boundary and fisheries.

Article 6 : Recommend reconsideration Liancourt Rocks(Takeshima). Japan's claim to these islands is old and appears valid. Security considerations might conceivably envisage weather and radar stations thereon.

Article 14 : Query : Should Japan be committed to recognize treaties of little or no direct to concern to herself, or treaties which have not yet been concluded?

Article 19 : Strongly recommend deletion this entire article.

Article 33 to 37, inclusive : Suggest single article containing general statement referring these matters to annexes.

Article 38 : Recommend deletion.

Article 41, paragraph 2 : Consider this paragraph gratuitous.

Article 43 : We are somewhat skeptical concerning proposed arbitral tribunal by reason of its being an extension into era of peace, presumably for many years, of forced means of adjudication.

Article 48 : Recommend deletion or rewording this article to state a principle rather

that an enforced administrative measure.
Article 49 : Question the necessity for this article.
Sebald

사. 시볼트의 서면의견서(1949.11.19.)

THE FOREIGN SERVICE OF THE UNITED STATES OF AMERICA

740.0011PW(Peace)/11-1949

United States Political advisor for Japan
Tokyo, November 19, 1949

No. 806
SECRET
Subject : Comment on Draft Treaty of Peace with Japan

The Honorable
Secretary of State, Washington.

Sir :

With reference to this Mission's telegram no. 495 of November 14,1949, giving General MacARTHUR's and my reactions to the draft treaty pf peace with Japan dated November 2, 1949, I now have the honor to convey to the Department a more detailed exposition of this Mission's views with respect both to the document as a whole and to its individual articles and annexes.

The November 2 draft is manifestly a moderate and reasonable document, admirably designed to conform to standard treaty forms, to contain all principal desiderata of the United States Government and at the same time to attain acceptance by the other Allied and Associated Powers. the intense labor, thought and craftsmanship which have obviously been devoted to its formulation have resulted in a praiseworthy draft which the United States can present to its Allies with good pride and conscience. After long consultation together, however, I and the other concerned officers of the Mission are agreed that careful attention to the psychology and other particularities of the Japanese people and attentive cognizance of Far Eastern political complexities will suggest means whereby the draft treaty might be made more nearby to conform with the underlying requirements which we believe should govern the efforts of the United States in bringing about a Japanese peace settlement. On the basis of realities as they exist today, we believe that there are three basic objectives which should determine the policy of the United States in formulating this treaty, namely ;

(1) Adequate provision for long-range security of the United States ;
(2) Effectuation of a true and lasting regime of peace on the part of Japan ; and
(3) The alignment of Japan for the indefinite future with the Western democracies and specifically with the United States.

DETAILED COMMENT ON NOVEMBER 2 DRAFT TREATY

Preamble, Before the final clause of the mind-paragraph of the preamble insert : "will re-establish Japan in normal international intercourse, will promote the principles of the United Nations, and …"

Article 1. It is believed that consideration should be given to omitting paragraphs 2 and 3, particularly the latter. It appears reforms which have been achieved under the Occupation. To commit Japan by a stipulation in the peace treaty to abide by this program would emphasize the extent to which the reforms are of foreign origin, and it would provide the basis for continued domestic affairs, Communist facility in exploiting such openings leaves little doubt but that the Soviet Union would most profit thereby.

Alternatively, it is suggested that consideration be given to modification of the four numbered paragraphs of Article 1 to read substantially as follows :

"1. Japan desires membership I the United Nations, will apply forthwith, and when admitted will accept membership and the obligations contained in the Charter of the United Nations, including the maintenance of international peace and cooperation.

2. Japan desires to participate in, and will apply for admission to, other international agreements to which sovereign states in general are eligible.
3. The Allied and Associated Powers undertake to support Japan's aforementioned applications."

We are of the opinion that it is desirable to give to the signatory Powers of the treaty an interest in Japan's admission to the United Nations and other international bodies.

Article 2. This short statement, and the Preamble, are the only friendly and sympathetic notes in the entire treaty. It is recommended that Article 2 be further developed.

Article 3. It is admitted that this Article offers a practical and convenient manner of describing the territories which Japan gives up and those which Japan retains. It is believed, however, that the method of delineation employed in this Article has serious psychological disadvantages. If possible, it is recommended that another method of description be employed which avoids circumscribing Japan with a line even if it is necessary to enumerate a large number of territories in an annex. We suggest that the practicability be explored of defining Japan territorially in positive terms, altering Article 3 approximately as follows : retain the first six lines of the draft of paragraph 1 ; name further islands as necessary off the coasts of Japan ; continue with the words "and all other islands nearer therefrom to the home islands of Japan" ; and conclude Article 3 with the statement that "all islands within the area described, with a three-mile belt of terriorial waters, shall belong to Japan".

In any event, the omission of paragraphs 2 and of the map is recommended.

Following such a revised Article 3 and article might advisealy be inserted stating that Japan hereby cedes and renounces all territory, mandate, concession rights, titles, and claims outside the territorial areas described in Article 3.

(It is noted that in the November 2 draft the principle of renunciation by Japan without direct cession to a new sovereign is recognized in Articles 8 through 12.)

Articles 4 through 12. We suggest that in the treaty Articles 4 through 12 of the November 2 draft be omitted, and that in a document subsidiary to the treaty among the signatories other than Japan the disposition of territories formerly under Japanese jurisdiction be agreed upon. The necessity of direct cession would thereby be removed from the treaty proper and Japan would not rest under the necessity of being a party to it.

In the subsidiary agreement, with regard to Taiwan it is suggested that consideration be given to the question of a plebiscite to determine for or against a United Nations trusteeship, on the ground that disturbed conditions in China intervening since the Cairo Conference invalidate any automatic disposition of the Island. (The discussion in the pertinent footnote of the November 2 draft, which takes into account the contingency of China's possible failure to sign the treaty, seems to us an inadequate treatment of the important political and atrategic factors involved in determining the disposition of Taiwan.)

With regard to the disposition of Island east and northeast of Hokkaido to be proposed in such subsidiary agreement, it is suggested that the draft to be supplied to the United Kingdom and British Commonwealths by the United States contain a provision for the "ceding to the Soviet Union in full sovereignty of the Kuril Islands, being those islands eastward and northeastward from the mid-channel line between Etorofu Island and Uruppu Island", and that this be accompanied by a footnote to the effect that "It is the hope of the United States that the Soviet Union will not seek to annex Etorofu, Kunashiri, Shikotan, or Habomai Islands. The claim of their forming a part of the Kuril Islands is historically weak, and they are of far greater navigational and fishing importance to Japan than to any other possessor". Concordantly with this expression, the islands listed in our proposed Article 3 as belonging to Japan would include specifically Etorofu, Kunashiri, Shikotan, and Habomai Islands.

With regard to the disposition of islands formerly possessed by Japan in the direction of Korea it is suggested that Liancourt Rocks(Takeshima) be specified in our proposed

Article 3 as belongings to Japan. Japan's claim to thes islands is old and appears valid, and it is difficult to regard them as islands off the shore of Korea.

Security consideration might also conceivably render the provision of weather and radar stations on these islands a matter of interest to the United States.

Undertakings to support the trusteeships proposed in Articles 7 and 8 of the November 2 draft would properly from a part of the suggested subsidiary agreement among the signatories other than Japan.

Article 13. No comment.

Article 14. It is questioned whether Japan should be compelled to recognize treaties which have not yet been concluded.

Articles 15 and 16. It is suggested that consideration be given to deleting these articles. It is believed that japan will be most eager in any event to revive its appropriate bilateral and multilateral treaties. Revived voluntarily, the status of Japan's participation in the revived treaties would not suffer from the taint of the apparently unequal provisions of Articles 15 as drafted.

Article 17. Already covered by the general article proposed for insertion after Article 3.

Article 18. No comment.

Article 19. It is strongly recommended that this entire Article be deleted.

〈해설〉

시볼트 서면의견서

시볼트(William J. Sebald)는 앞서 제출한 전문보고(1949.11.14)를 보완하여 정식문서로 그의 의견을 제의했다. 동 보고서에서 시볼트는 제5차 초안 제4조에서 제12조까지를 삭제할 것을 제안했다.

독도에 관해서는 제3조에 일본에 포함되는 섬으로 독도를 명기하여야 한다고 주장하면서 그 근거를 독도에 대한 일본의 권원을 오래된 것으로 한국의 섬으로 보기 어려울 뿐 아니라 안보적인 고려에서 독도에 기상레이더 관측소를 설치하는 것은 미국의 국익에 합치하는 것이라고 제의했다.

이 시볼트의 서면의견서에 따라 제6차 초안 제3조에서 독도를 일본의 영토로 명기하게 되었다.

아. 대일평화조약 제6차 미국 초안(1949.12.29.)

DRAFT TREATY OF PEACE WITH JAPAN

(December 29, 1949)

COMMENTARY

DRAFT TREATY

(전략)

CHAPTER Ⅱ

TERRITORICAL CLAUSES

Article 3

1. the territory of Japan shall comprise the four principal Japanese islands of Honshu, Kyushu, Shikoku and Hokkaido and all adjacent minor islands, including the islands of the Inland Sea(Seto Naikai); Tsushima, Takeshima(Liancourt Rocks), Oki Retto, Sado, Okujiri, Rebun, Riishiri and all other islands in the Japan Sea (nippon Kai) within a line connecting the farther shores of Tsushima, takeshima and Rebun ; the Goto archipelago, the Ryukyu Islands north of 29° N. latitude, and all other islands of the East China Sea east of longitude 127° east of Greenwich and north of 29° N. latitude ; the Izu Islands southward to and including Sofu Gan(Lot's wife) and all other islands of the Philippine Sea nearer to the four principal islands than the islands named ; and the Habomai group and Shikotan lying to the east and south of a line extending from a point in 43° 35' N. latitude, 145° 35' E. longitude, and to the south of a line drawn due east on the parallel in 44° N. latitude. All of the islands identified above, with a three-mile belt of territorial waters, shall belong to Japan.

2. All of the islands mentioned above are shown on the map attached 새솔 present Treaty.

Article 4

Japan hereby cedes to China in full sovereignty the islands of Taiwan(Formosa) and adjacent minor islands, including Agincourt(Hoka Sho), Crag(Menka Sho), Pinnacle(Kahei Sho), Samasana(Kasho To), Betel Tobago(Koto Sho), Little Botel Tobago(Shokoto Sho),

Vele Reti Pocks(Shichisei Seki), and Lambay(Ryukyu Sho); together with the Pescadores Islands (hoko Shoto) ; and all other islands to which Japan had acquired title in Bashi Channel which lie to the north of 21° 30' N. latitude.

Article 5

1. Japa hereby cedes to the Union of Soviet Socialist Republics in the full sovereignty that portion of the islands of Sakhalin(Karafuto) south of 50° N. latitude, and adjacent islands, including Totamoshiri(Kaiba To, or Moneron), and Robben Island(Tyuleniy Ostrov, or Kaihyo To).

2. Japan hereby cedes to the Union of Soviet Socialist Republics in full sovereignty the Kurile Islands.

Article 6

Japan hereby renounces in favor of Korea all rights and titles to the Korean mainland territory all offshore Korean islands, including Quelpart(Saishu To), the Nan How group(San To, or Komun Do) which forms Port Hamilton(Tonaikai), Dagelet Island(Utsuryo To, or Matsu Shima), and all other offshore Korean islands and islets to which Japan had acquired title.

Article 7

1. Japan hereby renounces all rights and titles to

(a) The Ryukyu Islands south of 29° N. latitude ;

(b) The Bonin Islands(Ogasawa Gunto) including Rosario Island(Nishino Shima), the Volcano Islands(Kazan Retto), Parece Vela

〈해설〉

제6차 초안에는 시볼트의 의견에 따라 제6조에서 독도를 일본의 영토로 명시하고 있다. 이는 미국이 시볼트의 의견(1949. 1.19)에 따른 것으로 보여진다.

요컨대, 제1차 초안에서 독도를 일본이 포기하는 영토로 규정된 것은 제5차 초안까지 유지되고, 시볼트의 의견에 따라 제6차 초안부터 독도가 일본의 영토로 규정되게 되었다. 제7차 초안은 한국 관련 조항을 삭제했다. 제8차 초안은 독도에 관한 명문적 규정은 삭제되고 제4장에서 일본은 한국의 독립을 승인하는 규정은 두고 있다. 제9차 초안에서도 독도에 관한 규정은 삭제되고 제3장에서 한국에 대한 권리, 권원을 포기한다는 규정을 두고 일본은 한국의 독립을 승인한다는 제8차 초안 제4장의 규정은 삭제되었다.

요컨대, 제6차 초안에서 독도는 일본의 영토로 규정되었다 제7차 초안, 제8차 초안, 제9차 초안에서 독도에 관한 규정은 삭제되었다.

자. 대일평화조약 제6차 미국 초안에 대한 주석(1949.12.29.)

Commentary on Draft Treaty of Peace with Japan(July, 1950)

Ⅰ. GENERAL

1. Nature of the Treaty

The Underlying concept of the treaty draft is that the settlement should restore Japan to a genuinely sovereign status with a minimum of restrictions and special disabilities. The object is to encourage and inspire the Japanese to continue on a peaceful and democratic course in friendly association with the non-Communist world-not to attempt to legislate through a pattern of treaty requirements matters which the Japanese must in the last analysis decide for themselves on the basis of their own appraisal of their nation's interests.

(중략)

Takeshima(Liancourt Rocks)

The two uninhabited islets of Takeshima, almost equidistant from Japan and Korea in the Japan Sea, were formally claimed by Japan in 195, apparently without protest by Korea, and placed under the jurisdiction of the Oki Islands Branch Office of Shimane Prefeture.

They are a breeding ground for sea lions, and records show that for a long time Japanese fishermen migrated there during certain seasons.

Unlike Dagelet Island a short distance to the west, Takeshima has no Korean name and does not appear ever to have been claimed by Korea. The islands have been used by U.S. forces during the occupation as a bombing range and have possible value as a weather or radar station site.

The Goto Archipelago

Lying southeast of...

차. 대일평화조약 제7차 미국 초안(1950.8.7.)

694.001/8-950

Memorandum by the Consultant to the Secretary (Dulles) to the Assistant Secretary of State for Economic Affairs (Thorp)[1)]

I

SECRET [WASHINGTON] AUGUST 9, 1950.

On the theory that circumstances may make it desirable to act expeditiously to bring about peace with Japan on the basis of a simple Treaty, Mr. Allison and I have drawn up the annexed as a possible alternative to the long form previously circulated,2) and on which we should we should appreciate your comments.

J[OHN] F[OSTER] D[ULLES]

[Attachment]

Draft #2 AUGUST 7, 1950.

PREAMBLE

The United States, and, hereinafter called the Allied and Associated Powers, and Japan, desire that henceforth their relations shall be those of nations

1) Copies of this draft had been sent to Messrs. Kennan, Rusk, Nitze, Fisher, and Hamilton on August 7.

2) Copies of the long form draft as it had evolved by July 18 and August 3, 1950, together with extensive covering memoranda and commentaries, are filed under 694.001/7-1850. The long form draft was in 44articles and 8 annexes. It included no security provisions.

which, as sovereign equals, cooperate in friendly association to promote their common

welfare and to maintain international peace and security.
Accordingly they have concluded this treaty.

CHAPTER I. PEACE

1. The parties declare and agree that the state of war between them is ended forthwith.

CHAPTER II. SOVEREIGNTY

2. Subject to the provisions hereof and of any other relevant treaties, the Allied and Associated Powers accept the full sovereignty of the Japanese people, and their freely chosen representatives, over Japan and its territorial waters.

CHAPTER III. UNTIED NATIONS

3. Japan, as a peace-loving prepared to accept the obligations contained in the Charter of the United Nations, will promptly apply for membership in that Organization and the Allied and Associated Powers which are Members of the United Nations will support that application.

CHAPTER IV. TERRITORY

4. Japan recognizes the independence of Korea and will base its relation with Korea on the resolutions adopted by the United Nations Assembly on December —, 1948.
5. Japan accepts whatever decision may hereafter be agreed upon by the united states, the United Kingdom, the Soviet Union and China with reference to the future status of Formosa, the Pescadores, Sakhalin south of 50° north latitude and the Kurile Islands. In the event of failure in any case to agree within one year, the parties of this treaty will accept the decision of the United Nations General Assembly.
6. Japan accepts the action of the united Nations Security Council on February , 19473) with reference to the trusteeship of former Japanese mandated islands and will accept any decision of the united Nations which extends the trusteeship system to all or part of Ryukyu and Bonin Islands. …

(이하 생략)

3) Corrected in later drafts to April 2, 1947. For documentation pertinent to the negotiation of the Trusteeship Agreement for former Japanese-mandated islands in the Pacific, concluded on that day between the United States and the U.N. Security Council.

카. 대일평화조약 제8차 미국 초안(1950.9.11.)

Tokyo Post Files : 320.1 Peace Treaty

Draft of a peace Treaty With Japan

SECRET [WASHINGTON,] September 11, 1950.

PREAMBLE

— hereinafter called the Allied and Associated

Powers' and Japan, are resolved that henceforth their relations shall be the these of nations which, as sovereign equals, cooperate in friendly association to promote their common welfare and to maintain international peace and security. Accordingly they have concluded this treaty.

CHAPTER I. PEACE

1. The state of war between the Allied an associated powers and Japan is ended.

CHAPTER II. SOVEREIGNTY

2. The Allied and Associated Powers accept the full sovereignty of the Japanese people, and their freely chosen representatives' over Japan and its territorial waters in accordance with and subject to the provisions hereof.

CHAPTER III. UNITED NATIONS

3. Japan will promptly apply for membership in the United Nations and the Allied and Associated Powers which are Members of the United Nations will support that application.

CHAPTER IV. TERRITORY

4. Japan recognizes the independence of Korea and will base its relation with Korea on the resolutions of the United Nations General Assembly and Security Council with respect to Korea.

5. Japan accepts whatever decision may hereafter be agreed upon by the United Kingdom, the Soviet Union, China, and the United States with reference to the future status of Formosa, the Pescadores, Sakhalin south of 50° north latitude and the Kurile Islands.

In the event of failure in any case to agree within one year from the effective date of this treaty, the parties to this Treaty will seek and accept the recommendation of the United Nations General Assembly.

6. Japan accepts the action of the United Nations Security Council of April 2, 1947 extending the trusteeship system, with the United States as the administering authority, to the Pacific Islands formerly under mandate to Japan.

The United States will also propose to the United Nations to place under its trusteeship system, with United States as the administering authority , the Ryukyu Islands south of 29° north latitude, the Bonin Islands, including Posario Islands, the Volcano Islands, Parece Vela and Marcus Islands, and pending affirmative action on such proposal the United States will have full powers of administration, legislation, and jurisdiction over the territory of these islands.

CHAPTER V SECURITY

7. As a prospective member........

(이하생략)

타. 대일평화조약 제9차 미국 초안(1951.3.23.)

694.001/3-1751

SECRET [WASMNGTON, march 23, 1951.]

PROVISIONAL DRAFT OF A JAPANESE PEACE TREATY (Suggestive only)

The Allied Powers and Japan are resolved that henceforth their relations shall be those of nations which, as sovereign equals, cooperate in friendly association to promote their common welfare and to maintain international peace and security.

Japan declares its intention to apply for membership in the United Nations and under all circumstances to conform to the principles of the Charter of the United Nations; to strive to realize the objectives of the United Nations Universal Declaration of Human rights; to seek to create internally conditions of stability and well-being as envisaged by Articles 55 and 56 of the Charter of United Nations and already initiated by postwar Japanese legislation; and in public and private trade and commerce to conform to internationally accepted fair practices.

The Allied Powers welcome the intention of Japan m these respects and will seek to facilitate their realization. In order to put their future relations on a stable and peaceful basis the Allied Powers make this Treaty with Japan.

CHAPTER I. PEACE

1. The State of War between the Allied Powers and Japan is ended.

CHAPTER II. SOVEREIGN1Y

2. The Allied Powers recognize the full sovereignty of the Japanese people over Japan and its territorial waters.

CHAPTER III. TERRTTORY

3. Japan renounces all rights, titles and claims to Korea, Formosa and Pescadores; and also all rights, titles and claims in connection with the mandate system of deriving from the activities of Japanese nationals in the Antarctic area, Japan accepts the action of the United Nations Security Council of April 2, 1947, in reaction to extending the trusteeship system to Pacific Islands formerly under mandate to Japan.

4. The United States may propose to the United Nations to place under its authority, the Ryukyu Islands south of 29° north latitude, the Bonin Islands, including Rosario Island, the Volcano Islands, Parece Vola and Marcus Island. Japan will concur in any such proposal. Pending the making of such a proposal and affirmative action thereon,

the United States will have the right to exercise all and any powers of administration, legislation, and jurisdiction over the territory and inhabitants of these islands, including their territorial waters.
5. Japan will return to the Union of Soviet Socialist Republics the southern part of Sakhalin as well as all the islands adjacent to it and will hand over to the Soviet Union the Kurile Islands. …

파. 양유찬 대사의 덜레스에 대한 공한(1951.7.19.)

July 19, 1951
Your Excellency,
I have the honor to present to Your Excellency, at the instruction of my Government, the following requests for the consideration of the Department of State with regard to the recent revised draft of the Japanese Peace Treaty.
1. My Government requests that the world "renounces" in Paragraph A, Article Number 2, should be replaced by "confirms that it renounced on August 9, 1945, all right, title and claim to Korea and the islands which were part of Korea prior to its annexation by Japan, including the islands Quelpart, Port Hamilton, Dagelet, Dokdo and Parangdo."
2. A sto Paragraph A, Article Number 4, in the proposed Japanese Peace Treaty, my Government wishes to point out that the provision in paragraph A, Article 4, does not affect the legal transfer of vested properties in Korea to the Republic of Korea through decision by the Supreme commander of the Allied Forces in the Pacific following the defeat of Japan confirmed three years later in the Economic and Financial Agreement between the Republic of Korea and United States Military Government in Korea, of September 11, 1948.
3. With reference to Article 9, my Government wishes to interest the following at the end of Article 9 of the proposed Peace Treaty, "Pending the conclusion of such agreements existing realities such as the MacArthur Line will remain in effect."
Please accept, Excellency, the renewed assurances of my highest consideration.

You Chan Yang

His Excellency
Lean G. Acheson
Secretary of State
Washington D.C.

〈해설〉

이 양대사의 공한은 국무장관 애치슨(Lean G. Acheson)을 수신자로 한 것으로, 이 공한에서 독도와 파랑도(Parangdo)를 일본이 한국을 합방하기 이전에 한국의 영토이었으므로 일본이 포기대상으로 규정되어야 한다고 제안했다. 그러나 독도와 파랑도가 한일합방 이전에 한국의 영토이었다는 증거는 제시한 것이 아니었다. 파랑도는 도(섬)가 아니므로 이는 무리한 요구라고 본다. 오늘의 개념에 의하면 파랑도는 배타적 경제수역의 해상(sea bed)이다.

한 · 일 · 중 간에 배타적 경제수역의 경계가 획정되어 있지 아니하므로 파랑도는 어느 나라의 배타적 경제수역의 해상이냐가 문제된다.

하. 양유찬 대사의 애치슨 국무장관에 대한 공한(1951.8.2.)

KRTEAN EMBASSY
WASHINGTON, D.C.

August 2, 1951

Your Excellency,

I have the honor to refer Your Excellency to my communication to you for July 19, 1951 with reference to requests by the Korean Government for the consideration of the Department of State of certain suggestions in connection with the revised draft of the Japanese Peace Treaty. Further instructions form my Government enable me to convey to Your Excellency the following suggestions with respect to the revised Treaty, looking towards their incorporation in the document :

1. Article 4: Japan renounces property of Japan and its nationals in Korea and the

claims of Japan and its nationals against Korea and its nationals on or before August mine, nineteen hundred Forty-One.

Article 9: The MacArthur Line shall remain until such agreements be concluded.

Article 21: And Korea to the benefits of Articles 2, 9, 12, and 15-a of the present Treaty.

Please accept, Excellency, the renewed assurances of my highest consideration.

You Chan Yang

His Excellency
Dean G. Acheson
Secretary of State
Washington D.C.

갸. 양유찬 대사의 공한에 대한 미국정부의 검토서(1951.8.3.)

STANDARD FORM NO.64

Office Memorandum · UNITED STATES GOVERNMENT

TO : S - Mr. Allison August 3, 1951

FROM : NA - Mr. Fearey

SUBJECT: Islands

In his attached memorandum, Mr. Boggs States that although he has "tired all resources in Washington" he has been unable to identify Dokdo and Parangdo, mentioned in the Korean Embassy's note. On receiving Bogg's memo I asked the Korean desk to find out whether anyone in the Korean Embassy knew where they were.

Frelinghuysen later reported that an Embassy officer had told him they believed Dokdo was near Ullungdo, or Takeshima Rock, and suspected that Parangdo was too. Apparently that is all we can learn short of a cable to Muccio.

As regatd the French desire to change "Spratly Island to "Spratly Islands", Boggs now says that the plural is probably better though he has always previously supported the singular. Spratly is definitely a group of islands, not just one island.

냐. 양유찬 대사의 공한에 대한 미국정부의 검토서(1951.8.9)

Excellency:

I have the honor to acknowledge the receipt of your notes of July 19 and August 2, 1951 presenting certain requests for the consideration of the Government of the United States with regard to the draft treaty of peace with Japan.

With respect to the request of the Korean Government that Article 2(a) of the draft be revised to provide that Japan "confirms that it renounced on August 9, 1945, all right, title and claim to Korea and the island which were part of Korea prior to its annexation by Japan, including the islands Quelpart, Port Hamilton, Dagelet, Dokdo and Parangdo," the United States Government regrets that it is unable to concur in this proposed amendment. The United States Government does not feel that the Treaty should adopt the theory that Japan's acceptance of the Potsdam Declaration on August 9, 1945 constituted a formal or final renunciation of sovereignty by Japan over the areas dealt with in the declaration. As regards the islands of Dokdo, otherwise known as Takeshima or Liancourt Rocks, this normally uninhabited rock formation was according to our information never treated as part of Korea and, since about 1905, has been under the jurisdiction of the Oki Islands Branch Office of Shimane Prefecture of Japan. The island does not appear ever before to have been claimed by Korea. It is understood that the Korean Government's request that "Parangdo" be included among the islands named in the treaty as having been renounced by Japan has been withdrawn.

The United States Government agrees that the terms of paragraph (a) of Article 4 of the draft treaty are subject to misunderstanding and accordingly proposes, in order to meet the view of the Korean Government, to insert at the beginning of parafraph (a) the phrase, "Subject to the provisions of paragraph (b) of this Article", and then to add a new paragraph (b) reading as follow:

(b) "Japan recognizes the validity of dispositions of property of Japan and Japanese nationals made by or pursuant to directives of Unites States Military Government in any of the areas referred to in Articles 2 and 3".

The government of the Unites States regrets that it is unable to accept the Korean Government's amendment to Article 9 of the draft treaty. In view of the many national interests involved, any attempt to point out, however, that the so-called MacArthur line will stand until the treaty comes into force, and that Korea, which obtains the benefits of Article 9, will have the opportunity of negotiating a fishing agreement with Japan prior to that date.

With respect to the Korean Government's desire to obtain the benefits of Article 15(a) of the treaty, there would seem to be no necessity to oblige Japan to return the property of persons in Japan of Korean origin since such property was not sequestered or otherwise interfered with by the Japanese Government during the war.

In view of the fact that such persons had the status of Japanese nationals it would not seem appropriate that they ovtain compensation for damage to their propert as a result of the war.

Accept, Excellency, the renewed assurances of my highest consideration.

for the Secretary of State :

Dean Rusk

FE:NA:RFEAREY:SB

August 9, 1951.

〈해설〉

양유찬 대사의 공한에 의한 한국정부의 요청을 검토하기 위하여 미국무부는 독도(dokdo)와 파랑도(Parangdo)가 어떤 섬인가를 알아보기 위한 노력을 다했으나 한국대사관이 언급한 두 섬에 관해 한국대사관에 문의한바 독도는 울릉도 혹은 다케시마 가까이 있고 파랑도도 마찬가지라고 믿는다고 언급했다.

당시 한국대사관이 양대사의 공한의 내용을 전혀 알지 못하고 있었다는 점은 한국동란 중이었다는 상황을 고려해도 이해되지 않는 바다. 또한 양대사의 공한에 파랑도가 섬이 아닌데 섬으로 기술된 것도 의문이 있다.

일본은 대일평화조약의 체약당사자이다. 한국은 체약당사자가 아니었으므로 한국의 대미교섭에 제한이 있었던 것을 부인할 수 없으나 시볼트를 앞세운 일본의 외교력에 뒤져 결국 미국은 독도를 일본의 영토라고 판단하게 된다.

다. 대일평화조약 제1차 영국 초안(1951.2.28.)

Registry No. Fj 1022/97

I enclose a very rough preliminary draft of a possible Peace Treaty with Japan. The draft contains no articles but is numbered in paragraphs with headings. The substance is taken from policy approved by Ministers and the form is based principally on that of the Italian Peace Treaty.

I expect that you will have seen Foreign Office telegram to Washington NO. 753 of the 24th February saying that we should like to let the Americans have informally a first draft of a Treaty if possible by the middle of March.

We propose to give this draft to the Americans with every sort of reservation with regard to content and drafting, is an illustration of now on official which as you know we hope to convey to them within the next few days, might appear in the detailed context of a Treaty.

I also think that work on a draft text, however tentative, will bring to light a number of points which we may have lost sight of over the last few months.

It should also help us to clear our minds on what from the United Kingdom point of view, it is essential to have in the Treaty.

If our formal approach to the United States Government succeeds in eliciting a fairly firm statement of United States policy in reply, we shall need to have our arguments ready on the points on which we wish to be firm, and to have considered very carefully how far, in the light of Mr. Dulles' conversations in Tokyo, we may be able to meet United States views on others.

The Foreign Office Legal Advisers considered …

Territories

Japanese sovereignty shall continue over all the islands and adjacent islets and rocks lying within an area bounded by a line … the line should include Hokkaido, Honshu, Shikoku, Kyushu, the Suisho, Yuri, Akijiri, Shibotsu, Oki and Taraku islands, the Habomai islands, Kuchinoshima, Utsuryo(Ulling island, Mancourt[sic.] rocks(Take island) Quelpart(Shichi or Chejudo) island and Shikotan. The line above described is plotted on the map attached to the present Treaty(Annex I). In the case of a discrepancy between the map and the textual description of the line, the latter shall prevail. [jr. Japan hereby renounces any claim to sovereignty over, and all right, title and interest in, Korea, and undertakes to recognize and respect all such arrangements as may be made by or under the auspices of the United Nations regarding the sovereignty and independence of Korea.

8. Japan hereby cedes to the Union of Soviet Socialist Republics in full sovereignty the Kurile islands, that portion of South Sakhlin over which Japan formally exercised sovereignty and the Habomai group of islands, and agrees to the arrangement respecting these territories set in Annex.

9. Japan hereby cedes to China, in full sovereignty, the island of Formosa and the Pescadores island, and agrees to the arrangements respecting property in these territories set out in Annex.

10. Japan renounces sovereignty over, and all right, title to and interest in the Ryukyu Bonin and Volcano islands, and Marcus island.

11. Japan takes note of the intentions of the United States Government to negotiate a United Nations trusteeship agreement in respect of the Ryukyu and Bonin islands, once this present Treaty has come into force.…

랴. 대일평화조약 제2차 영국 초안(1951.3.)

2nd DRAFT OF JAPANESE PEACE TREATY Preamble

1. The United Kingdom of Great Britain and Northern Ireland, the United States of America, Australia, Canada, the Netherlands, New Zealand, and ..., hereinafter referred to as "the Allied and Associated Powers", of the one part, and Japan, of the other;

2. Whereas Japan under the militarist regime became a party to the Tripartite Pact with Germany and Italy, undertook a war of aggression and thereby provoked a state of war with all the Allied and Associated Powers and with other United Nations, and bears her share of responsibility for the war; and

3. Whereas in consequence of the victories of the Allied Forces, the militarist regime in Japan was overthrown and Japan, having surrendered unconditionally, in accordance

with the Potsdam Proclamation, signed an Instrument of Surrender on the 2nd September, 1945; and

4. Whereas the Allied and Associated Powers and Japan are desirous of concluding a Treaty of Peace which, in conformity with the principles of justice, will settle questions still outstanding as a result of the events hereinbefore recited, will enable Japan freely to accept and apply the principles of the Universal Declaration of Human and will form the basis of friendly relations between them;

5. Have therefore agreed to declare the cessation of the state of war and for this purpose to conclude the present Treaty of Peace, and have accordingly appointed the undersigned Plenipotentiaries, who, after presentation of their full powers, found in good and due form, have agreed on the following provisions:

…

PART I - TERRITORIAL CLAUSES

Section I. Japan.

Article 1

(6) Japanese sovereignty shall continue over all the islands and adjacent islets and rocks lying within an area bounded by a line from Latitude 30° N in a North-Easterly direction to approximately Latitude 33° N 128° E. then northward between the islands of Quelpart, Fukue-Shima bearing North-Easterly between Korea and the islands of TsusMrna, continuing in this direction with the islands of ° ki-Retto to the South-East and Take Stoaa to the North-West curving with the coast of Honshu, then Northerly skirting Rebun Shima passing Easterly through Soya Kaikyo approximately 145° 예' N, then in a South-Easterly direction paralled to the coast of Hokkaido to 145° 30' E. Entering Numero Kaikyo to the South-West passing the Western end of Kumashiri bearing South-Easterly and passing through the Goyomai Channel between Suisho Shima and Hokkaido at 43° 25' N, then in a South-Westerly direction with the coastline towards the Nanpo Group of Island curving South to include Sofu-Gan(Lot's Wife) at 29° 5C N., veering to the North-West towards the coast of Honshu, then at approximately 33° N. turning South-Westerly past Shikoku to 30° N. to include Yaku Shima and excluding Kuchina Shima and the Ryukyu Islands South of Latitude 30° North. The line above described is

plotted on the map attached to the present Treaty(Annex I). In the case of a discrepancy between the map and the textual description of the line, the latter shall prevail.
Section n. Ceded Territories

Article 2
(7) Japan hereby renounce any claim to sovereignty over, and all right, title and interest in Korea, and undertakes to recognize and respect all such arrangement as may be made by or under the auspices of the United Nations regarding the sovereignty and independence of Korea.

Article 3
(8) Japan hereby cedes to the Union of Soviet Socialist Republics in full sovereignty the Kurile islands, that portion of South Sakhalin over which Japan formerly exercised sovereignty, and the Habomai group of islands, and agrees to the arrangements respecting these territories set out in Annex.

Article 4
(9) Japan hereby cedes to China, in full sovereignty, the island of Formosa and the Pescadores, and agrees to the arrangements respecting property in these territories set out in Annex.

Article 5
(10) Japan renounces sovereignty over, and all right, title to and interest in the Ryukyu Bonin and Volcano islands, and Marcus island.
(11) Japan takes note of the intentions of the United States Government to negotiate a United Nations trusteeship agreement in respect of the Ryukyu and Bonin Volcano islands, when this present Treaty has come into force.

Article 6
(12) Japan renounces all rights, titles, interests and claims to territories or islands formerly administered by her under League of Nations Mandate, and all other rights,

titles, interests and claims deriving from the League of Nations Mandates System or from any undertaking given in connexion therewith, together with all special rights of the Japanese State in respect of any territory now or formerly under Mandate.

Article 7
(13) Japan renounces all political and territorial claims in or relative to the Antarctic Continent and the islands adjacent thereto, and undertakes to forego and not to assert any such claims in the future.
(이하 생략)

먀. 대일평화조약 제3차 영국 초안(1951.4.7.)

PROVISIONAL DRAFT OF JAPANESE PEACE TREATY (UNITED KINGDOM)

PREAMBLE

1. The Union of Soviet Socialist Republics, the United Kingdom of Great Britain and Northern Ireland, the United States of America, China, France, Australia, Burma, Canada, Ceylon, India, Indonesia, the Netherlands, New Zealand, Pakistan, the Republic of the Philippines ; hereinafter referred to as "the Allied and Associated Powers," of the one part, and Japan, of the other ;

2. Whereas Japan under the militarist regime became a party to the Tripartite Pact with Germany and Italy, undertook a war of aggression and thereby provoked a state of war with all the Allied and Associated Powers and with other United Nations, and bears her share of responsibility for the war; and

3. Whereas in consequence of the victories of the Allied Forces, the militarist regime in Japan was overthrown and Japan, having surrendered unconditionally, in accordance with the Potsdam Proclamation, signed an Instrument of Surrender on the 2nd September, 1945; and

4. Whereas the Allied and Associated Powers and Japan are desirous of concluding a Treaty of Peace which, in conformity with the principles of justice, will settle questions still outstanding as a result of the events hereinbefore recited, will enable Japan freely

to accept and apply the principles of the Universal Declaration of Human Rights and will form the basis of friendly relations between them;

5. Have therefore agreed to declare the cessation of the state of war and for this purpose to conclude the present Treaty of Peace, and have accordingly appointed the undersigned plenipotentiaries, who, after presentation of their full powers, found in good and due form, have agreed on the following provisions:

PREAMBLE ARTICLE

As from the date of the coming into force of the present treaty, the state of war between Japan and each of the Allied and Associated Powers which ratify of accede to the Treaty is hereby terminated.

PART I - TERRITORIAL CLAUSES

Article 1.

Japanese sovereignty shall continue over all the islands and adjacent islets and rocks lying within an area bounded by a line from latitude 30° N in a north-westerly direction to approximately latitude 330 N. 1280 E. then northward between the islands of Quelpart, Fukue-Shima bearing north-easterly between Korea and the islands of Tsushima, continuing in this direction with the islands of Oki-Retto to the south-east and Take Shima to the north-west curving with the coast of Honshu, then northerly skirting Rebun Shima passing easterly through Soya Kaikyo approximately 142° E., then in a south-easterly direction paralled to the coast of Hokkaido to 1450 30' E. entering Numero Kaikyo at approximately 44° 30' N. in a south-westerly direction to approximately 43° 45' N. and 145° 15' E., then in south-easterly direction to approximately 43° 35' N. 145° 35' E., then bearing north-easterly to approximately 44° N., so excluding Kunashiri, and curving to the east and then bearing south-westerly to include Shikotan at 147° 5' E., being the most easterly point, then in a south-westerly direction with the coastline towards the Nanpo Group of Islands curving south to include Sofu-Gan(Lot's Wife) at 29 0 50' N., veering to the northwest towards the coast of Honshu, then at approximately 33° N. turning south-westerly past Shikoku to 30° N.

to include Yaku Shima and excluding Kuchino Shima and the Ryuku Islands south of latitude 30° North.
The line above described is plotted on the map attached to the present Treaty(Annex I). In the case of a discrepancy between the map and the textual description of the line, the latter shall prevail.

Article 2.
Japan hereby renounce any claim to sovereignty over, and all right, title and interest in Korea, and undertakes to recognize and respect all such arrangement as may be made by or under the auspices of the United Nations regarding the sovereignty and independence of Korea.

Article 3.
Japan hereby cedes to the Union of Soviet Socialist Republics in full sovereignty the Kurile islands, that portion of South Sakhalin over which Japan formerly exercised sovereignty.

Article 4.
Japan hereby cedes to China, in full sovereignty, the island of Formosa and the Pescadores.

Article 5.
1. Japan renounces sovereignty over, and all right, title to and interest in the Ryukyu Bonin and Volcano islands, and Marcus island.
2. Japan takes note of the intentions of the United States Government to negotiate a United Nations trusteeship agreement in respect of the Ryukyu and Bonin Volcano Islands when this present Treaty has come into force.

Article 6.
Japan renounces all rights, titles, interests and claims to territories or islands formerly administered by her under League of Nations mandate, and all other rights, titles,

interests and claims deriving from the League of Nations mandates system or from any undertaking given in connexion therewith, together with all special rights of the Japanese State in respect of any territory now or formerly under mandate.

Article 7.
japan renounces all political and territorial claims in or relative to the Antarctic Continent and the islands adjacent thereto, and undertakes to ferego and not to assert any such claims in the future.

Article 8.
Japan renounces on behalf of the Japanese Government and Japanese nationals all rights, titles and interests in and all claims on repect of any property which is or was situated in any of the territories mentioned in Articles 2, 3, 4, 5, 6 and 7.

PART II - POLITICAL CLAUSES

Section I. - Undesirable Political Societies

Article 9.
Japan which, in accordance with the directives issued by the Supreme Commander for the Allied Powers (Memorandum No. A.G. 091(4th January, 1946) G.S.,&c.) has taken measures to dissolve all ultra-Nationalist and terrorist societies and organisations in Japan, shall not permit the resurgence on Japanese territory of such societies and organisation, whether political, military or para-military, or of any other society or organisation whose purpose it is
(a) To deprive the people of their democratic rights.
(b) To perpetuate militarism or ultra-nationalism in Japan.
(c) To alter the policy of the Japanese Government by assassination or terrorism or the encouragement of justification of a resort to such methods.
(d) To oppose the free exchange of intellectual or cultural ideas between Japan and foreign countries.…

바. 대일평화조약 제1차 영미 합동초안(1951.5.3.)

Toyko Post Files : 320.1 Peace Treaty

[SECRET] WASHINGTON, [May 3], 1951.

U.K. contributions U.S. contributions

JOINT UNTIED STATES - UNTIED KINGDOM DRAFT PREPARED DURING THE DISCUSSIONS IN WASHINGTON, APRIL-MAY 1951

PREAMBLE

......hereinafter referred to as "the Allied Powers", of the one part, and Japan, of the other part ;

whereas the Allied Powers and Japan are resolved that henceforth their relations shall be those of nations which, as sovereign equals, co-operate in friendly association to promote their common welfare and to maintain international peace and security, and are therefore desirous of concluding a Treaty of Peace which will settle questions still outstanding as a result of the existence of a state of war between them and will enable Japan to carry out her declared intentions to apply for membership in the United Nations Organization and in all circumstances to confirm to the principles of the Charter of the United Nations ; to strive to realize the objectives of the Universal Declaration of Human Rights ; to seek to create within Japan conditions of stability and well-being as defined in Articles 55 and 56 of the Charter of the United Nations and already initiated by post-war Japanese legislation ; and in public and private trade and commerce to conform to internationally accepted fair practices ;

Whereas the Allied Powers welcome the intentions of Japan set out in the foregoing paragraph ;

Have therefore agreed to conclude the present Treaty of Peace and have accordingly appointed the undersigned Plenipotentiaries, who, after presentation of their full powers, found in good and due form, have agreed on the following provisions.

CHAPTER I. PEACE

Article 1

The state of war between Japan and each of the Allied Power is hereby terminated as from the date on which the present Treaty comes into force between Japan and the Allied Power concerned.

CHAPTER II. TERRITORY

Article 2

Japan renounces all rights, titles and claims to Korea (including Quelpart, Port Hamilton and Dagelet), [Formosa and the Pescadores] ; and also all rights, titles and claims in connection with the mandate system [or based on any past activity of Japanese nationals in the Anarctic area.

Japan accepts the action of the United Nations 유ecurity Council of April 2, 1947, in relation to extending the trusteeship system to Pacific Islands formerly under mandate to Japan. (U.K. reserves position on passages between square brackets.)

Article 3

Japan will concur in any proposal.…

샤. 대일평화조약 영미 합동개정초안(1951.6.14.)

694.001/64451

Revised United States - United Kingdom Draft of a Japanese Peace Treaty

SECRET [LONDON,] June 14, 1951.

PREAMBLE

Whereas the Allied Powers and Japan are resolved that henceforth their relations shall be those of nations which, as sovereign equals, cooperate in friendly association to promote their common welfare and to maintain international peace and security, and are therefore desirous of concluding a Treaty of Peace which will settle questions still outstanding as a result of the existence of a state of war between them and will enable Japan to carry out its intention to apply for membership in the United Nations Organization and in all circumstances to conform to the principles of the Charter of the

United Nations; to strive to realize the objectives of the Universal Declaration of Human Right; to seek to create within Japan conditions of stability and well-being as defined in Articles 55 and 56 of the Charter of the United Nations and already initiated by post-surrender Japanese legislation; and in public and private trade and commerce to conform to internationally accepted fair practices;

Whereas the Allied Powers welcome the intentions of Japan set out in the foregoing paragraph; The Allied Powers and Japan have therefore agreed to conclude the present Treaty of Peace, and have accordingly appointed the undersigned Plenipotentiaries, who, after presentation of their full powers, found in good and due form, have agreed on the following provisions.

CHAPTER I. PEACE

Article 1

The state of war between Japan and each of the Allied Power is hereby terminated as from the date on which the present Treaty comes into force between Japan and the Allied Power concerned.

CHAPTER II. TERRITORY

Article 2

(a) Japan, recognizing the independence of Korea, renounces all right, title and claim to Korea, including the islands of Quelpart, Port Hamilton and Dagelet.

(b) Japan renounces all right, title and claims to Formosa and the Pescadores.

(c) Japan renounces all right, title and claims to the Kurile Islands, and to that portion of Sakhalin and the islands adjacent to it over which Japan acquired sovereignty as a consequence of the Treaty of Portsmouth of September 5, 1905.

(d) Japan renounces all right, title and claim in connection with the League of Nations Mandate System, and accepts the action of the United Nations Security Council of April 2, 1947, extending the trusteeship system to the Pacific Islands formerly under mandate to Japan.

(e) Japan renounces all claim to any right or title to or interest in connection with any part

of the Antarctic area, whether deriving from the activities of Japanese nationals or otherwise.
(f) Japan renounces all right, title and claim to Spratly Island and the Paracel Islands.

Article 3
Japan will concur in any proposal of the United States to the United Nations to place under its trusteeship system, with the United States as the administering authority, the Ryukyu Islands south of 29 0 north latitude, the Bonin Islands, including Rosario Island, the Volcano Islands, Parece Vela and Marcus Island.
Pending the making of such a proposal and affirmative action thereon, the United States will have the right to exercise all and powers of administration, legislation, and jurisdiction over the territory and inhabitants of these islands, including their territorial waters.

Article 4
(a) The disposition of property and claims, including debts, of Japan and its nationals in or against the authorities presently administering the areas referred to in Articles 2 and 3 the residents (including juridical persons) thereof, and of such authorities and residents against Japan and its nationals, shall be the subject of special arrangements between Japan and such authorities.
The property of any the Allied Powers of its nationals in the areas referred to in Articles 2 and 3 shall, insofar as this has not already been done, be returned in the condition in which it now exists. (The term nationals whenever used in the present Treaty includes juridical persons.)
(b) Japanese owned submarine cables connecting Japan with territory removed from Japanese control pursuant to the present Treaty shall be equally divided, Japan retaining the Japanese terminal and adjoining half of the cable, and the detached territory the remainder of the cable connecting terminal facilities.

CHAPTER III. SECURITY

Article 5
(a) Japan accepts the obligation...

야. 대일평화조약(1951.9.8.)

TREATY OF PEACE WITH JAPAN

WHEREAS the Allied Powers and Japan are resolved that henceforth their relations shall be those of nations which, as sovereign equals, cooperate in friendly association to promote their common welfare and to maintain international peace and security, and are therefore desirous of concluding a Treaty of Peace which will settle questions still outstanding as a result of the existence of a state of war between them;
WHEREAS Japan for its part declares its intention to apply for membership in the United Nations and in all circumstances to conform to the principles of the Charter of the United Nations; to strive to realize the objectives of the Universal Declaration of Human Rights; to seek to create within Japan conditions of stability and well-being as defined in Articles 55 and 56 of the Charter of the United Nations and already initiated by post-surrender Japanese legislation; and in public and private trade and commerce to conform to internationally accepted fair practices;
WHEREAS the Allied Powers welcome the intentions of Japan set out in the foregoing paragraph;
THE ALLIED POWERS AND JAPAN have therefore determined to conclude the present Treaty of Peace, and have accordingly appointed the undersigned Plenipotentiaries, who, after presentation of their full powers, found in good and due form, have agreed on the following provisions:

CHAPTER I. PEACE

Article 1
(a) The state of war between Japan and each of the Allied Powers is terminated as from the date on which the present Treaty comes into force between Japan and the Allied Power concerned as provided for in Article 23.
(b) The Allied Powers recognize the full sovereignty of the Japanese people over Japan and its territorial waters.

CHAPTER II. TERRITORY

Article 2

(a) Japan recognizing the independence of Korea, renounces all right, title and claim to Korea, including the islands of Quelpart, Port Hamilton and Dagelet.

(b) Japan renounces all right, title and claim to Formosa and the Pescadores.

(c) Japan renounces all right, title and claim to the Kurile Islands, and to that portion of Sakhalin and the islands adjacent to it over which Japan acquired sovereignty as a consequence of the Treaty of Portsmouth of 5 September 1905.

(d) Japan renounces all right, title and claim in connection with the League of Nations Mandate System, and accepts the action of the United Nations Security Council of 2 April 1947, extending the trusteeship system to the Pacific Islands formerly under mandate to Japan.

(e) Japan renounces all claim to any right or title to or interest in connection with any part of the Antarctic area, whether deriving from the activities of Japanese nationals or otherwise.

(f) Japan renounces all right, title and claim to the Spratly Islands and to the Paracel Islands.

Article 3

Japan will concur in any proposal of the United States to the United Nations to place under its trusteeship system, with the United States as the sole administering authority, Nansei Shoto south of 29deg. north latitude (including the Ryukyu Islands and the Daito Islands), Nanpo Shoto south of Sofu Gan (including the Bonin Islands, Rosario Island and the Volcano Islands) and Parece Vela and Marcus Island. Pending the making of such a proposal and affirmative action thereon, the United States will have the right to exercise all and any powers of administration, legislation and jurisdiction over the territory and inhabitants of these islands, including their territorial waters.

Article 4

(a) Subject to the provisions of paragraph (b) of this Article, the disposition of property of Japan and of its nationals in the areas referred to in Article 2, and their claims, including debts, against the authorities presently administering such areas and the residents (including juridical persons) thereof, and the disposition in Japan of property of such authorities and residents, and of claims, including debts, of such authorities and residents against Japan and its nationals, shall be the subject of special arrangements between Japan and such authorities. The property of any of the Allied Powers or its nationals in the areas referred to in Article 2 shall, insofar as this has not already been done, be returned by the administering authority in the condition in which it now exists. (The term nationals whenever used in the present Treaty includes juridical persons.)

(b) Japan recognizes the validity of dispositions of property of Japan and Japanese nationals made by or pursuant to directives of the United States Military Government in any of the areas referred to in Articles 2 and 3.

(c) Japanese owned submarine cables connection Japan with territory removed from Japanese control pursuant to the present Treaty shall be equally divided, Japan retaining the Japanese terminal and adjoining half of the cable, and the detached territory the remainder of the cable and connecting terminal facilities.

CHAPTER III. SECURITY

Article 5

(a) Japan accepts the obligations set forth in Article 2 of the Charter of the United Nations, and in particular the obligations

(i) to settle its international disputes by peaceful means in such a manner that international peace and security, and justice, are not endangered;

(ii) to refrain in its international relations from the threat or use of force against the territorial integrity or political independence of any State or in any other manner inconsistent with the Purposes of the United Nations;

(iii) to give the United Nations every assistance in any action it takes in accordance with the Charter and to refrain from giving assistance to any State against which the United Nations may take preventive or enforcement action.

(b) The Allied Powers confirm that they will be guided by the principles of Article 2

of the Charter of the United Nations in their relations with Japan.
(c) The Allied Powers for their part recognize that Japan as a sovereign nation possesses the inherent right of individual or collective self-defense referred to in Article 51 of the Charter of the United Nations and that Japan may voluntarily enter into collective security arrangements.

Article 6
(a) All occupation forces of the Allied Powers shall be withdrawn from Japan as soon as possible after the coming into force of the present Treaty, and in any case not later than 90 days thereafter. Nothing in this provision shall, however, prevent the stationing or retention of foreign armed forces in Japanese territory under or in consequence of any bilateral or multilateral agreements which have been or may be made between one or more of the Allied Powers, on the one hand, and Japan on the other.
(b) The provisions of Article 9 of the Potsdam Proclamation of 26 July 1945, dealing with the return of Japanese military forces to their homes, to the extent not already completed, will be carried out.
(c) All Japanese property for which compensation has not already been paid, which was supplied for the use of the occupation forces and which remains in the possession of those forces at the time of the coming into force of the present Treaty, shall be returned to the Japanese Government within the same 90 days unless other arrangements are made by mutual agreement.

CHAPTER IV. POLITICAL AND ECONOMIC CLAUSES

Article 7
(a) Each of the Allied Powers, within one year after the present Treaty has come into force between it and Japan, will notify Japan which of its prewar bilateral treaties or conventions with Japan it wishes to continue in force or revive, and any treaties or conventions so notified shall continue in force or by revived subject only to such amendments as may be necessary to ensure conformity with the present Treaty. The treaties and conventions so notified shall be considered as having been continued in

force or revived three months after the date of notification and shall be registered with the Secretariat of the United Nations. All such treaties and conventions as to which Japan is not so notified shall be regarded as abrogated.
(b) Any notification made under paragraph (a) of this Article may except from the operation or revival of a treaty or convention any territory for the international relations of which the notifying Power is responsible, until three months after the date on which notice is given to Japan that such exception shall cease to apply.

Article 8
(a) Japan will recognize the full force of all treaties now or hereafter concluded by the Allied Powers for terminating the state of war initiated on 1 September 1939, as well as any other arrangements by the Allied Powers for or in connection with the restoration of peace. Japan also accepts the arrangements made for terminating the former League of Nations and Permanent Court of International Justice.
(b) Japan renounces all such rights and interests as it may derive from being a signatory power of the Conventions of St. Germain-en-Laye of 10 September 1919, and the Straits Agreement of Montreux of 20 July 1936, and from Article 16 of the Treaty of Peace with Turkey signed at Lausanne on 24 July 1923.
(c) Japan renounces all rights, title and interests acquired under, and is discharged from all obligations resulting from, the Agreement between Germany and the Creditor Powers of 20 January 1930 and its Annexes, including the Trust Agreement, dated 17 May 1930, the Convention of 20 January 1930, respecting the Bank for International Settlements; and the Statutes of the Bank for International Settlements. Japan will notify to the Ministry of Foreign Affairs in Paris within six months of the first coming into force of the present Treaty its renunciation of the rights, title and interests referred to in this paragraph.

Article 9
Japan will enter promptly into negotiations with the Allied Powers so desiring for the conclusion of bilateral and multilateral agreements providing for the regulation or limitation of fishing and the conservation and development of fisheries on the high seas.

Article 10

Japan renounces all special rights and interests in China, including all benefits and privileges resulting from the provisions of the final Protocol signed at Peking on 7 September 1901, and all annexes, notes and documents supplementary thereto, and agrees to the abrogation in respect to Japan of the said protocol, annexes, notes and documents.

Article 11

Japan accepts the judgments of the International Military Tribunal for the Far East and of other Allied War Crimes Courts both within and outside Japan, and will carry out the sentences imposed thereby upon Japanese nationals imprisoned in Japan. The power to grant clemency, to reduce sentences and to parole with respect to such prisoners may not be exercised except on the decision of the Government or Governments which imposed the sentence in each instance, and on recommendation of Japan. In the case of persons sentenced by the International Military Tribunal for the Far East, such power may not be exercised except on the decision of a majority of the Governments represented on the Tribunal, and on the recommendation of Japan.

Article 12

(a) Japan declares its readiness promptly to enter into negotiations for the conclusion with each of the Allied Powers of treaties or agreements to place their trading, maritime and other commercial relations on a stable and friendly basis.

(b) Pending the conclusion of the relevant treaty or agreement, Japan will, during a period of four years from the first coming into force of the present Treaty

(1) accord to each of the Allied Powers, its nationals, products and vessels

(i) most-favoured-nation treatment with respect to customs duties, charges, restrictions and other regulations on or in connection with the importation and exportation of goods;

(ii) national treatment with respect to shipping, navigation and imported goods, and with respect to natural and juridical persons and their interests - such treatment to include all matters pertaining to the levying and collection of taxes, access to the courts, the making and performance of contracts, rights to property (tangible and intangible), participating in juridical entities constituted under Japanese law, and generally the conduct of all kinds of business and professional activities;

(2) ensure that external purchases and sales of Japanese state trading enterprises shall be based solely on commercial considerations.

(c) In respect to any matter, however, Japan shall be obliged to accord to an Allied Power national treatment, or most-favored-nation treatment, only to the extent that the Allied Power concerned accords Japan national treatment or most-favored-nation treatment, as the case may be, in respect of the same matter. The reciprocity envisaged in the foregoing sentence shall be determined, in the case of products, vessels and juridical entities of, and persons domiciled in, any non-metropolitan territory of an Allied Power, and in the case of juridical entities of, and persons domiciled in, any state or province of an Allied Power having a federal government, by reference to the treatment accorded to Japan in such territory, state or province.

(d) In the application of this Article, a discriminatory measure shall not be considered to derogate from the grant of national or most-favored-nation treatment, as the case may be, if such measure is based on an exception customarily provided for in the commercial treaties of the party applying it, or on the need to safeguard that party's external financial position or balance of payments (except in respect to shiping and navigation), or on the need to maintain its essential security interests, and provided such measure is proportionate to the circumstances and not applied in an arbitrary or unreasonable manner.

(e) Japan's obligations under this Article shall not be affected by the exercise of any Allied rights under Article 14 of the present Treaty; nor shall the provisions of this Article be understood as limiting the undertakings assumed by Japan by virtue of Article 15 of the Treaty.

Article 13

(a) Japan will enter into negotiations with any of the Allied Powers, promptly upon the request of such Power or Powers, for the conclusion of bilateral or multilateral agreements relating to international civil air transport.

(b) Pending the conclusion of such agreement or agreements, Japan will, during a

period of four years from the first coming into force of the present Treaty, extend to such Power treatment not less favorable with respect to air-traffic rights and privileges than those exercised by any such Powers at the date of such coming into force, and will accord complete equality of opportunity in respect to the operation and development of air services.
(c) Pending its becoming a party to the Convention on International Civil Aviation in accordance with Article 93 thereof, Japan will give effect to the provisions of that Convention applicable to the international navigation of aircraft, and will give effect to the standards, practices and procedures adopted as annexes to the Convention in accordance with the terms of the Convention.

CHAPTER V. CLAIMS AND PROPERTY

Article 14
(a) It is recognized that Japan should pay reparations to the Allied Powers for the damage and suffering caused by it during the war. Nevertheless it is also recognized that the resources of Japan are not presently sufficient, if it is to maintain a viable economy, to make complete reparation for all such damage and suffering and at the same time meet its other obligations.
Therefore,
1. Japan will promptly enter into negotiations with Allied Powers so desiring, whose present territories were occupied by Japanese forces and damaged by Japan, with a view to assisting to compensate those countries for the cost of repairing the damage done, by making available the services of the Japanese people in production, salvaging and other work for the Allied Powers in question. Such arrangements shall avoid the imposition of additional liabilities on other Allied Powers, and, where the manufacturing of raw materials is called for, they shall be supplied by the Allied Powers in question, so as not to throw any foreign exchange burden upon Japan.
2. (I) Subject to the provisions of subparagraph (II) below, each of the Allied Powers shall have the right to seize, retain, liquidate or otherwise dispose of all property, rights and interests of

(a) Japan and Japanese nationals,

(b) persons acting for or on behalf of Japan or Japanese nationals, and

(c) entities owned or controlled by Japan or Japanese nationals,

which on the first coming into force of the present Treaty were subject to its jurisdiction. The property, rights and interests specified in this subparagraph shall include those now blocked, vested or in the possession or under the control of enemy property authorities of Allied Powers, which belong to, or were held or managed on behalf of, any of the persons or entities mentioned in (a), (b) or (c) above at the time such assets came under the controls of such authorities.

(II) The following shall be excepted from the right specified in subparagraph (I) above:

(i) property of Japanese natural persons who during the war resided with the permission of the Government concerned in the territory of one of the Allied Powers, other than territory occupied by Japan, except property subjected to restrictions during the war and not released from such restrictions as of the date of the first coming into force of the present Treaty;

(ii) all real property, furniture and fixtures owned by the Government of Japan and used for diplomatic or consular purposes, and all personal furniture and furnishings and other private property not of an investment nature which was normally necessary for the carrying out of diplomatic and consular functions, owned by Japanese diplomatic and consular personnel;

(iii) property belonging to religious bodies or private charitable institutions and used exclusively for religious or charitable purposes;

(iv) property, rights and interests which have come within its jurisdiction in consequence of the resumption of trade and financial relations subsequent to 2 September 1945, between the country concerned and Japan, except such as have resulted from transactions contrary to the laws of the Allied Power concerned;

(v) obligations of Japan or Japanese nationals, any right, title or interest in tangible property located in Japan, interests in enterprises organized under the laws of Japan, or any paper evidence thereof; provided that this exception shall only apply to obligations of Japan and its nationals expressed in Japanese currency.

(III) Property referred to in exceptions (i) through (v) above shall be returned subject to reasonable expenses for its preservation and administration. If any such property has been liquidated the proceeds shall be returned instead.

(IV) The right to seize, retain, liquidate or otherwise dispose of property as provided in subparagraph (I) above shall be exercised in accordance with the laws of the Allied Power concerned, and the owner shall have only such rights as may be given him by those laws.

(V) The Allied Powers agree to deal with Japanese trademarks and literary and artistic property rights on a basis as favorable to Japan as circumstances ruling in each country will permit.

(b) Except as otherwise provided in the present Treaty, the Allied Powers waive all reparations claims of the Allied Powers, other claims of the Allied Powers and their nationals arising out of any actions taken by Japan and its nationals in the course of the prosecution of the war, and claims of the Allied Powers for direct military costs of occupation.

Article 15

(a) Upon application made within nine months of the coming into force of the present Treaty between Japan and the Allied Power concerned, Japan will, within six months of the date of such application, return the property, tangible and intangible, and all rights or interests of any kind in Japan of each Allied Power and its nationals which was within Japan at any time between 7 December 1941 and 2 September 1945, unless the owner has freely disposed thereof without duress or fraud. Such property shall be returned free of all encumbrances and charges to which it may have become subject because of the war, and without any charges for its return. Property whose return is not applied for by or on behalf of the owner or by his Government within the prescribed period may be disposed of by the Japanese Government as it may determine. In cases where such property was within Japan on 7 December 1941, and cannot be returned or has suffered injury or damage as a result of the war, compensation will be made on terms not less favorable than the terms provided in the draft Allied Powers Property Compensation Law approved by the Japanese Cabinet on 13 July 1951.

(b) With respect to industrial property rights impaired during the war, Japan will continue to accord to the Allied Powers and their nationals benefits no less than those heretofore accorded by Cabinet Orders No. 309 effective 1 September 1949, No. 12 effective 28 January 1950, and No. 9 effective 1 February 1950, all as now amended, provided such nationals have applied for such benefits within the time limits prescribed therein.

(c) (i) Japan acknowledges that the literary and artistic property rights which existed in Japan on 6 December 1941, in respect to the published and unpublished works of the Allied Powers and their nationals have continued in force since that date, and recognizes those rights which have arisen, or but for the war would have arisen, in Japan since that date, by the operation of any conventions and agreements to which Japan was a party on that date, irrespective of whether or not such conventions or agreements were abrogated or suspended upon or since the outbreak of war by the domestic law of Japan or of the Allied Power concerned.

(ii) Without the need for application by the proprietor of the right and without the payment of any fee or compliance with any other formality, the period from 7 December 1941 until the coming into force of the present Treaty between Japan and the Allied Power concerned shall be excluded from the running of the normal term of such rights; and such period, with an additional period of six months, shall be excluded from the time within which a literary work must be translated into Japanese in order to obtain translating rights in Japan.

Article 16

As an expression of its desire to indemnify those members of the armed forces of the Allied Powers who suffered undue hardships while prisoners of war of Japan, Japan will transfer its assets and those of its nationals in countries which were neutral during the war, or which were at war with any of the Allied Powers, or, at its option, the equivalent of such assets, to the International Committee of the Red Cross which shall liquidate such assets and distribute the resultant fund to appropriate national agencies, for the benefit of former prisoners of war and their families on such basis as it may determine to be equitable. The categories of assets described in Article 14(a)2(II)(ii) through (v) of the present Treaty shall be excepted from transfer, as well as assets of Japanese natural persons not residents of Japan on the first coming into force of the Treaty. It is equally understood that the transfer provision of this Article has no application to the 19,770 shares in the Bank for International Settlements presently owned by Japanese financial institutions.

Article 17

(a) Upon the request of any of the Allied Powers, the Japanese Government shall review and revise in conformity with international law any decision or order of the Japanese Prize Courts in cases involving ownership rights of nationals of that Allied Power and shall supply copies of all documents comprising the records of these cases, including the decisions taken and orders issued. In any case in which such review or revision shows that restoration is due, the provisions of Article 15 shall apply to the property concerned.

(b) The Japanese Government shall take the necessary measures to enable nationals of any of the Allied Powers at any time within one year from the coming into force of the present Treaty between Japan and the Allied Power concerned to submit to the appropriate Japanese authorities for review any judgment given by a Japanese court between 7 December 1941 and such coming into force, in any proceedings in which any such national was unable to make adequate presentation of his case either as plaintiff or defendant. The Japanese Government shall provide that, where the national has suffered injury by reason of any such judgment, he shall be restored in the position in which he was before the judgment was given or shall be afforded such relief as may be just and equitable in the circumstances.

Article 18

(a) It is recognized that the intervention of the state of war has not affected the obligation to pay pecuniary debts arising out of obligations and contracts (including those in respect of bonds) which existed and rights which were acquired before the existence of a state of war, and which are due by the Government or nationals of Japan to the Government or nationals of one of the Allied Powers, or are due by the

Government or nationals of one of the Allied Powers to the Government or nationals of Japan. The intervention of a state of war shall equally not be regarded as affecting the obligation to consider on their merits claims for loss or damage to property or for personal injury or death which arose before the existence of a state of war, and which may be presented or re-presented by the Government of one of the Allied Powers to the Government of Japan, or by the Government of Japan to any of the Governments of the Allied Powers. The provisions of this paragraph are without prejudice to the rights conferred by Article 14.
(b) Japan affirms its liability for the prewar external debt of the Japanese State and for debts of corporate bodies subsequently declared to be liabilities of the Japanese State, and expresses its intention to enter into negotiations at an early date with its creditors with respect to the resumption of payments on those debts; to encourage negotiations in respect to other prewar claims and obligations; and to facilitate the transfer of sums accordingly.

Article 19
(a) Japan waives all claims of Japan and its nationals against the Allied Powers and their nationals arising out of the war or out of actions taken because of the existence of a state of war, and waives all claims arising from the presence, operations or actions of forces or authorities of any of the Allied Powers in Japanese territory prior to the coming into force of the present Treaty.
(b) The foregoing waiver includes any claims arising out of actions taken by any of the Allied Powers with respect to Japanese ships between 1 September 1939 and the coming into force of the present Treaty, as well as any claims and debts arising in respect to Japanese prisoners of war and civilian internees in the hands of the Allied Powers, but does not include Japanese claims specificially recognized in the laws of any Allied Power enacted since 2 September 1945.
(c) Subject to reciprocal renunciation, the Japanese Government also renounces all claims (including debts) against Germany and German nationals on behalf of the Japanese Government and Japanese nationals, including intergovernmental claims and claims for loss or damage sustained during the war, but excepting (a) claims in respect

of contracts entered into and rights acquired before 1 September 1939, and (b) claims arising out of trade and financial relations between Japan and Germany after 2 September 1945. Such renunciation shall not prejudice actions taken in accordance with Articles 16 and 20 of the present Treaty.
(d) Japan recognizes the validity of all acts and omissions done during the period of occupation under or in consequence of directives of the occupation authorities or authorized by Japanese law at that time, and will take no action subjecting Allied nationals to civil or criminal liability arising out of such acts or omissions.

Article 20
Japan will take all necessary measures to ensure such disposition of German assets in Japan as has been or may be determined by those powers entitled under the Protocol of the proceedings of the Berlin Conference of 1945 to dispose of those assets, and pending the final disposition of such assets will be responsible for the conservation and administration thereof.

Article 21
Notwithstanding the provisions of Article 25 of the present Treaty, China shall be entitled to the benefits of Articles 10 and 14(a)2; and Korea to the benefits of Articles 2, 4, 9 and 12 of the present Treaty.

CHAPTER VI. SETTLEMENT OF DISPUTES

Article 22
If in the opinion of any Party to the present Treaty there has arisen a dispute concerning the interpretation or execution of the Treaty, which is not settled by reference to a special claims tribunal or by other agreed means, the dispute shall, at the request of any party thereto, be referred for decision to the International Court of Justice. Japan and those Allied Powers which are not already parties to the Statute of the International Court of Justice will deposit with the Registrar of the Court, at the time of their respective ratifications of the present Treaty, and in conformity with the

resolution of the United Nations Security Council, dated 15 October 1946, a general declaration accepting the jurisdiction, without special agreement, of the Court generally in respect to all disputes of the character referred to in this Article.

CHAPTER VII. FINAL CLAUSES

Article 23

(a) The present Treaty shall be ratified by the States which sign it, including Japan, and will come into force for all the States which have then ratified it, when instruments of ratification have been deposited by Japan and by a majority, including the United States of America as the principal occupying Power, of the following States, namely Australia, Canada, Ceylon, France, Indonesia, the Kingdom of the Netherlands, New Zealand, Pakistan, the Republic of the Philippines, the United Kingdom of Great Britain and Northern Ireland, and the United States of America. The present Treaty shall come into force of each State which subsequently ratifies it, on the date of the deposit of its instrument of ratification.

(b) If the Treaty has not come into force within nine months after the date of the deposit of Japan's ratification, any State which has ratified it may bring the Treaty into force between itself and Japan by a notification to that effect given to the Governments of Japan and the United States of America not later than three years after the date of deposit of Japan's ratification.

Article 24

All instruments of ratification shall be deposited with the Government of the United States of America which will notify all the signatory States of each such deposit, of the date of the coming into force of the Treaty under paragraph (a) of Article 23, and of any notifications made under paragraph (b) of Article 23.

Article 25

For the purposes of the present Treaty the Allied Powers shall be the States at war with Japan, or any State which previously formed a part of the territory of a State named in Article 23, provided that in each case the State concerned has signed and ratified the Treaty. Subject to the provisions of Article 21, the present Treaty shall not confer any rights, titles or benefits on any State which is not an Allied Power as herein defined; nor shall any right, title or interest of Japan be deemed to be diminished or prejudiced by any provision of the Treaty in favour of a State which is not an Allied Power as so defined.

Article 26

Japan will be prepared to conclude with any State which signed or adhered to the United Nations Declaration of 1 January 1942, and which is at war with Japan, or with any State which previously formed a part of the territory of a State named in Article 23, which is not a signatory of the present Treaty, a bilateral Treaty of Peace on the same or substantially the same terms as are provided for in the present Treaty, but this obligation on the part of Japan will expire three years after the first coming into force of the present Treaty. Should Japan make a peace settlement or war claims settlement with any State granting that State greater advantages than those provided by the present Treaty, those same advantages shall be extended to the parties to the present Treaty.

Article 27

The present Treaty shall be deposited in the archives of the Government of the United States of America which shall furnish each signatory State with a certified copy thereof.

IN FAITH WHEREOF the undersigned Plenipotentiaries have signed the present Treaty.

DONE at the city of San Francisco this eighth day of September 1951, in the English, French, and Spanish languages, all being equally authentic, and in the Japanese language.

For Argentina:
Hipólito J. PAZ

For Australia:
Percy C. SPENDER

For Belgium:
Paul VAN ZEELAND SILVERCRUYS

For Bolivia:
Luis GUACHALLA

For Brazil:
Carlos MARTINS
A. DE MELLO-FRANCO

For Cambodia:
PHLENG

For Canada:
Lester B. PEARSON
R.W. MAYHEW

For Ceylon:
J.R. JAYEWARDENE
G.C.S. COREA
R.G. SENANAYAKE

For Chile:
F. NIETO DEL RÍO

For Colombia:
Cipríano RESTREPO JARAMILLO
Sebastián OSPINA

For Costa Rica:
J. Rafael OREAMUNO
V. VARGAS
Luis DOBLES SÁNCHEZ

For Cuba:
O. GANS
L. MACHADO

Joaquín MEYER

For the Dominican Republic:
V. ORDÓÑEZ
Luis F. THOMEN

For Ecuador:
A. QUEVEDO
R.G. VALENZUELA

For Egypt:
Kamil A. RAHIM

For El Salvador:
Héctor DAVID CASTRO
Luis RIVAS PALACIOS

For Ethiopia:
Men YAYEJIJRAD

For France:
SCHUMANN
H. BONNET
Paul-Émile NAGGIAR

For Greece:
A.G. POLITIS

For Guatemala:
E. CASTILLO A.
A.M. ORELLANA
J. MENDOZA

For Haiti:
Jacques N. LÉGER
Gust. LARAQUE

For Honduras:
J.E. VALENZUELA
Roberto GÁLVEZ B.
Raúl ALVARADO T.

For Indonesia:
Ahmad SUBARDJO

For Iran:
A.G. ARDALAN

For Iraq:
A.I. BAKR
For Laos:
SAVANG

For Lebanon:
Charles MALIK

For Liberia:
Gabriel L. DENNIS
James ANDERSON
Raymond HORACE
J. Rudolf GRIMES

For the Grand Duchy of Luxembourg:
Hugues LE GALLAIS

For Mexico:
Rafael DE LA COLINA
Gustavo DÍAZ ORDAZ
A.P. GASGA

For the Netherlands:
D.U. STIKKER
J.H. VAN ROIJEN

For New Zealand:
C. BERENDSEN

For Nicaragua:
G. SEVILLA SACASA
Gustavo MANZANARES

For Norway:
Wilhelm Munthe MORGENSTERNE

For Pakistan:
ZAFRULLAH KHAN

For Panama:
Ignacio MOLINO
José A. REMON
Alfredo ALEMÁN
J. CORDOVEZ

For Peru:
Luis Oscar BOETTNER

For the Republic of the Philippines:
Carlos P. RÓMULO
J.M. ELIZALDE
Vicente FRANCISCO
Diosdado MACAPAGAL
Emiliano T. TIRONA
V.G. SINCO

For Saudi Arabia:
Asad AL-FAQIH

For Syria:
F. EL-KHOURI

For Turkey:

Feridun C. ERKIN

For the Union of South Africa:
G.P. JOOSTE

For the United Kingdom of Great Britain and Northern Ireland:
Herbert MORRISON
Kenneth YOUNGER
Oliver FRANKS

For the United States of America:
Dean ACHESON
John Foster DULLES
Alexander WILEY
John J. SPARKMAN

For Uruguay:
José A. MORA

For Venezuela:
Antonio M. ARAUJO
R. GALLEGOS M.

For Viet-Nam:
T.V. HUU
T. VINH
D. THANH
BUU KINH

For Japan:
Shigeru YOSHIDA
Hayato IKEDA
Gizo TOMABECHI
Niro HOSHIJIMA
Muneyoshi TOKUGAWA
Hisato ICHIMADA

연합국과 일본은 앞으로의 관계는 동등한 주권국가로서 그들의 공동 복지를 증진시키고, 국제 평화 및 안보를 유지하기 위해 우호적으로 협력하는 관계가 될 것이라고 결의하거니와, 그들 간에 전쟁 상태가 지속됨으로써 여전히 미해결 중인 여러 문제들을 해결할 평화조약을 체결하기를 바라는 까닭에 일본은 유엔에 가입하여, 어떤 상황 하에서도 유엔 헌장의 원칙들을 준수하고, 세계인권선언의 취지를 실현하기 위해 힘을 쓰고, 일본 내에서 유엔 헌장 55조 및 56조에 규정된, 그리고 일본이 항복한 이후 이미 일본의 입법에 의해 시작된 안정과 복지에 관한 조건들을 조성하기 위해 노력하며, 공적 및 사적 무역 및 통상에서 국제적으로 인정된 공정한 관행들을 준수할 의향이 있으므로, 연합국들이 위에서 언급된 일본의 의향을 환영하므로, 연합국들과 일본은 현재 평화조약을 체결하기로 결정하며, 그에 따라 서명자인 전권대사들을 임명했다. 그들은 자신들의 전권 위임장을 제시하여, 그것이 적절하고 타당하다는 것이 확인된 후 다음 조항들에 동의했다.

제1장 평화

제1조

(a) 일본과 각 연합국들과의 전쟁 상태는 제23조에 규정된 바와 같이, 일본과 관련된 연합국 사이에서 현 조약이 시행되는 날부터 중지된다.

(b) 연합국들은 일본과 그 영해에 대한 일본 국민들의 완전한 주권을 인정한다.

제2장 영토

제2조

(a) 일본은 한국의 독립을 인정하고, 제주도, 거문도 및 울릉도를 비롯한 한국에 대한 모든 권리와 소유권 및 청구권을 포기한다.

(b) 일본은 타이완과 펑후제도에 대한 모든 권리와 소유권 및 청구권을 포기한다.

(c) 일본은 쿠릴 열도에 대한, 그리고 일본이 1905년 9월 5일의 포츠머스 조약에 의해 주권을 획득한 사할린의 일부와 그것에 인접한 도서에 대한 모든 권리와 소유권 및 청구권을 포기한다.

(d) 일본은 국제연맹의 위임통치제도와 관련된 모든 권리와 소유권 및 청구권을 포기하고, 신탁통치를 이전에 일본의 위임통치권 하에 있었던 태평양 제도에 이르기

까지 확대하는 1947년 4월 2일의 유엔안전보장이사회의 조치를 수용한다.
(e) 일본은 일본 국민의 활동으로부터 비롯된 건이건, 아니면 그 밖의 활동으로부터 비롯된 건이건 간에, 남극 지역의 어떤 부분과 관련된 어떤 권리나, 소유권 또는 이익에 대한 모든 권리를 포기한다.
(f) 일본은 남사군도와 서사군도에 대한 모든 권리와 소유권 및 청구권을 포기한다.

제3조
일본은 [남서제도와 대동제도를 비롯한] 북위 29도 남쪽의 남서제도와 (보닌제도, Rosario섬 및 화산열도를 비롯한) 소후칸 남쪽의 남방제도, 그리고 오키노토리 섬과 미나미토리 섬을 유일한 통치 당국인 미국의 신탁통치 하에 두려는 미국이 유엔에 제시한 어떤 제안도 동의한다. 그러한 제안과 그에 대한 긍정적인 조치가 있을 때까지 미국은 그 영해를 포함한 그 섬들의 영토와 주민들에 대한 모든 행정, 입법, 사법권을 행사할 권리를 가지게 될 것이다.

제4조
(a) 이 조항의 (b)의 규정에 따라, 일본의 부동산 및 제2조에 언급된 지역의 일본 국민들의 부동산의 처분 문제와, 현재 그 지역들을 통치하고 있는 당국자들과 그곳의 (법인을 비롯한) 주민들에 대한 (채무를 비롯한) 그들의 청구권들, 그리고 그러한 당국자들과 주민들의 부동산의 처분과 일본과 그 국민들에 대한 그러한 당국자들과 주민들의 채무를 비롯한 청구권들의 처분은 이본과 그 당국자들 간에 특별한 협의의 대상이 된다. 그리고, 일본에 있는, 그 당국이나 거류민의 재산의 처분과, 일본과 일본국민을 상대로 하는 그 당국과 거류민의 청구권(부채를 포함한)의 처분은 일본과 그 당국간의 별도 협정의 주제가 될 것이다. 제2조에서 언급된 지역에서의 어떤 연합국이나 그 국민의 재산은, 현재까지 반환되지 않았다면, 현존하는 그 상태로 행정당국에 의해 반환될 것이다.
(b) 일본은 제2조와 제3조에 언급된 지역에 있는 일본과 일본국민 재산에 대해, 미군정청 지침이나 이에 준해서 제정된 처분권의 적법성을 인정한다.
(c) 본 조약에 의해서 일본의 지배에서 벗어난 지역과 일본을 연결하는, 일본소유의 해저 케이블은 균등하게 분할될 것이다. 일본은 일본측 터미널과 그에 접하는 절반의 케이블을 갖고, 분리된 지역은 나머지 케이블과 터미널 시설을 갖는다.

제3장 보장

제5조

(a) 일본은 유엔헌장 제2조에서 설명한 의무를 수락한다. 특별히 다음과 같은 의무이다.

(ⅰ) 국제평화와 안전, 정의가 위협받지 않는 평화적인 방법으로 국제적 논쟁을 해결해야 할 의무

(ⅱ) 일본의 국제적인 관계에서, 어떤 나라의 영토보전이나 정치적인 독립을 해하건, 어떤 식으로든 유엔의 목적에 상반되는 위협이나 군사력의 행사를 금하는(자제하는) 의무

(ⅲ) 유엔이 헌장에 따라 하는 활동이라면 어떤 것이든 유엔을 지원하고, 유엔이 예방적이거나 제재하는 활동을 하는 어떤 나라도 지원하지 말아야 할 의무

(b) 연합국은, 그들과 일본과의 관계는 유엔헌장 제2조의 원칙에 의거해서 정해질 것임을 확인한다.

(c) 일본은 주권국가로서, 유엔헌장 제51조에 언급된 개별적 혹은 집단적 고유자위권을 소유하며 자발적으로 집단안보 조약에 가입할 수 있음을 연합국 입장에서 인정한다.

제6조

(a) 본 조약이 시행되고 난 후 가능한 빠른 시일 내에, 그리고 어떤 경우라도 시행 후 90일 이전에, 연합국의 모든 점령군은 일본에서 철수할 것이다. 그러나, 이 조항의 어떤 내용도, 1개 혹은 그 이상의 연합국을 일방으로 하고 일본을 다른 일방으로 해서 체결되었거나 체결될 상호간, 혹은 다자간협정에 의해서 외국군을 일본영토 내에 주둔시키거나 유지하는 것을 막을 수는 없다.

(b) 일본군의 귀환과 관련한, 1945년 7월 26일 포츠담 선언 제9조의 조항은, 아직(귀환이) 완료되지 않은 번위에서는, 실행될 것이다.

(c) 그 보상비가 아직 지급되지 않았으며, 점령군의 사용을 위해 제공되어, 본 조약이 시행되는 시점까지 점령군이 소유하고 있는 일본의 모든 부동산은 상호 합의에 의해 다른 약정이 만들어지지 않는 한, 90일 이내에 일본 정부에 반환된다.

제4장 정치적 및 경제적 조항들

제7조

(a) 각 연합국은 본 조약이 시행된 지 1년 안에 이본에게 전쟁 전에 체결된 일본과

의 양자간 조약이나, 협약에 대해, 그것을 계속 유지 또는 부활시킬 의사가 있는지를 통지한다. 그와 같이 통지된 어떤 조약이나 협약은 본 조약의 이행에 필요할 수 있는 것과 같은 그러한 변경사항들을 준수하기만 한다면, 계속 유지되거나, 부활된다. 그와 같이 통지된 조약 및 협약은 통지된지 3개월 후에 계속 효력을 발생하거나, 재개되며, 국제연합 사무국에 등록된다. 일본에게 그와 같이 통지되지 않은 모든 조약들과 협약들은 폐기된 것으로 간주된다.
(b) 이 조의 (a)항에 의해 실시되는 모든 통지는 어떤 조약이나 협약을 실행하거나, 재개하면서 통지하는 나라가 책임이 있는 국제관계를 위해 어떤 영토를 제외시킬 수 있다. 일본에게 그러한 통지를 한 날로부터 3개월 뒤에는 그러한 예외는 중단될 것이다.

제8조
(a) 일본은 연합국에 의한 또는 평화 회복과 관련한 다른 협정들 뿐 아니라, 1939년 9월 1일에 시작된 전쟁 상태를 종료하기 위해 현재 또는 앞으로 연합국에 의해 체결되는 모든 조약들의 완전한 효력을 인정한다. 일본은 또한 종전의 국제연맹과 상설 국제사법재판소를 폐지하기 위해 행해진 협약들을 수용한다.
(b) 일본은 1919년 9월 10일의 생 제르메넹 라이 협약과 1936년 7월 20일의 몽트뢰 조약의 서명국 신분으로부터 유래될 수 있는, 그리고 1923년 7월 24일 로잔에서 터키와 체결한 평화조약 제16조에 의해 발생될 수 있는 모든 권리와 이익들을 포기한다.
(c) 일본은 1930년 1월 20일에 독일과 채권국들 간에 체결한 협정과, 1930년 5월 17일자 신탁협정을 비롯한 그 부속 협정들인 1930년 1월 20일의 국제결재은행에 관한 조약 및 국제결재은행의 정관들에 의해 획득한 모든 권리와 소유권 및 이익들을 포기하는 동시에, 그러한 협정 등으로부터 비롯되는 모든 의무로부터 해방된다. 일본은 본 조약이 최초로 효력을 발생한 뒤 6개월 이내에 이 항과 관련된 권리와 소유권 및 이익들의 포기를 프랑스 외무성에 통지한다.

제9조
일본은 공해상의 어업의 규제나 제한, 그리고 어업의 보존 및 발전을 규정하는 양자간 및 다자간 협정을 체결하기를 바라는 연합국들과 즉각 협상을 시작한다.

제10조
일본은 1901년 9월 7일에 베이징에서 서명된 최종 의정서의 규정들로부터 발생되는 모든 이익과 특권을 비롯하여, 중국에 대한 모든 특별한 권리와 이익을 포기한다. 그리고 모든 조항들과 문안 그리고 보충 서류들은 이로써, 이른바 요령, 조항, 문구, 서류들을 폐기하기로 일본과 합의한다.

제11조
일본은 일본 안팎의 극동 및 기타국가 연합의 전범 재판소의 국제 군사재판 판결을 수용하고 이로써 일본내 일본인에게 선고된 형량을 수행한다. 형량감경이나 가석방 같은 관용은 정부로부터 또는 사안별로 형량을 선고한 연합정부의 결정이 있을 경우 또는 일본심사결과가 있을 경우 이외에는 적용하지 않는다.
극동지역에 대한 국제 군사재판에서 선고받은 피고인 경우 재판소를 대표하는 정부 구성원이나 이본심사결과상 과반수의 결정이 있을 경우 이외에는 적용하지 않는다.

제12조
(a) 일본은 안정적이고 호혜적 관계를 바탕으로 한 거래와 해상무역을 위하여 연합국과 조약을 맺거나 협상결과를 이끌어 내기 위하여 신속한 협정에 임할 준비가 되어있음을 선언한다.
(b) 관련 조약이나 협정상 합의사항 보류 시 현행 협정사항이 효력을 얻는 초년도부터 4년 기간 동안 일본은,
(1) 연합군의 권력과 구성국가들, 생산물자와 선박들을 수용한다.
(ⅰ) 최혜국 협정을 수용하여 관세율 적용과 부과, 제한사항 그리고 기타 물자수출입과 연관해서는 관련규정을 따른다.
(ⅱ) 해운, 항해 및 수입상품에 대한 내국민 대우와, 자연인, 법인 및 그들의 이익에 대한 내국민 대우. 다시 말해 그러한 대우는 세금의 부과 및 징수, 재판을 받는 것, 계약의 체결 및 이행, (유,무형) 재산권, 일본법에 따라 구성된 자치단체에의 참여 및 일반적으로 모든 종류의 사업활동 및 직업활동의 수행에 관한 모든 사항들을 포함한다.
(2) 일본 공기업들의 대외적인 매매는 오로지 상업적 고려만을 기준으로 하고 있다는 것을 보장한다.
(c) 하지만, 어떤 문제에 대해 일본은 관련된 연합국이 같은 문제에 대해 일본에게 경우에 따라 내국민 대우나, 최혜국 대우를 주는 범위 내에서만, 그 연합국에게 내국민 대우나, 최혜국 대우를 주어야 한다.

앞에서 말한 상호주의는 연합국의 어떤 비수도권 지역의 생산품, 선박 및 자치단체, 그리고 그 지역에 거주하는 사람들의 경우에, 그리고 연방정부를 가지고 있는 어떤 연합국의 준, 지방의 자치단체와 그 주나 지방에 거주하는 사람들의 경우에, 그러한 지역이나, 주 또는 지방에서 일본에게 제공하는 대우를 참조하여 결정된다.
(d) 이 조를 적용함에 있어서, 차별적 조치는 그것을 적용하는 당사국의 통상조약에서 통상적으로 규정하고 있는 예외에 근거를 둔 것이라면, 또는 그 당사국의 대외적 재정 상태나, (해운 및 항해에 관한 부분을 제외한) 국제수지를 보호해야 할 필ㄹ요에 근거를 둔 것이라면, 또는 긴요한 안보상의 이익을 유지해야할 필요성에 건거를 둔 것이라면, 그리고 그러한 조치가 주변상황과 조화를 이루면서, 자의적이거나, 비합리적으로 적용되지 않는다면, 경우에 따라서 내국민 대우나 최혜국 대우를 허용하는 것과 상충하는 것으로 간주되지는 않는다.
(e) 이 조에 의한 일본의 의무는 본 조약의 제14조에 의한 연합국의 어떤 권리 행사에 의해서도 영향을 받지 않는다. 아울러 이 조의 규정들은 본 조약의 제15조에 따라 일본이 감수해야 할 약속들을 제한하는 것으로 해석되어서는 안 된다.

제13조
(a) 일본은 국제 민간항공운송에 관한 양자간, 또는 다자간 협정을 체결하자는 어떤 연합국의 요구가 있을 때에는 즉시 해당 연합국들과 협상을 시작한다.
(b) 일본은 그러한 협정들이 체결될 때까지, 본 조약이 최초로 발효된 때부터 4년간, 항공 교통권에 대해 그 효력이 발생하는 날에 어떤 해당 연합국이 행사하는 것에 못지않은 대우를 해당 연합국에 제공하는 한편, 항공업무의 운영 및 개발에 관한 완전한 기회균등을 제공한다.
(c) 일본은 국제민간항공조약 제93조에 따라 동 조약의 당사국이 될 때까지, 항공기의 국제 운항에 적용할 수 있는 동 조약의 규정들을 준수하는 동시에, 동 조약의 규정에 따라 동 조약의 부속서로 채택된 표준과 관행 및 절차들을 준수한다.

제5장 청구권과 재산

제14조
(a) 일본이 전쟁 중 일본에 의해 발생된 피해와 고통에 대해 연합국에 배상을 해야 한다는 것은 주지의 사실이다. 그럼에도 불구하고, 일본이 생존 가능한 경제를 유

지하면서, 그러한 모든 피해와 고통에 대한 완전한 배상을 하는 동시에, 다른 의무들을 이행하기에는 일본의 자원이 현재 충분하지 않다는 것 또한 익히 알고 있는 사실이다.

따라서,

1. 일본은 즉각 현재의 영토가 일본군에 의해 점령당한, 그리고 일본에 의해 피해를 입은 연합국들에게 그들의 생산, 복구 및 다른 작업에 일본의 역무를 제공하는 등, 피해 복구 비용의 보상을 지원하기 위한 협상을 시작한다. 그러한 협상은 다른 연합국들에게 추가적인 부담을 부과하지 않아야 한다. 그리고 원자재의 제조가 필요하게 되는 경우, 일본에게 어떤 외환 부담이 돌아가지 않도록 원자재는 해당 연합국들이 공급한다.

2. (Ⅰ), 아래 (Ⅱ)호의 규정에 따라, 각 연합국은 본 조약의 최초의 효력 발생 시에 각 연합국의 관할 하에 있는 다음의 모든 재산과 권리 및 이익을 압수하거나, 보유하건, 또는 처분할 권리를 가진다.

(a) 일본 및 일본 국민,

(b) 일본 또는 일본 국민의 대리자 또는 대행자,

(c) 일본 또는 일본 국민이 소유하건, 지배하는 단체,

이 (Ⅰ)호에서 명시하는 재산, 권리 및 이익은 현재 동결되었거나, 귀속되었거나, 연합국 적산관리 당국이 소유하건, 관리하고 있는 것들을 포함하는데, 그것들은 앞의 (a)나, (b) 또는 (c)에 언급된 사람이나, 단체에 속하거나, 그들을 대신해서 보유했거나, 관리했던 것들인 동시에 그러한 당국의 관리 하에 있던 것들이었다.

(Ⅱ) 다음은 위의 (Ⅰ)호에 명기된 권리로부터 제외된다.

(ⅰ) 전쟁 중, 일본이 점령한 영토가 아닌, 어떤 연합국의 영토에 해당 정부의 허가를 얻어 거주한 일본의 자연인 재산. 다만, 전쟁 중에 제한 조치를 받고서, 본 조약이 최초로 효력을 방생하는 날에 그러한 제한 조치로부터 해제되지 않은 재산은 제외한다.

(ⅱ) 일본 정부 소유로 외교 및 영사 목적으로 사용한 모든 부동산과 가구 및 비품, 그리고 일본의 대사관 및 영사관 직원들이 소유한 것으로 통상적으로 대사관 및 영사관 업무를 수행하는데 필요한 모든 개인용 가구와 용구 및 투자 목적이 아닌 다른 개인 재산

(ⅲ) 종교단체나, 민간 자선단체에 속하는 재산으로 종교적 또는 자선적 목적으로만 사용한 재산

(iv) 관련 국가와 일본 간에 1945년 9월 2일 이후에 재개된 무역 및 금융 관계에 의해 일본이 관할하게 된 재산과 권리 및 이익. 다만 관련 연합국의 법에 위반되는 거래로부터 발생한 것은 제외된다.

(v) 일본 또는 일본 국민의 채무, 일본에 소재하는 유형 재산에 관한 권리나, 소유권 또는 이익, 일본의 법률에 따라 조직된 기업에 과난 이익 또는 그것들에 대한 증서, 다만, 이 예외는, 일본의 통화로 표시된 일본 및 일본 국민의 채무에게만 적용한다.

(Ⅲ) 앞에서 언급된 예외 (ⅰ)로부터 (ⅴ)까지의 재산은 그 보존 및 관리를 위한 합리적인 비용의 지불을 조건으로 반환된다. 그러한 재산이 청산되었다면, 그 재산을 반환하는 대신에 그 매각대금을 반환한다.

(Ⅳ) 앞에 나온 (Ⅰ)호에 규정된 일본 재산을 압류하고, 유치하고, 청산하거나, 그 외 어떠한 방법으로 처분할 권리는 해당 연합국의 법률에 따라 행사되며, 그 소유자는 그러한 법률에 의해 본인에게 주어질 권리만을 가진다.

(Ⅴ) 연합국은 일본의 상표권과 문학 및 예술 재산권을 각국의 일반적 사정이 허용하는 한, 일본에 유리하게 취급하는 것에 동의한다.

(b) 연합국은 본 조약에 특별한 규정이 있는 경우를 제외하고, 연합국의 모든 배상 청구권과 전쟁 수행과정에서 일본 및 그 국민이 자행한 어떤 행동으로부터 발생된 연합국 및 그 국민의 다른 청구권, 그리고 점령에 따른 직접적인 군사적 비용에 관한 연합국의 청구권을 포기한다.

제15조

(a) 본 조약이 일본과 해당 연합국 간에 효력이 발생된지 9개월 이내에 신청이 있을 경우, 일본은 그 신청일로부터 6개월 이내에, 1941년 12월 7일부터 1945년 9월 2일까지 일본에 있던 각 연합국과 그 국민의 유형 및 무형 재산과, 종류의 여하를 불문한 모든 권리 또는 이익을 반환한다. 다만, 그 소유주가 강박이나, 사기를 당하지 않고 자유로이 처분한 것은 제외한다. 그러한 재산은 전쟁으로 말미암아 부과될 수 있는 모든 부담금 및 과금을 지불하지 않는 동시에, 그 반환을 위한 어떤 과금도 지불하지 않고서 반환된다. 소유자나 그 소유자를 대신하여, 또는 그 소유자의 정부가 소정기간 내에 반환을 신청하지 않는 재산은 일본 정부가 임의로 처분할 수 있다. 그러한 재산이 1941년 12월 7일에 일본 내에 존재하고 있었으나, 반환될 수 없거나, 전쟁의 결과로 손상이나 피해를 입은 경우, 1951년 7월 13일에 일본

내각에서 승인된 연합국 재산보상법안이 정하는 조건보다 불리하지 않는 조건으로 보상된다.

(b) 전쟁 중에 침해된 공업 재산권에 대해서, 일본은 현재 모두 수정되었지만, 1949년 9월 1일 시행 각령 제309호, 1950년 1월 28일 시행 각령 제12호 및 1950년 2월 1일 시행 각령 제9호에 의해 지금까지 주어진 것보다 불리하지 않는 이익을 계속해서 연합국 및 그 국민에게 제공한다. 다만, 그 연합국의 국민들이 각령에 정해진 기한까지 그러한 이익을 제공해주도록 신청한 경우에만 그러하다.

(c) (ⅰ) 1941년 12월 6일에 일본에 존재했던, 출판여부를 불문하고, 연합국과그 국민들의 작품들에 대해서, 문학과 예술의 지적재산권이 그 날짜 이후로 계속해서 유효했음을 인정하고, 전쟁의 발발로 인해서 일본 국내법이나 관련 연합국의 법률에 의해서 어떤 회의나 협정이 폐기 혹은 중지 되었거나 상관없이, 그 날짜에 일본이 한 쪽 당사자였던 그런 회의나 협정의 시행으로, 그 날짜 이후로 일본에서 발생했거나, 전쟁이 없었다면 발생했을 권리를 승인한다.

(ⅱ) 그 권리의 소유자 신청할 필요도 없이, 또 어떤 수수료의 지불이나 다른 어떤 형식에 구애됨이 없이, 1941년 12월 7일부터, 일본과 관련 연합국 간의 본 협정이 시행되는 날까지의 기간은 그런 권리의 정상적인 사용기간에서 제외될 것이다. 그리고 그 기간은, 추가 6개월의 기간을 더해서, 일본에서 번역판권을 얻기 위해서 일본어로 번역되어야 한다고 정해진 시간에서 제외될 것이다.

第16조

일본의 전쟁포로로서 부당하게 고통을 겪은 연합국 군인들을 배상하는 한 가지 방식으로, 일본은 전쟁기간 동안 중립국이었던 나라나 연합국과 같이 참전했던 나라에 있는 연합국과 그 국민의 재산, 혹은 선택사항으로 그것과 동등한 가치를, 국제적십자 위원회에 이전해 줄 것이고, 국제적십자위원회는 그 재산을 청산해서 적절한 국제기관에 협력기금을 분배하게 될 것이다. 공정하다고 판단될 수 있는 논리로, 과거 전쟁포로와 그 가족들의 권익을 위해서. (앞문장의 일부분) 본 협정의 제14조(a)2(Ⅱ)(ⅱ)부터

(Ⅴ)까지에 규정된 범위의 재산은, 본 협정이 시행되는 첫 날, 일본에 거주하지 않는 일본국민들의 재산과 마찬가지로 이전대상에서 제외될 것이다. 이 항의 이전조항은 현재 일본 재정기관이 보유한 국제결재은행의 주식 19,770주에 대해서는 적용되지 않는다는 것도 동시에 양해한다.

제17조
(a) 어떤 연합국이든지 요청하면, 연합국 국민의 소유권과 관련된 사건에서, 일본정부는 국제법에 따라서 일본 상벌위원회의 결정이나 명령을 재검토하거나 수정해야 하고, 결정이나 명령을 포함해서, 이런 사건들의 기록을 포함한 모든 문서의 사본을 제공해야 한다. 원상복구가 옳다는 재검토나 수정이 나온 사건에서는, 제15조의 조항이 관련 소유권에 적용되어야 할 것이다.
(b) 일본정부는 필요한 조치를 취해서, 일본과 관련 연합국 간의 본 협정이 시행되는 첫날로부터 일 년 이내에 언제라도, 어떤 연합국 국민이든지 1941년 12월 7일과 시행되는 날 사이에 일본법정으로부터 받은 어떤 판결에 대해서도, 일본 관계당국에 재심을 신청할 수 있도록 해야 하며, 이것은 그 국민이 원고나 피고로서 적절한 제청을 할 수 있는 어떤 소추에서라도 적용되어야 한다. 일본정부는 해당 국민이 그러한 어떤 재판에 의해 손해를 입었을 경우에는, 그 사람을 그 재판을 하기 전의 상태로 원상복구시켜 주도록 하거나, 그 사람이 공정하고 정당한 구제를 받을 수 있도록 조치해야 한다.

제18조
(a) 전쟁상태의 개입은, (채권에 관한 것을 포함한)기존의 의무 및 계약으로부터 금전상의 채무를 상환할 의무, 그리고 전쟁상태 이전에 취득된 권리로서, 일본정부나 그 국민들이 연합국의 한 나라의 정부나 그 국민들에게 또는 연합국의 한 나라의 정부나 그 국민들이 일본정부나 그 국민들에게 주어야 하는 권리에 영향을 미치지 않는다는 것을 인정한다. 그와 마찬가지로 전쟁상태의 개입은 전쟁상태 이전에 발생한 것으로, 연합국의 한 나라의 정부가 일본정부에 대해, 또는 일본정부가 연합국의 한나라의 정부에 대해 제개하건, 재제기할 수 있는 재산의 멸실이나, 손해 또는 개인적 상해나, 사망으로 인한 청구권을 검토할 의무에 영향을 미치는 것으로 간주되지 않는다. 이 항의 규정은 제41조에 의해 부여되는 권리를 침해하지 않는다.
(b) 일본은 일본의 전쟁 전의 대외채무에 관한 책임과, 뒤에 일본의 책임이라고 선언된 단체들의 채무에 관한 책임을 질 것을 천명하면서, 빠른 시일 내에 그러한 채무의 지불 재개에 대해 채권자들과 협상을 시작하고, 전쟁 전의 다른 청구권들과 의무들에 대한 협상을 촉진하며, 그에 따라 상환을 용이하게 하겠다는 의향을 표명한다.

제19조

(a) 일본은 전쟁으로부터 발생했건, 전쟁상태의 존재로 말미암아 취해진 조치들로부터 발생한 연합국들과 그 국민들에 대한 일본 및 일본 국민들의 모든 청구권을 포기하는 한편, 본 조약이 발효되기 전에 일본영토 내에서 연합국 군대나 당국의 존재, 직무수행 또는 행동들로부터 생긴 모든 청구권을 포기한다.

(b) 앞에서 언급한 포기에는 1939년 9월 1일부터 본 조약의 효력발생시까지의 사이에 일본의 선박에 관해서 연합국이 취한 조치로부터 생긴 청구권은 물론 연합국의 수중에 있는 일본전쟁포로와 민간인 피억류자에 관해서 생긴 모든 청구권 및 채권이 포함된다. 다만, 1945년 9월 2일 이후 어떤 연합국이 제정한 법률로 특별히 인정된 일본인의 청구권은 포함되지 않는다.

(c) 일본정부는 또한 상호포기를 조건으로 정부간의 청구권 및 전쟁 중에 입은 멸실 또는 손해에 관한 청구권을 포함한 독일과 독일 국민에 대한 (채권을 포함한) 모든 청구권을 일본정부와 일본국민을 위해서 포기한다. 다만, (a)1939녀 9월 1일 이전에 체결된 계약 및 취득된 권리에 관한 청구권과, (b)1945년 9월 2일 후에 일본과 독일 간의 무역 및 금융의 관계로부터 생긴 청구권은 제외한다. 그러한 포기는 본 조약 제16조 및 제20조에 따라 취해진 조치들에 저촉되지 않는다.

(d) 일본은 점령기간 동안, 점령당국의 지시에 따라 또는 그 지시의 결과로 행해졌거나 당시의 일본법에 의해 인정된 모든 작위 또는 부작위 행위의 효력을 인정하며, 연합국 국민들에게 그러한 작위 또는 부작위 행위로부터 발생하는 민사 또는 형사책임을 묻는 어떤 조치도 취하지 않는다.

제20조

일본은 1945년 베를린 회의의 협약의정서에 따라 일본 내의 독일재산을 처분할 권리를 가지게 되는 제국이 그러한 재산의 처분을 결정하거나 결정할 수 있도록 보장하기 위한 필요한 모든 조치를 취한다. 그리고 그러한 재산이 최종적으로 처분될 때까지 그 보존 및 관리에 대한 책임을 진다.

제21조

중국은 본 조약 제25조의 규정에 관계없이, 세10조 및 제14조(a)2의 이익을 받을 권리를 가지며, 한국은 본 조약의 제2조, 제4조, 제9조 및 제12조의 이익을 받을 권리를 가진다.

제6장 분쟁의 해결

제22조

본 조약의 어떤 당사국이 볼 때, 특별청구권재판소나 다른 합의된 방법으로 해결되지 않는 본 조약의 해석 또는 실행에 관한 분쟁이 발생한 경우, 그러한 분쟁은 어떤 분쟁 당사국의 요청에 의해 그러한 분쟁에 대한 결정을 얻기 위해 국제사법재판소로 회부된다. 일본과, 아직 구제사법재판소 규정상의 당사국이 아닌 연합국은 각각 본 조약을 비준할 때, 그리고 1946년 10월 15일의 국제연합안전보장이사회의 결의에 따라, 특별한 합의없이, 이 조항에서 말하는 모든 분쟁에 대한 국제사법재판소의 전반적인 관할권을 수락하는 일반선언서를 동 재판소 서기에 기탁한다.

제7장 최종조항

제23조

(a) 본 조약은 일본을 포함하여 본 조약에 서명하는 나라에 의해 비준된다. 본 조약은 비준서가 일본에 의해, 그리고 호주, 캐나다, 실론, 프랑스, 인도네시아, 네덜란드, 뉴질랜드, 필리핀, 영국과 북아일랜드, 미국 중, 가장 중요한 점령국인 미국을 포함한 과반수에 의해 기탁되었을 대, 그것을 비준한 모든 나라들에게 효력을 발한다.
(b) 일본이 비준서를 기탁한 후 9개월 이내에 본 조약이 발효되지 않는다면, 본 조약을 비준한 나라는 모두 일본이 비준서를 기탁한 후 3년 이내에 일본정부 및 미국정부에 그러한 취지를 통고함으로써 자국과 일본 사이에 본 조약을 발효시키게 할 수 있다.

제24조

모든 비준서는 미국정부에 기탁해야 한다. 미국정부는 제23조(a)에 의거한 본 조약의 효력발생일과 제23조(b)에 따라 행해지는 어떤 통고를 모든 서명국에 통지한다.

제25조

본 조약의 적용상, 연합국이란 일본과 전쟁하고 있던 나라들이나, 이전 제23조에 명명된 나라의 영토의 일부를 이루고 있었던 어떤 나라를 말한다. 다만, 각 경우 관련된 나라가 본 조약에 서명하여, 본 조약을 비준하는 것으로 조건으로 한다. 본

조약은 제21조의 규정에 따라 여기에 정의된 연합국이 아닌 나라에 대해서는 어떠한 권리나, 소유권 또는 이익도 주지 않는다. 아울러 본 조약의 어떠한 규정에 의해 앞에서 정의된 연합국이 아닌 나라를 위해 일본의 어떠한 권리나, 소유권 또는 이익이 제한되건, 훼손되지 않는다.

第26条
일본은 1942년 1월 1일 국제연합선언문에 서명하건, 동의하는 어떤 국가와, 일본과 전쟁상태에 있는 어떤 국가, 또는 이전에 본 조약의 서명국이 아닌 제23조에 명명된 어떤 국가의 영토의 일부를 이루고 있던 어떤 나라와 본 조약에 규정된 것과 동일하거나, 실질적으로 동일한 조건으로 양자 간의 평화조약을 체결할 준비를 해야 한다. 다만, 이러한 일본의 의무는 본 조약이 최초로 발효된 지 3년 뒤에 소멸된다. 일본이 조약이 체결할 준비를 해야 한다. 다만, 이러한 의무는 본 조약이 최초로 발효된 지 3년 뒤에 소멸된다. 일본이 본 조약이 제공하는 것보다 더 많은 이익을 주는 어떤 국가와 평화적인 해결을 하건, 전쟁청구권을 처리할 경우, 그러한 이익은 본 조약의 당사국들에게도 적용되어야 한다.

第27条
본 조약은 미국정부의 기록보관소에 저장된다. 미국정부는 인증된 등본을 각서명국에 교부한다.
이상으로 서명의 전권대표는 본 조약에 서명했다.

1951년 9월 8일, 샌프란시스코 시에서 동일한 자격의 정문인 영어, 프랑스어 및 스페인어로, 그리고 일본어로 작성되었다.

〈해설〉

1. 대일평화조약의 체결

가. 1945년 8월 15일 일본의 "항복선언"에 의해 사실상 절대행위는 종료되었으나 평화조약 체결 과정에서 미소의 대결로 평화조약의 체결은 6년이란 세월이 소요되었다.

나. 1951년 9월 8일 샌프란시스코에서 48개 연합국과 일본 간에 “대일평화조약”(The Peace Treaty with Japan)이 서명되었다. 미얀마, 중국, 체코슬로바키아, 인도, 폴란드, 소련은 서명하지 아니했다.

다. 한국은 대일전쟁의 당사자가 아니라는 주장에 따라 동 조약의 당사자로 인정되지 아니했고 따라서 서명할 수 없었다.

2. 대일평화조약의 내용

가. 구성

동 조약은 전문, 7장, 27조로 구성되어 있다. 그 중 독도에 관련된 규정은 제2조이다.

나. 제2조

(1) 규정

(가) 제2조 (a)항은 “일본은 한국의 독립을 승인하고 제주도, 거문도 및 울릉도를 포함한 한국에 대한 모든 권리, 권원 및 청구권을 포기한다.”라고 규정하고 있다.

(나) 동 조항에 독도에 관해서는 아무런 규정이 없다. 즉 포기의 대상인 한국에 독도가 포함된다는 규정도 포함되지 아니한다는 규정도 없다.

(2) 해석

(가) 한국정부의 해석: 독도에 관해 아무런 규정이 없으므로 “SCAPIN 제677호”에 따라 독도도 분리된 것이라고 주장한다.

(나) 일본정부의 해석: 독도가 분리된다는 규정이 없으므로 독도는 분리된 것이 아니라고 주장한다.

(다) 일본정부의 해석 비판

1. 동 조에 분리되는 모든 도서를 열거한 것이 아니다. 한국에는 제주도, 거문도, 울릉도 이 외에 4천여 도서가 있으며 이들이 열거되어 있지 아니해도 일본으로부터 분리된 것이다.
2. 동 조에 분리되는 최외측의 도서를 열거한 것이 아니다. 제주도 외측에 마라도가 있는 것으로 보아 이는 명백하다.

3. 평화조약에 규정되지 아니한 사항은 평화조약 서명시의 상태대로 효력이 유지된다는 것이 국제법상 일반적으로 승인되어 있다. 이를 "현상유보의 원칙(Principle of *uti Possidetis*)"이라 한다. 따라서 조약에 독도에 관여 규정이 없으므로 동 조약 서명 시에 독도는 "SCAPIN 제677호"에 의해 일본으로부터 분리된 상태대로 효력이 유지된다. 즉, 기 분리된 대로 분리된 것이다.
4. 동 조약에 독도는 분리되는 것이 아니라는 명문규정이 없다. 특별히 분리되는 것이 아니라는 규정이 없는 것은 기 분리된 것을 그대로 인정한 것이다.
5. 동 조약 제19조(d)항은 "일본은 점령기간 중에 점령당국의 지령에 의거하거나 또는 그 결과로서 행하여진 작위 또는 부작위의 효력을 승인하며"라고 규정하고 있다. 즉 동 조약에 의해 일본은 "SCAPIN 제677호"를 승인한 것이다. 따라서 독도는 "SCAPIN 제677호"에 의해 분리된 것을 일본이 승인한 것이다.

3. 대일평화조약의 효력

가. 체약당사자에 대한 효력

(1) 동 조약의 체약당사자는 48개 연합국과 일본이다.
(2) 따라서 동 조약은 48개 연합국과 일본에 대해 법적 구속력을 갖는다.
(3) 시볼트의 기망행위와 미국의 오판행위(착오행위)에 의한 동 조약은 "조약법 협약"상 무효라고 본다.

나. 한국에 대한 효력

(1) 1945년 3월 1일 대한민국 임시정부 이승만 박사, 1951년 1월 4일 대한민국 정부 장면 대사는 미국 국무부에 "대일평화조약" 교섭 · 체결에 한국이 참여할 수 있도록 초청해줄 것을 요청했으나 이는 거부되고 말았다. 따라서 한국은 "대일평화조약"의 제3자로 머물러 있게 되고 말았다.
(2) 한국은 동 조약의 체약당사자가 아니다. 따라서 동 조약은 한국에 대해 법적 구속력이 없다.

(3) 그러나 동 조약 제21조는 "… 한국은 본 조약의 제2조, 제4조, 제9조 및 제12조의 이익을 향유할 권리를 가진다"라고 규정하고 있다. 따라서 동 조에 열거된 조항에 관여 동 조약의 효력이 한국에 미친다.

(4) 제21조의 규정에 의한 한국이 "향유할 권리"는 "법적권리"가 아니다. "반사적 이익"에 불과한 것이다. 왜냐하면 동 조약에 한국의 동의없이 동 조약의 체약당사자가 제2조 등을 변경할 수 없다는 규정이 없기 때문이다.

(5) 조약의 제3자에게 권리를 부여하는 조약은 그 제3국이 이를 수락한다는 의사표시가 있어야 그 제3국에 동 조약이 적용되게 된다(조약법 협약 제36조 제1항). 그러나 제3국의 동의의 의사표시가 없어도 동의가 있는 것으로 추정된다(동 제36조 제1항).

한국은 동 조약 제21조, 제2조, 제4조, 제9조 및 제12조의 이익을 향유한다는 의사표시를 하여야 열거된 조항이 한국에 대해 효력이 있으나 한국은 동의의 의사표시를 한 바 없다. 그러나 "조약법 협약" 제36조 제1항의 규정에 대해 한국의 동의는 있는 것으로 추정되어 상기 조항은 한국에 대해 효력이 있다.

4. 대일평화조약상 일본의 독도영유권 주장의 위법성

가. 제5조 (a)항의 위반

제5조 (a)항 (iii)호는 "일본은 유엔이 유엔헌장에 의거하여 취하는 여하한 행동에 대하여도 유엔에 모든 원조를 부여한다 …"라고 규정하고 있다.

(i) 1953년 3월 28일 유엔군사령부는 독도의 상공을 포함하는 한국방공식별구역을 설정하여 유엔이 한국의 독도영유권을 승인했고, (ii) 1952년 12월 4일 독도폭격사건에 대해 우리나라의 항의에 관하여 독도를 폭기기지로 사용을 즉시 중단한다는 유엔군사령관의 통보를 통해 한국의 독도영유권을 유엔이 승인했다.

일본이 독도영유권을 주장하는 것은 유엔에 의한 상기 한국의 독도영유권 승인조치를 거부하는 것으로 이는 대일평화조약 제5조 (a)항 (iii)호를 위반하는 것이다.

나. 제19조 (d)항의 위반

제19조 (d)항은 "일본은 연합국이 점령기간 중 취한 조치를 승인한다"고 규정하고 있다.

이는 일본이 "SCAPIN 제677호"의 효력을 승인한 것이다. "SCAPIN 제677호" 제3항에도 독도는 일본의 영토가 아님을 규정하고 있다. 따라서 일본이 한국의 독도영유권을 부정하는 것은 "대일평화조약" 제19조 (d)항을 위반하는 것이다.

X. 권원회복 이후 대한민국의 영토주권의 행사

1. 독도폭격사건에 대한 대한민국의 영토주권의 행사와 유엔에 의한 한국독도영토주권의 승인

가. 제1차 독도폭격연습지 지정에 관한 문서

GENERAL HEADQUARTERS

SUPREME COMMANDER FOR THE ALLIED POSERS

AG 684(16 Sept 47) GC-TNG　　APO 500

(SCAPIN 1778)　　16 September 1947

MEMORANDUM FOR : Japanese Govenment

THROUGH: Central Liaison Office, Tokyo

SUBJECT: Liancourt Rocks (Take-Shima) Bombing Range

1.The islands of Liancourt Rocks(or Take Shima), located 37°15′ north, 131°52 east, are designated as a bombing range.

2. The inhabitants of Oki-Retto (Oki-Gunto) and the inhabitants of al the ports on the

west coast of the island of Honshu north to the 38th parallel, north latitude, will be notified prior to each actual use of this range. This information will be dissemenated through Military Government units to local Japanese civil authorities.

FOR THE SUPREME COMMANDER:

R.M.LEVY,
Colonel, AGD.
Adjutant General

나. 제2차 독도폭격연습지 지정에 관한 문서

GENERAL HEADQUARTERS
SUPREME COMMANDER FOR THE ALLIED POWERS
APO 500

AG 684(6 Jul 51) GC-TNG　　6 July 1951
SCAPIN 2160

MEMORANDUM FOR: JAPANESE GOVERNMENT
SUBJECT: Liancourt Rocks(Take-Shima) Bombing Range

1. Rescission: Memorandum, GHQ SCAP, AG 684 (16 Sep 47) GC-TNG, SCAPIN 1778, subject: Liancourt Rocks Bombing Range, 16 September 1947.
2. The islands of Liancourt Rocks(Take-Shima) located 37°15′ North, 131°52′ East are designated as a bombing range.
3. The danger areas of this range are as described:
a. Surface Danger Area- The area within a five mile radius of Liancourt Rocks 37° 15′ N - 131°52′ E.
b. Air Space Danger Area - The airspace within a five mile radius of Liancourt Rocks 37°15′ - 131°52′ E.

4. The inhabitants of Oki-Retto(Oki-Gunto) and the inhabitants of all the ports on the west coast of the island of Honsu north to the 40th parallel, north latitude, will be notified fifteen days prior to use of this Range. When the Range is used for periods in excess of fifteen days, warning reminders will be disseminated to the inhabitants indicated above every fifteen days. This information will be forwarded through the Government Section, General Head-quaters, Supreme Commander for the Allied Powers to the Japanese Government for dissemination to the local civil authorities in the concerned.

FOR THE SUPREME COMMANDER:

K.B. BUSH
Brigadier General, USA
Adjutant General

다. 대한민국 외무부의 항의

〈한국 외무부가 주한 미대사관에 보낸 1952년 11월 10일자 구술서〉

REPUBLIC OF KOREA MINISTRY OF FOREIGN AFFAIRS

NOTE VERBALE

The Ministry of Foreign affairs of the Republic of Korea presents its compliments to the Embassy of the United States of America and has the honor to refer to an incident caused by a U.S Military plane, on Dokdo Island(Liancourt Rocks) which is a part of the territory of the Republic of Korea.

It was reported by the competent authorities that a single engine plane identified as being under the command of the United States Forces in the Far East, which appered at 11:00 a.m., 15 September 1952 over the said island where grouped the men of the Korea Marine Corps and Korean fishers engaged in fishing, had whirled around and dropped four bombs for unknown reason, flying away southwards.

Viewing this incident with deep concern, the Ministry wishes to request the Embassy to apprise the former of any datailed information collected by the latter, and it further wished to request the Embassy to take necessary steps in order to prevent recurrence of such incident.

The Ministry avails itself of this opportunity to renew to the Embassy the assurances of its highest consideration.

s/ C W C

Pusan, November 10, 1952.

라. 미 대사관의 답신

〈주한 미국대사관의 1952년 12월 4일자 답신〉

No. 187

The Embassy of the United States of America presents its compliments to the Ministry of Foreign Affairs and has the honor to refer to the latter's note of November 10, 1952 stating that a single engined airplane described as being under the Command of the United States Forces in the Far East dropped bombs on Dokdo Island on September 15, 1952.

The Embassy is advised that the limited amount of information provided in the Ministry's note as well as the very long time which has elapsed since the incident is said to have taken place make it virtually impossible for the United Nations Command to determine the facts in the case. Preparations have, however, been expedited to dispense with the use of Dokdo Island as a bombing range, etc.

American Embassy,

Pusan, December 4, 1952.

마. 유엔군 총사령부의 위임에 의한 한국통신지역 사령부의 회신

〈미 육군 소장 Thomas W. Herren의 서한〉

HEADQUARTERS

KOREAN COMMUNICATION ZONE

OFFICE OF THE COMMANDING GENERAL

APO234

20 January 1953

Dear Mr. Minister

In response to your note verbale of 10 November 1952, addressed to the Embassy of the United States of America, the commanding- in-chief, United Nations Command, has authorized me to inform you that he has directed all commanders concernes to take necessary action to immediately discontinue the use of Liancourt Rocks(Okoto Island) as a bombing range.

I am pleased to report that the order of the Commanding-in-chief is now in effect.

With highest esteem, I am

Sincerely yours,

(signed) : Thomas W. Herren

Major General, United States

Army Commanding

〈해설〉

독도폭격사건

1. 독도폭격사건의 발행

가. 1948년 6월 8일의 폭격사건

(1) 1948년 6월 8일 미 공군기가 폭격연습을 하느라고 출어 중인 우리 어민 수십 명을 희생시킨 사건이 독도에서 발생하여 국내 여론이 비등했다.

(2) 당시 신문보도와 경찰당국의 발표한 인명피해와 재산피해의 상황은 구구각각이었다.

(3) 1948년 6월 18일 미 극동공군사령부는 "일본 오키나와 기지를 출발한 미 공군의 B29폭격기가 2만 3천 피트의 고공에서 연습탄을 투하하였는데, 바위와 작은 어선들을 구분하지 못해 우발적으로 일어난 사건"이라는 간단한 발표를 했다.

(4) 상기 미극동공군사령부의 발표로 미 공군 B29 폭격기에 의한 폭격사건이라는 사실은 확인되었으나, 왜 폭격연습계획을 한국에 통보하지 않았나? 생존자의 증인에 의하면 기총소사가 있었다는데 그것은 사실인가? 인명 및 재산피해는 얼마인가? 등의 의문은 확인된 바 없다.

나. 1952년 9월 15일 폭격사건

(1) 1952년 9월 15일 미군기가 독도에 4발의 폭탄을 투하한 사건이 발생했다.

(2) 당시 20여 명의 선원과 해녀들이 조업 중이었으나 다행히 인명피해는 없었다.

(3) 1952년 9월 18일 독도학술조사단 일행 36명이 울릉도에 도착해 있었다. 이 소식을 접한 동 조사단은 관계당국에 이 사건을 보고하고 그들의 안전항로를 보장해줄 것을 요구했다.

(4) 9월 22일 동 조사단이 독도로 출발하여 독도 부근 2km 해상에 접근했을 때 돌연 4대의 항공기가 출현하여 폭탄을 투하하였다. 따라서 동 조사단은 독도에 상륙하지 못하고 울릉도로 귀환하고 말았다.

(5) 동 학술조사단이 독도에 상륙 계획일인 9월 15일에 폭격이 있었고, 또 동 학술조사단이 2차로 독도에 상륙하려 할 때 폭격이 또 있는 것은 어떤 연유에서인지 확인되지 않았다.

2. 독도폭격사건에 대한 한국정부의 조치

가. 1948년 6월 8일의 폭격 사건에 대한 조치

(1) 1950년 4월 25일 한국정부는 1948년 6월 8일의 폭격사건에 관해 공군고문관을 통해 미제5공군에 이 폭력사건에 관해 조회하였다.

(2) 1950년 5월 4일 상기 조회에 대한 회한이 있었다. 동 회한은 독도와 그 근방이 출어가 금지되었다는 사실이 없다는 것과 독도가 극동공군의 연습폭력의 목표로 되어있지 않다는 것이었다.

나. 1952년 9월 22일의 폭격사건에 대한 조치

(1) 1952년 11월 10일 한국정부는 1952년 9월 22일의 폭격사건에 관해 주한 미대사관에 이러한 불상사가 재발하지 않도록 항의했다.

(2) 상기 항의에 대해 1952년 12월 4일 미 대사관으로부터 앞으로 독도를 폭격 연습기지로 사용할 일이 없을 것이라는 취지의 회한이 왔다.

(3) 또한 1953년 1월 20일 주한 유엔군 연락기지사령부로부터 유엔군사령관이 독도를 폭격연습기지로 사용함을 즉시 중지함에 필요한 조치를 취할 것을 예하 부대에 지령하였다 보고하여 왔다.

3. 독도폭격사건과 한일간 독도영유권 논쟁

가. 한국정부의 주장

(1) 1952년 9월 22일 미대사관의 회한에서 독도를 폭격연습기지로 사용하지 않겠다는 것은 미국이 독도의 영유권이 한국에 있음을 승인한 것이다.

(2) 1953년 1월 20일 유엔군사령부의 회한에서 독도를 폭격연습기지로 사용함을 즉시 중지했다는 것은 유엔이 독도의 영유권이 한국에 있음을 승인한 것이다(1953년 9월 9일 한국측 구술서).

나. 일본정부의 주장

(1) 1952년 7월 26일 "미일행정협정"에 의거 개최된 미일합동위원회에서 독도를 공군 훈련구역으로 지정한 것은 미국이 독도를 일본의 구역으로 본 것이다.

(2) 1953년 3월 19일 미일합동위원회에서 미공군의 훈련구역에서 제외시킨 것은 미국이 독도를 일본의 구역으로 본 것이다(1953년 7월 13일 일본측 구술서).

다. 일본정부 주장의 부당성

(1) 1952년 7월 26일의 미일합동위원회의 지정은 한국정부의 항의로 1952년 9월 22일 이전에 철회된 것이다.

(2) 1953년 3월 19일의 미일합동위원회의 훈련구역 제외결정은 한국정부의 항의로 1952년 9월 22일 이전의 제외결정이 있은 후 절차에 불과하다.

2. 대한민국 인접해양의 주권에 대한 대통령 선언(1952.1.18.)

REPUBLIC OF KOREA PRESIDENTIAL PROCLAMATION OF SOVEREIGNTY OVER ADJACENT SEAS

18 January 1952

Supported by well-established international precedents and urged by the impelling need of sage once and for all, the interests of national welfare and defense, the President of the Republic of Korea herby proclaims:

1. The government of the Republic of Korea holds and exercises the national sovereignty over the shelf adjacent to the peninsular and insular coasts of the national territory, no matter how deep it may be, protecting, preserving and utilizing, therefore, to the best advantage of national interests, all the natural resources, mineral and marine, that exist over the said shelf, on it and beneath it, known, or which may be discovered in the future.

2. The Government of the Republic of Korea holds and exercises the national sovereignty over the seas adjacent to the coasts of the peninsular throughout and islands of the national territory, no matter what their depths may be throughout the extension, as here below delineated, deemed necessary to reserve, protect, conserve and utilize the resources and natural wealth of the Government supervision particularly the fishing and marine hunting industries in order to prevent this exhaustible type of resources and natural wealth from being exploited to the disadvantage of the inhabitants of Korea, or decreased or destroyed to the detriment of the country.

3. The Government of the Republic of Korea hereby declared and maintain the limes of demarcation, as given below, which shall define and delineate the zone of control and protection of the national resources and wealth on, in, or beneath the said seas placed under the jurisdiciton and control of the Republic of Korea and which shall be liable to modification, in accordance with the circumstance arising from new discoveries, studies or interests that may come to light in future. The zone to be placed under the sovereignty and protection of the Republic of Korea shall consist of seas

lying between the coasts of the peninsular and insular territories of Korea and the line of demarcation made from the continuity of the following lines:

a. from the highest peak of U-Am-Ryung, Kyung-Hung-Kun, Ham- Kyong Pukdo to the point(42°15′ N-130°45′ E)

b. from the point(42°15′ N-130°45′ E) to the point (38°00′ N-132°50′ E)

c. from the point(38°00′ N-132°50′ E) to the point (38°00′ N-130°00′ E)

d. from the point(35°15′ N-130°00′ E) to the point (34°40′ N-129°10′ E)

e. from the point(34°40′ N-129°10′ E) to the point (32°00′ N-127°00′ E)

f. from the point(32°00′ N-127°00′ E) to the point (32°00′ N-124°00′ E)

g. from the point(32°00′ N-124°00′ E) to the point (39°45′ N-124°00′ E)

h. from the point(39°45′ N-124°00′ E) to the western point of Ma- An-Do, Son-Do-Yuldo, Yong-Chun-Kun, Pyungan Pukdo.

i. from the western point of Ma-An-Do to the point where a straight line drawn north meets with the western and of the Korean-Manchurian borderline.

4. This declaration of sovereignty over the adjacent seas does not interfere with the rights of free navigation on the high seas.

대한민국 인접해양의 주권에 관한 대통령의 선언.
1952년 1월 18일

대통령	리 승 만			
국무위원 국무총리서리	허 정	국무위원	국방부장관	이기붕
국무위원 외무부장관	변영태	국무위원	상공부장관	김 훈

확정한 국제적 선례에 의거하고 국가의 복지와 방어를 영원히 보장하지 않으면 안 될 요구에 의하여 대한민국대통령은 다음과 같이 선언한다.

1. 대한민국정부는 국가의 영토인 한반도 및 도서의 해안에 인접한 해붕의 상하에 기지되고 또는 장래에 발견될 모든 자연자원, 광물 및 수산물을 국가에 가장 이롭게 보호, 보존 및 이용하기 위하여 기심도 여하를 불문하고 인접해붕에 대한

국가주권을 보존하며, 또 행사한다.

2. 대한민국정부는 국가의 영토인 한반도 및 도서의 해안에 인접한 해양의 상하 및 내에 존재하는 모든 자연자원 및 재부를 보유, 보호, 보존 및 이용하는데 필요한 좌와 여히 한정한 연장해안에 항하여 기심도 여하를 불구하고 인접해양에 대한 국가의 주권을 보존하며 또 행사한다. 특히 어족 같은 감소될 우려가 있는 자원 및 재부가 한국주민에게 손해가 되도록 개발되거나 또는 국가의 손상이 되도록 감소 혹은 고갈되지 않게 하기 위하여 수산업과 어렵업을 정부의 감독하에 둔다.
3. 대한민국정부는 이로써 대한민국정부의 관할권과 지배권이 있는 상술한 해안의 상하 및 내에 존재하는 자연자원 및 재부를 감독하며, 보호할 수역을 한정할 좌에 명시된 경계선을 선언하며, 또 유지한다.

 이 경계선은 장래에 구명될 새로운 발견, 연구 또는 권익의 출현에 인하여 발생하는 신 정세에 맞추어 수정할 수 있음을 겸하여 선언한다. 대한민국의 주권과 보호 하에 있는 수역은 한반도 및 기부속도서의 해안과 좌의 제선을 연결함으로써 조성되는 경계선간의 해양이다.

ㄱ. 함경북도 경흥군 우암령 고정으로부터 북위 42도 15분 동경 130도 45분의 점에 이르는 선
ㄴ. 북위 45도 15분 동경 130도 45분의 점으로부터 북위 38도 동경 132도 50분의 점에 이르는 선
ㄷ. 북위 38도 동경 132도 50분 점으로부터 북위 35도 동경 130도의 점에 이르는 선
ㄹ. 북위 35도 동경 130도의 점으로부터 북위 34도 40 동경 129도 10분의 점에 이르는 선
ㅁ. 북위 34도40분 동경 129도10분의 점으로부터 북위 32도 동경 127도의 점에 이르는 선
ㅂ. 북위 32도 동경 127도의 점으로부터 북위 32도 동경 124도의 점에 이르는 선
ㅅ. 북위 32도 동경 124도의 점으로부터 북위 39도45분 동경 124도의 점에 이르는 선
ㅇ. 북위39도45분 동경124도의 점으로부터(평안북도 용천군 신도열도) 마안도 서단에 이르는 선
ㅈ. 마안도 서단으로부터 북으로 한만국경의 서단과 교차되는 직선

4. 인접해안에 대한 본주권의 선언은 공해상의 자유항행권을 방해하지 않는다.

〈해설〉

1. 한국정부의 평화선 선언

가. 선언

(1) 1952년 1월 18일 한국정부는 국무원고시 제14호로 “인접해양의 주권에 관한 대통령 선언”으로 “평화선”(이라인)을 선언했다.

(2) 이는 1945년 9월 28일 미국 트루먼대통령의 “공해의 특정수역에 있어서의 연안어업에 관한 선언”과 이에 따른 남미 제국의 해양주권 선언의 선례에 따른 것이고, 한국전쟁기간 맥아더라인을 침범하는 일본 어선의 격증으로 인한 남획으로부터 어족자원을 보전하기 위한 것이었다.

나. 내용

(1) 대륙붕과 어업보전수역설정

(가) 동 선언은 “한반도”와 그 부속도서의 해안에 인접한 “대륙붕”과 “어업보존수역”을 설정했다.

(나) 동 선언은 대륙붕과 어업보존수역에 관한 국가주권을 “보존하며” 또 “행사하는” 것을 선언한 것이다.

(2) 공해상의 자유항행권 보장

(가) 동 선언은 공해상의 자유항행권을 방해하지 아니함을 선언했다(제4항).

(나) 동 선언은 동 선언이 설정한 “인접해양”의 상부 수역의 공해로서의 법적 지위를 부정하지 아니했다.

(3) “인접해양” 내에 독도위치

(가) 인접해양의 경계선(평화선)은 한반도와 그 부속표시의 해안으로부터 20해리 내지 200해리에 이르고 있다.

(나) 독도의 해안 외측에 평화선이 설정되었다.

(다) 즉, 평화선의 동쪽 끝을 북위 38° 동경 132°50′ 으로 함으로서 북위 33°1′ 18″ 동경 131°52′ 22″에 위치한 독도를 인접해양 내에 포함시키고 있다.

3. 일본의 독도침범에 대한 대한민국 국회의 결의(1953.7.8.)

결의문(1953.7.8.)

대한민국의 주권과 해양주권상의 손해를 방지하기 위한 적극적인 조치를 취하여 금후 독도에 대한 한국양민의 출로를 충분히 보장할 것.

1. 일본관원이 건립한 표지를 철거할 뿐 아니라 금후 이러한 불법행위가 재발되지 않도록 일본정부에 엄중히 건의할 것.

서기 4286년 7월 8일

대한민국 국회

4. 일본의 독도침범에 대한 경상북도 의회의 건의서(1953.7.10.)

건의서

1, 요지

독도는 한국영토임을 중외에 선포하고 일본의 침략행위에 대하여 강력한 조치를 취할 것을 건의함.

2, 이유

지난 6월 25일 및 동 27일, 28일의 3회에 걸쳐서 외람하게도 미국기를 도취해 가면서 독도에 침입하여 어로작업 중에 있던 한국인을 축출하고 "심지어 한국의 영토표지와 위령묘를 파괴하고" 그들이 게시판을 매립한 일본인의 야만적인 행위는 한국을 무시한 태도인 동시에 기왕의 침략근성의 재게시를 토로한 야욕이라고 생각할 수밖에 없으므로 본 의회는 우리 영토를 수호하는 이념에서 표기요지의 단호한 조치가 있기를 건의하나이다. 우 건의함.

단기 4286년 7월 10일

경상북도의회

XI. 한일간 독도영유권의 외교논쟁 전재

1. 한일간 독도영유권의 외교논쟁의 개시

가. 인접해양 주권선언에 대한 일본정부의 항의구술서(1952.1.28.)

1952.1.28자 일측 구술서

The Japanese Ministry of Foreign Affairs presents its compliments to the Korean Diplomatic Mission in Japan and concerning the proclamation of the President of the Republic of Korea of January 18, 1952 claiming sovereignty over the shelf and seas adjacent to Korean territory has the honour to request the Mission to transmit the following statement to the Government of the Republic of Korea; the Japanese Government considers that the contents of the proclaim of the President of the Republic of Korea of January 18, 1952 not only are entirely incompatible with the long internationally established principle of the freedom of the high seas, but also run counter to the basic principle of international cooperation for the development and protection on an equal footing of the marine resources of the high seas. This unilateral proclamation is utterly untenable under any of the accepted ideas of international society, and therefore cannot be acquesced in by the Japanese Government.

While the Japanese Government is preparing in good faith to enter into negotiation with the Government of the Republic of Korea for the adjustment of the fishing interests of both countries in adherence to the principle of the friendly cooperation underlying the Peace Treaty signed at San Francisco and for the mutual prosperity of Japan and Korea, it cannot but take a serious view of the attitude of the Korea Government in making the proclamation in question just as a conference on fisheries, among other subject, is about to be opened between the two Governments. The Korea Governments, in taking such a step, will be destroying the necessary base for the success of the negotiations, and it is much to be regretted that doubt is thrown and to the good faith of the Korean Government in participating in the forthcoming conference.

Furthermore, in the proclamation of the Republic of to assume territorial rights over the islets in the Japan sea known as Takeshima overwise known as Liancourt Rocks such assumption or claim by the Republic of Korea concerning these islets which are without question Japanese territory.

Tokyo, January 28.1952.

나. 한국 정부의 인접해양 주권선언에 대한 일본정부의 항의에 대한 한국 정부의 반박항의 구술서(1952.2.12.)

The Korean Diplomatic Mission in Japan presents its compliments to the Japanese Ministry of Foreign Affairs and with reference to the latter's note of January 28, 1952 concerning the Japanese Governments view on the proclamation of the President of the Republic of the Korea of January 18, 1952, has the honour to transmit to the Ministry a copy of the replying note of the Korean Government to the Japanese Government

Enclosure: A copy of the replying, note of the Korean Government to the Japanese Government. In reference to the note of the Japanese Government dated January 28, 1952, as conveyed through the Korean Diplomatic Mission in Japan, the Government of the Republic of Korea, whishes to point out, for the information and consideration of the Japanese Government:

1) That an objective study of international development and precedents relevant to the subject will go to establish the legitimacy and rightfulness of the Proclamation of the President of the Republic of Korea of January 18, 1952, done in accordance with a full established privilege of sovereign nation and with a view to protecting and preserving natural resources, marine or otherwise, within a specified zone of seas adjacent to the territories of Korea, the United States of America, Mexico, Argentine, Chile, Peru, Costa Rica, Saudi Arabia, etc. having already made, on after another, unilateral proclamations of more or less the same character;

2) That a judicious review of the past history of the Orient, a fair consideration of present disparity between Korea and Japan in fishing equipments, very largely the outcome of forty years's Japanese domination and virtual monopoly of fishery in Korea, and a just apprehension of troubles otherwise likely to overcloud our relations ceaselessly bear out, beyond any possible doubt, that the Proclamation under discussion is primarily designed, and indeed the sole safeguard, to ensure an permanent peace between the two nations;

3) That the so-called principle of freedom of high seas, in its absolute form, now fast failing to operate withing adjacent seas of a Power, except in a very limited sense, and which Japan itself has contributed to nullify by failing to insist on its strict applications in all the recent cases in which it was involved, cannot be so effectively wielded as a cudgel to force Korea into virtually yielding up one of its few means of bare sustenance;

4) That the Government of the Republic of Korea, while it means to have its own protective zone as defined in the said Proclamation respected "Korean Government, in taking such a step, will be destroying the necessary base for the success of the negotiation and it is much to be regretted that doubt is thrown as to the good faith of the Korean Government in participating in the forthcoing conference." It is the view of the Korean Government that such conclusions as are made manifest in the above passage are entirely based upon misunderstandings of grave nature and that the Proclamation in question, if is has anything to do with the coming Korea-Japan instead of endangering it in any manner. Futhermore, it feels constrained to expressed in the particular passage quoted above will tend to hamper the smooth progress of the

proposed negoriation, which, it earnestly hopes, will not be the case.

The Government of the Republic of Korea does not feel inclined to enter into full arguments, here in this note, over the ownership of Liancourt rocks, known as "Dokdo" in Korea through centuries, and merely wishes to remind the Japanese Government that SCAP, by SCAPIN No. 677 dated January 29, 1946, explicitly excluded th islets from the territorial possessions of Japan and that again the same islets have been left outside of the MacArthur Line, facts that endorsw and confirm the Korean claim to then, which is beyond any dispute.

〈해설〉

1. 독도영유권 문제의 발단

가. 한국정부의 평화선 선언

(1) 1952년 1월 18일 한국정부가 "평화선"을 선언했다.

(2) 당시는 한일간 국교가 정상화되기 이전이었고, 한국전쟁 중이었다.

나. 일본정부의 항의와 한국정부의 논박

(1) 한국정부가 평화선을 선언하자 일본정부가 동 년 2월 12일 이를 논박하는 항의를 하여 한일간에 독도의 영유권문제가 발단되게 되었다.

(2) 일본정부의 항의에 대해 1952년 2월 12일 한국정부는 이를 반박하는 항의를 했다.

2. 일본정부의 항의

가. 항의의 형식

(1) 한국정부의 평화선 선언에 대해 1952년 1월 28일 일본정부는 한국정부에 대해 공식적인 항의를 해왔다.

(2) 상기 일본정부의 항의는 구술서의 형식인 외교문서로 주일 한국대표부에 전해왔다. 구술서는 서명이 없는 형식의 외교문서를 말한다.

나. 항의의 내용

(1) 공해자유의 원칙에 저촉 : 동 항의의 첫째 내용은 "1952년 1월 18일 대한민국 대통령의 선언의 내용은 국제적으로 오랫동안 확립되어 온 공

해자유의 원칙에 전적으로 저촉될 뿐만 아니라"라고 하여 "평화선 선언"이 공해자유의 원칙에 저촉된다는 것이다.

(2) 독도에 대한 한국의 영역권 부인 : 동 항의의 둘째 내용은 "대한민국의 선언은 죽도로 알려진 도서에 대한 영역권을 갖는 것처럼 보이나 일본정부는 대한민국에 의한 그러한 가정 또는 주장(any such assumption or claim)을 인정하지 아니한다"라고 하여 독도에 대한 한국의 영역권을 부인한다는 것이다.

3. 한국정부의 반박항의

가. 반박항의의 형식

(1) 평화선 선언에 대한 1952년 1월 28일 일본정부의 항의에 대해 한국정부는 일본정부에게 1952년 2월 12일 이를 일축하고 반박하는 공식적인 항의를 했다.

(2) 상기 한국정부의 반박항의도 구술서의 형식인 외교문서로 일본외무부에 전했다.

나. 반박항의의 내용

(1) 확립된 국제선례에 따른 선언 : "1952년 1월 18일 대한민국 대통령 선언은 확립된 주권국가의 특권에 따라 행한 것이며, … 미국, 멕시코, 아르젠틴, 칠레, 페루, 코스타리카, 사우디아라비아 등의 일방적인 선언 또는 같은 성격의 방법으로 이미 행하여 왔다."

(2) 독도에 대한 한국의 영유권 주장 : 1946년 1월 29일의 SCAPIN 제677호에 의해 연합국 최고사령부가 이 섬을 일본으로부터 명백히 제외했고 또한 동일한 섬을 맥아더라인 밖에 두었으며, 이 사실들이 논쟁의 여지없이 이 섬에 대한 한국측 주장을 인정하고 확인해 준다는 사실을 한국정부가 항의를 일본정부에 전했다.

다. 이 이후에는 수십 차례 걸친 항의 구술서가 양국 정부간에 교환되었다.

2. 독도 등대설치에 관한 논쟁

가. 한국정부의 일본정부에 대한 등대설치 통고 구술서(1954.9.15.)

대표부각서

대한민국주일대표부는 일본외무성에 경의를 표하며 한국 동해에 있는 한국의 영토인 독도에 한국정부가 등대를 설치하여 1954년 8월 10일부터 그 등대를 운용하고 있음을 귀성에 통고하는 영광을 가진다. 동등대의 내용은 다음과 같다.

1. 등 질 : 아세치린 가스등대 (섬백광, 매5초, 1섬광)
2. 등 고 : 해상 50피트
3. 광달거리 : 10마일
4. 위 치 : 독도북부동단 (북위 37도 14분 55초 동경 131도 52분 15초)
5. 명 맥 : 109도 내지 305도 250도 내지 254도

본대표부는 귀성이 신등대설치가 도표에서 주목되도록 일본정부의 관계당국에서 전기정보를 전달한다면 사의를 표시할 것이다.

1954년 9월 15일 동경

나. 한국정부의 등대설치 통고에 대한 일본정부의 항의 구술서(1954.9.24.)

The Ministry of Foreign Affairs presents its compliments to the Korean Mission in Japan, and with reference to the latter's Note Verbale dated September 15, 1954 informing the Ministry that a light- house has been established by the Korean Government on Takeshima, a Japanese territory, has the honor to make the following representations:

The Japanese Government has already filled in the Note Verbale of the Ministry of Foreign Affairs dated August 27, 1954 the most energetic protest with the Korean Government against the unlawfil erection of a light-house on Takeshima, a Japanese territory.

Viewing with serious concern the fact that the Korean Government has dared to inform the erection of a light-house in spite of the above protest, the Japanese

Government hereby again draws the serious attention of the Korean Government to the fact that the erection of a light-house on Takeshima, a Japanese territory constitutes an unlawful act, and also explicitly informs the Korean Government that the Japanese Government cannot accept the communication concerning the planting of a light-house which has been made on the basis of the afore-mentioned unlawful act.

Tokyo, September 24, 1954

외무성 157/A5
외무성은 대한민국주일대표부에 경의를 표하며, 본성에게 일본영토인 죽도에 한국정부가 등대를 설치하였다고 통고한 1954년 9월 15일자의 귀부의 각서에 관하여 다음과 같은 항의를 제출하는 영광을 가진다.
일본정부는 1954년 8월 27일자 외무성의 각서로써 일본영토인 죽도에 등대를 불법적으로 건립한데 대하여 한국정부에 이미 가장 활발한 항의를 제출하였다. 일본정부는 한국정부가 전술한 항의에도 불구하고 등대건립을 감히 통고하였다는 사실을 중대한 관심을 가지고 인정하므로 일본영토인 죽도에 등대를 건립한 것은 불법행위를 조성하는 것이라는 사실에 한국정부의 진지한 주의를 경주시키며, 또한 일본정부는 상술한 불법행위에 기초하여 행한 등대의 설치에 관한 공한을 수락할 수 없다는 것을 한국정부에 명백히 통고하는 바이다.
1954년 9월 24일 동경

3. 독도 영유권 문제 국제사법재판소 제소 제의 논쟁

가. 일본정부의 독도 영유권 분쟁 국제사법재판소에의 제소 제의 구술서 (1954.9.25.)

1954. 9. 25자 일측구술서(No. 158/A5)
The Ministry of Foreign Affairs presents its compliments to the Korean Mission in Japan, and, in regard to the problem of the possession of Takeshima, has the honour to state as follows: -

1. The Japanese Government, being firmly convinced that Takeshima constitutes an integral part of Japanese territory, has refused on several occasions in this official notes, especially in the Ministry's Note Verbal No. 15/A2 dated February 10, 1954, the Korean Government's contention that the said island should belong to Korea. However, the Korean Government utterly ignored the position of the Japanese Government. Despite repeated representations and serious protests of the Japanese Government, illegal acts have been frequently committed by Korean authorites and nationals, such and invasion of Takeshima, fishing in the Japanese territorial waters around Takeshima, and the planting of Korean landmarks and a lighthouse in the said island. Moreover, an Japanese patrol ship recently dispatched to investigate the situation of the island was suddenly fired upon from the island and suffered damage.

2. In as much as the issue is a dispute on territorial rights, involving interpretation of the fundamental principles of international law, the only equitable solution would be to refer the dispute to an international tribunal for an decision. Being most anxious to see a peaceful solution of the dispute, the Japanese Government hereby process that the dispute be submitted to the International Court of Justice by mutual agreement of the Japanese and the Korean Governments.

3. The Japanese Government is confident that the Korean Government, on its part, would also be agreeable to entrusting the final decision of this dispute to the most fair and authoritative organization, the International Court of Justice, and, therefore, expects to receive a favourable reply shortly. The Japanese Government hereby pledges itself to comply in good faith with whatever decision the Court may reach.

4. The most desirable course to be adopted pending the decision of the Court would be for both Governments to seek all possible means to avoid further complications. Accordingly, the Ministry wishes to advise the Mission that the Japanese Government is prepared to confer with the Korean Government concerning joint interim measures to be taken for prevention of the occurrence of untoward incidents in and around Takeshima. The ministry request the Mission that the latter convey the above proposals to the Korean Government and inform the Ministry of the Korean Government's views of them.

일본외무성각서 외무성 158/A5
외무성은 대한민국주일대표부에 경의를 표하며 죽도의 영유문제에 관하여 다음과 같이 논술할 영광을 가진다.

1. 일본정부는 죽도가 일본영토의 필수적인 일부분을 이루고 있다는 것을 확신하므로 다수의 기회에 그의 각서로써 특히 1954년 2월 10일자의 외무성의 각서 15/A2로써 동도는 한국에 소속되어야 한다는 한국정부의 주장을 반박하였다. 그러나 한국정부는 일본정부의 입장을 전혀 무시하고 있다.
일본정부의 누차의 진정과 중대한 항의에도 불구하고 죽도에의 침입 죽도주변의 일본영해에 있어서의 어로 및 동도에 있어서의 한국의 국토표지와 등대의 설치와 같은 불법행위가 한국관할과 국민에 의하여 빈번히 범행되었다. 뿐만 아니라 동도의 사태를 조사하기 위하여 최신에 파견된 일본순시선이 동도로부터 돌연하게 사격을 받아 손해를 입었다.
2. 본문제가 국제법의 근본원칙의 해석을 요하는 영토권에 관한 분쟁이니만큼 유일의 공평한 해결책은 국제재판소에 부탁하여 결정하는 것이다. 일본정부는 분쟁의 평화적 해결을 가장 절실히 기대하고 있으므로 일본과 한국정부의 상호합의에 의하여 국제사법재판소에 분쟁을 부탁하기를 이에 제안한다.
3. 일본정부는 한국정부로서도 가장 공정하고 권위 있는 기구인 국제사법재판소에 본분쟁의 최종결정을 위탁하는데 역시 동의할 수 있으리라고 확신하며, 그러기 때문에 불일내에 승낙의 회답을 수리할 것을 기대한다. 일본정부는 위 재판소가 도달할지 모르는 어떠한 결정에도 신의로써 응할 것을 자신이 이에 서약하는 바이다.
4. 동 재판소의 결정이 있을 때까지 채택되어야 할 가장 원망되는 방법은 양정부가 앞으로의 분규를 피하기 위하여 모든 가능한 수단을 구하는 것이다. 따라서 외무성은 일본정부가 죽도에서와 죽도주변에서 번잡한 사건의 발생을 방지하기 위하여 취하여야 할 공동과도조치에 관하여 한국정부와 협의할 용의가 있음을 한국대표부에 통지하는 바이다.
본성은 귀 대표부가 전기 제안을 한국정부에 전달하여 동 제안에 관한 한국정부의 견해를 본성에 통고하기를 요청한다.

1954년 9월 25일 동경

〈해설〉

1. 제소제의

가. 1954년 9월 25일 일본정부는 독도의 영유권 문제를 법적 분쟁으로 보고 이를 국제사법재판소에 제소하자고 한국정부에 제의해왔다.

나. 일본정부의 상기 제의는 구술서 형식의 외교문서로 한국정부에 제의되었다.

다. 일본정부는 국제사법재판소에 제소한 것이 아니라 제소하자고 한국정부에 제의한 것이다.

2. 제의의 내용

가. 영유권에 관한 분쟁 : 일본정부는 독도의 영유권 문제를 문제가 아니라 영유권에 관한 분쟁이라고 주장했다.

나. 국제사법재판소에의 제소제의

(1) 일본정부는 독도의 영유권 분쟁을 국제사법재판소에 제소하여 해결하자고 제의했다.

(2) 국제재판에는 국제사법재판소에 의한 재판 이외에 개별중재재판소에 의한 재판, 상설중재재판소에 의한 재판 등이 있으나 일본정부는 국제사법재판소에 의한 재판을 제의했다.

다. 상기 (1),(2)의 제의 내용의 원문은 다음과 같다. "....이 문제(issue)는 국제법의 기본원칙의 해석을 포함하는 영유권에 관한 분쟁(a dispute on territorial sovereignty)이니만큼 일본정부는 일본정부와 한국정부의 상호 합의에 의하여 이 분쟁을 국제사법재판소에 부탁할 것을 제의한다."

3. Critical Date

가. 의의

(1) Critical Date(결정적 일자)는 국제재판에서 재판의 기준이 되는 일자를 말한다.

(2) 그 일자 이후의 당사자의 행위가 그 소송의 쟁점에 영향을 줄 수 없는

일자, 즉 그 이후의 행위의 증거능력이 부정되는 일자이다.

(3) Critical Date는 분쟁이 결정화(結晶化)된 일자이다.

나. 결정

(1) 분쟁 당사자가 합의로 결정할 수 있으며 특히 제소합의로 결정한다.

(2) 분쟁당사자가 합의로 결정하지 아니한 경우에 재판소가 결정한다.

(3) 그것은 분쟁이 결정화된 일자로 결정된다. 언제를 분쟁이 결정화된 일자로 볼 것이냐가 문제되게 된다.

다. 적용범위

(1) 적용되는 범위: 주로 실효적 지배를 요건으로 하는 다음의 경우에 적용되게 된다.

(가) 선점에 관한 분쟁

(나) 시효취득에 관한 분쟁

(다) 응고취득에 관한 분쟁

(라) 원시적 권원에 관한 분쟁

(2) 적용되지 아니하는 범위

(가) 조약의 해석에 관한 분쟁

(나) *uti possidetis*의 원칙(현상유보의 원칙) 적용에 관한 분쟁

라. 효과

(1) 원칙: Critical Date 이후의 행위의 증거능력은 인정되지 아니한다.

(2) 예외: Critical Date 이후의 행위로 다음의 경우에는 증거능력이 인정된다.

(가) 당사자의 법적 지위를 개선할 목적을 가진 행위가 아닐 것

(나) 당사자의 행위가 중단됨이 없이 유사한 방식으로 계속될 것

마. 독도영유권 분쟁에 예상되는 Critical Date

(1) 한일간 독도영유권 분쟁에 예상되는 Critical Date

(가) 1905.2.20. (도근현고시 제40호의 고시일)

(나) 1910.8.22. (한일합방일)

(다) 1919.3.1. (독립선언일)

(라) 1945.8.15. (광복일)

(마) 1945.9.2. (항복문서 서명일)
(바) 1946.1.29. (SCAPIN 제677호 발령일)
(사) 1948.8.15. (정부수립일)
(아) 1951.9.8. (대일평화조약 체결일)
(자) 1952.1.18. (평화선 선언일)
(차) 1952.1.28. (평화선선언에 대한 일본의 항의일)
(카) 1953.4.20. (독도의용수비대 독도점유일)
(타) 1954.8.18. (독도등대 설치일)
(파) 1954.10.28. (일본의 국제사법재판소 제소제의에 대한 한국의 항의일)
(하) 1956.12.25. (독도경비대 독도점유일)
(갸) 1982.11.4. (독도 천연기념물 제366호 지정일) 등

(2) Critical Date를 이유로 한 독도의 실효적 지배를 반대하는 견해 비판

(가) 1952년 1월 28일(평화선선언에 대한 일본의 항의일)이 Critical Date로 설정된 것이므로 그 이후의 독도에 대한 실효적 지배는 아무런 증거능력이 인정되지 아니 한다는 이유로 실효적 지배를 반대하는 견해가 있다.

(나) 그러나 이 견해는 다음과 같은 이유에서 부당하다.

(1) 최근의 학설과 판결은 Critical Date를 무시 부정하는 것이 추세이므로 한일간의 독도분쟁에 반드시 Critical Date가 설정될지 불확실하다.

(2) 한일간의 합의로 1952년 1월 28일 이후로 Critical Date가 정해질 수 있다.

(3) 한일간의 독도분쟁이 대일평화조약의 해석분쟁으로 제소되게 될 경우 Critical Date 이론은 적용되지 아니한다.

4. 국제사법재판소의 관할권

가. 재판소의 관할권

재판소는 사법재판소(judicial court)이든 중재재판소(arbitral tribunal)이든 불문하고 관할권(jurisdiction)에 근거하여 사건을 재판할 수 있다. 이와 같이

재판소가 사건을 재판할 수 있는 법적 권한(legal power)을 "관할권"이라 한다. 관할권은 "인적 관할권"(jurisdiction ratione personde), 물적 관할권(jurisdiction ratione materide) 그리고 "시간적 관할권"(jurisdiction ratione temperis)로 구성된다. 그 중 사건의 실체(substance)에 관한 관할권인 물적 관할권은 다음과 같이 "강제적 관할권"(compulsury jurisdiction)과 "임의적 관할권"(voluntary jurisdiction)으로 구분된다.

(1) 강제적 관할권

(가) 강제적 관할권의 의의

강제적 관할권은 구체적 "분쟁이 발생하기 전"에 장래에 발생할 분쟁을 재판소에 부탁하여 해결하기로 미리 합의하여 성립되는 관할권이다. 구체적인 분쟁이 발생한 후에 별도의 합의가 없어도 일방당사국은 분쟁을 재판소에 부탁할 권리가 있으며 타방당사국은 이에 응소하여야 할 의무가 있고 일방 당사자의 제소로 재판소의 관할권이 성립되게 되는 관할권이다.

(나) 강제적 관할권의 형태

1. 재판조약에 의한 강제적 관할권

재판조약(arbitration treaty)에 의한 강제적 관할권은 분쟁 발생 전에 체결한 분쟁을 재판소에 제소하여 해결하기로 합의한 조판조약의 규정에 의한 강제적 관할권이다.

2. 재판조항에 의한 강제적 관할권

재판조항(compromissary clause)에 의한 강제적 관할권은 구체적 분쟁 발생 전에 체결한 조약에 규정된 분쟁을 재판소에 제소하여 해결하기로 합의한 재판조항의 규정에 의한 강제적 관할권이다.

3. 선택조항의 수락에 의한 강제적 관할권

선택조항(optional clause)의 수락에 의한 강제적 관할권은 구체적 분생 발생 전에 "국제사법재판소 규정" 제36조 제2항(선택조항, 임의조항: 조약의 해석, 국제법상의 문제, 국제의무의 위반을 구성하는 사실의 존재, 배상의 성질 또는 범위)을 수락하는 선언에 의한 강제적 관할권이다. 선택조항의 수락선언에 의해 선택조항을 수락한 국가 상호간에 의무적 관할권이 성립되게 된다.

(2) 임의적 관할권

(가) 임의적 관할권의 의의

임의적 관할권은 구체적 분쟁 발생 후에 그 구체적 분쟁을 재판소에 제소하여 해결하도록 하는 분쟁당사국의 합의에 의해 성립되는 관할권이다. "분쟁발생 후"의 합의이고, "구체적 분쟁"에 관한 합의에 의한 관할권이란 점에서 "분쟁발생 전"의 합의이고, "추상적 분쟁"에 관한 합의에 의한 관할권인 강제적 관할권과 구별된다.

(나) 임의적 관할권의 형태

1. 제소 전 명시적 합의에 의한 임의적 관할권

제소 전 명시적 합의(expressed consent)에 의한 임의적 관할권은 구체적 분쟁발생 후에 분쟁당사국의 제소전 명시적 합의에 의해 성립되는 관할권이다. 이 명시적 합의를 compromis라 한다. 이 compromis라는 특별협정(special agreement)의 내용에 의해 관할권의 범위가 정해지게 된다.

2. 제소 후 묵시적 합의에 의한 임의적 관할권

제소 후 묵시적 합의(implied concent)에 의한 임의적 관할권은 구체적 분쟁발생 후에 일방당사국이 일방적으로 제소하고 타방당사국이 재판소에 관할권이 없다는 항변을 제기하지 아니하고 소송수행에 참여(to take part in the proceedings)하여 성립되는 임의적 관할권이다. 제소 후 묵시적 합의에 의한 임의적 관할권을 "지발관할권" 또는 "확대관할권"(*forum prorogatum*)이라 한다. 넓은 의미로는 제소 후 명시적 합의에 의한 경우를 포함한다.

나. 일본정부의 독도문제 국제사법재판소에의 제소 제의에 대한 한국 측의 거부 구술서(1954.10.28.)

The Korean Mission in Japan presents its compliments to the Japanese Ministry of Foreign Affairs and, with reference to the letter's Note Verbals of September 25, 1954 concerning problem of the possession of Dokdo, has the honor to transmit to the Ministry the view and decision of the Government of the Republic of Korea as follows:

1. As the Korean Government has clarified on many occasions, Dokdo was and is Korean territory from time immemorial. Thus, the Korean Government has refuted all kinds of Japanese allegations claiming territorial rights over Dokdo as not only groundless claiming territorial rights over Dokdo as not only groundless but also unjust. Inasmuch as the representations set forth in paragraph 1 of the aforementioned Note Verbals are merely a repetition of old ones and based on the utterly groundless assumption, unsupported by facts, that Japan has any territorial rights over Dokdo, the Korean Government refutes it for the same and obvious reasons and grounds as given before.

2. The proposal of the Japanese Government that the dispute be submitted to the International Court of Justice is nothing bet another attempt at the false claim in judical disguise. Korea has the territorial right ab initio over Dokdo and sees no reason why she should seek the verification of her rights before any international court of justice. It is Japan who conjures up a quasi territorial dispute where none should exist. By proposing to submit the Dokdo problem to the International Court of Justice, Japan is attempting to Place herself on the equal footing, even provisionally, with Korea in relation to the so-called Dokdo territorial dispute, thus establishing quasi claims for Japan where there were none at the compromise of the complete and indisputable territorial rights of Korea over Dokdo.

3. Furthermore, the Japanese Government is reminded of the fact that Korea had been deprived of her sovereignty for over forty years by the imperial Japanese aggression. As the Japanese Government is no doubt well aware, the aggression took place by steps, culminating in the annexation of whole Korea into Japan in 1910, For all

practical purpose, however, Japan had seized the power to control Korea in 1904 when Japan had forced upon Korea the so-called Korea-Japan protocol and the First Agreement between Korea and Japan. It was one year after these agreements that the Shimane Prefectural Government allegedly incorporated Dokdo into its jurisdiction. Thus, Dokdo was the first Korean territory which had been made a victim of the Japanese Government over Dokdo the Korean people is in serious doubt if Japan is repeating the same course of aggression.

4. The surrounding facts being such, to the Korean people Dokdo is not merely a tiny island off the Eastern Sea. It is indeed the symbol of Korean sovereignty vis a vis Japan and the test case of the integrity of Korean sovereignty. Korean people is determined to protect Dokdo and thereby the integrity of Korean sovereignty. The Korean Government, therefore, can not let the Korean sovereignty over Dokdo be open to question, if temporarily abd even before the International Court of Justice.

5. Therefore, the Government of the Republic of Korea regrets to refuse the proposal of the Japanese Government that the Dokdo problem be submitted to the International Court of Justice. The Government of the Republic of Korea, however, will remain always ready to answer any questions relating the Dokdo, which the Japanese Government may have, until such time as the Japanese Government is convinced that Dokdo is an integral part of the Korean territory.

The Mission avails itself of this opportunity to renew to the Ministry the assurances of the its high consideration.

Tokyo, October 28, 1954.

대표부각서

대한민국주일대표부는 일본외무성에 경의를 표하며, 독도영유의 문제에 관한 1954년 9월 25일자 귀성의 각서에 관하여 대한민국정부의 견해와 결정을 다음과 같이 귀성에 송달하는 영광을 가진다.

1. 허다한 기회에 한국정부가 명백히 한 바와 같이 독도는 태고시대부터 한국영토이었고 또 현재에도 한국영토이다. 그리하여 한국정부는 독도에 대한 영토권을 주장하는 모든 종류의 일본주장을 무근한 것이라고 할 뿐만 아니라 부당한 것이라고 반박하여 왔다. 전술한 각서의 제1항에 명시한 항의가 다만 과거 각서의 반복에 불과하며 또 그것이 일본은 독도에 대한 영토권을 가지고 있다는 전혀 무근한 가설에 기초하여 사실상 수긍할 수 없는 한 한국정부는 종전에 제시한 바와 같은 동일하며 명백한 이유와 근거에 의하여 동 항의를 반박하는 바이다.

2. 분쟁을 국제사법재판소에 부탁하자는 일본정부의 제안은 사법적인 가장으로써 허위 주장하는 또 하나의 기도에 불과하다. 한국은 독도에 대하여 시초부터 영토권을 가지고 있으며, 그의 권리에 대한 확인을 국제사법재판소에서 구하여야 한다는 이유를 이정하지 않는다. 아무런 분쟁도 있을 수 없는데도 유사적 영토분쟁을 조작하는 것은 바로 일본이다.

일본은 독도문제의 국제사법재판소에의 제기를 제안함으로써 소위 독도영유분쟁에 관하여 다만 잠시적이라도 자국을 한국과 동등한 입장에 놓고 그러함으로써 독도에 대한 한국의 완전하고 논의할 여지없는 영토권과 타협하여 분쟁의 여지가 없음에도 일본을 위하여 가자 주장을 내세우려고 기도하고 있다.

3. 다시 한 번 한국은 40년 이상이나 제국적 일본의 침략으로 말미암아 그의 권리가 약탈당하였다는 사실을 일본에게 환기시키는 바이다. 일본정부가 명백히 알고 있는 바와 같이 침략은 차차로 진행되다가 1910년 전한국의 일본과의 병합으로써 그 정점에 도달하였다.

그러나 일본은 모든 실제적인 목적을 위하여 1904년에 한국을 지배하기 위한 권력을 장악하고 그 당시 일본은 한국에 소위 한일의정서와 한국과 일본과의 최초협정을 강요하였다. 도근현청이 독도를 자칭하여 그의 관할권에 포함시킨 것은 이러한 협정의 1년 후이었다.

그리하여 독도는 일본침략의 희생으로 된 최초의 한국영토이었다. 현재 독도에 대한 일본정부의 불합리하기도 하지만 시종일관한 주장에 감하여 한국국민은 일본이 동일한 방법의 침략을 반복하고 있는지 않는지 대단히 의구하고 있다.

4. 주위의 제사실이 여사하므로 한국국민에 대하여 독도는 동해에 떨어진 1개의 소도일 뿐만 아니라 그것은 일본과 상대한 한국주권의 상징이며 또 한국주권의 보전을 시험하는 실례이다. 한국국민은 독도를 수호하고 그럼으로써 한국주권을 보전할 결의를 가지고 있다. 그러므로 한국정부는 임시적이며 또 국제사법제판소앞에서도 독도에 대한 한국주권을 의의에 부칠 수 없다.

5. 그러므로 대한민국정부는 독도문제를 국제사법재판소에 제출하자는 일본정부의 제안을 반박하는 유감으로 생각한다. 그러나 대한민국정부는 일본정부가 독도는 한국영토의 불가결한 일부라는 것을 확신할 때까지 일본정부가 가질지 모르는 독도에 관련한 여하한 질의에도 항상 응답할 것이다. 본대표부는 귀성에게 재차 경의를 표하는 바이다.

1954년 10월 28일 동경

〈해설〉

1. 제소제의 거부

가. 1954년 10월 28일 한국정부는 일본정부의 국제사법재판소에의 제소제의를 일축 거부했다.

나. 상기 한국정부의 거부는 구술서 형식의 외교문서로 일본 외무성에 전달했다.

2. 거부의 내용

가. 일본의 독도 영유권 주장의 부당성

(1) 태고로부터 독도는 한국의 영토이다.

(2) 독도에 대한 영유권을 주장하는 일본의 모든 진술은 근거없고 불합리한 것이다.

나. 독도 영유권 국제재판에 의한 확인의 불필요성

(1) 일본정부의 제소제의는 사법절차를 가장한 허위의 시도에 불과하다.

(2) 일본정부의 제소제의는 일본을 한국과의 관계에서 독도의 영유권에

관해 대등한 지위로 확보하려는 것이다.

(3) 한국은 독도에 대한 한국의 영유권을 국제재판에 의해 증명해야 할 이유가 없다.

다. 상기 가, 나의 거부 이유의 원문은 다음과 같다.

"....독도는 태고로부터 한국의 영토이다. 독도에 대한 영유권을 주장하는 진술은 근거 없을 뿐만 아니라 부당한 것이다. … 이 분쟁을 국제재판소에 제소하자는 일본정부의 제의는 사법절차를 가장한 또 하나의 허위의 시도에 불과하다. 한국은 독도에 대한 영유권을 갖고 있으며, 한국이 또한 국제재판에 의하여 그의 권리를 증명하여야 할 이유가 없다. 일본은 소위 독도의 영유권 분쟁에 대해 한국과의 관계에서 일본을 동등한 위치로 놓으려고 시도하는 것이다."

4. 독도 도안 우표 발행에 관한 논쟁

가. 독도 도안 우표 발행에 대한 일본정부의 항의 구술서(1954.11.29.)

The Ministry of Foreign Affairs presents its compliments to the Korean Mission in Japan, and with reference to the postage stamps, which are being issued by the government of the Republic of Korea and which show the island of Takeshima, a territory of Japan, has the honour to make the following representation:

1. Mail matters recently arriving in Japan from the Republic of Korea bear three kinds of postage stamps, all of which show unmistakably the island of Takeshima which belongs to Japan. Words in Korean letters, meaning "Republic of Korea Post" and "Dokdo" are printed on these stamps.
2. The Japanese Government, has frequently protested to the Korean Government against the illegal occupation of Takeshima by the Republic of Korea, by making it clear that the island is an integral part of Japanese territory.
3. The Korean Government, while continuing to ignore the protests of the Japanese

Government, is now issuing postage stamps picturing Takeshima, which cannot but be considered a piece of propaganda on the part of Korean Government to foist upon the world its spurious claim to ownership of a Japanese possession. The Japanese Government does hereby lodge with the Korean Government a solemn protest against its unfriendly act and request rectification.

4. Furthermore, the Korean Government is hereby notified that the Japanese Government reserves all measures it may take with respect to Korean postage stamps showing the Japanese island of Takeshima.

Tokyo, November 29. 1954.

외무성 214/A5

외무성은 대한민국주일대표부에 경의를 표하며, 대한민국정부가 발행하고 있으며, 일본의 영토인 죽도를 표시하는 우표에 관하여 다음과 같은 항의를 제출하는 영광을 가진다.

1. 대한민국으로부터 일본에 최근 도착하는 우편물은 3종의 우표를 첨부하고 있는데 그 3종은 모두 일본에 소속하는 죽도를 명백히 표시하고 있다. "대한민국"과 "독도"라는 것을 의미하는 한국문자의 문구가 이러한 우표에 인쇄되어 있다.

2. 일본정부는 동도는 이본영토의 필수한 일부라는 것을 명백히 함으로써 대한민국에 의한 죽도의 불법점령에 대하여 한국정부에 누차 항의하였다.

3. 한국정부는 일본정부의 항의를 계속하여 무시하는 일면에 현재 죽도를 그린 우표를 발행하고 있으며, 그것은 일본이 가지고 있는 소유권에 대한 한국정부의 진지한 주장을 세계가 파악하도록 하기 위한 한국정부측의 일편의 선전으로 인정하지 않을 수 없다. 일본정부는 비우호적인 행동에 대하여 이에 한국정부에 엄중한 항의를 제출하여 그 교정을 요청하는 바이다.

4. 더욱이 한국정부에게 일본정부가 일본의 죽도를 표시하는 한국의 우표에 관하여 취할 수도 있는 모든 조치를 보류하고 있다는 것을 이에 통고한다.

1954년 11월 29일 동경

1965. 6. 22
본 대신은 금일자의 각하의 다음 서한을 수령하였음을 확인하는 영광을 가집니다. 본관은 양국 정부의 대표 간에 도달된 다음의 양해를 확인하는 영광을 가집니다. 양국 정부는 별도의 합의가 있는 경우를 제외하고는 양국 간의 분쟁은 우선 외교상의 경로를 통하여 해결하는 것으로 하고 이에 의하여 해결할 수가 없을 경우에는 양국 정부가 합의하는 절차에 따라 조종에 의하여 해결을 도모한다. 본 대신은 전기의 양해를 일본국정부를 대신하여 확인하는 영광을 가집니다. 본 대신은 각하에게 새로인 본 대신의 변함없는 경의를 표합니다.

일본국 외무대신
대한민국 외무부장관
이동원 각하

나. 한국정부의 독도 도안 우표 발행에 관한 한국정부의 주장 구술서 (1954.12.13.)

The Korean Mission in Japan present its compliments to the Japanese Ministry of Foreign Affairs and, in reply to the latter's Note Verbale of November 29, 1954 regarding the issuance by the former's Government of postage stamps which show the island of Dokdo, has the honour to state as follows:

1. The Ministry stated in its note under reference that the Korean Government has continuously ignored the protest which the Japanese Government filled against the occupation of Dokdo by the Korean Government. However, in this regard, the Japanese Government is reminded that the Korean Government han repeatedly clarified its view that the said island is an integral part of the Korean territory. And it is firmly believed that the Korean Government's view taken especially in the Mission's Note dated September 25, 1954, has sufficiently proved the Korean ownership of Dokdo from the standpoint of historical facts and modern international law. Thus, there can be no doubt the Government of Republic of Korea has due right to exercise her

territorial jurisdiction over the island.
Accordingly, it must be concluded that the Ministry's contention that the Republic of Korea illegally occupied Dokdo, etc. is based on the utterly groundless assumption, unsupported by facts.
2. In connection with issuance by the Korean Government of postage stamps picturing Dokdo, the Ministry said in the note as if the Korean Government had attempted to foist upon that world some spurious claim to the island by issuing such Korean postage stamps, However, as pointed out in the foregoing paragraph, since Dokdo is indisputably a part of the Korean territory, the issuance of postage stamps picturing the island is well within the jurisdiction of the Government of the Republic of Korea. Therefore, such exception to the issuance of Korea postage stamps as taken by the Japanese Government is tantamount to the Japanese Government's undue act of interfering in an internal affair of the Republic of Korea.
In view of the abovementioned facts, the Mission considers that the Japanese Government is by no means in the position to protest to the Korean Government against its issuance of postage stamps showing Dokdo which is doubtless an integral part of the Korean territory.

Tokyo, December 13, 1954

대한민국 주일대표부
대한민국주일대표부는 일본외무성에 경의를 표하며 독도를 표시하는 우표의 한국정부에 의한 발행에 관한 1954년 11월 29일자의 귀성의 각서에 관하여 다음과 같이 기술하는 영광을 가진다.
1. 외무성은 전술한 각서에서 한국정부는 일본정부가 한국정부에 의한 독도점령에 대하여 제출한 항의를 계속하여 무시하였다고 하였다. 그러나 이 점에서 있어서 동도가 한국영토의 불가결한 일부라는 견해를 한국정부가 반복하여 명백히 하였다는 것을 일본정부에 환기시키는 바이다. 그리고 특히 1954년 9월 25일자의 본 대표부 각서에서 취한 한국정부의 견해는 사실과 현대국제법의 견지에서 충분히 입증되었다고 확신한다. 그러므로 대한민국정부가 동도에 대하여 그의 영토관할권

을 행사할 정당한 권리를 가지고 있다는 것은 의심할 여지가 없는 것이다. 따라서 대한민국이 독도를 불법적으로 점령하였다는 귀성의 주장은 사실로써 긍정할 수 없는 전혀 무근한 가설에 기초하고 있다고 단정하지 않을 수 없다. 2. 독도를 그린 우표를 한국정부가 발행한데 관하여 귀성은 각서에서 마치 한국정부가 여사한 우표를 발행함으로써 동도에 대한 중대한 주장을 세계로 하여금 파악하도록 하기 위하여 기도하였다고 말하였다. 그러나 전항에서 지적한 바와 같이 독도가 논의할 여지도 없이 한국영토의 일부인 이상 독도를 그린 우표의 발행은 대한민국의 관할권 내에서 정당한 것이다. 그러므로 일본정부가 취한 바와 같은 한국우표의 발행에 관한 여사한 이의는 일본정부가 대한민국 내정에 부당히 간섭함과 같은 것이다. 상술한 사실에 감하여 본 대표부는 일본정부를 의심할 여지도 없이 한국영토의 불가결한 일부인 독도를 표시하는 우표의 발행에 대하여 한국정부에 항의를 제출할 입장에 절대로 있지 않다고 사료한다. 1954년 12월 13일 동경

〈해설〉

1. 독도우표의 발행

가. 1974년 9월 15일 한국정부는 독도풍경우표 3종을 발행했다.

나. 3종의 독도풍경우표의 가액과 발행매수는 다음과 같다.

(1) 액면가 2환 : 500만 매

(2) 액면가 5환 : 2,000만 매

(3) 액면가 10환 : 500만 매

2. 일본정부의 항의와 한국정부의 논박

가. 일본정부의 항의

(1) 1954년 11월 29일 항의 구술서를 한국정부에 보내왔다.

(2) 항의 내용은 일본영토인 다케시마를 한국영토로 표시한 이 우표는 다케시마가 한국의 영토라는 선전에 불과한 것이다.

나. 한국정부의 논박

(1) 1954년 12월 13일 상기 일본정부의 항의에 대해 이를 논박하는 구술서를

일본정부에 전했다.

(2) 논박의 내용은 독도우표의 발행은 통치권의 행사이며 이에 대한 항의는 내정간섭이라는 것이었다.

3. 독도우표 발행의 의의

가. 한국정부의 독도우표 발행은 정당한 통치권의 행사이다.

나. 통치권 행사, 즉 실효적 지배의 성격은 다음과 같다.

(1) 행정부에 의한 통치권의 행사

(2) 법률행위적 통치권의 행사(우표발행 결정)

(3) 사실행위적 통치권의 행사(우표의 배포)

(4) 비점유적 통치권의 행사

다. 우표 발행에 의한 독도에 대한 실효적 지배는 다음의 효과를 가져오게 한다.

(1) 역사적 응고취득의 요건인 "실효적 지배" 요건 충족

(2) 취득시효의 요건인 "실효적 지배" 요건 충족

라. 앞으로도 독도우표의 발행은 독도의 실효적 지배의 증거로 바람직하다.

5. 한일간 구술서를 통한 종합적 외교논쟁의 내용

가. 한일 정부의 견해 1

(1) 일본정부의 견해 1(1953.7.13.)

(日本政府 見解 1)

1. In considering this matter, it should be recalled in the first place that the island which bore the name of Takeshima or Isotakeshima in former times was what is now called Wul-Nung-to, and that the present Takeshima was known as Matsushima.

This is a fact which may be established by Japanese literature and old maps published in the days of the Edo Shogunate. It is also evident from Korean literature that Wul-Nung-to was called Takeshima or Isotakeshima. As a typical example of such literature, we might refer to the geographical part of the second volume of "Shihoruisetsu", complied by Lee Soo Kwang, with a preface dated July of the 42nd year of Manreki(1614), containing a passage which reads: "It is reported that some Japanese have recently occupied Takeshima, which is also called Isotakeshima. The islands is Wul-Nung-to." Also in a letter of Reiso Sanban of Korea addressed to Tsushima-no-kami, Lord of Tsushima in September of the 7th year of Genroku(1694), the following is mentioned: "In the neighboring waters, however, there are some fishing grounds for our people. Though originally called Wul-Nung-to, the islands is also known as Takeshima for the bamboo it produces, thus one island having been given two different names. This very fact is not only recorded in books of our country, but is also familiar to every one of the people of your province."

However, in the map of Japan published in 1840 by Philipp Frany von Siebolt, Wul-Nung-to was mistakenly indicated as Matsushima and, as the result, the latter name has come to replace the former one in the maps subsequently made in Europe. The misnomer came into use also in Japan, causing Wul-Nung-to to be represent as Matsushima and the small island previously called matsushima to acquire the name of Takeshima.

2. Since the 6th year of Genroku(1693) there had occurred disputes between Japan and Korea, and the Japanese people were subsequently prohibited by the order of the Shogunate to go out fishing near Takeshima. However, those were the days when Wul-Nung-to was called Takeshima or Isotakeshima, and the so-called Takeshima had

nothing to do with the present Takeshima.

Nor was the island to which, in the 14th year of Meiji(1881), the migration of Japanese people for fishing or lumbering was prohibited by the Japanese Government in the face of a pretest from Korea, the present Takeshima, but was Wul-Nung-to.

3. Thus, all the conflicts which have existed between Japan and Korea having referred to Wul-Nung-to, and the present Takeshima has never been made an issue by both governments.

4. On the other hand, literature, old maps, etc. clearly show that the present Takeshima was known to Japan in olden times by the name of Matsushina, and considered as an intergral part of her territory.

5. Apart from the historical facts as mentioned above, there is not the slightest doubt either from the viewpoint of international law that Takeshima is included in the Japanese territory.

In order that a nation may establish its territorial right over any extension of land, it is required, according to the accepted idea of modern international law, to have an intention of making the land a part of its territory, and to exercise and effective administration thereupon. In the case of Takeshima, the Japanese Government, prior to the annexation of Korea, placed the island under the jurisdiction of the head of Okishima belonging to Shimane Prefecture by Notification No.40 of the Prefectural Government under date of February 22nd of the 38th year of Meiji(1905). At the same time, a Japanese national, Yozaburo Nakai, obtained and official permission of the Japanese Governemnt, and undertook the catching of sea-lions near the island by building cottages on the island for the fishermen whom he took there. And ever since that time the island had been effectively developed by the Japanese people until the outbreak of the last war.

All this while the Japanese jurisdiction over the island had never been questioned by any foreign countries.

6. After the war's end, the General Headquarters of the supreme Commander for the Allied Powers, in its Memornadum SCAPIN No.677 dated January 29, 1946, directed the Japanese Government to suspend its exercise of, or its attemp 세 exercise, the political or administrative authority over Takeshima. But this directive does not exclude the

island from the Japanese territory, as is understood from paragraph 6 therof to the effect: "Nothing in this directive shall be construed to indicate the policy of the Allied Powers concerning the final decision on the small islands as referred to in Article 8 of the Potsdam Declaration." Thus, the Memorandum clarifies that it by no means exclude Takeshima from the Japanese territory.

The above interpretation is also expressly adopted with regard to the establishment of the so-called MacArthur Line. In paragraph3(b) of the Memorandum from the General Headquarters of the Supreme Commander for the Allied Powers to the Japanese Government, SCAPIN No.1033, dated June 22, 1946, subject: "Areas licensed for Japanese fishing and whaling," it is stated that: "Japanese vessels and crews shall not come within the area nearer than 12miles of Takeshima situated at 37°15′ N., 131°53′ E., nor shall they have any access to the island," and thus Takeshima was placed outside of the licensed area or of the so-called Macarthur Line. However, ther is a statement in paragraph5 of the Memorandum to the effect that "the above permission shall not be construed to be and expression of the policies of the Allied Powers concerning the final decision as to the sovereignty of the State, the border line and the fishing rights in respect of the area concerned or any other area whatever", clarifying that the Memorandum in no way denies Japan's sovereign power over Takeshima. As is well known, prior to the coming into force of the Peace Treaty with Japan in the 27th year of Showa(1952), all the limitations concerning the area licensed for Japanese fishing and whaling, or the so-called MacArthuur Line, were removed by the memorandum to the Japanese Government dated April 25th of the same year.

7. Article 2 in Chapter I of the Peace Treaty with Japan which was signed on September 8, and came into effect on April 28, 1952, provides that "Japan recogmized the independence of Korea". This provision means that Japan has recognized the separation and independence from Japan of Korea as it existed before the annexation of the one to the other, but does not contain the slightest implication that the land which was apart of the Japanese territory before the annexation be cede to the newly independent Korea. Now, Takeshima, as mentioned above, had been placed under the jurisdiction of Shimane Prefecture prior to the annexation of Korea to Japan, and continued to be so even after the annexation, not having been placed under the

jurisdiction of the Government-General of Korea. It is quite an indisputable fact, therefore, that Takeshima is a part of the Japanese territory.

Although special reference is made in (a) of the above-mentioned Article to the three islands of Cheju(Quelpart), Ku-Mun(Port Hamilton) and Wul-Nung-to(Dagelet) this is intended to confirm the fact that Korea as it has separated from and become independent of Japan includes these three islands. Also in view of the specific provision of Article 1(a) of the Peace Treaty, therefore, there is no doubt that Takeshima constitutes a part of the Japanese territory.

The above interpretation of the peace Treaty has been taken for granted by the United States of America which is the chief signatory to the Treaty. This may be demonstrated by the fact: that Takeshima has been designated as one of the maneuver grounds for the United States Security Forces, on the premise that the island is included in the territory of Japan, in the agreement concerning the facilities and areas for the use of the Forces, which was concluded on July 26, 1952, between the representatives of the United States and of Japan in the Joint Committee in accordance with the "Administrative Agreement under Article Ⅲ of the Security Treaty between the United Stated of America and Japan" signed on February 28, 1952. Subsequently, on March 19, 1953, a subcommittee of the Joint Committee of the United States and of Japan decided upon the exclusion of Takeshima from the designated maneuver grounds, and doubtlessly this step was based upon the fact that the island is a part of the Japanese territory.

(2) 한국정부의 견해 1(1953.9.9.)

(韓國政府 見解 1)

Ⅰ. In paragraph 4 of the Japanese Government's views concerning dokdo ("akeshima" dated July 13, 1953, it is stated that "n the other hand, literature, old maps, etc. clearly show that the present Takeshima was known to Japan in olden times by the name of Matsushina, and considerd as an integral part of her territory." And in paragraph 5 of the said views, it is stated that "apart from the historical facts mentioned above..."

Howeber, the so-called historical facts which the Jaoanese Government referred to, have nothing to do with the territorial ownership of Dokdo. The said facts are merely regarding the names of the two islands, Ulneungdo and Dokdo.

Quite contrary to Japan's arguments, the real historical facts on these two island found out by the Korean side regarding the territorial ownership of Dokdo, (which Japan now calls "Takeshima") clearly explain that Dokdo is an integral part of Korean territory. The following are some historical facts which appeared in the old literatures and history books of Korea:

a. With regard to names of Ulneungdo and Dokdo in Korea, Ulneungdo had been called Wooneung, Mooneung, Ulneungdo, etc., while Dokdo had been called Woosan or Sambongdo. And, in the meantime, Dokdo has neen given its present name of "Dokdo" due to the following backgrounds:
According to the dialect of Kyungsang Province of Korea, Dok means stones or rocks. Dokdo means as island of stones or rocks. It happens that the pronunciation of the present Dokdo which means "isolated island" coincides with that of Dokdo(island of rocks or stones) thus, the said island came to be called Dokdo by Koreans very suitably and symbolically, for Dokdo is really a rocky island.

b. In the chapter of Oolchin Prefecture of Seijong Shjllok(one of the most authentic Korean history books compiled by King Seijong of the Li Dynasty), it is stated that "Woosan and Mooneung are located in the midst of the sea just to the eastern direction of this Prefecture and the distance of these two islands are not so far, and so when the weather is fine, these two islands can be seen from each other."

c. Dokdo had also been called Sambongdo(three peak island) from the beginning og the Li Dynasty. According to the Tongkuk Yoji Seumgnam, one of the most gamous literatures of the Li Dynasty, in the year 1476 A.D. a Korean investigation team of the present Dokdo islets headed by Kim Jaju sailed for Sambongdo and reported to the then Korean government to the effect that "at seven or eight li distance(ten Korean li equals to one Japanese li which equals to 4 kilometers) from the island we lay at anchor and looking over the eastern side, we could find out 3peaks of rocks... We drew a picture of the island and came back." This fact clearly shows that Koreans have been to Sambongdo(the present Dokdo) for the purpose of investigation the islets.

d. According to Sukjong Shjillok(one of the Korean history books compiled by

King Sukjong of the Li Dynasty), in 1696 Korean nationals including Mr. Ahn Yong Bok had been to Ulneungdo and Dokdo and they energetically warned Japanese vessels not to approach these two islands, announcing that these two islands belong to Korea. Thus, the Koreans kept Japanese nationals from infringing the waters of Ulneungdo and Dokdo, which are integral parts of the Korean territory.

e. In an official report to the Korean government submitted by Mr. Shim Heung Taik, the country master of Ulneungdo, in 1906, there is a passage which reads, "Dokdo which is an island attached to this country..."

Judging from the historical facts, some of which are briefly outlined above, it is entirely an indisputable fact that Dokdo had been administered by the Korean officials who had been in charge of administering Ulneungdo until the Japanese compulsory occupation of Korea in 1910.

Thus, Korea, in whose service the discovery of Dokdo had been made, was naturally and peacefully given a real title of occupation and continuously managed and administered Dokdo for acquisition of her sovereignty over the island as and attached one to Ulneungdo.

Ⅱ. In paragraph 5 of the said Japanese Government's views, it is specified that in order that a nation nay establish its territorial rights of any extension of land, it is required, according to the accepted ideas of modern international law, to have an intention of making the land a part of its territory and to exercise effective administration thereupon. In case of Dokdo, as mentioned above, dokdo was discovered and occupied by Koreans and was administered by the successive Korean government authorities very effectively with a view to owning it as a part of its territory.

Ⅲ. On the other hand, geographically speaking, it is only 49 sea miles from Ulneungdo to Dokdo, while 86 sea miles from Dokdo to Okishima of Shimane Prefecture. Dokdo can be seen even with naked eyes from Ulneungdo on fine days. Thus, Korea's continuous and effective administration of Dokdo also presupposed the comparatively short distance from the island to Ulneungdo, which Japan is by no means in a position to enjoy.

Ⅳ. The Japanese Government insists that prior to the compulsory occupation of Korea in 1910, it placed the island under the jurisdiction of th head of Okishima which belongs to the Shimane Prefecture, based on the so-called doctrine of "occupation" of the international law and that it administered the island since then. However, one of the most important conditions, so far as "occupation" is concerned, is that the land of island which is the object of occupation, should be ownerless one. As mentioned above, Dokdo had been by no means an ownerless island prior to the so-called placing of the island under the jurisdiction of Shimane Prefecture which was done in 1905 illegally and in apparent violation of the international law.

In those days, about 10 years after the Sino-Japanese war, Japan forced upon Korea the so-called Korea-Japan Protocol and the Korea-Japan Agreement respectively on February 23, 1904 and on August 22, 1904, which the Republic of Korea asserts as null and void. Thus, Japan compulsorily made Korea "secure the services of Japanese diplomatic advisors to the Korean Government" and also she could "occupy any part of Korean territory, if necessary, from strategic standpoints."

Now, the Japanese Government pointed that "the Japanese jurisdiction over the island had never been questioned by any foreign countries" after the notice No.40 by the Shimane Prefectural government in 1905. However, the notice was stealthily made in disregard of Korea's sovereignty over the island established long before in such a manner as fishing in troubled waters in the confusion of the moment. Accordingly, the Government of Republic of Korea cannot recognize that the notification therof had been legally made by the Japanese Government directly to the then Korean Government through its normal diplomatic procedure. And such a mere notice by one of Japan's local governments does not affect by any means Korea's sovereignty over the islets.

The Japanese Government says that a Japanese national, Yozaburo Makai undertook the catching of sea-lions near the island by building cottages on the island for the fishermen he took there, probably for showing evidence for its exercise of effective administration of the island. However, according to chapter 5 of the history of Shimane Prefecture which was published in July 1923, the said Nakai also believed that Dokdo was definitely a part of the Korean territory. A passage of Chapter 5 of the said book reads, "Since Nakia believed the island to be a part of the Korean territory, in 1904 he went up to Tokyo and explained to the Japanese Minister of Agriculture and Commerce about the island and on September 25 of the year applied to the ministry for obtained permission from the then Korean Government to lease the island."

In November 1904 the Tsushima, a Japanese man-of-war, sent in a report to its government to the effect that "scores for residents of Ulneungdo land at this island every summer, build cottages and engage in fishing activities near the island."

Thus, it will be clear to everybody that the stories of Naki and Japan's battleship Tsushima clarify that Dokdo was owned by Korea and effectively administered by Koreans.

After 1907, the Japanese Government openly intervened in the internal affairs of Korea according to the so-called new Korea-Japan Agreement forced upon Korea in July 1907, which the Republic of Korea also asserts as null and void. Thus, Japanese nationals, including Ihohara Fumiichi recommend by the "Resident-General", conducted a survey on fisheries in Korea and Dokdo was referred to in the "survey" as an island which belongs to Korea, though the "Survey" was compiled by the Japanes.

In 1930, Mr. Hibata Sekko, one of the famous Japanese scholars, wrote a story about "Relations between Korea and Japan regarding Takeshima located in the Japan Sea" in No.6 of Volume 55 of "the History and Geography". A passage of the story reads "Takeshima and Ulneungdo now belonging to the Kangwon Province of Korea are in the Japan Sea as the extreme eastern border of the Korean territory."

Judging from all the abovementioned facts and historical evidences both of Korea and Japan, it is very clear that the then Korean Government, regardless of the so-called notice by the Shimane Prefectural government, continously exercised the territorial ownership or the island until 1910 when Koea was compulsorily occupied by Japan, because there had been no legal facts about extinction of Korea's territorial ownership of the island thus far.

Ⅴ. In regard to the status quo of Dokdo after 1945, the condition is so clear to everyone that the Korean Government does not now consider it necessary to go into its deeper explanation than pointing out the facts about Korea's peaceful and continuous display of sovereignty over the islets since then.

Ⅵ. The Japanese Government referred to SCAPIN No.677 dated January 29, 1946, pointing put in the memorandum a sentence that "nothing in this directive shall be construed as the policy of the Allied Powers concerning the final decision on the ownership of the small islands as referred to in Article 2 of the Potsdam Declaration."

In connection with Japan's arguments on the effect of this memorandum, the Government of the Republic of Korea is obliged to assert that Japan is holding an extremely superficial views on the Allied Power's fundamental policy regarding the post-war disposition of territories of the former enemy countries.

The Korean Government again wishes to remind the Japanese Government that the said SCAPIN No.677 explicitly excluded the islets from the territorial possession of Japan and that the Peace Treaty with Japan did not provide any article contradictory to the articles of this SCAPIN so far as the issue on the Japanese territory was concerned. On the other hand, it can be understood that the Peace Treaty confirmed the SCAP's dispositions on this matter without making any substantial change at all.

Ⅶ. Referring to Article 2 of Chapter Ⅰ of the Peace Treaty with Japan which came into effect on April 28, 1952, the Japanese Government says that "Takeshima had been placed under the jurisdiction of Shimane Prefecture prior to the annexation of Korea to Japan, and continued to be so even after the annexation, not having been under the jurisdiction of the Government-General of Korea". In this connection, the Government of the Republic of Korea cannot recognize that Takeshima had been legally placed under the jurisdiction of Shimane Prefecture, as is explained in detail in Paragraph Ⅳ above.

Furthermore, what the Korean Government wants the Japanese Government to realize in this connection is the fact that, even during Japan's compulsory occupation of Korea, Dokdo was regarded as an attached island to Ulneungdo and managed by Ulneungdo fishermen. The "Korean East Coast", Volume 3 of the Survey on the Waterway of the Korean Coasts which was compiled by the Japanese Ministry of Navy in 1933 also proves the abovementioned fact to be true.

With regard to Article 2 a of Chapter Ⅰ of the said Treaty, the Japanese Government says that the article does not specify tat Dokdo is a part of the Korean territory like

Chejudo (Qualpart), Kumundo (Port Hamilton) and Ulneungdo (Dagelet). However, the enumeration of these three islands is by no means intended to exclude other hundreds of islands on the Korean coasts from Korea's possession. If Japan's interpretation on this matter were followed, hundreds of islets off the western and southern coasts of Korea besides those three islands would not belong to Korea, but to Japan. If Japan, with such arguments, really asserts that "Takeshima constitutes a part of Japanese territory", is the Japanese Government going to claim territorial ownership over all the islands off the coasts of Korea except the three islands of Cheju, Kumun and Ulneung?

Ⅷ. In the last part of the Japanese Government's views on Dokdo, it is stated that "Takeshima has been designated as one of the maneuver grounds for the U.S. security forces...", that "a sub-committee of the Joint Committee of the United States and Japan decided upon the exclusion of Takeshima from the maneuver grounds on May 19, 1953..." and that the Japanese Government considers such measures have been taken "on the premises that Dokdo is a part of Japanese territory".

However, such premise is based on nothing but an interpretation entertained by the Japanese Government. The Japanese Government, on the contrary, should realize the fact that the Commanding General of the U.S. air forces officially notified the Government of the Republic of Korea that Dokdo was to be excluded from the designated maneuver grounds for the U.S. air force on February 27, 1953 in response to a protest lodged by the Government of the Republic of Korea.

Ⅸ. In conclusion, it is the view of the Government of the Republic oof Korea that Dokdo is indisputably a part of the Korean territory in the light of its historical and geographical background and in view of the accpted idea of international law regarding the territorial ownership of the land.

Released in Tokyo on September 9, 1953.

나. 한일 정부의 견해 2

(1) 일본정부의 견해 2(1954.2.10.)

VIEWS OF THE JAPANESE GOVERNMENT IN
REFUTATION OF THE POSITION TAKEN BY
THE KOREAN GOVERNMENT IN THE NOTE
VERBALE OF THE KOREAN MISSION IN
JAPAN, SEPTEMBER 9, 1953, CONCERNING
TERRITORIALITY OVER TAKESHIMA
(日本政府 見解 2)

1. The Japanese Government has carefully examined the views of the Korean Government on the subject at issue. The Japanese Government welcomes the fact that the Korean Government is attempting to establish its position on the basis of various data, and believes that if the question could be studied openmindedly by the two governments with such an attitute a just conclusion would be reached in due course,

2. However, it is to be regretted that the grounds cited by the Korean Government to substantiate its arguments are by no means compatible with its supposedly conscientious attitute. Quatations from literature and reference to events are inaccurate and misleading, and do not serve the purpose of establishing the postion of the Korean Government, some outstanding examples of which are cited below:

(1) As evidence of the alleged fact that Takeshima was known in KOrea in ancient times, the Korean Government claims that both Woosando mentioned in "Tongkuk Yoji Seungnam" as having been explored by Kim Jaju are identical with the present Takeshima. But it fails to offer of the alleged identity. Besides, the reference to Kim Jaju as having been mentioned in "Tongkuk Yoji Sengnam" is erroneous. Kim Jaju is mentioned only in "Seijong Shillok".

On the other hand, the Japanese Government may point out passages in Korean literature which regarded Sambongdo or Woosando as none other than Ulneungdo.

In the description of Woosan and Munung in the above-mentioned "Seijong Shillok", there is a passage, next to the one referred to by the Korean Government, which reads:

“At the time of Shilla the island was called Woosankuk and also was known as Ulneungdo.” Also in the description of Woosando and Ulneungdo in "Tongkuk Yoji Seungnam," it is stated: “According to another version Woosan and Ulneung have been the names of the one and the same island.” As for “Munhunchwalrok”, it clearly explains the identity of the three, Sambongdo, Woosando and Ulneungdo, in the following words:

“Ulneungdo is situated in the seas due east of Uljin. When the weather is fine, the peaks and hilly range on the island can be clearly seen. On the island the land is spacious and fertile. Because bamboo grows there, the island is called Chuto, and because the island has three high peaks it is also called Sambongdo. As for Woosan, Urung, Ulrung, Murung and Kijuk, they are corruptions.”

With regard to the alleged fact that Takeshima has been known among the Koreans as Dokdo, no reference to such a name can be found in the old literature or old maps of Korea.

(2) It is alleged by the Korean Government that "according to Seijong Shillok, in 1695 Korean nationals including Mr. Ahn Yong Bok had been to Ulneungdo and Dokto and they energetically warned Japanese vessels not to approach these two island," and that thus, "The Korean kept Japanese nationals from infringing the waters of Ulneungdo and Dokto, which are integral parts of the Korean territory." However, the above mentioned description in "Shillok" is based on statement made by Ahn Yong Bok on being investigated upon his return by the Korean defence authorities and is largely fictitious. In particular, his statement that he met Japanese fishing craft in Ulneungdo and warned them to stay away from Ulneungdo and Dokto is utterly groundless. In that year no Japanese fishermen proceeded to Ulneungdo. On the other hand, the Korean Government arrested and exiled Ahn on the charge of having made an unlawful exit. It can easily be seen from the above fact that the Korean argument based on the Ahn Yong Bok case is not a well-founded one.

(3) As evidence that Takeshima has been owned and effectively administered by Korea, the Korean Government enumerates the following:

(a) Shim Heung Taik, the county master of Ulneungdo, reported in 1906, that “Dokto which is an island attached to this county.....”

(b) Yosaburo Nakai, believing the island to be a part of the territory of Korean, requested the Japanese Ministry of Agriculture and Commerce to obtaining permission for him from the then Korean Government to lease the island.

(c) In an article by Hibata sekko, Takeshima is described as the most eastern border of the territory of Korea.

(d) In the "Hydrographic Directory of Korean Coastal Waters", Takeshima is regarded as an island attached to Ulneungdo.

(e) In November 1904, the Japanese man-of-war Tsushima reported that scores of residents of Ulneungdo landed on Takeshima every summer and engaged in fishing near the island.

(f) A survey conducted by a Japanese national on fisheries in Korea referred to Takeshima as belonging to Korea.

However, in all cases the quotations from literature and the references to facts are inaccurate and none of them serves to substantiate the Korean argument, Japanese counter-arguments in refutation of the respective allegations follow:

(a) As the authentic original text is not cited, there is no way to present the views of the Japanese Government. But it should be noted that in March of the same year (1906) a team of more than forty persons headed by Yoshitaro Kanda, a secretary of Shimane Prefectural Government, conducted an on-the-spot survey of Takeshima, which had been incorporated as a part of the prefecture the previous year, and on their way home visited Ulneungdo and saw county master, Shim Heung Taik, Kanda presented the county master with a sea-lion which had been caught at Takeshima, and the latter thanked Kanda for coming and for the present. If the county master had regarded Takeshima as belonging to Ulneungdo at that time, he would not have received Kanda in this way.

(b) The Korean Government's argument may have been based on the "History of Shimane Prefecture", compiled and published by the Educational Association of Shimane Prefecture in June 1923 (though the Korean Government refers to it as having been published in July). In this book it is stated: "Nakai submitted a request to the Home, Foreign and Agriculture and Commerce Ministries for incorporating Takeshima into the territory of Japan and for a lease of the island, and thereupon, at a cabinet meeting the three Ministries decided, in the light of the views of the Shimane Prefectural Government, to incorporate the island into the territory of Japan. "There is no passage in the bbo, as alleged by the Korean Government, stating that Nakai requested the Ministry of Agriculture and Commerce to obtain permission from the then Korean Government for him to lease the island. Certainly, there is a passage reading: "Believing that Takeshima was Korean territory, Nakai intended to go to Tokyo and prevail upon the Ministry of Agriculture and Commerce to allow him to apply for the lease of the island from the Korean Government." However, according to an account submitted to the Government of Oki Islands concerning Takeshima, Nakai believed that the present Takeshima had long been recognized and managed by the Japanese people. Therefore, the passage quoted above may be the result of some misunderstanding on the part of the compiler.

(c) In 1950 when the article in question was published Takeshima belonged to Shimane Prefectue, and not to Kand-Won Do of Korea. So the author was clearly in the wrong. The error of the author, as demonstrably shown in the manner of his treatment of the literature quoted in the article, arose from his ignorance of the fact that the island known as "Takeshima" in olden times was Ulneungdo and not the present Takeshima.

(d) A hydrographic directory is compiled for the convenience of its users and has nothing to do with the territorial jurisdiction over an island. Because Takeshima is an island having an bering on navigation in the neighbourhood of Ulneungdo, the island was mentioned together with Ulneungdo. And then because Takeshima has a bearing also on navigation in the vicinity of the Oki Islands, it is mentioned in, "Southeast Part of Northwest Coast of Mainland", Book 2, Vol. Ⅱ of the Hydrographic Directory of coastal Waters of Mainland, under the heading "Oki Islands and Takeshima":. Thus, it is clear that the hydrographic agency did not treat Takeshima as an island attached to Ulneungdo.

(e) According to the "Hydrographic Directory of Korean Coastal Waters", the HIJMS Tsushima reported only that: "..... they were found on the eastern island thatched cottages of fishermen, which, however, had been shattered by rough weather." The passage quoted by the Korean Government, reading: "scores of residents of Ulneungdo land at this island every summer, ... and engage in fishing activities near the island," is an addition made by the compilers of the directory on the basis of hearsay, referring to conditions on the island in later years, and is not a report from the Tsushima. Besides the original reads: "those coming from Ulneungdo," instead of "residents of Ulneungdo" as erroneously quoted by the Korean Government. It is understood that they were Japanese and their Korean employees who later came from bases in Ulneungdo to Takeshima to catch abalone and gather wakame (sea-weed)

(f) While the source of this allegation is not indicated, it is presumed that the Korean Government refers to "Korean Fisheries (Hankuk Soosanji), compiled by the Fisheries Bureau, the Department of Agriculture, Commerce and Industry, of Korea, and issued in May 1910.

However, in Book 2 concerning fisheries on the east coast of Korea, the name of Dokto is not found anywhere. In view of their locations, none of the so-called "Takeshima" mentioned there can be identified with the island of Takeshima now in question.

(4) It is stated in the note verbale that, under the terms of the Japan-Korea Protocol and Japan-Korea Agreement, dated, respectively, February 23 and August 22, 1904, Japan made Korea "secure the services of Japanese diplomatic advisors to the Korean Government" and also could "occupy any part of Korean territory, if necessary, from strategic viewpoints." But, it should be noted that, of the two quotations, the former should read: "The Korean Government shall engage as diplomatic advisor to the Department of Foreign Affairs a foreigner recommended by the Japanese Government...." (Section II of Japan-Korean Agreement), and, as a matter of fact, Mr. Stevenson an American, was engaged. It should also be noted, with regard to the latter, that, apart from the inaccuracy of quotation, the provision in question merely amounted to an arrangement to enable Japan to occupy temporarily such strategical places as might be required for attaining purpose of safeguarding the territorial integrity of Korea, during the Russo-Japanese war, and had nothing to do with any measure to incorporate Takeshima into Japanese territory.

(5) It is argued by the Korean Government that the territorial provisions in the Peace Treaty merely confirm, without making any substantial change, the cessation of

Governmental of administrative authority of Japan as directed by SCAP Memorandum SCAPIN No.677 dated January 29, 1946.

However, it should be noted that, of the Nansei islands south of 30°N over which Japanese authority was suspended by the abovementioned Memorandum, those north of 29°N were restored to the administrative of the Japanese Government by the SCAP Memorandum of December 5, 1951, and the Amami Islands were also returned to Japanese jurisdiction in December 1953. It has further been ascertained that Japan still possesses "residual sovereignty" over the other islands of the Nansei Islands, Nampo Shoto south of Sofu Gan, Parace Vela and Marcus. At the Sanfrancisco Conference, United States delegate Jong Foster Dulles made it clear that the Habomai Islands over which Japanese authority had been suspended by the aforesaid SCAP Memorandum were not to be included in the Kurile Islands to which, under the terms of the Peace Treaty, Japan had to renounce all right, title, and claim.

Even from the standpoint of actual steps taken, the abovementioned facts demonstrate that there is no relationship between the aforesaid SCAP Memorandum and the Peace Treaty.

3. The following are requisite, under modern international law, to the acquisition of territory:

1) Intention of Stat to acquire territory;

2) Public announcement of the intention; and

3) establishment of adequate power to control the territory.

As international law, however, had no application to Japan before the opening of the country to foreign intercourse, it can be con낭ered that Japan has sufficient grounds for possession of the territory if Japan regarded and treated it as her own territory and if this was not disputed by any other country.

In olden times Takeshima was known to the Japanese by the name of "Matsushima" and regarded by them as a part of the territory of Japan and utilized by them in navigation and fishery. At the time of the Third Shogun Iyemitsu of the Tokigawa line, the Shogunate Government permitted two merchant families of Yonago, the Otanis and the Murakawas to control over Takeshima, and the island was used as an intermediate anchorage for voyage to Ulneungdo. Furthermore fishing and hunting were engaged in by the Japanese on and around Takeshima.

The following are literature showing what has been stated above:

"Inshu Shicho Gakki" (A record of what has been seen and heard of inshu by Izumo Clansman Saito—The 7th Year of Kammon (1667)

"Otani Kyuuyemon Shuki" (A Sketch by Otani Kyuuyemon Katsunobu-The 9th yer of Enpo '1st year of Tanwa, 1681') A verbal note addressed to the Nagasaki Magistrate's office by Otani Kyuuyemon Katsufusa—The 1st year of Kampo (1741)

"Takeshima Zusetsu" (a map with remarks by Tokugan Tsusn — Horeki Era (1750-63)

"Chosei Takeshima Ki" (A note on takeshima by Tada Takesama—The 1st yer of Kyowa (1801)

In addition, there are many old maps, made around the middle of the Edo Era and after, which show the island as a part of the territory of Japan, for instance, the maps mentioned below:

"Takehsima Zu" (A map of Takeshima) which has long been is the possession of the family Feudal Lord Ikeda of the Tottori Clan made in the Horeki Era (1720s).

"Nihon Yochi Rotei Zenzu" (A complete map of Japan) by Nakakubo Sekisui the 4the year of Anyei (1775)

Of the above maps, the one possessed by the Ikeda family is a copy of a map made by order of Shogunate Government and submitted to them, and therefore it is a map with an official character and shows that people in those days had a very accurate geographical knowledge of the island now known by the name of Takeshima.

On the other hand, what has been mentioned by the Korean side offers nothing to confirm that Korea recognized Takeshima as a part of her territory and utilized it in olden day.

When viewed from the historical facts, there is, in the light of the fact that the Korean authorities had followed the "policy of non-inhabited island" for a long period since the beginning of the Li Dyansty in respect to Ulneungdo, no reason to think that Korea extended her control administratively or otherwise to an isolated island further out than Ulneungdo.

As can be seen from the foregoing, since olden times Takeshima had been known to the Japanese, considered as a part of the territory of Japan and utilized by the Japanese whereas there has been no such facts on the part of korea. Moreover, the territorial rights to the island have never been disputed between Japan and Korea. Therefore it may be concluded that Takeshima has been an part of the Japanese territory since olden days.

4. With regard to the requirements for acquisition of territory under modern international law, it should be mentioned that the intention of the State to acquire the territory was confirmed as a result of the decision made at a Cabinet meeting on January 28, 1905, for the adding of Takeshima to the territory of Japan and that on February 22, 1905, a public announcement of the intention of the State to acquire the territory was made by a notification issued by Shimane Prefectural Government.

As this was in accordance with the practice followed by Japan at that time in announcing her occupancy of territory, the above measure taken for the public announcement of the intention of the State has satisfied the requirement under international law in this respect.

In addition to the above, it is theoretically necessary to establish adequate power to control the territory in order to complete its possession. It may be stated, in this regard, that on-the-spot surveys were made in respect to Takeshima by Governor Takekichi MATSUNAGA of Shimane Prefecture in August 1905 and by a party of more than 40 persons headed by Yoshitaro KANDA, Chief of the 3rd Division of the Shimane Prefectrual Government, in March the following year, and that the area of Takeshima was entered in the terrier as Government-owned land on May 17, 1905, on the basis of a report submitted by the Governor of Iki Island.

With regard to sea lion hunting around Takeshima, the fishery control regulations applicable to this industry were amended on April 14, 1905 by Shimane Prefectural Order No.18, Whereby a license system was adopted for sea-lion hunting, and on June 5 the same year, licenses were issued formally to four Japanese including a certain Nakai. Since then there had been ups and downs pertaining to the industry, but it was carried on until it discontinuation in 1941 owing to war developments, and licenses annually paid in fees to the national treasury for use of the Government-owned land. It may be added that the said fishery control regulations governing the operations around Takeshima have been amended several times in the past.

On August 17, 1940, Takeshima was taken over by the Kure Naval Station as naval property and Chshiro YAHATA who had the right to hunt sea lions there was granted permission to use the naval property with a written order containing directions for its use issued by the Commander-in-chief of the Naval Station.

The above-mentioned facts show that Japan continuously exercised control over Takeshima. Thus it can be seen that Japan has fully satisfied the conditions under modern international law for the possession of Takeshima.

5. Although the Korean side has recently taken up the question of ownership of Takeshima, it may be proved by the following facts that korea did not consider the island as her possession before and long after the placing of Takeshima under the jurisdiction of Shimane Prefecture in 1905.

(1) In the edition of the 5th year of Kwang Moo(the 34th year of Meiji; 1901) of "Tai Han Chiji" (a geographical description of Korea: its second edition in two volumes was printed in the 9th year of Kwang Moo) by Hyun Byun the eastern limits of Korea are shown as extending to long. 135°35". and Takeshima is not included in the territory of Korea. As the author was on the staff of the Education Department of the Korean Government and the book has a preface by the Director of Compilation Bureau, Mr. Hyun is considered to have been an authoritative writer in his time.

(2) According to a book by Taipaik Kwangno entitled "Hankuk Tongsa" (History of korea) printed in the 4th year of Chinese Republic (the 4th year of Taisho, 1915), the eastern limits of Korea are situated at long. 135°35'E, without Takeshima being included in the Koreans territory.

This book was written by one of the koreans who planned the independence of korea in opposition to Japanese rule in Korea. He, therefore, ought to have taken up Takeshima if he had and concern about it.

6. In short, nothing can be found from the explanations of the Korean side and from

the results of our investigations to prove that korea has had possession of Takeshima since olden days or that she had administered the island effectively.

On the other, Japan's ownership of Takeshima is entirely beyond doubt from the viewpoints of historical facts and also of requirements under international law for the acquisition of territory.

(2) 한국정부의 견해 2(1954.9.25.)

THE KOREAN GOVERNMENT'S VIEW REFUTING THE JAPANESE GOVERNMENT'S VIEW OF THE TERRITORIAL OWNERSHIP OF DOKDO(TAKESHIMA) TAKEN IN THE NOTE VERBALE NO.15/A2 OF THE JAPANESE MINISTRY OF FOREIGN AFFAIRS DATED FEBRUARY 10, 1954.

(韓國政府 見解 2)

Ⅰ. The Korean Government has carefully examined the Japanese Government's view of this case. However, what the Japanese Government quoted from various literatures and books as historical facts were all inaccurate. And the Japanese Government's allegation that it satisfied the conditions for the possession of Dokdo under international law, is also totally unfounded. By enumerating the historical facts below, the Korean Government wishes to refute the view taken by the Japanese Govenment.

1. The Japanese Government charged that the Korean Government failed to produce evidence to support its insistence that Woosando was another designation of Dokdo(so-called Takeshima) according to historical documents. Such evidence has already been presented to the Japanese side. The Korean Government wishes to restate that there is no doubt that opinions raised by the Japanese Government are based on self-assured illogical contention rather than open-minded interpretation.

Now, it must be repeatedly pointed out that there is no room for doubt as to the fact that Woosando specified in old literatures is Dokdo at present(which Japan calls Takeshima). Therefore, it must be said that the Japanese contention that Woosando,

Sambongdo and Ulneungdo all were designations of the one and same island cannot be founded.

It goes without saying that Woosando and Ulenungdo are two different islands. However, just to make sure there is no misunderstanding, the following quotations are hereby made from the books "Seigong Shillok" and "Shingung Tongkuk Yoji Seungnam":

"The two islands of Woosan and Mooneung are located in the midst of the sea just in the eastern direction of this Prefecture and the distance of the two islands are not so far, and so when the weather is fine, these two islands can be seen from each other".–

(Geographical Chapter of Seijong Shillok)

"Woosando and Ulneungdo – the two islands are located in the midst of the sea just in the eastern direction of this Prefecture..." –

(Shinjung Tongkuk Yoji Seungnam)

As quoted above, the two islands of Woosando and Mooneung(Ulneungdo) are different ones located in the sea just in the eastern direction of Oolchin Prefecture. And furthermore, there is also annotation that the two islands are apart from each other, but are not so far from each other that when the weather is fine, they are visible from each other. As evident in the aforementioned explanation, the two islands of Woosan and Ulneung are by no means the same island but distinctly two separate islands. The Japanese Government made no attempt to recognize this fact. Instead, it, in an attempt to deny this fact, made a blind quotation of some of the passages in "Seijong Shillok" and "Shinjung Tongkuk Yoji Seungnam" which respectively read : "During the Silla era, Woosan State was also called Ulneungdo" and "there was a story that Woosan and Ulneung were the same island originally."

As specified clearly in the passages, the former indicates that the term "Woosankuk" was in reference to "Woosan State" in the Silla era and not to "Woosan Island" (Yojiji shows that Woosan island was a part of "Woosan State", along with Ulneungdo.) and the latter was nothing but an ambiguous "story". And therefore, these quotations can affect by no means the fact that the names of Woosan island and Ulneung island were for two separate islands which were affirmed at the time when "Seijong Shillok" and "Shinjung Tongkuk Yoji Seungnam" were compiled. When geographical study was still in primitive stage, there were quite a number of instances in which the same place was called by two or more names and later, distinction was made between those names. This is exemplified by a study on Songdo and Chukdo islands by a Japanese scholar, Kiyoshi Tabohashi. According to this theory, early in Meiji era when geography was still in primitive stage, the designations of both "Songdo" and "Chukdo" were given to the island of Uleungdo. And later, these designations were used in referring to Ulneungo and Dokdo(Takeshima) respectively. At the same time the designation of "Chukdo" used in referring to Ulneungdo became that of Dokdo(attached islets of Ulneungdo.)

The attitude of the Japanese Government to purposely ignore such fact appearing in "Seijong Shillok" and "Shinjung Tongkuk Yoji Seungnam" that Woosando and Ulneungdo were confirmed as two separate islands and to quote only unauthentic stories or to willfully take Woosan State for Woosan Island, clearly shows that the Japanese Govenment has no intention of studying this question in a fair manner, far from serving its original purpose of supporting the Japanese contention.

The Japanese Government has quoted a passage from the book "Moonhun Challok" in an attempt to prove that the three islands of Woosando, Sambondo and Ulneungdo were the one and the same island. However, the book "Moonhun Challok" itself is nothing but an individual essay written late in the Li dynasty. It has no value as literatures which serve to find out historical and geographical facts and their transition like Seijong Shillok. The conclusion drawn by the Japanese Government on the basis of such materials is simply a far-factched theory.

2. With regard to the case of Ahn, Yong Bok written in the book, "Sukjong Shillok", the Japanese Government maintains that "the abovementioned description in "Sukjong Shillok" is based on statements made by Ahn Yong Bok on being investigated, upon his return, by the Korean defense authorities and is largely fictitious." However, the fact is that the said book tells a fact concerning the Ahn, Yong Bok case and is neither mere statement nor fictitious story. In order to leave no room for doubt on this matter the Korean Government wishes to explain again on this case as follow :

Part Mooin of september, 22nd year of Sukjong, Volume 30 of "Sukjong Shillok" clearly shows:

"Bibyonsa(then special State Council) asked Ahn, Yong Bok and others....arrived at the said island (Ulneungdo)..... Frightened at ag huge number of Japanese boats lying at anchor near this island (Ulneungdo), crewmen yelled: 'Ulneungdo is our territory from the beginning. How dare you Japanese come to our land and commit such invasion acts?' So they scolded, approaching the bows of vessels, The Japanese replied: 'We were originally going to Songdo, but while fishing , we happened to be here and we are now going back.' Koreans said, Songdo, in other words, is Woosando and also our territory and how dare you intend to go there? The next morning, when Koreans went to the Woosando, they saw Japanese cooking some fish there. The Koreans destoryed their cooking pans and yelled at them. It was only after this that Japanese packed up and left, hoisting their sails..."

Volume 31 of the Book "Jungbo Moonhun Biko" has a part concerning Oolchin, Woosando and Ulneungdo which reads as follows:

"The island is located in the sea just in the eastern direction of Oolchin Prefecure. In the second year of Sungjong there was a person who reported of another name of Samobongdo. So, Pak Jong Won was sent to conduct investigation on it , but could not reach the island due to stormy weather and came back. Some members of his party stayed one night at Ulneungdo. They came back, getting just big bamboo and fish, and reported that there was no one on the island. (In the book "Yojiji" it is stated that both Ulneung and Woosan are territory of Woosan State and that Woosan is what the Japanese call Songdo.) Ahn Yong Bok of Tongnae was good in Japanese ... and sailed for three days and nights to Ulneungdo. At that time he saw a Japanese boat comig from the east and signed to his companions to bind up the Japanese. However, they were too scared to do so. Yong Bok alone was brave enough to scold the Japanese, asking of the reason why they infringed Korean territory. The Japanese replied that the truth was that they were on the way to Songdo and so they were about to leave there. Yong Bok pursued them and said to them in anger: "Songdo is Woosando. Have you not heard that Woosando is also our territory?" Saying this, he smashed the cooking pans and the Japanese were all frightened and fled."

When Ahn Yong Bok and others at that time found Japanese at Ulneungdo, they reprehended the Japanese for their violation of Korean territory and, stating that the island known as Songdo to the Japanese was actually Woosando of Korea, gave chase to them as far af Woosando(Dokdo or Songdo) and forced them to withdraw from the island. Speaking of Ahn Yong Bok and others, when they went to Ulneungdo for fishing in the 19th year of King Sukjon(1693 A.D.), in other words, three years before this case, they were captured and forcibly taken away by the Japanese who made illegal entries into the island, but were returned later in the same year. Since then, the disputes between Korea and Japan over fishing around Ulneungdo (Takeshima as called by the Japanese) lasted three years until February of the 22nd year of King Sukjong(1696 A.D.), when the then Japanese Government reconfirmed the ownership of Korea over Ulneungdo(Ckukdo) and its attached island (Dokdo) which is located in the distance of only 49 sea miled form Ulneungdo and in the sea some 86 miles from Okishima of Shimane Prefecture, and prohibited Japanese from entering the area for fishing thereafter. Japanese nationals, however, did not stop infringing the zone and thus necessitated the said Ahn Yong Bok and others to go over to the island in fall of 22nd year of King Sukjong, giving chase to the Japanese illegal fishermen. They told the Japanese that "Songdo" as called by Japanese way "Woosando" (Dokdo) of korea, and had them evacuate the area. In this instance, Ahn Yong Bok and ten other Koreans went as far as Hokinokuni via Okkido(Okinoshima), pursuing the Japanese fishing boats and, accusing the Head of the island of having allowed the Japanese to violate the Korean territories of Ulneung and Woosan islands, declared that they would send a note on this matter to the then Kampaku (Shogun) in Edo.

After a series of the abovementioned incidents, the then Japanese Government firmly confirmed Korea's ownership of Ulneung and Woosando(called "Songdo" by Japanese), both of which had belonged to Korea as territory of Woosan State from olden times, and henceforth the Korean Government made it a rule to dispatch Korean inspectors (Sootokwan) to the area every three years to examine whether there had been and violation by Japanese. One hundred and forty years after this case, in the 3rd year of Heunjong (the 8th year of Tempo of Japan, 1837 A.D.), the Japanese Government kept its commitment to respect Korea's territorial ownership by executing "Iwaminomuni Hamadahan Hachiuemon" who was engaged in illegal trades with "Chukdo of Korea"

(Ulneungdo).

In view of the indisputable historical facts enumerated above, the Japanese Government's attitude to ignore the facts about Ahn Yong Bok appearing in the "Sukjong Shillok", regarding them as mere fictitious products without any factual ground, caanot but be considered as its deliberated attempt to brush aside the value of historical documeents.

Ahn Yong Bok was exiled by the Korean Government solely because of his having violated the Korean laws prohibiting fishing in the distant seas, and his exile had nothing to do with the matters of sovereignty over the territory. It must be noted, instead, that the original death sentence to Ahn Yong Bok was later commuted to a banishment in consideration of his meritorious contribution to having the Japanese confirm the ownership of Korea over Ulneung and woolsan islands.

The following fact may be cited as evidence of Japan's having publicy admitted the fact that the island which she calls Takeshima was not under the sovereignty of Japan:

At about the time of the establishment of the Edo Shogunate, fishermen from Hoki Province petitioned for permission to go fishing to "Chukdo" area. In the fourth year of Genwa (1618 A.D.) the Edo shogunate, through Shintaro Matsudaira, Head of Hokinokuni, issued to Japanese fishermen the "Shu-in" only with which they were permitted to go out for fishing every year in the "Chukdo" area. It is a clear fact in the Japanese history that the "Shu-in" is a certificated of identity normally issued by the Shogunate to those crews of authorized foreign trade vessels. This fact alone will show that the Japanese of all ranks at that time wew fully aware that "Chukdo" was under the Korean sovereignty.

3. The japanese Government refuted the Korean Government's views in regard to that Dokdo, belonging to korea, was administered by Koreans, starting as if the quotations by the Korean Government of the historical documents had been misinterpreted and the evidence of facts presented had been insufficient. However, the Japanese refutation is unfounded for the following reason:

a. With respect to the report bi Shim Heung Taik, County Master of Ulneungdo, to the effect that Dokdo is an island attached to Ulneungdo, the Japanese Government declined making any comment on the matter, stating that the Korean side failed to give definite source of the quotation, but the original of the said report is presently in custody of Government of the republic of Korea in its files of official documents. And the Korean Government wishes to repeat that Dokdo was under administrative control of the county master of Ulneungdo, sa was pointed out in the Korean Government's view dated September 9, 1953.

Now, in reference to the visit of Kanda's party to Ulneungdo in March 1906, the Japanes Government says that a sea-lion was presented to County Master Shim Heung Taik, but There was no such fact. And therefore, such assertion of the Japanese Government that "the county master would have not received Kanda in this way, etc" is a mere fabrication.

In the connection, the Korean Government wishes to remind the Japanese Government that Japanese nationals in those days could unlawfully land korean territories and conduct survey on the pretext of the relevant treaties and agreements which had been forced upon Korea by Imperial Japan and the republic of Korea, therefore, asserts as null and void. And the Japanese Government should recall that Imperial Japan forced upon Korea the so-called Korea-Japan Protocol in February, 1904 and that it was one month before the visit of Kanda's party to Ulneungdo that the Japanese Resident-General was installed in February, 1906.

b. With regard to the item of Yozaburo Nkai as recorded in the history of Shimane Prefecture, the Japanese Government stated that "There is no passage in the book, as alleged by the Korean Government stating that Nakai requested the Ministry of Agriculture and Commerce to obtain permission from the Korean Government for him to lease the island." It went on to state that there certainly is a passage reading: "Believing that Takeshima was Korean territory, Nakai intended to go to Tokyo and prevail upon the Ministry of Agriculture and Commerce to allow him to apply for the lease of the island from the Korean Government."

Then, what is the difference in substance between the Korean Government's assertion and the Japanese Government's? The only difference which can be detected is the difference between the words of "requested"(applied) and those of "intended to....previl upoun" the Ministry of Agriculture and Commerce to allow him to apply for....

It is evidence that Nakai went to tokyo to commerce his campaign for the lease of the island from the Korean Government because he believed Dokdo was korean terrirory. And as to the account concerning Takeshima submitted by Mr. Nakai to the Government of Oki Island, the Japanese Government says that "the passage quoted above may be the result of some misunderstanding on the part of the compiler."

In this regard the Japanese Gverment states that the passages quoted are entirely the result of some misunderstanding on the part of the author. However, the Korean Government finds it hard to understand the Japanese Government's insistence that all the passages quoted to the disadvantage of Japan are the products of misunderstanding on the part of the author or compilers.

In short, it was in 1904 (one year before the Shimane Prefectural Government's alleged incorporations of Korea's Dokdo into its territory) that Nakai started (or intended to start) campaign for the lease of the island from the Korean Government. This fact will eloquently show that the Japanese believed Dokdo to be a part of the Korean territory and it was also true that the island, in fact, belonged to Korea. This alone will effectively prove that Dokdo is a part of Korean territory from the beginning.

다. 한일정부의 견해 3

(1) 일본정부의 견해 3(1956.9.20.)

THE JAPANESE GOVERNMENT'S VIEWS ON
THE KOREAN GOVERNMENT'S VERSION
OF PROBLEM OF TAKESHIMA
DATED SEPTEMBER 25, 1954
(日本政府 見解 3)

I. The Japanese Government has carefully studies the Korean Government's views on the subject at issue. It must be stated that what has been stated by the Korean Government is mostly a mere repetition of its views of September 9, 1953 and that the Korean Government has failed to exercise impartiality in treating and interpreting the literature and historical facts which it has cited to substantiate its assertion of the ownership of Takeshima. Therefore, the Japanese Government is unable to agree that the Korean Government has ay ground to claim the ownership of Takeshima.

In the following pages the Japanese Government refutes the Korean Government's views and explains the fact that Takeshima is unquestionably a part of the Japanese territory.

The basic factor to be clarified in determining the rightful ownership of Takeshima are: which of two countries, Japan or Korea, obtained earlier and accurate knowledge of Takeshima; and regarded it as an integral part of its territory; and administered the island in fact; and particularly which of the two has satisfied all the necessary requirements of modern international law for the acquisition of territory in respect to Takeshima.

III. (1) As regareds Korea's knowledge in the early days about Takeshima, the Korean Government referring to "the Geographical Chapter of Sejong Sillok", and "Shinjung Tongkuk Yoji Seungnam", asserts that "the two islands of Woosando and Mooneung (Ulleungdo) are different ones located in the sea just in the eastern direction of Oolchin Prefecture", and therefore, "...there is no room for doubt as to the fact that Woosando specified in old literatures is Dokdo at present (which Japan calls Takeshoma)."

When Japan pointed out that there is a passage in "the Geographical Chapter of Sejong Shillok", reading: "At the time of Silla, the islands (Woosan and Mooneung) were called Woosankuk and also were known as Ulneungdo", and that tere is also a passage in "Shinjung Tongkuk Yoji Seungnam", ststing that "according to another version Woosan and Ulneung have been the two different names of one and the same island". the Korean side has refuted it by stating; "...the former indicates that the term 'Woosankuk' was in reference to 'Woosan state' in the Silla era and not to 'Woosan Island' and the latter was nothing but an ambiguous 'story'". It then concluded that: "and, therefore, these quotations can affect by no means the fact that the names of Woosan island and Ullneung island were for two separate islands which were affirmed at the time when 'Seijong Shillok' and 'Shinjung Tongkuk Yoji Seungnam' were compiled."

It is not proper for the Korean side to jumpt to conclusions by singling out only one passage in a book, and interpreting it in such a way to suit its own purpose. In order to understand correctly the question at issue, it is nececcary to examine the historical facts by making a comparative study not only of the above-mentioned two books but also similar old literatures dealing with Woosando and Ulneungdo.

In this connection, reference may fist be made, to the oldest history book on Korea called "Samguk Sagi", which states that Woosankuk is Ulneungdo. The same view as above is also upheld in "Kolyosa Chili ji" (Geographical Chapter of Korean History), namely, Ulneungdo is the island which was known as Woosnakuk in the Silla era, recognizing at the same time that there were some who thought that Woosando and Mooneungdo (Ulneungdo) may be two diferent islands.

In "Seijong Shillok Chili ji" compiled about the time of compilation of "Kolyosa Chili ji", the two islands theory is adopted, but it is stated in a remark colume that the two islands correspond to Ulneungdo and are identical with Woosankuk of the Silla era.

As regard the literatures in the later years, there are such books as "Shinjung Tongkuk Yoji Seungnam" and "Jungbo Moomhun Biko" which support the theory of two different islands, but leave room for the theory of one island with two names while there are books, namely, "Chibong Yusol" and "Moonhun Chwallok" which adhere to the theory of one island with no names. Even in later ages there have been no books which describe, with confidence, the relation between Woosan and Ulneung islands. However, it is noteworthy that even the books which adopt the theory of two different islands, contain only explanation concerning Ulneungdo, and have no concrete description of Woosando.

This fact shows that concerning the island in question, the compilers of the books referred to above lacked any clear knowledge based on an actual observations on the spot, and that the Koreans have since made little progress in their knowledge concerning the island.

Such a confusion over knowledge of Woosan and Ulneung Islands as mentioned above can be seen also from careful examination of the descriptions of Woosan Island and Ulneung Island (alias Mooneung and Mooneung) in the most authoritative history books in those days when "Kolyosa Chiiji" and "Seijong Shillok Chiiji" were compiled, namely, "Taijong Shillok" and "Seijong Shillok". Consequently, Korea's statement that "...the name of Woosan Island and Ulneung Island were for two separate islands which were affirmed at the time when 'Seijong Shillok' and 'Shinjung Tongkuk Yoji Seungnam' were compiled" cannot be accepted.

It is difficult to conclude that Woosando is identical with Takeshima of the present day since there were serious doubts as to whether Woosando and Ulneungdo are two different islands. Furthermore, as the explanations in the literatures referred to above refer simply to Ulneungdo and no concrete descriptions are made as to Woosando, it is impossible to prove positively that the last-mentioned island is identical with Takeshima of the present day even if Woosando and Ulneungdo were different islands.

With reference to Woosando it is stated in the part for the day of Im-mu, February, the 17th Year of King Taijong(1417), in "Seijong Shillok" Volume 33, that large bamboos, buffalo hides and various natural products are produced in the said island with 86 inhabitants. It is quite clear that this Woosando is not identical with Takeshima of the present day, because Takeshima is a rocky islet unfit for permanent human habitation and yield nothing but marine products.

(2) In contract with the fact that Korea is unable to prove that even in the old days it knew of Takeshima of the present day, Japan has been aware of the existence of Ulneungdo for many years. It was known to the Japanese as Urma-no-shima(or Urma Island) back in 1004 A.D.(according to the Gonki) and moreover, it is said(in the Kolyosa) that the Japanese began to visit the island in 1379. After Ulneungdo became completely uninhabited in early days of the Lee Dynasty and was virtually abandoned by the Korean Government, the Japanese visiting the island increased in number and for some 100 years subsequent to the War of Bunroku(1593), the island was used by the Japanese fully as a fishing base and hunting ground. It may be mentioned in this connection that Jinkichi Ohya and Ichibei Murakawa, merchants of Yonago in Hoki Province, obtained in the 4th year of Genna(1618) a permit from the Shogunate Government, through the feudal lord of the province Shintaro matsudaira, for travel to Ulneungdo(known then as Takeshima) and subsequently utilized the islands.

The place used at that time as an anchorage in the navigation to and from Ulneungdo and also as a ground of hunting sea-lions and fishing abalones, was an island known then as Matsushima(or Matus Island) which is identical with Takeshima of the present day. It was in or before the second year of Meireki(1656) that the Ohya and Murakawa families obtained a permit from the Shogunate Government, as in the case of Ulneungdo, for making passage to Takeshima(according to Takeshima Tokai Yuraki Nykigaki Hikaye–A Summary of History of Travel to Takeshima – comiled by Kyuyemon Ohya).

It is quite clear that Matsushima is identical with Takeshima of today in view of the fact that there are old literatures, namely, "Inshu Shicho Gakki"(A record of What Has been Seen and Heard of Inshu) by one Saito – the 7th year of Ka-mon(1667), "Kyuyemon Katsunobu Ohya's Ukesho"(A Letter of Acknowledgement) – the 9th year of Empo(1st year of Tenwa)(1681), and etc., containing descriptions of Matsushima to the effect that it is located to the northwest of Oki Island and right on the route of navigation from Oki to Takeshima(Ulneungdo in those days), and is a barren rocky islet consisting of two parts – the eastern and western –where water is utterly insufficient especially in the hot season.

It is particularly interesting to note a map or Mtsushima and Takeshima prepared by the Ikeda Clan of Hoki Province by order or the Shogunate Government which shows that Matsushima(present Takeshima) consists of two islets facing each other with a narrow channel running between them from north to south and it is surrounded by a number of reefs. The map thus depicts the island accurately and it is a definite proof that the Japanese in those days were well aware of Takeshima(known to them as Matsushima).

In short, it is absolutely indisputable, judging from the literatures and maps referred to above and also from record of activities of Japanese fishermen in those days, that Japan was well-informed of Takeshima as early as in the latter period of 1600 whereas Korea has no evidence to show that the Koreans have known of the island in question since old days.

Ⅳ. (1) Since Korea's knowledge about Takeshima is so indeninite as mentioned above, it is entirely out of question to consider that Korea regarded such an island as being a part of her territory.

The Korean side stated that Korean nationals including Ahn Yong Bok kept Japanese nationals from infringing the waters of Ulneungdo and Dokdo, by quoting some descriptions about him in Sukhong Shillok Vol.30, without any consideration and examination of them in the light of historical facts. They are simply based on one-sided statements made by Ahn Yong Bok to Bibyonsa(the Korean defense authorities). It can be said, viewed in the light of detailed records about Ahn Yong Bok kept in Japan, that he made the statements, both false and erroneous in many respects, with the intention of making what he had done appear to be heroic and chivalrous. Whatever Ahn Yong Bok said or did, the speech of behavior alone of a private individual cannot be used at this date by Korea as the basis for Claiming ownership of Takeshima.

(2) On the other hand, since Ulneungdo became uninhabited in the early days of the Lee Dynasty and was virtually abandoned by the Korean Government, the Japanese traveling to and from the island increased number, and the general public of Japan as well as Ohya and Murakawa bagan to regard Takeshima(Ulneungdo) as the land granted to the Ohya and Murakawa families, particularly since a permit was given to them by the Shogunate Government in the 4th year of Genne(1618) for passage to and from the island, and they came to monopolize the island as a base for fishing and hunting activities.

In "Inshu Shicho Gakki"(1667) referred to above, Matsushima(present Takeshima) and Takeshima(Ulneungdo) are regarded as the northwestern limits of Japan, and in Shichi-kajo-hentosho(A seven point reply) concerning Takeshima addressed to Hoki-no-kami Matsudaira, the feudal lord of Hoki Province, from the Ohya and Murakawa families in ninth year of Kyoho(1724), a mention is made of the time when Haoanese fishermen on Ulneungdo for the first time in the 5th year of Genroku(1692) and it is stated that the following question was put to the Koreans by the Japanese: "This is an island which has belonged to Japan since old days and jas been granted by the Shogun to our families who enjoy its ownership from one generation to another and which is visited by us every year. By what reason have you come here?"

It is also stated in a note of the 9th year of Enpo or the 1st year of Tenna(1681) submitted by Kyuyemon Ohya in reply to questions put to him by an official inspector sent by the Shogunate Government that.

"fifty years ago during the reign of the late Lord Taiyuin(note: the posthumous name of Shogun Iyumitsu), Takeshima was given to out family through the good offices of

Shirogoro abe, Esq. and in addition, My parents had the honour of being received in an audience by the Shogun, for which I feel grateful."

The Korean side considers the permit for passage to Takeshima(Ulneungdo) issued in the 4th year of Genna(1618) by the Shogunate Government to the Ohya and Murakawa families as "Shuin-jo"(a shogunate licence to trade) and asserts as follow:

"It is a clear fact in the Japanese history that the "Shu-in" is a certificate of identity normally issued by the Shogunate to those crews of authorized foreign trade vessels. This fact alone will show that the Japanese of all ranks at thet time were fully aware that 'Chukdo' was under the Korean sovereignty."

Continuing, they state:

"...the Korean Government takes exception, and is compelled to point out that the said two families were permitted only to go out fishing in the distant sea in the direction of the Ulneungdo area, and was not authorized to 'exercise control over Takeshima', as contended by the Japanese Government."

However, what was given to the Ohya and Murakawa families was not "shuin-jo." It was a permit for passage to Takeshima(Ulneungdo) and by virtue of the permit the two families sailed to Takeshima(Ulneungdo) from time to time with their ships flying the flags bearing the Shogunate crest of "hollyhock", in order to catch abalones and sealions and also to cut down timber on the island. The abalones fished there were known as Takeshima abalones and it was the custom of the said families to present Takeshima abalones to the Shogunate family and Cabinet ministers. In short, they were licensed to utilize the island exclusively.

Such being the case in respect to Takeshima(Ulneungdo), it is needless to say that Matsushima(present Takeshima) which is situated on the way to Takeshima(Ulneungdo), and the passage to which was permitted in or before the 2nd year of Meireki(1656), was regarded as a part of the Japanese territory. This view concerning Matsushima(present Takeshima) jas remained unchanged, because the Shogunate Government's prohibition, in the 9th year of Genroku(1696), of passage to Takeshima(Ulneungdo) did not include Matsushima. In the Takeshima Zusotsu(A Map with Remarks of Takeshima)(1751-1763) Matsushima(present Takeshima) is stated as being "Matsushima of Oki Province" and in "Chosei Takeshima Ki"(A note of Takeshima)(1801) Matsushima(present Takeshima) as being "the end of the Western Sea-area of Japan". It is interesting to note, in view of the above description, that in "Inshu Shicho Gakki"(A Record of What Has been Seen and Heard of Inshu)(1667) published before the prohibition by the Shogunate Government of the passage to Takeshima(Ulneungdo), Takeshima(Ulneungdo) and Matsushima(present Takeshima) are regarded as the northwestern limit of Japan.

V. (1) Since there is no evidence to establish that Korea had knowledge in the olden days of the present Takeshima as shown in the foregoing, it is natural that there is no evidence proving the administration of the island by Korea.

Nevetheless, the Korean side asserts:

"It is apparent in the light of 'non-cultivation policy toward four countries' in the northern borderland taken by Korea since King 'Sejo' of the Li Dynasty that the so-called 'policy of non-inhabited island' does not mean the renunciation of the administrative jurisdiction over territory. Though the Japanese Government argues on so-called non-inhabited policy, it must be reminded that Korean inspectors were dispatched to the area of Ulneungdo and Dokdo every three years."

Contrary to above assertion of Korea, the periodical dispatch of Korean inspectors to Ulneungdo was begun only after the adoption by Japan of prohibitive measures against the passage of the Japanese to Takeshima(Ulneungdo), and before that time Korean authorities did nothing to exercise controls over the island except that they sometimes sent officials to take back Korean nationals who had fled there under some circumstances. However, this kind of action was taken by Korean side only in the early days and then Ulneungdo was abandoned by the Korean Government for about 300 years. This is apparent from the fact that the Ohya and Murakawa families who obtained from the Shogunate Government in the 4th year of Genna(1618) the permit for passage to Takeshima(Ulneungdo), could administer the island without meeting there any Koreans from Korea proper. Furthermore, in the paragraph for the happening of January 18, the 19th year of King Sukjong(1693) in "Sukjong Shillok", Korean Cabinet Ministers Mok Lai Son(Choaeuijong Mok Lai Son) and Min An(Wooeuijong Min An) are quoted as stating about Ulneungdo that "it has been an uninhabited and abandoned place for 300 years" and it can be seen from this statement that high officials of the

Lee Dynasty themselves regarded Ulneungdo as an uninhabited and abandoned place.

After Japan prohibited her nationals from sailing to Takeshima(Ulneungdo), the Korean Government began, in the 23rd year of King Sukjong(1697), to make periodical inspections of Ulneungdo, but this measure was intended by the Korean Government to follow the policy of non-inhabitation and abandonment in respect to the island an naturally it permitted no Koreans to dwell there nor did it take any step to administer the island. The non-inhabitation policy or the prohibition of entry of Koreans into the island continued for many years since its adoption and it was as late as in the 21st year of the Lee Taewang's reign or the 17th year of Meihi(1884) that the Korean Government changed its policy and planed to emigrate Koreans to the island. However, the Korean Government's measures of encouraging emigration did not produce the desired effects.

The administration of Ulneungdo being such as mentioned above, it is inconceivable that the Korean Government did anything for the administration of the present Takeshima(then Known as Matsushima) which lies far to the east of Ulneungdo and which is a rocky islet unfit for habitation.

Although the Korean Government asserts that "Korean inspectors were dispatched to the area of Ulneungdo and Dokdo every three years", it introduced the above practice after the prohibition of passage of the Japanese to Takeshima(Ulneungdo) by the Shogunate Government as jas been already stated, and the inspectors were sent only to Ulneungdo and there is no evidence to show that the inspection was extended to the present Takeshima(which is called Dockdo by Korea). The contents of reports of inspectors appearing in Sukjong Shillok and similar literatures published later such as Younjong Shillok and Chungjong Shillok are related only to Ulneungdo and there is not a single word referring to a place that may be taken as the present Takeshima.

(2) In contrast with the foregoing facts, there are many literatures stating that Japanese vessels in those days visited Matsushima(present Takeshima) on their way to Takeshima (Ulneungdo) utilizing the former island as anchorage and the visiting Japanese engaged in fishing and hunting there. It is stated, for instance, in a note submitted to the competent authorities in the 9th year of Enpo or the first year of Tenna(1681) by Kyuyemon Ohya that: "...while on this islet(Matsushima), we took a small quantity of

sea-lions oil."

Furthermore, in a reply given, on December 26, the 8the year of Genroku(1695), to Bungo-no-kami Abe, Rochu(equivalent to a cabinet minister) of the Shogunate Government, Feudal Lord Ikeda's office, said as follow in answer to the former's inquiry:

"... We beg to report that in the 7th year our men were unable to bring their ship to the shore at Takeshima owing to a storm. They went to the island agan this year, but they did not bring their ship to the shore since many foreigners were sighted there – they caught some quantity of abalones at Matsushima on their way home."

In a memorandum of Hikinokami Matsudaira dated January 23, the 9th year of Genroku(1696) it is stated as follows:

"As regards hunting on Matsushima our men landed and hunted on the island because ir lies on the route to Takeshima. We have heard nothing about the persons who went out hunting there from other provinces. Those from Izumo and Oki Provinces visited the island with our men from Yonago on the same boat."

Furthermore, there is a statement in "Chosei Takeshima Ki"(A Note on Takeshima - 1801) to this effect:

"... on her voyage to and from Takeshima the Takeshima Maru comes to anchor along the shore of this island(Matsushima) each time."

The Korean side, however, states as follows in respect to the prohibition of the passage to Takeshima(Ulneungdo) by the Shogunate Government:

"...until February of the 22nd year of King Sukjong(1696 A.D.)when the then Japanese Government reconfirmed the ownership of Korea over Ulneungdo(Chukdo) and its attached island(Dokdo) which is located in the distance of only 49 sea miles from Ulneungdo and in the sea some 86 miles from Okishima of Shimane Prefecture, and prohibited Japanese from entering the area for fishing thereafter."

However, the island which became then an issue between the Japanese and Korean Government was Ulneungdo(Takeshima) and it was also this island in respect to which the Shogunate Government took measures of prohibiting the Japanese from visiting. There is absolutely no ground for Korea's assertion that "the Japanese Government reconfirmed the ownership of Korea over Dokdo(present Takeshima), and prohibited

Japanese from entering the area from fishing thereafter."

In the 8th year of Tempo(1837), the illciit trade with Takeshima(Ulneungdo) conducted by Aizuya Hachiuyemon, a shipping agent under the jurisdiction of Hamada Clan, Iwami Province, came to light and he was crucified. In the written decision concerning crucified Hachiuyemon, Sanbei Hashimoto, a follower of Minister Tanomo Okada of Hamada Clan, who was involved in the crime, is said to have stated to Hachiuyemon that there was a means of treating the passage to Ulneungdo as lawful by using the name of Matsushima as the destination instead of Ulneungdo.

The above fact shows that the passage to Matsushima(present Takeshima) offered no problem even after the prohibition of travel to Takeshima(Ylneungdo).

Ⅵ. As has been stated above, the present Takeshima has been known among the Japanese since ancient times by the name of Matsushima and has been utilized by the Japanese, who considered it a part of the Japanese territory. In the 38th year of Meiji(1905) Japan took action to incorporate Takeshima formally into Shimane Prefecture as a result of the decision made at a Cabinet meeting of January 28 the same year and the public announcement of the incorporation was made by the Shimane Prefectural Government on February 22.

A regards the above point, the Korean Government states:

"...Dokdo, being a part of the Korean territory, can by no means be the object of occupancy under international law. Thus, it is entirely a nonsense that the Japanese Government developed its own argument on the assumption that Dokdo, which is doubtless a part of the Korean territory, was an ownerless island."

It is, however, quite clear from what has been mentioned repeatedly that there is no evidence to show that Takeshima was at any time a part of the Korean territory.

A study of the recent history of Takeshima reveals that the inhabitants of Oki Island hunted sea-lions and fished abalones in the Takeshima area since about the 20th year of Meiji(1887) and later hunting and fishing operations were conducted on a large scale from the 36th year of Meiji(1903), but they could not discern any fact that Koreans were occupying the island and exercising administrative power on the area. Naturally no protest was ever made by Korea against the activities of Japanese fishermen on

Takeshima.

The Korean side tries to refute the above fact with the following statement:

"The alleged notification by the Shimane Prefectural Government was so stealthily made that it was not known even by the general public of Japan, not to speak of foreign countries. Therefore, it can by no means be considered as a piublic announcement of the intention of one country."

Contrary to the Korean statement that "the notification by the Shiname Prefectural Government was so stealthily made" in respect to incorporation of Takeshima into Shimane Prefecture, the announcement was made by the Shimanen Prefectural Governor in compliance with the Cabinet decision and, therefore, irrespective of the manner in which the notification was made, there is no doubt that it expressed the intentions of the Japan to make announcements in the said manner for acquisition of territory. Consequently, the foregoing measure was not peculiar or unique in the case of incorporation of Takeshima into Shimane Prefecture.

In connection with the aforementioned public announcement, there is a question of notification to freign countries. In this respect, most of international jurists agree that there is no principle in international law which regards such notification as above as an absolute requirement for acquisition of territory. In the cases of the Island of Palmas of 1928 and of Clipperton Island of 1931, moreover, the Permanent Court of Arbitration gave decisions making it clear that no notification to foreign countries is required for the acquisition of territory. The principle followed in the above two cases was asserted by the United States at the time of its occupancy of the Guano islands.

Further reference should be made to the following irrelevant argument presented by the Korean side concerning the Japanese administration of Takeshima presented by the Japanese side:

"The so-called survey or sea-lion hunting was nothing but one of Japan's aggressive acts and therefore had nothing to do with 'the continuous exercise of control over territory' under international law." This argument is entirely off the mark in the light of the fact that Takeshima has never been a part of Korean territory.

Inasmuch as the Korean side is unable to produce positive evidences of its effective administration of Takeshima, it appears that the Korean side is trying to assert, by quoting Japanese literatures, that the island was a part of the Korean territory at about the time of its incorporation into Shimane Prefecture. However, such quotations do not serve as direct evidence for establishing Korean ownership of Takeshima, nor are they valuable even as a circumstantial evidence, because Korea has interpreted the literatures in such a way as to suit her own convenience and confused the present Takeshima with Ulneungdo.

Ⅶ. The explanations given with respect to the Japanese position leave no room for doubt that Takeshima is in every sense a part of the Japanese territory. Accordingly, the Japanese side considers it unnecessary to try to refute the Korean statements one by one on all minor points. However, a reference will be made to the relation between the ownership of Takeshima and Memorandum SCAPIN No.677 of the General Headquarters of the Supreme Commander for the Allied Powers dated January 29, 1946, on the subject "Governmental and Administrative Separation of Certain Outlying Areas from Japan", which the Korean side regards as one of the most important grounds for laying claim to Takeshima, and a further reference will be made to the relation between the ownership of Takeshima and the provisions of the peace Treaty with Japan.

(1) The Korean side has asserted that Memorandum SCAPIN No.677 dated January 29, 1946 "explicitly excluded the islets from the territorial possessions of Japan". Refuting this assertion, the Japanese Government has pointed out that the Memorandum had directed only "to cease exercising, or attempting to exercise, governmental or administrative authority of the Japanese Government over Takeshima, and that the island had by no means been excluded by the Memorandum from the Japanese territory as was made explicit in Paragraph 6 of the Memorandum which reads"

"6. Nothing in this directive shall be construed as an indication of Allied Policy relating to the Ultimate determination of the minor islands referred to in Article 8 of the Postsdam Declaration."

Notwithstanding the rebuttal by the Japanese Government, the Korean side has adhered to the interpretation that the islands were excluded from the territorial possessions of Japan, and futhermore, referring to the Peace Treaty with Japan, it has contended that..., "it dan be understood that the Peace Treaty confirmed the SCAP's disposition on this matter without making any substantial change at all".

The power conferred on the Supreme Commander for the Allied Powers, however, was restricted within the limits necessary for enabling him to attain the objects of occupation and control of Japan. Accordingly, he might give directives for certain restrictions on the exercise by Japan of territorial right but he could take such an action only during the period of occupation and it has nothing to do with the ultimate determination of the Japanese territory as stated in Paragraph 6 of the Memorandum referred to above. In the light of these facts it is apparent that the interpretation of the Korean side that Takeshima was "excluded from the territorial possessions of Japan" by the Memorandum is clearly erroneous.

Furthermore, the Korean assertion that "the Peace Treaty has confirmed the SCAP's disposition on Takeshima under the Memorandum without making any substantial change at all", is entirely groundless.

Of the minor islands over which Japan's exercise of governmental and administrative authority was suspended by the said SCAP Memorandum, Nansei Shoto between 29° and 30° north latitude were restored to Japan before the coming into effect of the Peace Treaty with Japan.

As to Nansei Shoto south of 29° north latitude, Nanpo Shoto south of Sofu Gan, Parece Vela and Marcus Islands, provided for in Article 3 of the Peace Treaty with Japan, it was made clear later at the time of the San Francisco Peace Conference that Japan had "residual sovereignty" over these islands, and later, the administrative jurisdiction over the Amami Islands belonging to the Nansei Shoto was restored to Japan. Moreover, it was clarified by the United States' Delegate John Foster Dulles to the San Francisco Peace Conference that the Habomai Islands were not included in the Kurile islands over which all right, title and claim should be renounced by Japan under the terns of the Peace Treaty.

The foregoing being pointed out by Japan, the Korean side has maintained: The islands restored to Japan "...are only those which were under trusteeship of the United Nations which designated the United States as the sole administering authority." And "...neither SCAPIN No.677 nor the Peace Treaty with Japan provided any article contradictory to the Korean Government's insistence upon due territorial ownership of Dokdo."

However, the Korean side is clearly mistaken in the interpretation that the islands over which the Japanese Government was permitted to resume administrative jurisdiction had been under the trusteeship of the United Nations. It should be pointed out that the Nansei Shoto between 29° and 30° north latitude and the Amami Islands have never been placed under U.N. trusteeship. The Supreme Commander for the Allied Powers had administered the former group of islands until their restoration to Japan, and the United States had exercised administrative, legislative and judical power over the latter group up to their return to Japan, according to the provisions of Article 3 of the Peace Treaty with Japan.

(2) With respect to the relation between the Peace Treaty with Japan and the territorial ownership of Takeshima, the Korean side asserts:

"It is further construed as meaning that Dokdo as an attached island of Ulneungdo has been given recognition as Korean territory along with Ulneungdo proper by the said Peace Treaty."

However, no such conclusion as above can be drawn from the letters of the articles of the Peace Treaty.

The provisions in Article 2 of the Peace Treaty with Japan that "Japan recognizes the independence of Korea" mean, as has been pointed by the Japanese side, that she recognizes the independence from Japan of Korea which was annexed to the former and, therefore, it can by no means be interpreted that the area which formed an inherent part of the Japanese territory prior to the annexation would be cede to independent Korea.

As a matter of fact, Takeshima was under the jurisdiction of Shimane Prefecture before the annexation of Korea to Japan and it continued to be so after the annexation and, therefore, the aforementioned Korean interpretation of Aeticle 2 is impossible to be established unless the evidence is produced to show that Takeshima was an inherent part of the Korean territory before the annexation of Korea to Japan.

VIII. In short, Korea has no evidence to prove that Takeshima was a part of the Korean territory in the olden days nor did she take any steps to satisfy the requirements for acquiring territory under modern international law, such as the state's declaration of the intention to acquire territory, the announcement of that intention, and the establishment of an adequate authority to administer the territory.

On the contrary Japan has had the accurate knowledge of Takeshima since the early days, regarded it as a part of her territory, actually utilized it, and taken a series of actions in connection with the incorporation of the island into Shimane Prefecture, and was subsequently exercised administrative control therof, thus satisfying all the requirements for its ownership under modern international law.

Accordingly, Japan is unable to agree sith the view of the Korean Government pertaining to the ownership of Takeshima as expressed in the appendix to the Note Verbale of the Korean Mission in Japan dated September 25, 1954.

(2) 한국정부의 견해 3(1959.1.7.)

THE KOREAN GOVERNMENT'S VIEWS REFUTING
THE JAPANESE GOVERNMENT'S VERSION OF
THE OWNERSHIP OF DOKDO
DATED SEPTEMBER 20, 1956
(韓國政府 見解 3)

Ⅰ. The Korean Government has carefully studied the views of the Japanese Government on the subject matter. The Korean Government notes with regret that the Japanese Government has departed from impartiality in interpreting the literatures and historical facts it has cited and that its views are merely those which are camouflaged with unreasonable theoretical embellishments. The Korean Government, therefore, must make it crystal clear that the Japanese Government has again failed to present any ground to refute the views of the Korean Government with regard to the ownership of Dokto. The Korean Government hereby refutes, the views of the Japanese Government on the subject matter dated September 20, 1956 and, at the same time, explains the fact that the views of the Korean Government with regard to the ownership of Dokto are indisputably clear and just.

Ⅱ. (1) The Korean Government has maintained on the basis of authentic literatures that Korea, from the early days of the Li Dynasty, recognized Woosando and Ulneungdo as rwo different islands with different denomination for each and that the former (Woosando) is identified to be Dokto (which Japan today calls "Takeshima"). To support the above position, the Korean side has quoted the following passages from "Seijong Shillok Chiliji," a government-compiled record of the early days of the Li Dynasty, and "Shinjung Tongkuk Yoji Seungnam," another government-compiled record of the same dynasty period, which respectively read: "...the two islands of Woosan and Mooneung are located in the sea just to the east of the (Oolchin) Prefecture, "and" ...Woosando and Ulneungdo...the two islands are located in the sea just to the east of the (Oolchin) Prefecture." The Japanese Government, however, in an attempt to repudiate the above position of the Korean Government, developed an unreasonable argument by trying to make a distorted interpretation of the above-quoted passages by means of referring only to certain passages in the remark columns of the main texts of the said literatures, which read: "...During the period of Silla, Woosankuk was also called Ulneungdo..."and"...According to another version, Woosan and Ulneung are said to be one and the same island." As the Korean Government has already pointed out, this misunderstanding on the part of Japan is caused by a confusion on the extension of concepts denoting the name of an island(Ulneungdo) and that of a state (Woosankuk). The Korean Government has made it clear that such a passage in the remark column as "...according to another version..." can by no means reverse the facts that are recorded in the main text of the literature.

The Korean side also explained on the process of how one island which 몽 been called with two different names while geographical knowledge was still in a primitive state became to be identified correctly with its proper name as geographical knowledge improved. For example, the Korean side has presented, with the help of academic findings done by a Japanese scholar, the evident fact that the Japanese people themselves called Ulneungdo with two different names of "Matsushima" and "Takeshima" intermixedly until as late as the early days of the "Meiji" era, and they later began to discern the two names as designating Ulneungdo and Dokto (which Japan today calls "Takeshima") respectively. As for the Japanese attempt to substantiate its unjust assertion by referring to a passage in "Moonhun Chwallok," that "Woosan" and "Ulneung" designated one and the same island, the Korean side has pointed out that the said material is nothing but a private essay written late in the Li Dynasty and has no value whatsoever as an authoritative literature which serves to determine historical and geographical facts of the early days of the Li Dynasty.

(2) In an attempt to refute the just and impartial views of the Korean Government, the Japanese side presents its views, but they are nothing more than a mere repetition of its earlier far-fetched arguments; it must be stated, therefore, that the Japanese side is making a gross distortion of the context of the literatures and historical facts it cited. By referring to a passage in "Samkuk Sagi" that "Woosankuk was sometimes called Ulneungdo," and saying that the same view was upheld in "Koryosa Chiliji," and further quoting a passage from the remark column of "seijong Shillok Chiliji" reading "During the Silla, Woosankuk was also called Ulneungdo," which is added to the following text of the last-mentioned literature that "The two islands of Woosan and Mooneung are located in the sea just to the east of the (Colchin) Prefecture," the Japanese side tries to surmise that Woosan and Ulneung designated one and the same island. Such a conclusion, however, has apparently been drawn from a prejudiced attitude of the Japanese side to deny whole truth by referring to, and interpreting, an certain seemingly favorable passage of a literature in such a manner as to satisfy its own cause. For, even if it is admitted that Woosankuk was called Ulneungdo and vice versa, neither case of the above serves to indicate that a small uninhabited island in the vicinity of Ulneungdo was not a part of Woosankuk. Although the Japanese side, by referring to a passage in the remark column of "Seijong Shillok Chiliji," offers a strained argument that the two islands of Woosan and Mooneung were called Ulneungdo, there is no room for any doubt to the obvious fact that they were recognized as two different islands with two different names, as clearly evidenced by the following passages of the test of "Seijong Shillok," reading, "The two islands of Woosan and Mooneung are located in the sea jus to the east of the (Oolchin) Prefecture," and "As the distance of two islands is not so far from each other, they can be seen from each other when the

weather is fine."

In spite of such indisputable facts as enumerated above, the Japanese side, without paying any attention to the fact that the literatures cited by the Korean side were those compiled by the then Korean Government, again brings up certain passages from "Chibong Yusul" and "Moonhun Chwallok" which are nothing but private essays having no value as authentic literatures on the subject matter. As for such an attempt on the part of Japan to create an impression as if the Koreans themselves had entertained doubts about the fact that Woosando and Ulneungdo were two separate islands, the Korean side feels no need of making any further explanations. The Japanese side again agrues that, although "Jungbo Moonhun Biko" took "two islands theory" on the subject matter, it still left a room for doubt about the possibility that the two names were for one island, but it is in fact stated in the said material that "Of the two islands, Woosando and Ulneungdo, Ul(鬱) of the latter is sometimes spelled Ul(蔚) or Uoo(芋) or U(羽) or Moo(武) but one of them is Woosan." It means, in other words, that, of the two islands of Woosando and Ulneungdo, the first character of Ulneung, that is, Ul(鬱) is sometimes substituted by such characters as Ul(蔚) or Uoo(芋) or U(羽) or Moo(武); however, Woosan and Ulneung are in fact two different islands, and Woosan (于山), one of them, is Uoosan(芋山). Namely, the first character of Ulneung is sometimes confused with that of Woosan, but Woosan and Ulneung are two different islands. In the light of the above, it is quite evident that Woosan and Ulneung are also confirmed to be two different islands. The Japanese side dares to surmise that it is hard to conclude that Woosando of those days is identical with Dokto of today, but the clear-stated passage from "Yochiji" of "Jungbo Moonhun Biko," reading, "Both Ulneung and Woosan are of Woosankuk (Woosan state) and Woosan is called Matsuchima by the Japanese," is enough to clear out the misinterpretation on the part of Japan. It is beyond any doubt that Woosankuk (Woosan state) was an inclusive designation of the two islands of Ulneung and Woosan and that Woosan, one of them, is identical with the so-called Matsushima, that is, Dokto (which Japan today calls "Takeshima"). The fact that such statements are contained, not in private essays or recoreds of hersay stories, but in the government-compiled geographical books of a State, clearly signifies that the island which was recorded in such books had been recognized by the State, and accordingly serves to prove that Dokto was unmistakably regarded as an integral part of the Korean territory.

(3) One should not let it go without notice that Woosando is the designation of Dokto of today, which fact is evident not only in the records of the Korean side but also in those of the Japanese side such as "Matsushima-No-Gi." It is interesting to note in this connection that, when some Japanese fishermen, during 1876-1878, submitted to the Japanese Government the so-called applications for exploitation of 'Matsushima', the Japanese Government in a flurry reffered the case to Japanese scholars, asking for their opinions thereon. Mr. Hutoichi Tanabe, then Director of Official Communications Bureau of the Japanese Foreign Ministry, reached the conclusions that the applications should be turned down for reasons that "'Masushima'(Dokto) is a denomination given by our countrymen, but the island is in fact Woosan which is an annexed island of Ulneungdo, a territory of Korea. Therefore, if wew to send our people there now without a cause, it would be tantamount to our being covetous of others' treasures, not to speak of its being an act of infringings neighbors' territory..." It is quite clear without further clarification by the Korean side that the question as to the name and ownership of Dokto was eloquently clarified as an integral part of the Korea territory by a Japanese official of the "Meiji" era.

With a purpose of substantiating its assertion on the ownership of Dokto, the Japanese side refers to "Inshu Shicho Gakki," but, as the said reference stem from a gross mis-reading of the context of the said literature, it is felt necessary to persue the original text here again. This book, as its title indicates, deals with "Oki" island of "Inshu" Prefecture, and states that "Inshu" is the northwestern limit of Japanese border. To quote the original text: "Inshu is in the north sea, hence, it is called Okinoshima... Proceeding in the direction of Shutsukai (Northwest) for the days and one night, one finds Matsushima there, and in one day's distance therefrom, one also finds Takeshima. These two islands are uninhabited, the sight of Koryo viewed therefrom being just like that of Inshu viewed from Oonshu. Threfore, Japan's northwestern boundary is limited by this shu (Inshu)." The so-called "Matsushima" mentioned in this literature points to Dokto, and Takeshima to Ulneungdo, and the above-quoted passage means that the distance between Koryo (Korea) mainland and these two islands is about the same as that between "Oonshu" and "Inshu", therefore, this shu (Inshu) is made Japan's northwestern limit. It is a gross error on the part of the Japanese side to assert that "These two islands are the north-western limits of Japan," as the text reads this shu and not these two islands. It must be pointed out that the said statement in "Inshu Shicho Gakki" is a correct one.

III. (1) The Japanese Government, purposefully wrapping up and denying such manifest fact as that referred to above, cites the fact that the Japanese people from early days sailed as far as Ulneungdo, that around the seventeenth century, some Japanese merchants obtained permit from the Shogunate Government for travel to Ulneungdo, that they used Dokto as a fishing ground, and that, in the latter part of the seventeenth century, they obtained permit from Shogunate Government goog for travel to dokto as well. This elaboration, however, serves in no way to support the Japanese Government's assertion on the territorial right over Dokto.

Should the Japanese side recall the fact that, since the era of Samkuk (Three Kingdoms of Korea), and particularly, from the latter part of the Koryo Dynasty, the Japanese people infringed on the Korean coastlines, sometimes deep into the inland, to engage in kidnapping people and pillaging properties, and should it further recall and admit without prejudice the fact that sailings to the Korean peninsula by the Japanese on invasive missions were not limited to the Ulneungdo area, it would not fail to admit frankly that its allegations on the ownership of Dokto are based on a fundamentally wrong position. Granting that the Japanese, by invading various parts of the Korean coasts, obtained at that time "an accurate knowledge on the geography" of the invaded areas, it must be questioned whether such fact alone could serve as valid ground for claiming territorial rights over these coastal areas.

(2) The attitude of the Japanese Government to intentionally deny the historical accounts on heroic activities of An Yong Bok, which the Korean side quoted as a supporting evidence of its views, cannot but be interpreted as meaning that the Japanese side regards the said historical facts as a deterrent unfavorable to their assertion. The case of An Young Bok's sailing to Japan and bargaining with the Japanese is a conspicuous fact which appear in many of official and private records of Korea, and

it is an indisputably evident fact that the then Japanese Government, greatly shocked by this affair, finally issued order prohibiting its nationals from going out fishing to this area.

The Japanese side cited the literatures which state that even after the prohibition, travel to Dokto "offered no problem", but as has repeatedly been pointed out in the above, such a travel to Dokto was nothing but an act of invasion by the Japanese. Therefore, it is a pross logical error on the part of the Japanese side to assert as if the Japanese had administered Dokto, only because they once utilized this small and rocky islet which is not fit for permanent hunan habitation, as a port of call and anchorage in the course of their invasive activities. Furthermore, it is not altogether clear which one of Japan's so-called "Takehima" and "Matsushima" of those days points to the present Ulneungdo or Dokto. In othre words, the names of "Takeshima" and "Matsushima" were both so confusedly used to designate Ulneungdo and Dokto respectively that one cannot discern in Japanese literatures which one of them points to Ulneungdo or Dokto. Such a confusion in the names of these two islands serves to prove, above all things, that geographical knowledge of the Japanese on the two islands at that time was not accurate, and this lack of geographical knowledge on these islands indicates that they were out of the jurisdiction of Japan. In short, there can be no room for and doubt that Woosankuk belonged to Silla at the time of King Chizeung's reign, that by the early days of the Li Dynasty, this Woosankuk was clearly recognized to include Ulneung and Woosan, which fact was recorded in government-compiled geographical books as well as other official and private documents of those days and that, therefore, Woosando (Dokto of the present day), which is a dependent island of Ulneungdo, was definitely regarded as an integral part of the Korean territory.

Ⅳ. (1) The Japanese Government, lacking sufficient evidences to refute the historical fact that Dokto has been an integral part of the Korean territory, adheres to its old position asserting as if it had satisfied the requirements for acquisition of territory under international law simply through a unilateral measure of the so-called announcement of the Shimane Prefectural Government. However, this Japanese stand can by no means affect Korea's lawful claim to territorial rights over Dokto and does not deserve consideration.

The Japanese side asserts that Japan formally incorporated Dokto into the territory of Shimane Prefecture through the so-called decision of its Cabinet meeting of January 28, 1905 and the announcement of the Shimane Prefectural Government on February 20 of the same year. However, such unilateral domestic measures of Japan in no way serves to aid the Japanese contention that Dokto was a part of the Japanese territory since modern times. Rather, such domestic measure presents a potential counter-proof that at least until as late as 1905, Japan did not regard Dokto as a part of its territory. For, if Japan had substantially established its territorial rights over Dokto, there should habe been no need at all for the Japanese Government to take and belated measure at that time to incorporate Dokto into its territory. Such an act on the part of Japan was nothing but a preliminary step to invade and ultimately swallow up Korea under her rule, and the unilateral domestic measure taken by the then Japanese Government with regard to Dokto was merely an attempt of Japan to make her act of aggression toward Dokto appear as if a lawful act of incorporating an ownerless island under the guise of preoccupation theory. Should the Japanese logic be followed, the conclusion would lead that until the time Dokto was "informal" part of the Japanese territory, belonging to no prefecture of Japan. Such a conclusion cannot but be regarded as a really fantastic sophistication. It should be recalled that Dokto, having maintained an inseparable relationship, and shared a common destiny, with Ulneungdo, which has historically and geographically been an integral part of the Korean territory, was never an ownerless island. Accordingly, the so-called "announcement of the Shimane Prefectural Government", a strictly domestic measure of Japan, cannot yield and legal effect, as far as international law is concerned.

(2) While the Korean side pointed out that "the notification by the Shimane Prefectural Government" was so stealthily made in respect to the so-called "incorporation of 'Takehima' into Shimane Prefecture," the Japanese Government tries to assert as if the incorporation were not a stealthy but a public measure, saying that it was "formally announced by the Governor of the Shimane Prefecture in compliance with the decision of the Japanese Cabinet." But how can one call it a public announcement when the so-called "incorporation of 'Takeshima'" was not made known even to the general public

of Japan, not to mention of foreigners? Aside from foreign examples, the fact that the modern atlas approved by the Japanese Ministry of Education for use by Japanese public schools does not treat Dokto as a part of the Japanese territory at all and that the sixth edition of the Standard World Atlas issued on June 10, 1952 by the Japanese Educational Publications Company, gives as name for Dokto, a Japanese phonetic spelling of "Chookto", which is a Korean pronunciation for "Takeshima" in Chinese character, provides an excellent circumstantial proof to reverse the Japanese assertion that the so-called "announcement of the Shimane Prefectural Government" was not made stealthily.

(3) Irrespective of whether this so-called "expression of the intentions of the Japanese Government" by the announcement of the Shimane Prefectural Government was made in persuance of the accepted practice of Japan for acquisition of territory at that time or it was measure specifically taken in the case of incorporation of "Takeshima," such a domestic legal process of incorporation by Japan bears no effect on the Korean side. Besides, there is no such case in international practice. In no international precedents has there been a case where a part of the territory of one country was stealthily incorporated by the other through a unilateral announcement of other's local government.

Although the Japanese side quoted several international precedents in an effort to justify its contention, it must be noted that, in case of Clipperton Island, the Pawaiian Govenment did receive a notification, and that the establishment of French sovereignty over the said island was publicized in English on the "Polinesian," a newspaper published in Hawaii. It was indeed far from being similar to Japan's stealthy practice of "acquisition of territory." In the case of the Island of Palmas of 1928, the Permanent Court of Arbitration admitted that the notification to foreign countries as well as other official measures taken by the Dutch Government, served as one of the conditions justifying the Dutch action in respect to the said island, and it never implied that "notification was absolutely unnecessary" in that case. It only concluded that, since no stealthy exercise of sovereignty was possible over such an inhabited territory as the Island of Palmas, the obligation of notification as in cases of original acquisition of territory in Africa was not deemed necessary in the case of the Island of Palmas. As for the judgement of the U.S. Supreme Court of 1980 on the case of occupancy of

Guano Islands(Jones vs. the U.S.), which the Japanese side has cited as a precedent, it should be pointed out that the decision to incorporate the islands into the territory of the United States of America was made only after positive proof was established that the islands in question were evidently ownerless. Under these circumstances, the action of incorporation was not notified to other countries. Moreover, this case was a strictly domestic affair of the United States of America and there has since been no dispute raised over the said islands by any foreign state.

As cleary seen in the above, none of the cases quoted above ever serves even as a circumstantial proof to justify Japan's fantastic claim to the ownership of Dokto. The Japanese attitude to quote only a few fractional parts of certain cases from international precedents, which seemingly are favorable to their contention, and to apply them conveniently to the Case of Dokto, which is entirely different from them, in circumstances and in nature, serves no purpose but to reveal Japan's lack of understanding on international law. The Korean side wishes to invite the attention of the Japanese side to the fact that the "Association of International Law" unequivocally declared in 1888 that notification to other countries, not stealthy announcement, was a requisite for acquisition of ownerless territory.

Ⅴ. With reference to Article 2 of the Japanese Peace Treaty, the Korean Government, in its interpretation, is of the view that Japan recognized the independence of Korea and solemnly pledged to the Allied Powers to return the entire inherent Korean territory to the Republic of Korea, and that Korea is entitled to claim as it right the benefits stipulated in that Article. This right of Korea to demand restoration of territory is of course limited to what was the inherent Korean territory and not the inherent Japanese territory. But when the Japanese side attempts to make a distorted interpretation of the Peace Treaty by asserting as if Dokto were an inherent part of the Japanese territory, it seems that they base their assertion on the fact that the so-called "incorporation of Dokto into the Japanese territory through the announcement of the Shimane Prefectural Government in 1905" was executed prior to the annexation of Korea to Japan in 1910. However, such an act of incorporation by Japan, having failed to meet the requisite for preoccupation under international law, is not only null and void bearing no legal effect, but also absolutely inadmissible in as much as it was a part of the series of aggressive acts by the imperialistic Japan since the Sino-Japanese War. As the Korean side has repeatedly stated, Dokto was allegedly incorporated into Japan not through due legal process for acquisition of territory but through an act of plunder and aggression in the form of the unilateral announcement of a local government of Japan prior to the annexation of Korea to Japan - to be exact, in the year of 1905. How can such an act be justified as legal? Japan, emerging victorious from the war with China in 1894, started another war with Russia in 1904, and dared to pursue a series of imperialistic expansionist policies and, on August 22, 1904, one year before its so-called "incorporation of Dokto", forced upon Korea the so-called "Korea-Japan Agreement," which virtually made Japan to take complete control over Korea. In consequence, although Korea at that time still nominally maintained independence, she was actually under the control of Japan. Furthermore, as a preliminary step toward the complete swallow-up of Korea, the Japanese Government bought Mr. Stevens off and dispatched him to the Korean Government by virtue of the provisions of Article 2 of the so-called "Korea-Japan Agreement," and, with a view to blocking Korea's voice from being heard in the international society, empowered him to take the reins on foreign policies of the then Korean Government. As for the so-called "incorporation of Dokto" executed by Japan at the time when the foreign advisor, a puppet of Japan, was controlling the diplomacy of Korea, how can Japan reasonably assert that Korea did ever recognize the incorporation, only because of the fact that it was "not disputed by any foreign country" at that time? The answer is definitely in the negative. The circumstances under which the so-called "incorporation of Dokto" was executed by Japan preclude any expectant possibility that the then Korean Government could have raised any dispute on the said unlawful act of incorporation by Japan, in as much as Korea was under complete control of Japan and as the situation was forced upon Korea by no other party than Japan herself. Therefore, even though the so-called "incorporation of Dokto" was executed prior to the annexation of Korea by Japan, the Japanese act done under such a political climate can never be recognized as lawful measure.

Ⅵ. Lastly, a reference is to be made as to the Allied Powers' post-war policy and its basic spirit on the disposition of the Japanese territory, which serves as a key to the settlement of the Dokto issue. The post-war disposition of the Japanese territory by the Allied Power was based on a series of international documents ranging from the Cairo Declaration to the Japanese Peace Treaty. The Cairo Declaration of November 27, 1943 states that the Three Great Allies of the United States, Great Britain and China, "mindful of the enslavement of the people of korea, are determined that Korea shall become free and independent in due course"; that It is their purpose that Japan shall be stripped of all the islands in the Pacific which she has seized or occupied since the beginning of the First World War:' that "all the territories Japan has stolen from the Chinese shall be restored to the Republic of China"; and that "Japan will also be expelled from all other territories which she has taken by violence and greed." With the acceptance by Japan of the Potsdam Proclamation, the Cairo Declaration became, by virtue of Article 8 of the former, an international document that legally binds Japan. It is clear that the fundamental policy of the Allied Powers in regard to the disposition of the Japanese territory was to reduce it to what it was prior to the Sino-Japanese War, and it is quite evident that the so-called acquisition of Dokto by Japan through incorporation in the form of an announcement of the local autonomous organ of the Shimane Prefectural Government in 1905 when Japan already had its puppeta as advisors not only on foreign affairs but also on financial and police affairs of then Korea Government, was no less than "an act of violence and greed." Therefore, it is taken for granted that Japan must be expelled from such a territory.

Furthermore, Dokto was clearly distinguished by SCAPIN No.677 as a non-adjacent island of Japan and, in accordance with the fundamental post-war policy of the Allied Powers toward Japan on June 19, 1947, the Japanese territory was restricted to Japan proper and its adjacent island, and thus the separation of Dokto from Japan was clearly established once and for all. Accordingly, since no positive provision to incorporate Dokto into Japan is found in the Peace Treaty, there could be no change whatsoever on the status of Dokto, the separation of which from the Japanese territory was confirmed. As has been pointed out, the disposition of Dokto should consistently be understood on the basis of series international documents ranging from the Postdam

Proclamation to the established fundamental post-war policy of the Allied Powers toward Japan. Therefore, it is utterly unreasonable that the Japanese side, without such prudence, is trying to distort the whole picture by referring only to Paragraph 6 of SCAPIN No.677. It is to be recalled in this connection that, prior to the signing of the Peace Treaty with Japan, the Republic of Korea resumed its control and administration over Dokto since it had attained independence on August 15, 1948, and that Korea as such was accorded formal recognition by the signatories of the Japanese Peace Treaty. This fact makes it even clearer that Dokto is an integral part of the Korean territory.

Dokto was never regarded as one of the adjacent islands administered by the Supreme Commander for the Allied Powers, nor was it a part of areas reserved for the United States of America to exercise its legislative and judicial autority after the independence of Korea. It is further noted that Japan's called "residual sovereignty" has never been established over Dokto.

VII. As authoritative literatures and historical facts unequivocally vindicate, Dokto is, in the light of indisputable legal theory, an integral part of the Korean territory both historically and geo-graphically and the Korean Government cannot but wonder what the real intention of Japan is in illegally laying claim to the territorial rights over Dokto. The Korean Government wishes to point out that this Japanese claim has no justifiable ground and, accordingly can in no way affect the present status of Dokto, which Korea recognized and regarded as an integral part of its territory since early days as an inseparable dependency of Ulleungdo, the jurisdiction over which Korea recovered upon the restoration of its sovereignty, Therefore, the Korea Government can never accept the Japanese Government's views on the subject matter as expressed in the papers attached to the Note Verbale of the Japanese Foreign Ministry dated September 20, 1956. The Korean Government hereby declares once again that Dokto is an integral part of its territory.

라. 한일 정부의 견해 4

(1) 일본정부의 견해 4(1962.7.13.)

THE JAPANESE GOVERNMENT'S VIEWS
ON THE KOREAN GOVERNMENT'S VIEWS OF JANUARY 7, 1959
CONCERNING TAKESHIMA
(日本政府 見解 4)

(1) The Japanese Government has made clear its stand on previous occasions that Takeshima is Japan's inherent territory from olden times, and herein reiterates and re-emphasizes this position.

(2) Under international law, the most decisive factor in determmining whether or not a certain area is a inherent territory of a certain State from olden times is how effectively the State concerned has controlled and managed the area in question.

Japan has possessed exact information and knowledge concerning Takeshima and has effectively controlled and managed the island as her territory frm ancient times. Though the Japanese Government has repeatedly proved this fact in its previous Views by citing numerous concrete evidences, the Korean Government continues to persist in its erroneous assertions by ignoring realities. The Japanese Government presents once more a summary of the facts of history showing how effectively Japan has controlled and managed Takeshima from olden times.

It may be pointed out here that, in Japan, until early in the Meiji Era, Takeshima of today had been called "Matsushima" and Ulneung "Takeshima", as is explained in detail elsewhere (6).

Japanese management of Takeshima dates back to the period when Japan managed Ullneung Island. About 1004, Ulneung Island was known to the Japanese as "Uruma-no-shima," and there are records that during the latter half of the fourteenth century, Japanese were used to sail to the island. In the early years of the Lee Dynasty (at the beginning of the fifteenth century), the Korean Government abandoned the management of Ulneung by adopting a evacuation policy, and Japanese in increasing numbers went to the island, which became their fishing ground for about one hundred years from the end of the sixteenth century. In the 4th year of Genna (1618), in particular, Jinkichi Ohya and Ichibei Murakawa, townmen of Yonago, Hoki Province, were granted a formal permit from the Tokugawa Shogunate to sail to Ulneung and managed the island. They visited Takeshima on their way to and from Ulneung.

Inshu Shicho Gakki, compiled by one Saito, a clansman of Izumo, in the 7th year of Kammon (1667) is a record of what fishermen of Oki and others told according to their actual experiences, of which the frist chapter contains the following passage:

"By going to the north-westerly direction from Oki Island for two days and on night, one comes to Matsushima (Takeshima of today) and by going further out for about another day one comes to Takeshima (Ulneung of today). On these two islands there live no people."

In 1656 or earlier, the Ohya famil was given Takeshima by the Shogunate, together with the exclusive right to management of the island, including fishing. In this regard, a letter of acknowledgment of Kyuyemon Katsunobu Ohya (second descendant of Jinkichi Ohya) dated 13th May, the 9th year of Empo (1st year of Tenwa, 1681), reads as follows:

"In the reign of Lord Genyu-in (Iyemitsu Tokugawa, the 3rd Shogun), on the way to Takeshima (Ulneung of today) there is an islet that can be circled by going on boat for 20 cho. This is a rocky islet with neither grass nor tree. Twenty-five years ago, this islet was given by the Shogunate to our family through the good offices of Shiro-goro Abe, Esq. and we went to the islet by oat. On this islet, we took, a small quantity of sea-lion oil. It is a little more than 60 ri by boat from Fukuura of Dogo of Oki Province to the islet".

This "islet", needless to say, is Takeshima of today. The Ohyas obtained a licence from the Shogunate to sail to the island and engage in fishing and they managed Takeshima under the authorization of the Tokugawa Shogunate. A reply note presented by the Ikeda Clan to Bungo-no-Kami Abe (member of the Shogun's Council of Elders) dated December 26, the 8th year of Genroku (1695), says; "On the way back from Ulneung in that year, they (the Ohyas) caught some quantity of abalones at Matsushima (Takeshima of today)". Again, a memorandum of Hoki-no-Kami Matsudaira dated January, 23, the 9th year of Genroku (1696), says: "As matsushima (Takeshima of today) is situated on the route to Takeshima (Ulneung of today), our men stopped over at the island to fish. Men from Izumo and Oki Provinces went together with our men from Yonago on the same boat. The distance from Fukuura to Matsushima (Takeshima of today) is 80 ri and it is 40 ri from Matsushima (Takeshima of today) to Takeshima (Ulneung of today)."

In January of the 9th year of Genroku (1696), the shogunate decided to relinquish management of Ulneung, but, it did not prohibit travels to Takeshima of today and continued to regard the island as Japanese territory. Takeshima Zusetsu written by Tsuan Hokugan is the middle of the eighteenth century contains the following passage:

"About 40 ri by sea to the north of the western islet of Matsushima (Takeshima of today) of the Oki Province, there is an island which is called Takeshima (Ulneung of today)."

It is particularly to be noted here that this book speaks of "Matsushima of the Oki Province," and also refers to "the Western islet of Matsushima," which attests to the author's clear knowledge of Matsushima (Takeshima of today) as consisting of islets, eastern and western.

Chosei Takeshima Ki by Takamasa Yada (published in 1801), which gives concrete description of Matsushima (Takeshima of today), says:

"Water is insufficient in the hot weather. On the way to and back from Takeshima (Ulneung of today), the 'Takeshima Maru' (a ship) called at this island every time. This is the end of the western sea area of Japan."

An old map of Matsushima and Takeshima, which was prepared by the Ikeda Clan of Hoki Province in the 9th year of Kyoho (1724) on the order of the Shogunate, shows Matsushima (Takeshima of today) as consisting of two islets facing each other with a narrow channel running between and also several reefs surrounding them; and, the map shows "Funatsukiba" (quay) and a small hut on the beach on the channel side of the eastern islet. This testifies to Japanese management of Takeshima as well as an accurate knowledge of the island.

A number of Japanese maps dating from the middle of the Edo Era onwards such as Nihon Yochi Rotei Zenzu, made in the 4th year of Anyei (1775) by Sekisui Nagakubo and Henyo Bunkai Zuko, made in the first year of Bunka (1804) by Morishige Kondo, showing the two islands between Oki and Korean Peninsula, designate the one nearer to Oki "Matsushima" and the other nearer to Korean Peninsula "Takeshima". Judging from the relative positions of these two islands, they represent respectively Takeshima of today and Ulneung.

There occurred in the 8th year of Tempo (1837) an incident, in which Aizuya Hachiuyemon, an shipping agent of Hamada, was executed for illegal foreign trade, allegedly with Takeshima (Ulneung of today). The text of decision on the case quotes a remark by one Sanbei Hashimoto to Aizuya Hachiuyemon: "There is a way of going over to Takeshima–that is, under the pretext of sailing to Matsushima, the nearer island". This illustrates the situation, in which travel to Matsushima (Takeshima of today) was no problem even after the prohibition of travel to Takeshima (Ulneung of today).

Also, in the early part of the Meiji Era (1877-78), the authorities of the Japanese Ministry of Foreign Affairs acted on full cognition of the territorial status of Takeshima as a Japanese possession, as in described in (7) below.

It was with the background of historical facts described above, that the Japanese Government took the step of incorporating Takeshima into Shimane Prefecture by the Cabinet decision of January 28, the 38th year of Meiji (1905), and the public announcement was given by Shimane Prefecture on February 22 of the same year.

※ retainer of Minster Tanomo Okada of Hamada Clan

(3) By citing that the Korean old literatures which refer to the existence of two islands, namely Ulneung Island and Woosan Island, to the east of Korean Peninsula, and by alleging that the said Woosan Island is Takeshima of today, the Korean Government attempts to draw a forced conclusion that, prior to the possession of knowledge of Takeshima of today and its management by Japan, Korea had already possessed knowledge of Takeshima of today. However, as the Japanese Government has pointed out in its previous Views, if the old Korean literatures are studied objectively, there can be found no evidence at all that Korea had any such knowledge of Takeshima.

As was pointed out by the Japanese Government in its Views of September 20, 1956, there are two theories as to the names of Ulneung Island and Woosan Island in the Korean old literatures. One theory says that these two names apply to two different islands, the other maintains that they represent a single island. Moreover, even those old literatures which adopt the two-islands theory leave room for doubt in favour of the one-island and two-names theory. Moreover, the literatures are confined solely to the description of Ulneung Island and, with regard to Woosan Island, they only mention its name without making any concrete description of the island at all. This fact proves that, in citing the name of Woosan Island, the compilers of those literatures were devoid of any clear and concrete knowledge based on actual observation on the spot, and hence their writings cannot provide any evidence that Woosan Island is Takeshima of today.

The Korean Government seeks to establish that Woosan Island is Takeshima of today by quoting a passage from the Yochiji of Jungbo Moonhun Biko, which reads, "Both Ulneung and Woosan are of Woosan State, and Woosan is what the Japanese call Matsushima". However, this article is nothing more than a attempt to identify Woosan Island of the old literatures with "Matsushima", after it became known that there was an island (Takeshima of today) which Japan had named "Matsushima" and managed. Consequently it cannot provide any evidence at all the "Woosan Island" as mentioned in "Koryosa Chiriji", "Sejong Shillok Chiriji" or "Shinjung Tongoko Yoji Seungnam" is Takeshima of today.

Moreover, as stated by the Japanese Government in its Views of September 20, 1956, the "Woosan Island" appearing in the report of Kim Rin U of February, the 17th year of King Taijong of the Lee Dynasty (1417), is described as producing large bamboos, flax, cotton, etc, and having a colony of fifteen houses and eighty six inhabitants. From these descriptions it is quite clear that this Woosan Island is no other than Ulneung of today.

The Korean Government refer to a book called Shinjung Tongkuk Yoji Seungnam to support its contention that Ulneung Island and Woosan Island are two different islands. But, an the "comprehensive Map of the Eight Provinces" which appers at the very beginning of that "Seungnam" and also on the Map of Kangwon-Do contained in its forty-fourth volume, Woosan Island is shown as a large island between Ulneung Island and Korean Peninsula. Thus, "Woosan Island" as described in the book in question is an island which does not exist at all.

From the above observations it is quite clear that there is no evidence at all in the old Korean literatures that can prove the possession of knowledge of Takeshima by Korea prior to the time when Japan began to know and manage the island, and that, much less, there is no trace whatsoever that Korea ever made effective management of the island.

(4) Whereas the Japanese Government has established the fact of Japan's management of Takeshima by enumerating various materials of evidence from the historical point of view, the Korean Government, in its Views of January 7, 1959, tries to ascribe it to 'the sailings by the Japanese on invasive missions' and maintains that the possession of an accurate knowledge on the geography cannot serve as a valid ground for claiming territorial rights because it originated from those invasive activities.

In order that such contention by the Korean Government might stand, however, it must be proved at least that, prior to the Japanese management of Takeshima, Korea had actually managed the island. But, as has already been stated, there is no such evidence. Hence, the Korean contention is, in any event, totally unfounded.

(5) In its Views of January 7, 1959, the Korean Government tries to use the testimonies of Ahn Yong Bok as a ground for the Korean claim to Takeshima. But, the stories concerning the Ahn Yong Bok case which are contained in Sukjong Shillok and Jungbo Moonhum Biko originate from the testimonies given by Ahn during police investigations of his crime of going abroad in violation in the law of his land. When these stories are examined objectively in the light of the voluminous and detained records which are preserved on the Japanese side concerning the visits of Ahn Yong Bok to Japan, his statements are full of falsehoods, as pointed out by the Japanese Government in its Views of September 20, 1956.

According to his statements contained in the Korean records, Ahn Yong Bok styled himself as "Taxation General of Ulneung and Woosan Islands" (Jungbo Moonhum Biko has it that he styled himself as "Taxation official of Ulneung") when he went from Oki to Hoki Province, but there was no such official post in korean then, In fact, he had been given actually no commission whatsoever by the Korean government.

Again, according to the Sukjong Shillok, Ahn Yong Bok, on his arrival in Japan for the first time in the 6th year of Genroku (1693) obtained from the Shogunate a written pledge recognizing Ulneung, Woosan and other islands as marking the limits of Korean territory, but the clan lord of Tsushima took away the paper from him so that when he came to Japan for the second time in the 9th year of Genroku (1696), and sought to complain to the Tokugawa Shogunate of this and other wanton acts, and the Japanese authorities were so embarrassed that they punished the fifteen countrymen of theirs who had previously violated the Korean territory (i.e., agents of the Ohya family who arrested Ahn Yong Bok on Ulneung Island). This testimony is, of course, completely at variance with fact.

The truth is that while the Ohyas and Murakawas had been engaged in fishing off Ulneung for many years under the official permission of the Tokugawa Shogunate, Koreans began to come to fish in the same waters. So, in the 6th year of Genroku (1693) they captured Ahn Yong Bok and another Korean and brought them back to Japan as living evidences of illegal fishing by Koreans. The Shogunate deported these men back to Korea and ordered Yoshitsugu Soh, clan lord of Tsushima, to negotiate with the Korean authorities for the prohibition of fishery by Koreans around Ulneung Island. Therefore, it could not have possibly happened that the Shogunate gave Ahn a written pledge, recognizing Ulneung Island as Korean territory, nor were his captors ever punished.

Thus, in his testimonies made to the border police, Ahn Yong Bok falsified and embellished his activities in a grandiose fashion. Between the time when Ahn was brought to Japan and the time when he was sent back to Korean in the 6th year of Genroku, the Ulneung Island question became a major diplomatic issue between Japan and Korea. Ahn, who was then in Japan, and knew about the situation concerning Ulneung Island, fabricated a tale of adventures to his own advantage and told it to the Korean border police. Ahn's testimonies are too full of falsehoods to deserve serious consideration. In any case, as is pointed out in the Japanese Government's Views of September 20, 1956, such testimonies of a private individual like Ahn Yong Bok can not serve in the least to provide any ground for the Korean claim of territorial rights to Takeshima.

The Korean Govenment contends that the events of Han's visit to Japan and of his negotiations had made such a great impact on the japanese Government that, Japan subsequently prohibited her nationals to sail for fishing in these areas. The contention is evidently false in the light of time sequence. Whereas it was in the beginning of June in the 9th year of Genroku that Ahn Yong Bok arrived in Hoki Province on his second visit to Japan, it was earlier by several months, on January 28 of the 9th year of Genroku, that the Shogunate order prohibiting the Ohyas and the Murakawas of Yonago to sail to Ulneung Island was communicated to the clan lords of Tsushima and Hoki.

(6) In its Views of January 7, 1959, the Korean Government tries to cast doubt upon the clear knowledge which Japan has always possessed concerning Takeshima by alleging that in Japanese historical documents, the names of Matsushima and Takeshima are so confused that it is difficult to tell which of them applies to Ulneung Island and Takeshima respectively.

The history of the names "Matsushima" and "Takeshima" has already been explained in the Japanese Views of July 13, 1953. To repeat, in Japan, until the beginning of the Meiji Era, Ulneung Island had been consistently called "Takeshima" and the Takeshima of today "Matsushima". The confusion of the names for a certain length of time thereafter was caused by an error on the part of Europeans in measuring the position of Ulneung Island.

In 1787, Galaup de la Perouse, a Frenchman, reached Ulneung and named it Dagelet Island. Then, in 1797, William Robert Broughton, and Englishman, named it Argonaute Island. But, owing to the fact that Broughton made an error in measuring the position of Ulneung Island, European maps thereafter showed it as two island, i.e., Dagelet Island and Argonatute Island. Then, when Siebold made his Japanese map in 1840, he saw two islands, "Takeshima" (Ulneung of today) and "Matsushima" (Takeshima of today) on the Japanese maps existing at the time, and committed a mistake of identifying Argonaute Island with "Takeshima" and Dagelet Island with "Matsushima". Subsequently, as the survey by Broughton turned out to have been inaccurate, Argonaute Island was erased from European maps and Ulneung Island only was shown as Dagelet Island (Matsushima). This, in European maps Ulneung Island, which had been called "Takeshima" in Japan, came to be called "Matsushima" in Europe. In order to avoid the confusion of the two names "Takeshima" and "Matsushima", Japan changed the name of her own island of "Matsushima" to "Takeshima", when it was incorporated into Shimane Prefecture in February 1905.

(7) Several people who observed Ulneung Island of the present day from distance on their voyage to Vladivostok during the 9th, 10th and 11th years of the Meiji Era (1876, 1877 and 1873) applied to the Japanese Government for the development of the island which they referred to as "Matsushima".

In its Views of January 7, 1959, the Korean Government asserts that in the deliberation on those applications, Mr. Tanabe, Director of Public Communications of the Japanese Ministry of Foreign Affairs, concluded not to grant permission to develop the island, saying that "Matsushima (Dokto) has been so named by Japanese, but actually it is Woosan belonging to Ulneung Island of Korea.....". But, this Korean assertion is based on a distorted quotation from the records for the purpose of presenting its own argument as favourable.

Upon receipt of the applications for the development of an island called "Matsushima", the Ministry of Foreign Affairs at that time considered whether it was necessary to conduct an investigation in order to clarify what island this "Matsushima" in fact referred to. On that occasion, Director Tanabe remarked by way of a preface: "There are those who say Matsushima is Woosan Island." He, then, processed to speak on that hypothesis.

The first error in Korean Government's views is that the remark of Director Tanabe is quoted not as a hypothesis but his own opinion. The second error lies in idetifying the "Matsushima" mentioned in his hypothetical remark with Takeshima of today. The Matsushima mentioned here does not mean Takeshima of today, but a Matsuchima of uncertain identity ofr the development of which the applications were made to the Japanese Government. Director Tanabe said: "There are those who maintain that Matsushima is Woosan Island belonging to Ulneung Island. If that was in fact the case, we should do nothing about its development."

In the course of the Foreign Ministry's deliberation, Mr. Watanabe, Director of the Bureau of Records, said, "If this so-called Matsushima is really Takeshima (Ulneung of today), it belongs to them (Korea). On the other hand, if it is in fact a Matsushima other than Takeshima (Ulneung of today), it cannot but belong to us (Japan). But, that Matsushima, i.e., Derase Island, is in fact Takeshima, namely Ulneung Island, and our

Matsushima seems to be what Europeans call 'Hornet Rocks'. Maps of various countries all agree that the 'Hornet Rocks' belongs to our country." He also said: "The old Shogunate, desiring to have no trouble, ceded Takeshima (Ulneung of today) to Korea but Matsushima (Takeshima of today), being situated nearer to us than Takeshima (Ulneung of today), belongs to Japan, a fact that Korea cannot conceivably dispute." He voiced his opinion that, if an investigations showed that the Matsushima in question was an island other than Ulneung, it could not but belong to one of the Japanese Provinces of Inaba, Oki and Iwami.

An actual survey carried out by Warship Amagi in September of the 13th year of Meiji (1880) established the identity of the Matsushima in question with Ulneung and also the existence of an islet ("Bamboo Island") belonging to it.

The Foreign Ministry's deliberation of the applications for the development of Matsushima serves to demonstrate that even early in Meiji Era, the Japanese Government authorities were conducting discussions on the basis of their clear knowledge and full recognition of Takeshima as a inherent territory of Japan.

※ In this hypothesis which Tanabe referred to, the name of Woosan Island was raised by looking at the Korean old literatures. The fact this island is not Takeshima of today has already been explained in detail in (3).

(8) The Korean Government asserts that the fact of Japan's incorporation of Takeshima into Shimane Prefecture by the public announcement of Shimane Prefecture provides a strong evidence that until 1905 Japan had not regarded Takeshima as part of its territory. However, as explained by the Japanese Government in its previous Views as well as herein, it is evident that Takeshima has been Japanese territory since olden times, and that, as is stated in (7) above, during the deliberation of the so-called "applications for the development of Matsushima" which took place more than 20 years prior to the public announcement of Shimane Prefecture, high officials of the Ministry of Foreign Affairs made clear beyond dispute the fact of Japanese possession of Takeshima and considered that the Korean side could not conceivably dispute it.

The public announcement of Shimane Prefecture following the Cabinet decision is of a nature of reaffirming the Japanese intention to retain the possession of Takeshima as a modern State, of incorporating the island in the modern administrative structure of Japan and of giving publication to the incorporation. And, a series of events which followed the incorporation attest to Japan's exercise of sovereignty by means of effective occupation and management of Takeshima.

As has been mentioned above, the public announcement of Shimane Prefecture was issued by the Governor of Shimane Prefecture on the authority of the Cabinet decision. This was the customary procedure which was observed by Japan in incorporation of territory at that time, and by no means a measure employed exceptionally in this case.

The Korean Government asserts that the public announcement of Shimane Prefecture was done is secret so that even the Japanese people themselves were not aware of the incorporation of Takeshima. This is an amazing assertion which is utterly false. As a matter of fact, the public announcement of Shimane Prefecture was published in the Shimane Prefecture Gazette dated February 22, 1905; and, for example, the Sanin Shimbun (No.5912; February 24, 1905) reported the fact of the announcement and the contents thereof.

Again, the Korean Government concludes dogmatically that such a domestic announcement, which was not communicated to foreign countries, could not have any effect on the level of the international law. But, generally speaking from the standpoint of the international law, it is not obligatory to notify the acquisition of territory to other countries except where there is a specific obligation to do so under a treaty (for example, Berlin Protocol of 1885 concerning the Congo area). If theories on this point are examined, one finds that neither Oppenheim (International Law I, 8th edition 559 page) nor Guggenheim (Traite de Droit international public Tome I, 441 page) makes notification to foreign countries a condition of the acquisition of territory.

As regards precedents, the Japanese Government has already pointed out the Case of Palmas Island of 1928 where it was decided that an obligation for the Netherlands Government to notify other Powers did not exist because the provisions of the Berlin Protocol of 1885 concerning the Congo was not applicable to the case. In the Case of Clipperton Island of 1931, it was decided on the point that France did not notify the acquisition of territory to other countries, that such obligation of notification as prescribed in the Berlin Protocol of 1885 did not apply to the case and that, by whatever means it might be, it was enough if notoriety was given to the act of the acquisition of territory. Thus, neither of these two judgements makes notification to foreign governments obligatory as a condition of the acquisition of territory.

Moreover, the Korean Government states that the declaration of the Association of International Law of 1888 made a notification to foreign countries necessary, but the said Association did not hold a meeting in that year. Therefore, this seems to refer to the Declaration of the Society of International Law of 1888. In that declaration, however, a notification to foreign countries is not made a necessary condition. It says in fact:

"La notification de la prise de possession se fait, soit par la publication dans la forme qui, dans chaque Etat, est en usage pour la notification des actes officiels, soit par la voie diplomatique."

The Declaration, thus, makes it clear that publication may be given in the form which is in usage in each country.

Inasmuch as the theories and the precedents cited above do not make obligatory a notification to foreign governments as regards the initial occupation of ownerless land, it must be concluded that the obligation of notification does not exist at all, in the case of an area which Japan has known and managed effectively from olden times and the Japanese possession of which no other country ever disputed.

Moreover, in the case of Takeshima, a public announcement was actually made by Shinmane Prefecture, and this announcement is nothing less than such "notoriety" or "publication" as is mentioned in theories and precedents.

The Korean Government, failing to take note of the plain public announcement by the Japanese administrative organ, accuses Japan of secrecy in the incorporation of Takehsima into Shimane Prefecture solely on account of the mere absence of notification to foreign countries. Such accusation is entirely groundless.

In its Views of January 7, 1959, the Korean Government alleges that the incorporation of Takeshima by means of the public announcement of Shimane Prefecture was as instance in a series of aggression by the Japanese imperialism following the Shino-Japanese War and also argues as if the appointment of a diplomatic advisor under the Japan-Korean Agreement of 1904 had some bearing upon the validity of the incorporation of Takeshima. However, unless it can be proved that Korea had managed Takeshima effectively since before the public announcement of Shimane Prefecture, such argument is absolutely untenable. In fact, since a grave accusation against a sovereign State such as of committing an act of aggression ought to be proved with the highest measure of certainty and the accusation which the Korean Government dogmatically makes against Japan in utter disregard of facts can in no way ba tolerated.

(9) In its Views of January 7, 1959, the Korean Government calls th policy on the disposal of Japanese territory by the Allied Powers following the War an essential key to the solution of the Takeshima question and it asserts that the detachment of Takeshima from Japan was finalized by the Cairo Declaration, SCAPIN No.677 and other instruments. However, as the Japanese Government made clear in its Views of September 20, 1956, the disposal of the Japanese territory following the war was made under the San Francisco Peace Treaty of 1951 and not before. the Peace Treaty recognized the separation and independence from Japan of Korea as it had been prior to its annexation to Japan, but it can by no means be interpreted as obligating Japan to cede anew to independent Korea any territory which had been in Japanese possession since before the annexation.

The Korean Government asserts that Takeshima falls in the category of what the Cairo Declaration called areas "taken by violence and greed". However, as the Japanese Government has pointed out repeatedly, Japan and the Japanese people have been in peaceful possession of Takeshima, managing openly and effectively the island since olden times. Furthermore, the Japanese possession of the island was never disputed by any foreign country. Therefore, it is clear that the island was not taken away by Japan from Korea in any sense whatsoever.

The Korean Government asserts that a separation of Takeshima from Japan was finalized on the basis of the SCAPIN No.677 and the Basic Post-Surrender Policy for Japan of June 19, 1947. But, as the Japanese Government has already pointed out, the SCAPIN No.677, specifically referring to the Article 8 of the Potsdam Declaration, made clear that the directive did not provide for such an ultimate disposition of the minor islands by the Allied Powers, and the Basic Post-Surrender Policy for Japan of 1947 was nothing but "a statement of initial general policy relating to Japan after surrender".

Thus, neither of these two documents makes a concrete decision on the disposal of Takeshima. Moreover, the SCAPIN No.677 itself treats Takeshima as a separate entity from Korea and makes provisions on it in a separate category from Korea. On the other hand, while the SCAPIN No.677 provides for the administrative separation of three islands, i.e., Ulneung Island, Cheju Island and Takashima, the Peace Treaty for the renunciation by Japan of only the two islands of Ulneung Island and Cheju Island with no provision on Takeshima. This fact cannot but mean that Takeshima is not included in the "Korea" the independence of which Japan recognized, nor is it included in the "Korea" to which Japan renounced all right, title and claim.

(2) 한국정부의 반박(1965.12.17.)

1965. 12. 17字 韓國政府 口述書 (No. PKM-42)

The Korean Mission presents its compliments to the Ministry of Foreign Affairs of Japan and, with reference to the latter's Note Verbale No.228/ASN dated July 13, 1962, has the honor to state as follows:

As has been made indisputably clear on numerous occasions in the past, Dokto is an integral part of the territory of the Republic of Korea and is under the exercise of its lawful territorial jurisdiction. Any allegation to be made by the Japanese Government with regard to the ownership of Dokto does not deserve any consideration at all.

The Korean Mission avails itself of this opportunity to renew to the Ministry the assurances of its higest consideration.

Tokyo, December 17, 1965.

〈해설〉

한일정부간 구술서를 통한 독도영유권 논쟁

1. 논쟁의 개요

가. 논쟁의 시작과 배제

(1) 논쟁의 시작

(가) 한일 정부간 독도영유권에 관한 공방은 1952년 1월 18일 한국정부가 평화선을 선포하자 동 년 1월 28일 일본정부가 이에 대해 항의해 옴으로써 시작되었다.

(나) 그 후 1953년 7월 13일 일본정부는 "일본정부 견해(1) 표명"을 한국정부에 전해왔으며, 이에 대해 1953년 9월 9일 한국정부는 "한국정부 견해(1) 표명"을 일본정부에 전함으로서 한일간 독도영유권 논쟁은 시작되었다.

(2) 논쟁의 배제

(가) 1953년 7월 13일 "일본정부 견해(1) 표명" 과 1953년 9월 9일 "한국정부 견해 (1) 표명"으로 시작된 한일간 독도영유권 논쟁은 그 후 3, 4회에 걸쳐 계속되었다.

(나) 1962년 7월 13일 "일본정부 견해(4) 표명"에 대해 1965년 12월 17일 한국정부는 "독도는 역사적으로도 국제법적으로도 우리의 영토이다. 한일간에 영유권분쟁은 존재하지 아니 한다"라는 항의 구술서를 일본 정부에 보냄으로서 추후의 영유권 논쟁을 배제했다.

나. 논쟁의 차수

(1) 제1차

(가)1953년 7월13일 "일본정부 견해(1) 표명"

(나)1953년 9월9일 "한국정부 견해(1) 표명"

(2) 제2차

(가)1954년 2월10일 "일본정부 견해(2) 표명"

(나)1954년 9월25일 "한국정부 견해(2) 표명"

(3) 제3차

(가)1956년 9월20일 "일본정부 견해(3) 표명"

(나)1959년 1월7일 "한국정부 견해(3) 표명"

(4) 제4차

(가)1962년 7월13일 "일본정부 견해(4) 표명"

(나)1965년 12월17일 "일본정부 견해(4) 반박"

2. 논쟁의 주요 내용

가. 기본적 주장과 보충적 주장

(1) 기본적 주장: 제1차 논쟁과 제2차 논쟁

(2) 보충적 주장: 제3차 논쟁과 제4차 논쟁

나. 한국정부 주장의 주요내용: 한국정부주장의 주요내용은 "한국정부 견해(1) 표명"에 주로 표시되어 있다. 그 내용은 다음과 같다.

(1) 독도에 대한 한국의 역사적 권원은 세종실록지리지 울진현조, 동국여지승람, 숙종실록, 심흥택 보고서 등에 표시된 바와 같이 한국에 있다.

(2) 독도는 한국정부에 의해 승계적으로 실효적 지배를 확보해 왔다.

(3) 지리적으로 보아 독도는 울릉도에서 49해리, 오끼도에서 86해리에 위치하고 있으므로 한국이 독도를 실효적으로 지배해왔다.

(4) 1905년의 도근현 고시에 의한 선점은 국제법상 위법한 것이다.

(5) 1945년 이후 한국은 독도를 실효적 · 평화적 · 계속적으로 지배하고 있다.

(6) 대일평화조약에 "SCAPIN 제677호"에 표시된 바와 달리 규정하지 아니했으므로 "SCAPIN 제677호"에 표시된 바와 같이 독도는 일본에서 분리된 것이다.

다. 일본정부 주장의 주요내용은 "일본정부 견해(2) 표명"에 표시되어 있다. 그 내용은 다음과 같다.

(1) 한국측이 영유권 주장의 근거로 제시하고 있는 동국여지승람이나 숙종실록 중에 안용복 관계 기사 등의 문헌이나 사실의 인용이 부정확하다.

(2) 한국측이 독도의 실효적 지배의 증거로 제시하고 있는 울릉군수 심흥택의 보고, 중정양삼랑(中井養三郎, 나카이 요오사브로) 대하원 등은 모두 문헌이나 사실의 인용이 부정확하다.

(3) 1904년 2월 23일의 한일의정서 및 동년 8월 22일의 한일협약과 독도는 아무런 관계도 없다.

(4) 1946년 1월 29일의 SCAPIN 제677호와 대일평화조약은 아무런 관계가 없다.

(5) 독도는 1667년 은주시청합기(隱洲視聽合記)와 같은 자료로부터 명백한 것처럼 옛날부터 일본영토로 알려져 있었고 또 일본에 의해 이용되어 왔다.

(6) 1905년 2월 28일의 일본에 의한 다케시마편입 조치는 근대국제법이 요구하는 영토 취득 요건을 충족한 것이다.

(7) 한국은 1905년 일본의 다케시마 편입조치 이후 다케시마를 한국의 영토로 생각하지 않아 왔다. 이는 대한지지(大韓地志), 한국통사(韓國通史)에 표기되어 있다.

3. 논쟁의 결과

가. 쟁점의 부각: 한일정부간의 논쟁으로 쟁점이 명확하게 부각되었다.

나. 대책의 강구: 상기 일본정부의 주장에 대해 한국정부의 완벽한 반박논리와 정책대안이 강구되어야 한다.

XII. 대한민국 헌법과 독도

1. 대한민국의 영토

"대한민국의 영토는 한반도와 그 부속도서로 한다."(제3조)

〈해설〉

위의 "부속도서" 중에 독도가 포함됨은 물론이다. 따라서 독도는 헌법상 대한민국의 영토인 것이다.

따라서 독도를 할양하거나 병합하는 경우 이는 "헌법"의 개정을 요한다. 그리고 헌법의 개정은 국민투표에 부쳐야 함으로(헌법 제130조 제22항) 독도의 할양은 국민투표에 부쳐 국민의 동의를 요하는 사항이다.

2. 국민의 의무, 국군의 사명, 대통령의 책무

가. 국민의 의무

"모든 국민은 법률이 정하는 바에 의하여 국토방위의 의무를 진다"(헌법 제39조 제1항)

〈해설〉

위의 규정 중 "국토방위"에 독도가 포함됨은 물론이다. 따라서 모든 국민은 "헌법"상 독도 방위의 의무를 진다.

나. 국군의 사명

> "국군은 국가의 안전보장과 국토방위의 신성한 의무를 수행함을 사명으로 하며 그 정치적 중립은 보장된다"(제5조 제2항)

〈해설〉

위의 규정 중 "국토방위"에 독도의 방위가 포함됨은 물론이다. 따라서 국군의 "헌법"상 독도방위의 신성한 의무를 수행함을 사명으로 한다.

다. 대통령의 책무

> "대통령은 국가의 독립, 영토의 보전, 국가의 계속성과 헌법을 수호하는 책무를 진다"(제66조 제2항)

〈해설〉

위의 규정 중 "국토의 보전"에 독도의 보전이 포함됨은 물론이다. 따라서 대통령은 "헌법"상 독도 보전의 책무를 진다. 대통령이 이 책무를 다하지 아니할 경우 "헌법"상 대통령은 탄핵의 대상이 된다(제65조).

3. 국제조약의 국내법과 동일 효력

> "헌법에 의하여 체결, 공포된 조약과 일반적으로 승인된 국제법규는 국내법과 같은 효력을 가진다"(제6조 제1항)

〈해설〉

위의 규정 중 체결, 공포된 조약에 "유엔헌장", "유엔해양법협약", "한일어업협정", "한일기본관계조약", "조약법 협약" 등이 포함됨은 물론이다. 따라서 상기 독도영유권에 관한 조약은 국내법과 동일한 효력이 있다.

여기 "국내법"은 "국내 법률"을 뜻한다는 것이 통설이다.

XIII. 유엔헌장과 독도

Charter of the United Nations

CHARTER OF THE UNITED NATIONS

WE THE PEOPLES OF THE UNITED NATIONS DETERMINED

· to save succeeding generations from the scourge of war, which twice in our lifetime has brought untold sorrow to mankind, and

· to reaffirm faith in fundamental human rights, in the dignity and worth of the human person, in the equal rights of men and women and of nations large and small, and

· to establish conditions under which justice and respect for the obligations arising from treaties and other sources of international law can be maintained, and

· to promote social progress and better standards of life in larger freedom,

AND FOR THESE ENDS

· to practice tolerance and live together in peace with one another as good neighbours, and

· to unite our strength to maintain international peace and security, and

· to ensure, by the acceptance of principles and the institution of methods, that armed force shall not be used, save in the common interest, and

· to employ international machinery for the promotion of the economic and social advancement of all peoples,

HAVE RESOLVED TO COMBINE OUR EFFORTS TO ACCOMPLISH THESE AIMS

Accordingly, our respective Governments, through representatives assembled in the city of San Francisco, who have exhibited their full powers found to be in good and due form, have agreed to the present Charter of the United Nations and do hereby establish an international organization to be known as the United Nations.

CHAPTER I - PURPOSES AND PRINCIPLES

Article 1 The Purposes of the United Nations are:

1. To maintain international peace and security, and to that end: to take effective collective measures for the prevention and removal of threats to the peace, and for the suppression of acts of aggression or other breaches of the peace, and to bring about by peaceful means, and in conformity with the principles of justice and international law, adjustment or settlement of international disputes or situations which might lead to a breach of the peace;

2. To develop friendly relations among nations based on respect for the principle of equal rights and self-determination of peoples, and to take other appropriate measures to strengthen universal peace;

3. To achieve international co-operation in solving international problems of an economic, social, cultural, or humanitarian character, and in promoting and encouraging respect for human rights and for fundamental freedoms for all without distinction as to race, sex, language, or religion; and

4. To be a centre for harmonizing the actions of nations in the attainment of these common ends.

Article 2

The Organization and its Members, in pursuit of the Purposes stated in Article 1,shall act in accordance with the following Principles.

1. The Organization is based on the principle of the sovereign equality of all its Members.

2. All Members, in order to ensure to all of them the rights and benefits resulting from

membership, shall fulfill in good faith the obligations assumed by them in accordance with the present Charter.

3. All Members shall settle their international disputes by peaceful means in such a manner that international peace and security, and justice, are not endangered.

4. All Members shall refrain in their international relations from the threat or use of force against the territorial integrity or political independence of any state, or in any other manner inconsistent with the Purposes of the United Nations.

5. All Members shall give the United Nations every assistance in any action it takes in accordance with the present Charter, and shall refrain from giving assistance to any state against which the United Nations is taking preventive or enforcement action.

6. The Organization shall ensure that states which are not Members of the United Nations act in accordance with these Principles so far as may be necessary for the maintenance of international peace and security.

7. Nothing contained in the present Charter shall authorize the United Nations to intervene in matters which are essentially within the domestic jurisdiction of any state or shall require the Members to submit such matters to settlement under the present Charter; but this principle shall not prejudice the application of enforcement measures under Chapter Vll.

CHAPTER Ⅱ - MEMBERSHIP

Article 3

The original Members of the United Nations shall be the states which, having participated in the United Nations Conference on International Organization at San Francisco, or having previously signed the Declaration by United Nations of 1 January 1942, sign the present Charter and ratify it in accordance with Article 110.

Article 4

1. Membership in the United Nations is open to all other peace-loving states which accept the obligations contained in the present Charter and, in the judgment of the Organization, are able and willing to carry out these obligations.

2. The admission of any such state to membership in the United Nations will be effected by a decision of the General Assembly upon the recommendation of the Security Council.

Article 5

A Member of the United Nations against which preventive or enforcement action has been taken by the Security Council may be suspended from the exercise of the rights and privileges of membership by the General Assembly upon the recommendation of the Security Council. The exercise of these rights and privileges may be restored by the Security Council.

Article 6

A Member of the United Nations which has persistently violated the Principles contained in the present Charter may be expelled from the Organization by the General Assembly upon the recommendation of the Security Council.

CHAPTER Ⅲ - ORGANS

Article 7

1. There are established as the principal organs of the United Nations: a General Assembly, a Security Council, an Economic and Social Council, a Trusteeship Council, an International Court of Justice and a Secretariat.

2. Such subsidiary organs as may be found necessary may be established in accordance with the present Charter.

Article 8

The United Nations shall place no restrictions on the eligibility of men and women to participate in any capacity and under conditions of equality in its principal and subsidiary organs.

CHAPTER IV - THE GENERAL ASSEMBLY

⟨composition⟩

Article 9

1. The General Assembly shall consist of all the Members of the United Nations.

2. Each Member shall have not more than five representatives in the General Assembly.

⟨functions and powers⟩

Article 10

The General Assembly may discuss any questions or any matters within the scope of the present Charter or relating to the powers and functions of any organs provided for in the present Charter, and, except as provided in Article 12, may make recommendations to the Members of the United Nations or to the Security Council or to both on any such questions or matters.

Article 11

1. The General Assembly may consider the general principles of co-operation in the maintenance of international peace and security, including the principles governing disarmament and the regulation of armaments, and may make recommendations with regard to such principles to the Members or to the Security Council or to both.

2. The General Assembly may discuss any questions relating to the maintenance of international peace and security brought before it by any Member of the United Nations, or by the Security Council, or by a state which is not a Member of the United Nations in accordance with Article 35, paragraph 2, and, except as provided in Article 12, may make recommendations with regard to any such questions to the state or states concerned or to the Security Council or to both. Any such question on which action is necessary shall be referred to the Security Council by the General Assembly either before or after discussion.

3. The General Assembly may call the attention of the Security Council to situations which are likely to endanger international peace and security.

4. The powers of the General Assembly set forth in this Article shall not limit the

general scope of Article 10.

Article 12

1. While the Security Council is exercising in respect of any dispute or situation the functions assigned to it in the present Charter, the General Assembly shall not make any recommendation with regard to that dispute or situation unless the Security Council so requests.

2. The Secretary-General, with the consent of the Security Council, shall notify the General Assembly at each session of any matters relative to the maintenance of international peace and security which are being dealt with by the Security Council and shall similarly notify the General Assembly, or the Members of the United Nations if the General Assembly is not in session, immediately the Security Council ceases to deal with such matters.

Article 13

1. The General Assembly shall initiate studies and make recommendations for the purpose of:

a. promoting international co-operation in the political field and encouraging the progressive development of international law and its codification;

b. promoting international co-operation in the economic, social, cultural, educational, and health fields, and assisting in the realization of human rights and fundamental freedoms for all without distinction as to race, sex, language, or religion.

2. The further responsibilities, functions and powers of the General Assembly with respect to matters mentioned in paragraph 1 (b) above are set forth in Chapters IX and X.

Article 14

Subject to the provisions of Article 12, the General Assembly may recommend measures for the peaceful adjustment of any situation, regardless of origin, which it deems likely to impair the general welfare or friendly relations among nations, including situations resulting from a violation of the provisions of the present Charter setting forth the Purposes and Principles of the United Nations.

Article 15

1. The General Assembly shall receive and consider annual and special reports from the Security Council; these reports shall include an account of the measures that the Security Council has decided upon or taken to maintain international peace and security.

2. The General Assembly shall receive and consider reports from the other organs of the United Nations.

Article 16

The General Assembly shall perform such functions with respect to the international trusteeship system as are assigned to it under Chapters XII and XIII, including the approval of the trusteeship agreements for areas not designated as strategic.

Article 17

1. The General Assembly shall consider and approve the budget of the Organization.

2. The expenses of the Organization shall be borne by the Members as apportioned by the General Assembly.

3. The General Assembly shall consider and approve any financial and budgetary arrangements with specialized agencies referred to in Article 57 and shall examine the administrative budgets of such specialized agencies with a view to making recommendations to the agencies concerned.

〈voting〉

Article 18

1. Each member of the General Assembly shall have one vote.

2. Decisions of the General Assembly on important questions shall be made by a two-thirds majority of the members present and voting. These questions shall include recommendations with respect to the maintenance of international peace and security, the election of the non-permanent members of the Security Council, the election of the members of the Economic and Social Council, the election of members of the

Trusteeship Council in accordance with paragraph 1 (c) of Article 86, the admission of new Members to the United Nations, the suspension of the rights and privileges of membership, the expulsion of Members, questions relating to the operation of the trusteeship system, and budgetary questions.

3. Decisions on other questions, including the determination of additional categories of questions to be decided by a two-thirds majority, shall be made by a majority of the members present and voting.

Article 19

A Member of the United Nations which is in arrears in the payment of its financial contributions to the Organization shall have no vote in the General Assembly if the amount of its arrears equals or exceeds the amount of the contributions due from it for the preceding two full years. The General Assembly may, nevertheless, permit such a Member to vote if it is satisfied that the failure to pay is due to conditions beyond the control of the Member.

〈procedure〉

Article 20

The General Assembly shall meet in regular annual sessions and in such special sessions as occasion may require. Special sessions shall be convoked by the Secretary-General at the request of the Security Council or of a majority of the Members of the United Nations.

Article 21

The General Assembly shall adopt its own rules of procedure. It shall elect its President for each session.

Article 22

The General Assembly may establish such subsidiary organs as it deems necessary for the performance of its functions.

CHAPTER V - THE SECURITY COUNCIL

⟨composition⟩

Article 23

1. The Security Council shall consist of fifteen Members of the United Nations. The Republic of China, France, the Union of Soviet Socialist Republics, the United Kingdom of Great Britain and Northern Ireland, and the United States of America shall be permanent members of the Security Council. The General Assembly shall elect ten other Members of the United Nations to be non-permanent members of the Security Council, due regard being specially paid, in the first instance to the contribution of Members of the United Nations to the maintenance of international peace and security and to the other purposes of the Organization, and also to equitable geographical distribution.

2. The non-permanent members of the Security Council shall be elected for a term of two years. In the first election of the non-permanent members after the increase of the membership of the Security Council from eleven to fifteen, two of the four additional members shall be chosen for a term of one year. A retiring member shall not be eligible for immediate re-election.

3. Each member of the Security Council shall have one representative.

⟨functions and powers⟩

Article 24

1. In order to ensure prompt and effective action by the United Nations, its Members confer on the Security Council primary responsibility for the maintenance of international peace and security, and agree that in carrying out its duties under this responsibility the Security Council acts on their behalf.

2. In discharging these duties the Security Council shall act in accordance with the Purposes and Principles of the United Nations. The specific powers granted to the Security Council for the discharge of these duties are laid down in Chapters VI, VII, VIII, and XII.

3. The Security Council shall submit annual and, when necessary, special reports to the General Assembly for its consideration.

Article 25

The Members of the United Nations agree to accept and carry out the decisions of the Security Council in accordance with the present Charter.

Article 26

In order to promote the establishment and maintenance of international peace and security with the least diversion for armaments of the world's human and economic resources, the Security Council shall be responsible for formulating, with the assistance of the Military Staff Committee referred to in Article 47, plans to be submitted to the Members of the United Nations for the establishment of a system for the regulation of armaments.

〈voting〉

Article 27

1. Each member of the Security Council shall have one vote.

2. Decisions of the Security Council on procedural matters shall be made by an affirmative vote of nine members.

3. Decisions of the Security Council on all other matters shall be made by an affirmative vote of nine members including the concurring votes of the permanent members; provided that, in decisions under Chapter VI, and under paragraph 3 of Article 52, a party to a dispute shall abstain from voting.

〈procedure〉

Article 28

1. The Security Council shall be so organized as to be able to function continuously. Each member of the Security Council shall for this purpose be represented at all times

at the seat of the Organization.

2. The Security Council shall hold periodic meetings at which each of its members may, if it so desires, be represented by a member of the government or by some other specially designated representative.

3. The Security Council may hold meetings at such places other than the seat of the Organization as in its judgment will best facilitate its work.

Article 29

The Security Council may establish such subsidiary organs as it deems necessary for the performance of its functions.

Article 30

The Security Council shall adopt its own rules of procedure, including the method of selecting its President.

Article 31

Any Member of the United Nations which is not a member of the Security Council may participate, without vote, in the discussion of any question brought before the Security Council whenever the latter considers that the interests of that Member are specially affected.

Article 32

Any Member of the United Nations which is not a member of the Security Council or any state which is not a Member of the United Nations, if it is a party to a dispute under consideration by the Security Council, shall be invited to participate, without vote, in the discussion relating to the dispute. The Security Council shall lay down such conditions as it deems just for the participation of a state which is not a Member of the United Nations.

CHAPTER VI - PACIFIC SETTLEMENT OF DISPUTES

Article 33

1. The parties to any dispute, the continuance of which is likely to endanger the maintenance of international peace and security, shall, first of all, seek a solution by negotiation, enquiry, mediation, conciliation, arbitration, judicial settlement, resort to regional agencies or arrangements, or other peaceful means of their own choice.
2. The Security Council shall, when it deems necessary, call upon the parties to settle their dispute by such means.

Article 34

The Security Council may investigate any dispute, or any situation which might lead to international friction or give rise to a dispute, in order to determine whether the continuance of the dispute or situation is likely to endanger the maintenance of international peace and security.

Article 35

1. Any Member of the United Nations may bring any dispute, or any situation of the nature referred to in Article 34, to the attention of the Security Council or of the General Assembly.
2. A state which is not a Member of the United Nations may bring to the attention of the Security Council or of the General Assembly any dispute to which it is a party if it accepts in advance, for the purposes of the dispute, the obligations of pacific settlement provided in the present Charter.
3. The proceedings of the General Assembly in respect of matters brought to its attention under this Article will be subject to the provisions of Articles 11 and 12.

Article 36

1. The Security Council may, at any stage of a dispute of the nature referred to in Article 33 or of a situation of like nature, recommend appropriate procedures or methods of adjustment.

2. The Security Council should take into consideration any procedures for the settlement of the dispute which have already been adopted by the parties.
3. In making recommendations under this Article the Security Council should also take into consideration that legal disputes should as a general rule be referred by the parties to the International Court of Justice in accordance with the provisions of the Statute of the Court.

Article 37
1. Should the parties to a dispute of the nature referred to in Article 33 fail to settle it by the means indicated in that Article, they shall refer it to the Security Council.
2. If the Security Council deems that the continuance of the dispute is in fact likely to endanger the maintenance of international peace and security, it shall decide whether to take action under Article 36 or to recommend such terms of settlement as it may consider appropriate.

Article 38
Without prejudice to the provisions of Articles 33 to 37, the Security Council may, if all the parties to any dispute so request, make recommendations to the parties with a view to a pacific settlement of the dispute.

CHAPTER VII - ACTION WITH RESPECT TO THREATS TO THE PEACE, BREACHES OF THE PEACE, AND ACTS OF AGGRESSION

Article 39
The Security Council shall determine the existence of any threat to the peace, breach of the peace, or act of aggression and shall make recommendations, or decide what measures shall be taken in accordance with Articles 41 and 42, to maintain or restore international peace and security.

Article 40
In order to prevent an aggravation of the situation, the Security Council may, before

making the recommendations or deciding upon the measures provided for in Article 39, call upon the parties concerned to comply with such provisional measures as it deems necessary or desirable. Such provisional measures shall be without prejudice to the rights, claims, or position of the parties concerned. The Security Council shall duly take account of failure to comply with such provisional measures.

Article 41
The Security Council may decide what measures not involving the use of armed force are to be employed to give effect to its decisions, and it may call upon the Members of the United Nations to apply such measures. These may include complete or partial interruption of economic relations and of rail, sea, air, postal, telegraphic, radio, and other means of communication, and the severance of diplomatic relations.

Article 42
Should the Security Council consider that measures provided for in Article 41 would be inadequate or have proved to be inadequate, it may take such action by air, sea, or land forces as may be necessary to maintain or restore international peace and security. Such action may include demonstrations, blockade, and other operations by air, sea, or land forces of Members of the United Nations.

Article 43
1. All Members of the United Nations, in order to contribute to the maintenance of international peace and security, undertake to make available to the Security Council, on its call and in accordance with a special agreement or agreements, armed forces, assistance, and facilities, including rights of passage, necessary for the purpose of maintaining international peace and security.
2. Such agreement or agreements shall govern the numbers and types of forces, their degree of readiness and general location, and the nature of the facilities and assistance to be provided.
3. The agreement or agreements shall be negotiated as soon as possible on the initiative of the Security Council. They shall be concluded between the Security Council

and Members or between the Security Council and groups of Members and shall be subject to ratification by the signatory states in accordance with their respective constitutional processes.

Article 44

When the Security Council has decided to use force it shall, before calling upon a Member not represented on it to provide armed forces in fulfillment of the obligations assumed under Article 43, invite that Member, if the Member so desires, to participate in the decisions of the Security Council concerning the employment of contingents of that Member's armed forces.

Article 45

In order to enable the United Nations to take urgent military measures, Members shall hold immediately available national air-force contingents for combined international enforcement action. The strength and degree of readiness of these contingents and plans for their combined action shall be determined within the limits laid down in the special agreement or agreements referred to in Article 43, by the Security Council with the assistance of the Military Staff Committee.

Article 46

Plans for the application of armed force shall be made by the Security Council with the assistance of the Military Staff Committee.

Article 47

1. There shall be established a Military Staff Committee to advise and assist the Security Council on all questions relating to the Security Council's military requirements for the maintenance of international peace and security, the employment and command of forces placed at its disposal, the regulation of armaments, and possible disarmament.
2. The Military Staff Committee shall consist of the Chiefs of Staff of the permanent members of the Security Council or their representatives. Any Member of the United Nations not permanently represented on the Committee shall be invited by the

Committee to be associated with it when the efficient discharge of the Committee's responsibilities requires the participation of that Member in its work.
3. The Military Staff Committee shall be responsible under the Security Council for the strategic direction of any armed forces placed at the disposal of the Security Council. Questions relating to the command of such forces shall be worked out subsequently.
4. The Military Staff Committee, with the authorization of the Security Council and after consultation with appropriate regional agencies, may establish regional sub-committees.

Article 48
1. The action required to carry out the decisions of the Security Council for the maintenance of international peace and security shall be taken by all the Members of the United Nations or by some of them, as the Security Council may determine.
2. Such decisions shall be carried out by the Members of the United Nations directly and through their action in the appropriate international agencies of which they remembers.

Article 49
The Members of the United Nations shall join in affording mutual assistance in carrying out the measures decided upon by the Security Council.

Article 50
If preventive or enforcement measures against any state are taken by the Security Council, any other state, whether a Member of the United Nations or not, which finds itself confronted with special economic problems arising from the carrying out of those measures shall have the right to consult the Security Council with regard to a solution of those problems.

Article 51
Nothing in the present Charter shall impair the inherent right of individual or collective self-defence if an armed attack occurs against a Member of the United Nations, until the Security Council has taken measures necessary to maintain international peace and

security. Measures taken by Members in the exercise of this right of self-defence shall be immediately reported to the Security Council and shall not in any way affect the authority and responsibility of the Security Council under the present Charter to take at any time such action as it deems necessary in order to maintain or restore international peace and security.

CHAPTER VIII - REGIONAL ARRANGEMENTS

Article 52

1. Nothing in the present Charter precludes the existence of regional arrangements or agencies for dealing with such matters relating to the maintenance of international peace and security as are appropriate for regional action provided that such arrangements or agencies and their activities are consistent with the Purposes and Principles of the United Nations.

2. The Members of the United Nations entering into such arrangements or constituting such agencies shall make every effort to achieve pacific settlement of local disputes through such regional arrangements or by such regional agencies before referring them to the Security Council.

3. The Security Council shall encourage the development of pacific settlement of local disputes through such regional arrangements or by such regional agencies either on the initiative of the states concerned or by reference from the Security Council.

4. This Article in no way impairs the application of Articles 34 and 35.

Article 53

1. The Security Council shall, where appropriate, utilize such regional arrangements or agencies for enforcement action under its authority. But no enforcement action shall be taken under regional arrangements or by regional agencies without the authorization of the Security Council, with the exception of measures against any enemy state, as defined in paragraph 2 of this Article, provided for pursuant to Article 107 or in regional arrangements directed against renewal of aggressive policy on the part of any such state, until such time as the Organization may, on request of the Governments

concerned, be charged with the responsibility for preventing further aggression by such a state.

2. The term enemy state as used in paragraph 1 of this Article applies to any state which during the Second World War has been an enemy of any signatory of the present Charter.

Article 54

The Security Council shall at all times be kept fully informed of activities undertaken or in contemplation under regional arrangements or by regional agencies for the maintenance of international peace and security.

CHAPTER IX - INTERNATIONAL ECONOMIC AND SOCIAL CO-OPERATION

Article 55

With a view to the creation of conditions of stability and well-being which are necessary for peaceful and friendly relations among nations based on respect for the principle of equal rights and self-determination of peoples, the United Nations shall promote:

a. higher standards of living, full employment, and conditions of economic and social progress and development;

b. solutions of international economic, social, health, and related problems; and international cultural and educational cooperation; and

c. universal respect for, and observance of, human rights and fundamental freedoms for all without distinction as to race, sex, language, or religion.

Article 56

All Members pledge themselves to take joint and separate action in co-operation with the Organization for the achievement of the purposes set forth in Article 55.

Article 57

1. The various specialized agencies, established by intergovernmental agreement and

having wide international responsibilities, as defined in their basic instruments, in economic, social, cultural, educational, health, and related fields, shall be brought into relationship with the United Nations in accordance with the provisions of Article 63.
2. Such agencies thus brought into relationship with the United Nations are hereinafter referred to as specialized agencies.

Article 58
The Organization shall make recommendations for the co-ordination of the policies and activities of the specialized agencies.

Article 59
The Organization shall, where appropriate, initiate negotiations among the states concerned for the creation of any new specialized agencies required for the accomplishment of the purposes set forth in Article 55.

Article 60
Responsibility for the discharge of the functions of the Organization set forth in this Chapter shall be vested in the General Assembly and, under the authority of the General Assembly, in the Economic and Social Council, which shall have for this purpose the powers set forth in Chapter X.

CHAPTER X - THE ECONOMIC AND SOCIAL COUNCIL
〈composition〉

Article 61
1. The Economic and Social Council shall consist of fifty-four Members of the United Nations elected by the General Assembly.
2. Subject to the provisions of paragraph 3, eighteen members of the Economic and Social Council shall be elected each year for a term of three years. A retiring member shall be eligible for immediate re-election.
3. At the first election after the increase in the membership of the Economic and Social

Council from twenty-seven to fifty-four members, in addition to the members elected in place of the nine members whose term of office expires at the end of that year, twenty-seven additional members shall be elected. Of these twenty-seven additional members, the term of office of nine members so elected shall expire at the end of one year, and of nine other members at the end of two years, in accordance with arrangements made by the General Assembly.
4. Each member of the Economic and Social Council shall have one representative.

〈fuctions and powers〉

Article 62
1. The Economic and Social Council may make or initiate studies and reports with respect to international economic, social, cultural, educational, health, and related matters and may make recommendations with respect to any such matters to the General Assembly to the Members of the United Nations, and to the specialized agencies concerned.
2. It may make recommendations for the purpose of promoting respect for, and observance of, human rights and fundamental freedoms for all.
3. It may prepare draft conventions for submission to the General Assembly, with respect to matters falling within its competence.
4. It may call, in accordance with the rules prescribed by the United Nations, international conferences on matters falling within its competence.

Article 63
1. The Economic and Social Council may enter into agreements with any of the agencies referred to in Article 57, defining the terms on which the agency concerned shall be brought into relationship with the United Nations. Such agreements shall be subject to approval by the General Assembly.
2. It may co-ordinate the activities of the specialized agencies through consultation with and recommendations to such agencies and through recommendations to the General Assembly and to the Members of the United Nations.

Article 64

1. The Economic and Social Council may take appropriate steps to obtain regular reports from the specialized agencies. It may make arrangements with the Members of the United Nations and with the specialized agencies to obtain reports on the steps taken to give effect to its own recommendations and to recommendations on matters falling within its competence made by the General Assembly.

2. It may communicate its observations on these reports to the General Assembly.

Article 65

The Economic and Social Council may furnish information to the Security Council and shall assist the Security Council upon its request.

Article 66

1. The Economic and Social Council shall perform such functions as fall within its competence in connexion with the carrying out of the recommendations of the General Assembly.

2. It may, with the approval of the General Assembly, perform services at the request of Members of the United Nations and at the request of specialized agencies.

3. It shall perform such other functions as are specified elsewhere in the present Charter or as may be assigned to it by the General Assembly.

〈voting〉

Article 67

1. Each member of the Economic and Social Council shall have one vote.

2. Decisions of the Economic and Social Council shall be made by a majority of the members present and voting.

〈procedure〉

Article 68

The Economic and Social Council shall set up commissions in economic and social fields and for the promotion of human rights, and such other commissions as may be required for the performance of its functions.

Article 69

The Economic and Social Council shall invite any Member of the United Nations to participate, without vote, in its deliberations on any matter of particular concern to that Member.

Article 70

The Economic and Social Council may make arrangements for representatives of the specialized agencies to participate, without vote, in its deliberations and in those of the commissions established by it, and for its representatives to participate in the deliberations of the specialized agencies.

Article 71

The Economic and Social Council may make suitable arrangements for consultation with non-governmental organizations which are concerned with matters within its competence. Such arrangements may be made with international organizations and, where appropriate, with national organizations after consultation with the Member of the United Nations concerned.

Article 72

1. The Economic and Social Council shall adopt its own rules of procedure, including the method of selecting its President.

2. The Economic and Social Council shall meet as required in accordance with its rules, which shall include provision for the convening of meetings on the request of a majority of its members.

CHAPTER XI - DECLARATION REGARDING NON-SELF-GOVERNING TERRITORIES

Article 73

Members of the United Nations which have or assume responsibilities for the administration of territories whose peoples have not yet attained a full measure of self-government recognize the principle that the interests of the inhabitants of these territories are paramount, and accept as a sacred trust the obligation to promote to the utmost, within the system of international peace and security established by the present Charter, the well-being of the inhabitants of these territories, and, to this end:

a. to ensure, with due respect for the culture of the peoples concerned, their political, economic, social, and educational advancement, their just treatment, and their protection against abuses;

b. to develop self-government, to take due account of the political aspirations of the peoples, and to assist them in the progressive development of their free political institutions, according to the particular circumstances of each territory and its peoples and their varying stages of advancement;

c. to further international peace and security;

d. to promote constructive measures of development, to encourage research, and to co-operate with one another and, when and where appropriate, with specialized international bodies with a view to the practical achievement of the social, economic, and scientific purposes set forth in this Article; and

e. to transmit regularly to the Secretary-General for information purposes, subject to such limitation as security and constitutional considerations may require, statistical and other information of a technical nature relating to economic, social, and educational conditions in the territories for which they are respectively responsible other than those territories to which Chapters XII and XIII apply.

Article 74

Members of the United Nations also agree that their policy in respect of the territories to which this Chapter applies, no less than in respect of their metropolitan areas, must be based on the general principle of good-neighbourliness, due account being taken of the interests and well-being of the rest of the world, in social, economic, and commercial matters.

CHAPTER XII - INTERNATIONAL TRUSTEESHIP SYSTEM

Article 75

The United Nations shall establish under its authority an international trusteeship system for the administration and supervision of such territories as may be placed thereunder by subsequent individual agreements. These territories are hereinafter referred to as trust territories.

Article 76

The basic objectives of the trusteeship system, in accordance with the Purposes of the United Nations laid down in Article 1 of the present Charter, shall be:

a. to further international peace and security;

b. to promote the political, economic, social, and educational advancement of the inhabitants of the trust territories, and their progressive development towards self-government or independence as may be appropriate to the particular circumstances of each territory and its peoples and the freely expressed wishes of the peoples concerned, and as may be provided by the terms of each trusteeship agreement;

c. to encourage respect for human rights and for fundamental freedoms for all without distinction as to race, sex, language, or religion, and to encourage recognition of the interdependence of the peoples of the world; and

d. to ensure equal treatment in social, economic, and commercial matters for all Members of the United Nations and their nationals, and also equal treatment for the latter in the administration of justice, without prejudice to the attainment of the foregoing objectives and subject to the provisions of Article 80.

Article 77

1. The trusteeship system shall apply to such territories in the following categories as may be placed thereunder by means of trusteeship agreements:

a. territories now held under mandate;

b. territories which may be detached from enemy states as a result of the Second World War; and

c. territories voluntarily placed under the system by states responsible for their administration.
2. t will be a matter for subsequent agreement as to which territories in the foregoing categories will be brought under the trusteeship system and upon what terms.

Article 78
The trusteeship system shall not apply to territories which have become Members of the United Nations, relationship among which shall be based on respect for the principle of sovereign equality.

Article 79
The terms of trusteeship for each territory to be placed under the trusteeship system, including any alteration or amendment, shall be agreed upon by the states directly concerned, including the mandatory power in the case of territories held under mandate by a Member of the United Nations, and shall be approved as provided for in Articles 83 and 85.

Article 80
1. Except as may be agreed upon in individual trusteeship agreements, made under Articles 77, 79, and 81, placing each territory under the trusteeship system, and until such agreements have been concluded, nothing in this Chapter shall be construed in or of itself to alter in any manner the rights whatsoever of any states or any peoples or the terms of existing international instruments to which Members of the United Nations may respectively be parties.
2. Paragraph 1 of this Article shall not be interpreted as giving grounds for delay or postponement of the negotiation and conclusion of agreements for placing mandated and other territories under the trusteeship system as provided for in Article 77.

Article 81
The trusteeship agreement shall in each case include the terms under which the trust territory will be administered and designate the authority which will exercise the

administration of the trust territory. Such authority, hereinafter called the administering authority, may be one or more states or the Organization itself.

Article 82

There may be designated, in any trusteeship agreement, a strategic area or areas which may include part or all of the trust territory to which the agreement applies, without prejudice to any special agreement or agreements made under Article 43.

Article 83

1. All functions of the United Nations relating to strategic areas, including the approval of the terms of the trusteeship agreements and of their alteration or amendment shall be exercised by the Security Council.
2. The basic objectives set forth in Article 76 shall be applicable to the people of each strategic area.
3. The Security Council shall, subject to the provisions of the trusteeship agreements and without prejudice to security considerations, avail itself of the assistance of the Trusteeship Council to perform those functions of the United Nations under the trusteeship system relating to political, economic, social, and educational matters in the strategic areas.

Article 84

It shall be the duty of the administering authority to ensure that the trust territory shall play its part in the maintenance of international peace and security. To this end the administering authority may make use of volunteer forces, facilities, and assistance from the trust territory in carrying out the obligations towards the Security Council undertaken in this regard by the administering authority, as well as for local defence and the maintenance of law and order within the trust territory.

Article 85

1. The functions of the United Nations with regard to trusteeship agreements for all areas not designated as strategic, including the approval of the terms of the trusteeship

agreements and of their alteration or amendment, shall be exercised by the General Assembly.

2. The Trusteeship Council, operating under the authority of the General Assembly shall assist the General Assembly in carrying out these functions.

CHAPTER XIII - THE TRUSTEESHIP COUNCIL

〈composition〉

Article 86

1. The Trusteeship Council shall consist of the following Members of the United Nations:

a. those Members administering trust territories;

b. such of those Members mentioned by name in Article 23 as are not administering trust territories; and

c. as many other Members elected for three-year terms by the General Assembly as may be necessary to ensure that the total number of members of the Trusteeship Council is equally divided between those Members of the United Nations which administer trust territories and those which do not.

2. Each member of the Trusteeship Council shall designate one specially qualified person to represent it therein.

〈fuctions and powerds〉

Article 87

The General Assembly and, under its authority, the Trusteeship Council, in carrying out their functions, may:

a. consider reports submitted by the administering authority;

b. accept petitions and examine them in consultation with the administering authority;

c. provide for periodic visits to the respective trust territories at times agreed upon with the administering authority; and

d. take these and other actions in conformity with the terms of the trusteeship agreements.

Article 88

The Trusteeship Council shall formulate a questionnaire on the political, economic, social, and educational advancement of the inhabitants of each trust territory, and the administering authority for each trust territory within the competence of the General Assembly shall make an annual report to the General Assembly upon the basis of such questionnaire.

〈voting〉

Article 89

1. Each member of the Trusteeship Council shall have one vote.

2. Decisions of the Trusteeship Council shall be made by a majority of the members present and voting.

〈procedure〉

Article 90

1. The Trusteeship Council shall adopt its own rules of procedure, including the method of selecting its President.

2. The Trusteeship Council shall meet as required in accordance with its rules, which shall include provision for the convening of meetings on the request of a majority of its members.

Article 91

The Trusteeship Council shall, when appropriate, avail itself of the assistance of the Economic and Social Council and of the specialized agencies in regard to matters with which they are respectively concerned.

CHAPTER XIV - THE INTERNATIONAL COURT OF JUSTICE

Article 92

The International Court of Justice shall be the principal judicial organ of the United Nations. It shall function in accordance with the annexed Statute, which is based upon the Statute of the Permanent Court of International Justice and forms an integral part of the present Charter.

Article 93

1. All Members of the United Nations are ipso facto parties to the Statute of the International Court of Justice.
2. A state which is not a Member of the United Nations may become a party to the Statute of the International Court of Justice on conditions to be determined in each case by the General Assembly upon the recommendation of the Security Council.

Article 94

1. Each Member of the United Nations undertakes to comply with the decision of the International Court of Justice in any case to which it is a party.
2. If any party to a case fails to perform the obligations incumbent upon it under a judgment rendered by the Court, the other party may have recourse to the Security Council, which may, if it deems necessary, make recommendations or decide upon measures to be taken to give effect to the judgment.

Article 95

Nothing in the present Charter shall prevent Members of the United Nations from entrusting the solution of their differences to other tribunals by virtue of agreements already in existence or which may be concluded in the future.

Article 96

1. The General Assembly or the Security Council may request the International Court of Justice to give an advisory opinion on any legal question.

2. Other organs of the United Nations and specialized agencies, which may at any time be so authorized by the General Assembly, may also request advisory opinions of the Court on legal questions arising within the scope of their activities.

CHAPTER XV - THE SECRETARIAT

Article 97
The Secretariat shall comprise a Secretary-General and such staff as the Organization may require. The Secretary-General shall be appointed by the General Assembly upon the recommendation of the Security Council. He shall be the chief administrative officer of the Organization.

Article 98
The Secretary-General shall act in that capacity in all meetings of the General Assembly, of the Security Council, of the Economic and Social Council, and of the Trusteeship Council, and shall perform such other functions as are entrusted to him by these organs. The Secretary-General shall make an annual report to the General Assembly on the work of the Organization.

Article 99
The Secretary-General may bring to the attention of the Security Council any matter which in his opinion may threaten the maintenance of international peace and security.

Article 100
1. In the performance of their duties the Secretary- General and the staff shall not seek or receive instructions from any government or from any other authority external to the Organization. They shall refrain from any action which might reflect on their position as international officials responsible only to the Organization.
2. Each Member of the United Nations undertakes to respect the exclusively international character of the responsibilities of the Secretary-General and the staff and not to seek to influence them in the discharge of their responsibilities.

Article 101

1. The staff shall be appointed by the Secretary-General under regulations established by the General Assembly.

2. Appropriate staffs shall be permanently assigned to the Economic and Social Council, the Trusteeship Council, and, as required, to other organs of the United Nations. These staffs shall form a part of the Secretariat.

3. The paramount consideration in the employment of the staff and in the determination of the conditions of service shall be the necessity of securing the highest standards of efficiency, competence, and integrity. Due regard shall be paid to the importance of recruiting the staff on as wide a geographical basis as possible.

CHAPTER XVI - MISCELLANEOUS PROVISIONS

Article 102

1. Every treaty and every international agreement entered into by any Member of the United Nations after the present Charter comes into force shall as soon as possible be registered with the Secretariat and published by it.

2. No party to any such treaty or international agreement which has not been registered in accordance with the provisions of paragraph 1 of this Article may invoke that treaty or agreement before any organ of the United Nations.

Article 103

In the event of a conflict between the obligations of the Members of the United Nations under the present Charter and their obligations under any other international agreement, their obligations under the present Charter shall prevail.

Article 104

The Organization shall enjoy in the territory of each of its Members such legal capacity as may be necessary for the exercise of its functions and the fulfilment of its purposes.

Article 105

1. The Organization shall enjoy in the territory of each of its Members such privileges and immunities as are necessary for the fulfilment of its purposes.

2. Representatives of the Members of the United Nations and officials of the Organization shall similarly enjoy such privileges and immunities as are necessary for the independent exercise of their functions in connexion with the Organization.

3. The General Assembly may make recommendations with a view to determining the details of the application of paragraphs 1 and 2 of this Article or may propose conventions to the Members of the United Nations for this purpose.

CHAPTER XVII - TRANSITIONAL SECURITY ARRANGEMENTS

Article 106

Pending the coming into force of such special agreements referred to in Article 43 as in the opinion of the Security Council enable it to begin the exercise of its responsibilities under Article 42, the parties to the Four-Nation Declaration, signed at Moscow, 30 October 1943, and France, shall, in accordance with the provisions of paragraph 5 of that Declaration, consult with one another and as occasion requires with other Members of the United Nations with a view to such joint action on behalf of the Organization as may be necessary for the purpose of maintaining international peace and security.

Article 107

Nothing in the present Charter shall invalidate or preclude action, in relation to any state which during the Second World War has been an enemy of any signatory to the present Charter, taken or authorized as a result of that war by the Governments having responsibility for such action.

CHAPTER XVIII - AMENDMENTS

Article 108

Amendments to the present Charter shall come into force for all Members of the United

Nations when they have been adopted by a vote of two thirds of the members of the General Assembly and ratified in accordance with their respective constitutional processes by two thirds of the Members of the United Nations, including all the permanent members of the Security Council.

Article 109

1. A General Conference of the Members of the United Nations for the purpose of reviewing the present Charter may be held at a date and place to be fixed by a two-thirds vote of the members of the General Assembly and by a vote of any nine members of the Security Council. Each Member of the United Nations shall have one vote in the conference.

2. Any alteration of the present Charter recommended by a two-thirds vote of the conference shall take effect when ratified in accordance with their respective constitutional processes by two thirds of the Members of the United Nations including all the permanent members of the Security Council.

3. If such a conference has not been held before the tenth annual session of the General Assembly following the coming into force of the present Charter, the proposal to call such a conference shall be placed on the agenda of that session of the General Assembly, and the conference shall be held if so decided by a majority vote of the members of the General Assembly and by a vote of any seven members of the Security Council.

CHAPTER XIX - RATIFICATION AND SIGNATURE

Article 110

1. The present Charter shall be ratified by the signatory states in accordance with their respective constitutional processes.

2. The ratifications shall be deposited with the Government of the United States of America, which shall notify all the signatory states of each deposit as well as the Secretary-General of the Organization when he has been appointed.

3. The present Charter shall come into force upon the deposit of ratifications by the

Republic of China, France, the Union of Soviet Socialist Republics, the United Kingdom of Great Britain and Northern Ireland, and the United States of America, and by a majority of the other signatory states. A protocol of the ratifications deposited shall thereupon be drawn up by the Government of the United States of America which shall communicate copies thereof to all the signatory states.

4. The states signatory to the present Charter which ratify it after it has come into force will become original Members of the United Nations on the date of the deposit of their respective ratifications.

Article 111

The present Charter, of which the Chinese, French, Russian, English, and Spanish texts are equally authentic, shall remain deposited in the archives of the Government of the United States of America. Duly certified copies thereof shall be transmitted by that Government to the Governments of the other signatory states.

IN FAITH WHEREOF the representatives of the Governments of the United Nations have signed the present Charter. DONE at the city of San Francisco the twenty-sixth day of June, one thousand nine hundred and forty-five.

국제연합헌장

전문

우리 연합국 국민들은

· 우리 일생 중에 두 번이나 말할 수 없는 슬픔을 인류에 가져온 전쟁의 불행에서 다음 세대를 구하고,

· 기본적 인권, 인간의 존엄 및 가치, 남녀 및 대소 각국의 평등권에 대한 신념을 재확인하며,

· 정의와 조약 및 기타 국제법의 연원으로부터 발생하는 의무에 대한 존중이 계속 유지될 수 있는 조건을 확립하며,

· 더 많은 자유 속에서 사회적 진보와 생활수준의 향상을 촉진할 것을 결의하였다.

그리고 이러한 목적을 위하여

· 관용을 실천하고 선량한 이웃으로서 상호간 평화롭게 같이 생활하며,
· 국제평화와 안전을 유지하기 위하여 우리들의 힘을 합하며,
· 공동이익을 위한 경우 이외에는 무력을 사용하지 아니한다는 것을, 원칙의 수락과 방법의 설정에 의하여, 보장하고,
· 모든 국민의 경제적 및 사회적 발전을 촉진하기 위하여 국제기관을 이용한다는 것을 결의하면서,

이러한 목적을 달성하기 위하여 우리의 노력을 결집할 것을 결정하였다.
따라서, 우리 각자의 정부는, 샌프란시스코에 모인, 유효하고 타당한 것으로 인정된 전권위임장을 제시한 대표를 통하여, 이 국제연합헌장에 동의하고, 국제연합이라는 국제기구를 이에 설립한다.

제1장 – 목적과 원칙

제1조 국제연합의 목적은 다음과 같다.

1. 국제평화와 안전을 유지하고, 이를 위하여 평화에 대한 위협의 방지, 제거 그리고 침략행위 또는 기타 평화의 파괴를 진압하기 위한 유효한 집단적 조치를 취하고 평화의 파괴로 이를 우려가 있는 국제적 분쟁이나 사태의 조정 · 해결을 평화적 수단에 의하여 또한 정의와 국제법의 원칙에 따라 실현한다.
2. 사람들의 평등권 및 자결의 원칙의 존중에 기초하여 국가간의 우호관계를 발전시키며, 세계평화를 강화하기 위한 기타 적절한 조치를 취한다.
3. 경제적 · 사회적 · 문화적 또는 인도적 성격의 국제문제를 해결하고 또한 인종 · 성별 · 언어 또는 종교에 따른 차별 없이 모든 사람의 인권 및 기본적 자유에 대한 존중을 촉진하고 장려함에 있어 국제적 협력을 달성한다.
4. 이러한 공동의 목적을 달성함에 있어서 각국의 활동을 조화시키는 중심이 된다.

제2조 [원칙]
이 기구 및 그 회원국은 제1조에 명시한 목적을 추구함에 있어서 다음의 원칙에 따라 행동한다.

1. 기구는 모든 회원국의 주권평등 원칙에 기초한다.
2. 모든 회원국은 회원국의 지위에서 발생하는 권리와 이익을 그들 모두에 보장하기 위하여, 이 헌장에 따라 부과되는 의무를 성실히 이행한다.

3. 모든 회원국은 그들의 국제분쟁을 국제평화와 안전 그리고 정의를 위태롭게 하지 아니하는 방식으로 평화적 수단에 의하여 해결한다.
4. 모든 회원국은 그 국제관계에 있어서 다른 국가의 영토보전이나 정치적 독립에 대하여 또는 국제연합의 목적과 양립하지 아니하는 어떠한 기타 방식으로도 무력의 위협이나 무력행사를 삼간다.
5. 모든 회원국은 국제연합이 이 헌장에 따라 취하는 어떠한 조치에 있어서도 모든 원조를 다하며, 국제연합이 방지조치 또는 강제조치를 취하는 대상이 되는 어떠한 국가에 대하여도 원조를 삼간다.
6. 기구는 국제연합의 회원국이 아닌 국가가, 국제평화와 안전을 유지하는데 필요한 한, 이러한 원칙에 따라 행동하도록 확보한다.
7. 이 헌장의 어떠한 규정도 본질상 어떤 국가의 국내 관할권 안에 있는 사항에 간섭할 권한을 국제연합에 부여하지 아니하며, 또는 그러한 사항을 이 헌장에 의한 해결에 맡기도록 회원국에 요구하지 아니한다. 다만, 이 원칙은 제7장에 의한 강제조치의 적용을 해하지 아니한다.

제2장 – 회원국의 지위

제3조

국제연합의 원회원국은, 샌프란시스코에서 국제기구에 관한 연합국 회의에 참가한 국가 또는 1942년 1월 1일의 연합국 선언에 서명한 국가로서, 이 헌장에 서명하고 제110조에 따라 이를 비준한 국가이다.

제4조

1. 국제연합의 회원국 지위는 이 헌장에 규정된 의무를 수락하고, 이러한 의무를 이행할 능력과 의사가 있다고 기구가 판단하는 그 밖의 평화 애호국 모두에 개방된다.
2. 그러한 국가의 국제연합회원국으로의 승인은 안전보장이사회의 권고에 따라 총회의 결정에 의하여 이루어진다.

제5조

안전보장이사회에 의하여 취하여지는 방지조치 또는 강제조치의 대상이 되는 국제연합회원국에 대하여는 총회가 안전보장이사회의 권고에 따라 회원국으로서의 권리와 특권의 행사를 정지시킬 수 있다. 이러한 권리와 특권의 행사는 안전보장이사회에 의하여 회복될 수 있다.

제6조
이 헌장에 규정된 원칙을 끈질기게 위반하는 국제연합회원국은 총회가 안전보장이사회의 권고에 따라 기구로부터 제명할 수 있다.

제3장 – 기관

제7조
1. 국제연합의 주요기관으로서 총회 · 안전보장이사회 · 경제사회 이사회 · 신탁통치이사회 · 국제사법재판소 및 사무국을 설치한다.
2. 필요하다고 인정되는 보조기관은 이 헌장에 따라 설치될 수 있다.

제8조
국제연합은 남녀가 어떠한 능력으로서든 그리고 평등의 조건으로 그 주요기관 및 보조기관에 참가할 자격이 있음에 대하여 어떠한 제한도 두어서는 아니 된다.

제4장 – 총회 구성

제9조
1. 총회는 모든 국제연합회원국으로 구성된다.
2. 각 회원국은 총회에 5인 이하의 대표를 가진다.

임무 및 권한

제10조
총회는 이 헌장의 범위 안에 있거나 또는 이 헌장에 규정된 어떠한 기관의 권한 및 임무에 관한 어떠한 문제 또는 어떠한 사항도 토의할 수 있으며, 그리고 제12소에 규정된 경우를 제외하고는, 그러한 문제 또는 사항에 관하여 국제연합회원국 또는 안전보장이사회 또는 이 양자에 대하여 권고할 수 있다.

제11조

1. 총회는 국제평화와 안전의 유지에 있어서의 협력의 일반원칙을, 군비축소 및 군비규제를 규율하는 원칙을 포함하여 심의하고, 그러한 원칙과 관련하여 회원국이나 안전보장이사회 또는 이 양자에 대하여 권고할 수 있다.
2. 총회는 국제연합회원국이나 안전보장이사회 또는 제35조 제2항에 따라 국제연합회원국이 아닌 국가에 의하여 총회에 회부된 국제평화와 안전의 유지에 관한 어떠한 문제도 토의할 수 있으며, 제12조에 규정된 경우를 제외하고는 그러한 문제와 관련하여 1 또는 그 이상의 관계국이나 안전보장이사회 또는 이 양자에 대하여 권고할 수 있다. 그러한 문제로서 조치를 필요로 하는 것은 토의의 전 또는 후에 총회에 의하여 안전보장 이사회에 회부된다.
3. 총회는 국제평화와 안전을 위태롭게 할 우려가 있는 사태에 대하여 안전보장이사회의 주의를 환기할 수 있다.
4. 이 조에 규정된 총회의 권한은 제10조의 일반적 범위를 제한하지 아니한다.

제12조

1. 안전보장이사회가 어떠한 분쟁 또는 사태와 관련하여 이 헌장에서 부여된 임무를 수행하고 있는 동안에는 총회는 이 분쟁 또는 사태에 관하여 안전보장이사회가 요청하지 아니하는 한 어떠한 권고도 하지 아니한다.
2. 사무총장은 안전보장이사회가 다루고 있는 국제평화와 안전의 유지에 관한 어떠한 사항도 안전보장이사회의 동의를 얻어 매 회기 중 총회에 통고하며, 또한 사무총장은, 안전보장이사회가 그러한 사항을 다루는 것을 중지한 경우, 즉시 총회 또는 총회가 회기 중이 아닐 경우에는 국제연합회원국에 마찬가지로 통고한다.

제13조

1. 총회는 다음의 목적을 위하여 연구를 발의하고 권고한다.
   가. 정치적 분야에 있어서 국제협력을 촉진하고, 국제법의 점진적 발달 및 그 법전화를 장려하는 것.
   나. 경제, 사회, 문화, 교육 및 보건 분야에 있어서 국제협력을 촉진하며 그리고 인종, 성별, 언어 또는 종교에 관한 차별 없이 모든 사람을 위하여 인권 및 기본적 자유를 실현하는 데 있어 원조하는 것.
2. 전기 제1항 나호에 규정된 사항에 관한 총회의 추가적 책임, 임무 및 권한은 제9

장과 제10장에 규정된다.

제14조

제12조 규정에 따를 것을 조건으로 총회는 그 원인에 관계없이 일반적 복지 또는 국가간의 우호관계를 해할 우려가 있다고 인정되는 어떠한 사태도 이의 평화적 조정을 위한 조치를 권고할 수 있다. 이 사태는 국제연합의 목적 및 원칙을 정한 이 헌장규정의 위반으로부터 발생하는 사태를 포함한다.

제15조

1. 총회는 안전보장이사회로부터 연례보고와 특별보고를 받아 심의한다. 이 보고는 안전보장이사회가 국제평화와 안전을 유지하기 위하여 결정하거나 또는 취한 조치의 설명을 포함한다.
2. 총회는 국제연합의 다른 기관으로부터 보고를 받아 심의한다.

제16조

총회는 제12장과 제13장에 의하여 부과된 국제신탁통치제도에 관한 임무를 수행한다. 이 임무는 전략지역으로 지정되지 아니한 지역에 관한 신탁통치협정의 승인을 포함한다.

제17조

1. 총회는 기구의 예산을 심의하고 승인한다.
2. 기구의 경비는 총회에서 배정한 바에 따라 회원국이 부담한다.
3. 총회는 제57조에 규정된 전문기구와의 어떠한 재정약정 및 예산약정도 심의하고 승인하며, 당해 전문기구에 권고할 목적으로 그러한 전문기구의 행정적 예산을 검사한다.

표결

제18조

1. 총회의 각 구성국은 1개의 투표권을 가진다.
2. 중요문제에 관한 총회의 결정은 출석하여 투표하는 구성국의 3분의 2의 다수로

한다. 이러한 문제는 국제평화와 안전의 유지에 관한 권고, 안전보장이사회의 비상임이사국의 선출, 경제사회이사회의 이사국의 선출, 제86조 제1항 다호에 의한 신탁통치이사회의 이사국의 선출, 신회원국의 국제연합 가입의 승인, 회원국으로서의 권리 및 특권의 정지, 회원국의 제명, 신탁통치제도의 운영에 관한 문제 및 예산문제를 포함한다.

3. 기타 문제에 관한 결정은 3분의 2의 다수로 결정될 문제의 추가적 부문의 결정을 포함하여 출석하여 투표하는 구성국의 과반수로 한다.

제19조

기구에 대한 재정적 분담금의 지불을 연체한 국제연합회원국은 그 연체금액이 그 때까지의 만 2년간 그 나라가 지불하였어야 할 분담금의 금액과 같거나 또는 초과하는 경우 총회에서 투표권을 가지지 못한다. 그럼에도 총회는 지불의 불이행이 그 회원국이 제어할 수 없는 사정에 의한 것임이 인정되는 경우 그 회원국의 투표를 허용할 수 있다.

절차

제20조

총회는 연례정기회기 및 필요한 경우에는 특별회기로서 모인다. 특별회기는 안전보장이사회의 요청 또는 국제연합회원국의 과반수의 요청에 따라 사무총장이 소집한다.

제21조

총회는 그 자체의 의사규칙을 채택한다. 총회는 매 회기마다 의장을 선출한다.

제22조

총회는 그 임무의 수행에 필요하다고 인정되는 보조기관을 설치할 수 있다.

제5장 – 안전보장이사회 구성

제23조

1. 안전보장이사회는 15개 국제연합회원국으로 구성된다. 중화민국, 불란서, 소비

에트사회주의공화국연방, 영국 및 미합중국은 안전보장 이사회의 상임이사국이다. 총회는 먼저 국제평화와 안전의 유지 및 기구의 기타 목적에 대한 국제연합 회원국의 공헌과 또한 공평한 지리적 배분을 특별히 고려하여 그외 10개의 국제연합회원국을 안전보장이사회의 비상임이사국으로 선출한다.

2. 안전보장이사회의 비상임이사국은 2년의 임기로 선출된다. 안전보장이사회의 이사국이 11개국에서 15개국으로 증가된 후 최초의 비상임이사국 선출에서는, 추가된 4개 이사국 중 2개 이사국은 1년의 임기로 선출된다. 퇴임이사국은 연이어 재선될 자격을 가지지 아니한다.
3. 안전보장이사회의 각 이사국은 1인의 대표를 가진다.

임무와 권한

제24조

1. 국제연합의 신속하고 효과적인 조치를 확보하기 위하여, 국제연합회원국은 국제평화와 안전의 유지를 위한 일차적 책임을 안전보장이사회에 부여하며, 또한 안전보장이사회가 그 책임하에 의무를 이행함에 있어 회원국을 대신하여 활동하는 것에 동의한다.
2. 이러한 의무를 이행함에 있어 안전보장이사회는 국제연합의 목적과 원칙에 따라 활동한다. 이러한 의무를 이행하기 위하여 안전보장이사회에 부여된 특정한 권한은 제6장, 제7장, 제8장 및 제12장에 규정된다.
3. 안전보장이사회는 연례보고 및 필요한 경우 특별보고를 총회에 심의하도록 제출한다.

제25조

국제연합회원국은 안전보장이사회의 결정을 이 헌장에 따라 수락하고 이행할 것을 동의한다.

제26조

세계의 인적 및 경제적 자원을 군비를 위하여 최소한으로 전용함으로써 국제평화와 안전의 확립 및 유지를 촉진하기 위하여, 안전보장이사회는 군비규제체제의 확립을 위하여 국제연합회원국에 제출되는 계획을 제47조에 규정된 군사참모위원회의 원조를 받아 작성할 책임을 진다.

표결

제27조
1. 안전보장이사회의 각 이사국은 1개의 투표권을 가진다.
2. 절차사항에 관한 안전보장이사회의 결정은 9개이사국의 찬성투표로써 한다.
3. 그 외 모든 사항에 관한 안전보장이사회의 결정은 상임이사국의 동의 투표를 포함한 9개 이사국의 찬성투표로써 한다. 다만, 제6장 및 제52조 제3항에 의한 결정에 있어서는 분쟁당사국은 투표를 기권한다.

절차

제28조
1. 안전보장이사회는 계속적으로 임무를 수행할 수 있도록 조직된다. 이를 위하여 안전보장이사회의 각 이사국은 기구의 소재지에 항상 대표를 둔다.
2. 안전보장이사회는 정기회의를 개최한다. 이 회의에 각 이사국은 희망하는 경우, 각료 또는 특별히 지명된 다른 대표에 의하여 대표될 수 있다.
3. 안전보장이사회는 그 사업을 가장 쉽게 할 수 있다고 판단되는 기구의 소재지외의 장소에서 회의를 개최할 수 있다.

제29조
안전보장이사회는 그 임무의 수행에 필요하다고 인정되는 보조기관을 설치할 수 있다.

제30조
안전보장이사회는 의장선출방식을 포함한 그 자체의 의사규칙을 채택한다.

제31조
안전보장이사회의 이사국이 아닌 어떠한 국제연합회원국도 안전보장 이사회가 그 회원국의 이해에 특히 영향이 있다고 인정하는 때에는 언제든지 안전보장이사회에 회부된 어떠한 문제의 토의에도 투표권 없이 참가할 수 있다.

제32조
안전보장이사회의 이사국이 아닌 국제연합회원국 또는 국제연합 회원국이 아닌 어떠한 국가도 안전보장이사회에서 심의중인 분쟁의 당사자인 경우에는 이 분쟁에 관한 토의에 투표권 없이 참가하도록 초청된다. 안전보장이사회는 국제연합회원국이 아닌 국가의 참가에 공정하다고 인정되는 조건을 정한다.

제6장 – 분쟁의 평화적 해결

제33조
1. 어떠한 분쟁도 그의 계속이 국제평화와 안전의 유지를 위태롭게 할 우려가 있는 것일 경우, 그 분쟁의 당사자는 우선 교섭, 심사, 중개, 조정, 중재재판, 사법적 해결, 지역적 기관 또는 지역적 약정의 이용 또는 당사자가 선택하는 다른 평화적 수단에 의한 해결을 구한다.
2. 안전보장이사회는 필요하다고 인정하는 경우 당사자에 대하여 그 분쟁을 그러한 수단에 의하여 해결하도록 요청한다.

제34조
안전보장이사회는 어떠한 분쟁에 관하여도, 또는 국제적 마찰이 되거나 분쟁을 발생하게 할 우려가 있는 어떠한 사태에 관하여도, 그 분쟁 또는 사태의 계속이 국제평화와 안전의 유지를 위태롭게 할 우려가 있는지 여부를 결정하기 위하여 조사할 수 있다.

제35조
1. 국제연합회원국은 어떠한 분쟁에 관하여도, 또는 제34조에 규정된 성격의 어떠한 사태에 관하여도, 안전보장이사회 또는 총회의 주의를 환기할 수 있다.
2. 국제연합회원국이 아닌 국가는 자국이 당사자인 어떠한 분쟁에 관하여도, 이 헌장에 규정된 평화적 해결의 의무를 그 분쟁에 관하여 미리 수락하는 경우에는 안전보장이사회 또는 총회의 주의를 환기할 수 있다.
3. 이 조에 의하여 주의가 환기된 사항에 관한 총회의 절차는 제11조 및 제12조의 규정에 따른다.

第36조

1. 안전보장이사회는 제33조에 규정된 성격의 분쟁 또는 유사한 성격의 사태의 어떠한 단계에 있어서도 적절한 조정절차 또는 조정방법을 권고할 수 있다.
2. 안전보장이사회는 당사자가 이미 채택한 분쟁해결절차를 고려하여야 한다.
3. 안전보장이사회는, 이 조에 의하여 권고를 함에 있어서, 일반적으로 법률적 분쟁이 국제사법재판소규정의 규정에 따라 당사자에 의하여 동 재판소에 회부되어야 한다는 점도 또한 고려하여야 한다.

第37조

1. 제33조에 규정된 성격의 분쟁당사자는, 동조에 규정된 수단에 의하여 분쟁을 해결하지 못하는 경우, 이를 안전보장이사회에 회부한다.
2. 안전보장이사회는 분쟁의 계속이 국제평화와 안전의 유지를 위태롭게 할 우려가 실제로 있다고 인정하는 경우 제36조에 의하여 조치를 취할 것인지 또는 적절하다고 인정되는 해결조건을 권고할 것인지를 결정한다.

第38조

제33조 내지 제37조의 규정을 해하지 아니하고, 안전보장이사회는 어떠한 분쟁에 관하여도 모든 당사자가 요청하는 경우 그 분쟁의 평화적 해결을 위하여 그 당사자에게 권고할 수 있다.

제7장 – 평화에 대한 위협, 평화의 파괴 및 침략행위에 관한 조치

第39조

안전보장이사회는 평화에 대한 위협, 평화의 파괴 또는 침략행위의 존재를 결정하고, 국제평화와 안전을 유지하거나 이를 회복하기 위하여 권고하거나, 또는 제41조 및 제42조에 따라 어떠한 조치를 취할 것인지를 결정한다.

第40조

사태의 악화를 방지하기 위하여 안전보장이사회는 제39조에 규정된 권고를 하거나 조치를 결정하기 전에 필요하거나 바람직하다고 인정되는 잠정조치에 따르도록 관계당사자에게 요청할 수 있다. 이 잠정조치는 관계당사자의 권리, 청구권 또는 지위를 해하지 아니한다. 안전보장 이사회는 그러한 잠정조치의 불이행을 적절히 고려한다.

제41조
안전보장이사회는 그의 결정을 집행하기 위하여 병력의 사용을 수반하지 아니하는 어떠한 조치를 취하여야 할 것인지를 결정할 수 있으며, 또한 국제연합회원국에 대하여 그러한 조치를 적용하도록 요청할 수 있다. 이 조치는 경제관계 및 철도, 항해, 항공, 우편, 전신, 무선통신 및 다른 교통통신수단의 전부 또는 일부의 중단과 외교관계의 단절을 포함할 수 있다.

제42조
안전보장이사회는 제41조에 규정된 조치가 불충분할 것으로 인정하거나 또는 불충분한 것으로 판명되었다고 인정하는 경우에는, 국제평화와 안전의 유지 또는 회복에 필요한 공군, 해군 또는 육군에 의한 조치를 취할 수 있다. 그러한 조치는 국제연합회원국의 공군, 해군 또는 육군에 의한 시위, 봉쇄 및 다른 작전을 포함할 수 있다.

제43조
1. 국제평화와 안전의 유지에 공헌하기 위하여 모든 국제연합회원국은 안전보장이사회의 요청에 의하여 그리고 1 또는 그 이상의 특별협정에 따라, 국제평화와 안전의 유지 목적상 필요한 병력, 원조 및 통과권을 포함한 편의를 안전보장이사회에 이용하게 할 것을 약속한다.
2. 그러한 협정은 병력의 수 및 종류, 그 준비정도 및 일반적 배치와 제공될 편의 및 원조의 성격을 규율한다.
3. 그 협정은 안전보장이사회의 발의에 의하여 가능한 한 신속히 교섭되어야 한다. 이 협정은 안전보장이사회와 회원국 간에 또는 안전보장이사회와 회원국집단 간에 체결되며, 서명국 각자의 헌법상의 절차에 따라 동 서명국에 의하여 비준되어야 한다.

제44조
안전보장이사회는 무력을 사용하기로 결정한 경우 이사회에서 대표되지 아니하는 회원국에게 제43조에 따라 부과된 의무의 이행으로서 병력의 제공을 요청하기 전에 그 회원국이 희망한다면 그 회원국 병력 중 파견부대의 사용에 관한 안전보장이사회의 결정에 참여하도록 그 회원국을 초청한다.

제45조
국제연합이 긴급한 군사조치를 취할 수 있도록 하기 위하여, 회원국은 합동의 국제적 강제조치를 위하여 자국의 공군파견부대를 즉시 이용할 수 있도록 유지한다. 이러한 파견부대의 전력과 준비정도 및 합동조치를 위한 계획은 제43조에 규정된 1 또는 그 이상의 특별협정에 규정된 범위 안에서 군사참모위원회의 도움을 얻어 안전보장이사회가 결정한다.

제46조
병력사용계획은 군사참모위원회의 도움을 얻어 안전보장이사회가 작성한다.

제47조
1. 국제평화와 안전의 유지를 위한 안전보장이사회의 군사적 필요, 안전보장이사회의 재량에 맡기어진 병력의 사용 및 지휘, 군비규제 그리고 가능한 군비축소에 관한 모든 문제에 관하여 안전보장이사회에 조언하고 도움을 주기 위하여 군사참모위원회를 설치한다.
2. 군사참모위원회는 안전보장이사회 상임이사국의 참모총장 또는 그의 대표로 구성된다. 이 위원회에 상임위원으로서 대표되지 아니하는 국제연합회원국은 위원회의 책임의 효과적인 수행을 위하여 위원회의 사업에 동 회원국의 참여가 필요한 경우에는 위원회에 의하여 그와 제휴하도록 초청된다.
3. 군사참모위원회는 안전보장이사회하에 안전보장이사회의 재량에 맡기어진 병력의 전략적 지도에 대하여 책임을 진다. 그러한 병력의 지휘에 관한 문제는 추후에 해결한다.
4. 군사참모위원회는 안전보장이사회의 허가를 얻어 그리고 적절한 지역기구와 협의한 후 지역소위원회를 설치할 수 있다.

제48조
1. 국제평화와 안전의 유지를 위한 안전보장이사회의 결정을 이행 하는데 필요한 조치는 안전보장이사회가 정하는 바에 따라 국제연합 회원국의 전부 또는 일부에 의하여 취하여진다.

2. 그러한 결정은 국제연합회원국에 의하여 직접적으로 또한 국제연합 회원국이 그 구성국인 적절한 국제기관에 있어서의 이들 회원국의 조치를 통하여 이행된다.

제49조
국제연합회원국은 안전보장이사회가 결정한 조치를 이행함에 있어 상호원조를 제공하는 데에 참여한다.

제50조
안전보장이사회가 어느 국가에 대하여 방지조치 또는 강제조치를 취하는 경우, 국제연합회원국인지 아닌지를 불문하고 어떠한 다른 국가도 자국이 이 조치의 이행으로부터 발생하는 특별한 경제문제에 직면한 것으로 인정하는 경우, 동 문제의 해결에 관하여 안전보장이사회와 협의할 권리를 가진다.

제51조
이 헌장의 어떠한 규정도 국제연합회원국에 대하여 무력공격이 발생한 경우, 안전보장이사회가 국제평화와 안전을 유지하기 위하여 필요한 조치를 취할 때까지 개별적 또는 집단적 자위의 고유한 권리를 침해하지 아니한다. 자위권을 행사함에 있어 회원국이 취한 조치는 즉시 안전보장이사회에 보고된다. 또한 이 조치는, 안전보장이사회가 국제평화와 안전의 유지 또는 회복을 위하여 필요하다고 인정하는 조치를 언제든지 취한다는, 이 헌장에 의한 안전보장 이사회의 권한과 책임에 어떠한 영향도 미치지 아니한다.

제8장 – 지역적 약정

제52조
1. 이 헌장의 어떠한 규정도, 국제평화와 안전의 유지에 관한 사항으로서 지역적 조치에 적합한 사항을 처리하기 위하여 지역적 약정 또는 지역적 기관이 존재하는 것을 배제하지 아니한다. 다만, 이 약정 또는 기관 및 그 활동이 국제연합의 목적과 원칙에 일치하는 것을 조건으로 한다.
2. 그러한 약정을 체결하거나 그러한 기관을 구성하는 국제연합 회원국은 지역적 분쟁을 안전보장이사회에 회부하기 전에 이 지역적 약정 또는 지역적 기관에 의

하여 그 분쟁의 평화적 해결을 성취하기 위하여 모든 노력을 다한다.
3. 안전보장이사회는 관계국의 발의에 의하거나 안전보장이사회의 회부에 의하여 그러한 지역적 약정 또는 지역적 기관에 의한 지역적 분쟁의 평화적 해결의 발달을 장려한다.
4. 이 조는 제34조 및 제35조의 적용을 결코 해하지 아니한다.

第53조
1. 안전보장이사회는 그 권위 하에 취하여지는 강제조치를 위하여 적절한 경우에는 그러한 지역적 약정 또는 지역적 기관을 이용한다. 다만, 안전보장이사회의 허가 없이는 어떠한 강제조치도 지역적 약정 또는 지역적 기관에 의하여 취하여져서는 아니 된다. 그러나 이 조 제2항에 규정된 어떠한 적국에 대한 조치이든지 제107조에 따라 규정된 것 또는 적국에 의한 침략 정책의 재현에 대비한 지역적 약정에 규정된 것은, 관계정부의 요청에 따라 기구가 그 적국에 의한 새로운 침략을 방지할 책임을 질 때까지는 예외로 한다.
2. 이 조 제1항에서 사용된 적국이라는 용어는 제2차 세계대전 중에 이 헌장 서명국의 적국이었던 어떠한 국가에도 적용된다.

第54조
안전보장이사회는 국제평화와 안전의 유지를 위하여 지역적 약정 또는 지역적 기관에 의하여 착수되었거나 또는 계획되고 있는 활동에 대하여 항상 충분히 통보받는다.

제9장 – 경제적 및 사회적 국제협력

第55조
사람의 평등권 및 자결원칙의 존중에 기초한 국가 간의 평화롭고 우호적인 관계에 필요한 안정과 복지의 조건을 창조하기 위하여, 국제연합은 다음을 촉진한다.
가. 보다 높은 생활수준, 완전고용 그리고 경제적 및 사회적 진보와 발전의 조건
나. 경제, 사회, 보건 및 관련국제문제의 해결 그리고 문화 및 교육상의 국제협력
다. 인종, 성별, 언어 또는 종교에 관한 차별이 없는 모든 사람을 위한 인권 및 기본적 자유의 보편적 존중과 준수

제56조

모든 회원국은 제55조에 규정된 목적의 달성을 위하여 기구와 협력하여 공동의 조치 및 개별적 조치를 취할 것을 약속한다.

제57조

1. 정부간 협정에 의하여 설치되고 경제, 사회, 문화, 교육, 보건 분야 및 관련분야에 있어서 기본적 문서에 정한대로 광범위한 국제적 책임을 지는 각종 전문기구는 제63조의 규정에 따라 국제연합과 제휴관계를 설정한다.
2. 이와 같이 국제연합과 제휴관계를 설정한 기구는 이하 전문기구라 한다.

제58조

기구는 전문기구의 정책과 활동을 조정하기 위하여 권고한다.

제59조

기구는 적절한 경우 제55조에 규정된 목적의 달성에 필요한 새로운 전문기구를 창설하기 위하여 관계국간의 교섭을 발의한다.

제60조

이 장에서 규정된 기구의 임무를 수행할 책임은 총회와 총회의 권위 하에 경제사회이사회에 부과된다. 경제사회이사회는 이 목적을 위하여 제10장에 규정된 권한을 가진다.

제10장 – 경제사회이사회

구성

제61조

1. 경제사회이사회는 총회에 의하여 선출된 54개 국제연합회원국으로 구성된다.
2. 제3항의 규정에 따를 것을 조건으로, 경제사회이사회의 18개 이사국은 3년의 임기로 매년 선출된다. 퇴임이사국은 연이어 재선될 자격이 있다.
3. 경제사회이사회의 이사국이 27개국에서 54개국으로 증가된 후 최초의 선거에서

는, 그 해 말에 임기가 종료되는 9개 이사국을 대신하여 선출되는 이사국에 더하여, 27개 이사국이 추가로 선출된다. 총회가 정한 약정에 따라, 이러한 추가의 27개 이사국 중 그렇게 선출된 9개 이사국의 임기는 1년의 말에 종료되고, 다른 9개 이사국의 임기는 2년의 말에 종료된다.

4. 경제사회이사회의 각 이사국은 1인의 대표를 가진다.

임무와 권한

第62조

1. 경제사회이사회는 경제, 사회, 문화, 교육, 보건 및 관련국제사항에 관한 연구 및 보고를 하거나 또는 발의할 수 있으며, 아울러 그러한 사항에 관하여 총회, 국제연합회원국 및 관계전문기구에 권고할 수 있다.
2. 이사회는 모든 사람을 위한 인권 및 기본적 자유의 존중과 준수를 촉진하기 위하여 권고할 수 있다.
3. 이사회는 그 권한에 속하는 사항에 관하여 총회에 제출하기 위한 협약안을 작성할 수 있다.
4. 이사회는 국제연합이 정한 규칙에 따라 그 권한에 속하는 사항에 관하여 국제회의를 소집할 수 있다.

第63조

1. 경제사회이사회는 제57조에 규정된 어떠한 기구와도, 동 기구가 국제연합과 제휴관계를 설정하는 조건을 규정하는 협정을 체결할 수 있다. 그러한 협정은 총회의 승인을 받아야 한다.
2. 이사회는 전문기구와의 협의, 전문기구에 대한 권고 및 총회와 국제연합회원국에 대한 권고를 통하여 전문기구의 활동을 조정할 수 있다.

第64조

1. 경제사회이사회는 전문기구로부터 정기보고를 받기 위한 적절한 조치를 취할 수 있다. 이사회는, 이사회의 권고와 이사회의 권한에 속하는 사항에 관한 총회의 권고를 실시하기 위하여 취하여진 조치에 관하여 보고를 받기 위하여, 국제연합회원국 및 전문기구와 약정을 체결할 수 있다.

2. 이사회는 이러한 보고에 관한 의견을 총회에 통보할 수 있다.

제65조
경제사회이사회는 안전보장이사회에 정보를 제공할 수 있으며, 안전보장이사회의 요청이 있을 때에는 이를 원조한다.

제66조
1. 경제사회이사회는 총회의 권고 이행과 관련하여 그 권한에 속하는 임무를 수행한다.
2. 이사회는 국제연합회원국의 요청이 있을 때와 전문기구의 요청이 있을 때에는 총회의 승인을 얻어 용역을 제공할 수 있다.
3. 이사회는 이 헌장의 다른 곳에 규정되거나 총회에 의하여 이사회에 부과된 다른 임무를 수행한다.

표결

제67조
1. 경제사회이사회의 각 이사국은 1개의 투표권을 가진다.
2. 경제사회이사회의 결정은 출석하여 투표하는 이사국의 과반수에 의한다.

절차

제68조
경제사회이사회는 경제적 및 사회적 분야의 위원회, 인권의 신장을 위한 위원회 및 이사회의 임무수행에 필요한 다른 위원회를 설치한다.

제69조
경제사회이사회는 어떠한 국제연합회원국에 대하여도, 그 회원국과 특히 관계가 있는 사항에 관한 심의에 투표권 없이 참가하도록 조정한다.

제70조
경제사회이사회는 전문기구의 대표가 이사회의 심의 및 이사회가 설치한 위원회의 심의에 투표권 없이 참가하기 위한 약정과 이사회의 대표가 전문기구의 심의에 참가하기 위한 약정을 체결할 수 있다.

제71조
경제사회이사회는 그 권한 내에 있는 사항과 관련이 있는 비정부간 기구와의 협의를 위하여 적절한 약정을 체결할 수 있다. 그러한 약정은 국제기구와 체결할 수 있으며 적절한 경우에는 관련 국제연합회원국과의 협의 후에 국내기구와도 체결할 수 있다.

제72조
1. 경제사회이사회는 의장의 선정방법을 포함한 그 자체의 의사규칙을 채택한다.
2. 경제사회이사회는 그 규칙에 따라 필요한 때에 회합하며, 동 규칙은 이사국 과반수의 요청에 의한 회의소집의 규정을 포함한다.

제11장 – 비자치지역에 관한 선언

제73조
주민이 아직 완전한 자치를 행할 수 있는 상태에 이르지 못한 지역의 시정(施政)의 책임을 지거나 또는 그 책임을 맡는 국제연합회원국은, 그 지역 주민의 이익이 가장 중요하다는 원칙을 승인하고, 그 지역주민의 복지를 이 헌장에 의하여 확립된 국제평화와 안전의 체제 안에서 최고도로 증진시킬 의무와 이를 위하여 다음을 행할 의무를 신성한 신탁으로서 수락한다.
가. 관계주민의 문화를 적절히 존중함과 아울러 그들의 정치적, 경제적, 사회적 및 교육적 발전, 공정한 대우, 그리고 학대로부터의 보호를 확보한다.
나. 각 지역 및 그 주민의 특수사정과 그들의 서로 다른 발전단계에 따라 자치를 발달시키고, 주민의 정치적 소망을 적절히 고려하며, 또한 주민의 자유로운 정치제도의 점진적 발달을 위하여 지원한다.
다. 국제평화와 안전을 증진한다.
라. 이 조에 규정된 사회적, 경제적 및 과학적 목적을 실제적으로 달성하기 위하여 건설적인 발전조치를 촉진하고 연구를 장려하며 상호간 및 적절한 경우에는 전문적 국제단체와 협력한다.
마. 제12장과 제13장이 적용되는 지역외의 위의 회원국이 각각 책임을 지는 지역

에서의 경제적, 사회적 및 교육적 조건에 관한 기술적 성격의 통계 및 다른 정보를, 안전보장과 헌법상의 고려에 따라 필요한 제한을 조건으로 하여, 정보용으로 사무총장에 정기적으로 송부한다.

第74조

국제연합회원국은 이 장이 적용되는 지역에 관한 정책이, 그 본국 지역에 관한 정책과 마찬가지로 세계의 다른 지역의 이익과 복지가 적절히 고려되는 가운데에, 사회적, 경제적 및 상업적 사항에 관하여 선린주의의 일반원칙에 기초하여야 한다는 점에 또한 동의한다.

제12장 – 국제신탁통치제도

第75조

국제연합은 금후의 개별적 협정에 의하여 이 제도하에 두게 될 수 있는 지역의 시정 및 감독을 위하여 그 권위 하에 국제신탁통치제도를 확립한다. 이 지역은 이하 신탁통치지역이라 한다.

第76조

신탁통치제도의 기본적 목적은 이 헌장 제1조에 규정된 국제연합의 목적에 따라 다음과 같다.

가. 국제평화와 안전을 증진하는 것.

나. 신탁통치지역 주민의 정치적, 경제적, 사회적 및 교육적 발전을 촉진하고, 각 지역 및 그 주민의 특수사정과 관계주민이 자유롭게 표명한 소망에 적합하도록, 그리고 각 신탁통치협정의 조항이 규정하는 바에 따라 자치 또는 독립을 향한 주민의 점진적 발달을 촉진하는 것.

다. 인종, 성별, 언어 또는 종교에 관한 차별 없이 모든 사람을 위한 인권과 기본적 자유에 대한 존중을 장려하고, 전세계 사람들의 상호의존의 인식을 장려하는 것.

라. 위의 목적의 달성에 영향을 미치지 아니하고 제80조의 규정에 따를 것을 조건으로, 모든 국제연합회원국 및 그 국민을 위하여 사회적, 경제적 및 상업적 사항에 대한 평등한 대우 그리고 또한 그 국민을 위한 사법상의 평등한 대우를 확보하는 것.

제77조

1. 신탁통치제도는 신탁통치협정에 의하여 이 제도 하에 두게 될 수 있는 다음과 같은 범주의 지역에 적용된다.

가. 현재 위임통치하에 있는 지역

나. 제2차 세계대전의 결과로서 적국으로부터 분리될 수 있는 지역

다. 시정에 책임을 지는 국가가 자발적으로 그 제도 하에 두는 지역

2. 위의 범주안의 어떠한 지역을 어떠한 조건으로 신탁통치제도 하에 두게 될 것인가에 관하여는 금후의 협정에서 정한다.

제78조

국제연합회원국간의 관계는 주권평등원칙의 존중에 기초하므로 신탁통치제도는 국제연합회원국이 된 지역에 대하여는 적용하지 아니한다.

제79조

신탁통치제도 하에 두게 되는 각 지역에 관한 신탁통치의 조항은, 어떤 변경 또는 개정을 포함하여 직접 관계국에 의하여 합의되며, 제83조 및 제85조에 규정된 바에 따라 승인된다. 이 직접 관계국은 국제연합회원국의 위임통치하에 있는 지역의 경우, 수임국을 포함한다.

제80조

1. 제77조, 제79조 및 제81조에 의하여 체결되고, 각 지역을 신탁통치제도 하에 두는 개별적인 신탁통치협정에서 합의되는 경우를 제외하고 그리고 그러한 협정이 체결될 때까지, 이 헌장의 어떠한 규정도 어느 국가 또는 국민의 어떠한 권리, 또는 국제연합회원국이 각기 당사국으로 되는 기존의 국제문서의 조항도 어떠한 방법으로도 변경하는 것으로 직접 또는 간접으로 해석되지 아니한다.
2. 이 조 제1항은 제77조에 규정한 바에 따라 위임통치지역 및 기타지역을 신탁통치제도 하에 두기 위한 협정의 교섭 및 체결의 지체 또는 연기를 위한 근거를 부여하는 것으로 해석되지 아니한다.

제81조

신탁통치협정은 각 경우에 있어 신탁통치지역을 시정하는 조건을 포함하며, 신탁

통치지역의 시정을 행할 당국을 지정한다. 그러한 당국은 이하 시정권자라 하며 1 또는 그 이상의 국가, 또는 기구 자체일 수 있다.

第82조
어떠한 신탁통치협정에 있어서도 제43조에 의하여 체결되는 특별 협정을 해하지 아니하고 협정이 적용되는 신탁통치지역의 일부 또는 전부를 포함하는 1 또는 그 이상의 전략지역을 지정할 수 있다.

第83조
1. 전략지역에 관한 국제연합의 모든 임무는 신탁통치협정의 조항과 그 변경 또는 개정의 승인을 포함하여 안전보장이사회가 행한다.
2. 제76조에 규정된 기본목적은 각 전략지역의 주민에 적용된다.
3. 안전보장이사회는, 신탁통치협정의 규정에 따를 것을 조건으로 또한 안전보장에 대한 고려에 영향을 미치지 아니하고, 전략지역에서의 정치적, 경제적, 사회적 및 교육적 사항에 관한 신탁통치제도하의 국제연합의 임무를 수행하기 위하여 신탁통치이사회의 원조를 이용한다.

第84조
신탁통치지역이 국제평화와 안전유지에 있어 그 역할을 하는 것을 보장하는 것이 시정권자의 의무이다. 이 목적을 위하여, 시정권자는 이점에 관하여 시정권자가 안전보장이사회에 대하여 부담하는 의무를 이행함에 있어서 또한 지역적 방위 및 신탁통치지역 안에서의 법과 질서의 유지를 위하여 신탁통치지역의 의용군, 편의 및 원조를 이용할 수 있다.

第85조
1. 전략지역으로 지정되지 아니한 모든 지역에 대한 신탁통치협정과 관련하여 국제연합의 임무는, 신탁통치협정의 조항과 그 변경 또는 개정의 승인을 포함하여, 총회가 수행한다.
2. 총회의 권위 하에 운영되는 신탁통치이사회는 이러한 임무의 수행에 있어 총회를 원조한다.

제13장 – 신탁통치이사회 구성

第86조

1. 신탁통치이사회는 다음의 국제연합회원국으로 구성한다.
 가. 신탁통치지역을 시정하는 회원국
 나. 신탁통치지역을 시정하지 아니하나 제23조에 국명이 언급된 회원국
 다. 총회에 의하여 3년의 임기로 선출된 다른 회원국. 그 수는 신탁통치이사회의 이사국의 총수를 신탁통치지역을 시정하는 국제연합회원국과 시정하지 아니하는 회원국 간에 균분하도록 확보하는 데 필요한 수로 한다.
2. 신탁통치이사회의 각 이사국은 이사회에서 자국을 대표하도록 특별한 자격을 가지는 1인을 지명한다.

임무와 권한

第87조

총회와, 그 권위하의 신탁통치이사회는 그 임무를 수행함에 있어 다음을 할 수 있다.
가. 시정권자가 제출하는 보고서를 심의하는 것
나. 청원의 수리 및 시정권자와 협의하여 이를 심사하는 것
다. 시정권자와 합의한 때에 각 신탁통치지역을 정기적으로 방문하는 것
라. 신탁통치협정의 조항에 따라 이러한 조치 및 다른 조치를 취하는 것

第88조

신탁통치이사회는 각 신탁통치지역 주민의 정치적, 경제적, 사회적 및 교육적 발전에 질문서를 작성하며, 또한 총회의 권능 안에 있는 각 신탁통치 지역의 시정권자는 그러한 질문서에 기초하여 총회에 연례보고를 행한다.

표결

第89조

1. 신탁통치이사회의 각 이사국은 1개의 투표권을 가진다.
2. 신탁통치이사회의 결정은 출석하여 투표하는 이사국의 과반수로 한다.

절차

제90조

1. 신탁통치이사회는 의장 선출방식을 포함한 그 자체의 의사규칙을 채택한다.
2. 신탁통치이사회는 그 규칙에 따라 필요한 경우 회합하며, 그 규칙은 이사국 과반수의 요청에 의한 회의의 소집에 관한 규정을 포함한다.

제91조

신탁통치이사회는 적절한 경우 경제사회이사회 그리고 전문기구가 각각 관련된 사항에 관하여 전문기구의 원조를 이용한다.

제14장 – 국제사법재판소

제92조

국제사법재판소는 국제연합의 주요한 사법기관이다. 재판소는 부속된 규정에 따라 임무를 수행한다. 이 규정은 상설국제사법재판소 규정에 기초하며, 이 헌장의 불가분의 일부를 이룬다.

제93조

1. 모든 국제연합회원국은 국제사법재판소 규정의 당연 당사국이다.
2. 국제연합회원국이 아닌 국가는 안전보장이사회의 권고에 의하여 총회가 각 경우에 결정하는 조건으로 국제사법재판소 규정의 당사국이 될 수 있다.

제94조

1. 국제연합의 각 회원국은 자국이 당사자가 되는 어떤 사건에 있어서도 국제사법재판소의 결정에 따를 것을 약속한다.
2. 사건의 당사자가 재판소가 내린 판결에 따라 자국이 부담하는 의무를 이행하지 아니하는 경우에는 타방의 당사자는 안전보장이사회에 제소할 수 있다. 안전보장이사회는 필요하다고 인정하는 경우 판결을 집행하기 위하여 권고하거나 취하여야 할 조치를 결정할 수 있다.

제95조

이 헌장의 어떠한 규정도 국제연합회원국이 그들 간의 분쟁의 해결을 이미 존재하거나 장래에 체결될 협정에 의하여 다른 법원에 의뢰하는 것을 방해하지 아니한다.

제96조

1. 총회 또는 안전보장이사회는 어떠한 법적 문제에 관하여도 권고적 의견을 줄 것을 국제사법재판소에 요청할 수 있다.
2. 총회에 의하여 그러한 권한이 부여될 수 있는 국제연합의 다른 기관 및 전문기구도 언제든지 그 활동범위 안에서 발생하는 법적 문제에 관하여 재판소의 권고적 의견을 또한 요청할 수 있다.

제15장 – 사무국

제97조

사무국은 1인의 사무총장과 기구가 필요로 하는 직원으로 구성한다. 사무총장은 안전보장이사회의 권고로 총회가 임명한다. 사무총장은 기구의 수석행정직원이다.

제98조

사무총장은 총회, 안전보장이사회, 경제사회이사회 및 신탁통치 이사회의 모든 회의에 사무총장의 자격으로 활동하며, 이러한 기관에 의하여 그에게 위임된 다른 임무를 수행한다. 사무총장은 기구의 사업에 관하여 총회에 연례보고를 한다.

제99조

사무총장은 국제평화와 안전의 유지를 위협한다고 그 자신이 인정하는 어떠한 사항에도 안전보장이사회의 주의를 환기할 수 있다.

제100조

1. 사무총장과 직원은 그들의 임무수행에 있어서 어떠한 정부 또는 기구외의 어떠한 다른 당국으로부터도 지시를 구하거나 받지 아니한다. 사무총장과 직원은 기구에 대하여만 책임을 지는 국제공무원으로서의 지위를 손상할 우려가 있는 어떠한 행동도 삼간다.

2. 각 국제연합회원국은 사무총장 및 직원의 책임의 전적으로 국제적인 성격을 존중할 것과 그들의 책임수행에 있어서 그들에게 영향을 행사하려 하지 아니할 것을 약속한다.

제101조

1. 직원은 총회가 정한 규칙에 따라 사무총장에 의하여 임명된다.
2. 경제사회이사회, 신탁통치이사회 그리고 필요한 경우에는 국제연합의 다른 기관에 적절한 직원이 상임으로 배속된다. 이 직원은 사무국의 일부를 구성한다.
3. 직원의 고용과 근무조건의 결정에 있어서 가장 중요한 고려사항은 최고수준의 능률, 능력 및 성실성을 확보할 필요성이다. 가능한 한 광범위한 지리적 기초에 근거하여 직원을 채용하는 것의 중요성에 관하여 적절히 고려한다.

제16장 – 잡칙

제102조

1. 이 헌장이 발효한 후 국제연합회원국이 체결하는 모든 조약과 모든 국제협정은 가능한 한 신속히 사무국에 등록되고 사무국에 의하여 공표된다.
2. 이 조 제1항의 규정에 따라 등록되지 아니한 조약 또는 국제협정의 당사국은 국제연합의 어떠한 기관에 대하여도 그 조약 또는 협정을 원용할 수 없다.

제103조

국제연합회원국의 헌장상의 의무와 다른 국제협정상의 의무가 상충되는 경우에는 이 헌장상의 의무가 우선한다.

제104조

기구는 그 임무의 수행과 그 목적의 달성을 위하여 필요한 법적 능력을 각 회원국의 영역 안에서 향유한다.

제105조

1. 기구는 그 목적의 달성에 필요한 특권 및 면제를 각 회원국의 영역 안에서 향유한다.
2. 국제연합회원국의 대표 및 기구의 직원은 기구와 관련된 그들의 임무를 독립적

으로 수행하기 위하여 필요한 특권과 면제를 마찬가지로 향유한다.

3. 총회는 이 조 제1항 및 제2항의 적용세칙을 결정하기 위하여 권고하거나 이 목적을 위하여 국제연합회원국에게 협약을 제안할 수 있다.

제17장 – 과도적 안전보장조치

제106조

안전보장이사회가 제42조상의 책임의 수행을 개시할 수 있다고 인정하는 제43조에 규정된 특별협정이 발효할 때까지, 1943년 10월 30일에 모스크바에서 서명된 4개국 선언의 당사국 및 불란서는 그 선언 제5항의 규정에 따라 국제평화와 안전의 유지를 위하여 필요한 공동조치를 기구를 대신하여 취하기 위하여 상호간 및 필요한 경우 다른 국제연합회원국과 협의한다.

제107조

이 헌장의 어떠한 규정도 제2차 세계대전중 이 헌장 서명국의 적이었던 국가에 관한 조치로서, 그러한 조치에 대하여 책임을 지는 정부가 그 전쟁의 결과로서 취하였거나 허가한 것을 무효로 하거나 배제하지 아니한다.

제18장 – 개정

제108조

이 헌장의 개정은 총회 구성국의 3분의 2의 투표에 의하여 채택되고, 안전보장이사회의 모든 상임이사국을 포함한 국제연합회원국의 3분의 2에 의하여 각자의 헌법상 절차에 따라 비준되었을 때, 모든 국제연합회원국에 대하여 발효한다.

제109조

1. 이 헌장을 재심의하기 위한 국제연합회원국 전체회의는 총회 구성국의 3분의 2의 투표와 안전보장이사회의 9개 이사국의 투표에 의하여 결정되는 일자 및 장소에서 개최될 수 있다. 각 국제연합회원국은 이 회의에서 1개의 투표권을 가진다.
2. 이 회의의 3분의 2의 투표에 의하여 권고된 이 헌장의 어떠한 변경도, 안전보장이사회의 모든 상임이사국을 포함한 국제연합회원국의 3분의 2에 의하여 그들

각자의 헌법상 절차에 따라 비준되었을 때 발효한다.
3. 그러한 회의가 이 헌장의 발효 후 총회의 제10차 연례회기까지 개최되지 아니하는 경우에는 그러한 회의를 소집하는 제안이 총회의 동 회기의 의제에 포함되어야 하며, 회의는 총회 구성국의 과반수의 투표와 안전보장이사회의 7개 이사국의 투표에 의하여 결정되는 경우에 개최된다.

제19장 – 비준 및 서명

제110조
1. 이 헌장은 서명국에 의하여 그들 각자의 헌법상 절차에 따라 비준된다.
2. 비준서는 미합중국 정부에 기탁되며, 동 정부는 모든 서명국과 기구의 사무총장이 임명된 경우에는 사무총장에게 각 기탁을 통고한다.
3. 이 헌장은 중화민국, 불란서, 소비에트사회주의공화국연방, 영국과 미합중국 및 다른 서명국의 과반수가 비준서를 기탁한 때에 발효한다. 비준서 기탁 의정서는 발효시 미합중국 정부가 작성하여 그 등본을 모든 서명국에 송부한다.
4. 이 헌장이 발효한 후에 이를 비준하는 이 헌장의 서명국은 각자의 비준서 기탁일에 국제연합의 원회원국이 된다.

제111조
중국어, 불어, 러시아어, 영어 및 스페인어본이 동등하게 정본인 이 헌장은 미합중국 정부의 문서보관소에 기탁된다. 이 헌장의 인증등본은 동 정부가 다른 서명국 정부에 송부한다.

이상의 증거로서, 연합국 정부의 대표들은 이 헌장에 서명하였다.
1945년 6월 26일 샌프란시스코 시에서 작성하였다.

1. 무력행사의 금지: 제2조 제4항
2. 자위권의 행사: 제51조

〈해설〉

1. 영토의 보전

"유엔헌장"은 영토보전의 원칙을 규정하고 있다(제2조 제4항). 따라서 한국의 독도영유권은 "유엔헌장"에 의해 보호된다.

2. 자위권의 행사

"유엔헌장"은 개별국가에 의한 무력의 행사는 원칙적으로 금지하고(제2조 제4항), 예외적으로 자위권의 행사의 경우에만 무력의 행사를 허용하고 있다. 그리고 자위권의 행사의 경우도 "무력적 공격(armed attack)"이 있는 경우에만 이를 허용하고 있다. 또한 자위권을 행사한 경우 즉시 안보리에 이를 보고하고 안보리가 이에 대한 조치를 취할 때까지만 자위권의 행사를 허용하고 있다(제51조).

가. 독도가 한국의 영토인 경우

일본자위대 병력이 독도를 공격하는 것은 위법한 것으로(제2조 제4항) 금지된다. 일본은 자위권을 행사할 수 없다. 경찰병력의 주둔이 "무력적 공격"이 아니기 때문이다.

나. 독도가 일본의 영토인 경우

독도가 일본의 영토인 경우 한국 경찰병력이 이에 주둔하는 것은 위법한 것으로 되나 한국경찰 병력의 주둔은 그것이 "무력적 공격"이 아니므로 일본은 자위권을 행사해 독도에 상륙할 수 없다. 일본 자위대 병력이 무력으로 독도에 상륙하는 것은 그것이 "무력적 공격"을 구성하는 것이므로 이에 대해 한국은 자위권을 행사할 수 있다.

요컨대, 독도가 한국의 영토인 경우는 물론이고 그것이 일본의 영토인 경우도 한국의 경찰병력이 독도에 주둔하는 것은 "무력적 공격"이 아니므로 이에 대해 일본은 자위권을 행사할 수 없는 것이며, 오히려 무력으로 상륙하는 일본의 자위대의 공격에 대해 그것이 "무력적 공격"이므로 한국은 자위권을 행사할 수 있는 것이다. 그러나 이 자위권의 행사는 국군에 대한 전시작전통제권이 유엔군 사령관·한미 연합군 사령관에게 있으므로 유엔군 사령관·한미 연합군 사령관의 전시작전 통제의 제약을 받는다.

다. 일본헌법 제9조

일본헌법 제9조상 집단적 자위권은 허용되느냐 관해서 논의가 있다. 만일 허용되지 아니한다고 하면 어떤 경우에도 일본은 독도에 대해서 자위권을 행사할 수 없다.

일본은 "헌장"상 독도에 상륙하는 것이 허용되지 아니하므로 독도영유권 문제를 국제사법재판소에 제소하여 해결하려는 기본 전략을 수립하고 있다.

3. 일본의 독도영유권 주장의 유엔헌장 위반

가. 유엔의 목적 위반

(1) 침략행위의 방지(제1조 제1항)

(2) 선린우호관계의 발전(제1조 제2항)

나. 유엔의 원칙 위반

(1) 영토보전의 원칙(제2조 제4항)

(2) 헌장상 의무의 성실한 이행(제2조 제2항)

XIV. 유엔해양법협약(1982.12.10.)과 독도

유엔해양법협약

UNITED NATIONS CONVENTION ON THE LAW OF THE SEA

AGREEMENT RELATING TO THE IMPLEMENTATION OF PART XI OF THE CONVENTION

PREAMBLE

The States Parties to this Convention,

Prompted by the desire to settle, in a spirit of mutual understanding and cooperation, all issues relating to the law of the sea and aware of the historic significance of this Convention as an important contribution to the maintenance of peace, justice and progress for all peoples of the world,

Noting that developments since the United Nations Conferences on the Law of the Sea held at Geneva in 1958 and 1960 have accentuated the need for a new and generally acceptable Convention on the law of the sea,

Conscious that the problems of ocean space are closely interrelated and need to be considered as a whole, Recognizing the desirability of establishing through this Convention, with due regard for the sovereignty of all States, a legal order for the seas and oceans which will facilitate international communication, and will promote the peaceful uses of the seas and oceans, the equitable and efficient utilization of their resources, the conservation of their living resources, and the study, protection and preservation of the marine environment,

Bearing in mind that the achievement of these goals will contribute to the realization of a just and equitable international economic order which takes into account the interests and needs of mankind as a whole and, in particular, the special interests and needs of developing countries, whether coastal or land-locked,

Desiring by this Convention to develop the principles embodied in resolution 2749 (XXV) of 17 December 1970 in which the General Assembly of the United Nations solemnly declared inter alia that the area of the seabed and ocean floor and the subsoil thereof, beyond the limits of national jurisdiction, as well as its resources, are the common heritage of mankind, the exploration and exploitation of which shall be carried out for the benefit of mankind as a whole, irrespective of the geographical location of States,

Believing that the codification and progressive development of the law of the sea achieved in this Convention will contribute to the strengthening of peace, security, cooperation and friendly relations among all nations in conformity with the principles of justice and equal rights and will promote the economic and social advancement of all peoples of the world, in accordance with the Purposes and Principles of the United Nations as set forth in the Charter,

Affirming that matters not regulated by this Convention continue to be governed by the rules and principles of general international law,

Have agreed as follows:

PART Ⅰ. INTRODUCTION

Article 1. Use of terms and scope

1. For the purposes of this Convention:

(1) "Area" means the seabed and ocean floor and subsoil thereof, beyond the limits of national jurisdiction;

(2) "Authority" means the International Seabed Authority;

(3) "activities in the Area" means all activities of exploration for, and exploitation of, the resources of the Area;

(4) "pollution of the marine environment" means the introduction by man, directly or indirectly, of substances or energy into the marine environment, including estuaries, which results or is likely to result in such deleterious effects as harm to living resources and marine life, hazards to human health, hindrance to marine activities, including fishing and other legitimate uses of the sea, impairment of quality for use of sea water and reduction of amenities;

(5) (a) "dumping" means:

(i) any deliberate disposal of wastes or other matter from vessels, aircraft, platforms or other man-made structures at sea;

(ii) any deliberate disposal of vessels, aircraft, platforms or other man-made structures at sea;

(b) "dumping" does not include:

(i) the disposal of wastes or other matter incidental to, or derived from the normal operations of vessels, aircraft, platforms or other man-made structures at sea and their equipment, other than wastes or other matter transported by or to vessels, aircraft, platforms or other man-made structures at sea, operating for the purpose of disposal of such matter or derived from the treatment of such wastes or other matter on such vessels, aircraft, platforms or structures;

(ii) placement of matter for a purpose other than the mere disposal thereof, provided that such placement is not contrary to the aims of this Convention.

2. (1) "States Parties" means States which have consented to be bound by this Convention and for which this Convention is in force.
(2) This Convention applies mutatis mutandis to the entities referred to in article 305, paragraph l(b), (c), (d), (e) and (f), which become Parties to this Convention in accordance with the conditions relevant to each, and to that extent "States Parties" refers to those entities.

PART II. TERRITORIAL SEA AND CONTIGUOUS ZONE

SECTION 1. GENERAL PROVISIONS

Article 2
Legal status of the territorial sea, of the air space over the territorial sea and of its bed and subsoil

1. The sovereignty of a coastal State extends, beyond its land territory and internal waters and, in the case of an archipelagic State, its archipelagic waters, to an adjacent belt of sea, described as the territorial sea.
2. This sovereignty extends to the air space over the territorial sea as well as to its bed and subsoil.
3. The sovereignty over the territorial sea is exercised subject to this Convention and to other rules of international law.

SECTION 2. LIMITS OF THE TERRITORIAL SEA

Article 3. Breadth of the territorial sea
Every State has the right to establish the breadth of its territorial sea up to a limit not exceeding 12 nautical miles, measured from baselines determined in accordance with this Convention.

Article 4. Outer limit of the territorial sea
The outer limit of the territorial sea is the line every point of which is at a distance from the nearest point of the baseline equal to the breadth of the territorial sea.

Article 5. Normal baseline
Except where otherwise provided in this Convention, the normal baseline for measuring the breadth of the territorial sea is the low-water line along the coast as marked on large-scale charts officially recognized by the coastal State.

Article 6. Reefs
In the case of islands situated on atolls or of islands having fringing reefs, the baseline for measuring the breadth of the territorial sea is the seaward low-water line of the reef, as shown by the appropriate symbol on charts officially recognized by the coastal State.

Article 7. Straight baselines
1. In localities where the coastline is deeply indented and cut into, or if there is a fringe of islands along the coast in its immediate vicinity, the method of straight baselines joining appropriate points may be employed in drawing the baseline from which the breadth of the territorial sea is measured.
2. Where because of the presence of a delta and other natural conditions the coastline is highly unstable, the appropriate points may be selected along the furthest seaward extent of the low-water line and, notwithstanding subsequent regression of the low-water line, the straight baselines shall remain effective until changed by the coastal State in accordance with this Convention.
3. The drawing of straight baselines must not depart to any appreciable extent from the general direction of the coast, and the sea areas lying within the lines must be sufficiently closely linked to the land domain to be subject to the regime of internal waters.

4. Straight baselines shall not be drawn to and from low-tide elevations, unless lighthouses or similar installations which are permanently above sea level have been built on them or except in instances where the drawing of baselines to and from such elevations has received general international recognition.
5. Where the method of straight baselines is applicable under paragraph 1, account may be taken, in determining particular baselines, of economic interests peculiar to the region concerned, the reality and the importance of which are clearly evidenced by long usage.
6. The system of straight baselines may not be applied by a State in such a manner as to cut off the territorial sea of another State from the high seas or an exclusive economic zone.

Article 8. Internal waters

1. Except as provided in Part IV, waters on the landward side of the baseline of the territorial sea form part of the internal waters of the State.
2. Where the establishment of a straight baseline in accordance with the method set forth in article 7 has the effect of enclosing as internal waters areas which had not previously been considered as such, a right of innocent passage as provided in this Convention shall exist in those waters.

Article 9. Mouths of rivers

If a river flows directly into the sea, the baseline shall be a straight line across the mouth of the river between points on the low-water line of its banks.

Article 10. Bays

1. This article relates only to bays the coasts of which belong to a single State.
2. For the purposes of this Convention, a bay is a well-marked indentation whose penetration is in such proportion to the width of its mouth as to contain land-locked waters and constitute more than a mere curvature of the coast. An

indentation shall not, however, be regarded as a bay unless its area is as large as, or larger than, that of the semi-circle whose diameter is a line drawn across the mouth of that indentation.

3. For the purpose of measurement, the area of an indentation is that lying between the low-water mark around the shore of the indentation and a line joining the low-water mark of its natural entrance points. Where, because of the presence of islands, an indentation has more than one mouth, the semi-circle shall be drawn on a line as long as the sum total of the lengths of the lines across the different mouths. Islands within an indentation shall be included as if they were part of the water area of the indentation.
4. If the distance between the low-water marks of the natural entrance points of a bay does not exceed 24 nautical miles, a closing line may be drawn between these two low-water marks, and the waters enclosed thereby shall be considered as internal waters.
5. Where the distance between the low-water marks of the natural entrance points of a bay exceeds 24 nautical miles, a straight baseline of 24 nautical miles shall be drawn within the bay in such a manner as to enclose the maximum area of water that is possible with a line of that length.
6. The foregoing provisions do not apply to so-called "historic" bays, or in any case where the system of straight baselines provided for in article 7 is applied.

Article 11. Ports

For the purpose of delimiting the territorial sea, the outermost permanent harbour works which form an integral part of the harbour system are regarded as forming part of the coast. Off-shore installations and artificial islands shall not be considered as permanent harbour works.

Article 12. Roadsteads

Roadsteads which are normally used for the loading, unloading and anchoring of ships, and which would otherwise be situated wholly or partly outside the outer limit of the territorial sea, are included in the territorial sea.

Article 13. Low-tide elevations

1. A low-tide elevation is a naturally formed area of land which is surrounded by and above water at low tide but submerged at high tide. Where a low-tide elevation is situated wholly or partly at a distance not exceeding the breadth of the territorial sea from the mainland or an island, the low-water line on that elevation may be used as the baseline for measuring the breadth of the territorial sea.
2. Where a low-tide elevation is wholly situated at a distance exceeding the breadth of the territorial sea from the mainland or an island, it has no territorial sea of its own.

Article 14. Combination of methods for determining baselines

The coastal State may determine baselines in turn by any of the methods provided for in the foregoing articles to suit different conditions.

Article 15. Delimitation of the territorial sea between States with opposite or adjacent coasts

Where the coasts of two States are opposite or adjacent to each other, neither of the two States is entitled, failing agreement between them to the contrary, to extend its territorial sea beyond the median line every point of which is equidistant from the nearest points on the baselines from which the breadth of the territorial seas of each of the two States is measured. The above provision does not apply, however, where it is necessary by reason of historic title or other special circumstances to delimit the territorial seas of the two States in a way which is at variance therewith.

Article 16. Charts and lists of geographical coordinates

1. The baselines for measuring the breadth of the territorial sea determined in

accordance with articles 7, 9 and 10, or the limits derived therefrom, and the lines of delimitation drawn in accordance with articles 12 and 15 shall be shown on charts of a scale or scales adequate for ascertaining their position. Alternatively, a list of geographical coordinates of points, specifying the geodetic datum, may be substituted.

2. The coastal State shall give due publicity to such charts or lists of geographical coordinates and shall deposit a copy of each such chart or list with the Secretary-General of the United Nations.

SECTION 3. INNOCENT PASSAGE IN THE TERRITORIAL SEA

SUBSECTION A. RULES APPLICABLE TO ALL SHIPS

Article 17. Right of innocent passage

Subject to this Convention, ships of all States, whether coastal or land-locked, enjoy the right of innocent passage through the territorial sea.

Article 18. Meaning of passage

1. Passage means navigation through the territorial sea for the purpose of:
 (a) traversing that sea without entering internal waters or calling at a roadstead or port facility outside internal waters; or
 (b) proceeding to or from internal waters or a call at such roadstead or port facility.
2. Passage shall be continuous and expeditious. However, passage includes stopping and anchoring, but only in so far as the same are incidental to ordinary navigation or are rendered necessary by force majeure or distress or for the purpose of rendering assistance to persons, ships or aircraft in danger or distress.

Article 19. Meaning of innocent passage

1. Passage is innocent so long as it is not prejudicial to the peace, good order or

security of the coastal State. Such passage shall take place in conformity with this Convention and with other rules of international law.

2. Passage of a foreign ship shall be considered to be prejudicial to the peace, good order or security of the coastal State if in the territorial sea it engages in any of the following activities:

(a) any threat or use of force against the sovereignty, territorial integrity or political independence of the coastal State, or in any other manner in violation of the principles of international law embodied in the Charter of the United Nations;

(b) any exercise or practice with weapons of any kind;

(c) any act aimed at collecting information to the prejudice of the defence or security of the coastal State;

(d) any act of propaganda aimed at affecting the defence or security of the coastal State;

(e) the launching, landing or taking on board of any aircraft;

(f) the launching, landing or taking on board of any military device;

(g) the loading or unloading of any commodity, currency or person contrary to the customs, fiscal, immigration or sanitary laws and regulations of the coastal State;

(h) any act of wilful and serious pollution contrary to this Convention;

(i) any fishing activities;

(j) the carrying out of research or survey activities;

(k) any act aimed at interfering with any systems of communication or any other facilities or installations of the coastal State;

(l) any other activity not having a direct bearing on passage.

Article 20. Submarines and other underwater vehicles

In the territorial sea, submarines and other underwater vehicles are required to navigate on the surface and to show their flag.

Article 21. Laws and regulations of the coastal State relating to innocent passage

1. The coastal State may adopt laws and regulations, in conformity with the provisions

of this Convention and other rules of international law, relating to innocent passage through the territorial sea, in respect of all or any of the following:

(a) the safety of navigation and the regulation of maritime traffic;

(b) the protection of navigational aids and facilities and other facilities or installations;

(c) the protection of cables and pipelines;

(d) the conservation of the living resources of the sea;

(e) the prevention of infringement of the fisheries laws and regulations of the coastal State;

(f) the preservation of the environment of the coastal State and the prevention, reduction and control of pollution thereof;

(g) marine scientific research and hydrographic surveys;

(h) the prevention of infringement of the customs, fiscal, immigration or sanitary laws and regulations of the coastal State.

2. Such laws and regulations shall not apply to the design, construction, manning or equipment of foreign ships unless they are giving effect to generally accepted international rules or standards.
3. The coastal State shall give due publicity to all such laws and regulations.
4. Foreign ships exercising the right of innocent passage through the territorial sea shall comply with all such laws and regulations and all generally accepted international regulations relating to the prevention of collisions at sea.

Article 22. Sea lanes and traffic separation schemes in the territorial sea

1. The coastal State may, where necessary having regard to the safety of navigation, require foreign ships exercising the right of innocent passage through its territorial sea to use such sea lanes and traffic separation schemes as it may designate or prescribe for the regulation of the passage of ships.
2. In particular, tankers, nuclear-powered ships and ships carrying nuclear or other inherently dangerous or noxious substances or materials may be required to confine their passage to such sea lanes.

3. In the designation of sea lanes and the prescription of traffic separation schemes under this article, the coastal State shall take into account:
  (a) the recommendations of the competent international organization;
  (b) any channels customarily used for international navigation;
  (c) the special characteristics of particular ships and channels; and
  (d) the density of traffic.
4. The coastal State shall clearly indicate such sea lanes and traffic separation schemes on charts to which due publicity shall be given.

Article 23. Foreign nuclear-powered ships and ships carrying nuclear or other inherently dangerous or noxious substances

Foreign nuclear-powered ships and ships carrying nuclear or other inherently dangerous or noxious substances shall, when exercising the right of innocent passage through the territorial sea, carry documents and observe special precautionary measures established for such ships by international agreements.

Article 24. Duties of the coastal State

1. The coastal State shall not hamper the innocent passage of foreign ships through the territorial sea except in accordance with this Convention. In particular, in the application of this Convention or of any laws or regulations adopted in conformity with this Convention, the coastal State shall not:
  (a) impose requirements on foreign ships which have the practical effect of denying or impairing the right of innocent passage; or
  (b) discriminate in form or in fact against the ships of any State or against ships carrying cargoes to, from or on behalf of any State.
2. The coastal State shall give appropriate publicity to any danger to navigation, of which it has knowledge, within its territorial sea.

Article 25. Rights of protection of the coastal State

1. The coastal State may take the necessary steps in its territorial sea to prevent passage which is not innocent.
2. In the case of ships proceeding to internal waters or a call at a port facility outside internal waters, the coastal State also has the right to take the necessary steps to prevent any breach of the conditions to which admission of those ships to internal waters or such a call is subject.
3. The coastal State may, without discrimination in form or in fact among foreign ships, suspend temporarily in specified areas of its territorial sea the innocent passage of foreign ships if such suspension is essential for the protection of its security, including weapons exercises. Such suspension shall take effect only after having been duly published.

Article 26. Charges which may be levied upon foreign ships

1. No charge may be levied upon foreign ships by reason only of their passage through the territorial sea.
2. Charges may be levied upon a foreign ship passing through the territorial sea as payment only for specific services rendered to the ship. These charges shall be levied without discrimination.

SUBSECTION B. RULES APPLICABLE TO MERCHANT SHIPS AND GOVERNMENT SHIPS OPERATED FOR COMMERCIAL PURPOSES

Article 27. Criminal jurisdiction on board a foreign ship

1. The criminal jurisdiction of the coastal State should not be exercised on board a foreign ship passing through the territorial sea to arrest any person or to conduct any investigation in connection with any crime committed on board the ship during its passage, save only in the following cases:
 (a) if the consequences of the crime extend to the coastal State;
 (b) if the crime is of a kind to disturb the peace of the country or the good order

of the territorial sea;

(c) if the assistance of the local authorities has been requested by the master of the ship or by a diplomatic agent or consular officer of the flag State; or

(d) if such measures are necessary for the suppression of illicit traffic in narcotic drugs or psychotropic substances.

2. The above provisions do not affect the right of the coastal State to take any steps authorized by its laws for the purpose of an arrest or investigation on board a foreign ship passing through the territorial sea after leaving internal waters.
3. In the cases provided for in paragraphs 1 and 2, the coastal State shall, if the master so requests, notify a diplomatic agent or consular officer of the flag State before taking any steps, and shall facilitate contact between such agent or officer and the ship's crew. In cases of emergency this notification may be communicated while the measures are being taken.
4. In considering whether or in what manner an arrest should be made, the local authorities shall have due regard to the interests of navigation.
5. Except as provided in Part XII or with respect to violations of laws and regulations adopted in accordance with Part V, the coastal State may not take any steps on board a foreign ship passing through the territorial sea to arrest any person or to conduct any investigation in connection with any crime committed before the ship entered the territorial sea, if the ship, proceeding from a foreign port, is only passing through the territorial sea without entering internal waters.

Article 28. Civil jurisdiction in relation to foreign ships

1. The coastal State should not stop or divert a foreign ship passing through the territorial sea for the purpose of exercising civil jurisdiction in relation to a person on board the ship.
2. The coastal State may not levy execution against or arrest the ship for the purpose of any civil proceedings, save only in respect of obligations or liabilities assumed or incurred by the ship itself in the course or for the purpose of its

voyage through the waters of the coastal State.

3. Paragraph 2 is without prejudice to the right of the coastal State, in accordance with its laws, to levy execution against or to arrest, for the purpose of any civil proceedings, a foreign ship lying in the territorial sea, or passing through the territorial sea after leaving internal waters.

SUBSECTION C. RULES APPLICABLE TO WARSHIPS AND OTHER GOVERNMENT SHIPS OPERATED FOR NON-COMMERCIAL PURPOSES

Article 29. Definition of warships

For the purposes of this Convention, "warship" means a ship belonging to the armed forces of a State bearing the external marks distinguishing such ships of its nationality, under the command of an officer duly commissioned by the government of the State and whose name appears in the appropriate service list or its equivalent, and manned by a crew which is under regular armed forces discipline.

Article 30. Non-compliance by warships with the laws and regulations of the coastal State

If any warship does not comply with the laws and regulations of the coastal State concerning passage through the territorial sea and disregards any request for compliance therewith which is made to it, the coastal State may require it to leave the territorial sea immediately.

Article 31. Responsibility of the flag State for damage caused by a warship or other government ship operated for non-commercial purposes

The flag State shall bear international responsibility for any loss or damage to the coastal State resulting from the non-compliance by a warship or other government ship operated for non-commercial purposes with the laws and regulations of the coastal State concerning passage through the territorial sea or with the provisions of this Convention or other rules of international law.

Article 32. Immunities of warships and other government ships operated for non-commercial purposes

With such exceptions as are contained in subsection A and in articles 30 and 31, nothing in this Convention affects the immunities of warships and other government ships operated for non-commercial purposes.

SECTION 4. CONTIGUOUS ZONE

Article 33. Contiguous zone

1. In a zone contiguous to its territorial sea, described as the contiguous zone, the coastal State may exercise the control necessary to:
   (a) prevent infringement of its customs, fiscal, immigration or sanitary laws and regulations within its territory or territorial sea;
   (b) punish infringement of the above laws and regulations committed within its territory or territorial sea.
2. The contiguous zone may not extend beyond 24 nautical miles from the baselines from which the breadth of the territorial sea is measured.

PART III. STRAITS USED FOR INTERNATIONAL NAVIGATION

SECTION 1. GENERAL PROVISIONS

Article 34. Legal status of waters forming straits used for international navigation

1. The regime of passage through straits used for international navigation established in this Part shall not in other respects affect the legal status of the waters forming such straits or the exercise by the States bordering the straits of their

sovereignty or jurisdiction over such waters and their air space, bed and subsoil.

2. The sovereignty or jurisdiction of the States bordering the straits is exercised subject to this Part and to other rules of international law.

Article 35. Scope of this Part

Nothing in this Part affects:

(a) any areas of internal waters within a strait, except where the establishment of a straight baseline in accordance with the method set forth in article 7 has the effect of enclosing as internal waters areas which had not previously been considered as such;

(b) the legal status of the waters beyond the territorial seas of States bordering straits as exclusive economic zones or high seas; or

(c) the legal regime in straits in which passage is regulated in whole or in part by long-standing international conventions in force specifically relating to such straits.

Article 36. High seas routes or routes through exclusive economic zones through straits used for international navigation

This Part does not apply to a strait used for international navigation if there exists through the strait a route through the high seas or through an exclusive economic zone of similar convenience with respect to navigational and hydrographical characteristics; in such routes, the other relevant Parts of this Convention, including the provisions regarding the freedoms of navigation and overflight, apply.

SECTION 2. TRANSIT PASSAGE

Article 37. Scope of this section

This section applies to straits which are used for international navigation between one part of the high seas or an exclusive economic zone and another part of the high seas or an exclusive economic zone.

Article 38. Right of transit passage

1. In straits referred to in article 37, all ships and aircraft enjoy the right of transit passage, which shall not be impeded; except that, if the strait is formed by an island of a State bordering the strait and its mainland, transit passage shall not apply if there exists seaward of the island a route through the high seas or through an exclusive economic zone of similar convenience with respect to navigational and hydrographical characteristics.
2. Transit passage means the exercise in accordance with this Part of the freedom of navigation and overflight solely for the purpose of continuous and expeditious transit of the strait between one part of the high seas or an exclusive economic zone and another part of the high seas or an exclusive economic zone. However, the requirement of continuous and expeditious transit does not preclude passage through the strait for the purpose of entering, leaving or returning from a State bordering the strait, subject to the conditions of entry to that State.
3. Any activity which is not an exercise of the right of transit passage through a strait remains subject to the other applicable provisions of this Convention.

Article 39. Duties of ships and aircraft during transit passage

1. Ships and aircraft, while exercising the right of transit passage, shall:
   (a) proceed without delay through or over the strait;
   (b) refrain from any threat or use of force against the sovereignty, territorial integrity or political independence of States bordering the strait, or in any other manner in violation of the principles of international law embodied in the Charter of the United Nations;
   (c) refrain from any activities other than those incident to their normal modes of continuous and expeditious transit unless rendered necessary by force majeure or by distress;
   (d) comply with other relevant provisions of this Part.
2. Ships in transit passage shall:

(a) comply with generally accepted international regulations, procedures and practices for safety at sea, including the International Regulations for Preventing Collisions at Sea;

(b) comply with generally accepted international regulations, procedures and practices for the prevention, reduction and control of pollution from ships.

3. Aircraft in transit passage shall:

(a) observe the Rules of the Air established by the International Civil Aviation Organization as they apply to civil aircraft; state aircraft will normally comply with such safety measures and will at all times operate with due regard for the safety of navigation;

(b) at all times monitor the radio frequency assigned by the competent internationally designated air traffic control authority or the appropriate international distress radio frequency.

Article 40. Research and survey activities

During transit passage, foreign ships, including marine scientific research and hydrographic survey ships, may not carry out any research or survey activities without the prior authorization of the States bordering straits.

Article 41. Sea lanes and traffic separation schemes in straits used for international navigation

1. In conformity with this Part, States bordering straits may designate sea lanes and prescribe traffic separation schemes for navigation in straits where necessary to promote the safe passage of ships.

2. Such States may, when circumstances require, and after giving due publicity thereto, substitute other sea lanes or traffic separation schemes for any sea lanes or traffic separation schemes previously designated or prescribed by them.

3. Such sea lanes and traffic separation schemes shall conform to generally accepted international regulations.

4. Before designating or substituting sea lanes or prescribing or substituting traffic separation schemes, States bordering straits shall refer proposals to the competent international organization with a view to their adoption. The organization may adopt only such sea lanes and traffic separation schemes as may be agreed with the States bordering the straits, after which the States may designate, prescribe or substitute them.
5. In respect of a strait where sea lanes or traffic separation schemes through the waters of two or more States bordering the strait are being proposed, the States concerned shall cooperate in formulating proposals in consultation with the competent international organization.
6. States bordering straits shall clearly indicate all sea lanes and traffic separation schemes designated or prescribed by them on charts to which due publicity shall be given.
7. Ships in transit passage shall respect applicable sea lanes and traffic separation schemes established in accordance with this article.

Article 42. Laws and regulations of States bordering straits relating to transit passage

1. Subject to the provisions of this section, States bordering straits may adopt laws and regulations relating to transit passage through straits, in respect of all or any of the following:
   (a) the safety of navigation and the regulation of maritime traffic, as provided in article 41;
   (b) the prevention, reduction and control of pollution, by giving effect to applicable international regulations regarding the discharge of oil, oily wastes and other noxious substances in the strait;
   (c) with respect to fishing vessels, the prevention of fishing, including the stowage of fishing gear;
   (d) the loading or unloading of any commodity, currency or person in contravention of the customs, fiscal, immigration or sanitary laws and regulations of States

bordering straits.

2. Such laws and regulations shall not discriminate in form or in fact among foreign ships or in their application have the practical effect of denying, hampering or impairing the right of transit passage as defined in this section.
3. States bordering straits shall give due publicity to all such laws and regulations.
4. Foreign ships exercising the right of transit passage shall comply with such laws and regulations.
5. The flag State of a ship or the State of registry of an aircraft entitled to sovereign immunity which acts in a manner contrary to such laws and regulations or other provisions of this Part shall bear international responsibility for any loss or damage which results to States bordering straits.

Article 43. Navigational and safety aids and other improvements and the prevention, reduction and control of pollution

User States and States bordering a strait should by agreement cooperate:

(a) in the establishment and maintenance in a strait of necessary navigational and safety aids or other improvements in aid of international navigation; and

(b) for the prevention, reduction and control of pollution from ships.

Article 44. Duties of States bordering straits

States bordering straits shall not hamper transit passage and shall give appropriate publicity to any danger to navigation or overflight within or over the strait of which they have knowledge. There shall be no suspension of transit passage.

SECTION 3. INNOCENT PASSAGE

Article 45. Innocent passage

1. The regime of innocent passage, in accordance with Part II, section 3, shall apply in straits used for international navigation:

(a) excluded from the application of the regime of transit passage under article 38, paragraph 1; or

(b) between a part of the high seas or an exclusive economic zone and the territorial sea of a foreign State.

2. There shall be no suspension of innocent passage through such straits.

PART IV. ARCHIPELAGIC STATES

Article 46. Use of terms

For the purposes of this Convention:

(a) "archipelagic State" means a State constituted wholly by one or more archipelagos and may include other islands;

(b) "archipelago" means a group of islands, including parts of islands, interconnecting waters and other natural features which are so closely interrelated that such islands, waters and other natural features form an intrinsic geographical, economic and political entity, or which historically have been regarded as such.

Article 47. Archipelagic baselines

1. An archipelagic State may draw straight archipelagic baselines joining the outermost points of the outermost islands and drying reefs of the archipelago provided that within such baselines are included the main islands and an area in which the ratio of the area of the water to the area of the land, including atolls, is between 1 to 1 and 9 to 1.
2. The length of such baselines shall not exceed 100 nautical miles, except that up to 3 per cent of the total number of baselines enclosing any archipelago may exceed that length, up to a maximum length of 125 nautical miles.
3. The drawing of such baselines shall not depart to any appreciable extent from the general configuration of the archipelago.

4. Such baselines shall not be drawn to and from low-tide elevations, unless lighthouses or similar installations which are permanently above sea level have been built on them or where a low-tide elevation is situated wholly or partly at a distance not exceeding the breadth of the territorial sea from the nearest island.
5. The system of such baselines shall not be applied by an archipelagic State in such a manner as to cut off from the high seas or the exclusive economic zone the territorial sea of another State.
6. If a part of the archipelagic waters of an archipelagic State lies between two parts of an immediately adjacent neighbouring State, existing rights and all other legitimate interests which the latter State has traditionally exercised in such waters and all rights stipulated by agreement between those States shall continue and be respected.
7. For the purpose of computing the ratio of water to land under paragraph l, land areas may include waters lying within the fringing reefs of islands and atolls, including that part of a steep-sided oceanic plateau which is enclosed or nearly enclosed by a chain of limestone islands and drying reefs lying on the perimeter of the plateau.
8. The baselines drawn in accordance with this article shall be shown on charts of a scale or scales adequate for ascertaining their position. Alternatively, lists of geographical coordinates of points, specifying the geodetic datum, may be substituted.
9. The archipelagic State shall give due publicity to such charts or lists of geographical coordinates and shall deposit a copy of each such chart or list with the Secretary-General of the United Nations.

Article 48. Measurement of the breadth of the territorial sea, the contiguous zone, the exclusive economic zone and the continental shelf

The breadth of the territorial sea, the contiguous zone, the exclusive economic zone and the continental shelf shall be measured from archipelagic baselines drawn in accordance with article 47.

Article 49. Legal status of archipelagic waters, of the air space over archipelagic waters and of their bed and subsoil

1. The sovereignty of an archipelagic State extends to the waters enclosed by the archipelagic baselines drawn in accordance with article 47, described as archipelagic waters, regardless of their depth or distance from the coast.
2. This sovereignty extends to the air space over the archipelagic waters, as well as to their bed and subsoil, and the resources contained therein.
3. This sovereignty is exercised subject to this Part.
4. The regime of archipelagic sea lanes passage established in this Part shall not in other respects affect the status of the archipelagic waters, including the sea lanes, or the exercise by the archipelagic State of its sovereignty over such waters and their air space, bed and subsoil, and the resources contained therein.

Article 50. Delimitation of internal waters

Within its archipelagic waters, the archipelagic State may draw closing lines for the delimitation of internal waters, in accordance with articles 9, 10 and 11.

Article 51. Existing agreements, traditional fishing rights and existing submarine cables

1. Without prejudice to article 49, an archipelagic State shall respect existing agreements with other States and shall recognize traditional fishing rights and other legitimate activities of the immediately adjacent neighbouring States in certain areas falling within archipelagic waters. The terms and conditions for the exercise of such rights and activities, including the nature, the extent and the areas to which they apply, shall, at the request of any of the States concerned, be regulated by bilateral agreements between them. Such rights shall not be transferred to or shared with third States or their nationals.
2. An archipelagic State shall respect existing submarine cables laid by other States and passing through its waters without making a landfall. An archipelagic State shall permit the maintenance and replacement of such cables upon receiving

due notice of their location and the intention to repair or replace them.

Article 52. Right of innocent passage

1. Subject to article 53 and without prejudice to article 50, ships of all States enjoy the right of innocent passage through archipelagic waters, in accordance with Part II, section 3.
2. The archipelagic State may, without discrimination in form or in fact among foreign ships, suspend temporarily in specified areas of its archipelagic waters the innocent passage of foreign ships if such suspension is essential for the protection of its security. Such suspension shall take effect only after having been duly published.

Article 53. Right of archipelagic sea lanes passage

1. An archipelagic State may designate sea lanes and air routes thereabove, suitable for the continuous and expeditious passage of foreign ships and aircraft through or over its archipelagic waters and the adjacent territorial sea.
2. All ships and aircraft enjoy the right of archipelagic sea lanes passage in such sea lanes and air routes.
3. Archipelagic sea lanes passage means the exercise in accordance with this Convention of the rights of navigation and overflight in the normal mode solely for the purpose of continuous, expeditious and unobstructed transit between one part of the high seas or an exclusive economic zone and another part of the high seas or an exclusive economic zone.
4. Such sea lanes and air routes shall traverse the archipelagic waters and the adjacent territorial sea and shall include all normal passage routes used as routes for international navigation or overflight through or over archipelagic waters and, within such routes, so far as ships are concerned, all normal navigational channels, provided that duplication of routes of similar convenience between the same entry and exit points shall not be necessary.

5. Such sea lanes and air routes shall be defined by a series of continuous axis lines from the entry points of passage routes to the exit points. Ships and aircraft in archipelagic sea lanes passage shall not deviate more than 25 nautical miles to either side of such axis lines during passage, provided that such ships and aircraft shall not navigate closer to the coasts than 10 per cent of the distance between the nearest points on islands bordering the sea lane.
6. An archipelagic State which designates sea lanes under this article may also prescribe traffic separation schemes for the safe passage of ships through narrow channels in such sea lanes.
7. An archipelagic State may, when circumstances require, after giving due publicity thereto, substitute other sea lanes or traffic separation schemes for any sea lanes or traffic separation schemes previously designated or prescribed by it.
8. Such sea lanes and traffic separation schemes shall conform to generally accepted international regulations.
9. In designating or substituting sea lanes or prescribing or substituting traffic separation schemes, an archipelagic State shall refer proposals to the competent international organization with a view to their adoption. The organization may adopt only such sea lanes and traffic separation schemes as may be agreed with the archipelagic State, after which the archipelagic State may designate, prescribe or substitute them.
10. The archipelagic State shall clearly indicate the axis of the sea lanes and the traffic separation schemes designated or prescribed by it on charts to which due publicity shall be given.
11. Ships in archipelagic sea lanes passage shall respect applicable sea lanes and traffic separation schemes established in accordance with this article.
12. If an archipelagic State does not designate sea lanes or air routes, the right of archipelagic sea lanes passage may be exercised through the routes normally used for international navigation.

Article 54. Duties of ships and aircraft during their passage, research and survey activities, duties of the archipelagic State and laws and regulations of the archipelagic State relating to archipelagic sea lanes passage Articles 39, 40, 42 and 44 apply mutatis mutandis to archipelagic sea lanes passage.

PART V. EXCLUSIVE ECONOMIC ZONE

Article 55. Specific legal regime of the exclusive economic zone
The exclusive economic zone is an area beyond and adjacent to the territorial sea, subject to the specific legal regime established in this Part, under which the rights and jurisdiction of the coastal State and the rights and freedoms of other States are governed by the relevant provisions of this Convention.

Article 56. Rights, jurisdiction and duties of the coastal State in the exclusive economic zone

1. In the exclusive economic zone, the coastal State has:

(a) sovereign rights for the purpose of exploring and exploiting, conserving and managing the natural resources, whether living or non-living, of the waters superjacent to the seabed and of the seabed and its subsoil, and with regard to other activities for the economic exploitation and exploration of the zone, such as the production of energy from the water, currents and winds;

(b) jurisdiction as provided for in the relevant provisions of this Convention with regard to:

(i) the establishment and use of artificial islands, installations and structures;

(ii) marine scientific research;

(iii) the protection and preservation of the marine environment;

(c) other rights and duties provided for in this Convention.

2. In exercising its rights and performing its duties under this Convention in the

exclusive economic zone, the coastal State shall have due regard to the rights and duties of other States and shall act in a manner compatible with the provisions of this Convention.

3. The rights set out in this article with respect to the seabed and subsoil shall be exercised in accordance with Part VI.

Article 57. Breadth of the exclusive economic zone

The exclusive economic zone shall not extend beyond 200 nautical miles from the baselines from which the breadth of the territorial sea is measured.

Article 58. Rights and duties of other States in the exclusive economic zone

1. In the exclusive economic zone, all States, whether coastal or land-locked, enjoy, subject to the relevant provisions of this Convention, the freedoms referred to in article 87 of navigation and overflight and of the laying of submarine cables and pipelines, and other internationally lawful uses of the sea related to these freedoms, such as those associated with the operation of ships, aircraft and submarine cables and pipelines, and compatible with the other provisions of this Convention.
2. Articles 88 to 115 and other pertinent rules of international law apply to the exclusive economic zone in so far as they are not incompatible with this Part.
3. In exercising their rights and performing their duties under this Convention in the exclusive economic zone, States shall have due regard to the rights and duties of the coastal State and shall comply with the laws and regulations adopted by the coastal State in accordance with the provisions of this Convention and other rules of international law in so far as they are not incompatible with this Part.

Article 59. Basis for the resolution of conflicts regarding the attribution of rights and jurisdiction in the exclusive economic zone

In cases where this Convention does not attribute rights or jurisdiction to the coastal

State or to other States within the exclusive economic zone, and a conflict arises between the interests of the coastal State and any other State or States, the conflict should be resolved on the basis of equity and in the light of all the relevant circumstances, taking into account the respective importance of the interests involved to the parties as well as to the international community as a whole.

Article 60. Artificial islands, installations and structures in the exclusive economic zone

1. In the exclusive economic zone, the coastal State shall have the exclusive right to construct and to authorize and regulate the construction, operation and use of:
   (a) artificial islands;
   (b) installations and structures for the purposes provided for in article 56 and other economic purposes;
   (c) installations and structures which may interfere with the exercise of the rights of the coastal State in the zone.
2. The coastal State shall have exclusive jurisdiction over such artificial islands, installations and structures, including jurisdiction with regard to customs, fiscal, health, safety and immigration laws and regulations.
3. Due notice must be given of the construction of such artificial islands, installations or structures, and permanent means for giving warning of their presence must be maintained. Any installations or structures which are abandoned or disused shall be removed to ensure safety of navigation, taking into account any generally accepted international standards established in this regard by the competent international organization. Such removal shall also have due regard to fishing, the protection of the marine environment and the rights and duties of other States. Appropriate publicity shall be given to the depth, position and dimensions of any installations or structures not entirely removed.
4. The coastal State may, where necessary, establish reasonable safety zones around such artificial islands, installations and structures in which it may take appropriate measures to ensure the safety both of navigation and of the artificial islands,

installations and structures.

5. The breadth of the safety zones shall be determined by the coastal State, taking into account applicable international standards. Such zones shall be designed to ensure that they are reasonably related to the nature and function of the artificial islands, installations or structures, and shall not exceed a distance of 500 metres around them, measured from each point of their outer edge, except as authorized by generally accepted international standards or as recommended by the competent international organization. Due notice shall be given of the extent of safety zones.
6. All ships must respect these safety zones and shall comply with generally accepted international standards regarding navigation in the vicinity of artificial islands, installations, structures and safety zones.
7. Artificial islands, installations and structures and the safety zones around them may not be established where interference may be caused to the use of recognized sea lanes essential to international navigation.
8. Artificial islands, installations and structures do not possess the status of islands. They have no territorial sea of their own, and their presence does not affect the delimitation of the territorial sea, the exclusive economic zone or the continental shelf.

Article 61. Conservation of the living resources

1. The coastal State shall determine the allowable catch of the living resources in its exclusive economic zone.
2. The coastal State, taking into account the best scientific evidence available to it, shall ensure through proper conservation and management measures that the maintenance of the living resources in the exclusive economic zone is not endangered by over-exploitation. As appropriate, the coastal State and competent international organizations, whether subregional, regional or global, shall cooperate to this end.

3. Such measures shall also be designed to maintain or restore populations of harvested species at levels which can produce the maximum sustainable yield, as qualified by relevant environmental and economic factors, including the economic needs of coastal fishing communities and the special requirements of developing States, and taking into account fishing patterns, the interdependence of stocks and any generally recommended international minimum standards, whether subregional, regional or global.
4. In taking such measures the coastal State shall take into consideration the effects on species associated with or dependent upon harvested species with a view to maintaining or restoring populations of such associated or dependent species above levels at which their reproduction may become seriously threatened.
5. Available scientific information, catch and fishing effort statistics, and other data relevant to the conservation of fish stocks shall be contributed and exchanged on a regular basis through competent international organizations, whether subregional, regional or global, where appropriate and with participation by all States concerned, including States whose nationals are allowed to fish in the exclusive economic zone.

Article 62. Utilization of the living resources

1. The coastal State shall promote the objective of optimum utilization of the living resources in the exclusive economic zone without prejudice to article 61.
2. The coastal State shall determine its capacity to harvest the living resources of the exclusive economic zone. Where the coastal State does not have the capacity to harvest the entire allowable catch, it shall, through agreements or other arrangements and pursuant to the terms, conditions, laws and regulations referred to in paragraph 4, give other States access to the surplus of the allowable catch, having particular regard to the provisions of articles 69 and 70, especially in relation to the developing States mentioned therein.
3. In giving access to other States to its exclusive economic zone under this article,

the coastal State shall take into account all relevant factors, including, inter alia, the significance of the living resources of the area to the economy of the coastal State concerned and its other national interests, the provisions of articles 69 and 70, the requirements of developing States in the subregion or region in harvesting part of the surplus and the need to minimize economic dislocation in States whose nationals have habitually fished in the zone or which have made substantial efforts in research and identification of stocks.

4. Nationals of other States fishing in the exclusive economic zone shall comply with the conservation measures and with the other terms and conditions established in the laws and regulations of the coastal State. These laws and regulations shall be consistent with this Convention and may relate, inter alia, to the following:

(a) licensing of fishermen, fishing vessels and equipment, including payment of fees and other forms of remuneration, which, in the case of developing coastal States, may consist of adequate compensation in the field of financing, equipment and technology relating to the fishing industry;

(b) determining the species which may be caught, and fixing quotas of catch, whether in relation to particular stocks or groups of stocks or catch per vessel over a period of time or to the catch by nationals of any State during a specified period;

(c) regulating seasons and areas of fishing, the types, sizes and amount of gear, and the types, sizes and number of fishing vessels that may be used;

(d) fixing the age and size of fish and other species that may be caught;

(e) specifying information required of fishing vessels, including catch and effort statistics and vessel position reports;

(f) requiring, under the authorization and control of the coastal State, the conduct of specified fisheries research programmes and regulating the conduct of such research, including the sampling of catches, disposition of samples and reporting of associated scientific data;

(g) the placing of observers or trainees on board such vessels by the coastal State;

(h) the landing of all or any part of the catch by such vessels in the ports of the coastal State;

(i) terms and conditions relating to joint ventures or other cooperative arrangements;

(j) requirements for the training of personnel and the transfer of fisheries technology, including enhancement of the coastal State's capability of undertaking fisheries research;

(k) enforcement procedures.

5. Coastal States shall give due notice of conservation and management laws and regulations.

Article 63. Stocks occurring within the exclusive economic zones of two or more coastal States or both within the exclusive economic zone and in an area beyond and adjacent to it

1. Where the same stock or stocks of associated species occur within the exclusive economic zones of two or more coastal States, these States shall seek, either directly or through appropriate subregional or regional organizations, to agree upon the measures necessary to coordinate and ensure the conservation and development of such stocks without prejudice to the other provisions of this Part.

2. Where the same stock or stocks of associated species occur both within the exclusive economic zone and in an area beyond and adjacent to the zone, the coastal State and the States fishing for such stocks in the adjacent area shall seek, either directly or through appropriate subregional or regional organizations, to agree upon the measures necessary for the conservation of these stocks in the adjacent area.

Article 64. Highly migratory species

1. The coastal State and other States whose nationals fish in the region for the highly migratory species listed in Annex I shall cooperate directly or through appropriate international organizations with a view to ensuring conservation and

promoting the objective of optimum utilization of such species throughout the region, both within and beyond the exclusive economic zone. In regions for which no appropriate international organization exists, the coastal State and other States whose nationals harvest these species in the region shall cooperate to establish such an organization and participate in its work.

2. The provisions of paragraph 1 apply in addition to the other provisions of this Part.

Article 65. Marine mammals

Nothing in this Part restricts the right of a coastal State or the competence of an international organization, as appropriate, to prohibit, limit or regulate the exploitation of marine mammals more strictly than provided for in this Part. States shall cooperate with a view to the conservation of marine mammals and in the case of cetaceans shall in particular work through the appropriate international organizations for their conservation, management and study.

Article 66. Anadromous stocks

1. States in whose rivers anadromous stocks originate shall have the primary interest in and responsibility for such stocks.
2. The State of origin of anadromous stocks shall ensure their conservation by the establishment of appropriate regulatory measures for fishing in all waters landward of the outer limits of its exclusive economic zone and for fishing provided for in paragraph 3(b). The State of origin may, after consultations with the other States referred to in paragraphs 3 and 4 fishing these stocks, establish total allowable catches for stocks originating in its rivers.
3. (a) Fisheries for anadromous stocks shall be conducted only in waters landward of the outer limits of exclusive economic zones, except in cases where this provision would result in economic dislocation for a State other than the State of origin. With respect to such fishing beyond the outer limits of the exclusive economic zone, States concerned shall maintain consultations with a view to

achieving agreement on terms and conditions of such fishing giving due regard to the conservation requirements and the needs of the State of origin in respect of these stocks.

(b) The State of origin shall cooperate in minimizing economic dislocation in such other States fishing these stocks, taking into account the normal catch and the mode of operations of such States, and all the areas in which such fishing has occurred.

(c) States referred to in subparagraph (b), participating by agreement with the State of origin in measures to renew anadromous stocks, particularly by expenditures for that purpose, shall be given special consideration by the State of origin in the harvesting of stocks originating in its rivers.

(d) Enforcement of regulations regarding anadromous stocks beyond the exclusive economic zone shall be by agreement between the State of origin and the other States concerned.

4. In cases where anadromous stocks migrate into or through the waters landward of the outer limits of the exclusive economic zone of a State other than the State of origin, such State shall cooperate with the State of origin with regard to the conservation and management of such stocks.
5. The State of origin of anadromous stocks and other States fishing these stocks shall make arrangements for the implementation of the provisions of this article, where appropriate, through regional organizations.

Article 67. Catadromous species

1. A coastal State in whose waters catadromous species spend the greater part of their life cycle shall have responsibility for the management of these species and shall ensure the ingress and egress of migrating fish.
2. Harvesting of catadromous species shall be conducted only in waters landward of the outer limits of exclusive economic zones. When conducted in exclusive economic zones, harvesting shall be subject to this article and the other provisions

of this Convention concerning fishing in these zones.

3. In cases where catadromous fish migrate through the exclusive economic zone of another State, whether as juvenile or maturing fish, the management, including harvesting, of such fish shall be regulated by agreement between the State mentioned in paragraph 1 and the other State concerned. Such agreement shall ensure the rational management of the species and take into account the responsibilities of the State mentioned in paragraph 1 for the maintenance of these species.

Article 68. Sedentary species

This Part does not apply to sedentary species as defined in article 77, paragraph 4.

Article 69. Right of land-locked States

1. Land-locked States shall have the right to participate, on an equitable basis, in the exploitation of an appropriate part of the surplus of the living resources of the exclusive economic zones of coastal States of the same subregion or region, taking into account the relevant economic and geographical circumstances of all the States concerned and in conformity with the provisions of this article and of articles 61 and 62.
2. The terms and modalities of such participation shall be established by the States concerned through bilateral, subregional or regional agreements taking into account, inter alia:
   (a) the need to avoid effects detrimental to fishing communities or fishing industries of the coastal State;
   (b) the extent to which the land-locked State, in accordance with the provisions of this article, is participating or is entitled to participate under existing bilateral, subregional or regional agreements in the exploitation of living resources of the exclusive economic zones of other coastal States;
   (c) the extent to which other land-locked States and geographically disadvantaged

States are participating in the exploitation of the living resources of the exclusive economic zone of the coastal State and the consequent need to avoid a particular burden for any single coastal State or a part of it;

(d) the nutritional needs of the populations of the respective States.

3. When the harvesting capacity of a coastal State approaches a point which would enable it to harvest the entire allowable catch of the living resources in its exclusive economic zone, the coastal State and other States concerned shall cooperate in the establishment of equitable arrangements on a bilateral, subregional or regional basis to allow for participation of developing land-locked States of the same subregion or region in the exploitation of the living resources of the exclusive economic zones of coastal States of the subregion or region, as may be appropriate in the circumstances and on terms satisfactory to all parties. In the implementation of this provision the factors mentioned in paragraph 2 shall also be taken into account.

4. Developed land-locked States shall, under the provisions of this article, be entitled to participate in the exploitation of living resources only in the exclusive economic zones of developed coastal States of the same subregion or region having regard to the extent to which the coastal State, in giving access to other States to the living resources of its exclusive economic zone, has taken into account the need to minimize detrimental effects on fishing communities and economic dislocation in States whose nationals have habitually fished in the zone.

5. The above provisions are without prejudice to arrangements agreed upon in subregions or regions where the coastal States may grant to land-locked States of the same subregion or region equal or preferential rights for the exploitation of the living resources in the exclusive economic zones.

Article 70. Right of geographically disadvantaged States

1. Geographically disadvantaged States shall have the right to participate, on an equitable basis, in the exploitation of an appropriate part of the surplus of the

living resources of the exclusive economic zones of coastal States of the same subregion or region, taking into account the relevant economic and geographical circumstances of all the States concerned and in conformity with the provisions of this article and of articles 61 and 62.

2. For the purposes of this Part, "geographically disadvantaged States" means coastal States, including States bordering enclosed or semi-enclosed seas, whose geographical situation makes them dependent upon the exploitation of the living resources of the exclusive economic zones of other States in the subregion or region for adequate supplies of fish for the nutritional purposes of their populations or parts thereof, and coastal States which can claim no exclusive economic zones of their own.

3. The terms and modalities of such participation shall be established by the States concerned through bilateral, subregional or regional agreements taking into account, inter alia:

(a) the need to avoid effects detrimental to fishing communities or fishing industries of the coastal State;

(b) the extent to which the geographically disadvantaged State, in accordance with the provisions of this article, is participating or is entitled to participate under existing bilateral, subregional or regional agreements in the exploitation of living resources of the exclusive economic zones of other coastal States;

(c) the extent to which other geographically disadvantaged States and land-locked States are participating in the exploitation of the living resources of the exclusive economic zone of the coastal State and the consequent need to avoid a particular burden for any single coastal State or a part of it;

(d) the nutritional needs of the populations of the respective States.

4. When the harvesting capacity of a coastal State approaches a point which would enable it to harvest the entire allowable catch of the living resources in its exclusive economic zone, the coastal State and other States concerned shall cooperate in the establishment of equitable arrangements on a bilateral, subregional or regional basis to allow for participation of developing geographically disadvantaged

States of the same subregion or region in the exploitation of the living resources of the exclusive economic zones of coastal States of the subregion or region, as may be appropriate in the circumstances and on terms satisfactory to all parties. In the implementation of this provision the factors mentioned in paragraph 3 shall also be taken into account.

5. Developed geographically disadvantaged States shall, under the provisions of this article, be entitled to participate in the exploitation of living resources only in the exclusive economic zones of developed coastal States of the same subregion or region having regard to the extent to which the coastal State, in giving access to other States to the living resources of its exclusive economic zone, has taken into account the need to minimize detrimental effects on fishing communities and economic dislocation in States whose nationals have habitually fished in the zone.
6. The above provisions are without prejudice to arrangements agreed upon in subregions or regions where the coastal States may grant to geographically disadvantaged States of the same subregion or region equal or preferential rights for the exploitation of the living resources in the exclusive economic zones.

Article 71. Non-applicability of articles 69 and 70

The provisions of articles 69 and 70 do not apply in the case of a coastal State whose economy is overwhelmingly dependent on the exploitation of the living resources of its exclusive economic zone.

Article 72. Restrictions on transfer of rights

1. Rights provided under articles 69 and 70 to exploit living resources shall not be directly or indirectly transferred to third States or their nationals by lease or licence, by establishing joint ventures or in any other manner which has the effect of such transfer unless otherwise agreed by the States concerned.
2. The foregoing provision does not preclude the States concerned from obtaining technical or financial assistance from third States or international organizations in

order to facilitate the exercise of the rights pursuant to articles 69 and 70, provided that it does not have the effect referred to in paragraph 1.

Article 73. Enforcement of laws and regulations of the coastal State

1. The coastal State may, in the exercise of its sovereign rights to explore, exploit, conserve and manage the living resources in the exclusive economic zone, take such measures, including boarding, inspection, arrest and judicial proceedings, as may be necessary to ensure compliance with the laws and regulations adopted by it in conformity with this Convention.
2. Arrested vessels and their crews shall be promptly released upon the posting of reasonable bond or other security.
3. Coastal State penalties for violations of fisheries laws and regulations in the exclusive economic zone may not include imprisonment, in the absence of agreements to the contrary by the States concerned, or any other form of corporal punishment.
4. In cases of arrest or detention of foreign vessels the coastal State shall promptly notify the flag State, through appropriate channels, of the action taken and of any penalties subsequently imposed.

Article 74. Delimitation of the exclusive economic zone between States with opposite or adjacent coasts

1. The delimitation of the exclusive economic zone between States with opposite or adjacent coasts shall be effected by agreement on the basis of international law, as referred to in Article 38 of the Statute of the International Court of Justice, in order to achieve an equitable solution.
2. If no agreement can be reached within a reasonable period of time, the States concerned shall resort to the procedures provided for in Part XV.
3. Pending agreement as provided for in paragraph 1, the States concerned, in a spirit of understanding and cooperation, shall make every effort to enter into

provisional arrangements of a practical nature and, during this transitional period, not to jeopardize or hamper the reaching of the final agreement. Such arrangements shall be without prejudice to the final delimitation.

4. Where there is an agreement in force between the States concerned, questions relating to the delimitation of the exclusive economic zone shall be determined in accordance with the provisions of that agreement.

Article 75. Charts and lists of geographical coordinates

1. Subject to this Part, the outer limit lines of the exclusive economic zone and the lines of delimitation drawn in accordance with article 74 shall be shown on charts of a scale or scales adequate for ascertaining their position. Where appropriate, lists of geographical coordinates of points, specifying the geodetic datum, may be substituted for such outer limit lines or lines of delimitation.
2. The coastal State shall give due publicity to such charts or lists of geographical coordinates and shall deposit a copy of each such chart or list with the Secretary-General of the United Nations.

PART VI. CONTINENTAL SHELF

Article 76. Definition of the continental shelf

1. The continental shelf of a coastal State comprises the seabed and subsoil of the submarine areas that extend beyond its territorial sea throughout the natural prolongation of its land territory to the outer edge of the continental margin, or to a distance of 200 nautical miles from the baselines from which the breadth of the territorial sea is measured where the outer edge of the continental margin does not extend up to that distance.
2. The continental shelf of a coastal State shall not extend beyond the limits provided for in paragraphs 4 to 6.

3. The continental margin comprises the submerged prolongation of the land mass of the coastal State, and consists of the seabed and subsoil of the shelf, the slope and the rise. It does not include the deep ocean floor with its oceanic ridges or the subsoil thereof.

4. (a) For the purposes of this Convention, the coastal State shall establish the outer edge of the continental margin wherever the margin extends beyond 200 nautical miles from the baselines from which the breadth of the territorial sea is measured, by either:

(i) a line delineated in accordance with paragraph 7 by reference to the outermost fixed points at each of which the thickness of sedimentary rocks is at least 1 per cent of the shortest distance from such point to the foot of the continental slope; or

(ii) a line delineated in accordance with paragraph 7 by reference to fixed points not more than 60 nautical miles from the foot of the continental slope.

(b) In the absence of evidence to the contrary, the foot of the continental slope shall be determined as the point of maximum change in the gradient at its base.

5. The fixed points comprising the line of the outer limits of the continental shelf on the seabed, drawn in accordance with paragraph 4 (a)(i) and (ii), either shall not exceed 350 nautical miles from the baselines from which the breadth of the territorial sea is measured or shall not exceed 100 nautical miles from the 2,500 metre isobath, which is a line connecting the depth of 2,500 metres.

6. Notwithstanding the provisions of paragraph 5, on submarine ridges, the outer limit of the continental shelf shall not exceed 350 nautical miles from the baselines from which the breadth of the territorial sea is measured. This paragraph does not apply to submarine elevations that are natural components of the continental margin, such as its plateaux, rises, caps, banks and spurs.

7. The coastal State shall delineate the outer limits of its continental shelf, where that shelf extends beyond 200 nautical miles from the baselines from which the breadth of the territorial sea is measured, by straight lines not exceeding 60 nautical miles in length, connecting fixed points, defined by coordinates of latitude and

longitude.

8. Information on the limits of the continental shelf beyond 200 nautical miles from the baselines from which the breadth of the territorial sea is measured shall be submitted by the coastal State to the Commission on the Limits of the Continental Shelf set up under Annex II on the basis of equitable geographical representation. The Commission shall make recommendations to coastal States on matters related to the establishment of the outer limits of their continental shelf. The limits of the shelf established by a coastal State on the basis of these recommendations shall be final and binding.
9. The coastal State shall deposit with the Secretary-General of the United Nations charts and relevant information, including geodetic data, permanently describing the outer limits of its continental shelf. The Secretary-General shall give due publicity thereto.
10. The provisions of this article are without prejudice to the question of delimitation of the continental shelf between States with opposite or adjacent coasts.

Article 77. Rights of the coastal State over the continental shelf

1. The coastal State exercises over the continental shelf sovereign rights for the purpose of exploring it and exploiting its natural resources.
2. The rights referred to in paragraph 1 are exclusive in the sense that if the coastal State does not explore the continental shelf or exploit its natural resources, no one may undertake these activities without the express consent of the coastal State.
3. The rights of the coastal State over the continental shelf do not depend on occupation, effective or notional, or on any express proclamation.
4. The natural resources referred to in this Part consist of the mineral and other non-living resources of the seabed and subsoil together with living organisms belonging to sedentary species, that is to say, organisms which, at the harvestable stage, either are immobile on or under the seabed or are unable to move except in constant physical contact with the seabed or the subsoil.

Article 78. Legal status of the superjacent waters and air space and the rights and freedoms of other States

1. The rights of the coastal State over the continental shelf do not affect the legal status of the superjacent waters or of the air space above those waters.
2. The exercise of the rights of the coastal State over the continental shelf must not infringe or result in any unjustifiable interference with navigation and other rights and freedoms of other States as provided for in this Convention.

Article 79. Submarine cables and pipelines on the continental shelf

1. All States are entitled to lay submarine cables and pipelines on the continental shelf, in accordance with the provisions of this article.
2. Subject to its right to take reasonable measures for the exploration of the continental shelf, the exploitation of its natural resources and the prevention, reduction and control of pollution from pipelines, the coastal State may not impede the laying or maintenance of such cables or pipelines.
3. The delineation of the course for the laying of such pipelines on the continental shelf is subject to the consent of the coastal State.
4. Nothing in this Part affects the right of the coastal State to establish conditions for cables or pipelines entering its territory or territorial sea, or its jurisdiction over cables and pipelines constructed or used in connection with the exploration of its continental shelf or exploitation of its resources or the operations of artificial islands, installations and structures under its jurisdiction.
5. When laying submarine cables or pipelines, States shall have due regard to cables or pipelines already in position. In particular, possibilities of repairing existing cables or pipelines shall not be prejudiced.

Article 80. Artificial islands, installations and structures on the continental shelf

Article 60 applies mutatis mutandis to artificial islands, installations and structures on the continental shelf.

Article 81. Drilling on the continental shelf

The coastal State shall have the exclusive right to authorize and regulate drilling on the continental shelf for all purposes.

Article 82. Payments and contributions with respect to the exploitation of the continental shelf beyond 200 nautical miles

1. The coastal State shall make payments or contributions in kind in respect of the exploitation of the non-living resources of the continental shelf beyond 200 nautical miles from the baselines from which the breadth of the territorial sea is measured.
2. The payments and contributions shall be made annually with respect to all production at a site after the first five years of production at that site. For the sixth year, the rate of payment or contribution shall be 1 per cent of the value or volume of production at the site. The rate shall increase by 1 per cent for each subsequent year until the twelfth year and shall remain at 7 per cent thereafter. Production does not include resources used in connection with exploitation.
3. A developing State which is a net importer of a mineral resource produced from its continental shelf is exempt from making such payments or contributions in respect of that mineral resource.
4. The payments or contributions shall be made through the Authority, which shall distribute them to States Parties to this Convention, on the basis of equitable sharing criteria, taking into account the interests and needs of developing States, particularly the least developed and the land-locked among them.

Article 83. Delimitation of the continental shelf between States with opposite or adjacent coasts

1. The delimitation of the continental shelf between States with opposite or adjacent coasts shall be effected by agreement on the basis of international law, as referred to in Article 38 of the Statute of the International Court of Justice,

in order to achieve an equitable solution.

2. If no agreement can be reached within a reasonable period of time, the States concerned shall resort to the procedures provided for in Part XV.
3. Pending agreement as provided for in paragraph 1, the States concerned, in a spirit of understanding and cooperation, shall make every effort to enter into provisional arrangements of a practical nature and, during this transitional period, not to jeopardize or hamper the reaching of the final agreement. Such arrangements shall be without prejudice to the final delimitation.
4. Where there is an agreement in force between the States concerned, questions relating to the delimitation of the continental shelf shall be determined in accordance with the provisions of that agreement.

Article 84. Charts and lists of geographical coordinates

1. Subject to this Part, the outer limit lines of the continental shelf and the lines of delimitation drawn in accordance with article 83 shall be shown on charts of a scale or scales adequate for ascertaining their position. Where appropriate, lists of geographical coordinates of points, specifying the geodetic datum, may be substituted for such outer limit lines or lines of delimitation.
2. The coastal State shall give due publicity to such charts or lists of geographical coordinates and shall deposit a copy of each such chart or list with the Secretary-General of the United Nations and, in the case of those showing the outer limit lines of the continental shelf, with the Secretary-General of the Authority.

Article 85. Tunnelling

This Part does not prejudice the right of the coastal State to exploit the subsoil by means of tunnelling, irrespective of the depth of water above the subsoil.

PART VII. HIGH SEAS

SECTION 1. GENERAL PROVISIONS

Article 86. Application of the provisions of this Part

The provisions of this Part apply to all parts of the sea that are not included in the exclusive economic zone, in the territorial sea or in the internal waters of a State, or in the archipelagic waters of an archipelagic State. This article does not entail any abridgement of the freedoms enjoyed by all States in the exclusive economic zone in accordance with article 58.

Article 87. Freedom of the high seas

1. The high seas are open to all States, whether coastal or land-locked. Freedom of the high seas is exercised under the conditions laid down by this Convention and by other rules of international law. It comprises, inter alia, both for coastal and land-locked States:
   (a) freedom of navigation;
   (b) freedom of overflight;
   (c) freedom to lay submarine cables and pipelines, subject to Part VI;
   (d) freedom to construct artificial islands and other installations permitted under international law, subject to Part VI;
   (e) freedom of fishing, subject to the conditions laid down in section 2;
   (f) freedom of scientific research, subject to Parts VI and XIII.
2. These freedoms shall be exercised by all States with due regard for the interests of other States in their exercise of the freedom of the high seas, and also with due regard for the rights under this Convention with respect to activities in the Area.

Article 88. Reservation of the high seas for peaceful purposes

The high seas shall be reserved for peaceful purposes.

Article 89. Invalidity of claims of sovereignty over the high seas

No State may validly purport to subject any part of the high seas to its sovereignty.

Article 90. Right of navigation

Every State, whether coastal or land-locked, has the right to sail ships flying its flag on the high seas.

Article 91. Nationality of ships

1. Every State shall fix the conditions for the grant of its nationality to ships, for the registration of ships in its territory, and for the right to fly its flag. Ships have the nationality of the State whose flag they are entitled to fly. There must exist a genuine link between the State and the ship.
2. Every State shall issue to ships to which it has granted the right to fly its flag documents to that effect.

Article 92. Status of ships

1. Ships shall sail under the flag of one State only and, save in exceptional cases expressly provided for in international treaties or in this Convention, shall be subject to its exclusive jurisdiction on the high seas. A ship may not change its flag during a voyage or while in a port of call, save in the case of a real transfer of ownership or change of registry.
2. A ship which sails under the flags of two or more States, using them according to convenience, may not claim any of the nationalities in question with respect to any other State, and may be assimilated to a ship without nationality.

Article 93. Ships flying the flag of the United Nations, its specialized agencies and the International Atomic Energy Agency

The preceding articles do not prejudice the question of ships employed on the official service of the United Nations, its specialized agencies or the International Atomic Energy Agency, flying the flag of the organization.

Article 94. Duties of the flag State

1. Every State shall effectively exercise its jurisdiction and control in administrative, technical and social matters over ships flying its flag.
2. In particular every State shall:
 (a) maintain a register of ships containing the names and particulars of ships flying its flag, except those which are excluded from generally accepted international regulations on account of their small size; and
 (b) assume jurisdiction under its internal law over each ship flying its flag and its master, officers and crew in respect of administrative, technical and social matters concerning the ship.
3. Every State shall take such measures for ships flying its flag as are necessary to ensure safety at sea with regard, inter alia, to:
 (a) the construction, equipment and seaworthiness of ships;
 (b) the manning of ships, labour conditions and the training of crews, taking into account the applicable international instruments;
 (c) the use of signals, the maintenance of communications and the prevention of collisions.
4. Such measures shall include those necessary to ensure:
 (a) that each ship, before registration and thereafter at appropriate intervals, is surveyed by a qualified surveyor of ships, and has on board such charts, nautical publications and navigational equipment and instruments as are appropriate for the safe navigation of the ship;
 (b) that each ship is in the charge of a master and officers who possess appropriate qualifications, in particular in seamanship, navigation, communications and marine engineering, and that the crew is appropriate in qualification and numbers

for the type, size, machinery and equipment of the ship;

(c) that the master, officers and, to the extent appropriate, the crew are fully conversant with and required to observe the applicable international regulations concerning the safety of life at sea, the prevention of collisions, the prevention, reduction and control of marine pollution, and the maintenance of communications by radio.

5. In taking the measures called for in paragraphs 3 and 4 each State is required to conform to generally accepted international regulations, procedures and practices and to take any steps which may be necessary to secure their observance.
6. A State which has clear grounds to believe that proper jurisdiction and control with respect to a ship have not been exercised may report the facts to the flag State. Upon receiving such a report, the flag State shall investigate the matter and, if appropriate, take any action necessary to remedy the situation.
7. Each State shall cause an inquiry to be held by or before a suitably qualified person or persons into every marine casualty or incident of navigation on the high seas involving a ship flying its flag and causing loss of life or serious injury to nationals of another State or serious damage to ships or installations of another State or to the marine environment. The flag State and the other State shall cooperate in the conduct of any inquiry held by that other State into any such marine casualty or incident of navigation.

Article 95. Immunity of warships on the high seas

Warships on the high seas have complete immunity from the jurisdiction of any State other than the flag State.

Article 96. Immunity of ships used only on government non-commercial service

Ships owned or operated by a State and used only on government non-commercial service shall, on the high seas, have complete immunity from the jurisdiction of any State other than the flag State.

Article 97. Penal jurisdiction in matters of collision or any other incident of navigation

1. In the event of a collision or any other incident of navigation concerning a ship on the high seas, involving the penal or disciplinary responsibility of the master or of any other person in the service of the ship, no penal or disciplinary proceedings may be instituted against such person except before the judicial or administrative authorities either of the flag State or of the State of which such person is a national.
2. In disciplinary matters, the State which has issued a master's certificate or a certificate of competence or licence shall alone be competent, after due legal process, to pronounce the withdrawal of such certificates, even if the holder is not a national of the State which issued them.
3. No arrest or detention of the ship, even as a measure of investigation, shall be ordered by any authorities other than those of the flag State.

Article 98. Duty to render assistance

1. Every State shall require the master of a ship flying its flag, in so far as he can do so without serious danger to the ship, the crew or the passengers:
   (a) to render assistance to any person found at sea in danger of being lost;
   (b) to proceed with all possible speed to the rescue of persons in distress, if informed of their need of assistance, in so far as such action may reasonably be expected of him;
   (c) after a collision, to render assistance to the other ship, its crew and its passengers and, where possible, to inform the other ship of the name of his own ship, its port of registry and the nearest port at which it will call.
2. Every coastal State shall promote the establishment, operation and maintenance of an adequate and effective search and rescue service regarding safety on and over the sea and, where circumstances so require, by way of mutual regional arrangements cooperate with neighbouring States for this purpose.

Article 99. Prohibition of the transport of slaves

Every State shall take effective measures to prevent and punish the transport of slaves in ships authorized to fly its flag and to prevent the unlawful use of its flag for that purpose. Any slave taking refuge on board any ship, whatever its flag, shall ipso facto be free.

Article 100. Duty to cooperate in the repression of piracy

All States shall cooperate to the fullest possible extent in the repression of piracy on the high seas or in any other place outside the jurisdiction of any State.

Article 101. Definition of piracy

Piracy consists of any of the following acts:

(a) any illegal acts of violence or detention, or any act of depredation, committed for private ends by the crew or the passengers of a private ship or a private aircraft, and directed:

(i) on the high seas, against another ship or aircraft, or against persons or property on board such ship or aircraft;

(ii) against a ship, aircraft, persons or property in a place outside the jurisdiction of any State;

(b) any act of voluntary participation in the operation of a ship or of an aircraft with knowledge of facts making it a pirate ship or aircraft;

(c) any act of inciting or of intentionally facilitating an act described in subparagraph (a) or (b).

Article 102. Piracy by a warship, government ship or government aircraft whose crew has mutinied

The acts of piracy, as defined in article 101, committed by a warship, government ship or government aircraft whose crew has mutinied and taken control of the ship or aircraft are assimilated to acts committed by a private ship or aircraft.

Article 103. Definition of a pirate ship or aircraft
A ship or aircraft is considered a pirate ship or aircraft if it is intended by the persons in dominant control to be used for the purpose of committing one of the acts referred to in article 101. The same applies if the ship or aircraft has been used to commit any such act, so long as it remains under the control of the persons guilty of that act.

Article 104. Retention or loss of the nationality of a pirate ship or aircraft
A ship or aircraft may retain its nationality although it has become a pirate ship or aircraft. The retention or loss of nationality is determined by the law of the State from which such nationality was derived.

Article 105. Seizure of a pirate ship or aircraft
On the high seas, or in any other place outside the jurisdiction of any State, every State may seize a pirate ship or aircraft, or a ship or aircraft taken by piracy and under the control of pirates, and arrest the persons and seize the property on board. The courts of the State which carried out the seizure may decide upon the penalties to be imposed, and may also determine the action to be taken with regard to the ships, aircraft or property, subject to the rights of third parties acting in good faith.

Article 106. Liability for seizure without adequate grounds
Where the seizure of a ship or aircraft on suspicion of piracy has been effected without adequate grounds, the State making the seizure shall be liable to the State the nationality of which is possessed by the ship or aircraft for any loss or damage caused by the seizure.

Article 107. Ships and aircraft which are entitled to seize on account of piracy
A seizure on account of piracy may be carried out only by warships or military aircraft, or other ships or aircraft clearly marked and identifiable as being on

government service and authorized to that effect.

Article 108. Illicit traffic in narcotic drugs or psychotropic substances

1. All States shall cooperate in the suppression of illicit traffic in narcotic drugs and psychotropic substances engaged in by ships on the high seas contrary to international conventions.
2. Any State which has reasonable grounds for believing that a ship flying its flag is engaged in illicit traffic in narcotic drugs or psychotropic substances may request the cooperation of other States to suppress such traffic.

Article 109. Unauthorized broadcasting from the high seas

1. All States shall cooperate in the suppression of unauthorized broadcasting from the high seas.
2. For the purposes of this Convention, "unauthorized broadcasting" means the transmission of sound radio or television broadcasts from a ship or installation on the high seas intended for reception by the general public contrary to international regulations, but excluding the transmission of distress calls.
3. Any person engaged in unauthorized broadcasting may be prosecuted before the court of:
   (a) the flag State of the ship;
   (b) the State of registry of the installation;
   (c) the State of which the person is a national;
   (d) any State where the transmissions can be received; or
   (e) any State where authorized radio communication is suffering interference.
4. On the high seas, a State having jurisdiction in accordance with paragraph 3 may, in conformity with article 110, arrest any person or ship engaged in unauthorized broadcasting and seize the broadcasting apparatus.

Article 110. Right of visit

1. Except where acts of interference derive from powers conferred by treaty, a warship which encounters on the high seas a foreign ship, other than a ship entitled to complete immunity in accordance with articles 95 and 96, is not justified in boarding it unless there is reasonable ground for suspecting that:
(a) the ship is engaged in piracy;
(b) the ship is engaged in the slave trade;
(c) the ship is engaged in unauthorized broadcasting and the flag State of the warship has jurisdiction under article 109;
(d) the ship is without nationality; or
(e) though flying a foreign flag or refusing to show its flag, the ship is, in reality, of the same nationality as the warship.
2. In the cases provided for in paragraph 1, the warship may proceed to verify the ship's right to fly its flag. To this end, it may send a boat under the command of an officer to the suspected ship. If suspicion remains after the documents have been checked, it may proceed to a further examination on board the ship, which must be carried out with all possible consideration.
3. If the suspicions prove to be unfounded, and provided that the ship boarded has not committed any act justifying them, it shall be compensated for any loss or damage that may have been sustained.
4. These provisions apply mutatis mutandis to military aircraft.
5. These provisions also apply to any other duly authorized ships or aircraft clearly marked and identifiable as being on government service.

Article 111. Right of hot pursuit
1. The hot pursuit of a foreign ship may be undertaken when the competent authorities of the coastal State have good reason to believe that the ship has violated the laws and regulations of that State. Such pursuit must be commenced when the foreign ship or one of its boats is within the internal waters, the archipelagic waters, the territorial sea or the contiguous zone of the pursuing State,

and may only be continued outside the territorial sea or the contiguous zone if the pursuit has not been interrupted. It is not necessary that, at the time when the foreign ship within the territorial sea or the contiguous zone receives the order to stop, the ship giving the order should likewise be within the territorial sea or the contiguous zone. If the foreign ship is within a contiguous zone, as defined in article 33, the pursuit may only be undertaken if there has been a violation of the rights for the protection of which the zone was established.

2. The right of hot pursuit shall apply mutatis mutandis to violations in the exclusive economic zone or on the continental shelf, including safety zones around continental shelf installations, of the laws and regulations of the coastal State applicable in accordance with this Convention to the exclusive economic zone or the continental shelf, including such safety zones.
3. The right of hot pursuit ceases as soon as the ship pursued enters the territorial sea of its own State or of a third State.
4. Hot pursuit is not deemed to have begun unless the pursuing ship has satisfied itself by such practicable means as may be available that the ship pursued or one of its boats or other craft working as a team and using the ship pursued as a mother ship is within the limits of the territorial sea, or, as the case may be, within the contiguous zone or the exclusive economic zone or above the continental shelf. The pursuit may only be commenced after a visual or auditory signal to stop has been given at a distance which enables it to be seen or heard by the foreign ship.
5. The right of hot pursuit may be exercised only by warships or military aircraft, or other ships or aircraft clearly marked and identifiable as being on government service and authorized to that effect.
6. Where hot pursuit is effected by an aircraft:
   (a) the provisions of paragraphs 1 to 4 shall apply mutatis mutandis;
   (b) the aircraft giving the order to stop must itself actively pursue the ship until a ship or another aircraft of the coastal State, summoned by the aircraft, arrives to take over the pursuit, unless the aircraft is itself able to arrest the ship. It

does not suffice to justify an arrest outside the territorial sea that the ship was merely sighted by the aircraft as an offender or suspected offender, if it was not both ordered to stop and pursued by the aircraft itself or other aircraft or ships which continue the pursuit without interruption.

7. The release of a ship arrested within the jurisdiction of a State and escorted to a port of that State for the purposes of an inquiry before the competent authorities may not be claimed solely on the ground that the ship, in the course of its voyage, was escorted across a portion of the exclusive economic zone or the high seas, if the circumstances rendered this necessary.
8. Where a ship has been stopped or arrested outside the territorial sea in circumstances which do not justify the exercise of the right of hot pursuit, it shall be compensated for any loss or damage that may have been thereby sustained.

Article 112. Right to lay submarine cables and pipelines

1. All States are entitled to lay submarine cables and pipelines on the bed of the high seas beyond the continental shelf.
2. Article 79, paragraph 5, applies to such cables and pipelines.

Article 113. Breaking or injury of a submarine cable or pipeline

Every State shall adopt the laws and regulations necessary to provide that the breaking or injury by a ship flying its flag or by a person subject to its jurisdiction of a submarine cable beneath the high seas done wilfully or through culpable negligence, in such a manner as to be liable to interrupt or obstruct telegraphic or telephonic communications, and similarly the breaking or injury of a submarine pipeline or high-voltage power cable, shall be a punishable offence. This provision shall apply also to conduct calculated or likely to result in such breaking or injury. However, it shall not apply to any break or injury caused by persons who acted merely with the legitimate object of saving their lives or their ships, after having taken all necessary precautions to avoid such break or injury.

Article 114. Breaking or injury by owners of a submarine cable or pipeline of another submarine cable or pipeline

Every State shall adopt the laws and regulations necessary to provide that, if persons subject to its jurisdiction who are the owners of a submarine cable or pipeline beneath the high seas, in laying or repairing that cable or pipeline, cause a break in or injury to another cable or pipeline, they shall bear the cost of the repairs.

Article 115. Indemnity for loss incurred in avoiding injury to a submarine cable or pipeline

Every State shall adopt the laws and regulations necessary to ensure that the owners of ships who can prove that they have sacrificed an anchor, a net or any other fishing gear, in order to avoid injuring a submarine cable or pipeline, shall be indemnified by the owner of the cable or pipeline, provided that the owner of the ship has taken all reasonable precautionary measures beforehand.

SECTION 2. CONSERVATION AND MANAGEMENT OF THE LIVING RESOURCES OF THE HIGH SEAS

Article 116. Right to fish on the high seas

All States have the right for their nationals to engage in fishing on the high seas subject to:

(a) their treaty obligations;

(b) the rights and duties as well as the interests of coastal States provided for, inter alia, in article 63, paragraph 2, and articles 64 to 67; and

(c) the provisions of this section.

Article 117. Duty of States to adopt with respect to their nationals measures for the conservation of the living resources of the high seas

All States have the duty to take, or to cooperate with other States in taking, such measures for their respective nationals as may be necessary for the conservation of the living resources of the high seas.

Article 118. Cooperation of States in the conservation and management of living resources

States shall cooperate with each other in the conservation and management of living resources in the areas of the high seas. States whose nationals exploit identical living resources, or different living resources in the same area, shall enter into negotiations with a view to taking the measures necessary for the conservation of the living resources concerned. They shall, as appropriate, cooperate to establish subregional or regional fisheries organizations to this end.

Article 119. Conservation of the living resources of the high seas

1. In determining the allowable catch and establishing other conservation measures for the living resources in the high seas, States shall:
 (a) take measures which are designed, on the best scientific evidence available to the States concerned, to maintain or restore populations of harvested species at levels which can produce the maximum sustainable yield, as qualified by relevant environmental and economic factors, including the special requirements of developing States, and taking into account fishing patterns, the interdependence of stocks and any generally recommended international minimum standards, whether subregional, regional or global;
 (b) take into consideration the effects on species associated with or dependent upon harvested species with a view to maintaining or restoring populations of such associated or dependent species above levels at which their reproduction may become seriously threatened.
2. Available scientific information, catch and fishing effort statistics, and other data relevant to the conservation of fish stocks shall be contributed and exchanged on a regular basis through competent international organizations, whether subregional,

regional or global, where appropriate and with participation by all States concerned.

3. States concerned shall ensure that conservation measures and their implementation do not discriminate in form or in fact against the fishermen of any State.

Article 120. Marine mammals

Article 65 also applies to the conservation and management of marine mammals in the high seas.

PART VIII. REGIME OF ISLANDS

Article 121. Regime of islands

1. An island is a naturally formed area of land, surrounded by water, which is above water at high tide.
2. Except as provided for in paragraph 3, the territorial sea, the contiguous zone, the exclusive economic zone and the continental shelf of an island are determined in accordance with the provisions of this Convention applicable to other land territory.
3. Rocks which cannot sustain human habitation or economic life of their own shall have no exclusive economic zone or continental shelf.

PART IX. ENCLOSED OR SEMI-ENCLOSED SEAS

Article 122. Definition

For the purposes of this Convention, "enclosed or semi-enclosed sea" means a gulf, basin or sea surrounded by two or more States and connected to another sea or the ocean by a narrow outlet or consisting entirely or primarily of the territorial seas and exclusive economic zones of two or more coastal States.

Article 123. Cooperation of States bordering enclosed or semi-enclosed seas

States bordering an enclosed or semi-enclosed sea should cooperate with each other in the exercise of their rights and in the performance of their duties under this Convention. To this end they shall endeavour, directly or through an appropriate regional organization:

(a) to coordinate the management, conservation, exploration and exploitation of the living resources of the sea;

(b) to coordinate the implementation of their rights and duties with respect to the protection and preservation of the marine environment;

(c) to coordinate their scientific research policies and undertake where appropriate joint programmes of scientific research in the area;

(d) to invite, as appropriate, other interested States or international organizations to cooperate with them in furtherance of the provisions of this article.

PART X. RIGHT OF ACCESS OF LAND-LOCKED STATES TO AND FROM THE SEA AND FREEDOM OF TRANSIT

Article 124. Use of terms

1. For the purposes of this Convention:

(a) "land-locked State" means a State which has no sea-coast;

(b) "transit State" means a State, with or without a sea-coast, situated between a land-locked State and the sea, through whose territory traffic in transit passes;

(c) "traffic in transit" means transit of persons, baggage, goods and means of transport across the territory of one or more transit States, when the passage across such territory, with or without trans-shipment, warehousing, breaking bulk or change in the mode of transport, is only a portion of a complete journey which begins or terminates within the territory of the land-locked State;

(d) "means of transport" means:

(i) railway rolling stock, sea, lake and river craft and road vehicles;
(ii) where local conditions so require, porters and pack animals.

2. Land-locked States and transit States may, by agreement between them, include as means of transport pipelines and gas lines and means of transport other than those included in paragraph 1.

Article 125. Right of access to and from the sea and freedom of transit

1. Land-locked States shall have the right of access to and from the sea for the purpose of exercising the rights provided for in this Convention including those relating to the freedom of the high seas and the common heritage of mankind. To this end, land-locked States shall enjoy freedom of transit through the territory of transit States by all means of transport.
2. The terms and modalities for exercising freedom of transit shall be agreed between the land-locked States and transit States concerned through bilateral, s°ubregional or regional agreements.
3. Transit States, in the exercise of their full sovereignty over their territory, shall have the right to take all measures necessary to ensure that the rights and facilities provided for in this Part for land-locked States shall in no way infringe their legitimate interests.

Article 126. Exclusion of application of the most-favoured-nation clause

The provisions of this Convention, as well as special agreements relating to the exercise of the right of access to and from the sea, establishing rights and facilities on account of the special geographical position of land-locked States, are excluded from the application of the most-favoured-nation clause.

Article 127. Customs duties, taxes and other charges

1. Traffic in transit shall not be subject to any customs duties, taxes or other charges except charges levied for specific services rendered in connection with such traffic.

2. Means of transport in transit and other facilities provided for and used by land-locked States shall not be subject to taxes or charges higher than those levied for the use of means of transport of the transit State.

Article 128. Free zones and other customs facilities

For the convenience of traffic in transit, free zones or other customs facilities may be provided at the ports of entry and exit in the transit States, by agreement between those States and the land-locked States.

Article 129. Cooperation in the construction and improvement of means of transport

Where there are no means of transport in transit States to give effect to the freedom of transit or where the existing means, including the port installations and equipment, are inadequate in any respect, the transit States and land-locked States concerned may cooperate in constructing or improving them.

Article 130. Measures to avoid or eliminate delays or other difficulties of a technical nature in traffic in transit

1. Transit States shall take all appropriate measures to avoid delays or other difficulties of a technical nature in traffic in transit.
2. Should such delays or difficulties occur, the competent authorities of the transit States and land-locked States concerned shall cooperate towards their expeditious elimination.

Article 131. Equal treatment in maritime ports

Ships flying the flag of land-locked States shall enjoy treatment equal to that accorded to other foreign ships in maritime ports.

Article 132. Grant of greater transit facilities

This Convention does not entail in any way the withdrawal of transit facilities which are greater than those provided for in this Convention and which are agreed between States Parties to this Convention or granted by a State Party. This Convention also does not preclude such grant of greater facilities in the future.

PART XI. THE AREA

SECTION 1. GENERAL PROVISIONS

Article 133. Use of terms

For the purposes of this Part:

(a) "resources" means all solid, liquid or gaseous mineral resources in situ in the Area at or beneath the seabed, including polymetallic nodules;

(b) resources, when recovered from the Area, are referred to as "minerals".

Article 134. Scope of this Part

1. This Part applies to the Area.
2. Activities in the Area shall be governed by the provisions of this Part.
3. The requirements concerning deposit of, and publicity to be given to, the charts or lists of geographical coordinates showing the limits referred to in article 1, paragraph 1(1), are set forth in Part VI.
4. Nothing in this article affects the establishment of the outer limits of the continental shelf in accordance with Part VI or the validity of agreements relating to delimitation between States with opposite or adjacent coasts.

Article 135. Legal status of the superjacent waters and air space

Neither this Part nor any rights granted or exercised pursuant thereto shall affect the legal status of the waters superjacent to the Area or that of the air space above those waters.

SECTION 2. PRINCIPLES GOVERNING THE AREA

Article 136. Common heritage of mankind

The Area and its resources are the common heritage of mankind.

Article 137. Legal status of the Area and its resources

1. No State shall claim or exercise sovereignty or sovereign rights over any part of the Area or its resources, nor shall any State or natural or juridical person appropriate any part thereof. No such claim or exercise of sovereignty or sovereign rights nor such appropriation shall be recognized.
2. All rights in the resources of the Area are vested in mankind as a whole, on whose behalf the Authority shall act. These resources are not subject to alienation. The minerals recovered from the Area, however, may only be alienated in accordance with this Part and the rules, regulations and procedures of the Authority.
3. No State or natural or juridical person shall claim, acquire or exercise rights with respect to the minerals recovered from the Area except in accordance with this Part. Otherwise, no such claim, acquisition or exercise of such rights shall be recognized.

Article 138. General conduct of States in relation to the Area

The general conduct of States in relation to the Area shall be in accordance with the provisions of this Part, the principles embodied in the Charter of the United Nations and other rules of international law in the interests of maintaining peace and security and promoting international cooperation and mutual understanding.

Article 139. Responsibility to ensure compliance and liability for damage

1. States Parties shall have the responsibility to ensure that activities in the Area, whether carried out by States Parties, or state enterprises or natural or juridical persons which possess the nationality of States Parties or are effectively

controlled by them or their nationals, shall be carried out in conformity with this Part. The same responsibility applies to international organizations for activities in the Area carried out by such organizations.

2. Without prejudice to the rules of international law and Annex III, article 22, damage caused by the failure of a State Party or international organization to carry out its responsibilities under this Part shall entail liability; States Parties or international organizations acting together shall bear joint and several liability. A State Party shall not however be liable for damage caused by any failure to comply with this Part by a person whom it has sponsored under article 153, paragraph 2(b), if the State Party has taken all necessary and appropriate measures to secure effective compliance under article 153, paragraph 4, and Annex III, article 4, paragraph 4.
3. States Parties that are members of international organizations shall take appropriate measures to ensure the implementation of this article with respect to such organizations.

Article 140. Benefit of mankind

1. Activities in the Area shall, as specifically provided for in this Part, be carried out for the benefit of mankind as a whole, irrespective of the geographical location of States, whether coastal or land-locked, and taking into particular consideration the interests and needs of developing States and of peoples who have not attained full independence or other self-governing status recognized by the United Nations in accordance with General Assembly resolution 1514 (XV) and other relevant General Assembly resolutions.
2. The Authority shall provide for the equitable sharing of financial and other economic benefits derived from activities in the Area through any appropriate mechanism, on a non-discriminatory basis, in accordance with article 160, paragraph 2(f)(i).

Article 141. Use of the Area exclusively for peaceful purposes

The Area shall be open to use exclusively for peaceful purposes by all States, whether coastal or land-locked, without discrimination and without prejudice to the other provisions of this Part.

Article 142. Rights and legitimate interests of coastal States

1. Activities in the Area, with respect to resource deposits in the Area which lie across limits of national jurisdiction, shall be conducted with due regard to the rights and legitimate interests of any coastal State across whose jurisdiction such deposits lie.
2. Consultations, including a system of prior notification, shall be maintained with the State concerned, with a view to avoiding infringement of such rights and interests. In cases where activities in the Area may result in the exploitation of resources lying within national jurisdiction, the prior consent of the coastal State concerned shall be required.
3. Neither this Part nor any rights granted or exercised pursuant thereto shall affect the rights of coastal States to take such measures consistent with the relevant provisions of Part XII as may be necessary to prevent, mitigate or eliminate grave and imminent danger to their coastline, or related interests from pollution or threat thereof or from other hazardous occurrences resulting from or caused by any activities in the Area.

Article 143. Marine scientific research

1. Marine scientific research in the Area shall be carried out exclusively for peaceful purposes and for the benefit of mankind as a whole, in accordance with Part XIII.
2. The Authority may carry out marine scientific research concerning the Area and its resources, and may enter into contracts for that purpose. The Authority shall promote and encourage the conduct of marine scientific research in the Area, and shall coordinate and disseminate the results of such research and analysis

when available.

3. States Parties may carry out marine scientific research in the Area. States Parties shall promote international cooperation in marine scientific research in the Area by:

(a) participating in international programmes and encouraging cooperation in marine scientific research by personnel of different countries and of the Authority;

(b) ensuring that programmes are developed through the Authority or other international organizations as appropriate for the benefit of developing States and technologically less developed States with a view to:

(i) strengthening their research capabilities;

(ii) training their personnel and the personnel of the Authority in the techniques and applications of research;

(iii) fostering the employment of their qualified personnel in research in the Area;

(c) effectively disseminating the results of research and analysis when available, through the Authority or other international channels when appropriate.

Article 144. Transfer of technology

1. The Authority shall take measures in accordance with this Convention:

(a) to acquire technology and scientific knowledge relating to activities in the Area; and

(b) to promote and encourage the transfer to developing States of such technology and scientific knowledge so that all States Parties benefit therefrom.

2. To this end the Authority and States Parties shall cooperate in promoting the transfer of technology and scientific knowledge relating to activities in the Area so that the Enterprise and all States Parties may benefit therefrom. In particular they shall initiate and promote:

(a) programmes for the transfer of technology to the Enterprise and to developing States with regard to activities in the Area, including, inter alia, facilitating the access of the Enterprise and of developing States to the relevant technology, under fair and reasonable terms and conditions;

(b) measures directed towards the advancement of the technology of the Enterprise and the domestic technology of developing States, particularly by providing opportunities to personnel from the Enterprise and from developing States for training in marine science and technology and for their full participation in activities in the Area.

Article 145. Protection of the marine environment

Necessary measures shall be taken in accordance with this Convention with respect to activities in the Area to ensure effective protection for the marine environment from harmful effects which may arise from such activities. To this end the Authority shall adopt appropriate rules, regulations and procedures for inter alia:

(a) the prevention, reduction and control of pollution and other hazards to the marine environment, including the coastline, and of interference with the ecological balance of the marine environment, particular attention being paid to the need for protection from harmful effects of such activities as drilling, dredging, excavation, disposal of waste, construction and operation or maintenance of installations, pipelines and other devices related to such activities;

(b) the protection and conservation of the natural resources of the Area and the prevention of damage to the flora and fauna of the marine environment.

Article 146. Protection of human life

With respect to activities in the Area, necessary measures shall be taken to ensure effective protection of human life. To this end the Authority shall adopt appropriate rules, regulations and procedures to supplement existing international law as embodied in relevant treaties.

Article 147. Accommodation of activities in the Area and in the marine environment

1. Activities in the Area shall be carried out with reasonable regard for other activities in the marine environment.

2. Installations used for carrying out activities in the Area shall be subject to the following conditions:

(a) such installations shall be erected, emplaced and removed solely in accordance with this Part and subject to the rules, regulations and procedures of the Authority. Due notice must be given of the erection, emplacement and removal of such installations, and permanent means for giving warning of their presence must be maintained;

(b) such installations may not be established where interference may be caused to the use of recognized sea lanes essential to international navigation or in areas of intense fishing activity;

(c) safety zones shall be established around such installations with appropriate markings to ensure the safety of both navigation and the installations. The configuration and location of such safety zones shall not be such as to form a belt impeding the lawful access of shipping to particular maritime zones or navigation along international sea lanes;

(d) such installations shall be used exclusively for peaceful purposes;

(e) such installations do not possess the status of islands. They have no territorial sea of their own, and their presence does not affect the delimitation of the territorial sea, the exclusive economic zone or the continental shelf.

3. Other activities in the marine environment shall be conducted with reasonable regard for activities in the Area.

Article 148. Participation of developing States in activities in the Area

The effective participation of developing States in activities in the Area shall be promoted as specifically provided for in this Part, having due regard to their special interests and needs, and in particular to the special need of the land-locked and geographically disadvantaged among them to overcome obstacles arising from their disadvantaged location, including remoteness from the Area and difficulty of access to and from it.

Article 149. Archaeological and historical objects

All objects of an archaeological and historical nature found in the Area shall be preserved or disposed of for the benefit of mankind as a whole, particular regard being paid to the preferential rights of the State or country of origin, or the State of cultural origin, or the State of historical and archaeological origin.

SECTION 3. DEVELOPMENT OF RESOURCES OF THE AREA

Article 150. Policies relating to activities in the Area

Activities in the Area shall, as specifically provided for in this Part, be carried out in such a manner as to foster healthy development of the world economy and balanced growth of international trade, and to promote international cooperation for the over-all development of all countries, especially developing States, and with a view to ensuring:

(a) the development of the resources of the Area;

(b) orderly, safe and rational management of the resources of the Area, including the efficient conduct of activities in the Area and, in accordance with sound principles of conservation, the avoidance of unnecessary waste;

(c) the expansion of opportunities for participation in such activities consistent in particular with articles 144 and 148;

(d) participation in revenues by the Authority and the transfer of technology to the Enterprise and developing States as provided for in this Convention;

(e) increased availability of the minerals derived from the Area as needed in conjunction with minerals derived from other sources, to ensure supplies to consumers of such minerals;

(f) the promotion of just and stable prices remunerative to producers and fair to consumers for minerals derived both from the Area and from other sources, and the promotion of long-term equilibrium between supply and demand;

(g) the enhancement of opportunities for all States Parties, irrespective of their social and economic systems or geographical location, to participate in the development of the resources of the Area and the prevention of monopolization of activities in the Area;

(h) the protection of developing countries from adverse effects on their economies or on their export earnings resulting from a reduction in the price of an affected mineral, or in the volume of exports of that mineral, to the extent that such reduction is caused by activities in the Area, as provided in article 151;

(i) the development of the common heritage for the benefit of mankind as a whole; and

(j) conditions of access to markets for the imports of minerals produced from the resources of the Area and for imports of commodities produced from such minerals shall not be more favourable than the most favourable applied to imports from other sources.

Article 151. Production policies

1. (a) Without prejudice to the objectives set forth in article 150 and for the purpose of implementing subparagraph (h) of that article, the Authority, acting through existing forums or such new arrangements or agreements as may be appropriate, in which all interested parties, including both producers and consumers, participate, shall take measures necessary to promote the growth, efficiency and stability of markets for those commodities produced from the minerals derived from the Area, at prices remunerative to producers and fair to consumers. All States Parties shall cooperate to this end.

(b) The Authority shall have the right to participate in any commodity conference dealing with those commodities and in which all interested parties including both producers and consumers participate. The Authority shall have the right to become a party to any arrangement or agreement resulting from such conferences. Participation of the Authority in any organs established under those arrangements or agreements shall be in respect of production in the

Area and in accordance with the relevant rules of those organs.

(c) The Authority shall carry out its obligations under the arrangements or agreements referred to in this paragraph in a manner which assures a uniform and non-discriminatory implementation in respect of all production in the Area of the minerals concerned. In doing so, the Authority shall act in a manner consistent with the terms of existing contracts and approved plans of work of the Enterprise.

2. (a) During the interim period specified in paragraph 3, commercial production shall not be undertaken pursuant to an approved plan of work until the operator has applied for and has been issued a production authorization by the Authority. Such production authorizations may not be applied for or issued more than five years prior to the planned commencement of commercial production under the plan of work unless, having regard to the nature and timing of project development, the rules, regulations and procedures of the Authority prescribe another period.

(b) In the application for the production authorization, the operator shall specify the annual quantity of nickel expected to be recovered under the approved plan of work. The application shall include a schedule of expenditures to be made by the operator after he has received the authorization which are reasonably calculated to allow him to begin commercial production on the date planned.

(c) For the purposes of subparagraphs (a) and (b), the Authority shall establish appropriate performance requirements in accordance with Annex III, article 17.

(d) The Authority shall issue a production authorization for the level of production applied for unless the sum of that level and the levels already authorized exceeds the nickel production ceiling, as calculated pursuant to paragraph 4 in the year of issuance of the authorization, during any year of planned production falling within the interim period.

(e) When issued, the production authorization and approved application shall become a part of the approved plan of work.

(f) If the operator's application for a production authorization is denied pursuant to subparagraph (d), the operator may apply again to the Authority at any time.

3. The interim period shall begin five years prior to 1 January of the year in which the earliest commercial production is planned to commence under an approved plan of work. If the earliest commercial production is delayed beyond the year originally planned, the beginning of the interim period and the production ceiling originally calculated shall be adjusted accordingly. The interim period shall last 25 years or until the end of the Review Conference referred to in article 155 or until the day when such new arrangements or agreements as are referred to in paragraph 1 enter into force, whichever is earliest. The Authority shall resume the power provided in this article for the remainder of the interim period if the said arrangements or agreements should lapse or become ineffective for any reason whatsoever.

4. (a) The production ceiling for any year of the interim period shall be the sum of:

(i) the difference between the trend line values for nickel consumption, as calculated pursuant to subparagraph (b), for the year immediately prior to the year of the earliest commercial production and the year immediately prior to the commencement of the interim period; and

(ii) sixty per cent of the difference between the trend line values for nickel consumption, as calculated pursuant to subparagraph (b), for the year for which the production authorization is being applied for and the year immediately prior to the year of the earliest commercial production.

(b) For the purposes of subparagraph (a):

(i) trend line values used for computing the nickel production ceiling shall be those annual nickel consumption values on a trend line computed during the year in which a production authorization is issued. The trend line shall be derived from a linear regression of the logarithms of actual nickel consumption for the most recent 15-year period for which such data are available, time being the independent variable. This trend line shall be referred to as the original trend line;

(ii) if the annual rate of increase of the original trend line is less than 3 per cent, then the trend line used to determine the quantities referred to in subparagraph (a) shall instead be one passing through the original trend line at the value for the first year of the relevant 15-year period, and increasing at 3 per cent annually; provided however that the production ceiling established for any year of the interim period may not in any case exceed the difference between the original trend line value for that year and the original trend line value for the year immediately prior to the commencement of the interim period.

5. The Authority shall reserve to the Enterprise for its initial production a quantity of 38,000 metric tonnes of nickel from the available production ceiling calculated pursuant to paragraph 4.

6. (a) An operator may in any year produce less than or up to 8 per cent more than the level of annual production of minerals from polymetallic nodules specified in his production authorization, provided that the over-all amount of production shall not exceed that specified in the authorization. Any excess over 8 per cent and up to 20 per cent in any year, or any excess in the first and subsequent years following two consecutive years in which excesses occur, shall be negotiated with the Authority, which may require the operator to obtain a supplementary production authorization to cover additional production.

(b) Applications for such supplementary production authorizations shall be considered by the Authority only after all pending applications by operators who have not yet received production authorizations have been acted upon and due account has been taken of other likely applicants. The Authority shall be guided by the principle of not exceeding the total production allowed under the production ceiling in any year of the interim period. It shall not authorize the production under any plan of work of a quantity in excess of 46,500 metric tonnes of nickel per year.

7. The levels of production of other metals such as copper, cobalt and manganese

extracted from the polymetallic nodules that are recovered pursuant to a production authorization should not be higher than those which would have been produced had the operator produced the maximum level of nickel from those nodules pursuant to this article. The Authority shall establish rules, regulations and procedures pursuant to Annex III, article 17, to implement this paragraph.

8. Rights and obligations relating to unfair economic practices under relevant multilateral trade agreements shall apply to the exploration for and exploitation of minerals from the Area. In the settlement of disputes arising under this provision, States Parties which are Parties to such multilateral trade agreements shall have recourse to the dispute settlement procedures of such agreements.
9. The Authority shall have the power to limit the level of production of minerals from the Area, other than minerals from polymetallic nodules, under such conditions and applying such methods as may be appropriate by adopting regulations in accordance with article 161, paragraph 8.
10. Upon the recommendation of the Council on the basis of advice from the Economic Planning Commission, the Assembly shall establish a system of compensation or take other measures of economic adjustment assistance including cooperation with specialized agencies and other international organizations to assist developing countries which suffer serious adverse effects on their export earnings or economies resulting from a reduction in the price of an affected mineral or in the volume of exports of that mineral, to the extent that such reduction is caused by activities in the Area. The Authority on request shall initiate studies on the problems of those States which are likely to be most seriously affected with a view to minimizing their difficulties and assisting them in their economic adjustment.

Article 152. Exercise of powers and functions by the Authority

1. The Authority shall avoid discrimination in the exercise of its powers and functions, including the granting of opportunities for activities in the Area.
2. Nevertheless, special consideration for developing States, including particular

consideration for the land-locked and geographically disadvantaged among them, specifically provided for in this Part shall be permitted.

Article 153. System of exploration and exploitation

1. Activities in the Area shall be organized, carried out and controlled by the Authority on behalf of mankind as a whole in accordance with this article as well as other relevant provisions of this Part and the relevant Annexes, and the rules, regulations and procedures of the Authority.
2. Activities in the Area shall be carried out as prescribed in paragraph 3:
 (a) by the Enterprise, and
 (b) in association with the Authority by States Parties, or state enterprises or natural or juridical persons which possess the nationality of States Parties or are effectively controlled by them or their nationals, when sponsored by such States, or any group of the foregoing which meets the requirements provided in this Part and in Annex III.
3. Activities in the Area shall be carried out in accordance with a formal written plan of work drawn up in accordance with Annex III and approved by the Council after review by the Legal and Technical Commission. In the case of activities in the Area carried out as authorized by the Authority by the entities specified in paragraph 2(b), the plan of work shall, in accordance with Annex III, article 3, be in the form of a contract. Such contracts may provide for joint arrangements in accordance with Annex III, article 11.
4. The Authority shall exercise such control over activities in the Area as is necessary for the purpose of securing compliance with the relevant provisions of this Part and the Annexes relating thereto, and the rules, regulations and procedures of the Authority, and the plans of work approved in accordance with paragraph 3. States Parties shall assist the Authority by taking all measures necessary to ensure such compliance in accordance with article 139.
5. The Authority shall have the right to take at any time any measures provided

for under this Part to ensure compliance with its provisions and the exercise of the functions of control and regulation assigned to it thereunder or under any contract. The Authority shall have the right to inspect all installations in the Area used in connection with activities in the Area.

6. A contract under paragraph 3 shall provide for security of tenure. Accordingly, the contract shall not be revised, suspended or terminated except in accordance with Annex III, articles 18 and 19.

Article 154. Periodic review

Every five years from the entry into force of this Convention, the Assembly shall undertake a general and systematic review of the manner in which the international regime of the Area established in this Convention has operated in practice. In the light of this review the Assembly may take, or recommend that other organs take, measures in accordance with the provisions and procedures of this Part and the Annexes relating thereto which will lead to the improvement of the operation of the regime.

Article 155. The Review Conference

1. Fifteen years from 1 January of the year in which the earliest commercial production commences under an approved plan of work, the Assembly shall convene a conference for the review of those provisions of this Part and the relevant Annexes which govern the system of exploration and exploitation of the resources of the Area. The Review Conference shall consider in detail, in the light of the experience acquired during that period:

(a) whether the provisions of this Part which govern the system of exploration and exploitation of the resources of the Area have achieved their aims in all respects, including whether they have benefited mankind as a whole;

(b) whether, during the 15-year period, reserved areas have been exploited in an effective and balanced manner in comparison with non-reserved areas;

(c) whether the development and use of the Area and its resources have been undertaken in such a manner as to foster healthy development of the world economy and balanced growth of international trade;
(d) whether monopolization of activities in the Area has been prevented;
(e) whether the policies set forth in articles 150 and 151 have been fulfilled; and
(f) whether the system has resulted in the equitable sharing of benefits derived from activities in the Area, taking into particular consideration the interests and needs of the developing States.

2. The Review Conference shall ensure the maintenance of the principle of the common heritage of mankind, the international regime designed to ensure equitable exploitation of the resources of the Area for the benefit of all countries, especially the developing States, and an Authority to organize, conduct and control activities in the Area. It shall also ensure the maintenance of the principles laid down in this Part with regard to the exclusion of claims or exercise of sovereignty over any part of the Area, the rights of States and their general conduct in relation to the Area, and their participation in activities in the Area in conformity with this Convention, the prevention of monopolization of activities in the Area, the use of the Area exclusively for peaceful purposes, economic aspects of activities in the Area, marine scientific research, transfer of technology, protection of the marine environment, protection of human life, rights of coastal States, the legal status of the waters superjacent to the Area and that of the air space above those waters and accommodation between activities in the Area and other activities in the marine environment.
3. The decision-making procedure applicable at the Review Conference shall be the same as that applicable at the Third United Nations Conference on the Law of the Sea. The Conference shall make every effort to reach agreement on any amendments by way of consensus and there should be no voting on such matters until all efforts at achieving consensus have been exhausted.
4. If, five years after its commencement, the Review Conference has not reached

agreement on the system of exploration and exploitation of the resources of the Area, it may decide during the ensuing 12 months, by a three-fourths majority of the States Parties, to adopt and submit to the States Parties for ratification or accession such amendments changing or modifying the system as it determines necessary and appropriate. Such amendments shall enter into force for all States Parties 12 months after the deposit of instruments of ratification or accession by three fourths of the States Parties.

5. Amendments adopted by the Review Conference pursuant to this article shall not affect rights acquired under existing contracts.

SECTION 4. THE AUTHORITY

SUBSECTION A. GENERAL PROVISIONS

Article 156. Establishment of the Authority

1. There is hereby established the International Seabed Authority, which shall function in accordance with this Part.
2. All States Parties are ipso facto members of the Authority.
3. Observers at the Third United Nations Conference on the Law of the Sea who have signed the Final Act and who are not referred to in article 305, paragraph 1(c), (d), (e) or (f), shall have the right to participate in the Authority as observers, in accordance with its rules, regulations and procedures.
4. The seat of the Authority shall be in Jamaica.
5. The Authority may establish such regional centres or offices as it deems necessary for the exercise of its functions.

Article 157. Nature and fundamental principles of the Authority

1. The Authority is the organization through which States Parties shall, in accordance with this Part, organize and control activities in the Area, particularly with a

view to administering the resources of the Area.

2. The powers and functions of the Authority shall be those expressly conferred upon it by this Convention. The Authority shall have such incidental powers, consistent with this Convention, as are implicit in and necessary for the exercise of those powers and functions with respect to activities in the Area.
3. The Authority is based on the principle of the sovereign equality of all its members.
4. All members of the Authority shall fulfil in good faith the obligations assumed by them in accordance with this Part in order to ensure to all of them the rights and benefits resulting from membership.

Article 158. Organs of the Authority

1. There are hereby established, as the principal organs of the Authority, an Assembly, a Council and a Secretariat.
2. There is hereby established the Enterprise, the organ through which the Authority shall carry out the functions referred to in article 170, paragraph 1.
3. Such subsidiary organs as may be found necessary may be established in accordance with this Part.
4. Each principal organ of the Authority and the Enterprise shall be responsible for exercising those powers and functions which are conferred upon it. In exercising such powers and functions each organ shall avoid taking any action which may derogate from or impede the exercise of specific powers and functions conferred upon another organ.

SUBSECTION B. THE ASSEMBLY

Article 159. Composition, procedure and voting

1. The Assembly shall consist of all the members of the Authority. Each member shall have one representative in the Assembly, who may be accompanied by alternates and advisers.

2. The Assembly shall meet in regular annual sessions and in such special sessions as may be decided by the Assembly, or convened by the Secretary-General at the request of the Council or of a majority of the members of the Authority.
3. Sessions shall take place at the seat of the Authority unless otherwise decided by the Assembly.
4. The Assembly shall adopt its rules of procedure. At the beginning of each regular session, it shall elect its President and such other officers as may be required. They shall hold office until a new President and other officers are elected at the next regular session.
5. A majority of the members of the Assembly shall constitute a quorum.
6. Each member of the Assembly shall have one vote.
7. Decisions on questions of procedure, including decisions to convene special sessions of the Assembly, shall be taken by a majority of the members present and voting.
8. Decisions on questions of substance shall be taken by a two-thirds majority of the members present and voting, provided that such majority includes a majority of the members participating in the session. When the issue arises as to whether a question is one of substance or not, that question shall be treated as one of substance unless otherwise decided by the Assembly by the majority required for decisions on questions of substance.
9. When a question of substance comes up for voting for the first time, the President may, and shall, if requested by at least one fifth of the members of the Assembly, defer the issue of taking a vote on that question for a period not exceeding five calendar days. This rule may be applied only once to any question, and shall not be applied so as to defer the question beyond the end of the session.
10. Upon a written request addressed to the President and sponsored by at least one fourth of the members of the Authority for an advisory opinion on the conformity with this Convention of a proposal before the Assembly on any matter, the Assembly shall request the Seabed Disputes Chamber of the International

Tribunal for the Law of the Sea to give an advisory opinion thereon and shall defer voting on that proposal pending receipt of the advisory opinion by the Chamber. If the advisory opinion is not received before the final week of the session in which it is requested, the Assembly shall decide when it will meet to vote upon the deferred proposal.

Article 160. Powers and functions

1. The Assembly, as the sole organ of the Authority consisting of all the members, shall be considered the supreme organ of the Authority to which the other principal organs shall be accountable as specifically provided for in this Convention. The Assembly shall have the power to establish general policies in conformity with the relevant provisions of this Convention on any question or matter within the competence of the Authority.
2. In addition, the powers and functions of the Assembly shall be:
 (a) to elect the members of the Council in accordance with article 161;
 (b) to elect the Secretary-General from among the candidates proposed by the Council;
 (c) to elect, upon the recommendation of the Council, the members of the Governing Board of the Enterprise and the Director-General of the Enterprise;
 (d) to establish such subsidiary organs as it finds necessary for the exercise of its functions in accordance with this Part. In the composition of these subsidiary organs due account shall be taken of the principle of equitable geographical distribution and of special interests and the need for members qualified and competent in the relevant technical questions dealt with by such organs;
 (e) to assess the contributions of members to the administrative budget of the Authority in accordance with an agreed scale of assessment based upon the scale used for the regular budget of the United Nations until the Authority shall have sufficient income from other sources to meet its administrative expenses;
 (f) (i) to consider and approve, upon the recommendation of the Council, the

rules, regulations and procedures on the equitable sharing of financial and other economic benefits derived from activities in the Area and the payments and contributions made pursuant to article 82, taking into particular consideration the interests and needs of developing States and peoples who have not attained full independence or other self-governing status. If the Assembly does not approve the recommendations of the Council, the Assembly shall return them to the Council for reconsideration in the light of the views expressed by the Assembly;

(ii) to consider and approve the rules, regulations and procedures of the Authority, and any amendments thereto, provisionally adopted by the Council pursuant to article 162, paragraph 2 (o)(ii). These rules, regulations and procedures shall relate to prospecting, exploration and exploitation in the Area, the financial management and internal administration of the Authority, and, upon the recommendation of the Governing Board of the Enterprise, to the transfer of funds from the Enterprise to the Authority;

(g) to decide upon the equitable sharing of financial and other economic benefits derived from activities in the Area, consistent with this Convention and the rules, regulations and procedures of the Authority;

(h) to consider and approve the proposed annual budget of the Authority submitted by the Council;

(i) to examine periodic reports from the Council and from the Enterprise and special reports requested from the Council or any other organ of the Authority;

(j) to initiate studies and make recommendations for the purpose of promoting international cooperation concerning activities in the Area and encouraging the progressive development of international law relating thereto and its codification;

(k) to consider problems of a general nature in connection with activities in the Area arising in particular for developing States, as well as those problems for States in connection with activities in the Area that are due to their geographical location, particularly for land-locked and geographically disadvantaged States;

(l) to establish, upon the recommendation of the Council, on the basis of advice from the Economic Planning Commission, a system of compensation or other measures of economic adjustment assistance as provided in article 151, paragraph 10;

(m) to suspend the exercise of rights and privileges of membership pursuant to article 185;

(n) to discuss any question or matter within the competence of the Authority and to decide as to which organ of the Authority shall deal with any such question or matter not specifically entrusted to a particular organ, consistent with the distribution of powers and functions among the organs of the Authority.

SUBSECTION C. THE COUNCIL

Article 161. Composition, procedure and voting

1. The Council shall consist of 36 members of the Authority elected by the Assembly in the following order:

(a) four members from among those States Parties which, during the last five years for which statistics are available, have either consumed more than 2 per cent of total world consumption or have had net imports of more than 2 per cent of total world imports of the commodities produced from the categories of minerals to be derived from the Area, and in any case one State from the Eastern European (Socialist) region, as well as the largest consumer;

(b) four members from among the eight States Parties which have the largest investments in preparation for and in the conduct of activities in the Area, either directly or through their nationals, including at least one State from the Eastern European (Socialist) region;

(c) four members from among States Parties which on the basis of production in areas under their jurisdiction are major net exporters of the categories of minerals to be derived from the Area, including at least two developing States whose exports of such minerals have a substantial bearing upon their economies;

(d) six members from among developing States Parties, representing special interests. The special interests to be represented shall include those of States with large populations, States which are land-locked or geographically disadvantaged, States which are major importers of the categories of minerals to be derived from the Area, States which are potential producers of such minerals, and least developed States;

(e) eighteen members elected according to the principle of ensuring an equitable geographical distribution of seats in the Council as a whole, provided that each geographical region shall have at least one member elected under this subparagraph. For this purpose, the geographical regions shall be Africa, Asia, Eastern European (Socialist), Latin America and Western European and Others.

2. In electing the members of the Council in accordance with paragraph 1, the Assembly shall ensure that:

(a) land-locked and geographically disadvantaged States are represented to a degree which is reasonably proportionate to their representation in the Assembly;

(b) coastal States, especially developing States, which do not qualify under paragraph 1(a), (b), (c) or (d) are represented to a degree which is reasonably proportionate to their representation in the Assembly;

(c) each group of States Parties to be represented on the Council is represented by those members, if any, which are nominated by that group.

3. Elections shall take place at regular sessions of the Assembly. Each member of the Council shall be elected for four years. At the first election, however, the term of one half of the members of each group referred to in paragraph 1 shall be two years.

4. Members of the Council shall be eligible for re-election, but due regard should be paid to the desirability of rotation of membership.

5. The Council shall function at the seat of the Authority, and shall meet as often as the business of the Authority may require, but not less than three times a year.

6. A majority of the members of the Council shall constitute a quorum.

7. Each member of the Council shall have one vote.

8. (a) Decisions on questions of procedure shall be taken by a majority of the members present and voting.

(b) Decisions on questions of substance arising under the following provisions shall be taken by a two-thirds majority of the members present and voting, provided that such majority includes a majority of the members of the Council: article 162, paragraph 2, subparagraphs (f); (g); (h); (i); (n); (p); (v); article 191.

(c) Decisions on questions of substance arising under the following provisions shall be taken by a three-fourths majority of the members present and voting, provided that such majority includes a majority of the members of the Council: article 162, paragraph 1; article 162, paragraph 2, subparagraphs (a); (b); (c); (d); (e); (l); (q); (r); (s); (t); (u) in cases of non-compliance by a contractor or a sponsor; (w) provided that orders issued thereunder may be binding for not more than 30 days unless confirmed by a decision taken in accordance with subparagraph (d); article 162, paragraph 2, subparagraphs (x); (y); (z); article 163, paragraph 2; article 174, paragraph 3; Annex IV, article 11.

(d) Decisions on questions of substance arising under the following provisions shall be taken by consensus: article 162, paragraph 2(m) and (o); adoption of amendments to Part XI.

(e) For the purposes of subparagraphs (d), (f) and (g), "consensus" means the absence of any formal objection. Within 14 days of the submission of a proposal to the Council, the President of the Council shall determine whether there would be a formal objection to the adoption of the proposal. If the President determines that there would be such an objection, the President shall establish and convene, within three days following such determination, a conciliation committee consisting of not more than nine members of the Council, with the President as chairman, for the purpose of reconciling the differences and producing a proposal which can be adopted by consensus. The committee shall work expeditiously and report to the Council within 14 days following its establishment. If the committee is unable to recommend a proposal which can be adopted by consensus, it shall set out in its report the grounds on which the proposal is being opposed.

(f) Decisions on questions not listed above which the Council is authorized to take by the rules, regulations and procedures of the Authority or otherwise shall be taken pursuant to the subparagraphs of this paragraph specified in the rules, regulations and procedures or, if not specified therein, then pursuant to the subparagraph determined by the Council if possible in advance, by consensus.

(g) When the issue arises as to whether a question is within subparagraph (a), (b), (c) or (d), the question shall be treated as being within the subparagraph requiring the higher or highest majority or consensus as the case may be, unless otherwise decided by the Council by the said majority or by consensus.

9. The Council shall establish a procedure whereby a member of the Authority not represented on the Council may send a representative to attend a meeting of the Council when a request is made by such member, or a matter particularly affecting it is under consideration. Such a representative shall be entitled to participate in the deliberations but not to vote.

Article 162. Powers and functions

1. The Council is the executive organ of the Authority. The Council shall have the power to establish, in conformity with this Convention and the general policies established by the Assembly, the specific policies to be pursued by the Authority on any question or matter within the competence of the Authority.

2. In addition, the Council shall:

(a) supervise and coordinate the implementation of the provisions of this Part on all questions and matters within the competence of the Authority and invite the attention of the Assembly to cases of non-compliance;

(b) propose to the Assembly a list of candidates for the election of the Secretary-General;

(c) recommend to the Assembly candidates for the election of the members of the Governing Board of the Enterprise and the Director-General of the Enterprise;
(d) establish, as appropriate, and with due regard to economy and efficiency, such subsidiary organs as it finds necessary for the exercise of its functions in accordance with this Part. In the composition of subsidiary organs, emphasis shall be placed on the need for members qualified and competent in relevant technical matters dealt with by those organs provided that due account shall be taken of the principle of equitable geographical distribution and of special interests;
(e) adopt its rules of procedure including the method of selecting its president;
(f) enter into agreements with the United Nations or other international organizations on behalf of the Authority and within its competence, subject to approval by the Assembly;
(g) consider the reports of the Enterprise and transmit them to the Assembly with its recommendations;
(h) present to the Assembly annual reports and such special reports as the Assembly may request;
(i) issue directives to the Enterprise in accordance with article 170;
(j) approve plans of work in accordance with Annex III, article 6. The Council shall act upon each plan of work within 60 days of its submission by the Legal and Technical Commission at a session of the Council in accordance with the following procedures:
(i) if the Commission recommends the approval of a plan of work, it shall be deemed to have been approved by the Council if no member of the Council submits in writing to the President within 14 days a specific objection alleging non-compliance with the requirements of Annex III, article 6. If there is an objection, the conciliation procedure set forth in article 161, paragraph 8(e), shall apply. If, at the end of the conciliation procedure, the objection is still maintained, the plan of work shall be deemed to have been approved by the

Council unless the Council disapproves it by consensus among its members excluding any State or States making the application or sponsoring the applicant;

(ii) if the Commission recommends the disapproval of a plan of work or does not make a recommendation, the Council may approve the plan of work by a three-fourths majority of the members present and voting, provided that such majority includes a majority of the members participating in the session;

(k) approve plans of work submitted by the Enterprise in accordance with Annex IV, article 12, applying, mutatis mutandis, the procedures set forth in subparagraph (j);

(l) exercise control over activities in the Area in accordance with article 153, paragraph 4, and the rules, regulations and procedures of the Authority;

(m) take, upon the recommendation of the Economic Planning Commission, necessary and appropriate measures in accordance with article 150, subparagraph (h), to provide protection from the adverse economic effects specified therein;

(n) make recommendations to the Assembly, on the basis of advice from the Economic Planning Commission, for a system of compensation or other measures of economic adjustment assistance as provided in article 151, paragraph 10;

(o) (i) recommend to the Assembly rules, regulations and procedures on the equitable sharing of financial and other economic benefits derived from activities in the Area and the payments and contributions made pursuant to article 82, taking into particular consideration the interests and needs of the developing States and peoples who have not attained full independence or other self-governing status;

(ii) adopt and apply provisionally, pending approval by the Assembly, the rules, regulations and procedures of the Authority, and any amendments thereto, taking into account the recommendations of the Legal and Technical Commission or other subordinate organ concerned. These rules, regulations and procedures shall relate to prospecting, exploration and exploitation in the Area and the financial management and internal administration of the Authority. Priority shall be given to the adoption of rules, regulations and procedures for the exploration for and exploitation of polymetallic nodules. Rules, regulations and procedures for the exploration for and exploitation of any resource other than polymetallic nodules shall be adopted within three years from the date of a request to the Authority by any of its members to adopt such rules, regulations and procedures in respect of such resource. All rules, regulations and procedures shall remain in effect on a provisional basis until approved by the Assembly or until amended by the Council in the light of any views expressed by the Assembly;

(p) review the collection of all payments to be made by or to the Authority in connection with operations pursuant to this Part;

(q) make the selection from among applicants for production authorizations pursuant to Annex III, article 7, where such selection is required by that provision;

(r) submit the proposed annual budget of the Authority to the Assembly for its approval;

(s) make recommendations to the Assembly concerning policies on any question or matter within the competence of the Authority;

(t) make recommendations to the Assembly concerning suspension of the exercise of the rights and privileges of membership pursuant to article 185;

(u) institute proceedings on behalf of the Authority before the Seabed Disputes Chamber in cases of non-compliance;

(v) notify the Assembly upon a decision by the Seabed Disputes Chamber in proceedings instituted under subparagraph (u), and make any recommendations which it may find appropriate with respect to measures to be taken;

(w) issue emergency orders, which may include orders for the suspension or adjustment of operations, to prevent serious harm to the marine environment arising out of activities in the Area;

(x) disapprove areas for exploitation by contractors or the Enterprise in cases where substantial evidence indicates the risk of serious harm to the marine environment;

(y) establish a subsidiary organ for the elaboration of draft financial rules, regulations and procedures relating to:

(i) financial management in accordance with articles 171 to 175; and

(ii) financial arrangements in accordance with Annex III, article 13 and article 17, paragraph 1(c);

(z) establish appropriate mechanisms for directing and supervising a staff of inspectors who shall inspect activities in the Area to determine whether this Part, the rules, regulations and procedures of the Authority, and the terms and conditions of any contract with the Authority are being complied with.

Article 163. Organs of the Council

1. There are hereby established the following organs of the Council:

(a) an Economic Planning Commission;

(b) a Legal and Technical Commission.

2. Each Commission shall be composed of 15 members, elected by the Council from among the candidates nominated by the States Parties. However, if necessary, the Council may decide to increase the size of either Commission having due regard to economy and efficiency.

3. Members of a Commission shall have appropriate qualifications in the area of competence of that Commission. States Parties shall nominate candidates of the highest standards of competence and integrity with qualifications in relevant fields so as to ensure the effective exercise of the functions of the Commissions.

4. In the election of members of the Commissions, due account shall be taken of the need for equitable geographical distribution and the representation of special interests.

5. No State Party may nominate more than one candidate for the same Commission. No person shall be elected to serve on more than one Commission.

6. Members of the Commissions shall hold office for a term of five years. They shall be eligible for re-election for a further term.

7. In the event of the death, incapacity or resignation of a member of a

Commission prior to the expiration of the term of office, the Council shall elect for the remainder of the term, a member from the same geographical region or area of interest.

8. Members of Commissions shall have no financial interest in any activity relating to exploration and exploitation in the Area. Subject to their responsibilities to the Commissions upon which they serve, they shall not disclose, even after the termination of their functions, any industrial secret, proprietary data which are transferred to the Authority in accordance with Annex III, article 14, or any other confidential information coming to their knowledge by reason of their duties for the Authority.
9. Each Commission shall exercise its functions in accordance with such guidelines and directives as the Council may adopt.
10. Each Commission shall formulate and submit to the Council for approval such rules and regulations as may be necessary for the efficient conduct of the Commission's functions.
11. The decision-making procedures of the Commissions shall be established by the rules, regulations and procedures of the Authority. Recommendations to the Council shall, where necessary, be accompanied by a summary on the divergencies of opinion in the Commission.
12. Each Commission shall normally function at the seat of the Authority and shall meet as often as is required for the efficient exercise of its functions.
13. In the exercise of its functions, each Commission may, where appropriate, consult another commission, any competent organ of the United Nations or of its specialized agencies or any international organizations with competence in the subject-matter of such consultation.

Article 164. The Economic Planning Commission

1. Members of the Economic Planning Commission shall have appropriate qualifications such as those relevant to mining, management of mineral resource activities,

international trade or international economics. The Council shall endeavour to ensure that the membership of the Commission reflects all appropriate qualifications. The Commission shall include at least two members from developing States whose exports of the categories of minerals to be derived from the Area have a substantial bearing upon their economies.

2. The Commission shall:

(a) propose, upon the request of the Council, measures to implement decisions relating to activities in the Area taken in accordance with this Convention;

(b) review the trends of and the factors affecting supply, demand and prices of minerals which may be derived from the Area, bearing in mind the interests of both importing and exporting countries, and in particular of the developing States among them;

(c) examine any situation likely to lead to the adverse effects referred to in article 150, subparagraph (h), brought to its attention by the State Party or States Parties concerned, and make appropriate recommendations to the Council;

(d) propose to the Council for submission to the Assembly, as provided in article 151, paragraph 10, a system of compensation or other measures of economic adjustment assistance for developing States which suffer adverse effects caused by activities in the Area. The Commission shall make the recommendations to the Council that are necessary for the application of the system or other measures adopted by the Assembly in specific cases.

Article 165. The Legal and Technical Commission

1. Members of the Legal and Technical Commission shall have appropriate qualifications such as those relevant to exploration for and exploitation and processing of mineral resources, oceanology, protection of the marine environment, or economic or legal matters relating to ocean mining and related fields of expertise. The Council shall endeavour to ensure that the membership of the Commission reflects all appropriate qualifications.

2. The Commission shall:

(a) make recommendations with regard to the exercise of the Authority's functions upon the request of the Council;

(b) review formal written plans of work for activities in the Area in accordance with article 153, paragraph 3, and submit appropriate recommendations to the Council. The Commission shall base its recommendations solely on the grounds stated in Annex III and shall report fully thereon to the Council;

(c) supervise, upon the request of the Council, activities in the Area, where appropriate, in consultation and collaboration with any entity carrying out such activities or State or States concerned and report to the Council;

(d) prepare assessments of the environmental implications of activities in the Area;

(e) make recommendations to the Council on the protection of the marine environment, taking into account the views of recognized experts in that field;

(f) formulate and submit to the Council the rules, regulations and procedures referred to in article 162, paragraph 2(o), taking into account all relevant factors including assessments of the environmental implications of activities in the Area;

(g) keep such rules, regulations and procedures under review and recommend to the Council from time to time such amendments thereto as it may deem necessary or desirable;

(h) make recommendations to the Council regarding the establishment of a monitoring programme to observe, measure, evaluate and analyse, by recognized scientific methods, on a regular basis, the risks or effects of pollution of the marine environment resulting from activities in the Area, ensure that existing regulations are adequate and are complied with and coordinate the implementation of the monitoring programme approved by the Council;

(i) recommend to the Council that proceedings be instituted on behalf of the Authority before the Seabed Disputes Chamber, in accordance with this Part and the relevant Annexes taking into account particularly article 187;

(j) make recommendations to the Council with respect to measures to be taken, upon a decision by the Seabed Disputes Chamber in proceedings instituted in accordance with subparagraph (i);

(k) make recommendations to the Council to issue emergency orders, which may include orders for the suspension or adjustment of operations, to prevent serious harm to the marine environment arising out of activities in the Area. Such recommendations shall be taken up by the Council on a priority basis;

(l) make recommendations to the Council to disapprove areas for exploitation by contractors or the Enterprise in cases where substantial evidence indicates the risk of serious harm to the marine environment;

(m) make recommendations to the Council regarding the direction and supervision of a staff of inspectors who shall inspect activities in the Area to determine whether the provisions of this Part, the rules, regulations and procedures of the Authority, and the terms and conditions of any contract with the Authority are being complied with;

(n) calculate the production ceiling and issue production authorizations on behalf of the Authority pursuant to article 151, paragraphs 2 to 7, following any necessary selection among applicants for production authorizations by the Council in accordance with Annex III, article 7.

3. The members of the Commission shall, upon request by any State Party or other party concerned, be accompanied by a representative of such State or other party concerned when carrying out their function of supervision and inspection.

SUBSECTION D. THE SECRETARIAT

Article 166. The Secretariat

1. The Secretariat of the Authority shall comprise a Secretary-General and such staff as the Authority may require.

2. The Secretary-General shall be elected for four years by the Assembly from

among the candidates proposed by the Council and may be re-elected.

3. The Secretary-General shall be the chief administrative officer of the Authority, and shall act in that capacity in all meetings of the Assembly, of the Council and of any subsidiary organ, and shall perform such other administrative functions as are entrusted to the Secretary-General by these organs.
4. The Secretary-General shall make an annual report to the Assembly on the work of the Authority.

Article 167. The staff of the Authority

1. The staff of the Authority shall consist of such qualified scientific and technical and other personnel as may be required to fulfil the administrative functions of the Authority.
2. The paramount consideration in the recruitment and employment of the staff and in the determination of their conditions of service shall be the necessity of securing the highest standards of efficiency, competence and integrity. Subject to this consideration, due regard shall be paid to the importance of recruiting the staff on as wide a geographical basis as possible.
3. The staff shall be appointed by the Secretary-General. The terms and conditions on which they shall be appointed, remunerated and dismissed shall be in accordance with the rules, regulations and procedures of the Authority.

Article 168. International character of the Secretariat

1. In the performance of their duties the Secretary-General and the staff shall not seek or receive instructions from any government or from any other source external to the Authority. They shall refrain from any action which might reflect on their position as international officials responsible only to the Authority. Each State Party undertakes to respect the exclusively international character of the responsibilities of the Secretary-General and the staff and not to seek to influence them in the discharge of their responsibilities. Any violation of responsibilities

by a staff member shall be submitted to the appropriate administrative tribunal as provided in the rules, regulations and procedures of the Authority.

2. The Secretary-General and the staff shall have no financial interest in any activity relating to exploration and exploitation in the Area. Subject to their responsibilities to the Authority, they shall not disclose, even after the termination of their functions, any industrial secret, proprietary data which are transferred to the Authority in accordance with Annex III, article 14, or any other confidential information coming to their knowledge by reason of their employment with the Authority.
3. Violations of the obligations of a staff member of the Authority set forth in paragraph 2 shall, on the request of a State Party affected by such violation, or a natural or juridical person, sponsored by a State Party as provided in article 153, paragraph 2(b), and affected by such violation, be submitted by the Authority against the staff member concerned to a tribunal designated by the rules, regulations and procedures of the Authority. The Party affected shall have the right to take part in the proceedings. If the tribunal so recommends, the Secretary-General shall dismiss the staff member concerned.
4. The rules, regulations and procedures of the Authority shall contain such provisions as are necessary to implement this article.

Article 169. Consultation and cooperation with international and non-governmental organizations

1. The Secretary-General shall, on matters within the competence of the Authority, make suitable arrangements, with the approval of the Council, for consultation and cooperation with international and non-governmental organizations recognized by the Economic and Social Council of the United Nations.
2. Any organization with which the Secretary-General has entered into an arrangement under paragraph 1 may designate representatives to attend meetings of the organs of the Authority as observers in accordance with the rules of procedure of these organs. Procedures shall be established for obtaining the views of such

organizations in appropriate cases.

3. The Secretary-General may distribute to States Parties written reports submitted by the non-governmental organizations referred to in paragraph 1 on subjects in which they have special competence and which are related to the work of the Authority.

SUBSECTION E. THE ENTERPRISE

Article 170. The Enterprise

1. The Enterprise shall be the organ of the Authority which shall carry out activities in the Area directly, pursuant to article 153, paragraph 2(a), as well as the transporting, processing and marketing of minerals recovered from the Area.
2. The Enterprise shall, within the framework of the international legal personality of the Authority, have such legal capacity as is provided for in the Statute set forth in Annex IV. The Enterprise shall act in accordance with this Convention and the rules, regulations and procedures of the Authority, as well as the general policies established by the Assembly, and shall be subject to the directives and control of the Council.
3. The Enterprise shall have its principal place of business at the seat of the Authority.
4. The Enterprise shall, in accordance with article 173, paragraph 2, and Annex IV, article 11, be provided with such funds as it may require to carry out its functions, and shall receive technology as provided in article 144 and other relevant provisions of this Convention.

SUBSECTION F. FINANCIAL ARRANGEMENTS OF THE AUTHORITY

Article 171. Funds of the Authority

The funds of the Authority shall include:

(a) assessed contributions made by members of the Authority in accordance with article 160, paragraph 2(e);
(b) funds received by the Authority pursuant to Annex III, article 13, in connection with activities in the Area;
(c) funds transferred from the Enterprise in accordance with Annex IV, article 10;
(d) funds borrowed pursuant to article 174;
(e) voluntary contributions made by members or other entities; and
(f) payments to a compensation fund, in accordance with article 151, paragraph 10, whose sources are to be recommended by the Economic Planning Commission.

Article 172. Annual budget of the Authority
The Secretary-General shall draft the proposed annual budget of the Authority and submit it to the Council. The Council shall consider the proposed annual budget and submit it to the Assembly, together with any recommendations thereon. The Assembly shall consider and approve the proposed annual budget in accordance with article 160, paragraph 2(h).

Article 173. Expenses of the Authority
1. The contributions referred to in article 171, subparagraph (a), shall be paid into a special account to meet the administrative expenses of the Authority until the Authority has sufficient funds from other sources to meet those expenses.
2. The administrative expenses of the Authority shall be a first call upon the funds of the Authority. Except for the assessed contributions referred to in article 171, subparagraph (a), the funds which remain after payment of administrative expenses may, inter alia:
(a) be shared in accordance with article 140 and article 160, paragraph 2(g);
(b) be used to provide the Enterprise with funds in accordance with article 170, paragraph 4;

(c) be used to compensate developing States in accordance with article 151, paragraph 10, and article 160, paragraph 2(l).

Article 174. Borrowing power of the Authority

1. The Authority shall have the power to borrow funds.
2. The Assembly shall prescribe the limits on the borrowing power of the Authority in the financial regulations adopted pursuant to article 160, paragraph 2(f).
3. The Council shall exercise the borrowing power of the Authority.
4. States Parties shall not be liable for the debts of the Authority.

Article 175. Annual audit

The records, books and accounts of the Authority, including its annual financial statements, shall be audited annually by an independent auditor appointed by the Assembly.

SUBSECTION G. LEGAL STATUS, PRIVILEGES AND IMMUNITIES

Article 176. Legal status

The Authority shall have international legal personality and such legal capacity as may be necessary for the exercise of its functions and the fulfilment of its purposes.

Article 177. Privileges and immunities

To enable the Authority to exercise its functions, it shall enjoy in the territory of each State Party the privileges and immunities set forth in this subsection. The privileges and immunities relating to the Enterprise shall be those set forth in Annex IV, article 13.

Article 178. Immunity from legal process

The Authority, its property and assets, shall enjoy immunity from legal process except to the extent that the Authority expressly waives this immunity in a particular case.

Article 179. Immunity from search and any form of seizure
The property and assets of the Authority, wherever located and by whomsoever held, shall be immune from search, requisition, confiscation, expropriation or any other form of seizure by executive or legislative action.

Article 180. Exemption from restrictions, regulations, controls and moratoria
The property and assets of the Authority shall be exempt from restrictions, regulations, controls and moratoria of any nature.

Article 181. Archives and official communications of the Authority
1. The archives of the Authority, wherever located, shall be inviolable.
2. Proprietary data, industrial secrets or similar information and personnel records shall not be placed in archives which are open to public inspection.
3. With regard to its official communications, the Authority shall be accorded by each State Party treatment no less favourable than that accorded by that State to other international organizations.

Article 182. Privileges and immunities of certain persons connected with the Authority
Representatives of States Parties attending meetings of the Assembly, the Council or organs of the Assembly or the Council, and the Secretary-General and staff of the Authority, shall enjoy in the territory of each State Party:
(a) immunity from legal process with respect to acts performed by them in the exercise of their functions, except to the extent that the State which they represent or the Authority, as appropriate, expressly waives this immunity in a particular case;
(b) if they are not nationals of that State Party, the same exemptions from immigration restrictions, alien registration requirements and national service obligations, the

same facilities as regards exchange restrictions and the same treatment in respect of travelling facilities as are accorded by that State to the representatives, officials and employees of comparable rank of other States Parties.

Article 183. Exemption from taxes and customs duties

1. Within the scope of its official activities, the Authority, its assets and property, its income, and its operations and transactions, authorized by this Convention, shall be exempt from all direct taxation and goods imported or exported for its official use shall be exempt from all customs duties. The Authority shall not claim exemption from taxes which are no more than charges for services rendered.
2. When purchases of goods or services of substantial value necessary for the official activities of the Authority are made by or on behalf of the Authority, and when the price of such goods or services includes taxes or duties, appropriate measures shall, to the extent practicable, be taken by States Parties to grant exemption from such taxes or duties or provide for their reimbursement. Goods imported or purchased under an exemption provided for in this article shall not be sold or otherwise disposed of in the territory of the State Party which granted the exemption, except under conditions agreed with that State Party.
3. No tax shall be levied by States Parties on or in respect of salaries and emoluments paid or any other form of payment made by the Authority to the Secretary-General and staff of the Authority, as well as experts performing missions for the Authority, who are not their nationals.

SUBSECTION H. SUSPENSION OF THE EXERCISE OF RIGHTS AND PRIVILEGES OF MEMBERS

Article 184. Suspension of the exercise of voting rights

A State Party which is in arrears in the payment of its financial contributions to the Authority shall have no vote if the amount of its arrears equals or exceeds the amount of the contributions due from it for the preceding two full years. The

Assembly may, nevertheless, permit such a member to vote if it is satisfied that the failure to pay is due to conditions beyond the control of the member.

Article 185. Suspension of exercise of rights and privileges of membership

1. A State Party which has grossly and persistently violated the provisions of this Part may be suspended from the exercise of the rights and privileges of membership by the Assembly upon the recommendation of the Council.
2. No action may be taken under paragraph 1 until the Seabed Disputes Chamber has found that a State Party has grossly and persistently violated the provisions of this Part.

SECTION 5. SETTLEMENT OF DISPUTES AND ADVISORY OPINIONS

Article 186. Seabed Disputes Chamber of the International Tribunal for the Law of the Sea

The establishment of the Seabed Disputes Chamber and the manner in which it shall exercise its jurisdiction shall be governed by the provisions of this section, of Part XV and of Annex VI.

Article 187. Jurisdiction of the Seabed Disputes Chamber

The Seabed Disputes Chamber shall have jurisdiction under this Part and the Annexes relating thereto in disputes with respect to activities in the Area falling within the following categories:

(a) disputes between States Parties concerning the interpretation or application of this Part and the Annexes relating thereto;

(b) disputes between a State Party and the Authority concerning:

  (i) acts or omissions of the Authority or of a State Party alleged to be in violation of this Part or the Annexes relating thereto or of rules, regulations and procedures of the Authority adopted in accordance therewith; or

(ii) acts of the Authority alleged to be in excess of jurisdiction or a misuse of power;

(c) disputes between parties to a contract, being States Parties, the Authority or the Enterprise, state enterprises and natural or juridical persons referred to in article 153, paragraph 2(b), concerning:

(i) the interpretation or application of a relevant contract or a plan of work; or

(ii) acts or omissions of a party to the contract relating to activities in the Area and directed to the other party or directly affecting its legitimate interests;

(d) disputes between the Authority and a prospective contractor who has been sponsored by a State as provided in article 153, paragraph 2(b), and has duly fulfilled the conditions referred to in Annex III, article 4, paragraph 6, and article 13, paragraph 2, concerning the refusal of a contract or a legal issue arising in the negotiation of the contract;

(e) disputes between the Authority and a State Party, a state enterprise or a natural or juridical person sponsored by a State Party as provided for in article 153, paragraph 2(b), where it is alleged that the Authority has incurred liability as provided in Annex III, article 22;

(f) any other disputes for which the jurisdiction of the Chamber is specifically provided in this Convention.

Article 188. Submission of disputes to a special chamber of the International Tribunal for the Law of the Sea or an ad hoc chamber of the Seabed Disputes Chamber or to binding commercial arbitration

1. Disputes between States Parties referred to in article 187, subparagraph (a), may be submitted:

(a) at the request of the parties to the dispute, to a special chamber of the International Tribunal for the Law of the Sea to be formed in accordance with Annex VI, articles 15 and 17; or

(b) at the request of any party to the dispute, to an ad hoc chamber of the Seabed

Disputes Chamber to be formed in accordance with Annex VI, article 36.

2. (a) Disputes concerning the interpretation or application of a contract referred to in article 187, subparagraph (c)(i), shall be submitted, at the request of any party to the dispute, to binding commercial arbitration, unless the parties otherwise agree. A commercial arbitral tribunal to which the dispute is submitted shall have no jurisdiction to decide any question of interpretation of this Convention. When the dispute also involves a question of the interpretation of Part XI and the Annexes relating thereto, with respect to activities in the Area, that question shall be referred to the Seabed Disputes Chamber for a ruling.

(b) If, at the commencement of or in the course of such arbitration, the arbitral tribunal determines, either at the request of any party to the dispute or proprio motu, that its decision depends upon a ruling of the Seabed Disputes Chamber, the arbitral tribunal shall refer such question to the Seabed Disputes Chamber for such ruling. The arbitral tribunal shall then proceed to render its award in conformity with the ruling of the Seabed Disputes Chamber.

(c) In the absence of a provision in the contract on the arbitration procedure to be applied in the dispute, the arbitration shall be conducted in accordance with the UNCITRAL Arbitration Rules or such other arbitration rules as may be prescribed in the rules, regulations and procedures of the Authority, unless the parties to the dispute otherwise agree.

Article 189. Limitation on jurisdiction with regard to decisions of the Authority

The Seabed Disputes Chamber shall have no jurisdiction with regard to the exercise by the Authority of its discretionary powers in accordance with this Part; in no case shall it substitute its discretion for that of the Authority. Without prejudice to article 191, in exercising its jurisdiction pursuant to article 187, the Seabed Disputes Chamber shall not pronounce itself on the question of whether any rules, regulations and procedures of the Authority are in conformity with this Convention, nor declare invalid any such rules, regulations and procedures. Its jurisdiction in this regard shall be confined to deciding claims that the application of any rules, regulations and procedures of the Authority in individual cases would be in conflict with the contractual obligations of the parties to the dispute or their obligations under this Convention, claims concerning excess of jurisdiction or misuse of power, and to claims for damages to be paid or other remedy to be given to the party concerned for the failure of the other party to comply with its contractual obligations or its obligations under this Convention.

Article 190. Participation and appearance of sponsoring States Parties in proceedings

1. If a natural or juridical person is a party to a dispute referred to in article 187, the sponsoring State shall be given notice thereof and shall have the right to participate in the proceedings by submitting written or oral statements.
2. If an action is brought against a State Party by a natural or juridical person sponsored by another State Party in a dispute referred to in article 187, subparagraph (c), the respondent State may request the State sponsoring that person to appear in the proceedings on behalf of that person. Failing such appearance, the respondent State may arrange to be represented by a juridical person of its nationality.

Article 191. Advisory opinions

The Seabed Disputes Chamber shall give advisory opinions at the request of the Assembly or the Council on legal questions arising within the scope of their activities. Such opinions shall be given as a matter of urgency.

PART XII. PROTECTION AND PRESERVATION OF THE MARINE ENVIRONMENT

SECTION 1. GENERAL PROVISIONS

Article 192. General obligation

States have the obligation to protect and preserve the marine environment.

Article 193. Sovereign right of States to exploit their natural resources

States have the sovereign right to exploit their natural resources pursuant to their environmental policies and in accordance with their duty to protect and preserve the marine environment.

Article 194. Measures to prevent, reduce and control pollution of the marine environment

1. States shall take, individually or jointly as appropriate, all measures consistent with this Convention that are necessary to prevent, reduce and control pollution of the marine environment from any source, using for this purpose the best practicable means at their disposal and in accordance with their capabilities, and they shall endeavour to harmonize their policies in this connection.
2. States shall take all measures necessary to ensure that activities under their jurisdiction or control are so conducted as not to cause damage by pollution to other States and their environment, and that pollution arising from incidents or activities under their jurisdiction or control does not spread beyond the areas where they exercise sovereign rights in accordance with this Convention.
3. The measures taken pursuant to this Part shall deal with all sources of pollution of the marine environment. These measures shall include, inter alia, those designed to minimize to the fullest possible extent:
   (a) the release of toxic, harmful or noxious substances, especially those which are persistent, from land-based sources, from or through the atmosphere or by dumping;
   (b) pollution from vessels, in particular measures for preventing accidents and dealing with emergencies, ensuring the safety of operations at sea, preventing intentional and unintentional discharges, and regulating the design, construction, equipment, operation and manning of vessels;

(c) pollution from installations and devices used in exploration or exploitation of the natural resources of the seabed and subsoil, in particular measures for preventing accidents and dealing with emergencies, ensuring the safety of operations at sea, and regulating the design, construction, equipment, operation and manning of such installations or devices;

(d) pollution from other installations and devices operating in the marine environment, in particular measures for preventing accidents and dealing with emergencies, ensuring the safety of operations at sea, and regulating the design, construction, equipment, operation and manning of such installations or devices.

4. In taking measures to prevent, reduce or control pollution of the marine environment, States shall refrain from unjustifiable interference with activities carried out by other States in the exercise of their rights and in pursuance of their duties in conformity with this Convention.

5. The measures taken in accordance with this Part shall include those necessary to protect and preserve rare or fragile ecosystems as well as the habitat of depleted, threatened or endangered species and other forms of marine life.

Article 195. Duty not to transfer damage or hazards or transform one type of pollution into another

In taking measures to prevent, reduce and control pollution of the marine environment, States shall act so as not to transfer, directly or indirectly, damage or hazards from one area to another or transform one type of pollution into another.

Article 196. Use of technologies or introduction of alien or new species

1. States shall take all measures necessary to prevent, reduce and control pollution of the marine environment resulting from the use of technologies under their jurisdiction or control, or the intentional or accidental introduction of species, alien or new, to a particular part of the marine environment, which may cause significant and harmful changes thereto.

2. This article does not affect the application of this Convention regarding the prevention, reduction and control of pollution of the marine environment.

SECTION 2. GLOBAL AND REGIONAL COOPERATION

Article 197. Cooperation on a global or regional basis
States shall cooperate on a global basis and, as appropriate, on a regional basis, directly or through competent international organizations, in formulating and elaborating international rules, standards and recommended practices and procedures consistent with this Convention, for the protection and preservation of the marine environment, taking into account characteristic regional features.

Article 198. Notification of imminent or actual damage
When a State becomes aware of cases in which the marine environment is in imminent danger of being damaged or has been damaged by pollution, it shall immediately notify other States it deems likely to be affected by such damage, as well as the competent international organizations.

Article 199. Contingency plans against pollution
In the cases referred to in article 198, States in the area affected, in accordance with their capabilities, and the competent international organizations shall cooperate, to the extent possible, in eliminating the effects of pollution and preventing or minimizing the damage. To this end, States shall jointly develop and promote contingency plans for responding to pollution incidents in the marine environment.

Article 200. Studies, research programmes and exchange of information and data
States shall cooperate, directly or through competent international organizations, for the purpose of promoting studies, undertaking programmes of scientific research and encouraging the exchange of information and data acquired about pollution of

the marine environment. They shall endeavour to participate actively in regional and global programmes to acquire knowledge for the assessment of the nature and extent of pollution, exposure to it, and its pathways, risks and remedies.

Article 201. Scientific criteria for regulations

In the light of the information and data acquired pursuant to article 200, States shall cooperate, directly or through competent international organizations, in establishing appropriate scientific criteria for the formulation and elaboration of rules, standards and recommended practices and procedures for the prevention, reduction and control of pollution of the marine environment.

SECTION 3. TECHNICAL ASSISTANCE

Article 202. Scientific and technical assistance to developing States

States shall, directly or through competent international organizations:

(a) promote programmes of scientific, educational, technical and other assistance to developing States for the protection and preservation of the marine environment and the prevention, reduction and control of marine pollution. Such assistance shall include, inter alia:

(i) training of their scientific and technical personnel;

(ii) facilitating their participation in relevant international programmes;

(iii) supplying them with necessary equipment and facilities;

(iv) enhancing their capacity to manufacture such equipment;

(v) advice on and developing facilities for research, monitoring, educational and other programmes;

(b) provide appropriate assistance, especially to developing States, for the minimization of the effects of major incidents which may cause serious pollution of the marine environment;

(c) provide appropriate assistance, especially to developing States, concerning the preparation of environmental assessments.

Article 203. Preferential treatment for developing States
Developing States shall, for the purposes of prevention, reduction and control of pollution of the marine environment or minimization of its effects, be granted preference by international organizations in:

(a) the allocation of appropriate funds and technical assistance; and
(b) the utilization of their specialized services.

SECTION 4. MONITORING AND ENVIRONMENTAL ASSESSMENT

Article 204. Monitoring of the risks or effects of pollution

1. States shall, consistent with the rights of other States, endeavour, as far as practicable, directly or through the competent international organizations, to observe, measure, evaluate and analyse, by recognized scientific methods, the risks or effects of pollution of the marine environment.
2. In particular, States shall keep under surveillance the effects of any activities which they permit or in which they engage in order to determine whether these activities are likely to pollute the marine environment.

Article 205. Publication of reports
States shall publish reports of the results obtained pursuant to article 204 or provide such reports at appropriate intervals to the competent international organizations, which should make them available to all States.

Article 206. Assessment of potential effects of activities
When States have reasonable grounds for believing that planned activities under their jurisdiction or control may cause substantial pollution of or significant and harmful changes to the marine environment, they shall, as far as practicable, assess

the potential effects of such activities on the marine environment and shall communicate reports of the results of such assessments in the manner provided in article 205.

SECTION 5. INTERNATIONAL RULES AND NATIONAL LEGISLATION TO PREVENT, REDUCE AND CONTROL POLLUTION OF THE MARINE ENVIRONMENT

Article 207. Pollution from land-based sources

1. States shall adopt laws and regulations to prevent, reduce and control pollution of the marine environment from land-based sources, including rivers, estuaries, pipelines and outfall structures, taking into account internationally agreed rules, standards and recommended practices and procedures.
2. States shall take other measures as may be necessary to prevent, reduce and control such pollution.
3. States shall endeavour to harmonize their policies in this connection at the appropriate regional level.
4. States, acting especially through competent international organizations or diplomatic conference, shall endeavour to establish global and regional rules, standards and recommended practices and procedures to prevent, reduce and control pollution of the marine environment from land-based sources, taking into account characteristic regional features, the economic capacity of developing States and their need for economic development. Such rules, standards and recommended practices and procedures shall be re-examined from time to time as necessary.
5. Laws, regulations, measures, rules, standards and recommended practices and procedures referred to in paragraphs 1, 2 and 4 shall include those designed to minimize, to the fullest extent possible, the release of toxic, harmful or noxious substances, especially those which are persistent, into the marine environment.

Article 208. Pollution from seabed activities subject to national jurisdiction

1. Coastal States shall adopt laws and regulations to prevent, reduce and control pollution of the marine environment arising from or in connection with seabed activities subject to their jurisdiction and from artificial islands, installations and structures under their jurisdiction, pursuant to articles 60 and 80.
2. States shall take other measures as may be necessary to prevent, reduce and control such pollution.
3. Such laws, regulations and measures shall be no less effective than international rules, standards and recommended practices and procedures.
4. States shall endeavour to harmonize their policies in this connection at the appropriate regional level.
5. States, acting especially through competent international organizations or diplomatic conference, shall establish global and regional rules, standards and recommended practices and procedures to prevent, reduce and control pollution of the marine environment referred to in paragraph l. Such rules, standards and recommended practices and procedures shall be re-examined from time to time as necessary.

Article 209. Pollution from activities in the Area

1. International rules, regulations and procedures shall be established in accordance with Part XI to prevent, reduce and control pollution of the marine environment from activities in the Area. Such rules, regulations and procedures shall be re-examined from time to time as necessary.
2. Subject to the relevant provisions of this section, States shall adopt laws and regulations to prevent, reduce and control pollution of the marine environment from activities in the Area undertaken by vessels, installations, structures and other devices flying their flag or of their registry or operating under their authority, as the case may be. The requirements of such laws and regulations shall be no less effective than the international rules, regulations and procedures referred to in paragraph 1.

Article 210. Pollution by dumping

1. States shall adopt laws and regulations to prevent, reduce and control pollution of the marine environment by dumping.
2. States shall take other measures as may be necessary to prevent, reduce and control such pollution.
3. Such laws, regulations and measures shall ensure that dumping is not carried out without the permission of the competent authorities of States.
4. States, acting especially through competent international organizations or diplomatic conference, shall endeavour to establish global and regional rules, standards and recommended practices and procedures to prevent, reduce and control such pollution. Such rules, standards and recommended practices and procedures shall be re-examined from time to time as necessary.
5. Dumping within the territorial sea and the exclusive economic zone or onto the continental shelf shall not be carried out without the express prior approval of the coastal State, which has the right to permit, regulate and control such dumping after due consideration of the matter with other States which by reason of their geographical situation may be adversely affected thereby.
6. National laws, regulations and measures shall be no less effective in preventing, reducing and controlling such pollution than the global rules and standards.

Article 211. Pollution from vessels

1. States, acting through the competent international organization or general diplomatic conference, shall establish international rules and standards to prevent, reduce and control pollution of the marine environment from vessels and promote the adoption, in the same manner, wherever appropriate, of routeing systems designed to minimize the threat of accidents which might cause pollution of the marine environment, including the coastline, and pollution damage to the related interests of coastal States. Such rules and standards shall, in the same manner, be re-examined from time to time as necessary.

2. States shall adopt laws and regulations for the prevention, reduction and control of pollution of the marine environment from vessels flying their flag or of their registry. Such laws and regulations shall at least have the same effect as that of generally accepted international rules and standards established through the competent international organization or general diplomatic conference.
3. States which establish particular requirements for the prevention, reduction and control of pollution of the marine environment as a condition for the entry of foreign vessels into their ports or internal waters or for a call at their off-shore terminals shall give due publicity to such requirements and shall communicate them to the competent international organization. Whenever such requirements are established in identical form by two or more coastal States in an endeavour to harmonize policy, the communication shall indicate which States are participating in such cooperative arrangements. Every State shall require the master of a vessel flying its flag or of its registry, when navigating within the territorial sea of a State participating in such cooperative arrangements, to furnish, upon the request of that State, information as to whether it is proceeding to a State of the same region participating in such cooperative arrangements and, if so, to indicate whether it complies with the port entry requirements of that State. This article is without prejudice to the continued exercise by a vessel of its right of innocent passage or to the application of article 25, paragraph 2.
4. Coastal States may, in the exercise of their sovereignty within their territorial sea, adopt laws and regulations for the prevention, reduction and control of marine pollution from foreign vessels, including vessels exercising the right of innocent passage. Such laws and regulations shall, in accordance with Part II, section 3, not hamper innocent passage of foreign vessels.
5. Coastal States, for the purpose of enforcement as provided for in section 6, may in respect of their exclusive economic zones adopt laws and regulations for the prevention, reduction and control of pollution from vessels conforming to and giving effect to generally accepted international rules and standards established

through the competent international organization or general diplomatic conference.

6. (a) Where the international rules and standards referred to in paragraph 1 are inadequate to meet special circumstances and coastal States have reasonable grounds for believing that a particular, clearly defined area of their respective exclusive economic zones is an area where the adoption of special mandatory measures for the prevention of pollution from vessels is required for recognized technical reasons in relation to its oceanographical and ecological conditions, as well as its utilization or the protection of its resources and the particular character of its traffic, the coastal States, after appropriate consultations through the competent international organization with any other States concerned, may, for that area, direct a communication to that organization, submitting scientific and technical evidence in support and information on necessary reception facilities. Within 12 months after receiving such a communication, the organization shall determine whether the conditions in that area correspond to the requirements set out above. If the organization so determines, the coastal States may, for that area, adopt laws and regulations for the prevention, reduction and control of pollution from vessels implementing such international rules and standards or navigational practices as are made applicable, through the organization, for special areas. These laws and regulations shall not become applicable to foreign vessels until 15 months after the submission of the communication to the organization.

(b) The coastal States shall publish the limits of any such particular, clearly defined area.

(c) If the coastal States intend to adopt additional laws and regulations for the same area for the prevention, reduction and control of pollution from vessels, they shall, when submitting the aforesaid communication, at the same time notify the organization thereof. Such additional laws and regulations may relate to discharges or navigational practices but shall not require foreign vessels to observe design, construction, manning or equipment standards other than generally accepted international rules and standards; they shall become applicable to foreign vessels 15 months after the submission of the communication to the organization, provided that the organization agrees within 12 months after the submission of the communication.

7. The international rules and standards referred to in this article should include inter alia those relating to prompt notification to coastal States, whose coastline or related interests may be affected by incidents, including maritime casualties, which involve discharges or probability of discharges.

Article 212. Pollution from or through the atmosphere

1. States shall adopt laws and regulations to prevent, reduce and control pollution of the marine environment from or through the atmosphere, applicable to the air space under their sovereignty and to vessels flying their flag or vessels or aircraft of their registry, taking into account internationally agreed rules, standards and recommended practices and procedures and the safety of air navigation.
2. States shall take other measures as may be necessary to prevent, reduce and control such pollution.
3. States, acting especially through competent international organizations or diplomatic conference, shall endeavour to establish global and regional rules, standards and recommended practices and procedures to prevent, reduce and control such pollution.

SECTION 6. ENFORCEMENT

Article 213. Enforcement with respect to pollution from land-based sources

States shall enforce their laws and regulations adopted in accordance with article 207 and shall adopt laws and regulations and take other measures necessary to implement applicable international rules and standards established through competent international organizations or diplomatic conference to prevent, reduce and control pollution of the marine environment from land-based sources.

Article 214. Enforcement with respect to pollution from seabed activities

States shall enforce their laws and regulations adopted in accordance with article 208 and shall adopt laws and regulations and take other measures necessary to implement applicable international rules and standards established through competent international organizations or diplomatic conference to prevent, reduce and control pollution of the marine environment arising from or in connection with seabed activities subject to their jurisdiction and from artificial islands, installations and structures under their jurisdiction, pursuant to articles 60 and 80.

Article 215. Enforcement with respect to pollution from activities in the Area

Enforcement of international rules, regulations and procedures established in accordance with Part XI to prevent, reduce and control pollution of the marine environment from activities in the Area shall be governed by that Part.

Article 216. Enforcement with respect to pollution by dumping

1. Laws and regulations adopted in accordance with this Convention and applicable international rules and standards established through competent international organizations or diplomatic conference for the prevention, reduction and control of pollution of the marine environment by dumping shall be enforced:
   (a) by the coastal State with regard to dumping within its territorial sea or its exclusive economic zone or onto its continental shelf;
   (b) by the flag State with regard to vessels flying its flag or vessels or aircraft of its registry;
   (c) by any State with regard to acts of loading of wastes or other matter occurring within its territory or at its off-shore terminals.
2. No State shall be obliged by virtue of this article to institute proceedings when another State has already instituted proceedings in accordance with this article.

Article 217. Enforcement by flag States

1. States shall ensure compliance by vessels flying their flag or of their registry with applicable international rules and standards, established through the competent international organization or general diplomatic conference, and with their laws and regulations adopted in accordance with this Convention for the prevention, reduction and control of pollution of the marine environment from vessels and shall accordingly adopt laws and regulations and take other measures necessary for their implementation. Flag States shall provide for the effective enforcement of such rules, standards, laws and regulations, irrespective of where a violation occurs.
2. States shall, in particular, take appropriate measures in order to ensure that vessels flying their flag or of their registry are prohibited from sailing, until they can proceed to sea in compliance with the requirements of the international rules and standards referred to in paragraph 1, including requirements in respect of design, construction, equipment and manning of vessels.
3. States shall ensure that vessels flying their flag or of their registry carry on board certificates required by and issued pursuant to international rules and standards referred to in paragraph 1. States shall ensure that vessels flying their flag are periodically inspected in order to verify that such certificates are in conformity with the actual condition of the vessels. These certificates shall be accepted by other States as evidence of the condition of the vessels and shall be regarded as having the same force as certificates issued by them, unless there are clear grounds for believing that the condition of the vessel does not correspond substantially with the particulars of the certificates.
4. If a vessel commits a violation of rules and standards established through the competent international organization or general diplomatic conference, the flag State, without prejudice to articles 218, 220 and 228, shall provide for immediate investigation and where appropriate institute proceedings in respect of the alleged violation irrespective of where the violation occurred or where the pollution caused by such violation has occurred or has been spotted.

5. Flag States conducting an investigation of the violation may request the assistance of any other State whose cooperation could be useful in clarifying the circumstances of the case. States shall endeavour to meet appropriate requests of flag States.
6. States shall, at the written request of any State, investigate any violation alleged to have been committed by vessels flying their flag. If satisfied that sufficient evidence is available to enable proceedings to be brought in respect of the alleged violation, flag States shall without delay institute such proceedings in accordance with their laws.
7. Flag States shall promptly inform the requesting State and the competent international organization of the action taken and its outcome. Such information shall be available to all States.
8. Penalties provided for by the laws and regulations of States for vessels flying their flag shall be adequate in severity to discourage violations wherever they occur.

Article 218. Enforcement by port States

1. When a vessel is voluntarily within a port or at an off-shore terminal of a State, that State may undertake investigations and, where the evidence so warrants, institute proceedings in respect of any discharge from that vessel outside the internal waters, territorial sea or exclusive economic zone of that State in violation of applicable international rules and standards established through the competent international organization or general diplomatic conference.
2. No proceedings pursuant to paragraph 1 shall be instituted in respect of a discharge violation in the internal waters, territorial sea or exclusive economic zone of another State unless requested by that State, the flag State, or a State damaged or threatened by the discharge violation, or unless the violation has caused or is likely to cause pollution in the internal waters, territorial sea or exclusive economic zone of the State instituting the proceedings.
3. When a vessel is voluntarily within a port or at an off-shore terminal of a State, that State shall, as far as practicable, comply with requests from any State for

investigation of a discharge violation referred to in paragraph 1, believed to have occurred in, caused, or threatened damage to the internal waters, territorial sea or exclusive economic zone of the requesting State. It shall likewise, as far as practicable, comply with requests from the flag State for investigation of such a violation, irrespective of where the violation occurred.

4. The records of the investigation carried out by a port State pursuant to this article shall be transmitted upon request to the flag State or to the coastal State. Any proceedings instituted by the port State on the basis of such an investigation may, subject to section 7, be suspended at the request of the coastal State when the violation has occurred within its internal waters, territorial sea or exclusive economic zone. The evidence and records of the case, together with any bond or other financial security posted with the authorities of the port State, shall in that event be transmitted to the coastal State. Such transmittal shall preclude the continuation of proceedings in the port State.

Article 219. Measures relating to seaworthiness of vessels to avoid pollution

Subject to section 7, States which, upon request or on their own initiative, have ascertained that a vessel within one of their ports or at one of their off-shore terminals is in violation of applicable international rules and standards relating to seaworthiness of vessels and thereby threatens damage to the marine environment shall, as far as practicable, take administrative measures to prevent the vessel from sailing. Such States may permit the vessel to proceed only to the nearest appropriate repair yard and, upon removal of the causes of the violation, shall permit the vessel to continue immediately.

Article 220. Enforcement by coastal States

1. When a vessel is voluntarily within a port or at an off-shore terminal of a State, that State may, subject to section 7, institute proceedings in respect of any violation of its laws and regulations adopted in accordance with this Convention

or applicable international rules and standards for the prevention, reduction and control of pollution from vessels when the violation has occurred within the territorial sea or the exclusive economic zone of that State.

2. Where there are clear grounds for believing that a vessel navigating in the territorial sea of a State has, during its passage therein, violated laws and regulations of that State adopted in accordance with this Convention or applicable international rules and standards for the prevention, reduction and control of pollution from vessels, that State, without prejudice to the application of the relevant provisions of Part II, section 3, may undertake physical inspection of the vessel relating to the violation and may, where the evidence so warrants, institute proceedings, including detention of the vessel, in accordance with its laws, subject to the provisions of section 7.

3. Where there are clear grounds for believing that a vessel navigating in the exclusive economic zone or the territorial sea of a State has, in the exclusive economic zone, committed a violation of applicable international rules and standards for the prevention, reduction and control of pollution from vessels or laws and regulations of that State conforming and giving effect to such rules and standards, that State may require the vessel to give information regarding its identity and port of registry, its last and its next port of call and other relevant information required to establish whether a violation has occurred.

4. States shall adopt laws and regulations and take other measures so that vessels flying their flag comply with requests for information pursuant to paragraph 3.

5. Where there are clear grounds for believing that a vessel navigating in the exclusive economic zone or the territorial sea of a State has, in the exclusive economic zone, committed a violation referred to in paragraph 3 resulting in a substantial discharge causing or threatening significant pollution of the marine environment, that State may undertake physical inspection of the vessel for matters relating to the violation if the vessel has refused to give information or if the information supplied by the vessel is manifestly at variance with the evident factual situation

and if the circumstances of the case justify such inspection.

6. Where there is clear objective evidence that a vessel navigating in the exclusive economic zone or the territorial sea of a State has, in the exclusive economic zone, committed a violation referred to in paragraph 3 resulting in a discharge causing major damage or threat of major damage to the coastline or related interests of the coastal State, or to any resources of its territorial sea or exclusive economic zone, that State may, subject to section 7, provided that the evidence so warrants, institute proceedings, including detention of the vessel, in accordance with its laws.
7. Notwithstanding the provisions of paragraph 6, whenever appropriate procedures have been established, either through the competent international organization or as otherwise agreed, whereby compliance with requirements for bonding or other appropriate financial security has been assured, the coastal State if bound by such procedures shall allow the vessel to proceed.
8. The provisions of paragraphs 3, 4, 5, 6and 7 also apply in respect of national laws and regulations adopted pursuant to article 211, paragraph 6.

Article 221. Measures to avoid pollution arising from maritime casualties

1. Nothing in this Part shall prejudice the right of States, pursuant to international law, both customary and conventional, to take and enforce measures beyond the territorial sea proportionate to the actual or threatened damage to protect their coastline or related interests, including fishing, from pollution or threat of pollution following upon a maritime casualty or acts relating to such a casualty, which may reasonably be expected to result in major harmful consequences.
2. For the purposes of this article, "maritime casualty" means a collision of vessels, stranding or other incident of navigation, or other occurrence on board a vessel or external to it resulting in material damage or imminent threat of material damage to a vessel or cargo.

Article 222. Enforcement with respect to pollution from or through the atmosphere
States shall enforce, within the air space under their sovereignty or with regard to vessels flying their flag or vessels or aircraft of their registry, their laws and regulations adopted in accordance with article 212, paragraph 1, and with other provisions of this Convention and shall adopt laws and regulations and take other measures necessary to implement applicable international rules and standards established through competent international organizations or diplomatic conference to prevent, reduce and control pollution of the marine environment from or through the atmosphere, in conformity with all relevant international rules and standards concerning the safety of air navigation.

SECTION 7. SAFEGUARDS

Article 223. Measures to facilitate proceedings
In proceedings instituted pursuant to this Part, States shall take measures to facilitate the hearing of witnesses and the admission of evidence submitted by authorities of another State, or by the competent international organization, and shall facilitate the attendance at such proceedings of official representatives of the competent international organization, the flag State and any State affected by pollution arising out of any violation. The official representatives attending such proceedings shall have such rights and duties as may be provided under national laws and regulations or international law.

Article 224. Exercise of powers of enforcement
The powers of enforcement against foreign vessels under this Part may only be exercised by officials or by warships, military aircraft, or other ships or aircraft clearly marked and identifiable as being on government service and authorized to that effect.

Article 225. Duty to avoid adverse consequences in the exercise of the powers of enforcement

In the exercise under this Convention of their powers of enforcement against foreign vessels, States shall not endanger the safety of navigation or otherwise create any hazard to a vessel, or bring it to an unsafe port or anchorage, or expose the marine environment to an unreasonable risk.

Article 226. Investigation of foreign vessels

1. (a) States shall not delay a foreign vessel longer than is essential for purposes of the investigations provided for in articles 216, 218 and 220. Any physical inspection of a foreign vessel shall be limited to an examination of such certificates, records or other documents as the vessel is required to carry by generally accepted international rules and standards or of any similar documents which it is carrying; further physical inspection of the vessel may be undertaken only after such an examination and only when:

(i) there are clear grounds for believing that the condition of the vessel or its equipment does not correspond substantially with the particulars of those documents;

(ii) the contents of such documents are not sufficient to confirm or verify a suspected violation; or

(iii) the vessel is not carrying valid certificates and records.

(b) If the investigation indicates a violation of applicable laws and regulations or international rules and standards for the protection and preservation of the marine environment, release shall be made promptly subject to reasonable procedures such as bonding or other appropriate financial security.

(c) Without prejudice to applicable international rules and standards relating to the seaworthiness of vessels, the release of a vessel may, whenever it would present an unreasonable threat of damage to the marine environment, be refused or made conditional upon proceeding to the nearest appropriate repair yard. Where release has been refused or made conditional, the flag State of the vessel must be promptly notified, and may seek release of the vessel in accordance with Part XV.

2. States shall cooperate to develop procedures for the avoidance of unnecessary physical inspection of vessels at sea.

Article 227. Non-discrimination with respect to foreign vessels

In exercising their rights and performing their duties under this Part, States shall not discriminate in form or in fact against vessels of any other State.

Article 228. Suspension and restrictions on institution of proceedings

1. Proceedings to impose penalties in respect of any violation of applicable laws and regulations or international rules and standards relating to the prevention, reduction and control of pollution from vessels committed by a foreign vessel beyond the territorial sea of the State instituting proceedings shall be suspended upon the taking of proceedings to impose penalties in respect of corresponding charges by the flag State within six months of the date on which proceedings were first instituted, unless those proceedings relate to a case of major damage to the coastal State or the flag State in question has repeatedly disregarded its obligation to enforce effectively the applicable international rules and standards in respect of violations committed by its vessels. The flag State shall in due course make available to the State previously instituting proceedings a full dossier of the case and the records of the proceedings, whenever the flag State has requested the suspension of proceedings in accordance with this article. When proceedings instituted by the flag State have been brought to a conclusion, the suspended proceedings shall be terminated. Upon payment of costs incurred in respect of such proceedings, any bond posted or other financial security provided in connection with the suspended proceedings shall be released by the coastal State.
2. Proceedings to impose penalties on foreign vessels shall not be instituted after the expiry of three years from the date on which the violation was committed,

and shall not be taken by any State in the event of proceedings having been instituted by another State subject to the provisions set out in paragraph 1.

3. The provisions of this article are without prejudice to the right of the flag State to take any measures, including proceedings to impose penalties, according to its laws irrespective of prior proceedings by another State.

Article 229. Institution of civil proceedings

Nothing in this Convention affects the institution of civil proceedings in respect of any claim for loss or damage resulting from pollution of the marine environment.

Article 230. Monetary penalties and the observance of recognized rights of the accused

1. Monetary penalties only may be imposed with respect to violations of national laws and regulations or applicable international rules and standards for the prevention, reduction and control of pollution of the marine environment, committed by foreign vessels beyond the territorial sea.
2. Monetary penalties only may be imposed with respect to violations of national laws and regulations or applicable international rules and standards for the prevention, reduction and control of pollution of the marine environment, committed by foreign vessels in the territorial sea, except in the case of a wilful and serious act of pollution in the territorial sea.
3. In the conduct of proceedings in respect of such violations committed by a foreign vessel which may result in the imposition of penalties, recognized rights of the accused shall be observed.

Article 231. Notification to the flag State and other States concerned

States shall promptly notify the flag State and any other State concerned of any measures taken pursuant to section 6 against foreign vessels, and shall submit to the flag State all official reports concerning such measures. However, with respect to violations committed in the territorial sea, the foregoing obligations of the coastal

State apply only to such measures as are taken in proceedings. The diplomatic agents or consular officers and where possible the maritime authority of the flag State, shall be immediately informed of any such measures taken pursuant to section 6 against foreign vessels.

Article 232. Liability of States arising from enforcement measures
States shall be liable for damage or loss attributable to them arising from measures taken pursuant to section 6 when such measures are unlawful or exceed those reasonably required in the light of available information. States shall provide for recourse in their courts for actions in respect of such damage or loss.

Article 233. Safeguards with respect to straits used for international navigation
Nothing in sections 5, 6 and 7 affects the legal regime of straits used for international navigation. However, if a foreign ship other than those referred to in section 10 has committed a violation of the laws and regulations referred to in article 42, paragraph 1(a) and (b), causing or threatening major damage to the marine environment of the straits, the States bordering the straits may take appropriate enforcement measures and if so shall respect mutatis mutandis the provisions of this section.

SECTION 8. ICE-COVERED AREAS

Article 234. Ice-covered areas
Coastal States have the right to adopt and enforce non-discriminatory laws and regulations for the prevention, reduction and control of marine pollution from vessels in ice-covered areas within the limits of the exclusive economic zone, where particularly severe climatic conditions and the presence of ice covering such areas for most of the year create obstructions or exceptional hazards to navigation, and pollution of the marine environment could cause major harm to or irreversible disturbance of the ecological balance. Such laws and regulations shall have due

regard to navigation and the protection and preservation of the marine environment based on the best available scientific evidence.

SECTION 9. RESPONSIBILITY AND LIABILITY

Article 235. Responsibility and liability

1. States are responsible for the fulfilment of their international obligations concerning the protection and preservation of the marine environment. They shall be liable in accordance with international law.
2. States shall ensure that recourse is available in accordance with their legal systems for prompt and adequate compensation or other relief in respect of damage caused by pollution of the marine environment by natural or juridical persons under their jurisdiction.
3. With the objective of assuring prompt and adequate compensation in respect of all damage caused by pollution of the marine environment, States shall cooperate in the implementation of existing international law and the further development of international law relating to responsibility and liability for the assessment of and compensation for damage and the settlement of related disputes, as well as, where appropriate, development of criteria and procedures for payment of adequate compensation, such as compulsory insurance or compensation funds.

SECTION 10. SOVEREIGN IMMUNITY

Article 236. Sovereign immunity

The provisions of this Convention regarding the protection and preservation of the marine environment do not apply to any warship, naval auxiliary, other vessels or aircraft owned or operated by a State and used, for the time being, only on government non-commercial service. However, each State shall ensure, by the adoption of appropriate measures not impairing operations or operational capabilities of such vessels or aircraft owned or operated by it, that such vessels or aircraft act in a manner consistent, so far as is reasonable and practicable, with this Convention.

SECTION 11. OBLIGATIONS UNDER OTHER CONVENTIONS ON THE PROTECTION AND PRESERVATION OF THE MARINE ENVIRONMENT

Article 237. Obligations under other conventions on the protection and preservation of the marine environment

1. The provisions of this Part are without prejudice to the specific obligations assumed by States under special conventions and agreements concluded previously which relate to the protection and preservation of the marine environment and to agreements which may be concluded in furtherance of the general principles set forth in this Convention.
2. Specific obligations assumed by States under special conventions, with respect to the protection and preservation of the marine environment, should be carried out in a manner consistent with the general principles and objectives of this Convention.

PART XIII. MARINE SCIENTIFIC RESEARCH

SECTION 1. GENERAL PROVISIONS

Article 238. Right to conduct marine scientific research

All States, irrespective of their geographical location, and competent international organizations have the right to conduct marine scientific research subject to the rights and duties of other States as provided for in this Convention.

Article 239. Promotion of marine scientific research

States and competent international organizations shall promote and facilitate the development and conduct of marine scientific research in accordance with this Convention.

Article 240. General principles for the conduct of marine scientific research

In the conduct of marine scientific research the following principles shall apply:

(a) marine scientific research shall be conducted exclusively for peaceful purposes;

(b) marine scientific research shall be conducted with appropriate scientific methods and means compatible with this Convention;

(c) marine scientific research shall not unjustifiably interfere with other legitimate uses of the sea compatible with this Convention and shall be duly respected in the course of such uses;

(d) marine scientific research shall be conducted in compliance with all relevant regulations adopted in conformity with this Convention including those for the protection and preservation of the marine environment.

Article 241. Non-recognition of marine scientific research activities as the legal basis for claims

Marine scientific research activities shall not constitute the legal basis for any claim to any part of the marine environment or its resources.

SECTION 2. INTERNATIONAL COOPERATION

Article 242. Promotion of international cooperation

1. States and competent international organizations shall, in accordance with the principle of respect for sovereignty and jurisdiction and on the basis of mutual benefit, promote international cooperation in marine scientific research for peaceful purposes.
2. In this context, without prejudice to the rights and duties of States under this

Convention, a State, in the application of this Part, shall provide, as appropriate, other States with a reasonable opportunity to obtain from it, or with its cooperation, information necessary to prevent and control damage to the health and safety of persons and to the marine environment.

Article 243. Creation of favourable conditions

States and competent international organizations shall cooperate, through the conclusion of bilateral and multilateral agreements, to create favourable conditions for the conduct of marine scientific research in the marine environment and to integrate the efforts of scientists in studying the essence of phenomena and processes occurring in the marine environment and the interrelations between them.

Article 244. Publication and dissemination of information and knowledge

1. States and competent international organizations shall, in accordance with this Convention, make available by publication and dissemination through appropriate channels information on proposed major programmes and their objectives as well as knowledge resulting from marine scientific research.
2. For this purpose, States, both individually and in cooperation with other States and with competent international organizations, shall actively promote the flow of scientific data and information and the transfer of knowledge resulting from marine scientific research, especially to developing States, as well as the strengthening of the autonomous marine scientific research capabilities of developing States through, inter alia, programmes to provide adequate education and training of their technical and scientific personnel.

SECTION 3. CONDUCT AND PROMOTION OF MARINE SCIENTIFIC RESEARCH

Article 245. Marine scientific research in the territorial sea

Coastal States, in the exercise of their sovereignty, have the exclusive right to regulate, authorize and conduct marine scientific research in their territorial sea. Marine scientific research therein shall be conducted only with the express consent of and under the conditions set forth by the coastal State.

Article 246. Marine scientific research in the exclusive economic zone and on the continental shelf

1. Coastal States, in the exercise of their jurisdiction, have the right to regulate, authorize and conduct marine scientific research in their exclusive economic zone and on their continental shelf in accordance with the relevant provisions of this Convention.
2. Marine scientific research in the exclusive economic zone and on the continental shelf shall be conducted with the consent of the coastal State.
3. Coastal States shall, in normal circumstances, grant their consent for marine scientific research projects by other States or competent international organizations in their exclusive economic zone or on their continental shelf to be carried out in accordance with this Convention exclusively for peaceful purposes and in order to increase scientific knowledge of the marine environment for the benefit of all mankind. To this end, coastal States shall establish rules and procedures ensuring that such consent will not be delayed or denied unreasonably.
4. For the purposes of applying paragraph 3, normal circumstances may exist in spite of the absence of diplomatic relations between the coastal State and the researching State.
5. Coastal States may however in their discretion withhold their consent to the conduct of a marine scientific research project of another State or competent international organization in the exclusive economic zone or on the continental shelf of the coastal State if that project:
   (a) is of direct significance for the exploration and exploitation of natural resources, whether living or non-living;
   (b) involves drilling into the continental shelf, the use of explosives or the

introduction of harmful substances into the marine environment;

(c) involves the construction, operation or use of artificial islands, installations and structures referred to in articles 60 and 80;

(d) contains information communicated pursuant to article 248 regarding the nature and objectives of the project which is inaccurate or if the researching State or competent international organization has outstanding obligations to the coastal State from a prior research project.

6. Notwithstanding the provisions of paragraph 5, coastal States may not exercise their discretion to withhold consent under subparagraph (a) of that paragraph in respect of marine scientific research projects to be undertaken in accordance with the provisions of this Part on the continental shelf, beyond 200 nautical miles from the baselines from which the breadth of the territorial sea is measured, outside those specific areas which coastal States may at any time publicly designate as areas in which exploitation or detailed exploratory operations focused on those areas are occurring or will occur within a reasonable period of time. Coastal States shall give reasonable notice of the designation of such areas, as well as any modifications thereto, but shall not be obliged to give details of the operations therein.

7. The provisions of paragraph 6 are without prejudice to the rights of coastal States over the continental shelf as established in article 77.

8. Marine scientific research activities referred to in this article shall not unjustifiably interfere with activities undertaken by coastal States in the exercise of their sovereign rights and jurisdiction provided for in this Convention.

Article 247. Marine scientific research projects undertaken by or under the auspices of international organizations

A coastal State which is a member of or has a bilateral agreement with an international organization, and in whose exclusive economic zone or on whose continental shelf that organization wants to carry out a marine scientific research project, directly or under its auspices, shall be deemed to have authorized the project to be carried out in conformity with the agreed specifications if that State approved the detailed project when the decision was made by the organization for the undertaking of the project, or is willing to participate in it, and has not expressed any objection within four months of notification of the project by the organization to the coastal State.

Article 248. Duty to provide information to the coastal State

States and competent international organizations which intend to undertake marine scientific research in the exclusive economic zone or on the continental shelf of a coastal State shall, not less than six months in advance of the expected starting date of the marine scientific research project, provide that State with a full description of:

(a) the nature and objectives of the project;

(b) the method and means to be used, including name, tonnage, type and class of vessels and a description of scientific equipment;

(c) the precise geographical areas in which the project is to be conducted;

(d) the expected date of first appearance and final departure of the research vessels, or deployment of the equipment and its removal, as appropriate;

(e) the name of the sponsoring institution, its director, and the person in charge of the project; and

(f) the extent to which it is considered that the coastal State should be able to participate or to be represented in the project.

Article 249. Duty to comply with certain conditions

1. States and competent international organizations when undertaking marine scientific research in the exclusive economic zone or on the continental shelf of a coastal State shall comply with the following conditions:

(a) ensure the right of the coastal State, if it so desires, to participate or be represented in the marine scientific research project, especially on board research vessels and other craft or scientific research installations, when practicable, without payment of any remuneration to the scientists of the coastal State and without obligation to contribute towards the costs of the project;

(b) provide the coastal State, at its request, with preliminary reports, as soon as practicable, and with the final results and conclusions after the completion of the research;

(c) undertake to provide access for the coastal State, at its request, to all data and samples derived from the marine scientific research project and likewise to furnish it with data which may be copied and samples which may be divided without detriment to their scientific value;

(d) if requested, provide the coastal State with an assessment of such data, samples and research results or provide assistance in their assessment or interpretation;

(e) ensure, subject to paragraph 2, that the research results are made internationally available through appropriate national or international channels, as soon as practicable;

(f) inform the coastal State immediately of any major change in the research programme;

(g) unless otherwise agreed, remove the scientific research installations or equipment once the research is completed.

2. This article is without prejudice to the conditions established by the laws and regulations of the coastal State for the exercise of its discretion to grant or withhold consent pursuant to article 246, paragraph 5, including requiring prior agreement for making internationally available the research results of a project of direct significance for the exploration and exploitation of natural resources.

Article 250. Communications concerning marine scientific research projects

Communications concerning the marine scientific research projects shall be made through appropriate official channels, unless otherwise agreed.

Article 251. General criteria and guidelines

States shall seek to promote through competent international organizations the establishment of general criteria and guidelines to assist States in ascertaining the nature and implications of marine scientific research.

Article 252. Implied consent

States or competent international organizations may proceed with a marine scientific research project six months after the date upon which the information required pursuant to article 248 was provided to the coastal State unless within four months of the receipt of the communication containing such information the coastal State has informed the State or organization conducting the research that:

(a) it has withheld its consent under the provisions of article 246; or

(b) the information given by that State or competent international organization regarding the nature or objectives of the project does not conform to the manifestly evident facts; or

(c) it requires supplementary information relevant to conditions and the information provided for under articles 248 and 249; or

(d) outstanding obligations exist with respect to a previous marine scientific research project carried out by that State or organization, with regard to conditions established in article 249.

Article 253. Suspension or cessation of marine scientific research activities

1. A coastal State shall have the right to require the suspension of any marine scientific research activities in progress within its exclusive economic zone or on its continental shelf if:

(a) the research activities are not being conducted in accordance with the information communicated as provided under article 248 upon which the consent of the coastal State was based; or

(b) the State or competent international organization conducting the research activities fails to comply with the provisions of article 249 concerning the rights of the coastal State with respect to the marine scientific research project.

2. A coastal State shall have the right to require the cessation of any marine scientific research activities in case of any non-compliance with the provisions of article 248 which amounts to a major change in the research project or the research activities.
3. A coastal State may also require cessation of marine scientific research activities if any of the situations contemplated in paragraph 1 are not rectified within a reasonable period of time.
4. Following notification by the coastal State of its decision to order suspension or cessation, States or competent international organizations authorized to conduct marine scientific research activities shall terminate the research activities that are the subject of such a notification.
5. An order of suspension under paragraph 1 shall be lifted by the coastal State and the marine scientific research activities allowed to continue once the researching State or competent international organization has complied with the conditions required under articles 248 and 249.

Article 254. Rights of neighbouring land-locked and geographically disadvantaged States

1. States and competent international organizations which have submitted to a coastal State a project to undertake marine scientific research referred to in article 246, paragraph 3, shall give notice to the neighbouring land-locked and geographically disadvantaged States of the proposed research project, and shall notify the coastal State thereof.
2. After the consent has been given for the proposed marine scientific research project by the coastal State concerned, in accordance with article 246 and other relevant provisions of this Convention, States and competent international organizations undertaking such a project shall provide to the neighbouring land-locked and geographically disadvantaged States, at their request and when appropriate, relevant information as specified in article 248 and article 249, paragraph 1(f).
3. The neighbouring land-locked and geographically disadvantaged States referred to above shall, at their request, be given the opportunity to participate, whenever

feasible, in the proposed marine scientific research project through qualified experts appointed by them and not objected to by the coastal State, in accordance with the conditions agreed for the project, in conformity with the provisions of this Convention, between the coastal State concerned and the State or competent international organizations conducting the marine scientific research.

4. States and competent international organizations referred to in paragraph 1 shall provide to the above-mentioned land-locked and geographically disadvantaged States, at their request, the information and assistance specified in article 249, paragraph 1(d), subject to the provisions of article 249, paragraph 2.

Article 255. Measures to facilitate marine scientific research and assist research vessels

States shall endeavour to adopt reasonable rules, regulations and procedures to promote and facilitate marine scientific research conducted in accordance with this Convention beyond their territorial sea and, as appropriate, to facilitate, subject to the provisions of their laws and regulations, access to their harbours and promote assistance for marine scientific research vessels which comply with the relevant provisions of this Part.

Article 256. Marine scientific research in the Area

All States, irrespective of their geographical location, and competent international organizations have the right, in conformity with the provisions of Part XI, to conduct marine scientific research in the Area.

Article 257. Marine scientific research in the water column beyond the exclusive economic zone

All States, irrespective of their geographical location, and competent international organizations have the right, in conformity with this Convention, to conduct marine scientific research in the water column beyond the limits of the exclusive economic zone.

SECTION 4. SCIENTIFIC RESEARCH INSTALLATIONS OR EQUIPMENT IN THE MARINE ENVIRONMENT

Article 258. Deployment and use

The deployment and use of any type of scientific research installations or equipment in any area of the marine environment shall be subject to the same conditions as are prescribed in this Convention for the conduct of marine scientific research in any such area.

Article 259. Legal status

The installations or equipment referred to in this section do not possess the status of islands. They have no territorial sea of their own, and their presence does not affect the delimitation of the territorial sea, the exclusive economic zone or the continental shelf.

Article 260. Safety zones

Safety zones of a reasonable breadth not exceeding a distance of 500 metres may be created around scientific research installations in accordance with the relevant provisions of this Convention. All States shall ensure that such safety zones are respected by their vessels.

Article 261. Non-interference with shipping routes

The deployment and use of any type of scientific research installations or equipment shall not constitute an obstacle to established international shipping routes.

Article 262. Identification markings and warning signals

Installations or equipment referred to in this section shall bear identification markings indicating the State of registry or the international organization to which they belong and shall have adequate internationally agreed warning signals to ensure safety at sea and the safety of air navigation, taking into account rules and standards established by competent international organizations.

SECTION 5. RESPONSIBILITY AND LIABILITY

Article 263. Responsibility and liability

1. States and competent international organizations shall be responsible for ensuring that marine scientific research, whether undertaken by them or on their behalf, is conducted in accordance with this Convention.
2. States and competent international organizations shall be responsible and liable for the measures they take in contravention of this Convention in respect of marine scientific research conducted by other States, their natural or juridical persons or by competent international organizations, and shall provide compensation for damage resulting from such measures.
3. States and competent international organizations shall be responsible and liable pursuant to article 235 for damage caused by pollution of the marine environment arising out of marine scientific research undertaken by them or on their behalf.

SECTION 6. SETTLEMENT OF DISPUTES AND INTERIM MEASURES

Article 264. Settlement of disputes

Disputes concerning the interpretation or application of the provisions of this Convention with regard to marine scientific research shall be settled in accordance with Part XV, sections 2 and 3.

Article 265. Interim measures

Pending settlement of a dispute in accordance with Part XV, sections 2 and 3, the State or competent international organization authorized to conduct a marine scientific research project shall not allow research activities to commence or continue without the express consent of the coastal State concerned.

PART XIV. DEVELOPMENT AND TRANSFER OF MARINE TECHNOLOGY

SECTION 1. GENERAL PROVISIONS

Article 266. Promotion of the development and transfer of marine technology

1. States, directly or through competent international organizations, shall cooperate in accordance with their capabilities to promote actively the development and transfer of marine science and marine technology on fair and reasonable terms and conditions.
2. States shall promote the development of the marine scientific and technological capacity of States which may need and request technical assistance in this field, particularly developing States, including land-locked and geographically disadvantaged States, with regard to the exploration, exploitation, conservation and management of marine resources, the protection and preservation of the marine environment, marine scientific research and other activities in the marine environment compatible with this Convention, with a view to accelerating the social and economic development of the developing States.
3. States shall endeavour to foster favourable economic and legal conditions for the transfer of marine technology for the benefit of all parties concerned on an equitable basis.

Article 267. Protection of legitimate interests

States, in promoting cooperation pursuant to article 266, shall have due regard for all legitimate interests including, inter alia, the rights and duties of holders, suppliers and recipients of marine technology.

Article 268. Basic objectives

States, directly or through competent international organizations, shall promote:

(a) the acquisition, evaluation and dissemination of marine technological knowledge and facilitate access to such information and data;

(b) the development of appropriate marine technology;
(c) the development of the necessary technological infrastructure to facilitate the transfer of marine technology;
(d) the development of human resources through training and education of nationals of developing States and countries and especially the nationals of the least developed among them;
(e) international cooperation at all levels, particularly at the regional, subregional and bilateral levels.

Article 269. Measures to achieve the basic objectives

In order to achieve the objectives referred to in article 268, States, directly or through competent international organizations, shall endeavour, inter alia, to:

(a) establish programmes of technical cooperation for the effective transfer of all kinds of marine technology to States which may need and request technical assistance in this field, particularly the developing land-locked and geographically disadvantaged States, as well as other developing States which have not been able either to establish or develop their own technological capacity in marine science and in the exploration and exploitation of marine resources or to develop the infrastructure of such technology;
(b) promote favourable conditions for the conclusion of agreements, contracts and other similar arrangements, under equitable and reasonable conditions;
(c) hold conferences, seminars and symposia on scientific and technological subjects, in particular on policies and methods for the transfer of marine technology;
(d) promote the exchange of scientists and of technological and other experts;
(e) undertake projects and promote joint ventures and other forms of bilateral and multilateral cooperation.

SECTION 2. INTERNATIONAL COOPERATION

Article 270. Ways and means of international cooperation

International cooperation for the development and transfer of marine technology shall be carried out, where feasible and appropriate, through existing bilateral, regional or multilateral programmes, and also through expanded and new programmes in order to facilitate marine scientific research, the transfer of marine technology, particularly in new fields, and appropriate international funding for ocean research and development.

Article 271. Guidelines, criteria and standards
States, directly or through competent international organizations, shall promote the establishment of generally accepted guidelines, criteria and standards for the transfer of marine technology on a bilateral basis or within the framework of international organizations and other fora, taking into account, in particular, the interests and needs of developing States.

Article 272. Coordination of international programmes
In the field of transfer of marine technology, States shall endeavour to ensure that competent international organizations coordinate their activities, including any regional or global programmes, taking into account the interests and needs of developing States, particularly land-locked and geographically disadvantaged States.

Article 273. Cooperation with international organizations and the Authority
States shall cooperate actively with competent international organizations and the Authority to encourage and facilitate the transfer to developing States, their nationals and the Enterprise of skills and marine technology with regard to activities in the Area.

Article 274. Objectives of the Authority
Subject to all legitimate interests including, inter alia, the rights and duties of holders, suppliers and recipients of technology, the Authority, with regard to activities in the

Area, shall ensure that:

(a) on the basis of the principle of equitable geographical distribution, nationals of developing States, whether coastal, land-locked or geographically disadvantaged, shall be taken on for the purposes of training as members of the managerial, research and technical staff constituted for its undertakings;

(b) the technical documentation on the relevant equipment, machinery, devices and processes is made available to all States, in particular developing States which may need and request technical assistance in this field;

(c) adequate provision is made by the Authority to facilitate the acquisition of technical assistance in the field of marine technology by States which may need and request it, in particular developing States, and the acquisition by their nationals of the necessary skills and know-how, including professional training;

(d) States which may need and request technical assistance in this field, in particular developing States, are assisted in the acquisition of necessary equipment, processes, plant and other technical know-how through any financial arrangements provided for in this Convention.

SECTION 3. NATIONAL AND REGIONAL MARINE SCIENTIFIC AND TECHNOLOGICAL CENTRES

Article 275. Establishment of national centres

1. States, directly or through competent international organizations and the Authority, shall promote the establishment, particularly in developing coastal States, of national marine scientific and technological research centres and the strengthening of existing national centres, in order to stimulate and advance the conduct of marine scientific research by developing coastal States and to enhance their national capabilities to utilize and preserve their marine resources for their economic benefit.

2. States, through competent international organizations and the Authority, shall give adequate support to facilitate the establishment and strengthening of such national centres so as to provide for advanced training facilities and necessary equipment, skills and know-how as well as technical experts to such States which may need and request such assistance.

Article 276. Establishment of regional centres

1. States, in coordination with the competent international organizations, the Authority and national marine scientific and technological research institutions, shall promote the establishment of regional marine scientific and technological research centres, particularly in developing States, in order to stimulate and advance the conduct of marine scientific research by developing States and foster the transfer of marine technology.
2. All States of a region shall cooperate with the regional centres therein to ensure the more effective achievement of their objectives.

Article 277. Functions of regional centres

The functions of such regional centres shall include, inter alia:

(a) training and educational programmes at all levels on various aspects of marine scientific and technological research, particularly marine biology, including conservation and management of living resources, oceanography, hydrography, engineering, geological exploration of the seabed, mining and desalination technologies;

(b) management studies;

(c) study programmes related to the protection and preservation of the marine environment and the prevention, reduction and control of pollution;

(d) organization of regional conferences, seminars and symposia;

(e) acquisition and processing of marine scientific and technological data and information;

(f) prompt dissemination of results of marine scientific and technological research in readily available publications;

(g) publicizing national policies with regard to the transfer of marine technology and systematic comparative study of those policies;

(h) compilation and systematization of information on the marketing of technology and on contracts and other arrangements concerning patents;

(i) technical cooperation with other States of the region.

SECTION 4. COOPERATION AMONG INTERNATIONAL ORGANIZATIONS

Article 278. Cooperation among international organizations

The competent international organizations referred to in this Part and in Part XIII shall take all appropriate measures to ensure, either directly or in close cooperation among themselves, the effective discharge of their functions and responsibilities under this Part.

PART XV. SETTLEMENT OF DISPUTES

SECTION 1. GENERAL PROVISIONS

Article 279. Obligation to settle disputes by peaceful means

States Parties shall settle any dispute between them concerning the interpretation or application of this Convention by peaceful means in accordance with Article 2, paragraph 3, of the Charter of the United Nations and, to this end, shall seek a solution by the means indicated in Article 33, paragraph 1, of the Charter.

Article 280. Settlement of disputes by any peaceful means chosen by the parties

Nothing in this Part impairs the right of any States Parties to agree at any time to settle a dispute between them concerning the interpretation or application of this Convention by any peaceful means of their own choice.

Article 281. Procedure where no settlement has been reached by the parties

1. If the States Parties which are parties to a dispute concerning the interpretation or application of this Convention have agreed to seek settlement of the dispute by a peaceful means of their own choice, the procedures provided for in this Part apply only where no settlement has been reached by recourse to such means and the agreement between the parties does not exclude any further procedure.
2. If the parties have also agreed on a time-limit, paragraph 1 applies only upon the expiration of that time-limit.

Article 282. Obligations under general, regional or bilateral agreements

If the States Parties which are parties to a dispute concerning the interpretation or application of this Convention have agreed, through a general, regional or bilateral agreement or otherwise, that such dispute shall, at the request of any party to the dispute, be submitted to a procedure that entails a binding decision, that procedure shall apply in lieu of the procedures provided for in this Part, unless the parties to the dispute otherwise agree.

Article 283. Obligation to exchange views

1. When a dispute arises between States Parties concerning the interpretation or application of this Convention, the parties to the dispute shall proceed expeditiously to an exchange of views regarding its settlement by negotiation or other peaceful means.
2. The parties shall also proceed expeditiously to an exchange of views where a procedure for the settlement of such a dispute has been terminated without a settlement or where a settlement has been reached and the circumstances require consultation regarding the manner of implementing the settlement.

Article 284. Conciliation

1. A State Party which is a party to a dispute concerning the interpretation or application of this Convention may invite the other party or parties to submit the dispute to conciliation in accordance with the procedure under Annex V, section 1, or another conciliation procedure.
2. If the invitation is accepted and if the parties agree upon the conciliation procedure to be applied, any party may submit the dispute to that procedure.
3. If the invitation is not accepted or the parties do not agree upon the procedure, the conciliation proceedings shall be deemed to be terminated.
4. Unless the parties otherwise agree, when a dispute has been submitted to conciliation, the proceedings may be terminated only in accordance with the agreed conciliation procedure.

Article 285. Application of this section to disputes submitted pursuant to Part XI

This section applies to any dispute which pursuant to Part XI, section 5, is to be settled in accordance with procedures provided for in this Part. If an entity other than a State Party is a party to such a dispute, this section applies mutatis mutandis.

SECTION 2. COMPULSORY PROCEDURES ENTAILING BINDING DECISIONS

Article 286. Application of procedures under this section

Subject to section 3, any dispute concerning the interpretation or application of this Convention shall, where no settlement has been reached by recourse to section 1, be submitted at the request of any party to the dispute to the court or tribunal having jurisdiction under this section.

Article 287. Choice of procedure

1. When signing, ratifying or acceding to this Convention or at any time thereafter, a State shall be free to choose, by means of a written declaration, one or more

of the following means for the settlement of disputes concerning the interpretation or application of this Convention:

(a) the International Tribunal for the Law of the Sea established in accordance with Annex VI;

(b) the International Court of Justice;

(c) an arbitral tribunal constituted in accordance with Annex VII;

(d) a special arbitral tribunal constituted in accordance with Annex VIII for one or more of the categories of disputes specified therein.

2. A declaration made under paragraph 1 shall not affect or be affected by the obligation of a State Party to accept the jurisdiction of the Seabed Disputes Chamber of the International Tribunal for the Law of the Sea to the extent and in the manner provided for in Part XI, section 5.

3. A State Party, which is a party to a dispute not covered by a declaration in force, shall be deemed to have accepted arbitration in accordance with Annex VII.

4. If the parties to a dispute have accepted the same procedure for the settlement of the dispute, it may be submitted only to that procedure, unless the parties otherwise agree.

5. If the parties to a dispute have not accepted the same procedure for the settlement of the dispute, it may be submitted only to arbitration in accordance with Annex VII, unless the parties otherwise agree.

6. A declaration made under paragraph 1 shall remain in force until three months after notice of revocation has been deposited with the Secretary-General of the United Nations.

7. A new declaration, a notice of revocation or the expiry of a declaration does not in any way affect proceedings pending before a court or tribunal having jurisdiction under this article, unless the parties otherwise agree.

8. Declarations and notices referred to in this article shall be deposited with the Secretary-General of the United Nations, who shall transmit copies thereof to the States Parties.

Article 288. Jurisdiction

1. A court or tribunal referred to in article 287 shall have jurisdiction over any dispute concerning the interpretation or application of this Convention which is submitted to it in accordance with this Part.
2. A court or tribunal referred to in article 287 shall also have jurisdiction over any dispute concerning the interpretation or application of an international agreement related to the purposes of this Convention, which is submitted to it in accordance with the agreement.
3. The Seabed Disputes Chamber of the International Tribunal for the Law of the Sea established in accordance with Annex VI, and any other chamber or arbitral tribunal referred to in Part XI, section 5, shall have jurisdiction in any matter which is submitted to it in accordance therewith.
4. In the event of a dispute as to whether a court or tribunal has jurisdiction, the matter shall be settled by decision of that court or tribunal.

Article 289. Experts

In any dispute involving scientific or technical matters, a court or tribunal exercising jurisdiction under this section may, at the request of a party or proprio motu, select in consultation with the parties no fewer than two scientific or technical experts chosen preferably from the relevant list prepared in accordance with Annex VIII, article 2, to sit with the court or tribunal but without the right to vote.

Article 290. Provisional measures

1. If a dispute has been duly submitted to a court or tribunal which considers that prima facie it has jurisdiction under this Part or Part XI, section 5, the court or tribunal may prescribe any provisional measures which it considers appropriate under the circumstances to preserve the respective rights of the parties to the dispute or to prevent serious harm to the marine environment, pending the final decision.

2. Provisional measures may be modified or revoked as soon as the circumstances justifying them have changed or ceased to exist.
3. Provisional measures may be prescribed, modified or revoked under this article only at the request of a party to the dispute and after the parties have been given an opportunity to be heard.
4. The court or tribunal shall forthwith give notice to the parties to the dispute, and to such other States Parties as it considers appropriate, of the prescription, modification or revocation of provisional measures.
5. Pending the constitution of an arbitral tribunal to which a dispute is being submitted under this section, any court or tribunal agreed upon by the parties or, failing such agreement within two weeks from the date of the request for provisional measures, the International Tribunal for the Law of the Sea or, with respect to activities in the Area, the Seabed Disputes Chamber, may prescribe, modify or revoke provisional measures in accordance with this article if it considers that prima facie the tribunal which is to be constituted would have jurisdiction and that the urgency of the situation so requires. Once constituted, the tribunal to which the dispute has been submitted may modify, revoke or affirm those provisional measures, acting in conformity with paragraphs 1 to 4.
6. The parties to the dispute shall comply promptly with any provisional measures prescribed under this article.

Article 291. Access

1. All the dispute settlement procedures specified in this Part shall be open to States Parties.
2. The dispute settlement procedures specified in this Part shall be open to entities other than States Parties only as specifically provided for in this Convention.

Article 292. Prompt release of vessels and crews

1. Where the authorities of a State Party have detained a vessel flying the flag of

another State Party and it is alleged that the detaining State has not complied with the provisions of this Convention for the prompt release of the vessel or its crew upon the posting of a reasonable bond or other financial security, the question of release from detention may be submitted to any court or tribunal agreed upon by the parties or, failing such agreement within 10 days from the time of detention, to a court or tribunal accepted by the detaining State under article 287 or to the International Tribunal for the Law of the Sea, unless the parties otherwise agree.

2. The application for release may be made only by or on behalf of the flag State of the vessel.
3. The court or tribunal shall deal without delay with the application for release and shall deal only with the question of release, without prejudice to the merits of any case before the appropriate domestic forum against the vessel, its owner or its crew. The authorities of the detaining State remain competent to release the vessel or its crew at any time.
4. Upon the posting of the bond or other financial security determined by the court or tribunal, the authorities of the detaining State shall comply promptly with the decision of the court or tribunal concerning the release of the vessel or its crew.

Article 293. Applicable law

1. A court or tribunal having jurisdiction under this section shall apply this Convention and other rules of international law not incompatible with this Convention.
2. Paragraph 1 does not prejudice the power of the court or tribunal having jurisdiction under this section to decide a case ex aequo et bono, if the parties so agree.

Article 294. Preliminary proceedings

1. A court or tribunal provided for in article 287 to which an application is made in respect of a dispute referred to in article 297 shall determine at the request of a party, or may determine proprio motu, whether the claim constitutes an abuse of legal process or whether prima facie it is well founded. If the court or tribunal

determines that the claim constitutes an abuse of legal process or is prima facie unfounded, it shall take no further action in the case.

2. Upon receipt of the application, the court or tribunal shall immediately notify the other party or parties of the application, and shall fix a reasonable time-limit within which they may request it to make a determination in accordance with paragraph 1.
3. Nothing in this article affects the right of any party to a dispute to make preliminary objections in accordance with the applicable rules of procedure.

Article 295. Exhaustion of local remedies

Any dispute between States Parties concerning the interpretation or application of this Convention may be submitted to the procedures provided for in this section only after local remedies have been exhausted where this is required by international law.

Article 296. Finality and binding force of decisions

1. Any decision rendered by a court or tribunal having jurisdiction under this section shall be final and shall be complied with by all the parties to the dispute.
2. Any such decision shall have no binding force except between the parties and in respect of that particular dispute.

SECTION 3. LIMITATIONS AND EXCEPTIONS TO APPLICABILITY OF SECTION 2

Article 297. Limitations on applicability of section 2

1. Disputes concerning the interpretation or application of this Convention with regard to the exercise by a coastal State of its sovereign rights or jurisdiction provided for in this Convention shall be subject to the procedures provided for in section 2 in the following cases:

(a) when it is alleged that a coastal State has acted in contravention of the provisions of this Convention in regard to the freedoms and rights of navigation, overflight or the laying of submarine cables and pipelines, or in regard to other internationally lawful uses of the sea specified in article 58;

(b) when it is alleged that a State in exercising the aforementioned freedoms, rights or uses has acted in contravention of this Convention or of laws or regulations adopted by the coastal State in conformity with this Convention and other rules of international law not incompatible with this Convention; or

(c) when it is alleged that a coastal State has acted in contravention of specified international rules and standards for the protection and preservation of the marine environment which are applicable to the coastal State and which have been established by this Convention or through a competent international organization or diplomatic conference in accordance with this Convention.

2. (a) Disputes concerning the interpretation or application of the provisions of this Convention with regard to marine scientific research shall be settled in accordance with section 2, except that the coastal State shall not be obliged to accept the submission to such settlement of any dispute arising out of:

(i) the exercise by the coastal State of a right or discretion in accordance with article 246; or

(ii) a decision by the coastal State to order suspension or cessation of a research project in accordance with article 253.

(b) A dispute arising from an allegation by the researching State that with respect to a specific project the coastal State is not exercising its rights under articles 246 and 253 in a manner compatible with this Convention shall be submitted, at the request of either party, to conciliation under Annex V, section 2, provided that the conciliation commission shall not call in question the exercise by the coastal State of its discretion to designate specific areas as referred to in article 246, paragraph 6, or of its discretion to withhold consent in accordance with article 246, paragraph 5.

3. (a) Disputes concerning the interpretation or application of the provisions of this

Convention with regard to fisheries shall be settled in accordance with section 2, except that the coastal State shall not be obliged to accept the submission to such settlement of any dispute relating to its sovereign rights with respect to the living resources in the exclusive economic zone or their exercise, including its discretionary powers for determining the allowable catch, its harvesting capacity, the allocation of surpluses to other States and the terms and conditions established in its conservation and management laws and regulations.

(b) Where no settlement has been reached by recourse to section 1 of this Part, a dispute shall be submitted to conciliation under Annex V, section 2, at the request of any party to the dispute, when it is alleged that:

(i) a coastal State has manifestly failed to comply with its obligations to ensure through proper conservation and management measures that the maintenance of the living resources in the exclusive economic zone is not seriously endangered;

(ii) a coastal State has arbitrarily refused to determine, at the request of another State, the allowable catch and its capacity to harvest living resources with respect to stocks which that other State is interested in fishing; or

(iii) a coastal State has arbitrarily refused to allocate to any State, under articles 62, 69 and 70 and under the terms and conditions established by the coastal State consistent with this Convention, the whole or part of the surplus it has declared to exist.

(c) In no case shall the conciliation commission substitute its discretion for that of the coastal State.

(d) The report of the conciliation commission shall be communicated to the appropriate international organizations.

(e) In negotiating agreements pursuant to articles 69 and 70, States Parties, unless they otherwise agree, shall include a clause on measures which they shall take in order to minimize the possibility of a disagreement concerning the interpretation or application of the agreement, and on how they should proceed if a disagreement nevertheless arises.

Article 298. Optional exceptions to applicability of section 2

1. When signing, ratifying or acceding to this Convention or at any time thereafter, a State may, without prejudice to the obligations arising under section 1, declare in writing that it does not accept any one or more of the procedures provided for in section 2 with respect to one or more of the following categories of disputes:

(a) (i) disputes concerning the interpretation or application of articles 15, 74 and 83 relating to sea boundary delimitations, or those involving historic bays or titles, provided that a State having made such a declaration shall, when such a dispute arises subsequent to the entry into force of this Convention and where no agreement within a reasonable period of time is reached in negotiations between the parties, at the request of any party to the dispute, accept submission of the matter to conciliation under Annex V, section 2; and provided further that any dispute that necessarily involves the concurrent consideration of any unsettled dispute concerning sovereignty or other rights over continental or insular land territory shall be excluded from such submission;

(ii) after the conciliation commission has presented its report, which shall state the reasons on which it is based, the parties shall negotiate an agreement on the basis of that report; if these negotiations do not result in an agreement, the parties shall, by mutual consent, submit the question to one of the procedures provided for in section 2, unless the parties otherwise agree;

(iii) this subparagraph does not apply to any sea boundary dispute finally settled by an arrangement between the parties, or to any such dispute which is to be settled in accordance with a bilateral or multilateral agreement binding upon those parties;

(b) disputes concerning military activities, including military activities by government vessels and aircraft engaged in non-commercial service, and disputes concerning law enforcement activities in regard to the exercise of sovereign rights or jurisdiction excluded from the jurisdiction of a court or tribunal under article 297, paragraph 2 or 3;

(c) disputes in respect of which the Security Council of the United Nations is exercising the functions assigned to it by the Charter of the United Nations, unless the Security Council decides to remove the matter from its agenda or calls upon the parties to settle it by the means provided for in this Convention.

2. A State Party which has made a declaration under paragraph 1 may at any time withdraw it, or agree to submit a dispute excluded by such declaration to any procedure specified in this Convention.
3. A State Party which has made a declaration under paragraph 1 shall not be entitled to submit any dispute falling within the excepted category of disputes to any procedure in this Convention as against another State Party, without the consent of that party.
4. If one of the States Parties has made a declaration under paragraph 1(a), any other State Party may submit any dispute falling within an excepted category against the declarant party to the procedure specified in such declaration.
5. A new declaration, or the withdrawal of a declaration, does not in any way affect proceedings pending before a court or tribunal in accordance with this article, unless the parties otherwise agree.
6. Declarations and notices of withdrawal of declarations under this article shall be deposited with the Secretary-General of the United Nations, who shall transmit copies thereof to the States Parties.

Article 299. Right of the parties to agree upon a procedure

1. A dispute excluded under article 297 or excepted by a declaration made under article 298 from the dispute settlement procedures provided for in section 2 may be submitted to such procedures only by agreement of the parties to the dispute.
2. Nothing in this section impairs the right of the parties to the dispute to agree to some other procedure for the settlement of such dispute or to reach an amicable settlement.

PART XVI. GENERAL PROVISIONS

Article 300. Good faith and abuse of rights
States Parties shall fulfil in good faith the obligations assumed under this Convention and shall exercise the rights, jurisdiction and freedoms recognized in this Convention in a manner which would not constitute an abuse of right.

Article 301. Peaceful uses of the seas
In exercising their rights and performing their duties under this Convention, States Parties shall refrain from any threat or use of force against the territorial integrity or political independence of any State, or in any other manner inconsistent with the principles of international law embodied in the Charter of the United Nations.

Article 302. Disclosure of information
Without prejudice to the right of a State Party to resort to the procedures for the settlement of disputes provided for in this Convention, nothing in this Convention shall be deemed to require a State Party, in the fulfilment of its obligations under this Convention, to supply information the disclosure of which is contrary to the essential interests of its security.

Article 303. Archaeological and historical objects found at sea
1. States have the duty to protect objects of an archaeological and historical nature found at sea and shall cooperate for this purpose.
2. In order to control traffic in such objects, the coastal State may, in applying article 33, presume that their removal from the seabed in the zone referred to in that article without its approval would result in an infringement within its territory or territorial sea of the laws and regulations referred to in that article.
3. Nothing in this article affects the rights of identifiable owners, the law of salvage or other rules of admiralty, or laws and practices with respect to cultural exchanges.

4. This article is without prejudice to other international agreements and rules of international law regarding the protection of objects of an archaeological and historical nature.

Article 304. Responsibility and liability for damage

The provisions of this Convention regarding responsibility and liability for damage are without prejudice to the application of existing rules and the development of further rules regarding responsibility and liability under international law.

PART XVII. FINAL PROVISIONS

Article 305. Signature

1. This Convention shall be open for signature by:

(a) all States;

(b) Namibia, represented by the United Nations Council for Namibia;

(c) all self-governing associated States which have chosen that status in an act of self-determination supervised and approved by the United Nations in accordance with General Assembly resolution 1514 (XV) and which have competence over the matters governed by this Convention, including the competence to enter into treaties in respect of those matters;

(d) all self-governing associated States which, in accordance with their respective instruments of association, have competence over the matters governed by this Convention, including the competence to enter into treaties in respect of those matters;

(e) all territories which enjoy full internal self-government, recognized as such by the United Nations, but have not attained full independence in accordance with General Assembly resolution 1514 (XV) and which have competence over the matters governed by this Convention, including the competence to enter into treaties in respect of those matters;

(f) international organizations, in accordance with Annex IX.

2. This Convention shall remain open for signature until 9 December 1984 at the Ministry of Foreign Affairs of Jamaica and also, from 1 July 1983 until 9 December 1984, at United Nations Headquarters in New York.

Article 306. Ratification and formal confirmation

This Convention is subject to ratification by States and the other entities referred to in article 305, paragraph l(b), (c), (d) and (e), and to formal confirmation, in accordance with Annex IX, by the entities referred to in article 305, paragraph l(f). The instruments of ratification and of formal confirmation shall be deposited with the Secretary-General of the United Nations.

Article 307. Accession

This Convention shall remain open for accession by States and the other entities referred to in article 305. Accession by the entities referred to in article 305, paragraph l(f), shall be in accordance with Annex IX. The instruments of accession shall be deposited with the Secretary-General of the United Nations.

Article 308. Entry into force

1. This Convention shall enter into force 12 months after the date of deposit of the sixtieth instrument of ratification or accession.
2. For each State ratifying or acceding to this Convention after the deposit of the sixtieth instrument of ratification or accession, the Convention shall enter into force on the thirtieth day following the deposit of its instrument of ratification or accession, subject to paragraph 1.
3. The Assembly of the Authority shall meet on the date of entry into force of this Convention and shall elect the Council of the Authority. The first Council shall be constituted in a manner consistent with the purpose of article 161 if the

provisions of that article cannot be strictly applied.

4. The rules, regulations and procedures drafted by the Preparatory Commission shall apply provisionally pending their formal adoption by the Authority in accordance with Part XI.
5. The Authority and its organs shall act in accordance with resolution II of the Third United Nations Conference on the Law of the Sea relating to preparatory investment and with decisions of the Preparatory Commission taken pursuant to that resolution.

Article 309. Reservations and exceptions

No reservations or exceptions may be made to this Convention unless expressly permitted by other articles of this Convention.

Article 310. Declarations and statements

Article 309 does not preclude a State, when signing, ratifying or acceding to this Convention, from making declarations or statements, however phrased or named, with a view, inter alia, to the harmonization of its laws and regulations with the provisions of this Convention, provided that such declarations or statements do not purport to exclude or to modify the legal effect of the provisions of this Convention in their application to that State.

Article 311. Relation to other conventions and international agreements

1. This Convention shall prevail, as between States Parties, over the Geneva Conventions on the Law of the Sea of 29 April 1958.
2. This Convention shall not alter the rights and obligations of States Parties which arise from other agreements compatible with this Convention and which do not affect the enjoyment by other States Parties of their rights or the performance of their obligations under this Convention.
3. Two or more States Parties may conclude agreements modifying or suspending

the operation of provisions of this Convention, applicable solely to the relations between them, provided that such agreements do not relate to a provision derogation from which is incompatible with the effective execution of the object and purpose of this Convention, and provided further that such agreements shall not affect the application of the basic principles embodied herein, and that the provisions of such agreements do not affect the enjoyment by other States Parties of their rights or the performance of their obligations under this Convention.

4. States Parties intending to conclude an agreement referred to in paragraph 3 shall notify the other States Parties through the depositary of this Convention of their intention to conclude the agreement and of the modification or suspension for which it provides.
5. This article does not affect international agreements expressly permitted or preserved by other articles of this Convention.
6. States Parties agree that there shall be no amendments to the basic principle relating to the common heritage of mankind set forth in article 136 and that they shall not be party to any agreement in derogation thereof.

Article 312. Amendment

1. After the expiry of a period of 10 years from the date of entry into force of this Convention, a State Party may, by written communication addressed to the Secretary-General of the United Nations, propose specific amendments to this Convention, other than those relating to activities in the Area, and request the convening of a conference to consider such proposed amendments. The Secretary-General shall circulate such communication to all States Parties. If, within 12 months from the date of the circulation of the communication, not less than one half of the States Parties reply favourably to the request, the Secretary-General shall convene the conference.
2. The decision-making procedure applicable at the amendment conference shall be the same as that applicable at the Third United Nations Conference on the

Law of the Sea unless otherwise decided by the conference. The conference should make every effort to reach agreement on any amendments by way of consensus and there should be no voting on them until all efforts at consensus have been exhausted.

Article 313. Amendment by simplified procedure

1. A State Party may, by written communication addressed to the Secretary-General of the United Nations, propose an amendment to this Convention, other than an amendment relating to activities in the Area, to be adopted by the simplified procedure set forth in this article without convening a conference. The Secretary-General shall circulate the communication to all States Parties.
2. If, within a period of 12 months from the date of the circulation of the communication, a State Party objects to the proposed amendment or to the proposal for its adoption by the simplified procedure, the amendment shall be considered rejected. The Secretary-General shall immediately notify all States Parties accordingly.
3. If, 12 months from the date of the circulation of the communication, no State Party has objected to the proposed amendment or to the proposal for its adoption by the simplified procedure, the proposed amendment shall be considered adopted. The Secretary-General shall notify all States Parties that the proposed amendment has been adopted.

Article 314. Amendments to the provisions of this Convention relating exclusively to activities in the Area

1. A State Party may, by written communication addressed to the Secretary-General of the Authority, propose an amendment to the provisions of this Convention relating exclusively to activities in the Area, including Annex VI, section 4. The Secretary-General shall circulate such communication to all States Parties. The proposed amendment shall be subject to approval by the Assembly following its approval by the Council. Representatives of States Parties in those organs shall have full powers to consider and approve the proposed amendment. The proposed

amendment as approved by the Council and the Assembly shall be considered adopted.

2. Before approving any amendment under paragraph 1, the Council and the Assembly shall ensure that it does not prejudice the system of exploration for and exploitation of the resources of the Area, pending the Review Conference in accordance with article 155.

Article 315. Signature, ratification of, accession to and authentic texts of amendments

1. Once adopted, amendments to this Convention shall be open for signature by States Parties for 12 months from the date of adoption, at United Nations Headquarters in New York, unless otherwise provided in the amendment itself.
2. Articles 306, 307 and 320 apply to all amendments to this Convention.

Article 316. Entry into force of amendments

1. Amendments to this Convention, other than those referred to in paragraph 5, shall enter into force for the States Parties ratifying or acceding to them on the thirtieth day following the deposit of instruments of ratification or accession by two thirds of the States Parties or by 60 States Parties, whichever is greater. Such amendments shall not affect the enjoyment by other States Parties of their rights or the performance of their obligations under this Convention.
2. An amendment may provide that a larger number of ratifications or accessions shall be required for its entry into force than are required by this article.
3. For each State Party ratifying or acceding to an amendment referred to in paragraph 1 after the deposit of the required number of instruments of ratification or accession, the amendment shall enter into force on the thirtieth day following the deposit of its instrument of ratification or accession.
4. A State which becomes a Party to this Convention after the entry into force of an amendment in accordance with paragraph 1 shall, failing an expression of a different intention by that State:

(a) be considered as a Party to this Convention as so amended; and

(b) be considered as a Party to the unamended Convention in relation to any State Party not bound by the amendment.

5. Any amendment relating exclusively to activities in the Area and any amendment to Annex VI shall enter into force for all States Parties one year following the deposit of instruments of ratification or accession by three fourths of the States Parties.

6. A State which becomes a Party to this Convention after the entry into force of amendments in accordance with paragraph 5 shall be considered as a Party to this Convention as so amended.

Article 317. Denunciation

1. A State Party may, by written notification addressed to the Secretary-General of the United Nations, denounce this Convention and may indicate its reasons. Failure to indicate reasons shall not affect the validity of the denunciation. The denunciation shall take effect one year after the date of receipt of the notification, unless the notification specifies a later date.

2. A State shall not be discharged by reason of the denunciation from the financial and contractual obligations which accrued while it was a Party to this Convention, nor shall the denunciation affect any right, obligation or legal situation of that State created through the execution of this Convention prior to its termination for that State.

3. The denunciation shall not in any way affect the duty of any State Party to fulfil any obligation embodied in this Convention to which it would be subject under international law independently of this Convention.

Article 318. Status of Annexes

The Annexes form an integral part of this Convention and, unless expressly provided otherwise, a reference to this Convention or to one of its Parts includes a reference to the Annexes relating thereto.

Article 319. Depositary

1. The Secretary-General of the United Nations shall be the depositary of this Convention and amendments thereto.

2. In addition to his functions as depositary, the Secretary-General shall:

(a) report to all States Parties, the Authority and competent international organizations on issues of a general nature that have arisen with respect to this Convention;

(b) notify the Authority of ratifications and formal confirmations of and accessions to this Convention and amendments thereto, as well as of denunciations of this Convention;

(c) notify States Parties of agreements in accordance with article 311, paragraph 4;

(d) circulate amendments adopted in accordance with this Convention to States Parties for ratification or accession;

(e) convene necessary meetings of States Parties in accordance with this Convention.

3. (a) The Secretary-General shall also transmit to the observers referred to in article 156:

(i) reports referred to in paragraph 2(a);

(ii) notifications referred to in paragraph 2(b) and (c); and

(iii) texts of amendments referred to in paragraph 2(d), for their information.

(b) The Secretary-General shall also invite those observers to participate as observers at meetings of States Parties referred to in paragraph 2(e).

Article 320. Authentic texts

The original of this Convention, of which the Arabic, Chinese, English, French, Russian and Spanish texts are equally authentic, shall, subject to article 305, paragraph 2, be deposited with the Secretary-General of the United Nations.

IN WITNESS WHEREOF, the undersigned Plenipotentiaries, being duly authorized thereto, have signed this Convention.

DONE AT MONTEGO BAY, this tenth day of December, one thousand nine hundred and eighty-two.

ANNEX I. HIGHLY MIGRATORY SPECIES

1. Albacore tuna: Thunnus alalunga.
2. Bluefin tuna: Thunnus thynnus.
3. Bigeye tuna: Thunnus obesus.
4. Skipjack tuna: Katsuwonus pelamis.
5. Yellowfin tuna: Thunnus albacares.
6. Blackfin tuna: Thunnus atlanticus.
7. Little tuna: Euthynnus alletteratus; Euthynnus affinis.
8. Southern bluefin tuna: Thunnus maccoyii.
9. Frigate mackerel: Auxis thazard; Auxis rochei.
10. Pomfrets: Family Bramidae.
11. Marlins: Tetrapturus angustirostris; Tetrapturus belone; Tetrapturus pfluegeri; Tetrapturus albidus; Tetrapturus audax; Tetrapturus georgei; Makaira mazara; Makaira indica; Makaira nigricans.
12. Sail-fishes: Istiophorus platypterus; Istiophorus albicans.
13. Swordfish: Xiphias gladius.
14. Sauries: Scomberesox saurus; Cololabis saira; Cololabis adocetus; Scomberesox saurus scombroides.
15. Dolphin: Coryphaena hippurus; Coryphaena equiselis.
16. Oceanic sharks: Hexanchus griseus; Cetorhinus maximus; Family Alopiidae; Rhincodon typus; Family Carcharhinidae; Family Sphyrnidae; Family Isurida.
17. Cetaceans: Family Physeteridae; Family Balaenopteridae; Family Balaenidae; Family Eschrichtiidae; Family Monodontidae; Family Ziphiidae; Family Delphinidae.

ANNEX II. COMMISSION ON THE LIMITS OF THE CONTINENTAL SHELF

Article 1

In accordance with the provisions of article 76, a Commission on the Limits of the Continental Shelf beyond 200 nautical miles shall be established in conformity with the following articles.

Article 2

1. The Commission shall consist of 21 members who shall be experts in the field of geology, geophysics or hydrography, elected by States Parties to this Convention from among their nationals, having due regard to the need to ensure equitable geographical representation, who shall serve in their personal capacities.
2. The initial election shall be held as soon as possible but in any case within 18 months after the date of entry into force of this Convention. At least three months before the date of each election, the Secretary-General of the United Nations shall address a letter to the States Parties, inviting the submission of nominations, after appropriate regional consultations, within three months. The Secretary-General shall prepare a list in alphabetical order of all persons thus nominated and shall submit it to all the States Parties.
3. Elections of the members of the Commission shall be held at a meeting of States Parties convened by the Secretary-General at United Nations Headquarters. At that meeting, for which two thirds of the States Parties shall constitute a quorum, the persons elected to the Commission shall be those nominees who obtain a two-thirds majority of the votes of the representatives of States Parties present and voting. Not less than three members shall be elected from each geographical region.
4. The members of the Commission shall be elected for a term of five years. They shall be eligible for re-election.
5. The State Party which submitted the nomination of a member of the Commission

shall defray the expenses of that member while in performance of Commission duties. The coastal State concerned shall defray the expenses incurred in respect of the advice referred to in article 3, paragraph 1(b), of this Annex. The secretariat of the Commission shall be provided by the Secretary-General of the United Nations.

Article 3

1. The functions of the Commission shall be:
 (a) to consider the data and other material submitted by coastal States concerning the outer limits of the continental shelf in areas where those limits extend beyond 200 nautical miles, and to make recommendations in accordance with article 76 and the Statement of Understanding adopted on 29 August 1980 by the Third United Nations Conference on the Law of the Sea;
 (b) to provide scientific and technical advice, if requested by the coastal State concerned during the preparation of the data referred to in subparagraph (a).
2. The Commission may cooperate, to the extent considered necessary and useful, with the Intergovernmental Oceanographic Commission of UNESCO, the International Hydrographic Organization and other competent international organizations with a view to exchanging scientific and technical information which might be of assistance in discharging the Commission's responsibilities.

Article 4

Where a coastal State intends to establish, in accordance with article 76, the outer limits of its continental shelf beyond 200 nautical miles, it shall submit particulars of such limits to the Commission along with supporting scientific and technical data as soon as possible but in any case within 10 years of the entry into force of this Convention for that State. The coastal State shall at the same time give the names of any Commission members who have provided it with scientific and technical advice.

Article 5

Unless the Commission decides otherwise, the Commission shall function by way of sub-commissions composed of seven members, appointed in a balanced manner taking into account the specific elements of each submission by a coastal State. Nationals of the coastal State making the submission who are members of the Commission and any Commission member who has assisted a coastal State by providing scientific and technical advice with respect to the delineation shall not be a member of the sub-commission dealing with that submission but has the right to participate as a member in the proceedings of the Commission concerning the said submission. The coastal State which has made a submission to the Commission may send its representatives to participate in the relevant proceedings without the right to vote.

Article 6

1. The sub-commission shall submit its recommendations to the Commission.
2. Approval by the Commission of the recommendations of the sub-commission shall be by a majority of two thirds of Commission members present and voting.
3. The recommendations of the Commission shall be submitted in writing to the coastal State which made the submission and to the Secretary-General of the United Nations.

Article 7

Coastal States shall establish the outer limits of the continental shelf in conformity with the provisions of article 76, paragraph 8, and in accordance with the appropriate national procedures.

Article 8

In the case of disagreement by the coastal State with the recommendations of the Commission, the coastal State shall, within a reasonable time, make a revised or new submission to the Commission.

Article 9

The actions of the Commission shall not prejudice matters relating to delimitation of boundaries between States with opposite or adjacent coasts.

ANNEX III. BASIC CONDITIONS OF PROSPECTING, EXPLORATION AND EXPLOITATION

Article 1. Title to minerals

Title to minerals shall pass upon recovery in accordance with this Convention.

Article 2. Prospecting

1. (a) The Authority shall encourage prospecting in the Area.

(b) Prospecting shall be conducted only after the Authority has received a satisfactory written undertaking that the proposed prospector will comply with this Convention and the relevant rules, regulations and procedures of the Authority concerning cooperation in the training programmes referred to in articles 143 and 144 and the protection of the marine environment, and will accept verification by the Authority of compliance therewith. The proposed prospector shall, at the same time, notify the Authority of the approximate area or areas in which prospecting is to be conducted.

(c) Prospecting may be conducted simultaneously by more than one prospector in the same area or areas.

2. Prospecting shall not confer on the prospector any rights with respect to resources. A prospector may, however, recover a reasonable quantity of minerals to be used for testing.

Article 3. Exploration and exploitation

1. The Enterprise, States Parties, and the other entities referred to in article 153, paragraph 2(b), may apply to the Authority for approval of plans of work for activities in the Area.
2. The Enterprise may apply with respect to any part of the Area, but applications by others with respect to reserved areas are subject to the additional requirements of article 9 of this Annex.
3. Exploration and exploitation shall be carried out only in areas specified in plans of work referred to in article 153, paragraph 3, and approved by the Authority in accordance with this Convention and the relevant rules, regulations and procedures of the Authority.
4. Every approved plan of work shall:
 (a) be in conformity with this Convention and the rules, regulations and procedures of the Authority;
 (b) provide for control by the Authority of activities in the Area in accordance with article 153, paragraph 4;
 (c) confer on the operator, in accordance with the rules, regulations and procedures of the Authority, the exclusive right to explore for and exploit the specified categories of resources in the area covered by the plan of work. If, however, the applicant presents for approval a plan of work covering only the stage of exploration or the stage of exploitation, the approved plan of work shall confer such exclusive right with respect to that stage only.
5. Upon its approval by the Authority, every plan of work, except those presented by the Enterprise, shall be in the form of a contract concluded between the Authority and the applicant or applicants.

Article 4. Qualifications of applicants

1. Applicants, other than the Enterprise, shall be qualified if they have the nationality or control and sponsorship required by article 153, paragraph 2(b), and if they

follow the procedures and meet the qualification standards set forth in the rules, regulations and procedures of the Authority.

2. Except as provided in paragraph 6, such qualification standards shall relate to the financial and technical capabilities of the applicant and his performance under any previous contracts with the Authority.

3. Each applicant shall be sponsored by the State Party of which it is a national unless the applicant has more than one nationality, as in the case of a partnership or consortium of entities from several States, in which event all States Parties involved shall sponsor the application, or unless the applicant is effectively controlled by another State Party or its nationals, in which event both States Parties shall sponsor the application. The criteria and procedures for implementation of the sponsorship requirements shall be set forth in the rules, regulations and procedures of the Authority.

4. The sponsoring State or States shall, pursuant to article 139, have the responsibility to ensure, within their legal systems, that a contractor so sponsored shall carry out activities in the Area in conformity with the terms of its contract and its obligations under this Convention. A sponsoring State shall not, however, be liable for damage caused by any failure of a contractor sponsored by it to comply with its obligations if that State Party has adopted laws and regulations and taken administrative measures which are, within the framework of its legal system, reasonably appropriate for securing compliance by persons under its jurisdiction.

5. The procedures for assessing the qualifications of States Parties which are applicants shall take into account their character as States.

6. The qualification standards shall require that every applicant, without exception, shall as part of his application undertake:

(a) to accept as enforceable and comply with the applicable obligations created by the provisions of Part XI, the rules, regulations and procedures of the Authority, the decisions of the organs of the Authority and terms of his contracts with the Authority;

(b) to accept control by the Authority of activities in the Area, as authorized by this Convention;
(c) to provide the Authority with a written assurance that his obligations under the contract will be fulfilled in good faith;
(d) to comply with the provisions on the transfer of technology set forth in article 5 of this Annex.

Article 5. Transfer of technology

1. When submitting a plan of work, every applicant shall make available to the Authority a general description of the equipment and methods to be used in carrying out activities in the Area, and other relevant non-proprietary information about the characteristics of such technology and information as to where such technology is available.
2. Every operator shall inform the Authority of revisions in the description and information made available pursuant to paragraph 1 whenever a substantial technological change or innovation is introduced.
3. Every contract for carrying out activities in the Area shall contain the following undertakings by the contractor:
   (a) to make available to the Enterprise on fair and reasonable commercial terms and conditions, whenever the Authority so requests, the technology which he uses in carrying out activities in the Area under the contract, which the contractor is legally entitled to transfer. This shall be done by means of licences or other appropriate arrangements which the contractor shall negotiate with the Enterprise and which shall be set forth in a specific agreement supplementary to the contract. This undertaking may be invoked only if the Enterprise finds that it is unable to obtain the same or equally efficient and useful technology on the open market on fair and reasonable commercial terms and conditions;
   (b) to obtain a written assurance from the owner of any technology used in carrying out activities in the Area under the contract, which is not generally

available on the open market and which is not covered by subparagraph (a), that the owner will, whenever the Authority so requests, make that technology available to the Enterprise under licence or other appropriate arrangements and on fair and reasonable commercial terms and conditions, to the same extent as made available to the contractor. If this assurance is not obtained, the technology in question shall not be used by the contractor in carrying out activities in the Area;

(c) to acquire from the owner by means of an enforceable contract, upon the request of the Enterprise and if it is possible to do so without substantial cost to the contractor, the legal right to transfer to the Enterprise any technology used by the contractor, in carrying out activities in the Area under the contract, which the contractor is otherwise not legally entitled to transfer and which is not generally available on the open market. In cases where there is a substantial corporate relationship between the contractor and the owner of the technology, the closeness of this relationship and the degree of control or influence shall be relevant to the determination whether all feasible measures have been taken to acquire such a right. In cases where the contractor exercises effective control over the owner, failure to acquire from the owner the legal right shall be considered relevant to the contractor's qualification for any subsequent application for approval of a plan of work;

(d) to facilitate, upon the request of the Enterprise, the acquisition by the Enterprise of any technology covered by subparagraph (b), under licence or other appropriate arrangements and on fair and reasonable commercial terms and conditions, if the Enterprise decides to negotiate directly with the owner of the technology;

(e) to take the same measures as are prescribed in subparagraphs (a), (b), (c) and (d) for the benefit of a developing State or group of developing States which has applied for a contract under article 9 of this Annex, provided that these measures shall be limited to the exploitation of the part of the area proposed by the contractor which has been reserved pursuant to article 8 of this Annex and provided that activities under the contract sought by the developing State or group of developing States would not involve transfer of technology to a third State or the nationals of a third State. The obligation under this provision shall only apply with respect to any given contractor where technology has not been requested by the Enterprise or transferred by that contractor to the Enterprise.

4. Disputes concerning undertakings required by paragraph 3, like other provisions of the contracts, shall be subject to compulsory settlement in accordance with Part XI and, in cases of violation of these undertakings, suspension or termination of the contract or monetary penalties may be ordered in accordance with article 18 of this Annex. Disputes as to whether offers made by the contractor are within the range of fair and reasonable commercial terms and conditions may be submitted by either party to binding commercial arbitration in accordance with the UNCITRAL Arbitration Rules or such other arbitration rules as may be prescribed in the rules, regulations and procedures of the Authority. If the finding is that the offer made by the contractor is not within the range of fair and reasonable commercial terms and conditions, the contractor shall be given 45 days to revise his offer to bring it within that range before the Authority takes any action in accordance with article 18 of this Annex.

5. If the Enterprise is unable to obtain on fair and reasonable commercial terms and conditions appropriate technology to enable it to commence in a timely manner the recovery and processing of minerals from the Area, either the Council or the Assembly may convene a group of States Parties composed of those which are engaged in activities in the Area, those which have sponsored entities which are engaged in activities in the Area and other States Parties having access to such technology. This group shall consult together and shall take effective measures to ensure that such technology is made available to the Enterprise on fair and reasonable commercial terms and conditions. Each such State Party shall take all feasible measures to this end within its own legal system.

6. In the case of joint ventures with the Enterprise, transfer of technology will be

in accordance with the terms of the joint venture agreement.

7. The undertakings required by paragraph 3 shall be included in each contract for the carrying out of activities in the Area until 10 years after the commencement of commercial production by the Enterprise, and may be invoked during that period.

8. For the purposes of this article, "technology" means the specialized equipment and technical know-how, including manuals, designs, operating instructions, training and technical advice and assistance, necessary to assemble, maintain and operate a viable system and the legal right to use these items for that purpose on a non-exclusive basis.

Article 6. Approval of plans of work

1. Six months after the entry into force of this Convention, and thereafter each fourth month, the Authority shall take up for consideration proposed plans of work.

2. When considering an application for approval of a plan of work in the form of a contract, the Authority shall first ascertain whether:

(a) the applicant has complied with the procedures established for applications in accordance with article 4 of this Annex and has given the Authority the undertakings and assurances required by that article. In cases of non-compliance with these procedures or in the absence of any of these undertakings and assurances, the applicant shall be given 45 days to remedy these defects;

(b) the applicant possesses the requisite qualifications provided for in article 4 of this Annex.

3. All proposed plans of work shall be taken up in the order in which they are received. The proposed plans of work shall comply with and be governed by the relevant provisions of this Convention and the rules, regulations and procedures of the Authority, including those on operational requirements, financial contributions and the undertakings concerning the transfer of technology. If the proposed plans of work conform to these requirements, the Authority shall approve them provided that they are in accordance with the

uniform and non-discriminatory requirements set forth in the rules, regulations and procedures of the Authority, unless:

(a) part or all of the area covered by the proposed plan of work is included in an approved plan of work or a previously submitted proposed plan of work which has not yet been finally acted on by the Authority;

(b) part or all of the area covered by the proposed plan of work is disapproved by the Authority pursuant to article 162, paragraph 2(x); or

(c) the proposed plan of work has been submitted or sponsored by a State Party which already holds:

(i) plans of work for exploration and exploitation of polymetallic nodules in non-reserved areas that, together with either part of the area covered by the application for a plan of work, exceed in size 30 per cent of a circular area of 400,000 square kilometres surrounding the centre of either part of the area covered by the proposed plan of work;

(ii) plans of work for the exploration and exploitation of polymetallic nodules in non-reserved areas which, taken together, constitute 2 per cent of the total seabed area which is not reserved or disapproved for exploitation pursuant to article 162, paragraph (2)(x).

4. For the purpose of the standard set forth in paragraph 3(c), a plan of work submitted by a partnership or consortium shall be counted on a pro rata basis among the sponsoring States Parties involved in accordance with article 4, paragraph 3, of this Annex. The Authority may approve plans of work covered by paragraph 3(c) if it determines that such approval would not permit a State Party or entities sponsored by it to monopolize the conduct of activities in the Area or to preclude other States Parties from activities in the Area.

5. Notwithstanding paragraph 3(a), after the end of the interim period specified in article 151, paragraph 3, the Authority may adopt by means of rules, regulations and procedures other procedures and criteria consistent with this Convention for deciding which applicants shall have plans of work approved in cases of selection

among applicants for a proposed area. These procedures and criteria shall ensure approval of plans of work on an equitable and non-discriminatory basis.

Article 7. Selection among applicants for production authorizations

1. Six months after the entry into force of this Convention, and thereafter each fourth month, the Authority shall take up for consideration applications for production authorizations submitted during the immediately preceding period. The Authority shall issue the authorizations applied for if all such applications can be approved without exceeding the production limitation or contravening the obligations of the Authority under a commodity agreement or arrangement to which it has become a party, as provided in article 151.
2. When a selection must be made among applicants for production authorizations because of the production limitation set forth in article 151, paragraphs 2 to 7, or because of the obligations of the Authority under a commodity agreement or arrangement to which it has become a party, as provided for in article 151, paragraph 1, the Authority shall make the selection on the basis of objective and non-discriminatory standards set forth in its rules, regulations and procedures.
3. In the application of paragraph 2, the Authority shall give priority to those applicants which:
   (a) give better assurance of performance, taking into account their financial and technical qualifications and their performance, if any, under previously approved plans of work;
   (b) provide earlier prospective financial benefits to the Authority, taking into account when commercial production is scheduled to begin;
   (c) have already invested the most resources and effort in prospecting or exploration.
4. Applicants which are not selected in any period shall have priority in subsequent periods until they receive a production authorization.
5. Selection shall be made taking into account the need to enhance opportunities for all States Parties, irrespective of their social and economic systems or geographical

locations so as to avoid discrimination against any State or system, to participate in activities in the Area and to prevent monopolization of those activities.

6. Whenever fewer reserved areas than non-reserved areas are under exploitation, applications for production authorizations with respect to reserved areas shall have priority.
7. The decisions referred to in this article shall be taken as soon as possible after the close of each period.

Article 8. Reservation of areas

Each application, other than those submitted by the Enterprise or by any other entities for reserved areas, shall cover a total area, which need not be a single continuous area, sufficiently large and of sufficient estimated commercial value to allow two mining operations. The applicant shall indicate the coordinates dividing the area into two parts of equal estimated commercial value and submit all the data obtained by him with respect to both parts. Without prejudice to the powers of the Authority pursuant to article 17 of this Annex, the data to be submitted concerning polymetallic nodules shall relate to mapping, sampling, the abundance of nodules, and their metal content. Within 45 days of receiving such data, the Authority shall designate which part is to be reserved solely for the conduct of activities by the Authority through the Enterprise or in association with developing States. This designation may be deferred for a further period of 45 days if the Authority requests an independent expert to assess whether all data required by this article has been submitted. The area designated shall become a reserved area as soon as the plan of work for the non-reserved area is approved and the contract is signed.

Article 9. Activities in reserved areas

1. The Enterprise shall be given an opportunity to decide whether it intends to carry out activities in each reserved area. This decision may be taken at any time, unless a notification pursuant to paragraph 4 is received by the Authority,

in which event the Enterprise shall take its decision within a reasonable time. The Enterprise may decide to exploit such areas in joint ventures with the interested State or entity.

2. The Enterprise may conclude contracts for the execution of part of its activities in accordance with Annex IV, article 12. It may also enter into joint ventures for the conduct of such activities with any entities which are eligible to carry out activities in the Area pursuant to article 153, paragraph 2(b). When considering such joint ventures, the Enterprise shall offer to States Parties which are developing States and their nationals the opportunity of effective participation.
3. The Authority may prescribe, in its rules, regulations and procedures, substantive and procedural requirements and conditions with respect to such contracts and joint ventures.
4. Any State Party which is a developing State or any natural or juridical person sponsored by it and effectively controlled by it or by other developing State which is a qualified applicant, or any group of the foregoing, may notify the Authority that it wishes to submit a plan of work pursuant to article 6 of this Annex with respect to a reserved area. The plan of work shall be considered if the Enterprise decides, pursuant to paragraph 1, that it does not intend to carry out activities in that area.

Article 10. Preference and priority among applicants

An operator who has an approved plan of work for exploration only, as provided in article 3, paragraph 4(c), of this Annex shall have a preference and a priority among applicants for a plan of work covering exploitation of the same area and resources. However, such preference or priority may be withdrawn if the operator's performance has not been satisfactory.

Article 11. Joint arrangements

1. Contracts may provide for joint arrangements between the contractor and the

Authority through the Enterprise, in the form of joint ventures or production sharing, as well as any other form of joint arrangement, which shall have the same protection against revision, suspension or termination as contracts with the Authority.

2. Contractors entering into such joint arrangements with the Enterprise may receive financial incentives as provided for in article 13 of this Annex.
3. Partners in joint ventures with the Enterprise shall be liable for the payments required by article 13 of this Annex to the extent of their share in the joint ventures, subject to financial incentives as provided for in that article.

Article 12. Activities carried out by the Enterprise

1. Activities in the Area carried out by the Enterprise pursuant to article 153, paragraph 2(a), shall be governed by Part XI, the rules, regulations and procedures of the Authority and its relevant decisions.
2. Any plan of work submitted by the Enterprise shall be accompanied by evidence supporting its financial and technical capabilities.

Article 13. Financial terms of contracts

1. In adopting rules, regulations and procedures concerning the financial terms of a contract between the Authority and the entities referred to in article 153, paragraph 2(b), and in negotiating those financial terms in accordance with Part XI and those rules, regulations and procedures, the Authority shall be guided by the following objectives:
(a) to ensure optimum revenues for the Authority from the proceeds of commercial production;
(b) to attract investments and technology to the exploration and exploitation of the Area;
(c) to ensure equality of financial treatment and comparable financial obligations for contractors;
(d) to provide incentives on a uniform and non-discriminatory basis for contractors

to undertake joint arrangements with the Enterprise and developing States or their nationals, to stimulate the transfer of technology thereto, and to train the personnel of the Authority and of developing States;

(e) to enable the Enterprise to engage in seabed mining effectively at the same time as the entities referred to in article 153, paragraph 2(b); and

(f) to ensure that, as a result of the financial incentives provided to contractors under paragraph 14, under the terms of contracts reviewed in accordance with article 19 of this Annex or under the provisions of article 11 of this Annex with respect to joint ventures, contractors are not subsidized so as to be given an artificial competitive advantage with respect to land-based miners.

2. A fee shall be levied for the administrative cost of processing an application for approval of a plan of work in the form of a contract and shall be fixed at an amount of $US 500,000 per application. The amount of the fee shall be reviewed from time to time by the Council in order to ensure that it covers the administrative cost incurred. If such administrative cost incurred by the Authority in processing an application is less than the fixed amount, the Authority shall refund the difference to the applicant.

3. A contractor shall pay an annual fixed fee of $US 1 million from the date of entry into force of the contract. If the approved date of commencement of commercial production is postponed because of a delay in issuing the production authorization, in accordance with article 151, the annual fixed fee shall be waived for the period of postponement. From the date of commencement of commercial production, the contractor shall pay either the production charge or the annual fixed fee, whichever is greater.

4. Within a year of the date of commencement of commercial production, in conformity with paragraph 3, a contractor shall choose to make his financial contribution to the Authority by either:

(a) paying a production charge only; or

(b) paying a combination of a production charge and a share of net proceeds.

5. (a) If a contractor chooses to make his financial contribution to the Authority by paying a production charge only, it shall be fixed at a percentage of the market value of the processed metals produced from the polymetallic nodules recovered from the area covered by the contract. This percentage shall be fixed as follows:

(i) years 1-10 of commercial production 5 per cent

(ii) years 11 to the end of commercial production 12 per cent

(b) The said market value shall be the product of the quantity of the processed metals produced from the polymetallic nodules extracted from the area covered by the contract and the average price for those metals during the relevant accounting year, as defined in paragraphs 7 and 8.

6. If a contractor chooses to make his financial contribution to the Authority by paying a combination of a production charge and a share of net proceeds, such payments shall be determined as follows:

(a) The production charge shall be fixed at a percentage of the market value, determined in accordance with subpara-graph (b), of the processed metals produced from the polymetallic nodules recovered from the area covered by the contract. This percentage shall be fixed as follows:

(i) first period of commercial production 2 per cent

(ii) second period of commercial production 4 per cent

If, in the second period of commercial production, as defined in subparagraph (d), the return on investment in any accounting year as defined in subparagraph (m) falls below 15 per cent as a result of the payment of the production charge at 4 per cent, the production charge shall be 2 per cent instead of 4 per cent in that accounting year.

(b) The said market value shall be the product of the quantity of the processed metals produced from the polymetallic nodules recovered from the area covered by the contract and the average price for those metals during the relevant accounting year as defined in paragraphs 7 and 8.

(c) (i) The Authority's share of net proceeds shall be taken out of that portion of the contractor's net proceeds which is attributable to the mining of the resources of the area covered by the contract, referred to hereinafter as attributable net proceeds.

(ii) The Authority's share of attributable net proceeds shall be determined in accordance with the following incremental schedule:

Portion of attributable net proceeds

Share of the Authority

That portion representing a return on investment which is greater than 0 per cent, but less than 10 per cent

That portion representing a return on investment which is 10 per cent or greater, but less than 20 per cent

That portion representing a return on investment which is 20 per cent or greater

First period of commercial production

35 per cent

42.5 per cent

50 per cent

Second period of commercial production

40 per cent

50 per cent

70 per cent

(d) (i) The first period of commercial production referred to in subparagraphs (a) and (c) shall commence in the first accounting year of commercial production and terminate in the accounting year in which the contractor's development costs with interest on the unrecovered portion thereof are fully recovered by his cash surplus, as follows: In the first accounting year during which development costs are incurred, unrecovered development costs shall equal the development costs less cash surplus in that year. In each subsequent accounting year, unrecovered development costs shall equal the unrecovered development costs at the end of the preceding accounting year, plus interest thereon at the rate of 10 per cent per annum, plus development costs incurred in the current accounting year and less contractor's cash surplus in the current accounting year. The accounting year in which unrecovered development costs become zero for the first time shall be the accounting year in which the contractor's development costs with interest on the unrecovered portion thereof are fully recovered by his cash surplus. The contractor's cash surplus in any accounting year shall be his gross proceeds less his operating costs and less his payments to the Authority under subparagraph (c).

(ii) The second period of commercial production shall commence in the accounting year following the termination of the first period of commercial production and shall continue until the end of the contract.

(e) "Attributable net proceeds" means the product of the contractor's net proceeds and the ratio of the development costs in the mining sector to the contractor's development costs. If the contractor engages in mining, transporting polymetallic nodules and production primarily of three processed metals, namely, cobalt, copper and nickel, the amount of attributable net proceeds shall not be less than 25 per cent of the contractor's net proceeds. Subject to subparagraph (n), in all other cases, including those where the contractor engages in mining, transporting polymetallic nodules, and production primarily of four processed metals, namely, cobalt, copper, manganese and nickel, the Authority may, in its rules, regulations and procedures, prescribe appropriate floors which shall bear the same relationship to each case as the 25 per cent floor does to the three-metal case.

(f) “Contractor's net proceeds” means the contractor's gross proceeds less his operating costs and less the recovery of his development costs as set out in subparagraph (j).

(g) (i) If the contractor engages in mining, transporting polymetallic nodules and production of processed metals, "contractor's gross proceeds" means the gross revenues from the sale of the processed metals and any other monies deemed reasonably attributable to operations under the contract in accordance with the financial rules, regulations and procedures of the Authority.

(ii) In all cases other than those specified in subparagraphs (g)(i) and (n)(iii), "contractor's gross proceeds" means the gross revenues from the sale of the semi-processed metals from the polymetallic nodules recovered from the area covered by the contract, and any other monies deemed reasonably attributable to operations under the contract in accordance with the financial rules, regulations and procedures of the Authority.

(h) "Contractor's development costs" means:

(i) all expenditures incurred prior to the commencement of commercial production which are directly related to the development of the productive capacity of the area covered by the contract and the activities related thereto for operations under the contract in all cases other than that specified in subparagraph (n), in conformity with generally recognized accounting principles, including, inter alia, costs of machinery, equipment, ships, processing plant, construction, buildings, land, roads, prospecting and exploration of the area covered by the contract, research and development, interest, required leases, licences and fees; and

(ii) expenditures similar to those set forth in (i) above incurred subsequent to the commencement of commercial production and necessary to carry out the plan of work, except those chargeable to operating costs.

(i) The proceeds from the disposal of capital assets and the market value of those capital assets which are no longer required for operations under the contract and which are not sold shall be deducted from the contractor's development costs during the relevant accounting year. When these deductions exceed the contractor's development costs the excess shall be added to the contractor's gross proceeds.

(j) The contractor's development costs incurred prior to the commencement of commercial production referred to in subparagraphs (h)(i) and (n)(iv) shall be recovered in 10 equal annual instalments from the date of commencement of commercial production. The contractor's development costs incurred subsequent to the commencement of commercial production referred to in subparagraphs (h)(ii) and (n)(iv) shall be recovered in 10 or fewer equal annual instalments so as to ensure their complete recovery by the end of the contract.

(k) "Contractor's operating costs" means all expenditures incurred after the commencement of commercial production in the operation of the productive capacity of the area covered by the contract and the activities related thereto for operations under the contract, in conformity with generally recognized accounting principles, including, inter alia, the annual fixed fee or the production charge, whichever is greater, expenditures for wages, salaries, employee benefits, materials, services, transporting, processing and marketing costs, interest, utilities, preservation of the marine environment, overhead and administrative costs specifically related to operations under the contract, and any net operating losses carried forward or backward as specified herein. Net operating losses may be carried forward for two consecutive years except in the last two years of the contract in which case they may be carried backward to the two preceding years.

(l) If the contractor engages in mining, transporting of polymetallic nodules, and production of processed and semi-processed metals, "development costs of the mining sector" means the portion of the contractor's development costs which is directly related to the mining of the resources of the area covered by the contract, in conformity with generally recognized accounting principles, and the financial rules, regulations and procedures of the Authority, including, inter alia, application fee, annual fixed fee and, where applicable, costs of prospecting and exploration of the area covered by the contract, and a portion of research and development costs.

(m) "Return on investment" in any accounting year means the ratio of attributable net proceeds in that year to the development costs of the mining sector. For the purpose of computing this ratio the development costs of the mining sector shall include expenditures on new or replacement equipment in the mining sector less the original cost of the equipment replaced.

(n) If the contractor engages in mining only:

(i) "attributable net proceeds" means the whole of the contractor's net proceeds;

(ii) "contractor's net proceeds" shall be as defined in subparagraph (f);

(iii) "contractor's gross proceeds" means the gross revenues from the sale of the polymetallic nodules, and any other monies deemed reasonably attributable to operations under the contract in accordance with the financial rules, regulations and procedures of the Authority;

(iv) "contractor's development costs" means all expenditures incurred prior to the commencement of commercial production as set forth in subparagraph (h)(i), and all expenditures incurred subsequent to the commencement of commercial production as set forth in subparagraph (h)(ii), which are directly related to the mining of the resources of the area covered by the contract, in conformity with generally recognized accounting principles;

(v) "contractor's operating costs" means the contractor's operating costs as in subparagraph (k) which are directly related to the mining of the resources of the area covered by the contract in conformity with generally recognized accounting principles;

(vi) "return on investment" in any accounting year means the ratio of the contractor's net proceeds in that year to the contractor's development costs. For the purpose of computing this ratio, the contractor's development costs shall include expenditures on new or replacement equipment less the original cost of the equipment replaced.

(o) The costs referred to in subparagraphs (h), (k), (l) and (n) in respect of interest paid by the contractor shall be allowed to the extent that, in all the circumstances, the Authority approves, pursuant to article 4, paragraph 1, of this Annex, the debt-equity ratio and the rates of interest as reasonable, having regard to existing commercial practice.

(p) The costs referred to in this paragraph shall not be interpreted as including payments of corporate income taxes or similar charges levied by States in respect of the operations of the contractor.

7. (a) "Processed metals", referred to in paragraphs 5 and 6, means the metals in the most basic form in which they are customarily traded on international terminal markets. For this purpose, the Authority shall specify, in its financial rules, regulations and procedures, the relevant international terminal market. For the metals which are not traded on such markets, "processed metals" means the metals in the most basic form in which they are customarily traded in representative arm's length transactions.

(b) If the Authority cannot otherwise determine the quantity of the processed metals produced from the polymetallic nodules recovered from the area covered by the contract referred to in paragraphs 5(b) and 6(b), the quantity shall be determined on the basis of the metal content of the nodules, processing recovery efficiency and other relevant factors, in accordance with the rules, regulations and procedures of the Authority and in conformity with generally recognized accounting principles.

8. If an international terminal market provides a representative pricing mechanism for processed metals, polymetallic nodules and semi-processed metals from the nodules, the average price on that market shall be used. In all other cases, the Authority shall, after consulting the contractor, determine a fair price for the said products in accordance with paragraph 9.

9. (a) All costs, expenditures, proceeds and revenues and all determinations of price and value referred to in this article shall be the result of free market or arm's length transactions. In the absence thereof, they shall be determined by the Authority, after consulting the contractor, as though they were the result of free market or arm's length transactions, taking into account relevant transactions in other markets.

(b) In order to ensure compliance with and enforcement of the provisions of this paragraph, the Authority shall be guided by the principles adopted for, and the interpretation given to, arm's length transactions by the Commission on Transnational Corporations of the United Nations, the Group of Experts on Tax Treaties between Developing and Developed Countries and other international organizations, and shall, in its rules, regulations and procedures, specify uniform and internationally acceptable accounting rules and procedures, and the means of selection by the contractor of certified independent accountants acceptable to the Authority for the purpose of carrying out auditing in compliance with those rules, regulations and procedures.

10. The contractor shall make available to the accountants, in accordance with the financial rules, regulations and procedures of the Authority, such financial data as are required to determine compliance with this article.

11. All costs, expenditures, proceeds and revenues, and all prices and values referred to in this article, shall be determined in accordance with generally recognized accounting principles and the financial rules, regulations and procedures of the Authority.

12. Payments to the Authority under paragraphs 5 and 6 shall be made in freely usable currencies or currencies which are freely available and effectively usable on the major foreign exchange markets or, at the contractor's option, in the equivalents of processed metals at market value. The market value shall be determined in accordance with paragraph 5(b). The freely usable currencies and currencies which are freely available and effectively usable on the major foreign exchange markets shall be defined in the rules, regulations and procedures of the Authority in accordance with prevailing international monetary practice.

13. All financial obligations of the contractor to the Authority, as well as all his fees, costs, expenditures, proceeds and revenues referred to in this article, shall be adjusted by expressing them in constant terms relative to a base year.

14. The Authority may, taking into account any recommendations of the Economic Planning Commission and the Legal and Technical Commission, adopt rules, regulations and procedures that provide for incentives, on a uniform and

non-discriminatory basis, to contractors to further the objectives set out in paragraph 1.

15. In the event of a dispute between the Authority and a contractor over the interpretation or application of the financial terms of a contract, either party may submit the dispute to binding commercial arbitration, unless both parties agree to settle the dispute by other means, in accordance with article 188, paragraph 2.

Article 14. Transfer of data

1. The operator shall transfer to the Authority, in accordance with its rules, regulations and procedures and the terms and conditions of the plan of work, at time intervals determined by the Authority all data which are both necessary for and relevant to the effective exercise of the powers and functions of the principal organs of the Authority in respect of the area covered by the plan of work.
2. Transferred data in respect of the area covered by the plan of work, deemed proprietary, may only be used for the purposes set forth in this article. Data necessary for the formulation by the Authority of rules, regulations and procedures concerning protection of the marine environment and safety, other than equipment design data, shall not be deemed proprietary.
3. Data transferred to the Authority by prospectors, applicants for contracts or contractors, deemed proprietary, shall not be disclosed by the Authority to the Enterprise or to anyone external to the Authority, but data on the reserved areas may be disclosed to the Enterprise. Such data transferred by such persons to the Enterprise shall not be disclosed by the Enterprise to the Authority or to anyone external to the Authority.

Article 15. Training programmes

The contractor shall draw up practical programmes for the training of personnel of the Authority and developing States, including the participation of such personnel in all activities in the Area which are covered by the contract, in accordance with article 144, paragraph 2.

Article 16. Exclusive right to explore and exploit

The Authority shall, pursuant to Part XI and its rules, regulations and procedures, accord the operator the exclusive right to explore and exploit the area covered by the plan of work in respect of a specified category of resources and shall ensure that no other entity operates in the same area for a different category of resources in a manner which might interfere with the operations of the operator. The operator shall have security of tenure in accordance with article 153, paragraph 6.

Article 17. Rules, regulations and procedures of the Authority

1. The Authority shall adopt and uniformly apply rules, regulations and procedures in accordance with article 160, paragraph 2(f)(ii), and article 162, paragraph 2(o)(ii), for the exercise of its functions as set forth in Part XI on, inter alia, the following matters:
 (a) administrative procedures relating to prospecting, exploration and exploitation in the Area;
 (b) operations:
  (i) size of area;
  (ii) duration of operations;
  (iii) performance requirements including assurances pursuant to article 4, paragraph 6(c), of this Annex;
  (iv) categories of resources;
  (v) renunciation of areas;
  (vi) progress reports;
  (vii) submission of data;
  (viii) inspection and supervision of operations;
  (ix) prevention of interference with other activities in the marine environment;
  (x) transfer of rights and obligations by a contractor;

(xi) procedures for transfer of technology to developing States in accordance with article 144 and for their direct participation;

(xii) mining standards and practices, including those relating to operational safety, conservation of the resources and the protection of the marine environment;

(xiii) definition of commercial production;

(xiv) qualification standards for applicants;

(c) financial matters:

(i) establishment of uniform and non-discriminatory costing and accounting rules and the method of selection of auditors;

(ii) apportionment of proceeds of operations;

(iii) the incentives referred to in article 13 of this Annex;

(d) implementation of decisions taken pursuant to article 151, paragraph 10, and article 164, paragraph 2(d).

2. Rules, regulations and procedures on the following items shall fully reflect the objective criteria set out below:

(a) Size of areas: The Authority shall determine the appropriate size of areas for exploration which may be up to twice as large as those for exploitation in order to permit intensive exploration operations. The size of area shall be calculated to satisfy the requirements of article 8 of this Annex on reservation of areas as well as stated production requirements consistent with article 151 in accordance with the terms of the contract taking into account the state of the art of technology then available for seabed mining and the relevant physical characteristics of the areas. Areas shall be neither smaller nor larger than are necessary to satisfy this objective.

(b) Duration of operations:

(i) Prospecting shall be without time-limit;

(ii) Exploration should be of sufficient duration to permit a thorough survey of the specific area, the design and construction of mining equipment for the area and the design and construction of small and medium-size processing plants for the purpose of testing mining and processing systems;

(iii) The duration of exploitation should be related to the economic life of the mining project, taking into consideration such factors as the depletion of the ore, the useful life of mining equipment and processing facilities and commercial viability. Exploitation should be of sufficient duration to permit commercial extraction of minerals of the area and should include a reasonable time period for construction of commercial-scale mining and processing systems, during which period commercial production should not be required. The total duration of exploitation, however, should also be short enough to give the Authority an opportunity to amend the terms and conditions of the plan of work at the time it considers renewal in accordance with rules, regulations and procedures which it has adopted subsequent to approving the plan of work.

(c) Performance requirements: The Authority shall require that during the exploration stage periodic expenditures be made by the operator which are reasonably related to the size of the area covered by the plan of work and the expenditures which would be expected of a bona fide operator who intended to bring the area into commercial production within the time-limits established by the Authority. The required expenditures should not be established at a level which would discourage prospective operators with less costly technology than is prevalently in use. The Authority shall establish a maximum time interval, after the exploration stage is completed and the exploitation stage begins, to achieve commercial production. To determine this interval, the Authority should take into consideration that construction of large-scale mining and processing systems cannot be initiated until after the termination of the exploration stage and the commencement of the exploitation stage. Accordingly, the interval to bring an area into commercial production should take into account the time necessary for this construction after the completion of the exploration stage and reasonable allowance should be made for unavoidable delays in the construction schedule. Once commercial production is achieved, the Authority shall within reasonable limits and taking into consideration all relevant factors require the operator to maintain commercial production throughout the period of the plan of work.

(d) Categories of resources: In determining the category of resources in respect of which a plan of work may be approved, the Authority shall give emphasis inter alia to the following characteristics:

(i) that certain resources require the use of similar mining methods; and

(ii) that some resources can be developed simultaneously without undue interference between operators developing different resources in the same area.

Nothing in this subparagraph shall preclude the Authority from approving a plan of work with respect to more than one category of resources in the same area to the same applicant.

(e) Renunciation of areas: The operator shall have the right at any time to renounce without penalty the whole or part of his rights in the area covered by a plan of work.

(f) Protection of the marine environment: Rules, regulations and procedures shall be drawn up in order to secure effective protection of the marine environment from harmful effects directly resulting from activities in the Area or from shipboard processing immediately above a mine site of minerals derived from that mine site, taking into account the extent to which such harmful effects may directly result from drilling, dredging, coring and excavation and from disposal, dumping and discharge into the marine environment of sediment, wastes or other effluents.

(g) Commercial production: Commercial production shall be deemed to have begun if an operator engages in sustained large-scale recovery operations which yield a quantity of materials sufficient to indicate clearly that the principal purpose is large-scale production rather than production intended for information gathering, analysis or the testing of equipment or plant.

Article 18. Penalties

1. A contractor's rights under the contract may be suspended or terminated only in the following cases:

(a) if, in spite of warnings by the Authority, the contractor has conducted his activities in such a way as to result in serious, persistent and wilful violations of the fundamental terms of the contract, Part XI and the rules, regulations and procedures of the Authority; or

(b) if the contractor has failed to comply with a final binding decision of the dispute settlement body applicable to him.

2. In the case of any violation of the contract not covered by paragraph 1(a), or in lieu of suspension or termination under paragraph 1(a), the Authority may impose upon the contractor monetary penalties proportionate to the seriousness of the violation.

3. Except for emergency orders under article 162, paragraph 2(w), the Authority may not execute a decision involving monetary penalties, suspension or termination until the contractor has been accorded a reasonable opportunity to exhaust the judicial remedies available to him pursuant to Part XI, section 5.

Article 19. Revision of contract

1. When circumstances have arisen or are likely to arise which, in the opinion of either party, would render the contract inequitable or make it impracticable or impossible to achieve the objectives set out in the contract or in Part XI, the parties shall enter into negotiations to revise it accordingly.

2. Any contract entered into in accordance with article 153, paragraph 3, may be revised only with the consent of the parties.

Article 20. Transfer of rights and obligations

The rights and obligations arising under a contract may be transferred only with the consent of the Authority, and in accordance with its rules, regulations and procedures. The Authority shall not unreasonably withhold consent to the transfer if the proposed transferee is in all respects a qualified applicant and assumes all of the obligations of the transferor and if the transfer does not confer to the transferee a plan of work, the approval of which would be forbidden by article 6, paragraph 3(c), of this Annex.

Article 21. Applicable law

1. The contract shall be governed by the terms of the contract, the rules, regulations and procedures of the Authority, Part XI and other rules of international law not incompatible with this Convention.
2. Any final decision rendered by a court or tribunal having jurisdiction under this Convention relating to the rights and obligations of the Authority and of the contractor shall be enforceable in the territory of each State Party.
3. No State Party may impose conditions on a contractor that are inconsistent with Part XI. However, the application by a State Party to contractors sponsored by it, or to ships flying its flag, of environmental or other laws and regulations more stringent than those in the rules, regulations and procedures of the Authority adopted pursuant to article 17, paragraph 2(f), of this Annex shall not be deemed inconsistent with Part XI.

Article 22. Responsibility

The contractor shall have responsibility or liability for any damage arising out of wrongful acts in the conduct of its operations, account being taken of contributory acts or omissions by the Authority. Similarly, the Authority shall have responsibility or liability for any damage arising out of wrongful acts in the exercise of its powers and functions, including violations under article 168, paragraph 2, account being taken of contributory acts or omissions by the contractor. Liability in every case shall be for the actual amount of damage.

ANNEX IV. STATUTE OF THE ENTERPRISE

Article 1. Purposes

1. The Enterprise is the organ of the Authority which shall carry out activities in the Area directly, pursuant to article 153, paragraph 2 (a), as well as the transporting, processing and marketing of minerals recovered from the Area.
2. In carrying out its purposes and in the exercise of its functions, the Enterprise shall act in accordance with this Convention and the rules, regulations and procedures of the Authority.
3. In developing the resources of the Area pursuant to paragraph 1, the Enterprise shall, subject to this Convention, operate in accordance with sound commercial principles.

Article 2. Relationship to the Authority

1. Pursuant to article 170, the Enterprise shall act in accordance with the general policies of the Assembly and the directives of the Council.
2. Subject to paragraph l, the Enterprise shall enjoy autonomy in the conduct of its operations.
3. Nothing in this Convention shall make the Enterprise liable for the acts or obligations of the Authority, or make the Authority liable for the acts or obligations of the Enterprise.

Article 3. Limitation of liability

Without prejudice to article 11, paragraph 3, of this Annex, no member of the Authority shall be liable by reason only of its membership for the acts or obligations of the Enterprise.

Article 4. Structure

The Enterprise shall have a Governing Board, a Director-General and the staff necessary for the exercise of its functions.

Article 5. Governing Board

1. The Governing Board shall be composed of 15 members elected by the Assembly in accordance with article 160, paragraph 2(c). In the election of the members of the Board, due regard shall be paid to the principle of equitable geographical distribution. In submitting nominations of candidates for election to the Board, members of the Authority shall bear in mind the need to nominate candidates of the highest standard of competence, with qualifications in relevant fields, so as to ensure the viability and success of the Enterprise.
2. Members of the Board shall be elected for four years and may be re-elected; and due regard shall be paid to the principle of rotation of membership.
3. Members of the Board shall continue in office until their successors are elected. If the office of a member of the Board becomes vacant, the Assembly shall, in accordance with article 160, paragraph 2(c), elect a new member for the remainder of his predecessor's term.
4. Members of the Board shall act in their personal capacity. In the performance of their duties they shall not seek or receive instructions from any government or from any other source. Each member of the Authority shall respect the independent character of the members of the Board and shall refrain from all attempts to influence any of them in the discharge of their duties.
5. Each member of the Board shall receive remuneration to be paid out of the funds of the Enterprise. The amount of remuneration shall be fixed by the Assembly, upon the recommendation of the Council.
6. The Board shall normally function at the principal office of the Enterprise and shall meet as often as the business of the Enterprise may require.
7. Two thirds of the members of the Board shall constitute a quorum.
8. Each member of the Board shall have one vote. All matters before the Board shall be decided by a majority of its members. If a member has a conflict of

interest on a matter before the Board he shall refrain from voting on that matter.

9. Any member of the Authority may ask the Board for information in respect of its operations which particularly affect that member. The Board shall endeavour to provide such information.

Article 6. Powers and functions of the Governing Board

The Governing Board shall direct the operations of the Enterprise. Subject to this Convention, the Governing Board shall exercise the powers necessary to fulfil the purposes of the Enterprise, including powers:

(a) to elect a Chairman from among its members;

(b) to adopt its rules of procedure;

(c) to draw up and submit formal written plans of work to the Council in accordance with article 153, paragraph 3, and article 162, paragraph 2(j);

(d) to develop plans of work and programmes for carrying out the activities specified in article 170;

(e) to prepare and submit to the Council applications for production authorizations in accordance with article 151, paragraphs 2 to 7;

(f) to authorize negotiations concerning the acquisition of technology, including those provided for in Annex III, article 5, paragraph 3(a), (c) and (d), and to approve the results of those negotiations;

(g) to establish terms and conditions, and to authorize negotiations, concerning joint ventures and other forms of joint arrangements referred to in Annex III, articles 9 and 11, and to approve the results of such negotiations;

(h) to recommend to the Assembly what portion of the net income of the Enterprise should be retained as its reserves in accordance with article 160, paragraph 2(f), and article 10 of this Annex;

(i) to approve the annual budget of the Enterprise;

(j) to authorize the procurement of goods and services in accordance with article 12, paragraph 3, of this Annex;

(k) to submit an annual report to the Council in accordance with article 9 of this Annex;

(l) to submit to the Council for the approval of the Assembly draft rules in respect of the organization, management, appointment and dismissal of the staff of the Enterprise and to adopt regulations to give effect to such rules;

(m) to borrow funds and to furnish such collateral or other security as it may determine in accordance with article 11, paragraph 2, of this Annex;

(n) to enter into any legal proceedings, agreements and transactions and to take any other actions in accordance with article 13 of this Annex;

(o) to delegate, subject to the approval of the Council, any non-discretionary powers to the Director-General and to its committees.

Article 7. Director-General and staff of the Enterprise

1. The Assembly shall, upon the recommendation of the Council and the nomination of the Governing Board, elect the Director-General of the Enterprise who shall not be a member of the Board. The Director-General shall hold office for a fixed term, not exceeding five years, and may be re-elected for further terms.
2. The Director-General shall be the legal representative and chief executive of the Enterprise and shall be directly responsible to the Board for the conduct of the operations of the Enterprise. He shall be responsible for the organization, management, appointment and dismissal of the staff of the Enterprise in accordance with the rules and regulations referred to in article 6, subparagraph (l), of this Annex. He shall participate, without the right to vote, in the meetings of the Board and may participate, without the right to vote, in the meetings of the Assembly and the Council when these organs are dealing with matters concerning the Enterprise.
3. The paramount consideration in the recruitment and employment of the staff and in the determination of their conditions of service shall be the necessity of securing the highest standards of efficiency and of technical competence. Subject to this consideration, due regard shall be paid to the importance of recruiting

the staff on an equitable geographical basis.

4. In the performance of their duties the Director-General and the staff shall not seek or receive instructions from any government or from any other source external to the Enterprise. They shall refrain from any action which might reflect on their position as international officials of the Enterprise responsible only to the Enterprise. Each State Party undertakes to respect the exclusively international character of the responsibilities of the Director-General and the staff and not to seek to influence them in the discharge of their responsibilities.
5. The responsibilities set forth in article 168, paragraph 2, are equally applicable to the staff of the Enterprise.

Article 8. Location

The Enterprise shall have its principal office at the seat of the Authority. The Enterprise may establish other offices and facilities in the territory of any State Party with the consent of that State Party.

Article 9. Reports and financial statements

1. The Enterprise shall, not later than three months after the end of each financial year, submit to the Council for its consideration an annual report containing an audited statement of its accounts and shall transmit to the Council at appropriate intervals a summary statement of its financial position and a profit and loss statement showing the results of its operations.
2. The Enterprise shall publish its annual report and such other reports as it finds appropriate.
3. All reports and financial statements referred to in this article shall be distributed to the members of the Authority.

Article 10. Allocation of net income

1. Subject to paragraph 3, the Enterprise shall make payments to the Authority under

Annex III, article 13, or their equivalent.

2. The Assembly shall, upon the recommendation of the Governing Board, determine what portion of the net income of the Enterprise shall be retained as reserves of the Enterprise. The remainder shall be transferred to the Authority.

3. During an initial period required for the Enterprise to become self-supporting, which shall not exceed 10 years from the commencement of commercial production by it, the Assembly shall exempt the Enterprise from the payments referred to in paragraph 1, and shall leave all of the net income of the Enterprise in its reserves.

Article 11. Finances

1. The funds of the Enterprise shall include:

(a) amounts received from the Authority in accordance with article 173, paragraph 2(b);

(b) voluntary contributions made by States Parties for the purpose of financing activities of the Enterprise;

(c) amounts borrowed by the Enterprise in accordance with paragraphs 2 and 3;

(d) income of the Enterprise from its operations;

(e) other funds made available to the Enterprise to enable it to commence operations as soon as possible and to carry out its functions.

2. (a) The Enterprise shall have the power to borrow funds and to furnish such collateral or other security as it may determine. Before making a public sale of its obligations in the financial markets or currency of a State Party, the Enterprise shall obtain the approval of that State Party. The total amount of borrowings shall be approved by the Council upon the recommendation of the Governing Board.

(b) States Parties shall make every reasonable effort to support applications by the Enterprise for loans on capital markets and from international financial institutions.

3. (a) The Enterprise shall be provided with the funds necessary to explore and exploit one mine site, and to transport, process and market the minerals recovered

therefrom and the nickel, copper, cobalt and manganese obtained, and to meet its initial administrative expenses. The amount of the said funds, and the criteria and factors for its adjustment, shall be included by the Preparatory Commission in the draft rules, regulations and procedures of the Authority.

(b) All States Parties shall make available to the Enterprise an amount equivalent to one half of the funds referred to in subparagraph (a) by way of long-term interest-free loans in accordance with the scale of assessments for the United Nations regular budget in force at the time when the assessments are made, adjusted to take into account the States which are not members of the United Nations. Debts incurred by the Enterprise in raising the other half of the funds shall be guaranteed by all States Parties in accordance with the same scale.

(c) If the sum of the financial contributions of States Parties is less than the funds to be provided to the Enterprise under subparagraph (a), the Assembly shall, at its first session, consider the extent of the shortfall and adopt by consensus measures for dealing with this shortfall, taking into account the obligation of States Parties under subparagraphs (a) and (b) and any recommendations of the Preparatory Commission.

(d) (i) Each State Party shall, within 60 days after the entry into force of this Convention, or within 30 days after the deposit of its instrument of ratification or accession, whichever is later, deposit with the Enterprise irrevocable, non-negotiable, non-interest-bearing promissory notes in the amount of the share of such State Party of interest-free loans pursuant to subparagraph (b).

(ii) The Board shall prepare, at the earliest practicable date after this Convention enters into force, and thereafter at annual or other appropriate intervals, a schedule of the magnitude and timing of its requirements for the funding of its administrative expenses and for activities carried out by the Enterprise in accordance with article 170 and article 12 of this Annex.

(iii) The States Parties shall, thereupon, be notified by the Enterprise, through the Authority, of their respective shares of the funds in accordance with subparagraph (b), required for such expenses. The Enterprise shall encash such amounts of the promissory notes as may be required to meet the expenditure referred to in the schedule with respect to interest-free loans.

(iv) States Parties shall, upon receipt of the notification, make available their respective shares of debt guarantees for the Enterprise in accordance with subparagraph (b).

(e) (i) If the Enterprise so requests, State Parties may provide debt guarantees in addition to those provided in accordance with the scale referred to in subparagraph (b).

(ii) In lieu of debt guarantees, a State Party may make a voluntary contribution to the Enterprise in an amount equivalent to that portion of the debts which it would otherwise be liable to guarantee.

(f) Repayment of the interest-bearing loans shall have priority over the repayment of the interest-free loans. Repayment of interest-free loans shall be in accordance with a schedule adopted by the Assembly, upon the recommendation of the Council and the advice of the Board. In the exercise of this function the Board shall be guided by the relevant provisions of the rules, regulations and procedures of the Authority, which shall take into account the paramount importance of ensuring the effective functioning of the Enterprise and, in particular, ensuring its financial independence.

(g) Funds made available to the Enterprise shall be in freely usable currencies or currencies which are freely available and effectively usable in the major foreign exchange markets. These currencies shall be defined in the rules, regulations and procedures of the Authority in accordance with prevailing international monetary practice. Except as provided in paragraph 2, no State Party shall maintain or impose restrictions on the holding, use or exchange by the Enterprise of these funds.

(h) "Debt guarantee" means a promise of a State Party to creditors of the Enterprise to pay, pro rata in accordance with the appropriate scale, the financial obligations of the Enterprise covered by the guarantee following notice by the creditors to the State Party of a default by the Enterprise. Procedures for the payment of those obligations shall be in conformity with the rules, regulations and procedures of the Authority.

4. The funds, assets and expenses of the Enterprise shall be kept separate from those of the Authority. This article shall not prevent the Enterprise from making arrangements with the Authority regarding facilities, personnel and services and arrangements for reimbursement of administrative expenses paid by either on behalf of the other.
5. The records, books and accounts of the Enterprise, including its annual financial statements, shall be audited annually by an independent auditor appointed by the Council.

Article 12. Operations

1. The Enterprise shall propose to the Council projects for carrying out activities in accordance with article 170. Such proposals shall include a formal written plan of work for activities in the Area in accordance with article 153, paragraph 3, and all such other information and data as may be required from time to time for its appraisal by the Legal and Technical Commission and approval by the Council.
2. Upon approval by the Council, the Enterprise shall execute the project on the basis of the formal written plan of work referred to in paragraph 1.
3. (a) If the Enterprise does not possess the goods and services required for its operations it may procure them. For that purpose, it shall issue invitations to tender and award contracts to bidders offering the best combination of quality, price and delivery time.
   (b) If there is more than one bid offering such a combination, the contract shall be awarded in accordance with:
   (i) the principle of non-discrimination on the basis of political or other considerations not relevant to the carrying out of operations with due diligence and efficiency; and

(ii) guidelines approved by the Council with regard to the preferences to be accorded to goods and services originating in developing States, including the land-locked and geographically disadvantaged among them.

(c) The Governing Board may adopt rules determining the special circumstances in which the requirement of invitations to bid may, in the best interests of the Enterprise, be dispensed with.

4. The Enterprise shall have title to all minerals and processed substances produced by it.
5. The Enterprise shall sell its products on a non-discriminatory basis. It shall not give non-commercial discounts.
6. Without prejudice to any general or special power conferred on the Enterprise under any other provision of this Convention, the Enterprise shall exercise such powers incidental to its business as shall be necessary.
7. The Enterprise shall not interfere in the political affairs of any State Party; nor shall it be influenced in its decisions by the political character of the State Party concerned. Only commercial considerations shall be relevant to its decisions, and these considerations shall be weighed impartially in order to carry out the purposes specified in article 1 of this Annex.

Article 13. Legal status, privileges and immunities

1. To enable the Enterprise to exercise its functions, the status, privileges and immunities set forth in this article shall be accorded to the Enterprise in the territories of States Parties. To give effect to this principle the Enterprise and States Parties may, where necessary, enter into special agreements.
2. The Enterprise shall have such legal capacity as is necessary for the exercise of its functions and the fulfilment of its purposes and, in particular, the capacity:

(a) to enter into contracts, joint arrangements or other arrangements, including agreements with States and international organizations;

(b) to acquire, lease, hold and dispose of immovable and movable property;

(c) to be a party to legal proceedings.

3. (a) Actions may be brought against the Enterprise only in a court of competent jurisdiction in the territory of a State Party in which the Enterprise:

(i) has an office or facility;

(ii) has appointed an agent for the purpose of accepting service or notice of process;

(iii) has entered into a contract for goods or services;

(iv) has issued securities; or

(v) is otherwise engaged in commercial activity.

(b) The property and assets of the Enterprise, wherever located and by whomsoever held, shall be immune from all forms of seizure, attachment or execution before the delivery of final judgment against the Enterprise.

4. (a) The property and assets of the Enterprise, wherever located and by whomsoever held, shall be immune from requisition, confiscation, expropriation or any other form of seizure by executive or legislative action.

(b) The property and assets of the Enterprise, wherever located and by whomsoever held, shall be free from discriminatory restrictions, regulations, controls and moratoria of any nature.

(c) The Enterprise and its employees shall respect local laws and regulations in any State or territory in which the Enterprise or its employees may do business or otherwise act.

(d) States Parties shall ensure that the Enterprise enjoys all rights, privileges and immunities accorded by them to entities conducting commercial activities in their territories. These rights, privileges and immunities shall be accorded to the Enterprise on no less favourable a basis than that on which they are accorded to entities engaged in similar commercial activities. If special privileges are provided by States Parties for developing States or their commercial entities, the Enterprise shall enjoy those privileges on a similarly preferential basis.

(e) States Parties may provide special incentives, rights, privileges and immunities to the Enterprise without the obligation to provide such incentives, rights, privileges and immunities to other commercial entities.

5. The Enterprise shall negotiate with the host countries in which its offices and facilities are located for exemption from direct and indirect taxation.
6. Each State Party shall take such action as is necessary for giving effect in terms of its own law to the principles set forth in this Annex and shall inform the Enterprise of the specific action which it has taken.
7. The Enterprise may waive any of the privileges and immunities conferred under this article or in the special agreements referred to in paragraph 1 to such extent and upon such conditions as it may determine.

ANNEX V. CONCILIATION

SECTION 1. CONCILIATION PROCEDURE PURSUANT TO SECTION 1 OF PART XV

Article 1. Institution of proceedings

If the parties to a dispute have agreed, in accordance with article 284, to submit it to conciliation under this section, any such party may institute the proceedings by written notification addressed to the other party or parties to the dispute.

Article 2. List of conciliators

A list of conciliators shall be drawn up and maintained by the Secretary-General of the United Nations. Every State Party shall be entitled to nominate four conciliators, each of whom shall be a person enjoying the highest reputation for fairness, competence and integrity. The names of the persons so nominated shall constitute the list. If at any time the conciliators nominated by a State Party in the list so constituted shall be fewer than four, that State Party shall be entitled to make further nominations as necessary. The name of a conciliator shall remain on the list until withdrawn by the State Party which made the nomination, provided that such conciliator shall continue to serve on any conciliation commission to which that conciliator has been appointed until the completion of the proceedings before that commission.

Article 3. Constitution of conciliation commission

The conciliation commission shall, unless the parties otherwise agree, be constituted as follows:

(a) Subject to subparagraph (g), the conciliation commission shall consist of five members.

(b) The party instituting the proceedings shall appoint two conciliators to be chosen preferably from the list referred to in article 2 of this Annex, one of whom may be its national, unless the parties otherwise agree. Such appointments shall be included in the notification referred to in article 1 of this Annex.

(c) The other party to the dispute shall appoint two conciliators in the manner set forth in subparagraph (b) within 21 days of receipt of the notification referred to in article 1 of this Annex. If the appointments are not made within that period, the party instituting the proceedings may, within one week of the expiration of that period, either terminate the proceedings by notification addressed to the other party or request the Secretary-General of the United Nations to make the appointments in accordance with subparagraph (e).

(d) Within 30 days after all four conciliators have been appointed, they shall appoint a fifth conciliator chosen from the list referred to in article 2 of this Annex, who shall be chairman. If the appointment is not made within that period, either party may, within one week of the expiration of that period, request the Secretary-General of the United Nations to make the appointment in accordance with subparagraph (e).

(e) Within 30 days of the receipt of a request under subparagraph (c) or (d), the Secretary-General of the United Nations shall make the necessary appointments from the list referred to in article 2 of this Annex in consultation with the parties to the dispute.

(f) Any vacancy shall be filled in the manner prescribed for the initial appointment.

(g) Two or more parties which determine by agreement that they are in the same interest shall appoint two conciliators jointly. Where two or more parties have separate interests or there is a disagreement as to whether they are of the same interest, they shall appoint conciliators separately.

(h) In disputes involving more than two parties having separate interests, or where there is disagreement as to whether they are of the same interest, the parties shall apply subparagraphs (a) to (f) in so far as possible.

Article 4. Procedure

The conciliation commission shall, unless the parties otherwise agree, determine its own procedure. The commission may, with the consent of the parties to the dispute, invite any State Party to submit to it its views orally or in writing. Decisions of the commission regarding procedural matters, the report and recommendations shall be made by a majority vote of its members.

Article 5. Amicable settlement

The commission may draw the attention of the parties to any measures which might facilitate an amicable settlement of the dispute.

Article 6. Functions of the commission

The commission shall hear the parties, examine their claims and objections, and make proposals to the parties with a view to reaching an amicable settlement.

Article 7. Report

1. The commission shall report within 12 months of its constitution. Its report shall record any agreements reached and, failing agreement, its conclusions on all

questions of fact or law relevant to the matter in dispute and such recommendations as the commission may deem appropriate for an amicable settlement. The report shall be deposited with the Secretary-General of the United Nations and shall immediately be transmitted by him to the parties to the dispute.

2. The report of the commission, including its conclusions or recommendations, shall not be binding upon the parties.

Article 8. Termination

The conciliation proceedings are terminated when a settlement has been reached, when the parties have accepted or one party has rejected the recommendations of the report by written notification addressed to the Secretary-General of the United Nations, or when a period of three months has expired from the date of transmission of the report to the parties.

Article 9. Fees and expenses

The fees and expenses of the commission shall be borne by the parties to the dispute.

Article 10. Right of parties to modify procedure

The parties to the dispute may by agreement applicable solely to that dispute modify any provision of this Annex.

SECTION 2. COMPULSORY SUBMISSION TO CONCILIATION PROCEDURE PURSUANT TO SECTION 3 OF PART XV

Article 11. Institution of proceedings

1. Any party to a dispute which, in accordance with Part XV, section 3, may be submitted to conciliation under this section, may institute the proceedings by written notification addressed to the other party or parties to the dispute.

2. Any party to the dispute, notified under paragraph 1, shall be obliged to submit to such proceedings.

Article 12. Failure to reply or to submit to conciliation

The failure of a party or parties to the dispute to reply to notification of institution of proceedings or to submit to such proceedings shall not constitute a bar to the proceedings.

Article 13. Competence

A disagreement as to whether a conciliation commission acting under this section has competence shall be decided by the commission.

Article 14. Application of section 1

Articles 2 to 10 of section 1 of this Annex apply subject to this section.

ANNEX VI. STATUTE OF THE INTERNATIONAL TRIBUNAL FOR THE LAW OF THE SEA

Article 1. General provisions

1. The International Tribunal for the Law of the Sea is constituted and shall function in accordance with the provisions of this Convention and this Statute.
2. The seat of the Tribunal shall be in the Free and Hanseatic City of Hamburg in the Federal Republic of Germany.
3. The Tribunal may sit and exercise its functions elsewhere whenever it considers this desirable.
4. A reference of a dispute to the Tribunal shall be governed by the provisions of Parts XI and XV.

SECTION 1. ORGANIZATION OF THE TRIBUNAL

Article 2. Composition

1. The Tribunal shall be composed of a body of 21 independent members, elected from among persons enjoying the highest reputation for fairness and integrity and of recognized competence in the field of the law of the sea.
2. In the Tribunal as a whole the representation of the principal legal systems of the world and equitable geographical distribution shall be assured.

Article 3. Membership

1. No two members of the Tribunal may be nationals of the same State. A person who for the purposes of membership in the Tribunal could be regarded as a national of more than one State shall be deemed to be a national of the one in which he ordinarily exercises civil and political rights.
2. There shall be no fewer than three members from each geographical group as established by the General Assembly of the United Nations.

Article 4. Nominations and elections

1. Each State Party may nominate not more than two persons having the qualifications prescribed in article 2 of this Annex. The members of the Tribunal shall be elected from the list of persons thus nominated.
2. At least three months before the date of the election, the Secretary-General of the United Nations in the case of the first election and the Registrar of the Tribunal in the case of subsequent elections shall address a written invitation to the States Parties to submit their nominations for members of the Tribunal within two months. He shall prepare a list in alphabetical order of all the persons thus nominated, with an indication of the States Parties which have nominated them, and shall submit it to the States Parties before the seventh day of the last month before the date of each election.

3. The first election shall be held within six months of the date of entry into force of this Convention.
4. The members of the Tribunal shall be elected by secret ballot. Elections shall be held at a meeting of the States Parties convened by the Secretary-General of the United Nations in the case of the first election and by a procedure agreed to by the States Parties in the case of subsequent elections. Two thirds of the States Parties shall constitute a quorum at that meeting. The persons elected to the Tribunal shall be those nominees who obtain the largest number of votes and a two-thirds majority of the States Parties present and voting, provided that such majority includes a majority of the States Parties.

Article 5. Term of office

1. The members of the Tribunal shall be elected for nine years and may be re-elected; provided, however, that of the members elected at the first election, the terms of seven members shall expire at the end of three years and the terms of seven more members shall expire at the end of six years.
2. The members of the Tribunal whose terms are to expire at the end of the above-mentioned initial periods of three and six years shall be chosen by lot to be drawn by the Secretary-General of the United Nations immediately after the first election.
3. The members of the Tribunal shall continue to discharge their duties until their places have been filled. Though replaced, they shall finish any proceedings which they may have begun before the date of their replacement.
4. In the case of the resignation of a member of the Tribunal, the letter of resignation shall be addressed to the President of the Tribunal. The place becomes vacant on the receipt of that letter.

Article 6. Vacancies

1. Vacancies shall be filled by the same method as that laid down for the first election,

subject to the following provision: the Registrar shall, within one month of the occurrence of the vacancy, proceed to issue the invitations provided for in article 4 of this Annex, and the date of the election shall be fixed by the President of the Tribunal after consultation with the States Parties.

2. A member of the Tribunal elected to replace a member whose term of office has not expired shall hold office for the remainder of his predecessor's term.

Article 7. Incompatible activities

1. No member of the Tribunal may exercise any political or administrative function, or associate actively with or be financially interested in any of the operations of any enterprise concerned with the exploration for or exploitation of the resources of the sea or the seabed or other commercial use of the sea or the seabed.
2. No member of the Tribunal may act as agent, counsel or advocate in any case.
3. Any doubt on these points shall be resolved by decision of the majority of the other members of the Tribunal present.

Article 8. Conditions relating to participation of members in a particular case

1. No member of the Tribunal may participate in the decision of any case in which he has previously taken part as agent, counsel or advocate for one of the parties, or as a member of a national or international court or tribunal, or in any other capacity.
2. If, for some special reason, a member of the Tribunal considers that he should not take part in the decision of a particular case, he shall so inform the President of the Tribunal.
3. If the President considers that for some special reason one of the members of the Tribunal should not sit in a particular case, he shall give him notice accordingly.
4. Any doubt on these points shall be resolved by decision of the majority of the other members of the Tribunal present.

Article 9. Consequence of ceasing to fulfil required conditions

If, in the unanimous opinion of the other members of the Tribunal, a member has ceased to fulfil the required conditions, the President of the Tribunal shall declare the seat vacant.

Article 10. Privileges and immunities

The members of the Tribunal, when engaged on the business of the Tribunal, shall enjoy diplomatic privileges and immunities.

Article 11. Solemn declaration by members

Every member of the Tribunal shall, before taking up his duties, make a solemn declaration in open session that he will exercise his powers impartially and conscientiously.

Article 12. President, Vice-President and Registrar

1. The Tribunal shall elect its President and Vice-President for three years; they may be re-elected.
2. The Tribunal shall appoint its Registrar and may provide for the appointment of such other officers as may be necessary.
3. The President and the Registrar shall reside at the seat of the Tribunal.

Article 13. Quorum

1. All available members of the Tribunal shall sit; a quorum of 11 elected members shall be required to constitute the Tribunal.
2. Subject to article 17 of this Annex, the Tribunal shall determine which members are available to constitute the Tribunal for the consideration of a particular dispute, having regard to the effective functioning of the chambers as provided for in articles 14 and 15 of this Annex.
3. All disputes and applications submitted to the Tribunal shall be heard and determined by the Tribunal, unless article 14 of this Annex applies, or the parties

request that it shall be dealt with in accordance with article 15 of this Annex.

Article 14. Seabed Disputes Chamber

A Seabed Disputes Chamber shall be established in accordance with the provisions of section 4 of this Annex. Its jurisdiction, powers and functions shall be as provided for in Part XI, section 5.

Article 15. Special chambers

1. The Tribunal may form such chambers, composed of three or more of its elected members, as it considers necessary for dealing with particular categories of disputes.
2. The Tribunal shall form a chamber for dealing with a particular dispute submitted to it if the parties so request. The composition of such a chamber shall be determined by the Tribunal with the approval of the parties.
3. With a view to the speedy dispatch of business, the Tribunal shall form annually a chamber composed of five of its elected members which may hear and determine disputes by summary procedure. Two alternative members shall be selected for the purpose of replacing members who are unable to participate in a particular proceeding.
4. Disputes shall be heard and determined by the chambers provided for in this article if the parties so request.
5. A judgment given by any of the chambers provided for in this article and in article 14 of this Annex shall be considered as rendered by the Tribunal.

Article 16. Rules of the Tribunal

The Tribunal shall frame rules for carrying out its functions. In particular it shall lay down rules of procedure.

Article 17. Nationality of members

1. Members of the Tribunal of the nationality of any of the parties to a dispute shall retain their right to participate as members of the Tribunal.
2. If the Tribunal, when hearing a dispute, includes upon the bench a member of the nationality of one of the parties, any other party may choose a person to participate as a member of the Tribunal.
3. If the Tribunal, when hearing a dispute, does not include upon the bench a member of the nationality of the parties, each of those parties may choose a person to participate as a member of the Tribunal.
4. This article applies to the chambers referred to in articles 14 and 15 of this Annex. In such cases, the President, in consultation with the parties, shall request specified members of the Tribunal forming the chamber, as many as necessary, to give place to the members of the Tribunal of the nationality of the parties concerned, and, failing such, or if they are unable to be present, to the members specially chosen by the parties.
5. Should there be several parties in the same interest, they shall, for the purpose of the preceding provisions, be considered as one party only. Any doubt on this point shall be settled by the decision of the Tribunal.
6. Members chosen in accordance with paragraphs 2, 3 and 4 shall fulfil the conditions required by articles 2, 8 and 11 of this Annex. They shall participate in the decision on terms of complete equality with their colleagues.

Article 18. Remuneration of members

1. Each elected member of the Tribunal shall receive an annual allowance and, for each day on which he exercises his functions, a special allowance, provided that in any year the total sum payable to any member as special allowance shall not exceed the amount of the annual allowance.
2. The President shall receive a special annual allowance.
3. The Vice-President shall receive a special allowance for each day on which he acts as President.

4. The members chosen under article 17 of this Annex, other than elected members of the Tribunal, shall receive compensation for each day on which they exercise their functions.
5. The salaries, allowances and compensation shall be determined from time to time at meetings of the States Parties, taking into account the workload of the Tribunal. They may not be decreased during the term of office.
6. The salary of the Registrar shall be determined at meetings of the States Parties, on the proposal of the Tribunal.
7. Regulations adopted at meetings of the States Parties shall determine the conditions under which retirement pensions may be given to members of the Tribunal and to the Registrar, and the conditions under which members of the Tribunal and Registrar shall have their travelling expenses refunded.
8. The salaries, allowances, and compensation shall be free of all taxation.

Article 19. Expenses of the Tribunal

1. The expenses of the Tribunal shall be borne by the States Parties and by the Authority on such terms and in such a manner as shall be decided at meetings of the States Parties.
2. When an entity other than a State Party or the Authority is a party to a case submitted to it, the Tribunal shall fix the amount which that party is to contribute towards the expenses of the Tribunal.

SECTION 2. COMPETENCE

Article 20. Access to the Tribunal

1. The Tribunal shall be open to States Parties.
2. The Tribunal shall be open to entities other than States Parties in any case expressly provided for in Part XI or in any case submitted pursuant to any other agreement conferring jurisdiction on the Tribunal which is accepted by all the

parties to that case.

Article 21. Jurisdiction

The jurisdiction of the Tribunal comprises all disputes and all applications submitted to it in accordance with this Convention and all matters specifically provided for in any other agreement which confers jurisdiction on the Tribunal.

Article 22. Reference of disputes subject to other agreements

If all the parties to a treaty or convention already in force and concerning the subject-matter covered by this Convention so agree, any disputes concerning the interpretation or application of such treaty or convention may, in accordance with such agreement, be submitted to the Tribunal.

Article 23. Applicable law

The Tribunal shall decide all disputes and applications in accordance with article 293.

SECTION 3. PROCEDURE

Article 24. Institution of proceedings

1. Disputes are submitted to the Tribunal, as the case may be, either by notification of a special agreement or by written application, addressed to the Registrar. In either case, the subject of the dispute and the parties shall be indicated.
2. The Registrar shall forthwith notify the special agreement or the application to all concerned.
3. The Registrar shall also notify all States Parties.

Article 25. Provisional measures

1. In accordance with article 290, the Tribunal and its Seabed Disputes Chamber shall have the power to prescribe provisional measures.

2. If the Tribunal is not in session or a sufficient number of members is not available to constitute a quorum, the provisional measures shall be prescribed by the chamber of summary procedure formed under article 15, paragraph 3, of this Annex. Notwithstanding article 15, paragraph 4, of this Annex, such provisional measures may be adopted at the request of any party to the dispute. They shall be subject to review and revision by the Tribunal.

Article 26. Hearing

1. The hearing shall be under the control of the President or, if he is unable to preside, of the Vice-President. If neither is able to preside, the senior judge present of the Tribunal shall preside.
2. The hearing shall be public, unless the Tribunal decides otherwise or unless the parties demand that the public be not admitted.

Article 27. Conduct of case

The Tribunal shall make orders for the conduct of the case, decide the form and time in which each party must conclude its arguments, and make all arrangements connected with the taking of evidence.

Article 28. Default

When one of the parties does not appear before the Tribunal or fails to defend its case, the other party may request the Tribunal to continue the proceedings and make its decision. Absence of a party or failure of a party to defend its case shall not constitute a bar to the proceedings. Before making its decision, the Tribunal must satisfy itself not only that it has jurisdiction over the dispute, but also that the claim is well founded in fact and law.

Article 29. Majority for decision

1. All questions shall be decided by a majority of the members of the Tribunal who

are present.

2. In the event of an equality of votes, the President or the member of the Tribunal who acts in his place shall have a casting vote.

Article 30. Judgment

1. The judgment shall state the reasons on which it is based.
2. It shall contain the names of the members of the Tribunal who have taken part in the decision.
3. If the judgment does not represent in whole or in part the unanimous opinion of the members of the Tribunal, any member shall be entitled to deliver a separate opinion.
4. The judgment shall be signed by the President and by the Registrar. It shall be read in open court, due notice having been given to the parties to the dispute.

Article 31. Request to intervene

1. Should a State Party consider that it has an interest of a legal nature which may be affected by the decision in any dispute, it may submit a request to the Tribunal to be permitted to intervene.
2. It shall be for the Tribunal to decide upon this request.
3. If a request to intervene is granted, the decision of the Tribunal in respect of the dispute shall be binding upon the intervening State Party in so far as it relates to matters in respect of which that State Party intervened.

Article 32. Right to intervene in cases of interpretation or application

1. Whenever the interpretation or application of this Convention is in question, the Registrar shall notify all States Parties forthwith.
2. Whenever pursuant to article 21 or 22 of this Annex the interpretation or application of an international agreement is in question, the Registrar shall notify all the parties to the agreement.

3. Every party referred to in paragraphs 1 and 2 has the right to intervene in the proceedings; if it uses this right, the interpretation given by the judgment will be equally binding upon it.

Article 33. Finality and binding force of decisions

1. The decision of the Tribunal is final and shall be complied with by all the parties to the dispute.
2. The decision shall have no binding force except between the parties in respect of that particular dispute.
3. In the event of dispute as to the meaning or scope of the decision, the Tribunal shall construe it upon the request of any party.

Article 34. Costs

Unless otherwise decided by the Tribunal, each party shall bear its own costs.

SECTION 4. SEABED DISPUTES CHAMBER

Article 35. Composition

1. The Seabed Disputes Chamber referred to in article 14 of this Annex shall be composed of 11 members, selected by a majority of the elected members of the Tribunal from among them.
2. In the selection of the members of the Chamber, the representation of the principal legal systems of the world and equitable geographical distribution shall be assured. The Assembly of the Authority may adopt recommendations of a general nature relating to such representation and distribution.
3. The members of the Chamber shall be selected every three years and may be selected for a second term.
4. The Chamber shall elect its President from among its members, who shall serve for the term for which the Chamber has been selected.

5. If any proceedings are still pending at the end of any three-year period for which the Chamber has been selected, the Chamber shall complete the proceedings in its original composition.
6. If a vacancy occurs in the Chamber, the Tribunal shall select a successor from among its elected members, who shall hold office for the remainder of his predecessor's term.
7. A quorum of seven of the members selected by the Tribunal shall be required to constitute the Chamber.

Article 36. Ad hoc chambers
1. The Seabed Disputes Chamber shall form an ad hoc chamber, composed of three of its members, for dealing with a particular dispute submitted to it in accordance with article 188, paragraph 1(b). The composition of such a chamber shall be determined by the Seabed Disputes Chamber with the approval of the parties.
2. If the parties do not agree on the composition of an ad hoc chamber, each party to the dispute shall appoint one member, and the third member shall be appointed by them in agreement. If they disagree, or if any party fails to make an appointment, the President of the Seabed Disputes Chamber shall promptly make the appointment or appointments from among its members, after consultation with the parties.
3. Members of the ad hoc chamber must not be in the service of, or nationals of, any of the parties to the dispute.

Article 37. Access
The Chamber shall be open to the States Parties, the Authority and the other entities referred to in Part XI, section 5.

Article 38. Applicable law
In addition to the provisions of article 293, the Chamber shall apply:

(a) the rules, regulations and procedures of the Authority adopted in accordance with this Convention; and
(b) the terms of contracts concerning activities in the Area in matters relating to those contracts.

Article 39. Enforcement of decisions of the Chamber
The decisions of the Chamber shall be enforceable in the territories of the States Parties in the same manner as judgments or orders of the highest court of the State Party in whose territory the enforcement is sought.

Article 40. Applicability of other sections of this Annex
1. The other sections of this Annex which are not incompatible with this section apply to the Chamber.
2. In the exercise of its functions relating to advisory opinions, the Chamber shall be guided by the provisions of this Annex relating to procedure before the Tribunal to the extent to which it recognizes them to be applicable.

SECTION 5. AMENDMENTS

Article 41. Amendments
1. Amendments to this Annex, other than amendments to section 4, may be adopted only in accordance with article 313 or by consensus at a conference convened in accordance with this Convention.
2. Amendments to section 4 may be adopted only in accordance with article 314.
3. The Tribunal may propose such amendments to this Statute as it may consider necessary, by written communications to the States Parties for their consideration in conformity with paragraphs 1 and 2.

ANNEX VII. ARBITRATION

Article 1. Institution of proceedings

Subject to the provisions of Part XV, any party to a dispute may submit the dispute to the arbitral procedure provided for in this Annex by written notification addressed to the other party or parties to the dispute. The notification shall be accompanied by a statement of the claim and the grounds on which it is based.

Article 2. List of arbitrators

1. A list of arbitrators shall be drawn up and maintained by the Secretary-General of the United Nations. Every State Party shall be entitled to nominate four arbitrators, each of whom shall be a person experienced in maritime affairs and enjoying the highest reputation for fairness, competence and integrity. The names of the persons so nominated shall constitute the list.
2. If at any time the arbitrators nominated by a State Party in the list so constituted shall be fewer than four, that State Party shall be entitled to make further nominations as necessary.
3. The name of an arbitrator shall remain on the list until withdrawn by the State Party which made the nomination, provided that such arbitrator shall continue to serve on any arbitral tribunal to which that arbitrator has been appointed until the completion of the proceedings before that arbitral tribunal.

Article 3. Constitution of arbitral tribunal

For the purpose of proceedings under this Annex, the arbitral tribunal shall, unless the parties otherwise agree, be constituted as follows:

(a) Subject to subparagraph (g), the arbitral tribunal shall consist of five members.

(b) The party instituting the proceedings shall appoint one member to be chosen preferably from the list referred to in article 2 of this Annex, who may be its national. The appointment shall be included in the notification referred to in article 1 of this Annex.

(c) The other party to the dispute shall, within 30 days of receipt of the notification referred to in article 1 of this Annex, appoint one member to be chosen preferably from the list, who may be its national. If the appointment is not made within that period, the party instituting the proceedings may, within two weeks of the expiration of that period, request that the appointment be made in accordance with subparagraph (e).

(d) The other three members shall be appointed by agreement between the parties. They shall be chosen preferably from the list and shall be nationals of third States unless the parties otherwise agree. The parties to the dispute shall appoint the President of the arbitral tribunal from among those three members. If, within 60 days of receipt of the notification referred to in article 1 of this Annex, the parties are unable to reach agreement on the appointment of one or more of the members of the tribunal to be appointed by agreement, or on the appointment of the President, the remaining appointment or appointments shall be made in accordance with subparagraph (e), at the request of a party to the dispute. Such request shall be made within two weeks of the expiration of the aforementioned 60-day period.

(e) Unless the parties agree that any appointment under subparagraphs (c) and (d) be made by a person or a third State chosen by the parties, the President of the International Tribunal for the Law of the Sea shall make the necessary appointments. If the President is unable to act under this subparagraph or is a national of one of the parties to the dispute, the appointment shall be made by the next senior member of the International Tribunal for the Law of the Sea who is available and is not a national of one of the parties. The appointments referred to in this subparagraph shall be made from the list referred to in article 2 of this Annex within a period of 30 days of the receipt of the request and in consultation with the parties. The members so appointed shall be of different nationalities and may not be in the service of, ordinarily resident in the territory of, or nationals of, any of the parties to the dispute.

(f) Any vacancy shall be filled in the manner prescribed for the initial appointment.

(g) Parties in the same interest shall appoint one member of the tribunal jointly by agreement. Where there are several parties having separate interests or where there is disagreement as to whether they are of the same interest, each of them shall appoint one member of the tribunal. The number of members of the tribunal appointed separately by the parties shall always be smaller by one than the number of members of the tribunal to be appointed jointly by the parties.

(h) In disputes involving more than two parties, the provisions of subparagraphs (a) to (f) shall apply to the maximum extent possible.

Article 4. Functions of arbitral tribunal

An arbitral tribunal constituted under article 3 of this Annex shall function in accordance with this Annex and the other provisions of this Convention.

Article 5. Procedure

Unless the parties to the dispute otherwise agree, the arbitral tribunal shall determine its own procedure, assuring to each party a full opportunity to be heard and to present its case.

Article 6. Duties of parties to a dispute

The parties to the dispute shall facilitate the work of the arbitral tribunal and, in particular, in accordance with their law and using all means at their disposal, shall:

(a) provide it with all relevant documents, facilities and information; and

(b) enable it when necessary to call witnesses or experts and receive their evidence and to visit the localities to which the case relates.

Article 7. Expenses

Unless the arbitral tribunal decides otherwise because of the particular circumstances of the case, the expenses of the tribunal, including the remuneration of its members, shall be borne by the parties to the dispute in equal shares.

Article 8. Required majority for decisions

Decisions of the arbitral tribunal shall be taken by a majority vote of its members. The absence or abstention of less than half of the members shall not constitute a bar to the tribunal reaching a decision. In the event of an equality of votes, the President shall have a casting vote.

Article 9. Default of appearance

If one of the parties to the dispute does not appear before the arbitral tribunal or fails to defend its case, the other party may request the tribunal to continue the proceedings and to make its award. Absence of a party or failure of a party to defend its case shall not constitute a bar to the proceedings. Before making its award, the arbitral tribunal must satisfy itself not only that it has jurisdiction over the dispute but also that the claim is well founded in fact and law.

Article 10. Award

The award of the arbitral tribunal shall be confined to the subject-matter of the dispute and state the reasons on which it is based. It shall contain the names of the members who have participated and the date of the award. Any member of the tribunal may attach a separate or dissenting opinion to the award.

Article 11. Finality of award

The award shall be final and without appeal, unless the parties to the dispute have agreed in advance to an appellate procedure. It shall be complied with by the parties to the dispute.

Article 12. Interpretation or implementation of award

1. Any controversy which may arise between the parties to the dispute as regards the interpretation or manner of implementation of the award may be submitted by either party for decision to the arbitral tribunal which made the award. For this purpose, any vacancy in the tribunal shall be filled in the manner provided for in the original appointments of the members of the tribunal.
2. Any such controversy may be submitted to another court or tribunal under article 287 by agreement of all the parties to the dispute.

Article 13. Application to entities other than States Parties

The provisions of this Annex shall apply mutatis mutandis to any dispute involving entities other than States Parties.

ANNEX VIII. SPECIAL ARBITRATION

Article 1. Institution of proceedings

Subject to Part XV, any party to a dispute concerning the interpretation or application of the articles of this Convention relating to (1) fisheries, (2) protection and preservation of the marine environment, (3) marine scientific research, or (4) navigation, including pollution from vessels and by dumping, may submit the dispute to the special arbitral procedure provided for in this Annex by written notification addressed to the other party or parties to the dispute. The notification shall be accompanied by a statement of the claim and the grounds on which it is based.

Article 2. Lists of experts

1. A list of experts shall be established and maintained in respect of each of the fields of (1) fisheries, (2) protection and preservation of the marine environment, (3) marine scientific research, and (4) navigation, including pollution from vessels

and by dumping.

2. The lists of experts shall be drawn up and maintained, in the field of fisheries by the Food and Agriculture Organization of the United Nations, in the field of protection and preservation of the marine environment by the United Nations Environment Programme, in the field of marine scientific research by the Intergovernmental Oceanographic Commission, in the field of navigation, including pollution from vessels and by dumping, by the International Maritime Organization, or in each case by the appropriate subsidiary body concerned to which such organization, programme or commission has delegated this function.
3. Every State Party shall be entitled to nominate two experts in each field whose competence in the legal, scientific or technical aspects of such field is established and generally recognized and who enjoy the highest reputation for fairness and integrity. The names of the persons so nominated in each field shall constitute the appropriate list.
4. If at any time the experts nominated by a State Party in the list so constituted shall be fewer than two, that State Party shall be entitled to make further nominations as necessary.
5. The name of an expert shall remain on the list until withdrawn by the State Party which made the nomination, provided that such expert shall continue to serve on any special arbitral tribunal to which that expert has been appointed until the completion of the proceedings before that special arbitral tribunal.

Article 3. Constitution of special arbitral tribunal

For the purpose of proceedings under this Annex, the special arbitral tribunal shall, unless the parties otherwise agree, be constituted as follows:

(a) Subject to subparagraph (g), the special arbitral tribunal shall consist of five members.

(b) The party instituting the proceedings shall appoint two members to be chosen preferably from the appropriate list or lists referred to in article 2 of this

Annex relating to the matters in dispute, one of whom may be its national. The appointments shall be included in the notification referred to in article 1 of this Annex.

(c) The other party to the dispute shall, within 30 days of receipt of the notification referred to in article 1 of this Annex, appoint two members to be chosen preferably from the appropriate list or lists relating to the matters in dispute, one of whom may be its national. If the appointments are not made within that period, the party instituting the proceedings may, within two weeks of the expiration of that period, request that the appointments be made in accordance with subparagraph (e).

(d) The parties to the dispute shall by agreement appoint the President of the special arbitral tribunal, chosen preferably from the appropriate list, who shall be a national of a third State, unless the parties otherwise agree. If, within 30 days of receipt of the notification referred to in article 1 of this Annex, the parties are unable to reach agreement on the appointment of the President, the appointment shall be made in accordance with subparagraph (e), at the request of a party to the dispute. Such request shall be made within two weeks of the expiration of the aforementioned 30-day period.

(e) Unless the parties agree that the appointment be made by a person or a third State chosen by the parties, the Secretary-General of the United Nations shall make the necessary appointments within 30 days of receipt of a request under subparagraphs (c) and (d). The appointments referred to in this subparagraph shall be made from the appropriate list or lists of experts referred to in article 2 of this Annex and in consultation with the parties to the dispute and the appropriate international organization. The members so appointed shall be of different nationalities and may not be in the service of, ordinarily resident in the territory of, or nationals of, any of the parties to the dispute.

(f) Any vacancy shall be filled in the manner prescribed for the initial appointment.

(g) Parties in the same interest shall appoint two members of the tribunal jointly by agreement. Where there are several parties having separate interests or where there is disagreement as to whether they are of the same interest, each of them shall appoint one member of the tribunal.

(h) In disputes involving more than two parties, the provisions of subparagraphs (a) to (f) shall apply to the maximum extent possible.

Article 4. General provisions

Annex VII, articles 4 to 13, apply mutatis mutandis to the special arbitration proceedings in accordance with this Annex.

Article 5. Fact finding

1. The parties to a dispute concerning the interpretation or application of the provisions of this Convention relating to (l) fisheries, (2) protection and preservation of the marine environment, (3) marine scientific research, or (4) navigation, including pollution from vessels and by dumping, may at any time agree to request a special arbitral tribunal constituted in accordance with article 3 of this Annex to carry out an inquiry and establish the facts giving rise to the dispute.
2. Unless the parties otherwise agree, the findings of fact of the special arbitral tribunal acting in accordance with paragraph 1, shall be considered as conclusive as between the parties.
3. If all the parties to the dispute so request, the special arbitral tribunal may formulate recommendations which, without having the force of a decision, shall only constitute the basis for a review by the parties of the questions giving rise to the dispute.
4. Subject to paragraph 2, the special arbitral tribunal shall act in accordance with the provisions of this Annex, unless the parties otherwise agree.

ANNEX IX. PARTICIPATION BY INTERNATIONAL ORGANIZATIONS

Article 1. Use of terms

For the purposes of article 305 and of this Annex, "international organization" means an intergovernmental organization constituted by States to which its member States have transferred competence over matters governed by this Convention, including the competence to enter into treaties in respect of those matters.

Article 2. Signature

An international organization may sign this Convention if a majority of its member States are signatories of this Convention. At the time of signature an international organization shall make a declaration specifying the matters governed by this Convention in respect of which competence has been transferred to that organization by its member States which are signatories, and the nature and extent of that competence.

Article 3. Formal confirmation and accession

1. An international organization may deposit its instrument of formal confirmation or of accession if a majority of its member States deposit or have deposited their instruments of ratification or accession.
2. The instruments deposited by the international organization shall contain the undertakings and declarations required by articles 4 and 5 of this Annex.

Article 4. Extent of participation and rights and obligations

1. The instrument of formal confirmation or of accession of an international organization shall contain an undertaking to accept the rights and obligations of States under this Convention in respect of matters relating to which competence has been transferred to it by its member States which are Parties to this Convention.
2. An international organization shall be a Party to this Convention to the extent that it has competence in accordance with the declarations, communications of

information or notifications referred to in article 5 of this Annex.

3. Such an international organization shall exercise the rights and perform the obligations which its member States which are Parties would otherwise have under this Convention, on matters relating to which competence has been transferred to it by those member States. The member States of that international organization shall not exercise competence which they have transferred to it.
4. Participation of such an international organization shall in no case entail an increase of the representation to which its member States which are States Parties would otherwise be entitled, including rights in decision-making.
5. Participation of such an international organization shall in no case confer any rights under this Convention on member States of the organization which are not States Parties to this Convention.
6. In the event of a conflict between the obligations of an international organization under this Convention and its obligations under the agreement establishing the organization or any acts relating to it, the obligations under this Convention shall prevail.

Article 5. Declarations, notifications and communications

1. The instrument of formal confirmation or of accession of an international organization shall contain a declaration specifying the matters governed by this Convention in respect of which competence has been transferred to the organization by its member States which are Parties to this Convention.
2. A member State of an international organization shall, at the time it ratifies or accedes to this Convention or at the time when the organization deposits its instrument of formal confirmation or of accession, whichever is later, make a declaration specifying the matters governed by this Convention in respect of which it has transferred competence to the organization.
3. States Parties which are member States of an international organization which is a Party to this Convention shall be presumed to have competence over all matters

governed by this Convention in respect of which transfers of competence to the organization have not been specifically declared, notified or communicated by those States under this article.

4. The international organization and its member States which are States Parties shall promptly notify the depositary of this Convention of any changes to the distribution of competence, including new transfers of competence, specified in the declarations under paragraphs 1 and 2.
5. Any State Party may request an international organization and its member States which are States Parties to provide information as to which, as between the organization and its member States, has competence in respect of any specific question which has arisen. The organization and the member States concerned shall provide this information within a reasonable time. The international organization and the member States may also, on their own initiative, provide this information.
6. Declarations, notifications and communications of information under this article shall specify the nature and extent of the competence transferred.

Article 6. Responsibility and liability

1. Parties which have competence under article 5 of this Annex shall have responsibility for failure to comply with obligations or for any other violation of this Convention.
2. Any State Party may request an international organization or its member States which are States Parties for information as to who has responsibility in respect of any specific matter. The organization and the member States concerned shall provide this information. Failure to provide this information within a reasonable time or the provision of contradictory information shall result in joint and several liability.

Article 7. Settlement of disputes

1. At the time of deposit of its instrument of formal confirmation or of accession, or at any time thereafter, an international organization shall be free to choose,

by means of a written declaration, one or more of the means for the settlement of disputes concerning the interpretation or application of this Convention, referred to in article 287, paragraph 1(a), (c) or (d).

2. Part XV applies mutatis mutandis to any dispute between Parties to this Convention, one or more of which are international organization.

3. When an international organization and one or more of its member States are joint parties to a dispute, or parties in the same interest, the organization shall be deemed to have accepted the same procedures for the settlement of disputes as the member States; when, however, a member State has chosen only the International Court of Justice under article 287, the organization and the member State concerned shall be deemed to have accepted arbitration in accordance with Annex VII, unless the parties to the dispute otherwise agree.

Article 8. Applicability of Part XVII

Part XVII applies mutatis mutandis to an international organization, except in respect of the following:

(a) the instrument of formal confirmation or of accession of an international organization shall not be taken into account in the application of article 308, paragraph 1;

(b) (i) an international organization shall have exclusive capacity with respect to the application of articles 312 to 315, to the extent that it has competence under article 5 of this Annex over the entire subject-matter of the amendment;

(ii) the instrument of formal confirmation or of accession of an international organization to an amendment, the entire subject-matter over which the international organization has competence under article 5 of this Annex, shall be considered to be the instrument of ratification or accession of each of the member States which are States Parties, for the purposes of applying article 316, paragraphs 1, 2 and 3;

(iii) the instrument of formal confirmation or of accession of the international organization shall not be taken into account in the application of article 316, paragraphs 1 and 2, with regard to all other amendments;

(c) (i) an international organization may not denounce this Convention in accordance with article 317 if any of its member States is a State Party and if it continues to fulfil the qualifications specified in article 1 of this Annex;

(ii) an international organization shall denounce this Convention when none of its member States is a State Party or if the international organization no longer fulfils the qualifications specified in article 1 of this Annex. Such denunciation shall take effect immediately.

Agreement relating to the Implementation of Part XI of the United Nations Convention on the Law of the Sea of 10 December 1982

The States Parties to this Agreement,

Recognizing the important contribution of the United Nations Convention on the Law of the Sea of 10 December 1982 (hereinafter referred to as "the Convention") to the maintenance of peace, justice and progress for all peoples of the world,

Reaffirming that the seabed and ocean floor and subsoil thereof, beyond the limits of national jurisdiction (hereinafter referred to as "the Area"), as well as the resources of the Area, are the common heritage of mankind,

Mindful of the importance of the Convention for the protection and preservation of the marine environment and of the growing concern for the global environment,

Having considered the report of the Secretary-General of the United Nations on the results of the informal consultations among States held from 1990 to 1994 on outstanding issues relating to Part XI and related provisions of the Convention (hereinafter referred to as "Part XI"),

Noting the political and economic changes, including market-oriented approaches, affecting the implementation of Part XI,

Wishing to facilitate universal participation in the Convention,

Considering that an agreement relating to the implementation of Part XI would best meet that objective,

Have agreed as follows:

Article 1. Implementation of Part XI

1. The States Parties to this Agreement undertake to implement Part XI in accordance with this Agreement.
2. The Annex forms an integral part of this Agreement.

Article 2. Relationship between this Agreement and Part XI

1. The provisions of this Agreement and Part XI shall be interpreted and applied together as a single instrument. In the event of any inconsistency between this Agreement and Part XI, the provisions of this Agreement shall prevail.
2. Articles 309 to 319 of the Convention shall apply to this Agreement as they apply to the Convention.

Article 3. Signature

This Agreement shall remain open for signature at United Nations Headquarters by the States and entities referred to in article 305, paragraph 1(a), (c), (d), (e) and (f), of the Convention for 12 months from the date of its adoption.

Article 4. Consent to be bound

1. After the adoption of this Agreement, any instrument of ratification or formal confirmation of or accession to the Convention shall also represent consent to be bound by this Agreement.
2. No State or entity may establish its consent to be bound by this Agreement unless it has previously established or establishes at the same time its consent to be bound by the Convention.

3. A State or entity referred to in article 3 may express its consent to be bound by this Agreement by:
 (a) Signature not subject to ratification, formal confirmation or the procedure set out in article 5;
 (b) Signature subject to ratification or formal confirmation, followed by ratification or formal confirmation;
 (c) Signature subject to the procedure set out in article 5; or
 (d) Accession.
4. Formal confirmation by the entities referred to in article 305, paragraph 1(f), of the Convention shall be in accordance with Annex IX of the Convention.
5. The instruments of ratification, formal confirmation or accession shall be deposited with the Secretary-General of the United Nations.

Article 5. Simplified procedure
1. A State or entity which has deposited before the date of the adoption of this Agreement an instrument of ratification or formal confirmation of or accession to the Convention and which has signed this Agreement in accordance with article 4, paragraph 3(c), shall be considered to have established its consent to be bound by this Agreement 12 months after the date of its adoption, unless that State or entity notifies the depositary in writing before that date that it is not availing itself of the simplified procedure set out in this article.
2. In the event of such notification, consent to be bound by this Agreement shall be established in accordance with article 4, paragraph 3(b).

Article 6. Entry into force
1. This Agreement shall enter into force 30 days after the date on which 40 States have established their consent to be bound in accordance with articles 4 and 5, provided that such States include at least seven of the States referred to in paragraph l(a) of resolution II of the Third United Nations Conference on the

Law of the Sea (hereinafter referred to as "resolution II") and that at least five of those States are developed States. If these conditions for entry into force are fulfilled before 16 November 1994, this Agreement shall enter into force on 16 November 1994.

2. For each State or entity establishing its consent to be bound by this Agreement after the requirements set out in paragraph 1 have been fulfilled, this Agreement shall enter into force on the thirtieth day following the date of establishment of its consent to be bound.

Article 7. Provisional application

1. If on 16 November 1994 this Agreement has not entered into force, it shall be applied provisionally pending its entry into force by:
 (a) States which have consented to its adoption in the General Assembly of the United Nations, except any such State which before 16 November 1994 notifies the depositary in writing either that it will not so apply this Agreement or that it will consent to such application only upon subsequent signature or notification in writing;
 (b) States and entities which sign this Agreement, except any such State or entity which notifies the depositary in writing at the time of signature that it will not so apply this Agreement;
 (c) States and entities which consent to its provisional application by so notifying the depositary in writing;
 (d) States which accede to this Agreement.
2. All such States and entities shall apply this Agreement provisionally in accordance with their national or internal laws and regulations, with effect from 16 November 1994 or the date of signature, notification of consent or accession, if later.
3. Provisional application shall terminate upon the date of entry into force of this Agreement. In any event, provisional application shall terminate on 16 November 1998 if at that date the requirement in article 6, paragraph 1, of consent to be

bound by this Agreement by at least seven of the States (of which at least five must be developed States) referred to in paragraph 1(a) of resolution II has not been fulfilled.

Article 8. States Parties

1. For the purposes of this Agreement, "States Parties" means States which have consented to be bound by this Agreement and for which this Agreement is in force.
2. This Agreement applies mutatis mutandis to the entities referred to in article 305, paragraph 1(c), (d), (e) and (f), of the Convention which become Parties to this Agreement in accordance with the conditions relevant to each, and to that extent "States Parties" refers to those entities.

Article 9. Depositary

The Secretary-General of the United Nations shall be the depositary of this Agreement.

Article 10. Authentic texts

The original of this Agreement, of which the Arabic, Chinese, English, French, Russian and Spanish texts are equally authentic, shall be deposited with the Secretary-General of the United Nations.

IN WITNESS WHEREOF, the undersigned Plenipotentiaries, being duly authorized thereto, have signed this Agreement.

DONE AT NEW YORK, this twenty-eighth day of July, one thousand nine hundred and ninety-four.

해양법에 관한 국제연합 협약

전문

이 협약의 당사국은, 해양법과 관련된 모든 문제를 상호 이해와 협력의 정신으로 해결하고자 하는 희망에 따라, 또한 세계 모든 사람들을 위한 평화·정의 및 진보의 유지에 대한 중대한 공헌의 하나로서 이 협약이 가지는 역사적 의의를 인식하고, 1958년과 1960년에 제네바에서 개최된 국제 연합 해양법 회의 이래의 발전에 따라 새롭고도 일반적으로 수락될 수 있는 해양법 협약의 필요성이 강조되고 있음에 유의하고, 해양의 여러 문제가 서로 밀접하게 관련되어 있으며 전체로서 고려되어야 할 필요성이 있음을 인식하고, 이 협약을 통하여 모든 국가의 주권을 적절히 고려하면서, 국제 교통의 촉진, 해양의 평화적 이용, 해양 자원의 공평하고도 효율적인 활용, 해양 생물자원의 보존, 그리고 해양 환경의 연구, 보호 및 보전을 촉진하기 위하여 해양에 대한 법질서를 확립하는 것이 바람직함을 인식하고, 이러한 목적의 달성이 인류 전체의 이익과 필요, 특히 연안국이거나 내륙국이거나 관계없이 개발도상국의 특별한 이익과 필요를 고려한 공정하고도 공평한 국제 경제 질서의 실현에 기여할 것이라는 점을 유념하고, 국제 연합 총회가 국가 관할권 한계 밖의 해저·해상 및 그 하층토 지역은 그 자원과 함께 인류 공동 유산이며, 이에 대한 탐사와 개발은 국가의 지리적 위치에 관계없이 인류전체의 이익을 위하여 수행되어야 한다고 특별히 엄숙하게 선언한 1970년 12월 17일자 결의 제2749(XXV)호에 구현된 여러 원칙을 이 협약에 의하여 발전시킬 것을 희망하고, 이 협약이 이룩한 해양법의 법전화와 점진적 발달이 정의와 평등권의 원칙에 따라 모든 국가간에 평화·안전·협력 및 우호관계의 강화에 기여하고 국제 연합 헌장에 규정된 국제 연합의 목적과 원칙에 따라 세계 모든 사람들의 경제적·사회적 진보를 증진할 것임을 믿으며, 이 협약에 의하여 규율되지 아니한 사항은 일반 국제법의 규칙과 원칙에 의하여 계속 규율될 것임을 확인하며, 다음과 같이 합의하였다.

총칙 (제1부)

제1조 용어의 사용과 적용범위

1. 이 협약에서,

(1) "심해저"라 함은 국가관할권 한계 밖의 해저 · 해상 및 그 하층토를 말한다.

(2) "해저기구"라 함은 국제해저기구를 말한다.

(3) "심해저활동"이라 함은 심해저자원을 탐사하고 개발하는 모든 활동을 말한다.

(4) "해양환경오염"이라 함은 생물자원과 해양생물에 대한 손상, 인간의 건강에 대한 위험, 어업과 그 밖의 적법한 해양이용을 포함한 해양활동에 대한 장애, 해수이용에 의한 수질악화 및 쾌적도 감소 등과 같은 해로운 결과를 가져오거나 가져올 가능성이 있는 물질이나 에너지를 인간이 직접적으로 또는 간접적으로 강어귀를 포함한 해양환경에 들여오는 것을 말한다.

(5) (a) "투기"라 함은 다음을 말한다.

(i) 선박 · 항공기 · 플랫폼 또는 그 밖의 인공해양구조물로부터 폐기물이나 그 밖의 물질을 고의로 버리는 행위

(ii) 선박 · 항공기 · 플랫폼 또는 그 밖의 인공해양구조물을 고의로 버리는 행위

(b) "투기"에는 다음이 포함되지 아니한다.

(i) 선박 · 항공기 · 플랫폼 또는 그 밖의 인공해양구조물 및 이들 장비의 통상적인 운용에 따라 발생되는 폐기물이나 그 밖의 물질의 폐기. 단, 폐기물이나 그 밖의 물질을 버릴 목적으로 운용되는 선박 · 항공기 · 플랫폼 또는 그 밖의 인공해양구조물에 의하여 운송되거나 이들에게 운송된 폐기물이나 그 밖의 물질, 이러한 선박 · 항공기 · 플랫폼 또는 그 밖의 인공해양구조물에서 이러한 폐기물 또는 그 밖의 물질을 처리함에 따라 발생되는 폐기물이나 그 밖의 물질은 제외

(ii) 이 협약의 목적에 어긋나지 아니하는 단순한 폐기를 목적으로 하지 아니하는 물질의 유치

2. (1) "당사국"이라 함은 이 협약에 기속받기로 동의하고 이 협약이 발효하고 있는 국가를 말한다.

(2) 이 협약은 제305조 제1항 (b), (c), (d), (e) 및 (f)에 해당하는 주체로서 각기

관련되는 조건에 따라 이 협약의 당사자가 된 주체에 대하여 준용되며, 그러한 경우 "당사국"이라 함은 이러한 주체를 포함한다.

영해와 접속수역 (제2부)

제1절 총칙

제2조 영해, 영해의 상공·해저 및 하층토의 법적 지위

1. 연안국의 주권은 영토와 내수 밖의 영해라고 하는 인접 해역, 군도 국가의 경우에는 군도수역 밖의 영해라고 하는 인접 해역에까지 미친다.
2. 이러한 주권은 영해의 상공·해저 및 하층토에까지 미친다.
3. 영해에 대한 주권은 이 협약과 그 밖의 국제법규칙에 따라 행사된다.

제2절 영해의 한계

제3조 영해의 폭

모든 국가는 이 협약에 따라 결정된 기선으로부터 12해리를 넘지 아니하는 범위에서 영해의 폭을 설정할 권리를 가진다.

제4조 영해의 바깥한계

영해의 바깥한계는 기선상의 가장 가까운 점으로부터 영해의 폭과 같은 거리에 있는 모든 점을 연결한 선으로 한다.

제5조 통상기선

영해의 폭을 측정하기 위한 통상기선은 이 협약에 달리 규정된 경우를 제외하고는 연안국이 공인한 대축척해도에 표시된 해안의 저조선으로 한다.

제6조 암초

환초상에 위치한 섬 또는 가장자리에 암초를 가진 섬의 경우, 영해의 폭을 측정하기 위한 기선(이하 "영해기선"이라 함)은 연안국이 공인한 해도상에 적절한 기호로 표시된 암초의 바다쪽 저조선으로 한다.

제7조 직선기선

1. 해안선이 깊게 굴곡이 지거나 잘려 들어간 지역, 또는 해안을 따라 아주 가까이 섬이 흩어져 있는 지역에서는 영해기선을 설정함에 있어서 적절한 지점을 연결하는 직선기선의 방법이 사용될 수 있다.
2. 삼각주가 있거나 그 밖의 자연조건으로 인하여 해안선이 매우 불안정한 곳에서는, 바다 쪽 가장 바깥 저조선을 따라 적절한 지점을 선택할 수 있으며, 그 후 저조선이 후퇴하더라도 직선기선은 이 협약에 따라 연안국에 의하여 수정될 때까지 유효하다.
3. 직선기선은 해안의 일반적 방향으로부터 현저히 벗어나게 설정할 수 없으며, 직선기선 안에 있는 해역은 내수제도에 의하여 규율될 수 있을 만큼 육지와 충분히 밀접하게 관련되어야 한다.
4. 직선기선은 간조노출지까지 또는 간조노출지로부터 설정할 수 없다. 다만, 영구적으로 해면위에 있는 등대나 이와 유사한 시설이 간조노출지에 세워진 경우 또는 간조노출지 사이의 기선설정이 일반적으로 국제적인 승인을 받은 경우에는 그러하지 아니하다.
5. 제1항의 직선기선의 방법을 적용하는 경우, 특정한 기선을 결정함에 있어서 그 지역에 특유한 경제적 이익이 있다는 사실과 그 중요성이 오랜 관행에 의하여 명백히 증명된 경우 그 경제적 이익을 고려할 수 있다.
6. 어떠한 국가도 다른 국가의 영해를 공해나 배타적 경제 수역으로부터 격리시키는 방식으로 직선 기선 제도를 적용할 수 없다.

제8조 내수

1. 제4부에 규정된 경우를 제외하고는 영해기선의 육지쪽 수역은 그 국가의 내수의 일부를 구성한다.
2. 제7조에 규정된 방법에 따라 직선기선을 설정함으로써 종전에 내수가 아니

었던 수역이 내수에 포함되는 경우, 이 협약에 규정된 무해통항권이 그 수역에서 계속 인정된다.

제9조 하구

강이 직접 바다로 유입하는 경우, 기선은 양쪽 강둑의 저조선상의 지점을 하구를 가로 질러 연결한 직선으로 한다.

제10조 만

1. 이 조는 그 해안이 한 국가에 속하는 만에 한하여 적용한다.
2. 이 협약에서 만이라 함은 그 들어간 정도가 입구의 폭에 비하여 현저하여 육지로 둘러싸인 수역을 형성하고, 해안의 단순한 굴곡 이상인 뚜렷한 만입을 말한다. 그러나 만입 면적이 만입의 입구를 가로질러 연결한 선을 지름으로 하는 반원의 넓이에 미치지 못하는 경우, 그러한 만입은 만으로 보지 아니한다.
3. 측량의 목적상 만입면적이라 함은 만입해안의 저조선과 만입의 자연적 입구의 양쪽 저조지점을 연결하는 선 사이에 위치한 수역의 넓이를 말한다. 섬이 있어서 만이 둘 이상의 입구를 가지는 경우에는 각각의 입구를 가로질러 연결하는 선의 길이의 합계와 같은 길이인 선상에 반원을 그려야 한다. 만입의 안에 있는 섬은 만입수역의 일부로 본다.
4. 만의 자연적 입구 양쪽의 저조지점간의 거리가 24해리를 넘지 아니하는 경우, 폐쇄선을 두 저조지점 간에 그을 수 있으며, 이 안에 포함된 수역은 내수로 본다.
5. 만의 자연적 입구 양쪽의 저조지점간의 거리가 24해리를 넘는 경우, 24해리의 직선으로서 가능한 한 최대의 수역을 둘러싸는 방식으로 만안에 24해리 직선기선을 그어야 한다.
6. 전항의 규정들은 이른바 "역사적" 만에 대하여 또는 제7조에 규정된 직선기선제도가 적용되는 경우에는 적용하지 아니한다.

제11조 항구

영해의 경계를 획정함에 있어서, 항만체계의 불가분의 일부를 구성하는 가장 바깥의 영구적인 항만시설은 해안의 일부를 구성하는 것으로 본다. 근해시설과 인공섬은 영구적인 항만시설로 보지 아니한다.

제12조 정박지
선박이 화물을 싣고, 내리고, 닻을 내리기 위하여 통상적으로 사용되는 정박지는 전부 또는 일부가 영해의 바깥한계 밖에 있는 경우에도 영해에 포함된다.

제13조 간조노출지
1. 간조노출지는 썰물일 때에는 물로 둘러싸여 물위에 노출되나 밀물일 때에는 물에 잠기는 자연적으로 형성된 육지지역을 말한다. 간조노출지의 전부 또는 일부가 본토나 섬으로부터 영해의 폭을 넘지 아니하는 거리에 위치하는 경우, 그 간조노출지의 저조선을 영해기선으로 사용할 수 있다.
2. 간조노출지 전부가 본토나 섬으로부터 영해의 폭을 넘는 거리에 위치하는 경우, 그 간조노출지는 자체의 영해를 가지지 아니한다.

제14조 기선결정 방법의 혼합
연안국은 서로 다른 조건에 적합하도록 앞의 각 조에 규정된 방법을 교대로 사용하여 기선을 결정할 수 있다.

제15조 대향국간 또는 인접국간의 영해의 경계획정
두 국가의 해안이 서로 마주보고 있거나 인접하고 있는 경우, 양국간 달리 합의하지 않는 한 양국의 각각의 영해 기선상의 가장 가까운 점으로부터 같은 거리에 있는 모든 점을 연결한 중간선 밖으로 영해를 확장할 수 없다. 다만, 위의 규정은 역사적 권원이나 그 밖의 특별한 사정에 의하여 이와 다른 방법으로 양국의 영해의 경계를 획정할 필요가 있는 경우에는 적용하지 아니한다.

제16조 해도와 지리적 좌표목록
1. 제7조, 제9조 및 제10조에 따라 결정되는 영해기선 또는 그로부터 도출된 한계, 그리고 제12조 및 제15조에 따라 그어진 경계선은 그 위치를 확인하기에

적합한 축척의 해도에 표시되어야 한다. 또는 측지자료를 명기한 각 지점의 지리적 좌표목록으로 이를 대체할 수 있다.
2. 연안국은 이러한 해도나 지리적 좌표목록을 적절히 공표하고, 그 사본을 국제연합 사무총장에게 기탁한다.

제3절 영해에서의 무해통항

제1관 모든 선박에 적용되는 규칙

제17조 무해통항권
연안국이거나 내륙국이거나 관계없이 모든 국가의 선박은 이 협약에 따라, 영해에서 무해통항권을 향유한다.

제18조 통항의 의미
1. 통항이라 함은 다음의 목적을 위하여 영해를 지나서 항행함을 말한다.
(a) 내수에 들어가지 아니하거나 내수 밖의 정박지나 항구시설에 기항하지 아니하고 영해를 횡단하는 것; 또는
(b) 내수를 향하여 또는 내수로부터 항진하거나 또는 이러한 정박지나 항구시설에 기항하는 것
2. 통항은 계속적이고 신속하여야 한다. 다만, 정선이나 닻을 내리는 행위가 통상적인 항행에 부수되는 경우, 불가항력이나 조난으로 인하여 필요한 경우, 또는 위험하거나 조난상태에 있는 인명 · 선박 또는 항공기를 구조하기 위한 경우에는 통항에 포함된다.

제19조 무해통항의 의미
1. 통항은 연안국의 평화, 공공질서 또는 안전을 해치지 아니하는 한 무해하다. 이러한 통항은 이 협약과 그 밖의 국제법규칙에 따라 이루어진다.
2. 외국선박이 영해에서 다음의 어느 활동에 종사하는 경우, 외국선박의 통항은 연안국의 평화, 공공질서 또는 안전을 해치는 것으로 본다.

(a) 연안국의 주권, 영토보전 또는 정치적 독립에 반하거나, 또는 국제연합헌장에 구현된 국제법의 원칙에 위반되는 그 밖의 방식에 의한 무력의 위협이나 무력의 행사
(b) 무기를 사용하는 훈련이나 연습
(c) 연안국의 국방이나 안전에 해가 되는 정보수집을 목적으로 하는 행위
(d) 연안국의 국방이나 안전에 해로운 영향을 미칠 것을 목적으로 하는 선전행위
(e) 항공기의 선상 발진 · 착륙 또는 탑재
(f) 군사기기의 선상 발진 · 착륙 또는 탑재
(g) 연안국의 관세 · 재정 · 출입국관리 또는 위생에 관한 법령에 위반되는 물품이나 통화를 싣고 내리는 행위 또는 사람의 승선이나 하선
(h) 이 협약에 위배되는 고의적이고도 중대한 오염행위
(i) 어로활동
(j) 조사활동이나 측량활동의 수행
(k) 연안국의 통신체계 또는 그 밖의 설비 · 시설물에 대한 방해를 목적으로 하는 행위
(l) 통항과 직접 관련이 없는 그 밖의 활동

제20조 잠수함과 그 밖의 잠수항행기기
잠수함과 그 밖의 잠수항행기기는 영해에서 해면 위로 국기를 게양하고 항행한다.

제21조 무해통항에 관한 연안국의 법령
1. 연안국은 이 협약의 규정과 그 밖의 국제법규칙에 따라 다음 각호의 전부 또는 일부에 대하여 영해에서의 무해통항에 관한 법령을 제정할 수 있다.
(a) 항행의 안전과 해상교통의 규제
(b) 항행보조수단과 설비 및 그 밖의 설비나 시설의 보호
(c) 해저전선과 관선의 보호
(d) 해양생물자원의 보존
(e) 연안국의 어업법령 위반방지
(f) 연안국의 환경보전과 연안국 환경오염의 방지, 경감 및 통제

(g) 해양과학조사와 수로측량
(h) 연안국의 관세 · 재정 · 출입국관리 또는 위생에 관한 법령의 위반방지
2. 이러한 법령이 일반적으로 수락된 국제규칙이나 기준을 시행하는 것이 아닌 한 외국선박의 설계, 구조, 인원배치 또는 장비에 대하여 적용하지 아니한다.
3. 연안국은 이러한 모든 법령을 적절히 공표하여야 한다.
4. 외국선박이 영해에서 무해통항권을 행사하는 경우, 이러한 모든 법령과 해상충돌방지에 관하여 일반적으로 수락된 모든 국제규칙을 준수하여야 한다.

제22조 영해내의 항로대와 통항분리방식
1. 연안국은 항행의 안전을 위하여 필요한 경우 자국의 영해에서 무해통항권을 행사하는 외국선박에 대하여 선박통항을 규제하기 위하여 지정된 항로대와 규정된 통항분리방식을 이용하도록 요구할 수 있다.
2. 특히 유조선, 핵추진선박 및 핵물질 또는 본래 위험하거나 유독한 그 밖의 물질이나 재료를 운반중인 선박에 대하여서는 이러한 항로대만을 통항하도록 요구할 수 있다.
3. 연안국은 이 조에 따라 항로대를 지정하고 통항분리방식을 규정함에 있어서 다음 사항을 고려한다.
(a) 권한 있는 국제기구의 권고
(b) 국제항행에 관습적으로 이용되고 있는 수로
(c) 특정한 선박과 수로의 특성
(d) 선박교통량
4. 연안국은 이러한 항로대와 통항분리방식을 해도에 명시하고 이를 적절히 공표한다.

제23조 외국의 핵추진선박과 핵물질 또는 본래 위험하거나 유독한 그 밖의 물질을 운반하는 선박
외국의 핵추진선박과 핵물질 또는 본래 위험하거나 유독한 그 밖의 물질을 운반중인 선박은 영해에서 무해통항권을 행사하는 경우, 이러한 선박에 대하여 국제협정이 정한 서류를 휴대하고 또한 국제협정에 의하여 확립된 특별예방조

치를 준수한다.

제24조 연안국의 의무

1. 연안국은 이 협약에 의하지 아니하고는 영해에서 외국선박의 무해통항을 방해하지 아니한다. 특히, 연안국은 이 협약이나 이 협약에 따라 제정된 법령을 적용함에 있어 다음 사항을 행하지 아니한다.
 (a) 외국선박에 대하여 실질적으로 무해통항권을 부인하거나 침해하는 효과를 가져오는 요건의 부과
 (b) 특정국의 선박, 또는 특정국으로 화물을 반입·반출하거나 특정국을 위하여 화물을 운반하는 선박에 대한 형식상 또는 실질상의 차별
2. 연안국은 자국이 인지하고 있는 자국 영해에서의 통항에 관한 위험을 적절히 공표한다.

제25조 연안국의 보호권

1. 연안국은 무해하지 아니한 통항을 방지하기 위하여 필요한 조치를 자국 영해에서 취할 수 있다.
2. 연안국은 선박이 내수를 향하여 항행하거나 내수 밖의 항구시설에 기항하고자 하는 경우, 그 선박이 내수로 들어가기 위하여 또는 그러한 항구시설에 기항하기 위하여 따라야 할 허가조건을 위반하는 것을 방지하기 위하여 필요한 조치를 취할 권리를 가진다.
3. 연안국은 무기를 사용하는 훈련을 포함하여 자국의 안전보호상 긴요한 경우에는 영해의 지정된 수역에서 외국선박을 형식상 또는 실질상 차별하지 아니하고 무해통항을 일시적으로 정지시킬 수 있다. 이러한 정지조치는 적절히 공표한 후에만 효력을 가진다.

제26조 외국선박에 부과할 수 있는 수수료

1. 외국선박에 대하여 영해의 통항만을 이유로 어떠한 수수료도 부과할 수 없다.
2. 수수료는 영해를 통항하는 외국선박에 제공된 특별한 용역에 대한 대가로서만 그 선박에 대하여 부 과할 수 있다. 이러한 수수료는 차별 없이 부과된다.

제2관 상선과 상업용 정부 선박에 적용되는 규칙

제27조 외국 선박 내에서의 형사관할권

1. 연안국의 형사관할권은 오직 다음의 각호의 경우를 제외하고는 영해를 통항하고 있는 외국 선박의 선박 내에서 통항 중에 발생한 어떠한 범죄와 관련하여 사람을 체포하거나 수사를 수행하기 위하여 그 선박 내에서 행사될 수 없다.
 (a) 범죄의 결과가 연안국에 미치는 경우
 (b) 범죄가 연안국의 평화나 영해의 공공질서를 교란하는 종류인 경우
 (c) 그 선박의 선장이나 기국의 외교관 또는 영사가 현지 당국에 지원을 요청한 경우
 (d) 마약이나 향정신성물질의 불법거래를 진압하기 위하여 필요한 경우
2. 위의 규정은 내수를 떠나 영해를 통항중인 외국 선박 내에서의 체포나 수사를 목적으로 자국법이 허용한 조치를 취할 수 있는 연안국의 권리에 영향을 미치지 아니한다.
3. 제1항 및 제2항에 규정된 경우, 연안국은 선장이 요청하면 어떠한 조치라도 이를 취하기 전에 선박기국의 외교관이나 영사에게 통고하고, 이들과 승무원간의 연락이 용이하도록 한다. 긴급한 경우 이러한 통고는 조치를 취하는 동안에 이루어질 수도 있다.
4. 현지당국은 체포여부나 체포방식을 고려함에 있어 통항의 이익을 적절히 고려한다.
5. 제12부에 규정된 경우나 제5부에 따라 제정된 법령위반의 경우를 제외하고는, 연안국은 외국선박이 외국의 항구로부터 내수에 들어오지 아니하고 단순히 영해를 통과하는 경우, 그 선박이 영해에 들어오기 전에 발생한 범죄와 관련하여 사람을 체포하거나 수사를 하기 위하여 영해를 통항중인 외국선박 내에서 어떠한 조치도 취할 수 없다.

제28조 외국선박과 관련한 민사관할권

1. 연안국은 영해를 통항중인 외국선박 내에 있는 사람에 대한 민사관할권을 행사하기 위하여 그 선박을 정지시키거나 항로를 변경시킬 수 없다.
2. 연안국은 외국선박이 연안국 수역을 항행하는 동안이나 그 수역을 항행하기

위하여 선박 스스로 부 담하거나 초래한 의무 또는 책임에 관한 경우를 제외하고는 민사소송절차를 위하여 그 선박에 대한 강제집행이나 나포를 할 수 없다.

3. 제2항의 규정은 영해에 정박하고 있거나 내수를 떠나 영해를 통항 중인 외국 선박에 대하여 자국법에 따라 민사소송절차를 위하여 강제집행이나 나포를 할 수 있는 연안국의 권리를 침해하지 아니한다.

제3관 군함과 그 밖의 비상업용 정부 선박에 적용되는 규칙

제29조 군함의 정의

이 협약에서 "군함"이라 함은 어느 한 국가의 군대에 속한 선박으로서, 그 국가의 국적을 구별할 수 있는 외부표지가 있으며, 그 국가의 정부에 의하여 정식으로 임명되고 그 성명이 그 국가의 적절한 군적부나 이와 동등한 명부에 등재되어 있는 장교의 지휘 아래 있으며 정규군 군율에 따르는 승무원이 배치된 선박을 말한다.

제30조 군함의 연안국 법령위반

군함이 영해통항에 관한 연안국의 법령을 준수하지 아니하고 그 군함에 대한 연안국의 법령준수 요구를 무시하는 경우, 연안국은 그 군함에 대하여 영해에서 즉시 퇴거할 것을 요구할 수 있다.

제31조 군함이나 그 밖의 비상업용 정부선박에 의한 손해에 대한 기국의 책임

기국은 군함이나 그 밖의 비상업용 정부선박이 영해통항에 관한 연안국의 법령 또는 이 협약이나 그 밖의 국제법규칙을 준수하지 아니함으로써 연안국에게 입힌 어떠한 손실이나 손해에 대하여도 국제책임을 진다.

제32조 군함과 그 밖의 비상업용 정부선박의 면제

제1관, 제30조 및 제31조에 규정된 경우를 제외하고는 이 협약의 어떠한 규정도 군함과 그 밖의 비상업용 정부선박의 면제에 영향을 미치지 아니한다.

제4절 접속수역

제33조 접속수역
1. 연안국은 영해에 접속해 있는 수역으로서 접속수역이라고 불리는 수역에서 다음을 위하여 필요한 통제를 할 수 있다.
(a) 연안국의 영토나 영해에서의 관세 · 재정 · 출입국관리 또는 위생에 관한 법령의 위반방지
(b) 연안국의 영토나 영해에서 발생한 위의 법령 위반에 대한 처벌
2. 접속수역은 영해기선으로부터 24해리 밖으로 확장할 수 없다.

국제 항행에 이용되는 해협(제3부)[편집]

제1절[편집] 총칙

제34조 국제항행에 이용되는 해협을 형성하는 수역의 법적지위
1. 이 부에서 수립된 국제항행에 이용되는 해협의 통항제도는 이러한 해협을 형성하는 수역의 법적지위 또는 그 수역과 그 수역의 상공 · 해저 및 하층토에 대한 해협연안국의 주권이나 관할권의 행사에 영향을 미치지 아니한다.
2. 해협연안국의 주권이나 관할권은 이 부와 그 밖의 국제법규칙에 따라 행사된다.

제35조 이 부의 적용범위
이 부의 어떠한 규정도 다음에 영향을 미치지 아니한다.
(a) 제7조에 규정된 방법에 따라 직선기선을 설정함으로써 종전에는 내수가 아니었던 수역이 내수에 포함되는 곳을 제외한 해협안의 내수의 모든 수역
(b) 해협연안국의 영해 바깥수역이 배타적경제수역 또는 공해로서 가지는 법적 지위
(c) 특정해협에 관하여 장기간에 걸쳐 유효한 국제협약에 따라 통항이 전체적

또는 부분적으로 규제되고 있는 해협의 법제도

제36조 국제항행에 이용되는 해협을 통한 공해 통과항로 또는 배타적경제수역 통과항로

항행상 및 수로상 특성에서 유사한 편의가 있는 공해 통과항로나 배타적경제수역 통과항로가 국제항행에 이용되는 해협 안에 있는 경우, 이 부를 그 해협에 적용하지 아니한다. 이러한 항로에 있어서는 통항 및 상공비행의 자유에 관한 규정을 포함한 이 협약의 다른 관련 부를 적용한다.

제2절 통과통항

제37조 이 절의 적용범위

이 절은 공해나 배타적경제수역의 일부와 공해나 배타적경제수역의 다른 부분간의 국제항행에 이용되는 해협에 적용한다.

제38조 통과통항권

1. 제37조에 언급된 해협 내에서, 모든 선박과 항공기는 방해받지 아니하는 통과통항권을 향유한다. 다만, 해협이 해협연안국의 섬과 본토에 의하여 형성되어 있는 경우, 항행상 및 수로상 특성에서 유사한 편의가 있는 공해 통과항로나 배타적경제수역 통과항로가 그 섬의 바다쪽에 있으면 통과통항을 적용하지 아니한다.
2. 통과통항이라 함은 공해 또는 배타적경제수역의 일부와 공해 또는 배타적경제수역의 다른 부분간의 해협을 오직 계속적으로 신속히 통과할 목적으로 이 부에 따라 항행과 상공비행의 자유를 행사함을 말한다. 다만, 계속적이고 신속한 통과의 요건은 해협연안국의 입국조건에 따라서 그 국가에 들어가거나 그 국가로부터 나오거나 되돌아가는 것을 목적으로 하는 해협통항을 배제하지 아니한다.
3. 해협의 통과통항권의 행사가 아닌 활동은 이 협약의 다른 적용가능한 규정에 따른다.

제39조 통과통항중인 선박과 항공기의 의무

1. 선박과 항공기는 통과통항권을 행사함에 있어서 다음과 같이 하여야 한다.
 (a) 해협 또는 그 상공의 지체 없는 항진
 (b) 해협연안국의 주권, 영토보전 또는 정치적 독립에 반하거나, 또는 국제연합헌장에 구현된 국제법의 원칙에 위반되는 그 밖의 방식에 의한 무력의 위협이나 무력의 행사의 자제
 (c) 불가항력 또는 조난으로 인하여 필요한 경우를 제외하고는 계속적이고 신속한 통과의 통상적인 방식에 따르지 아니하는 활동의 자제
 (d) 이 부의 그 밖의 관련규정 준수
2. 통과통항중인 선박은 다음과 같이 하여야 한다.
 (a) 해상충돌방지를 위한 국제규칙을 포함하여 해상안전을 위하여 일반적으로 수락된 국제규칙, 절차 및 관행의 준수
 (b) 선박에 의한 오염의 방지, 경감 및 통제를 위하여 일반적으로 수락된 국제규칙, 절차 및 관행의 준수
3. 통과통항중인 항공기는 다음과 같이 하여야 한다.
 (a) 국제민간항공기구가 제정한 민간항공기에 적용되는 항공규칙 준수. 국가항공기도 통상적으로 이러한 안전조치를 준수하고 항상 비행의 안전을 적절히 고려하여 운항
 (b) 국제적으로 지정된 권한있는 항공교통통제기구가 배정한 무선주파수나 적절한 국제조난 무선주파수의 상시 청취

제40조 조사 및 측량활동

해양과학조사선과 수로측량선을 포함한 외국선박은 통과통항중 해협연안국의 사전허가 없이 어떠한 조 사활동이나 측량활동도 수행할 수 없다.

제41조 국제항행에 이용되는 해협의 항로대와 통항분리방식

1. 해협연안국은 선박의 안전통항을 촉진하기 위하여 필요한 경우, 이 부에 따라 해협 내 항행을 위하여 항로대를 지정하고 통항분리방식을 설정할 수 있다.
2. 해협연안국은 필요한 경우, 적절히 공표한 후, 이미 지정되거나 설정되어 있는

항로대나 통항분리방식을 다른 항로대나 통항분리방식으로 대체할 수 있다.
3. 이러한 항로대와 통항분리방식은 일반적으로 수락된 국제규칙에 따른다.
4. 해협연안국은 항로대를 지정 · 대체하거나 통항분리방식을 설정 · 대체하기에 앞서 권한 있는 국제기구가 이를 채택하도록 제안한다. 국제기구는 해협연안국과 합의된 항로대와 통항분리방식만을 채택할 수 있으며, 그 후 해협연안국은 이를 지정, 설정 또는 대체할 수 있다.
5. 2개국 이상의 해협연안국의 수역을 통과하는 항로대나 통항분리방식이 제안된 해협에 대하여는, 관계국은 권한있는 국제기구와의 협의하에 제안을 작성하기 위하여 협력한다.
6. 해협연안국은 자국이 지정하거나 설정한 모든 항로대와 통항분리방식을 해도에 명시하고 이 해도를 적절히 공표한다.
7. 통과통항중인 선박은 이 조에 따라 설정되어 적용되는 항로대와 통항분리방식을 준수한다.

제42조 통과통항에 관한 해협연안국의 법령
1. 이 절의 규정에 따라 해협연안국은 다음의 전부 또는 일부에 관하여 해협의 통과통항에 관한 법령을 제정할 수 있다.
(a) 제41조에 규정된 항행의 안전과 해상교통의 규제
(b) 해협에서의 유류, 유류폐기물 및 그 밖의 유독성물질의 배출에 관하여 적용하는 국제규칙을 시행함으로써 오염의 방지 · 경감 및 통제
(c) 어선에 관하여서는 어로의 금지(어구의 적재에 관한 규제 포함)
(d) 해협연안국의 관세 · 재정 · 출입국관리 또는 위생에 관한 법령에 위반되는 상품이나 화폐를 싣고 내리는 행위 또는 사람의 승선과 하선
2. 이러한 법령은 외국선박을 형식상 또는 실질상으로 차별하지 아니하며, 그 적용에 있어서 이 절에 규정된 통과통항권을 부정, 방해 또는 침해하는 실질적인 효과를 가져오지 아니한다.
3. 해협연안국은 이러한 모든 법령을 적절히 공표한다.
4. 통과통항권을 행사하는 외국선박은 이러한 법령을 준수한다.
5. 주권면제를 향유하는 선박의 기국 또는 항공기의 등록국은 그 선박이나 항공

기가 이러한 법령이나 이 부의 다른 규정에 위배되는 방식으로 행동한 경우 그로 인하여 해협연안국이 입은 손실 또는 손해에 대하여 국제책임을 진다.

제43조 항행 및 안전보조시설, 그 밖의 개선시설과오염의 방지·경감 및 통제
해협이용국과 해협연안국은 합의에 의하여 다음을 위하여 서로 협력한다.
(a) 항행 및 안전보조시설 또는 국제항행에 유용한 그 밖의 개선시설의 해협내 설치와 유지
(b) 선박에 의한 오염의 방지·경감 및 통제

제44조 해협연안국의 의무
해협연안국은 통과통항권을 방해할 수 없으며 자국이 인지하고 있는 해협내 또는 해협 상공에 있어서의 항행이나 비행에 관한 위험을 적절히 공표한다. 통과통항은 정지될 수 없다.

제3절 무해통항

제45조 무해통항
1. 제2부 제3절에 규정된 무해통항제도는 국제항행에 이용되는 다음 해협에 적용된다.
(a) 제38조 제1항에 규정된 통과통항제도가 적용되지 아니하는 해협
(b) 공해 또는 배타적경제수역의 일부와 외국의 영해와의 사이에 있는 해협
2. 이러한 해협을 통한 무해통항은 정지될 수 없다.

군도 국가 (제4부)

제46조 용어의 사용
이 협약에서,
(a) "군도국가"라 함은 전체적으로 하나 또는 둘 이상의 군도로 구성된 국가를

말하며, 그 밖의 섬을 포함할 수 있다.

(b) "군도"라 함은 섬의 무리(섬들의 일부를 포함), 연결된 수역 및 그 밖의 자연지형으로서, 이들이 서로 밀접하게 관련되어 있어 그러한 섬, 수역 및 그 밖의 자연지형이 고유한 지리적 · 경제적 또는 정치적 단일체를 이루고 있거나 또는 역사적으로 그러한 단일체로 인정되어 온 것을 말한다.

제47조 군도기선

1. 군도국가는 군도의 가장 바깥쪽 섬의 가장 바깥점과 드러난 암초의 가장 바깥점을 연결한 직선군도기선을 그을 수 있다. 다만, 이러한 기선안에는 주요한 섬을 포함하며 수역의 면적과 육지면적(환초 포함)의 비율이 1대 1에서 9대 1 사이이어야 한다.
2. 이러한 기선의 길이는 100해리를 넘을 수 없다. 다만, 군도를 둘러싼 기선 총수의 3퍼센트까지는 그 길이가 100해리를 넘어 최장 125해리까지 될 수 있다.
3. 이러한 기선은 군도의 일반적 윤곽으로부터 현저히 벗어날 수 없다.
4. 이러한 기선은 간조노출지와 연결하여 설정할 수 없다. 다만, 영구적으로 해면위에 있는 등대나 이와 유사한 시설이 간조노출지에 설치되어 있거나, 전체적 또는 부분적으로 간조노출지가 가장 가까운 섬으로부터 영해폭을 넘지 아니하는 거리에 있는 경우에는 그러하지 아니하다.
5. 군도국가는 다른 국가의 영해를 공해나 배타적경제수역으로부터 격리시키는 방식으로 이러한 기선제도를 적용할 수 없다.
6. 군도국가의 군도수역의 어느 일부가 바로 이웃한 국가의 두 부분 사이에 있는 경우, 이웃한 국가가 이러한 수역에서 전통적으로 행사하여 온 기존의 권리와 그 밖의 모든 합법적인 이익 및 관련국간의 합의에 의하여 규정된 모든 권리는 계속하여 존중된다.
7. 제1항에 규정된 수역과 육지의 비율을 산정함에 있어서 육지면적은 섬을 둘러싸고 있는 암초와 환초 안쪽에 있는 수역을 포함할 수 있으며, 또한 급경사가 있는 해양 고원에 있어서는 그 주변에 있는 일련의 석회암 섬과 드러난 암초에 의하여 둘러싸여 있거나 거의 둘러싸인 수역도 포함할 수 있다.
8. 이 조에 따라 그은 기선은 그 위치를 확인하기에 적절한 축척의 해도에 표시한

다. 이는 측지자료를 명기한 각 지점의 지리적 좌표목록으로 대체할 수 있다.
9. 군도국가는 이러한 해도나 지리적 좌표목록을 적절히 공표하고, 그 사본을 국제연합 사무총장에게 기탁한다.

제48조 영해, 접속수역, 배타적경제수역과 대륙붕의 폭의 측정

영해, 접속수역, 배타적경제수역과 대륙붕의 폭은 제47조에 따라 그은 군도기선으로부터 측정한다.

제49조 군도수역과 그 상공·해저 및 하층토의 법적지위

1. 군도국가의 주권은 군도수역의 깊이나 해안으로부터의 거리에 관계없이 제47조에 따라 그은 군도기선에 의하여 둘러싸인 군도수역이라고 불리는 수역에 미친다.
2. 이러한 주권은 군도수역의 상공·해저와 하층토 및 이에 포함된 자원에까지 미친다.
3. 이러한 주권은 이 부에 따라 행사된다.
4. 이 부에 따라서 설정된 군도항로대 통항제도는 다른 면에 있어서 군도항로를 포함한 군도수역의 지위 또는 군도수역, 군도수역의 상공·해저 및 하층토와 이에 포함된 자원에 대한 군도국가의 주권행사에 영향을 미치지 아니한다.

제50조 내수의 경계획정

군도수역에서 군도국가는 제9조, 제10조 및 제11조에 따라 내수의 경계를 획정하기 위한 폐쇄선을 그을 수 있다.

제51조 현행협정, 전통적 어업권과 기존해저전선

1. 제49조를 침해하지 아니하고, 군도국가는 다른 국가와의 현행협정을 존중하고 군도수역의 일정한 수역에 있어서 바로 이웃한 국가의 전통적 어업권과 그 밖의 적법한 활동을 인정한다. 이러한 권리와 활동의 성질·범위와 적용지역 뿐만 아니라 그 행사의 조건은 관련국의 요청에 따라 그들 서로간의 양자협정으로 규율한다. 이러한 권리는 제3국이나 제3국의 국민에게 이전되거

나 공유되지 아니한다.

2. 군도국가는 다른 국가가 부설한 기존 해저전선이 육지에 닿지 아니하고 자국수역을 통과하는 경우 이를 존중한다. 군도국가는 이러한 전선의 위치 및 이에 대한 수리 또는 교체 의사를 적절히 통지받은 경우, 그 전선의 유지와 교체를 허용한다.

제52조 무해통항권

1. 제53조에 따르고 제50조를 침해하지 아니할 것을 조건으로, 모든 국가의 선박은 제2부 제3절에 따라 군도수역에서 무해통항권을 향유한다.
2. 군도국가는 자국의 안전을 보장하기 위하여 불가피한 경우에는 외국선박간에 형식상 또는 실질상 차별하지 아니하고 군도수역의 특정수역에서 외국선박의 무해통항을 일시적으로 정지시킬 수 있다. 이러한 정지조치는 적절히 공표한 후에만 효력을 가진다.

제53조 군도항로대 통항권

1. 군도국가는 자국의 군도수역과 이와 인접한 영해나 그 상공을 통과하는 외국선박과 항공기의 계속적이고 신속한 통항에 적합한 항로대와 항공로를 지정할 수 있다.
2. 모든 선박과 항공기는 이러한 항로대와 항공로에서 군도항로대 통항권을 향유한다.
3. 군도항로대 통항이라 함은 공해나 배타적경제수역의 어느 한 부분과 공해나 배타적경제수역의 다른 부분과의 사이에서 오로지 계속적이고 신속하게 방해받지 아니하고 통과하기 위한 목적으로 통상적 방식의 항행권과 비행권을 이 협약에 따라 행사함을 말한다.
4. 이러한 항로대와 항공로는 군도수역 및 이와 인접한 영해를 횡단하는 것으로서 군도수역의 국제항행로 또는 그 상공비행로로 사용되는 모든 통상적인 통항로를 포함하며, 선박에 관하여서는 이러한 통항로 안의 모든 통상적인 항행수로를 포함한다. 다만, 동일한 입구지점과 출구지점 사이에 유사한 편의가 있는 통로를 중복하여 둘 필요는 없다.

5. 이러한 항로대와 항공로는 통항로의 입구지점으로부터 출구지점까지의 일련의 연속축선에 의하여 정한다. 군도항로대를 통항중인 선박과 항공기는 통항 중 이러한 축선의 어느 쪽으로나 25해리 이상을 벗어날 수 없다. 다만, 이러한 선박과 항공기는 항로대에 접하고 있는 섬과 섬 사이의 가장 가까운 지점을 연결한 거리의 10퍼센트 지점보다 해안에 접근하여 항행할 수 없다.
6. 이 조에 따라 항로대를 지정하는 군도국가는 그러한 항로대 안의 좁은 수로에서 선박의 안전통항을 위하여 통항분리방식을 설정할 수 있다.
7. 군도국가는 필요한 경우, 적절히 공표한 후 이미 지정되거나 설정된 항로대나 통항분리방식을 다른 항로대나 통항분리방식으로 대체할 수 있다.
8. 이러한 항로대와 통항분리방식은 일반적으로 수락된 국제규칙을 따른다.
9. 항로대를 지정 · 대체하거나 통항분리방식을 설정 · 대체함에 있어 군도국가는 권한 있는 국제기구에 제안을 회부하여 채택되도록 한다. 그 국제기구는 군도국가가 동의한 항로대와 통항분리방식만을 채택할 수 있으며, 그 후 군도국가는 이를 지정 · 설정 또는 대체할 수 있다.
10. 군도국가는 자국이 지정하거나 설정한 항로대와 통항분리방식의 축을 해도에 명시하고 이를 적절히 공표한다.
11. 군도항로대를 통항중인 선박은 이 조에 따라 수립되고 적용되는 항로대와 통항분리방식을 존중한다.
12. 군도국가가 항로대나 항공로를 지정하지 아니한 경우, 군도항로대 통항권은 국제항행에 통상적으로 사용되는 통로를 통하여 행사될 수 있다.

제54조 통항 · 조사측량활동중인 선박과 항공기의 의무, 군도국가의 의무 및 군도항로대 통항에 관한 군도국가의 법령 제39조, 제40조, 제42조 및 제44조는 군도항로대 통항에 준용한다.

배타적 경제수역 (제5부)

제55조 배타적 경제수역의 특별한 법제도

배타적 경제수역은 영해 밖에 인접한 수역으로서, 연안국의 권리와 관할권 및 다른 국가의 권리와 자유가 이 협약의 관련규정에 의하여 규율되도록 이 부에서 수립된 특별한 법제도에 따른다.

第56조 배타적 경제수역에서의 연안국의 권리, 관할권 및 의무

1. 배타적 경제수역에서 연안국은 다음의 권리와 의무를 갖는다.
 (a) 해저의 상부수역, 해저 및 그 하층토의 생물이나 무생물등 천연자원의 탐사, 개발, 보존 및 관리를 목적으로 하는 주권적 권리와, 해수·해류 및 해풍을 이용한 에너지생산과 같은 이 수역의 경제적 개발과 탐사를 위한 그 밖의 활동에 관한 주권적 권리
 (b) 이 협약의 관련규정에 규정된 다음 사항에 관한 관할권
  (i) 인공섬, 시설 및 구조물의 설치와 사용
  (ii) 해양과학조사
  (iii) 해양환경의 보호와 보전
 (c) 이 협약에 규정된 그 밖의 권리와 의무
2. 이 협약상 배타적 경제수역에서의 권리행사와 의무이행에 있어서, 연안국은 다른 국가의 권리와 의무를 적절히 고려하고, 이 협약의 규정에 따르는 방식으로 행동한다.
3. 해저와 하층토에 관하여 이 조에 규정된 권리는 제6부에 따라 행사된다.

第57조 배타적 경제수역의 폭

배타적 경제수역은 영해기선으로부터 200해리를 넘을 수 없다.

第58조 배타적 경제수역에서의 다른 국가의 권리와 의무

1. 연안국이거나 내륙국이거나 관계없이, 모든 국가는, 이 협약의 관련규정에 따를 것을 조건으로, 배타적 경제수역에서 제87조에 규정된 항행·상공비행의 자유, 해저전선·관선부설의 자유 및 선박·항공기·해저전선·관선의 운용 등과 같이 이러한 자유와 관련되는 것으로서 이 협약의 다른 규정과 양립하는 그 밖의 국제적으로 적법한 해양 이용의 자유를 향유한다.

2. 第88조부터 第115조까지의 규정과 그 밖의 국제법의 적절한 규칙은 이 부에 배치되지 아니하는 한 배타적 경제수역에 적용된다.
3. 이 협약상 배타적 경제수역에서 권리행사와 의무를 이행함에 있어서, 각국은 연안국의 권리와 의무를 적절하게 고려하고, 이 부의 규정과 배치되지 아니하는 한 이 협약의 규정과 그 밖의 국제법규칙에 따라 연안국이 채택한 법령을 준수한다.

第59조 배타적 경제수역에서의 권리와 관할권의 귀속에 관한마찰 해결의 기초
이 협약에 의하여 배타적 경제수역에서의 권리나 관할권이 연안국이나 다른 국가에 귀속되지 아니하고 또한 연안국과 다른 국가간 이해관계를 둘러싼 마찰이 발생한 경우, 그 마찰은 당사자의 이익과 국제사회 전체의 이익의 중요성을 각각 고려하면서 형평에 입각하여 모든 관련 상황에 비추어 해결한다.

第60조 배타적 경제수역에서의 인공섬, 시설 및 구조물
1. 배타적 경제수역에서 연안국은 다음을 건설하고, 이에 관한 건설·운용 및 사용을 허가하고 규제하는 배타적 권리를 가진다.
(a) 인공섬
(b) 第56조에 규정된 목적과 그 밖의 경제적 목적을 위한 시설과 구조물
(c) 배타적 경제수역에서 연안국의 권리행사를 방해할 수 있는 시설과 구조물
2. 연안국은 이러한 인공섬, 시설 및 구조물에 대하여 관세·재정·위생·안전 및 출입국관리 법령에 관한 관할권을 포함한 배타적 관할권을 가진다.
3. 이러한 인공섬·시설 또는 구조물의 건설은 적절히 공시하고, 이러한 것이 있다는 사실을 경고하기 위한 영구적 수단을 유지한다. 버려졌거나 사용되지 아니하는 시설이나 구조물은 항행의 안전을 보장하기 위하여 제거하며, 이 경우 이와 관련하여 권한있는 국제기구에 의하여 수립되어 일반적으로 수락된 국제기준을 고려한다.
이러한 제거작업을 수행함에 있어서 어로·해양환경 보호 및 다른 국가의 권리와 의무를 적절히 고려한다. 완전히 제거되지 아니한 시설 또는 구조물의 깊이, 위치 및 규모는 적절히 공표한다.

4. 연안국은 필요한 경우 항행의 안전과 인공섬·시설 및 구조물의 안전을 보장하기 위하여 이러한 인공섬·시설 및 구조물의 주위에 적절한 조치를 취할 수 있는 합리적인 안전수역을 설치할 수 있다.
5. 연안국은 적용 가능한 국제기준을 고려하여 안전수역의 폭을 결정한다. 이러한 수역은 인공섬·시설 또는 구조물의 성격 및 기능과 합리적으로 연관되도록 설정되고, 일반적으로 수락된 국제기준에 의하여 허용되거나 권한있는 국제기구가 권고한 경우를 제외하고는 그 바깥쪽 끝의 각 점으로부터 측정하여 500미터를 넘을 수 없다. 안전수역의 범위는 적절히 공시한다.
6. 모든 선박은 이러한 안전수역을 존중하며 인공섬·시설·구조물 및 안전수역 주변에서 일반적으로 수락된 항행에 관한 국제기준을 준수한다.
7. 인공섬·시설·구조물 및 그 주위의 안전수역은 승인된 국제항행에 필수적인 항로대 이용을 방해할 수 있는 곳에 설치할 수 없다.
8. 인공섬·시설 및 구조물은 섬의 지위를 가지지 아니한다. 이들은 자체의 영해를 가지지 아니하며 이들의 존재가 영해, 배타적경제수역 또는 대륙붕의 경계획정에 영향을 미치지 아니한다.

제61조 생물자원의 보존

1. 연안국은 자국의 배타적 경제수역에서의 생물자원의 허용어획량을 결정한다.
2. 연안국은 자국이 이용 가능한 최선의 과학적 증거를 고려하여, 남획으로 인하여 배타적 경제수역에서 생물자원의 유지가 위태롭게 되지 아니하도록 적절한 보존·관리조치를 통하여 보장한다. 적절한 경우, 연안국과 권한 있는 소지역적·지역적 또는 지구적 국제기구는 이를 위하여 협력한다.
3. 이러한 조치는 최대지속생산량을 가져올 수 있는 수준으로 어획대상 어종의 자원량이 유지·회복되도록 계획한다. 이러한 조치를 취함에 있어서 연안어업지역의 경제적 필요와 개발도상국의 특별한 요구를 포함한 환경적·경제적 관련 요인에 의하여 입증되고 또한 어로방식·어족간의 상호의존성 및 소지역적·지역적 또는 지구적 기준 등 어느 기준에서 보나 일반적으로 권고된 국제적 최소기준을 고려한다.
4. 이러한 조치를 취함에 있어서 연안국은 어획되는 어종에 연관되거나 종속되

는 어종의 자원량의 생산량이 중대하게 위태롭게 되지 아니할 수준 이상으로 유지 · 회복하기 위하여 연관어종이나 종속어종에 미치는 영향을 고려한다.
5. 이용가능한 과학적 정보, 어획량과 어업활동 통계 및 수산자원의 보존과 관련된 그 밖의 자료는 배타적 경제수역에서 그 국민의 입어가 허용된 국가를 포함한 모든 관련국의 참여아래 적절히 권한 있는 소지역적 · 지역적 또는 지구적 국제기구를 통하여 정기적으로 제공되고 교환된다.

제62조 생물자원의 이용
1. 연안국은 제61조의 규정을 침해하지 아니하고 배타적 경제수역에서 생물자원의 최적이용목표를 달성한다.
2. 연안국은 배타적 경제수역의 생물자원에 관한 자국의 어획능력을 결정한다. 연안국이 전체 허용어획량을 어획할 능력이 없는 경우, 협정이나 그 밖의 약정을 통하여 제4항에 언급된 조건과 법령에 따라 허용어획량의 잉여량에 관한 다른 국가의 입어를 허용한다. 이 경우 연안국은 제69조 및 제70조의 규정, 특히 이러한 규정이 언급한 개발도상국에 대해 특별히 고려한다.
3. 이 조에 따라 배타적 경제수역에서 다른 국가의 입어를 허용함에 있어서, 연안국은 모든 관련 요소를 고려한다. 특히 그 수역의 생물자원이 연안국의 경제와 그 밖의 국가이익에 미치는 중요성, 제69조 및 제70조의 규정, 잉여자원 어획에 관한 소지역내 또는 지역 내 개발도상국의 요구 및 소속 국민이 그 수역에서 관습적으로 어로행위를 하여 왔거나 어족의 조사와 식별을 위하여 실질적인 노력을 기울여 온 국가의 경제적 혼란을 극소화할 필요성을 고려한다.
4. 배타적 경제수역에서 어로행위를 하는 다른 국가의 국민은 연안국의 법령에 의하여 수립된 보존조치와 그 밖의 조건을 준수한다. 이러한 법령은 이 협약에 부합하여야 하며 특히 다음 사항에 관련될 수 있다.
(a) 어부에 대한 조업허가, 어선과 조업장비의 허가(이러한 허가조치에는 수수료나 다른 형태의 보상금 지급이 포함되며, 개발도상연안국의 경우 수산업에 관한 금융 · 장비 및 기술 분야에 있어서 적절한 보상으로 이루어질 수 있다.)
(b) 어획 가능한 어종의 결정 및 어획할당량의 결정(특정한 어족, 어족의 무리,

또는 특정기간동안 어선당 어획량 또는 특정기간동안 어느 국가의 국민에 의한 어획량으로 산정되는 어획할당량)

(c) 어로기, 어로수역, 어구의 종류 · 크기 및 수량, 그리고 사용가능한 어선의 종류 · 크기 및 척수의 규제

(d) 어획 가능한 어류와 그 밖의 어종의 연령과 크기의 결정

(e) 어선에 대하여 요구되는 정보(어획량과 어업활동 통계 및 어선위치 보고 포함)

(f) 연안국의 허가와 통제에 따른 특정한 어업조사계획의 실시요구와 이러한 조사(어획물의 견본작성, 견본의 처리 및 관련 과학조사자료 보고를 포함) 실시의 규제

(g) 연안국에 의한 감시원이나 훈련원의 어선에의 승선배치

(h) 이러한 어선에 의한 어획물의 전부나 일부를 연안국의 항구에 내리는 행위

(i) 합작사업이나 그 밖의 협력약정에 관한 조건

(j) 연안국의 어로조사 수행능력 강화를 포함한 인원훈련과 어로기술의 이전조건

(k) 시행절차

5. 연안국은 보존과 관리에 관한 법령을 적절히 공시한다.

第63조 2개국 이상 연안국의 배타적 경제수역에 걸쳐 출현하거나 배타적 경제수역과 그 바깥의 인접수역에 걸쳐 출현하는 어족

1. 동일어족이나 이와 연관된 어종의 어족이 2개국 이상 연안국의 배타적 경제수역에 걸쳐 출현하는 경우, 이러한 연안국들은, 이 부의 다른 규정을 침해하지 아니하고, 직접 또는 적절한 소지역기구나 지역기구를 통하여 이러한 어족의 보존과 개발을 조정하고 보장하는 데 필요한 조치에 합의하도록 노력한다.
2. 동일어족 또는 이와 연관된 어종의 어족이 배타적 경제수역과 그 바깥의 인접수역에 걸쳐 출현하는 경우, 연안국과 인접수역에서 이러한 어족을 어획하는 국가는 직접 또는 적절한 소지역기구나 지역기구를 통하여 인접수역에서 이러한 어족의 보존에 필요한 조치에 합의하도록 노력한다.

第64조 고도회유성어종

1. 연안국과 제1부속서에 열거된 고도회유성어종을 어획하는 국민이 있는 그

밖의 국가는 배타적 경제수역과 그 바깥의 인접수역에서 그러한 어종의 보존을 보장하고 최적이용목표를 달성하기 위하여 직접 또는 적절한 국제기구를 통하여 협력한다. 적절한 국제기구가 없는 지역에서는 연안국과 같은 수역에서 이러한 어종을 어획하는 국민이 있는 그 밖의 국가는 이러한 기구를 설립하고 그 사업에 참여하도록 노력한다.

2. 제1항의 규정은 이 부의 다른 규정과 함께 적용한다.

제65조 해양포유동물

이 부의 어떠한 규정도, 적절한 경우, 이 부에 규정된 것보다 더 엄격하게 해양포유동물의 포획을 금지 · 제한 또는 규제할 수 있는 연안국의 권리나 국제기구의 권한을 제한하지 아니한다. 각국은 해양포유동물의 보존을 위하여 노력하며, 특히 고래류의 경우 그 보존 · 관리 및 연구를 위하여 적절한 국제기구를 통하여 노력한다.

제66조 소하성어족

1. 소하성어족이 기원하는 하천의 국가는 이 어족에 대한 일차적 이익과 책임을 가진다.
2. 소하성어족의 기원국은 자국의 배타적 경제수역 바깥한계의 육지 쪽 모든 수역에서의 어로와 제3항 (b)에 규정된 어로에 관하여 적절한 규제조치를 수립함으로써 그 어족의 보존을 보장한다. 기원국은 이러한 어족을 어획하는 제3항과 제4항에 언급된 다른 국가와 협의한 후 자국 하천에서 기원하는 어족에 대한 총허용어획량을 결정할 수 있다.
3. (a) 이 규정으로 인하여 기원국 이외의 국가에 경제적 혼란이 초래되는 경우를 제외하고는, 소하성어족의 어획은 배타적 경제수역 바깥한계의 육지쪽 수역에서만 행하여진다. 배타적 경제수역 바깥한계 밖의 어획에 관하여 관련국은 그 어족에 관한 기원국의 보존요건 및 필요를 적절히 고려하여 어로조건에 관한 합의에 도달하기 위한 협의를 유지한다.
   (b) 기원국은 소하성어족을 어획하는 다른 국가의 통상적인 어획량, 조업방법 및 모든 조업실시지역을 고려하여 이들 국가의 경제적 혼란을 최소화하도

록 협력한다.

(c) (b)에 언급된 국가가 기원국과의 합의에 의하여, 특히 그 경비분담 등 소하성어족을 재생산시키는 조치에 참여하는 경우, 이러한 국가에 대하여 기원국은 자국의 하천에서 기원한 그 어족의 어획에 있어서 특별한 고려를 한다.

(d) 배타적 경제수역 바깥의 소하성어족에 관한 규칙은 기원국과 다른 관련국과의 합의에 의하여 시행한다.

4. 소하성어족이 기원국이 아닌 국가의 배타적 경제수역 바깥한계의 육지 쪽 수역을 통하여 회유하는 경우 이러한 국가는 그 어족의 보존과 관리에 관하여 기원국과 협력한다.

5. 소하성어족의 기원국과 이를 어획하는 그 밖의 국가는 이 조의 규정을 이행하기 위하여 적절한 경우 지역기구를 통하여 약정을 체결한다.

제67조 강하성어종

1. 강하성어종이 그 생존기간의 대부분을 보내는 수역의 연안국은 그 어종의 관리에 대한 책임을 지며 회유어의 출입을 보장한다.

2. 강하성어종의 어획은 배타적경제수역 바깥한계의 육지쪽 수역에서만 행하여 진다. 배타적경제수역에서 어획이 행하여지는 경우 이 조의 규정 및 배타적경제수역내 어획에 관한 이 협약의 그 밖의 규정에 따른다.

3. 강하성어종이 치어로서 또는 성어로서 다른 국가의 배타적경제수역을 회유하는 경우, 어획을 포함한 그 어종에 대한 관리는 제1항에 언급된 국가와 그 밖의 관련국간의 합의에 따라 규제된다. 이러한 합의는 강하성어종의 합리적 관리를 보장하고 이의 유지를 위하여 제1항에 언급된 국가의 책임을 고려한다.

제68조 정착성어종

이 부는 제77조 제4항에서 정의한 정착성어종에는 적용하지 아니한다.

제69조 내륙국의 권리

1. 내륙국은 모든 관련국의 경제적 · 지리적 관련 상황을 고려하고 이 조 및 제

61조, 제62조의 규정에 따라 형평에 입각하여 동일한 소지역이나 지역 내 연안국의 배타적 경제수역의 생물자원 잉여량중 적절한 양의 개발에 참여할 권리를 가진다.

2. 이러한 참여조건과 방식은 특히 아래 사항을 고려하여 양자협정, 소지역 또는 지역협정을 통하여 관련국에 의하여 수립된다.
   (a) 연안국의 지역어업사회 및 수산업에 해로운 영향을 회피할 필요
   (b) 이 조의 규정에 따라 내륙국이 기존의 양자협정, 소지역 또는 지역협정에 따라 다른 연안국의 배타적 경제수역의 생물자원 개발에 참여하고 있는 정도 또는 참여할 수 있는 자격의 정도
   (c) 다른 내륙국과 지리적불리국이 연안국의 배타적경제수역의 생물자원개발에 참여하고 있는 정도 및 그 결과로 단일 연안국이 특별한 부담 또는 그 일부를 지게 되는 것을 회피할 필요
   (d) 각국 주민의 영양상 필요
3. 연안국의 어획능력이 자국 배타적경제수역내에 있는 생물자원의 허용어획량 전체를 어획할 수 있는 수준에 도달한 경우, 연안국과 그 밖의 관련국은 양국 간, 소지역적 또는 지역적 기초에 입각하여 상황에 적절하고 모든 당사국이 만족하는 조건으로 동일한 소지역 또는 지역 내에 있는 개발도상내륙국이 그 소지역 또는 지역 내 연안국의 배타적 경제수역의 생물자원개발에 참여하는 것을 허용하는 공평한 약정을 체결하도록 협력한다.
   이 규정을 이행함에 있어서 제2항에 규정한 사항도 함께 고려한다.
4. 이 조의 규정에 따라 선진내륙국은 동일한 소지역 또는 지역 내 선진연안국의 배타적 경제수역에 한하여 생물자원 개발에 참여할 수 있다. 이 때 그 선진내륙국은 그 선진 연안국이 자국의 배타적 경제수역의 생물자원에 대한 다른 국가의 접근을 허용함에 있어서, 관습적으로 그 수역에서 조업하여 온 국민이 있는 국가의 지역어업사회에 미칠 해로운 영향과 경제적 혼란을 최소화할 필요를 고려하여 온 정도를 참작한다.
5. 위의 규정은 연안국이 배타적 경제수역의 생물자원개발을 위한 평등한 권리나 우선적 권리를 동일한 소지역 또는 지역 내의 내륙국에 부여하는 소지역 또는 지역 내에서 합의된 약정을 적용하는 것을 침해하지 아니한다.

제70조 지리적불리국의 권리

1. 지리적불리국은 모든 관련국의 경제적 · 지리적 상황을 고려하고 이 조 및 제61조, 제62조의 규정에 따라 동일한 소지역 또는 지역 내에 있는 연안국의 배타적 경제수역의 생물자원 잉여량중 적절한 양의 개발에 공평하게 참여할 권리를 가진다.
2. 이 부에서 "지리적불리국"이라 함은 폐쇄해나 반폐쇄해에 접한 국가를 포함한 연안국으로서, 그 지리적 여건으로 인하여 자국주민 또는 그 일부의 영양상 목적을 위하여 충분한 어류공급을 소지역 또는 지역 내에 있는 다른 국가의 배타적 경제수역 내 생물자원의 개발에 의존하여야 하거나, 자국의 배타적 경제수역을 주장할 수 없는 연안국을 말한다.
3. 이러한 참여의 조건과 방식은 특히 아래 사항을 고려하여 양자협정, 소지역 또는 지역협정을 통하여 관련국에 의하여 확립된다.
   (a) 연안국의 지역어업사회 및 수산업에 해로운 영향을 회피할 필요
   (b) 이 조의 규정에 따라 지리적불리국이 기존의 양자협정, 소지역 또는 지역협정에 따라 다른 연안국의 배타적 경제수역의 생물자원개발에 참여하고 있는 정도 또는 참여할 수 있는 자격의 정도
   (c) 다른 지리적불리국과 내륙국이 연안국의 배타적 경제수역의 생물자원의 개발에 참여하고 있는 정도 및 그 결과로 단일 연안국이 특별한 부담 또는 그 일부를 지게 되는 것을 회피할 필요
   (d) 각국 주민의 영양상 필요
4. 연안국의 어획능력이 자국의 배타적 경제수역 생물자원의 허용어획량 전체를 어획할 수 있는 수준에 도달한 경우, 연안국과 그 밖의 관련국은 양국 간, 소지역적 또는 지역적 기초에 입각하여 상황에 적절하고 모든 당사국이 만족하는 조건으로, 동일한 소지역이나 지역 내에 있는 연안국의 배타적 경제수역 생물자원 개발에 참여를 허용하는 공평한 약정을 체결하도록 협력한다. 이 규정을 이행함에 있어서 제3항에 규정한 사항도 함께 고려한다.
5. 이 조의 규정에 따라 선진지리적불리국은 동일한 소지역 또는 지역 내에 있는 선진연안국의 배타적 경제수역에 한하여 생물자원의 개발에 참여할 수 있다. 이 때 그 선진지리적불리국은 그 선진연안국이 자국의 배타적 경제수

역의 생물자원에 대하여 다른 국가의 입어를 허용함에 있어서, 소속국민이 오랫동안 그 수역에서 조업하여 온 국가의 지역어업사회에 미칠 해로운 영향과 경제적 혼란을 최소화할 필요를 고려하여 온 정도를 참작한다.

6. 위의 규정은 연안국이 배타적 경제수역의 생물자원 개발을 위한 평등한 권리나 우선적 권리를 동일한 소지역 또는 지역 내의 지리적불리국에 부여하는 소지역 또는 지역 내에서 합의된 약정을 적용하는 것을 침해하지 아니한다.

제71조 제69조와 제70조 적용의 배제

제69조와 제70조의 규정은 연안국의 경제가 배타적 경제수역의 생물자원개발에 크게 의존하고 있는 경우에는 적용하지 아니한다.

제72조 권리이전의 제한

1. 제69조와 제70조에 규정한 생물자원개발 권리는 관계국이 달리 합의하지 아니하는 한, 임대차나 면허, 합작사업의 설립 또는 권리 이전의 효과를 가지는 그 밖의 방법에 의하여 제3국이나 그 국민에게 직접적으로 또는 간접적으로 이전될 수 없다.
2. 제1항의 규정은 동항에서 언급된 효과를 가지지 아니하는 한, 관련국이 제69조와 제70조의 규정에 따른 권리의 행사를 용이하게 하기 위하여 제3국이나 국제기구로부터 기술적 · 재정적 원조를 받는 것을 방해하지 아니한다.

제73조 연안국법령의 시행

1. 연안국은 배타적 경제수역의 생물자원을 탐사 · 개발 · 보존 및 관리하는 주권적 권리를 행사함에 있어서, 이 협약에 부합되게 채택한 자국법령을 준수하도록 보장하기 위하여 승선, 검색, 나포 및 사법절차를 포함하여 필요한 조치를 취할 수 있다.
2. 나포된 선박과 승무원은 적절한 보석금이나 그 밖의 보증금을 예치한 뒤에는 즉시 석방된다.
3. 배타적 경제수역에서 어업법령 위반에 대한 연안국의 처벌에는, 관련국간 달리 합의하지 아니하는 한, 금고 또는 다른 형태의 체형이 포함되지 아니한다.

4. 외국선박을 나포하거나 억류한 경우, 그 연안국은 적절한 경로를 통하여 취하여진 조치와 그 후에 부과된 처벌에 관하여 기국에 신속히 통고한다.

제74조 대향국간 또는 인접국간의 배타적 경제수역의 경계획정

1. 서로 마주보고 있거나 인접한 연안을 가진 국가 간의 배타적 경제수역 경계획정은 공평한 해결에 이르기 위하여, 국제사법재판소규정 제38조에 언급된 국제법을 기초로 하는 합의에 의하여 이루어진다.
2. 상당한 기간 내에 합의에 이르지 못할 경우 관련국은 제15부에 규정된 절차에 회부한다.
3. 제1항에 규정된 합의에 이르는 동안, 관련국은 이해와 상호협력의 정신으로 실질적인 잠정약정을 체결할 수 있도록 모든 노력을 다하며, 과도적인 기간 동안 최종 합의에 이르는 것을 위태롭게 하거나 방해하지 아니한다. 이러한 약정은 최종적인 경계획정에 영향을 미치지 아니한다.
4. 관련국간에 발효 중인 협정이 있는 경우, 배타적 경제수역의 경계획정에 관련된 사항은 그 협정의 규정에 따라 결정된다.

제75조 해도와 지리적 좌표목록

1. 이 부에 따라 배타적 경제수역의 바깥한계선 및 제75조에 따라 그은 경계획정선은 그 위치를 확인하기에 적합한 축척의 해도에 표시된다. 적절한 경우 이러한 바깥한계선이나 경계획정선은 측지자료를 명기한 각 지점의 지리적 좌표목록으로 대체할 수 있다.
2. 연안국은 이러한 해도나 지리적 좌표목록을 적절히 공표하고 그 사본을 국제연합 사무총장에게 기탁한다.

대륙붕 (제6부)

제76조 대륙붕의 정의

1. 연안국의 대륙붕은 영해 밖으로 영토의 자연적 연장에 따라 대륙변계의 바

깥 끝까지, 또는 대륙변계의 바깥 끝이 200해리에 미치지 아니하는 경우, 영해기선으로부터 200해리까지의 해저지역의 해저와 하층토로 이루어진다.

2. 연안국의 대륙붕은 제4항부터 제6항까지 규정한 한계 밖으로 확장될 수 없다.
3. 대륙변계는 연안국 육지의 해면 아래쪽 연장으로서, 대륙붕 · 대륙사면 · 대륙융기의 해저와 하층토로 이루어진다. 대륙변계는 해양산맥을 포함한 심해대양저나 그 하층토를 포함하지 아니한다.
4. (a) 이 협약의 목적상 연안국은 대륙변계가 영해기선으로부터 200해리 밖까지 확장되는 곳에서는 아래 선중 어느 하나로 대륙변계의 바깥끝을 정한다.
   (i) 퇴적암의 두께가 그 가장 바깥 고정점으로부터 대륙사면의 끝까지를 연결한 가장 가까운 거리의 최소한 1퍼센트인 가장 바깥 고정점을 제7항에 따라 연결한 선
   (ii) 대륙사면의 끝으로부터 60해리를 넘지 아니하는 고정점을 제7항에 따라 연결한 선
   (b) 반대의 증거가 없는 경우, 대륙사면의 끝은 그 기저에서 경사도의 최대변경점으로 결정된다.
5. 제4항 (a) (i)과 (ii)의 규정에 따라 그은 해저에 있는 대륙붕의 바깥한계선을 이루는 고정점은 영해기선으로부터 350해리를 넘거나 2500미터 수심을 연결하는 선인 2500미터 등심선으로부터 100해리를 넘을 수 없다.
6. 제5항의 규정에도 불구하고 해저산맥에서는 대륙붕의 바깥한계는 영해기선으로부터 350해리를 넘을 수 없다. 이 항은 해양고원 · 융기 · 캡 · 해퇴 및 해저돌출부와 같은 대륙변계의 자연적 구성요소인 해저고지에는 적용하지 아니한다.
7. 대륙붕이 영해기선으로부터 200해리 밖으로 확장되는 경우, 연안국은 경도와 위도 좌표로 표시된 고정점을 연결하여 그 길이가 60해리를 넘지 아니하는 직선으로 대륙붕의 바깥한계를 그어야 한다.
8. 연안국은 영해기선으로부터 200해리를 넘는 대륙붕의 한계에 관한 정보를 공평한 지리적 배분의 원칙에 입각하여 제2부속서에 따라 설립된 대륙붕한계위원회에 제출한다. 위원회는 대륙붕의 바깥한계 설정에 관련된 사항에 관하여 연안국에 권고를 행한다. 이러한 권고를 기초로 연안국이 확정한 대

륙붕의 한계는 최종적이며 구속력을 가진다.
9. 연안국은 측지자료를 비롯하여 항구적으로 자국 대륙붕의 바깥한계를 표시하는 해도와 관련정보를 국제연합사무총장에게 기탁한다. 국제연합사무총장은 이를 적절히 공표한다.
10. 이 조의 규정은 서로 마주보고 있거나 이웃한 연안국의 대륙붕경계 획정문제에 영향을 미치지 아니한다.

제77조 대륙붕에 대한 연안국의 권리
1. 연안국은 대륙붕을 탐사하고 그 천연자원을 개발할 수 있는 대륙붕에 대한 주권적 권리를 행사한다.
2. 제1항에 언급된 권리는 연안국이 대륙붕을 탐사하지 아니하거나 그 천연자원을 개발하지 아니하더라도 다른 국가는 연안국의 명시적인 동의 없이는 이러한 활동을 할 수 없다는 의미에서 배타적 권리이다.
3. 대륙붕에 대한 연안국의 권리는 실효적이거나 관념적인 점유 또는 명시적 선언에 의존하지 아니한다.
4. 이 부에서 규정한 천연자원은 해저와 하층토의 광물, 그 밖의 무생물자원 및 정착성어종에 속하는 생물체, 즉 수확가능단계에서 해저표면 또는 그 아래에서 움직이지 아니하거나 또는 해저나 하층토에 항상 밀착하지 아니하고는 움직일 수 없는 생물체로 구성된다.

제78조 상부수역과 상공의 법적지위 및 다른 국가의 권리와 자유
1. 대륙붕에 대한 연안국의 권리는 그 상부수역이나 수역 상공의 법적지위에 영향을 미치지 아니한다.
2. 대륙붕에 대한 연안국의 권리행사는 다른 국가의 항행의 권리 및 이 협약에 규정한 다른 권리와 자유를 침해하거나 부당한 방해를 초래하지 아니한다.

제79조 대륙붕에서의 해저전선과 관선
1. 모든 국가는 이 조의 규정에 따라 대륙붕에서 해저전선과 관선을 부설할 자격을 가진다.

2. 연안국은 대륙봉의 탐사와 대륙봉의 천연자원 개발, 그리고 관선에 의한 오염의 방지, 경감 및 통제를 위한 합리적 조치를 취할 권리에 따라 이러한 전선이나 관선의 부설이나 유지를 방해할 수 없다.
3. 대륙봉에서 위의 관선 부설경로의 설정은 연안국의 동의를 받아야 한다.
4. 이 부의 어떠한 규정도 자국 영토나 영해를 거쳐 가는 전선이나 관선에 대한 조건을 설정하는 연안국의 권리, 대륙봉의 탐사나 그 자원의 개발 또는 자국 관할권 아래에 있는 인공섬 · 시설 및 구조물의 운용과 관련하여 부설하거나 사용하는 전선과 관선에 대한 연안국의 관할권에 영향을 미치지 아니한다.
5. 각국은 해저전선이나 관선을 부설함에 있어서 이미 설치된 전선이나 관선을 적절히 고려한다. 특히 기존전선이나 관선을 수리할 가능성을 방해하지 아니한다.

제80조 대륙봉상의 인공섬 · 시설 및 구조물
제60조의 규정은 대륙봉상의 인공섬 · 시설 및 구조물에 준용한다.

제81조 대륙봉시추
연안국은 대륙봉에서 모든 목적의 시추를 허가하고 규제할 배타적 권리를 가진다.

제82조 200해리 밖의 대륙봉개발에 따른 금전지급 및 현물공여
1. 연안국은 영해기선으로부터 200해리 밖에 있는 대륙봉의 무생물 자원 개발에 관하여 금전을 지급하거나 현물을 공여한다.
2. 금전지급과 현물공여는 생산개시 5년 후부터 그 광구에서 생산되는 모든 생산물에 대하여 매년 납부된다. 6년째의 금전지급이나 현물공여의 비율은 생산물의 가격이나 물량의 1퍼센트로 유지한다. 그 비율은 12년째까지 매년 1퍼센트씩 증가시키고 그 이후에는 7퍼센트로 한다. 생산물의 개발을 위하여 사용한 자원은 포함하지 아니한다.
3. 자국의 대륙봉에서 생산되는 광물자원의 순수입국인 개발도상국은 그 광물자원에 대한 금전지급이나 현물공여로부터 면제된다.
4. 금전지급과 현물공여는 해저기구를 통하여 이루어지며, 해저기구는 이를 개

발도상국, 특히 개발도상국 중 최저개발국 및 내륙국의 이익과 필요를 고려하고 공평분배의 기준에 입각하여 이 협약의 당사국에게 분배한다.

제83조 대향국간 또는 인접국간의 대륙붕의 경계획정

1. 서로 마주보고 있거나 인접한 연안국간의 대륙붕 경계획정은 공평한 해결에 이르기 위하여, 국제사법재판소규정 제38조에 언급된 국제법을 기초로 하여 합의에 의하여 이루어진다.
2. 상당한 기간 내에 합의에 이르지 못할 경우, 관련국은 제15부에 규정된 절차에 회부한다.
3. 제1항에 규정된 합의에 이르는 동안 관련국은, 이해와 상호협력의 정신으로, 실질적인 잠정약정을 체결할 수 있도록 모든 노력을 다하며, 과도적인 기간 동안 최종 합의에 이르는 것을 위태롭게 하거나 방해하지 아니한다. 이러한 약정은 최종적 경계획정에 영향을 미치지 아니한다.
4. 관련국간에 발효 중인 협정이 있는 경우, 대륙붕의 경계획정에 관련된 문제는 그 협정의 규정에 따라 결정된다.

제84조 해도와 지리적 좌표목록

1. 이 부에 따라 대륙붕의 바깥한계선과 제83조에 따라 그은 경계획정선은 그 위치를 확인하기에 적합한 축척의 해도에 표시한다. 적절한 경우 이러한 바깥한계선이나 경계획정선은 측지자료를 명기한 각 지점의 지리적 좌표목록으로 대체할 수 있다.
2. 연안국은 이러한 해도나 지리적 좌표목록을 적절히 공표하고 그 사본을 국제연합 사무총장에게 기탁하며, 대륙붕의 바깥한계선을 표시하는 해도나 좌표목록의 경우에는 이를 해저기구 사무총장에게 기탁한다.

제85조 굴착

이 부의 규정은 하층토 상부의 수심에 관계없이 굴착에 의하여 하층토를 개발하는 연안국의 권리를 침해하지 아니한다.

공해 (제7부)

제1절 총칙

제86조 이 부 규정의 적용

이 부의 규정은 어느 한 국가의 배타적 경제수역 · 영해 · 내수 또는 군도국가의 군도 수역에 속하지 아니하는 바다의 모든 부분에 적용된다. 이 조는 제58조에 따라 배타적 경제수역에서 모든 국가가 향유하는 자유에 제약을 가져오지 아니한다.

제87조 공해의 자유

1. 공해는 연안국이거나 내륙국이거나 관계없이 모든 국가에 개방된다. 공해의 자유는 이 협약과 그 밖의 국제법 규칙이 정하는 조건에 따라 행사된다. 연안국과 내륙국이 향유하는 공해의 자유는 특히 다음의 자유를 포함한다.
 (a) 항행의 자유
 (b) 상공비행의 자유
 (c) 제6부에 따른 해저전선과 관선 부설의 자유
 (d) 제6부에 따라 국제법상 허용되는 인공섬과 그 밖의 시설 건설의 자유
 (e) 제2절에 정하여진 조건에 따른 어로의 자유
 (f) 제6부와 제13부에 따른 과학조사의 자유
2. 모든 국가는 이러한 자유를 행사함에 있어서 공해의 자유의 행사에 관한 다른 국가의 이익 및 심해저활동과 관련된 이 협약상의 다른 국가의 권리를 적절히 고려한다.

제88조 평화적 목적을 위한 공해의 보존

공해는 평화적 목적을 위하여 보존된다.

제89조 공해에 대한 주권주장의 무효

어떠한 국가라도 유효하게 공해의 어느 부분을 자국의 주권 아래 둘 수 없다.

제90조 항행의 권리
연안국이거나 내륙국이거나 관계없이 모든 국가는 공해에서 자국기를 게양한 선박을 항행시킬 권리를 가진다.

제91조 선박의 국적
1. 모든 국가는 선박에 대한 자국국적의 부여, 자국영토에서의 선박의 등록 및 자국기를 게양할 권리에 관한 조건을 정한다. 어느 국기를 게양할 자격이 있는 선박은 그 국가의 국적을 가진다. 그 국가와 선박 간에는 진정한 관련이 있어야 한다.
2. 모든 국가는 그 국기를 게양할 권리를 부여한 선박에 대하여 그러한 취지의 서류를 발급한다.

제92조 선박의 지위
1. 국제조약이나 이 협약에 명시적으로 규정된 예외적인 경우를 제외하고는 선박은 어느 한 국가의 국기만을 게양하고 항행하며 공해에서 그 국가의 배타적인 관할권에 속한다. 선박은 진정한 소유권 이전 또는 등록변경의 경우를 제외하고는 항행중이나 기항 중에 그 국기를 바꿀 수 없다.
2. 2개국 이상의 국기를 편의에 따라 게양하고 항행하는 선박은 다른 국가에 대하여 그 어느 국적도 주장할 수 없으며 무국적선으로 취급될 수 있다.

제93조 국제연합, 국제연합전문기구와 국제원자력기구의 기를 게양한 선박
앞의 조항들은 국제연합, 국제연합 전문기구 또는 국제원자력기구의 기를 게양하고 그 기구의 공무에 사용되는 선박에 관련된 문제에는 영향을 미치지 아니한다.

제94조 기국의 의무
1. 모든 국가는 자국기를 게양한 선박에 대하여 행정적 · 기술적 · 사회적 사항에 관하여 유효하게 자국의 관할권을 행사하고 통제한다.
2. 모든 국가는 특히,
(a) 일반적으로 수락된 국제규칙이 적용되지 아니하는 소형 선박을 제외하고는

자국기를 게양한 선명과 세부사항을 포함하는 선박등록대장을 유지한다.

(b) 선박에 관련된 행정적·기술적·사회적 사항과 관련하여 자국기를 게양한 선박, 그 선박의 선장, 사관과 선원에 대한 관할권을 자국의 국내법에 따라 행사한다.

3. 모든 국가는 자국기를 게양한 선박에 대하여 해상안전을 확보하기 위하여 필요한 조치로서 특히 다음 사항에 관한 조치를 취한다.

(a) 선박의 건조, 장비 및 감항성

(b) 적용 가능한 국제문서를 고려한 선박의 인원배치, 선원의 근로조건 및 훈련

(c) 신호의 사용, 통신의 유지 및 충돌의 방지

4. 이러한 조치는 다음을 보장하기 위하여 필요한 사항을 포함한다.

(a) 각 선박은 등록전과 등록 후 적당한 기간마다 자격 있는 선박검사원에 의한 검사를 받아야하며, 선박의 안전항행에 적합한 해도·항행간행물과 항행장비 및 항행도구를 선상에 보유한다.

(b) 각 선박은 적합한 자격, 특히 선박조종술·항행·통신·선박공학에 관한 적합한 자격을 가지고 있는 선장과 사관의 책임아래 있고, 선원은 그 자격과 인원수가 선박의 형태·크기·기관 및 장비에 비추어 적합하여야 한다.

(c) 선장·사관 및 적합한 범위의 선원은 해상에서의 인명안전, 충돌의 방지, 해양오염의 방지·경감·통제 및 무선통신의 유지와 관련하여 적용 가능한 국제규칙에 완전히 정통하고 또한 이를 준수한다.

5. 제3항과 제4항에서 요구되는 조치를 취함에 있어서, 각국은 일반적으로 수락된 국제적인 규제 조치, 절차 및 관행을 따르고, 이를 준수하기 위하여 필요한 조치를 취한다.

6. 선박에 관한 적절한 관할권이나 통제가 행하여지지 않았다고 믿을 만한 충분한 근거를 가지고 있는 국가는 기국에 그러한 사실을 통보할 수 있다. 기국은 이러한 통보를 접수한 즉시 그 사실을 조사하고, 적절한 경우, 상황을 개선하기 위하여 필요한 조치를 취한다.

7. 각국은 다른 국가의 국민에 대한 인명손실이나 중대한 상해, 다른 국가의 선박이나 시설, 또는 해양환경에 대한 중대한 손해를 일으킨 공해상의 해난이나 항행사고에 관하여 자국기를 게양한 선박이 관계되는 모든 경우, 적절한

자격을 갖춘 사람에 의하여 또는 그 입회 아래 조사가 실시되도록 한다. 기국 및 다른 관련국은 이러한 해난이나 항행사고에 관한 그 다른 관련국의 조사실시에 서로 협력한다.

제95조 공해상 군함의 면제

공해에 있는 군함은 기국외의 어떠한 국가의 관할권으로부터도 완전히 면제된다.

제96조 정부의 비상업적 업무에만 사용되는 선박의 면제

국가가 소유하거나 운용하는 선박으로서 정부의 비상업적 업무에만 사용되는 선박은 공해에서 기국외의 어떠한 국가의 관할권으로부터도 완전히 면제된다.

제97조 충돌 또는 그 밖의 항행사고에 관한 형사관할권

1. 공해에서 발생한 선박의 충돌 또는 선박에 관련된 그 밖의 항행사고로 인하여 선장 또는 그 선박에서 근무하는 그 밖의 사람의 형사책임이나 징계책임이 발생하는 경우, 관련자에 대한 형사 또는 징계 절차는 그 선박의 기국이나 그 관련자의 국적국의 사법 또는 행정당국 외에서는 제기될 수 없다.
2. 징계문제와 관련, 선장증명서, 자격증 또는 면허증을 발급한 국가만이 적법절차를 거친 후, 이러한 증명서의 소지자가 자국국민이 아니더라도, 이러한 증명서를 무효화할 권한이 있다.
3. 선박의 나포나 억류는 비록 조사를 위한 조치이더라도 기국이 아닌 국가의 당국은 이를 명령할 수 없다.

제98조 지원제공의무

1. 모든 국가는 자국국기를 게양한 선박의 선장에 대하여 선박·선원 또는 승객에 대한 중대한 위험이 없는 한 다음 사항을 행하도록 요구한다.

(a) 바다에서 발견된 실종위험이 있는 사람에 대한 지원제공

(b) 지원할 필요가 있다고 통보받은 경우 선장이 그러한 행동을 하리라고 합리적으로 기대되는 한도 내에서 가능한 전속력 항진하여 조난자를 구조하는 것

(c) 충돌 후 상대선박·선원·승객에 대한 지원제공 및 가능한 경우 자기선박

의 명칭 · 등록항 그리고 가장 가까운 기항예정지를 상대선박에 통보

2. 모든 연안국은 해상안전에 관한 적절하고도 실효적인 수색 · 구조기관의 설치 · 운영 및 유지를 촉진시키고, 필요한 경우 이를 위하여 지역약정의 형태로 인접국과 서로 협력한다.

제99조 노예수송금지

모든 국가는 자국기 게양이 허가된 선박에 의한 노예수송을 방지하고 처벌하며 자국기가 그러한 목적으로 불법사용되는 것을 방지하기 위하여 실효적인 조치를 취한다. 선박에 피난한 노예는 그 선박의 기국이 어느 나라이건 피난사실 자체로써 자유이다.

제100조 해적행위 진압을 위한 협력의무

모든 국가는 공해나 국가 관할권 밖의 어떠한 곳에서라도 해적행위를 진압하는데 최대한 협력한다.

제101조 해적행위의 정의

해적행위라 함은 다음 행위를 말한다.

(a) 민간선박 또는 민간항공기의 승무원이나 승객이 사적 목적으로 다음에 대하여 범하는 불법적 폭력행위, 억류 또는 약탈 행위

(i) 공해상의 다른 선박이나 항공기 또는 그 선박이나 항공기내의 사람이나 재산

(ii) 국가 관할권에 속하지 아니하는 곳에 있는 선박 · 항공기 · 사람이나 재산

(b) 어느 선박 또는 항공기가 해적선 또는 해적항공기가 되는 활동을 하고 있다는 사실을 알고서도 자발적으로 그러한 활동에 참여하는 모든 행위

(c) (a)와 (b)에 규정된 행위를 교사하거나 고의적으로 방조하는 모든 행위

제102조 승무원이 반란을 일으킨 군함 · 정부선박 · 정부항공기에 의한 해적행위

승무원이 반란을 일으켜 그 지배하에 있는 군함 · 정부선박 · 정부항공기가 제101조에 정의된 해적행위를 하는 경우, 그러한 행위는 민간선박 또는 민간항공기에 의한 행위로 본다.

제103조 해적선 · 해적항공기의 정의
선박 또는 항공기를 실효적으로 통제하고 있는 자가 제101조에 언급된 어느 한 행위를 목적으로 그 선박이나 항공기를 사용하려는 경우, 그 선박 또는 항공기는 해적선이나 해적항공기로 본다. 선박이나 항공기가 이러한 행위를 위하여 사용된 경우로서 그 선박이나 항공기가 그러한 행위에 대해 책임 있는 자의 지배하에 있는 한 또한 같다.

제104조 해적선 · 해적항공기의 국적 보유 또는 상실
선박 또는 항공기가 해적선 또는 해적항공기가 된 경우에도 그 국적을 보유할 수 있다. 국적의 보유나 상실은 그 국적을 부여한 국가의 법률에 의하여 결정된다.

제105조 해적선 · 해적항공기의 나포
모든 국가는 공해 또는 국가 관할권 밖의 어떠한 곳에서라도, 해적선 · 해적항공기 또는 해적행위에 의하여 탈취되어 해적의 지배하에 있는 선박 · 항공기를 나포하고, 그 선박과 항공기내에 있는 사람을 체포하고, 재산을 압수할 수 있다. 나포를 행한 국가의 법원은 부과될 형벌을 결정하며, 선의의 제3자의 권리를 존중할 것을 조건으로 그 선박 · 항공기 또는 재산에 대하여 취할 조치를 결정할 수 있다.

제106조 충분한 근거 없는 나포에 따르는 책임
해적행위의 혐의가 있는 선박이나 항공기의 나포가 충분한 근거가 없이 행하여진 경우, 나포를 행한 국가는 그 선박이나 항공기의 국적국에 대하여 나포로 인하여 발생한 손실 또는 손해에 대한 책임을 진다.

제107조 해적행위를 이유로 나포할 권한이 있는 선박과 항공기
해적행위를 이유로 한 나포는 군함 · 군용항공기 또는 정부업무를 수행중인 것으로 명백히 표시되고 식별이 가능하며 그러한 권한이 부여된 그 밖의 선박이나 항공기만이 행할 수 있다.

제108조 마약이나 향정신성물질의 불법거래

1. 모든 국가는 공해에서 선박에 의하여 국제협약을 위반하여 행하여지는 마약과 향정신성물질의 불법거래를 진압하기 위하여 협력한다.
2. 자국기를 게양한 선박이 마약이나 향정신성물질의 불법거래에 종사하고 있다고 믿을 만한 합리적인 근거를 가지고 있는 국가는 다른 국가에 대하여 이러한 거래의 진압을 위한 협력을 요청할 수 있다.

제109조 공해로부터의 무허가방송

1. 모든 국가는 공해로부터의 무허가방송을 진압하는데 협력한다.
2. 이 협약에서 "무허가방송"이라 함은 국제규정을 위배하여 일반대중의 수신을 목적으로 공해상의 선박이나 시설로부터 음성무선방송이나 텔레비전방송을 송신함을 말한다. 다만, 조난신호의 송신은 제외한다.
3. 무허가방송에 종사하는 자는 다음 국가의 법원에 기소될 수 있다.
   (a) 선박의 기국
   (b) 시설의 등록국
   (c) 종사자의 국적국
   (d) 송신이 수신될 수 있는 국가
   (e) 허가된 무선통신이 방해받는 국가
4. 제3항에 따라 관할권을 가지는 국가는 무허가방송에 종사하는 사람이나 선박을 제110조의 규정에 따라 공해에서 체포하거나 나포하고 방송기기를 압수할 수 있다.

제110조 임검권

1. 제95조와 제96조에 따라 완전한 면제를 가지는 선박을 제외한 외국선박을 공해에서 만난 군함은 다음과 같은 혐의를 가지고 있다는 합리적 근거가 없는 한 그 선박을 임검하는 것은 정당화되지 아니한다. 다만, 간섭행위가 조약에 따라 부여된 권한에 의한 경우는 제외한다.
   (a) 그 선박의 해적행위에의 종사
   (b) 그 선박의 노예거래에의 종사

(c) 그 선박의 무허가방송에의 종사 및 군함 기국이 제109조에 따른 관할권 보유
(d) 무국적선
(e) 선박이 외국기를 게양하고 있거나 국기제시를 거절하였음에도 불구하고 실질적으로 군함과 같은 국적 보유

2. 제1항에 규정된 경우에 있어서 군함은 그 선박이 그 국기를 게양할 권리를 가지는 가를 확인할 수 있다. 이러한 목적을 위하여 군함은 혐의선박에 대하여 장교의 지휘아래 보조선을 파견할 수 있다. 서류를 검열한 후에도 혐의가 남아있는 경우, 가능한 한 신중하게 그 선박 내에서 계속하여 검사를 진행할 수 있다.
3. 혐의가 근거 없는 것으로 밝혀지고 또한 임검을 받은 선박이 그 혐의를 입증할 어떠한 행위도 행하지 아니한 경우에는 그 선박이 입은 모든 손실이나 피해에 대하여 보상을 받는다.
4. 이러한 규정은 군용항공기에 준용한다.
5. 이러한 규정은 또한 정부 업무에 사용중인 것으로 명백히 표시되어 식별이 가능하며 정당하게 권한이 부여된 그 밖의 모든 선박이나 항공기에도 적용한다.

제111조 추적권

1. 외국선박에 대한 추적은 연안국의 권한 있는 당국이 그 선박이 자국의 법령을 위반한 것으로 믿을 만한 충분한 이유가 있을 때 행사할 수 있다. 이러한 추적은 외국선박이나 그 선박의 보조선이 추적국의 내수 · 군도수역 · 영해 또는 접속수역에 있을 때 시작되고 또한 추적이 중단되지 아니한 경우에 한하여 영해나 접속수역 밖으로 계속될 수 있다.
   영해나 접속수역에 있는 외국선박이 정선명령을 받았을 때 정선명령을 한 선박은 반드시 영해나 접속수역에 있어야 할 필요는 없다. 외국선박이 제33조에 정의된 접속수역에 있을 경우 추적은 그 수역을 설정함으로써 보호하려는 권리가 침해되는 경우에 한하여 행할 수 있다.
2. 추적권은 배타적 경제수역이나 대륙붕(대륙붕시설 주변의 안전수역 포함)에서 이 협약에 따라 배타적 경제수역이나 대륙붕(이러한 안전수역 포함)에 적

용될 수 있는 연안국의 법령을 위반한 경우에 준용한다.

3. 추적권은 추적당하는 선박이 그 국적국 또는 제3국의 영해에 들어감과 동시에 소멸한다.

4. 추적당하는 선박이나 그 선박의 보조선이 또는 추적당하는 선박을 모선으로 사용하면서 한 선단을 형성하여 활동하는 그 밖의 보조선이 영해의 한계 내에 있거나, 경우에 따라서는, 접속수역·배타적 경제수역 한계 내에 또는 대륙붕 상부에 있다는 사실을 추적선박이 이용가능한 실제적인 방법으로 확인하지 아니하는 한, 추적은 시작된 것으로 인정되지 아니한다. 추적은 시각이나 음향 정선신호가 외국선박이 보거나 들을 수 있는 거리에서 발신된 후 비로소 이를 시작할 수 있다.

5. 추적권은 군함·군용항공기 또는 정부업무에 사용 중인 것으로 명백히 표시되어 식별이 가능하며 그러한 권한이 부여된 그 밖의 선박이나 항공기에 의하여서만 행사될 수 있다.

6. 추적이 항공기에 의하여 행하여지는 경우

(a) 제1항부터 제4항까지의 규정을 준용한다.

(b) 정선명령을 한 항공기는 선박을 직접 나포할 수 있는 경우를 제외하고는 그 항공기가 요청한 연안국의 선박이나 다른 항공기가 도착하여 추적을 인수할 때까지 그 선박을 스스로 적극적으로 추적한다. 선박의 범법사실 또는 범법혐의가 항공기에 의하여 발견되었더라도, 그 항공기에 의하여 또는 중단 없이 계속하여 그 추적을 행한 다른 항공기나 선박에 의하여 정선명령을 받고 추적당하지 아니하는 한, 영해 밖에서의 나포를 정당화시킬 수 없다.

7. 어느 국가의 관할권 내에서 나포되어 권한 있는 당국의 심리를 받기 위하여 그 국가의 항구에 호송된 선박은 부득이한 사정에 의하여 그 항행도중에 배타적 경제수역의 어느 한 부분이나 공해의 어느 한 부분을 통하여 호송되었다는 이유만으로 그 석방을 주장할 수 없다.

8. 추적권의 행사가 정당화되지 아니하는 상황에서 선박이 영해 밖에서 정지되거나 나포된 경우, 그 선박은 이로 인하여 받은 모든 손실이나 피해를 보상받는다.

제112조 해저전선 · 관선의 부설권
1. 모든 국가는 대륙붕 밖의 공해 해저에서 해저전선과 관선을 부설할 수 있다.
2. 제79조 제5항은 이러한 전선과 관선에 적용된다.

제113조 해저전선 · 관선의 파괴 및 훼손
모든 국가는 자국기를 게양한 선박이나 자국의 관할권에 속하는 사람이 전신이나 전화통신을 차단하거나 방해할 우려가 있는 방법으로 공해 밑에 있는 해저전선을 고의나 과실로 파괴하거나 훼손하는 행위와 이와 유사한 방식으로 해저관선이나 고압전선을 파괴하거나 훼손하는 행위는 처벌 가능한 범죄를 구성한다는 사실을 규정하기 위하여 필요한 법령을 제정한다. 또한 이 조의 규정은 이러한 파괴 및 훼손을 기도하였거나 초래할 가능성이 있는 행위에도 적용한다. 다만, 이 조의 규정은 이러한 파괴 및 훼손을 피하기 위하여 필요한 모든 예방조치를 취한 후 자신의 생명이나 선박을 구하기 위하여 오직 적법한 목적으로 행동한 사람에 의하여 발생한 파괴 및 훼손에 대하여는 적용하지 아니한다.

제114조 해저전선 · 관선 소유자에 의한 다른 해저전선 · 관선의 파괴 및 훼손
모든 국가는 자국의 관할권에 속하는 사람으로서 공해 밑에 있는 해저전선이나 관선의 소유자가 전선이나 관선을 부설 · 수리 도중 다른 전선이나 관선을 파괴하거나 훼손한 경우, 수리비용을 부담하도록 규정하기 위하여 필요한 법령을 제정한다.

제115조 해저전선 · 관선 훼손을 피하는 데 따르는 손실의 보상
모든 국가는 선박의 소유자가 해저전선이나 관선의 훼손을 회피하기 위하여 닻, 어망 또는 그 밖의 어구를 멸실하였음을 입증할 수 있을 때에는 그 선박소유자가 사전에 모든 합리적인 예방조치를 취하였음을 조건으로 하여 그 전선이나 관선의 소유자로부터 보상을 받을 수 있도록 보장하기 위하여 필요한 법령을 제정한다.

제2절 공해 생물자원의 관리 및 보존

제116조 공해어업권

모든 국가는 다음의 규정을 지킬 것을 조건으로 자국민이 공해에서 어업에 종사하도록 할 권리를 가진다.

(a) 자국의 조약상의 의무

(b) 특히 제63조 제2항과 제64조부터 제67조까지의 규정된 연안국의 권리, 의무 및 이익

(c) 이 절의 규정

제117조 자국민을 대상으로 공해생물자원 보존조치를 취할 국가의 의무

모든 국가는 자국민을 대상으로 공해생물자원 보존에 필요한 조치를 취하거나, 그러한 조치를 취하기 위하여 다른 국가와 협력할 의무가 있다.

제118조 생물자원의 보존 · 관리를 위한 국가 간 협력

모든 국가는 공해수역에서 생물자원의 보존 · 관리를 위하여 서로 협력한다. 동일한 생물자원이나 동일수역에서의 다른 생물자원을 이용하는 국민이 있는 모든 국가는 관련생물자원의 보존에 필요한 조치를 취하기 위한 교섭을 시작한다. 이를 위하여 적절한 경우 그 국가는 소지역 또는 지역어업기구를 설립하는데 서로 협력한다.

제119조 공해생물자원 보존

1. 공해생물자원의 허용어획량을 결정하고 그 밖의 보존조치를 수립함에 있어서 국가는 다음 사항을 행한다.

(a) 개발도상국의 특별한 요구를 포함한 환경적 · 경제적 관련요소에 따라 제한되고 어업형태 · 어족 간 서로 의존하고 있는 정도 및 소지역적 · 지역적 또는 지구적이거나에 관계없이 일반적으로 권고된 국제최저기준을 고려하여 최대지속 생산량을 실현시킬 수 있는 수준으로, 어획하는 어종의 자원량을 유지 · 회복하도록 관계국이 이용 가능한 최선의 과학적 증거를 기초

로 하여 계획된 조치를 취한다.

(b) 어획하는 어종과 관련되거나 이에 부수되는 어종의 자원량의 재생산이 뚜렷하게 위태롭게 되지 아니할 수준이상으로 유지·회복시키기 위하여 연관어종이나 종속어종에 미치는 영향을 고려한다.

2. 이용가능한 과학적 정보, 어획량 및 어업활동 통계와 수산자원보존에 관련된 그 밖의 자료는 적절 한 경우 모든 관련국이 참여한 가운데 권한 있는 소지역적·지역적 또는 지구적 국제기구를 통하여 정기적으로 제공되고 교환된다.

3. 관계국은 보존조치와 그 시행에 있어서 어떠한 국가의 어민에 대하여서도 형식상 또는 실질상의 차별이 없도록 보장한다.

제120조 해양포유동물

제65조는 공해의 해양포유동물의 보존과 관리에도 적용한다.

섬 (제8부)

제121조 섬 제도

1. 섬이라 함은 바닷물로 둘러싸여 있으며, 밀물일 때에도 수면위에 있는, 자연적으로 형성된 육지지역을 말한다.

2. 제3항에 규정된 경우를 제외하고는 섬의 영해, 접속수역, 배타적 경제수역 및 대륙붕은 다른 영토에 적용 가능한 이 협약의 규정에 따라 결정한다.

3. 인간이 거주할 수 없거나 독자적인 경제활동을 유지할 수 없는 암석은 배타적 경제수역이나 대륙붕을 가지지 아니한다.

폐쇄해·반폐쇄해 (제9부)

제122조 정의

이 협약에서 "폐쇄해 또는 반폐쇄해"라 함은 2개국 이상에 의하여 둘러싸이고 좁은 출구에 의하여 다른 바다나 대양에 연결되거나, 또는 전체나 그 대부분이 2개국 이상 연안국의 영해와 배타적 경제수역으로 이루어진 만, 내만 또는 바다를 말한다.

제123조 폐쇄해 · 반폐쇄해 연안국간 협력
폐쇄해 또는 반폐쇄해 연안국은 이 협약에 따른 권리행사와 의무이행에 있어서 서로 협력한다. 이러한 목적을 위하여 이들 국가는 직접적으로 또는 적절한 지역기구를 통하여 다음을 위하여 노력한다.
(a) 해양생물자원의 관리 · 보존 · 탐사 및 이용 조정
(b) 해양환경보호 · 보전에 관한 권리의무 이행의 조정
(c) 과학조사정책의 조정 및 적절한 경우 해역에서의 공동과학조사계획의 실시
(d) 이 조의 규정을 시행함에 있어서 적절한 경우 서로 협력하기 위한 다른 이해 관계국이나 국제기구의 초청

내륙국의 해양출입권과 통과의 자유 (제10부)

제124조 용어의 사용
1. 이 협약에서,
(a) "내륙국"이라 함은 해안이 없는 국가를 말한다.
(b) "통과국"이라 함은 해안이 있고 없음에 관계없이 내륙국과 바다 사이에 위치하여 그 영토를 통하여 통과교통이 이루어지는 국가를 말한다.
(c) "통과교통"이라 함은 물건을 옮겨 싣거나, 창고에 넣거나, 짐을 분할하거나, 또는 운송방식을 바꾸거나 관계없이, 내륙국의 영토에서 시작하거나 끝나는 전체 운송과정의 한 부분으로서 1개국 이상의 통과국의 영토를 지나는 사람, 화물, 상품 및 운송수단의 통과를 말한다.
(d) "운송수단"이라 함은 다음을 말한다.
(i) 철도차량, 해양용 · 호수용 · 하천용 선박 및 육로차량
(ii) 현지사정에 따라서는 운반인이나 운반용 동물

2. 내륙국과 통과국은 상호 합의에 의하여 운송수단으로 관선 · 가스관 및 제1항에 포함된 것 이외의 다른 운송수단을 포함시킬 수 있다.

제125조 해양출입권과 통과의 자유
1. 내륙국은 공해의 자유와 인류의 공동유산에 관한 권리를 비롯하여 이 협약에 규정된 권리를 행사하기 위한 해양출입권을 가진다. 이를 위하여 내륙국은 모든 수송수단에 의하여 통과국의 영토를 지나는 통과의 자유를 향유한다.
2. 통과의 자유를 행사하기 위한 조건과 방식은 내륙국과 관련 통과국 사이의 양자협정이나 소지역적 · 지역적 협정을 통하여 합의된다.
3. 통과국은 자국영토에 대한 완전한 주권을 행사함에 있어서 이 부에서 내륙국을 위하여 규정된 권리와 편의가 어떠한 방법으로든 통과국의 적법한 이익을 침해하지 아니하도록 보장하기 위하여 필요한 모든 조치를 취할 권리를 가진다.

제126조 최혜국대우조항의 적용제외
특수한 지리적 위치를 이유로 하여 내륙국의 권리와 편의를 설정하고 있는 이 협약의 규정과 해양출입권의 행사에 관한 특별협정은 최혜국대우조항의 적용으로부터 제외된다.

제127조 관세 · 조세와 그 밖의 부과금
1. 통과교통에 대하여는 이와 관련하여 제공된 특별한 용역에 대하여 징수되는 부과금을 제외하고는 어떠한 관세 · 조세 또는 그 밖의 부과금도 징수되지 아니한다.
2. 내륙국을 위하여 제공되고 또한 내륙국에 의하여 사용되는 통과운송수단과 그 밖의 시설에 대하여서는 통과국의 운송수단의 사용에 따라 징수되는 것보다 높은 조세나 부과금이 징수되지 아니한다.

제128조 자유지역과 그 밖의 세관시설
통과교통의 편의를 위하여 자유지역이나 그 밖의 세관시설을 통과국과 내륙국간 협정에 따라 그러한 통과국 내의 출입항에 설치할 수 있다.

제129조 운송수단의 건조·개선을 위한 협력
통과국에 통과의 자유를 실행할 수 있는 운송수단이 없거나 항구시설과 장비를 비롯한 기존 수단이 어느 면에서든 불충분한 경우, 통과국과 관련내륙국은 이를 건조하고 개선하는 데 서로 협력할 수 있다.

제130조 통과교통에 있어서 기술상의 지연·곤란을 회피·제거하기 위한 조치
1. 통과국은 통과교통에 있어서 지연 또는 그 밖의 기술상의 곤란을 피하기 위하여 적절한 모든 조치를 취한다.
2. 이러한 지연이나 곤란이 발생한 경우 관련통과국과 내륙국의 권한 있는 당국은 이를 신속히 제거하기 위하여 서로 협력한다.

제131조 해항에 있어서 동등대우
내륙국의 국기를 게양한 선박은 해항에서 다른 외국선박에 부여된 것과 동등한 대우를 받는다.

제132조 통과편의 확대허용
이 협약은 어떠한 경우에도 이 협약당사국간의 합의에 의하여 또는 어느 한 당사국에 의하여 부여된 통과편의로서 이 협약에 규정된 것 이상의 통과편의를 철회하는 결과를 초래하지 아니한다. 또한 이 협약은 장래에 더 많은 통과편의를 부여하는 것을 방해하지 아니한다.

심해저 (제11부)[편집]

제1절[편집] 총칙

제133조 용어의 사용

이 부에서,

(a) “자원”이라 함은 복합금속단괴를 비롯하여, 심해저의 해저나 해저 아래에 있는 자연 상태의 모든 고체성, 액체성 또는 기체성 광물자원을 말한다.

(b) 자원이 심해저로부터 채취된 경우 이를 “광물”이라 한다.

제134조 이 부의 적용범위

1. 이 부는 심해저에 적용된다.
2. 심해저활동은 이 부의 규정에 의하여 규율된다.
3. 제1조 제1항 (1)에 언급된 한계를 표시하는 해도나 지리적 좌표목록의 기탁과 공표에 관한 요건은 제6부에 규정한다.
4. 이 조의 규정은 제6부에 따른 대륙붕의 바깥한계 설정이나 해안을 마주하거나 해안이 인접한 국가 간의 경계획정에 관한 협정의 효력에 영향을 미치지 아니한다.

제135조 상부수역과 상공의 법적지위

이 부 또는 이 부에 따라 부여되거나 행사되는 어떠한 권리도 심해저 상부수역이나 상공의 법적지위에 영향을 미치지 아니한다.

제2절[편집] 심해저를 규율하는 원칙

제136조 인류의 공동유산

심해저와 그 자원은 인류의 공동유산이다.

제137조 심해저와 그 자원의 법적지위

1. 어떠한 국가도 심해저나 그 자원의 어떠한 부분에 대하여 주권이나 주권적 권리를 주장하거나 행사할 수 없으며, 어떠한 국가 · 자연인 · 법인도 이를 자신의 것으로 독점할 수 없다. 이와 같은 주권, 주권적 권리의 주장 · 행사 또는 독점은 인정되지 아니한다.
2. 심해저 자원에 대한 모든 권리는 인류 전체에게 부여된 것이며, 해저기구는

인류 전체를 위하여 활동한다. 이러한 자원은 양도의 대상이 될 수 없다. 다만, 심해저로부터 채취된 광물은 이 부와 해저기구의 규칙, 규정 및 절차에 의하여서만 양도할 수 있다.

3. 국가, 자연인 또는 법인은 이 부에 의하지 아니하고는 심해저로부터 채취된 광물에 대하여 권리를 주장, 취득 또는 행사할 수 없다. 이 부에 의하지 아니한 권리의 주장, 취득 및 행사는 인정되지 아니한다.

제138조 심해저에 관한 국가의 일반적 행위

심해저에 관한 국가의 일반적 행위는 이 부의 규정, 국제연합헌장에 구현된 원칙 및 그 밖의 국제법 규칙에 따라 평화와 안전의 유지 및 국제협력과 상호이해의 증진을 위하여 수행되어야 한다.

제139조 협약준수의무 및 손해배상책임

1. 당사국은 당사국이나 국영기업에 의하여 수행되거나, 당사국의 국적을 가지거나 당사국 또는 그 국민에 의하여 실효적으로 지배되는 자연인 또는 법인에 의하여 수행되는 심해저활동이 이 부에 따라 수행되도록 보장할 의무를 진다. 국제기구가 수행하는 심해저활동에 있어서는 그 국제기구가 동일한 의무를 진다.
2. 국제법의 규칙과 제3부속서 제22조를 침해하지 아니하고, 당사국이나 국제기구는 이 부에 따른 의무를 이행하지 아니함으로써 발생한 손해에 대한 책임을 지며, 이와 함께 활동하는 당사국이나 국제기구는 연대책임 및 개별책임을 진다.

   다만, 당사국이 제153조 제4항과 제3부속서 제4조 제4항의 규정에 따라 실효적인 준수를 보장하기 위하여 필요하고 적절한 모든 조치를 취한 경우에는, 그 당사국이 제153조 제2항 (b)의 규정에 따라 보증한 자가 이 부의 규정을 준수하지 아니하여 발생한 손해에 대하여는 책임을 지지 아니한다.
3. 국제기구의 회원국인 당사국은 그 국제기구와 관련하여 이 조의 이행을 보장하기 위한 적절한 조치를 취한다.

제140조 인류의 이익

1. 심해저활동은 이 부에 특별히 규정된 바와 같이 연안국이나 내륙국등 국가의 지리적 위치에 관계없이 인류전체의 이익을 위하여 수행하며, 개발도상국의 이익과 필요 및 국제연합총회 결의 제1514(XV)호와 그 밖의 국제연합총회의 관련결의에 따라 국제연합에 의하여 승인된 완전독립 또는 그 밖의 자치적 지위를 획득하지 못한 주민의 이익과 필요를 특별히 고려한다.
2. 해저기구는 심해저활동으로부터 나오는 재정적 이익과 그 밖의 경제적 이익이 제160조 제2항 (f), (i)의 규정에 따라 적절한 제도를 통하여 차별없이 공평하게 배분되도록 한다.

제141조 심해저의 평화적 이용

심해저는 연안국이거나 내륙국이거나 관계없이 모든 국가가 차별없이, 이 부의 다른 규정을 침해하지 아니하고, 오로지 평화적 목적을 위하여 이용하도록 개방된다.

제142조 연안국의 권리와 적법한 이익

1. 국가관할권 한계에 걸쳐 존재하는 심해저 자원의 광상에 대한 심해저활동은 이러한 광상이 그 관할권에 걸쳐 존재하는 모든 연안국의 권리와 정당한 이익을 적절히 고려하여 수행된다.
2. 이러한 권리와 이익의 침해를 방지하기 위하여 관련국 사이에 사전통고제도를 포함한 협의를 유지한다. 심해저활동이 국가관할권 내에 있는 자원의 개발을 초래할 경우에는 관련 연안국의 사전동의를 필요로 한다.
3. 이 부 및 이 부에 따라 부여되거나 행사되는 어떠한 권리도 심해저활동으로부터 초래되거나 야기되는 오염이나 오염발생의 위험, 그 밖의 위험한 사태로부터 자국의 연안이나 관련 이익에 대한 중대하고도 급박한 위험을 방지, 경감 및 제거하기 위하여 제12부의 관련규정에 따라 필요한 조치를 취할 연안국의 권리에 영향을 미치지 아니한다.

제143조 해양과학조사

1. 심해저에서의 해양과학조사는 제13부에 따라 오로지 평화적 목적과 인류전체의 이익을 위하여 수행된다.
2. 해저기구는 심해저와 그 자원에 관한 해양과학조사를 수행할 수 있고 이 목적을 위한 계약을 체결할 수 있다. 해저기구는 심해저에서 해양과학조사의 수행을 증진하고 장려하며, 이용 가능한 경우 이러한 조사와 분석의 결과를 조정하고 보급한다.
3. 당사국은 심해저에서 해양과학조사를 수행할 수 있다. 당사국은 아래 방법에 따라 심해저에서의 해양과학조사를 위한 국제협력을 증진한다.
(a) 국제계획 참여 및 여러 국가와 해저기구 직원에 의하여 수행되는 해양과학조사를 위한 협력의 장려
(b) 다음의 목적을 위하여 해저기구 또는 그 밖의 적절한 국제기구를 통하여 개발도상국과 기술후진국의 이익을 위한 계획이 개발되도록 보장
(i) 이러한 국가의 조사능력 강화
(ii) 조사기술과 응용분야에 있어서 이러한 국가와 해저기구 직원의 훈련
(iii) 심해저 조사 분야에 있어서 이러한 국가의 자격 있는 인원의 고용 촉진
(c) 해저기구나 그 밖의 국제경로를 통하여 적절한 시기에 이용 가능한 조사·분석결과를 효과적으로 보급

제144조 기술이전
1. 해저기구는 이 협약에 따라 다음을 위한 조치를 취한다.
(a) 심해저활동과 관련된 기술과 과학지식 획득
(b) 모든 당사국이 이익을 얻도록 개발도상국에 대한 그러한 기술과 과학지식의 이전의 증진 및 장려
2. 이러한 목적을 위하여 해저기구와 당사국은 심해저공사와 모든 당사국이 이익을 얻도록 심해저활동과 관련된 기술과 과학지식의 이전을 증진하기 위하여 상호 협력한다. 특히 다음 사항을 제안하고 증진한다.
(a) 심해저공사와 개발도상국에 대한 심해저활동 관련 기술이전계획(특히 심해저공사와 개발도상국이 공평하고 합리적인 조건 아래 관련 기술을 획득할 수 있도록 돕는 것을 포함)

(b) 심해저공사의 기술과 개발도상국의 국내기술 향상을 목적으로 한 조치(특히 심해저공사와 개발도상국의 인원에 대하여 해양과학기술에 관한 훈련과 심해저활동에 전면적으로 참여하는 기회 제공)

제145조 해양환경보호

심해저활동에 따라 초래될 수 있는 해로운 영향으로부터 해양환경을 효과적으로 보호하기 위하여 이 협약에 따라 심해저활동에 관하여 필요한 조치를 취한다. 이를 위하여 해저기구는 특히 다음의 목적을 위한 적절한 규칙, 규정 및 절차를 채택한다.

(a) 해안을 포함한 해양환경에 대한 오염과 그 밖의 위험 및 해양환경의 생태학적 균형에 대한 영향의 방지 · 경감 및 통제(시추 · 준설 · 굴착 및 폐기물투기, 이러한 활동에 관련된 시설, 관선과 그 밖의 장비의 건설 · 운용 · 유지와 같은 활동에 의한 해로운 영향으로부터 해양을 보호할 필요성에 특별히 유의함)

(b) 심해저 천연자원의 보호, 보존 및 해양환경의 동식물군에 대한 피해 방지

제146조 인명보호

심해저활동과 관련하여 인명을 효과적으로 보호하기 위하여 필요한 조치를 취한다. 이를 위하여 해저기구는 관련 조약에 구현된 기존 국제법을 보충할 적절한 규칙, 규정 및 절차를 채택한다.

제147조 심해저와 해양환경에서의 활동조정

1. 심해저활동은 해양환경에서의 다른 활동을 합리적으로 고려하여 수행된다.
2. 심해저활동에 사용되는 시설은 다음의 조건을 충족하여야 한다.

(a) 이러한 시설은 이 부의 규정과 해저기구의 규칙, 규정 및 절차에 따라서만 건조 · 설치 · 제거되며, 이러한 시설의 건조 · 설치 · 제거는 적절하게 통지되고, 또한 그 존재에 관한 항구적 경고수단이 유지되어야 한다.

(b) 이러한 시설은 국제항행에 필수적인 것으로 인정된 항로대의 사용을 방해할 수 있는 해역이나 어로활동이 집중되는 해역에는 설치할 수 없다.

(c) 이러한 시설 주위에는 항행과 설비의 안전을 보장하기 위하여 적절한 표지를 갖춘 안전수역을 설정한다. 이러한 안전수역의 형태와 위치는 특정 해역으로 향하는 합법적인 해운이나 국제항로대를 통한 항행을 방해하는 띠를 형성하는 방식으로 설정될 수 없다.

(d) 이러한 시설은 오로지 평화적 목적을 위하여 사용된다.

(e) 이러한 시설은 섬의 지위를 가지지 아니한다. 이러한 시설은 자체의 영해를 가지지 아니하며, 그 존재가 영해 · 배타적 경제수역 또는 대륙붕의 경계획정에 영향을 미치지 아니한다.

3. 해양환경에서의 다른 활동은 심해저활동을 합리적으로 고려하여 수행된다.

제148조 개발도상국의 심해저활동 참여

개발도상국의 특수한 이익과 필요, 특히 개발도상국 중 내륙국이나 지리적불리국이 심해저로부터의 원격성 또는 접근의 어려움등 불리한 위치로 인한 장애를 극복하여야 하는 특별한 필요를 적절히 고려하여, 이 부에서 특별히 정한 바에 따라 개발도상국이 심해저활동에 효과적으로 참여하도록 조장한다.

제149조 고고학적 · 역사적 유물

심해저에서 발견된 고고학적 · 역사적 성격을 가진 모든 물건은 인류전체의 이익을 위하여 보존하거나 처분하며, 특히, 기원국, 문화적 기원국 또는 역사적 · 고고학적 기원국의 우선적 권리를 특별히 고려한다.

제3절[편집] 심해저자원 개발

제150조 심해저활동 관련 정책

심해저활동은 이 부에 특별히 규정된 바에 따라 세계경제의 건전한 발전과 국제무역의 균형된 성장을 촉진하고, 모든 국가, 특히 개발도상국의 전반적인 발전을 위한 국제협력을 촉진하는 방식으로 다음이 보장되도록 수행된다.

(a) 심해저자원 개발

(b) 심해저자원의 질서 있고 안전하고 합리적인 관리(심해저활동의 능률적 수

행, 건전한 보존원칙의 준수 및 불필요한 낭비의 방지 포함)
(c) 특히 제144조와 제148조의 규정에 부합되게 심해저활동 참여 기회 확대
(d) 이 협약에 규정된 해저기구의 수익 참여와 심해저공사와 개발도상국에 대한 기술이전
(e) 이러한 광물의 소비자에 대한 공급을 보장하기 위하여 다른 곳에서 생산된 광물과 관련하여 필요한 심해저 생산광물의 공급증대
(f) 심해저와 다른 곳으로부터 생산된 광물이 생산자에게 수익성이 있고 소비자에게 공정한 적정하고 안정된 가격을 유지하도록 조장하고 수요공급의 장기적 균형을 조장
(g) 사회적 · 경제적 체제나 지리적 위치에 관계없이 모든 당사국이 심해저자원의 개발에 참여할 수 있는 기회의 증대 및 심해저활동 독점의 방지
(h) 심해저 활동에 의하여 가격하락이나 수출량 감소로 인하여 개발도상국의 경제나 수출소득에 초래되는 부정적 영향으로부터 개발도상국을 보호(그러한 광물가격 하락이나 수출량감소가 제151조에 규정된 바에 따라 수행된 심해저활동에 의하여 초래된 범위 내에서)
(i) 인류전체의 이익을 위한 공동유산 개발
(j) 심해저자원으로부터 생산된 광물과 이러한 광물로부터 생산된 상품의 수입을 위한 시장접근조건은 다른 곳으로부터의 수입에 적용되는 최혜조건보다 더 유리하지 아니하여야 한다.

제151조 생산정책

1. 이행협정에 의하여 삭제 (a) 제150조에 규정된 목적을 침해하지 아니하고 제150조 (h)를 이행하기 위하여, 해저기구는 생산자와 소비자를 포함한 모든 이해당사자가 참여하는 기존회의를 통하여 또는 적절한 경우 새로운 약정이나 협정을 통하여 활동함으로써 심해저에서 나오는 광물로부터 생산된 상품시장의 성장 · 효율성 및 안정성이 생산자에게 수익성이 있고 소비자에게 공정한 가격에서 유지되도록 조장하기 위하여 필요한 조치를 취한다. 모든 당사국은 이러한 목적을 위하여 서로 협력한다.

(b) 해저기구는 이러한 상품을 다루고 생산자와 소비자를 비롯한 모든 이해당

사자가 참여하는 모든 상품회의에 참여할 권리를 가진다. 해저기구는 이러한 회의로부터 도출되는 모든 약정이나 협정의 당사자가 될 권리를 가진다. 이러한 약정이나 협정에 따라 설립되는 모든 기관에 대한 해저기구의 참여는 심해저에서의 생산에 관한 것이어야 하며 그 기관의 관련규칙에 따른다.

(c) 해저기구는, 심해저에서의 모든 관련 광물의 생산에 관한 통일적이고 차별없는 시행을 보장하는 방식으로, 이 항에 언급된 약정이나 협정에 따른 의무를 이행한다. 이와 같이함에 있어서 해저기구는 심해저공사의 기존약정 및 승인된 사업계획의 조건과 합치되는 방식으로 행동한다.

2. 이행협정에 의하여 삭제 (a) 제3항에 명시된 잠정기간 동안 상업생산은 조업자가 신청하고 해저기구에 의하여 생산인가가 발급될 때까지, 승인된 사업계획에 따라 수행되지 아니한다. 이러한 생산인가는 개발사업의 성격과 시기를 고려하여 해저기구의 규칙, 규정 및 절차가 다른 기간을 규정하지 아니하는 한, 사업계획에 따른 상업생산의 개시시점 보다 5년 이전에 신청되거나 발급될 수 없다.

(b) 생산인가의 신청에 있어서 조업자는 승인된 사업계획서상 연간 채취예상 니켈량을 명시한다. 신청서에는 조업자가 인가를 받은 후 지출할 경비계획서가 포함되어야 하며, 그 경비는 조업자가 계획된 날짜에 상업생산을 시작할 수 있도록 합리적으로 계산된다.

(c) (a)와 (b)의 목적을 위하여 해저기구는 제3부속서 제17조에 따른 적절한 이행요건을 설정한다.

(d) 해저기구는 잠정기간 중 생산이 계획되어 있는 각 연도에 있어서 신청된 생산수준과 이미 인가된 수준의 합계가 인가발급년도에 제4항에 따라 계산된 니켈 생산량 한도를 넘지 아니하는 한, 신청된 생산수준에 대한 생산인가를 발급한다.

(e) 생산인가가 발급된 경우, 생산인가와 승인된 신청은 승인된 사업계획의 일부가 된다.

(f) 조업자의 생산인가 신청이 (d)에 따라 거부된 경우, 조업자는 언제라도 해저기구에 다시 신청할 수 있다.

3. 이행협정에 의하여 삭제 잠정기간은 승인된 사업계획서상 최초의 상업생산

이 시작될 것으로 계획된 연도 1월 1일의 5년 전에 개시된다. 최초의 상업생산이 원래 계획년도 이후로 연기되는 경우, 잠정기간의 시작과 원래 계산된 생산년도는 이에 따라 조정된다. 잠정기간은 25년이 되는 시점, 제155조에 언급된 재검토회의의 종료 시점, 또는 제1항에 언급된 새로운 약정이나 협정이 발효되는 시점 중에서 가장 빠른 시점까지 계속된다. 이러한 약정이나 협정이 소멸하거나 어떠한 이유로든 효력을 상실하는 경우, 해저기구는 잠정기간의 남은 기간 동안 이 조에 규정된 권한을 갖는다.

4. 이행협정에 의하여 삭제 (a) 잠정기간의 각 연도의 생산한도는 다음의 합계로 한다.
   (i) (b)의 규정에 따라 계산된, 최초상업 생산년도의 직전년도와 잠정기간 개시 직전년도의 니켈소비량에 대한 추세치 차이
   (ii) (b)의 규정에 따라 계산된, 생산인가가 신청된 연도와 최초 상업생산년도 직전년도의 니켈소비량에 대한 추세치의 차이의 60퍼센트
   (b) (a)는 다음과 같이 적용한다.
   (i) 니켈생산한도를 계산하는 데 사용되는 추세치는 생산인가 발급년도에 계산된 추세선상의 연간 니켈소비량으로 한다. 추세선은 시간을 독립변수로 하여 자료를 구할 수 있는 최근 15년간의 실제 니켈소비량에 관한 선형대수 회귀선으로부터 도출된다. 이 추세선을 원추세선이라고 한다.
   (ii) 원추세선의 연 증가율이 3퍼센트 미만인 경우, (a)에 규정된 생산량의 결정에 사용된 추세선은 원추세선상의 최근 15년간의 최초년도값을 지나서 매년 3퍼센트씩 증가하는 추세선으로 대신한다. 다만, 잠정기간중 어떠한 연도에 대하여 설정된 생산년도는 어떠한 경우에도 그 해의 원추세치와 잠정기간 시작 직전년도의 원추세치의 차이를 넘지 아니한다.
5. 이행협정에 의하여 삭제 심해저공사의 최초생산을 위하여 해저기구는 제4항에 따라 계산된 이용가능한 생산한도 중에서 심해저공사에 38,000톤의 니켈을 유보한다.
6. 이행협정에 의하여 삭제 (a) 조업자는 생산총량이 생산인가에 명시된 양을 넘지 아니하는 경우에는 어느 해의 생산인가에 명시된 복합금속단괴로부터 광물의 연간생산수준의 8퍼센트까지 초과하여 생산할 수 있다. 어느 해에 8퍼

센트 이상 20퍼센트 이하인 생산초과, 또는 생산초과가 2년 연속된 후 직후년도와 그 후 계속되는 연도의 생산초과는 해저기구와 협의되고, 해저기구는 조업자에게 추가생산에 관한 보충생산인가를 획득하도록 요구할 수 있다.

(b) 이러한 보충생산 인가신청은 아직 생산인가를 얻지 못한 조업자에 의한 모든 계류된 신청이 처리되고, 예상되는 다른 신청자에 대하여 적절히 고려한 후 해저기구에 의하여 심사된다. 해저기구는 잠정기간의 어떠한 연도의 생산한도에 따라 허용된 총생산량을 넘지 아니한다는 원칙에 따른다. 해저기구는 어떠한 사업계획 아래에서도 연간 46,500톤을 넘게 니켈생산을 인가할 수 없다.

7. 이행협정에 의하여 삭제 생산인가에 따라 채취된 복합금속단괴로부터 추출된 구리, 코발트 및 망간 등 그 밖의 광물 생산수준은 조업자가 이 조의 규정에 따라 그 단괴로부터 니켈을 최대한 생산할 경우에 생산될 수준보다 높지 아니하여야 한다. 해저기구는 이 항을 이행하기 위하여 제3부속서 제17조에 따라 규칙, 규정 및 절차를 제정한다.

8. 불공정한 경제적 관행에 관한 관련 다자무역협정상의 권리와 의무는 심해저광물의 탐사와 개발에 적용된다. 이 규정에 관하여 발생하는 분쟁의 해결에 있어서 그러한 다자무역협정의 당사자인 당사국은 그러한 협정의 분쟁해결절차에 따른다.

9. 이행협정에 의하여 삭제 해저기구는 제161조 제8항에 따른 규칙을 채택함으로써 적절한 조건 하에서 적절한 방법을 적용하여, 복합금속단괴로부터 생산되는 광물 이외에 심해저로부터 생산되는 광물의 생산수준을 제한할 권한을 가진다.

10. 경제기획위원회의 권고를 기초로 한 이사회의 권고에 따라 총회는 영향 받은 광물의 가격하락 또는 수출량감소로 인하여 수출소득이나 경제에 심각한 부정적 영향을 받은 개발도상국을 그러한 가격하락과 수출량감소가 심해저활동에 의하여 야기된 한도 내에서 원조하기 위하여 보상제도를 수립하거나 전문기구와 다른 국제기구와의 협력을 비롯한 경제조정 지원조치를 취한다. 해저기구는 요청이 있는 경우, 가장 중대한 영향을 받을 것으로 예상되는 국가들의 문제에 관하여 그 곤란을 최소화하고 그 국가의 경제조정을 지원하

기 위한 연구를 추진한다.

제152조 해저기구의 권한행사와 임무수행

1. 해저기구는 심해저활동에 관한 기회의 제공을 비롯한 그 권한의 행사와 임무의 수행에 있어서 차별을 피한다.
2. 그러나, 이 부에 특별히 규정된 개발도상국에 대한 특별한 고려(개발도상국 중 내륙국과 지리적불리국에 대한 특별고려 포함)는 허용된다.

제153조 탐사·개발제도

1. 심해저활동은 이 조의 규정, 이 부의 그 밖의 관련규정, 관련 부속서와 해저기구의 규칙·규정 및 절차에 따라 해저기구에 의하여 인류전체를 위하여 조직·수행·통제된다.
2. 심해저활동은 제3항의 규정에 따라 다음의 주체에 의하여 수행된다.
 (a) 심해저공사
 (b) 해저기구와 제휴한 당사국 또는 당사국이 보증하는 경우 당사국의 국적을 가지거나 당사국이나 그 국민에 의하여 실효적으로 지배되는 국영기업·자연인·법인 또는 제3부속서와 이 부에 규정된 요건을 충족하는 앞의 주체의 모든 집합체
3. 이행협정부속서 제2절 4항 참조 심해저활동은 제3부속서에 따라 작성되고 법률·기술위원회에 의하여 검토된 후 이사회가 승인한 공식 서면사업계획에 따라 수행된다. 해저기구가 인가한 바에 따라 제2항 (b)의 규정에 명시된 주체에 의하여 수행되는 심해저활동의 경우, 사업계획은 제3부속서 제3조에 따른 계약의 형태를 취한다. 이러한 계약에는 제3부속서 제11조의 규정에 따라 공동약정이 포함될 수 있다.
4. 해저기구는 이 부의 관련규정, 관련 부속서 및 해저기구의 규칙, 규정 및 절차와 제3항에 따라 승인된 사업계획의 준수를 보장하는데 필요한 심해저활동에 대한 통제를 한다. 당사국은 제139조에 따른 준수를 보장하기 위하여 필요한 모든 조치를 취함으로써 해저기구를 지원한다.
5. 해저기구는 이 부의 규정의 준수를 보장하고 이 부 또는 계약에 따라 해저기

구에 부여된 통제와 규제기능을 수행하기 위하여 언제라도 이 부에 규정된 모든 조치를 취할 권리를 가진다. 해저기구는 심해저활동과 관련하여 사용되는 모든 심해저 시설을 검사할 권리를 가진다.

6. 제3항에 따른 계약은 계약기간에 대한 보장을 규정한다. 이러한 계약은 제3부속서 제18조와 제19조에 의한 경우를 제외하고는 개정, 정지 또는 종료되지 아니한다.

제154조 정기적 재검토

총회는 이 협약이 발효한 후 5년마다 이 협약에 의하여 수립된 국제심해저제도의 실제 운영상황에 대하여 전반적이고 조직적인 재검토를 한다. 이러한 재검토에 비추어 총회는 이 부 및 이 부와 관련된 부속서의 규정과 절차에 따라서 제도운용의 개선을 가져올 조치를 취하거나 다른 기관이 그러한 조치를 취하도록 권고할 수 있다.

제155조 재검토회의

1. 이행협정에 의하여 삭제 승인된 사업계획에 따른 최초의 상업생산이 시작된 연도의 1월 1일로부터 15년 후에 총회는 심해저자원의 탐사·개발제도를 규율하는 이 부 및 관련 부속서의 규정을 재검토하기 위한 회의를 소집한다. 재검토회의는 그 기간 중 얻어진 경험에 비추어 다음을 상세히 검토한다.

(a) 심해저자원의 탐사·개발제도를 규율하는 이 부의 규정이 인류 전체에게 이익을 주었는지 여부를 비롯하여 모든 면에서 그 목적을 달성하였는지의 여부

(b) 15년 기간 동안 유보지역이 비유보지역과 비교하여 효과적이고 균형된 방식으로 개발되었는지의 여부

(c) 심해저와 심해저자원의 개발과 이용이 세계경제의 건전한 발전과 국제무역의 균형적인 성장을 촉진하는 방식으로 수행되었는지의 여부

(d) 심해저활동의 독점이 방지되었는지의 여부

(e) 제150조와 제151조에 규정된 정책이 수행되었는지의 여부

(f) 특히 개발도상국의 이익과 필요를 고려하여 그 제도가 심해저활동으로부

터 나오는 이익의 공평한 분배를 가져왔는지의 여부

2. 재검토회의는 인류공동유산원칙, 모든 국가, 특히 개발도상국의 이익을 고려하여 심해저자원의 공평한 개발을 보장하기 위한 국제제도 및 심해저활동을 조직·수행 및 통제하는 해저기구를 유지할 수 있도록 보장한다. 재검토회의는 심해저의 어떠한 부분에 대한 주권의 주장·행사의 배제, 심해저와 관련한 국가의 권리와 일반적인 행위, 이 협약에 따른 국가의 심해저활동 참여, 심해저활동 독점 방지, 평화적 목적만을 위한 심해저이용, 심해저활동의 경제적 측면, 해양과학조사, 기술이전, 해양환경보호, 인명보호, 연안국의 권리, 심해저의 상부수역과 상공의 법적지위 및 심해저활동과 해양환경에서의 그 밖의 활동과의 조정 등에 관하여 이 부에 규정된 원칙이 유지되도록 보장한다.

3. 이행협정에 의하여 삭제 재검토회의에서 적용하는 의사결정절차는 제3차 국제연합해양법회의에서 적용된 절차와 같다. 회의는 어떠한 개정이라도 컨센서스에 의하여 합의에 이르도록 모든 노력을 기울여야 하며 컨센서스에 이르기 위한 모든 노력을 다할 때까지 이러한 사항에 관하여 표결하지 아니한다.

4. 이행협정에 의하여 삭제 재검토회의 시작으로부터 5년이 지난 후에도 심해저자원의 탐사·개발제도에 관하여 합의가 이루어지지 못하는 경우, 재검토회의는 그로부터 12개월 이내에 당사국 3/4의 다수에 의하여 그 회의가 필요하고 적절하다고 결정하는, 기존의 제도를 변경하거나 수정하는 개정안을 채택하고 이를 비준·가입하도록 당사국에게 제시할 것을 결정할 수 있다. 이러한 개정안은 당사국의 3/4이 비준서나 가입서를 기탁한 12개월 후 모든 당사국에 대하여 발효한다.

5. 이 조의 규정에 따라 재검토회의가 채택한 개정안은 기존의 계약에 따라 획득한 권리에 영향을 미치지 아니한다.

제4절[편집] 해저 기구

제1관[편집] 총칙

제156조 해저 기구의 설립

1. 이 부에 따라 임무를 수행하는 국제 해저 기구를 설립한다.
2. 모든 당사국은 당연히 해저 기구의 회원국이 된다.
3. 최종 의정서에 서명하고 제305조 제1항 (c), (d), (e) 또는 (f)에 언급되지 아니한 제3차 국제 연합 해양법회의 옵서버는 해저 기구의 규칙, 규정 및 절차에 따라 옵서버로 해저 기구에 참여할 권리를 가진다.
4. 해저 기구의 소재지는 자메이카에 둔다.
5. 해저 기구는 그 임무를 수행하는 데 필요하다고 인정되는 지역 사무소를 설치할 수 있다.

제157조 해저 기구의 성격과 기본원칙
1. 해저 기구는 당사국이 특히 심해저자원을 관리할 목적으로 이 부에 따라 이를 통하여, 심해저활동을 주관하고 통제하는 기구이다.
2. 해저 기구의 권한과 임무는 이 협약에 의하여 명시적으로 부여된다. 해저 기구는 심해저활동에 관한 그 권한의 행사와 임무의 수행에 내재하고 필요하며 이 협약에 부합하는 부수적 권한을 가진다.
3. 해저 기구는 모든 회원국의 주권평등원칙에 기초를 둔다.
4. 해저 기구의 모든 회원국은 회원 자격으로부터 발생하는 권리와 이익을 모든 회원국에게 보장하기 위하여 이 부에 따라 스스로 진 의무를 성실히 이행한다.

제158조 해저 기구의 기관
1. 해저 기구의 주요 기관으로서 총회, 이사회 및 사무국을 둔다.
2. 해저 기구는 제170조 제1항에 규정된 임무를 수행하기 위한 기관으로서 심해저공사를 설치한다.
3. 필요하다고 인정하는 보조기관을 이 부의 규정에 따라 설치할 수 있다.
4. 해저 기구와 심해저공사의 주요기관은 그에 부여된 권한을 행사하고 임무를 수행할 책임을 진다. 이러한 권한을 행사하거나 임무를 수행함에 있어서 각 기관은 다른 기관에게 부여된 특정한 권한의 행사와 임무의 수행을 손상하거나 방해하는 행동을 취하지 아니한다.

제2관[편집] 총회

제159조 구성 · 절차 및 표결 (이행협정부속서 제3절 참조)

1. 총회는 해저 기구의 모든 회원국으로 구성된다. 각 회원국은 총회에 1인의 대표를 파견하며, 대표는 교체 대표와 고문을 대동할 수 있다.
2. 총회는 연례 정기회기 및 총회의 결정에 의하여 소집되거나 이사회의 요청, 또는 해저 기구의 회원국 과반수의 요청에 따라 사무총장에 의하여 소집되는 특별회기에 회합한다.
3. 회기는 총회에서 달리 결정되지 아니하는 한, 해저 기구의 소재지에서 개최된다.
4. 총회는 의사규칙을 채택한다. 총회는 각 정기회기 초에 의장과 그 밖의 필요한 임원을 선출한다. 이들은 다음 정기회의에서 새로운 의장과 그 밖의 임원이 선출될 때까지 재임한다.
5. 총회의 의사정족수는 회원국의 과반수로 한다.
6. 총회에서 각 회원국은 한 표의 표결권을 가진다.
7. 총회의 특별 회기를 소집하는 결정을 포함한 절차 문제에 관한 결정은 출석하여 투표한 회원국 과반수에 의하여 내려진다.
8. 실질 문제에 관한 결정은 출석하여 투표하는 회원국의 2/3 이상의 다수에 의하여 내려지며 이러한 다수에는 그 회기에 참가한 회원국의 과반수가 포함되어야 한다. 어떠한 문제가 실질 문제인지의 여부가 문제된 경우, 총회에서 실질 문제의 표결에 요구되는 다수결에 의하여 달리 결정되지 아니하는 한 실질 문제로 취급된다.
9. 실질 문제가 처음 표결에 회부되는 경우, 의장은 5일을 넘지 아니하는 기간 동안 그 문제에 관한 표결을 연기할 수 있으며, 총회 회원국 중 최소한 1/5 이상의 요구가 있을 때에는 이를 연기한다. 이 규칙은 어느 문제에 관하여 1회만 적용하되, 회기종료일 이후까지 그 문제를 연기할 목적으로 적용할 수 없다.
10. 해저 기구의 회원국 중 1/4 이상이 어떠한 사항에 관하여 총회에 제출된 제안이 이 협약에 합치하는지에 관한 권고적 의견을 의장에게 서면으로 요청한 경우, 총회는 국제 해양법 재판소 해저분쟁재판부에 그에 대한 권고적 의견을 요청하고 재판부에 의한 권고적 의견을 접수할 때까지 그 제안에 대한

표결을 연기한다. 권고적 의견을 요청한 회기의 마지막 주까지 권고적 의견을 접수하지 못한 경우, 총회는 연기된 제안에 관하여 표결을 하기 위한 회합시기를 결정한다.

제160조 권한과 임무

1. 총회는 모든 회원국으로 구성되는 해저 기구의 유일한 기관으로서, 이 협약에 특별히 규정된 바에 따라 다른 주요 기관이 이에 대하여 책임을 지는 해저 기구의 최고 기관으로 본다. 총회는 해저 기구의 권한에 속하는 모든 문제나 사항에 관하여 이 협약의 관련 규정에 따라 일반적인 정책을 수립할 권한을 가진다.
2. 또한 총회의 권한과 임무는 다음 사항을 포함한다.
(a) 제161조의 규정에 따라 이사회 회원국 선출
(b) 이사회가 제청한 후보자 중에서 사무총장 선출
(c) 이사회의 추천을 받아 심해저공사 관리위원회의 임원과 심해저공사의 사무국장 선출
(d) 총회가 이 부의 규정에 따른 임무의 수행에 필요하다고 인정하는 보조기관의 설치. 이러한 보조기관의 구성에 있어서 공평한 지리적 배분원칙 및 그 보조기관이 취급하는 관련 기술사항에 있어서 자격과 능력을 갖춘 회원국의 특수한 이익 및 필요를 적절하게 고려한다.
(e) 해저 기구가 다른 재원으로부터 행정경비에 충당하기에 충분한 수입을 얻을 때까지 국제연합의 정규예산 분담금 비율에 기초하여 합의된 분담금 비율에 따라 해저 기구의 행정예산을 위한 회원국의 분담금 배정
(f) (i) 개발도상국 및 완전한 독립이나 자치적 지위를 얻지 못한 주민의 이익과 필요를 특별히 고려하여, 이사회의 권고에 따라 심해저활동으로부터 나오는 재정적 이익과 그 밖의 경제적 이익, 제82조의 규정에 따라 행하여진 금전지급과 현물공여의 공평한 배분에 관한 규칙, 규정 및 절차의 심의와 승인. 총회가 이사회의 권고를 승인하지 아니하는 경우 총회는 총회가 표명한 의견에 비추어 재심의하도록 그 권고를 이사회에 회송한다.
(ii) 제162조 제2항 (o)-(ii)의 규정에 따라 이사회가 잠정적으로 채택한 해저

기구의 규칙, 규정 및 절차와 이에 관한 개정의 심의와 승인. 이러한 규칙, 규정 및 절차는 심해저의 개괄 탐사, 탐사 및 개발, 해저 기구의 재정 관리와 내부행정, 그리고 심해저공사 관리위원회의 권고가 있는 경우 심해저공사로부터 해저기구로의 자금의 이전 등에 관련된 것이어야 한다.

(g) 심해저활동으로부터 나오는 재정적 이익과 그 밖의 경제적 이익을 이 협약과 해저 기구의 규칙, 규정 및 절차에 따라 공평하게 배분하기 위한 결정

(h) 이사회가 제출한 해저 기구 연례예산안의 심의와 승인

(i) 이사회와 심해저공사가 제출한 정기보고서, 이사회와 해저 기구의 다른 기관이 요구에 따라 제출한 특별보고서의 심사

(j) 심해저활동에 관한 국제적 협력을 증진하고 이에 관한 국제법의 점진적 발전과 법전화를 장려하기 위한 연구의 추진과 권고의 채택

(k) 심해저활동과 관련하여, 특히 개발도상국에 관한 일반적 성격의 문제 및 각국의 지리적 위치에 기인하는 심해저활동과 관련한 문제, 특히 내륙국과 지리적 불리국에 관한 문제 심의

(l) 경제기획위원회의 조언을 기초로 한 이사회의 권고에 따라서 제151조 제10항에 규정된 보상제도나 그 밖의 경제조정지원 조치의 수립

(m) 제185조에 따라 회원국으로서의 권리와 특권 행사를 정지시키는 조치

(n) 해저 기구의 권한에 속하는 모든 문제나 사항에 대한 토의 및 해저 기구의 특정한 기관에 명시적으로 위임되지 아니한 문제나 사항을 해저 기구 기관 사이의 권한과 임무의 배분에 따라 해저 기구의 어느 기관이 다룰 것인가에 관한 결정

제3관[편집] 이사회

제161조 구성 · 절차 및 표결

1. 이행협정에 의하여 삭제 이사회는 다음 순서에 따라 총회에서 선출된 해저 기구의 36개 회원국으로 구성된다.

(a) 통계를 이용할 수 있는 최근 5년 간 심해저에서 채취되는 종류의 광물로부터 생산된 상품의 세계 총 소비량의 2퍼센트 이상을 소비하는 당사국이나

세계 총 수입량의 2퍼센트 이상을 순수입하는 당사국 중 4개국. 어떠한 경우에도 최대 소비국과 동구 지역의 1개국을 포함한다.

(b) 직접 또는 그 국민을 통하여 심해저활동의 준비와 수행에 가장 많이 투자한 8개 당사국 중 4개국. 적어도 동구 국가 중 1개국을 포함한다.

(c) 그 관할권 아래에 있는 지역에서의 생산을 기초로 하여 심해저로부터 채취되는 종류의 광물의 주요 순수출국인 당사국 중에서 4개국. 적어도 이러한 광물의 수출이 그 경제에 중대한 관계를 가지는 개발도상국 2개국을 포함한다.

(d) 개발도상국인 당사국 중에서 특별이익을 대표하는 6개국. 대표되는 특별이익은 인구 다수국, 내륙국이나 지리적 불리국, 심해저로부터 채취되는 종류의 광물의 주요 수입국, 이러한 광물의 잠재적 생산국 및 최저개발국을 포함한다.

(e) 이사회 전체의석의 공평한 지리적 배분 보장원칙에 따라 선출되는 18개국. 다만, 이 규정에 따라 선출된 이사국이 각 지역마다 최소 1개국은 있어야 한다. 이 규정을 적용함에 있어서 지리적 지역은 아프리카 · 아시아 · 동구 · 중남미 · 서구 및 기타 지역을 말한다.

2. 제1항의 규정에 따라 이사국을 선출함에 있어서 총회는 다음을 보장한다.

(a) 내륙국과 지리적 불리국은 그들이 총회에서 대표되는 정도에 합리적으로 비례하여 대표된다.

(b) 제1항 (a), (b), (c) 또는 (d)에 따른 자격을 갖추지 아니한 연안국, 특히 개발도상국은 총회에서 그들이 대표되는 정도에 합리적으로 비례하여 대표된다.

(c) 이사회에서 대표되는 각 당사국 그룹은 그 그룹에 의하여 지명된 이사국이 있는 경우 지명된 이사국에 의하여 대표된다.

3. 선거는 총회 정기회기에서 행하여지고 이사회의 각 이사국은 4년 임기로 선출된다. 다만, 최초의 선거에 있어서는 제1항에 규정된 각 그룹에 속하는 이사국 반수의 임기는 2년으로 한다.

4. 이사국은 재선될 수 있으나 바람직한 의석 순환의 필요성을 적절히 고려한다.

5. 이사회는 해저 기구의 소재지에서 임무를 수행하고, 해저기구의 업무상 필요한 횟수만큼 회합하나 최소한 연 3회 이상 회합한다.

6. 이사회의 의사정족수는 이사국의 과반수로 한다.

7. 각 이사국은 한 표의 투표권을 가진다.
8. (a) 절차 문제에 관한 결정은 출석하여 투표하는 이사국 과반수에 의하여 내려진다.
(b) 이행협정에 의하여 삭제 다음 규정에 따라 일어나는 실질 문제에 관한 결정은 출석하여 투표하는 이사국 2/3 이상의 다수결로 내리며, 이에는 이사국의 과반수가 포함되어야 한다: 제162조 제2항 (f) · (g) · (h) · (i) · (n) · (p) · (v) 및 제191조
(c) 이행협정에 의하여 삭제 다음 규정에 따라 일어나는 실질 문제에 관한 결정은 출석하여 투표하는 이사국 3/4 이상의 다수결로 내리며, 이에는 이사국의 과반수가 포함되어야 한다: 제162조 제1항, 제162조 제2항 (a) · (b) · (c) · (d) · (e) · (l) · (q) · (r) · (s) · (t). 계약자나 보증인에 의한 불이행의 경우에는 (u), (w)-(d)에 따라 취하여진 결정에 의하여 추인되지 아니하는 한, 이에 따른 명령은 30일 이상의 구속력을 가지지 아니한다. 제162조 제2항 (x) · (y) · (z), 제163조 제2항, 제174조 제3항 및 제4부속서 제11조
(d) 다음 규정에 따라 발생하는 실질문제에 관한 결정은 컨센서스에 의한다: 제162조 제2항 (m) · (o) 및 제11부의 개정안의 채택
(e) (d) · (f) · (g)의 규정을 적용함에 있어서 '컨센서스'라 함은 공식적인 반대가 없는 것을 말한다. 제안이 이사회에 제출된 후 14일 이내에 이사회의 의장은 제안의 채택에 공식적인 반대가 있는지의 여부를 결정한다. 이사회의 의장이 이러한 반대가 있다고 결정한 경우, 이사회의 의장은 이러한 결정 후 3일 이내에 이견을 조정하고 컨센서스에 의하여 채택될 수 있는 제안을 작성하기 위하여 9개국 이하의 이사국으로 구성되고 자신을 의장으로 하는 조정위원회를 설치하고 소집한다. 위원회는 신속히 작업하여 설치 후 14일 이내에 이사회에 보고한다. 위원회가 컨센서스로 채택될 수 있는 제안을 권고하지 못할 경우, 위원회는 보고서에 그 제안이 반대되는 이유를 밝힌다.
(f) 해저 기구의 규칙, 규정 및 절차에 의하거나 다른 방법에 의하여 이사회가 결정할 권한을 부여받았으나 위에 열거되지 아니한 문제에 대한 결정은, 규칙, 규정 및 절차에 명시된 이 항 각 호의 규정에 따라 내려지며, 그러한 규정이 명시되어 있지 아니한 경우에는 가능하면 사전에 이사회가 컨센서

스로 결정한 어느 한 호의 규정에 따른다.

(g) 어떠한 문제가 (a)·(b)·(c) 또는 (d)의 규정에 해당되는지 여부에 관하여 문제가 제기된 때에는 경우에 따라 보다 많거나 또는 가장 많은 다수의 의결이나 컨센서스를 요하는 어느 한 호의 규정에 해당하는 것으로 취급한다. 다만, 이사회가 앞의 다수결이나 컨센서스로 달리 결정하는 경우에는 그러하지 아니하다.

9. 이사회는 이사국이 아닌 해저기구의 회원국이 요청하였을 경우나 특히 그 회원국에 영향을 미치는 문제가 심의중에 있을 경우에는 그 회원국이 이사회의 회의에 참석할 대표를 파견할 수 있도록 하는 절차를 수립한다. 그러한 대표는 심의에 참여할 수 있으나 투표할 수 없다.

제162조 권한과 임무

1. 이사회는 해저 기구의 집행기관이다. 이사회는 이 협약 및 총회가 수립한 일반적인 정책에 따라 해저 기구의 권한에 속하는 모든 문제나 사항에 관하여 해저 기구가 수행하여야 할 개별정책을 수립할 권한을 가진다.

2. 또한 이사회는 다음을 행한다.

(a) 해저 기구의 권한에 속하는 모든 문제와 사항에 관하여 이 부의 규정의 이행을 감독하고 조정하며, 불이행의 사례가 있을 경우 총회의 주의를 환기시킨다.

(b) 사무총장을 선출하기 위하여 후보자 명부를 총회에 제출한다.

(c) 심해저공사 관리위원회의 위원과 심해저공사의 사무국장을 선출하기 위하여 후보자를 총회에 추천한다.

(d) 적절한 경우 경제성과 효율성을 적정하게 고려하여 이 부에 따른 임무 수행에 필요한 보조기관을 설치한다. 보조기관의 구성에 있어서는 그 기관이 다루는 관련 기술사항에 있어서 자격과 능력을 갖춘 위원이 선정되어야 하는 필요성에 역점을 두되, 공평한 지리적 배분원칙과 특별이익과 원칙을 적절히 고려한다.

(e) 이사회의 의장 선출방식을 포함한 이사회 의사규칙을 채택한다.

(f) 총회의 승인을 받을 것을 조건으로 하여, 해저 기구를 대표하여 해저 기구의 권한 내에서 국제 연합이나 다른 국제 기구와 협정을 체결한다.

(g) 심해저공사의 보고서를 심의하고 권고와 함께 이를 총회에 송부한다.

(h) 연례보고서 및 총회가 요구하는 특별보고서를 총회에 제출한다.

(i) 제170조에 따라 심해저공사에 지시를 한다.

(j) 제3부속서 제6조에 따라 사업계획을 승인한다. 이사회는 이사회 회기중에 법률 · 기술위원회가 사업계획을 제출한 후 60일 안에 다음 절차에 따라 각 사업계획을 처리한다.

(i) 위원회가 사업계획을 승인하도록 권고한 경우, 어떠한 이사국도 14일 안에 의장에게 제3부 속서 제6조의 요건을 갖추고 있지 못하다고 주장하는 명시적인 반대를 서면으로 제출하지 아니하면 그 사업계획이 이사회에 의하여 승인된 것으로 본다. 반대가 있는 경우, 제161조 제8항 (e)에 규정된 조정 절차가 적용된다. 조정 절차가 끝난 후에도 반대가 있는 경우, 그 사업계획은 신청국이나 신청자 보증국을 제외한 이사국의 컨센서스로 이사회가 승인을 거부하지 아니하는 한 이사회에 의하여 승인된 것으로 본다.

(ii) 위원회가 사업계획을 승인하지 아니하도록 권고하거나 권고 자체를 하지 아니하는 경우, 이사회는 출석하여 투표하는 이사국의 3/4 이상의 다수에 의하여 그 사업계획을 승인할 수 있다. 다만, 이에는 회기에 출석한 이사국의 과반수가 포함되어야 한다.

(k) (j)에 규정된 절차를 준용하여 제4부속서 제12조에 따라 심해저공사가 제출한 사업계획서를 승인한다.

(l) 제153조 제4항과 해저 기구의 규칙, 규정과 절차에 따라 심해저활동을 통제한다.

(m) 경제기획위원회의 권고에 따라서 제150조 (h)에 명시된 부정적인 경제적 영향으로부터의 보호를 위하여 그 규정에 따라 필요하고도 적절한 조치를 취한다.

(n) 경제기획위원회의 권고를 기초로 하여 제151조 제10항에 규정된 보상제도나 그 밖의 경제조정 지원 조치에 관하여 총회에 권고한다.

(o) (i) 개발도상국 및 완전한 독립이나 그 밖의 자치적 지위를 얻지 못한 주민의 이익과 필요를 특별히 고려하여, 심해저활동으로부터 나오는 재정적 이익과 그 밖의 경제적 이익, 제82조 에 따라 행하여진 금전지급과 부담 공여

의 공평한 배분에 관한 규칙, 규정 및 절차를 총회에 권고한다.

(ii) 총회의 승인이 있을 때까지 법률 · 기술위원회나 그 밖의 하부 관련 기관의 권고를 고려하여 해저 기구의 규칙, 규정 및 절차 및 이에 대한 개정안을 잠정적으로 채택하고 적용한다. 이러한 규칙, 규정 및 절차는 심해저의 개괄 탐사, 탐사 및 개발과 해저 기구의 재정 관리와 내부 행정에 관련된 것이어야 한다. 복합금속단괴의 탐사와 개발에 대한 규칙, 규정 및 절차는 우선적으로 채택된다. 복합금속단괴 이외의 자원의 탐사와 개발을 위한 규칙, 규정 및 절차는 해저 기구의 회원국이 해저 기구에 이러한 자원에 대한 규칙, 규정 및 절차의 채택을 요청한 날로부터 3년안에 채택된다. 모든 규칙, 규정 및 절차는 총회가 승인할 때까지 또는, 총회가 표명한 견해에 비추어 이사회가 이를 개정할 때까지 잠정적으로 효력을 가진다.

(p) 이 부의 규정에 따른 조업과 관련하여 해저 기구가 행하거나 해저 기구에 대하여 행하여진 모든 지불액의 징수를 심사한다.

(q) 제3부속서 제7조에 따라 선정이 필요한 경우에는 생산 인가 신청자 중에서 선정한다.

(r) 해저 기구 연간 예산안을 총회에 제출하여 승인을 받는다.

(s) 해저 기구의 권한에 속하는 모든 문제나 사항에 대한 정책에 관하여 총회에 권고한다.

(t) 제185조에 따라 회원국으로서의 권리와 특권 행사의 정지에 관하여 총회에 권고한다.

(u) 협약 불이행이 있는 경우, 해저 기구를 대표하여 해저분쟁재판부에 소송을 제기한다.

(v) (u)에 따라 제기된 소송에 있어서 해저분쟁재판부의 결정을 총회에 통보하고 취하여야 할 조치에 관하여 적절하다고 판단하는 권고를 한다.

(w) 심해저활동으로부터 발생하는 해양 환경에 대한 중대한 피해를 방지하기 위하여 소업성지명령이나 조업조정명령을 포함한 비상명령을 내린다.

(x) 해양 환경에 대한 중대한 피해위험이 있다는 구체적인 증거가 있는 경우, 계약자나 심해저공사의 개발지역을 승인하지 아니한다.

(y) 아래와 관련된 재정에 관한 규칙, 규정 및 절차의 초안을 작성할 보조기관

을 설치한다. (이행협정부속서 제9절 9항 참조)

(i) 제171조부터 제175조까지에 따른 재정 관리

(ii) 제3부속서 제13조와 제17조 제1항 (c)에 따른 재정 약정

(z) 이 부의 규정, 해저 기구의 규칙, 규정 및 절차와 해저 기구와의 계약조건이 준수되고 있는지의 여부를 결정하기 위하여 심해저활동을 검사할 검사관을 지시하고 감독하기 위한 적절한 제도를 수립한다.

제163조 이사회의 기관

1. 이사회에 다음 기관을 설치한다.

(a) 경제기획위원회

(b) 법률 · 기술위원회

2. 각 위원회는 당사국이 지명한 후보자중에서 이사회가 선출한 15인의 위원으로 구성한다. 다만, 필요한 경우에 이사회는 경제성과 효율성을 적정하게 고려하여 각 위원회의 규모를 확대할 것을 결정할 수 있다.

3. 위원회의 위원은 그 위원회의 권한에 속하는 분야에서 적절한 자격을 갖추어야 한다. 당사국은 위원회가 임무를 효과적으로 수행하도록 보장하기 위하여 관련 분야에서 자격이 있고 최고수준의 능력과 성실성을 갖춘 후보자를 지명한다.

4. 위원회의 위원을 선출함에 있어서 공평한 지리적배분과 특별이익이 대표되도록 적절히 고려한다.

5. 어느 당사국도 같은 위원회에서 2인 이상의 후보자를 지명할 수 없다. 누구도 2개 이상의 위원회에서 근무하도록 선출될 수 없다.

6. 위원회의 위원은 5년 임기로 재직한다. 위원은 1회에 한하여 재선될 수 있다.

7. 임기만료 전 위원회의 위원의 사망, 무자격 또는 해직의 경우, 이사회는 잔여임기 동안 재직할 위원을 동일한 지리적 지역이나 이해분야로부터 선출한다.

8. 위원회의 위원은 심해저에서의 탐사와 개발과 관련된 모든 활동에 관하여 어떠한 재정상의 이해관계도 가질 수 없다. 위원은 자신이 근무하는 위원회에 대한 책임에 따를 것을 조건으로 직무종료 후에도 산업상의 비밀이나 제3부속서 제14조에 따라 해저기구에 이전된 재산권 자료 또는 해저 기구 임

무 수행 중 알게 된 그 밖의 비밀 정보를 누설하지 아니한다.

9. 각 위원회는 이사회가 채택하는 지침과 지시에 따라 임무를 수행한다.

10. 각 위원회는 위원회의 임무를 효율적으로 수행하기 위하여 필요한 규칙과 규정을 작성하고 승인을 얻기 위하여 이를 이사회에 제출한다.

11. 위원회의 의사결정절차는 해저 기구의 규칙, 규정 및 절차에 따라 정한다. 필요한 경우 이사회에 대한 권고에 위원회 내의 서로 다른 의견을 요약하여 첨부한다.

12. 각 위원회는 통상적으로 해저기구의 소재지에서 활동하며 임무를 효율적으로 수행하기 위하여 필요한 횟수만큼 회합한다.

13. 각 위원회는 그 임무를 수행함에 있어서 적절한 경우, 다른 위원회, 국제 연합과 그 전문 기구의 권한 있는 기관 또는 이러한 협의의 주제에 관하여 권한 있는 어떠한 국제기구와도 협의할 수 있다.

제164조 경제기획위원회

1. 경제기획위원회의 위원은 광업, 광물자원 활동의 관리, 국제무역이나 국제경제학 등과 관련된 적절 한 자격을 갖춘다. 이사회는 위원회를 구성함에 있어 모든 적절한 자격이 반영되도록 보장하기 위하여 노력한다. 위원회는 심해저에서 채취되는 종류의 광물의 수출이 자국 경제에 실질적인 관계가 있는 개발도상국 출신 위원을 적어도 2인 이상 포함한다.

2. 경제기획위원회는 다음 사항을 행한다.

(a) 이사회의 요청에 따라, 심해저활동과 관련하여 이 협약에 따라 내려진 결정을 이행하기 위한 조치를 제안한다.

(b) 수입국과 수출국 양쪽의 이익 특히 그중에서도 개발도상국의 이익에 유의하여 심해저 광물의 공급, 수요, 가격 동향 및 이에 영향을 미치는 요인을 검토한다.

(c) 관계당사국이 주의를 환기시킨 제150조 (h)에 언급된 부정적인 영향을 초래할 수 있는 상황을 검토하여 이사회에 적절한 권고를 행한다.

(d) 제151조 제10항에 규정된 바와 같이 심해저활동으로 인하여 부정적인 영향을 받은 개발도상국을 위한 보상제도나 그 밖의 경제조정지원 조치를 총회에 제

출하도록 이사회에 제안한다. 위원회는 총회가 채택한 이러한 보상제도나 그 밖의 조치를 구체적으로 적용하기 위하여 이사회에 필요한 권고를 한다.

제165조 법률 · 기술위원회

1. 법률 · 기술위원회의 위원은 광물자원의 탐사, 개발 및 가공, 해양학, 해양환경보호, 또는 해양광업 및 기타 관련 전문분야에 관한 경제적 · 법률적 사항 등에 관한 적절한 자격을 갖추어야 한다. 이사회는 위원회를 구성하는데 적합한 모든 자격이 반영되도록 보장하기 위하여 노력한다.
2. 법률 · 기술위원회는 다음을 행한다.
(a) 이사회의 요청에 따라 해저 기구의 임무 수행에 관한 권고를 한다.
(b) 제153조 제3항에 따라 심해저활동을 위한 공식 문서로 된 사업계획을 심사하고 이사회에 적절한 권고를 한다. 위원회는 오로지 제3부속서에 규정된 근거에 기초하여 이러한 권고를 하고 이에 관하여 이사회에 충분히 보고한다.
(c) 이사회의 요청에 의하여, 적절한 경우, 심해저활동을 수행하는 주체나 관계국과 협의, 협력하여 심해저활동을 감독하고 이사회에 보고한다.
(d) 심해저활동이 환경에 미치는 영향에 관한 평가서를 작성한다.
(e) 해양 환경 보호에 관한 분야에서 인정된 전문가의 견해를 고려하여 이사회에 해양 환경 보호에 관한 권고를 한다.
(f) 심해저활동이 환경에 미치는 영향 평가를 비롯한 모든 관련 요소를 고려하여 제162조 제2항 (o)에 규정된 규칙, 규정 및 절차를 작성하여 이사회에 제출한다.
(g) 이러한 규칙, 규정 및 절차를 항상 검토하여 필요하거나 바람직하다고 판단되는 개정안을 수시로 이사회에 제출한다.
(h) 인정된 과학적 방법에 의하여 심해저활동으로 인한 해양 환경오염의 위험이나 효과를 정기적으로 관찰, 측정, 평가 및 분석하는 감시계획의 수립에 관하여 이사회에 권고하고, 기존의 규칙이 적절히 이행되도록 보장하고 또한 이사회가 승인한 감시계획의 시행을 조정한다.
(i) 이 부 및 관련 부속서에 따라, 특히 제187조를 고려하여 해저 기구를 대표하여 해저분쟁재판부 에 소송을 제기할 것을 이사회에 권고한다.

(j) (i)에 따라 제기된 소송에서 해저분쟁재판부가 내린 결정에 근거하여 취하여야 할 조치에 대하여 이사회에 권고한다.
(k) 심해저활동으로부터 발생하는 해양환경에 대한 중대한 피해를 방지하기 위하여 조업정지명령이나 조업조정명령을 포함한 비상명령을 내릴 것을 이사회에 권고한다. 이사회는 이러한 권고를 우선적으로 취급한다.
(l) 해양 환경에 대한 중대한 피해의 위험이 있다는 구체적인 증거가 있는 경우, 계약자 또는 심해저공사의 개발지역을 승인하지 아니할 것을 이사회에 권고한다.
(m) 이 부의 규정, 해저 기구의 규칙, 규정 및 절차와 해저 기구와의 계약조건이 준수되고 있는지 여부를 결정하기 위하여 심해저활동을 검사하는 검사관의 지휘와 감독에 관하여 이사회에 권고한다.
(n) 이사회가 제3부속서 제7조에 따라 생산인가 신청자 중에서 필요한 자를 선정한 후 제151조 제2항부터 제7항까지에 따라 해저 기구를 대표하여 생산한도를 계산하고 생산인가서를 발급한다.

3. 위원회의 위원은 감독과 검사 임무를 수행함에 있어서 당사국이나 다른 관련자의 요청이 있을 때에는 당사국이나 다른 관련자의 대표를 대동한다.

제4관 사무국

제166조 사무국

1. 해저 기구의 사무국은 사무총장 및 해저기구가 필요로 하는 직원으로 구성된다.
2. 사무총장은 이사회가 제안한 후보자중에서 총회에 의하여 4년 임기로 선출되며 재선될 수 있다.
3. 사무총장은 해저 기구의 수석 행정 직원이며, 그러한 자격으로 총회, 이사회 및 보조기관의 모든 회합에 참석하고 이들 기관에 의하여 위임된 다른 행정상의 임무를 수행한다.
4. 사무총장은 해저 기구의 활동에 관한 연례보고서를 총회에 제출한다.

제167조 해저 기구 직원

1. 해저 기구의 직원은 해저 기구의 행정상 임무를 수행하기 위하여 요구되는 과학적 · 기술적 자격과 그 밖의 자격을 갖춘 인원으로 구성된다.
2. 직원을 채용 · 고용하고 그 근무조건을 정함에 있어서 최고수준의 효율성, 능력 및 성실성을 확보할 필요성을 최우선적으로 고려한다. 이러한 고려를 할 것을 조건으로, 가능한 한 광범위한 지리적 기초 위에서 직원을 채용하는 것이 중요하다는 점을 적절히 고려한다.
3. 직원은 사무총장이 임명한다. 직원의 임명, 보수 및 해고조건은 해저 기구의 규칙, 규정 및 절차에 따른다.

제168조 사무국의 국제적 성격

1. 사무총장과 직원은 그 직무를 수행함에 있어서 어떠한 정부나 해저기구 밖의 어떠한 출처로부터도 지시를 구하거나 받지 아니한다. 이들은 오직 해저기구에 대하여서만 책임을 지는 국제공무원으로서의 지위에 영향을 미치는 어떠한 행위도 삼간다. 각 당사국은 사무총장과 직원의 책임이 전적으로 국제적인 성격을 가진다는 것을 존중하며, 그들의 책임 수행에 영향을 미치려고 하지 아니할 것을 약속한다. 직원에 의한 책임 불이행은 해저기구의 규칙, 규정 및 절차에 규정된 적절한 행정재판소에 회부된다.
2. 사무총장과 직원은 심해저 탐사, 개발과 관련된 모든 활동에 있어서 어떠한 재정적 이해도 가질 수 없다. 그들은 해저기구에 대한 책임에 따를 것을 조건으로 직무가 종료한 이후에도 산업비밀이나 제3부속서 제14조에 따라 해저기구에 이전된 재산권 자료나 해저기구에 근무함으로써 알게 된 그 밖의 비밀정보를 누설하지 아니한다.
3. 제2항에 규정한 해저기구 직원에 의한 의무위반은, 그러한 위반에 의하여 피해를 입은 당사국의 요청이 있거나, 또는 제153조 제2항 (b)에 규정에 의거하여 당사국이 보증하고 그러한 위반에 의하여 피해를 입은 자연인이나 법인의 요청이 있으면 해저기구는 관련 직원을 해저기구의 규칙, 규정 및 절차에 지정된 재판소에 회부한다. 피해를 입은 당사국은 그 소송에 참가할 권리를 가진다. 재판소가 권고하는 경우 사무총장은 관련 직원을 해고한다.
4. 해저기구의 규칙, 규정 및 절차는 이 조를 이행하는 데 필요한 규정을 포함한다.

제169조 국제기구·비정부간기구와의 협의·협력
1. 사무총장은 해저기구의 권한 내 사항에 관하여 국제연합 경제사회이사회가 인정한 국제기구, 비정부 간기구와의 협의 및 협력을 위하여 이사회의 승인을 받아 적절한 약정을 체결한다.
2. 제1항의 규정에 의하여 사무총장과 약정을 체결한 기구는 해저기구의 기관의 의사규칙에 따라 그러한 기관의 회합에 옵서버로 참석할 대표를 지정할 수 있다. 적절한 경우 그러한 기구의 의견을 얻기 위한 절차를 확립한다.
3. 사무총장은 제1항에 언급된 비정부간기구가 특별한 권한을 가지는 사항으로서 해저기구의 활동과 관련된 사항에 관하여 제출한 서면보고서를 당사국에 배포할 수 있다.

제5관 심해저공사

제170조 심해저공사
1. 심해저공사는 제153조 제2항 (a)에 따라 심해저활동을 직접 수행하며 심해저로부터 채취된 광물의 수송, 가공 및 판매를 수행하는 해저기구의 기관이다.
2. 심해저공사는 해저기구의 국제법인격의 테두리 안에서 제4부속서에 규정된 정관에 따른 법적 능력을 가진다. 심해저공사는 이 협약, 해저기구의 규칙, 규정 및 절차, 또한 총회가 확립한 일반정책에 따라 행동하여야 하며 이사회의 지시와 통제에 따른다.
3. 심해저공사는 해저기구의 소재지에 주사무소를 둔다.
4. 심해저공사는 제173조 제2항과 제4부속서 제11조에 따라 그 직무를 수행하기 위하여 필요한 자금을 제공받으며 제144조와 그 밖의 이 협약 관련규정에 따라 기술을 인수한다. 〈이행협정부속서 제2절 6항 참조〉

제6관[편집] 해저 기구의 재정

제171조 해저 기구의 자금
해저 기구의 자금은 다음을 포함한다.

(a) 제160조 제2항 (e)의 규정에 따라 해저 기구의 회원국이 납부한 분담금
(b) 제3부속서 제13조의 규정에 따라 심해저활동과 관련하여 해저 기구가 받은 자금
(c) 제4부속서 제10조의 규정에 따라 심해저공사로부터 이전된 자금
(d) 제174조의 규정에 따라 차입한 자금
(e) 회원국이나 다른 주체가 납부한 자발적 기부금
(f) 제151조 제10항에 따라 경제기획위원회가 권고하는 재원으로부터의 보상기금에 대한 납입금

제172조 해저 기구의 연간예산
사무총장은 해저 기구의 연간예산안을 작성하여 이사회에 제출한다. 이사회는 연간예산안을 심의하여 이에 대한 권고와 함께 총회에 제출한다. 총회는 제160조 제2항 (h)에 따라 연간예산안을 심의하고 승인한다.

제173조 해저 기구의 경비
1. 제171조 (a)에 언급된 분담금은 해저 기구가 다른 재원으로부터 해저기구의 행정경비를 충당하기에 충분한 자금을 가질 때까지 이러한 경비를 충당하기 위한 특별계정에 불입된다.
2. 해저 기구의 행정경비는 해저 기구의 자금에서 우선적으로 지급된다. 제171조 (a)에 규정된 분담금을 제외하고, 행정 경비 지급후 남은 자금은 특히 다음과 같이 배분하거나 사용한다.
(a) 제140조 및 제160조 제2항 (g)에 따라 배분한다.
(b) 제170조 제4항에 따라 심해저공사에 자금을 제공하기 위하여 사용한다.
(c) 제151조 제10항 및 제160조 제2항 (l)에 따라 개발도상국에 보상하기 위하여 사용한다.

제174조 해저 기구의 차입 권한
1. 해저 기구는 자금을 차입할 권한을 가진다. (이행협정부속서 제1절 14항 참조)
2. 총회는 제160조 제2항 (f)에 따라 채택된 재정규칙 내에 해저 기구의 차입 권

한에 대한 제한을 규정한다.
3. 이사회는 해저 기구의 차입 권한을 행사한다.
4. 당사국은 해저 기구의 채무에 대하여 책임을 지지 아니한다.

제175조 연례감사
연차재무제표를 비롯한 해저 기구의 기록, 장부와 계산서류는 총회가 임명하는 독립된 감사관에 의하여 매년 감사를 받는다.

제7관 법적 지위, 특권 · 면제

제176조 법적 지위
해저 기구는 국제법인격 및 그 임무의 수행과 목적의 달성에 필요한 법적 능력을 가진다.

제177조 특권 · 면제
해저 기구가 그 임무를 수행할 수 있도록 하기 위하여 해저 기구는 각 당사국의 영토 안에서 이 관에서 규정된 특권 · 면제를 향유한다. 심해저공사에 관한 특권 · 면제는 제4부속서 제13조에 규정된 특권 · 면제와 같다.

제178조 법절차로부터의 면제
해저 기구가 특별한 사건에 대하여 명시적으로 면제를 포기한 경우 이외에는 해저 기구와 해저 기구의 재산과 자산은 법절차로부터 면제된다.

제179조 수색 · 압수로부터의 면제
해저 기구의 재산과 자산은 그 소재지와 점유자에 관계없이 행정 또는 입법조치에 의한 수색, 징발, 몰수, 수용 또는 그 밖의 형태의 압수로부터 면제된다.

제180조 제한 · 규제 · 통제 · 동결로부터의 면제
해저 기구의 재산과 자산은 어떠한 성격의 제한, 규제, 통제 및 동결 조치로부

터도 면제된다.

제181조 해저 기구의 문서보관소와 공용 통신

1. 해저 기구의 문서보관소는 어디에 있든 불가침이다.
2. 재산권 자료 · 산업비밀 또는 이와 유사한 정보 및 인사기록은 공공에 개방되는 문서보관소에 비치될 수 없다.
3. 해저 기구는 공용통신에 관하여 각 당사국이 다른 국제기구에 부여한 것보다 불리하지 아니한 대우를 각 당사국으로부터 부여받는다.

제182조 해저 기구 관련 인사의 특권 · 면제

총회나 이사회의 회합 또는 총회나 이사회 기관의 회합에 출석하는 회원국 대표, 해저 기구의 사무총장 및 직원은 각 당사국의 영토 안에서 다음 사항을 향유한다.

(a) 직무수행 중에 행한 행위에 관한 법절차로부터의 면제(단, 이들이 대표하는 국가 또는 적절한 경우 해저 기구가 특정한 사건에 대하여 명시적으로 면제를 포기한 경우를 제외)

(b) 이들이 그 당사국의 국민이 아닌 경우, 그 당사국이 이들과 동등한 지위에 있는 다른 당사국의 대표 및 공무원과 고용인에게 부여하는 것과 동일한 출입국제한, 외국인 등록요건 및 국민으로서의 의무로부터의 동등한 면제 및 외환제한에 관한 동일한 편의와 여행편의에 관한 동일한 대우

제183조 조세 · 관세의 면제

1. 해저 기구, 그 재산과 자산, 수입 그리고 이 협약에 의하여 인정된 해저 기구의 운영과 거래는 해저 기구의 공적활동 범위 안에서 모든 직접세로부터 면제되고, 또한 해저 기구 공용으로 수입되거나 수출되는 물품은 모든 관세로부터 면제된다. 해저기구는 제공된 용역에 대하여 부과되는 수수료로부터의 면제를 주장할 수 없다.
2. 해저 기구의 공적 활동에 필요한 실질적 가치가 있는 상품과 용역의 구입이 해저기구에 의하여 또는 해저 기구를 대리하여 이루어지고 또한 이러한 상

품과 용역의 가격에 조세나 관세가 포함되어 있는 경우, 실행 가능한 범위 안에서 당사국은 이러한 조세나 관세로부터의 면제를 부여하거나 이를 환급하기 위한 적절한 조치를 취한다.

이 조의 규정에 따른 면제 하에 수입되거나 구입된 물품은, 면제를 부여한 당사국과 합의한 조건에 따르는 경우를 제외하고는, 그 당사국의 영토 안에서 매각되거나 또는 달리 처분되지 아니한다.

3. 해저 기구의 사무총장과 직원, 해저 기구를 위하여 임무를 수행하는 자로서 당사국의 국민이 아닌 전문가에게 해저 기구가 지급한 봉급, 수당이나 다른 형태의 지급에 대하여 그 당사국은 조세를 부과할 수 없다.

제8관 회원국의 권리·특권 행사의 정지

제184조 표결권 행사의 정지

해저 기구에 대한 재정분담금 납부를 지체하고 있는 당사국은 그 체납액이 과거 2년 동안 납부하여야 할 분담 금액과 동일하거나 이를 넘는 경우에는 표결권을 가지지 아니한다. 분담금을 납부하지 못한 것이 회원국이 통제할 수 없는 상황 때문이라는 점이 납득될 경우 총회는 이러한 회원국이 투표하도록 허가할 수 있다.

제185조 회원국의 권리·특권행사의 정지

1. 총회는 중대하고도 계속적으로 이 부의 규정을 위반한 당사국에 대하여는 이사회의 권고에 따라 회원국으로서의 권리와 특권의 행사를 정지시킬 수 있다.
2. 당사국이 중대하고도 계속적으로 이 부의 규정을 위반하였다는 것을 해저분쟁재판부가 결정할 때까지는 제1항에 따른 어떠한 조치도 취할 수 없다.

제5절[편집] 분쟁 해결과 권고적 의견

제186조 국제해양법재판소의 해저분쟁재판부 해저분쟁재판부의 설치와 그 관

할권 행사방식은 이 부, 제15부 및 제6부속서의 규정에 의하여 규율된다.

제187조 해저분쟁재판부의 관할권

해저분쟁재판부는 이 부 및 이 부와 관련된 부속서에 따라 다음 범주에 속하는 심해저 활동 관련 분쟁에 대한 관할권을 가진다.

(a) 이 부 및 이 부와 관련된 부속서의 해석 또는 적용에 관한 당사국 사이의 분쟁

(b) 다음 사항에 관한 당사국과 해저기구 사이의 분쟁

(i) 이 부 또는 이 부와 관련된 부속서 또는 이에 따라 채택된 해저기구의 규칙, 규정 및 절차를 위반한 것으로 주장되는 해저기구나 당사국의 작위나 부작위

(ii) 관할권의 일탈 또는 권한남용이라고 주장되는 해저기구의 행위

(c) 당사국, 해저기구 또는 심해저공사, 국영기업 및 제153조 제2항 (b)에 규정된 자연인이나 법인 등 계약당사자 사이의 다음 사항에 관한 분쟁

(i) 관련 계약이나 사업계획의 해석 또는 적용

(ii) 다른 계약당사자를 대상으로 하거나 또는 그의 적법한 이익에 직접적으로 영향을 미치는 심해저활동에 관한 계약당사자의 작위나 부작위

(d) 제153조 제2항 (b)의 규정에 따라 국가가 보증하고 제3부속서 제4조 제6항 및 제13조 제2항에 규정된 조건을 적절하게 이행한 계약예정자와 해저기구 사이의 분쟁으로서 계약의 거부 또는 계약의 협상 중에 발생하는 법적 문제에 관한 분쟁

(e) 해저기구가 제3부속서 제22조에 규정된 책임을 지게 되었다고 주장되는 경우, 해저기구와 당사국, 국영기업 또는 제153조 제2항 (b)의 규정에 따라 당사국이 보증한 자연인이나 법인 사이의 분쟁

(f) 해저분쟁재판부의 관할권에 속하는 것으로 이 협약에 특별히 규정된 그 밖의 분쟁

제188조 국제해양법재판소 특별재판부나 해저분쟁재판부 임시재판정 또는 구속력이 있는 상사중재에의 분쟁 회부

1. 제187조 (a)에 언급된 당사국 사이의 분쟁은 다음 재판부에 회부될 수 있다.
(a) 분쟁당사자의 요청이 있을 경우 제6부속서 제15조 및 제17조에 따라 구성되는 국제해양법재판소 특별재판부
(b) 어느 한 분쟁당사자의 요청이 있을 경우 제6부속서 제36조에 따라 구성되는 해저분쟁재판부 임시재판정
2. (a) 제187조 (c) (i)에 언급된 계약의 해석·적용에 관한 분쟁은 당사자가 달리 합의하지 아니하는 한, 어느 한 분쟁당사자의 요청이 있으면 구속력 있는 상사중재에 회부된다. 분쟁이 회부되는 상사중재재판소는 이 협약의 해석문제를 결정할 관할권을 가지지 아니한다. 분쟁이 심해저활동에 관하여 제11부 및 이와 관련된 부속서의 해석문제를 포함하는 경우, 이러한 문제는 해저분쟁 재판부에 회부하여 재정되도록 한다.
(b) 이러한 중재를 시작할 때 또는 도중에 중재재판소가 분쟁의 어느 한 당사자의 요청에 의하여 또는 재판소의 직권으로 재판소의 결정이 해저분쟁재판부의 재정에 의존한다고 판정한 경우, 중재재판소는 재정을 위하여 이 문제를 해저분쟁재판부에 회부한다. 중재재판소는 해저분쟁재판부의 재정에 합치되게 결정을 내린다.
(c) 분쟁에 적용할 중재절차에 관한 규정이 계약서에 없는 경우, 중재는 두 당사자가 달리 합의하지 아니하는 한, 국제연합상거래위원회의 중재규칙이나 해저기구의 규칙, 규정 및 절차에 규정된 중재규칙에 따라 이루어진다.

제189조 해저기구의 결정에 대한 재판관할권의 제한
해저분쟁재판부는 이 부에 따른 해저기구의 재량권행사에 관하여는 관할권을 가지지 아니한다. 어떠한 경우에도 해저분쟁재판부는 자신의 재량으로 해저기구의 재량을 대체할 수 없다. 해저분쟁재판부는 제191조를 침해하지 아니하고 제187조에 따라 관할권을 행사함에 있어 해저기구의 규칙, 규정 및 절차가 이 협약과 합치하는지 여부에 대한 문제에 관하여 판단하지 아니하여야 하며 이러한 규칙, 규정 및 절차가 무효임을 선언하지 아니한다.
다만, 해저분쟁재판부의 관할권은 개별사건에 있어서 해저기구의 규칙, 규정 및 절차를 적용하는 것이 분쟁 당사자의 계약상 의무나 이 협약상의 의무와 충

돌된다는 주장, 관할권의 일탈 또는 권한남용에 관한 주장, 다른 당사자의 계약상 의무 또는 이 협약상의 의무 불이행에 대하여 관련 당사자에게 지불되어야 할 손해배상 또는 그 밖의 구제의 주장을 결정하는데 국한된다.

제190조 보증당사국의 소송절차 참가와 출석

1. 자연인이나 법인이 제187조에 언급된 분쟁당사자인 경우 보증국은 이에 관하여 통지를 받고 서면진술 또는 구두진술을 통하여 소송절차에 참가할 권리를 가진다.
2. 제187조 (c)에 언급된 분쟁에 있어서 어느 한 당사국을 상대로 다른 당사국이 보증하는 자연인이나 법인이 소송을 제기할 경우, 피소국은 그 보증국에 대하여 자연인이나 법인을 대리하여 소송에 출석하도록 요청할 수 있다. 그러한 불출석의 경우, 피소국은 자국 국적의 법인을 대리로 내보낼 수 있다.

제191조 권고적 의견

해저분쟁재판부는 총회나 이사회의 활동범위 안에서 발생하는 법률문제에 관하여 총회나 이사회의 요청에 따라 권고적 의견을 제시한다. 그러한 권고적 의견은 긴급사항으로 제시된다.

해양 환경의 보호와 보전(제12부)[편집]

제1절[편집] 총칙

제192조 일반적 의무

각국은 해양환경을 보호하고 보전할 의무를 진다.

제193조 천연자원의 개발에 관한 국가의 주권적 권리

각국은 자국의 환경정책과 해양환경을 보호하고 보전할 의무에 따라 자국의 천연자원을 개발할 주권적 권리를 가진다.

제194조 해양환경 오염의 방지, 경감 및 통제를 위한 조치

1. 각국은 개별적으로 또는 적절한 경우 공동으로, 자국이 가지고 있는 실제적인 최선의 수단을 사용하여 또한 자국의 능력에 따라 모든 오염원으로부터 해양환경 오염을 방지, 경감 및 통제하는 데 필요한 이 협약과 부합하는 모든 조치를 취하고, 또한 이와 관련한 자국의 정책을 조화시키도록 노력한다.
2. 각국은 자국의 관할권이나 통제하의 활동이 다른 국가와 자국의 환경에 대하여 오염으로 인한 손해를 주지 않게 수행되도록 보장하고, 또한 자국의 관할권이나 통제하의 사고나 활동으로부터 발생하는 오염이 이 협약에 따라 자국이 주권적 권리를 행사하는 지역 밖으로 확산되지 아니하도록 보장하는 데 필요한 모든 조치를 취한다.
3. 이 부에 따라 취하여진 조치는 해양환경의 모든 오염원을 다룬다. 이러한 조치는 특히 다음의 사항을 가능한 한 가장 극소화시키기 위한 조치를 포함한다.
(a) 육상오염원으로부터, 대기로부터, 대기를 통하여 또는 투기에 의하여 특히 지속성 있는 유독·유해하거나 해로운 물질의 배출
(b) 선박으로부터의 오염, 특히 사고방지, 긴급사태의 처리, 해상작업의 안전확보, 고의적 및 비고의적 배출의 방지, 선박의 설계·건조·장비·운용 및 인원배치의 규제를 위한 조치
(c) 해저와 하층토의 천연자원의 탐사나 개발에 사용되는 설비나 장치로부터의 오염, 특히 사고방지, 긴급사태의 처리, 해상작업의 안전 확보, 또한 이러한 설비나 장치의 설계·구조·장비·운용 및 인원배치의 규제를 위한 조치
(d) 해양환경에서 운용되는 그 밖의 설비나 장치로부터의 오염. 특히 사고방지, 긴급사태의 처리, 해상작업의 안전확보, 또한 이러한 설비나 장치의 설계·구조·장비·운용 및 인원배치를 규제하기 위한 조치
4. 각국은 해양환경 오염을 방지, 경감 및 통제하기 위한 조치를 취함에 있어서 다른 국가가 이 협약에 따른 권리 행사나 의무 이행상 수행하는 활동을 부당하게 방해하지 아니한다.
5. 이 부에 따라 취하여진 조치는 매우 희귀하거나 손상되기 쉬운 생태계, 고갈되거나 멸종의 위협을 받거나 위험에 처한 생물종 및 그 밖의 해양생물체 서식지의 보호와 보존에 필요한 조치를 포함한다.

제195조 피해나 위험을 전가시키거나 오염형태를 변형시키지 아니할 의무
각국은 해양환경 오염을 방지, 경감 및 통제하기 위한 조치를 취함에 있어서 직접·간접적으로 피해나 위험을 어느 한 지역에서 다른 지역에 전가시키거나 어떤 형태의 오염을 다른 형태의 오염으로 변형시키지 아니하도록 행동한다.

제196조 기술의 사용 또는 외래종이나 새로운 종의 도입
1. 각국은 해양환경에 중대하고도 해로운 변화를 초래할 우려가 있는 자국의 관할권이나 통제 하에 있는 기술의 사용으로부터 또는 해양환경의 특정한 부분에 대한 외래의 종이나 새로운 종의 고의적, 우발적인 도입으로부터 발생하는 해양환경 오염을 방지, 경감 및 통제하기 위하여 필요한 조치를 취한다.
2. 이 조는 해양환경 오염의 방지, 경감 및 통제에 관한 이 협약의 적용에 영향을 미치지 아니한다.

제2절 지구적·지역적 협력

제197조 지구적·지역적 차원의 협력
각국은 지구적 차원에서 그리고 적절한 경우 지역적 차원에서 특수한 지역특성을 고려하여 직접 또는 권한 있는 국제기구를 통하여 해양환경을 보호하고 보존하기 위하여 이 협약과 합치하는 국제규칙, 기준, 권고관행 및 절차의 수립 및 발전에 협력한다.

제198조 급박한 피해나 현실적 피해의 통고
어느 국가가 해양환경이 오염에 의하여 피해를 입을 급박한 위험에 처하거나 피해를 입은 것을 알게 된 경우, 그 국가는 그러한 피해에 의하여 영향을 받을 것으로 생각되는 다른 국가와 권한 있는 국제기구에 신속히 통고한다.

제199조 오염대비 비상계획
제198조에 언급된 경우, 피해지역에 있는 국가는 자국의 능력에 따라서 권한 있는 국제기구와 함께 가능한 한 오염의 영향을 제거하고 피해를 방지하거나

최소화하도록 협력한다. 이러한 목적을 위하여 각국은 공동으로 해양환경내의 오염사고에 대처하기 위한 비상계획을 개발하고 촉진시킨다.

제200조 연구 · 조사계획과 정보 · 자료교환
각국은 과학조사연구를 촉진시키고 과학조사계획을 실시하며 또한 해양환경오염에 관하여 획득된 정보와 자료의 교환을 장려하기 위하여 직접 또는 권한 있는 국제기구를 통하여 협력한다. 각국은 오염의 성격과 범위의 평가, 오염에의 노출, 그 경로, 위험 및 구제조치에 관한 지식을 얻기 위하여 지역적 · 세계적 계획에 적극적으로 참여하도록 노력한다.

제201조 규칙제정을 위한 과학적 기준
제200조에 따라 획득된 정보와 자료를 고려하여 각국은 직접적으로 또는 권한 있는 국제기구를 통하여 해양환경오염의 방지, 경감 및 통제에 관한 규칙, 기준, 권고관행 및 절차를 수립하고 발전시키기 위한 적절한 과학적 기준을 설정하도록 협력한다.

제3절 기술 지원

제202조 개발도상국에 대한 과학 · 기술지원
각국은 직접 또는 권한 있는 국제기구를 통하여 다음을 행한다.
(a) 해양환경의 보호 및 보존과 해양오염의 방지, 경감 및 통제를 위하여 개발도상국에 대한 과학적 · 교육적 · 기술적 지원 및 그 밖의 지원계획을 촉진시킨다. 이러한 지원에는 특히 다음 사항이 포함된다.
(i) 개발도상국의 과학 · 기술요원의 훈련
(ii) 관련 있는 국제계획에 개발도상국 요원의 참여 촉진
(iii) 개발도상국에 대한 필요장비와 시설의 제공
(iv) 개발도상국의 이러한 장비의 생산능력 제고
(v) 연구 · 감시 · 교육 및 그 밖의 계획을 위한 시설의 개발과 조언
(b) 해양환경에 심각한 오염을 가져올 수 있는 심각한 사고의 영향을 최소화하

기 위하여 특히 개발도상국에 적절한 지원을 제공한다.
(c) 환경평가 준비에 관하여 특히 개발도상국에 적절한 지원을 제공한다.

제203조 개발도상국에 대한 우선적 대우
개발도상국은 해양환경오염의 방지, 경감 및 통제 또는 그 영향의 최소화를 위하여 국제기구로부터 다음 사항에 관한 우선권을 부여받는다.
(a) 적절한 자금과 기술원조의 할당
(b) 국제기구의 전문적 용역의 이용

제4절 감시와 환경 평가

제204조 오염의 위험이나 영향의 감시
1. 각국은 다른 국가의 권리와 양립하는 범위 내에서 직접적 또는 권한 있는 국제기구를 통하여 해양환경 오염의 위험이나 영향을 인정된 과학적 방법에 의하여 관찰, 측정, 평가 및 분석하기 위하여 실행 가능한 한 노력한다.
2. 특히 각국은 자국이 허가하거나 참여하는 모든 활동이 해양환경을 오염시킬 가능성이 있는지의 여부를 결정하기 위하여 그 활동의 영향을 계속 감시한다.

제205조 보고서 발간
각국은 제204조에 따라 획득한 결과에 대한 보고서를 발간하거나 적절한 시간간격을 두고 권한 있는 국제기구에 이러한 보고서를 제출하며, 그 국제기구는 이를 모든 국가가 이용할 수 있도록 한다.

제206조 활동의 잠재적 영향평가
각국은 자국의 관할권이나 통제 하에 계획된 활동이 해양환경에 실질적인 오염이나 중대하고 해로운 변화를 가져올 것이라고 믿을만한 합리적인 근거가 있는 경우, 해양환경에 대한 이러한 활동의 잠재적 영향을 실행가능한 한 평가하고 제205조가 규정한 방식에 따라 이러한 평가의 결과에 관한 보고서를 송부한다.

제5절 해양 환경오염의 방지, 경감, 통제를 위한 국제 규칙과 국내 입법

제207조 육상오염원에 의한 오염

1. 각국은 국제적으로 합의된 규칙, 기준 및 권고관행과 절차를 고려하여 강, 하구, 관선 및 배출시설을 비롯한 육상오염원에 의한 해양환경오염을 방지, 경감 및 통제하기 위하여 법령을 제정한다.
2. 각국은 이러한 오염을 방지, 경감 및 통제하기 위하여 필요한 그 밖의 조치를 취한다.
3. 각국은 이와 관련하여 적절한 지역차원에서 각국의 정책을 조화시키도록 노력한다.
4. 각국은 개발도상국의 지역적 특성, 경제적 능력 및 경제개발의 필요성을 고려하여 권한 있는 국제기구나 외교회의를 통하여 육상오염원에 의한 해양환경 오염을 방지, 경감 및 통제하기 위한 세계적 · 지역적 규칙, 기준 및 권고관행과 절차를 확립하기 위하여 노력한다. 이러한 규칙, 기준 및 권고관행과 절차는 필요에 따라 수시로 재검토된다.
5. 제1항, 제2항 및 제4항에 언급된 법령, 조치, 규칙, 기준 및 권고관행과 절차는 특히 지속성이 있는 유독 · 유해한 물질의 해양환경으로의 배출을 가능한 한 최소화시키기 위한 것을 포함한다.

제208조 국가관할권하의 해저활동에 의한 오염

1. 연안국은 자국의 관할권 아래에 있는 해저활동으로부터 또는 이와 관련하여 발생하는 해양환경의 오염 및 제60조와 제80조에 자국 관할권내에 건설된 인공섬, 설비 및 구조물로부터 발생하는 해양환경의 오염을 방지, 경감 및 통제하기 위한 법령을 제정한다.
2. 각국은 이러한 오염을 방지, 경감 및 통제하기 위하여 필요한 그 밖의 조치를 취한다.
3. 이러한 법령과 조치는 적어도 국제규칙, 기준 및 권고관행과 절차와 동등한 효력을 갖도록 한다.
4. 각국은 이와 관련하여 적절한 지역적 차원에서 각국의 정책을 조화시키도록

노력한다.

5. 각국은 특히 권한 있는 국제기구나 외교회의를 통하여 제1항에 언급된 해양환경의 오염을 방지, 경감 및 통제하기 위한 세계적·지역적 규칙, 기준 및 권고관행과 절차를 확립한다. 이러한 규칙, 기준 및 권고관행과 절차는 필요에 따라 수시로 재검토된다.

제209조 심해저활동에 의한 오염

1. 심해저활동으로 인한 해양환경 오염을 방지, 경감 및 통제하기 위하여 제11부에 따라 국제규칙, 규정 및 절차를 수립한다. 이러한 규칙, 규정 및 절차는 필요에 따라 수시로 재검토한다.
2. 이 절의 관계규정에 따를 것을 조건으로, 각국은 자국기를 게양하거나 자국에 등록되었거나 또는 자국의 권한 아래 운영되는 선박, 설비, 구조물 및 그 밖의 장비에 의하여 수행되는 심해저활동으로 인한 해양환경의 오염을 방지, 경감 및 통제하기 위한 법령을 경우에 따라 제정한다. 이러한 법령의 요건은 적어도 제1항에 언급된 국제규칙, 규정 및 절차와 동등한 효력을 가져야 한다.

제210조 투기에 의한 오염

1. 각국은 투기에 의한 해양환경 오염을 방지, 경감 및 통제하기 위하여 법령을 제정한다.
2. 각국은 이러한 오염의 방지, 경감 및 통제에 필요한 그 밖의 조치를 취한다.
3. 이러한 법령과 조치는 권한 있는 당국의 허가 없이는 투기가 이루어지지 아니하도록 보장한다.
4. 각국은 특히 권한 있는 국제기구나 외교회의를 통하여 이러한 오염을 방지, 경감 및 통제하기 위한 세계적·지역적 규칙, 기준 및 권고관행과 절차를 수립하기 위하여 노력한다. 이러한 규칙, 기준 및 권고관행과 절차는 필요에 따라 수시로 재검토된다.
5. 영해와 배타적 경제수역에서의 투기 또는 대륙붕상의 투기는 연안국의 명시적인 사전승인 없이는 행할 수 없으며, 연안국은 지리적 여건으로 인하여 불리한 영향을 받을 다른 국가와 함께 그 문제를 적절 히 검토한 후 이러한 투

기를 허용, 규제 및 통제할 권리를 가진다.
6. 국내법령과 조치는 이러한 오염을 방지, 경감 및 통제하는 데 있어서 적어도 세계적 규칙 및 기준과 동등한 효력을 가져야 한다.

제211조 선박에 의한 오염

1. 각국은 권한 있는 국제기구나 외교회의를 통하여 선박에 의한 해양환경 오염을 방지, 경감 및 통제하기 위한 국제적 규칙과 기준을 수립하여야 하며, 적절한 경우, 동일한 방식으로 연안을 포함한 해양환경을 오염시킬 수 있는 사고의 위협 및 연안국의 관련이익에 대한 오염피해를 최소화하기 위한 항로제도의 채택을 촉진한다. 이러한 원칙과 기준은, 동일한 방식으로, 필요에 따라 수시로 재검토된다.
2. 각국은 자국기를 게양하고 있거나 자국에 등록된 선박으로부터의 해양환경 오염을 방지, 경감 및 통제하기 위하여 법령을 제정한다. 이러한 법령은 권한 있는 국제기구나 일반외교회의를 통하여 수립되어 일반적으로 수락된 국제규칙 및 기준과 적어도 동등한 효력을 가져야 한다.
3. 해양 환경오염의 방지, 경감 및 통제를 위하여 외국선박의 자국 항구와 내수로의 진입이나 연안정박시설 방문에 대해 특별한 조건을 규정한 국가는 이러한 요건을 적절히 공표하고 권한 있는 국제기구에 통보한다. 2개국 이상의 연안국이 정책을 조화시키기 위하여 이러한 요건을 동일하게 규정한 경우, 이러한 협력약정에 참가하는 국가를 명시하여 통보한다.
모든 국가는 자국기를 게양하거나 자국에 등록된 선박이 이러한 협력약정에 참여하고 있는 국가의 영해를 항행할 경우, 그 국가의 요청이 있으면 그 선박이 이러한 협력약정에 참여하고 있는 동일 지역의 국가로 항진하고 있는지 여부에 관한 정보를 제공할 것과 또한 그러한 항진이 있을 경우 그 국가의 입항조건을 준수하고 있는지 여부를 밝히도록 선장에게 요구한다. 이 조는 선박의 계속적인 무해통항권 행사나 제25조 제2항의 적용에 영향을 미치지 아니한다.
4. 연안국은 자국 영해에서 주권을 행사함에 있어서 무해통항권을 행사하는 선박을 포함한 외국선박으로부터의 해양오염을 방지, 경감 및 통제하기 위하

여 국내법령을 제정할 수 있다. 제2부 제3절에 따라 이러한 법령은 외국선박의 무해통항을 방해하지 아니한다.

5. 연안국은 제6절에 규정된 법령을 집행하기 위하여 자국의 배타적 경제수역에서 선박으로부터의 오염을 방지, 경감 및 통제하기 위하여 권한 있는 국제기구나 일반 외교회의를 통하여 확립된 일반적으로 수락된 국제규칙과 기준에 합치하고 또한 이에 대하여 효력을 부여하는 법령을 제정할 수 있다.

6. (a) 제1항에 언급된 국제규칙과 기준이 특별한 상황에 대처하기 부적당하고, 연안국이 자국의 배타적경제수역중 명확히 지정된 특정수역이 그 수역의 이용, 그 자원의 보호 및 교통상의 특수성과 그 수역의 해양학적 · 생태학적 조건과 관련하여 인정된 기술적 이유에 비추어 선박으로부터의 오염을 방지하기 위한 특별강제조치를 채택할 필요가 있는 수역이라고 믿을 만한 합리적인 근거가 있는 경우, 연안국은 권한 있는 국제기구를 통하여 모든 관계국과 적절히 협의한 후, 그 국제기구에 수역을 통보하고 이를 뒷받침하는 과학기술적인 증거와 필요한 수용시설에 관한 정보를 제출할 수 있다. 국제기구는 이러한 통보를 접수한 후 12개월 이내에 통보된 수역이 위 요건에 부합하는지 여부를 결정한다.

   국제기구가 이러한 요건에 적합하다고 결정한 경우, 연안국은 그 수역에 있어서 선박으로부터의 오염의 방지, 경감 및 통제를 위한 법령을 제정하여, 국제기구가 특별수역에 적용되는 국제규칙과 기준, 또는 항행상의 관행을 시행할 수 있다. 이러한 법령은 권한 있는 국제기구에 통보한 후 15개월 동안 외국선박에 대하여 적용하지 아니한다.

   (b) 연안국은 명확히 획정된 이러한 특별수역의 한계를 공표한다.

   (c) 연안국이 선박으로부터의 오염의 방지, 경감 및 규제를 위하여 특정해역에 대한 법령을 추가로 채택하고자 하는 경우, 전술한 통보를 제출함과 동시에 이를 국제기구에 통고한다.

   이러한 추가법령은 배출 또는 항행상의 관행과 관련될 수 있으나, 외국선박에 대하여 일반적으로 수락된 국제규칙과 기준 이외에 설계 · 구조 · 인원배치 또는 장비에 관한 기준을 준수하도록 요구하지 아니한다. 이러한 법령은 통보를 제출한 후 12개월 내에 위의 국제기구가 동의할 것을 조건으로, 통보를 제출한 후 15개월 이후에 외국선박에 적용된다.
7. 이 조에 언급된 국제규칙과 기준은 특히 배출 또는 배출가능성이 있는 해난을 비롯한 사고에 의하여 연안이나 관련이익이 영향을 받을 수 있는 연안국에 대한 신속한 통보에 관한 규칙과 기준을 포함한다.

제212조 대기에 의한 또는 대기를 통한 오염
1. 각국은 대기로부터 또는 대기를 통한 해양환경 오염을 방지, 경감 및 통제하기 위하여 국제적으로 합의된 규칙, 기준, 권고관행과 절차 및 항공의 안전을 고려하여 자국의 주권아래 있는 영공과 자국기를 게양하고 있는 선박 또는 자국에 등록된 선박과 항공기에 적용되는 법령을 채택한다.
2. 각국은 이러한 오염의 방지, 경감 및 통제에 필요한 그 밖의 조치를 취한다.
3. 각국은 특히 권한 있는 국제기구나 외교회의를 통하여 이러한 오염을 방지, 경감 및 통제하기 위한 세계적·지역적 규칙과 기준 및 권고관행과 절차를 확립하도록 노력한다.

제6절 법령 집행

제213조 육상오염원에 의한 오염관련 법령집행
각국은 제207조에 따라 제정된 자국의 법령을 집행하고 육상오염에 의한 해양환경 오염을 방지, 경감 및 통제하기 위하여 권한 있는 국제기구나 외교회의를 통하여 수립된 적용 가능한 국제규칙과 기준을 시행하는 데 필요한 법령을 제정하고 그 밖의 조치를 취한다.

제214조 해저활동에 의한 오염관련 법령집행
각국은 제208조에 따라 제정된 자국의 법령을 집행하며 자국관할권하의 해저활동으로부터 또는 이와 관련하여 발생하는 해양환경 오염과 제60조 및 제80조에 따라 자국의 관할권 하에 설치한 인공섬, 설비 및 구조물로부터 발생하는 해양환경오염을 방지, 경감 및 통제하기 위하여 권한 있는 국제기구나 외교회의를 통하여 수립된 적용 가능한 국제규칙과 기준을 시행하는 데 필요한 법령을 제정하고 그 밖의 조치를 취한다.

제215조 심해저활동으로 인한 오염관련 법령집행
심해저활동으로 인한 해양환경 오염을 방지, 경감 및 통제하기 위하여 제11부에 의거하여 수립된 국제규칙, 규정 및 절차의 집행은 제11부에 따라 규율된다.

제216조 투기에 의한 오염관련 법령집행
1. 투기에 의한 해양환경의 오염을 방지, 경감 및 통제하기 위하여 이 협약에 따라 제정된 법령과 권한 있는 국제기구나 외교회의를 통하여 수립된 적용 가능한 국제규칙과 기준은 다음에 의하여 집행된다.
 (a) 영해, 배타적 경제수역 내 또는 대륙붕상의 투기에 관하여는 연안국
 (b) 자국기를 게양하고 있는 선박이나 자국에 등록된 선박, 항공기에 관하여는 기국
 (c) 자국의 영토나 연안정박시설에서 폐기물이나 그 밖의 물질을 싣는 행위에 대하여서는 그 국가
2. 다른 국가가 이 조에 의거하여 이미 소송을 제기한 경우에는 어떠한 국가도 이 조의 규정에 따라 소송을 제기할 의무를 지지 아니한다.

제217조 기국에 의한 법령집행
1. 각국은 자국기를 게양하고 있거나 자국에 등록된 선박이 선박으로부터의 해양환경 오염을 방지, 경감 및 통제하기 위하여 권한 있는 국제기구나 일반외교회의를 통하여 수립된 적용 가능한 국제규칙과 기준 및 이 협약에 따라 제정된 자국의 법령을 준수하도록 보장하고, 그 시행에 필요한 법령을 제정하며 그 밖의 조치를 취한다. 기국은 위반행위의 발생장소에 관계없이 이러한 규칙, 기준 및 법령을 실효적으로 집행한다.
2. 각국은 특히 자국기를 게양하고 있거나 자국에 등록된 선박이 설계, 구조, 장비 및 인원배치에 관한 요건을 비롯하여 제1항에 규정된 국제규칙과 기준의 요건을 준수하며 항행할 수 있을 때까지 그 항행이 금지되도록 보장하기 위하여 적절한 조치를 취한다.

3. 각국은 자국기를 게양하고 있거나 자국에 등록된 선박이 제1항에 언급된 국제규칙과 기준에 따라 요구되며 이에 따라 발급된 증명서를 선상에 비치하도록 한다. 각국은 이러한 증명서가 선박의 실제상태와 부합하는지 여부를 확인하기 위하여 자국기를 게양한 선박이 정기적으로 검사되도록 보장한다. 다른 국가는 선박의 상태가 증명서의 기재사항과 실질적으로 부합되지 아니한다고 믿을 만한 명백한 근거가 있지 아니하는 한, 이러한 증명서를 선박의 상태에 관한 증거로 인정하고 그 증명서가 자국이 발급한 증명서와 동일한 효력을 갖는 것으로 본다.
4. 선박이 권한 있는 국제기구나 일반외교회의를 통하여 수립된 규칙과 기준을 위반한 경우, 제218조, 제220조 및 제228조의 적용을 침해함이 없이 기국은 위반 발생장소나 이러한 위반으로 인한 오염이 발생하거나 발견된 장소에 관계없이 주장된 위반에 관하여 신속히 조사하고 적절한 경우 소송을 제기한다.
5. 위반을 조사하는 기국은 사건의 상황을 명백히 밝히기 위하여 다른 국가와의 협력이 유용한 경우에는 어떠한 국가에라도 조력을 요청할 수 있다. 각국은 기국의 적절한 요청에 응하도록 노력한다.
6. 각국은 다른 국가의 서면요청이 있을 경우, 자국기를 게양한 선박이 범하였다고 주장되는 위반을 조사한다. 기국은 위반주장에 대하여 소송이 제기될 수 있는 충분한 증거가 있다고 판단되는 경우 지체 없이 자국의 법률에 따라 이러한 소송절차를 개시한다.
7. 기국은 취하여진 조치와 그 결과를 요청한 국가 및 권한 있는 국제기구에 신속히 통보한다. 이러한 정보는 모든 국가가 이용할 수 있도록 한다.
8. 자국기를 게양한 선박에 대하여 각국이 법령으로 규정한 형벌은 위반이 발생한 장소에 관계없이 그 위반을 억제하기에 충분할 만큼 엄격하여야 한다.

제218조 기항국에 의한 법령집행

1. 선박이 어느 국가의 항구나 연안정박시설에 자발적으로 들어온 경우 그 국가는 권한 있는 국제기구나 일반외교회의를 통하여 수립된 적용 가능한 국제규칙과 기준에 위반하여 자국의 내수, 영해 또는 배타적 경제수역 밖에서 행하여진 그 선박으로부터의 배출에 관하여 조사를 행하고 증거가 허용하는

경우에는 소송을 제기할 수 있다.

2. 제1항에 따른 소송은, 자국의 내수, 영해나 배타적 경제수역에서 배출 위반이 발생한 국가나 기국 또는 배출 위반으로 인하여 피해를 입었거나 위협을 받는 국가에 의하여 요청되거나 또는 위반이 소송을 제기하는 국가의 내수, 영해나 배타적 경제수역에서 오염을 초래하거나 오염을 초래할 위험이 있는 경우를 제외하고는, 다른 국가의 내수, 영해나 배타적 경제수역에서의 배출 위반에 관하여 제기될 수 없다.
3. 선박이 어느 국가의 항구나 연안정박시설에 자발적으로 들어온 경우 그 국가는 어떤 국가가 자국의 내수, 영해나 배타적 경제수역에서 발생하였거나 이들 수역에 대하여 피해를 입히거나 피해의 위협을 주었다고 판단되는 제1항에 언급된 배출 위반에 관한 조사요청을 할 경우, 실행 가능한 한 이에 응한다. 그 국가는 위반이 발생한 장소에 관계없이 기국이 배출 위반에 관한 조사요청을 하는 경우에도 마찬가지로 실행 가능한 한 응한다.
4. 이 조에 따라 기항국이 수행한 조사기록은 기국이나 연안국이 있으면 기국이나 연안국에 전달된다. 위반이 연안국의 내수, 영해나 배타적 경제수역에서 발생한 경우 이러한 조사를 기초로 하여 기항국이 제기한 소송은 제7절에 따를 것을 조건으로, 연안국의 요청에 따라 중단될 수 있다. 이러한 경우 사건의 증거와 기록은 기항국의 당국에 제공된 보석금이나 그 밖의 재정적 담보와 함께 연안국에 이송된다. 이러한 이송이 행하여지는 경우 기항국에서의 소송은 계속되지 아니한다.

제219조 오염방지를 위한 선박감항성 관련조치

제7절에 따를 것을 조건으로, 각국은 요청에 의하거나 자발적으로 자국 항구나 연안정박시설에 있는 어떠한 선박이 선박의 감항성에 관하여 적용되는 국제규칙과 기준을 위반함으로써 해양환경에 대해 피해를 입힐 위험이 있다고 확인한 경우, 실행 가능한 한 그 선박의 항행을 금지시키기 위한 행정조치를 취한다. 각국은 그 선박이 가장 가까이 있는 적절한 수리장소까지만 운항하도록 허가할 수 있고 또한 위반원인이 제거되는 즉시 항행을 계속하도록 허가한다.

제220조 연안국에 의한 법령집행

1. 선박이 어느 국가의 항구나 연안정박시설에 자발적으로 들어온 경우, 그 국가는 위반이 자국의 영해나 배타적 경제수역에서 발생한 때에는 선박으로부터의 오염을 방지, 경감 및 통제하기 위하여 이 협약이나 적용 가능한 국제규칙 또는 기준에 따라 제정된 자국 법령위반에 관하여 제7절에 따를 것을 조건으로 소송을 제기할 수 있다.
2. 어느 국가의 영해를 항행하는 선박이 운항중에 선박으로부터의 오염을 방지, 경감 및 통제하기 위하여 이 협약 또는 적용가능한 국제규칙과 기준에 따라 제정된 국내법령을 위반하였다고 믿을만한 명백한 근거가 있는 경우, 그 국가는 제2부 제3절의 관련 규정의 적용을 침해함이 없이 위반 관련 선박의 물리적 조사를 행할 수 있고, 증거가 허락하는 경우 제7절에 따를 것을 조건으로 자국 법률에 따라 선박의 억류를 포함한 소송을 제기할 수 있다.
3. 어느 국가의 배타적 경제수역이나 영해를 항행중인 선박이 배타적 경제수역에서 선박으로부터의 오염의 방지, 경감 및 통제를 위하여 적용 가능한 국제규칙과 기준 또는 이에 합치하고 또한 이를 시행하기 위한 그 국가의 법령을 위반하였다고 믿을 만한 명백한 증거가 있는 경우, 그 국가는 그 선박에 대하여 선박식별, 등록항, 직전 및 다음 기항지에 관한 정보와 위반발생 여부를 확인하는 데 필요한 그 밖의 관련 정보를 요구할 수 있다.
4. 각국은 자국기를 게양한 선박이 제3항에 따른 정보제공 요구에 따르도록 법령을 제정하고 그 밖의 조치를 취한다.
5. 어느 국가의 배타적 경제수역이나 영해를 항행중인 선박이 그 국가의 배타적 경제수역에서 제3항에 언급된 위반을 하여 해양환경의 중대한 오염을 야기하거나 야기할 위험이 있는 실질적인 배출이 발생하였다고 믿을 만한 명백한 근거가 있는 경우, 그 국가는 그 선박이 정보제공을 거부하거나 또는 제공한 정보가 명백히 실제상황과 어긋나는 경우 및 사건의 상황이 이러한 조사를 정당화하는 경우에는 그 선박에 대한 물리적 조사를 행할 수 있다.
6. 어느 국가의 배타적 경제수역이나 영해를 항행하는 선박이 그 국가의 배타적 경제수역에서 제3항에 언급된 위반을 하여 연안국의 해안이나 관련이익, 또는 영해나 배타적 경제수역의 자원에 중대한 피해를 야기하거나 야기할

위험이 있는 배출을 행하였다는 명백하고 객관적인 증거가 있는 경우, 그 국가는 제7절에 따를 것을 조건으로 증거가 허락하는 경우, 자국 법률에 따라 선박의 억류를 포함한 소송을 제기할 수 있다.

7. 제6항에도 불구하고 권한 있는 국제기구를 통하여 또는 달리 합의된 바에 따라 보석금이나 그 밖의 적절한 금융 담보요건을 충족할 수 있는 적절한 절차가 수립되고, 연안국은 이러한 절차의 적용을 받는 경우, 연안국은 그 선박의 출항을 허용한다.
8. 제3항, 제4항, 제5항, 제6항 및 제7항은 제211조 제6항에 따라 제정된 국내법령에도 적용된다.

제221조 해난사고에 의한 오염을 방지하기 위한 조치

1. 이 부의 어떠한 규정도, 각국이 관습국제법이나 성문국제법에 따라, 중대한 해로운 결과를 초래할 것이 합리적으로 예측되는 해난사고나 이러한 사고에 관련된 행위로 인한 오염, 또는 오염의 위험으로부터 자국의 해안이나 어로를 포함한 관계이익을 보호하기 위하여, 실제상의 피해 또는 발생할 위험이 있는 피해에 상응하는 조치를 영해 밖까지 취하고 집행할 권리를 침해하지 아니한다.
2. 이 조를 적용함에 있어서 "해난사고"라 함은 선박의 충돌, 좌초, 그 밖의 항행상의 사고 또는 그 밖에 선상이나 선외에서 사건으로서 선박이나 화물에 실질적인 피해나 급박한 피해의 위협을 초래하는 그 밖의 사건을 말한다.

제222조 대기에 의한 또는 대기를 통한 오염관련 법령집행

각국은 자국의 관할권하의 영공에서, 또는 자국기를 게양하고 있거나 자국에 등록된 선박이나 항공기에 관하여, 제212조 제1항과 그 밖의 이 협약 규정에 따라 제정된 자국의 법령을 집행하며, 항공의 안전에 관한 모든 관련 국제규칙과 기준에 따라 대기에 의한 또는 대기를 통한 해양환경의 오염을 방지, 경감 및 통제하기 위하여 권한 있는 국제기구나 외교회의를 통하여 수립된 적용 가능한 국제규칙과 기준을 시행하는 데 필요한 국내법령을 제정하고 그 밖의 조치를 취한다.

제7절 보장 제도

제223조 소송을 용이하게 하기 위한 조치
각국은 이 부에 따라 제기된 소송에 있어 증인심문 및 다른 국가의 당국이나 권한 있는 국제기구가 제출한 증거의 채택을 용이하게 할 조치를 취하고, 권한 있는 국제기구, 기국 및 위반으로 발생한 오염에 의하여 영향을 받는 국가의 공식대표가 소송에 용이하게 출석할 수 있도록 한다. 이러한 소송절차에 출석하는 공식대표는 국내법령이나 국제법에 규정된 권리와 의무를 가진다.

제224조 법령집행권한 행사
이 부에 따른 외국선박에 대한 집행권한은 공무원이나 군함, 군용항공기나 정부업무에 사용되는 것이 명백하게 표시되고 식별 가능한 그 밖의 선박이나 항공기에 의하여서만 행사될 수 있다.

제225조 법령집행권한 행사상의 부정적 영향 방지의무
각국은 이 협약에 따라 외국선박에 대한 집행권한을 행사함에 있어서 항행의 안전을 위태롭게 하거나 그 밖에 선박에 어떠한 위험을 초래하거나 또는 선박을 안전하지 못한 항구나 정박지로 이동시키거나 또는 해양환경을 불합리한 위험에 노출시키지 아니한다.

제226조 외국선박조사
1. (a) 각국은 제216조, 제218조 및 제220조에 규정된 조사의 목적을 위하여 긴요한 기간 이상 외국선박을 지체시키지 아니한다. 외국선박에 대한 어떠한 물리적 검사도 일반적으로 수락된 국제규칙과 기준에 따라 그 선박에 비치하도록 요구된 증명서, 기록 및 그 밖의 서류나 그 선박이 비치하고 있는 유사한 서류심사에 국한된다. 선박에 대한 추가적인 물리적 조사는 오식 그러한 심사가 수행된 후 다음의 경우에 한하여 실시할 수 있다.
(i) 선박이나 장비의 상태가 서류의 기재내용과 실질적으로 부합되지 아니하다고 믿을만한 명백한 근거가 있는 경우

(ii) 이러한 서류의 내용이 위반혐의를 확인하거나 입증하기에 충분하지 아니한 경우
(iii) 선박이 유효한 증명서와 기록을 비치하지 아니한 경우
(b) 조사에 의하여 해양환경의 보호, 보존을 위하여 적용되는 법령이나 국제규칙과 기준의 위반이 밝혀지는 경우 보석금이나 그 밖의 적절한 금융 보증과 같은 합리적 절차에 따를 것을 조건으로 신속히 석방된다.
(c) 선박의 감항성에 관한 적용 가능한 국제규칙과 기준의 적용을 침해하지 아니하고 선박의 석방으로 해양환경에 불합리한 피해가 초래될 위험이 되는 경우 선박의 석방을 거부하거나 가장 가까이 있는 적절한 수리소로 항진할 것을 조건으로 석방할 수 있다. 석방이 거부되거나 조건부로 된 경우, 선박의 기국에 신속히 통보하고, 기국은 제15부에 따라 선박의 석방을 요구할 수 있다.
2. 각국은 해상에서 선박에 대한 불필요한 물리적 조사를 피하기 위한 절차를 발전시키도록 노력한다.

제227조 외국선박 차별금지
이 부의 규정에 따른 권리를 행사하고 의무를 이행함에 있어서 각국은 다른 국가의 선박을 형식상 또는 실질상으로 차별하지 아니한다.

제228조 소송의 정지 · 제한
1. 소송을 제기한 국가의 영해 밖에서 외국선박이 선박으로부터의 오염의 방지, 경감 및 통제에 관하여 적용되는 법령이나 국제규칙과 기준을 위반한 데 대하여 처벌하는 소송은, 그 소송이 연안국에 대하여 중대한 피해를 발생시킨 경우와 관련되었거나 문제된 기국이 자국선박이 행한 위반에 대하여 적용 가능한 국제규칙과 기준을 실효적으로 집행할 의무를 반복하여 무시하지 아니하는 한 소송이 시작된 날로부터 6개월 이내에 기국이 동일한 혐의에 대하여 처벌하는 소송을 시작한 경우 정지된다.
기국이 이 조에 따라 소송의 중지를 요청한 경우, 그 기국은 이전에 소송을 제기한 국가에게 적절한 시기에 따라 사건의 모든 서류와 소송기록을 제공한다. 기국이 제기한 소송이 종결되었을 때 정지된 소송은 종료된다. 이러한 소송에 관하여 발생한 비용이 지급된 경우 연안국은 정지된 절차와 관련하

여 제공된 보석금과 그 밖의 금융보증을 반환한다.
2. 외국선박에 형벌을 부과하는 소송은 위반발생일로부터 3년이 지난 후에는 제기될 수 없으며, 제1항의 규정에 따를 것을 조건으로 어느 한 국가가 소송을 제기한 경우에는 어떠한 다른 국가도 소송을 제기할 수 없다.
3. 이 조는 다른 국가에 의한 이전의 소송제기에 관계없이 기국이 자국법률에 따라 처벌하기 위하여 소송을 포함한 조치를 취할 권리를 침해하지 아니한다.

제229조 민사소송 제기
이 협약의 어떠한 규정도 해양환경 오염으로 인한 손실이나 피해의 청구를 위한 민사소송의 제기에 영향을 미치지 아니한다.

제230조 벌금과 피고인의 인정된 권리의 존중
1. 외국선박이 영해 밖에서 해양환경오염의 방지, 경감 및 통제를 위한 국내법령이나 적용 가능한 국제규칙과 기준을 위반한 데 대하여는 벌금만 부과할 수 있다.
2. 영해에서 고의적으로 중대한 오염행위를 한 경우를 제외하고는 외국선박이 영해에서 해양환경 오염의 방지, 경감 및 통제를 위한 국내법령이나 적용 가능한 국제규칙과 기준을 위반한 데 대하여는 벌금만 부과할 수 있다.
3. 외국선박이 형벌의 부과를 초래할 수 있는 위반을 한 데 대한 소송의 진행에 있어서 형사피고인에게 인정된 권리는 존중된다.

제231조 기국과 관련국에 대한 통지
각국은 제6절에 따라 외국선박에 대하여 취한 조치를 기국과 그 밖의 모든 관련국에 신속히 통고하고, 이러한 조치에 관한 모든 공식보고서를 기국에 제출한다. 다만, 영해에서 행하여진 위반에 관하여는 연안국의 이러한 의무는 소송에서 취한 조치에만 적용된다. 기국의 외교관이나 영사관원 및 가능한 경우 해양당국은 제6절에 따라 외국선박에 대하여 취하여진 조치에 관하여 신속히 통보받는다.

제232조 집행조치로 인한 국가책임

각국은 제6절에 따라 취하여진 조치가 불법적이거나 또는 이용 가능한 정보에 비추어 합리적으로 요구되는 한도를 넘을 경우, 이러한 조치 때문에 자국에게 귀책되는 손해나 손실에 대하여 책임을 진다. 각국은 자국 법원에서 이러한 손해나 손실의 구제를 청구하는 절차를 규정한다.

제233조 국제항행에 이용되는 해협관련 보장제도

제5절, 제6절 및 제7절의 어떠한 규정도 국제항행에 사용되는 해협의 법제도에 영향을 미치지 아니한다. 다만, 제10절에 언급된 선박이외의 외국선박이 제42조 제1항 (a)와 (b)에 언급된 법령을 위반하여 해협의 해양환경에 중대한 피해를 초래하거나 초래할 위험을 야기한 경우, 해협연안국은 적절한 집행조치를 취할 수 있고, 이 경우 이 절의 규정이 준용된다.

제8절 결빙해역

제234조 결빙해역

연안국은 특별히 가혹한 기후조건과 연중 대부분 그 지역을 덮고 있는 얼음의 존재가 항해에 대한 장애나 특별한 위험이 되고 해양환경오염이 생태학적 균형에 중대한 피해를 초래하거나 돌이킬 수 없는 혼란을 가져올 수 있는 경우, 배타적 경제수역에 있는 결빙해역에서 선박으로부터의 해양오염을 방지, 경감 및 통제하기 위한 차별 없는 법령을 제정하고 집행할 권리를 가진다. 이러한 법령은 항행과 이용 가능한 최선의 과학적 증거에 근거하여 해양환경의 보호와 보존을 적절하게 고려한다.

제9절 책임

제235조 책임

1. 각국은 해양환경의 보호와 보전을 위한 국제적 의무를 이행할 의무를 진다. 각국은 국제법에 따라 책임을 진다.

2. 각국은 자국 관할권 하에 있는 자연인이나 법인에 의한 해양환경 오염으로 인한 손해에 관하여 자국의 법제도에 따라 신속하고 적절한 보상이나 그 밖의 구제를 위한 수단이 이용될 수 있도록 보장한다.
3. 각국은 해양환경의 오염으로 인한 모든 손해에 대한 신속하고 적절한 보상을 보장할 목적으로 손해평가와 손해보상 및 분쟁해결을 위한 책임에 관한 현행 국제법의 이행과 국제법의 점진적 발전을 위하여 협력하고, 또한 적절한 경우, 강제보험이나 보상기금 등 적절한 보상지급에 관한 기준과 절차의 발전을 위하여 협력한다.

제10절[편집] 주권 면제

제236조 주권면제

해양환경의 보호·보존에 관한 이 협약의 규정은 군함, 해군보조함 및 국가가 소유하거나 운영하며 당분간 정부의 비상업용 업무에만 사용되는 그 밖의 선박이나 항공기에는 적용되지 아니한다. 다만, 각국은 자국이 소유하거나 운영하고 있는 이러한 선박이나 항공기의 운항 또는 운항능력에 손상을 주지 아니하는 적절한 조치를 취함으로써 이러한 선박이나 항공기가 합리적이고 실행 가능한 범위 내에서 이 협약에 합치하는 방식으로 행동하도록 보장한다.

제11절 해양환경 보호·보전을 위한 다른 협약상의 의무

제237조 해양환경 보호·보전을 위한 다른 협약상의 의무

1. 이 부의 규정은 해양환경의 보호·보전과 관련하여 이미 체결된 특별 협약과 협정에 따라 국가가 지는 특정한 의무 및 이 협약에 규정된 일반원칙의 증진을 위한 협정의 체결에 영향을 미치지 아니한다.
2. 해양환경의 보호·보전에 관하여 특별 협약에 따라 국가가 지는 특정한 의무는 이 협약의 일반원칙과 목적에 합치하는 방식으로 이행된다.

해양과학조사 (제13부)

제1절 총칙

제238조 해양과학조사권
그 지리적 위치에 관계없이 모든 국가와 권한 있는 국제기구는 이 협약에 규정된 다른 국가의 권리와 의무를 존중할 것을 조건으로 해양과학조사를 수행할 권리를 가진다.

제239조 해양과학조사 촉진
각국 및 권한 있는 국제기구는 이 협약에 따라 해양과학조사의 발전과 수행을 촉진하고 용이하게 한다.

제240조 해양과학조사의 일반원칙
해양과학조사 수행에 있어서 다음 원칙을 적용한다.
(a) 해양과학조사는 오로지 평화적 목적을 위하여 수행한다.
(b) 해양과학조사는 이 협약에 합치하는 적절한 과학적 수단과 방법에 따라 수행한다.
(c) 해양과학조사는 이 협약에 합치하는 다른 적법한 해양의 이용을 부당하게 방해하지 아니하며, 이러한 이용과정에서 적절히 존중된다.
(d) 해양과학조사는 해양환경의 보호 · 보전을 위한 규칙을 비롯하여 이 협약에 따라 제정된 모든 관련 규칙을 준수하여 수행된다.

제241조 권리주장의 법적 근거로서의 해양과학조사활동 불인정
해양과학조사활동은 해양환경이나 그 자원의 어느 한 부분에 대한 어떠한 권리주장의 법적 근거도 될 수 없다.

제2절 국제협력

제242조 국제협력 증진

1. 각국 및 권한 있는 국제기구는 주권 및 관할권 존중 원칙에 따라, 상호 이익의 바탕위에 평화적 목적을 위한 해양과학조사에 있어서 국제협력을 증진한다.
2. 이와 관련하여, 각국은 이 부를 적용함에 있어서 이 협약상의 국가의 권리와 의무를 침해하지 아니하고, 적절한 경우, 인간의 건강과 안전 및 환경에 대한 손상을 방지하고 통제하는 데 필요한 정보를 자국으로부터, 또는 자국과 협력하여 얻을 수 있는 합리적인 기회를 다른 국가에 제공한다.

제243조 유리한 여건 조성

각국 및 권한 있는 국제기구는, 양자협정 또는 다자협정 체결을 통하여, 해양환경에서의 해양과학조사 수행을 위한 유리한 여건을 조성하고 해양환경에서 발생하는 현상과 과정의 본질 및 그 상호관계를 연구함에 있어서 과학자들의 노력을 결집하기 위하여 서로 협력한다.

제244조 정보·지식의 출판·보급

1. 국가와 권한 있는 국제기구는 이 협약에 따라 주요 제안사업과 그 사업의 목적에 관한 정보 및 해양과학조사로부터 얻은 지식을 이용할 수 있도록 적절한 경로를 통하여 공표, 보급한다.
2. 이를 위하여 각국은 개별적으로 그리고 다른 국가나 권한 있는 국제기구와 협력하여 과학자료 및 정보의 교류와 해양과학조사로부터 얻은 지식의 이전, 특히 개발도상국에 대한 이전을 적극적으로 증진하고, 특히 개발도상국의 기술·과학 분야의 직원에 대한 적절한 교육과 훈련을 제공하기 위한 계획을 통하여 개발도상국의 독자적인 해양과학조사능력의 강화를 적극적으로 증진한다.

제3절 해양과학조사의 수행과 촉진

제245조 영해에서의 해양과학조사

연안국은 그 주권을 행사함에 있어서 자국 영해에서의 해양과학조사를 규제, 허가 및 수행할 배타적 권리를 가진다. 영해에서의 해양과학조사는 연안국의 명시적 동의와 연안국이 정한 조건에 따라서만 수행된다.

제246조 배타적 경제수역과 대륙붕에서의 해양과학조사

1. 연안국은 그 관할권을 행사함에 있어서 이 협약의 관련 규정에 따라 자국의 배타적 경제수역과 대륙붕에서의 해양과학조사를 규제, 허가 및 수행할 권리를 가진다.
2. 배타적 경제수역과 대륙붕에서의 해양과학조사는 연안국의 동의를 얻어 수행한다.
3. 연안국은, 통상적 상황에서, 다른 국가 또는 권한 있는 국제기구가 오로지 평화적인 목적을 위하여, 또한 모든 인류에 유익한 해양환경에 대한 과학지식을 증진시키기 위하여 이 협약에 따라 자국의 배타적 경제수역과 대륙붕에서 수행하는 해양과학조사 사업에 동의한다. 이를 위하여 연안국은 이러한 동의가 부당하게 지연되거나 거부되지 아니하도록 보장하는 규칙이나 절차를 확립한다.
4. 제3항을 적용함에 있어서, 연안국과 조사국간에 외교관계가 없는 경우에도 통상적 상황은 있을 수 있다.
5. 그러나 연안국은 자국의 배타적 경제수역과 대륙붕에서 다른 국가 또는 권한 있는 국제기구에 의한 해양과학조사 실시사업이 다음과 같을 경우에는 동의를 거부할 수 있는 재량권을 가진다.
   (a) 생물 또는 무생물 천연자원의 탐사와 개발에 직접적인 영향을 미치는 경우
   (b) 대륙붕의 굴착, 폭발물의 사용 또는 해양환경에 해로운 물질의 반입을 수반하는 경우
   (c) 제60조와 제80조에 언급된 인공섬, 시설 및 구조물의 건조, 운용 또는 사용을 수반하는 경우
   (d) 제248조에 따라 조사사업의 성질과 목적에 관하여 전달된 정보가 부정확한 경우나 조사국이나 권한 있는 국제기구가 이전에 실시된 조사사업과 관련하여 연안국에 대한 의무를 이행하지 아니한 경우
6. 제5항의 규정에도 불구하고 영해기선으로부터 200해리 밖의 대륙봉 중 연안국이 개발이나 세부적인 탐사작업이 수행되고 있거나 또한 상당한 기간 내

에 수행될 지역으로 언제라도 공적으로 지정할 수 있는 특정 지역을 제외한 곳에서 이 부의 규정에 따라 실시되는 해양과학조사사업에 대하여서는 제5항 (a)의 동의를 유보할 수 있는 재량권을 행사할 수 없다. 연안국은 이러한 지역의 지정 및 변경을 합리적으로 통지하여야 하나, 그러한 지역 안에서의 세부 활동내용을 통지할 의무는 없다.

7. 제6항의 규정은 제77조에서 수립된 대륙붕에 관한 연안국의 권리를 침해하지 아니한다.
8. 이 조에 언급된 해양과학조사활동은 이 협약에 규정된 연안국의 주권적 권리와 관할권의 행사로서 연안국이 실시하는 활동을 부당하게 방해하지 아니한다.

제247조 국제기구에 의하여 또는 국제기구의 후원 하에 실시되는 해양과학조사사업
국제기구의 회원국이거나 국제기구와 양자협정을 체결한 연안국의 배타적 경제수역이나 대륙붕에서 그 기구가 직접 또는 그 후원 하에 해양과학조사사업을 수행하는 경우, 그 국제기구가 사업의 실시를 결정할 때 연안국이 세부사업을 승인하거나, 사업에 참여할 의사를 가지거나, 그 국제기구가 연안국에 대하여 사업을 통보한 후 4개월 내에 연안국이 반대의사를 표명하지 아니한 경우에는 그 연안국이 합의된 내역에 따라 그러한 조사사업이 시행되도록 인가한 것으로 본다.

제248조 연안국에 대한 정보제공의무
연안국의 배타적 경제수역과 대륙붕에서 해양과학조사를 수행하려는 국가와 권한 있는 국제기구는 적어도 해양과학조사사업 개시예정일 6개월 이전에 관계연안국에게 다음 사항에 관한 완전한 내역을 제공한다.

(a) 사업의 성질과 목적
(b) 사용될 수단과 방법 및 과학장비의 설명서(선박의 명칭, 톤수, 형태 및 선급을 포함)
(c) 사업이 수행될 정확한 지리적 위치
(d) 조사선박의 최초 도착예정일과 최종 철수예정일, 또는 적절한 경우 장비의 설치 및 제거예정일
(e) 후원기관 명칭과 기관장, 사업책임자의 성명

(f) 연안국이 그 사업에 참여하거나 대표를 파견할 수 있다고 고려되는 범위

제249조 특정조건 준수의무

1. 각국과 권한 있는 국제기구는 연안국의 배타적 경제수역이나 대륙붕에서 해양과학조사를 수행함에 있어 다음 조건을 준수한다.
 (a) 연안국이 희망할 경우, 해양과학조사사업에 참여하고 그 대표를 파견할 연안국의 권리, 특히 실행 가능한 경우 연안국 과학자에 대한 보수지급이나 조사사업 비용을 분담할 의무 없이 조사선박과 그 밖의 선박 또는 과학조사 시설에 탑승하여 사업에 참여하고 대표를 파견할 연안국의 권리를 보장한다.
 (b) 연안국의 요청이 있는 경우 가능한 한 신속히 예비보고서 및 조사 완료 후 최종적인 결과와 결론을 연안국에 제공한다.
 (c) 연안국의 요청이 있는 경우 해양과학조사사업으로부터 얻어진 모든 자료와 견본을 연안국이 이용할 수 있도록 하고, 또한 복사될 수 있는 자료와 과학적 가치의 손상 없이 분할될 수 있는 견본을 연안국에게 제공한다.
 (d) 연안국의 요청이 있는 경우 이러한 자료, 견본 및 조사결과의 평가를 연안국에 제공하거나 연안국이 이를 평가 또는 해석하는 것을 지원한다.
 (e) 제2항에 따를 것을 조건으로, 조사결과가 가능한 한 신속히 적절한 국내적·국제적 경로를 통하여 국제적으로 이용될 수 있도록 보장한다.
 (f) 조사사업에 주요 변경이 있는 경우 즉시 연안국에 통보한다.
 (g) 달리 합의되지 아니하는 한, 조사가 완료되면 과학조사를 위한 설비나 장비를 철거한다.
2. 이 조는 천연자원의 탐사와 개발에 직접적인 관련이 있는 사업의 조사결과를 국제적으로 이용 가능하도록 하기 위한 사전합의 요구를 비롯하여, 제246조 제5항에 따라 동의를 부여하거나 거부할 수 있는 연안국의 재량권 행사를 위하여 연안국의 법령에 정한 조건을 침해하지 아니한다.

제250조 해양과학조사사업 관련 통보

달리 합의되지 아니하는 한, 해양과학조사사업에 관한 통보는 적절한 공식경로를 통하여 이루어진다.

제251조 일반적 기준과 지침

각국이 해양과학조사의 성질과 의미를 확인하는 것을 돕기 위한 일반적인 기준과 지침 수립을 촉진하기 위하여 각국은 권한 있는 국제기구를 통하여 노력한다.

제252조 묵시적 동의

각국과 권한 있는 국제기구는 연안국이 제248조에 따라 요청되는 정보가 연안국에 제공된 날로부터 6개월이 경과한 때에는 해양과학조사사업을 시작할 수 있다. 다만, 연안국이 그러한 정보를 포함한 통보를 수령한 후 4개월 내에 조사를 행하는 국가나 국제기구에 다음 중의 어느 하나를 통보하는 경우에는 그러하지 아니하다.

(a) 연안국이 제246조의 규정에 따라 동의를 거부하였다는 것

(b) 사업의 성질과 목적에 관하여 조사를 행하는 국가나 권한 있는 국제기구가 제공한 정보가 명백히 사실과 합치하지 아니한다는 것

(c) 연안국이 제248조와 제249조에 언급된 조건과 정보에 관련된 보충적인 정보를 요구한다는 것

(d) 국가나 국제기구가 이전에 실시한 해양과학조사사업과 관련하여 제249조에 수립된 조건에 비추어 이행되지 아니한 의무가 있다는 것

제253조 해양과학조사의 정지나 중지

1. 연안국은 다음의 경우 자국의 배타적 경제수역이나 대륙붕에서 수행되고 있는 해양과학조사활동의 정지를 요구할 권리를 가진다.

(a) 조사활동이 제248조의 규정에 따라 통보된 정보로서 연안국 동의의 기초가 되었던 정보에 따라 수행되고 있지 아니한 경우

(b) 조사활동을 수행하고 있는 국가나 권한 있는 국제기구가 해양과학조사사업에 관한 연안국의 권리에 관한 제249조의 규정을 이행하지 아니한 경우

2. 제248조 규정이 이행되지 아니하고 또 이러한 불이행이 조사사업이나 조사활동의 중대한 변경에 해당하는 경우, 연안국은 해양과학조사활동의 중지를 요구할 권리를 가진다.

3. 연안국은 또한 제1항에 해당하는 상황이 합리적인 기간 내에 시정되지 아니

하는 경우 해양과학조사활동의 중지를 요구할 수 있다.

4. 해양과학조사활동 수행을 허가받은 국가나 권한 있는 국제기구는 연안국에 의한 정지나 중지결정 통보가 있으면 이러한 통고의 대상이 되는 조사활동을 종료한다.
5. 조사를 수행하는 국가나 권한 있는 국제기구가 제248조와 제249조에 따른 요구 조건을 이행하는 경우, 연안국은 제1항에 의한 정지명령을 해제하고 해양과학조사활동이 계속되도록 허용한다.

제254조 인접내륙국과 지리적불리국의 권리

1. 제246조 제3항에 언급된 해양과학조사 사업계획을 연안국에 제출한 국가나 권한 있는 국제기구는 제안된 조사사업계획을 인접내륙국과 지리적불리국에 통보하고 또한 연안국에도 통보한다.
2. 제246조와 그 밖의 이 협약 관련 규정에 따라 관계 연안국이 제안된 해양과학조사사업에 동의한 후, 이러한 사업을 수행하는 국가와 권한있는 국제기구는 인접내륙국과 지리적불리국에 대하여 이들 국가의 요청에 따라, 또한 적절한 경우, 제248조와 제249조 제1항 (f)에 명시된 관련정보를 제공한다.
3. 앞에 언급된 인접내륙국과 지리적불리국은 이들이 임명하고 연안국이 반대하지 아니하는 자격 있는 전문가를 통하여 관계 연안국과 해양과학조사를 실시하는 국가 또는 권한 있는 국제기구 간에 이 협약의 규정에 부합되게 합의된 사업조건에 따라 제안된 해양과학조사사업에 실행 가능한 경우 참여할 수 있는 기회를 요청하여 부여받는다.
4. 제1항에 언급된 국가와 권한 있는 국제기구는 앞에 언급된 인접내륙국과 지리적 불리국이 요청하는 경우 제249조 제2항에 따를 것을 조건으로 제249조 제1항 (d)에 명시된 정보와 지원을 제공한다.

제255조 해양과학조사촉진 및 조사선지원을 위한 조치

각국은 자국의 영해 밖에서 이 협약에 따라 수행되는 해양과학조사를 촉진하고 용이하게 하기 위한 합리적 규칙, 규정 및 절차를 채택하기 위하여 노력하고, 적절한 경우, 자국의 법령에 따를 것을 조건으로, 이 부의 관련규정을 준수하는 해양과학조사선의 자국 항구 출입을 용이하게 하고 그에 대한 지원을 촉진한다.

제256조 심해저에서의 해양과학조사
지리적 위치에 관계없이 모든 국가와 권한 있는 국제기구는 제11부의 규정에 따라 심해저에서 해양과학조사를 수행할 권리를 가진다.

제257조 배타적 경제수역 바깥 수역에서의 해양과학조사
지리적 위치에 관계없이 모든 국가와 권한 있는 국제기구는 이 협약에 따라 배타적 경제수역 바깥 수역에서 해양과학조사를 수행할 권리를 가진다.

제4절 해양 환경 내의 과학 조사 시설이나 장비

제258조 설치와 사용
해양환경의 모든 수역에 있어서 모든 종류의 과학조사시설이나 장비의 설치 및 사용은 이러한 수역에서의 해양과학조사 수행에 관하여 이 협약에 규정된 것과 동일한 조건에 따른다.

제259조 법적지위
이 절에 언급된 시설이나 장비는 섬의 지위를 가지지 아니한다. 이들은 자체의 영해를 가지지 아니하며 또한 그 존재가 영해, 배타적 경제수역 또는 대륙붕의 경계설정에 영향을 미치지 아니한다.

제260조 안전수역
이 협약의 관련규정에 따라 과학조사를 위한 시설의 주위에 500미터를 넘지 아니하는 합리적인 폭의 안전수역을 설정할 수 있다. 모든 국가는 자국의 선박이 이러한 안전수역을 순수하도록 보상한다.

제261조 해운항로 불가침
어떠한 종류의 과학조사시설이나 장비의 설치와 사용도 확립된 국제해운항로

에 대한 장애가 되지 아니하여야 한다.

제262조 식별표지와 경고신호

이 절에 언급된 시설과 장비는 등록국이나 소속 국제기구를 나타내는 식별표지를 부착하며, 권한 있는 국제기구에 의하여 설정된 규칙과 기준을 고려하여, 해상안전과 항공운항 안전을 보장하기 위하여 국제적으로 합의된 적절한 경고신호를 갖춘다.

제5절 책임

제263조 책임

1. 각국과 권한 있는 국제기구는 그들이 수행하거나 그들을 대리하여 수행되는 해양과학조사가 이 협약에 따라 실시되도록 보장할 책임을 진다.
2. 각국과 권한 있는 국제기구는 다른 국가나 그 국가의 자연인에 의하여 법인 또는 권한 있는 국제기구에 의하여 수행되는 해양과학조사와 관련하여 이 협약을 위반하여 취한 조치에 대한 책임을 지며 이러한 조치로 인하여 초래된 손해를 보상하여야 한다.
3. 각국과 권한 있는 국제기구는 그들이 수행하거나 그들을 대리하여 수행되는 해양과학조사로 해양환경오염으로 초래된 손해에 대하여 제235조에 따라 책임을 진다.

제6절 분쟁 해결과 잠정 조치

제264조 분쟁해결

해양과학조사에 관한 이 협약 규정의 해석이나 적용에 관한 분쟁은 제15부 제2절과 제3절에 따라 해결된다.

제265조 잠정조치

해양과학조사사업 수행을 승인받은 국가나 권한 있는 국제기구는 제15부 제2

절과 제3절에 따라 분쟁이 해결될 때까지 관계연안국의 명시적 동의 없이는 조사활동을 개시하거나 계속할 수 없다.

해양 기술의 개발과 이전 (제14부)[편집]

제1절[편집] 총칙

제266조 해양기술의 개발과 이전의 촉진

1. 각국은 공평하고 합리적인 조건에 따라 해양과학 및 해양기술의 개발과 이전을 적극 증진하기 위하여 직접 또는 권한 있는 국제기구를 통하여 자국의 능력에 따라 협력한다.
2. 각국은 개발도상국의 사회적, 경제적 발전을 촉진하기 위하여 해양자원의 탐사ㆍ개발ㆍ보존 및 관 리, 해양환경의 보호와 보전, 해양 환경 내에서의 해양과학조사 및 이 협약과 양립하는 그 밖의 활동에 관하여 해양과학기술 분야의 원조를 필요로 하고 이를 요청한 국가, 특히 내륙국과 지리적불리국을 비롯한 개발도상국의 해양과학기술분야의 능력개발을 촉진한다.
3. 각국은 모든 당사자의 공평한 이익을 위하여 해양기술 이전에 유리한 경제적, 법률적 여건 조성에 노력한다.

제267조 적법한 이익의 보호

각국은, 제266조에 따른 협력을 증진함에 있어서, 특히 해양기술의 보유자, 제공자 및 수혜자의 권리와 이익을 비롯한 모든 적법한 이익을 적절히 고려한다.

제268조 기본목표

각국은 직접 또는 권한 있는 국제기구를 통하여 다음을 증진한다.

(a) 해양기술 지식의 획득ㆍ평가ㆍ보급 및 이러한 정보와 자료의 이용
(b) 적절한 해양기술 개발
(c) 해양기술이전을 용이하게 하기 위하여 필요한 기술적 기반의 개발

(d) 개발도상국의 국민, 특히 최저개발국 국민의 훈련과 교육을 통한 인적자원 개발
(e) 모든 수준, 특히 지역적·소지역적 및 양자차원을 비롯한 모든 차원에서의 국제협력

제269조 기본목표 달성을 위한 조치
각국은 제268조에 언급된 목적을 달성하기 위하여 직접 또는 권한 있는 국제기구를 통하여 특히 다음을 위하여 노력한다.
(a) 해양기술 분야에서 기술원조를 필요로 하고 요청하는 국가, 특히 개발도상국과 지리적불리국에 대하여, 또한 해양과학과 해양자원의 탐사, 개발에 있어서 자국의 기술력을 확립, 발전시킬 수 없거나 그러한 기술의 기반을 발전시킬 수 없는 그 밖의 개발도상국에 대하여, 모든 종류의 해양기술을 효과적으로 이전하기 위한 기술협력계획의 수립
(b) 협정, 계약 및 그 밖의 유사한 약정이 공평하고 합리적인 조건하에 체결될 수 있는 유리한 여건의 조장
(c) 과학·기술관련 주제, 특히 해양기술 이전을 위한 정책과 방법에 관한 회의, 세미나 및 심포지움의 개최
(d) 과학자, 기술자 및 그 밖의 전문가 교류의 증진
(e) 사업수행 및 합작사업과 그 밖의 형태의 양자협력 및 다자협력의 증진

제2절 국제협력

제270조 국제협력의 방법과 수단
해양기술의 개발과 이전을 위한 국제협력은, 적절하고 가능한 경우 해양과학조사, 특히 새로운 분야의 해양기술이전을 촉진하고 해양연구개발을 위한 적절한 국제기금 조성을 촉진하기 위하여, 기존의 양자적·지역적 또는 다자적 계획과 새로운 확대계획을 통하여 수행된다.

제271조 지침과 기준
각국은, 직접 또는 권한 있는 국제조직을 통하여 특히 개발도상국의 이익과 필

요를 고려하여 양자차원에서 또는 국제기구와 그 밖의 국제회의에서 일반적으로 수락된 해양기술이전의 지침과 기준의 수립을 촉진한다.

제272조 국제적 활동계획의 조정

각국은 해양기술이전 분야에서 개발도상국, 특히 내륙국과 지리적불리국의 이익과 필요를 고려하여 권한 있는 각 국제기구가 지역적 · 세계적 계획을 비롯한 각 국제기구의 활동을 조정하도록 보장하기 위하여 노력한다.

제273조 국제기구 · 해저기구와의 협력

각국은 심해저활동 관련 기능과 해양기술을 개발도상국과 그 국민, 심해저공사에 이전하도록 장려하고 촉진하기 위하여 권한 있는 국제기구 및 해저기구와 적극적으로 협력한다.

제274조 해저기구의 목표

해저기구는 특히 기술의 보유자, 제공자 및 수혜자의 권리와 의무를 비롯한 모든 적법한 이익을 존중할 것을 조건으로, 심해저활동에 관하여 다음을 보장한다.

(a) 공평한 지리적배분의 원칙에 입각하여, 연안국, 내륙국 또는 지리적불리국 여부에 관계없이 개발도상국의 국민을 훈련목적상 해저기구의 사업을 위하여 구성되는 관리직원, 연구직원 및 기술직원으로 채용한다.

(b) 관련장비, 기계, 장치 및 공정에 관한 기술서류는 모든 국가, 특히 이 분야의 기술원조를 필요로 하고 요청하는 개발도상국이 이용할 수 있도록 한다.

(c) 해저기구는 해양기술 분야의 기술원조를 필요로 하고 요청하는 국가, 특히 개발도상국에 의한 해양기술 분야의 기술지원 획득을 용이하게 하고 그 국민이 직업훈련을 포함한 필요한 기능과 지식 획득을 용이하게 할 수 있도록 적절한 규정을 마련한다.

(d) 이 분야에서 기술원조를 필요로 하고 요청하는 국가, 특히 개발도상국은 이 협약에 규정된 재정상의 약정을 통하여 필요한 장비, 공정, 공장설비 및 그 밖의 기술지식의 획득을 위한 지원을 받는다.

제3절 국내 · 지역 해양 과학 기술 연구소

제275조 국내연구소의 설립

1. 각국은, 직접 또는 권한 있는 국제기구와 해저기구를 통하여, 개발도상연안국의 해양과학조사 실시를 장려 · 발전시키기 위하여, 또한 개발도상 연안국이 자국의 경제적 이익을 위하여 자국의 해양자원을 이용 · 보전하는 능력을 높일 수 있도록 하기 위하여, 특히 개발도상국 국내에 해양과학연구소가 설립되고 기존 국내연구소가 강화되도록 장려한다.
2. 각국은, 권한 있는 국제기구와 해저기구를 통하여, 원조를 필요로 하고 요청하는 국가에게, 높은 수준의 훈련시설, 필요한 장비 · 기능과 기술지식 및 기술전문가를 제공하기 위하여 이러한 국내연구소의 설립 · 강화를 촉진하기 위한 적절한 지원을 한다.

제276조 지역연구소의 설립

1. 각국은 권한 있는 국제기구, 해저기구 및 국내해양과학기술 연구기관과의 조정을 거쳐 개발도상국에 의한 해양과학조사의 실시를 장려, 촉진시키고 해양기술이전을 조장하기 위하여 특히 개발도상국내에 지역 해양과학기술 연구소의 설립을 증진한다.
2. 역내 모든 국가는 지역연구소의 목적을 보다 효과적으로 달성하기 위하여 지역연구소와 협력한다.

제277조 지역연구소의 기능

이러한 지역연구소의 기능에는 특히 다음을 포함한다.

(a) 특히 생물자원의 보존과 관리를 포함한 해양생물학, 해양학, 수로학, 공학, 해저지질탐사, 채광 및 탈염기술 등 해양과학기술연구의 여러 분야의 모든 수준에서의 훈련 및 교육계획
(b) 경영연구
(c) 해양환경의 보호 · 보존 및 오염의 방지 · 경감 · 통제에 관한 연구계획
(d) 지역회의, 세미나 및 심포지움의 조직

(e) 해양과학기술에 관한 자료와 정보의 획득 · 분석
(f) 해양과학기술조사 결과를 쉽게 이용할 수 있는 출판물에 의하여 신속히 보급
(g) 해양기술이전에 관한 국가정책의 공표와 그러한 정책의 체계적 비교연구
(h) 기술판매, 계약 및 특허에 관한 그 밖의 약정에 대한 정보의 수집과 체계화
(i) 역내 다른 국가와의 기술협력

제4절 국제기구 간 협력

제278조 국제기구 간 협력
이 부 및 제13부에 언급된 권한 있는 국제기구는 직접적으로 또는 그 국제기구 서로간의 긴밀한 협력을 통하여 이 부에 따른 임무와 책임을 효과적으로 이행하기 위하여 모든 적절한 조치를 한다.

분쟁의 해결 (제15부)

제1절 총칙

제279조 평화적 수단에 의한 분쟁해결의무
당사국은 이 협약의 해석이나 적용에 관한 당사국간의 모든 분쟁을 국제연합헌장 제2조 제3항의 규정에 따라 평화적 수단에 의하여 해결하여야 하고, 이를 위하여 헌장 제33조 제1항에 제시된 수단에 의한 해결을 추구한다.

제280조 당사자가 선택한 평화적 수단에 의한 분쟁해결
이 부의 어떠한 규정도 당사국이 언제라도 이 협약의 해석이나 적용에 관한 당사국간의 분쟁을 스스로 선택하는 평화적 수단에 의하여 해결하기로 합의할 수 있는 권리를 침해하지 아니한다.

제281조 당사자간 합의가 이루어지지 아니한 경우의 절차

1. 이 협약의 해석이나 적용에 관한 분쟁의 당사자인 당사국이 스스로 선택한 평화적 수단에 의한 분쟁해결을 추구하기로 합의한 경우, 이 부에 규정된 절차는 그 수단에 의하여 해결이 이루어지지 아니하고 당사자 간의 합의로 그 밖의 다른 절차를 배제하지 아니하는 경우에만 적용된다.
2. 당사자가 기한을 두기로 합의한 경우, 제1항은 그 기한이 만료한 때에 한하여 적용한다.

제282조 일반협정 · 지역협정 · 양자협정상의 의무

이 협약의 해석이나 적용에 관한 분쟁의 당사자인 당사국들이 일반협정 · 지역협정 · 양자협정을 통하여 또는 다른 방법으로 어느 한 분쟁당사자의 요청에 따라 구속력 있는 결정을 초래하는 절차에 그 분쟁을 회부하기로 합의한 경우, 그 분쟁당사자가 달리 합의하지 아니하는 한, 이 부에 규정된 절차 대신 그 절차가 적용된다.

제283조 의견교환의무

1. 이 협약의 해석이나 적용에 관하여 당사국간 분쟁이 일어나는 경우, 분쟁당사자는 교섭이나 그 밖의 평화적 수단에 의한 분쟁의 해결에 관한 의견을 신속히 교환한다.
2. 당사자는 이러한 분쟁의 해결절차에 의하여 해결에 도달하지 못하였거나 또는 해결에 도달하였으나 해결의 이행방식에 관한 협의를 필요로 하는 상황인 경우, 의견을 신속히 교환한다.

제284조 조정

1. 이 협약의 해석이나 적용에 관한 분쟁당사자인 당사국은 제5부속서 제1절에 규정된 절차나 그 밖의 조정절차에 따라 다른 당사자에게 그 분쟁을 조정에 회부하도록 요청할 수 있다.
2. 이러한 요청이 수락되고 당사자가 적용할 조정절차에 합의한 경우, 어느 당사자라도 그 분쟁을 조정절차에 회부할 수 있다.
3. 이러한 요청이 수락되지 아니하거나 당사자가 조정절차에 합의하지 아니하

는 경우, 조정이 종료된 것으로 본다.

4. 당사자가 달리 합의하지 아니하는 한, 분쟁이 조정에 회부된 때에는 조정은 합의된 조정절차에 따라서만 종료될 수 있다.

제285조 제11부에 따라 회부된 분쟁에 대한 이 절의 적용

이 절은 제11부 제5절에 의거하여 이 부에 규정된 절차에 따라 해결하는 모든 분쟁에 적용한다. 국가가 아닌 주체가 이러한 분쟁의 당사자인 경우에도 이 절을 준용한다.

제2절[편집] 구속력 있는 결정을 수반하는 강제 절차

제286조 이 절에 따른 절차의 적용

이 협약의 해석이나 적용에 관한 분쟁이 제1절에 따른 방법으로 해결이 이루어지지 아니하는 경우, 제3절에 따를 것을 조건으로, 어느 한 분쟁당사자의 요청이 있으면 이 절에 의하여 관할권을 가지는 재판소에 회부된다.

제287조 절차의 선택

1. 어떠한 국가도 이 협약의 서명, 비준, 가입시 또는 그 이후 언제라도, 서면선언에 의하여 이 협약의 해석이나 적용에 관한 분쟁의 해결을 위하여 다음 수단중의 어느 하나 또는 그 이상을 자유롭게 선택할 수 있다.

(a) 제6부속서에 따라 설립된 국제해양법재판소

(b) 국제사법재판소

(c) 제7부속서에 따라 구성된 중재재판소

(d) 제8부속서에 규정된 하나 또는 그 이상의 종류의 분쟁해결을 위하여 그 부속서에 따라 구성된 특별중재재판소

2. 제1항에 따라 행한 선언은 제11부 제5절에 규정된 범위와 방식에 따라 국제해양법재판소 해저분쟁재판부의 관할권을 수락하여야 하는 당사국의 의무에 영향을 미치지 아니하거나 또는 이로부터 영향을 받지 아니한다.

3. 유효한 선언에 포함되어 있지 아니한 분쟁의 당사자인 당사국은 제7부속서

에 따른 중재를 수락한 것으로 본다.

4. 분쟁당사자가 그 분쟁에 관하여 동일한 분쟁해결절차를 수락한 경우, 당사자간 달리 합의하지 아니하는 한, 그 분쟁은 그 절차에만 회부될 수 있다.
5. 분쟁당사자가 그 분쟁에 관하여 동일한 분쟁해결절차를 수락하지 아니한 경우, 당사자간 달리 합의하지 아니하는 한, 그 분쟁은 제7부속서에 따른 중재에만 회부될 수 있다.
6. 제1항에 따라 행한 선언은 취소통고가 국제연합사무총장에게 기탁된 후 3개월까지 효력을 가진다.
7. 새로운 선언, 선언의 취소 또는 종료의 통고는 당사자간 달리 합의하지 아니하는 한, 이 조에 따른 관할권을 가지는 재판소에 계류 중인 소송에 어떠한 영향도 미치지 아니한다.
8. 이 조에 언급된 선언과 통고는 국제연합사무총장에게 기탁되어야 하며, 사무총장은 그 사본을 당사국에 전달한다.

제288조 관할권

1. 제287조에 언급된 재판소는 이 부에 따라 재판소에 회부되는 이 협약의 해석이나 적용에 관한 분쟁에 대하여 관할권을 가진다.
2. 제287조에 언급된 재판소는 이 협약의 목적과 관련된 국제협정의 해석이나 적용에 관한 분쟁으로서 그 국제협정에 따라 재판소에 회부된 분쟁에 대하여 관할권을 가진다.
3. 제6부속서에 따라 설립된 국제해양법재판소 해저분쟁재판부와 제11부 제5절에 언급된 그 밖의 모든 재판부나 중재재판소는 제11부 제5절에 따라 회부된 모든 문제에 대하여 관할권을 가진다.
4. 재판소가 관할권을 가지는지 여부에 관한 분쟁이 있는 경우, 그 문제는 그 재판소의 결정에 의하여 해결한다.

제289조 전문가

과학·기술적 문제를 수반하는 분쟁에 있어서 이 절에 따라 관할권을 행사하는 재판소는 어느 한 분쟁당사자의 요청이나 재판소의 직권에 의하여 당사자와의 협의를 거쳐 우선적으로 제8부속서 제2조에 따라 준비된 관련 명부로부터 투표권 없이 재판에 참여하는 2인 이상의 과학 · 기술전문가를 선임할 수 있다.

제290조 잠정조치

1. 어느 재판소에 정당하게 회부된 분쟁에 대하여 그 재판소가 일응 이 부나 제11부 제5절에 따라 관할권을 가지는 것으로 판단하는 경우, 그 재판소는 최종 판결이 날 때까지 각 분쟁당사자의 이익을 보전하기 위하여 또는 해양환경에 대한 중대한 손상을 방지하기 위하여 그 상황에서 적절하다고 판단하는 잠정 조치를 명령할 수 있다.
2. 잠정조치는 이를 정당화하는 상황이 변화하거나 소멸하는 즉시 변경하거나 철회할 수 있다.
3. 잠정조치는 어느 한 분쟁당사자의 요청이 있는 경우에만 모든 당사자에게 진술의 기회를 준 후 이 조에 따라 명령 · 변경 또는 철회할 수 있다.
4. 재판소는 분쟁당사자와 재판소가 적절하다고 인정하는 그 밖의 당사국에게 잠정 조치의 명령, 변경 또는 철회를 즉시 통지한다.
5. 이 절에 따라 분쟁이 회부되는 중재재판소가 구성되는 동안 잠정조치의 요청이 있는 경우 당사자가 합의하는 재판소가, 만일 잠정조치의 요청이 있은 후 2주일 이내에 이러한 합의가 이루어지지 아니하는 경우에는 국제해양법재판소(또는 심해저활동에 관하여서는 해저분쟁재판부)가, 이 조에 따라 잠정조치를 명령, 변경 또는 철회할 수 있다.
   다만, 이는 장차 구성될 중재재판소가 일응 관할권을 가지고 있고 상황이 긴급하여 필요하다고 인정된 경우에 한한다. 분쟁이 회부된 중재재판소는 구성 즉시 제1항부터 제4항까지에 따라 그 잠정조치를 변경, 철회 또는 확인할 수 있다.
6. 분쟁당사자는 이 조의 규정에 따라 명령된 잠정조치를 신속히 이행한다.

제291조 분쟁해결절차의 개방

1. 이 부에 규정된 모든 분쟁해결절차는 당사국에게 개방된다.
2. 이 부에 규정된 분쟁해결절차는 이 협약에 특별히 규정된 경우에만 당사국

이외의 주체에게 개방된다.

제292조 선박 · 선원의 신속한 석방

1. 어느 한 당사국의 당국이 다른 당사국의 국기를 게양한 선박을 억류하고 있고, 적정한 보석금이나 그 밖의 금융 보증이 예치되었음에도 불구하고 억류국이 선박이나 선원을 신속히 석방해야 할 이 협약상의 규정을 준수하지 아니하였다고 주장되는 경우, 당사국간 달리 합의되지 아니하는 한, 억류로부터의 석방문제는 당사국간 합의된 재판소에 회부될 수 있으며, 만일 그러한 합의가 억류일로부터 10일 이내에 이루어지지 아니하면 제287조에 따라 억류국이 수락한 재판소나 국제해양법재판소에 회부될 수 있다.
2. 석방신청은 선박의 기국에 의하여 또는 기국을 대리하여서만 할 수 있다.
3. 재판소는 지체 없이 석방신청을 처리하고, 선박과 그 소유자 또는 선원에 대한 적절한 국내법정에서의 사건의 심리에 영향을 미침이 없이 석방문제만을 처리한다. 억류국의 당국은 선박이나 승무원을 언제라도 석방할 수 있는 권한을 가진다.
4. 재판소가 결정한 보석금이나 그 밖의 금융 보증이 예치되는 즉시 억류국의 당국은 선박이나 선원들의 석방에 관한 재판소의 결정을 신속히 이행한다.

제293조 적용법규

1. 이 절에 따라 관할권을 가지는 재판소는 이 협약 및 이 협약과 상충되지 아니하는 그 밖의 국제법규칙을 적용한다.
2. 당사자가 합의한 경우, 제1항은 이 절에 따라 관할권을 가지는 재판소가 형평과 선에 기초하여 재판하는 권한을 침해하지 아니한다.

제294조 예비절차

1. 제287조에 규정된 재판소에 제297조에 언급된 분쟁에 관한 신청이 접수된 경우, 그 재판소는 어느 한 당사자의 요청에 따라 청구가 법적 절차의 남용에 해당되는 지의 여부나 청구에 일응 정당한 근거가 있는 지의 여부를 결정하여야 하며, 재판소의 직권으로 이를 결정할 수도 있다. 재판소는 청구가 법

적 절차의 남용에 해당하거나 또는 일응 근거가 없다고 결정한 경우, 그 사건에 관하여 더 이상의 조치를 취할 수 없다.
2. 재판소는 신청을 접수한 즉시 다른 당사자에게 그 신청을 신속히 통지하여야 하며 다른 당사자가 제1항에 따라 재판소의 결정을 요청할 수 있는 합리적인 기한을 정한다.
3. 이 조의 어떠한 규정도 적용 가능한 절차규칙에 따라 선결적 항변을 제기할 수 있는 분쟁당사자의 권리에 영향을 미치지 아니한다.

제295조 국내적 구제의 완료
이 협약의 해석이나 적용에 관한 당사국간의 분쟁은 국제법상 국내적 구제가 완료되어야 하는 경우에는 이러한 절차를 완료한 후에만 규정된 절차에 회부될 수 있다.

제296조 판결의 종국성과 구속력
1. 이 절에 따라 관할권을 가지는 재판소의 판결은 종국적이며 분쟁당사자에 의하여 준수되어야 한다.
2. 어떠한 판결도 그 특정 분쟁과 당사자 외에는 구속력을 가지지 아니한다.

제3절 제2절 적용의 제한과 예외

제297조 제2절 적용의 제한
1. 이 협약에 규정된 연안국의 주권적 권리 또는 관할권 행사와 관련된 이 협약의 해석이나 적용에 관 한 분쟁으로서 다음의 각 경우 제2절에 규정된 절차에 따른다.
(a) 연안국이 항해 · 상공비행의 자유와 권리, 해저전선 · 해저관선 부설의 자유와 권리 또는 제58조 에 명시된 그 밖의 국제적으로 적법한 해양이용권에 관한 이 협약의 규정에 위반되는 행위를 하였다고 주장되는 경우
(b) 어느 한 국가가 앞에 언급된 자유, 권리 또는 이용권을 행사함에 있어서 이 협약 또는 이 협약 및 이 협약과 상충하지 아니하는 그 밖의 국제법규칙에

부합하여 연안국이 채택한 법령에 위반되는 행위를 하였다고 주장되는 경우
(c) 연안국이 이 협약에 의하여 수립되었거나 또는 권한있는 국제기구나 외교회의를 통하여 이 협약에 부합되게 수립되어 연안국에 적용되는 해양환경의 보호와 보전을 위한 특정의 규칙과 기준에 위반되는 행위를 하였다고 주장된 경우

2. (a) 해양과학조사와 관련한 이 협약의 규정의 해석이나 적용에 관한 분쟁은 제2절에 따라 해결된다. 다만, 연안국은 다음의 경우로부터 발생하는 분쟁에 대하여는 제2절에 규정된 절차에 회부 할 것을 수락할 의무를 지지 아니한다.
(i) 제246조에 따르는 연안국의 권리나 재량권의 행사
(ii) 제253조에 따르는 조사계획의 정지나 중지를 명령하는 연안국의 결정
(b) 특정 조사계획에 관하여 연안국이 제246조와 제253조에 의한 권리를 이 협약과 양립하는 방식으로 행사하고 있지 않다고 조사국이 주장함으로써 발생하는 분쟁은 어느 한 당사국의 요청이 있는 경우, 제5부속서 제2절에 규정된 조정에 회부되어야 한다. 다만, 조정위원회는 제246조 제6항에 언급된 특정 지역을 지정할 수 있는 연안국의 재량권 행사나 제246조 제5항에 따라 동의를 거부할 수 있는 연안국의 재량권 행사를 문제삼지 아니하여야 한다.

3. (a) 어업과 관련된 이 협약 규정의 해석이나 적용에 관한 분쟁은 제2절에 따라 해결된다. 다만, 연안국은 배타적경제수역의 생물자원에 대한 자국의 주권적 권리 및 그 행사(허용어획량, 자국의 어획능력, 다른 국가에 대한 잉여량 할당 및 자국의 보존관리법에서 정하는 조건을 결정할 재량권 포함)에 관련된 분쟁을 그러한 해결절차에 회부할 것을 수락할 의무를 지지 아니한다.
(b) 이 부 제1절에 의하여 해결되지 아니하는 분쟁은 다음과 같은 주장이 있는 경우, 어느 한 분쟁당사자의 요청이 있으면 제5부속서 제2절에 따른 조정에 회부된다.
(i) 연안국이 적절한 보존·관리조치를 통하여 배타적경제수역의 생물자원의 유지가 심각하게 위협받지 아니하도록 보장할 의무를 명백히 이행하지 아니하였다는 주장
(ii) 연안국이 다른 국가의 어획에 관심을 가지고 있는 어종의 허용어획량과 자국의 생물자원 어획능력 결정을 그 다른 국가의 요청에도 불구하고 자

의적으로 거부하였다는 주장
(iii) 연안국이 존재한다고 선언한 잉여분의 전부나 일부를 제62조, 제69조 및 제70조에 따라, 또한 연안국이 이 협약에 부합되게 정한 조건에 따라 다른 국가에게 할당할 것을 자의적으로 거부하였다는 주장
(c) 어떠한 경우에도 조정위원회는 그 재량권으로써 연안국의 재량권을 대체할 수 없다.
(d) 조정위원회의 보고서는 적절한 국제기구에 송부된다.
(e) 당사국은, 제69조와 제70조에 따라 협정을 교섭함에 있어, 달리 합의하지 아니하는 한, 협정의 해석이나 적용에 관한 의견 불일치의 가능성을 최소화하기 위한 조치에 관한 조항과 그럼에도 불구하고 발생하는 경우에 대처하기 위한 절차에 관한 조항을 포함시켜야 한다.

제298조 제2절 적용의 선택적 예외
1. 국가는 제1절에 의하여 발생하는 의무에 영향을 미침이 없이 이 협약 서명, 비준, 가입시 또는 그 이후 어느 때라도 다음 분쟁의 범주 중 어느 하나 또는 그 이상에 관하여 제2절에 규정된 절차 중 어느 하나 또는 그 이상을 수락하지 아니한다는 것을 서면 선언할 수 있다.
(a) (i) 해양경계획정과 관련된 제15조, 제74조 및 제83조의 해석이나 적용에 관한 분쟁 또는 역사적 만 및 권원과 관련된 분쟁. 다만, 이러한 분쟁이 이 협약 발효 후 발생하고 합리적 기간 내에 당사자간의 교섭에 의하여 합의가 이루어지지 아니하는 경우, 어느 한 당사자의 요청이 있으면 이러한 선언을 행한 국가는 그 사건을 제5부속서 제2절에 따른 조정에 회부할 것을 수락하여야 하나, 육지영토 또는 도서영토에 대한 주권이나 그 밖의 권리에 관한 미해결분쟁이 반드시 함께 검토되어야 하는 분쟁은 이러한 회부로부터 제외된다.
(ii) 조정위원회가 보고서(그 근거가 되는 이유 명시)를 제출한 후, 당사자는 이러한 보고서를 기초로 합의에 이르기 위하여 교섭한다. 교섭이 합의에 이르지 못하는 경우, 당사자는, 달리 합의하지 아니하는 한, 상호 동의에 의해 제2절에 규정된 어느 한 절차에 그 문제를 회부한다.

(iii) 이 호는 당사자간의 약정에 따라 종국적으로 해결된 해양경계분쟁, 또는 당사자를 구속하는 양자협정이나 다자협정에 따라 해결되어야 하는 어떠한 해양경계분쟁에도 적용되지 아니한다.

(b) 군사활동(비상업용 업무를 수행중인 정부 선박과 항공기에 의한 군사활동 포함)에 관한 분쟁 및 주권적 권리나 관할권의 행사와 관련된 법집행활동에 관한 분쟁으로서 제297조 제2항 또는 제3항에 따라 재판소의 관할권으로부터 제외된 분쟁

(c) 국제연합안전보장이사회가 국제연합헌장에 따라 부여받은 권한을 수행하고 있는 분쟁. 다만, 안전보장이사회가 그 문제를 의제로부터 제외하기로 결정하는 경우 또는 당사국에게 이 협약에 규정된 수단에 따라 그 문제를 해결하도록 요청한 경우에는 그러하지 아니하다.

2. 제1항에 따른 선언을 행한 당사국은 언제라도 이를 철회할 수 있으며, 또한 그 선언에 따라 제외되는 분쟁을 이 협약에 규정된 절차에 회부하기로 합의할 수 있다.
3. 제1항에 따라 선언을 행한 당사국은 다른 당사국을 상대방으로 하는 분쟁으로서 제외된 분쟁의 범주에 속하는 분쟁을 그 다른 당사국의 동의 없이 이 협약의 절차에 회부할 수 없다.
4. 어느 한 당사국이 제1항 (a)에 따라 선언을 행한 경우, 다른 모든 당사국은 제외된 범주에 속하는 분쟁을 선언당사국을 상대방으로 하여 그 선언에 명시된 절차에 회부할 수 있다.
5. 새로운 선언이나 선언의 철회는, 당사자가 달리 합의하지 아니하는 한, 이 조에 따라 재판소에 계류 중인 소송절차에 어떠한 영향도 미치지 아니한다.
6. 이 조에 따라 행한 선언이나 그 철회의 통지는 국제연합사무총장에게 기탁하며, 국제연합사무총장은 당사국에게 그 사본을 전달한다.

제299조 분쟁해결절차에 관하여 합의할 수 있는 당사국의 권리

1. 제297조에 따라 배제되거나 제298조에 따른 선언으로 제2절에 규정된 분쟁해결절차로부터 제외된 분쟁은 분쟁당사자간의 합의에 의하여만 이러한 절차에 회부될 수 있다.

2. 이 절의 어떠한 규정도 이러한 분쟁의 해결을 위하여 다른 절차에 합의하거나 우호적 해결에 이를 수 있는 분쟁당사자의 권리를 침해하지 아니한다.

일반 규정 (제16부)[편집]

제300조 신의성실과 권리남용

당사국은 이 협약에 따른 의무를 성실하게 이행하여야 하며, 이 협약이 인정하고 있는 권리, 관할권 및 자유를 권리남용에 해당되지 아니하도록 행사한다.

제301조 해양의 평화적 이용

이 협약에 따른 권리행사와 의무이행에 있어서 당사국은 다른 국가의 영토보전 또는 정치적 독립에 해가 되거나 또는 국제연합헌장에 구현된 국제법의 원칙에 부합되지 아니하는 방식에 의한 무력의 위협이나 행사를 삼가야 한다.

제302조 정보의 공개

이 협약에 규정된 분쟁해결절차를 이용할 수 있는 당사국의 권리를 침해하지 아니하고 이 협약의 어떠한 규정도 당사국이 이 협약상의 의무를 이행함에 있어서, 공개될 경우 자국의 중대한 안보 이익에 반하는 정보를 제공하도록 요구하는 것으로 보지 아니한다.

제303조 해양에서 발견된 고고학적 · 역사적 유물

1. 각국은 해양에서 발견된 고고학적 · 역사적 유물을 보호할 의무를 지며, 이를 위하여 서로 협력한다.
2. 이러한 유물의 거래를 통제하기 위하여 연안국은 제33조를 적용함에 있어서, 연안국의 승인 없이 제33조에 규정된 수역의 해저로부터 유물을 반출하는 것을 제33조에 언급된 자국의 영토나 영해에서의 자국 법령 위반으로 추정할 수 있다.
3. 이 조의 어떠한 규정도 확인 가능한 소유주의 권리, 해난구조법 또는 그 밖

의 해사규칙, 또는 문화교류에 관한 법률과 관행에 영향을 미치지 아니한다.

4. 이 조는 고고학적 · 역사적 유물의 보호에 관한 그 밖의 국제협정과 국제법 규칙을 침해하지 아니한다.

제304조 손해배상책임

손해배상책임에 관한 이 협약의 규정은 국제법상 책임에 관한 기존 규칙의 적용과 장래 이러한 규칙의 발전을 저해하지 아니한다.

최종 조항 (제17부)[편집]

제305조 서명

1. 이 협약은 다음에 의한 서명을 위하여 개방된다.

(a) 모든 국가

(b) 국제연합나미비아위원회에 의하여 대표되는 나미비아

(c) 국제연합총회 결의 제1514(XV)호에 따라 국제연합에 의하여 감독되고 승인되는 민족자결 행위로서 그 지위를 선택하고, 이 협약에 의하여 규율되는 사항에 관한 권한(그러한 사항에 관한 조약체결권 포함)을 가지는 모든 자치연합국

(d) 각각의 연합문서에 따라 이 협약에 의해 규율되는 사항에 관한 권한(조약체결권 포함)을 가지는 모든 자치연합국

(e) 완전한 국내자치를 누리고 있어 국제연합에 의하여 그러하게 승인되고 있으나, 국제연합총회 결의 제1514(XV)호에 따른 완전한 독립을 얻지 못하고, 이 협약에 의하여 규율되는 사항에 관한 권한(그러한 사항에 관한 조약체결권 포함)을 가지는 모든 영토

(f) 제9부속서에 따른 국제기구

2. 이 협약은 1984년 12월 9일까지는 자마이카 외무부에서, 1983년 7월 1일부터 1984년 12월 9일까지 뉴욕에 있는 국제연합본부에서 서명을 위하여 개방된다.

제306조 비준과 공식 확인
이 협약은 국가 및 제305조 제1항 (b), (c), (d), (e)에 언급된 그 밖의 주체에 의하여 비준되고 제305조 제1항 (f)에 언급된 주체에 의하여 제9부속서에 따라 공식 확인되어야 한다. 비준서와 공식 확인서는 국제연합사무총장에게 기탁된다.

제307조 가입
협약은 국가 및 제305조에 언급된 그 밖의 주체에 의한 가입을 위하여 개방된다. 제305조 제1항 (f)에 규정된 주체에 의한 가입은 제9부속서에 따른다. 가입서는 국제연합사무총장에게 기탁된다.

제308조 발효
1. 이 협약은 60번째 비준서나 가입서가 기탁된 날로부터 12개월 후 발효한다.
2. 이 협약은 60번째 비준서나 가입서가 기탁된 후 비준 또는 가입하는 국가에 대하여, 제1항의 규정을 따를 것을 조건으로, 비준서 또는 가입서 기탁 후 30일째 발효한다.
3. 해저기구 총회는 이 협약의 발효일에 개최되며 해저기구 이사회의 이사국을 선출한다. 이사회 제1회기는 제161조의 규정을 엄격하게 적용할 수 없는 경우 제161조의 목적에 합치하는 방식으로 구성된다.
4. 준비위원회에 의하여 기초된 규칙, 규정 및 절차는 제11부에 따라 해저기구가 정식 채택할 때까지 잠정적으로 적용된다.
5. 해저기구와 그 기관은 선행투자와 관련한 제3차 국제연합해양법회의의 결의 Ⅱ와 그 결의에 따라 준비위원회가 내린 결정에 따라 행동한다.

제309조 유보와 예외
이 협약의 다른 조항에 의하여 명시적으로 허용되지 아니하는 한 이 협약에 대한 유보나 예외는 허용되지 아니한다.

제310조 선언과 성명
제309조는 어떠한 국가가 특히 자국의 국내법령을 이 협약의 규정과 조화시킬

목적으로 이 협약의 서명, 비준, 가입시 그 표현이나 명칭에 관계없이 선언이나 성명을 행하는 것을 배제하지 아니한다. 다만, 그러한 선언이나 성명은 그 당사국에 대하여 이 협약의 규정을 적용함에 있어서 협약규정의 법적효과를 배제하거나 변경시키려고 의도하지 아니하여야 한다.

제311조 다른 협약 · 국제협정과의 관계

1. 이 협약은 당사국간에 있어 1958년 4월 29일자 해양법에 관한 제네바협약에 우선한다.
2. 이 협약은 이 협약과 양립 가능한 다른 협정으로부터 발생하거나 또는 다른 당사국이 이 협약상의 권리를 행사하거나 의무를 이행함에 영향을 미치지 아니하는 당사국의 권리와 의무를 변경하지 아니한다.
3. 2개국 이상의 당사국은 오직 그들 상호관계에만 적용되는 협정으로서 이 협약의 규정의 적용을 변경하거나 정지시키는 협정을 체결할 수 있다. 다만, 이러한 협정은 이 협약의 목적과 대상의 효과적 이행과 양립하지 않는 조항 일탈에 관한 것이어서는 아니 되며, 이 협약에 구현된 기본원칙의 적용에 영향을 미치지 아니하며, 그 협정의 규정이 이 협약상 다른 당사국의 권리행사나 의무이행에 영향을 미치지 아니하여야 한다.
4. 제3항에 언급된 협정을 체결하고자 하는 당사국은 이 협약의 수탁자를 통하여 협정체결의사 및 그 협정이 규정하고 있는 이 협약에 대한 변경이나 정지를 다른 모든 당사국에 통고하여야 한다.
5. 이 조는 이 협약의 다른 규정에 의하여 명시적으로 허용되거나 보장되어 있는 국제협정에 영향을 미치지 아니한다.
6. 당사국은 제136조에 규정된 인류공동유산에 관한 기본원칙에 대한 어떠한 개정도 있을 수 없으며, 이 기본원칙을 일탈하는 어떠한 협정의 당사국도 되지 아니한다는 데 합의한다.

제312조 개정

1. 당사국은 이 협약 발효일로부터 10년이 지난 후 국제연합사무총장에 대한 서면통보를 통하여 심해저활동 관련규정을 제외한 이 협약의 규정에 대한

개정안을 제안하고 그 개정안을 다룰 회의의 소집을 요청할 수 있다. 사무총장은 이러한 통보를 모든 당사국에 회람한다. 통보 회람일로부터 12개월 이내에 당사국의 1/2 이상이 요청에 긍정적인 답변을 한 경우 사무총장은 회의를 소집한다.

2. 개정회의에 적용하는 의사결정절차는 그 회의에서 달리 결정하지 아니하는 한, 제3차 국제연합해양법회의에 적용된 의사결정절차와 동일하다. 개정회의는 어떠한 개정안에 대하여서도 컨센서스에 의한 합의에 이르기 위한 모든 노력을 다하여야 하며, 컨센서스를 위한 모든 노력이 끝날 때까지 표결하지 아니한다.

제313조 약식절차에 의한 개정

1. 당사국은 국제연합사무총장에 대한 서면통보를 통하여 심해저활동 관련규정을 제외한 이 협약의 규정에 대한 개정안을 회의를 소집하지 아니하고 이 조에 규정하는 약식절차에 의하여 채택되도록 제안할 수 있다. 사무총장은 이러한 통보를 모든 당사국에 회람한다.
2. 이러한 통보가 회람된 후 12개월 이내에 어느 한 당사국이 개정안에 대하여 또는 약식절차를 통한 개정안 채택 제의에 대하여 반대하는 경우, 그 개정안은 기각된 것으로 본다. 사무총장은 모든 당사국에 즉시 이를 통고한다.
3. 이러한 통보가 회람된 후 12개월이 경과할 때까지 어떠한 당사국도 개정안에 대하여 또는 약식절차를 통한 개정안 채택 제안에 근거하여 반대하지 아니하는 경우, 그 개정안은 채택된 것으로 본다. 사무총장은 모든 당사국에게 개정안이 채택되었음을 통고한다.

제314조 심해저활동에만 관련된 규정의 개정

1. 당사국은 해저기구 사무총장에 대한 서면통보를 통하여 심해저활동에만 관련된 협약규정(제6부속서 제4절을 포함)에 대한 개정을 제안할 수 있다. 사무총장은 이러한 통보를 모든 당사국에 회람한다. 개정안은 이사회의 승인 후 총회의 승인을 받는다. 이러한 기관에서 당사국 대표는 제안된 개정안을 검토하고 승인할 전권을 가진다. 이사회와 총회에 의하여 승인된 개정안은

채택된 것으로 본다.

2. 제1항의 규정에 따라 개정안을 승인하기에 앞서 이사회와 총회는 그 개정안이 제155조에 따른 재검토회의 이전에는 심해저자원의 탐사 · 개발체제를 침해하지 아니하도록 보장한다. 〈이행협정부속서 제4절 참조〉

제315조 개정안의 서명 · 비준 · 가입과 정본

1. 이 협약에 따라 채택된 개정안은 개정안 자체에 달리 규정되지 아니하는 한, 당사국에 의한 서명을 위하여 채택일로부터 12개월동안 뉴욕에 있는 국제연합본부에서 개방된다.
2. 제306조, 제307조 및 제320조는 이 협약에 대한 모든 개정에 적용된다.

제316조 개정의 발효

1. 제5항에 언급된 개정을 제외한 이 협약에 대한 개정은 당사국의 3분의 2 또는 60개 당사국 중 더 많은 수의 비준서 또는 가입서가 기탁된 후 30일째 되는 날에 이를 비준하거나 가입한 국가에 대하여 발효한다.
2. 개정은 그 효력발생을 위하여 이 조가 요구하는 것보다 더 많은 수의 비준 · 가입을 필요로 함을 규정할 수 있다.
3. 필요한 수의 비준서나 가입서가 기탁된 후 제1항에 규정된 개정에 비준하거나 가입하는 당사국에 대하여는, 개정은 비준서 또는 가입서가 기탁된 후 30일째 발효한다.
4. 제1항에 따른 개정의 발효이후 이 협약의 당사국이 된 국가는 그 국가에 의한 다른 의사표시가 없는 한,
   (a) 개정된 이 협약의 당사국으로 본다.
   (b) 개정에 기속되지 아니한 협약당사국에 대하여는 개정되지 아니한 협약의 당사국으로 본다.
5. 심해저활동에만 관련된 개정과 제6부속서에 대한 개정은 당사국 4분의 3의 비준서나 가입서가 기탁된 후 1년이 되는 날부터 모든 당사국에게 발효한다.
6. 제5항에 따른 개정의 발효 후 이 협약의 당사국이 된 국가는 개정된 이 협약의 당사국으로 본다.

제317조 폐기

1. 당사국은 국제연합사무총장에 대한 서면통고를 통하여 이 협약을 폐기하고 그 이유를 명시할 수 있다. 폐기이유를 명시하지 아니하여도 폐기의 효력에 영향을 미치지 아니한다. 폐기는 통고서에 폐기일자를 더 늦게 지정하지 아니하는 한, 통고수령일 후 1년이 지난날부터 유효한다.
2. 어떠한 당사국도 폐기를 이유로 당사국이었던 중에 발생한 재정적 의무와 계약상 의무로부터 면제되지 아니하며, 폐기는 이 협약이 그 국가에 대하여 종료되기 전에 이 협약의 시행을 통하여 발생한 그 당사국의 권리, 의무 또는 법적 상황에 영향을 미치지 아니한다.
3. 폐기는 이 협약에 구현된 의무로서 이 협약과는 관계없이 국제법에 따라 부과된 의무를 이행해야 할 당사국의 의무에 어떠한 영향도 미치지 아니한다.

제318조 부속서의 지위

부속서는 이 협약과 불가분의 일체를 이루며, 명시적으로 달리 규정되지 아니하는 한, 협약이나 협약의 각부에 대한 언급은 이와 관련된 부속서에 대한 언급을 포함한다.

제319조 수탁자

1. 국제연합사무총장은 이 협약과 이에 대한 개정의 수탁자가 된다.
2. 사무총장은 수탁자로서의 기능 이외에 다음을 수행한다.
 (a) 이 협약과 관련하여 발생한 일반적 성격의 문제를 모든 당사국, 해저기구 및 권한 있는 국제기구에 보고
 (b) 이 협약에 대한 비준, 공식 확인, 가입, 개정 및 폐기에 관하여 해저기구에 통고
 (c) 제311조 제4항에 따른 협정을 당사국에 통고
 (d) 이 협약에 따라 채택된 개정의 비준이나 가입을 위하여 당사국에 회람
 (e) 이 협약에 따라 필요한 당사국회의의 소집
3. (a) 사무총장은 제156조에 언급된 옵서버에게 다음을 전달한다.
 (i) 제2항 (a)에 언급된 보고
 (ii) 제2항 (b)와 (c)에 언급된 통고

(iii) 제2항 (d)에 언급된 개정문안(옵서버 참고용)

(b) 사무총장은 이러한 옵서버를 제2항 (e)에 언급된 당사국회의에 옵서버로 참가하도록 초청한다.

제320조 정본

아랍어, 중국어, 영어, 불어, 노어 및 스페인어본을 동등하게 정본으로 하는 이 협약의 원본은 제305조 제2항에 따라 국제연합사무총장에게 기탁된다.

서명

이상의 증거로서 다음의 전권대표들은 정당히 권한을 위임받아 이 협약에 서명하였다.

1982년 12월 10일 몬테고 베이에서 작성되었다.

1. 영해와 접속수역: 제2부
2. 배타적 경제수역: 제5부
3. 섬 제도: 제121조

〈해설〉

1. 영해와 접속수역

전술, 영해 및 접속수역법 참조(XIII, 1, 가).

2. 배타적 경제수역과 독도

전술, 배타적 경제수역법 참조(XIII, 1, 나).

3. 섬 제도

가. 섬의 정의와 독도의 섬 여부

(1) 섬의 정의와 분류

(가) 섬의 정의

1. 해양법협약 제121조 제1항의 규정

가. "유엔해양법협약"(United Nations Conversation on the Law of the Sea, 이하 "해양법 협약"이라 한다)(1982년 12월 10일 채택, 1994년 11월 16일 발효, 1996년 1월 29일 한국발표) 제121조 제1항은 섬의 정의를 다음과 같이 규정하고 있다.

나. "섬이란 수면으로 둘러싸이고 고조시 수면위에 있는 자연적으로 형성된 육지 지역을 말한다."

2. 해양법협약 제121조 제1항의 해석

가. 자연적 형성: 섬은 자연적으로 형성된 것이어야 한다. 따라서 인공도는 섬이 아니다.

나. 육지지역: 섬은 육지지역이여야 한다. 이는 지형물의 해저에 영구히 부착 고장되어 있어야 한다는 뜻이다. 즉 "고정성"과 "영구성"을 요한다. 따라서 화산폭발로 형성된 일시적인 용암, 일시적으로 융기한 산호초 등은 섬이 아니다.

다. 고조시 노출: 섬은 고조시에 수면위에 노출되어야 한다. 따라서 저조시 노출이나 고조시 수면 밑으로 잠기는 간출지는 섬이 아니다.

(나) 섬의 분류

1. 해양법협약 제121조 제3항의 규정

가. "해양법 협약" 제121조 제1항은 섬의 정의 규정을 두고, 동 조 제3항은 암석인 섬에 관여 규정하고 있다.

나. 동 협약 제121조 제3항은 "인간이 거주할 수 없거나 독자적인 경제활동을 유지할 수 없는 암석(rocks)"에 관해 규정하고 있다.

다. 따라서 동 협약은 섬을 일반적인 섬(암석이 아닌 섬)과 특수한 섬(암석인 섬)으로 구분하고 있다.

2. 해양법협약 제121조 제3항의 해석

가. 암석은 인간이 거주할 수 없는 것이여야 한다. "인간의 거주"란 인간이 항상 거주하지 아니해도 어업을 위하여 정기적으로 이용하거나,

피난처로 이용하거나, 또는 계절적으로 이용하는 것을 포함한다.

나. 암석은 독자적인 경제활동을 유지할 수 없는 것이어야 한다. "독자적 경제활동"이란 과거에는 그러하지 아니했으나 현재와 미래에 경제적 수요의 변동, 기술적 혁신 또는 새로운 인간활동의 변화로 그러한 능력이 개발되는 것을 의미한다.

다. "인간의 거주"와 "독자적 경제활동"이라는 요건은 둘 중 하나의 충족으로 족한 택일적인 것이다.

(2) 독도의 섬 여부, 암석 여부

(가) 독도의 섬 여부

1. 전술한 바와 같이 섬이란 "고조시 수면 위에 있는 자연적으로 형성된 육지지역"이다.
2. 독도는 고조시 수면 위에 있으며(동도: 해발 98.6m, 서도: 해발 168.5m), 자연적으로 형성된 육지지역(약 450만 년 전부터 250만 년 전 사이에 해저 화산분출로 형성된 화산성해산)이다.
3. 따라서 독도는 "해양법협약" 제121조 제1항의 섬이다.

(나) 독도의 암석 여부

1. 전술한 바와 같이 "해양법협약"은 섬을 "암석이 아닌 섬"과 "암석인 섬"으로 구분하고 있으며, "암석인 섬"은 인간이 거주할 수 없거나 독자적인 경제활동을 유지할 수 없는 섬이다.
2. "인간의 거주"는 인간이 항상 거주하지 아니해도 어업을 위해 정기적으로 이용하거나, 피난처로 이용하거나 또는 계절적으로 이용하는 것을 의미하는 것이며, "독자적 경제활동"은 현재 또는 미래에 경제적 수요의 변동, 기술혁신 또는 새로운 인간활동의 변화로 그러한 능력이 개발되는 것을 의미한다.
3. 독도는 인간이 거주할 수 있고 (독도경비대 병력과 등대근무요원이 거주하고, 어업을 위해 계절적으로 이용되고 풍량이 심할 경우 피난처로

이용되고 있다), 독자적 경제활동을 할 수 있다). 따라서 독도는 "해양법 협약" 제 121조 제3항의 암석이 아닌 것이다.

나. 섬의 법적 지위와 독도의 법적 지위

(1) 섬의 법적 지위

(가) 일반적인 섬

1. 일반적인 섬, 즉 암석이 아닌 섬의 법적 지위에 관여 "해양법협약" 제 121조 제2항은 "제3항에 규정된 경우를 제외하고는 섬의 영해, 접속수역, 배타적 경제수역 및 대륙붕은 다른 영토에 적용 가능한 이 협약의 규정에 따라 결정한다"라고 규정하고 있다.
2. 따라서 섬은 12해리의 영해, 24해리의 접속수역, 200해리의 배타적 경제수역과 대륙붕을 갖는다.

(나) 암석인 섬

1. 암석인 섬, 즉 일반적인 섬이 아니라 인간이 거주할 수 없거나 독자적인 경제활동을 유지할 수 없는 암석의 법적 지위에 관여 "해양법협약" 제121조 제3항은 "인간이 거주할 수 없거나 독자적인 경제활동을 유지할 수 없는 암석은 배타적 경제수역이나 대륙붕을 가지지 아니한다"라고 규정하고 있다.
2. 따라서 암석인 섬은 12해리의 영해, 24해리의 접속수역을 가지나, 200해리의 배타적 경제수역과 대륙붕을 가지지 아니한다.

(2) 독도의 법적지위

(가) 일반적인 섬으로서의 지위

1. 전술한 바와 같이 독도는 일반적인 심이다.
2. 따라서 "해양법협약" 제121조 제1항의 규정에 따라 독도는 그 자체의 12해리의 영해, 24해리의 접속수역, 200해리의 배타적 경제수역과 대

륙붕을 갖는다.

(나) 비 암석으로서의 지위

1. 전술한 바와 같이 독도는 암석인 섬이 아니라, 암석이 아닌 섬이다.
2. 따라서 "해양법협약" 제121조 제3항의 규정은 독도에 적용되지 아니 한다. 즉 독도는 그 자체의 200해리 배타적 경제수역과 대륙붕을 갖는다.

(다) 한일어업협정상 독도의 법적 지위

1. 한일어업협정(1998년 11월 28일 체결, 1999년 1월 22일 발효)은 동해 중간수역을 설정하고 그 동해 중간수역 내에 독도가 위치하고 있으므로 동 협정은 독도의 배타적 경제수역을 부정하고 있다.
2. 동 협정상 독도의 배타적 경제수역의 부정결과에 대해 한국정부는 한국의 독도영유권을 부정한 것이 아니라 독도는 배타적 경제수역을 가지 아니하는 암석이기 때문이라고 한다.

4. 한일간 배타적 경제수역의 경계획정과 독도

가. 한국의 배타적 경제수역과 일본의 배타적 경제수역의 중첩

(1) 한국의 배타적 경제수역과 일본의 배타적 경제수역은 중첩되어 있다.
(2) 한국의 육지영토의 배타적 경제수역과 독도의 배타적 경제수역도 중첩되어 있다.

나. 한일간 육지영토의 배타적 경제수역과 독도의 배타적 경제수역의 중첩

(1) "해양법 협약"상 배타적 경제수역의 경계획정은 "공평의 원칙"에 따라 정해야 한다(제74조).
(2) 독도의 영유권이 한일간 어느 측에 있느냐, 섬(독도)이 존재한다는 특수사정을 어느 정도 고려해야 하느냐의 문제(full effect, half effect, zero effect)가 "공평의 원칙"을 적용하는 데 문제로 제기되게 된다.

XV. 독도의 실효적 지배 법률

1. 해양의 실효적 지배 법률

가. 영해 및 접속수역법(1977.12.31)

영해 및 접속수역법

제1조(영해의 범위)
대한민국의 영해는 기선(基線)으로부터 측정하여 그 바깥쪽 12해리의 선까지에 이르는 수역(水域)으로 한다. 다만, 대통령령으로 정하는 바에 따라 일정수역의 경우에는 12해리 이내에서 영해의 범위를 따로 정할 수 있다.

제2조(기선)
① 영해의 폭을 측정하기 위한 통상의 기선은 대한민국이 공식적으로 인정한 대축척해도(大縮尺海圖)에 표시된 해안의 저조선(低潮線)으로 한다.
② 지리적 특수사정이 있는 수역의 경우에는 대통령령으로 정하는 기점을 연결하는 직선을 기선으로 할 수 있다.

제3조(내수)
영해의 폭을 측정하기 위한 기선으로부터 육지 쪽에 있는 수역은 내수(內水)로 한다.
제3조의2(접속수역의 범위) 대한민국의 접속수역은 기선으로부터 측정하여 그 바깥쪽 24해리의 선까지에 이르는 수역에서 대한민국의 영해를 제외한 수역으로 한다. 다만, 대통령령으로 정하는 바에 따라 일정수역의 경우에는 기선으로부터 24해리 이내에서 접속수역의 범위를 따로 정할 수 있다.

제4조(인접국 또는 대향국과의 경계선)
대한민국과 인접하거나 마주 보고 있는 국가와의 영해 및 접속수역의 경계선은 관계국과 별도의 합의가 없으면 두 나라가 각자 영해의 폭을 측정하는 기선상의 가장 가까운 지점으로부터 같은 거리에 있는 모든 점을 연결하는 중간선으로 한다.

제5조(외국선박의 통항)
① 외국선박은 대한민국의 평화 · 공공질서 또는 안전보장을 해치지 아니하는 범위에서 대한민국의 영해를 무해통항(無害通航)할 수 있다. 외국의 군함 또는 비상업용 정부선박이 영해를 통항하려는 경우에는 대통령령으로 정하는 바에 따라 관계 당국에 미리 알려야 한다.
② 외국선박이 통항할 때 다음 각 호의 행위를 하는 경우에는 대한민국의 평화 · 공공질서 또는 안전보장을 해치는 것으로 본다. 다만, 제2호부터 제5호까지, 제11호 및 제13호의 행위로서 관계 당국의 허가 · 승인 또는 동의를 받은 경우에는 그러하지 아니하다.
1. 대한민국의 주권 · 영토보전 또는 독립에 대한 어떠한 힘의 위협이나 행사(行使), 그 밖에 국제연합헌장에 구현된 국제법원칙을 위반한 방법으로 하는 어떠한 힘의 위협이나 행사
2. 무기를 사용하여 하는 훈련 또는 연습
3. 항공기의 이함(離艦) · 착함(着艦) 또는 탑재
4. 군사기기의 발진(發進) · 착함 또는 탑재
5. 잠수항행
6. 대한민국의 안전보장에 유해한 정보의 수집
7. 대한민국의 안전보장에 유해한 선전 · 선동
8. 대한민국의 관세 · 재정 · 출입국관리 또는 보건 · 위생에 관한 법규에 위반되는 물품이나 통화(通貨)의 양하(揚荷) · 적하(積荷) 또는 사람의 승선 · 하선
9. 대통령령으로 정하는 기준을 초과하는 오염물질의 배출
10. 어로(漁撈)
11. 조사 또는 측량
12. 대한민국 통신체제의 방해 또는 설비 및 시설물의 훼손
13. 통항과 직접 관련 없는 행위로서 대통령령으로 정하는 것

③ 대한민국의 안전보장을 위하여 필요하다고 인정되는 경우에는 대통령령으로 정하는

바에 따라 일정수역을 정하여 외국선박의 무해통항을 일시적으로 정지시킬 수 있다.

제6조(정선 등)
외국선박(외국의 군함 및 비상업용 정부선박은 제외한다. 이하 같다)이 제5조를 위반한 혐의가 있다고 인정될 때에는 관계 당국은 정선(停船) · 검색 · 나포(拿捕), 그 밖에 필요한 명령이나 조치를 할 수 있다.
제6조의 2(접속수역에서의 관계 당국의 권한) 대한민국의 접속수역에서 관계 당국은 다음 각 호의 목적에 필요한 범위에서 법령에서 정하는 바에 따라 그 직무권한을 행사할 수 있다.
1. 대한민국의 영토 또는 영해에서 관세 · 재정 · 출입국관리 또는 보건 · 위생에 관한 대한민국의 법규를 위반하는 행위의 방지
2. 대한민국의 영토 또는 영해에서 관세 · 재정 · 출입국관리 또는 보건 · 위생에 관한 대한민국의 법규를 위반한 행위의 제재

제7조(벌칙)
① 제5조 제2항 또는 제3항을 위반한 외국선박의 승무원이나 그 밖의 승선자는 5년 이하의 징역 또는 2억 원 이하의 벌금에 처하고, 정상을 고려하여 필요할 때에는 해당 선박, 기재(器材), 채포물(採捕物) 또는 그 밖의 위반물품을 몰수할 수 있다.
② 제6조에 따른 명령이나 조치를 거부 · 방해 또는 기피한 외국선박의 승무원이나 그 밖의 승선자는 2년 이하의 징역 또는 1천만 원 이하의 벌금에 처한다.
③ 제1항 및 제2항의 경우 징역형과 벌금형은 병과(倂科)할 수 있다.
④ 이 조를 적용할 때 그 행위가 이 법 외의 다른 법률에 규정된 죄에 해당하는 경우에는 그 중 가장 무거운 형으로 처벌한다.

제8조(군함 등에 대한 특례)
외국의 군함이나 비상업용 정부선박 또는 그 승무원이나 그 밖의 승선자가 이 법이나 그 밖의 다른 법령을 위반하였을 때에는 이의 시정이나 영해로부터의 퇴거를 요구할 수 있다.

부칙
이 법은 공포한 날부터 시행한다.

〈해설〉

Ⅰ. 영해 및 접속수역법

1. 영해일반

가. 영해의 의의

(1) 영해(territorial sea)는 국가의 영토와 내수 외측에 인접하고 있는 일정한 범위의 해대로서 연안국의 영유권에 속하는 수역이다.

(2) 넓은 의미로는 연안해, 항구, 내수, 만 등을 포함한, 좁은 의미로는 연안해만을 뜻한다.

나. 영해의 범위

(1) 영해의 폭 : 12해리 범위 내에서 연안국이 정한다(해양법협약 제3조)

(2) 기선 : 통상기선과 직선기선이 있다. 해안선이 심히 굴곡되고 돌입한 지역 연안에 도서가 있는 경우 적당한 지점을 연결하는 직선기선을 연안국은 사용할 수 있다(동 제7조 제1항)

다. 영해의 국권

(1) 연안국은 영해에 대해서 연안경찰권, 연안어업권, 연안무역권을 갖는다.

(2) 연안국은 타국에 대해 무해통항권, 재판권을 인정해야 한다.

(3) 연안국은 영해에 대해 "주권"을 갖으나, 배타적 경제수역에 대해서는 "주권적 권리"를 갖는다.

Ⅱ. 한국의 영해

가. 한국의 영해와 그 범위

(1) 1977년 12월 31일 법률 제3037호로 "영해 및 접속수역법"이 제정·공포되었다.

(2) 동 법은 영해의 범위를 12해리로 규정하고 있다(제1조). 다만, 대통령령으로 정하는 수역에 있어서는 12해리 이내에서 영해의 범위를 따로 정할 수 있다(제2조).

나. 독도의 영해

(1) "영해 및 접속수역법"의 규정에 따라 독도의 영해도 12해리로 규정되었

다(제1조).

(2) 동법 시행령으로 정하는 수역에 독도는 포함되어 있지 아니하다. 따라서 독도는 12해리의 영해를 갖는다.

(3) 대한해협의 수역에서 영해의 범위는 3해리로 정해져 있다(시행령 제3조).

(4) "신한일어업협정"이 동해 중간수역을 설정하고 독도를 그 수역내에 위치시키고 있다(제9조). 그러므로 독도의 영해가 중간수역으로 흡수된 것인가에 관해 논의가 있다.

나. 배타적 경제수역법(1996.8.8.)

배타적 경제수역법

제1조(배타적 경제수역의 설정)

대한민국은 이 법에 따라 「해양법에 관한 국제연합 협약」(이하 "협약"이라 한다)에 규정된 배타적 경제수역(經濟水域)을 설정한다.

제2조(배타적 경제수역의 범위)

① 대한민국의 배타적 경제수역은 협약에 따라 「영해 및 접속수역법」 제2조에 따른 기선(基線)으로부터 그 바깥쪽 200해리의 선까지에 이르는 수역 중 대한민국의 영해를 제외한 수역으로 한다.

② 대한민국과 마주 보고 있거나 인접하고 있는 국가(이하 "관계국"이라 한다) 간의 배타적 경제수역의 경계는 제1항에도 불구하고 국제법을 기초로 관계국과의 합의에 따라 획정한다.

제3조(배타적 경제수역에서의 권리)

대한민국은 배타적 경제수역에서 다음 각 호의 권리를 가진다.

1. 해저의 상부 수역, 해저 및 그 하층토(下層土)에 있는 생물이나 무생물 등 천연자원의 탐사·개발·보존 및 관리를 목적으로 하는 주권적 권리와 해수(海水), 해류 및 해풍(海風)을 이용한 에너지 생산 등 경제적 개발 및 탐사를 위한 그 밖의 활동에 관한 주권적 권리

2. 다음 각 목의 사항에 관하여 협약에 규정된 관할권
   가. 인공섬·시설 및 구조물의 설치·사용
   나. 해양과학 조사
   다. 해양환경의 보호 및 보전
3. 협약에 규정된 그 밖의 권리

제4조(외국 또는 외국인의 권리 및 의무)
① 외국 또는 외국인은 협약의 관련 규정에 따를 것을 조건으로 대한민국의 배타적 경제수역에서 항행(航行) 또는 상공 비행의 자유, 해저 전선(電線) 또는 관선(管線) 부설의 자유 및 그 자유와 관련되는 것으로서 국제적으로 적법한 그 밖의 해양 이용에 관한 자유를 누린다.
② 외국 또는 외국인은 대한민국의 배타적 경제수역에서 권리를 행사하고 의무를 이행할 때에는 대한민국의 권리와 의무를 적절히 고려하고 대한민국의 법령을 준수하여야 한다.

제5조(대한민국의 권리 행사 등)
① 외국과의 협정으로 달리 정하는 경우를 제외하고 대한민국의 배타적 경제수역에서는 제3조에 따른 권리를 행사하거나 보호하기 위하여 대한민국의 법령을 적용한다. 제3조 제2호 가목의 인공섬·시설 및 구조물에서의 법률관계에 대하여도 또한 같다.
② 제3조에 따른 대한민국의 배타적 경제수역에서의 권리는 대한민국과 관계국 간에 별도의 합의가 없는 경우 대한민국과 관계국의 중간선 바깥쪽 수역에서는 행사하지 아니한다. 이 경우 "중간선"이란 그 선상(線上)의 각 점으로부터 대한민국의 기선상의 가장 가까운 점까지의 직선거리와 관계국의 기선상의 가장 가까운 점까지의 직선거리가 같게 되는 선을 말한다.
③ 대한민국의 배타적 경제수역에서 제3조에 따른 권리를 침해하거나 그 배타적 경제수역에 적용되는 대한민국의 법령을 위반한 혐의가 있다고 인정되는 자에 대하여 관계 기관은 협약 제111조에 따른 추적권(追跡權)의 행사, 정선(停船)·승선·검색·나포 및 사법절차를 포함하여 필요한 조치를 할 수 있다.

부칙
이 법은 공포한 날부터 시행한다.

〈해설〉

Ⅰ. 배타적 경제수역

1. 배타적 경제수역 일반

가. 배타적 경제수역의 의의

(1) 배타적 경제수역(exclusive economic zone : EEZ)이란 연안국의 영해 외측에 생물·비생물 천연자원에 대해 연안국의 주권행사가 인정되는 200해리 범위의 수역을 말한다.

(2) 이 수역에 있어서 제3국의 항행의 자유, 비행의 자유, 해저전선·송관 부설의 자유는 그대로 보장된다.

나. 배타적 경제수역의 범위

(1) 폭

(가) 배타적 경제수역의 폭은 영해의 기선으로부터 200해리를 초과할 수 없다(해양법협약 제57조).

(나) 12해리의 영해를 갖는 경우 배타적 경제수역의 폭은 200해리에서 영해의 폭 12해리를 제외한 188해리이다.

(2) 기선

(가) 배타적 경제수역의 기선은 영해의 기선과 동일하다(동 제57조).

(나) 즉, 배타적 경제수역의 기선은 영해의 외측 한계선이 아니라 영해의 기선이다.

(3) 주권적 권리

(가) 생물·비생물 자원의 탐사·개발·보존·관리권

1. 연안국은 배타적 경제수역에 있어서 해상(sea bed)·해저지하 및 그 상부수역에 주권적 권리를 갖는다. 연안국이 영해에 대해서 "주권"을 갖는 것과 구별된다.

2. 연안국은 배타적 경제수역에서 생물·비생물 천연자원의 탐사·개발·보존·권리권을 갖는다(동 제56조 제1항 a).

(나) 수역의 경제적 이용권

1. 연안국은 배타적 경제수역에 있어서 수력 · 조력 · 풍력 · 발전을 포함하는 배타적 경제수역의 경제적 탐사 · 개발을 위한 활동에 대한 주권적 권리를 갖는다(동 제56조 제1항 a).

2. 상기 (가), (나) 연안국의 "주권적 권리"로 "관할권"과 구별된다.

(4) 관할권

(가) 인공도, 시설, 구조물의 설치 사용권

1. 연안국은 배타적 경제수역에 있어서 인공도, 시설, 구조물의 설치, 사용에 대한 배타적 관할권을 갖는다(동 제56조 제1항 b).

2. 연안국은 인공도, 시설, 구조물 주위에 반경 500m 이내의 안전수역을 설치할 수 있다(동 제60조 제4항).

(나) 해양환경의 보호, 보존권

1. 연안국은 배타적 경제수역에서의 해양환경의 보호, 보존에 관한 관할권을 갖는다(동 제56조 제1항 b).

2. 배타적 경제수역에서의 투기는 연안국의 명시적 사전적 승인 없이는 수행될 수 없다(동 제210조 제2항).

(다) 해양과학조사권

1. 연안국은 배타적 경제수역에 있어서 해양과학조사에 대한 관할권을 갖는다(동 제56조 제1항 b).

2. 타국은 연안국의 동의 없이 배타적 경제수역에서 해양과학조사를 행할 수 없다(동 제246조 제2항).

다. 중첩 배타적 경제수역의 경계

(1) 관계국의 합의

(가) 인접하거나 대항한 중첩 배타적 경제수역의 경계는 관계국의 합의로 정한다.

(나) 상기 합의는 "형평한 해결"(equitable solution)에 도달하여야 한다(동 제74조 제1항).

(2) 분쟁해결절차의 회부와 잠정협정

(가) 상당기간 내에 합의에 이르지 못할 경우 분쟁해결 절차에 회부한다(제74조 제2항).

(나) 최종적 합의에 이루기 전에 감정협정을 체결할 수 있다(제74조 제3항).

2. 독도의 배타적 경제수역

가. 한국의 배타적 경제수역

(1) 배타적 경제수역의 설정

(가) 1996년 8월 6일 법률 제5151호로 "배타적 경제수역법"을 제정 공포하여 한국은 배타적 경제수역을 설정했다.

(나) 동 법은 배타적 경제수역의 범위를 200해리로 정하고 있다(제1조).

(2) 중첩 배타적 경제수역의 경계

(가) 동 법은 중첩 배타적 경제수역의 경계는 관계국과의 합의로 확정한다고 규정하고 있다(제2조).

(나) 따라서 일본, 중국, 러시아의 배타적 경제수역의 경계는 이들 국가와의 합의로 확정하게 된다.

나. 독도의 배타적 경제수역

(1) 동법이 독도는 배타적 경제수역을 가지지 아니한다는 특별규정을 동법에 두고 있지 아니하므로 독도의 배타적 경제수역도 동 법에 의해 200해리로 설정된 것이다.

(2) 다만, 독도가 "해양법협약" 제 121조 제3항의 암석이라면 독도는 배타적 경제수역을 갖지 아니하는 것으로 된다. 동 법은 "해양법 협약의 규정에 맞추어" 설정한다고 규정하고(제1조 전단) 있기 때문이다.

(3) 독도가 "해양법협약" 제121조 제3항의 암석이 아님은 후술하는 "독도의 해양법상 지위"에서 기술한 바와 같다.

다. 독도와 한일어업협정상 배타적 경제수역

(1) "한일어업협정"은 동해 중간수역을 설정하고 그 중간수역 내에 독도가 위치하고 있다.

(2) 동 협정상 중간수역 내에서 일본의 어업권 등이 인정되어 있으므로 동 협정에 의해 한국의 전속적인 독도의 배타적 경제수역은 침해되어 있다.

2. 도서의 실효적 지배 법률

가. 문화재보호법(1984.12.31.)

문화재보호법

[시행 2012.7.27] [법률 제11228호, 2012.1.26, 일부개정]
문화재청(법무감사담당관), 042-481-4788

제1장 총칙

제1조(목적)
이 법은 문화재를 보존하여 민족문화를 계승하고, 이를 활용할 수 있도록 함으로써 국민의 문화적 향상을 도모함과 아울러 인류문화의 발전에 기여함을 목적으로 한다.

제2조(정의)
① 이 법에서 "문화재"란 인위적이거나 자연적으로 형성된 국가적 · 민족적 또는 세계적 유산으로서 역사적 · 예술적 · 학술적 또는 경관적 가치가 큰 다음 각 호의 것을 말한다.
1. 유형문화재: 건조물, 전적(典籍), 서적(書跡), 고문서, 회화, 조각, 공예품 등 유형의 문화적 소산으로서 역사적 · 예술적 또는 학술적 가치가 큰 것과 이에 준하는 고고자료(考古資料)
2. 무형문화재: 연극, 음악, 무용, 놀이, 의식, 공예기술 등 무형의 문화적 소산으로서 역사적 · 예술적 또는 학술적 가치가 큰 것

3. 기념물: 다음 각 목에서 정하는 것
가. 절터, 옛무덤, 조개무덤, 성터, 궁터, 가마터, 유물포함층 등의 사적지(史蹟地)와 특별히 기념이 될 만한 시설물로서 역사적·학술적 가치가 큰 것
나. 경치 좋은 곳으로서 예술적 가치가 크고 경관이 뛰어난 것
다. 동물(그 서식지, 번식지, 도래지를 포함한다), 식물(그 자생지를 포함한다), 지형, 지질, 광물, 동굴, 생물학적 생성물 또는 특별한 자연현상으로서 역사적·경관적 또는 학술적 가치가 큰 것
4. 민속문화재: 의식주, 생업, 신앙, 연중행사 등에 관한 풍속이나 관습과 이에 사용되는 의복, 기구, 가옥 등으로서 국민생활의 변화를 이해하는 데 반드시 필요한 것

② 이 법에서 "지정문화재"란 다음 각 호의 것을 말한다.
1. 국가지정문화재: 문화재청장이 제23조부터 제26조까지의 규정에 따라 지정한 문화재
2. 시·도지정문화재: 특별시장·광역시장·도지사 또는 특별자치도지사(이하 "시·도지사"라 한다)가 제70조 제1항에 따라 지정한 문화재
3. 문화재자료: 제1호나 제2호에 따라 지정되지 아니한 문화재 중 시·도지사가 제70조 제2항에 따라 지정한 문화재

③ 이 법에서 "등록문화재"란 지정문화재가 아닌 문화재 중에서 문화재청장이 제53조에 따라 등록한 문화재를 말한다.

④ 이 법에서 "보호구역"이란 지상에 고정되어 있는 유형물이나 일정한 지역이 문화재로 지정된 경우에 해당 지정문화재의 점유 면적을 제외한 지역으로서 그 지정문화재를 보호하기 위하여 지정된 구역을 말한다.

⑤ 이 법에서 "보호물"이란 문화재를 보호하기 위하여 지정한 건물이나 시설물을 말한다.

⑥ 이 법에서 "역사문화환경"이란 문화재 주변의 자연경관이나 역사적·문화적인 가치가 뛰어난 공간으로서 문화재와 함께 보호할 필요성이 있는 주변 환경을 말한다.

⑦ 이 법에서 "건설공사"란 토목공사, 건축공사, 조경공사 또는 토지나 해저의 원형변경이 수반되는 공사로서 대통령령으로 정하는 공사를 말한다.

⑧ 이 법에서 "국외소재문화재"란 국외로 반출되어 현재 대한민국의 영토 밖에 소재하는 문화재를 말한다.

제3조(문화재보호의 기본원칙)
문화재의 보존·관리 및 활용은 원형유지를 기본원칙으로 한다.

제4조(국가와 지방자치단체 등의 책무)
① 국가는 문화재의 보존·관리 및 활용을 위한 종합적 시책을 수립·추진하여야 한다.
② 지방자치단체는 국가의 시책과 지역적 특색을 고려하여 문화재의 보존·관리 및 활용을 위한 시책을 수립·추진하여야 한다.
③ 국가와 지방자치단체는 각종 개발사업을 계획하고 시행하는 경우 문화재나 문화재의 보호물·보호구역 및 역사문화환경이 훼손되지 아니하도록 노력하여야 한다.
④ 국민은 문화재의 보존·관리를 위하여 국가와 지방자치단체의 시책에 적극 협조하여야 한다.

제5조(다른 법률과의 관계)
① 문화재의 보존·관리 및 활용에 관하여 다른 법률에 특별한 규정이 있는 경우를 제외하고는 이 법에서 정하는 바에 따른다.
② 지정문화재(제32조에 따른 가지정문화재를 포함한다)의 수리·실측·설계·감리와 매장문화재의 보호 및 조사에 관하여는 따로 법률로 정한다.

제2장 문화재 보호 정책의 수립 및 추진

제6조(문화재기본계획의 수립)
① 문화재청장은 시·도지사와의 협의를 거쳐 문화재의 보존·관리 및 활용을 위하여 다음 각 호의 사항이 포함된 종합적인 기본계획(이하 "문화재기본계획"이라 한다)을 5년마다 수립하여야 한다. 〈개정 2012.1.26〉
1. 문화재 보존에 관한 기본방향 및 목표
2. 이전의 문화재기본계획에 관한 분석 평가
3. 문화재 보수·정비 및 복원에 관한 사항
4. 문화재의 역사문화환경 보호에 관한 사항
5. 문화재 안전관리에 관한 사항
6. 문화재 기록정보화에 관한 사항
7. 문화재 보존에 사용되는 재원의 조달에 관한 사항

7의2. 국외소재문화재 환수 및 활용에 관한 사항
8. 그 밖에 문화재의 보존·관리 및 활용에 필요한 사항
② 문화재청장은 문화재기본계획을 수립하는 경우 대통령령으로 정하는 소유자, 관리자 또는 관리단체 및 관련 전문가의 의견을 들어야 한다.
③ 문화재청장은 문화재기본계획을 수립하면 이를 시·도지사에게 알리고, 관보(官報) 등에 고시하여야 한다.
④ 문화재청장은 문화재기본계획을 수립하기 위하여 필요하면 시·도지사에게 관할구역의 문화재에 대한 자료를 제출하도록 요청할 수 있다.

제7조(문화재 보존 시행계획 수립)
① 문화재청장 및 시·도지사는 문화재기본계획에 관한 연도별 시행계획을 수립·시행하여야 한다.
② 시·도지사는 제1항에 따라 연도별 시행계획을 수립하거나 시행을 완료한 때에는 그 결과를 문화재청장에게 제출하여야 한다.
③ 문화재청장 및 시·도지사는 연도별 시행계획을 수립한 때에는 이를 공표하여야 한다.
④ 제2항에 따른 연도별 시행계획과 그 시행 결과의 제출대상, 시기 및 절차와 제3항에 따른 공표방법 등에 관하여 필요한 사항은 대통령령으로 정한다.

제8조(문화재위원회의 설치)
① 문화재의 보존·관리 및 활용에 관한 다음 각 호의 사항을 조사·심의하기 위하여 문화재청에 문화재위원회를 둔다.
1. 문화재기본계획에 관한 사항
2. 국가지정문화재의 지정과 그 해제에 관한 사항
3. 국가지정문화재의 보호물 또는 보호구역 지정과 그 해제에 관한 사항
4. 중요무형문화재 보유자, 명예보유자 또는 보유단체의 인정과 그 해제에 관한 사 항
5. 국가지정문화재의 현상변경에 관한 사항
6. 국가지정문화재의 국외 반출에 관한 사항
7. 국가지정문화재의 역사문화환경 보호에 관한 사항
8. 문화재의 등록 및 등록 말소에 관한 사항
9. 매장문화재 발굴 및 평가에 관한 사항
10. 국가지정문화재의 보존·관리에 관한 전문적 또는 기술적 사항으로서 중요하

다고 인정되는 사항

11. 그 밖에 문화재의 보존·관리 및 활용 등에 관하여 문화재청장이 심의에 부치는 사항

② 문화재위원회 위원은 다음 각 호의 어느 하나에 해당하는 자 중에서 문화재청장이 위촉한다.

1. 「고등교육법」에 따른 대학에서 문화재의 보존·관리 및 활용과 관련된 학과의 부교수 이상에 재직하거나 재직하였던 사람
2. 문화재의 보존·관리 및 활용과 관련된 업무에 10년 이상 종사한 사람
3. 인류학·사회학·건축·도시계획·관광·환경·법률·종교·언론분야의 업무에 10년 이상 종사한 사람으로서 문화재에 관한 지식과 경험이 풍부한 전문가

③ 제1항 각 호의 사항에 관하여 문화재 종류별로 업무를 나누어 조사·심의하기 위하여 문화재위원회에 분과위원회를 둘 수 있다.

④ 제3항에 따른 분과위원회는 조사·심의 등을 위하여 필요한 경우 다른 분과위원회와 함께 위원회(이하 "합동분과위원회"라 한다)를 열 수 있다.

⑤ 문화재위원회, 분과위원회 및 합동분과위원회는 다음 각 호의 사항을 적은 회의록을 작성하여야 한다. 이 경우 필요하다고 인정되면 속기나 녹음 또는 녹화를 할 수 있다.

1. 회의일시 및 장소
2. 출석위원
3. 심의내용 및 의결사항

⑥ 제5항에 따라 작성된 회의록은 공개하여야 한다. 다만, 특정인의 재산상의 이익에 영향을 미치거나 사생활의 비밀을 침해하는 등 대통령령으로 정하는 경우에는 해당 위원회의 의결로 공개하지 아니할 수 있다.

⑦ 문화재위원회, 분과위원회 및 합동분과위원회의 조직, 분장사항 및 운영 등에 필요한 사항은 대통령령으로 정한다.

⑧ 문화재위원회에는 문화재청장이나 각 분과위원회 위원장의 명을 받아 문화재위원회의 심의사항에 관한 자료수집·조사 및 연구 등의 업무를 수행하는 비상근 전문위원을 둘 수 있다. 〈신설 2011.7.14〉

⑨ 문화재위원회 위원 및 전문위원의 수와 임기, 전문위원의 자격 등에 필요한 사항은 대통령령으로 정한다. 〈신설 2011.7.14〉

제9조(한국문화재보호재단의 설치)
① 문화재의 보호·보존·보급 및 선양과 전통생활문화의 계발을 위하여 문화재청 산하에 한국문화재보호재단(이하 "보호재단"이라 한다)을 설립한다.
② 보호재단은 법인으로 한다.
③ 보호재단에는 정관으로 정하는 바에 따라 임원과 필요한 직원을 둔다.
④ 보호재단에 관하여 이 법에 규정한 것 외에는 「민법」 중 재단법인에 관한 규정을 준용한다.
⑤ 보호재단 운영에 필요한 경비는 국고에서 지원할 수 있다.
⑥ 국가나 지방자치단체는 보호재단의 업무 수행을 위하여 필요하다고 인정하면 국유재산이나 공유재산을 무상으로 사용·수익하게 할 수 있다.

제3장 문화재 보호의 기반 조성

제10조(문화재 기초조사)
① 국가 및 지방자치단체는 문화재의 멸실 방지 등을 위하여 현존하는 문화재의 현황, 관리실태 등에 대하여 조사하고 그 기록을 작성할 수 있다.
② 문화재청장 및 지방자치단체의 장은 제1항에 따른 조사를 위하여 필요한 경우 직접 조사하거나 문화재의 소유자, 관리자 또는 조사·발굴과 관련된 단체 등에 대하여 관련 자료의 제출을 요구할 수 있다.
③ 문화재청장 및 지방자치단체의 장은 지정문화재가 아닌 문화재에 대하여 조사를 할 경우에는 해당 문화재의 소유자 또는 관리자의 사전 동의를 받아야 한다.
④ 문화재 조사의 구체적인 절차와 방법 등에 관하여 필요한 사항은 대통령령으로 정한다.

제11조(문화재 정보화의 촉진)
① 문화재청장은 제10조에 따른 조사 자료와 그 밖의 문화재 보존·관리에 필요한 자료를 효율적으로 활용하고, 국민이 문화재 정보에 쉽게 접근하고 이용할 수 있도록 문화재정보체계를 구축·운영하여야 한다.
② 문화재청장은 제1항에 따른 문화재정보체계 구축을 위하여 관계 중앙행정기관의 장 및 지방자치단체의 장 등에게 필요한 자료의 제출을 요청할 수 있다.
③ 제1항에 따른 문화재정보체계의 구축 범위·운영절차 및 그 밖에 필요한 사항은 대통령령으로 정한다.

제12조(건설공사 시의 문화재 보호)
건설공사로 인하여 문화재가 훼손, 멸실 또는 수몰(水沒)될 우려가 있거나 그 밖에 문화재의 역사문화환경 보호를 위하여 필요한 때에는 그 건설공사의 시행자는 문화재청장의 지시에 따라 필요한 조치를 하여야 한다. 이 경우 그 조치에 필요한 경비는 그 건설공사의 시행자가 부담한다.

제13조(역사문화환경 보존지역의 보호)
① 시·도지사는 지정문화재(동산에 속하는 문화재와 무형문화재를 제외한다. 이하 이 조에서 같다)의 역사문화환경 보호를 위하여 문화재청장과 협의하여 조례로 역사문화환경 보존지역을 정하여야 한다.
② 건설공사의 인가·허가 등을 담당하는 행정기관은 지정문화재의 외곽경계(보호구역이 지정되어 있는 경우에는 보호구역의 경계를 말한다)의 외부 지역에서 시행하려는 건설공사로서 제1항에 따라 시·도지사가 정한 역사문화환경 보존지역에서 시행하는 건설공사에 관하여는 그 공사에 관한 인가·허가 등을 하기 전에 해당 건설공사의 시행이 지정문화재의 보존에 영향을 미칠 우려가 있는 행위에 해당하는지 여부를 검토하여야 한다.
③ 역사문화환경 보존지역의 범위는 해당 지정문화재의 역사적·예술적·학문적·경관적 가치와 그 주변 환경 및 그 밖에 문화재 보호에 필요한 사항 등을 고려하여 그 외곽 경계로부터 500미터 안으로 한다. 다만, 문화재의 특성 및 입지여건 등으로 인하여 지정문화재의 외곽 경계로부터 500미터 밖에서 건설공사를 하게 되는 경우에 해당 공사가 문화재에 영향을 미칠 것이 확실하다고 인정되면 500미터를 초과하여 범위를 정할 수 있다.
④ 문화재청장 또는 시·도지사는 문화재를 지정하면 그 지정 고시가 있는 날부터 6개월 안에 역사문화환경 보존지역에서 지정문화재의 보존에 영향을 미칠 우려가 있는 행위에 관한 구체적인 행위기준을 정하여 고시하여야 한다.
⑤ 제4항에 따른 구체적인 행위기준이 고시된 지역에서 그 행위기준의 범위 안에서 행하여지는 건설공사에 관하여는 제2항에 따른 검토는 생략한다.

제14조(화재 및 재난방지 등)
① 문화재청장이나 시·도지사는 지정문화재의 화재 및 재난방지, 도난예방을 위하여 필요한 시책을 수립하고 이를 시행하여야 한다.

② 문화재청장 및 시 · 도지사는 문화재별 특성에 따른 화재대응 지침서(이하 "지침서"라 한다)를 마련하고 이를 지정문화재의 소유자, 관리자 또는 관리단체가 사용할 수 있도록 조치하여야 한다.

③ 지침서는 연 1회 이상 정기적으로 점검 · 보완하여야 하며, 화재대응을 위하여 포함되어야 할 사항 및 지침서를 마련하여야 하는 문화재의 범위는 대통령령으로 정한다.

④ 지정문화재의 소유자, 관리자 및 관리단체는 지정문화재의 화재예방 및 진화를 위하여 「소방시설 설치 · 유지 및 안전관리에 관한 법률」에서 정하는 기준에 따른 소방시설과 재난방지를 위한 시설을 설치하여야 하며, 지정문화재의 도난방지를 위하여 문화체육관광부령으로 정하는 기준에 따라 도난방지장치를 설치하도록 노력하여야 한다. 〈개정 2011.8.4〉

⑤ 다음 각 호에 해당하는 시설 또는 지역의 소유자, 관리자 및 관리단체는 해당 시설 또는 지역 전체를 금연구역으로 지정하거나 금연구역과 흡연구역으로 구분하여 지정하고, 금연구역 또는 흡연구역을 알리는 표지를 설치하여야 한다. 〈개정 2012.1.26〉

1. 지정문화재 중 목조건축물(주거용 건축물은 제외한다)
2. 보호구역에 설치된 목조건축물(주거용 건축물은 제외한다)
3. 그 밖에 지정문화재(보호물과 보호구역 및 보관시설을 포함한다) 중 화재의 위험이 있다고 판단하여 문화체육관광부령 또는 시 · 도조례로 정하는 시설 또는 지역

⑥ 제5항에 따른 금연구역과 흡연구역의 표지 및 흡연구역의 시설기준과 설치방법 등은 문화체육관광부령 또는 시 · 도조례로 정한다. 〈신설 2012.1.26〉

⑦ 누구든지 제5항에 따라 지정된 금연구역에서 흡연하여서는 아니 된다. 〈신설 2012.1.26〉

⑧ 국가나 지방자치단체는 다음 각 호의 어느 하나에 해당하는 시설을 설치 또는 유지 · 관리하는 자에게 예산의 범위에서 그 소요비용의 전부나 일부를 보조할 수 있다. 〈신설 2012.1.26〉

1. 제4항에 따른 소방시설과 재난방지를 위한 시설 또는 도난방지장치
2. 제5항에 따른 금연구역과 흡연구역의 표지 및 흡연구역의 시설 설치

제15조(문화재보호활동의 지원 등)
문화재청장은 문화재의 보호 · 보존 · 보급 또는 선양을 위하여 필요하다고 인정하

면 관련 단체를 지원·육성할 수 있다.

제16조(문화재 전문인력의 양성)
① 문화재청장은 문화재의 보호·관리 및 수리 등을 위한 전문인력을 양성할 수 있다.
② 문화재청장은 제1항의 전문인력 양성을 위하여 필요하다고 인정하면 장학금을 지급할 수 있다.
③ 문화재청장은 제2항의 장학금(이하 "장학금"이라 한다)을 지급받고 있는 자의 교육이나 연구 상황을 확인하기 위하여 필요하다고 인정하면 성적증명서나 연구실적보고서를 제출하도록 명할 수 있다.
④ 장학금을 지급받고 있는 자 또는 받은 자는 수학이나 연구의 중단, 내용 변경 등 문화체육관광부령으로 정하는 사유가 발생하면 지체 없이 문화재청장에게 신고하여야 한다.
⑤ 문화재청장은 수학이나 연구의 중단, 내용변경, 실적저조 등 문화체육관광부령으로 정하는 사유가 발생하면 장학금 지급을 중지하거나 반환을 명할 수 있다.
⑥ 제1항부터 제5항까지의 규정에 따른 장학금 지급 대상자, 장학금 지급 신청, 장학금 지급 중지 또는 반환 등에 필요한 사항은 문화체육관광부령으로 정한다.

제17조(문화재 국제교류협력의 촉진 등)
① 국가는 문화재 관련 국제기구 및 다른 국가와의 협력을 통하여 문화재에 관한 정보와 기술교환, 인력교류, 공동조사·연구 등을 적극 추진하여야 한다.
② 문화재청장은 예산의 범위에서 제1항에 따른 문화재분야 협력에 관한 시책을 추진하는 데 필요한 비용의 전부 또는 일부를 지원할 수 있다.
제17조의 2(유네스코 아시아·태평양 무형문화유산 국제정보네트워킹센터의 설치)
① 국제연합교육과학문화기구(이하 “유네스코”라 한다)의 「무형문화유산의 보호를 위한 협약」 이행을 장려하고, 아시아·태평양 지역 등의 무형문화유산 보호활동 등을 지원하기 위하여 문화재청 산하에 유네스코 아시아·태평양 무형문화유산 국제정보네트워킹센터(이하 “아·태무형문화유산 국제정보네트워킹센터”라 한다)를 설립한다.
② 아·태무형문화유산 국제정보네트워킹센터는 법인으로 한다.
③ 아·태무형문화유산 국제정보네트워킹센터는 정관으로 정하는 바에 따라 임원과 필요한 직원을 둔다.

④ 아 · 태무형문화유산 국제정보네트워킹센터에 관하여 이 법에서 규정한 것 외에는 「민법」 중 재단법인에 관한 규정을 준용한다.
⑤ 아 · 태무형문화유산 국제정보네트워킹센터의 운영에 필요한 경비는 국고에서 지원할 수 있다.
⑥ 국가나 지방자치단체는 아 · 태무형문화유산 국제정보네트워킹센터의 업무 수행을 위하여 필요한 경우 국유재산이나 공유재산을 무상으로 사용 · 수익하게 할 수 있다. [본조신설 2011.4.6]

第18조(남북한 간 문화재 교류 협력)
① 국가는 남북한 간 문화재분야의 상호교류 및 협력을 증진할 수 있도록 노력하여야 한다.
② 문화재청장은 남북한 간 문화재분야의 상호교류 및 협력증진을 위하여 북한의 문화재 관련 정책 · 제도 및 현황 등에 관하여 조사 · 연구하여야 한다.
③ 문화재청장은 대통령령으로 정하는 바에 따라 제1항 및 제2항에 따른 교류 협력 사업과 조사 · 연구 등을 위하여 필요한 경우 관련 단체 등에 협력을 요청할 수 있으며, 이에 사용되는 경비의 전부 또는 일부를 지원할 수 있다.

第19조(세계유산등의 등재 및 보호)
① 문화재청장은 「세계문화유산 및 자연유산의 보호에 관한 협약」, 「무형문화유산의 보호를 위한 협약」 또는 유네스코의 프로그램에 따라 국내의 우수한 문화재를 유네스코에 세계유산, 인류무형문화유산 또는 세계기록유산으로 등재 신청할 수 있다. 이 경우 등재 신청 대상 선정절차 등에 관하여는 유네스코의 규정을 참작하여 문화재청장이 정한다. 〈개정 2011.4.6〉
② 문화재청장은 유네스코에 세계유산, 인류무형문화유산 또는 세계기록유산으로 등재된 문화재(이하 이 조에서 "세계유산 등"이라 한다)를 비롯한 인류 문화재의 보존과 문화재의 국외 선양을 위하여 적극 노력하여야 한다. 〈개정 2011.4.6〉
③ 국가와 지방자치단체는 세계유산 등에 대하여는 등재된 날부터 국가지정문화재에 준하여 유지 · 관리 및 지원하여야 하며, 문화재청장은 대통령령으로 정하는 바에 따라 세계유산과 그 역사문화환경에 영향을 미칠 우려가 있는 행위를 하는 자에 대하여 세계유산과 그 역사문화환경의 보호에 필요한 조치를 할 것을 명할 수 있다.

제20조(외국문화재의 보호)

① 인류의 문화유산을 보존하고 국가 간의 우의를 증진하기 위하여 대한민국이 가입한 문화재 보호에 관한 국제조약(이하 "조약"이라 한다)에 가입된 외국의 법령에 따라 문화재로 지정·보호되는 문화재(이하 "외국문화재"라 한다)는 조약과 이 법에서 정하는 바에 따라 보호되어야 한다.

② 문화재청장은 국내로 반입하려 하거나 이미 반입된 외국문화재가 해당 반출국으로부터 불법반출된 것으로 인정할 만한 상당한 이유가 있으면 그 문화재를 유치할 수 있다.

③ 문화재청장은 제2항에 따라 외국문화재를 유치하면 그 외국문화재를 박물관 등에 보관·관리하여야 한다.

④ 문화재청장은 제3항에 따라 보관 중인 외국문화재가 그 반출국으로부터 적법하게 반출된 것임이 확인되면 지체 없이 이를 그 소유자나 점유자에게 반환하여야 한다. 그 외국문화재가 불법반출된 것임이 확인되었으나 해당 반출국이 그 문화재를 회수하려는 의사가 없는 것이 분명한 경우에도 또한 같다.

⑤ 문화재청장은 외국문화재의 반출국으로부터 대한민국에 반입된 외국문화재가 자국에서 불법반출된 것임을 증명하고 조약에 따른 정당한 절차에 따라 그 반환을 요청하는 경우 또는 조약에 따른 반환 의무를 이행하는 경우에는 관계 기관의 협조를 받아 조약에서 정하는 바에 따라 해당 문화재가 반출국에 반환될 수 있도록 필요한 조치를 하여야 한다.

제21조(비상시의 문화재보호)

① 문화재청장은 전시·사변 또는 이에 준하는 비상사태 시 문화재의 보호에 필요하다고 인정하면 국유문화재와 국유 외의 지정문화재 및 제32조에 따른 가지정문화재를 안전한 지역으로 이동·매몰 또는 그 밖에 필요한 조치를 하거나 해당 문화재의 소유자, 보유자, 점유자, 관리자 또는 관리단체에 대하여 그 문화재를 안전한 지역으로 이동·매몰 또는 그 밖에 필요한 조치를 하도록 명할 수 있다.

② 문화재청장은 전시·사변 또는 이에 준하는 비상사태 시 문화재 보호를 위하여 필요하면 제39조에도 불구하고 이를 국외로 반출할 수 있다. 이 경우에는 미리 국무회의의 심의를 거쳐야 한다.

③ 제1항에 따른 조치 또는 명령의 이행으로 인하여 손실을 받은 자에 대한 보상에 관하여는 제46조를 준용한다. 다만, 전화(戰禍) 등 불가항력으로 인한 경우에는

예외로 한다.

제22조(지원 요청)
문화재청장이나 그 명령을 받은 공무원은 제21조 제1항의 조치를 위하여 필요하면 관계 기관의 장에게 필요한 지원을 요청할 수 있다.

제4장 국가지정문화재

제1절 지정

제23조(보물 및 국보의 지정)
① 문화재청장은 문화재위원회의 심의를 거쳐 유형문화재 중 중요한 것을 보물로 지정할 수 있다.
② 문화재청장은 제1항의 보물에 해당하는 문화재 중 인류문화의 관점에서 볼 때 그 가치가 크고 유례가 드문 것을 문화재위원회의 심의를 거쳐 국보로 지정할 수 있다.
③ 제1항과 제2항에 따른 보물과 국보의 지정기준과 절차 등에 필요한 사항은 대통령령으로 정한다.

제24조(중요무형문화재의 지정)
① 문화재청장은 문화재위원회의 심의를 거쳐 무형문화재 중 중요한 것을 중요무형문화재로 지정할 수 있다.
② 문화재청장은 제1항에 따라 중요무형문화재를 지정하는 경우 해당 중요무형문화재의 보유자(보유단체를 포함한다. 이하 같다)를 인정하여야 한다.
③ 문화재청장은 제2항에 따라 인정한 보유자 외에 해당 중요무형문화재의 보유자를 추가로 인정할 수 있다.
④ 문화재청장은 제2항과 제3항에 따라 인정된 중요무형문화재의 보유자가 제41조 제2항에 따른 기능 또는 예능의 전수(傳受) 교육을 정상적으로 실시하기 어려운 경우 문화재위원회의 심의를 거쳐 명예보유자로 인정할 수 있다. 이 경우 중요무형문화재의 보유자가 명예보유자로 인정되면 그때부터 중요무형문화재 보유자의 인정은 해제된 것으로 본다.

⑤ 제1항에 따른 중요무형문화재의 지정기준과 절차 등에 관한 사항 및 제2항부터 제4항까지의 규정에 따른 중요무형문화재 보유자, 명예보유자의 인정기준과 절차 등에 필요한 사항은 대통령령으로 정한다.

제25조(사적, 명승, 천연기념물의 지정)

① 문화재청장은 문화재위원회의 심의를 거쳐 기념물 중 중요한 것을 사적, 명승 또는 천연기념물로 지정할 수 있다.

② 제1항에 따른 사적, 명승, 천연기념물의 지정기준과 절차 등에 필요한 사항은 대통령령으로 정한다.

제26조(중요민속문화재 지정)

① 문화재청장은 문화재위원회의 심의를 거쳐 민속문화재 중 중요한 것을 중요민속문화재로 지정할 수 있다.

② 제1항에 따른 중요민속문화재의 지정기준과 절차 등에 필요한 사항은 대통령령으로 정한다.

제27조(보호물 또는 보호구역의 지정)

① 문화재청장은 제23조 · 제25조 또는 제26조에 따른 지정을 할 때 문화재 보호를 위하여 특히 필요하면 이를 위한 보호물 또는 보호구역을 지정할 수 있다.

② 문화재청장은 인위적 또는 자연적 조건의 변화 등으로 인하여 조정이 필요하다고 인정하면 제1항에 따라 지정된 보호물 또는 보호구역을 조정할 수 있다.

③ 문화재청장은 제1항 및 제2항에 따라 보호물 또는 보호구역을 지정하거나 조정한 때에는 지정 또는 조정 후 매 10년이 되는 날 이전에 다음 각 호의 사항을 고려하여 그 지정 및 조정의 적정성을 검토하여야 한다. 다만, 특별한 사정으로 인하여 적정성을 검토하여야 할 시기에 이를 할 수 없는 경우에는 대통령령으로 정하는 기간까지 그 검토시기를 연기할 수 있다.

1. 해당 문화재의 보존가치
2. 보호물 또는 보호구역의 지정이 재산권 행사에 미치는 영향
3. 보호물 또는 보호구역의 주변 환경

④ 제1항부터 제3항까지의 규정에 따른 지정, 조정 및 적정성 검토 등에 필요한 사항은 대통령령으로 정한다.

제28조(지정 또는 인정의 고시 및 통지)

① 문화재청장이 제23조부터 제27조까지의 규정에 따라 국가지정문화재(보호물과 보호구역을 포함한다)를 지정하거나 중요무형문화재의 보유자 또는 명예보유자를 인정하면 그 취지를 관보에 고시하고, 지체 없이 해당 문화재의 소유자, 보유자 또는 명예보유자에게 알려야 한다.

② 제1항의 경우 그 문화재의 소유자가 없거나 분명하지 아니하면 그 점유자 또는 관리자에게 이를 알려야 한다.

제29조(지정서 또는 인정서의 교부)

① 문화재청장은 제23조나 제26조에 따라 국보, 보물 또는 중요민속문화재를 지정하면 그 소유자에게 해당 문화재의 지정서를 내주어야 한다.

② 문화재청장은 제24조제2항부터 제4항까지의 규정에 따라 중요무형문화재의 보유자 또는 명예보유자를 인정하면 그 보유자 또는 명예보유자에게 해당 중요무형문화재의 보유자인정서 또는 명예보유자인정서를 내주어야 한다.

제30조(지정 또는 인정의 효력 발생 시기)

제23조부터 제27조까지의 규정에 따른 지정 또는 인정은 그 문화재의 소유자, 보유자, 명예보유자, 점유자 또는 관리자에 대하여는 그 지정 또는 인정의 통지를 받은 날부터 효력을 발생하고, 그 밖의 자에 대하여는 관보에 고시한 날부터 그 효력을 발생한다.

제31조(지정 또는 인정의 해제)

① 문화재청장은 제23조 · 제25조 또는 제26조에 따라 지정된 문화재가 국가지정문화재로서의 가치를 상실하거나 가치평가를 통하여 지정을 해제할 필요가 있을 때에는 문화재위원회의 심의를 거쳐 그 지정을 해제할 수 있다.

② 문화재청장은 중요무형문화재의 보유자가 다음 각 호의 어느 하나에 해당하면 문화재위원회의 심의를 거쳐 중요무형문화재 보유자의 인정을 해제할 수 있다. 〈개정 2011.7.14〉

1. 신체 또는 정신상의 장애 등으로 인하여 해당 중요무형문화재의 보유자로 적당하지 아니한 경우
2. 전통문화의 공연 · 전시 · 심사 등과 관련하여 벌금 이상의 형을 선고받거나 그

밖의 사유로 금고 이상의 형을 선고받고 그 형이 확정된 경우
3. 국외로 이민을 가거나 외국 국적을 취득한 경우
4. 그 밖에 대통령령으로 정하는 사유가 있는 경우

③ 중요무형문화재의 보유자 또는 명예보유자 중 개인이 사망한 경우에는 보유자 또는 명예보유자 인정이 해제되며, 중요무형문화재의 보유자 중 개인이 모두 사망한 경우에는 문화재위원회의 심의를 거쳐 그 중요무형문화재 지정을 해제할 수 있다.

④ 문화재청장은 제27조제3항에 따른 검토 결과 보호물 또는 보호구역 지정이 적정하지 아니하거나 그 밖에 특별한 사유가 있으면 보호물 또는 보호구역 지정을 해제하거나 그 범위를 조정하여야 한다. 국가지정문화재 지정이 해제된 경우에는 지체 없이 해당 문화재의 보호물 또는 보호구역 지정을 해제하여야 한다.

⑤ 제1항부터 제4항까지의 규정에 따른 문화재 지정 또는 인정의 해제에 관한 고시 및 통지와 그 효력 발생시기에 관하여는 제28조 및 제30조를 준용한다.

⑥ 국보, 보물 또는 중요민속문화재의 소유자가 제5항과 제28조에 따른 해제 통지를 받으면 그 통지를 받은 날부터 30일 이내에 해당 문화재 지정서를 문화재청장에게 반납하여야 한다.

⑦ 중요무형문화재의 보유자가 제5항과 제28조에 따른 해제 통지를 받으면 그 통지를 받은 날부터 30일 이내에 그 인정서를 문화재청장에게 반납하여야 한다. 다만, 중요무형문화재의 보유자 중 개인이 사망한 때에는 그러하지 아니하다.

제32조(가지정)

① 문화재청장은 제23조 · 제25조 또는 제26조에 따라 지정할 만한 가치가 있다고 인정되는 문화재가 지정 전에 원형보존을 위한 긴급한 필요가 있고 문화재위원회의 심의를 거칠 시간적 여유가 없으면 중요문화재로 가지정(假指定)할 수 있다.

② 제1항에 따른 가지정의 효력은 가지정된 문화재(이하 "가지정문화재"라 한다)의 소유자, 점유자 또는 관리자에게 통지한 날부터 발생한다.

③ 제1항에 따른 가지정은 가지정한 날부터 6개월 이내에 제23조 · 제25조 또는 제26조에 따른 지정이 없으면 해제된 것으로 본다.

④ 제1항에 따른 가지정의 통지와 가지정서의 교부에 관하여는 제28조와 제29조 제1항을 준용하되, 제28조 제1항에 따른 관보 고시는 하지 아니한다.

제2절 관리 및 보호

제33조(소유자관리의 원칙)
① 국가지정문화재의 소유자는 선량한 관리자의 주의로써 해당 문화재를 관리 · 보호하여야 한다.
② 국가지정문화재의 소유자는 필요에 따라 그에 대리하여 그 문화재를 관리 · 보호할 관리자를 선임할 수 있다.

제34조(관리단체에 의한 관리)
① 문화재청장은 국가지정문화재의 소유자가 분명하지 아니하거나 그 소유자 또는 관리자에 의한 관리가 곤란 또는 적당하지 아니하다고 인정하면 해당 국가지정문화재 관리를 위하여 지방자치단체나 그 문화재를 관리하기에 적당한 법인 또는 단체를 관리단체로 지정할 수 있다. 이 경우 국유에 속하는 국가지정문화재 중 국가가 직접 관리하지 아니하는 문화재의 관리단체는 관할 특별자치도 또는 시 · 군 · 구(자치구를 말한다. 이하 같다)가 된다. 다만, 문화재가 2개 이상의 시 · 군 · 구에 걸쳐 있는 경우에는 관할 특별시 · 광역시 · 도(특별자치도를 제외한다)가 관리단체가 된다.
② 관리단체로 지정된 지방자치단체는 문화재청장과 협의하여 그 문화재를 관리하기에 적당한 법인 또는 단체에 해당 문화재의 관리 업무를 위탁할 수 있다.
③ 문화재청장은 제1항 전단에 따라 관리단체를 지정할 경우에 그 문화재의 소유자나 지정하려는 지방자치단체, 법인 또는 단체의 의견을 들어야 한다.
④ 문화재청장이 제1항에 따라 관리단체를 지정하면 지체 없이 그 취지를 관보에 고시하고, 국가지정문화재의 소유자 또는 관리자와 해당 관리단체에 이를 알려야 한다.
⑤ 누구나 제1항에 따라 지정된 관리단체의 관리행위를 방해하여서는 아니 된다.
⑥ 관리단체가 국가지정문화재를 관리할 때 필요한 경비는 이 법에 특별한 규정이 없으면 해당 관리단체의 부담으로 하되, 관리단체가 부담능력이 없으면 국가나 지방자치단체가 이를 부담할 수 있다.
⑦ 제1항에 따른 관리단체 지정의 효력 발생 시기에 관하여는 제30조를 준용한다.

제35조(허가사항)
① 국가지정문화재(중요무형문화재는 제외한다. 이하 이 조에서 같다)에 대하여 다음

각 호의 어느 하나에 해당하는 행위를 하려는 자는 대통령령으로 정하는 바에 따라 문화재청장의 허가를 받아야 한다. 허가사항을 변경하려는 경우에도 또한 같다.

1. 국가지정문화재(보호물 · 보호구역과 천연기념물 중 죽은 것을 포함한다)의 현상을 변경[천연기념물을 표본(標本)하거나 박제(剝製)하는 행위를 포함한 대하는 행위로서 문화체육관광부령으로 정하는 행위
2. 국가지정문화재(동산에 속하는 문화재는 제외한다)의 보존에 영향을 미칠 우려가 있는 행위로서 문화체육관광부령으로 정하는 행위
3. 국가지정문화재를 탁본 또는 영인(影印)하거나 그 보존에 영향을 미칠 우려가 있는 촬영을 하는 행위
4. 명승이나 천연기념물로 지정되거나 가지정된 구역 또는 그 보호구역에서 동물, 식물, 광물을 포획(捕獲) · 채취(採取)하거나 이를 그 구역 밖으로 반출하는 행위

② 국가지정문화재와 시 · 도지정문화재의 역사문화환경 보존지역이 중복되는 지역에서 제1항 제2호에 따라 문화재청장의 허가를 받은 경우에는 제74조 제2항에 따른 시 · 도지사의 허가를 받은 것으로 본다.

③ 문화재청장은 제1항 제2호에 따른 국가지정문화재의 보존에 영향을 미칠 우려가 있는 행위에 관하여 허가한 사항 중 문화체육관광부령으로 정하는 경미한 사항의 변경허가에 관하여는 시 · 도지사에게 위임할 수 있다.

제36조(허가기준)

문화재청장은 제35조 제1항에 따라 허가신청을 받으면 그 허가신청 대상 행위가 다음 각 호의 기준에 맞는 경우에만 허가하여야 한다.

1. 문화재의 보존과 관리에 영향을 미치지 아니할 것
2. 문화재의 역사문화환경을 훼손하지 아니할 것
3. 문화재기본계획과 제7조에 따른 연도별 시행계획에 들어맞을 것

제37조(허가사항의 취소)

① 문화재청장은 제35조 제1항 · 제3항, 제39조 제1항 단서, 제39조 제2항에 따라 허가를 받은 자가 다음 각 호의 어느 하나에 해당하는 경우에는 허가를 취소할 수 있다.

1. 허가사항이나 허가조건을 위반한 때
2. 속임수나 그 밖의 부정한 방법으로 허가를 받은 때
3. 허가사항의 이행이 불가능하거나 현저히 공익을 해할 우려가 있다고 인정되는 때

② 제35조 제1항에 따라 허가를 받은 자가 착수신고를 하지 아니하고 허가기간이 지난 때에는 그 허가가 취소된 것으로 본다.

제38조(천연기념물 동물의 치료 등)
① 천연기념물 동물이 조난당하면 구조를 위한 운반, 약물 투여, 수술, 사육 및 야생 적응훈련 등(이하 "치료"라 한다)은 시 · 도지사가 지정하는 동물치료소에서 하게 할 수 있다.
② 시 · 도지사는 제1항에 따른 동물치료소를 지정하는 경우에 문화재에 관한 전문지식을 가지고 있거나 천연기념물 보호활동 또는 야생동물의 치료경험이 있는 다음 각 호의 어느 하나에 해당하는 기관 중에서 지정하여야 하며, 지정절차 및 그 밖에 필요한 사항은 지방자치단체의 조례로 정한다.
1. 「수의사법」에 따른 수의사 면허를 받은 자가 개설하고 있는 동물병원
2. 「수의사법」에 따른 수의사 면허를 받은 자를 소속 직원으로 두고 있는 지방자치단체의 축산 관련 기관
3. 「수의사법」에 따른 수의사 면허를 받은 자를 소속 회원으로 두고 있는 관리단체 또는 동물 보호단체
③ 문화재청장은 천연기념물 동물의 조난으로 긴급한 보호가 필요하면 제35조 제1항에도 불구하고 동물치료소에 현상변경허가 없이 먼저 치료한 후 그 결과를 보고하게 할 수 있다.
④ 국가나 지방자치단체는 천연기념물 동물을 치료한 동물치료소에 예산의 범위에서 치료에 드는 경비를 지급할 수 있다. 이 경우 천연기념물 동물 치료 경비 지급에 관한 업무는 문화체육관광부령으로 정하는 천연기념물의 치료와 보호 관련 단체에 위탁할 수 있으며, 치료 경비 지급절차 및 그 밖에 필요한 사항은 문화체육관광부령으로 정한다.
⑤ 시 · 도지사는 동물치료소가 다음 각 호의 어느 하나에 해당하면 그 지정을 취소할 수 있다.
1. 거짓이나 그 밖의 부정한 방법으로 지정을 받은 경우
2. 제2항에 따른 지정 요건에 미달하게 된 경우
3. 고의나 중대한 과실로 치료 중인 천연기념물 동물을 죽게 하거나 불구가 되게 한 경우
4. 제3항에 따른 치료 결과를 보고하지 아니하거나 거짓으로 보고한 경우
5. 제4항에 따른 치료 경비를 거짓으로 청구한 경우

6. 제42조 제1항에 따른 문화재청장이나 지방자치단체의 장의 명령을 위반한 경우
⑥ 시 · 도지사는 제2항 및 제5항에 따라 동물치료소를 지정하거나 그 지정을 취소하는 경우에는 문화재청장에게 보고하여야 한다.

제39조(수출 등의 금지)
① 국보, 보물, 천연기념물 또는 중요민속문화재는 국외로 수출하거나 반출할 수 없다. 다만, 문화재의 국외 전시 등 국제적 문화교류를 목적으로 반출하되, 그 반출한 날부터 2년 이내에 다시 반입할 것을 조건으로 문화재청장의 허가를 받으면 그러하지 아니하다.
② 문화재청장은 제1항 단서에 따라 반출을 허가받은 자가 그 반출 기간의 연장을 신청하면 당초 반출목적 달성이나 문화재의 안전 등을 위하여 필요하다고 인정되는 경우에 한정하여 2년의 범위에서 그 반출 기간의 연장을 허가할 수 있다.
③ 제1항에도 불구하고 다음 각 호의 어느 하나에 해당하는 경우에는 문화재청장의 허가를 받아 수출할 수 있다.
1. 제35조 제1항 제1호에 따른 허가를 받아 천연기념물을 표본 · 박제 등으로 제작한 경우
2. 특정한 시설에서 연구 또는 관람목적으로 증식된 천연기념물의 경우

제40조(신고 사항)
① 국가지정문화재(보호물과 보호구역을 포함한다. 이하 이 조에서 같다)의 소유자, 보유자, 관리자 또는 관리단체는 해당 문화재에 다음 각 호의 어느 하나에 해당하는 사유가 발생하면 대통령령으로 정하는 바에 따라 그 사실과 경위를 문화재청장에게 신고하여야 한다. 다만, 제1호의 경우에는 소유자와 관리자가, 제2호의 경우에는 신 · 구 소유자가 각각 연서(連署)로 하여야 한다.
1. 관리자를 선임하거나 해임한 경우
2. 국가지정문화재의 소유자가 변경된 경우
3. 소유자, 보유자 또는 관리자의 성명이나 주소가 변경된 경우
4. 국가지정문화재의 소재지의 지명, 지번, 지목(地目), 면적 등이 변경된 경우
5. 보관 장소가 변경된 경우
6. 국가지정문화재의 전부 또는 일부가 멸실, 유실, 도난 또는 훼손된 경우
7. 제35조 제1항 제1호에 따라 허가(변경허가를 포함한다)를 받고 그 문화재의

현상변경을 착수하거나 완료한 경우

8. 제35조 제1항 제4호 또는 제39조 제1항에 따라 허가받은 문화재를 반출한 후 이를 다시 반입한 경우
9. 동식물의 종(種)이 천연기념물로 지정되는 경우 그 지정일 이전에 표본이나 박제를 소유하고 있는 경우

② 역사문화환경 보존지역에서 건설공사를 시행하는 자는 해당 역사문화환경 보존지역에서 제35조 제1항 제2호에 따라 허가(변경허가를 포함한다)를 받고 허가받은 사항을 착수 또는 완료한 경우에는 대통령령으로 정하는 바에 따라 그 사실과 경위를 문화재청장에게 신고하여야 한다.

제41조(중요무형문화재의 보호 · 육성)

① 국가는 전통문화의 계승과 발전을 위하여 중요무형문화재를 보호 · 육성하여야 한다.
② 문화재청장은 중요무형문화재의 전승 · 보존을 위하여 해당 중요무형문화재의 보유자가 그 보유 기능 또는 예능(이하 "기 · 예능"이라 한다)의 전수 교육을 실시하도록 하여야 한다. 다만, 대통령령으로 정하는 특별한 사유가 있는 경우에는 그러하지 아니하다.
③ 국가나 지방자치단체는 예산의 범위에서 제2항에 따른 전수 교육에 필요한 경비를 부담할 수 있으며, 전수 교육을 목적으로 설립 또는 취득한 국 · 공유재산을 무상으로 사용하게 할 수 있다.
④ 문화재청장은 전수 교육을 받는 자에게 장학금을 지급할 수 있다.
⑤ 문화재청장은 중요무형문화재의 명예보유자에게 특별지원금을 지원할 수 있다.
⑥ 제2항 · 제4항 및 제5항에 따른 전수 교육, 장학금 및 특별지원금의 지급에 필요한 사항은 대통령령으로 정한다.

제42조(행정명령)

① 문화재청장이나 지방자치단체의 장은 국가지정문화재(보호물과 보호구역을 포함한다. 이하 이 조에서 같다)와 그 역사문화환경 보존지역의 관리 · 보호를 위하여 필요하다고 인정하면 다음 각 호의 사항을 명할 수 있다.

1. 국가지정문화재의 관리 상황이 그 문화재의 보존상 적당하지 아니하거나 특히 필요하다고 인정되는 경우 그 소유자, 관리자 또는 관리단체에 대한 일정한 행위의 금지나 제한

2. 국가지정문화재의 소유자, 관리자 또는 관리단체에 대한 수리, 그 밖에 필요한 시설의 설치나 장애물의 제거
3. 국가지정문화재의 소유자, 보유자, 관리자 또는 관리단체에 대한 문화재 보존에 필요한 긴급한 조치
4. 제35조 제1항 각 호에 따른 허가를 받지 아니하고 국가지정문화재의 현상을 변경하거나 보존에 영향을 미칠 우려가 있는 행위 등을 한 자에 대한 행위의 중지 또는 원상회복 조치

② 문화재청장 또는 지방자치단체의 장은 국가지정문화재의 소유자, 보유자, 관리자 또는 관리단체가 제1항제1호부터 제3호까지의 규정에 따른 명령을 이행하지 아니하거나 그 소유자, 보유자, 관리자, 관리단체에 제1항제1호부터 제3호까지의 조치를 하게 하는 것이 적당하지 아니하다고 인정되면 국가의 부담으로 직접 제1항 제1호부터 제3호까지의 조치를 할 수 있다.

③ 문화재청장 또는 지방자치단체의 장은 제1항제4호에 따른 명령을 받은 자가 명령을 이행하지 아니하는 경우 「행정대집행법」에서 정하는 바에 따라 대집행하고, 그 비용을 명령 위반자로부터 징수할 수 있다.

④ 지방자치단체의 장은 제1항에 따른 명령을 하면 문화재청장에게 보고하여야 한다.

제43조(기록의 작성 · 보존)

① 문화재청장과 해당 특별자치도지사, 시장 · 군수 또는 구청장 및 관리단체의 장은 국가지정문화재의 보존 · 관리 및 변경 사항 등에 관한 기록을 작성 · 보존하여야 한다.

② 문화재청장은 국가지정문화재의 보존 · 관리를 위하여 필요하다고 인정하면 문화재에 관한 전문적 지식이 있는 자나 연구기관에 국가지정문화재의 기록을 작성하게 할 수 있다.

제44조(정기조사)

① 문화재청장은 국가지정문화재의 현상, 관리, 수리, 전승(傳承)의 실태, 그 밖의 환경보전상황 등에 관하여 정기적으로 조사하여야 한다.

② 문화재청장은 제1항에 따른 정기조사 후 보다 깊이 있는 조사가 필요하다고 인정하면 그 소속 공무원에게 해당 국가지정문화재에 대하여 재조사하게 할 수 있다.

③ 제1항과 제2항에 따라 조사하는 경우에는 미리 그 문화재의 소유자, 보유자, 관리자, 관리단체에 대하여 그 뜻을 알려야 한다. 다만, 긴급한 경우에는 사후에

그 취지를 알릴 수 있다.
④ 제1항과 제2항에 따라 조사를 하는 공무원은 소유자, 보유자, 관리자, 관리단체에 문화재의 공개, 현황자료의 제출, 문화재 소재장소 출입 등 조사에 필요한 범위에서 협조를 요구할 수 있으며, 그 문화재의 현상을 훼손하지 아니하는 범위에서 측량, 발굴, 장애물의 제거, 그 밖에 조사에 필요한 행위를 할 수 있다. 다만, 해 뜨기 전이나 해 진 뒤에는 소유자, 보유자, 관리자, 관리단체의 동의를 받아야 한다.
⑤ 제4항에 따라 조사를 하는 공무원은 그 권한을 표시하는 증표를 지니고 이를 관계인에게 내보여야 한다.
⑥ 문화재청장은 제1항과 제2항에 따른 정기조사와 재조사의 전부 또는 일부를 대통령령으로 정하는 바에 따라 지방자치단체에 위임하거나 전문기관 또는 단체에 위탁할 수 있다.
⑦ 문화재청장은 제1항 및 제2항에 따른 정기조사·재조사의 결과를 다음 각 호의 국가지정문화재의 관리에 반영하여야 한다.
1. 문화재의 지정과 그 해제
2. 보호물 또는 보호구역의 지정과 그 해제
3. 중요무형문화재의 보유자의 인정과 그 해제
4. 문화재의 수리 및 복구
5. 문화재 보존을 위한 행위의 제한·금지 또는 시설의 설치·제거 및 이전
6. 그 밖에 관리에 필요한 사항

제45조(직권에 의한 조사)
① 문화재청장은 필요하다고 인정하면 그 소속 공무원에게 국가지정문화재의 현상, 관리, 수리, 전승 실태, 그 밖의 환경보전상황에 관하여 조사하게 할 수 있다.
② 제1항에 따라 직권에 의한 조사를 하는 경우 조사통지, 조사의 협조요구 및 조사상 필요한 행위범위, 조사 증표 휴대 및 제시 등에 관하여는 제44조 제3항부터 제5항까지의 규정을 준용한다.

제46조(손실의 보상)
국가는 다음 각 호의 어느 하나에 해당하는 자에 대하여는 그 손실을 보상하여야 한다.
1. 제42조 제1항 제1호부터 제3호까지의 규정에 따른 명령을 이행하여 손실을 받은 자
2. 제42조 제2항에 따른 조치로 인하여 손실을 받은 자

3. 제44조 제4항(제45조 제2항에 따라 준용되는 경우를 포함한다)에 따른 조사행위로 인하여 손실을 받은 자

제47조(가지정문화재에 관한 허가사항 등의 준용)
가지정문화재의 관리와 보호에 관하여는 제35조 제1항, 제37조, 제39조, 제40조 제1항(같은 항 제2호부터 제4호까지 및 제6호부터 제8호까지에 한한다), 제42조 제1항 제1호 · 제3호 및 제46조를 준용한다.

제3절 공개 및 관람료

제48조(국가지정문화재의 공개 등)
① 국가지정문화재(중요무형문화재는 제외한다. 이하 이 조에서 같다)는 제2항에 따라 해당 문화재의 공개를 제한하는 경우 외에는 특별한 사유가 없으면 이를 공개하여야 한다.
② 문화재청장은 국가지정문화재의 보존과 훼손 방지를 위하여 필요하면 해당 문화재의 전부나 일부에 대하여 공개를 제한할 수 있다. 이 경우 문화재청장은 해당 문화재의 소유자(관리단체가 지정되어 있으면 그 관리단체를 말한다)의 의견을 들어야 한다.
③ 문화재청장은 제2항에 따라 국가지정문화재의 공개를 제한하면 해당 문화재가 있는 지역의 위치, 공개가 제한되는 기간 및 지역 등을 문화체육관광부령으로 정하는 바에 따라 고시하고, 해당 문화재의 소유자 · 관리자 또는 관리단체, 관할 시 · 도지사와 시장 · 군수 또는 구청장에게 알려야 한다.
④ 문화재청장은 제2항에 따른 공개 제한의 사유가 소멸하면 지체 없이 제한 조치를 해제하여야 한다. 이 경우 문화재청장은 문화체육관광부령으로 정하는 바에 따라 이를 고시하고 해당 문화재의 소유자 · 관리자 또는 관리단체, 관할 시 · 도지사와 시장 · 군수 또는 구청장에게 알려야 한다.
⑤ 제2항과 제3항에 따라 공개가 제한되는 지역에 출입하려는 자는 그 사유를 명시하여 문화재청장의 허가를 받아야 한다.

제49조(관람료의 징수)
① 국가지정문화재의 소유자 또는 보유자는 그 문화재를 공개하는 경우 관람자로

부터 관람료를 징수할 수 있다. 다만, 관리단체가 지정된 경우에는 관리단체가 징수권자가 된다.

② 제1항에 따른 관람료는 해당 국가지정문화재의 소유자, 보유자 또는 관리단체가 정한다.

제50조(중요무형문화재 보유자의 기·예능 공개)

① 중요무형문화재의 보유자는 대통령령으로 정하는 특별한 사유가 있는 경우를 제외하고는 매년 1회 이상 해당 중요무형문화재의 기·예능을 공개하여야 한다.

② 제1항에 따른 중요무형문화재의 기·예능의 공개 방법 등은 대통령령으로 정한다.

③ 국가 및 지방자치단체는 예산의 범위에서 제1항에 따른 공개에 드는 비용의 전부 또는 일부를 지원할 수 있다.

제4절 보조금 및 경비 지원

제51조(보조금)

① 국가는 다음 각 호의 경비의 전부나 일부를 보조할 수 있다.

1. 제34조 제1항에 따른 관리단체가 그 문화재를 관리할 때 필요한 경비
2. 제42조 제1항 제1호부터 제3호까지에 따른 조치에 필요한 경비
3. 제1호와 제2호의 경우 외에 국가지정문화재의 관리·보호·수리·활용 또는 기록 작성을 위하여 필요한 경비
4. 중요무형문화재의 보호·육성에 필요한 경비

② 문화재청장은 제1항에 따른 보조를 하는 경우 그 문화재의 수리나 그 밖의 공사를 감독할 수 있다.

③ 제1항 제2호부터 제4호까지의 경비에 대한 보조금은 시·도지사를 통하여 교부하고, 그 지시에 따라 관리·사용하게 한다. 다만, 문화재청장이 필요하다고 인정하면 소유자, 보유자, 관리자, 관리단체에게 직접 교부하고, 그 지시에 따라 관리·사용하게 할 수 있다.

제52조(지방자치단체의 경비 부담)

지방자치단체는 그 관할구역에 있는 국가지정문화재로서 지방자치단체가 소유하거나 관리하지 아니하는 문화재에 대한 관리·보호·수리 또는 활용 등에 필요한

경비를 부담하거나 보조할 수 있다.

제5장 등록문화재

제53조(문화재의 등록)

① 문화재청장은 문화재위원회의 심의를 거쳐 지정문화재가 아닌 문화재 중에서 보존과 활용을 위한 조치가 특별히 필요한 것을 등록문화재로 등록할 수 있다.

② 등록문화재의 등록기준, 절차 및 등록 사항 등은 문화체육관광부령으로 정한다.

제54조(등록문화재의 관리)

① 등록문화재의 소유자 또는 관리자 등 등록문화재를 관리하는 자는 등록문화재의 원형 보존에 노력하여야 한다.

② 문화재청장은 등록문화재의 소유자가 분명하지 아니하거나 그 소유자나 관리자가 등록문화재를 관리할 수 없으면 지방자치단체나 그 문화재를 관리하기에 적당한 법인이나 단체 중에서 해당 등록문화재를 관리할 자를 지정하여 이를 관리하게 할 수 있다.

③ 등록문화재의 소유자나 관리자 또는 제2항에 따라 지정을 받은 자(이하 "등록문화재관리단체"라 한다)는 문화체육관광부령으로 정하는 바에 따라 문화재청장에게 등록문화재의 관리 및 수리와 관련된 기술 지도를 요청할 수 있다.

제55조(등록문화재의 신고 사항)

등록문화재의 소유자나 관리자 또는 등록문화재관리단체는 해당 문화재에 관하여 다음 각 호의 어느 하나에 해당하는 사유가 발생하면 대통령령으로 정하는 바에 따라 그 사실과 경위를 문화재청장에게 신고하여야 한다. 다만, 제1호의 경우에는 소유자와 관리자가, 제2호의 경우에는 신·구 소유자가 각각 연서로 하여야 한다.

1. 관리자를 선임하거나 해임한 경우
2. 소유자가 변경된 경우
3. 소유자 또는 관리자의 주소가 변경된 경우
4. 소재지의 지명, 지번, 지목(地目), 면적 등이 변경된 경우
5. 보관 장소가 변경된 경우
6. 전부 또는 일부가 멸실, 유실, 도난 또는 훼손된 경우

7. 제56조 제2항에 따라 허가(변경허가를 포함한다)를 받고 그 문화재의 현상변경 행위에 착수하거나 완료한 경우
8. 제59조 제2항에서 준용하는 제39조 제1항 단서에 따라 허가된 문화재를 반출하였다가 반입한 경우

제56조(등록문화재의 현상변경)

① 등록문화재에 관하여 다음 각 호의 어느 하나에 해당하는 행위를 하려는 자는 변경하려는 날의 30일 전까지 관할 특별자치도지사, 시장 · 군수 또는 구청장에게 신고하여야 한다.

1. 해당 문화재(동산에 속하는 문화재는 제외한다)의 외관을 변경하는 행위로서 문화체육관광부령으로 정하는 행위
2. 해당 문화재(동산에 속하는 문화재는 제외한다)를 다른 곳으로 이전하거나 철거하는 행위
3. 동산에 속하는 문화재를 수리하거나 보존처리하는 행위

② 제1항에도 불구하고 다음 각 호의 어느 하나에 해당하는 등록문화재의 현상을 변경하려는 자는 대통령령으로 정하는 바에 따라 문화재청장의 허가를 받아야 한다. 허가사항을 변경하는 경우에도 또한 같다.

1. 제57조에 따라 건축물의 건폐율이나 용적률에 관한 특례적용을 받은 등록문화재
2. 제59조 제2항에서 준용하는 제51조에 따라 국가로부터 보조금을 지원받은 등록문화재
3. 등록문화재의 소유자가 국가 또는 지방자치단체인 등록문화재

③ 제1항에 따른 신고를 받은 특별자치도지사, 시장 · 군수 또는 구청장은 그 사실을 시 · 도지사(특별자치도지사는 제외한다)를 거쳐 문화재청장에게 보고하여야 한다.

④ 문화재청장은 등록문화재의 보호를 위하여 필요하면 제1항에 따라 신고된 등록문화재의 현상변경에 관하여 지도 · 조언 및 권고 등을 할 수 있다.

제57조(등록문화재의 건폐율과 용적률에 관한 특례)

등록문화재인 건축물이 있는 대지 안에서의 건폐율과 용적률은 「국토의 계획 및 이용에 관한 법률」 제77조부터 제79조까지의 규정에도 불구하고 해당 용도지역 등에 적용되는 건폐율 및 용적률의 150퍼센트 이내에서 대통령령으로 정하는 기준에 따라 완화하여 적용할 수 있다.

第58조(등록의 말소)
① 문화재청장은 등록문화재에 대하여 보존과 활용의 필요가 없거나 그 밖에 특별한 사유가 있으면 문화재위원회의 심의를 거쳐 그 등록을 말소할 수 있다.
② 등록문화재가 지정문화재로 지정되면 그 등록은 효력을 상실한다.
③ 등록문화재의 소유자는 등록말소의 통지를 받은 때에는 그 통지를 받은 날부터 30일 이내에 해당 문화재의 등록증을 문화재청장에게 반납하여야 한다.

第59조(준용 규정)
① 등록문화재의 등록 · 등록말소의 고시 및 통지, 등록증의 교부, 등록 · 등록말소의 효력 발생 시기에 관하여는 제28조부터 제30조까지의 규정을 준용한다. 이 경우 "국가지정문화재"는 "등록문화재"로, "지정"은 "등록"으로, "문화재의 지정서"는 "등록증"으로 본다.
② 등록문화재 소유자관리의 원칙, 등록문화재관리단체에 의한 관리, 등록문화재의 허가취소 및 수출 등의 금지, 등록문화재에 관한 기록의 작성과 보존, 직권에 의한 등록문화재 현상 등의 조사, 국가에 의한 보조금의 지원, 지방자치단체의 경비 부담, 소유자 변경 시 권리 · 의무의 승계에 관하여는 제33조, 제34조 제2항부터 제7항까지, 제37조, 제39조, 제43조, 제45조, 제51조 제1항 제1호 · 제3호 및 제2항 · 제3항, 제52조 및 제81조를 준용한다. 이 경우 "국가지정문화재"는 "등록문화재"로, "관리단체"는 "등록문화재관리단체"로 본다.

제6장 일반동산문화재

第60조(일반동산문화재 수출 등의 금지)
① 이 법에 따라 지정 또는 등록되지 아니한 문화재 중 동산에 속하는 문화재(이하 "일반동산문화재"라 한다)에 관하여는 제39조 제1항과 제2항을 준용한다. 다만, 일반동산문화재의 국외전시 등 국제적 문화교류를 목적으로 다음 각 호의 어느 하나에 해당하는 사항으로서 문화재청장의 허가를 받은 경우에는 그러하지 아니하다.
1. 「박물관 및 미술관 진흥법」에 따라 설립된 박물관 등이 외국의 박물관 등에 일반동산문화재를 반출한 날부터 10년 이내에 다시 반입하는 경우
2. 외국 정부가 인증하는 박물관이나 문화재 관련 단체가 자국의 박물관 등에서 전시할 목적으로 국내에서 일반동산문화재를 구입 또는 기증받아 반출하는 경우

② 문화재청장은 제1항 단서에 따라 허가를 받은 자가 제37조 제1항 각 호의 어느 하나에 해당하는 경우에는 허가를 취소할 수 있다.
③ 제1항 제2호에 따른 일반동산문화재의 수출이나 반출에 관한 절차 등에 필요한 사항은 문화체육관광부령으로 정한다.
④ 제1항 단서에 따라 허가받은 자는 허가된 일반동산문화재를 반출한 후 이를 다시 반입한 경우 문화재청장에게 신고하여야 한다.
⑤ 일반동산문화재로 오인될 우려가 있는 동산을 국외로 수출하거나 반출하려면 미리 문화재청장의 확인을 받아야 한다.
⑥ 제1항 및 제5항에 따른 일반동산문화재의 범위와 확인 등에 필요한 사항은 대통령령으로 정한다.

제61조(일반동산문화재에 관한 조사)
① 문화재청장은 필요하다고 인정하면 그 소속 공무원으로 하여금 국가기관 또는 지방자치단체가 소장하고 있는 일반동산문화재에 관한 현상, 관리, 수리, 그 밖의 보전상황에 관하여 조사하게 할 수 있다. 이 경우 해당 국가기관 또는 지방자치단체의 장은 조사에 협조하여야 한다.
② 문화재청장은 제1항에 따라 조사한 결과 문화재의 보존·관리가 적절하지 아니하다고 인정되면 해당 기관의 장에게 문화재에 관한 보존·관리 방안을 마련하도록 요청할 수 있다.
③ 제2항에 따라 문화재청장의 요청을 받은 국가기관 또는 지방자치단체의 장은 해당 문화재에 관한 보존·관리 방안을 마련하여 대통령령으로 정하는 바에 따라 문화재청장에게 보고하여야 한다.
④ 제1항에 따라 문화재청장이 조사를 하는 경우 조사의 통지, 조사의 협조요구, 그 밖에 조사에 필요한 사항 등에 관하여는 제44조 제3항부터 제5항까지의 규정을 준용한다.

제7장 국유문화재에 관한 특례

제62조(관리청과 총괄청)
① 국유에 속하는 문화재(이하 "국유문화재"라 한다)는 「국유재산법」 제8조와 「물품관리법」 제7조에도 불구하고 문화재청장이 관리·총괄한다. 다만, 국유문화재

가 문화재청장 외의 중앙관서의 장(「국가재정법」에 따른 중앙행정기관의 장을 말한다. 이하 같다)이 관리하고 있는 행정재산(行政財産)인 경우 또는 문화재청장 외의 중앙관서의 장이 관리하여야 할 특별한 필요가 있는 것인 경우에는 문화재청장은 관계 기관의 장 및 기획재정부장관과 협의하여 그 관리청을 정한다.

② 문화재청장은 제1항 단서에 따라 관리청을 정할 때에는 문화재위원회의 의견을 들어야 한다.

③ 문화재청장은 제1항 단서에 해당하지 아니하는 국유문화재의 관리를 지방자치단체에 위임하거나 비영리법인 또는 법인 아닌 비영리단체에 위탁할 수 있다. 이 경우 국유문화재의 관리로 인하여 생긴 수익은 관리를 위임받거나 위탁받은 자의 수입으로 한다.

제63조(회계 간의 무상관리전환)

국유문화재를 문화재청장이 관리하기 위하여 소속을 달리하는 회계로부터 관리전환을 받을 때에는 「국유재산법」 제17조에도 불구하고 무상으로 할 수 있다.

제64조(절차 및 방법의 특례)

① 문화재청장이 제62조 제1항 단서에 따라 그 관리청이 따로 정하여진 국유문화재를 국가지정문화재로 지정 또는 가지정하거나 그 지정이나 가지정을 해제하는 경우 이 법에 따라 행하는 해당 문화재의 소유자나 점유자에 대한 통지는 그 문화재의 관리청에 대하여 하여야 한다.

② 제62조 제1항 단서에 따라 그 관리청이 따로 정하여진 국유문화재에 관하여 제40조 · 제42조 · 제45조 및 제49조를 적용하는 경우 그 문화재의 소유자란 그 문화재의 관리청을 말한다.

제65조(처분의 제한)

제62조 제1항 단서에 따른 관리청이 그 관리에 속하는 국가지정문화재 또는 가지정문화재에 관하여 제35조 제1항 각 호에 정하여진 행위 외의 행위를 하려면 미리 문화재청장의 동의를 받아야 한다.

제66조(양도 및 사권설정의 금지)

국유문화재(그 부지를 포함한다)는 이 법에 특별한 규정이 없으면 이를 양도하거나 사권(私權)을 설정할 수 없다. 다만, 그 관리·보호에 지장이 없다고 인정되면 공공용, 공용 또는 공익사업에 필요한 경우에 한정하여 일정한 조건을 붙여 그 사용을 허가할 수 있다.

제8장 국외소재문화재

제67조(국외소재문화재의 보호)
국가는 국외소재문화재의 보호·환수 및 활용 등을 위하여 노력하여야 하며, 이에 필요한 조직과 예산을 확보하여야 한다.

제68조(국외소재문화재의 조사·연구)
① 문화재청장은 국외소재문화재의 현황, 보존·관리 실태, 반출 경위 등에 관하여 조사·연구를 실시할 수 있다.
② 문화재청장은 제1항에 따른 조사·연구의 효율적 수행을 위하여 박물관, 한국국제교류재단, 국사편찬위원회 및 각 대학 등 관련 기관에 필요한 자료의 제출과 정보 제공 등을 요청할 수 있으며, 요청을 받은 관련 기관은 이에 협조하여야 한다.

제69조(국외소재문화재 보호 및 환수 활동의 지원)
문화재청장은 국외소재문화재 보호 및 환수를 위하여 필요하면 관련 기관 또는 단체를 지원·육성할 수 있다.

제69조의 2(국외소재문화재 환수 및 활용 자문위원회의 설치)
① 문화재청장의 국외소재문화재 환수 및 활용에 관한 정책에 대한 자문에 응하기 위하여 문화재청에 국외소재문화재 환수 및 활용 자문위원회(이하 "자문위원회"라 한다)를 둔다.
② 자문위원회는 다음 각 호의 사항을 자문한다.
1. 국외소재문화재의 환수 및 활용 기본계획의 수립
2. 국외소재문화재의 환수 및 활용 관련 중요 정책
3. 그 밖에 문화재청장이 심의에 부치는 사항
③ 그 밖에 자문위원회의 운영 및 자문위원의 자격 등에 관하여 필요한 사항은 대통령령으로 정한다. [본조신설 2012.1.26.]

제69조의 3(국외소재문화재재단의 설립)

① 국외소재문화재의 현황 및 반출 경위 등에 대한 조사·연구, 국외소재문화재 환수·활용과 관련한 각종 전략·정책 연구 등 국외소재문화재와 관련한 제반 사업을 종합적·체계적으로 수행하기 위하여 문화재청 산하에 국외소재문화재재단(이하 "국외문화재재단"이라 한다)을 설립한다.

② 국외문화재재단은 법인으로 한다.

③ 국외문화재재단에는 정관으로 정하는 바에 따라 임원과 필요한 직원을 둔다.

④ 국외문화재재단에 관하여 이 법에 규정한 것 외에는 「민법」 중 재단법인에 관한 규정을 준용한다.

⑤ 국가는 국외문화재재단의 설립과 운영에 소요되는 경비를 예산의 범위에서 또는 「문화재보호기금법」에 따른 문화재보호기금에서 출연 또는 보조할 수 있다.

⑥ 국외문화재재단은 설립목적을 달성하기 위하여 다음 각 호의 사업을 행한다.

1. 국외소재문화재의 현황, 반출 경위 등에 대한 조사·연구
2. 국외소재문화재 환수 및 보호·활용에 관한 연구
3. 국외소재문화재의 취득 및 보전·관리
4. 국외소재문화재의 환수 및 활용 관련 단체에 대한 지원·교류 및 국제연대 강화
5. 국외소재문화재 환수 및 활용 관련 홍보·교육·출판 및 보급
6. 외국박물관 한국실 운영 지원
7. 한국담당 학예사의 파견 및 교육 훈련
8. 국외소재문화재의 보존처리 및 홍보 지원
9. 국외문화재재단의 설립목적을 달성하기 위한 수익사업. 이 경우 수익사업은 문화재청장의 사전승인을 받아야 한다.
10. 그 밖에 국외문화재재단의 설립 목적을 달성하는 데 필요한 사업

⑦ 국외문화재재단은 문화재청장을 거쳐 관계 행정기관이나 국외소재문화재 환수 및 활용과 관련된 법인 또는 단체의 장에게 사업수행에 필요한 자료의 제공을 요청할 수 있다. [본조신설 2012.1.26]

제9장 시·도지정문화재

제70조(시·도지정문화재의 지정 등)

① 시·도지사는 그 관할구역에 있는 문화재로서 국가지정문화재로 지정되지 아니

한 문화재 중 보존가치가 있다고 인정되는 것을 시 · 도지정문화재로 지정할 수 있다. 다만, 무형문화재의 경우에는 문화재청장과의 사전 협의를 거쳐 중요무형문화재를 시 · 도지정문화재로 지정할 수 있으며, 그 보유자 인정은 중요무형문화재의 보유자가 아닌 자 중에서 하여야 한다.

② 시 · 도지사는 제1항에 따라 지정되지 아니한 문화재 중 향토문화보존상 필요하다고 인정하는 것을 문화재자료로 지정할 수 있다.

③ 문화재청장은 문화재위원회의 심의를 거쳐 필요하다고 인정되는 문화재에 대하여 시 · 도지사에게 시 · 도지정문화재나 문화재자료(보호물이나 보호구역을 포함한다. 이하 같다)로 지정 · 보존할 것을 권고할 수 있다. 이 경우 시 · 도지사는 특별한 사유가 있는 경우를 제외하고는 문화재 지정절차를 이행하고 그 결과를 문화재청장에게 보고하여야 한다.

④ 제1항부터 제3항까지의 규정에 따라 시 · 도지정문화재와 문화재자료를 지정할 때에는 해당 특별시 · 광역시 · 도 또는 특별자치도가 지정하였다는 것을 알 수 있도록 "지정" 앞에 해당 특별시 · 광역시 · 도 또는 특별자치도의 명칭을 표시하여야 한다.

⑤ 시 · 도지정문화재와 문화재자료의 지정 및 해제절차, 관리, 보호 · 육성, 공개 등에 필요한 사항은 해당 지방자치단체의 조례로 정한다.

⑥ 문화재청장, 「이북5도에 관한 특별조치법」 제5조에 따라 임명된 도지사 또는 같은 법 제7조에 따라 설치된 이북5도위원회 위원장은 북한지역에서 전승되던 무형문화재로서 보존할 가치가 있다고 인정되는 문화재가 있으면 현재 그 문화재가 전승되고 있는 지역을 관할하고 있는 시 · 도지사에게 시 · 도지정문화재로 지정할 것을 권고할 수 있다.

제71조(시 · 도문화재위원회의 설치)

① 시 · 도지사의 관할구역에 있는 문화재의 보존 · 관리와 활용에 관한 사항을 조사 · 심의하기 위하여 시 · 도에 문화재위원회(이하 "시 · 도문화재위원회"라 한다)를 둔다.

② 시 · 도문화재위원회의 조직과 운영 등에 관한 사항은 조례로 정하되, 다음 각 호의 사항을 포함하여야 한다.

1. 문화재의 보존 · 관리 및 활용과 관련된 조사 · 심의에 관한 사항
2. 위원의 위촉과 해촉에 관한 사항
3. 분과위원회의 설치와 운영에 관한 사항
4. 전문위원의 위촉과 활용에 관한 사항

③ 시 · 도지사가 그 관할구역에 있는 문화재의 국가지정문화재(보호물과 보호구역을 포함한다) 지정 또는 해제를 문화재청장에게 요청하려면 시 · 도문화재위원회의 사전 심의를 거쳐야 한다.

제72조(경비부담)

① 제70조 제1항과 제2항에 따라 지정된 시 · 도지정문화재나 문화재자료가 국유 또는 공유재산이면 그 보존상 필요한 경비는 국가나 해당 지방자치단체가 부담한다.

② 국가나 지방자치단체는 국유 또는 공유재산이 아닌 시 · 도지정문화재나 문화재자료의 보존 · 관리 · 수리 · 활용 또는 기록 작성을 위한 경비와 무형문화재의 보호 · 육성에 필요한 경비의 전부 또는 일부를 보조할 수 있다.

제73조(보고 등)

① 시 · 도지사는 다음 각 호의 어느 하나에 해당하는 사유가 있으면 대통령령으로 정하는 바에 따라 이를 문화재청장에게 보고하여야 한다.

1. 시 · 도 지정문화재나 문화재자료를 지정하거나 그 지정을 해제한 경우
2. 시 · 도 지정문화재 또는 문화재자료의 소재지나 보관 장소가 변경된 경우
3. 시 · 도 지정문화재나 문화재자료의 전부 또는 일부가 멸실, 유실, 도난 또는 훼손된 경우

② 문화재청장은 제1항제1호와 제2호의 행위가 적합하지 아니하다고 인정되면 시정이나 필요한 조치를 명할 수 있다.

제74조(준용규정)

① 시 · 도지정문화재와 문화재자료의 수출 또는 반출에 관하여는 제39조 제1항 · 제2항을 준용한다.

② 시 · 도지정문화재와 문화재자료의 지정과 지정해제 및 관리 등에 관하여는 제27조, 제31조 제1항 · 제4항, 제32조부터 제34조까지, 제35조제1항, 제36조, 제37조, 제40조, 제41조 제3항, 제42조부터 제45조까지 및 제48조부터 제50조까지의 규정을 준용한다. 이 경우 "문화재청장"은 "시 · 도지사"로, "대통령령"은 "시 · 도 조례"로, "국가"는 "지방자치단체"로 본다.

제10장 문화재매매업 등

제75조(매매 등 영업의 허가)

① 동산에 속하는 유형문화재나 유형의 민속문화재를 매매 또는 교환하는 것을 업으로 하려는 자(위탁을 받아 매매 또는 교환하는 것을 업으로 하는 자를 포함한다)는 대통령령으로 정하는 바에 따라 특별자치도지사, 시장·군수 또는 구청장의 문화재매매업 허가를 받아야 한다.

② 제1항에 따라 허가를 받은 자(이하 "문화재매매업자"라 한다)는 특별자치도지사, 시장·군수 또는 구청장에게 대통령령으로 정하는 바에 따라 문화재의 보존 상황, 매매 또는 교환의 실태를 신고하여야 한다.

③ 제2항에 따라 신고를 받은 특별자치도지사, 시장·군수 또는 구청장은 신고 받은 사항을 대통령령으로 정하는 바에 따라 문화재청장에게 정기적으로 보고하여야 한다.

제76조(자격 요건)

① 제75조 제1항에 따라 문화재매매업의 허가를 받으려는 자는 다음 각 호의 어느 하나에 해당하는 자이어야 한다.

1. 국가, 지방자치단체, 박물관 또는 미술관에서 2년 이상 문화재를 취급한 자
2. 전문대학 이상의 대학(대학원을 포함한다)에서 역사학·고고학·인류학·미술사학·민속학·서지학·전통공예학 또는 문화재관리학 계통의 학문을 1년 이상 전공한 자
3. 문화재매매업자에게 고용되어 3년 이상 문화재를 취급한 자

② 제1항에 따른 박물관·미술관의 범위, 전공과목 등에 관하여 필요한 사항은 문화체육관광부령으로 정한다.

제77조(결격사유)

다음 각 호의 어느 하나에 해당하는 자는 문화재매매업자가 될 수 없다.

1. 금치산자 또는 한정치산자
2. 이 법과 「형법」 제347조 또는 제362조를 위반하여 금고 이상의 실형을 선고받고 그 집행이 끝나거나 집행을 받지 아니하기로 확정된 후 3년이 지나지 아니한 자
3. 제80조에 따라 허가가 취소된 날부터 3년이 지나지 아니한 자

제78조(준수사항)
문화재매매업자는 문화체육관광부령으로 정하는 바에 따라 매매 · 교환 등에 관한 장부를 갖추어 두고 그 거래 내용을 기록하며, 해당 문화재를 확인할 수 있도록 실물 사진을 촬영하여 붙여 놓아야 한다.

제79조(폐업신고의 의무)
제75조 제1항에 따라 허가를 받은 자는 문화재매매업을 폐업하면 3개월 이내에 문화체육관광부령으로 정하는 바에 따라 폐업신고서를 특별자치도지사, 시장 · 군수 또는 구청장에게 제출하여야 한다.

제80조(허가취소 등)
① 특별자치도지사, 시장 · 군수 또는 구청장은 문화재매매업자가 다음 각 호의 어느 하나에 해당하면 그 허가를 취소하거나 1년 이내의 기간을 정하여 그 영업의 전부 또는 일부의 정지를 명할 수 있다. 다만, 제1호부터 제3호까지의 규정에 해당하면 그 허가를 취소하여야 한다.
1. 거짓이나 그 밖의 부정한 방법으로 허가를 받은 경우
2. 제90조 · 제92조 및 「매장문화재 보호 및 조사에 관한 법률」 제31조를 위반하여 벌금 이상의 처벌을 받은 경우
3. 영업정지 기간 중에 영업을 한 경우
4. 제78조에 따른 준수 사항을 위반한 경우
② 제1항에 따른 행정처분의 세부 기준은 문화체육관광부령으로 정한다.

제11장 보칙

제81조(권리 · 의무의 승계)
① 국가지정문화재(보호물과 보호구역 및 가지정문화재를 포함한다)의 소유자가 변경된 때에는 새 소유자는 이 법 또는 이 법에 따라 문화재청장이 행하는 명령 · 지시, 그 밖의 처분으로 인한 전소유자(前所有者)의 권리 · 의무를 승계한다.
② 제34조에 따라 관리단체가 지정되거나 그 지정이 해제된 경우에 관리단체와 소유자에 대하여는 제1항을 준용한다. 다만, 소유자에게 전속(專屬)하는 권리 · 의무는 그러하지 아니하다.

제82조(권한의 위임 · 위탁)
이 법에 따른 문화재청장의 권한은 대통령령으로 정하는 바에 따라 그 일부를 시 · 도지사나 시장 · 군수 · 구청장에게 위임하거나 문화재의 보호 · 보존 · 보급 또는 활용 등을 목적으로 설립된 기관이나 법인 또는 단체 등에 위탁할 수 있다.

제83조(토지의 수용 또는 사용)
① 문화재청장이나 지방자치단체의 장은 문화재의 보존 · 관리를 위하여 필요하면 지정문화재나 그 보호구역에 있는 토지, 건물, 입목(立木), 죽(竹), 그 밖의 공작물을 「공익사업을 위한 토지 등의 취득 및 보상에 관한 법률」에 따라 수용(收用)하거나 사용할 수 있다.
② 제23조, 제25조부터 제27조까지 및 제70조에 따른 지정이 있는 때에는 「공익사업을 위한 토지 등의 취득 및 보상에 관한 법률」 제20조 및 제22조에 따른 사업인정 및 사업인정의 고시가 있는 것으로 본다. 이 경우 같은 법 제23조에 따른 사업인정 효력기간은 적용하지 아니한다.

제84조(국 · 공유재산의 대부 · 사용 등)
① 국가 또는 지방자치단체는 문화재의 보존 · 관리 · 활용 또는 전승을 위하여 필요하다고 인정하면 「국유재산법」 또는 「공유재산 및 물품 관리법」에도 불구하고 국유 또는 공유재산을 수의계약으로 대부 · 사용 · 수익하게 하거나 매각할 수 있다.
② 제1항에 따른 국유 또는 공유재산의 대부 · 사용 · 수익 · 매각 등의 내용 및 조건에 관하여는 「국유재산법」 또는 「공유재산 및 물품 관리법」에서 정하는 바에 따른다.

제85조(문화재 방재의 날)
① 문화재를 화재 등의 재해로부터 안전하게 보존하고 국민의 문화재에 대한 안전관리의식을 높이기 위하여 매년 2월 10일을 문화재 방재의 날로 정한다.
② 국가 및 지방자치단체는 문화재 방재의 날 취지에 맞도록 문화재에 대한 안전점검, 방재훈련 등의 사업 및 행사를 실시한다.
③ 문화재 방재의 날 행사에 관하여 필요한 사항은 문화재청장 또는 시 · 도지사가 따로 정할 수 있다.

제86조(포상금)

① 문화재청장은 제90조부터 제92조까지와 「매장문화재 보호 및 조사에 관한 법률」 제31조의 죄를 범한 자나 그 미수범(未遂犯)이 기소유예 처분을 받거나 유죄판결이 확정된 경우 그 자를 수사기관에 제보(提報)한 자와 체포에 공로가 있는 자에게 예산의 범위에서 포상금을 지급하여야 한다.

② 수사기관의 범위, 제보의 처리, 포상금의 지급기준 등 포상금 지급에 필요한 사항은 대통령령으로 정한다.

제87조(다른 법률과의 관계)

① 문화재청장이 「자연공원법」에 따른 공원구역에서 대통령령으로 정하는 면적 이상의 지역을 대상으로 다음 각 호의 어느 하나에 해당하는 행위를 하려면 해당 공원관리청과 협의하여야 한다.

1. 제25조에 따라 일정한 지역을 사적, 명승, 천연기념물로 지정하는 경우
2. 제27조에 따라 보호구역을 지정하는 경우
3. 제35조 제1항에 따라 허가나 변경허가를 하는 경우

② 제35조 제1항(제74조 제2항에 따라 준용되는 경우를 포함한다)에 따라 허가를 받은 때에는 다음 각 호의 허가를 받은 것으로 본다.

1. 「자연공원법」 제23조에 따른 공원구역에서의 행위 허가
2. 「도시공원 및 녹지 등에 관한 법률」 제24조 · 제27조 및 제38조에 따른 도시공원 · 도시자연공원구역 · 녹지의 점용 및 사용 허가

③ 제23조, 제25조부터 제27조까지 또는 제70조 제1항에 따라 국가지정문화재 또는 시 · 도지정문화재로 지정되거나 그의 보호물 또는 보호구역으로 지정 · 고시된 지역이 「국토의 계획 및 이용에 관한 법률」 제6조 제1호에 따른 도시지역에 속하는 경우에는 같은 법 제37조 제1항 제6호에 따른 보존지구로 지정 · 고시된 것으로 본다.

④ 다음 각 호의 어느 하나에 해당하는 문화재의 매매 등 거래행위에 관하여는 「민법」 제249조의 선의취득에 관한 규정을 적용하지 아니한다. 다만, 양수인이 경매나 문화재매매업자 등으로부터 선의로 이를 매수한 경우에는 피해자 또는 유실자(遺失者)는 양수인이 지급한 대가를 변상하고 반환을 청구할 수 있다.

1. 문화재청장이나 시 · 도지사가 지정한 문화재
2. 도난물품 또는 유실물(遺失物)인 사실이 공고된 문화재
3. 그 출처를 알 수 있는 중요한 부분이나 기록을 인위적으로 훼손한 문화재

⑤ 제4항 제2호에 따른 공고에 필요한 사항은 문화체육관광부령으로 정한다.

제88조(청문)
문화재청장, 시·도지사, 시장·군수 또는 구청장은 다음 각 호의 어느 하나에 해당하는 처분을 하려면 청문을 하여야 한다.
1. 제35조 제1항, 제39조, 제56조 제2항 또는 제60조 제1항 단서에 따라 허가받은 자가 그 허가 사항이나 허가 조건을 위반한 경우의 허가취소
2. 제38조 제5항에 따른 동물치료소의 지정 취소
3. 제80조에 따른 문화재매매업자의 허가취소 또는 영업정지

제89조(벌칙 적용에서의 공무원 의제)
다음 각 호의 어느 하나에 해당하는 자는 「형법」 제129조부터 제132조까지의 규정을 적용할 때에는 공무원으로 본다.
1. 제8조 제1항에 따라 문화재 보존·관리에 관한 사항을 조사·심의하는 문화재위원회 위원(제71조제1항에 따른 시·도문화재위원회의 위원을 포함한다)
2. 제38조 제4항에 따라 천연기념물 동물 치료경비 지급업무를 위탁받아 수행하는 자
3. 제44조 제6항에 따라 문화재조사를 위탁받아 수행하는 자
4. 제82조에 따라 문화재청장의 권한을 위탁받은 사무에 종사하는 자

제12장 벌칙

제90조(무허가수출 등의 죄)
① 제39조 제1항 본문(제59조 제2항과 제74조 제1항에 따라 준용하는 경우를 포함한다)을 위반하여 지정문화재 또는 가지정문화재를 국외로 수출 또는 반출하거나 제39조 제1항 단서 및 제2항(제59조 제2항과 제74조 제1항에 따라 준용하는 경우를 포함한다)에 따라 반출한 문화재를 기한 내에 다시 반입하지 아니한 자는 5년 이상의 유기징역에 처하고 그 문화재는 몰수한다.
② 제60조 제1항을 위반하여 문화재를 국외로 수출 또는 반출하거나 반출한 문화재를 다시 반입하지 아니한 자는 3년 이상의 유기징역에 처하고 그 문화재는 몰수한다.
③ 제1항 또는 제2항을 위반하여 국외로 수출 또는 반출하는 정(情)을 알고 해당 문화재를 양도·양수 또는 중개한 자는 3년 이상의 유기징역에 처하고 그 문화

재는 몰수한다.

제91조(허위 지정 등 유도죄)
거짓이나 그 밖의 부정한 방법으로 지정문화재 또는 가지정문화재로 지정하게 한 자는 5년 이상의 유기징역에 처한다.

제92조(손상 또는 은닉 등의 죄)
① 국가지정문화재(중요무형문화재는 제외한다)를 손상, 절취 또는 은닉하거나 그 밖의 방법으로 그 효용을 해한 자는 3년 이상의 유기징역에 처한다.
② 다음 각 호의 어느 하나에 해당하는 자는 2년 이상의 유기징역에 처한다.
1. 제1항에 규정된 것 외의 지정문화재 또는 가지정문화재(건조물은 제외한다)를 손상, 절취 또는 은닉하거나 그 밖의 방법으로 그 효용을 해한 자
2. 일반동산문화재인 것을 알고 일반동산문화재를 손상, 절취 또는 은닉하거나 그 밖의 방법으로 그 효용을 해한 자
③ 다음 각 호의 어느 하나에 해당하는 자는 2년 이상의 유기징역이나 2천만 원 이상 1억 5천만 원 이하의 벌금에 처한다.
1. 제35조 제1항 제1호에 따른 현상변경의 허가나 변경허가를 받지 아니하고 천연기념물을 박제 또는 표본으로 제작한 자
2. 제1항 · 제2항 또는 제1호를 위반한 행위를 알고 해당 문화재를 취득, 양도, 양수 또는 운반한 자
3. 제2호에 따른 행위를 알선한 자
④ 제1항과 제2항에 규정된 은닉 행위 이전에 타인에 의하여 행하여진 같은 항에 따른 손상, 절취, 은닉, 그 밖의 방법으로 그 지정문화재, 가지정문화재 또는 일반동산문화재의 효용을 해하는 행위가 처벌되지 아니한 경우에도 해당 은닉 행위자는 같은 항에 정한 형으로 처벌한다.
⑤ 제1항부터 제4항까지의 경우에 해당하는 문화재는 몰수하되, 몰수하기가 불가능하면 해당 문화재의 감정가격을 추징한다. 다만, 제4항에 따른 은닉 행위자가 선의로 해당 문화재를 취득한 경우에는 그러하지 아니하다.

제93조(가중죄)
① 단체나 다중(多衆)의 위력(威力)을 보이거나 위험한 물건을 몸에 지녀서 제90조

부터 제92조까지의 죄를 범하면 각 해당 조에 정한 형의 2분의 1까지 가중한다.
② 제1항의 죄를 범하여 지정문화재나 가지정문화재를 관리 또는 보호하는 사람을 상해에 이르게 한 때에는 무기 또는 5년 이상의 징역에 처한다. 사망에 이르게 한 때에는 사형, 무기 또는 5년 이상의 징역에 처한다.

제94조(「형법」의 준용)
다음 각 호의 건조물에 대하여 방화, 일수(溢水) 또는 파괴의 죄를 범한 자는 「형법」 제165조 · 제178조 또는 제367조와 같은 법 중 이들 조항에 관계되는 법조(法條)의 규정을 준용하여 처벌하되, 각 해당 조에 정한 형의 2분의 1까지 가중한다.
1. 지정문화재나 가지정문화재인 건조물
2. 지정문화재나 가지정문화재를 보호하기 위한 건조물

제95조(사적 등에의 일수죄)
물을 넘겨 문화재청장이 지정 또는 가지정한 사적, 명승 또는 천연기념물이나 보호구역을 침해한 자는 2년 이상 10년 이하의 징역에 처한다.

제96조(그 밖의 일수죄)
물을 넘겨 제95조에 규정한 것 외의 지정문화재 또는 가지정문화재나 그 보호구역을 침해한 자는 10년 이하의 징역이나 1억원 이하의 벌금에 처한다.

제97조(미수범 등)
① 제90조부터 제92조까지, 제93조 제1항, 제95조 및 제96조의 미수범은 처벌한다.
② 제90조부터 제92조까지, 제93조 제1항, 제95조 및 제96조의 죄를 범할 목적으로 예비 또는 음모한 자는 2년 이하의 징역이나 2천만 원 이하의 벌금에 처한다.

제98조(과실범)
① 과실로 인하여 제95조 또는 제96조의 죄를 범한 자는 1천만 원 이하의 벌금에 처한다.
② 업무상 과실이나 중대한 과실로 인하여 제95조 또는 제96조의 죄를 범한 자는 3년 이하의 금고나 3천만 원 이하의 벌금에 처한다.

제99조(무허가 행위 등의 죄)
① 다음 각 호의 어느 하나에 해당하는 자는 5년 이하의 징역이나 5천만 원 이하의 벌금에 처한다.
1. 제35조 제1항 제1호 또는 제2호(제47조와 제74조 제2항에 따라 준용되는 경우를 포함한다)를 위반하여 지정문화재(보호물, 보호구역과 천연기념물 중 죽은 것을 포함한다)나 가지정문화재의 현상을 변경하거나 그 보존에 영향을 미칠 우려가 있는 행위를 한 자
2. 제35조 제1항 제4호(제74조 제2항에 따라 준용되는 경우를 포함한다)를 위반하여 허가 없이 명승, 천연기념물로 지정 또는 가지정된 구역 또는 보호구역에서 동물, 식물, 광물을 포획·채취하거나 이를 그 구역 밖으로 반출한 자
3. 제75조 제1항을 위반하여 허가를 받지 아니하고 영업행위를 한 자
② 다음 각 호의 어느 하나에 해당하는 자는 2년 이하의 징역이나 2천만 원 이하의 벌금에 처한다.
1. 제1항 각 호의 경우 그 문화재가 자기 소유인 자
2. 제56조 제2항을 위반하여 허가나 변경허가를 받지 아니하고 등록문화재의 현상을 변경하는 행위를 한 자

제100조(행정명령 위반 등의 죄)
다음 각 호의 어느 하나에 해당하는 자는 3년 이하의 징역이나 3천만 원 이하의 벌금에 처하고, 제2호의 경우에는 그 물건을 몰수한다.
1. 정당한 사유 없이 제21조 제1항이나 제42조 제1항(제74조 제2항에 따라 준용되는 경우를 포함한다)에 따른 명령을 위반한 자
2. 천연기념물(시·도 지정문화재 중 기념물을 포함한다)로 지정 또는 가지정된 동물의 서식지, 번식지, 도래지 등에 그 생장에 해로운 물질을 유입하거나 살포한 자

제101조(관리행위 방해 등의 죄)
다음 각 호의 어느 하나에 해당하는 자는 2년 이하의 징역이나 2천만 원 이하의 벌금에 처한다.
1. 정당한 사유 없이 제12조에 따른 지시에 불응하는 자
2. 제34조 제5항(제74조 제2항에 따라 준용되는 경우를 포함한다)을 위반하여 관리단체의 관리행위를 방해하거나 그 밖에 정당한 사유 없이 지정문화재나 가

지정문화재의 관리권자의 관리행위를 방해한 자
3. 허가 없이 제35조 제1항 제3호(제74조 제2항에 따라 준용되는 경우를 포함한다)에 규정된 행위를 한 자
4. 제44조 제4항 본문(제45조 제2항과 제74조 제2항에 따라 준용되는 경우를 포함한다)에 따른 협조를 거부하거나 필요한 행위를 방해한 자
5. 지정문화재나 가지정문화재의 관리 · 보존에 책임이 있는 자 중 중대한 과실로 인하여 해당 문화재를 멸실 또는 훼손하게 한 자
6. 거짓의 신고 또는 보고를 한 자
7. 지정문화재로 지정된 구역이나 그 보호구역의 경계 표시를 고의로 손괴, 이동, 제거, 그 밖의 방법으로 그 구역의 경계를 식별할 수 없게 한 자
8. 제48조 제2항에 따른 문화재청장의 공개 제한을 위반하여 문화재를 공개하거나 같은 조 제5항에 따른 허가를 받지 아니하고 출입한 자(제74조 제2항에 따라 준용되는 경우를 포함한다)

제102조(양벌규정)
법인의 대표자나 법인 또는 개인의 대리인, 사용인, 그 밖의 종업원이 그 법인 또는 개인의 업무에 관하여 제94조부터 제96조까지 또는 제98조부터 제101조까지의 어느 하나에 해당하는 위반행위를 하면 그 행위자를 벌하는 외에 그 법인 또는 개인에게도 해당 조문의 벌금형을 과(科)하고 벌금형이 없는 경우에는 3억 원 이하의 벌금에 처한다. 다만, 법인 또는 개인이 그 위반행위를 방지하기 위하여 해당 업무에 관하여 상당한 주의와 감독을 게을리 하지 아니한 경우에는 그러하지 아니하다.

제103조(과태료)
① 다음 각 호의 어느 하나에 해당하는 자에게는 500만 원 이하의 과태료를 부과한다. 〈개정 2012.1.26〉
1. 제14조 제5항에 따른 금연구역을 지정하지 아니한 자
2. 제40조 제1항 제6호 또는 제9호(제74조 제2항에 따라 준용되는 경우를 포함한다)에 따른 신고를 하지 아니한 자
3. 제55조 제6호에 따른 신고를 하지 아니한 자
4. 제56조 제1항에 따른 신고를 하지 아니한 자
5. 제78조에 따른 준수 사항을 이행하지 아니한 자

6. 제79조에 따른 폐업신고를 하지 아니한 자

② 제40조 제1항 제5호(제74조 제2항에 따라 준용되는 경우를 포함한다)에 따른 신고를 하지 아니한 자에게는 400만 원 이하의 과태료를 부과한다.

③ 제40조 제1항 제7호나 같은 조 제2항(제74조 제2항에 따라 준용되는 경우를 포함한다)에 따른 신고를 하지 아니한 자에게는 300만 원 이하의 과태료를 부과한다.

④ 다음 각 호의 어느 하나에 해당하는 자에게는 200만 원 이하의 과태료를 부과한다.

1. 제40조 제1항 제1호부터 제4호까지 또는 제8호(제74조 제2항에 따라 준용되는 경우를 포함한다)에 따른 신고를 하지 아니한 자
2. 제55조 제1호부터 제5호까지, 제7호 또는 제8호에 따른 신고를 하지 아니한 자
3. 제60조 제4항에 따른 신고를 하지 아니한 자

⑤ 제14조 제7항을 위반하여 금연구역에서 흡연을 한 사람에게는 10만 원 이하의 과태료를 부과한다. 〈신설 2012.1.26〉

제104조(과태료의 부과 · 징수)

제103조에 따른 과태료는 대통령령으로 정하는 바에 따라 문화재청장, 시 · 도지사 또는 시장 · 군수 · 구청장이 부과 · 징수한다.

부칙 〈법률 제10000호, 2010.2.4〉

제1조(시행일)

이 법은 공포 후 1년이 경과한 날부터 시행한다. 다만, 제92조, 제98조 및 제102조는 공포한 날부터 시행한다.

제2조(시행일에 관한 경과조치)

① 이 법 공포 후 1년이 경과하기 전까지는 부칙 제1조 단서에 따라 시행되는 제92조 제3항 제1호 중 제35조제1항제1호는 종전의 제34조 제3호로 본다.

② 이 법 공포 후 1년이 경과하기 전까지는 부칙 제1조 단서에 따라 시행되는 제98조 제1항 중 제95조 또는 제96조는 종전의 제107조 또는 제108조로 보고, 같은 조 제2항 중 제95조 또는 제96조는 종전의 제104조 제3항, 제107조 또는 제108조로 본다. 이 경우 종전의 제104조 제3항에 따른 죄의 경우 해당 문화재 몰수에 관하여는 종전의 규정에 따른다.

③ 이 법 공포 후 1년이 경과하기 전까지는 부칙 제1조 단서에 따라 시행되는 제102조 중 위반행위에 관한 제94조부터 제96조까지 또는 제98조부터 제101조까지의 부분은 종전의 규정에 따른다.

제3조(중요민속자료에 관한 경과조치)
이 법 시행 당시 종전의 규정에 따라 지정된 중요민속자료는 이 법에 따른 중요민속문화재로 지정된 것으로 본다.

제4조(지정문화재의 현상변경 등의 행위기준 고시에 관한 경과조치)
이 법 시행 당시 종전의 규정에 따라 문화재로 지정 고시된 문화재에 대하여는 제13조 제4항의 개정규정에 따라 이 법 시행일부터 1년 이내에 구체적인 행위기준을 정하여 고시하여야 한다.

제5조(행정처분 등에 관한 일반적 경과조치)
이 법 시행 당시 종전의 규정에 따른 행정기관의 행위나 행정기관에 대한 행위는 그에 해당하는 이 법에 따른 행정기관의 행위나 행정기관에 대한 행위로 본다.

제6조(다른 법률의 개정)
① 국토의 계획 및 이용에 관한 법률 일부를 다음과 같이 개정한다.
제8조 제3항 제2호 마목 중 "제7조 및 제9조"를 "제25조 및 제27조"로 한다.
② 법률 제9763호 산림보호법 일부를 다음과 같이 개정한다.
제11조 제1항 제1호 마목 중 "제9조"를 "제27조"로 한다.
③ 상속세 및 증여세법 일부를 다음과 같이 개정한다.
제74조 제1항 제1호 중 "제47조 제2항"을 "제53조 제1항"으로, "제9조 제1항"을 "제27조 제1항"으로 한다.
④ 소나무재선충병 방제특별법 일부를 다음과 같이 개정한다.
제16조제2항 중 "제7조"를 "제25조"로 한다.
⑤ 야생동·식물보호법 일부를 다음과 같이 개정한다.
제7조 제1항 단서 중 "제7조"를 "제25조"로 한다.
제14조 제3항 제3호 중 "제34조"를 "제35조"로 하고, 같은 조 제5항 단서 중 "제38조"를 "제40조"로 한다.

제19조 제3항 제3호 중 "제34조"를 "제35조"로 한다.

제21조 제2항 제1호 중 "제35조"를 "제39조"로 한다.

제54조 제7호 및 제55조 제5호 중 "제9조"를 각각 "제27조"로 한다.

⑥ 자연공원법 일부를 다음과 같이 개정한다.

제26조 제2호 중 "제9조"를 "제27조"로 한다.

⑦ 자연재해대책법 일부를 다음과 같이 개정한다.

제49조 제4항 제11호 중 "제34조 제1호 · 제3호"를 "제35조 제1항 제1호 · 제2호 · 제4호"로, "제70조 단서"를 "제66조 단서"로 한다.

⑧ 전기사업법 일부를 다음과 같이 개정한다.

제66조의 제2항 중 "제34조 제3호"를 "제35조 제1항 제1호 · 제2호"로, "제75조"를 "제74조"로 한다.

⑨ 지방소도읍육성지원법 일부를 다음과 같이 개정한다.

제9조 제1항 제22호 중 "제34조 제1호 · 제3호"를 "제35조 제1항 제1호 · 제2호 · 제4호"로, "제70조 단서"를 "제66조 단서"로 한다.

⑩ 지역균형개발 및 지방중소기업 육성에 관한 법률 일부를 다음과 같이 개정한다.

제18조 제1항 제2호 중 "제34조 제1호 · 제3호"를 "제35조 제1항 제1호 · 제2호 · 제4호"로, "같은 법 제70조 단서"를 "같은 법 제66조 단서"로 한다.

⑪ 토지이용규제 기본법 일부를 다음과 같이 개정한다.

별표 연번 99의 근거법률란 중 "제9조 및 제75조"를 "제27조 및 제74조"로 하고, 같은 표 연번 100의 근거법률란 중 "제14조 및 제75조"를 "제32조 및 제74조"로 하며, 같은 표 연번 101의 근거법률란 중 "제47조"를 "제53조"로 한다.

⑫ 학점인정 등에 관한 법률 일부를 다음과 같이 개정한다.

제7조 제2항 제6호 중 "제6조"를 "제24조"로 한다.

제7조(다른 법령과의 관계)

이 법 시행 당시 다른 법령에서 종전의 「문화재보호법」의 규정을 인용한 경우에 이 법 가운데 그에 해당하는 규정이 있으면 종전의 규정을 갈음하여 이 법의 해당 규정을 인용한 것으로 본다.

부칙 〈 법률 제10562호, 2011.4.6〉

이 법은 공포한 날부터 시행한다.

부칙 〈법률 제10829호, 2011.7.14〉

① (시행일) 이 법은 공포 후 3개월이 경과한 날부터 시행한다.

② (전문위원에 대한 경과조치) 이 법 시행 당시 「문화재위원회 규정」에 따라 위촉된 전문위원은 이 법에 따라 위촉된 전문위원으로 본다.

부칙 〈법률 제11037호, 2011.8.4〉 (소방시설 설치 · 유지 및 안전관리에 관한 법률)

제1조(시행일) 이 법은 공포 후 6개월이 경과한 날부터 시행한다.

제2조부터 제5조까지 생략

제6조(다른 법률의 개정) ①부터 ⑦까지 생략

⑧ 문화재보호법 일부를 다음과 같이 개정한다.

제14조제4항 중 "「소방시설설치유지 및 안전관리에 관한 법률」"을 "「소방시설 설치 · 유지 및 안전관리에 관한 법률」"로 한다.

⑨부터 〈25〉까지 생략

부칙 〈법률 제11053호, 2011.9.16〉

이 법은 공포 후 6개월이 경과한 날부터 시행한다.

부칙 〈법률 제11228호, 2012.1.26.〉

제1조(시행일)

이 법은 공포 후 6개월이 경과한 날부터 시행한다. 다만, 부칙 제2조는 공포한 날부터 시행한다.

제2조(설립준비)

① 문화재청장은 국외문화재재단의 설립에 관한 사무를 처리하기 위하여 이 법 공포일부터 30일 이내에 국외소재문화재재단설립위원회(이하 "설립위원회"라 한다)를 설치한다.

② 설립위원회는 문화재청장이 위촉하는 7명 이내의 설립위원으로 구성하며, 위원장은 문화재청차장이 된다.

③ 설립위원회는 국외문화재재단의 정관을 작성하여 기명날인하거나 서명한 후 문화재청장의 인가를 받아야 한다.

④ 설립위원회는 이 법 시행일까지 국외문화재재단의 설립등기를 완료하여야 한다. ⑤ 설립위원회는 국외문화재재단의 이사장이 임명되면 지체 없이 그 사무를 이사장에게 인계하여야 한다. ⑥ 설립위원회는 제5항에 따른 사무인계가 끝난 때에는 해산된 것으로 보며, 설립위원은 해촉된 것으로 본다.

〈해설〉

Ⅰ. 제정, 목적, 구성

1. 제정

가. "문화재보호법"은 1984년 12월 31일 법률 제3787호로 제정되었다.

나. 동 법 시행령은 1985년 5월 10일 대통령령 제11696호로 제정되었다.

2. 목적

가. 동 법은 동 법의 목적을 다음과 같이 규정하고 있다.

나. "이 법은 문화재를 보존하여 이를 활용함으로서 국민의 문화적 향상을 도모함과 아울러 인류문화의 발전에 기여함을 목적으로 한다"(제1조).

3. 구성

동 법은 7장 94조 부칙으로 구성되어 있다.

Ⅱ. 주요 내용

1. 보물 · 국보의 지정

가. 문화재청장은 문화재위원회의 심의를 거쳐 유형문화재 중 중요한 것을 보물로 지정할 수 있다(제4조 제1항).

나. 문화재청장은 문화재위원회의 심의를 거쳐 보물에 해당하는 문화재 중 인류문화의 견지에서 그 가치가 크고 유례가 드문 것을 국보로 지정할 수 있다(동 제2항).

2. 중요 문화재의 지정

가. 문화재청장은 문화재위원회의 심의를 거쳐 무형문화재 중 중요한 것은 중요무형문화재로 지정할 수 있다(제5조 제1항).

나. 문화재청장은 중요무형문화재를 지정할 때 그 보유자를 지정하여야 한다(동 제 2항).

3. 사적, 명승, 천연기념물의 지정

가. 문화재청장은 문화재위원회의 심의를 거쳐 기념물 중 중요한 것을 사적, 명승, 천연기념물로 지정할 수 있다(제6조).

나. 제6조의 규정에 의거 1982년 11월 16일 독도는 천연기념물로 지정되었다.

다. 상기 지정의 종별은 "천연기념물"이고, 지정번호는 "제336호"이고, 지정명칭은 "독도해조류번식지"이다(동 시행령 제2조 참조).

라. 1982년 11월 16일의 지정은 1999년 12월 10일 그 명칭만을 "독도해조류번식지"에서 "독도천연보호구역"으로 변경되었다. 따라서 현재 독도의 지정 종별은 "독도천연보호구역"이다.

4. 문화재의 관리

가. 문화재청장은 문화재의 화재, 도난, 훼손, 멸실 들의 예방 기타 그 보존의 안전을 위하여 필요하다고 인정할 때에는 이를 직접 관리하거나 기타 필요한 조치를 할 수 있다(제17조).

나. 제17조의 규정에 의거 1996년 6월 1일 문화재 행정지침 제 1호로 "천연기념물 제336호 독도 관리지침"이 시행되었다.

다. 동 지침은 2005년 3월 23일 폐기되고, 이는 "독도천연보호구역(동도)관리기준"으로 대체되게 되었다. 동 기준은 2005년 12월 5일 개정되게 되었다. 동 기준은 구체적 관리를 울릉군에 위임한다는 규정(제2조)에 따라 구체적 기준이 울릉군의 조례로 규정되어 있다. 이 조례의 명칭은 "울릉군 독도관람운영조례"로 2005년 7월 29일 울릉군 조제 제 1500호로 제정·공포되었다.

나. 독도 등 도서지역의 생태계보전에 관한 특별법(1997.12.13.)

독도 등 도서지역의 생태계 보전에 관한 특별법

제1조(목적)
이 법은 특정도서(特定島嶼)의 다양한 자연생태계, 지형 또는 지질 등을 비롯한 자연환경의 보전에 관한 기본적인 사항을 정함으로써 현재와 미래의 국민 모두가 깨끗한 자연환경 속에서 건강하고 쾌적한 생활을 할 수 있도록 함을 목적으로 한다.

제2조(정의)
이 법에서 사용하는 용어의 뜻은 다음과 같다.
1. "특정도서"란 사람이 거주하지 아니하거나 극히 제한된 지역에만 거주하는 섬[이하 "무인도서(無人島嶼) 등"이라 한다]으로서 자연생태계·지형·지질·자연환경(이하 "자연생태계 등"이라 한다)이 우수한 독도 등 환경부장관이 지정하여 고시하는 도서(島嶼)를 말한다.
2. "자연생태계"란 일정한 지역의 생물공동체와 이를 유지하고 있는 무기적(無機的) 환경이 결합된 물질계 또는 기능계를 말하며, 화석·종유석(鐘乳石) 등과 같이 퇴적작용, 풍화작용, 용해작용 또는 화산활동 등에 의하여 자연적으로 생성된 물질을 포함한다.

제3조(적용 범위)
이 법은 독도 등 대한민국의 주권이 미치는 특정도서의 자연생태계 등의 보호에 관한 사항에 대하여 적용한다.

제4조(특정도서의 지정 등)
① 환경부장관은 다음 각 호의 어느 하나에 해당하는 도서를 특정도서로 지정할 수 있다.
1. 화산, 기생화산(寄生火山), 계곡, 하천, 호소, 폭포, 해안, 연안, 용암동굴 등 자연경관이 뛰어난 도서
2. 수자원(水資源), 화석, 희귀 동식물, 멸종위기 동식물, 그 밖에 우리나라 고유생물종의 보존을 위하여 필요한 도서
3. 야생동물의 서식지 또는 도래지로서 보전할 가치가 있다고 인정되는 도서
4. 자연림(自然林) 지역으로서 생태학적으로 중요한 도서

5. 지형 또는 지질이 특이하여 학술적 연구 또는 보전이 필요한 도서
6. 그 밖에 자연생태계 등의 보전을 위하여 광역시장, 도지사 또는 특별자치도지사(이하 "시 · 도지사"라 한다)가 추천하는 도서와 환경부장관이 필요하다고 인정하는 도서

② 환경부장관은 특정도서를 지정하려면 관계 중앙행정기관의 장과 협의하고 관할 시 · 도지사의 의견을 들어야 한다. 특정도서의 지정을 해제하거나 변경할 때에도 또한 같다.

③ 환경부장관은 특정도서를 지정하거나 해제 · 변경한 경우에는 환경부령으로 정하는 바에 따라 그 도서의 명칭, 구역, 면적, 지정연월일 및 그 밖에 필요한 사항을 정하여 지체 없이 고시하여야 한다.

④ 다음 각 호의 어느 하나에 해당하는 경우가 아니면 특정도서의 지정을 해제하거나 축소 · 변경할 수 없다.

1. 군사상 또는 공익상 불가피한 경우와 천재지변 또는 그 밖의 사유로 특정도서로 존치(存置)할 수 없게 된 경우
2. 지정 목적에 현저히 맞지 아니하여 존치시킬 필요가 없다고 인정되는 경우

제5조(특정도서보전 기본계획)

① 환경부장관은 특정도서의 자연생태계 등을 보전하기 위하여 10년마다 특정도서보전 기본계획(이하 "기본계획"이라 한다)을 수립하고 관계 중앙행정기관의 장과 협의한 후 이를 확정한다.

② 제1항에 따른 기본계획에는 다음 각 호의 사항이 포함되어야 한다.

1. 자연생태계 등의 보전에 관한 기본방향
2. 자연생태계 등의 보전에 관한 사항
3. 그 밖에 대통령령으로 정하는 사항

③ 제1항에 따른 기본계획의 수립방법, 절차 및 그 밖에 필요한 사항은 대통령령으로 정한다.

제6조(기초조사 등)

① 환경부장관은 특정도서를 지정하거나 기본계획을 수립하기 위하여 필요한 경우에는 무인도서 등의 자연생태계 등에 대한 기초조사를 하여야 한다.

② 환경부장관은 환경변화가 뚜렷하다고 인정하는 특정도서에 대하여는 정밀조사

를 할 수 있다.

③ 환경부장관은 필요하다고 인정하는 경우에는 관계 중앙행정기관, 지방자치단체 또는 자연환경 보전을 목적으로 하는 민간단체 등과 합동으로 기초조사 또는 정밀조사를 할 수 있다.

④ 제1항부터 제3항까지의 규정에 따른 조사의 내용, 조사 방법 및 그 밖에 필요한 사항은 대통령령으로 정한다.

⑤ 환경부장관은 제1항 또는 제2항에 따른 조사를 하기 위하여 필요한 경우에는 관계 행정기관의 장에게 필요한 자료의 제출을 요청할 수 있다.

제6조의 2(도서조사원)

① 환경부장관은 제6조에 따른 조사를 하기 위하여 필요하면 도서조사원을 위촉할 수 있다.

② 도서조사원의 자격, 위촉절차 등에 관한 사항은 환경부령으로 정한다.

제6조의 3(특정도서 명예감시원)

① 환경부장관은 특정도서의 효율적인 보전을 위하여 특정도서의 보전과 관련된 법인 · 단체의 구성원, 주변지역의 주민 등을 특정도서 명예감시원으로 위촉할 수 있다.

② 특정도서 명예감시원의 자격, 위촉방법, 활동범위 등에 관한 사항은 환경부령으로 정한다.

제7조(타인 토지에의 출입 등)

① 환경부장관은 제6조에 따른 조사를 위하여 필요하면 관계 공무원 또는 제6조의 2에 따른 도서조사원(이하 이 조에서 "관계 공무원등"이라 한다)으로 하여금 타인의 토지에 출입하게 하거나 그 토지에 있는 입목(立木), 흙, 돌 및 그 밖의 장애물을 변경하거나 제거하게 할 수 있다. 다만, 「문화재보호법」에 따라 문화재(그 보호물 및 보호구역을 포함한다. 이하 같다)로 지정된 도서에서는 문화재청장 또는 시 · 도지사와 미리 협의하여야 한다.

② 제1항에 따라 타인의 토지에 출입하거나 장애물을 변경 또는 제거하려는 관계 공무원 등은 그 소유자 · 점유자 또는 관리인(이하 이 조에서 "소유자 등"이라 한다)의 동의를 받아야 한다. 다만, 토지나 장애물의 소유자등을 알 수 없어 관련 사실을 해당 도서를 관할하는 읍 · 면 · 동사무소의 게시판에 게시하거나 일간신문에 공고한 후 14일이 경과한 경우에는 그러하지 아니하다.

③ 해뜨기 전과 해가 진 뒤에는 해당 토지의 소유자등의 승낙 없이는 택지(宅地) 또는 담장이나 울타리로 둘러싸인 타인의 토지에 출입할 수 없다.
④ 토지의 소유자 등은 정당한 사유 없이 제1항에 따른 조사행위를 거부, 방해 또는 기피할 수 없다.
⑤ 제1항에 따라 타인의 토지에 출입하려는 관계 공무원 등은 환경부령으로 정하는 바에 따라 그 권한을 표시하는 증표를 지니고 이를 관계인에게 보여주어야 한다.

제8조(행위제한)
① 누구든지 특정도서에서 다음 각 호의 어느 하나에 해당하는 행위를 하거나 이를 허가하여서는 아니 된다.
1. 건축물 또는 공작물(工作物)의 신축 · 증축
2. 개간(開墾), 매립, 준설(浚渫) 또는 간척
3. 택지의 조성, 토지의 형질변경, 토지의 분할
4. 공유수면(公有水面)의 매립
5. 입목 · 대나무의 벌채(伐採) 또는 훼손
6. 흙 · 모래 · 자갈 · 돌의 채취(採取), 광물의 채굴(採掘) 또는 지하수의 개발
7. 가축의 방목, 야생동물의 포획 · 살생 또는 그 알의 채취 또는 야생식물의 채취
8. 도로의 신설
9. 특정도서에 서식하거나 도래하는 야생동식물 또는 특정도서에 존재하는 자연적 생성물을 그 섬 밖으로 반출(搬出)하는 행위
10. 특정도서로 「생물다양성 보전 및 이용에 관한 법률」 제2조제8호에 따른 생태계교란 생물을 반입(搬入)하는 행위
11. 폐기물을 매립하거나 버리는 행위
12. 인화물질을 이용하여 음식물을 조리하거나 야영을 하는 행위
13. 지질, 지형 또는 자연적 생성물의 형상을 훼손하는 행위 또는 그 밖에 이와 유사한 행위
② 제1항에도 불구하고 다음 각 호의 어느 하나에 해당하는 경우에는 제1항을 적용하지 아니한다.
1. 군사 · 항해 · 조난구호(遭難救護) 행위
2. 천재지변 등 재해의 발생 방지 및 대응을 위하여 필요한 행위
3. 국가가 시행하는 해양자원개발 행위

4. 「도서개발 촉진법」 제6조 제3항의 사업계획에 따른 개발 행위
5. 「문화재보호법」에 따라 문화재청장 또는 시·도지사가 필요하다고 인정하는 행위

③ 제2항에 따른 행위를 한 자는 그 행위의 내용과 결과를 대통령령으로 정하는 바에 따라 환경부장관에게 신고하거나 통보하여야 한다. 다만, 환경부장관의 허가를 받은 경우에는 그러하지 아니하다.

제9조(허가)

① 환경부장관은 특정도서의 지정 목적에 지장이 없다고 인정하는 경우에는 다음 각 호의 어느 하나에 해당하는 행위를 허가할 수 있다. 다만, 「문화재보호법」에 따라 문화재로 지정된 도서에 대하여는 미리 문화재청장 또는 시·도지사와 협의하여야 한다.

1. 국가나 지방자치단체가 등산로, 산책로, 도로, 공중화장실, 정자 등을 설치하는 행위
2. 자연생태계 등의 연구·조사를 목적으로 하는 행위
3. 기존의 건축물·공작물의 보수·개축(改築)
4. 그 밖에 자연생태계 등의 원형을 훼손하거나 변형시키지 아니하는 범위에서 환경부장관이 필요하다고 인정하는 행위

② 환경부장관은 제1항에 따른 허가를 할 때 필요한 조건이나 기한을 붙일 수 있다.

제10조(출입금지 등)

① 환경부장관은 특정도서의 보호·육성 또는 훼손된 자연생태계 등의 회복을 위하여 필요하다고 인정하는 경우에는 특정도서의 전부 또는 일부 지역을 지정하여 일정한 기간 동안 그 지역에의 출입을 제한하거나 금지할 수 있다. 다만, 다음 각 호의 어느 하나에 해당하는 경우에는 그러하지 아니하다.

1. 도서의 주민이 생업을 위하여 출입하는 경우
2. 군사·항해·조난구호의 목적으로 출입하는 경우
3. 천재지변 등 재해의 발생 방지 및 대응 조치를 위하여 출입하는 경우
4. 자연생태계 등의 조사를 위하여 환경부장관의 출입허가를 받은 경우
5. 「문화재보호법」에 따라 문화재청장 또는 시·도지사가 필요하다고 인정하는 경우

② 환경부장관은 제1항에 따라 출입을 제한하거나 금지하려면 환경부령으로 정하는 바에 따라 이를 공고하여야 한다.

③ 환경부장관은 출입 제한 또는 금지 사유가 소멸되었다고 인정하는 경우에는 지

체 없이 출입제한 또는 금지 조치를 해제하고 그 사실을 공고하여야 한다.

제11조(원상회복 명령 등)
환경부장관은 특정도서에서 제8조 제1항을 위반하는 행위(제8조제2항에 해당하는 행위는 제외한다)를 한 자에 대하여는 상당한 기간을 정하여 원상회복을 명할 수 있으며 원상회복이 곤란한 경우에는 그에 상응하는 조치를 할 것을 명할 수 있다.

제12조(법령위반에 대한 처분)
① 환경부장관은 다음 각 호의 어느 하나에 해당하는 자에 대하여는 이 법에 따른 허가를 취소하거나 위반행위의 정지 또는 변경을 명할 수 있다. 다만, 제1호에 해당하는 경우에는 그 허가를 취소하여야 한다.
1. 거짓이나 그 밖의 부정한 방법으로 제9조 제1항에 따른 허가를 받은 자
2. 제9조 제2항에 따른 허가 조건이나 기한을 위반한 자
② 환경부장관은 제1항에 따라 허가를 취소하려면 청문을 하여야 한다.
제12조의 2(토지 등의 매수)
① 환경부장관은 특정도서의 자연생태계 등을 보전하기 위하여 필요하다고 인정하는 경우에는 토지, 건축물 또는 그 밖의 물건(이하 "토지 등"이라 한다)의 소유자와 협의하여 토지 등을 매수할 수 있다.
② 환경부장관이 제1항에 따라 토지 등을 매수하는 경우의 매수가격은 「공익사업을 위한 토지 등의 취득 및 보상에 관한 법률」에 따라 산정(算定)한 가격에 따른다.
③ 제1항에 따른 토지 등의 매수절차와 그 밖에 필요한 사항은 대통령령으로 정한다.
제12조의 3 삭제

제13조(위임 및 위탁)
① 이 법에 따른 환경부장관의 권한은 대통령령으로 정하는 바에 따라 그 일부를 시·도지사 또는 지방환경관서의 장에게 위임할 수 있다.
② 이 법에 따른 환경부장관의 업무는 대통령령으로 정하는 바에 따라 그 일부를 환경 관련 단체에 위탁할 수 있다.

제14조(벌칙)
제8조 제1항 제1호부터 제11호까지 및 제13호의 어느 하나에 해당하는 행위(제8조

제2항에 해당하는 행위는 제외한다)를 한 자는 5년 이하의 징역 또는 3천만 원 이하의 벌금에 처한다.

제15조(양벌규정)
법인의 대표자나 법인 또는 개인의 대리인, 사용인, 그 밖의 종업원이 그 법인 또는 개인의 업무에 관하여 제14조의 위반행위를 하면 그 행위자를 벌하는 외에 그 법인 또는 개인에게도 해당 조문의 벌금형을 과(科)한다. 다만, 법인 또는 개인이 그 위반행위를 방지하기 위하여 해당 업무에 관하여 상당한 주의와 감독을 게을리 하지 아니한 경우에는 그러하지 아니하다.

제16조(과태료)
① 다음 각 호의 어느 하나에 해당하는 자에게는 300만 원 이하의 과태료를 부과한다.
1. 제7조 제4항을 위반하여 조사행위를 거부, 방해 또는 기피한 자
2. 제8조 제1항 제12호를 위반하여 특정도서에서 인화물질을 이용하여 음식물을 조리하거나 야영을 한 자
3. 제8조 제3항을 위반하여 신고하거나 통보하지 아니한 자
4. 제10조에 따른 출입 제한 또는 금지를 위반하여 특정도서에 출입한 자
5. 제11조에 따른 명령을 따르지 아니한 자

② 제1항에 따른 과태료는 대통령령으로 정하는 바에 따라 환경부장관이 부과 · 징수한다.

부칙
제1조(시행일)
이 법은 공포 후 1년이 경과한 날부터 시행한다.
제2조 및 제3조 생략
제4조(다른 법률의 개정)
① 독도 등 도서지역의 생태계 보전에 관한 특별법 일부를 다음과 같이 개정한다.
제8조 제1항 제10호 중 "「야생생물 보호 및 관리에 관한 법률」 제2조 제4호에 따른 생태계교란 야생생물"을 "「생물다양성 보전 및 이용에 관한 법률」 제2조 제8호에 따른 생태계교란 생물"로 한다.
②부터 ⑦까지 생략

〈해설〉

Ⅰ. 제정, 목적, 구성

1. 제정

가. "독도 등 도서지역의 생태보전에 관한 특별법"은 1997년 12월 13일 법률 제 5447호로 제정되었다.

나. 동 법 시행령은 1998년 6월 20일 대통령령 제15815호로 제정되었다.

2. 목적

가. 동 법은 동 법의 목적을 다음과 같이 규정하고 있다.

나. "이 법은 특정도서의 다양한 자연생태계 · 지형 또는 지질 등을 비롯한 자연환경의 보전에 관한 기본적 사항을 정함으로써 현재와 장래의 국민모두가 깨끗한 자연환경 속에서 건강하고 쾌적한 생활을 할 수 있도록 함을 목적으로 한다"(제1조).

3. 구성

동 법은 16조 부칙으로 구성되어 있다.

Ⅱ. 주요내용

1. 특정도서의 지정

가. 환경부 장관은 환경보전위원회의 심의를 거쳐 특정도서를 지정할 수 있다(제4조).

나. 특정도서의 지정은 관계 중앙행정기관의 장과 협의하고 관할시 · 도지사의 의견을 들어야 한다(제4조).

2. 특정도서 보전기본계획

가. 환경부 장관은 10년마다 특정도서의 자연생태계보전기본계획을 수립하여야 한다(제5조).

3. 행위제한

가. 특정도서 안에서는 다음의 행위를 하거나 허가할 수 없다.

(1) 건축물, 공작물의 신축, 개축, 증축
(2) 개간, 매립, 준설 또는 간척
(3) 택지의 조성, 토지의 형질변경, 토지의 분할
(4) 공유수면의 매립
(5) 입목, 죽의 벌채 또는 훼손
(6) 흙, 모래, 자갈, 돌의 채취, 광물의 채굴, 지하수의 개발
(7) 이하 (생략) (제8조 본문)

나. 다만, 군사, 항해, 조난구조행위, 천재지변 등 재해발생으로 인하여 그 방재를 위하여 필요한 행위, 국가가 시행하는 해양자원개발행위, 도시개발촉진법상 행위, 문화재보호법상 행위는 그러하지 아니하다(제8조 단서).

4. 출입금지

가. 환경부장관은 특정도서의 보호, 육성 또는 훼손된 자연생태계 등의 회복을 위하여 필요하다고 인정할 경우에는 특정도서의 전부 또는 일부 지역을 지정하여 일정한 기간 동안 그 지역에의 출입을 제한하거나 금지할 수 있다(제 10조 제1항).

나. 환경부 장관은 출입제한 또는 금지사유가 소멸되었다고 인정하는 경우에는 지체 없이 출입제한 또는 금지를 해제하고 그 사실을 공고해야 한다(동 제3항).

Ⅲ. 독도의 특정도서 지정

동 법 제4조의 규정에 따라 2000년 9월 5일 독도 전역이 특정도서로 지정되었다.

다. 독도의 지속가능한 이용에 관한 법률(2005.5.18.)

독도의 지속가능한 이용에 관한 법률

제1조(목적)
이 법은 독도와 독도 주변 해역의 이용과 보전·관리 및 생태계보호 등을 위하여 필요한 사항을 정함으로써 독도와 독도 주변 해역의 지속가능한 이용에 이바지함을 목적으로 한다.

제2조(국가 등의 기본책무)
① 국가는 독도의 보전·관리를 위하여 필요한 정책을 개발하고 시행하여야 한다.
② 국가 및 지방자치단체는 독도의 지속가능한 이용을 위한 정책을 추진할 때에는 독도와 독도 주변 해역의 생태계보호와 해양수산자원의 합리적인 관리·이용이 조화와 균형을 이루도록 하여야 한다.
③ 국가 및 지방자치단체는 독도와 독도 주변 해역을 지속적으로 이용함에 있어서 독도와 독도 주변 해역의 생태적 균형이 파괴되거나 그 가치가 떨어지지 아니하도록 하여야 한다. 다만, 독도와 독도 주변 해역의 자연환경과 자연경관이 파괴·훼손되거나 침해될 때에는 최대한 복원·복구되도록 하여야 한다.

제3조(정의)
이 법에서 사용하는 용어의 정의는 다음과 같다.
1. "지속가능한 이용"이란 현재와 장래의 세대가 동등한 기회를 가지고 독도와 독도 주변 해역을 이용하거나 그 혜택을 누릴 수 있도록 하는 것을 말한다.
2. "생태계"란 독도와 독도 주변 해역의 생물공동체와 이를 둘러싼 무기적(無機的) 또는 유기적(有機的) 환경이 결합된 물질계 또는 기능계를 말한다.
3. "독도 주변 해역의 해양수산자원"이란 독도 주변 해역에서 개발·이용이 가능한 해양생물자원, 해양광물자원 등 국가경제 및 국민생활에 유용한 자원을 말한다.
4. "독도의용수비대"란 우리의 영토인 독도를 일본의 침탈로부터 수호하기 위하여 1953년 4월 20일 독도에 상륙하여 1956년 12월 30일 국립경찰에 수비 업무와 장비 모두를 인계할 때까지 활동한 33명의 의용수비대원이 결성한 단체를 말한다.

제4조(독도의 지속가능한 이용을 위한 기본계획의 수립)
① 해양수산부장관은 독도의 지속가능한 이용을 위한 기본계획(이하 "기본계획"이라 한다)을 5년마다 수립·확정하여야 한다.
② 해양수산부장관은 기본계획을 수립할 때 미리 관계 중앙행정기관의 장과 협의를 거쳐야 한다. 이 경우 협의를 요청받은 관계 중앙행정기관의 장은 특별한 사유가 없으면 협의요청을 받은 날부터 30일 이내에 의견을 제출하여야 한다.
③ 해양수산부장관은 기본계획을 확정하려는 경우에는 제7조에 따른 독도지속가능이용위원회의 심의를 거쳐야 한다.
④ 확정된 기본계획을 변경하려는 경우에도 제2항 및 제3항을 준용한다. 다만, 대통령령으로 정하는 경미한 사항을 변경하는 경우에는 제7조에 따른 독도지속가능이용위원회의 심의를 생략할 수 있다.

제5조(기본계획의 내용)
기본계획에는 다음 각 호의 사항이 포함되어야 한다.
1. 독도와 독도 주변 해역의 지속가능한 이용에 관한 기본구상 및 추진목표
2. 독도와 독도 주변 해역의 생태계와 자연환경의 보전에 관한 사항
3. 독도 주변 해역의 해양수산자원의 합리적인 이용에 관한 사항
4. 독도 주변 해역의 해양수산자원의 이용을 위한 연구·조사에 관한 사항
5. 독도 안 시설 등의 관리 및 운용에 관한 사항
6. 독도와 연계한 관광 촉진에 관한 사항
7. 독도 거주민의 지원에 관한 사항
8. 독도 취항 선박의 지원에 관한 사항
9. 독도 주변 해양과학 연구를 위한 시설물의 설치에 관한 사항
10. 독도 관련 민간단체 지원에 관한 사항
11. 독도와 관련한 교육과 홍보활동에 관한 사항
12. 제1호부터 제11호까지의 규정에 따른 사업을 시행하는 데에 드는 경비의 산정 및 재원조달 방안에 관한 사항
13. 제1호부터 제11호까지에서 규정한 사항 외에 독도의 지속가능한 이용에 관한 사항

제6조(기본계획의 시행 등)
① 해양수산부장관은 기본계획을 확정하였을 때에는 이를 지체 없이 관계 중앙행정

기관의 장 및 지방자치단체의 장에게 통보하여야 한다.
② 해양수산부장관은 기본계획에 따라 매년 그 시행계획을 대통령령으로 정하는 바에 따라 작성하여야 한다.
③ 해양수산부장관은 시행계획의 추진성과를 2년마다 정기적으로 분석하고 그 결과를 기본계획에 반영하여야 한다.

제7조(독도지속가능이용위원회)
① 기본계획을 심의하기 위하여 해양수산부장관 소속으로 독도지속가능이용위원회(이하 "위원회"라 한다)를 둔다.
② 위원회는 위원장 1명을 포함한 20명 이내의 위원으로 구성한다.
③ 위원회의 위원장은 해양수산부장관이 되며, 위원은 다음 각 호의 사람이 된다.
1. 관계 중앙행정기관과 독도 관할 지방자치단체의 공무원으로서 대통령령으로 정하는 사람
2. 독도에 대한 전문지식과 경험이 풍부한 사람 중에서 해양수산부장관이 위촉하는 사람
④ 제3항 제2호에 따른 위원의 임기는 2년으로 하며, 연임할 수 있다.
⑤ 위원회의 운영과 그 밖에 필요한 사항은 대통령령으로 정한다.

제8조(독도의 지속가능한 이용을 위한 데이터베이스의 구축 등)
① 해양수산부장관은 독도와 독도 주변 해역의 생태계 및 해양수산자원에 관한 지식정보의 원활한 생산·보급 등을 위하여 독도의 지속가능한 이용을 위한 데이터베이스(이하 "데이터베이스"라 한다)를 구축·운영할 수 있다.
② 해양수산부장관은 관계 행정기관의 장에게 데이터베이스의 구축·운영에 필요한 자료의 제출을 요청할 수 있다. 이 경우 관계 행정기관의 장은 특별한 사유가 없으면 요청에 따라야 한다.
③ 해양수산부장관은 데이터베이스의 효율적인 구축·운영을 위하여 필요하면 데이터베이스 구축·운영을 전문기관에 위탁할 수 있다.
④ 데이터베이스의 구축·운영 및 전문기관의 위탁에 필요한 사항은 대통령령으로 정한다.

제9조(연구기관의 설립 등)
① 해양수산부장관은 제5조 각 호의 사항과 관련된 연구를 수행하기 위하여 연구

기관을 설립, 지정 · 운영하거나 관계 중앙행정기관의 장에게 그 기관의 설립, 지정 · 운영을 요청할 수 있다.

② 제1항에 따른 연구기관의 설립 또는 지정 · 운영 등에 필요한 사항은 대통령령으로 정한다.

③ 국가 또는 지방자치단체는 제5조 각 호의 사항 중 독도와 관련된 연구 · 조사 또는 홍보 활동을 수행하는 연구기관이나 민간단체에 대하여 필요한 비용의 전부 또는 일부를 지원할 수 있다.

④ 제3항에 따른 연구기관 · 민간단체의 선정 · 지원 방법 등에 필요한 사항은 대통령령으로 정한다.

제10조(독도의용수비대 지원 및 기념사업 등)

① 독도의용수비대원과 그 유가족은 「국가유공자 등 예우 및 지원에 관한 법률」과는 별도로 국가로부터 지원을 받을 수 있다.

② 국가 및 지방자치단체는 독도수호를 위한 독도의용수비대의 애국정신을 기리고 계승 · 발전시키기 위하여 학술연구 및 기념사업 등을 추진할 수 있다.

③ 제1항에 따른 지원과 제2항에 따른 학술연구 및 기념사업 추진 등에 필요한 사항은 대통령령으로 정한다.

제11조(국립묘지 안장)

국가는 독도의용수비대원 본인 또는 그 유족이 원하면 독도의용수비대원의 시신 또는 유골을 국립묘지에 안장할 수 있다. 다만, 독도의용 수비대원의 시신을 찾을 수 없는 경우에는 독도의용수비대원의 머리카락, 손톱 등 신체의 일부분도 안장할 수 있다.

제12조(국고보조)

국가는 이 법에 따른 독도 관련 사업을 시행하는 지방자치단체 또는 관계 기관이나 단체에 대하여 예산의 범위에서 그 비용의 전부 또는 일부를 보조할 수 있다.

부칙

제1조(시행일)

① 이 법은 공포한 날부터 시행한다.

② 생략
제2조부터 제5조까지 생략
제6조(다른 법률의 개정)
①부터 <581>까지 생략
<582> 독도의 지속가능한 이용에 관한 법률 일부를 다음과 같이 개정한다.
제4조 제1항, 같은 조 제2항 전단, 같은 조 제3항, 제6조 제1항부터 제3항까지, 제7조 제1항, 같은 조 제3항 각 호 외의 부분, 같은 항 제2호, 제8조 제1항, 같은 조 제2항 전단, 같은 조 제3항 및 제9조 제1항 중 "국토해양부장관"을 각각 "해양수산부장관"으로 한다.
<583>부터 <710>까지 생략

제7조 생략

〈해설〉

Ⅰ. 제정, 목적, 구성

1. 제정

가. "독도의 지속가능한 이용에 관한 법률"은 2005년 5월 18일 법률 제7497호로 제정되었다.

나. 동 법의 시행령은 2005년 11월 16일 대통령령 제19136호로 제정되었다.

2. 목적

가. 동 법은 동 법의 목적을 다음과 같이 규정하고 있다.

나. "이 법은 독도와 독도주변해역의 생태계 보호 및 해양수산자원의 합리적인 관리·이용 방안을 정함으로써 독도와 독도주변해역의 지속가능한 이용에 이바지함을 목적으로 한다."(제1조)

3. 구성

동 법은 11조 부칙으로 구성되어 있다.

Ⅱ. 주요 내용

1. 기본계획의 수립

가. 해양수산부장관은 독도의 지속가능한 이용을 위한 기본계획을 5년마다 수립 · 확정하여야 한다(제4조 제1항).

나. 동 기본계획은 독도지속가능이용위원회의 심의를 거쳐야 한다(동 제2항).

2. 기본계획의 시행

가. 해양수산부장관은 동 기본계획을 관계 중앙행정기관의 장 및 시도지사에게 통보하여야 한다(제6조 제1항).

나. 해양수산부장관은 기본계획에 따라 매년 시행계획을 작성하여야 한다(동 제2항).

3. 데이터베이스의 구축

가. 환경부 장관은 독도와 독도주변해역의 생태계 및 해양수산자원에 관한 지식정보의 원활한 생산 · 보급 등을 위하여 독도의 지속가능한 이용을 위한 데이터베이스를 구축 · 운영할 수 있다(제8조 제1항).

나. 해양수산부장관은 관계행정기관의 장에게 데이터베이스 구축 · 운영에 필요한 자료의 제출을 요청할 수 있다(동 제2항).

4. 연구기관의 설립

가. 해양수산부장관은 기본계획 사항과 관련된 연구를 수행하기 위하여 연구기관을 설립하거나 지정 · 운영할 수 있다(제9조 제1항).

나. 연구기관의 설립 또는 지정 · 운영에 관해 필요한 사항은 대통령령으로 정한다(동 제2항).

5. 독도지속가능이용위원회

가. 기본계획의 심의를 위하여 해양수산부장관 소속하에 독도지속가능이용위원회를 둔다(제7조 제1항).

나. 위원회는 위원장 1인을 포함한 12인 이내의 위원으로 구성한다(동 제2항).

6. 독도의용수비대 지원

가. 독도의용수비대원과 그 유가족은 국가로부터 지원을 받을 수 있다(제

10조 제1항).

나. 국가 및 지방자치 단체는 독도의용수비대의 애국정신을 기리고 이를 계승·발전시키기 위하여 학술연구 및 기념사업 등을 추진할 수 있다(동 제2항).

다. 국가는 독도의용수비대원 본인 또는 그 유족이 원하는 경우 독도의용수비대원의 시신 또는 유골을 국립묘지에 안장할 수 있다(제11조).

라. 울릉군 독도 관람 운영 조례

울릉군 독도관람 운영 조례

(2005. 7. 29 조례 제1500호)
개정 2006. 1. 16 조례 제1529호
2007. 8. 7 조례 제1561호

제1조(목적)
이 조례는 「문화재보호법」 제43조 및 제44조에 의하여 울릉군(이하 "군"이라 한다)에서 천연기념물 제336호 독도천연보호구역 중 독도(이하 "독도"라 한다)의 관람, 행사 등에 관한 필요한 사항을 규정함을 목적으로 한다. 〈개정 2006. 1.16〉

제2조(적용범위)
독도의 보존·관리를 위하여 「문화재보호법」에 규정이 있는 위 경우를 제외하고는 이 조례가 정하는 바에 의한다. 〈개정 2006.1.16〉

제3조(관람료 징수)
독도 내 공개지역을 관람하는 자로부터 관람료를 징수할 수 있다.

제4조(관람료 면제)
다음 각 호의 1에 해당하는 자에 대하여는 제3조의 규정에 의한 관람료를 면제한다.

1. 공무수행 및 경비 · 작전을 위하여 출입하는 자
2. 어선의 긴급 대피, 어로 준비를 위하여 입도하는 경우
3. 만 6세 이하의 어린이
4. 국 · 공립기관에서 정양 중에 있는 상이군경
5. 75세 이상 노인
6. 학생인솔 등 교육 활동을 위해 입도하는 초 · 중 · 고 교원(유치원 교사 포함)
7. 「장애인복지법」, 「국가유공자 등 예우 및 지원에 관한 법률」, 「5 · 18민주 유공자 예우에 관한 법률」, 「참전유공자 예우에 관한 법률」등 법령에 의하여 입장료가 면제된 자
8. 기타 군수가 특별한 사유가 있다고 인정하는 경우

제5조(관람시간)
① 독도 내 공개지역의 관람시간은 일출 2시간 이후부터 일몰 2시간 전까지로 한다. 다만, 필요한 경우 문화재청장의 승인을 얻어 관람시간을 변경할 수 있다.
② 독도 내 체류시간은 입도 후 1시간 이내로 한다. 다만, 관람 목적이외 행정 및 학술조사 목적 등의 경우, 문화재청장 또는 군수의 협의를 거친 때에는 그러하지 아니하다.

제6조(관람신고)
① 독도에 관람목적으로 입도하는 인원을 제외한 행사 · 집회 · 학술 조사 또는 언론사 취재 및 촬영 등의 목적으로 입도하고자 하는 자는 군에 방문 신고, 군 인터넷 홈페이지 또는 FAX를 통하여 입도신고를 하여야 한다. 〈개정 2007. 8. 7〉
② 군수는 독도의 관람여건을 감안하여 관람인원 또는 일시를 조정하여 승인할 수 있다.
③ 행사 · 집회 · 학술조사 등의 목적으로 입도 신고하는 경우에는 문화재청 및 관계부처 협의를 위하여 입도 14일전까지 신고하여야 한다.

제7조(관람인원)
① 독도에 관람 목적으로 입도하는 인원은 문화재청장이 정하는 인원을 초과할 수 없다. 다만, 인원을 초과하는 경우에는 문화재청장과 협의하여야 한다.
② 제1항의 규정에도 불구하고 조난구조 및 천재지변 등으로 인한 어민대피, 공무수행, 경비 · 작전활동 등의 경우에는 그러하지 아니하다.

제8조(관람의 제한)
① 다음 각 호에 해당하는 자에 대하여 군수는 사전에 관람을 금지시킬 수 있다.
1. 보호자를 동반하지 아니한 만 6세 이하의 어린이
2. 신고되지 아니한 행사 및 집회 등을 거행할 목적으로 행사 소품을 반입하는 것으로 판단되는 자
3. 기타 독도 관람 및 보존에 위해를 줄 수 있다고 판단되는 자
② 해조류 번식기간(4~6월)에는 관람지역 일부 구간을 통제할 수 있다.

제9조(관람장소의 제한)
① 독도에 일반 관람 및 국토 순례를 목적으로 입도하는 경우는 자연생태계 보존과 관람객의 안전을 위하여 동도 선착장에 한정하여 입도를 승인할 수 있다.
② 독도에 언론사 취재 및 촬영 목적으로 입도하는 경우에는 지정통로로 한정하여 승인할 수 있다.
③ 독도에 행사 · 집회 목적으로 입도하는 경우에는 문화재청의 협의 의견을 들은 후 동도 선착장에 한정하여 승인할 수 있다.
④ 독도에 학술조사 목적으로 입도하는 경우에는 문화재청의 협의 의견을 들은 후 승인할 수 있다.

제10조(숙박 등 제한)
① 군수는 행정, 경비 · 작전 목적 수행을 위한 경우를 제외하고는 독도 내 숙박을 허용할 수 없다. 다만, 다음 각 호의 1에 해당하는 경우에는 그러하지 아니하다.
1. 공공기관에서 학술연구 목적으로 조사를 수행하는 경우
2. 문화재청의 의견을 들어 독도 보존에 영향이 미치지 않는다고 판단되는 경우
3. 조난구조 및 천재지변으로 인한 어선 피항 또는 어로 작업준비 등의 경우
② 입도자는 독도 내에서 관람 이외에 행사 · 집해 등을 할 수 없다. 다만, 문화재청장의 의견을 들어 독도 보존에 영향이 미치지 않는다고 판단되는 경우에는 그러하지 아니하다.

제11조(안내원 및 안전요원의 배치)
① 군수는 관람자에게 독도의 역사 · 생태로 홍보 등 교육 목적을 위해 안내원을 배치할 수 있다.

② 군수는 독도의 생태계 및 경관 등의 훼손을 방지하고 관람객의 안전사고를 예방하기 위하여 안전요원을 배치하여야 한다.

제12조(안내원 및 안전요원의 복무)
① 안내원 및 안전요원은 근무 중에 지정된 복장을 단정히 착용하여야 한다.
② 안내원 및 안전요원은 겸손한 언어로서 친절히 안내하고 품위를 유지하여야 한다.
③ 안내원 및 안전요원은 관람객 등의 사고가 발생할 경우 신속히 응급조치를 취하고 군수에게 보고하여야 한다.
④ 안내원 및 안전요원은 제6조에 의하여 탐방하는 관람자를 인솔하여 안내하여야 하며, 접안시설에 대기하고 있는 관람객에 대해서는 안전사고 예방에 최선을 다하여야 한다.
⑤ 안내원 및 안전요원은 제14조 및 제15조 규정 사항에 대해 울릉도 출항 전에 관람객에게 주지시켜야 하며, 독도 내 관람 시 독도경비대의 협조를 받아 단속하여야 한다. 〈개정 2006.1.16〉
⑥ 기타 안내 업무에 따른 세부사항은 군수의 명령에 따라 처리하여야 한다.

제13조(관람자의 준수사항)
① 관람자는 독도 보존 및 안전사고 예방을 위해 안내원 및 안전요원의 안내를 받아야 한다.
② 관람자는 안내원 및 안전요원의 예방 활동을 방해하여서는 아니 된다.

제14조(행위의 제한)
① 관람자는 독도 내에서 다음 각 호의 행위를 하여서는 아니 된다.
1. 문화재보호법 제34조 허가사항에 해당하는 행위
2. 지정된 통로 이외의 출입행위
3. 음주·흡연 등의 행위
4. 쓰레기·오물 등을 투기하는 행위
5. 독도 내 암석, 시설물 등에 낙서, 암각하는 행위
6. 고성·난동 등 다른 관람자에게 지장을 주는 행위
7. 외부 동·식물 반입 및 독도 내 동·식물, 광물·암석 등을 반출하는 행위 〈개정 2007.8.7〉

8. 음식물 반입하는 행위 〈개정 2007.8.7〉
9. 독도 경비업무 및 등대업무에 지장을 주는 행위
10. 독도 내 시설물을 훼손하는 행위
11. 독도 내 취사행위
12. 독도발 출항 승선을 거부하거나 방해하는 행위

② 군수는 제1항에 해당하는 행위를 한 자에 대하여 관련법에 따라 고발할 수 있다.

제15조(상업적 광고 촬영행위 금지)

독도 내부에서 상업적 광고의 촬영 행위는 금지 한다. 다만, 공공목적을 위한 공익 광고 촬영은 제외한다.

제16조(선박운영사 준수사항)

독도를 운항하는 선박회사는 제14조 제1항 제3호 · 제4호 · 제6호 및 제7호의 준수를 위한 적절한 방안을 마련하여야 한다.

제17조(규칙)

이 조례 시행에 관하여 필요한 사항은 규칙으로 정한다. 〈개정 2006. 1.16〉

부칙

이 조례는 공포한 날부터 시행한다. 다만, 제3조는 독도 공개지역 내의 관람객의 편의시설 및 안전시설 등이 확보된 후 관람료 및 징수방법 등을 정하여 시행한다.

부칙(2006.1.16 조례 제1529호)

이 조례는 공포한 날로부터 시행한다.

부칙(2007.8.7 조례 제1561호)

이 조례는 공포한 날부터 시행한다.

3. 독도의 실효적 지배 지원 법률

가. 독도의용수비대 지원법

독도의용수비대 지원법

제1조(목적)

이 법은 독도의용수비대기념사업회를 설립하여 독도를 수호하기 위하여 특별한 희생을 한 독도의용수비대의 대원과 그 유족 등에 대하여 국가가 합당한 예우 및 지원을 함으로써 그 명예를 선양하고 국민의 애국정신 함양에 이바지함을 목적으로 한다.

제2조(정의)

이 법에서 사용하는 용어의 뜻은 다음과 같다.

1. "독도의용수비대"란 울릉도 주민으로서 우리의 영토인 독도를 일본의 침탈로부터 수호하기 위하여 1953년 4월 20일 독도에 상륙하여 1956년 12월 30일 국립경찰에 수비업무와 장비 전부를 인계할 때까지 활동한 33명의 의용수비대원이 결성한 단체를 말한다.
2. "유족 등"이란 독도의용수비대의 대원의 유족 또는 가족 중 「국가유공자 등 예우 및 지원에 관한 법률」 제5조에 따른 유족이나 가족의 범위에 해당하는 사람을 말한다.

제3조(법인격)

독도의용수비대기념사업회(이하 "기념사업회"라 한다)는 법인으로 한다.

제4조(기념사업회의 설립)

① 기념사업회는 그 주된 사무소의 소재지에서 설립등기를 함으로써 성립한다.

② 제1항에 따른 설립등기사항은 다음 각 호와 같다.

1. 목적
2. 명칭
3. 주된 사무소의 소재지
4. 임원의 성명과 주소
5. 공고의 방법

제5조(정관)

① 기념사업회의 정관에는 다음 각 호의 사항이 포함되어야 한다.

1. 목적
2. 명칭
3. 주된 사무소의 소재지
4. 사업과 그 집행에 관한 사항
5. 조직에 관한 사항
6. 임원 및 직원에 관한 사항
7. 이사회의 운영에 관한 사항
8. 자산 및 회계에 관한 사항
9. 정관의 변경에 관한 사항
10. 공고에 관한 사항

② 기념사업회는 정관을 변경하려는 경우에는 국가보훈처장의 인가를 받아야 한다.

제6조(사업)

① 기념사업회는 다음 각 호의 사업을 수행한다.

1. 독도의용수비대기념관(이하 "기념관"이라 한다) 및 기념탑의 건립 · 운영
2. 기념관 자료의 수집 · 보존 · 관리 · 전시 및 조사 · 연구
3. 기념관 자료 및 기념사업에 관한 홍보 · 교육 및 이에 관한 각종 간행물의 제작 및 배포
4. 독도에 관한 학예활동
5. 독도에 관한 역사 연구
6. 독도의용수비대의 대원과 그 유족등에 대한 예우 및 지원
7. 제1호부터 제6호까지의 사업에 부대되는 사업

② 제1항 제2호 및 제3호에서 "기념관 자료"란 독도와 독도의용수비대의 역사적 기록을 실증(實證)하기 위하여 기념사업회가 수집 · 보존 · 관리 및 전시하는 자료로서 실증적 · 역사적 가치가 있는 것을 말한다.

③ 제2항에 따른 기념관 자료 중 총포 · 도검 · 화약류 등의 무기류는 국가보훈처장의 승인을 받아 수집 · 보존 · 관리 및 전시하여야 하며, 그 무기류에 대하여는 「총포 · 도검 · 화약류 등 단속법」을 적용하지 아니한다.

④ 기념관 자료의 수집 · 보존 · 관리 및 전시에 필요한 사항은 대통령령으로 정한다.

제7조(임원)

① 기념사업회에 임원으로서 회장 1명과 부회장 3명을 포함한 11명 이내의 이사와 감사 1명을 둔다.

② 회장은 국가보훈처장이 임면(任免)하고, 부회장은 이사회에서 선임하며, 이사는 회장의 제청으로 국가보훈처장이 임면하되, 국방부장관 · 문화체육관광부장관이 추천하는 각 1명이 포함되어야 한다.

③ 감사는 국가보훈처장이 임면한다.

④ 회장을 제외한 임원은 비상근(非常勤)으로 한다.

제8조(임원의 임기)

① 회장 및 부회장을 포함한 이사의 임기는 3년, 감사의 임기는 2년으로 하며 연임할 수 있다.

② 보궐임원의 임기는 전임자 임기의 남은 기간으로 한다.

제9조(임원의 직무)

① 회장은 기념사업회를 대표하여 그 업무를 총괄하고, 소속 직원을 지휘 · 감독한다.

② 회장이 부득이한 사유로 직무를 수행할 수 없는 때에는 이사회에서 부회장 중 1명을 그 직무대행자로 선정한다.

③ 이사는 이사회에 출석하여 기념사업회의 업무에 관한 중요 사항을 심의 · 의결하고, 이사회 또는 이사장으로부터 위임받은 사항을 처리한다.

④ 감사(監事)는 기념사업회의 업무 및 회계에 관한 사항을 감사(監査)한다.

제10조(임원의 결격사유)

다음 각 호의 어느 하나에 해당하는 사람은 기념사업회의 임원이 될 수 없다.

1. 대한민국 국민이 아닌 사람
2. 「국가공무원법」 제33조 각 호의 어느 하나에 해당하는 사람
3. 정관으로 임원이 될 수 없도록 정한 사람

제11조(이사회)

① 기념사업회의 업무에 관한 중요 사항을 심의 · 의결하기 위하여 기념사업회에 이사회를 둔다.

② 이사회는 회장 및 부회장을 포함한 이사로 구성한다.
③ 이사장은 이사 중에서 호선(互選)하며, 이사회를 소집하고 그 의장이 된다. 다만, 재적이사 3분의 1 이상이 찬성하여 이사회의 소집을 요구할 때에는 이사장은 지체 없이 이사회를 소집하여야 한다.
④ 이사회는 정관에 특별한 규정이 없으면 재적이사 과반수의 출석과 출석이사 과반수의 찬성으로 의결한다.
⑤ 감사는 이사회에 출석하여 의견을 진술할 수 있다.

제12조(이사회의 기능)
이사회는 다음 각 호의 사항을 심의 · 의결한다.
1. 사업계획과 예산 및 결산에 관한 사항
2. 정관의 변경에 관한 사항
3. 독도의용수비대의 대원과 그 유족 등에 대한 예우 및 지원에 관한 사항
4. 임원의 임면에 관한 사항
5. 재산의 취득 · 관리 및 처분에 관한 사항
6. 정관에 따라 그 권한에 속하는 사항
7. 그 밖에 기념사업회의 운영상 중요한 사항으로서 이사장이 이사회의 회의에 부치는 사항

제13조(사무처)
① 기념사업회의 업무를 처리하게 하기 위하여 기념사업회에 사무처를 둔다.
② 사무처에 관한 사항은 정관으로 정한다.

제14조(보조금 및 출연 등)
① 국가와 지방자치단체는 예산의 범위에서 기념사업회의 사업과 업무수행에 필요한 경비를 보조할 수 있다.
② 개인 · 법인 또는 단체는 기념사업회의 업무수행을 지원하기 위하여 기념사업회에 금전이나 그 밖의 재산을 출연하거나 기부할 수 있다.

제15조(국유재산 · 공유재산의 무상 대부 등)
① 국가 또는 지방자치단체는 기념사업회의 설립과 운영을 위하여 필요한 경우에

는 「국유재산법」 또는 「공유재산 및 물품 관리법」에도 불구하고 기념사업회에 국유재산이나 공유재산을 무상(無償)으로 대부할 수 있다.

② 국가는 기념사업회의 운영을 위하여 필요하다고 인정할 때에는 군수품을 양여(讓與)하거나 무상으로 대부할 수 있다.

③ 제1항 및 제2항에 따른 대부 또는 양여의 조건 · 절차 등에 관하여 필요한 사항은 대통령령으로 정한다.

제16조(관람료 및 이용료)

기념사업회는 기념관의 관람료와 기념관 자료 또는 기념관 시설의 이용에 대한 이용료를 받을 수 있다.

제17조(회계연도)

기념사업회의 회계연도는 정부의 회계연도에 따른다.

제18조(사업계획 및 예산의 승인)

기념사업회는 매 회계연도의 사업계획서 및 예산서를 해당 회계연도 개시 전까지 국가보훈처장에게 제출하여 승인을 받아야 한다. 승인받은 사업계획 및 예산의 주요 내용을 변경하려는 경우에도 또한 같다.

제19조(결산보고)

기념사업회는 국가보훈처장이 지정하는 공인회계사의 검사를 받은 매 회계연도의 세입 · 세출결산서를 해당 회계연도 종료 후 60일 이내에 국가보훈처장에게 보고하여야 한다.

제20조(자료의 열람 · 복사 등의 요청 등)

① 기념사업회는 국가, 지방자치단체, 교육기관, 연구단체, 그 밖의 관계인에 대하여 자료의 열람 · 복사 · 대여 또는 위탁전시 등을 요청할 수 있다.

② 기념사업회는 제1항에 따라 자료의 열람 · 복사 · 대여 또는 위탁전시 등을 요청할 때에는 국가 또는 지방자치단체 외의 자에 대하여는 대통령령으로 정하는 바에 따라 정당한 대가를 지급하여야 한다.

제21조(지도 · 감독)
국가보훈처장은 기념사업회의 업무를 지도 · 감독한다.

제22조(지원)
독도의용수비대의 대원과 그 유족등은 「국가유공자 등 예우 및 지원에 관한 법률」에 따른 예우 및 지원 외에 제6조제1항제6호에 따라 예우 및 지원을 받을 수 있다.

제23조(준용)
기념사업회에 관하여 이 법에서 규정한 것 외에는 「민법」 중 재단법인에 관한 규정을 준용한다.

부칙
이 법은 공포한 날부터 시행한다.

나. 동북아역사재단 설립 · 운영에 관한 법률(2006.8.20)

동북아역사재단 설립 · 운영에 관한 법률

제1조(목적)
이 법은 동북아역사재단을 설립하여 동북아시아의 역사문제 및 독도 관련 사항에 대한 장기적 · 종합적인 연구 · 분석과 체계적 · 전략적 정책개발을 수행함으로써 바른 역사를 정립하고 동북아시아 지역의 평화 및 번영의 기반을 마련함을 목적으로 한다.

제2조(법인)
동북아역사재단(이하 "재단"이라 한다)은 법인으로 한다.

제3조(설립)
① 재단은 그 주된 사무소의 소재지에서 설립등기를 함으로써 성립한다.
② 제1항의 규정에 따른 설립등기사항은 다음과 같다.

1. 목적
2. 명칭
3. 주된 사무소의 소재지
4. 사업에 관한 사항
5. 임원에 관한 사항
6. 공고의 방법

제4조(정관)
① 재단의 정관에는 다음 각 호의 사항을 기재하여야 한다.
1. 목적
2. 명칭
3. 주된 사무소에 관한 사항
4. 부설연구소의 설치 및 운영에 관한 사항
5. 업무 및 그 집행에 관한 사항
6. 임원 및 직원에 관한 사항
7. 이사회에 관한 사항
8. 재산 및 회계에 관한 사항
9. 공고에 관한 사항
10. 정관의 변경에 관한 사항
11. 내부 규정의 제정 및 개폐에 관한 사항
② 재단은 정관을 변경하고자 하는 때에는 미리 교육부장관의 인가를 받아야 한다.

제5조(사업)
① 재단은 제1조의 목적을 달성하기 위하여 다음 각 호의 사업을 행한다.
1. 동북아시아의 역사정립을 위한 조사·연구
2. 독도 관련 사항에 대한 조사·연구
3. 동북아시아 역사 및 독도 관련 전략·정책대안의 개발 및 대정부 정책건의
4. 동북아시아 역사 및 독도 관련 시민사회단체에 대한 지원·교류
5. 동북아시아 역사 및 독도 관련 홍보·교육·출판 및 보급
6. 동해·독도의 표기 관련 체계적 오류시정활동
② 재단은 교육부장관의 승인을 얻어 제1항의 사업 외에 제1조의 목적을 달성하기

위하여 필요한 수익사업을 할 수 있다.

제6조(유관 연구기관과의 협조 등)
① 재단은 제1조의 목적을 달성하기 위하여 한국학중앙연구원, 국사편찬위원회 및 각 대학 등의 유관 연구기관과 연구성과 등의 정보를 공유하도록 노력하여야 한다.
② 재단은 제1조의 목적을 달성하기 위하여 제1항의 유관 연구기관과 협력사업을 할 수 있다.
③ 교육부장관은 재단이 정보공유 및 협력사업 등을 시행함에 있어 필요한 행정적·재정적 지원을 할 수 있다.

제7조(임원)
① 재단에 임원으로서 이사장 1인을 포함한 20인 이내의 이사와 감사 1인을 둔다.
② 이사장과 정관이 정하는 상근이사를 제외한 임원은 비상근으로 한다.
③ 이사장은 교육부장관의 제청에 의하여 국무총리를 거쳐 대통령이 임명한다.
④ 이사는 대통령령이 정하는 당연직 이사를 제외하고는 교육부장관이 이사장의 추천에 의하여 외교부장관과의 협의를 거쳐 임명한다.
⑤ 감사는 교육부장관이 임명한다.
⑥ 이사장 및 이사의 임기는 3년, 감사의 임기는 2년으로 하되, 1차에 한하여 중임할 수 있다. 다만, 당연직 이사의 임기는 그 재임기간으로 한다.

제8조(임·직원의 결격사유)
다음 각 호의 어느 하나에 해당하는 자는 임원 및 직원이 될 수 없다.
1. 대한민국 국민이 아닌 자
2. 「국가공무원법」 제33조 각 호의 어느 하나에 해당하는 자

제9조(임원의 직무)
① 이사장은 재단을 대표하고, 재단의 업무를 통할하며, 소속 직원을 지휘·감독한다.
② 상근이사는 정관이 정하는 바에 따라 재단의 사무를 분장하며, 이사장이 부득이한 사유로 인하여 그 직무를 수행할 수 없는 때에는 정관이 정하는 상근이사가 그 직무를 대행한다.
③ 감사는 재단의 업무 및 회계를 감사한다.

제10조(임 · 직원의 겸직제한)
① 비상근이사를 제외한 재단의 임원 및 직원은 그 직무 외에 영리를 목적으로 하는 업무에 종사하지 못한다.
② 비상근이사를 제외한 재단의 임원 및 직원은 이사장의 허가 없이 다른 직무를 겸할 수 없다.

제11조(이사회)
① 재단에 그 업무에 관한 중요사항을 심의 · 의결하기 위하여 이사회를 둔다.
② 이사회는 이사장을 포함한 이사로 구성한다.
③ 이사장은 이사회를 소집하며 그 의장이 된다.
④ 이사회의 회의는 재적이사 과반수의 출석으로 성립하고 출석이사 과반수의 찬성으로 의결한다.
⑤ 감사는 이사회에 출석하여 의견을 진술할 수 있다.

제12조(직원의 임면)
재단의 직원은 정관이 정하는 바에 따라 이사장이 임면한다.

제13조(운영재원)
재단은 다음 각 호의 재원으로 운영한다.
1. 제14조의 규정에 따른 정부의 출연금 또는 보조금
2. 그 밖의 수입금

제14조(출연금 등)
① 정부는 재단의 설립 및 운영에 소요되는 경비를 충당하기 위하여 필요한 자금을 예산의 범위 안에서 출연 또는 보조할 수 있다.
② 제1항의 규정에 따른 출연금 등의 교부 · 사용 등에 관하여 필요한 사항은 대통령령으로 정한다.

제15조(국 · 공유재산의 무상대부 등)
국가 또는 지방자치단체는 재단의 설립 및 운영을 위하여 필요하다고 인정하는 때에는 「국유재산법」 또는 「공유재산 및 물품 관리법」의 규정에 불구하고 국유재산

또는 공유재산을 재단에 무상으로 대부하거나 사용·수익하게 할 수 있다.

제16조(사업연도)
재단의 사업연도는 정부의 회계연도에 따른다.

제17조(사업계획서 등의 제출)
① 재단은 대통령령이 정하는 바에 따라 다음 각 호의 서류를 교육부장관에게 제출하고 그 승인을 얻어야 한다.
1. 사업연도별 사업계획서 및 예산서
2. 매 사업연도의 사업실적과 교육부장관이 지정하는 공인회계사의 감사를 받은 사업연도별 세입세출결산서
② 제1항 제1호의 규정에 따른 사업계획서의 중요한 내용을 변경하여 그 승인을 얻고자 하는 때에는 미리 그 변경할 내용 및 사유를 명시한 사업계획서와 예산서를 교육부장관에게 제출하여야 한다.

제18조(공무원 등의 파견)
① 재단은 그 목적달성을 위하여 특히 필요한 때에는 교육부장관을 거쳐 관계 부처 또는 공공기관에 대하여 공무원, 임·직원 또는 연구요원 등의 파견을 요청할 수 있다.
② 제1항의 규정에 따라 파견의 요청을 받은 관계 부처 또는 공공기관의 장은 재단과 협의하여 그 소속 직원을 재단에 파견할 수 있다.
③ 제2항의 규정에 따라 재단에 파견된 자는 파견을 이유로 인사·보수 등 신분상의 불이익한 대우를 받지 아니한다.

제19조(자료의 제공요청 등)
① 재단은 교육부장관을 거쳐 관계부처에 대하여 사업수행에 필요한 자료의 제공을 요청할 수 있다.
② 관계부처의 장은 이사장에 대하여 필요한 자료의 제공을 요청할 수 있다.
③ 제1항의 규정에 따라 재단에 제공된 자료는 재단의 연구목적 외에 사용할 수 없다.

제20조(동북아역사문제 등의 보고)
이사장은 동북아시아 역사문제와 독도와 관련된 국가정책에 영향을 미치는 사안에

대하여 교육부장관 및 외교부장관을 거쳐 대통령에게 보고할 수 있다.

제21조(지도 · 감독 등)

① 교육부장관은 재단을 지도 · 감독한다. 다만, 재단의 업무 중 외교부 소관 사항에 관하여는 외교부장관과 협의한다.

② 교육부장관은 제5조의 규정에 의한 사업수행에 관하여 지도 · 감독을 함에 있어서 필요하다고 인정하는 때에는 관계부처의 장과 협의할 수 있다.

③ 교육부장관은 재단에 대하여 업무 · 회계 및 재산에 관하여 필요한 사항을 보고하게 하거나 소속 공무원으로 하여금 재단의 서류 및 물품 등을 검사하게 할 수 있다.

④ 교육부장관은 제3항의 규정에 따른 보고 또는 검사의 결과 필요하다고 인정되는 경우에는 재단에 대하여 그 시정을 명하거나 그 밖에 필요한 조치를 할 수 있다.

제22조(비밀엄수의 의무)

재단의 임원이나 직원, 제18조의 규정에 따라 재단에 파견된 자 또는 그 직에 있었던 자는 직무상 알게 된 비밀을 누설하거나 직무 외의 용도로 사용하여서는 아니 된다.

제23조(「민법」의 준용)

재단에 관하여 이 법에 규정한 것을 제외하고는 「민법」 중 재단법인에 관한 규정을 준용한다.

제24조(벌칙 적용에서의 공무원 의제)

재단의 임원 및 직원(제18조의 규정에 따라 재단에 파견된 공공기관의 임 · 직원 또는 연구요원 등을 포함한다)은 「형법」 제129조 내지 제132조의 적용에 있어서는 이를 공무원으로 본다.

제25조(벌칙)

제22조의 규정을 위반한 자는 2년 이하의 징역 또는 500만 원 이하의 벌금에 처한다.

제26조(과태료)

① 제21조 제3항의 규정에 따른 검사를 거부 · 방해 또는 기피하거나 허위의 자료를 제출한 자는 100만 원 이하의 과태료에 처한다.

② 제1항의 규정에 따른 과태료는 대통령령이 정하는 바에 의하여 교육부장관이 부과ㆍ징수한다.

부칙

제1조(시행일) ① 이 법은 공포한 날부터 시행한다.
② 생략

제2조부터 제5조까지 생략

제6조(다른 법률의 개정) ①부터 〈42〉까지 생략
〈43〉 동북아역사재단 설립ㆍ운영에 관한 법률 일부를 다음과 같이 개정한다.
제4조 제2항, 제5조 제2항, 제6조 제3항, 제7조 제3항부터 제5항까지, 제17조 제1항 각 호 외의 부분, 같은 항 제2호, 같은 조 제2항, 제18조 제1항, 제19조 제1항, 제20조, 제21조 제1항 본문, 같은 조 제2항부터 제4항까지 및 제26조 제2항 중 "교육과학기술부장관"을 각각 "교육부장관"으로 한다.
제7조 제4항, 제20조 및 제21조 제1항 단서 중 "외교통상부장관"을 각각 "외교부장관"으로 한다.
제21조 제1항 단서 중 "외교통상부"를 "외교부"로 한다.
제26조 제3항부터 제5항까지를 각각 삭제한다.
〈44〉부터 〈710〉까지 생략

제7조 생략

XVI. 한·일 기본관계조약, 분쟁해결에 관한 교환공문, 한·일 어업협정

1. 한·일 기본관계조약(1965.6.22.)

한·일 기본관계조약(1965.6.22.)

대한민국과 일본국간의 기본관계에 관한 조약

대한민국과 일본국은,
양국 국민관계의 역사적 배경과, 선린관계와 주권상호존중의 원칙에 입각한 양국 관계의 정상화에 대한 상호 희망을 고려하며, 양국의 상호 복지와 공통 이익을 증진하고 국제평화와 안전을 유지하는데 있어서 양국이 국제연합 헌장의 원칙에 합당하게 긴밀히 협력함이 중요하다는 것을 인정하며, 또한 1951.9.8 샌프란시스코시에서 서명된 일본국과의 평화조약의 관계규정과 1948.12.12 국제연합 총회에서 채택된 결의 제195호(III)을 상기하며, 본 기본관계에 관한 조약을 체결하기로 결정하여, 이에 다음과 같이 양국간의 전권위원을 임명하였다.

대한민국
대한민국 외무부장관　이동원
대한민국 특명전권대사 김동조
일본국
일본국 외무대신 시이나 에쓰사부로(椎名悅三郎)
다카스끼 신이치(高杉晋一)

이들 전권위원은 그들의 전권위임장을 상호 제시하고 그것이 상호 타당하다고 인정한 후 다음의 제 조항에 합의하였다.

제1조
양 체약 당사국간에 외교 및 영사관계를 수립한다. 양 체약 당사국은 대사급 외교사절을 지체없이 교환한다. 양 체약 당사국은 또한 양국 정부에 의하여 합의되는 장소에 영사관을 설치한다.

제2조
1910년 8월 22일 및 그 이전에 대한제국과 대일본제국간에 체결된 모든 조약 및 협정이 이미 무효임을 확인한다.

제3조
대한민국 정부가 국제연합 총회의 결정 제195호(III)에 명시된 바와 같이 한반도에 있어서의 유일한 합법정부임을 확인한다.

제4조
(가) 양 체약 당사국은 양국 상호간의 관계에 있어서 국제연합 헌장의 원칙을 지침으로 한다.
(나) 양 체약 당사국은 양국의 상호의 복지와 공통의 이익을 증진함에 있어서 국제연합 헌장의 원칙에 합당하게 협력한다.

제5조
양 체약 당사국은 양국의 무역, 해운 및 기타 통상상의 관계를 안정되고 우호적인 기초 위에 두기 위하여 조약 또는 협정을 체결하기 위한 교섭을 실행 가능한 한 조속히 시작한다.

제6조
양 체약 당사국은 민간항공 운수에 관한 협정을 체결하기 위하여 실행 가능한 한 조속히 교섭을 시작한다.

제7조
본 조약은 비준되어야 한다. 비준서는 가능한 한 조속히 서울에서 교환한다.

본 조약은 비준서가 교환된 날로부터 효력을 발생한다.
이상의 증거로써 각 전권위원은 본 조약에 서명 날인한다.
1965년 6월 22일 동경에서 동등히 정본인 한국어, 일본어 및 영어로 2통을 작성하였다. 해석에 상위가 있을 경우에는 영어본에 따른다.

대한민국을 위하여 이동원, 김동조
일본국을 위하여 椎名悅三郎, 高杉晋一

Japan and the Republic of Korea,

Considering the historical background of relationship between their peoples and their mutual desire for good neighborliness and for the normalization of their relations on the basis of the principle of mutual respect for sovereignty;
Recognizing the importance of their close cooperation in conformity with the principles of the Charter of the United Nations to the promotion of their mutual welfare and common interests and to the maintenance of international peace and security; and
Recalling the relevant provisions of the Treaty of Peace with Japan signed at the city of San Francisco on September 8, 1951 and the Resolution 195 (III) adopted by the United Nations General Assembly on December 12, 1948;
Have resolved to conclude the present Treaty on Basic Relations and have accordingly

appointed as their Plenipotentiaries,

Japan:
Etsusaburo Shiina,
Minister for Foreign Affairs of Japan
Shinichi Takasugi

The Republic of Korea:
Tong Won Lee,
Minister of Foreign Affairs of the Republic of Korea
Dong Jo Kim,
Ambassador Extraordinary and Plenipotentiary of the Republic of Korea

Who, having communicated to each other their full powers found to be in good and due form, have agreed upon the following articles:

Article I
Diplomatic and consular relations shall be established between the High Contracting Parties. The High Contracting Parties shall exchange diplomatic envoys with the Ambassadorial rank without delay. The High Contracting Parties will also establish consulates at locations to be agreed upon by the two Governments.

Article II
It is confirmed that all treaties or agreements concluded between the Empire of Japan and the Empire of Korea on or before August 22, 1910 are already null and void.

Article III
It is confirmed that the Government of the Republic of Korea is the only lawful Government in Korea as specified in the Resolution 195 (III) of the United Nations General Assembly.

Article IV

(a) The High Contracting Parties will be guided by the principles of the Charter of the United Nations in their mutual relations.

(b) The High Contracting Parties will cooperate in conformity with the principles of the Charter of the United Nations in promoting their mutual welfare and common interests.

Article V

The High Contracting Parties will enter into negotiations at the earliest practicable date for the conclusion of treaties or agreements to place their trading, maritime and other commercial relations on a stable and friendly basis.

Article VI

The High Contracting Parties will enter into negotiations at the earliest practicable date for the conclusion of an agreement relating to civil air transport.

Article VII

The present Treaty shall be ratified. The instruments of ratification shall be exchanged at Seoul as soon as possible. The present Treaty shall enter into force as from the date on which the instruments of ratification are exchanged.

IN WITNESS WHEREOF, the respective Plenipotentiaries have signed the present Treaty and have affixed thereto their seals.

DONE in duplicate at Tokyo, this twenty-second day of June of the year one thousand nine hundred and sixty-five in the Japanese, Korean, and English languages, each text being equally authentic. In case of any divergence of interpretation, the English text shall prevail.

FOR JAPAN: Etsusaburo Shiina, Shinichi Takasugi

FOR THE REPUBLIC OF KOREA: Tong Won Lee, Dong Jo Kim

2. 분쟁해결에 관한 교환공문(1965.6.22.)

분쟁해결에 관한 교환공문(1965.6.22.)

한국측 서한
1965년 6월 22일
토오쿄오에서
본관은 양국 정부의 대표간에 도달된 다음의 양해를 확인하는 영광을 가집니다.
양국 정부는 별도의 합의가 있는 경우를 제외하고는 양국간의 분쟁은 우선 외교상의 경로를 통하여 해결하는 것으로 하고 이에 의하여 해결할 수가 없을 경우에는 양국 정부가 합의하는 절차에 따라 조정에 의하여 해결을 도모한다.
본관은 또한 각하가 전기의 양해를 일본국 정부를 대신하여 확인할 것을 희망하는 영광을 가집니다.
본관은 각하에게 새로이 본관의 변함없는 경의를 표합니다.

외무부장관
일본국 외무대신
시이나 에스사부로오
외무성
토오쿄오

일본측 서한
(번역문)
1965년 6월 22일
본 대신은 금일자의 각하의 다음 서한을 수령하였음을 확인하는 영광을 가집니다.
"..................(한국측 서한)...................."
본 대신은 전기의 양해를 일본국 정부를 대신하여 확인하는 영광을 가집니다.본 대신은 각하에게 새로이 본관의 변함없는 경의를 표합니다.

일본국 외무대신
대한민국 외무부장관 이동원 각하

〈해설〉

Ⅰ. 한일기본관계조약의 체결

1. 1956년 6월 22일 한일 양국은 국교를 정상화하기 위해 "한일기본관계조약"을 체결했다.
2. 같은 일자에 "분쟁의 해결에 관한 공문"이 교환되었다.

Ⅱ. 한일기본관계조약 제2조와 "분쟁해결에 관한 교환공문"의 규정

1. 한일기본관계조약 제2조 : "1910년 8월 22일 및 그 이전에 대한제국과 대일본제국간에 체결된 모든 조약 및 협정이 이미 무효임을 확인한다."
2. 분쟁해결에 관한 교환공문 : "양국정부는 별도의 합의가 있는 경우를 제외하고는 양국 간의 분쟁은 우선 외교상의 경로를 통하여 해결하는 것으로 하고 이에 의하여 해결할 수 없을 경우에는 양국정부가 합의하는 절차에 따라 조정에 의하여 해결을 도모한다."

Ⅲ. 한일기본관계조약 제2조와 분쟁해결에 관한 교환공문의 해석

1. 한일기본관계조약 제2조 : 동 조의 "이미 무효"의 의미에 관해 한일간의 해석이 대립되어 있다.

   가. 한국정부의 해석

   (1) 이미 무효는 당초부터 무효를 의미한다. 따라서 "한일합방조약"은 1910년 8월 22일부터 무효인 것이라고 해석한다.

   (2) 이 해석에 의하면 "도근현 고시 제40호"가 무효인 경우 1910년 이후 1945년까지 일본에 의한 독도의 지배는 불법적인 것으로 된다.

   나. 일본정부의 해석

   (1) 이미 무효는 1945년 항복시부로부터 무효를 의미한다. 따라서 "한일합방조약"은 1945년부터 무효인 것이라고 해석한다.

   (2) 이 해석에 의하면 "도근현 고시 제40호"가 무효라 할지라도 1910년에서 1945년까지 일본에 의한 독도의 지배는 합법적인 것으로 된다.
2. 분쟁해결에 관한 교환공문 : 동 공문의 "양국간의 분쟁"에는 독도에 관

한 문제가 포함되는 것이냐에 관해 양국정부의 해석이 대립되어 있다.

가. 한국정부의 해석

(1) "양국간의 분쟁"에는 독도에 관한 문제가 포함되어 있지 아니하다고 해석한다.

(2) 이 해석에 의하면 독도문제는 동 조약에 의해 이미 해결된 것이며, 따라서 조정에 의해 해결해야 할 사항이 아닌 것으로 된다.

나. 일본정부의 해석

(1) "양국간의 분쟁"에는 독도에 관한 문제가 포함되어 있다고 해석한다.

(2) 이 해석에 의하면 독도문제는 동 조약에 의해 이미 해결된 것이 아니며, 따라서 조정에 의해 해결해야 할 사항인 것으로 된다.

다. 한국정부의 해석의 타당성 : 다음과 같은 이유에서 한국정부의 해석이 타당하다.

(1) 동 조약 어디에도 독도에 관한 규정이 없다.

(2) 동 조약 체결 당시 독도문제는 의제로 상정되지 아니했으며, 이는 독도는 당연히 한국의 영토임을 일본이 승인한 것이다.

(3) 동 교환공문상 분쟁은 동 조약의 해석상의 분쟁을 의미한다.

3. 한 · 일 어업협정(1998.11.28.)

한 · 일 어업협정(1998.11.28.)

대한민국과 일본국 간의 어업에 관한 협정
대한민국과 일본국은,

해양생물자원의 합리적인 보존 · 관리 및 최적이용의 중요성을 인식하고,

1965년 6월 22일 도오꾜오에서 서명된 "대한민국과 일본국 간의 어업에 관한 협정"을 기초로 유지되어 왔던 양국간 어업분야에 있어서의 협력관계의 전통을 상기하고, 양국이 1982년 12월 10일 작성된 "해양법에 관한 국제연합 협약"(이하 "국제연합해양법협약"이라 한다)의 당사국임을 유념하고, 국제연합 해양법 협약에 기초하여, 양국간 새로운 어업질서를 확립하고, 양국간에 어업분야에서의 협력관계를 더욱 발전시킬 것을 희망하여, 다음과 같이 합의하였다.

제1조
이 협정은 대한민국의 배타적 경제수역과 일본국의 배타적 경제수역(이하 "협정수역"이라 한다)에 적용한다.

제2조
각 체약국은 호혜의 원칙에 입각하여 이 협정 및 자국의 관계법령에 따라 자국의 배타적 경제수역에서 타방체약국 국민 및 어선이 어획하는 것을 허가한다.

제3조
1. 각 체약국은 자국의 배타적 경제수역에서의 타방체약국 국민 및 어선의 어획이 인정되는 어종 · 어획할당량 · 조업구역 및 기타 조업에 관한 구체적인 조건을 매년 결정하고, 이 결정을 타방체약국에 서면으로 통보한다.
2. 각 체약국은 제1항의 결정을 함에 있어서, 제12조의 규정에 의하여 설치되는 한 · 일어업공동위원회의 협의결과를 존중하고, 자국의 배타적 경제수역에서의 해양생물자원의 상태, 자국의 어획능력, 상호입어의 상황 및 기타 관련요소를 고려한다.

제4조

1. 각 체약국의 권한 있는 당국은 타방체약국으로부터 제3조에서 규정하는 결정에 관하여 서면에 의한 통보를 받은 후, 타방체약국의 배타적 경제수역에서 어획하는 것을 희망하는 자국의 국민 및 어선에 대한 허가증 발급을 타방체약국의 권한 있는 당국에 신청한다. 해당 타방체약국의 권한 있는 당국은 이 협정 및 어업에 관한 자국의 관계법령에 따라 이 허가증을 발급한다.
2. 허가를 받은 어선은 허가증을 조타실의 보이기 쉬운 장소에 게시하고 어선의 표지를 명확히 표시하여 조업한다.
3. 각 체약국의 권한 있는 당국은 허가증의 신청 및 발급, 어획실적에 관한 보고, 어선의 표지 및 조업일지의 기재에 관한 규칙을 포함한 절차규칙을 타방체약국의 권한 있는 당국에 서면으로 통보한다.
4. 각 체약국의 권한 있는 당국은 입어료 및 허가증 발급에 관한 타당한 요금을 징수할 수 있다.

제5조

1. 각 체약국의 국민 및 어선이 타방체약국의 배타적 경제수역에서 어획할 때에는 이 협정 및 어업에 관한 타방체약국의 관계법령을 준수한다.
2. 각 체약국은 자국의 국민 및 어선이 타방체약국의 배타적 경제수역에서 어획할 때에는 제3조의 규정에 따라 타방체약국이 결정하는 타방체약국의 배타적 경제수역에서의 조업에 관한 구체적인 조건과 이 협정의 규정을 준수하도록 필요한 조치를 취한다. 이 조치는 타방체약국의 배타적 경제수역에서의 자국의 국민 및 어선에 대한 임검·정선 및 기타의 단속을 포함하지 아니한다.

제6조

1. 각 체약국은 타방체약국의 국민 및 어선이 자국의 배타적 경제수역에서 어획할 때에는 제3조의 규정에 따라 자국이 결정하는 자국의 배타적 경제수역에서의 조업에 관한 구체적인 조건과 이 협정의 규정을 준수하도록 국제법에 따라 자국의 배타적 경제수역에서 필요한 조치를 취할 수 있다.
2. 각 체약국의 권한 있는 당국은 제1항의 조치로서 타방체약국의 어선 및 그 승무원을 나포 또는 억류한 경우에는 취하여진 조치 및 그 후 부과된 벌에 관하여 외교경로를 통하여 타방체약국에 신속히 통보한다.

3. 나포 또는 억류된 어선 및 그 승무원은 적절한 담보금 또는 그 제공을 보증하는 서류를 제출한 후에는 신속히 석방된다.
4. 각 체약국은 어업에 관한 자국의 관계법령에서 정하는 해양생물자원의 보존조치 및 기타 조건을 타방체약국에 지체 없이 통보한다.

제7조

1. 각 체약국은 다음 각목의 점을 순차적으로 직선으로 연결하는 선에 의한 자국측의 협정수역에서 어업에 관한 주권적 권리를 행사하며, 제2조 내지 제6조의 규정의 적용상도 이 수역을 자국의 배타적 경제수역으로 간주한다.

가. 북위 32도 57.0분, 동경 127도 41.1분의 점
나. 북위 32도 57.5분, 동경 127도 41.9분의 점
다. 북위 33도 01.3분, 동경 127도 44.0분의 점
라. 북위 33도 08.7분, 동경 127도 48.3분의 점
마. 북위 33도 13.7분, 동경 127도 51.6분의 점
바. 북위 33도 16.2분, 동경 127도 52.3분의 점
사. 북위 33도 45.1분, 동경 128도 21.7분의 점
아. 북위 33도 47.4분, 동경 128도 25.5분의 점
자. 북위 33도 50.4분, 동경 128도 26.1분의 점
차. 북위 34도 08.2분, 동경 128도 41.3분의 점
카. 북위 34도 13.0분, 동경 128도 47.6분의 점
타. 북위 34도 18.0분, 동경 128도 52.8분의 점
파. 북위 34도 18.5분, 동경 128도 53.3분의 점
하. 북위 34도 24.5분, 동경 128도 57.3분의 점
거. 북위 34도 27.6분, 동경 128도 59.4분의 점
너. 북위 34도 29.2분, 동경 129도 00.2분의 점
더. 북위 34도 32.1분, 동경 129도 00.8분의 점
러. 북위 34도 32.6분, 동경 129도 00.8분의 점
머. 북위 34도 40.3분, 동경 129도 03.1분의 점
버. 북위 34도 49.7분, 동경 129도 12.1분의 점
서. 북위 34도 50.6분, 동경 129도 13.0분의 점
어. 북위 34도 52.4분, 동경 129도 15.8분의 점

저. 북위 34도 54.3분, 동경 129도 18.4분의 점
처. 북위 34도 57.0분, 동경 129도 21.7분의 점
커. 북위 34도 57.6분, 동경 129도 22.6분의 점
터. 북위 34도 58.6분, 동경 129도 25.3분의 점
퍼. 북위 35도 01.2분, 동경 129도 32.9분의 점
허. 북위 35도 04.1분, 동경 129도 40.7분의 점
고. 북위 35도 06.8분, 동경 130도 07.5분의 점
노. 북위 35도 07.0분, 동경 130도 16.4분의 점
도. 북위 35도 18.2분, 동경 130도 23.3분의 점
로. 북위 35도 33.7분, 동경 130도 34.1분의 점
모. 북위 35도 42.3분, 동경 130도 42.7분의 점
보. 북위 36도 03.8분, 동경 131도 08.3분의 점
소. 북위 36도 10.0분, 동경 131도 15.9분의 점

2. 각 체약국은 제1항의 선에 의한 타방체약국측의 협정수역에서 어업에 관한 주권적 권리를 행사하지 아니하며, 제2조 내지 제6조의 규정의 적용상도 이 수역을 타방체약국의 배타적 경제수역으로 간주한다.

제8조

제2조 내지 제6조의 규정은 협정수역 중 다음 가목 및 나목의 수역에는 적용하지 아니한다.

가. 제9조 제1항에서 정하는 수역
나. 제9조 제2항에서 정하는 수역

제9조

1. 다음 각목의 점을 순차적으로 직선으로 연결하는 선에 의하여 둘러싸이는 수역에 있어서는 부속서 I 의 제2항의 규정을 적용한다.

가. 북위 36도 10.0분, 동경 131도 15.9분의 점
나. 북위 35도 33.75분, 동경 131도 46.5분의 점
다. 북위 35도 59.5분, 동경 132도 13.7분의 점
라. 북위 36도 18.5분, 동경 132도 13.7분의 점
마. 북위 36도 56.2분, 동경 132도 55.8분의 점

바. 북위 36도 56.2분, 동경 135도 30.0분의 점
사. 북위 38도 37.0분, 동경 135도 30.0분의 점
아. 북위 39도 51.75분, 동경 134도 11.5분의 점
자. 북위 38도 37.0분, 동경 132도 59.8분의 점
차. 북위 38도 37.0분, 동경 131도 40.0분의 점
카. 북위 37도 25.5분, 동경 131도 40.0분의 점
타. 북위 37도 08.0분, 동경 131도 34.0분의 점
파. 북위 36도 52.0분, 동경 131도 10.0분의 점
하. 북위 36도 52.0분, 동경 130도 22.5분의 점
거. 북위 36도 10.0분, 동경 130도 22.5분의 점
너. 북위 36도 10.0분, 동경 131도 15.9분의 점

2. 다음 각목의 선에 의하여 둘러싸이는 수역 중 대한민국의 배타적 경제수역의 최남단의 위도선 이북의 수역에 있어서는 부속서 I 의 제3항의 규정을 적용한다.
가. 북위 32도 57.0분, 동경 127도 41.1분의 점과 북위 32도 34.0분, 동경 127도 9.0분의 점을 연결하는 직선
나. 북위 32도 34.0분, 동경 127도 9.0분의 점과 북위 31도 0.0분, 동경 125도 51.5분의 점을 연결하는 직선
다. 북위 31도 0.0분, 동경 125도 51.5분의 점에서 시작하여 북위 30도 56.0분, 동경 125도 52.0분의 점을 통과하는 직선
라. 북위 32도 57.0분, 동경 127도 41.1분의 점과 북위 31도 20.0분, 동경 127도 13.0분의 점을 연결하는 직선
마. 북위 31도 20.0분, 동경 127도 13.0분의 점에서 시작하여 북위 31도 0.0분, 동경 127도 5.0분의 점을 통과하는 직선

제10조
양 체약국은 협정수역에서의 해양생물자원의 합리적인 보존 · 관리 및 최적 이용에 관하여 상호 협력한다. 이 협력은 해당 해양생물자원의 통계학적 정보와 수산업 자료의 교환을 포함한다.

제11조
1. 양 체약국은 각각 자국의 국민과 어선에 대하여 항행에 관한 국제법규의 준수,

양 체약국 어선간 조업의 안전과 질서의 유지 및 해상에서의 양 체약국 어선간 사고의 원활하고 신속한 해결을 위하여 적절한 조치를 취한다.

2. 제1항에 열거한 목적을 위하여 양 체약국의 관계당국은 가능한 한 긴밀하게 상호 연락하고 협력한다.

제12조

1. 양 체약국은 이 협정의 목적을 효율적으로 달성하기 위하여 한·일 어업공동위원회(이하 "위원회"라 한다)를 설치한다.
2. 위원회는 양 체약국 정부가 각각 임명하는 1인의 대표 및 1인의 위원으로 구성되며, 필요한 경우 전문가로 구성되는 하부기구를 설치할 수 있다.
3. 위원회는 매년 1회 양국에서 교대로 개최하고 양 체약국이 합의할 경우에는 임시로 개최할 수 있다. 제2항의 하부기구가 설치되는 경우에는 해당 하부기구는 위원회의 양 체약국 정부대표의 합의에 의하여 언제라도 개최할 수 있다.
4. 위원회는 다음 사항에 관하여 협의하고, 협의결과를 양 체약국에 권고한다. 양 체약국은 위원회의 권고를 존중한다.
   가. 제3조에 규정하는 조업에 대한 구체적인 조건에 관한 사항
   나. 조업질서유지에 관한 사항
   다. 해양생물자원의 실태에 관한 사항
   라. 양국간 어업분야에서의 협력에 관한 사항
   마. 제9조 제1항에서 정하는 수역에서의 해양생물자원의 보존·관리에 관한 사항
   바. 기타 이 협정의 실시와 관련되는 사항
5. 위원회는 제9조 제2항에서 정하는 수역에서의 해양생물자원의 보존·관리에 관한 사항에 관하여 협의하고 결정한다.
6. 위원회의 모든 권고 및 결정은 양 체약국 정부의 대표간의 합의에 의하여서만 이를 한다.

제13조

1. 이 협정의 해석이나 적용에 관한 양 체약국간의 분쟁은 먼저 협의에 의하여 해결한다.
2. 제1항에서 언급하는 분쟁이 협의에 의하여 해결되지 아니하는 경우에는 그러한 분쟁은 양 체약국의 동의에 의하여 다음에 정하는 절차에 따라 해결한다.

가. 어느 일방체약국의 정부가 타방체약국의 정부로부터 분쟁의 원인이 기재된 당해 분쟁의 중재를 요청하는 공문을 받은 경우에 있어서 그 요청에 응하는 통보를 타방체약국 정부에 대하여 행할 때에는 그 분쟁은 그 통보를 받은 날부터 30일의 기간 내에 각 체약국 정부가 임명하는 각 1인의 중재위원과 이와 같이 선정된 2인의 중재위원이 그 기간 후 30일 이내에 합의하는 제3의 중재위원 또는 그 기간 후 30일 이내에 그 2인의 중재위원이 합의하는 제3국의 정부가 지명하는 제3의 중재위원과의 3인의 중재위원으로 구성된 중재위원회에 결정을 위하여 회부된다. 다만, 제3의 중재위원은 어느 일방체약국의 국민이어서는 아니 된다.

나. 어느 일방체약국의 정부가 가.에서 정하고 있는 기간 내에 중재위원을 임명하지 못한 경우, 또는 제3의 중재위원 또는 제3국에 대하여 가.에서 정하고 있는 기간 내에 합의되지 아니하는 경우, 중재위원회는 각 경우에 있어서의 가.에서 정하고 있는 기간 후 30일 이내에 각 체약국 정부가 선정하는 국가의 정부가 지명하는 각 1인의 중재위원과 이들 정부가 협의에 의하여 결정하는 제3국 정부가 지명하는 제3의 중재위원으로 구성된다.

다. 각 체약국은 자국의 정부가 임명한 중재위원 또는 자국의 정부가 선정하는 국가의 정부가 지명하는 중재위원에 관한 비용 및 자국의 정부가 중재에 참가하는 비용을 각각 부담한다. 제3의 중재위원이 그 직무를 수행하기 위한 비용은 양 체약국이 절반씩 부담한다.

라. 양 체약국 정부는 이 조의 규정에 의한 중재위원회의 다수결에 의한 결정에 따른다.

제14조

이 협정의 부속서 I 및 부속서 II는 이 협정의 불가분의 일부를 이룬다.

제15조

이 협정의 어떠한 규정도 어업에 관한 사항외의 국제법상 문제에 관한 각 체약국의 입장을 해하는 것으로 간주되어서는 아니 된다.

제16조

1. 이 협정은 비준되어야 한다. 비준서는 가능한 한 신속히 서울에서 교환한다. 이

협정은 비준서를 교환하는 날부터 효력을 발생한다.
2. 이 협정은 효력이 발생하는 날부터 3년간 효력을 가진다. 그 이후에는 어느 일방체약국도 이 협정을 종료시킬 의사를 타방체약국에 서면으로 통고할 수 있으며, 이 협정은 그러한 통고가 있는 날부터 6월후에 종료하며, 그와 같이 종료하지 아니하는 한 계속 효력을 가진다.

제17조
1965년 6월 22일 도오꾜오에서 서명된 "대한민국과 일본국 간의 어업에 관한 협정"은 이 협정이 발효하는 날에 그 효력을 상실한다.

이상의 증거로 아래 대표는 각자의 정부로부터 정당한 위임을 받아 이 협정에 서명하였다.
1998년 11월 28일 가고시마에서 동등하게 정본인 한국어 및 일본어로 각 2부를 작성하였다.

〈해설〉
한일 어업협정과 독도의 영유권 훼손

Ⅰ. 서설

1. 1999년 1월 22일에 효력을 발생한 "한일어업협정"은 독도의 영유권을 훼손한 것이라는 문제가 제기되어 있다.
2. 이 훼손은 영토의 훼손, 영해의 훼손, 배타적 경제수역의 훼손으로 구분해 보기로 한다.

Ⅱ. 독도의 영토훼손

1. 분쟁의 존재 묵인

가. 종래 우리 정부는 한일간의 독도영유권 문제를 분쟁(dispute)으로 보지 아니하는 입장을 견지해 왔다.

나. 동 협정은 독도를 중간수역 내에 위치하게 함으로서 (제9조 제1항) 한국이 한일간의 독도영유권 문제를 분쟁으로 스스로 묵인한 것으로 된다.

다. 왜냐하면 독도의 영유권문제 때문에 중간수역을 설정하고 독도를 그 내에 위치시킨 것이기 때문이다.

라. 독도영유권 문제가 분쟁으로 되게 되면 독도의 영유권에 관해 한국과 일본이 1:1의 관계로 되어 그만큼 한국의 독도영유권이 훼손되는 결과를 가져오게 한다.

2. 배제조항의 불리

가. 동 협정은 "이 협정의 어떠한 규정도 어업에 관한 사항 외의 국제법상 문제에 관한 각 체약국 입장을 해하는 것으로 간주되어서는 아니된다"라고 규정하고 있다(제15조).

나. 동 조는 한국의 독도영유권을 해야지 아니하는 규정으로 보이나, 일본의 다케시마 영유권을 해하지 아니하는 것으로 되어, 독도를 점유에 의해 실효적으로 지배하고 있는 한국의 독도영유권을 훼손하는 결과를 가져오게 한다.

3. 독도의 속도 부인

가. 독도는 울릉도의 속도이다. "심흥택 보고서"에는 독도가 울릉도의 속도라고 기술되어 있다. 동 협정은 울릉도로부터 독도를 분리하여 독도만을 중간수역 내에 위치시키고 있다.

나. 따라서 동 협정체결 이후 한국은 독도가 울릉도의 속도라는 주장을 더 이상 하기 어렵게 되었다.

Ⅲ. 독도의 영해훼손

1. 영해의 부인

가. 국제법상 도서는 영해를 가지며(유엔해양협약 제121조 제2항), 독도는 도서이므로 영해를 갖는다.

나. 그러나 동 협정상 중간수역 내에 위치한 독도의 영해에 관해 아무런 규정이 없으므로 독도는 중간수역만을 갖고 영해는 가지지 아니한 것이라는 해석이 가능할 수 있다. 독도가 영해를 갖는 것은 일반국제법에 의한 것이고 중간수역을 갖는 것은 동 협정, 즉 특수국제법에 의한 것이며 이들 간에 특별법우선의 원칙이 적용되기 때문이다.

2. 추적원의 부인

가. 만일 독도의 영해가 존재한다면 중간수역 내는 기국주의가 적용되므로 영해에서 범법행위를 하고 중간수역으로 진입한 일본의 선박에 대해 한국공선에 의한 추적권은 부인되게 된다.

나. 한국의 영해 또는 배타적 경제수역을 침범한 일본 선박에 대한 추적권의 부인은 독도의 영해 또는 배타적 경제수역을 훼손하는 것이다.

Ⅳ. 독도의 배타적 경제수역 훼손

1. 배타적인 배타적 경제수역의 부인

가. 독도는 배타적 경제수역을 갖는다. 동 협정은 동 협정체결 전에 인정되었던 독도의 배타적(전속적)인 배타적 경제수역을 부정하고 있다.

나. 중간수역으로 편입된 독도의 종전의 배타적 경제수역 내에서 일본의 어업권(부속서1, 제2항 가호), 해양생산물자원 보전 및 관리권고권(제12조 제4항 마호) 등이 인정되어 한국의 "배타적"인 관할권이 부정되어 있다.

2. 독도의 배타적 경제수역의 부인

가. 동 협정의 체결 협상과정에서 한일 양국은 배타적 경제수역의 범위를 각각 35해리로 할 것과 배타적 경제수역의 기점을 한국은 독도로 하지 아니하고 울릉도로 하고 일본은 오끼도로 할 것에 합의를 보았다.

나. 한국의 배타적 경제수역의 기점을 독도로 하지 아니하고 울릉도로 한 것은 한국이 독도의 영유권을 포기한 것으로 해석될 가능성이 없지 않다.

다. 장차 독도의 영유권 문제가 한일간에 논의되게 될 때, 일본은 동 협정의 선례를 따르자고 주장할 수 있게 되었다.

V. 대책

1. 협정폐기의 통고

가. 동 협정 제16조 제2항은 동 협정의 발효 후 3년이 지난 후 어느 일방체약국도 동 협정의 종료를 상대방에게 통고할 수 있도록 규정하고 있다.

나. 그러므로 동 협정 발효 후 3년이 경과한 후 언제든지 동 협정의 종료를 통고할 수 있다.

2. 해석의정서의 체결

가. 상술한 바와 같이 동 협정은 한국의 독도영유권을 훼손하는 것으로 해석될 수 있는 규정을 포함하고 있다.

나. 이와 같이 한국의 독도영유권을 훼손하는 것이므로 동 협정의 어떠한 규정도 한국의 독도영유권을 훼손하는 것으로 해석되지 아니한다는 해석의정서의 체결이 요구된다.

4. 한 · 일 어업협정에 대한 헌법재판소의 합헌결정(2001.3.21.)과 그에 대한 비판

가. 헌법재판소의 합헌결정

대한민국과 일본국 간의 어업에 관한 협정 비준 등 위헌 확인

(2001.3.21. 99헌마139 · 142 · 156 · 160(병합) 전원재판부)

【판시사항】

1. 가. 대한민국과 일본국 간의 어업에 관한 협정이 '공권력의 행사'에 해당하는지 여부 (적극)
   나. "헌법전문에 기재된 3.1정신"이 헌법소원의 대상인 "헌법상 보장된 기본권"에 해당하는지 여부 (소극)
   다. 영토권이 헌법소원의 대상인 기본권에 해당하는지 여부 (적극)
   라. 어업 또는 어업 관련 업무에 종사하지 않는 자가 청구인적격이 있는지 여부 (소극)
   마. 이 사건 협정으로 인하여 어업 또는 어업관련 업무에 종사하는 자의 기본권이 직접 침해되었다고 볼 수 있는지 여부 (적극)
2. 국회 본회의에서의 동의 의결절차가 헌법 제49조에 위반되어 국회의 의결권과 국민 개개인의 정치적 평등권을 침해하였는지 여부 (소극)
3. 합의의사록을 국회에 상정하지 아니한 것이 국회의 의결권과 국민의 정치적 평등권을 침해하였는지 여부 (소극)
4. 독도 등을 중간수역으로 정한 것이 영해 및 배타적 경제수역에 대한 국민의 주권 및 영토권을 침해하였는지 여부 (소극)
5. 65년협정에 비하여 조업수역이 극히 제한됨으로써 어획량감소로 인해 우리 어민들에게 엄청난 불이익을 초래하여 행복추구권, 직업선택의 자유, 재산권, 평등권, 보건권 등을 침해하였는지 여부 (소극)

【결정요지】

1. 가. 이 사건 협정은 우리나라 정부가 일본 정부와의 사이에서 어업에 관해 체결 · 공포한 조약 (조약 제1477호) 으로서 헌법 제6조 제1항에 의하여 국내법과 같은 효력을 가지므로, 그 체결행위는 고권적 행위로서 '공권력의 행사'

에 해당한다.

나. "헌법전문에 기재된 3.1정신"은 우리나라 헌법의 연혁적 · 이념적 기초로서 헌법이나 법률해석에서의 해석기준으로 작용한다고 할 수 있지만, 그에 기하여 곧바로 국민의 개별적 기본권성을 도출해낼 수는 없다고 할 것이므로, 헌법소원의 대상인 "헌법상 보장된 기본권"에 해당하지 아니한다.

다. 국민의 개별적 기본권이 아니라 할지라도 기본권보장의 실질화를 위하여서는, 영토조항만을 근거로 하여 독자적으로는 헌법소원을 청구할 수 없다 할지라도, 모든 국가권능의 정당성의 근원인 국민의 기본권 침해에 대한 권리구제를 위하여 그 전제조건으로서 영토에 관한 권리를, 이를테면 영토권이라 구성하여, 이를 헌법소원의 대상인 기본권의 하나로 간주하는 것은 가능한 것으로 판단된다.

라. 어업 또는 어업관련 업무에 종사하지 않는 자는 이 사건 협정으로 인해 직접적으로 기본권을 침해받은 자에 해당되지 않는다 할 것이므로, 이 사건 헌법소원청구를 할 자격이 없다.

마. 한일 양국간에 이 사건 협정이 새로이 발효됨으로 인하여, 우리나라의 어민들은 종전에 자유로이 어로활동을 영위할 수 있었던 수역에서 더 이상 자유로운 어로활동을 영위할 수 없게 된 셈이다. 이로 인해 이 사건 청구인들이 주장하는 기본권의 침해 가능성이 인정되고, 따라서 이 사건 협정은 법령을 집행하는 행위가 존재하지 아니하고 바로 법령으로 말미암아 직접 기본권이 침해되는 예외적인 경우에 해당한다.

2. 이 사건 협정의 동의 의결절차는 헌법 제49조, 국회법 제112조 제3항 위반으로 인정할 수 있는 증거가 없다.

3. 이 사건 협정의 합의의사록은 한일 양국 정부의 어업질서에 관한 양국의 협력과 협의 의향을 선언한 것으로서, 이러한 것들이 곧바로 구체적인 법률관계의 발생을 목적으로 한 것으로는 보기 어렵다 할 것이므로, 합의의사록은 조약에 해당하지 아니하고, 이를 국회에 상정하지 아니한 것이 국회의 의결권과 국민의 정치적 평등권을 침해하였다고 볼 수 없다.

4. 이 사건 협정은 배타적 경제수역을 직접 규정한 것이 아닐 뿐만 아니라 배타적 경제수역이 설정된다 하더라도 영해를 제외한 수역을 의미하며, 이러한 점들은 이 사건 협정에서의 이른바 중간수역에 대해서도 동일하다고 할 것이므로 독도가 중간수역에 속해 있다 할지라도 독도의 영유권문제나 영해문제와는 직접적

인 관련을 가지지 아니한 것임은 명백하다 할 것이다.

5. 조업수역의 축소와 어획량의 감축에 따른 어민들의 손실은 이 사건 협정에 의하여 초래되었다기보다는 UN해양법협약의 성립 · 발효에 의한 세계해양법질서의 변화에 기인한 것으로서 그와 같은 변화에 따라서 한일 양국이 배타적경제수역체제를 각자 국내실정법으로 규정함으로써 이 사건 협정의 성립 여부와는 관계없이 한일 양국의 연안해역에서 배타적 경제수역이 시행되게 되었고, 다만 국제법우위의 원칙에 의해 65년협정이 유효함으로 인하여 그 적용이 되지 않았을 뿐이나, 65년협정이 일본의 일방적인 종료선언으로 인해 1999.1.22 종료되게 됨으로써 더 이상 상호간의 배타적경제수역내에서는 어업이 불가능한 상황이 예상되었다.

   또한 한일 양국의 마주보는 수역이 400해리에 미치지 못하여 서로 중첩되는 부분이 생겨나게 되었고, 이로 인해 양국간의 어로활동에 있어서의 충돌은 명약관화한 것이었으므로 이러한 사태는 피하여야 한다는 양국의 공통된 인식에 입각하여 협상이 이루어진 결과 성립된 것이 이 사건 협정이라 할 것이며, 이 사건 협정은 어업에 관한 한일 양국의 이해를 타협 · 절충함에 있어서 현저히 균형을 잃은 것으로는 보이지 않는다고 일응 평가할 수 있으므로, 청구인들의 헌법상 보장된 행복추구권, 직업선택의 자유, 재산권, 평등권, 보건권은 침해되었다고 볼 수 없다.

재판관 하경철, 재판관 김영일의 반대의견

헌법재판소법 제68조 제1항에 의한 헌법소원에 있어, 적법요건으로서 "헌법상 보장된 기본권을 침해받은 자"는 "헌법상 보장된 기본권을 침해받았다고 주장하는 자"로 해석하여야 한다고 일반적으로 이해되고 있으나, 이와 같이 이해하는 경우에 있어서도, 심판청구인의 주장 자체에서, 침해된다는 기본권을 기본권으로서 받아들일 수 없는 때, 그 주장하는 기본권이 존재하지 아니함이 명백한 때 등의 경우에는 위의 적법요건을 갖추었다고 할 수 없다.

이 사건 어업협정 체결 당시에 65년협정하의 수역에서의 자유로운 어획이 가능한 것이었음을 전제로 이 사건 어업협정이 청구인들의 행복추구권, 직업선택의 자유, 재산권, 평등권, 보건권을 침해하였다는 주장은, 명백히 청구인들에게 있지도 아니한 기본권을 기본권이라 내세우고, 침해되지도 아니한 것임에도 이 사건 어업협정의 체결이 청구인들의 기본권을 침해한 것이라 주장하고 있는 데 불과하며, 이 사건 심판청구는 청구인들이 헌법상 보장된 기본권을 침해받게 되는 경우가 아님이 명백하여 부적법하므로 이를 각하하여야 한다.

【심판대상법률(조약)】

대한민국과 일본국간의 어업에 관한 협정(조약 제1477호) : 별지 참조

【참조조문】

헌법 제3조, 제6조 제1항, 제10조, 제11조 제1항, 제15조, 제23조 제1항, 제36조 제3항, 제49조

국회법 제112조 (표결방법)

① 전자투표에 의한 기록표결로 가부를 결정한다. 다만, 투표기기의 고장 등 특별한 사정이 있을 때에는 기립표결로 가부를 결정할 수 있다.

② 중요한 안건으로서 의장의 제의 또는 의원의 동의로 본회의의 의결이 있거나 재적의원 5분의 1 이상의 요구가 있을 때에는 기명 · 호명 또는 무기명투표로 표결한다.

③ 의장은 안건에 대한 이의의 유무를 물어서 이의가 없다고 인정한 때에는 가결되었음을 선포할 수 있다. 그러나 이의가 있을 때에는 제1항 또는 제2항의 방법으로 표결하여야 한다.

④~⑦ 생략

배타적 경제수역법 제2조 (배타적 경제수역의 범위)

① 대한민국의 배타적 경제수역은 협약의 규정에 맞추어 영해 및 접속수역법 제2조에 규정된 기선으로부터 그 외측 200해리의 선까지에 이르는 수역 중 대한민국의 영해를 제외한 수역으로 한다.

② 대한민국과 대향하거나 인접하고 있는 국가(이하 "관계국"이라 한다)간의 배타적 경제수역의 경계는 제1항의 규정에 불구하고 국제법을 기초로 관계국과의 합의에 따라 확정한다.

배타적 경제수역법 제3조 (배타적 경제수역에 있어서의 권리)
대한민국은 배타적 경제수역에서 다음 각 호의 권리를 가진다.
1. 해저의 상부수역, 해저 및 그 하층토의 생물이나 무생물 등 천연자원의 탐사·개발·보존 및 관리를 목적으로 하는 주권적 권리와 해수·해류 및 해풍을 이용한 에너지생산 등 경제적 개발 및 탐사를 위한 그 밖의 활동에 관한 주권적 권리
2. 다음 각목에 관하여 협약에 규정된 관할권
가. 인공섬·시설 및 구조물의 설치·사용
나. 해양과학조사
다. 해양환경의 보호 및 보전
3. 협약에 규정된 그 밖의 권리

배타적 경제수역법 제5조 (대한민국의 권리행사 등)
① 외국과의 협정으로 달리 정하는 경우를 제외하고 대한민국의 배타적 경제수역에서는 제3조의 규정에 의한 권리를 행사 또는 보호하기 위하여 대한민국의 법령을 적용한다. 동조 제2호 가목의 인공섬·시설 및 구조물에서의 법률관계에 대하여도 또한 같다.
② 제3조의 규정에 의한 대한민국의 배타적 경제수역에 있어서의 권리는 대한민국과 관계국간에 별도의 합의가 없는 경우 대한민국과 관계국의 중간선 외측의 수역에서는 이를 행사하지 아니한다. 이 경우 "중간선"이라 함은 그 선상의 각 점으로부터 대한민국의 기선상의 가장 가까운 점까지의 직선거리와 관계국의 기선상의 가장 가까운 점까지의 직선거리가 같게 되는 선을 말한다.
③ 생략

영해 및 접속수역법 제1조 (영해의 범위)
대한민국의 영해는 기선으로부터 측정하여 그 외측 12해리의 선까지에 이르는 수역으로 한다. 다만, 대통령령이 정하는 바에 따라 일정수역에 있어서는 12해리 이내에서 영해의 범위를 따로 정할 수 있다.

영해 및 접속수역법 제2조 (기선)
① 영해의 폭을 측정하기 위한 통상의 기선은 대한민국이 공식적으로 인정한 대축척해도에 표시된 해안의 저조선으로 한다.

② 지리적 특수사정이 있는 수역에 있어서는 대통령령으로 정하는 기점을 연결하는 직선을 기선으로 할 수 있다.

영해 및 접속수역법 제3조의 2 (접속수역의 범위)
대한민국의 접속수역은 기선으로부터 측정하여 그 외측 24해리의 선까지에 이르는 수역에서 대한민국의 영해를 제외한 수역으로 한다. 다만, 대통령령이 정하는 바에 따라 일정수역에 있어서는 기선으로부터 24해리 이내에서 접속수역의 범위를 따로 정할 수 있다.

대한민국과 일본국간의 양국에 인접한 대륙붕 남부구역에서의 공동개발에 관한 협정 제28조
본 협정의 어느 규정도 공동개발 구역의 전부나 어느 부분에 대한 주권적 권리의 문제를 결정하는 것으로 볼 수 없으며, 대륙붕 경계확정에 관한 각 당사국의 입장을 침해하는 것으로 볼 수 없다.

해양법에 관한 국제연합협약 제55조 (배타적 경제수역의 특별한 법제도)
배타적 경제수역은 영해 밖에 인접한 수역으로서, 연안국의 권리와 관할권 및 다른 국가의 권리와 자유가 이 협약의 관련규정에 의하여 규율되도록 이 부에서 수립된 특별한 법제도에 따른다.

해양법에 관한 국제연합협약 제56조 (배타적 경제수역에서의 연안국의 권리, 관할권 및 의무)
1. 배타적 경제수역에서 연안국은 다음의 권리와 의무를 갖는다.
  (a) 해저의 상부수역, 해저 및 그 하층토의 생물이나 무생물 등 천연자원의 탐사, 개발, 보존 및 관리를 목적으로 하는 주권적 권리와, 해수 · 해류 및 해풍을 이용한 에너지생산과 같은 이 수역의 경제적 개발과 탐사를 위한 그 밖의 활동에 관한 주권적 권리
  (b) 이 협약의 관련규정에 규정된 다음 사항에 관한 관할권
    (i) 인공섬, 시설 및 구조물의 설치와 사용
    (ii) 해양과학조사
    (iii) 해양환경의 보호와 보전
  (c) 이 협약에 규정된 그 밖의 권리와 의무

2.~3. 생략

해양법에 관한 국제연합협약 제57조 (배타적 경제수역의 폭)
배타적 경제수역은 영해기선으로부터 200해리를 넘을 수 없다.

해양법에 관한 국제연합협약 제74조 (대향국간 또는 인접국간의 배타적 경제수역의 경계획정)

1. 서로 마주보고 있거나 인접한 연안을 가진 국가간의 배타적 경제수역 경계획정은 공평한 해결에 이르기 위하여, 국제사법재판소규정 제38조에 언급된 국제법을 기초로 하는 합의에 의하여 이루어진 다.
2. 상당한 기간 내에 합의에 이르지 못할 경우 관련국은 제15부에 규정된 절차에 회부한다.
3. 제1항에 규정된 합의에 이르는 동안, 관련국은 이해와 상호협력의 정신으로 실질적인 잠정약정을 체결할 수 있도록 모든 노력을 다하며, 과도적인 기간 동안 최종 합의에 이르는 것을 위태롭게 하거나 방해하지 아니한다. 이러한 약정은 최종적인 경계획정에 영향을 미치지 아니한다.
4. 관련국간에 발효 중인 협정이 있는 경우, 배타적 경제수역의 경계획정에 관련된 사항은 그 협정의 규정에 따라 결정된다.

조약법에 관한 비엔나협약 제2조 (용어의 사용)

1. 이 협약의 목적상 (a) "조약"이라 함은 단일의 문서에 또는 2 또는 그 이상의 관련문서에 구현되고 있는가에 관계없이 또한 그 특징의 명칭에 관계없이, 서면형식으로 국가간에 체결되며 또한 국제법에 의하여 규율되는 국제적 합의를 의미한다.
   (b).~(i). 생략
2. 생략

【참조판례】

2. 헌재 2000.2.24. 99헌라1, 판례집 12-1, 115

【당 사 자】

청 구 인

1. 임 ○(99헌마139 사건)
2. 유○구(99헌마142 사건)

대리인 법무법인 부산종합법률사무소 담당변호사 허진호

3. 장○우(이하 99헌마156 사건)
4. 조○희
5. 신○대

위 3, 4, 5 청구인의 대리인 변호사 장○우 외 2인

6. 김○환(이하 99헌마160 사건)
7. 김○룡
8. 김○기
9. 손 ○
10. 성○근
11. 최○규
12. 황○길
13. 탁○식
14. 정○봉

위 청구인 6. 내지 13. 대리인 변호사 정인봉

【주 문】

청구인 임○, 장○우, 조○희, 신○대, 정○봉의 각 심판청구를 각하하고, 나머지 청구인들의 심판청구를 모두 기각한다.

【이 유】

1. 사건의 개요와 심판대상

가. 사건의 개요

(1) 99헌마139

충주에서 변호사업무에 종사하고 있는 청구인은 대한민국과 일본국간의 어업에 관

한 협정(1998.11.23. 조약 제1477호로 체결되고 1999.1.22. 발효된 것)이 우리나라의 영토인 독도와 그 주변 영해를 공동관리수역 안에 포함시켜 이에 대한 우리나라의 배타적 지배권을 배제함으로써 국민의 한 사람인 청구인의 행복추구권과 재산권을 본질적으로 침해하여 위헌이라고 주장하면서 1999.3.12. 이 사건 헌법소원심판을 청구하였다.

(2) 99헌마142
청구인은 어선 ○○호의 선주로서 우리나라와 일본 사이의 해역에서 활오징어 채낚이조업을 하는 자이며 어민들의 권익 수호를 위하여 전국적으로 조직된 전국어민 총연합회 회장이다.
그런데 청구인은 1998. 11. 28. 일본국 가고시마에서 서명되고 1999.1.6. 제199회 임시국회의 제6차 본회의에서 비준동의안이 가결되고 1999.1.22. 발효된 대한민국과 일본국간의 어업에 관한 협정(조약 제1477호)과 그 합의의사록이 헌법상 보장된 국민의 영토권, 평등권, 행복추구권, 직업선택의 자유 및 재산권 등 청구인의 기본권을 침해하여 헌법에 위반된다고 주장하면서 1999.3.16. 이 사건 헌법소원심판을 청구하였다.

(3) 99헌마156
청구인 장○우는 한나라당의 시흥지구당 위원장, 청구인 조○희는 한나라당 구로을지구당 위원장, 청구인 신○대는 한나라당 당원이다. 청구인들은 1998.11.28. 일본국 가고시마에서 서명되고 1999.1.6. 제199회 임시국회의 제6차 본회의에서 비준동의안이 가결되고 1999.1.22. 발효된 대한민국과일본국간의 어업에 관한 협정 (조약 제1477호) 이 헌법상 보장된 청구인들의 기본권을 침해하여 무효라고 주장하면서 1999.3.22. 이 사건 헌법소원심판을 제기하였다.

(4) 99헌마160
청구인들은 어업에 종사하고 있는 자들로서, 청구인 김○환은 전국 어민후계자 중앙연합회 4·5대 회장을 역임한 자이고, 청구인 김○룡은 전국 어민 후계자 3대 회장, 강원도 유자망 연합회 회장을 역임한 자이며, 청구인 김○기는 전국어민후계자 중앙연합회 감사를 지내고 있는 자이고, 청구인 손○은 전국어민후계자 중앙연합회의 부회장, 청구인 성○근은 전국어민후계자 중앙연합회의 경상남도 회장을 지내고 있는 자이며, 청구인 최○규는 속초수협의 이사, 청구인 황○길은 속초수협의 소형채낚기 선주협회 이사, 청구인 탁○식은 속초수협의 이사를 지내고 있는 자이며, 청구인 정○봉은 변호사로 활동하고 있다.

그런데 이들 청구인들은 대한민국과 일본국간의 어업에 관한 협정이 헌법상 보장된 자신들 및 후손들의 영토에 관한 권리 · 행복추구권 · 평등권, 자신들의 직업선택의 자유 · 재산권 등을 침해하여 헌법에 위반된다고 주장하며 1999.3.23. 이 사건 헌법소원심판을 청구하였다.

나. 심판대상

이 사건의 심판대상은 대한민국과 일본국간의 어업에 관한 협정(이하 "이 사건 협정"이라 한다)이고, 그 내용은 별지와 같다.

2. 청구인의 주장 및 관계기관의 의견

가. 청구인의 주장

(1) 99헌마139

우리나라 헌법 제3조는 "대한민국의 영토는 한반도와 그 부속도서로 한다."고 규정되어 있으므로 우리나라의 영토인 독도는 헌법과 하위법령에 의하여 지켜져야 하며, 공무원들도 이를 지켜야한다. 그럼에도 우리나라 정부는 1999.1.6. 일본과 사이에 이 사건 협정을 체결하면서 독도를 중간수역으로 규정하여 독도와 그 주변 영해에 대한 배타적 지배권을 포기하였다.

따라서 이 사건 협정은 우리나라의 영토주권을 포기하여 헌법에 위반된 것이며, 이로 인하여 청구인이 우리나라 국민으로서의 긍지와 자부심을 가지는 등 인간다운 생활을 할 권리, 행복추구권과 독도에 대한 재산권을 침해당하였다.

(2) 99헌마142

(가) 이 사건 협정에 대하여 1999.1.6. 국회 본회의에서 동의 여부를 의결함에 있어서 당시 사회를 맡은 국회부의장 김봉호가 국회의원들에게 이의가 있는지를 묻자 한나라당 소속 의원들이 일제히 "이의 있습니다"라고 하여 반대의사를 표명하였으므로 헌법 제49조 및 국회법 제112조 제1항 및 제2항에 의한

과반수 찬성의 표결을 거쳐야 함에도 불구하고 마치 아무런 이의가 없는 양 일방적으로 가결 선포를 하였고, 이는 헌법 제49조에 위반되었으므로 이 사건 협정은 국회의 동의를 거친 것이 아니며, 따라서 국회의 의결권을 침해하였고 국회의원을 선출한 국민 개개인의 정치적 평등권(헌법 제11조)을 침해하였다.

(나) 이 사건 협정의 합의의사록은 아예 국회에 상정하지도 아니하였고 동의 여부에 대한 국회의 결의를 거친 바도 없으므로 국회의 의결권을 침해하였고 국회의원을 선출한 국민 개개인의 정치적 평등권(헌법 제11조)을 침해하였다.

(다) 우리나라는 당연히 독도를 기점으로 하여 200해리 배타적 경제수역을 가지는 것임에도 불구하고 이 사건 협정에서 독도해역을 중간수역에 포함시켜 한일 양국이 공동관리 하도록 하였으며, 또한 배타적 경제수역의 경계선은 대륙붕 및 그 상부 수역의 경계선과 동일한 것이므로 제주도 남쪽의 한일 대륙붕 공동개발수역의 어업수역은 그 전부를 우리나라와 일본의 공동수역으로 하여야 하는 것임에도 불구하고 이 사건 협정에서는 그 중 일부에 대하여만 중간수역으로 정함으로써 영해 및 배타적 경제수역에 대한 국민의 주권과 영토권이 침해되었고, 나아가 경제적 기본권 및 직업선택의 자유가 침해되었다.

(라) 이 사건 협정으로 인하여 활오징어 조업해역이 극히 제한되었고 따라서 어획량이 감소되었으며, 일본으로부터의 어선나포의 위험에 직면해 있고, 우리나라의 수많은 어민들 역시 같은 피해를 당함으로써 헌법 제10조의 행복을 추구할 권리와 제15조의 직업선택의 자유 및 제23조의 재산권이 침해되었다.

(3) 99헌마156

(가) 조약의 비준동의 등의 의결과정에서 반대의사가 있는 경우 국회법 제112조에 의하여 표결을 거쳐야 함에도 당시 국회부 의장 김봉호는 야당인 한나라당 국회의원들의 반대의사의 표시를 무시하고 이의가 없는 양 일방적으로 가결되었다고 선포하였는바, 이는 국회의원의 비준동의안 심의표결권을 명백히 침해한 행위일 뿐만 아니라 정당한 절차에 의하여 조약비준 동의를 보장받을 수 있는 청구인들의 권리를 침해한 것으로서 원천적으로 무효의 협정이다.

(나) 이 사건 협정은 우리나라 영토인 독도를 중간 수역에 포함시켜 독도에 대한 우리나라 영유권을 포기하고 나아가 인근 어장을 포기하여 일본의 어민만을 보호하고 우리나라의 어민의 권리를 박탈하여 우리 어민의 권리를 합리적인

근거 없이 제한하였으며 나아가 청구인들의 수산물에 의한 영양섭취를 불가능하게 함으로써 청구인들의 대한민국 국민으로서의 영토에 관한 권리, 국제조약 체결에 있어서의 외국에 대한 평등권, 국민으로서의 정당한 영양을 섭취할 수 있는 권리, 수산물을 섭취할 수 있는 행복추구권, 보건에 관한 정당한 보호를 받을 수 있는 권리, 청구인들의 자손들의 행복추구권을 침해하였다.

(4) 99헌마160

(가) 이 사건 협정의 국회본회의의 의결절차에 있어서, 한나라당 소속 의원들이 비준안 통과 시 "이의 있음"의 반대의사 표명을 명백히 하였음에도 당시 사회를 본 국민회의 소속 국회부의장 김봉호는 이를 원천적으로 무시하고, 위 비준안을 의결한 것은 국민의 대표기관이자 헌법기관인 국회의원의 법률안 심의표결권을 명백히 침해한 행위로서 원천적으로 무효이다.

(나) 이 사건 협정은 독도가 우리나라의 영토인 사실을 망각하고 독도를 중간수역에 포함시킴으로써 우리나라 영토의 일부인 독도의 영유권을 포기한 것이기 때문에 대한민국 국민인 청구인들의 영토에 관한 권리를 침해하였을 뿐만 아니라, 외국과의 협상에서 아무런 준비도 없이 일방적으로 불리한 조항을 넣어서 후손의 영토에 대한 권리와 행복추구권을 침해하였다.

(다) 이 사건 협정은 제헌헌법 이래의 우리의 근본이념을 망각하고 일본에 대하여 저자세이고 치욕적인 자세를 취하였으며, 독도의 영유권을 포기하고 나아가 어장을 포기하다시피 함으로써 일본에 대해 1910년의 경술국치 이래 가장 굴욕적인 자세를 취하였던바, 이는 헌법 전문에 기재된 3.1정신을 근본적으로 위배한 것이다.

(라) 이 사건 협정은 일본의 어민만을 보호하고 우리나라의 어민을 무시하고 우리 어민의 권리를 박탈하기 위한 규정에 시종하고 있는 것으로서, 그 조약체결의 경위 및 비준안의 국회통과 경위에서 보는 바와 같이 일방적으로 우리 어민의 권리를 합리적인 이유와 절차 없이 제한한 법률로서 특히 우리들의 후손에게도 씻을 수 없는 불평등을 계속하여 강요하는 것이어서 헌법 제11조 제1항의 평등의 원치에 위반한다.

(마) 이 사건 협정은 기존의 어업협정과 비교하여 볼 때 우리나라의 어민에 대하여 엄청난 불이익을 야기한 것이고, 이 사건 협정 이후 거의 출어를 포기한 상태이므로 청구인들의 직업선택의 자유와 행복추구권을 침해하였을 뿐만 아

니라, 국민들로 하여금 최소한도의 수산물에 의한 영양섭취를 불가능하게 하였거나 심히 어렵게 만들었기 때문에 청구인들의 행복추구권이 박탈되었다.

(바) 국가는 당연히 국내어업의 활성화를 통한 수산물의 포획 등을 보장함으로써 그러한 수산물을 섭취하는 국민의 보건을 보장하여야 함에도 불구하고 이와 같은 보호를 하지 아니함은 물론이고 이미 존재하는 기득권을 포기하도록 강요하는 것이므로 이 사건 협정은 국민보건에 관한 국가의 보호 의무를 규정한 헌법 제36조 제3항에 위배된다.

나. 외교통상부장관의 의견요지 (99헌마139, 142, 156, 160 종합)

(1) 이 사건 협정은 국민의 권리 · 의무관계가 아닌 국가간의 권리 · 의무관계만을 내용으로 하는 조약에 해당되므로 헌법소원의 대상이 될 수 없다. 이 사건 협정이 헌법소원의 대상이 된다고 하더라도, 이를 심사함에 있어서는 헌법재판소의 결정에 따라 발생할 수 있는 국제법상의 여러 효과를 다차원적으로 고려할 필요가 있다.

(2) 청구인이 국민의 주권과 영토권의 침해 여부를 다투는 것은 자기관련성이 없어 부적법하고, 청구인들의 기본권침해는 이 사건 협정에 의해서가 아니라 청구인들이 어업활동을 할 수 없도록 하는 행정청의 행위에 의해서 발생할 수 있는 것이기 때문에, 이 사건 심판청구는 직접성요건을 충족하지 못하여 부적법하다.

(3) 이 사건 협정의 국회비준과정에서 의결절차상의 하자는 없었으며, 합의의사록은 회의나 협상에서 논의된 사항을 정리하여 기록한 의사록이어서 그 성격상 법적 권리의무관계를 설정하는 조약이 아니므로 국회비준의 대상이 아니다.

(4) 이 사건 협정은 배타적 경제수역의 경계획정이 미결된 상태에서 우선 잠정적인 어업체제를 수립하기 위하여 체결된 것이므로 독도의 영유권문제와는 무관하다. 또한 이 사건 협정은 영해 이원의 배타적 경제수역만을 대상으로 하기 때문에 독도가 동해 중간수역 안에 위치하고 있다 하더라도 독도와 그 영해는 중간수역에서 제외되므로 그 지위에는 아무런 영향을 받지 아니한다. 또한, 헌법 제3조는 국민 개개인에게 영토에 대한 권리를 부여하지 않기 때문에, 이 사건 협정으로 인하여 헌법이 보장하는 독도에 대한 영토권이 침해될 소지가 없다.

(5) 제주도 남부수역 안에는 어떠한 도서도 위치해 있지 않으므로, 제주도 남부에

공동관리수역을 설정한 것은 영해에 관한 국민의 주권과 영토권을 침해할 여지가 없다. 제주도 남부수역에서의 배타적 경제수역의 경계획정과 대륙붕의 경계획정은 추후 한일간의 합의에 의하여 해결되어야 할 과제로 남아 있으며, 이 사건 협정에 의하여 영향을 받지 아니한다.

(6) 이 사건 협정으로 인하여 어민들이 조업하던 기존의 어장일부가 축소된 것은 사실이나, 이는 국제연합해양법협약 하에서 연안국의 권리가 강화됨에 따른 불가피한 상황이므로 이 사건 협정을 1965년의 구 한일어업협정과 단순히 비교평가하는 것은 부당하고, 이 사건 협정이 체결되지 아니하였을 경우와 비교평가하는 것이 타당하다. 그런데 무협정상태 하에서라면 중간선 이원의 일본측 배타적 경제수역에서는 우리 어선이 모두 철수하여야 하였을 것이나, 이 사건 협정 발효 후 첫해에 15만 톤의 어획량을 확보하여 일본수역에서 우리 어민이 지속적으로 조업할 수 있도록 하는 등의 조치를 취하였는바, 이는 과거 1994~1996년간의 연평균어획량 21만 톤과 대비하여 볼 때 감소된 어획량은 6만 톤 정도로 우리나라 전체 수산물 생산량의 약 2% 정도로서 이 정도의 양으로 이 사건 어업협정이 직업선택의 자유, 재산권, 행복추구권을 침해하였다는 청구인의 주장은 이유 없다.

3. 판단

가. 적법성 요건에 관한 판단

헌법소원심판은 "공권력의 행사 또는 불행사로 인하여 헌법상 보장된 기본권을 침해받은 자"가 소정의 청구기간 내에 청구하여야 하며, "그러한 경우에도 다른 법률에 구제절차가 있는 경우에는 그 절차를 모두 거친 후"에야 청구할 수 있도록 되어 있다 (헌법재판소법 제68조 제1항, 제69조 제1항 참조).

(1) 공권력의 행사 또는 불행사

헌법소원심판의 대상이 되는 것은 헌법에 위반된 "공권력의 행사 또는 불행사"이다. 여기서 '공권력'이란 입법권 · 행정권 · 사법권을 행사하는 모든 국가기관 · 공공단체등의 고권적 작용이라고 할 수 있는바, 이 사건 협정은 우리나라 정부가 일본 정부와의 사이에서 어업에 관해 체결 · 공포한 조약(조약 제1477호)으로서 헌법 제6조 제1항에 의하여 국내법과 같은 효력을 가지므로, 그 체결

행위는 고권적 행위로서 '공권력의 행사'에 해당한다.

(2) 헌법상 보장된 기본권의 침해

(가) 헌법소원심판을 청구할 수 있기 위하여는 청구인의 "헌법상 보장된 기본권"이 침해되어야 한다. 여기서 헌법상 보장된 기본권이 구체적으로 무엇을 의미하는지는 반드시 명확하지는 않다. 우리 헌법 제2장 국민의 권리와 의무(제10조 내지 제39조) 가운데에서 의무를 제외한 부분이 원칙적으로 기본권에 해당함은 인정할 수 있으나, 그에 한정할 것인지 또는 헌법상의 위 규정들 이외에서도 기본권성을 인정할 수 있는지, 나아가서 헌법의 명문의 규정이 없다하더라도 인정되는 기본권이 존재하는지, 존재한다면 구체적으로 어떠한 것인지에 대하여는 반드시 명확하다고만은 할 수 없다. 따라서 이 문제는 결국 개별적·구체적인 헌법해석에 의하여 해결하는 수밖에 없으나, 그것에 내재하는 의미를 "헌법에 의하여 직접 보장된 개인의 주관적 공권"이라고 파악할 수 있다.

(나) 청구인들은 이 사건 협정으로 인하여 평등권, 직업선택의 자유, 행복추구권, 재산권 등의 기본권을 침해당하였다고 주장하면서 뒤에 보는 바와 같이 침해되었다고 하는 내용을 구체적으로 들고 있으며, 자기관련성 또는 현재성이 없다거나 침해내용이 간접적이고 사실적인 것에 불과하여 주장 자체로 보아 기본권침해의 가능성 없음이 명백한 경우가 아니라고 인정되므로 적법성의 요건을 갖추었다고 본다.

다만, 청구인들이 침해받았다고 주장하는 기본권 가운데 "헌법전문에 기재된 3·1정신"은 우리나라 헌법의 연혁적·이념적 기초로서 헌법이나 법률해석에서의 해석기준으로 작용한다고 할 수 있지만, 그에 기하여 곧바로 국민의 개별적 기본권성을 도출해낼 수는 없다고 할 것이므로, 본안판단의 대상으로부터 제외하기로 한다.

또한, 청구인들이 침해받았다고 주장하는 '경제적 기본권'은 구체적으로 무엇을 의미하는지가 명백하지 아니하나, 그것을 '경제생활영역에서의 기본권'을 의미하는 것으로 파악하여, 그렇다면 그것의 주된 대상은 재산권과 직업선택의 자유가 될 것이므로 '경제적 기본권'에 대한 주장은 이들 양자에 대한 부분으로 융해하여, 별도로 고찰하지 않기로 한다.

(다) 청구인들은, 이 사건 협정에서 독도가 우리나라의 영토인 사실을 망각하고

독도를 중간수역에 포함시킴으로써 영해 및 배타적 경제수역에 대한 대한민국 국민인 청구인들의 영토권을 침해하였다고 주장한다.

헌법 제3조는 "대한민국의 영토는 한반도와 그 부속도서로 한다."고 규정하여, 대한민국의 주권이 미치는 공간적 범위를 명백히 선언하고 있다. 이러한 영토조항의 헌법적 의미가 무엇인가에 대해서는 여러 가지 견해가 존재하지만, 이러한 영토조항이 국민 개개인의 주관적 권리인 기본권을 보장하는 것으로 해석하는 견해는 거의 존재하지 않는 것으로 보인다. 이는 기본권이라는 것이 국민의 국가에 대한 주관적인 헌법상의 권리인데 대하여, 영토조항은 국가공동체를 구성하는 본질적인 요소에 대한 규정임을 고려하여 볼 때 쉽게 납득할 수 있을 것이다.

그러나, 모든 국가적 권능의 정당성근거인 동시에 국가권력의 목적인 국민의 기본권을 가장 실질적으로 보장해주는 대표적인 헌법재판제도로서의 헌법소원심판의 본질은 개인의 주관적 권리구제 뿐 아니라 객관적인 헌법질서의 보장도 겸하고 있다고 보아야 한다(헌재 1992.1.28. 91헌마111 판례집 4, 51면 참조). 국민의 개별적인 주관적 기본권을 실질적으로 보장하기 위해서는 경우에 따라서는 객관적인 헌법질서의 보장이 전제되지 않으면 안 되는 상황을 상정해 볼 수 있다. 그 예로서, 헌법 제3조의 영토조항은 우리나라의 공간적인 존립기반을 선언하는 것인바, 영토변경은 우리나라의 공간적인 존립기반에 변동을 가져오고, 또한 국가의 법질서에도 변화를 가져옴으로써, 필연적으로 국민의 주관적 기본권에도 영향을 미치지 않을 수 없는 것이다. 이러한 관점에서 살펴본다면, 국민의 개별적 기본권이 아니라 할지라도 기본권보장의 실질화를 위하여서는, 영토조항만을 근거로 하여 독자적으로는 헌법소원을 청구할 수 없다할지라도, 모든 국가권능의 정당성의 근원인 국민의 기본권 침해에 대한 권리구제를 위하여 그 전제조건으로서 영토에 관한 권리를, 이를테면 영토권이라 구성하여, 이를 헌법소원의 대상인 기본권의 하나로 간주하는 것은 가능한 것으로 판단된다.

(라) 이상에서 살펴본 바와 같이, 청구인들의 기본권 침해가능성은 일응 인정이 되나, 청구인들 가운데 임○, 장○우, 조○희, 신○대, 정○봉은 어업 또는 어업관련 업무에 종사하지 않는 자로서 이 사건 협정으로 인해 직접적으로 기본권을 침해받은 자에 해당되지 않는다 할 것이고, 따라서 청구인 임○, 장○우, 조○희, 신○대, 정○봉의 심판청구는 각하하기로 한다.

(3) 보충성

(가) 헌법재판소법 제68조 제1항 단서는 "다만, 다른 법률에 구제절차가 있는 경우에는 그 절차를 모두 거친 후가 아니면 청구할 수 없다"고 하여 헌법소원에 있어서의 이른바 보충성원칙을 규정하고 있다. 그러나, 법령 자체에 의한 기본권침해가 문제되는 경우에는 그 법령 자체의 효력을 일반법원의 소송절차에 의하여 다투는 길이 없으므로(대법원 1994.4.26. 93부32결정, 공1994, 1705 참조) 보충성의 원칙이 적용되지 않는다(헌재 1992.11.12. 91헌마192, 판례집 4, 813, 823; 헌재 1996.10.4. 94헌마68등, 공보 18, 590 참조).

그러나, 보충성의 원칙이 적용되지 않는다고 하여 법령에 대한 헌법소원이 아무런 조건 없이 허용되는 것은 아니고 '기본권침해의 직접성'의 요건이 갖추어져야 한다. 법령에 대한 헌법소원에 있어서 '기본권침해의 직접성'을 요구하는 이유는, 법령은 일반적으로 구체적인 집행행위를 매개로 하여 비로소 기본권을 침해하게 되므로 기본권의 침해를 받은 개인은 먼저 일반쟁송의 방법으로 집행행위를 대상으로 하여 기본권침해에 대한 구제절차를 밟는 것이 헌법소원의 성격상 요청되기 때문이다. 따라서 법령을 집행하는 행위가 존재하지 아니하고 바로 법령으로 말미암아 직접 기본권이 침해되는 예외적인 경우에만 직접 법률에 대하여 헌법소원을 제기할 수 있다고 보아야 한다(헌재 1998.4.30. 97헌마141 판례집 10-1, 496면 참조).

(나) 헌법 제6조 제1항은 "헌법에 의하여 체결·공포된 조약과 일반적으로 승인된 국제법규는 국내법과 같은 효력을 가진다."라고 규정하고 있는바, 이 사건 협정은 우리나라와 일본간의 어업에 관해 '헌법에 의하여 체결·공포된 조약'으로서 국내적으로 '법률'과 같은 효력을 가진다. 따라서 위에서 살핀 바와 같이, 법령을 집행하는 행위가 존재하지 아니하고 바로 법령으로 말미암아 직접 기본권이 침해되는 예외적인 경우에만 법령에 대한 헌법소원이 가능한바, 이 사건 협정이 직접 기본권을 침해하는지 여부를 살펴보기로 한다.

(다) 국제연합해양법협약(이하 '해양법협약'이라 한다.)의 성립·발효로 인하여 국제적으로 배타적 경제수역이 종전의 해양법질서에 대신하여 보편적인 새로운 해양법질서로 자리 잡게 됨으로써, 우리나라와 일본의 양국에서도 배타적 경제수역을 도입하는 입법이 이루어졌다. 우리나라에서의 "배타적 경제수역법"(1996.8.8 제정, 동년 9.10 시행) 및 "배타적 경제수역에서의 외국인 등에

대한 주권적 권리의 행사에 관한 법률"(1996.8.8 제정, 1997.8.7 시행)이, 일본에서의 "배타적 경제수역 및 대륙붕에 관한 법률" 및 "배타적 경제수역에 있어서의 어업 등에 관한 주권적 권리의 행사 등에 관한 법률"(양자 모두 1996.6.14 제정, 동년 7.20 시행)이 바로 그것이다. 이들 법률의 시행으로 인하여, 우리나라와 일본의 양국에서는 배타적 경제수역체제가 실시되게 된 셈이며, 다만 양국간에는 1965년에 체결된 "대한민국과 일본국간의 어업에 관한 협정"이 유효함으로 인하여, 국내법에 대한 국제법우위의 원칙에 의해 종전의 영해 및 공해의 수역구분이 유효한 것이었고, 따라서 양국의 어민들은 종전과 마찬가지로 어로활동을 영위할 수 있었다.

그러나, 그 경위야 어찌되었든 한일 양국간에 이 사건 협정이 새로이 발효됨으로 인하여, 우리나라의 어민들은 종전에 자유로이 어로활동을 영위할 수 있었던 수역에서 더 이상 자유로운 어로활동을 영위할 수 없게 된 셈이다. 이로 인해 이 사건 청구인들이 주장하는 기본권의 침해 가능성이 인정되고, 따라서 이 사건 협정은 법령을 집행하는 행위가 존재하지 아니하고 바로 법령으로 말미암아 직접 기본권이 침해되는 예외적인 경우에 해당한다 할 것이고, 이 사건 협정에 대한 헌법소원심판의 청구는 일응 적법하다 할 것이다.

(4) 청구기간

청구기간에 대하여, 헌법재판소법 제69조 제1항은 "제68조 제1항의 규정에 의한 헌법소원의 심판은 그 사유가 있음을 안 날로부터 60일 이내에, 그 사유가 있은 날로부터 180일 이내에 청구하여야 한다."고 규정하고 있다. 그런데, 법률에 대한 헌법소원의 청구기간은 그 법률의 공포와 동시에 기본권 침해를 당한 자는 그 법률이 공포된 사실을 안 날로부터 60일 이내에, 아니면 법률이 공포된 날로부터 180일 이내에, 또는 그렇지 아니하고 법률 공포 후 그 법률에 해당되는 사유가 발생하여 비로소 기본권의 침해를 받게 된 자는 그 사유가 발생하였음을 안 날로부터 60일 이내에, 아니면 그 사유가 발생한 날로부터 180일 이내에 헌법소원을 제기하여야 할 것이며 "사유가 발생한 날"은 당해 법률이 청구인의 기본권을 명백히 구체적으로 현재 침해하였거나 그 침해가 확실히 예상되는 등 실체적 제요건이 성숙하여 헌법판단에 적합하게 된 때를 말한다(헌재 1990.6.25. 89헌마220 판례집 2, 200면 참조). 이 사건 협정이 발효된 것은 1999.1.22.이며, 99헌마139사건은 1999.3.12.에, 99헌마142사건은 1999.3.16.에, 99헌마156사건은 1999.3.22.에, 99헌마160사건은 1999.3.23.

에 각각 심판 청구하였는바, 이 사건들 모두가 청구기간을 준수한 것으로 판단된다.

나. 본안에 관한 판단

(1) 이 사건 협정의 체결 경위 및 주요내용

(가) 이 사건 협정의 체결 경위

1) 1952.1.18.에 이승만 대통령이 "인접해양의 주권에 대한 대통령의 선언"(이른바 평화선)을 선포하여, 독도가 우리나라의 관할권과 지배권에 속함을 선언한 다음, 독도에 경비대를 상주시키는 조치를 취하였다. 이에 대해, 일본은 동년 1.28.에 독도의 영유권을 주장함과 동시에 일방적인 해양주권의 선언은 부당하다고 항의하였다.

2) 1965년에 체결된 "대한민국과 일본국간의 어업에 관한 협정"(이하 '65년협정'이라 한다)에 의하면 우리나라와 일본은 각국 연안 12해리를 어업전관수역으로 하고 이 수역 안에서는 연안국이 전속적으로 어업활동을 하는 것으로 하되 그 나머지 수역에서는 공해자유의 원칙에 의거하여 자유로운 어로활동을 보장하도록 되었다. 다만 한반도 주변수역의 일정범위를 공동규제수역으로 설정하여, 거기에서는 자국의 어선에 대하여서만 단속권과 재판관할권을 가지기로 하였다. 65년협정은 5년간 효력을 가지며 그 후에는 어느 일방 체약국이 타방 체약국에 동 협정을 종료시킬 의사를 통고하는 날부터 1년간 효력을 존속하기로 되어 있었다(제10조 제2항 참조).

3) 그 후 1994.11.16. 해양법협약이 발효되었고, 이에 따라서 연안국에 200해리 배타적 경제수역이 인정되는 등 해양관할권이 대폭 확대되는 새로운 세계해양법질서가 형성되게 되었다.

   이에 따라서, 우리나라는 1995.12.에 종전의 "영해법"을 "영해 및 접속수역법"으로 개정하여 12해리 영해 외측에 접속수역을 설정하고, 기선으로부터 24해리의 선까지에 이르는 수역 중에서 영해를 제외한 수역을 접속수역의 범위로 하였다. 또한 이어서 일본도 1996.6.에 종전의 "영해법"을 "영해 및 접속수역에 관한 법률"로 개정하여, 우리나라와 마찬가지로 12해리 영해 외측에 12해리의 접속수역을 설정하였다. 그 외에도 영해를 종전의 "저조시의 해안선으로부터 12해리"로 하도록 되었던 것을 "곶이나 섬의 선단부를 연결한 기선으로부터 12해리"

로 개정하여, 종전의 이른바 '통상기선'으로부터 이른바 '직선기선'을 채용하도록 하였다.

4) 1996.6.에는 한 · 일 양국이 해양법협약에 가입 · 비준하였고, 일본은 "배타적 경제수역 및 대륙붕에 관한 법률"과 "배타적 경제수역에 있어서의 어업 등에 관한 주권적 권리의 행사 등에 관한 법률"(각각 1996.6.14. 제정, 동년 7.20. 시행)을, 우리나라는 "배타적 경제수역법"(1996.8.8 제정, 동년 9.10 시행)과 "배타적 경제수역에서의 외국인 등에 대한 주권적 권리의 행사에 관한 법률"(1996.8.8 제정, 1997.8.7 시행)을 각 제정 · 공포하였다.
우리나라는 위 법률에서 기선으로부터 200해리까지의 수역 중 영해를 제외한 수역을 배타적 경제수역으로 하며, 다만 대향하거나 인접하고 있는 국가간의 배타적 경제수역의 경계는 국제법을 기초로 관계국과의 합의에 따라 획정한다고 규정하였다(배타적 경제수역법 제2조 참조). 일본도 위 법률에서 200해리 배타적 경제수역을 규정하고 다만 대향하는 국가간의 경계는 중간선을 원칙으로 하며, 그러나 양국이 합의한 선이 있는 경우에는 그에 의한다고 하였다(배타적 경제수역 및 대륙붕에 관한법률 제1조 제2항 참조).

5) 우리나라와 일본의 어업실태와 세계해양법질서의 변화로 인하여 일본은 우리나라에게 65년협정의 개편을 공식 요청하였고, 이에 1996.5. 1차 어업실무자회담을 시작으로 65년협정의 개정을 위한 양국의 협상이 개시되었다.
우리나라는 1997.10.의 제9차 실무자회의에서 일본측이 주장하는 잠정적 합의수역 설치안을 수용하면서 협상은 급진전을 보게 되었다. 그러나, 일본은 자국어민들의 반발을 이유로 협정의 체결을 미루다가 1998.1.23.에 일방적으로 종전 65년협정의 파기를 통고하였고, 따라서 그로부터 1년 후인 1999.1.22.에 동 협정은 효력을 상실하게 되었다.

6) 양국은 1998.4.부터 다시 어업실무자회담을 시작하여 1998.9.까지에 7차례의 어업실무자회담을 거듭한 끝에 동년 10월초 최종적인 협정문안이 채택되고, 동년 11.28.에 일본 가고시마에서 "대한민국과 일본국간의 어업에 관한 협정"으로 한일 양국간에 서명되고, 국회의 비준 · 동의를 받은 후 1999.1.22.에 조약 제1477호로 발효되었다.

7) 이 사건 협정에 의하면, 한일 양국은 자국의 배타적 경제수역에서 타국 국민 및 어선에게 허용할 어종, 어획할당량, 조업구역 및 기타 조업조건을 결정하여 이를 타국에게 매년 통보한다(제3조 제1항 참조). 이에 따라서 우리나라 해양

수산부장관은 1999.4.30. 및 1999.12.28. 일본 농림수산대신에게 우리나라 배타적 경제수역에서 어업의 종류, 조업수역, 조업기간, 어선척수 및 할당량 등의 조업조건을 결정하여 통보하였고, 일본 수산청도 1999.4.28. 및 1999.12.28. 우리나라 해양수산부에 어획량할당, 조업구역 및 조업의 구체적 조건 등을 결정하여 통보하였다.

(나) 이 사건 협정의 주요내용

1) 적용범위

가) 이 사건 협정은 원칙적으로 '대한민국'과 '일본국'이라는 두 개의 국가에 대하여 적용된다(전문, 제1조 등 참조). 즉, 이 사건 협정이 양국의 국민과 어선을 직접적인 규율대상으로 하는 것이 아니라 양 체약국을 규율하고, 각 체약국은 자국의 국민과 어선을 규율하는 구조로 되어있다. 따라서, 양국의 국민과 어선은 각각 자국의 국내법령을 통하여 이 사건 협정의 적용을 받고, 다만 체약국의 배타적 경제수역에서 조업을 할 경우에는 당해 국가의 법령을 통하여 협정의 적용을 받을 뿐이다.

나) 이 사건 협정이 적용되는 범위는 "대한민국의 배타적 경제수역과 일본국의 배타적 경제수역"(제1조)이다. 이는 이 사건 협정이 배타적 경제수역을 바탕으로 어업체제를 수립하는 협정이기 때문이다.

다) 이 사건 협정이 대상으로 하는 것은 '어업에 관한 사항'이다. 이 사건 협정의 제목에 "어업에 관한 협정"이라고 하여 어업문제를 다루는 것으로 명시되어 있고, 이 사건 협정의 본문과 2개의 부속서에 이르기까지 어업에 관한 사항만을 다루고 있다. 또한 제15조는 "이 협정의 어떠한 규정도 어업에 관한 사항 외의 국제법상 문제에 관한 각 체약국의 입장을 해하는 것으로 간주되어서는 아니 된다."고 하여, 협정의 대상이 어업문제에 국한됨을 규정하고 있다.

라) 이 사건 협정은 비준서를 교환하는 날로부터 발효하여 적용된다. 또한 이 사건 협정은 발효하는 날로부터 3년간 유효하며, 그 이후에는 어느 일방이 종료의사를 통고하는 날로부터 6개월 후 종료한다(제16조 제2항).

2) 대상수역의 설정 및 기능

가) 이 사건 협정은 이미 양국의 국내법에 의하여 배타적 경제수역으로 설정되어 있는 해역에서 해양생물자원의 합리적인 보존·관리 및 최적이용과 어업질서의 형성을 목적으로 하여 양국의 배타적 경제수역 전체를 그 대상으로

하여 이를 두 종류의 수역으로 구분하였다. 즉, 일정 범위에 있어서는 연안국의 배타적 경제수역으로 간주하여 어업에 관한 주권적 권리의 행사를 인정하고(제7조 참조), 그 외측의 잔여수역에 있어서는 배타적 경제수역에 관한 규정을 적용하지 않도록 되어 있다(제8 · 9조 참조). 전자는 협정에서 '배타적 경제수역으로 간주하는 수역'이고, 후자는 협정상 명칭이 없이 좌표로만 그 범위가 표시되어 있는바, 이를 편의상 우리나라에서는 '중간수역'이라고 부르고 있고, 일본에서는 '잠정수역'이라고 부르고 있다. 이러한 중간수역으로서는 동해와 제주도 남부 동중국해의 일대에 걸쳐 2개소가 존재한다(제9조 참조).

나) 배타적 경제수역으로 간주하는 수역에서는 연안국이 어업에 관한 주권적 권리를 행사하도록 되어 있다(제7조, 부속서Ⅱ 제1항 참조). 그런데 이를 배타적 경제수역이라고 하지 않고 '배타적 경제수역으로 간주하는 수역'이라고 하는 이유는 어업협정의 목적상 설정된 것으로서 수역의 범위가 배타적 경제수역의 범위와 일치하지 않기 때문이다.

다) 이른바 중간수역에서는 한 · 일 양국이 서로 상대방의 국민과 어선에 대하여는 어업에 관한 자국의 법령을 적용하지 않는다(제8조 참조). 여기서의 법령이란, '어업에 관한' 자국의 법령을 의미하므로, 어업에 관한 법령 이외의 법령이 이 사건 협정에 의하여 제약을 받는 것은 아니다.

3) 어업활동

가) 배타적 경제수역으로 간주하는 수역에서는 연안국이 어업에 관한 주권적 권리를 행사하지만 타국의 배타적 경제수역에서도 어업이 불가능한 것은 아니다(제2조 내지 제6조 참조). 즉, 이 사건 협정은 배타적 경제수역에서의 상호입어에 관하여 규정하고 있는바, 각 체약국은 한 · 일 어업공동위원회의 협의 결과를 존중하고, 자국의 배타적 경제수역에서의 해양생물자원의 상태, 자국의 어획능력, 상호입어의 상황 및 기타 관련요소를 고려하여, 타방 체약국에 허용할 어종, 어획량, 조업구역 및 기타 조업에 관한 구체적인 조건을 매년 결정하고, 이를 타방 체약국에 통보한다(제3조 참조).

나) 이 사건 협정은 중간수역에서의 어업활동에 대하여 "각 체약국은 이 수역에서 타방 체약국 국민 및 어선에 대하여 어업에 관한 자국의 관계법령을 적용하지 않는다"(부속서 I 제2 · 3항)고 규정하고 있는바, 이 중간수역에서는 연안국이 어업에 관한 주권적 권리의 행사가 이 사건 협정에 의하여 제한됨으

로써 양국의 어선이 연안국의 허가를 받지 않고 조업을 할 수 있으나, 자국의 관계법령으로부터도 자유로운 것은 아니다.

4) 한·일 어업공동위원회의 설치

양 체약국은 이 사건 협정의 목적을 효율적으로 달성하기 위하여 한·일어업공동위원회를 설치하여 조업조건, 조업질서유지, 해양생물자원의 실태, 어업협력 등에 관한 사항을 협의하고, 협의결과를 양 체약국에 권고하여 이를 양 체약국이 존중하도록 한다(제12조 참조). 다만 동해의 중간수역에서의 관련사항에 대한 상호 협의 결과는 양 체약국에 권고하는 반면, 제주도 남부의 중간수역에서의 관련사항은 상호 협의 결정한다(제12조 제4·5항, 부속서Ⅰ 제2·3항 참조).

(2) 국회의 심의의결권, 정치적 평등권의 침해 여부

(가) 청구인들은 이 사건 협정에 대하여, 1999.1.6.에 국회 본회의에서 동의 여부를 의결함에 있어서 당시 사회를 맡은 국회부의장 김봉호가 국회의원들에게 이의가 있는지를 묻자 한나라당 소속 의원들이 일제히 "이의 있습니다"라고 하여 반대의사를 표명하였으므로 헌법 제49조 및 국회법 제112조 제1항 제2항에 의한 과반수 찬성의 표결을 거쳐야 함에도 불구하고 마치 아무런 이의가 없는 양 일방적으로 가결 선포를 하였고, 이는 헌법 제49조에 위반되었으므로 이 사건 협정은 국회의 동의를 거친 것이 아니며, 따라서 국회의 의결권을 침해하였고 국회의원을 선출한 국민 개개인의 정치적 평등권(헌법 제11조)을 침해하였다고 주장한다.

(나) 이러한 청구인들의 주장에 대해서 당 재판소는 별개의 사건에서 이 사건 협정안 가결·선포행위가 헌법 제49조, 국회법 제112조 제3항 위반으로 인정할 수 있는 증거가 없다는 이유로 기각결정을 한 바 있으며(헌재 2000.2.24, 99헌라2 참조), 이 사건 심판청구에 있어서도 이러한 결정을 뒤집을 이유를 발견하지 못하였으므로 청구인들의 위 주장에 대해서는 이유 없어 이를 기각한다.

(3) 합의의사록의 국회에의 불상정이 국회의 의결권과 국민의 정치적 평등권을 침해하였는지 여부

합의의사록이 구체적으로 어떠한 법적 효력을 가지는지에 대해서 국제법상 확립된 원칙은 없는 것으로 보인다. 다만 합의의사록이 '조약'에 해당된다고 하기 위해서

는 조약의 법적 성질을 판단하는 기준에 부합하는지가 중요한 단서를 제공한다고 하겠다. 그런데 조약이란 명시적으로 '조약'이라는 명칭을 붙인 것에 한하지 않고, 명칭여하에 관계없이 국제법주체간에 국제법률관계를 설정하기 위하여 체결한 명시적인 합의라고 할 수 있다(조약법에 관한 비엔나협약 제2조 제1항(a) 참조).
그런데, 이 사건 협정의 합의의사록을 살펴보면, 전문에서 "대한민국 정부 대표 및 일본국 정부 대표는 금일 서명된 대한민국과 일본국간의 어업에 관한 협정의 관계 조항과 관련하여 다음 사항을 기록하는 것에 합의하였다."고 선언하고 있는바, 이에 따르면, 대한민국과 일본국이라는 양 '국제법 주체'가 일정한 사항에 대해 '합의'하였음을 명시하고 있는바, 이러한 합의내용이 '국제법률관계'에 해당하는지 여부가 합의의사록의 조약 해당성 여부를 판단하는 데 결정적 기준이 된다고 할 것이다.
따라서 합의의사록의 내용을 살피건대, 그 내용으로서는, 양국 정부는 동중국해에서 어업질서를 유지하기 위하여 긴밀히 협력한다든지(제1항 참조), 우리나라 정부는 동중국해의 일부 수역에 있어서 일본이 제3국과 구축한 어업관계가 손상되지 않도록 일본 정부에 대하여 협력할 의향을 가진다든지(제2항 참조), 일본 정부는 우리나라 국민 및 어선이 동중국해의 다른 일부 수역에 있어서 일본이 제3국과 구축한 어업관계 하에서 일정 어업활동이 가능하도록 당해 제3국 정부에 대하여 협력을 구할 의향을 가진다든지(제3항 참조), 또는 양국 정부는 동중국해에 있어서 원활한 어업질서를 유지하기 위한 구체적인 방안을 한 · 일 어업공동위원회 등을 통하여 협의할 의향을 가진다(제4항 참조)고 규정하고 있다. 이들 규정내용을 살펴보면, 한일 양국 정부의 어업질서에 관한 양국의 협력과 협의 의향을 선언한 것으로서 이러한 것들이 곧바로 구체적인 법률관계의 발생을 목적으로 한 것으로는 보기 어렵다 할 것이다. 또한 이 사건 협정 제14조에서도 "이 협정의 부속서Ⅰ 및 부속서Ⅱ는 이 협정의 불가분의 일부를 이룬다."고 하여, 부속서Ⅰ 및 부속서Ⅱ에 대해서는 이 사건 협정의 불가분적 요소임을 명시하고 있으나 합의의사록에 대해서는 규정을 하고 있지 아니한 점으로부터 추론하여 볼 때에도 합의의사록이 이 사건 협정의 불가분적 요소로서 조약에 해당한다고 해석하기는 어렵다할 것이고, 따라서 청구인들의 주장은 이유없다 할 것이다.

(4) 영토권의 침해 여부

(가) 이 사건 협정은 전술한 바와 같은 협상경위를 거쳐 성립 · 발효된 것으로서,

한일 양국의 어업에 관한 잠정적인 합의를 담고 있는 것이다. 협상이라는 것이 본래 일방의 주장만을 일방적으로 수용 또는 채택한다고 하기보다는 대개는 서로 대립하는 이해관계를 타협 · 절충하는 성격을 지니는 것이 일반적이라고 하겠다. 특히 이 사건 협정이나 배타적 경제수역의 경계획정과 같이 양국의 이해관계가 첨예하게 대립하는 협상의 경우에는 양측의 주장을 모두 충족시키는 결과를 도출해낸다는 것은 대단히 어려운 일이라고 할 것이다.

(나) 살피건대, 이 사건 협정의 협상에 임하는 한일 양국의 기본적인 입장은 적지 아니한 차이가 있었다고 보여진다. 즉, 우리나라는 65년협정을 유지하면서 새로운 해양법질서에 의한 배타적 경제수역의 경계획정문제와 어업협정문제를 병행하여 합의해 나가자는 입장이었는데 반하여, 일본은 배타적 경제수역의 경계획정문제는 양국의 첨예한 이해관계가 대립되고 조속한 시일 내에 그 타결을 보기가 용이하지 아니하므로, 우선 어업문제에 대해 잠정적인 합의를 이루자는 것으로 가능한 한 빠른 시일 내에 65년협정의 개정을 희망하는 입장이었던 것으로 보여진다. 이러한 입장으로부터, 일본은 65년협정의 종료를 위하여 적지 아니한 외교적 부담을 무릅쓰고서도 1998.1.23.에 65년협정의 파기(종료)를 일방적으로 통고하여 왔으며, 동 협정 제10조 제2항에 의하여 동 협정은 1999.1.22.에 종료하게 되었던 것이다. 그러나, 한일 양국은 무협정 상태로 인한 혼란만은 피하여야 한다는 데 인식을 같이 하고, 배타적 경제수역의 경계획정문제와는 별도로 어업에 관한 사항만을 우선 잠정적으로 합의한 것이 이 사건 협정이라고 할 수 있다.

(다) 이 같은 배경과 체결과정을 거쳐 성립 · 발효한 이 사건 협정이 영해 및 배타적 경제수역에 대한 국민의 주권과 영토권을 침해하고, 독도를 한 · 일 중간수역에 포함시킨 것이 우리나라 영토의 일부인 독도의 영유권을 포기한 것이기 때문에 헌법상 보장된 영토에 관한 권리를 침해한 것인지의 여부를 살펴보기로 한다.

먼저, 이 사건 협정과 배타적 경제수역과의 관계를 살펴보면, 이 사건 협정의 명칭과 본문 및 부속서의 각 조항의 내용으로부터 알 수 있듯이 이 사건 협정은 '어업에 관한' 협정이라는 점이다. 따라서 배타적 경제수역의 경계획정문제와는 직접적인 관련을 가지지 아니하며, 이 점은 부속서 I 제1항이 "양 체약국은 배타적 경제수역의 조속한 경계획정을 위하여 성의를 가지고 계속 교섭한다."고 규정하고 있는 점에서도 확인할 수 있다.

또한, 이 사건 협정이 채택하는 배타적 경제수역으로 간주되는 수역과 이른바 중간수역과의 구별은, 전자가 연안국에 인접해있고 200해리 배타적 경제수역을 채택한다하더라도 한 · 일 양국간에 문제가 발생할 여지가 없는 수역을 정하여, 그 수역에서는 연안국이 어업에 관한 주권적 권리를 행사하는 배타적 경제수역으로 간주한다는 것이며(제7조 제1항 참조), 후자는 한 · 일 양국의 200해리 배타적 경제수역의 외측 한계선이 서로 중첩되거나 200해리 측정을 위한 영해기선을 정하는 것이 용이하지 아니해서 일정한 수역을 정하여 일단 어업에 관해서는 양국의 국민과 어선들이 그곳에서 조업 가능하도록 타방 체약국의 국민 및 어선에 대하여 어업에 관한 자국의 관계법령을 적용하지 아니하도록 한 것이다(부속서 I 제2항 가호 참조). 이러한 중간수역은 동해와 제주도 남부 동중국해 일대의 2개소에 걸쳐 존재한다(제9조 참조). 이들 중간수역은 한 · 일 양국이 배타적 경제수역에 관한 합의가 없으면 각기 채택하도록 되어 있는 각자의 중간선보다 양국이 각각 자국측 배타적 경제수역 쪽으로 서로 양보하여 설정한 것으로서 중간수역의 설정에 있어서 어느 일국의 일방적인 양보로는 보이지 않고, 또한 상호간에 현저히 균형을 잃은 설정으로는 보이지 않는다(우리나라의 배타적 경제수역법 제5조 제2항 및 일본의 배타적 경제수역 및 대륙붕에 관한 법률 제1조 제2항 참조).

다음으로, 이 사건 협정과 영해와의 관계를 살펴보면, 해양법협약에서는 배타적 경제수역을 영해밖에 인접한 수역으로서 영해기선으로부터 200해리를 넘을 수 없도록 규정하고 있고(제55 · 57조 참조), 이에 따라서 한일 양국의 국내법에서도 동일한 취지의 규정을 두고 있다(우리나라의 배타적 경제수역법 제2조 제1항 및 일본의 배타적 경제수역 및 대륙붕에 관한 법률 제1조 제2항 참조). 따라서 이 사건 협정은 배타적 경제수역을 직접 규정한 것이 아닐 뿐만 아니라 배타적 경제수역이 설정된다 하더라도 영해를 제외한 수역을 의미하며, 이러한 점들은 이 사건 협정에서의 이른바 중간수역에 대해서도 동일하다고 할 것이므로 독도가 중간수역에 속해있다 할지라도 독도의 영유권문제나 영해문제와는 직접적인 관련을 가지지 아니한 것임은 명백하다 할 것이다.

마지막으로, 이 사건 협정과 대륙붕문제와의 관계를 살펴보면, 제주도 남부의 대륙붕개발에 관한 "대한민국과 일본국간의 양국에 인접한 대륙붕 남부구역 공동개발에 관한 협정"(이하 "남부대륙붕협정"이라 한다)은, 제주도 남부구역에서의 석유자원의 탐사와 채취를 위한 공동개발을 목적으로 한 것으로,

이러한 목적 이외의 "본 협정의 어느 규정도 공동개발구역의 전부나 어느 부분에 대한 주권적 권리의 문제를 결정하는 것으로 볼 수 없으며, 대륙붕 경계 확정에 관한 각 당사국의 입장을 침해하는 것으로 볼 수 없다."(동 협정 제28조 참조)는 규정에서 알 수 있듯이 남부대륙붕협정과 이 사건 협정은 그 목적과 적용대상에서 전혀 별개의 것으로서, 이러한 점을 무시한 채 양자를 동일선상에서 비교하는 청구인의 주장은 타당하다 할 수 없다.

(라) 이상에서 살펴본 바와 같이, 이 사건 협정으로 인하여 독도의 영해와 배타적 경제수역에 대한 영토권이 침해되었다는 청구인들의 주장은 이유없다 할 것이다.

(5) 행복추구권, 직업선택의 자유, 재산권, 평등권, 보건권의 침해 여부

(가) 이 사건 협정은 우리나라와 일본과의 배타적 경제수역을 그 대상으로 하여, 배타적 경제수역의 경계획정에 앞서, 어업에 관한 사항만을 잠정적으로 규정한 조약이라는 점은 전술한 바와 같다. 또한 배타적 경제수역이, 제3차 UN해양법회의에서 채택된 1982년의 해양법협약 제5부에 규정된 제도로서 이미 국제법상으로 공인된 것을, 1996년 한·일 양국이 비준하고 그에 관한 국내법을 제정·시행함으로써, 한·일 양국간에 있어서도 배타적 경제수역체제에 들어가게 되었음은 이미 살펴본 바와 같다.

그런데, 한·일 양국간의 해역의 폭이 양국의 영해기선으로부터 400해리에 미치지 못함으로써 배타적 경제수역의 경계획정을 위한 협상이 불가피한 상황이었으며(해양법협약 제74조 참조), 이러한 협상에 임하는 양국의 입장에는 적지 않은 차이가 존재하였던 것으로 보여진다. 즉, 종래에는 일본의 어로기술의 발달이 우리의 그것에 비하여 현저히 앞서 있었던바, 일본의 어선들이 우리의 연안근처까지 와서 조업하는 일이 빈번하였으나, 근래 들어서는 우리나라의 어로기술의 눈부신 발달로 인하여 우리 어선들이 일본근해에 가서 조업을 하여 얻는 어획량이 일본의 그것에 비하여 크게 앞섰으며(상대국 연안에서의 1994~1996의 연평균어획량이 우리나라는 약 21만 톤인데 대하여, 일본은 약 11만 톤이었다.), 그로 인해 일본은 배타적 경제수역체제의 시행과 더불어 65년협정을 종료하고 새로운 어업협정의 체결을 강력히 희망하였는데 반하여, 우리나라는 배타적 경제수역체제의 도입으로 인해 65년협정이 새로운 협정으로 대체되어야 한다는 당위성과 필요성은 인정하면서도 65년협

정의 종료를 서두를 필요는 없다는 입장이었다. 이리하여, 양국의 협상이 지지부진하여 진전을 보이지 못하는 가운데에서도 양국은 해양법협약의 비준과 그에 관한 국내법의 성립으로 이미 배타적 경제수역체제를 실시하고 있었던 것이나, 다만 65년협정이 계속 유효함으로써 국내법에 대한 국제법 우월의 원칙에 의해, 65년협정이 한일 양국의 배타적 경제수역에 관한 법령의 적용에 장애가 되어 한 · 일 양국의 국내실정법상으로는 12해리 이원의 해역이 배타적 경제수역임에도 불구하고 외관상으로는 종래와 다름없는 상황이 계속된 것이었다.

그러나, 65년협정 제10조 제2항은 "본 협정은 5년간 효력을 가지며, 그 후에는 어느 일방 체약국이 타방 체약국에 본 협정을 종료시킬 의사를 통고하는 날로부터 1년간 효력을 가진다."고 규정하였기 때문에, 어느 일방이라도 협정을 종료시킬 의사를 가지고 있는 한 그 효력은 유지될 수 없었다. 65년협정체제의 종료를 강력히 희망하는 일본은 1997년 말 어업협상이 결렬된 후, 65년협정 제10조 제2항에 기해 1998.1.23.에 65년협정의 종료를 일방적으로 통고하였고, 이로 인해 동 협정은 1999.1.22.에 최종적으로 종료되게 되었다. 따라서, 한일 양국은 65년협정의 종료일인 1999.1.22. 이전에 새로운 협정을 체결 · 성립시키느냐, 그렇지 않으면 1999.1.23.부터 무협정 상태로 가느냐의 선택의 기로에 놓여 있었다고 할 수 있다.

(나) 이러한 상황 하에서 성립 · 발효한 이 사건 협정에 대하여, 청구인들은 65년협정에 비하여 조업해역이 극히 제한되어 어획량이 감소되었으며 우리 어민들에게 엄청난 불이익을 야기함으로써 행복추구권, 직업선택의 자유, 재산권, 평등권, 보건권을 침해하였을 뿐만 아니라 후손들의 행복추구권, 평등권을 침해하였다고 주장한다. 청구인들의 이러한 주장의 당부를 판단하기 위하여는, 65년협정의 상황과 비교할 것이 아니라, 무협정의 상황과 이 사건 협정의 그것과의 비교가 정확하다고 할 것이다. 왜냐하면, 한 · 일 양국은 해양법협약을 비준하여 그에 관한 국내실정법을 제정하여 시행함으로써 배타적 경제수역체제에 들어갔으며, 또한 일본의 65년협정의 일방적 종료선언에 의해 1999.1.22.에 동 협정은 종료될 상황에 있었기 때문이다.

(다) 먼저, 무협정의 상황을 가정하여 살펴보도록 한다. 무협성 상태에서는 해양법협약과 그에 기한 양국의 국내법령이 전면적으로 적용되게 된다. 즉, 우리나라는 배타적 경제수역법에 기해, "영해 및 접속수역법 제2조에 규정된 기

선으로부터 그 외측 200해리의 선까지에 이르는 수역 중 대한민국의 영해를 제외한 수역"(제2조 제1항)을 배타적 경제수역으로 하여, "대한민국의 배타적 경제수역에 있어서의 권리는 대한민국과 관계국간에 별도의 합의가 없는 경우 대한민국과 관계국의 중간선 외측의 수역에서는 이를 행사하지 아니한다."(제5조 제2항)고 규정하고 있으며, 일본은 배타적 경제수역 및 대륙붕에 관한 법률에 기해, "기선으로부터 어느 점을 취하더라도 우리나라의 기선상의 가장 가까운 점으로부터의 거리가 200해리인 선"까지의 범위에서 영해를 제외한 해역을 배타적 경제수역으로 하여, 다만 그 선이 기선으로부터 측정해서 중간선을 초과할 때에는 그 초과부분에 대해서는 중간선까지의 해역만으로 한다고 규정하고 있다(제1조 제2항 참조). 이와 같이 양국이 무협정 상태에 돌입하게 되면, 양국의 실정법에 의해서 중간선이 양국의 배타적 경제수역의 경계로 기능할 가능성이 높으며, 그러한 범위 내에서는 자국의 실정법이 적용된다는 점에서 일응 문제가 없는 것으로 보일 수도 있다. 그러나, 이에 대해서는 실제로 양국이 중간선 측정의 기준이 되는 기선을 구체적으로 어떻게 설정하느냐에 따라서 상호의 중간선이 일치하지 않고 중첩되는 경우가 존재하며, 그로 인해 양국의 실정법이 경합적으로 적용되어 충돌이 불가피한 상황이었다. 이러한 최악의 상황은 회피하여야 한다는 것이 양국 모두의 인식하는 바이었고, 그러한 인식을 기초로 하여 양국의 양보와 타협에 의해 체결된 것이 이 사건 협정이라 할 수 있다. 그런데 이 사건 협정은, 이미 한일 양국의 국내실정법에 의하여 배타적 경제수역으로 설정되어 있는 해역으로서 일정 범위에 있어서는 연안국이 어업에 관해 주권적 권리를 행사하는 이른바 배타적 경제수역으로 간주하는 수역과 그 외측의 잔여수역으로서 배타적 경제수역의 실시를 유보하는 이른바 중간수역의 2종류로 한일 양국간의 해역을 구별하였다.

(라) 배타적 경제수역으로 간주하는 수역에 대해서는, 이 사건 협정에서 "어업에 관한 주권적 권리를 행사"(제7조 제1항)하도록 규정하고 있지만, 이는 동 협정에 의하여 비로소 창설되는 것이 아니라, 해양법협약(제56조 제1항 참조)과 한일 양국의 국내실정법(우리나라의 배타적 경제수역법 제3조, 일본의 배타적 경제수역 및 대륙붕에 관한 법률 제1조 제1항 참조)에 이미 규정되어 있는 권리를 확인한 데 불과하다. 그러나, 이 사건 협정은 이러한 배타적 경제수역으로 간주되는 수역에서도 일정한 절차에 따라 상호입어가 가능하도

록 규정하고 있다. 즉, 각 체약국은 호혜의 원칙에 입각하여 이 사건 협정 및 자국의 관계법령에 따라 타방 체약국의 국민 및 어선이 어획하는 것을 허가하고(제2조 참조), 한일 어업공동위원회의 협의 결과를 존중하고 해양생물자원의 상태, 자국의 어획능력, 상호입어의 상황 및 기타 관련요소를 고려하여 (제3조 제2항 참조), 타방 체약국의 국민 및 어선의 어획이 인정되는 어종 · 어획할당량 · 조업구역 및 기타 조업에 관한 구체적인 조건을 매년 결정하여 타방 체약국에 서면으로 통보하도록 되어 있다(제3조 제1항 참조). 이에 의해서 결정된 1999년도 일본어선의 우리나라 배타적 경제수역 내 입어조건은 오징어채낚기 등 15개 업종, 어선 1,601척, 어획할당량 93,772톤이었으며, 2000년도에는 15개 업종, 1,601척, 93,772톤이었으며, 1999년도 우리어선의 일본 배타적 경제수역 내 입어조건은 명태트롤 등 14개 업종, 어선 1,704척, 어획할당량 149,218톤이었으며, 2000년도에는 17개 업종, 1,639척, 130,197톤이었다. 그런데, 이 사건 협정을 체결한 후 한일 양국은 각국의 배타적 경제수역에서 자국어민이 취득했던 과거의 조업실적(한국: 연평균 21만 톤, 일본: 연평균 11만 톤)을 인정하여 한일간 어획량 격차를 단계적으로 축소해서 3년 후에는 등량(한국 · 일본 각 10만 톤)으로 조정하기로 합의하였다. 이에 따라서 북해도와 서일본수역 등 일본의 배타적 경제수역에 출어 · 조업하고 있던 우리 어선들의 조업어장이 축소되고 3년 내에 일본어획량인 10만 톤 수준으로 우리 어획량을 감축해야 하므로 우리 어선의 감척이 불가피하게 되어서 이에 따른 어업손실이 발생하게 되었다. 그리하여 우리나라 정부는 1999.9.7. "어업협정 체결에 따른 어업인 등의 지원 및 수산업발전특별법"을 제정하여 이 사건 협정으로 인하여 어업활동에 제한을 받는 어업인 등에게 지원금을 지급하고 수산업의 발전을 위한 제반 정책을 실시하고 있다. 그러나, 이와 같은 어획량의 감축에 따른 어민들의 손실은 이 사건 협정에 의하여 초래되었다기보다는 해양법협약의 성립 · 발효에 의한 세계해양법질서의 변화에 기인한 것으로서 그와 같은 변화에 따라서 한일 양국이 배타적 경제수역체제를 각각 국내실정법으로 규정함으로써 이 사건 협정의 성립여부와는 관계없이 한일 양국의 연안해역에서는 배타적 경제수역어입체세가 시행되게 되었으며, 또한 65년협정은 일본의 일방적인 종료선언으로 인해 1999.1.22 종료되게 되었다. 더구나 한일 양국의 마주보는 수역이 400해리에 미치지 못하여 서로 중첩되는 부분이 생겨나게 되었고, 이로 인해 양국간의 어로활동에 있어서의 충돌은 명약관화한 것이었으므로 이러한 사태는 피하여야 한다는 양국의 공통된 인식에 입각하여 양국의 협상이 이루어진 결과 성립된 것이 이 사건 협정이라 할 것이며, 이상에서 살핀 바와 같이 이 사건 협정은 한일 양국의 이해관계를 고려함에 있어서 현저히 균형을 잃은 것으로는 보이지 않는다고 일응 평가할 수 있을 것이다.

(마) 중간수역에 대해서는, "각 체약국은 이 수역에서 타방 체약국 국민 및 어선에 대하여 어업에 관한 자국의 관계법령을 적용하지 않는다"(부속서 I 제2, 3항)고 규정하고 있는바, 이는 양국의 배타적 경제수역의 경계획정이 용이하지 않을 뿐만 아니라 그 협상이 결실을 보는 것도 단기간 내에는 예상하기 쉽지 않아 우선 잠정적으로 어업에 관한 사항에 대해서는 일종의 완충지역을 설정하여 한일 양국이 서로 상대방의 국민과 어선에 대하여는 어업에 관한 자국의 법령을 적용하지 않도록 함으로써 이른바 중간수역에서는 연안국의 어업에 관한 주권적 권리의 행사가 제한되고 양국의 어선은 연안국의 허가 없이도 자유롭게 조업을 할 수 있도록 하였던 것이다. 이로 인하여, 무협정 상태에서라면 한일 양국이 각각 채택하였을 양국 각자의 중간선에서보다 한일 양국이 서로 보다 광범위한 조업수역을 확보할 수 있게 되었다고 할 수 있다.

(바) 이처럼 이 사건 협정은 배타적 경제수역체제의 도입이라는 새로운 해양법질서 하에서도 어업에 관한 한일 양국의 이해를 타협·절충함에 있어서 현저히 균형을 잃은 것으로는 보이지 않는다고 일응 판단되며, 청구인들이 주장하는 바와 같이 이 사건 협정으로 인해 조업수역이 극히 제한되어 어획량이 감소되고 65년협정에 비하여 우리 어민들에게 엄청난 불이익을 야기하여 헌법상 보장하는 행복추구권, 직업선택의 자유, 재산권, 평등권, 보건권이 침해되었다는 주장은 사실에 반하므로 그 이유 없다 할 것이다.

4. 결론

따라서 아래 5.의 재판관 하경철, 재판관 김영일의 각하의견 이외에 나머지 재판관 전원의 일치된 의견으로 청구인 임○, 장○우, 조○희, 신○대, 정○봉의 심판청구는 부적법하므로 각하하기로 하고, 나머지 청구인들의 이 심판청구는 기각하기로 하여 주문과 같이 결정한다.

5. 재판관 하경철, 재판관 김영일의 반대의견

우리는, 이 사건 심판청구가 적법요건을 구비하였다고 보는 다수의견에 대하여 다음과 같이 반대의견을 밝힌다.

헌법재판소법 제68조 제1항에 의한 헌법소원에 있어, 적법요건으로서 "헌법상 보장된 기본권을 침해받은 자"는 "헌법상 보장된 기본권을 침해받았다고 주장하는 자"로 해석하여야 한다고 일반적으로 이해되고 있으나, 이와 같이 이해하는 경우에 있어서도, 심판청구인의 주장 자체에서, 침해된다는 기본권을 기본권으로서 받아들일 수 없는 때, 그 주장하는 기본권이 존재하지 아니함이 명백한 때 등의 경우에는 위의 적법요건을 갖추었다고 할 수 없다.

청구인들의 이 사건 심판청구는, 청구인들이 주장하는 기본권이 그들에게 있지 아니한 것임이 명백하거나 그들의 기본권과는 아무런 관계도 없는 것임이 명백하여 부적법하다고 본다.

먼저 이 사건 어업협정의 국회비준동의 과정에서 청구인들이 주장하는 바와 같은 의결절차상의 하자가 있었다 하더라도, 그러한 사유만으로는 이 사건 어업협정으로 인하여 청구인들의 정치적 평등권이 현재, 직접적으로 침해받는다고 볼 수 없고, 또한 그러한 의결절차상의 하자를 둘러싼 분쟁은 본질적으로 국회의 심의 · 의결권을 제대로 행사하지 못한 국회의원이 국회의장을 상대로 권한쟁의에 관한 심판청구로써 해결할 사항일 뿐이지, 청구인들과 같은 일반국민이 헌법소원심판청구사건에서 다투고 나설 사항은 아니라 할 것이다(1998.8.27. 97헌마8 · 39(병합), 판례집 10-2, 439, 442-443 참조).

다음 이 사건 어업협정에 있어서의 합의의사록은 양국 또는 양국국민의 권리의무관계를 설정하는 성질의 것도 못되고, 회의나 협상과정에서 논의된 사항을 정리하여 기록한 일종의 의사록에 불과한 것일 뿐, 이 사건 어업협정의 불가분적 요소도 못되는 것이어서, 국회의 비준동의의 대상이 되지 못할 뿐만 아니라, 합의의사록의 국회에의 불상정이 청구인들의 기본권 침해와는 아무런 관련도 없다.

이 사건 어업협정은 한일 양국이 해양생물자원의 합리적인 보존 · 관리 및 최적이용의 중요성을 인식하고, 양국도 당사국인 1982.12.10.의 해양법에 관한 국제연합협약에 기초하여 양국간의 어업분야에서의 협력관계를 더욱 발전시킬 것을 희망하여 합의한 것으로서, 양국의 배타적 경제수역에서의 양국의 국민 · 어선이 어획하는 것에 관한 협정이고(협정 전문 참조), 어업에 관한 사항 외의 국제법상 문제에 관한 각 체약국의 입장을 해하는 것으로 간주되어서는 안 된다(협정 제15조)고 함으로써 이 사건 어업협정은 양국의 영토권과는 아무런 연관관계가 없음이 명백하고, 영토는 국민, 주권과 더불어 국가의 구성요소로서 영토권의 주체는 다만 국가일 따름이고, 국민이 국가에 대하여 자국의 영토임을 주장하거나 자국의 영토를 튼실히 지킬 것을 주장한다고 하여, 또는 영토가 국민의 삶과 기본권 향유의 터전이라 하여, 국가에게 그 보장을 요구할 수 있는, 국민의 국가에 대한 기본권으로 이해할 수는 없는 것이다.

마지막으로, 이 사건 어업협정 체결 당시에는 1965년의 구 한일어업협정은 일본의 일방적 파기로 더 이상 효력을 갖지 못하게 되어, 양국간에는 어업에 관하여 무협정 상태가 되어 있었고, 국제해양법질서는 변화하여 한일 양국도 당사국인 해양법에 관한 국제연합협약에 좇아 각기 국내법으로 이미 200해리의 배타적 경제수역체제를 갖추고 있는 상태에 있었으므로, 우리나라의 배타적 경제수역과 일본의 그것이 중첩되는 부분이 존재하기 때문에 이 사건 협정에서 한·일 양국간에 다툼이 없는 지역을 "배타적 경제수역으로 간주되는 수역"이라 하여 연안국의 주권적 권리의 행사를 인정하였는데 반하여, 한·일 양국이 주장하는 배타적 경제수역의 외측경계선이 겹치는 수역에 대해서는 한·일 양국의 어민들의 어업활동을 위하여 이른바 "중간수역"으로 하여 배타적 경제수역의 경계획정 시까지 잠정적으로 타방체약국의 국내법의 적용을 배제하여 자유로이 어업활동을 보장하도록 한 것이라고 할 수 있다. 따라서 이 사건 협정에 의하면, 이른바 "중간수역"에서는 자국의 법령의 적용은 받고 타방 체약국의 법령의 적용은 받지 아니하나(협정 제8조 참조), "배타적 경제수역으로 간주되는 수역"에서는 연안국이 어업에 관한 주권적 권리를 행사하도록 되어 있는바(협정 제7조 제1항 참조), 거기에서는 각 연안국의 법령이 적용되며, 타방 체약국의 국민이나 어선이 조업을 하기 위해서는 당사국의 허가를 필요로 한다(협정 제2조 참조). 이와 같은 상황 하에서는 이 사건 어업협정 체결 당시에 우리 국민·어선이 일본의 국내법에 의하여 배타적 경제수역으로 설정되어 있는 해역으로서 이 사건 어업협정에 의하여 "배타적 경제수역으로 간주되는 수역"에서는, 종전의 영해와 공해의 개념이 해양을 지배하던 때에, 공해에서 자유로이 어획이 가능하였던 때와 같은 어획에 관한 권리를 누릴 수 있었던 것이 아니라, 국제법상 원칙적으로 우리 국민·어선은 그 수역에서 어획에 관한 아무런 권리도 가질 수 없고, 다만 한·일 양국의 협정에 의하여 허용되는 범위 내에서만 어획이 가능하게 되는 새로운 국면에 이미 처해 있었다.

그러므로 청구인들은 이 사건 어업협정 체결 당시에 국가에 대하여 이 사건 어업협정이 적용되는 일본의 "배타적 경제수역으로 간주되는 수역" 안에서는 우리의 헌법상 보장된 어획에 관한 아무런 기본권도 가지고 있지 아니하고, 다만 국가에 대하여 일본과의 사이에 협력 · 협정을 통하여 위 수역 안에서 국제법적으로 용인되고 상호주의에 어긋나지 아니하는 범위 내에서, 되도록 우리 국민 · 어선의 어획이 가능하며 유리하도록 외교역량을 발휘하여 줄 것을 요청할 수 있는 정도의 권리만이 있었을 뿐이다.
이러한 가운데 이 사건 어업협정이 체결된 것이므로, 청구인들은 위 수역에서의 자유로운 어획을 이 사건 어업협정의 체결로 말미암아 비로소 제한받게 된 것이 아니라, 이 사건 어업협정의 체결로써 양국 국민 · 어선의 균형 있는 어획을 가능하게 함으로써, 양국의 무협정 상태에서 불가피하게 위 수역에서의 우리 국민 · 어선의 불가능하게 된 어획을 가능케 한 것이라 볼 수밖에 없는 것이므로, 이 사건 어업협정 체결 당시에 위 수역에서의 자유로운 어획이 가능한 것이었음을 전제로 이 사건 어업협정이 청구인들의 행복추구권, 직업선택의 자유, 재산권, 평등권을 침해하였다는 주장은, 명백히 청구인들에게 있지도 아니한 기본권을, 기본권이라 내세우고, 침해되지도 아니한 것임에도 이 사건 어업협정의 체결이 청구인들의 기본권을 침해한 것이라 주장하고 있는 데 불과하다.
위 수역은 일본의 배타적 경제수역 안이므로 우리의 영해도 주권이 미치는 곳도 아니어서, 거기에서 우리 국민 · 어선이 자유로운 어획이 가능하다던가, 이 자유로운 어획에 기초하여 청구인들이 행복추구권, 직업선택의 자유, 재산권, 평등권 등의 기본권을 우리의 헌법상 당연히 보장받는다고는 볼 수 없음이 분명하고, 이 사건 어업협정이 청구인들 개개인에게 구체적 · 직접적으로 어떤 침해를 가져오는 것이라고 볼 여지도 없다.
이상에서 살펴본 바와 같이 이 사건 심판청구는 청구인들이 헌법상 보장된 기본권을 침해받게 되는 경우가 아님이 명백하여 부적법하므로 이를 각하하여야 한다.

재판관 윤영철(재판장) 이영모 한대현 하경철 김영일 권 성(주심) 김효종 김경일 송인준

〔별 지〕 〈대한민국과 일본국간의 어업에 관한 협정〉 생략
[부 속 서 I] 생략
[부 속 서 II] 생략

나. 헌법재판소의 합헌결정에 대한 비판

(1) 배타적 경제수역과의 관계에 관한 청구기각 이유 비판

전술한 바와 같이 헌법재판소는 “신한일어업협정”과 배타적 경제수역과의 관계에서 청구기각 이유를 다음 두 가지로 제시하고 있다.

(가) 어업에 관한 협정

헌법재판소 재판부는 “... 이 사건 협정은 ”어업에 관한“ 협정이라는 점이다. 따라서 배타적 경제수역의 경계획정 문제와는 직접적인 관계를 가지지 아니하며... 독도가 중간수역에 속해 있다 할지라도 독도의 영유권 문제나 영해 문제와는 직접적인 관계를 가지지 아니하는 것이 명백하다”[1]라고 청구기각 이유를 제시하고 있다.

이와 같이 재판부는 “신한일어업협정”은 어업에 관한 협정이므로 배타적 경제수역과의 경계획정과 무관한 것이라고 판단하고 있으나 이는 다음 몇 가지 점에서 부당하다고 본다.

첫째로, “신한일어업협정”은 명문으로 중간수역의 외측에 경계를 둔 자국 측의 협정수역을 배타적 경제수역으로 간주한다는 규정을 두고 있다(제7조).[2] 따라서 동 협정은 어업에 관한 협정이며 배타적 경제수역의 경제획정과 직접적인 관계가 없다는 이유는 성립될 수 없는 것이라 할 것이다.

둘째로, “신한일어업협정”은 중간수역에 속해 있는 독도의 배타적인 배타적 경제수역을 부정하고 있으므로(제9조 제1항, 부속서 Ⅰ)[3] 동 협정이 어업

1) 헌법재판소 사무처, 「헌법재판소 공보」, 제 55호, 2001.4.20, p.102

2) 헌법재판소의 결정문에는 “이 사건의 심판 대상은 대한민국과 일본국 간의 어업에 관한 협정(이하 ”이 사건 협정“이라 한다.)이고, 그 내용은 별지와 같다”라고 표시되어 있으며, 별지에는 (ⅰ) 동 협정, (ⅱ) 부속서 Ⅰ, (ⅲ) 부속서 Ⅱ, 그리고 (ⅳ) 합의의사록이 포함되어 있다. 그러나 (ⅳ) 합의의사록은 심판의 대상인지 분명하지 않다. 왜냐하면 헌법재판소는 합의의사록은 조약이 아니라고 보고 있기 때문이다(p.108)

3) 헌법재판소의 결정문에 “영유권”과 “영토권”을 구분하고 있다. “영유권”은 국가의 영토에 대한 주권을 의미하며, “영토권”은 국민의 기본권 침해에 대한 권리 구제를 위한 전제 조건으로서의 영토의 대한 국민의 권리를 뜻한다(p.109)

에 관한 협상이며 배타적 경제수역의 경계획정과 직접적인 관계가 없다는 청구기각 이유는 부당한 것이다 할 것이다.

한국과 일본 양국이 각기 기 선포한 200해리의 배타적 경제수역이 동해의 전 수역에서 중첩되므로 양국은 "신한일어업협정"의 체결 협정 과정에서 배타적 경제수역에서의 범위를 각각 35해리로 할 것과 배타적 경제수역에서의 범위를 각각 35해리로 할 것과 배타적 경제수역의 기점을 한국은 울릉도롤 하고 일본은 오끼도로 할 것에 합의를 보았다.[4] 한국 측의 기점을 독도로 하는 데 일본이 동의하면 중간수역을 설정할 필요도 없었고, 독도의 영유권은 한국에 있는 것으로 확정되는 셈이 된다. 일본측이 독도를 기점으로 하는 데 동의하지 아니하므로 한국 측은 울릉도를 기점으로 한 것이다.[5] 한국의 배타적 경제수역의 기점을 독도로 하지 않고 울릉도로 한 것은 한국이 독도의 영유권을 포기할 것으로 해석될 가능성이 없지 않다. 장차 한일 배타적 경제수역의 경계획정에 있어서도 일본은 "신한일어업협정"의 선례를 따르자고 주장할 수 있을 것이며, 또 장차 독도의 영유권 귀속 문제가 국제재판소에서 다투어지게 될 경우에도 일본이 이 선례를 근거로 독도의 영유권이 한국에 귀속되지 않는 것이라고 주장할 가능성이 배제되지 않는다.[6] 요컨대, "신한일어업협정"이 "어업에 관한" 협정이므로 배타적 경제수역의 경제획정과 무관하다는 재판부의 청구기각 이유는 부당한 것이라 할 것이다.

(나) 현저한 균형을 잃지 않는 협정

헌법재판소 재판부는

"... 중간수역의 설정에 있어서 어느 일국의 일방적인 양보로 보이지 않고, 또한 상호 간에 현저히 균형을 잃은 설정으로는 보이지 않는다."[7]

라고 청구기각 이유를 제시하고 있다.

---

4) 헌법재판소 사무국, 전주 1, p.102.
5) 상게공보, p.102.
6) 상게공보, p.102.
7) 상게공보, p.103.

이와 같이 재판부는 "신한일어업협정"이 설정한 중간수역은 한일 양호 간에 현저한 균형을 잃지 않는 것이라고 판단하고 있으나, 이는 다음과 같은 몇 가지 점에서 부당한 것으로 본다.

첫째로, "신한일어업협정"이 한국의 배타적 경제수역의 기점을 독도로 하지 않고 울릉도로 하고 일본의 배타적 경제수역의 기점을 오끼도로 하여 중간수역을 설정한 것은 한국 측의 일방적인 양보로 설정한 것이며[8] 이를 현저히 균형을 잃은 것으로 보이지 않는다고 재판부가 판단한 것은 부당함이 명백하다.

둘째로, "신한일어업협정"이 한일 간의 독도의 영유권 "문제"(problem, issue)를 독도의 영유권 "분쟁"(dispute)[9]으로 본 것은 한국 측의 일방적인 양보로 성립된 것이며 이를 현저히 균형을 잃은 것으로 보지 아니한다고 재판부가 판단한 것은 부당하다.

독도의 영유권 문제가 영유권 분쟁으로 발전되게 되면 독도의 영유권에 관해 한국과 일본의 독도에 대한 영유권이 훼손되는 결과를 가져오게 되기 때문이다.[10] 독도의 영유권이 한국에 귀속되어 있음은 엄연한 사실이므로 한일 간의 독도영유권 문제는 국제법상 "분쟁"으로 될 수 없는 것이다. 우리 정부의 일관된 입장도 독도의 영유권 문제가 일본과의 분쟁의 대상이 될 수 없다는 것이었다.

만일 국제법상 분쟁으로 보게 되면, (ⅰ) 당연히 한국의 영토인 독도를 일본과 대등한 입장에서 맞서는 것이 되고, (ⅱ) 뿐만 아니라 국제연합의 가맹국인 한일 양국은 이를 평화적으로 해결해야 할 "국제연합헌장"상의 의무를 지며(제2조 제3항, 제33조 제1항), (ⅲ) 경우에 따라 국제연합총회 또는 안전보장이사회로부터 분쟁 해결에 관한 권고를 받을 수 있게 된다(제11조 제2항, 제36조 제1항). 그리고 (ⅳ) 한 걸음 더 나아가 "국제연합헌장"상 안전보장이

8) 상게공보, p.103. 이 이외의 외교통상부의 견해에 관해서는 (ⅰ) 외교통상부, 「신한일어업협정」, 1998. 11. 25, (ⅱ) 외교통상부, 「신한일어업협정과 독도」, 1998. 11, (ⅲ) 외교통상부 조약국, 「한일어업협정 해설자료」, 1998.11. 참조.

9) 헌법재판소 사무처, 전게공보, 전주1, p.109.

10) 상게공보, p.109.

사회가 그 분쟁을 평화에 대한 위협(the threat to the peace)으로 결정할 경우에 국제연합으로부터 제재조치를 받을 수도 있게 된다(제 40조 이하).

때문에 우리 정부는 독도가 일본과의 관계에서 분쟁의 대상이 될 수 없다는 입장을 견지해 왔던 것이다. 1954년 9월 25일 일본 정부는 독도의 영유권에 관한 한일 간의 문제를 법적 분쟁이라고 보고 이를 국제사법재판소에 제소하자는 제의를 다음과 같이 해 왔다.

> 이 문제(issue)는 국제법의 기본원칙의 해석을 포함하는 영유권에 관한 분쟁 (a dispute on the territorial rights)이니 만큼... 일본 정부는 일본 정부와 한국 정부의 상호 합의에 의하여 이 분쟁(the dispute)을 국제사법재판소에 부탁할 것을 제의한다.[11)]

상기 일본 정부의 제외에 대해 우리 정부는 1954년 10월 28일에 다음과 같이 이를 일축하는 내용의 항의를 한 바 있다.[12)]

> 독도 문제(the Dokdo problem)를 국제사법재판소에 제소하자는 일본 정부의 제의는 사법절차를 가장한 또 다른 허위의 시도에 불과하다. 한국은 독도에 대한 영유를 갖고 있으며, 한국이 또한 국제 재판에 의하여 그 권리를 증명해야 할 이유가 없다. ... 일본은 소위 독도의 영유권 분쟁에 대한 한국과의 관계에서 일본을 대등한 지위로 놓으려고 시도하는 것이다(is attempting to place herself on the equal footing).

이상과 같이 우리 정부는 "신한일어업협정"을 체결하기 이전까지는 독도의 영유권 문제를 일본과의 국제분쟁으로 보지 않는 입장을 취해 왔다.[13)]

1965년의 "한일기본관계에 관한 조약", "한일어업협정" 체결 시 한국 정부는 독도영유권 문제에 있어 어떤 형식으로도 규정상 일본의 지위를 인정하게 되는 것을 배제했으며, "분쟁해결에 관한 교환 공문"에 독도 문제에 관한

---

11) 상게공보, pp.109~110.
12) 상게공보, p.109.
13) 나홍주, "한일어업협정의 문제점에 관한 고찰", 「한국해방학회지」, 제22권 제2호, 2000, p.192.

규정을 두자는 일본의 주장을 배격했다. 1974년의 "한일 대륙붕협정" 체결시에도 한국 정부는 이러한 입장을 견지해 왔다. 그러나 1999년의 "신한일어업협정"의 체결로 우리 정부의 이러한 입장은 깨지고 말았다. 이제 일본이 다케시마를 찾을 법적 발판을 놓으려던 숙원은 꿈이 아니라 현실로 실현된 것이다.

요컨대, "신한일어업협정"에 의해 중간수역이 설정되어 독도의 영유권 문제가 독도의 영유권 분쟁으로 인정되기 된 것은 우리 측의 일방적인 양보에 의한 것이며, 이는 현저하게 균형을 잃은 것이므로 재판부가 현저히 균형을 잃지 않은 것으로 판단한 것은 부당함이 명백하다 할 것이다.

(2) 영해와의 관계에 관한 청구기각 이유 비판

전술한 바와 같이 헌법재판소 재판부는 "신한일어업협정과 영해와의 관계"에서 청구기각 이유를 다음 두 가지로 제시하고 있다.

(가) 영해를 제외한 협정

헌법재판소 재판부는

"...이 사건 협정은 배타적 경제수역을 직접 규정한 것이 아닐 뿐만 아니라 배타적 경제수역이 설정된다 하더라도 영해를 제외한 수역을 의미하며, 이러한 점들은 이 사건 협정에서의 이른 바 중간 수역에 대해서도 동일하다고 할 것이므로..."[14)]

라고 표시하여 동 협정은 독도의 영해를 규율 대상에서 제외한 것이므로 독도는 영해를 보유한다고 판단하고 있다.

이와 같이 재판부는 "신한일어업협정"하에서도 독도는 영해를 보유한다고 판단하고 있으나, 이는 다음과 같은 몇 가지 점에서 부당하다고 보아야 할 것이다.

첫째로, 도서가 영해를 갖는다는 것은 일반국제법인 1958년의 "영해접속수

---

14) 김영주, "신한일어업협정과 독도의 영유권 훼손", 독도 조사연구학회, 독도탐사 연구발표, 2001.6.6, 썬플라워호, p.6.

역협약"(제40조 제2항)과 1982년의 "유엔해양법협약"(제121조 제2항)에 의해 인정되는 것이며, 독도의 주변수역이 중간수역으로 된다는 것은 특수국제법인 "신한일어업협정"에 의하는 것이다. 전자는 일반법이고 후자는 특별법이며, 일반법과 특별법이 저촉될 경우는 "특별법 우선의 원칙"(rule lex specialis derogant lege generali)에 따라 후자가 우선적으로 적용되게 되므로[15] 독도는 중간수역만을 갖고 독도의 영해는 배제된다고 볼 수 있다.

둘째로, 현법재판소와 우리정부는 "신한일어업협정"은 "이 협정은 대한민국의 배타적 경제수역(이하 "협정수역"이라 한다.)에 적용한다"라고 규정하고 있으므로(제 1조), 독도의 영해에 이 협정은 적용되지 않고 따라서 독도의 영해에 어떠한 영향을 주지 않는다고 주장하고 있으나, "신한일어업협정"이 한국과 일본의 배타적 경제수역에서 중간수역을 배제하고 배타적 경제수역이 아닌 이 중간수역에 동 협정을 적용하는 것과 같이 배타적 경제수역이 아닌 독도의 영해에 대해 동 협정을 적용하는 것은 가능하다.[16]

셋째로, "신한일어업협정"은 "다음 각 목의 점을 순차적으로 직선으로 연결하는 선에 의하여 둘러싸이는 수역에 있어서는 부속서1의 제 2항의 규정을 적용한다"라고 규정하고 있다(제 9조 제 1항). 동 조항에는 이 수역을 부속서1의 제 2항의 규정이 적용되는 수역과 동 규정이 적용되지 않는 수역을 구분하는 어떤 규정도 없으므로 이 수역에 부속서1의 제 2항의 규정의 적용이 배제된느 수역, 즉 영해가 있다고 볼 수 있다. 만일 이 수역 내의 영해에서 부속서1의 제 2항의 적용을 배제하기 위해서는 그런 내용의 특별 규정이 있어야 하며 그러한 특별 규정이 없으므로 중간수역 내에 영해는 존재하지 않는다.

따라서, "신한일어업협정"에 의해 중간수역에 속하는 독도의 영해가 영향을 받지 않는다는 재판부의 청구기각 이유는 부당한 것이라 할 것이다.

---

15) 외교통상부 조약국, 한일어업협정 해설 자료 1998.11, p.15, 김영구, "한일 · 한중 어업협정의 비교와 우리의 당면과제", 국회해양포럼, 2001.6.20, 국회의원회관 소회의실, p.45.

16) 김명기, "독도의 영유권과 새 한일어업협정", 독도학회, 한일어업협정의 재개정 준비와 독도 EEZ 기선 문제, 2000.9.8, 한국 프레스센타, p.7.

(나) 영유권을 제외한 협정

헌법재판소 재판부는

"... 독도가 중간수역에 속해 있다 할지라도 독도의 영유권 문제나 영해 문제와는 직적접인 관계를 가지지 아니한 것이 명백하다 할 것이다."[17)]

라고 판시하고 있다.

이와 같이 재판부는 "신한일어업협정"에 의해 독도가 중간수역에 속해 있다 할지라도 독도의 영유권에는 아무런 영향이 없다고 판단하고 있으나, 이는 다음과 같은 몇 가지 점에서 부당하다고 보아야 할 것이다.

첫째로, "신한일어업협정"에 의하면 울릉도와 독도 중 독도만이 중간수역 내에 포함되어 있으므로(제 9조 제 1항) 독도와 울릉도는 국제법상 별개의 도서로 취급되게 되었다. 따라서 울릉도의 영유권이 한국에 귀속되어 있으므로 울릉도의 속도인 독도의 영유권도 한국에 귀속된다는 이른 바 "속도 이론"에 의한 독도에 대한 영유권 주장의 근거[18)]를 상실하게 되는 결과를 가져왔다.[19)]

1951년 "대일강화조약"에서 일본으로부터 분리되는 한국의 영토가 명시되어 있으며 이 중에 울릉도는 포함되어 있으나 독도는 포함되어 있지 않다. 동 조약은 일본에서 분리되는 한국의 영토를 다음과 같이 규정하고 있다.

> 일본은 한국의 독립을 승인하고 제주도 · 거문도 및 울릉도를 포함하는(including the Island Quelpart, Post Hamilton and Degalet) 한국에 대한 모든 권리 · 권원 및 청구권을 포기한다(제 2조 a항).

상기 규정 중에 울릉도는 포함되어 있으나 독도는 포함되어 있지 않다. 그러나 독도는 울릉도의 속도이므로 독도는 울릉도와 같이 일본으로부터 분리된 한국의 영토라는 우리의 논거[20)]는 "신한일어업협정"이 효력을 발생한 이

17) 상게논문, p.7; 김영주, 전게논문, 전주23, p.11.
18) 헌법재판소 사무처, 전게공보, 전주 1, p.109.
19) 김영구, 전게논문, 전주24, pp.44~45.
20) 국제법상 "사태"(situation)가 발전하여 "분쟁"(dispute)으로 되며, 분쟁은 일방 당

후에는 더 이상 주장하기 어렵게 되었다.

뿐만 아니라, 「삼국사기」(三國史記) 열전(列傳) 이사부조(異斯夫)에 신라 지증왕 13년(512년)에 이사부가 우산국을 정복하고 우산국이 신라에 귀순하여 왔다고 기록되어 있는 바, 여기 우산국의 영토는 울릉도와 그의 속도인 우산도(독도)가 포함된다는 것을 근거로 독도가 신라 지증왕 13년 이래 우리의 영토라는 주장[21]도 사실상 깨지게 된다. 그리고 조선 중종조(1531년)에 편찬된 「신동국여지승람」(新東國與地勝覽) 강원도 울진현조(권 45)에 "우산과 울릉은 원래 한 섬이라고 한다"는 기록에 의해 인정된 역사적 사실[22]을 부정하는 결과를 가져오게 한다. 따라서 "신한일어업협정"에 의해 독도의 영유권은 직접적인 관계를 가지지 않는 것이 명백하다는 재판부의 판단은 부당한 것이다 할 것이다.

둘째로 재판부는 "신한일어업협정"에 의해 중간수역에 속해 있는 독도의 영유권 문제는 어떠한 영향도 받지 않는다고 판단하고 있다. 이는 동 협정이 "이 협정의 어떠한 규정도 어업에 관한 사항 외의 국제법상 문제에 관한 각 체약국의 입장을 해하는 것으로 간주되어서는 아니 된다"라는 규정(제15조)에 의거한 것으로 보인다. 우리 정부도 제15조의 규정은 독도에 대한 우리의 입장을 해하지 않는 것으로 우리에게 유리한 조문이라고 한다.[23] 그러나 제15조의 규정을 일본 측에서 보면 독도를 실효적으로 지배하고 있지 못하면서도 독도의 영유권이 일본에게 귀속된다는 일본의 입장을 묵인하는 것으로, 결국 일본에게 보다 유리한 규정인 것이다.[24] 즉 이 규정은 한국에게는 이(利)도 해(害)도 주지 않는 현상 유지적 의미 밖에 갖지 못하지만, 일본에

사자가 타방 당사자에게 특징의 요구를 하고 타방 당사자가 그 요구를 거절할 때 존재하게 된다(Hans Kelsen, The Low of the United Nations(New York: Praeger, 1950), p.360). 상설국제사법재판소는 분쟁을 "법적 문제점 EH는 사실에 관한 문제점에 내한 의신의 불일지"나 정의했나(P. C. I. J., Series A. No.21, 1924, p.11).

21) 이상면, "중간수역에 들어간 독도의 운명과 그 대책", 독도찾기운동본부, 「독도현장보고」(서울 : 독도찾기운동본부, 2001), p.17.

22) 외무부, 「독도관계자료집(1)」(서울 : 외무부, 1977), pp.74~75.

23) 상계서, pp.119~120.

24) 이상면, 앞의 글, 전주 30.

게는 이(利)를 주는 현상 변경적 의미를 갖는 것이다.

요컨대, 결국 제 15조의 규정은 독도의 영유권에 관해 일본 측에게 비교이익을 주어 그 결과를 한국의 독도영유권이 그만큼 훼손되는 것으로 되었다는 해석이 가능할 수 있게 되어있다. 따라서 재판부가 중간수역에 독도가 속해 있어도 독도의 영유권 문제에 어떠한 영향을 주는 것이 아니라고 판단한 것은 부당한 것이라 할 것이다.

셋째로, 독도를 중간수역에 속하도록 하고 배타적 경제수역의 기점으로 보지 않은 것은 우리나라가 독도의 영유권을 포기한 것으로 볼 수 있는 가능성을 배제시키지 못한다. 울릉도를 기점으로 한 것은 독도의 영유권을 포기한 것이다. "유엔해양법협약"에서 섬은 배타적 경제수역을 가지나(제121조 제2항), 인간이 거주할 수 없거나 그 자신 경제활동을 할 수 없는(cannot sustain human habitation or economic life of their own) 암초는 배타적 경제수역을 갖지 아니한다고 규정하고 있는바(제121조 제3항), 우리 정부는 독도가 배타적 경제수역을 갖지 않는 암석인 것으로 보고 있으나[25] 이는 사실에 반하고 부당한 판단이라 아니할 수 없다.[26]

(3) 결론

"대한민국과 일본국 간의 어업의 관한 협정비준 등 위헌확인 사건"에서 헌법재판소 전원재판부의 결정에는 (ⅰ) 국민의 영토에 관한 권리를 영토권이라 규정하여 헌법소원의 대상인 기본권의 하나로 간주하는 것은 가능한 것으로 판단한 점,[27] (ⅱ) 어민들이 종전에 자유로이 어로 활동을 영유할 수 있

---

25) 김영구, "국제법에서 본 동해 중간수역과 독도", 독도연구보전협회, 독도영유권 대토론회, 1999. 10. 22, 프레스센터, pp.23~24.

26) 김영구, 전주 24, p.3; G. G. Fitzmaure, "The Law and Procedure of International Court of Justice", *B.Y.I.L.*, Vol. 33, 1957, pp.236~238 ; Lord McNair, *Law of Treaties* (Oxford : Clarendon, 1961), p.219 ; Georg Schwarzenberger and E. D. Brown, *A Manual of International Law,* 6th ed.(Milton : Professional Book, 1976), p.131.

27) 환원하면 동 협정이 배타적 경제수역에만 적용되는 것이 아니라 "중간수역"에도

었던 수역에서 더 이상 자유로운 어로 활동을 영유할 수 없게 된 것은 직접 법령에 의해 기본권이 침해되는 것으로 판단한 점[28] 등이 포함되어 있다. 이는 헌법재판소가 국민의 기본권의 신장을 위해 획기적이고 발전적인 결정을 한 것으로 높이 평가된다 할 것이다.

상술한 바와 같이 "신한일어업협정"에는 한국의 독도에 대한 영유권을 침해하거나 또는 침해할 위험성이 있는 몇몇 조항이 있다. 과거의 국제사회에서 영토 취득의 주요 원인은 선점 · 정복 · 할양 등이 있으나, 오늘의 국제사회에서 영토 취득의 주요 원인은 묵인(acquiescence) · 승인(recognition), 그리고 금반언(estoppel)이다.[29] 묵인 · 승인 · 금반언의 반복으로 영토 취득은 응고되어지는(consolidated)것이다.[30]

우리 정부는 "신한일어업협정"을 체결함에 있어서 어업과 기타의 경제적 · 외교적 이익에 제 2차적인 가치를 부여하고, 독도의 영유권에 제 2차적인 가치를 부여하여, 독도의 영유권이 일본에 있다는 일본 정부의 주장을 묵인·승인하거나 또는 이 묵인 · 승인에 의한 금반언의 효과로 한국의 독도에 대한 영유권이 침해된다는 점을 간과하는 과오를 범했다. 이 과오를 합리화하려는 정부의 시책은 또 다시 새로운 과오를 이중으로 범할 뿐인 것이다.

우리 정부는 하루 속히 훼손되거나 훼손될 위험성이 있는 독도의 영유권을 치유하기 위한 대책을 강구하여 국민의 여망에 따라 민족의 자존심인 독도를 영구히 보전해야 할 민족적 당위의 실현을 다 해야 할 것이다.

적용되므로 영해에도 적용된다는 해석이 가능한 것이다. 1839년 "영불어업협정"상 영해를 선으로 표시한 수역의 대안은 영유권이 인정되었고 영해를 선으로 표시하지 않는 수역의 대안은 무주지로 인정되었다는 점(I.C.J., *Reports*, 1953, pp. 66~67)에 유의해야 할 것이다.

28) 헌법재판소 사무처, 전계공보, 전주1, p.110.

29) 김명기, "독도와 대일강화조약 제 2조", 김명기 편, 「독도연구」(서울 : 법률 출판사, 1997), p.255.

30) 중긴수역 내에 독도가 위치하고 있으며, 울릉도는 중간수역과 구별되는 배타적 경제수역 내에 위치하고 있기 때문이다. 속도가 주도의 부속도라는 문언상 언급이 없는 한, 주도에 대한 주권의 행사는 속도에 대한 주권의 행사로 볼 수 없다는 국제사법재판소의 판결(I.C.J. *Reports,* 1953, p.71)에 유의해야 한다.

헌법재판소가 독도의 영유권을 침해하는 과오를 범한 정부의 정책을 시정하도록 하는 결정을 하지 못하고 정부의 의견을 그대로 인정·수용하여 청구를 기각하는 결정을 한 것은 민족 자존심의 표상인 독도를 영구히 보존해야 할 민족적 소명을 다하지 못한 것으로 심히 유감이라 아니할 수 없다.

5. 국제법학자 41인의 한일어업협정에 대한 견해와 그에 대한 이견
-국제법 학자 41인의 "독도영유권과 신한일어업협정에 대한 우리의 견해"

가. 국제법학자 41인의 한일어업협정에 대한 견해

- 독도 영유권과 신한일어업협정에 대한 우리의 견해 -

국제법 학자 41인

최근 독도 문제가 불거진 후 뜻밖에도 신한일어업협정이 독도영유권을 훼손하고 있으며, 따라서 협정은 폐기되어야 한다는 일부 목소리가 있다. 이는 조상으로부터 물려받은 국토에 관련된 문제이고 어민의 생계와 직결된 중대사이기에, 이 땅에서 태어나 국제법 연구에 전념하고 고등교육에 헌신하고 있는 우리는 이를 외면할 수 없어 다음과 같은 의견을 밝힌다.

1. 우리는 독도가 국제법적으로나 역사적으로나 우리의 고유 영토임을 확신한다. 독도는 한일간 국제법상 분쟁 대상이 아니다.
2. 우리는 신한일어업협정에 의해 독도 영유권이 훼손된 바가 전무함을 확신한다. 그 이유는 다음과 같다.
   가. 이 협정은 영토문제가 아닌 어업문제만을 다루는 협정이기 때문이다.
   나. 이 협정이 독도 영유권을 포함한 그 밖의 국제법상 문제를 다루는 것이 아님은 협정 제15조에 분명하게 규정돼 있다.
   다. 독도가 '중간수역'에 있다는 주장이 있으나 협정상 '중간수역'이란 말은 없으며 설명의 편의상 이 용어를 쓴다 해도 독도가 '중간수역'에 들어가 있는 것이 아니라 독도와 그 영해를 제외한 부분이 '중간수역'이다.
   라. 이 같은 해석은 "망끼에-에끄레오사건(Minquiers and Ecrehos case)"에 대한 1953.11.17의 국제사법재판소 판결에 의해서도 확인되고 있다. 국제

사법 재판소는 이 판결에서 섬의 주변에 공동어업 수역이 설정돼 있다고 해서 섬의 영유권에 영향을 주는 것이 아니라는 견해를 밝혔다.

마. 우리 헌법재판소도 2001.3.21. 신한일어업협정에 관한 헌법소원 판결에서 이 협정이 독도의 영유권, 영해 및 배타적 경제수역에 영향을 주는 것이 아니라고 판결한 바 있다.

3. 우리는 신한일어업협정이 어떠한 이유로도 폐기되어서는 안 됨을 확신한다. 왜냐하면 이 협정에 의해 한일 간 어업분규가 종식되고 어업질서가 원활히 유지돼 왔으며 이른바 '중간수역' 및 일본측 수역에서 우리 어민이 안정적으로 조업을 하고 있기 때문이다.

2005. 04. 05

강병근 / 한림대 교수, 대한국제법학회 이사

권문상 / 해양연구원 책임연구원, 대한국제법학회 이사
김대순 / 연세대 교수, 대한국제법학회(차기-2006) 회장
김대원 / 서울시립대 교수
김득주 / 국방대학교 명예교수, 대한국제법학회 전 부회장
김병렬 / 국방대학교 교수, 대한국제법학회 이사
김부찬 / 제주대 교수, 영남국제법학회장, 대한국제법학회 전 부회장
김석현 / 단국대 교수, 대한국제법학회 이사
김성순 / 순천대 명예교수, 대한국제법학회 전 부회장
김찬규 / 경희대 명예교수, 대한국제법학회 전 회장
김채형 / 부경대 교수, 대한국제법학회 이사
노계현 / 창원대 전 총장, 대한국제법학회 전 회장
박기갑 / 고려대 교수, 대한국제법학회 전 부회장
박노형 / 고려대 교수, 대한국제법학회 전 부회장

박배근 / 부산대 교수
박지현 / 연세대 교수(원주캠퍼스)
박찬호 / 부산대 교수
박현진 / 연세대 강사
백봉흠 / 동국대 명예교수, 대한국제법학회 전 회장
백충현 / 서울대 명예교수, 대한국제법학회 전 회장
성재호 / 성균관대 교수, 대한국제법학회 부회장
어영무 / 경희대 객원교수, 대한국제법학회 전 부회장
오병선 / 서강대 교수, 대한국제법학회장

출처: 독도본부, 「학술토론회」, 제6집(서울: 우리영토, 2006), 첨부3, pp.169~171.

나. 국제법학자 41인의 한일어업협정에 대한 견해에 대한 이견

목 차

서언

국제법학자 41인의 "독도 영유권과 신한일어업협정에 대한 우리의 견해(2005.4.5.)"(이하 "견해"라 한다)에 대해 개인적인 의견을 제시해 보기로 한다. 동 견해는 근 2년 전인 2005년 4월 5일에 발표된 것이지만 필자의 정보능력부족의 탓으로 동 견해의 전문(全文)과 41인의 명단을 입수할 수 있었던 것은 최근이여서 이 의견의 작성 · 제시가 늦어지게 되었다는 점을 밝힌다. 동 견해의 배포선에 필자가 포함되어 있었다면 이 의견은 보다 빨리 작성 · 제시되었을 것이다(이 의견에서 인용되는 동 견해의 전문(全文) 본문과 41인의 명단은 독도본부, 「학술토론회 제6집」(서울: 우리영토, 2006), 첨부3, pp.169~171. 에 의거한 것이다). 필자를 동 견해의 배포선에 포함시키지 아니한 41인의 의도가 무엇인지 묻지 아니하고 유감으로 생각한다.

이 의견은 동 견해를 최대한 존중하면서 한국의 독도영유권보전을 위한 국제법상 법리를 개발 · 정립하기 위하여 상호 대립되는 견해와 의견의 교차 교환을 제외하는 것이며, 결코 어용적 · 반어용적 목적을 가진 것이 아니며, 더더욱 국제법학계의 파당 조성을 목적으로 하는 것이 아님을 명백히 한다.

이하 동 견해에 대해 항목별 순서에 따라 의견을 제시해 보기로 한다. 동 견해 자체의 항목별 내용이 중첩된 부분이 있어서 이 의견도 중복된 부분이 있음을 인정하면서 이 점에 관해 41인의 양해를 구하는 바다.

Ⅰ. 전문에 대하여

전문 :"최근 독도문제가 불거진 후 뜻밖에도 신한일어업협정이 독도 영유권을 훼손하고 있으며, 따라서 협정을 폐기되어야 한다는 일부 목소리가 있다. 이는 조상으로부터 물려받은 국토에 관련된 문제이고 어민의 생계와 직결된 중대사이기에, 이 땅에서 태어나 국제법 연구에 전념하고 고등교육에 헌신하고 있는 우리는 이를 외면할 수 없어 다음과 같은 의견을 밝힌다."

1. 의견 : 이견 없다.

2. 이유

가. "협정은 폐기되어야 한다는 일부 목소리"에 대하여

(ⅰ) "협정은 폐기되어야한다"라는 기술 중 "폐기"는 조약의 위반(material breach of a treaty)에 의한 폐기(조약법 협약 제60조), 이행의 불능(impossibility of performance)에 의한 폐기(동 제61조), 사정의 근본적 변경(fundamental change of circumstance)에 의한 폐기(동 제62조) 등을 제외한 조약의 규정(provisions of treaty)에 의한 폐기(동 제54조), 즉 고지(notification)를 뜻하는 것으로 이해되므로,[1] "폐기"의 표현에 이견이 없다.

---

1) 폐기(denunciation)는 "조약의 규정"에 의한 폐기,"조약의 위반"에 의한 폐기,"이행의 불능"에 의한 폐기,"사정의 변경"에 의한 폐기 등을 모두 포함하는 용어이다 (J. G. Starke, *Introduction to International Law*, 9th ed.(London : Butter worth. 1984), p.453 ; Ian Sinclair, *The Vienna Convention on the Law of Treaties,* 2nd ed. (Manchester : Manchester University Press. 1984), p.181).

(ii) "일부의 목소리" 중 "일부"라는 표현은 "… 헌신하고 있는 우리" 중 "우리"(41인)도 전부에서 일부를 제외한 부분이므로 이도 전부가 아니라 일부를 뜻하는 것으로 이해되므로, "일부"라는 표현에 이견이 없다.

(iii) "일부 목소리" 중 "목소리"는 우리(41인)의 "의견"과 같이 의견을 의미하는 것으로 이해되므로, "목소리"라는 표현에 이견이 없다.

나. "국제법 연구에 전념하고 고등교육에 헌신하고 있는 우리"에 대하여

(i) "우리"만이 국제법 연구에 전념하고 고등교육에 헌신하고 있고, "일부 목소리"의 "일부"는 그러하지 아니한 것 같이 기술되어 있으나, "일부"도 국제법 연구에 전념하고 고등교육에 헌신하고 있는 것으로부터 배제하려는 적극적인 의도가 있는 것은 아닌 것으로 이해되므로, "국제법 연구에 전념하고 고등교육에 헌신하고 있는 우리"라는 기술에 이견이 없다.

(ii) "이를 외면할 수 없어 다음과 같은 의견을 밝힌다." 중 "외면할 수 없어"는 일부 목소리를 경멸하는 의미를 함축하고 있는 듯하나, 이는 "경청하지 않을 수 없어"의 의미로 이해되므로, 이 기술에 이견이 없다.

이상과 같은 이유에서 "전문"에 대해 전체적으로 이견이 없다.

II. 제1항에 대하여

제1항: "우리는 독도가 국제법적으로나 역사적으로나 우리의 고유 영토임을 확신한다. 독도는 한일 간 국제법상 분쟁의 대상이 아니다"

1. 의견 : 이견 없다.

2. 이유

가. "국제법적으로나 역사적으로나 우리의 고유영토"에 대하여

(i) 독도 앞에 기술된 "우리"는 41인을 뜻하며 고유영토 앞에 기술된 "우리"는 한국을 뜻하는 것으로 이해되므로, "우리"의 표현에 이견이 없다.

(ii) "독도는 '국제법적으로나 역사적으로나' 우리의 고유영토임을 확신

한다"라고 기술하여 "국제법적으로"와 "역사적으로"를 등가적 동위 개념으로 표시하고 있으나, 그 뜻은 영토의 영유권 귀속문제는 성질상 국제법적 문제이므로 "역사적으로"를 수단으로 하여 "국제법적으로" 판단할 때, 즉 역사적 사실에 근거하여 국제법적으로 판단할 때라는 뜻으로 이해되므로, "역사적으로나"를 앞에 놓고 "국제법적으로나"를 그 뒤에 놓는 것이 더 바람직한 것이라고 여겨지기는 하지만 "국제법적으로나 역사적으로나"라는 기술에 이견이 없다.

(iii) "역사적으로 우리의 고유영토"라고 기술하고 있는 것은 역사적 권원(historical title), 즉 본원적 권원(original title)이다. 이는 현대 국제법에 의한 권원으로 "권원의 변경"(replacement of title)을 해야 현대 국제법상 권원으로 인정될 수 있다는 점을[2] 충분히 검토 감안한 것으로 이해되므로, 이 기술에 이견이 없다.

나. "독도는 한일 간 국제법상 분쟁의 대상이 아니다"에 대하여

(i) "독도는 한일 간 국제법상 분쟁의 대상이 아니다"라는 기술 중 "독도"는 "한국의 독도영유권"을 뜻하는 것으로 이해되므로, 이 표현에 이견이 없다.

(ii) "분쟁의 대상이 아니다"라는 기술은 동 항 전단의 기술로 미루어 보아 동 협정과 관계없는 기술로 이해되므로,[3] 이 기술에 이견이 없다.

---

2) Santiago Terres Bernardez, "Territory Acquisition," *EPIL*, Vol. 10, 1987. p.499 ; David H. Ott, *Public International Law in the Modern World* (London : Pitman, 1987)), p.109 ; peter *Malanczuk, Akehurst's Modern Introduction to International Law* (London : Routledge, 1987), p.155 ; Georg Schwarzenberger and E. P. Brown, *A Manual of International Law*, 6th ed.(Milton : Professonal, 1976), p.96 ; Ian Brownlie, *Principles of Public International Law*, 5th ed.(Oxford : Oxford University Press, 1998), p.129 ; P. C Jessup, "The Palmas Island Arbitration," *AJIL*, Vol.22, 1928, pp.739~740 ; E. C. Wade, *The Minquiers and Ecrehes Case, Grotius Society transactions for year 1954,* Vol.40, 1954, pp.98~99 ; Robert Y, Jennings, *Acquisition of Territory in International Law* (Dobbs Ferry : Oceana, 1963), pp.28~31, ICJ, *Reports*, 1959, p.56 ; ICJ, *Reports*, 1975, pp.38~39.

3) 동 협정이 독도를 기점으로 하지 아니하고 울릉도를 기점으로 하여 배타적 경제

이상과 같은 이유에서 제1.항에 대하여 이견이 없다.

Ⅲ. 제2항 가목에 대하여

제2항 가목 : "이 협정은 영토문제가 아닌 어업문제만을 다루는 협정이기 때문이다."

1. 의견: 이 협정은 영토문제가 아닌 어업문제만을 다루는 협정이 아니다.

2. 이유

가. "어업문제만을 다루는 협정"이 아니다.

(1) 어업문제 이외의 문제도 다루는 협정이다.

동 협정은 어업문제만을[4] 다루는 협정이 아니라 어업문제 이외의 문제도 다루는 협정이다. 어업문제 이외의 문제를 다루는 명시적 규정을 보면 다음과 같다(적용범위 규정인 제1조, 최종규정인 제13조, 제14조, 제16조, 제17조로 제외).

(가) 관할구역 경계획정에 관한 규정

(i) 배타적 경제수역 경계획정[5] 규정(제7조)

(ii) 중간수역 인접 배타적 경제수역 경계획정 규정(부속서Ⅱ. 제1항)

(iii) 배타적 경제수역 경계획정 계속협의 규정(부속서Ⅰ. 제1항)

수역의 범위를 획정하고 (제7조) 있는 점, 독도를 내포하는 동해 중간수역을 설정하고 (제9조 제1항) 있는 점, 등은 한국의 독도영유권 주장을 일본이 거부하고 또한 일본의 다케시마 영유권 주장을 한국이 거부하였기 때문이므로 한국과 일본이 모두 독도영유권에 관해 분쟁이 존재함을 인정한 것이라 할 것이다.

4) "어업"에 관한 정의 규정이 동 협정에도 "해양법 협약"에도 없다. 따라서"통상적 의미"로 볼 수밖에 없으며, "통상적 의미"로 볼 때 다음 사항은 [상기 (가)(나)(다)(라)] 어업문제를 다루는 규정으로 볼 수 없다.

5) "배타적 경제수역의 경계문제"는 그것을"배타적 경제수역의 문제"로 본다 할지라도 그 자체 어업문제가 아니다. 배타적 경제수역에 대한 연안국의 관할권은 어업 이외에 해상(海床)과 해저 지하의 생물·비생물 자원의 탐사·개발·보존·관리(해양법 협약 제56조 제1항 a), 수력·조력·풍력 발전을 포함하는 경제적 이용권(동 제56조 제1항), 인공도·시설·구조물의 설치사용(동 제60조 제4항), 해양환경의 보호·보전권 (제56조 제1항 b) 등에 미치기 때문이다.

(iv) 동해 중간수역 경계획정 규정(제9조 제1항)

(v) 남해 중간수역 경계획정 규정(제9조 제2항)

(나) 생물자원[6] 관리에 관한 규정

(i) 자국의 배타적 경제수역에서 타방체약국 국민 및 어선의 조업에 관한 구체적 조건 결정 고려요소(제3조 제2항)

(ii) 자국의 배타적 경제수역에서 관계법령이 정하는 조건의 타방체약국에 통보 내용(제6조 제4항)

(iii) 협정수역에서 상호 협력 사항(제10조)

(iv) 한일어업 공동위원회의 협의 권고 사항(제12조 제4항, 제5항, 부속서 I. 제2항, 제3항)

(다) 어업문제 이외의 문제에 관한 규정(제15조)

(라) 제3국 정부와 협력할 의향 확인규정(합의의사록[7]제3항)

(2) 어업문제도 구체적으로 다루는 협정이 아니다.

(i) 동 협정이 배타적 경제수역을 수용함에 따라(제7조, 부속서 I. 제1항) 배타적 경제수역 관할권행사의 기본적 원칙을 규정한 제조항(제2조 내지 제6조, 제10조 내지 제11조, 제13조 내지 제14조)은 대부분 "해양법 협약 제61조와 제62조에 규정되어 있는 규정이다. 한국과 일본은 모두 동 협약의 체약 당사자이므로 이들 제 규정은 대부분 어업문제를 구체적으로 다루는 규정으로 보기 어렵다.

(ii) 상기 배타적 경제수역의 수용에 따르는 배타적 경제수역 관할에 관한 원칙적 제 규정을 제외하면 동 협정이 어업문제만을 다루는

---

6) 어업(fisheries)과 해양생물자원의 관리(conservation and utilization of biological resources)는 구별된다. 후자가 전자보다 넓은 개념이다. 전자에는 새 · 고래 · 물개 등을 대상으로 하지 아니 한다(Carl August Fleiser, "Fisheries and Biological Resources."Rene-Jean Dupuy and Daniel Vignes (eds.), *A Handbook on the New Law of the Seas*, Vol.2(Dordrecht : Martinus, 1991), pp.991~992).

7) "합의의사록"은 동 협정의 일부이다. 합의의사록(agreed minute)은 조약의 불가분의 일부이고(Robert Jennings and Arthur Watts(eds.), *Oppenheim's International Law*, 9th ed., Vol. 1(London : Longman, 1992), p.1211), 동 협정"합의의사록"은 「관보」의 조약안에 공포(관보 제14117호, 1999. 1. 27)되었기 때문이다.

규정은 제12조와 2개의 부속서 뿐이라 할 수 있다.

(iii) 이들 규정도 구체적으로 어업문제를 다루는 것이 아니라 한일어업 공동위원회의 결정에 따르도록 규정하고 있다(제12조 제4항 내지 제6항, 제3조 제2항). 따라서 동 협정상 어업에 관한 사항에 관한 규정은 "합의를 위한 합의"(agreement to agree, pactum de contrahendo)에 불과한 것이라 할 수 있다. 그러므로 어업에 관한 이들 제 규정은 제한적 구속력(restrict binding force)을[8] 갖는데 불과한 것이다.

나. 영토문제도 다루는 협정이다.

(1) 동해 중간수역을 설정한 것은 영토문제도 다루는 것이다.

(i) 독도를 내포하는 동해 중간수역을 설정한 것(제9조 제1항)은 독도의 영유권 문제에 관해 한일 간에 분쟁이 존재함을 인정한 것으로 이는 어업문제가 아닌 영토문제를 다루는 것이다(후술 Ⅶ. 2. 가 (1)을 인용하기로 한다).

(ii) 독도를 내포하는 동해 중간수역을 설정하여 독도의 배타적 경제수역을 배제한 것(부속서 Ⅰ.제2항)은 독도에 대한 한국의 주권적 권리(sovereign right)[9]를 배제한 것으로 이는 어업문제가 아닌 영토문제를 다룬 것이다(후술 Ⅶ.2.가 (2)를 인용하기로 한다).

(iii) 동해 중간수역에서 기국주의를 채택하는 규정을 두어(부속서 Ⅰ. 제2항 가목) 독도의 영해 또는 배타적 경제수역을 침범하여 한국의 어업에 관한 관계법령을 위반한 일본선박에 대한 추적권(right of hot pursuit)을 배제한 것을 영해에 관해서는 한국의 주권(sovereignty)[10]을 침해한 것이며, 배타적 경제수역에 관해서 한국의 주권적 권리

---

8) Fritz Munch, "Non-Binding Agreement," *EPIL,* Vol.7, 1984, p.357 ; Ulrich Beyerlin, "*Pactum de contrahendo,*" *EPIL*, Vol.7, 1984, p.372.

9) Brownlie, supra n.2, p.106 ; Dupuy and Vignes, *supra* 6, p.253. "해양법 협약" 제56조 제1항.

10) Malcon N. Shaw, *International Law,* 4th ed. (cambridge: Cambridge University Press, 1997), p.403 ; Jennings and Watts, *supra* n.3, pp.572~573 ; Surya P. Sharma, "Territorial Sea," *EPIL*, Vol. 11, 1989, p.329 ; Malanczuk, *supra* n.2, p.76. "해양법 협약" 제2조 제1항.

(sovereign right)을[11] 침해한 것으로 이는 어업문제가 아닌 영토문제를[12] 다룬 것이다(후술Ⅶ. 2.가 (3)을 인용하기로 한다).

(2) 제15조의 규정은 영토문제를 다룬 것이다.

(i) 동 협정 제15조는 "이 협정의 어떠한 규정도 어업에 관한 사항외의 국제법상 문제에 관한 각 체약국의 입장을 해하는 것으로 간주되어서는 아니 된다"라고 규정하고 있다.

(ii) 동 조의 "어업에 관한 사항외의 국제법상문제"에 독도의 영토문제가 포함됨은 논의의 여지가 없다.

(iii) 동 조는 각체약국의 독도영유권 주장을 모두 배제한 것이 아니라, 이를 모두 승인한 것이다. 한국의 독도 영유권주장을 일본이 승인한 것이고, 일본의 다케시마 영유권 주장을 한국이 승인한 것이다.[13]

이상과 같은 이유에서 이 협정은 영토문제가 아닌 어업문제만을 다루는 협정이라고 볼 수 없다.

Ⅳ. 제2항 나목에 대하여

제2항 나목 : "이 협정이 독도영유권을 포함한 그 밖의 국제법상 문제를 다루는 것이 아님을 협정 제15조에 분명하게 규정돼 있다."

1. 의견: 이 협정은 독도의 영유권 문제를 포함한 그 밖의 국제법상 문제를 다루고 있으며, 제15조는 독도영유권 문제를 다루고 있다.

2. 이유

가. 이 협정은 다음과 같이 독도영유권 문제를 다루고 있다.

(1) 독도를 내포한 동해중간수역의 설치 (제9조 제1항)[14]

(2) 동해 중간수역에서 독도의 배타적 경제수역 배제(부속서 Ⅰ. 제 2항)[15]

11) 전주 9.

12) 추적권은 본원적 자위권의 확장(an emanation of the premodia hight of self-defence)이기 때문이다(D. P. O'Connell, *International Law*, Vol.2 (London : Stevens, 1965), p.721).

13) 후술 Ⅶ. 2. 나. 를 인용하기로 한다.

14) 후술 Ⅶ. 2. 가. (1) 을 인용하기로 한다.

(3) 동해중간수역에서 추적권의 배제(부속서 I.제2항 가목)[16)]

나. 제15조는 다음과 같이 독도영유권 문제를 다루고 있다.

(1) 제15조의 규율대상

동 조는 독도 영유권문제를 규율대상으로 규정하여 독도영유권 문제를 다루고 있다.

(i) 동 조는 "이 협정의 어떠한 규정도 어업에 관한 사항외의 국제법상 문제에 관한 각 체약국의 입장을 해하는 것으로 간주되어서는 아니 된다."라고 규정하고 있다."

(ii) 동 조의 "어업에 관한 사항외의 사항"[17)]에 독도영유권 문제가 포함됨은 물론이다. 독도영유권 문제는 어업에 관한 사항이 아님이 명백하기 때문이다.

(iii) 동 조의 "국제법상 문제"에 독도영유권 문제가 포함됨은 물론이다. 영유권문제는 본질적으로 국제법상 문제임이 명백하기 때문이다.[18)]

(iv) 따라서 동 조의 규율대상에 독도영유권 문제가 포함됨은 논의의 여지가 없으며, 동 조는 독도영유권 문제를 다루고 있다.

---

15) 후술 Ⅶ. 2. 가. (2) 을 인용하기로 한다.

16) 후술 Ⅶ. 2. 가. (3) 을 인용하기로 한다.

17) "한중어업협정"(2000.8.3 서명) 제14조는 "이 협정의 어떠한 규정도 해양법상의 제반사항에 관한 체약당사자의 입장을 해하는 것으로 해석되어서는 아니 된다" 라고 규정하고 있으며, "일중어업협정"(1997.11.11 서명) 제12조는 "이 협정의 어떠한 규정도 해양법에 관한 문제에 대하여 양 체약국 각자의 입장을 해하는 것으로 간주되어서는 아니 된다"라고 규정하여, "해양법상 문제"에 한하고 있는 것과 "한일어업협정"이 "어업에 관한 사항외의 국제법상 문제"로 규정한 것은 큰 대비가 된다. 이로 보아 후자의 규정은 독도영유권에 관한 문제를 고려한 것임을 알 수 있다.

18) 이와 같은 포괄적 규정에는 다음과 같은 사항등도 포함된다.
(i) "한일기본관계조약" 제2조의 "이미 무효"의 해석문제
(ii) 동 제3조의 "유일합법정부"의 해석문제
(iii) "한일청구권협정"상 "청구권의 범위"의 해석문제
(iv) "도근현고시 제40호"의 유효성문제
(v) "대한제국 칙령 제41호"의 "석도"의 해석문제
(vi) "대일평화조약" 제2조의 해석문제

(2) 第15조의 규율내용

동 조는 동 조의 규율내용으로 볼 때 독도영유권 문제를 다루고 있다.

(i) 동 조의 규정 중 "각 체약국"은 동 협정의 체약국인 한국만을 뜻하는 것이 아니라 한국과 일본을 모두 지칭함은 자명하다.

(ii) 동 조의 규정 중 "입장"은 "주장"으로 해석해도 무리가 없다고 본다.[19)]

(iii) 동 조의 규정 중 "해하는 것으로 간주되어서는 아니 된다"는 "어떤 반증을 들어도 주장을 저해하는 것으로 인정되지 아니 한다"는 뜻이다. 그러므로 동 조의 규율 내용은 한국의 주장을 일본이, 일본의 주장을 한국이, 각각 저해하는 것으로 인정되지 아니한다는 뜻이므로 이는 한국의 주장과 일본의 주장이 모두 각각 인정된다는 의미이며, 한국의 주장과 일본의 주장 중 어느 하나 또는 한국의 주장과 일본의 주장 모두를 배제(부인)한다는 뜻이 아니다.[20)] 그러므로 동 조는 한국의 독도영유권과 일본의 다케시마 영유권을 모두 다루고 있는 것이다.

(3) 第15조의 규율효과

동 조는 규율효과로 보아 독도의영유권 문제를 다루고 있다.

(i) 동 조는 한국의 주장과 일본의 주장을 모두 인정하고 있다. 따라서

---

19) "입장"(standpoint)은 일반 국제법상 용어가 아니다. "입장"에 가까운 일반 국제법상 용어로 "법적지위"(legal status), "사태"(situation), "현상"(status quo), "주장"(protest) 등이 있으나 그 중 "주장"이 "입장"에 가장 가까운 용어로 본다. 주장은 권리 보전(preservation of rights)의 기능을 하기(Jennings and Watts, *supra* n.7, p.1193 ; Wolfram Karl,"Protest," *EPIL*, Vol.9, 1986, p.320) 때문이다.

20) 모두 배제하는 내용으로 규정한 예를 보면 다음과 같다.

(i) "해양법 협약"(1982 .12 .10)은"어떤 국가도 심해저나 그 자원의 어떠한 부분에 대해 주권이나 주권적 권리를 주장하거나 행사할 수 없다"라고 규정하고 있다.(제137조 제1항)

(ii) "남극조약"(1959. 12. 1)은 "체약국은 유효기간 중에 행한 활동으로부터 영유권을 주장할 수 없다"라고 규정하고 있다 (제4조).

(iii) "우주조약"(1967. 1. 27)은 "달 기타 천체를 포함한 외기권은… 국가의 전용의 대상이 되지 아니 한다"라고 규정하고 있다 (제2조).

이상의 예와 달리 "한일어업협정"은 "모두 인정"하는 형식으로 규정되어 있다.

독도영유권에 관해 상충되는 한국의 주장과 일본의 주장이 모두 인정된다. 그러므로 일본은 동 조를 근거로 다케시마 영유권을 주장할 수 있는 것이므로 결국 동 조는 일본의 다케시마 영유권을 재확인 공인하는 결과를 가져오게 한다.

(ii) 동 조의 규정을 일본 측에서 보면 독도를 고유영토로[21] 그리고 점유에 의한 실효적 지배를[22] 하고 있는 한국에 대해 고유 영토도[23] 아니고 점유에 의한 실효적 지배도 하지 못하고 있는 일본이 다케시마 영유권을 한국으로부터 승인받는 것으로 된다. 따라서 다케시마 영유권에 관한 일본의 경쟁적 권원주장을 한국이 인정하여 결국 일본의 상대적 권원(relative title)을[24] 비교 우위적 상대적 권원(better relative title)으로[25] 강화하여 동 조의 규정은 일본에게 보다 유리한 것으로 된다.

(iii) 동 조의 규정을 한국 측에서 보면 독도를 고유 영토로 그리고 점유에 의한 실효적지배를 하고 있는 한국이 일본으로부터 독도영유권이 한국에 있다는 승인을 받는 것은 이(利)도 해(害)도 주지 아니하는 현상유지적 의미 밖에 없는 것이지만, 일본에게 이(利)만을 주는 현상변경적 의미를 갖는 것이다.

(iv) 결국 동 조는 일본에게 비교이익을 주어 그 결과 한국의 독도영유권

---

21) The Korean Government's Refutation of the Japanese Government's Views Concerning Dokdo(Takeshima) dated July 13, 1953(September 9, 1953), para.1.

22) 신라 지증왕 13년(512년) 이래 한국이 실효적 지배를 해왔고, 제2차 대전 이후 독도의용수비대에 의해 1953년 4월 20일 이래 점유에 의한 실효적 지배를 하고 있다(김명기 · 엄정일, "제2차 대전 이후 한국의 독도에 대한 실효적 지배의 증거," 독도논총, 제1권 제1호, 2006, p.159).

23) The Japanese Government's View (July 13, 1953), para. 2.

24) 특정 영토에 대해 경쟁적 권원 주장자가 있는 경우 그 경쟁적 권원 주장자의 권원은 "상대적 권원"일 수밖에 없다(Shaw, *supra* n.10, pp.346, 348 ; A. L. W. Munkman, "Adjudication and Adjustment," *BYIL*, Vol. 46, 1972-73, pp.103~104). 따라서 독도 영유권에 대한 한국과 일본의 권원을 각각 "시대적 권원"인 것이다.

25) *Ibid* ; Brownlie, supra n. 2, p.137 ; Ott, *supra* n. 2, p.107 ; Jennings and Watts, *supra* n. 7, pp.700~710.

이 비교 불이익을 받게 되어 그만큼 한국의 독도영유권은 훼손된 것이다. 이와 같이 동 조는 독도영유권 문제를 다루고 있는 것이다.[26)]

이상과 같은 이유에서"이 협정이 독도영유권을 포함한 그 밖의 국제법상 문제를 다루는 것이 아님을 협정 제15조에 분명하게 규정돼있다"라고 볼 수 없으므로 견해 제2항 나목에 대해 이견이 있다.

V. 제2항 다목에 대하여

제 2항 다목 : 독도가 '중간수역'에 있다는 주장이 있으나 협정상 '중간수역'이란 말은 없으며 설명의 편의상 이 용어를 쓴다 해도 독도가 '중간수역'에 들어가 있는 것이 아니라 독도와 그 영해를 제외한 부분이 '중간수역'이다."

1. 의견 : 이견 없다.

2. 이유

가. 중간수역의 용어에 대하여

(i) 동 협정 제9조 제1항에 규정된 수역의 명칭에 관해 동 협정에 규정이 없다.

(ii) 이 수역을 "중간수역", "잠정수역", "공동어로수역" 또는 "공동관리수역"으로 명명하든 그것은 용어의 문제이며 이 수역의 본질적 문제가 아니므로[27)] 이에 대해서 이견이 없다.

나. 중간수역 내 독도에 대하여

(i) "독도가 중간수역에 있다"는 기술과 "독도와 그 영해를 제외한 부분이 중간수역이다"라는 기술은 후자에서 "영해"를 제외하면 동일한 의미인 것이다. "독도가 중간수역에 있다"라고 해서 육지인 독도가

---

26) 일본은 독도영유권 문제를 한일 간의 영유권분쟁이라고 주장해왔고 한국은 분쟁이 아니라는 입장을 취해왔다. 그러나 동 조의 규정에 의해 한국은 분쟁이라는 일본의 주장을 승인한 것으로 되고 일본은 분쟁이 아니라는 한국의 주장을 승인한 것으로 되나, 이는 독도를 점유에 의해 실효적 지배를 하고 있는 한국에 상대적으로 불리한 것으로 된다. 이도 동 조가 독도영유권 문제를 다루고 있는 것이다.

27) 다만 "중간수역"은 동 수역의 공간적 개념이며, "잠정수역"은 동 수역의 시간적 개념이며, "공동어로수역"과 "공동관리수역"은 동 수역의 기능적 개념이라고 할 수 있다.

"수역"으로 된다는 뜻도 특히 "중간수역"으로 된다는 뜻이 아님은 명명백백한 것이므로 "독도가 중간수역에 있다"는 기술은 잘못된 것이라고 볼 수 없음은 물론이다.

(ii) "독도가 중간수역에 있다"는 기술은 "독도의 위치"를 중점으로 설명한 것이며, "독도와 그 영해를 제외한 부분이 중간수역이다"는 기술은 "중간수역의 범위"를 중심으로 설명한 것뿐인 것이다,

(iii) "독도와 그 영해를 제외한 부분이 중간수역이다"라는 기술도 완벽한 기술이 되지 못한다. 왜냐하면 이 기술에 의하면 독도의 내수(internal waters), 특히 동도와 서도 간의 수로는 중간수역으로 되고, 이 기술은 남해 중간수역에는 해당이 없기 때문이다.

(iv) "독도가 중간수역에 있다"는 기술에 대한 반론은 논리적 인듯하나 그 실은 문제의 실체와 무관한 언어의 유희에 불과한 것이므로 이에 대해 이견이 없다.

이상과 같은 이유에서 동 견해 제2항 다목에 대하여 이견이 없다.

Ⅵ. 제2항 라목에 대하여

제2항 라목 : 이 같은 해석은 "망끼에-에끄레오사건(Minquiers and Ecrehos case)"에 대한 1953.11.17의 국제사법재판소 판결에 의해서도 확인되고 있다. 국제사법재판소는 이 판결에서 섬의 주변에 공동어로수역이 설정되어 있다고 해서 섬의 영유권에 영향을 주는 것이 아니라는 견해를 밝혔다.

1. 의견 : 망끼에 · 에끄레오사건에 대한 국제사법재판소의 판결을 원용할 수 없다.

2. 이유

가. 사실관계의 비 유사성

"한일어업협정"상 동해중간수역과 "영불어업협약"상 공동어로수역은 동일 내지 유사성이 없으며, 또한 "한일어업협정"과 "영불어업협정"이 체결될 당시

의 상황 또한 동일 내지 유사성이 없으므로, 상기 판결을 "한일어업협정"상 독도영유권 문제에 원용할 수 없다.

(1) 공동어로수역의 비 유사성

(가) 공동어로수역 설정의 비 유사성

(i) "한일어업협정"상 동해중간수역은 명확히 설정되어 있으나(제9조 제1항), "영불어업협약"상 공동어로구역(common fishery zone)은 명확히 설정되어있지 않았다. "영불어업협약"은 프랑스는 프랑스의 노르망디 해안의 3해리 수역에서 전속적으로(exclusively) 굴을 채취하고(제1조), 영국은 Jersey섬의 3해리 수역에서 전속적으로 굴을 채취하며(제2조), 전속적 어업이 유보된 한계 외에서는 양국이 각각 공동으로(respectively shall be common) 굴 채취를 한다(제3조)라고 규정하고 있었다.[28]

(ii) 프랑스는 동 협약 제3조의 규정에 의해 망끼에·에끄레오섬이 내재하는 공동어로구역이 설정되었다고 주장했으나, 영국은 이에 반대했으며, 재판소는 동 사건에서 망끼에·에끄레오섬이 합의된 공동어로구역 내에 있느냐 외에 있느냐를 고려할 필요가 없다고 판시했다.[29]

(iii) 이와 같이 "영불어업협약"에 의해 공동어로구역이 설정되었는지는 명확하지 아니하나, "한일어업협정"에 의해 동해중간수역이 설정되고 동 수역 내에 독도가 내재함은 명확하다.

(나) 공동어로수역 성격의 비 유사성

(i) "영불어업협약"은 공동어로구역에서 영국과 프랑스가 각각 공동으로(respectively common) 어업하는 것으로 규정하고 있으나(제3조),[30] "한일어업협정"은 동해중간수역에서 한일어업공동위원회의 관리에 따라 어업하는 것으로 규정하고 있다(부속서Ⅰ. 제2항).

(ii) 따라서 전자의 경우 "공동"은 영국과 프랑스가 개별적 의사에 따

28) ICJ, *Reports*, 1953, p.58.

29) *Ibid.*

30) *Ibid.*

라 각각 어로하는 것이지만, 후자의 경우 "공동"은 한국과 일본이 개별적 의사에 따라 각각 어로하는 것이 아니라 한일어업공동위원회에 의해 결정되는 공동적 의사에 따라 각각 어로하는 것이다.

(iii) 이와 같이 "영불어업협약"상 공동어로구역과 "한일어업협정"상 중간수역의 공공의 성격은 동일내지 유사하지 아니하다.

(다) 공동어로수역 설치목적의 비 유사성

(i) "영불어업협약"은 단순히 굴 채취를 위한 목적으로 공동어로구역을 설치한 것이나,[31] "한일어업협정"은 한국과 일본 간의 배타적 경제수역의 경계획정을 위한 잠정적 조치로 중간수역을 설치한 것이다.[32]

(ii) 따라서 양자는 설치목적이 유사하지 아니하다.

(라) 공동어로수역 내재 섬 영유권 관련성의 비 유사성

(i) "영불어업협약"은 공동어로구역 내의 망끼에 · 에끄레오섬의 영유권 문제와 무관하게 공동어로구역을 설정한 것이지만,[33] "한일어업협정"은 동해중간수역내의 독도영유권문제와 관련하여 동해중간수역을 설정한 것이다.[34]

(ii) 따라서 양자는 공동어로수역에 내재하는 섬의 영유권 관련성이 동일 내지 유사하지 아니하다.

(2) 어업협정 체결 상황의 비유사성

(가) 어업협정과 영유권문제 고려의 비 유사성

(i) "영불어업협약"은 동 협약 체결 이후에 망끼에 · 에끄레오섬의 영유권 문제가 제기되게 되었으나, "한일어업협정"은 동 협정 체결 이전에 독도영유권 문제가 제기되어 있었다.

(ii) 그러므로 전자의 경우, 동 협약 체결 시에 섬의 영유권문제를 고려

---

31) *Ibid.*
32) "국제연합 해양법협약에 기초하여"(제74조 제3항) (한일어업협정 전문)
33) "영불어업협약" 제3조.
34) "한일어업협정" 제9조 제1항, 제15조.

할 필요도 이유도 없었다. 그러나 후자의 경우 동 협정 체결시에 섬의 영유권문제를 고려할 필요가 있었다. 그러므로 동 협정은 섬의 영유권을 고려한 규정을[35] 두고 있다.

(iii) 따라서 양자는 섬의 영유권문제의 고려에 있어서 동일 유사성이 없다.

(나) 배타적 경제수역 고려의 비 유사성

(i) "영불어업협약"의 경우는 배타적 경제수역제도가 확립되기 이전의 상황이었으므로 동 협약을 체결할 당시 배타적 경제수역에 관련된 사항을 고려할 문제가 제기되지 아니했다. 그러나 "한일어업협정"의 경우는 배타적 경제수역제도가 확립된 이후의 상황이었으므로 동 협정을 체결할 당시 배타적 경제수역에 관련된 사항을 고려해야 할 문제가 제기되어 있었다. 따라서 동 협정은 "해양법 협약의 당사자임을 유념하고, 해양법 협약에 기초하여…"라고 선언하고 있다(전문).

(ii) 따라서 양자는 배타적 경제수역 고려에 있어 동일 내지 유사성이 없다.

나. 망끼에 · 에끄레오사건에 대한 국제사법재판소 판결의 비법원성

(1) 국제사법재판소 판결의 당해사건 이외에 대한 비법원성

(i) 국제사법재판소 판결은 당해사건에 관해서만 법칙결정의 보조적 수단이다. "국제사법재판소 규정"(statute of the International Court of Justice)은 사법적 결정(judicial decisions)은 당사자와 당해사건에 관해서만 구속력이 있으며, 법칙결정의 보조적 수단이라고 규정하고 있다. 동 규칙은 재판소가 적용할 법으로 (a) 국제조약, (b) 국제관습법, (c) 법의 일반원칙, 그리고 (d) 사법적 결정과 저명한 학설을 열거하고, 사법적 결정에 관해 "법칙결정의 보조적 수단으로서 사법적 결정(judicial decisions as subsidiary means for the determinations of rules of law) 다만, 제59조의 규정에 따를 것을 조건으로 한다"라고 규정하고 있다(제38조 제1항 d). 동 규정 제59조는 "재판소의 사법적 결정은 당사자 간에 관계에서만 그리고 특

---

35) "한일어업협정" 제9조 제1항, 제15조.

정사건에 관해서만 구속력을 가진다(the decision of the court has no binding force except the parties and in respect of that particular case)" 라고 규정하고 있다.

(ii) 동 제38조 제1항 d의 규정 중 "사법적 결정"에는 판결(judgement), 권고적 의견(advisory opinion) 및 기타의 재판이 포함되며,[36] 국제사법재판소의 결정에 한하지 아니하고 상설 국제사법재판소와 기타 국제재판소의 결정을 포함한다.[37] 그리고 이들 사법적 결정 간에 형식적 위계관계(formal hierarchy)는 존재하지 아니한다는 것이 일반적으로 수락되어 있다.[38]

(iii) 동 규정 중 "법칙결정의 보조적 수단"이란 매우 불만스러운(highly unsatisfactory) 규정이지만,[39] "법칙"은 국제조약(동 제38조 제1항 a), 국제관습법(동 b) 또는 법의 일반원칙(동 c)의 규칙을 뜻하며,[40] "결정의 보조적 수단"이란 법칙의 존재와 내용을 지정하는 수단(means of indicating the existence and content of rules of law),[41] 즉 적용해야 할 법의 애매성을 명백히 하는 수단(as a means of clarifying ambiguities in the law which is to be applied)을[42] 의미하며, 제2차적 수단(secondary means)을 뜻하는 것이 아니라[43] 국제법의 간접적 법원(indirect source of international law)이란 의미인 것이다.[44]

---

36) Shabtai Rosenne, *The Law and Practice of the International Court of Justice*, 3rd ed., Vol.4 (Hague : Martinus, 1997), p.1607.

37) *Ibid.*, pp.1607, 1609.

38) *Ibid.*, p.1609.

39) E. Hambro, "The Reasons behind the Decisions of the International Court of Justice," *Current Legal Problems*, Vol.7, 1954, p.218.

40) Hans Kelsen, *The Law of the United Nations* (New York : Praeger, 1950), p.523 ; Rosenne, *supra* n.36, p.1607.

41) Michel Virally,"The Sources of International Law,"in Max Sorensen(ed.), *Manual of Public International Law* (New York : Macmillan, 1968), p.150.

42) Hans-Jurgen Schlochauer, "International Court of Justice," *EPIL*, Vol.1, 1981, p.81.

43) Virally, *supra* n.41, p.152.

44) Jennings and Watts, *supra* n.7, p.41.

(iv) 그러므로 국제사법재판소의 사법적 결정은 당사자와 당해 사건에 관해서만 법칙결정의 보조적 수단인 것이며 그 자체 법칙(국제조약, 국제관습법 또는 법의 일반원칙의 규칙)이 아닌 것이다. 그러므로 영미법상 "선례구속의 원칙"(principle of the precedent), 즉 "선판결 구속의 규칙(rule of stare decisis)"은 국제법상 인정되지 아니한다.[45] 사법적 결정은 후속적 사건에 대해 권위적 증거(authoritative evidence),[46] 설득적 가치(persuasive value),[47] 설득적 권위(persuasive authority)[48]를 가질 뿐인 것이다. 그럼에도 불구하고 국제사법재판소가 그 이유를 명시하지 아니하고[49] 선행된 사법적 결정을 인용하는 경우가 있다.[50] 이는 선례 구속의 원칙에 따라 선행된 사법적 결정의 구속력을 인정한 것이 아니라 국제사법재판소의 사법적 결정의 사법적 일관성(judicial consistency)을[51] 유지하려는 노력으로 이해된다. 선 사법적 결정의 인용은 법칙결정의 보조적 수단으로서만 가능할 수 있는 명백한 제한이 있기 때문이다.[52]

---

45) Brownlie *supra* n.2, p.21 ; Shaw, supra n.10, p.86 ; Jennings and Watts, supra n.7, p.41 ; Schlochauer, supra n.42, p.85 ; Werner Levi, *Contemporary International Law : A Concise Introduction* (Boulder : Westview Press, 1979), p.53 ; Malanczuk, *supra* n.2, p.51 ; Ott, *supra* n.2, p.28, Schwarzenberger and Brown, *supra* n.2, p.29 ; Kurt von Schuschnigg, *International Law* (Milwaukee : Bruce, 1959), p.49 ; Isagni A. Cruz, *International Law*, 2nd ed. (Quezon : Central Lawbook, 1985), p.24 ; S. Rosenne, "*Res Judicata* : some Recent Decisions of the International Court of Justice," *BYIL*, Vol.28, 1951, p.365.

46) Brownlie, *supra* n.2, p.19.

47) Crus, *supra* n.45, p.24.

48) Schwarzenberger and Brown, *supra* n.2, p.29.

49) Rosenne, *supra* n.36, p.1613.

50) *Corfu Channel* Case (ICJ, *Reports*, 1949, p.18) ; *Nottebohm* Case (ICJ, *Reports,* 1953. p.119) ; *Maritime Safty Committee Advisory Opinion* (ICJ, *Reports,* 1960, p.169) ; *Land, Island and Maritime Delimitation* case (ICJ, *Reports*, 1992, pp.380, 387, 591) ; *Gulf of Fonseca* Case (ICJ, *Reports,* 1992, p.601).

51) Hambro, *supra* n.39, p.218 ; Brownlie, *supra* n.2, p.21 ; Malanczuk, *supra* n.2, p.50.

52) Rosenne, *supra* n.1, p.1609.

(v) 그러나 여러 사법적 결정이 국제 관행으로 되어 그것이 국제관습법으로 인정될 수 있고,[53] 국제관습법은 사법적 결정에 의해 보증(endorse) 될 수 있다.[54] 이와 같이 사법적 결정은 국제법의 발전(development of international law)에 기여한다.[55] 그럼에도 불구하고 국제사법재판소의 사법적 결정은 국제조약, 국제관습법 또는 법의 일반원칙의 규칙의 존재와 원용을 지정하는 수단에 불과하며 그 자체 당사자와 당해사건을 떠나 법적 구속력을 갖는 것이 아닌 것이다. 즉, 국제사법재판소의 사법적 결정은 그 자체 국제법의 법원이 아닌 것이다.

(vi) 따라서 "망끼에-에끄레오사건"에 대한 국제사법재판소의 판결은 당해사건에 대해서만 법칙 결정의 보조적 수단이 될 수 있는 것이며, 그것은 후속적 사건에 대해서 법적 구속력을 갖는 것이 아니다.

(2) 부수적 의견의 비법원성

(i) 상술한 바와 같이 국제사법재판소의 사법적 결정은 당해사건에 관해서만 구속력을 갖으며 후속사건에 대해 구속력을 갖는 것이 아니다. 그러나 "국제사법재판소 규정" 제38조 제1항 d의 규정을 "기판력(res judicata)의 범위"를 규정한 것이며 "선례구속의 원칙"을 배제한 것이 아니라고 본다면[56] 국제사법재판소의 판결을 당해사건의 범위를 넘어 선례로서 법적 구속력을 가짐이 인정될 수 있게 된다.

(ii) 그런데 "선례구속의 원칙"은 판결이유(ratio decidenti)와 부수적 의견(obiter dicts)의 구별을 필수적 요소(essential element)로 한다.[57] 즉, "판결이유"만이 선례로서 법적 구속력을 갖는 것이며 "부수적

---

53) Levi, *supra* n.45, p.53.

54) H. W. A. Thirlway, *International Customary Law and Codification* (Leiden : Sijthoff, 1972), p.46.

55) Jennings and Watts, *supra* n.7, p.41 ; Ott, *supra* n.2, p.29 ; Hambro, *supra* n.39, p.218 ; U. S. Department of the Army, *International Law*, Vol.1(Washington, D. C. : Department of the Army, 1964), p.14 ; Thirlway, *supra* n.54, p.46.

56) H. Lauter pacht,"the So-Called Anglo-American and Continental Schools of Thought in International Law," *BYIL*, Vol.12, 1931, pp.57~58.

57) Rosenne, *supra* n.36, p.1613.

의견"은 선례로서 법적 구속력을 갖는 것이 아니다.58)

(iii) "판결이유"란 재판소가 그 사건의 결정에 도달하기 위하여 주요사안(principal matter)에 대한 필수불가결한 판단(essential judgement)을 말하며,59) "부수적 의견"이란 재판소가 그 사건의 결정에 도달하기 위해 주요하지 아니한 사안에 대한 필수불가결하지 아니한 표시된 의견을 말한다.60) 요컨대, "국제사법재판소 규정" 제38조 제1항 d의 규정에 불구하고 국제사법재판소의 사법적 결정은 선례구속의 원칙에 따라 후속적 사건에 대해 법적 구속력을 갖는다는 것을 용인한다 할지라도 선례구속의 원칙의 적용범위는 판결 중 "판결이유"에 한하는 것이며 "부수적 의견"은 그 적용범위 외에 있는 것이다. 따라서 "망끼에 · 에끄레오 사건"에 대한 국제사법재판소의 판결 내용 중 후속적 사건에 관하여 법적 구속력을 갖는 것은 "판결이유"에 한하고 "부수적 의견"은 법적 구속력이 없는 것이다.

(iv) 그러면 동 사건의 판결내용 중 "이러한 도서들이 공동어로구역 내에 있다고 주장될지라도 재판소는 망끼에 · 에끄레오의 수역내의 공동어로구역에 관한 합의는 이들 도서와 암도의 육지영토에 대한 공동사용의 체제를 포함한다는 것을 인정할 수 없다(Even if it be held that these group lie whin this common fishery zone, the Court can not admit that such an agreed common fishery zone in these waters would involve a regime of common user of land territory of the islets and rocks)"라는61) 판단의 표시는 "부수적 의견"이고, "판결이유"로 볼 수 없다.

---

58) Henry Campbell Black, *Black's Law Dictionary,* 5th ed. (St. Paul : West, 1979), pp.408, 967.

59) Schwarzenberger and Brown, *supra* n.2, p.565 ; Brownlie, *supra* n.2, p.xl ; Black, *supra* n.58, p.1135.

60) Brownlie, *supra,* n.2, p.xlviii ; Schwarzenberger and Brown, *supra* n.2, p.563 ; Black, *supra* n.58, p.967.

61) ICJ, *Reports*, 1953, p.58.

왜냐하면 첫째로, 상기 내용에 주요한 사안(principal watter)에 대한 것이라면 상기 내용에 앞서 "재판소는 본 사건을 재판함에 있어서 망끼에 · 에끄레오 제도의 수역이 제3조에 의해 설정된 공동어로구역의 내측에 있는지 아니면 외측에 있는지 여부를 판단할 필요가 있다고 보지 않는다(the Court does not consider it necessary, for the purpose of declding the present case, to determine whether the waters of the Ecrehos and Minquiers groups are inside or outside the common fishery zone established by Article)"라는[62] 판단을 표시할 것이 아니라, 공동어로구역 내에 있다 또는 그 외에 있다는 판단을 표시해야 할 것이고, 둘째로, 상기 내용이 "주요사안"에 관한 것이라면 "이러한 도서들이 공동어로구역 내에 있다고 주장된다 할지라도(Even if it be held that these groups lie whin this common fishery zone)"라고[63] 표시할 것이 아니라 그 주장의 당부에 대한 판단을 표시해야 할 것이며, 또한 셋째로, 상기 내용이 "주요사안"에 대한 "필수불가결의 판단"이라면 "또한 재판소는 공동어로구역에 관한 그러한 합의는 당사국들이 도서에 관한 주권의 현시(顯示)를 포함하는 추후행동을 원용하는 것을 반드시 배제하는 효과를 가져 온다고 인정할 수 없다(Nor can the Court admit that such an agreed common fishery zone should necessarily have the effect of precluding the parties from relaying on subsequent acts involving a manifestation of sovereignty in respect of the islets)"라는[64] 판단을 표시할 필요가 없기 때문이다.

(v) 요컨대, "국제사법재판소 규정" 제38조 제1항 d의 규정에도 불구하고 국제법상 "선례구속의 원칙"이 적용된다는 것을 인정한다 할지라도 부수적 의견은 동 원칙의 적용범위 외에 있으므로, 동 사건

62) *Ibid.*

63) *Ibid.*

64) *Ibid.*

에 대한 국제사법재판소의 판결내용 중 도서의 주변에 공동어로 구역이 설정되었다 해서 그것이 도서의 영유권에 영향을 주는 것이 아니라는 의견의 표시는 부수적 의견에 불과한 것이므로 이 의견은 "선례구속의 원칙"의 적용범위 외에 있는 것이다. 따라서 이는 후속적 사건에 대해 법적 구속력을 갖는 것이 되지 못한다. 그러므로 그러한 의견의 표시는 그러한 의견의 표시가 있었다는 사실로서의 의미밖에 없는 것이다. 그러므로 동 견해가 동 판결 전후의 일연의 판결을 제시하여 동 판결을 국제관습법을 형성하는 국제관행의 하나로 제시한 것이 아니므로 동 판결을 독도 주변에 중간수역을 설정한 동 협정상 독도의 영유권에 관해 원용할 수 없는 것이다.

이상과 같은 이유에서 동 협정이 독도의 주변에 중간수역을 설정한 것이 독도의 영유권에 영향을 주는 것이 아니라는 이유로 망끼에 · 에끄레오 사건에 대한 국제사법재판소의 판결을 이와 동일 내지 유사한 사건에 대한 판결과 함께 가 아니면 원용할 수 없다. 따라서 동 견해 제2항 라목에 대하여 이견이 있다.

VII. 제2항 마목에 대하여

제2항 마목 : "우리 헌법재판소도 2001. 3. 21자 신한일어업협정에 관한 헌법소원 판결에서 이 협정이 독도의 영유권, 영해 및 배타적 경제수역에 영향을 주는 것이 아니라고 판결한 바 있다."

1. 의견 : 이 협정이 독도의 영유권, 영해 및 배타적 경제수역에 영향을 주는 것이 아니라고 할 수 없다.

2. 이유

가. 독도영유권에 영향을 주는 이유

(1) 독도를 내포하는 동해 중간수역의 설치

(i) 동 협정이 독도를 내재(內在)시키는 동해 중간수역을 설치한 것

(제9조 제1항)은 한국정부가 한일 간의 독도영유권 문제[65]를 독도 영유권 분쟁(dispute)으로 스스로 묵인하거나(acquiescence) 또는 묵시적인 승인(implied recognition)을 한 것으로 된다. 왜냐하면 독도의 영유권이 한국에 있다는 한국의 주장과 다케시마의 영유권이 일본에 있다는 일본의 주장의 불일치로 인해 한일 간의 배타적 경제수역의 경계를 획정할 수 없으므로 동해 중간수역을 설정하게 된 것은 부인할 수 없는 사실이기 때문이다.[66]

---

65) 동 협정이 체결되기 이전까지 한국정부는 한국의 독도영유권은 한일 간에 분쟁의 대상이 될 수 없다는 입장을 견지해 왔다.

(ⅰ) 1954년 9월 25일 일본정부가 독도영유권문제를 국제분쟁으로 보고 이를 국제사법재판소에 제소하여 해결하자고 제의해 왔을 때, 동년 10월 28일 한국정부는 이는 분쟁의 대상이 아니라고 일축했다.

(ⅱ) 1965년 "한일기본관계 조약"과 "한일어업협정" 체결 당시 한국정부는 독도영유권에 관해 어떤 형식으로도 일본의 지위를 인정하는 것을 배척했다.

(ⅲ) "한일기본관계 조약"에 관한 "분쟁해결에 관한 교환공문"에도 독도영유권 문제에 관한 규정을 두자는 일본의 주장을 배격했다.

(ⅳ) 1974년 "한일대륙붕 협정" 체결 당시도 한국정부의 이러한 입장은 견지되었다.

66) (ⅰ) 국제분쟁의 정의 규정을 둔 일반국제조약은 물론 국제기구의 결의도 아직 없다. 분쟁을 규정한 1899년의 "국제분쟁의 평화적 처리에 관한 협약", 1919년의 "국제연맹규약", 1928년의 "부전조약", 1945년의 "국제현합헌장"그리고 "국제사법재판소 규정"에 국제분쟁의 정의 규정은 없다.

(ⅱ) *Mavrommatis Palestine Case* (1924)에서 상설국제사법재판소는 "분쟁이란 당사국 간에 법 또는 사실에 관한 의견의 불일치, 혹은 법적 견해나 이해관계에 관한 충돌이다(a dispute is a disagreement on a point of law or fact, a conflict of legal views or interests between two parties)"라고 판시한 바 있다(PCIJ, *Series A*, No.2, 1924, p.11).

이 분쟁의 정의는 국제사법재판소에 의해서도 다음과 같은 여러 사건에서 반복 용인되어 왔다.

Right of Passage Case (1960) : ICJ, *Reports*, 1960, p.34.

South West Africa Case (1962) : ICJ, *Reports*, 1962, p.328.

Nuclear Test Case (1974) : ICJ, *Reports*, 1974, p.253

Headguaters Agreement Advisory Opinion (1988) : ICJ, *Reports*, 1988, pp.12, 27.

Land, Island and Maritime Frontier Dispute Case(1992): ICJ, *Reports*,1992 .p.555.

East Timor Case (1995) : ICJ *Reports*, 1995, p.99.

이 분쟁의 정의는 Brownlie (*supra* n.2, p.480), Rosenne (*supra* n.36, p.519),

(ii) 독도의 영유권문제가 영유권분쟁으로 발전되게 되면 첫째로, 독도의 영유권에 관한 한국과 일본의 독도에 대한 지위가 "1:1"의 대등한 관계로 되어 그만큼 한국의 독도에 대한 영유권이 훼손되는 결과

Shaw (supra n.10, p.752), Levi (*supra* n.45, p.287) 등에 의해 수용되고 있다.

(iii) 동 협정이 독도를 내포하는 중간수역을 설정한 것은 독도를 기점으로 배타적 경제수역 경계를 획정하자는 한국의 주장(의견)과 다케시마를 기점으로 배타적 경제수역 경계를 획정하자는 일본의 주장(의견)의 불일치에 의거한 것이므로 분쟁은"당사국 간에 법 또는 사실에 관한 의견의 불일치"라는 정의에 의할 때 한국은 동 협정의 체결을 통해 한일 간에 독도영유권에 관해 분쟁이 존재함을 묵인 또는 묵시적 승인을 한 것이다.

(iv) 분쟁은 "일방당사자가 타방당사자에게 특정의 요구를 하고 타방당사자가 이 요구를 거절할 때(one party makes a claim against another party and the other party rejects the claim)" 존재한다는 견해(Kelsen, supra n.40, p.360 ; B. S. Muty, "Settlement of Disputes,"Max Sorensen (ed.), *Manual of Public International Law* (New York : Macmilan, 1968), p.675)에 의해 독도를 배타적 경제수역을 경계획정의 기점으로 하자는 한국의 요구를 일본이 거절하고 다케시마를 배타적 경제수역을 경계획정의 기점으로 하자는 일본의 요구를 한국이 거절함에 따라 동 협정이 독도를 내포하는 동해 중간수역을 설정한 것이므로, 한국은 동 협정의 체결을 통해 독도의 영유권에 관해 한일 간에 분쟁이 존재함을 묵인 또는 묵시적 승인을 한 것이다.

(v) *Interpretation of Peace Treaties* (*First Phase*), *Advisory Opinion* (1950)에서 국제사법재판소는 분쟁은 일방당사자는 분쟁의 존재를 인정하고 타방당사자는 이를 부인할 경우 이들의 의사에 구애 없이 "객관적 결정의 문제(matter of objective determination)"라고 판시했다(ICJ, Reports, 1950, pp.65, 74).

분쟁은 객관적으로 결정된다는 이 판시 내용은 다음과 같은 사건이 판결에서 반복 수용되었다.

Right of Passage Case (1960) : ICJ, *Reports*, 1960, p.34.

South West Africa Case (1966) : ICJ, *Reports,* 1966, p.33.

Oil Platform Case (1966) : ICJ, *Reports*, 1966, para.16.

East Timor Case (1995) : ICJ, *Reports*, 1995, p.100.

분쟁이 존재는 객관적으로 결정된다는 판시 내용은 Rosenne (*supra* n.36, pp.520~521), Shaw (supra n.10, p.752) 등에 의해 수용되고 있다.

(vi) 동 협정이 독도를 내포하는 동해 중간수역을 설정한 것은 한국이 독도영유권에 관해 한일 간에 분쟁이 존재하지 아니한다고 주장하고, 동 협정을 통해 분쟁의 존재를 묵인 또는 묵시적 승인을 하지 아니한 것이라고 주장한다 할지라도 객관적으로 분쟁의 존재는 결정되게 되는 것이다.

를 가져오게 한다.[67)]

동 협정은 동 협정이 체결되기 이전에 설치되었던 독도의 "배타적(전속적)인" 배타적 경제수역을 부정하는 다음과 같은 규정을 두고 있다.

(가) 배타적 어업권의 배제

동 협정은 동해 중간수역 내에 편입된 독도의 배타적 경제수역 내에서 일본의 어업권을 인정하는 규정을 두고 있다. 즉, "각 체약국은 이 수역에서 타방체약국 국민 및 어선에 대하여 어업에 관한 자국의 관계법령을 적용하지 아니 한다"라는 규정을 두고 있다(부속서Ⅰ. 제2항 가목). 동 조의 규정에 의해 동해 중간수역 내에 편입된 독도의 배타적 경제수역 내에서 동 협정 체결이전의 한국의 "배타적(전속적)인" 어업권이 배제되고 일본의 어업권도 인정되게 되었다.

(나) 배타적 해양생산물자원 보존 및 관리권의 배제

동 협정은 동해 중간수역 내에 편입된 독도의 배타적 경제수역 내에서 일본의 해양생물자원 보존 및 관리 권고권을 인정하는 규정을 두고 있다. 즉, "양 체약국은 이 협정의 목적을 효율적으로 달성하기 위하여 한일 어업공동위원회를 설치한다"는 규정을 두고(제12조 제1항), "위원회는 다음사항에 관하여 협의하고 협의 결과를 양 체약국에 권고한다. 양 체약국은 위원회의 권고를 존중한다"라고 규정하고(제12조 제4항), 다음 사항중 하나로 "제9조 제1항에서 정하는 수역에서의 해양생산물자원 보존 및 관리에 관한 사항"을 규정하고 있다(마호). 동 규정에 의해 동해 중간수역 내에 편입된 독도의 배타적 경제수역 내에서 동 협정 체결 이전의 한국의 "배타적(전속적)인" 해양생물자원 보존 및 관리권이 배제되고 일본의 해양생물자원 보존 및 관리권이 인정되게 되었다.

---

67) 1954년 9월 25일 일본정부의 국제사법재판소 제소제의에 대한 1954년 10월 28일 한국정부의 거부 이유에도 일본의 제의는" 한국과의 관계에서 일본을 대등한 지위로 놓으려고 시도하는 것이다(is attempting to place herself on the equal footing)" 라고 밝힌 바 있다.

(다) 배타적 해양생물자원 보존 및 관리 조치권의 배제

동 협정은 동해 중간수역 내에 편입된 독도의 배타적 경제수역 내에서 일본의 해양생물자원 보존 및 관리 조치권을 인정하는 규정을 두고 있다. 즉, "양 체약국은 위원회의 결정에 따라 이 수역에서의 해양생물자원의 보존 및 어업 종류별 어선의 최고 조업척수를 포함하는 적절한 관리에 필요한 조치를 자국 국민 및 어선에 대하여 취한다"라고 규정하고 있다(부속서 I. 제3항 나). 동 규정에 의해 동해 중간수역 내에 편입된 독도의 배타적 경제수역 내에서 동 협정 체결 이전에 한국의 "배타적(전속적)인" 해양생물자원 보존 및 관리 조치권이 배제되고 일본의 해양생물자원 보존 및 관리 조치권이 인정되게 되었다.

이와 같이 동 협정은 한국의 "배타적(전속적)인" 배타적 경제수역을 배제한 것이며, 배타적 경제수역은 영토권(territorial right)이 확장된 수역이고[68] 연안국의 배타적 경제수역에 대한 권리는 주권적 권리(sovereign right)이므로[69] 이는 한국의 독도영유권을 침해하는 결과를 가져오게 한다.

(2) 동해 중간수역에서 추적권의 배제

동 협정은 동해 중간수역을 설정하고(제9조 제1항), 동 수역에 적용되는 동 협정 부속서 I 은 "각 체약국은 이 수역에서 타방체약국 국민 및 어선에 대하여 어업에 관한 자국의 법령을 적용하지 아니 한다"라고 규정하고 있다(제2항 가목). 동 규정에 의해 독도의 영해 또는 배타적 경제수역에서 어업에 관한 한국의 관계법령을 위반한 일본 선박에 대한 동해 중간수역에서의 한국의 추적권은 배제되어 있다. 이는 다음과 같이 독도의 영유권을 침해한 것이다.

---

68) O. P. O'Connell, *The International Law* of the Sea, Vol.2 (Oxford: Clarendon, 1984), p.579. 배타적 경제수역은 영토주권의 확장(extention of territorial sovereignty)이고(Santiago Teres Bernardez, "Territorial Sovereignty," *EPIL*, Vol.10, 1987, p.501), 영토적 관할권의 유추(analogous to territorial jurisdiction)인 것이다(Bernbard Oxman, "Turisdiction of State," *EPIL*, Vol.10, 1987, p.279).

69) "해양법 협약" 제56조 제1항.

(가) 일본의 실효적 지배 승인에 의한 독도영유권 침해

(ⅰ) 독도의 영해 또는 배타적 경제수역에 침범하여 한국의 어업에 관한 관계법령을 위반한 일본선박에 대해 동해 중간수역에서 한국의 추적권을 배제한 동 협정 부속서 I.제2항의 규정은 한국이 독도의 영해 또는 배타적 경제수역에 대한 일본의 실효적 지배를 동 협정을 통해 일본에게 승인한 것이다. 배타적 경제수역은 영토권(territorial right)이 확장된 수역이고[70]

(ⅱ) 영해에 대한 연안국의 권리는 "주권적 권리"(sovereign right)이므로[71] 독도의 영해 또는 배타적 경제수역을 침범하는 것은 한국의 주권 또는 주권적 권리를 침범하는 것이며, 이를 승인한 것은 한국의 독도영유권을 침해한 것임은 논의의 여지가 없다.

(나) 권원의 유지 저해에 의한 독도영유권 침해

(ⅰ) 영토에 대한 실효적 지배는 "권원의 취득"(acquisition of title)을 위해서만 요구되는 것이 아니라 "권원의 유지"(maintenance of title)를 위해서도 요구된다.[72] 그러므로 한국의 독도에 대한 실효적 지배는 "권원의 유지"를 위해 요구된다.

(ⅱ) 따라서 독도의 영해 또는 배타적 경제수역을 침범한 일본 선박에 대한 동해 중간수역에서 추적권의 배제에 의한 일본의 독도의 영해 또는 배타적 경제수역에 대한 실효적 지배는 한국의 독도에 대한 "권원의 유지"를 저해하고 일본이 독도에 대한 "권원의 유지"를 가능 또는 강화하게 하여 독도의 영유권을 침해하는 결과를 가져

70) *supra*, n.68.

71) *supra*, n.69.

72) D. H. N. Johnson, "Consolidation as Root of Title in International Law," *Cambridge Law Journal*, 1955, p.223 ; G. Schwarzenberger, "Title to territory," *AJIL*, Vol.51, 1957, pp.315~316 ; Ott, *supra* n.2, p.108 ; Shaw, *supra* n.10, p.353 ; G. Fitzmaurice, "The Law and Procedure of the International Court of Justice, 1951-4," *BYIL*, Vol.32, 1955-56, p.66 ; Brownlie, *supra* n.2, p.141.
Island of Palmas Case (1928), United Nations, Reports of International Arbitration Awards, 1928, Vol.2, p.845.

오게 한다.

(다) 상대적 권원의 약화에 의한 독도영유권 침해

(ⅰ) 동일한 특정 영토에 대해 경쟁적 권원주장 국가(competing state for claim title)가 존재할 경우 각 경쟁적 권원주장 국가의 권원은 상대적 권원(relative title)일 수밖에 없다.[73] 그러므로 일본이 독도영유권 주장을 포기하지 아니하는 한 한국의 독도영유권에 대한 권원은 객관적으로 볼 때 유감스러우나 상대적 권원일 수밖에 없다.

(ⅱ) 상대적 권원을 비교우위적 상대적 권원(better relative title)화 하기 위해 또는 절대적 권원(absolute title)화 하기 위해 실효적 지배가 요구된다.[74] 그러므로 한국의 독도영유권에 대한 상대적 권원을 일본의 상대적 권원에 대해 "비교우위적 상대적 권원화" 또는 "절대적 권원화"를 위해 독도에 대한 실효적 지배가 요구된다.

(ⅲ) 따라서 동해 중간수역에서 추적권의 배제에 의한 한국의 독도에 대한 실효적 지배의 약화는 한국의 독도에 대한 실효적 지배를 약화시키고 일본의 상대적 권원을 강화하여 한국의 독도영유권을 침해하는 결과를 가져오게 한다.

(라) 자위권의 배제에 의한 독도영유권 침해

(ⅰ) 추적권의 행사는 "주권의 행사"(exercises of sovereignty)이며,[75] 추적권은 "근원적 자위권의 확장"(an emanation of the primodial right of self-defence)의 의미를 갖는다.[76] 그리고 자위권은 "국가의 다른 권리의 기본"(foundation of all of the other rights of state)이 되는 권리이고,[77] 또한 국가의"고유한 권리"(inherent right)이다.[78]

---

73) Shaw, *supra* n.10, pp.346, 348 ; MunKman, *supra* n.24, pp.103~104.

74) *Ibid* ; Brownlie, *supra* n.2, p.137 ; Ott, *supra* n.2, p.107 ; Jennings and Watts, *supra* n.7, pp.709~710.

75) Duputy and Vignes, *supra* n.6, p.859.

76) *supra* n.12.

77) M. W, Janis, *An Introduction to International Law* (Boston : Little Brown, 1988), p.124.

78) "UN헌장" 제51조.

(ii) 따라서 독도의 영해 또는 배타적 경제수역을 침범하여 어업에 관한 관계법령을 위반한 일본선박을 동해 중간수역에서 추적할 수 없도록 규정한 동 협정은 일본에 의한 독도 침범에 대한 한국의 국제법상 기본적 권리이고 고유한 권리인 자위권을 배제한 것으로 이는 독도영유권을 근본적으로 침해한 것이다.

(3) 일본의 다케시마 영유권 주장 인정

(i) 동 협정 제15조의 규정에 따라 한국은 일본의 다케시마 영유권 주장을 승인하는 결과를 가져오게 되었다.

(ii) 이에 관해서는 전술한 Ⅳ2.나.의 기술을 인용하기로 한다.

나. 독도의 영해에 영향을 주는 이유

(i) 전술한 "가. 독도영유권에 영향을 주는 이유" 중 "(3) 동해 중간수역에서 추적권의 배제"의 기술 중 "영해 또는 배타적 경제수역"에서 "배타적 경제수역"을 제외한 부분을 그대로 인용하기로 한다.

(ii) 또 다른 한편으로 동 협정 제15조의 규정에 따라 한국은 일본의 다케시마 영유권 주장을 승인 하는 결과를 가져오게 되었다. 이에 관해서는 전술한 Ⅳ2.나.의 기술을 그대로 인용하기로 한다.

(iii) 동 협정 제15조의 규정에 따라 한국이 일본의 다케시마 영유권 주장을 승인하게 된 것은 당연히 일본의 다케시마 영해를 승인하는 결과를 가져오게 하며, 이는 결국 독도의 영해에 영향을 주게 되었다.

다. 독도의 배타적 경제수역에 영향을 주는 이유

(i) 전술한 "가. 독도영유권에 영향을 주는 이유" 중 "(2) 동해 중간수역에서 독도의 배타적 경제수역 배제"와 "(3) 동해 중간수역에서 추적권의 배제"의 기술 중 "영해 또는 배타적 경제수역"에서 "영해를 제외한 부분을 그대로 인용하기로 한다."

이상과 같은 이유에서 동 협정이 독도의 영유권, 영해 및 배타적 경제수역에 영향을 주는 것이 아니라는 헌법재판소의 결정은 잘못된 것으로 이를 원용할 수 없다.

(ii) 또 다른 한편으로 동 협정 제15조의 규정에 따라 한국은 일본의 다케시마 영유권 주장을 승인하는 결과를 가져오게 되었다. 이에 관해서는 전술한 Ⅳ2. 나.의 기술을 그대로 인용하기로 한다.

(iii) 동 협정 제15조의 규정에 따라 한국이 일본의 다케시마 영유권 주장을 승인하게 된 것은 당연히 일본의 다케시마 배타적 경제수역을 승인하는 결과를 가져오게 하여, 이는 결국 독도의 배타적 경제수역에 영향을 주게 되었다.

Ⅷ. 제3항에 대하여

제3항 : "우리는 신한일어업협정이 어떠한 이유로도 폐기되어서는 아니 됨을 확신한다. 왜냐하면 이 협정에 의해 한일간 어업분규가 종식되고 어업질서가 원활히 유지돼 왔으며 이른 바 "중간수역" 및 일본 측 수역에서 우리어민이 안정적으로 조업을 하고 있기 때문이다."

1. 의견 : 이견 없다.

2. 이유

가. "어떠한 이유로도 폐기반대"에 대하여

"우리는 신한일어업협정은 어떠한 이유로도 폐기되어서는 아니 됨을 확신한다"라고 주장하나,

(i) "조약법 협약"상 조약의 폐기는 "조약의 규정"에 의한 폐기(제54조) 이외에 "조약의 위반"에 의한 폐기(제61조 제1항), "사정의 변경"에 의한 폐기(제62조 제1항) 등이 있는 바,[79] 일본이 동 협정을 위반한 경우도, 사정의 변경이 발생한 경우도 동 협정이 폐기되어서는 아니

79) 전술 Ⅰ 2. 가. (i) 참조.

된다는 견해는 명확성이 없다.

(ii) 동 협정은 동 협정이 "이 협정은 효력을 발생한 날로부터 3년간 효력을 가진다"라고 규정하고 있는 바(제16조 제1항)와 같이 동 협정은 3년간 효력을 가지는 것으로 예정된 잠정적 협정이다. 그러므로 동 협정의 체결 취지에 따라 효력 발생 후 3년경과 후 일방 체약당사자의 필요에 따라 협정의 종료 통고는 기대되는 바이다.

나. "폐기 반대의 사실적 이유에 대하여"

"왜냐하면 이 협정에 의해 한일 간 어업분규가 종식되고 어업질서가 원활히 유지돼 왔으며 이른바 '중간수역' 및 일본 측 수역에서 우리 어민이 안정적으로 조업하고 있기 때문이다"라고 주장하나,

(i) 이는 사실에 반한다. 특히 "중간수역 에서 우리어민이 안정적으로 조업하고 있다"는 것은 사실과 다르다.[80) "일본 측 수역"에서 우리어민이 안정적으로 조업하고 있다는 것도 사실이 아니다.[81)]

(ii) 국제법학자의 의견임에도 불구하고 결론 부분인 제3항에서 폐기반대의 국제법적 이유는 열거되어 있지 아니하고 사실적 이유만이 열

---

80) 아직 동해 중간수역에서 한일어업공동위원회는 정상적인 가동이 되지 아니하고 있다.

81) 일본 측 수역에서 우리 어민이 안정적으로 조업하고 있다는 것은 사실이 아니다. 그 근거는 다음과 같다.

(i) "일본 측 서한(1998. 11 28), 일본 외무대신의 대한민국 외교통상부장관 앞 서한" 일본 측 수역에서 한국민 및 어선의 어획량은 다음과 같다.

1. 명태의 어획할당량은 1999년은 1만5천 톤으로 하고 익년 이후에는 영으로 한다.
2. 대게의 어획할당량은 1999년 및 익년에는 기존 어획실적의 1/2로 하고 익년 다음해 이후에는 영으로 한다.
3. 명태 및 대게 이외의 어종의 어획할당량의 합계는 그 어종의 기존 어획실적을 기준으로 하고, 1999년부터 3년에 대한민국의 배타적 경제수역에 있어서 일본국 국민 및 어선에 대한 어획할당량과 동량으로 한다.

(ii) "헌법재판소에 제출된 외교통상부장관의 의견요지(99헌마 139, 142, 165, 160 종합) 제6항" 협정으로 인하여 어민들이 조업하던 어장 일부가 축소된 것은 사실이다. … 감소된 어획량은 6만 톤 정도이다.

거되어 있음은 유감이다. 동 협정이 폐기되어야 하는 국제법적 이유는 전술한 Ⅲ. 2, Ⅳ. 2, Ⅴ. 2, Ⅵ. 2, Ⅶ 2를 인용하기로 한다.

(iii) 동 협정이 폐기되어서는 아니 되는 이유로 어업에 관한 언급만이 있고 독도영유권에 관한 언급이 없는 것은 동 견해가"경제적 이익"추구에만 가치설정을 하고, 독도영유권의 보전이라는"국가주권 수호이익"추구의 가치설정을 몰각 · 간과한 것임이 명백하다.

이상과 같은 이유에서 동 협정은 어떠한 이유로도 폐기되어서는 아니 된다고 볼 수 없다. 따라서 동 견해 제3항에 대하여 이견이 있다.

결언

(ⅰ) 상술한 바와 같이 동 견해 중 "전문", "제1항" 그리고 "제2항 다목"에 대하여는 이견이 없고 나머지 부분에 대하여는 이견이 있다.
동 견해에 대한 의견을 항목별로 작성하고 이를 스스로 일독해 보니 법리상 부족한 점, 논리상 미흡한 점, 문장과 어구의 표현상 미숙한 점, 항목별 의견이여서 내용상 중복된 부분이 있는 점, 동 견해에 대한 비판적 의견이여서 성질상 필자의 종래의 주장과 일관성이 없는 부분이 있다는 점 등을 발견하게 된다. 이러한 여러 결함은 추후 기회 있을 때 보완하기로 하고 일단 이 의견의 작성을 여기서 맺기로 한다.

(ⅱ) 41인의 인력이 동원된 동 견해에 비해 1인의 인력으로 작성된 이 의견이 많은 취약점을 안고 있을 수밖에 없다는 점을 감안하고, 또한 상대주의 세계관에 입각한 자유민주주의 체제하에서 다수자는 소수자이 의견을 존중하여야 한다는 섬을 고려하여, 다수자인 41인은 소수자인 1인의 의견을 존중할 것으로 믿는다.

(iii) 동 의견을 41인 각인에게 송부 제시하기로 한다. 가능 한한 조속한 시일 내에 41인 전부의 이름으로 또는 41인 중 1인 혹은 수인의 이름으

로 이 의견에 대한 견해를 제시해 주기 기대한다. “국제법 연구에 전념하고 고등교육에 헌신하고 있는”(동 견해 전문) 41인이기에 “이 의견(일부목소리)을 외면하지 않으리라”(동 전문) 믿는다. 이러한 견해와 의견의 교차 교환은 한국의 독도영유권 보전을 위한 국제법 법리의 개발 · 정립에 크게 기여할 것으로 기대해 본다. 우리는 국제법으로 일본에 앞서야 한다.

XVII. 일본정부의 『방위백서』와 교과서상 독도문제 관련 기술의 내용과 그 위법성

1. 『방위백서』

가. 기술내용

(1) 1970년 이래 매년 일본 방위청이 발간하는 『방위백서』는 1978년에 최초로 "죽도문제와 함께 일본을 둘러싼 어려운 국제정세의 현실을 다시 한 번 통감하였다"라고 기술하였다.

(2) 1978년부터 1999년 19년간에는 『방위백서』는 독도에 관련된 기술을 하지 아니했다.

1997년의 『방위백서』는 "우리나라의 북방영토와 죽도 …… 등의 여러 무제가 여전히 미해결인 체 존제하고 있는 등 불투명하고 불확실한 요소가 남아있다"라고 기술하였다.

(3) 1998년의 『방위백서』는 독도에 관련한 기술을 하지 아니했다.

(4) 1999년의 『방위백서』는 "일본의 북방영토와 죽도 남사군도 등의 여러

문제가 여전히 미해결인 채 존재하고 있다"라고 기술하였다.

(5) 2000년의 『방위백서』는 1999년의 『방위백서』와 동일한 독도관련 기술을 하고 있다.

(6) 2001년의 『방위백서』는 1997년의 『방위백서』와 동일한 기술을 하고 있다.

(7) 2002년의 『방위백서』는 2001년의 『방위백서』와 동일한 기술을 하고 있다.

(8) 2003년의 『방위백서』는 2000년의 『방위백서』와 유사한 기술을 하고 있다.

(9) 2004년의 『방위백서』는 2000년의 『방위백서』와 유사한 기술을 하고 있다.

(10) 2005년 내지 2005년의 『방위백서』는 "일본의 고유영토인 죽도"라는 표현을 기술하고 있다. 이는 1905년의 "시마네현고시 제40호"에 의한 선점 주장이 어렵게 되자 죽도는 선점영토가 아니라 고유영토라고 주장을 바꾼 것으로 보여진다. 그리고 "죽도의 영유권 문제는 미해결인 채 존재"라고 기술하여 해결을 위한 방책을 강구하고 있음을 표시하고 있다.

나. 위법성

이상과 같은 『방위백서』의 기술을 공간하는 것은 다음의 규범을 위반한 위법행위이다.

(1) 1970년 유엔총회의 "우호관계 선언의 결의"(Friendly Relations Declaration) 제4원칙(헌장에 따라 타국과 협력할 의무의 원칙)과 제7원칙(헌장에 따라 신의성실에 의한 의무이행의 원칙)

(2) 1965년의 "한일기본관계조약" 전문(선린우호관계와 주권상호존중의 원칙)

(3) 1945년의 유엔헌장 선린우호관계의 유지 목적(제1조 제2항)과 영토보전의 원칙(제2조 제4항)

상기 (1)은 "연성국제법"이고, (2)와 (3)은 "경성국제법"이다.

2. 교과서

가. 기술내용

일본 문부과학성이 "교과서 학습지도요령", "검정결과발표" 등의 조치를 통해 "독도는 일본의 영토이다", "독도는 한일간 분쟁지역이다" 또는 "한국이 독도를 불법점거하고 있다"라는 등의 기술을 요구하고 있다.

나. 위법성

(1) 상기 『방위백서』의 (1)과 같다.

(2) 상기 『방위백서』의 (2)와 같다.

(3) 상기 『방위백서』의 (3)과 같다.

(4) 1974년 11월 19일 유네스코총회의 "국제적 이해, 협력, 그리고 평화를 위한 교육에 관한 권고"(Recommendation Concerning Education for International Understanding, Cooperation and Peace).

상기 (1)과 (4)는 연성국제법이고, (2)와 (3)은 경성국제법이다.

XVIII. 일본정부의 한국의 독도영유권 묵시적 승인

1. 총리부령 제24호

"총리부령 제24호"는 "정령 제40호"를 적용(정령 제291호 제2조 제1항 제2호의 준용)함에 있어서 "부속도서"에서 독도는 제외된다고 다음과 같이 규정하고 있다.

> 정령 제14조의 규정에 의거, 정령 제 291호 제2조 제1항 제2호의 규정은 준용하는 경우에 있어서는 부속도서란 다음에 드는 도서 이외의 도서를 말한다.
> 1. 치시마 열도, 하보마이 군도 및 시코탄섬
> 2. 오카시와라 제도 및 이오(硫) 열도
> 3. 울릉도, 독도(竹の島) 및 제주도
> 4. 북위 38도 이남의 남서제도(류큐 열도 제외)
> 5. 다이토 제도, 오키노드리시마, 미나미토리시마 및 나카노 도리시(제2조)

2. 대장성령 제4호

"대장성령 제4호"는 "법률 제256호" 제4조 제3항에 규정되어 있는 "부속도서"의 범위에 독도를 제외하는 것으로 다음과 같이 규정하고 있다.

구령에 의한 공제조합으로 부터의 연금수급자를 위한 특별조치법(1950년 법률 제256호) 제4조 제3항에 규정하는 부속도서는 다음에 언급하는 섬이외의 섬을 말한다.

1. 치시마열도, 하보아이 열도 및 시코탄도
2. 울릉도, 독도(竹の島) 및 제주도

3. 일본방공식별구역

가. 한국방공식별구역 설치

1951년 3월 22일 국제연합군사령부는 "한국방공식별구역(Korean Air Defence Identification Zone: KADIZ)"을 설정했으며 이 한국방공식별구역은 독도의 상공을 포함하고 있다.

나. 일본방공식별구역 설치

1969년 일본도 "일본내부방공식별구역(Intor JADIZ)"과 "일본외부방공식별구역(Outer JADIZ)"을 설정했다. "일본외부방공식별구역"은 독도의 상공을 포함하고 있지 않다.

〈해설〉

1946년 1월 29일의 "연합군 최고사령관 훈령 제677호"를 시행하기 위해 일본 정부가 제정한 1951년 6월 6일의 "총리부령 제24호" 제2조는 동 총리 부령의 규정은 독도에 적용되지 아니한다고 규정하고 있다. 1951년 2월 13일의 "대장성령 제4호" 제2호도 이와 동일한 규정을 두고 있다.

국제법상 영토주권의 승인은 특정영토에 대한 영토권원을 용인, 수락 또는 인정하는 행위이다. 영토주권의 승인은 명시적 형식을 요하는 것이 아니라 특수사정하에서 묵시적 형식으로 승인될 수도 있다. 영토주권의 승인은 학설과 국제판례에 의해 일반적으로 수락되어 있다.

일본 정부의 "총리부령 제24호"의 규정이 독도에 적용되지 아니한다고 규정한 동 부령의 제정 행위는 한국의 독도 영토주권의 묵시적 승인 행위를 의미한다. “대장성령 제4호”의 제정행위도 이와 동일하다.

따라서 일본정부의 “총리부령 제24호”와 “대장성령 제4호”의 제정에 의한 한국의 독도영토주권의 묵시적 승인의 결과로 (ⅰ) 일본 정부는 금반언의 원칙에 따라 독도에 대한 한국의 영토주권의 승인과 저촉되거나 또는 이와 모순되는 주장을 할 수 없으며, (ⅱ) 이들 법령에 의한 묵시적 승인은 독도에 대한 영토주권이 한국에 귀속된다는 것을 증명하는 것으로 된다. (ⅲ) “총리부령 제24호”와 “대장성령 제4호”에 의한 한국의 독도영토주권의 묵시적 승인은 한국의 독도에 대한 상대적 권원 또는 절대적 권원으로 전환하여 한국의 독도권원에 대한 역사적 응고를 공고히 하는 중요한 효과를 가져오게 한다.

일본이 독도 상공을 포함하는 KADIZ 설정에 아무런 항의를 하지 아니한 것은 국제법상 “묵인”으로 한국의 독도영유권 취득의 효과가 발생하고, 일본이 독도의 상공을 포함하지 아니하는 JADIZ를 설정한 것은 한국의 독도영유권을 묵시적으로 승인한 것이다.

정부의 독도정책 당국에게 독도정책의 입안·결정에 상기의 효과를 반영할 것을 권고 제의한다.

XIX. 한국의 역대 정권의 독도정책

1. 이승만 정권 : 인접해양에 대한 주권에 관한 대통령 선언 정책 (평화선 선언 정책)

(전술 IX.2. 대한민국 인접해양의 주권에 대한 대통령 선언(1952.1.18) 참조)

2. 박정희 정권 : 한일어업협정(1965) 체결정책
한일어업협정(전문)

대한민국과 일본국간의 어업에 관한 협정

(Agreement on Fisheries between the Republic of Korea and Japan)

[발효일 1965.12.18] [일본, 제166호, 1965.12.18]

대한민국 및 일본국은, 양국이 공통의 관심을 갖는 수역에서의 어업자원의 최대의 지속적 생산성이 유지되어야 함을 희망하고, 전기의 자원의 보존 및 그 합리적 개발과 발전을 도모함이 양국의 이익에 도움이 됨을 확신하고, 공해 자유의 원칙이 본 협정에 특별한 규정이 있는 경우를 제외하고는 존중되어야한다는 것을 확인하고, 양국의 지리적 근접성과 양국 어업상의 교착으로부터 발생할 수 있는 분쟁의원인을 제거하는것이 요망됨을 인정하고, 양국 어업의 발전을 위하여 상호 협력할 것을 희망하여, 다음과 같이 합의하였다.

제1조

1. 양 체약국은 각 체약국이 자국의 연안의 기선부터 측정하여 12해리까지의 수역을 자국이 어업에 관하여 배타적 관할권을 행사하는 수역(이하 "어업에 관한 수역"이라 함)으로서 설정하는 권리를 가짐을 상호 인정한다. 단, 일방체약국 이 어업에 관한 수역의 설정에 있어서 직선기선을 사용하는 경우에는 그 직선기선은 타방 체약국과 협의하여 결정한다.
2. 양 체약국은 일방 체약국이 자국의 어업에 관한 수역에서 타방 체약국의 어선이 어업에 종사하는 것을 배제하는데 대하여 상호 이의를 제기하지 아니한다.
3. 양 체약국의 어업에 관한 수역이 중복하는 부분에 대하여는, 그 부분의 최대의 폭을 나타내는 직선을 이등분하는 점과 그 중복하는 부분이 끝나는 2점을 각각 연결하는 직선에 의하여 양분한다.

제2조

양 체약국은 다음 각 선으로 둘러싸이는 수역(영해 및 대한민국의 어업에 관한수역을 제외함)을 공동규제수역으로 설정한다.

(a) 북위 37도30분 이북의 동경 124도의 경선

(b) 다음 각 점을 차례로 연결하는 선

(i) 북위 37도30분과 동경 124도의 교점

(ii) 북위 36도45분과 동경 124도30분의 교점

(iii) 북위 33도30분과 동경 124도30분의 교점

(iv) 북위 32도30분과 동경 126도의 교점

(v) 북위 32도30분과 동경 127도의 교점

(vi) 북위 34도34분30초와 동경 129도2분50초의 교점

(vii) 북위 34도44분10초와 동경 129도8분의 교점

(viii) 북위 34도50분과 동경 129도14분의 교점

(ix) 북위 35도30분과 동경 130도의 교점

(x) 북위 37도30분과 동경 131도10분의 교점

(xi) 우암령 고정

제3조

양 체약국은 공동규제수역에서, 어업자원의 최대의 지속적 생산성을 확보하기위

하여 필요한 보존조치가 충분한 과학적 조사에 의거하여 실시될 때까지, 저인망어업, 선망어업 및 60톤 이상의 어선에 의한 고등어 낚시어업에 대하여, 본 협정의 불가분의 일부를 이루는 부속서에 규정한 잠정적 어업 규제 조치를 실시한다("톤"이라 함은 총 톤수에 의하는 것으로 하며 선내 거주구 개선을 위한 허용톤수를 감한 톤수에 의하여 표시함).

제4조

1. 어업에 관한 수역의 외측에서의 단속(정선 및 임검을 포함함) 및 재판 관할권은 어선이 속하는 체약국만이 행하며, 또한 행사한다.
2. 어느 체약국도 그 국민 및 어선이 잠정적 어업 규제 조치를 성실하게 준수하도록 함을 확보하기 위하여 적절한 지도 및 감독을 행하며, 위반에 대한 적당한 벌칙을 포함하는 국내조치를 실시한다.

제5조

공동규제수역의 외측에 공동자원조사수역이 설정된다. 그 수역의 범위 및 동 수역 안에서 행하여지는 조사에 대하여는, 제6조에 규정되는 어업공동위원회가 행할 권고에 의거하여, 양 체약국간의 협의에 따라 결정된다.

제6조

1. 양 체약국은 본 협정의 목적을 달성하기 위하여 한일어업공동위원회(이하 "위원회"라고 함)를 설치하고 유지한다.
2. 위원회는 두개의 국별 위원부로 구성되며 각 국별 위원부는 각 체약국 정부가 임명하는 3인의 위원으로 구성한다.
3. 위원회의 모든 결의, 권고 및 기타의 결정은 국별 위원부간의 합의에 의하여서만 행한다.
4. 위원회는 그 회의의 운영에 관한 규칙을 결정하고 필요가 있을 때에는 이를 수정할 수 있다.
5. 위원회는 매년 적어도 1회 회합하고 또 그 외에 일방의 국별 위원부의 요청에 의하여 회합할 수 있다. 제1회 회의의 일자 및 장소는 양 체약국간의 합의로 결정한다.
6. 위원회는 제1회 회의에서 의장 및 부의장을 상이한 국별 위원부에서 선정한다. 의장 및 부의장의 임기는 1년으로 한다. 국별 위원부로부터의 의장 및 부의장의

선정은 매년 각 체약국이 그 지위에 순번으로 대표되도록 한다.

7. 위원회 밑에 그 사무를 수행하기 위한 상설 사무국이 설치된다.
8. 위원회의 공용어는 한국어 및 일본어로 한다. 제안 및 자료는 어느 공용어로도 제출할 수 있으며, 또한 필요에 따라 영어로도 제출할 수 있다.
9. 위원회가 공동의 경비를 필요하다고 인정할 때에는 위원회가 권고하고 또한 양 체약국이 승인한 형식 및 비율에 따라 양 체약국이 부담하는 분담금에 의하여 위원회가 지불한다.
10. 위원회는 공동 경비를 위한 자금의 지출을 위임할 수 있다.

제7조

1. 위원회는 다음 임무를 수행한다.
   (a) 양 체약국이 공통의 관심을 갖는 수역에서의 어업자원의 연구를 위하여 행하는 과학적 조사에 대하여, 또한 그 조사와 연구의 결과에 의거하여 취할 공동 규제수역 안에서의 규제조치에 대하여 양 체약국에 권고한다.
   (b) 공동자원 조사수역의 범위에 대하여 양체약국에 권고한다.
   (c) 필요에 따라 잠정적 어업 규제조치에 관한 사항에 대하여 검토하고, 또한 그 결과에 의거하여 취할 조치(당해 규제조치의 수정을 포함함)에 대하여 양 체약국에 권고한다.
   (d) 양 체약국 어선간의 조업의 안전과 질서에 관한 필요한 사항 및 해상에서의 양 체약국 어선간의 사고에 대한 일반적인 취급방침에 대하여 검토하고 또한 그 결과에 의거하여 취할 조치에 대하여 양 체약국에 권고한다.
   (e) 위원회의 요청에 의하여 양 체약국이 제공하여야 할 자료, 통계 및 기록을 편집하고 연구한다.
   (f) 본 협정의 위반에 관한 동등한 형의 세목 제정에 대하여 심의하고 또한 양 체약국에 권고한다.
   (g) 매년 위원회의 사업보고를 양 체약국에 제출한다.
   (h) 이외에 본 협정의 실시에 따르는 기술적인 제 문제에 대하여 검토하고 또한 필요하다고 인정할 때에는 취할 조치에 대하여 양 체약국에 권고한다.
2. 위원회는 그 임무를 수행하기 위하여 필요에 따라 전문가로 구성되는 하부 기구를 설치할 수 있다.
3. 양 체약국 정부는 1의 규정에 의거하여 행하여진 위원회의 권고를 가능한 한

존중한다.

제8조
1. 양 체약국은 각각 자국의 국민 및 어선에 대하여 항행에 관한 국제 관행을 준수시키기 위하여 양 체약국 어선간의 조업의 안전을 도모하고 그 정상적인 질서를 유지하기 위하여, 또한 해상에서의 양 체약국 어선간의 사고의 원활하고 신속한 해결을 도모하기 위하여 적절하다고 인정하는 조치를 취한다.
2. 1에 열거한 목적을 위하여 양 체약국의 관계당국은 가능한 한 상호 밀접하게 연락하고 협력한다.

제9조
1. 본 협정의 해석 및 실시에 관한 양 체약국간의 분쟁은 우선 외교상의 경로를 통하여 해결한다.
2. 1의 규정에 의하여 해결할 수 없었던 분쟁은 어느 일방 체약국의 정부가 타방 체약국의 정부로부터 분쟁의 중재를 요청하는 공한을 접수한 날로부터 30일의 기간 내에 각 체약국 정부가 임명하는 1인의 중재위원과 이와 같이 선정된 2인의 중재위원이 당해 기간 후 30일의 기간 내에 합의하는 제3의 중재위원 또는 당해 기간 내에 이들 2인의 중재위원이 합의하는 제3국의 정부가 지명하는 제3의 중재위원과의 3인의 중재위원으로 구성되는 중재위원회에 결정을 위하여 회부한다. 단, 제3의 중재위원은 양 체약국중의 어느 편의 국민이어서는 아니 된다.
3. 어느 일방 체약국의 정부가 당해 기간 내에 중재위원을 임명하지 아니하였을 때, 또는 제3의 중재위원 또는 제3국에 대하여 당해 기간 내에 합의하지 못하였을 때에는 중재위원회는 양 체약국 정부가 각각 30일의 기간 내에 선정하는 국가의 정부가 지명하는 각 1인의 중재위원과 이들 정부가 협의에 의하여 결정하는 제3국의 정부가 지명하는 제3의 중재위원으로 구성한다.
4. 양 체약국 정부는 본조의 규정에 의거한 중재위원회의 결정에 복한다.

제10조
1. 본 협정은 비준되어야 한다. 비준서는 가능한 한 조속히 서울에서 교환한다. 본 협정은 비준서가 교환된 날로부터 효력을 발생한다.

2. 본 협정은 5년간 효력을 가지며, 그후에는 어느 일방 체약국이 타방 체약국에 본 협정을 종결시킬 의사를 통고하는 날로부터 1년간 효력을 가진다.

이상의 증거로서, 하기 대표는 각자의 정부로부터 정당한 위임을 받아 본 협정에 서명하였다.
1965년 6월 22일 토오쿄오에서 동등히 정본인 한국어 및 일본어로 본서 2통을 작성하였다.

대한민국을 위하여	일본국을 위하여
(서명) 이동원	(서명) 시이나 에쓰사부로오
김동조	다까스기 싱이찌

부 속 서

본 협정 제3조에 규정된 잠정적 어업 규제조치는 양 체약국에 각각 적용되며 그 내용은 다음과 같다.
1. 최고 출어 척수 또는 통수(공동 규제수역 안에서의 조업을 위하여 감찰을 소지하고 또한 표지를 부착하고 동시에 동 수역 안에 출어하고 있는 어선의 척수 또는 통수의 최고 한도를 말함)
 (a) 50톤 미만의 어선에 의한 저인망 어업에 대하여는 115척
 (b) 50톤 이상의 어선에 의한 저인망 어업에 대하여는
  (i) 11월 1일부터 익년 4월 30일까지의 기간에는 270척
  (ii) 5월 1일부터 10월 31일까지의 기간에는 100척
 (c) 선망 어업에 대하여는
  (i) 1월 16일부터 5월 15일까지의 기간에는 60통
  (ii) 5월 16일부터 익년 1월 15일까지의 기간에는 120통
 (d) 60톤 이상의 어선에 의한 고등어 낚시어업에 대하여는 15척단, 조업기간은 6월 1일부터 12월 31일까지로 하며, 조업구역은 대한민국의 경상북도와 경상남도의 경계선과 해안선의 교점과 북위 35도30분과 동경 130도의 교점을 연결하는 직선 이남(단, 제주도의 서측에 있어서는 북위 33도30분이남)의 수역

으로 한다.

(e) 대한민국의 어선과 일본국의 어선의 어획능력의 격차가 있는 동안 대한민국의 출어 척수 또는 통수는 양 체약국 정부간의 협의에 따라 본 협정의 최고 출어 척수 또는 통수를 기준으로 하고 그 격차를 고려하여 조정한다.

2. 어선규모

(a) 저인망 어업 중에서

(i) 트롤 어업 이외의 것에 대하여는 30톤 이상 170톤 이하

(ii) 트롤 어업에 대하여는 100톤 이상 550톤 이하

단, 50톤 이상의 어선에 의한 저인망 어업(대한민국이 동해에서 인정하고 있는 60톤 미만의 어선에 의한 새우 저인망 어업을 제외함)은 동경 128도 이동의 수역에서는 행하지 아니한다.

(b) 선망 어업에 대하여는 망선 40톤 이상 100톤 이하단, 본 협정 서명일에 일본국에 현존하는 100톤 이상의 선망 망선 1척은 당분간예외로 인정한다.

(c) 60톤 이상의 어선에 의한 고등어 낚시어업에 대하여는 100톤 이하

3. 망목(해중에서의 내경으로 함)

(a) 50톤 미만의 어선에 의한 저인망 어업에 대하여는 33밀리미터 이상

(b) 50톤 이상의 어선에 의한 저인망 어업에 대하여는 54밀리미터 이상

(c) 선망 어집 중 전갱이 또는 고등어를 대상으로 하는 어망의 신망의 주요 부분에 대하여는 30밀리미터 이상

4. 집어등의 광력(발전기의 총 설비 용량)

(a) 선망 어업에 대하여는 1통 당 10킬로와트 이하의 등선 2척 및7.5킬로와트 이하의 등선 1척으로 하고, 합계 27.5킬로와트 이하

(b) 60톤 이상의 어선에 의한 고등어 낚시어업에 대하여는 10킬로와트 이하

5. 감찰 및 표지

(a) 공동 규제 수역 안에 출어하는 어선은 각 정부가 발급하는 감찰을 소지하고 또한 표지를 부착하여야 한다. 단, 선망 어업에 종사하는 어선에 대하여는 망선 이외의 어선은 감찰을 소지할 필요가 없으며, 또한 망선은 정 표지, 망선 이외의 어선은 정 표지에 부합하는 부표지를 각각 부착하여야 한다.

(b) 감찰 및 표지의 총수(저인망 어업 및 고등어 낚시어업에 종사하는 어선에 대하여는 각 어선에 부착하는 2매의 표지를 하나로 계산하고, 선망 어업에 종사하는 어선에 대하여는 망선에 부착하는 2매의 정 표지를 하나로 계산함)는

잠정적 어업 규제조치의 대상이 되는 어업별로 당해 어업에 관한 최고 출어 척수 및 통수와 동수로 한다.

단, 어업의 실태에 비추어 50톤 이상의 어선에 의한 저인망어업에 대하여는 그 최고 출어 척수의 15%까지, 50톤 미만의 어선에 의한 저인망 어업에 대하여는 그 최고 출어 척수의 20퍼센트까지 각각 증가 발급할 수 있다.

(c) 표지의 양식 및 부착장소는 양 체약국 정부간의 협의에 의하여 정하여진다.

3. 전두환 정권 : 한일어업협정(1965) 유지정책

4. 노태우 정권 : 한일어업협정(1965) 유지정책

5. 김영삼 정권 : 한일어업협정(1965) 유지정책

6. 김대중 정권 : 한일어업협정(1999) 체결정책

(전술 XV. 3. 한 · 일 어업협정(1998.11.28.) 참조)

7. 노무현 정권 : 한일어업협정(1999) 유지정책

(전술 XV. 3. 한 · 일 어업협정(1998.11.28.) 참조)

8. 이명박 정권 : 한일어업협정(1999) 체결정책

(전술 XV. 3. 한 · 일 어업협정(1998.11.28.) 참조)

〈해설〉

1. 이승만 정권

이승만 정권은 1952년 1월 18일 "국무원고시 제14호"로 "인접해양주권에 관한 대통령선언"을 세계만방에 선포하여 한반도 주변 해역에 "인접해양"을 설정하는 외측 경계선인 "평화선"(Rhee Line)을 설치했다(제3항). 이 평화선은 1948년 12월 23일 연합국최고사령부가 일본 정부에 하달한 "연합국최고사령관 훈령 제1033/1호"(SCAPIN No.1033/1)에 "일본의 선박과 승무원은 독도의 12해리 이내에 접근하지 못하며 또한 독도에 어떠한 접근도 하지 못한다."라고 규정한 수정 "맥아더라인"과 같이 독도 외측에 설치되었다.

동 고시는 인접해양에서의 자연자원, 광물 및 수산자원의 보전 · 이용 보다 "대일평화조약"의 발효로 폐지되게 되는 "맥아더라인"을 대체하여 독도의 영유권을 보전하기 위한 것이었다(1951.9.7, 국무회의 결의 변영태 추가 수정안 ; 동 고시 제1항 및 제2항의 "도서"). 동 고시에 대해 일본 정부는 동년 1월 28일 한국의 독도영유권을 인정할 수 없다는 항의를 한국 정부에 제기했으나 한국 정부는 동년 2월 12일 이를 반박, 일축했다. 동 고시는 이승만 정부의 독도 영유권을 보전하려는 확고한 의지의 표명이었다. 이는 어떠한 경제적 · 외교적 국익보다 독도 영토주권의 국익을 상위의 가치로 설정한 정책기조에 입각한 것이었다.

2. 박정희 정권

박정희 정권은 1965년 6월 22일 한일국교정상화를 위한 "한일기본관계조약"을 체결하면서 "한일어업협정"을 체결했다. 동 협정에 의해 12해리 전관수역(어업에 관한 수역) 외측에 한국 측 수역에만 "공동규제수역"이 설정되고(제2조), "공동규제수역" 외측에 "공동조사수역"이 설정되어(제5조), 동 협정은 독도를 보전하던 "평화선"을 사실상 대체했다(대한민국 정부, 「대한민국과 일본의 협정 해설」, 1965, p.34). 이로서 "평화선"에 대한 독도의 보전은 훼손 · 후퇴되게 되고 말았다. 동 어업협정을 체결할 당시 박정희 정부는 일본과 국교를 정상화하고 경제계발 5개년계획의 추진을 위해 일본으로부터 무상 3억불, 유상 2억불의 경제원조를 받아야 하는 상황에서(1965.6.22, "한일 청구권 협정" 제1조 제1항) 독도 영토주권의 국익보다 경제적 · 외교적 국익을 상위의 가치로 설정할 수밖에 없었다고 본다. 이는 "… 청구권 협정 자금 … 최대한으로 국민의 복리와 경제발전에 기여할 것이다"라는 정부의 해설 표현(대한민국 정부, 「대한민국과 일본 간의 조약 및 협정 해설」, 1965, p.107)에서 확인 할 수 있다.

3. 전두환 정권, 노태우 정권, 김영삼 정권

전두환 정권, 노태우 정권, 그리고 김영삼 정권은 1965년 "한일어업협정"에 "본 협정은 5년간 효력을 가지며, 그 후에는 어느 일방체약국이 타방체약국에 본 협정을 종결시킬 의사를 통고하는 날로부터 1년간 효력을 가진다"라는 규정(제10조 제2항)이 있음에도 불구하고, "평화선" 선언 보다 독도의 보전을 훼손한 동 협정을 폐기하지 아니했다. 이는 특히 전두환 정부의 나까소네 정부와의 차관 문제 해결을 위해, 김영삼 정부의 외환 위기 극복을 위해 역시 독도 영토 주권의 국익보다 경제적 · 외교적 국익을 상위의 가치로 설정한 것이다.

4. 김대중 정권

김대중 정권은 1998년 11월 28일 "한일어업협정"을 체결하여 (i) 한국은 독도가 아니라 울릉도를 기점으로 하고, 일본은 오끼도를 기점으로 하여, 각각 35해리 이원(以遠)에 공동관리수역(중간수역)을 설정하고, (ii) 이 공동관리 수역 안에 독도를 위치시켜 독도를 분쟁지역으로 묵시적으로 승인 표시하고, (iii) 독도 주변의 한국의 배타적 경제 수역을 한국과 일본이 공동관리하도록 규정하여(제9조 제1항, 부속서 I 제2항) 독도의 배타적 경제수역을 배제하고, (iv) 독도에 대한 일본의 입장을 한국의 입장과 동등하게 인정하는 규정(제15조)을 두어 한국의 독도 보전은 1965년 "한일어업협정" 보다 명확하게 훼손되었다. 김대중 정부는 외환위기의 충격을 감소시켜야 하는 경제적 상황과 일본의 경제적 압력으로 독도 영토 주권의 국익보다 경제적·외교적 국익을 상위의 가치로 설정한 것이었다. 이는 외무부장관의 "어업협정은 어업체계를 수립하기 위하여 체결된 것이므로 독도의 영유권 문제와는 무관하다"라는 의견 표명(헌재, 2001. 3. 21, 99헌마 139 · 142 · 156 · 160(병합) 결정, 이유 2. 나, "외무부 장관 의견 요지")에서 확인 될 수 있다.

5. 노무현 정권

노무현 정권은 1998년 "한일어업협정"에 "이 협정은 효력이 발생하는 날로부터 3년간 효력을 가진다. 그 후에는 어느 일방체약국도 이 협정을 종료시킬 의사를 … 통고할 수 있으며 … "라는 규정 (제16조 제2항)이 있음에도 불구하고, 동 협정에 의해 훼손된 독도의 영유권 훼손을 보전하기 위하여 동 협정을 폐기하지 아니했다. 이는 노무현 정권의 초기 대일 정책이긴 하지만 "미래 지향적 한일 관계의 구축"이라는 외교적 국익을 독도 영토주권의 국익보다 상위의 가치로 설정한 정책기조에 의거한 것으로 본다. 이는 노무현 대통령의 "임기 동안에 한국정부가 한일간 과거사 문제를 공식적으로 의제나 쟁점으로 제기하지 않으려 한다"는 입장 표명(2004.7, 제주도 한일 정상회담 발언)에서 확인된다.

6. 이명박 정권

이명박 정권은 2007년 7월 14일 일본 문부과학성의 「중학교 사회과 교과서 학습요령 해설서」에 독도에 관한 "한국과의 사이에 주장의 차이가 있는데 대해 북방 영토와 마찬가지로 우리의 영토영역에 대해 이해를 심화시킬 필요가 있다"는 기술에 대해 주일대사의 소환등 대일 항의조치를 위하여 독도 보전의 확고한 의지를 표명하는 것처럼 보였으나, (ⅰ) 위 항의에 대해 일본 당국이 부동의 의사를 표시한 데 대해 아무런 후속적 조치를 취하지 아니한 점, (ⅱ) 2008년 8월 14일 독도연구소 개소식 간담회에서 이 대통령이 "독도문제는 문제대로 해나가고 또 한편으로 일본과의 관계는 관계대로 계속 유지해 나아가야 한다"라고 표명한 점(연합뉴스, 2008.8.14), (ⅲ) 이보다 앞서 2008년 4월 14일 권철현 일본대사가 주일특파원과 만나 "이명박 대통령으로부터 과거에 속박 당하지도 작은 것에 집착하지도 말자는 당부를 받았다"면서 "독도-교과서 문제는 다소 일본 쪽에서 도발하는 경우가 있어도 호주머니에 넣어두고 드러내지 말자"라고 말한 점(중앙일보, 2008.4.19), 그리고 (ⅳ) 2008년 8월 1일 정몽준 최고의원과 정옥임 의원이 주최한 독도문제 긴급 간담회에서 신각수 외교통상부 제 2차관이 "협정을 개정하거나 폐기하게 되면 어떤 대안이 있을 것인가 신중히 생각할 필요가 있다"고 주장한 점(최진성, 독도간담회 당 · 정 · 학 전문가 대거 참여 상황, 파이넨샬 뉴스, 2008, 8.)등으로 미루어 보아 동 협정을 폐기하지 않을 것으로 예측된다. 이명박 정부 역시 독도 영토주권의 국익보다 경제적 · 외교적 국익을 상위의 가치로 설정한 것 같다.

1965년 "한일어업협정" 이후 각 정부와 1998년 "한일어업협정" 이후 각 정부가 각기 독도의 영유권 보전을 훼손하는 이들 협정을 폐기하지 아니하는 이유는 협정의 폐기는 경제적 · 외교적 국익을 해한다는 것이었다. 위의 협정들이 일본의 단계적 독도 공략의 장기 전략의 실체임을 직시하여 상하 가치전도 정책의 과오를 자성하고 가치전도를 바로 잡는 정책기조의 변화가 요구된다. 어떤 국익도 영토주권 국익에 우선될 수 없는 것이다.

이상에서 검토해 본 바와 같이 한국의 역대 정부의 독도 수호 정책은 점차 후퇴되어 왔고, 이에 반비례하여 일본의 독도 공략 전략은 점차 강화되어 왔다. 즉, (i) 제 1단계 전략인 "평화선"을 배제하는 1965년 "어업협정"을 체결하여 한국의 독도에 대한 "배타적 지위를 배제"하는 전략, (ii) 제2단계 전략인 1998년 "한일어업협정"을 체결하여 독도에 대해 일본이 "한국과 대등한 지위를 확보"하는 전략, 그리고 (iii) 제3단계 전략인 일본이 독도에 대한 "배타적 지위를 확보"하는 전략으로 발전 · 강화되어 왔다.

한국은 일본의 일관된 능동적 공세 · 전략에 수동적으로 대처해 왔고 기본전략 부재의 사태조차 의식하지 못한 채로 역대정권이 반세기를 넘는 세월을 역사 속에 흘려보냈다.

한국은 기본전략 부재 사태에서 일본의 기본 전략에 기초한 치밀한 시책에 대한 대응책은 기껏해야 상황처리에 급급한 것이었고, 그것도 그 상황이 지나가면 강경 대응은 독도를 분쟁지역화하여 한국에게 불리하다는 이름을 내세워 "무대응 방책"으로 회기해 왔다. 일본의 기본전략을 압도할 정권을 초월한 장기 능동적 전략 계획의 수립이 요구되며, 특히 일본의 제3단계 전략, 즉 일본의 유엔 안보리 상임이사국 진출과 "미일 방위 협정을 위한 신 가이드라인"에 기초한 극동에 있어서 초우월적 군사력 확보를 기반으로 어느 적기에 독도 평화 *condominium*화 전략 또는 독도 문제를 유엔 안보리의 결의로 국제사법재판소에 회부하지 않을 수 없게 하는 공략을 선제하는 전략 계발이 시급히 요청된다.

XX. 일본정부의 「다케시마 10포인트」와 한국정부의 다케시마 10포인트 반박

1. 일본정부의 「다케시마 10포인트」 날조 홍보

1. 일본은 옛날부터 다케시마의 존재를 인식하고 있었습니다.

오늘날의 다케시마는 일본에서 일찍이 '마쓰시마'로, 반대로 울릉도가 '다케시마'나 '이소다케시마'로 불렸습니다. 다케시마와 울릉도의 명칭에 관해서는 유럽의 탐험가들에 의한 울릉도 측위의 잘못으로 일시적인 혼란이 있었으나, 일본이 '다케시마'와 '마쓰시마'의 존재를 옛날부터 인지하고 있었던 것은 각종 지도와 문헌으로도 확인할 수 있습니다. 예를 들어, 경위선을 투영한 간행 일본지도로서 가장 대표적인 나가쿠보 세키스이의 '개정일본여지노정전도'(1779년 초판) 외에도, 울릉도와 다케시마를 한반도와 오키제도 사이에 정확하게 기재하고 있는 지도는 다수 존재합니다.

2. 한국이 옛날부터 다케시마를 인식하고 있었다는 근거는 없습니다.

1. 한국이 옛날부터 다케시마를 인식하고 있었다는 근거는 없습니다. 예를 들어, 한국측은 고문헌 '삼국사기'(1145년), '세종실록지리지'(1454년), '신증동국여지승람'(1531년), '동국문헌비고'(1770년), '만기요람'(1808년), '증보문헌비고'(1908년)

등의 기술을 근거로 '울릉도'와 '우산도'라는 두 개의 섬을 예로부터 인지하고 있었으며, 그 '우산도'가 바로 오늘날의 다케시마라고 주장하고 있습니다.

2. 그러나 '삼국사기'에는 우산국이었던 울릉도가 512년에 신라에 귀속했다는 기술은 있습니다만, '우산도'에 관한 기술은 없습니다. 또한 조선의 다른 고문헌 중에 나오는 '우산도'의 기술을 보면 그 섬에는 다수의 사람들이 살고 큰 대나무를 생산한다는 등 다케시마의 실상과 맞지 않는 바가 있으며, 오히려 울릉도를 상기시키는 내용으로 되어 있습니다.
3. 또한 한국 측은 '동국문헌비고', '증보문헌비고', '만기요람'에 인용된 여지(1656년)를 근거로 '우산도는 일본이 말하는 마쓰시마(현재 다케시마)' 라고 주장하고 있습니다. 이에 대해 '여지지'의 원래 기술은 우산도와 울릉도는 동일의 섬이라고 하고 있으며 '동국문헌비고' 등의 기술은 '여지지'에서 직접 정확하게 인용된 것이 아니라고 비판하는 연구도 있습니다. 이 연구에서는 '동국문헌비고' 등의 기술은 안용복의 신빙성이 낮은 진술(5. 참조)을 아무런 비판 없이 인용한 다른 문헌('강계고' '강계지', 1756년)을 원본으로 삼고 있다고 지적하고 있습니다.
4. 한편 '신증동국여지승람'에 첨부된 지도에는 울릉도와 '우산도'가 별개의 2섬으로 기술되어 있습니다. 만약 한국측의 주장처럼 '우산도'가 다케시마를 가리키는 것이라면 이 섬은 울릉도 동쪽의, 울릉도보다 훨씬 작은 섬으로 그려질 것입니다. 그러나 이 지도의 '우산도'는 울릉도와 거의 같은 크기로 그려졌으며 한반도와 울릉도 사(울릉도의 서쪽)에 위치하는 등 전혀 실재하지 않는 섬이라는 것을 알 수 있습니다.

3. 일본은 울릉도로 건너갈 때의 정박장으로, 또는 어채지로 다케시마를 이용하여 늦어도 17세기 중엽에는 다케시마의 영유권을 확립했습니다.

1. 1618년 돗토리번 호우키노쿠니 요나고의 주민인 오야 진키치, 무라카와 이치베는 돗토리번주를 통해 막부로부터 울릉도(당시의 '다케시마') 도해 면허를 받았습니다. 그 이후 양가는 교대로 매년 한번 울릉도에 도항해 전복채취, 강치 포획, 대나무 등의 삼림벌채에 종사했습니다.
2. 양가는 장군가의 접시꽃 문양을 새긴 선인을 내세워 울릉도에서 어업에 종사하고, 채취한 전복은 장군가에 헌상하는 것을 일상화하는 등 이른바 이 섬의 독점적 경영을 막부 공인 하에 행했습니다.
3. 이 동안 오키에서 울릉도로 가는 길목에 해당하는 다케시마는 항행의 목표나

도중의 정박장으로, 또 강치나 전복포획의 좋은 어장으로서 자연스럽게 이용되기에 이르렀습니다.

4. 이와 같이 일본은 에도시대 초기인 17세기 중엽에는 다케시마의 영유권을 확립했었다고 생각됩니다.
5. 관련 당시 막부가 울릉도나 다케시마를 외국 영토로 인식하고 있었다면, 쇄국령을 발해 일본인의 해외 도항을 금지한 1635년에는 이들 섬에 대한 도항을 금지했을 것이지만 그런 조치는 취해지지 않았습니다.

4. 일본은 17세기 말 울릉도 도항을 금지했습니다만, 다케시마 도항은 금지하지 않았습니다.

1. 막부로부터 울릉도의 도항을 공인받은 요나고의 오야, 무라카와 양가는, 약 70년에 걸쳐 아무런 방해 없이 독점적으로 사업을 행했습니다.
2. 1692년 울릉도에 향한 무라카와가는 다수의 조선인들이 울릉도에서 어류채취에 종사하고 있는 광경에 조우했습니다. 또 이듬해에는 오야가가 마찬가지로 다수의 조선인들과 조우하며, 안용복, 박어둔의 2명을 일본에 데리고 돌아갔습니다. 이 때 조선왕조는 국민들의 울릉도 도항을 금했었습니다.
3. 상황을 알게 된 막부의 명을 받은 쓰시마번(에도시대에 대조선외교 · 무역의 창구역할을 했음)은 안용복과 박어둔의 두 사람을 조선에 송환함과 동시에, 조선에 대해 어민들의 울릉도 도항금지를 요구하는 교섭을 시작했습니다. 그러나 이 교섭은 울릉도의 귀속을 둘러싸고 의견이 대립해 합의를 보지 못했습니다.
4. 쓰시마번으로부터 교섭 결렬의 보고를 받은 막부는 1696년 1월, 조선과의 우호관계를 존중하여, 일본인의 울릉도 도항금지를 결정하고, 이를 조선측에 전하도록 쓰시마번에 명했습니다. 울릉도의 귀속을 둘러싼 이 교섭 경위는 일반적으로 "다케시마 잇켄(竹島一件)"이라고 불리고 있습니다.
5. 한편, 다케시마 도항은 금지되지 않았습니다. 이것으로도 당시부터 일본이 다케시마를 자국 영토라고 생각했음은 분명합니다.

5. 한국이 자국 주장의 근거로 인용하는 안용복의 진술 내용에는 많은 의문점이 있습니다.

1. 막부가 울릉도 도항 금지를 결정한 후, 안용복은 다시 일본으로 건너왔습니다.

그 후, 다시 조선에 송환된 안용복은 울릉도 도항금지를 어긴 자로서 조선 관리의 취조를 받는데, 이 때의 안용복의 진술이 현재 한국의 다케시마 영유권 주장의 한 근거로 인용되고 있습니다.

2. 한국측 문헌에 따르면, 안용복은 일본에 왔을 때 울릉도 및 다케시마를 조선령으로 한다는 서계(書契), 즉 문서를 에도막부로부터 받았으나, 쓰시마의 번주가 그 문서를 빼앗았다고 진술한 것으로 되어 있습니다. 그러나 일본측 문헌에 의하면, 안용복이 1693년과 1696년에 일본에 왔다 등의 기록은 있으나, 한국측이 주장하는 것과 같은 서계를 안용복에게 주었다는 기록은 없습니다.
3. 더욱이 한국측 문헌에 의하면, 안용복은 1696년 일본에 왔을 때 울릉도에 다수 일본인이 있었다고 말한 것으로 되어 있습니다. 그러나, 안용복이 일본에 온 것은 막부가 울릉도 도항금지를 결정한 후의 일로서, 당시 오야, 무라카와 양가는 모두 이 섬에 도항하지 않았습니다.
4. 안용복에 관한 한국측 문헌의 기술은 안용복이 국금을 어기고 국외에 도항하여, 그 귀국 후 취조를 받았을 때의 진술에 의거한 것입니다. 그의 진술은 상기 내용뿐만 아니라, 사실에 맞지 않는 바가 많으나 그런 것들이 한국측에 의해 다케시마 영유권의 한 근거로 인용되어 왔습니다.

6. 일본정부는 1905년 다케시마를 시마네현에 편입하여, 다케시마 영유 의사를 재확인했습니다.

1. 오늘날의 다케시마에서 강치 포획이 본격적으로 행해지게 된 것은 1900년대 초기였습니다. 그러나, 곧 강치어업이 과열 경쟁 상태가 되자 시마네현 오키도민 나카이 요자부로는 사업의 안정을 도모하기 위해 1904(메이지 37)년 9월 내무, 외무, 농상무의 3대신에게 '리양코 섬'의 영토 편입 및 10년간의 임대를 청원했습니다. (주: '리양코 섬'은 다케시마의 서양이름 '리앙쿠르 섬'의 속칭. 당시 유럽 탐험가에 의한 측량의 잘못 등으로 울릉도가 종래 불리던 '다케시마'와 아울러 '마쓰시마' 라고도 불리게 되며, 현재 다케시마는 종래 불리던 '마쓰시마'와 아울러 '리양코섬'이라고 불리게 되었습니다.
2. 나카이의 청원을 접수한 정부는 시마네현의 의견을 청취한 후 다케시마를 오키도청의 소관으로 해도 지장이 없고, '다케시마'의 명칭이 적당하다는 것을 확인했습니다. 이에 따라 1905(메이지 38)년 1월 각의 결정에 의해 이 섬을 '오키도사의 소관'으로 정하는 동시에, '다케시마'로 명명하고, 그 취지를 내무대신으로부터

시마네현지사에게 전달했습니다. 이 각의결정으로 일본은 다케시마 영유 의사를 재확인했습니다.

3. 시마네현지사는 이 각의 결정 및 내무대신 훈령에 의거해 1905(메이지 38)년 2월 다케시마가 '다케시마'로 명명되어 오키도사의 소관이 되었음을 고시함과 동시에, 오키도청에도 이를 전달했습니다. 이는 당시 신문에도 게재되어 널리 일반에게 전해졌습니다.
4. 또 시마네현지사는 다케시마가 '시마네현 소속 오키도사의 소관'으로 정해짐에 따라 다케시마를 관유지대장(官有地台帳)에 등록하는 동시에, 강치 포획을 허가제로 했습니다. 강치 포획은 그 후 2차 대전으로 1941(쇼와 16)년에 중지될 때까지 계속되었습니다.
5. 조선에서는 1900년의 '대한제국 칙령41호'에 의해 울릉도를 울도로 개칭함과 동시에 도감을 군수로 한다는 것을 공포한 기록이 있다고 되어 있습니다. 그리고 이 칙령 가운데, 울릉군이 관할하는 지역을 '全島'와 '竹島石島'로 규정하고 있는데 여기서 말하는 竹島는 울릉도 근방에 있는 '죽서(竹嶼)'라는 작은 섬이지만, '석도'는 바로 지금의 '독도'를 가리킨다고 지적하는 연구자도 있습니다. 그 이유는 한국의 방언으로 '돌(石)'을 '독'으로도 발음하며, 이를 발음대로 한자로 고치면 '島'로 이어지기 때문이라는 것입니다.
6. 그러나, '석도'가 오늘날의 다케시마(독도)라면, 왜 칙령에서 '독도'를 사용하지 않았는가, EH 한국측이 다케시마의 옛 이름이라고 주장하는 '우산도' 등의 명칭을 사용하지 않았는가, 나아가 '독도'라는 호칭은 언제부터 어떻게 사용하게 되었는가 라는 의문이 생깁니다.
7. 만일 이 의문이 해소된다 하더라도, 이 칙령의 공포를 전후해 조선이 다케시마를 실효적으로 지배했던 사실이 없어 한국에 의한 다케시마 영유권은 확립되지 않았다고 생각됩니다.

7. 샌프란시스코 평화조약 기초과정에서 한국은 일본이 포기해야 할 영토에 다케시마를 포함시키도록 요구했습니다만, 미국은 다케시마가 일본의 관할 하에 있다고 해서 이 요구를 거부했습니다.

1. 1951(쇼와 26)년 9월에 서명된 샌프란시스코 평화조약은 일본의 조선 독립승인을 규정하는 동시에, 일본이 포기해야 할 지역으로서 '제주도, 거문도 및 울릉도를 포함한 조선'으로 규정했습니다.

2. 이 부분에 관한 미 · 영 양국에 의한 초안 내용을 알게 된 한국은 같은 해 7월, 양유찬 주미 한국대사로부터 애치슨 미 국무장관 앞으로 서한을 제출했습니다. 그 내용은 '한국 정부는 제2조 a항의 "포기한다"라는 말을 "(일본국이) 조선 및 제주도, 거문도, 울릉도, 독도 및 파랑도를 포함하는 일본에 의한 조선 합병 이전에 조선의 일부였던 섬들에 대한 모든 권리, 권원 및 청구권을 1945년 8월 9일에 포기했음을 확인한다."로 바꿀 것을 요망한다.'는 것이었습니다.
3. 이 한국측 의견서에 대해 미국은 같은 해 8월, 러스크 극동 담당 국무차관으로부터 양유찬 대사에게 보낸 서한에서 다음과 같이 답변하며, 한국측 주장을 명확하게 부정했습니다.

> '...합중국 정부는, 1945년 8월 9일의 일본에 의한 포츠담 선언 수락이 이 선언에서 취급된 지역에 대한 일본의 정식 내지 최종적인 주권 포기를 구성한다는 이론을 (샌프란시스코 평화)조약이 취해야 한다고는 생각하지 않는다. 독도, 또는 다케시마 내지 리앙쿠르 암(岩)으로 알려진 섬에 관해서는, 통상 무인(無人)인 이 바위섬은 우리들의 정보에 의하면 조선의 일부로 취급된 적이 결코 없으며, 1905년경부터 일본의 시마네현 오키도지청의 관할하에 있다. 이 섬은 일찍이 조선에 의해 영유권 주장이 이루어졌다고는 볼 수 없다....'

이 내용들을 보면, 다케시마는 일본의 영토라는 것을 긍정하고 있는 것이 명백합니다.

4. 또한 밴 플리트 대사의 귀국보고서(10. 참조)에서도 다케시마는 일본 영토이며, 샌프란시스코 조약에서 포기한 섬들에 포함되지 않는다는 것이 미국의 결론이라고 명기되어 있습니다.

8. 다케시마는 1952년 주일미군의 폭격훈련구역으로 지정되었으며, 일본 영토로 취급되었음은 분명합니다.

1. 일본이 아직 점령하에 있던 1950(쇼와 25)년 7월, 연합국 총사령부는 SCAPIN 제2160호로, 다케시마를 미군의 해상 폭격 연습지구로 지정했습니다.
2. 1952(쇼와 27)년 7월, 미군이 계속적으로 다케시마를 훈련장으로 사용함을 희망한 것에 따라 일미행정협정(주: 구일미안보조약에 입각한 협정. 현재 '일미지위협정'으로 인수됨.)에 입각하여, 이 협정의 실시와 관련된 일미간의 협의기관으로 설립된 합동위원회는 주일미군이 사용하는 폭격 훈련구역의 하나로 다케시마를 지정하는 동시에 외무성은 이를 고시했습니다.

3. 일미행정협정에 의하면, 합동위원회는 '일본국내의 시설 또는 구역을 결정하는 협의기관으로 임무를 수행한다'고 되어 있습니다. 따라서 다케시마가 합동위원회에서 협의되고, 또 주일미군이 사용하는 구역으로 결정이 내려졌다는 것은 곧 다케시마가 일본의 영토임을 보여주고 있습니다.

9. 한국은 다케시마를 불법점거하고 있으며, 일본은 엄중하게 항의를 하고 있습니다.

1. 1952(쇼와27)년 1월, 한국의 이승만 대통령은 '해양주권선언'을 발표하여, 이른바 '이승만 라인'을 국제법에 반해 일반적으로 설정하고, 그 라인 안에 다케시마를 포함시켰습니다.
2. 1953(쇼와28)년 3월, 일미합동위원회에서 다케시마를 주일미군 폭격훈련구역에서 해제하기로 결정했습니다. 이로써, 다케시마에서의 어업이 재개되었습니다만, 한국인도 다케시마와 그 주변에서 어업에 종사하고 있는 것이 확인되었습니다. 같은 해 7월에는, 불법 어업에 종사하는 한국 어민에게 다케시마에서 철거하도록 요구한 해상보안청 순시선이 한국 어민을 보호하던 한국 관헌의 총격을 당하는 사건도 발생했습니다.
3. 이듬해인 1954(쇼와29)년 6월, 한국 내무부는 한국 해안경비대 주둔 부대를 다케시마에 파견했다고 발표했습니다. 또, 같은 해 8월에는 다케시마 주변을 항행 중이던 해상보안청 순시선이 이 섬으로부터 총격을 당해, 이로 인해 한국의 경비대가 다케시마에 주둔하고 있는 것이 확인되었습니다.
4. 한국측은 현재도 계속 경비대원을 상주시키는 동시에 숙사와 감시소, 등대, 접안시설 등을 구축하고 있습니다.
5. 한국에 의한 다케시마 점거는 국제법상 아무런 근거 없이 이루어지고 있는 불법점거이며 한국이 이런 불법 점거에 의거하여 다케시마에서 행하는 어떤 조치도 법적인 정당성이 있는 것은 아닙니다. 이와 같은 행위는 다케시마 영유권을 둘러싼 일본의 입장에 비추더라도 결코 용인할 수 있는 행위가 아니며, 다케시마를 둘러싸고 한국 측이 어떤 조치 등을 취할 때마다 엄중한 항의를 거듭하는 동시에, 그 철회를 요구해오고 있습니다.

10. 일본은 다케시마 영유권에 관한 문제를 국제사법재판소에 회부할 것을 제안하고 있습니다만, 한국이 이를 거부하고 있습니다.

2. 한국정부의 「다케시마 10포인트」 반박 홍보

가. 일본 외무성의 독도 홍보팜플렛 반박문(동북아역사재단독도연구소)

일본 외무성의 독도 홍보팜플렛 반박문

1. 일본이 옛날부터 독도를 인식했다는 주장과 관련하여

일본의 주장

o 일본은 옛날부터 독도의 존재를 인식하고 있었다.
- 경위도선을 표시한 일본지도로서 가장 대표적인 나가구보 세키스이(長久保赤水)의 「개정 일본여지노정전도」(1779년) 등 일본의 각종 지도와 문헌이 이를 확인해 주고 있다.

□ 일본 주장의 허구성

o 「개정 일본여지노정전도」는 사찬(私撰)지도로서 1779년 원본에는 울릉도와 독도가 조선 본토와 함께 채색되지 않은 상태로 경위도선 밖에 그려져 있어서 일본 영역 밖의 섬으로 인식하고 있다.
o 더욱이 일본 해군성의 「조선동해안도」(1876년)와 같은 관찬지도들은 오히려 독도를 한국의 영토에 포함시키고 있다.
o 1696년 도쿠가와(德川) 막부정권이 일본 어민들의 울릉도 도해를 금지한 이후 두 섬에 대한 인식이 흐려져 독도를 마츠시마(松島), 리양코도(リヤンコ島), 랑코도(ランコ島), 다케시마(竹島) 등으로 혼란스럽게 불렀을 뿐만 아니라 지리적 위치도 완전히 망각하게 되었다.

2. 한국이 옛날부터 독도를 인식하지 못했다는 주장과 관련하여

일본의 주장

o 한국이 옛날부터 독도를 인식하고 있었다는 근거는 없다.
- 한국측이 주장하는 우산도가 독도라는 것을 뒷받침하는 명확한 근거가 없으며, 우산도는 울릉도의 다른 이름이거나 가상의 섬이다

□ 일본 주장의 허구성

o 독도는 울릉도에서 육안으로도 바라볼 수 있어서 울릉도에 사람이 거주하기 시작한 때부터 인식할 수 있었다. 이러한 인식의 결과 세종실록지리지(1454년), 신증동국여지승람(1530년), 동국문헌비고(1770년), 만기요람(1808년) 등 한국의 수많은 정부 관찬문서에 독도가 명확히 표기되어 있다.
- 특히 동국문헌비고(1770년), 만기요람(1808년) 등에는 "울릉도와 우산도는 모두 우산국의 땅이며, 우산도는 일본인들이 말하는 송도(松島)"라고 명백히 기록하고 있다. 송도는 당시 일본인들이 부르는 독도의 명칭이다. 우산도가 독도라는 것을 명확히 알려주고 있다.

o 2005년 일본 오끼섬에서 발견된 안용복 관련 조사보고서인 「원록9병자년조선주착안일권지각서」(元祿九丙子年朝鮮舟着岸一券之覺書)에는 안용복이 휴대한 지도에 울릉도와 독도를 조선의 강원도에 부속된 섬으로 명기하고 있다. (아래 〈자료 5〉 참조)

o 오늘날과 달리 지도제작 기술의 부족으로 고지도 중 독도의 위치나 크기를 잘못 그린 것이 있으나, 이것이 독도의 존재를 인식하지 못했다는 증거가 되는 것은 아니다.
- 한국의 고지도는 관찬지도이든 사찬지도이든 언제나 동해에 두 섬, 즉 울릉도와 독도를 함께 그리고 있어 독도의 존재를 명확히 인식하고 있었음을 보여주고 있다.

3. 17세기 중엽에 독도의 영유권을 확립했다는 것과 관련하여

일본의 주장

ㅇ 일본은 울릉도로 건너갈 때의 정박장이나 어채지로 독도를 이용하여 늦어도 17세기 중엽에는 독도의 영유권을 확립했다.

- 에도(江戶)시대 초기(1618년), 돗토리번의 요나고 주민인 오야(大谷), 무라카와(村川) 양가는 막부로부터 도해(渡海)면허를 받아 울릉도에서 독점적으로 어업을 하며 전복을 막부에 헌상했다. 독도는 울릉도로 도항하기 위한 항행의 목표나 도중의 정박장으로서, 또 강치나 전복포획의 좋은 어장으로서 자연스럽게 이용되었다.

□ 일본 주장의 허구성

ㅇ 도해면허는 내국 섬으로 도항하는 데는 필요가 없는 문서이므로 이는 오히려 일본이 울릉도·독도를 일본의 영토로 인식하지 않고 있었다는 사실을 입증하는 것이다.

ㅇ 17세기 중엽의 일본 고문서인 『은주시청합기(隱州視聽合記)』(1667년)는 '일본의 서북쪽 한계를 오키섬으로 한다'고 기록하여 일본인들 스스로 독도를 자국의 영토에서 제외하고 있다.

ㅇ 1877년 일본 국가최고기관인 태정관은 17세기말 한일간 교섭결과를 토대로 "…품의한 취지의 죽도(竹島, 울릉도) 외 일도(一島, 독도)의 건에 대해 일본은 관계가 없다는 것을 명심할 것"이라고 하면서 독도가 일본의 영토가 아님을 공식적으로 인정하였다.

ㅇ 한편 일본 외무성도 『조선국교제시말내탐서(朝鮮國交際始末內探書)』(1870년)에서 '죽도(울릉도)와 송도(독도)가 조선부속으로 되어 있는 시말'이라는 보고서를 작성하였으므로 송도(독도)가 한국땅임을 자인하였다.

4. 독도 도항은 금지하지 않았다는 것과 관련하여

일본의 주장

o 일본은 17세기말 울릉도 도항을 금지했지만, 독도 도항은 금지하지 않았다.
- 1696년 울릉도 주변 어업을 둘러싼 한일간의 교섭 결과, 막부는 울릉도로의 도항을 금지했지만, 독도로의 도항을 금지하지는 않았다. 이는 당시부터 일본이 독도를 자국의 영토라고 생각했음이 분명하다.

ㅁ 일본 주장의 허구성

o 17세기말 일본 막부정권이 울릉도 도항을 금지할 때, '죽도(울릉도) 외 돗토리번에 부속된 섬이 있는가'라는 에도 막부의 질문에 대해 돗토리번은 '죽도(울릉도), 송도(독도)는 물론 그 밖에 부속된 섬은 없다'고 회답하면서, 울릉도와 독도가 돗토리번 소속이 아님을 밝히고 있다.
o 또한 일본 자료(오야가(大谷家) 문서)에서 보이는 '죽도(울릉도) 내의 송도(독도)'(竹嶋內松嶋), '죽도 근변의 송도'(竹島近邊松嶋) 등의 기록이 잘 설명해 주는 바와 같이 '독도는 울릉도의 부속도서(屬島)'로 간주되었다. 그러므로 1696년 1월 울릉도 도해금지조치에는 독도 도해금지도 당연히 포함되어 있었다.
o 도해금지조치 이후 있은 일본의 독도 명칭 혼란은 일본이 독도 도항은 커녕 독도에 대해 제대로 인지조차 못했다는 것을 입증하고 있다.

5. 안용복의 진술내용과 관련하여

일본의 주장

ㅇ 한국이 자국 주장의 근거로 인용하는 안용복의 진술 내용에는 많은 의문점이 있다.
- 안용복의 도일(渡日)활동은 자신의 불법 도일죄를 감하기 위하여 과장한 것으로 일본의 기록과도 부합하지 않기 때문에 사실이 아니다

□ 일본 주장의 허구성

ㅇ 안용복의 도일활동에 관해서는 조선의 비변사에서도 철저한 조사가 이루어졌으므로 그것을 기록한 조선의 관찬서 기록이 진실이 아니라고 하는 일본측 주장은 받아들이기 어렵다.
- 또한 일본의 기록에 없는 것이 조선의 기록에 있다고 하여 조선의 기록이 잘못이라고 판단하는 것은 일본측의 독단에 불과하다.

※ 안용복의 도일활동은 숙종실록, 승정원일기, 동국문헌비고 등 한국의 관찬서와 죽도기사(竹島紀事), 죽도도해유래기발서공(竹島渡海由來記拔書控), 이본백기지(異本伯耆志), 인부연표(因府年表), 죽도고(竹島考) 등 일본 문헌에 기록되어 있다.

ㅇ 안용복의 활동으로 인해 울릉도/독도에 관한 논의가 일본에서 있었으며, 결과적으로 두 섬을 조선의 영토로 인정하게 되었다.
- 일본측은 안용복 사건으로 양국간에 영토문제가 대두되자 1695년 울릉도/독도가 돗토리번(鳥取藩)에 귀속한 시기를 문의하는 에도막부의 질문에 대해 '돗토리번에 속하지 않는다'는 돗토리번의 회답이 있었다.

ㅇ 1696년 1월에 내린 막부의 도해금지령은 같은 해 8월 요나고(米子) 주민에게 전달되었으므로 요나고 주민이 그 기간 독도에 갈 수 있었으므로, 같은 해 5월 울릉도에서 일본인을 만났다는 안용복의 진술을 거짓으로 보는 일본측 주장은 타당하지 않다.

o 2005년 일본에서 발견된 안용복관련 조사보고서인 「원록9병자년조선주착안일권지각서」(元祿九丙子年朝鮮舟着岸一券之覺書)는 그 말미에 안용복이 휴대한 지도를 참조하여 조선 팔도의 이름을 기술하면서 울릉도와 독도가 강원도에 소속됨을 명기하고 있어 당시 안용복이 독도를 조선 땅이라고 진술한 사실을 명백히 입증하고 있다.

6. 1905년 시마네현 편입과 관련하여

일본의 주장

o 일본 정부는 1905년 독도를 시마네현에 편입하여 독도 영유의사를 재확인했다.

- 시마네현 오키도민인 나카이 요사부로의 독도 영토편입 청원을 접수한 일본 정부는 1905년 1월 각의결정으로 독도를 영유한다는 의사를 재확인하였으며, 2월 시마네현 지사는 독도가 오키도사의 소관이 되었음을 고시함과 동시에 당시 신문에도 게재되어 널리 일반에게 전해졌다.
- 일본은 독도를 관유지대장에 등록하고 강치포획을 허가제로 하여 1941년 제2차 대전으로 중지될 때까지 강치포획을 계속하였다.
- 1900년 대한제국 칙령 제41호의 석도를 독도라고 하는 데는 의문이 있으며, 의문이 해소된다고 하더라도 한국이 독도를 실효적으로 지배했던 사실은 없다.

□ 일본 주장의 허구성

o 독도가 일본의 고유영토라고 하면서 1905년에 편입시켰다고 하는 것은 억지에 불과하다. 그 주장이 사실이라면, 다른 고유영토에 대해서도 똑같은 편입조치를 해야 할 것이다.

- 자국의 영토에 대해서 영유할 의지가 있다는 것을 재확인한다는 것은 국제법상 있을 수 없는 변명에 불과하며 그러한 전례도 없다.

- 그리고 1950년대 이후 일본의 외교문서 등을 보면 1905년 편입조치를 처음에는 "무주지 선점"이라고 주장했다가 나중에는 "영유의사의 재확인"으로 말을 바꾼 것은 그 만큼 근거가 박약하다는 증거이다.

o 1905년 시마네현 편입조치는 러일전쟁 중인 한반도 침탈과정에서 이루어진 것이며, 이미 확립된 대한민국의 독도 영유권에 대해 행해진 불법, 무효한 조치이다.

- 대한제국 칙령 제41호(1900년)를 통해 독도의 행정구역을 재편하는 등 한국의 독도에 대한 영유권은 확고하였는바, 1905년 당시 독도는 무주지가 아니었으므로, 일본의 독도편입조치는 국제법상 불법이다.
- 한국은 일본의 조치 사실을 안 즉시 독도가 한국의 영토임을 재확인하였으나(1906년), 을사늑약(1905년 11월)에 의해 외교권이 박탈된 상태였으므로 단지 외교적 항의를 제기하지 못하였을 뿐이다.

o 독도 편입 청원서를 제출한 나카이 요사부로는 처음에 독도가 한국 영토라는 것을 알고 일본 정부를 통해 한국에 임대청원서를 제출하려고 했다. 그런데 해군성과 외무성 관리(기모쓰케 가네유키, 야마자 엔지로) 등의 사주를 받고 영토편입 청원서를 내었던 것이다.

- 당시 내무성 관리(이노우에 서기관)는 "한국 땅이라는 의혹이 있는 쓸모없는 암초를 편입할 경우 우리를 주목하고 있는 외국 여러 나라들에게 일본이 한국을 병탄하려고 한다는 의심을 크게 갖게 한다"고 독도 영토편입 청원에 반대하였다.

o 1900년 대한제국 칙령 제41호는 그 자체가 독도에 대한 한국의 실효적 지배의 증거를 명확히 보여주고 있다.

- 울릉도 주변도서의 지리적 현황과 독도를 독섬(돌섬)이라고 호칭한 울릉주민들의 생활상을 고려하면 "석도"(石島)가 독도라는 것은 의심의 여지가 없다.
- 1947년 울릉도 개척민(홍재현)의 증언 및 1948년 독도폭격사건 등에서 보는 바와 같이, 1905년 이전뿐만 아니라 그 이후에도 독도는 계속해서 울릉도 주민들의 어로작업지로 이용되었다.

7. 전후 연합국의 조치와 관련하여

일본의 주장

o 대일강화조약 기초과정에서 한국은 일본이 포기해야 할 영토에 독도를 포함시키도록 요구했지만, 미국은 독도가 일본의 관할하에 있다고 해서 이 요구를 거부했다.

- 1951년 대일강화조약에서 일본이 그 독립을 승인하고 모든 권리, 권원 및 청구권을 포기한 「조선」에 독도가 포함되지 않았다는 사실은 미국기록공개문서 등에서도 명백하다.

□ 일본 주장의 허구성

o 당초에 미국은 독도를 한국의 영토로 인정했으며, 일시적인 미국의 태도 변화는 일본의 로비에 의한 것이다.

o 일본이 대일강화조약상 남쿠릴열도(북방 4개섬)를 러시아의 영토로 인정한 조항을 거부하면서 명시적 규정이 없는 독도를 자국의 영토로 확정되었다고 하는 것은 논리적 일관성이 없는 주장이다.

o 연합국총사령부는 일본 점령 기간 내내 다른 특정한 명령을 내린 바 없이 연합국총사령부 훈령(SCAPIN) 제677호를 적용하였으며, 대일강화조약 체결 직후 일본정부도 당시 독도가 일본의 관할구역에서 제외된 사실을 확인하였다.

- 1951년 10월 일본 정부는 대일강화조약에 근거하여 일본 영역을 표시한 '일본영역도'를 국회 중의원에 제출하였는데, 그 지도에 분명하게 선을 그어 독도를 한국의 영역으로 표시하였다.

※ SCAPIN 제677호는 독도를 울릉도와 함께 일본의 통치대상에서 제외되는 지역으로 규정하였다.

- SCAPIN 제677호 : 3. 이 훈령의 목적을 위하여, 일본은 일본의 4개 본도(홋카이도, 혼슈, 큐슈, 시코쿠)와 약 1천 개의 더 작은 인접 섬들을 포함한다고 정의된다. (1천 개의 작은 인접 섬들에서) … 제외되는 것은 ⓐ 울릉도 · 리앙쿠르암

(Liancourt Rocks; 독도) … 등이다.

ㅇ 연합국이 제2차 대전 후 대일강화조약 체결 때까지 독도를 일본에서 분리, 취급한 것은 카이로 선언(1943년) 및 포츠담 선언(1945년) 등에 의해 확립된 연합국의 전후 처리정책을 실현한 것이다.

- 즉 독도는 일본의 본격적인 영토침탈전쟁인 러일전쟁 중에 폭력과 탐욕에 의해 약취된 한국의 영토이기 때문에 당연히 일본이 포기해야 하는 지역이었다.

ㅇ 독도는 전후 연합국 결정에 의해 일본에서 분리되어 미군 통치하에 있다가, UN 결의에 따라 1948년 8월 15일 대한민국 정부가 수립되자 다른 모든 섬들과 함께 한반도 부속도서로서 한국에 반환되었다. 대일강화조약은 이를 확인한 것에 불과하다.

8. 미군의 독도폭격연습지 지정과 관련하여

일본의 주장

ㅇ 독도는 1952년 주일미군의 폭격훈련구역으로 지정되었으며, 일본 영토로 취급되었음은 분명하다.

- 미일행정협정에 입각하여 주일미군이 사용하는 폭격훈련구역의 하나로 독도를 지정하는 동시에 외무성에 이를 고시하였다.

□ 일본 주장의 허구성

ㅇ 미 공군은 한국의 항의를 받고 독도를 폭격훈련구역에서 즉각 해제하였으며, 그 사실을 한국측에 공식적으로 통고해 왔다. 또한 독도가 그 즈음 설정된 한국의 방공식별구역(KADIZ) 내에 있으면서, 일본방공식별구역(JADIZ) 밖에 있었다는 것도 독도가 한국의 영토임을 전제로 한 조치임을 다시 한번 확인시켜주고 있다.

ㅇ 독도에서 조업 중이었던 우리 주민들의 피해에도 불구하고, 독도를 폭격연습지

로 지정하는가 하면, 1952년 당시 거듭된 독도 폭격 등이 모두 일본의 유도에 의한 것임은 일본 의회에서의 발언 내용 등을 통해 쉽게 알 수 있다.

※ 다음은 1952년 5월 23일 중의원 외무위원회에서 시마네현 출신 야마모토(山本) 의원과 이시하라(石原) 외무차관과의 발언내용이다.

- 야마모토 의원 : "이번 일본의 주둔군 연습지 지정에 있어서, 독도 주변이 연습지로 지정되면 그 (독도) 영토권을 일본의 것으로 확인받기 쉽다는 생각에서 외무성이 연습지 지정을 바라고 있는지 그 점에 대해 말씀해 주시기 바랍니다."

- 이시하라 차관 : "대체로 그런 발상에서 다양하게 추진하고 있는 것 같습니다."

9. 한국의 독도에 대한 실효적 지배와 관련하여

일본의 주장

o 한국은 독도를 불법점거하고 있으며, 일본은 엄중하게 항의를 하고 있다.

- 한국에 의한 독도 점거는 국제법상 아무런 근거 없이 이루어지고 있는 불법점거이며, 한국이 독도에서 행하는 어떤 조치도 법적인 정당성이 없다.

□ 일본 주장의 허구성

o 일본은 어느 시기에도 독도에 대한 영유권을 확립한 바가 없으며, 일본의 주장은 오히려 독도에 대한 대한민국의 영토주권을 침해하는 일방적이고 불법적인 것에 불과하다.

o 일본이 독도 영유권 확보를 의도한 것은 1905년 조치에 의해서이며, 대한민국은 이미 그 이전에 독도에 대한 영유권을 확립하였다.

※ 1545년 세종실록지리지, 1808년 만기요람, 1900년 대한제국 칙령 제41호(이상 한국정부문서), 1696년 에도(江戶)막부의 도해금지령 공문, 메이지(明治)정부의 1870년

조선국교제시말내탐서, 1877년 태정관 지령문(이상 일본 정부문서), 1946년 SCAPIN 제677호, 제1033호(연합국총사령부 공식문서) 등은 독도가 한국의 영토임을 명확히 밝히고 있다.

10. 국제사법재판소 회부 제의와 관련하여

일본의 주장

o 일본은 독도영유권에 관한 문제로 국제사법재판소에 회부할 것을 제안하고 있지만, 한국이 이를 거부하고 있다.

- 일본 정부는 1954년 9월, 1962년 3월에 국제사법재판소 회부를 제안했으나, 한국측이 이를 거부하였다.

□ 일본 주장의 허구성

o 일본은 조어도(센카쿠제도)나 남쿠릴열도(북방 4개섬)에 대해서는 국제사법재판소 회부를 거부하면서 유독 독도에 대해서만 회부를 주장하고 있는 모순적인 태도를 보이고 있다.

o 독도는 일본 제국주의의 한반도 침략과정에서 침탈되었다가 되찾은 역사의 땅이다. 독도는 명백한 대한민국의 영토이며, 재판소에 회부할 어떠한 이유도 없다. 오로지 일본이 침략의 역사에 근거한 독도 영유권 주장을 중단하는 것만이 바람직한 해법이다.

나. 독도는 과연 일본영토였는가?

- 일본 외무성 「독도」 홍보자료에 대한 비판-(한국해양수산개발원독도연구소)

Ⅰ. 일본 외무성, 「독도」 홍보자료 발행

□ 일본 외무성은 지난 2월 「竹島-다케시마 문제를 이해하기 위한 10가지 포인트」라는 14쪽 분량의 팸플릿을 만들어 3월 8일부터 홈페이지에 게시.

○ 이 홍보자료는 외무성의 공식 입장으로서 일어뿐만 아니라 한국어와 영문판 3가지로 제작됐음.

□ 일본은 이 팸플릿에서 현재 독도 영유권 문제를 둘러싸고 한·일 양국 사이에 벌어지고 있는 주요 쟁점을 10가지로 정리, 자국의 입장을 적극 홍보하고 있음.

〈표 1〉 일본 외무성의 「다케시마 문제를 이해하기 위한 10가지 포인트」 제목

구분	내용
포인트 1	일본은 옛날부터 다케시마의 존재를 인식하고 있었습니다.
포인트 2	한국이 옛날부터 다케시마의 존재를 인식하고 있었다는 근거는 없습니다.
포인트 3	일본은 울릉도로 건너갈 때의 정박장으로 또한 어채지로 다케시마를 이용하여, 늦어도 17세기 중엽에는 다케시마의 영유권을 확립했습니다.
포인트 4	일본은 17세기말 울릉도 도항을 금지했습니다만, 다케시마 도항은 금지하지 않았습니다.
포인트 5	한국이 자주 주장의 근거로 인용하는 안용복의 진술내용에는 많은 의문점이 있습니다.
포인트 6	일본정부는 1905년 다케시마를 시마네현에 편입하여, 다케시마 영유 의사를 재확인했습니다.
포인트 7	샌프란시스코 평화조약 기초과정에서 한국은 일본이 포기해야 할 영토에 다케시마를 포함시키도록 요구했으나 미국은 다케시마가 일본의 관할하에 있다고 해서 이 요구를 거부했습니다.
포인트 8	다케시마는 1952년 주일 미군의 포격훈련구역으로 지정되었으며, 일본 영토로 취급되었음은 분명합니다.
포인트 9	한국은 다케시마를 불법점거하고 있으며, 일본은 엄중하게 항의를 하고 있습니다.

포인트 10	일본은 다케시마 영유권에 관한 문제를 국제사법재판소에 회부할 것을 제안하고 있습니다만, 한국이 이를 거부하고 있습니다.

※'다케시마'는 독도의 일본식 표기인데, 인용문이 아닌 경우에는 '독도'로 씀.

○ 이 자료에는 일본의 다케시마 편입, 안용복 진술에 대한 비판, 샌프란시스코 평화조약, 한국의 불법 점거, 독도 문제 국제사법재판소 제소 등 주로 일본측의 일방적인 내용을 싣고 있음.

○ 일본에게 불리한 1877년 태정관 문서(독도가 우리나라 영토임을 인정한 일본 최고국가기관의 공문서) 등은 누락시켜 고의적으로 역사까지 왜곡 '독도가 일본 영토'라는 주장 되풀이.

□ 홍보자료에 들어 있는 독도 영유권에 대한 10가지 쟁점은 과거 일본이 주장해온 내용과 차이가 없으나 첨부한 사진과 문헌 및 지도가 1차 자료들이라는 점이 특이함.

○ 일본 외무성은 이 자료를 제작하면서 메이지 대학, 돗토리 현립박물관, 아시아 역사자료센터, 요미우리 신문사 등이 제공한 사료를 적극 활용

□ 일본이 대외 창구인 외무성 이름으로 홍보책자를 발행한 것은 그 동안 내부적으로 준비해온 성과를 바탕으로 독도 문제를 자국에게 유리한 방향으로 해결하려는 전략으로 판단.

○ 일본은 지금까지 독도 영유권에 대한 자국의 입장을 홈페이지에 게시한 적은 있었으나 팸플릿 형태로 발행한 사례는 없었음.

일본에 불리한 자료 누락 등 역사 왜곡

□ 우리나라가 영토의 일부로서 독도를 실질적으로 점유하고 있는 데다, 역사적 사실 등에 비춰봤을 때 일본의 주장은 설득력이 없을 뿐만 아니라 논리적으로도 모순을 안고 있음.

○ 독도가 우리나라 영토라는 점은 1454년 『세종실록지리지』, 『동국여지승람』, 『증보 문헌비고』, 1900년 대한제국 칙령 제41호 등 우리나라 문서뿐만 아니라 1877년 일본 태정관 지령(太政官 指令) 등의 일본 문서에서 증명하고 있음(일본 홍보자료에 대한 항목별 비판은 첨부자료 참조).

○ 1870년 메이지 정부의 조선국 교제 시말 내탐서(朝鮮國交際始末內探書).

〈그림-1〉 일본 외무성 발행, 「竹島」홍보자료 표지

출처 : http://www.mofa.go.jp

독도는 영유권이 확립된 우리나라 영토

□ 독도는 일본의 주장과는 달리 국제재판의 대상이 될 수 없을 뿐만 아니라 대한민국의 고유 영토이기 때문에 국제재판을 통해 해결할 문제가 아니라는 점을 분명히 인식할 필요가 있음.

○ 분쟁의 유무 또는 특정 사안이 재판 가능한 분쟁인가의 여부는 재판기관이 결정하는 것이 국제적인 판례의 일관된 입장임.

○ 또한 일본이 독도 문제를 국제사법재판소에 제소하자는 주장은 일본의 국제사법재판소 제소 제안에 대한 정치적 주장을 법적 권리로 만들려는 시도로,

○ 영유권이 확립된 우리나라 영토를 국제 재판할 이유가 없음은 물론, 이는 과거 제국주의 침략을 정당화하려는 것에 지나지 않음.

II. 일본 외무성 「독도」 홍보자료에 대한 비판(첨부 자료)

1. 일본 외무성의 「독도」 홍보자료 개요

ㅁ 일본 외무성의 독도 홍보자료는 모두 10개 항목으로 구성되어 있으나 크게 다음과 같은 4가지 논점으로 구분할 수 있음.

○독도는 역사적·국제법적 근거에 의해 일본의 고유 영토.

○한국의 실효적 지배는 근거 없음.

○한국의 불법 점거에 일본은 항의해왔음.

○일본의 국제사법재판소 회부 제의를 한국이 거부함.

〈표 2〉 일본 외무성의 「다케시마 문제를 이해하기 위한 10가지 포인트」

구분	내용
포인트 1	일본은 옛날부터 다케시마의 존재를 인식하고 있었습니다.
포인트 2	한국이 옛날부터 다케시마의 존재를 인식하고 있었다는 근거는 없습니다.
포인트 3	일본은 울릉도로 건너갈 때의 정박장으로 또한 어채지로 다케시마를 이용하여, 늦어도 17세기 중엽에는 다케시마의 영유권을 확립했습니다.
포인트 4	일본은 17세기말 울릉도 도항을 금지했습니다만, 다케시마 도항은 금지하지 않았습니다.
포인트 5	한국이 자국 주장의 근거로 인용하는 안용복의 진술내용에는 많은 의문점이 있습니다.
포인트 6	일본정부는 1905년 다케시마를 시마네현에 편입하여, 다케시마 영유 의사를 재확인했습니다.
포인트 7	샌프란시스코 평화조약 기초과정에서 한국은 일본이 포기해야 할 영토에 다케시마를 포함시키도록 요구했으나 미국은 다케시마가 일본의 관할하에 있다고 해서 이 요구를 거부했습니다.
포인트 8	다케시마는 1952년 주일 미군의 폭격훈련구역으로 지정되었으며, 일본 영토로 취급되었음은 분명합니다.
포인트 9	한국은 다케시마를 불법점거하고 있으며, 일본은 엄중하게 항의를 하고 있습니다.
포인트 10	일본은 다케시마 영유권에 관한 문제를 국제사법재판소에 회부할 것을 제안하고 있습니다만, 한국이 이를 거부하고 있습니다.

2. 일본의 주장에 대한 비판

일본의 주장 1. 일본은 독도를 옛날부터 인지하고 있었다(1, 2).

□ 일본은 우리가 일컫는 '독도'라는 명칭에 관하여 '마츠시마'로 불리게 된 과정에 대하여 일시적인 혼란은 있었으나 인지의 역사는 오래된 것으로 주장.

○ 일본이 인지를 증명하는 것으로 제시한 것은 나가쿠보 세키스이(長久保赤水)의 개정 일본여지노정전도(改正日本輿地路程全圖) (1779 초판) 외에도 다수 존재한다고 밝히고 있음.

□ 반면에 일본은 우리나라가 옛날부터 독도를 인지하고 있었다는 근거는 없다고 주장.

○ 그 예로 『삼국사기』와 『세종실록 지리지』, 『신증 동국여지승람』, 『동국문헌비고』, 『만기요람』, 『증보 문헌비고』 등에 나오는 우산도는 오늘날의 독도가 아니라는 의견 제시.

○ 조선 문헌의 우산도에 관한 기술은 오늘날의 독도 실상에 맞지 않으며 안용복의 신빙성 낮은 주장을 인용한 문헌도 있다고 주장.

○ 더구나 『신증 동국여지승람』에 첨부된 지도에 우산도는 울릉도와 거의 같은 크기로 그려져 있으므로 실재하지 않은 섬이라고 주장.

일본의 주장에 대한 비판 1. 일본의 고유 영토론은 성립하지 않는다.

□ 이와 같은 일본 외무성의 독도영유권 관련 공식 입장은 고유 영토론으로,

○ 독도는 역사적 권원과 국제법적 근거에 의해 일본의 고유영토이며, 미국도 일본의 영유권을 인정한 바 있고,

○ 일본은 한국의 불법점거에 항의해왔지만, 일본의 국제사법재판소 제소 제의를 한국이 거부하고 있다는 것임.

□ 일본의 고유 영토론의 핵심은 독도영유권이 17세기 울릉도 도해면허를 받은 이래 확립되었다는 것인데,

○ 17세기 중반 이래 일본의 고유영토였던 독도가 1905년에 돌연 무주지가 되어 선점의 논리로 영유권을 재확인했다는 것은 모순임.

□ 결론적으로 일본은 고유 영토론과 시마네현 고시 40호 중 하나만을 주장해야 하나

○ 고유 영토론은 일본 학자 나이토 세이추에 의해 이미 부인된 바 있고,
○ 시마네현 고시는 독도가 무주지임을 전제로 한 것이므로 국제법상 효력을 인정하기 어려움.

□ 나가쿠보의 지도를 소개하면서 사료 가치가 높은 초판 대신 1846년판 사진을 실었는데, 1779년 초판의 개정 일본여지노정전도(改正日本輿地路程全圖)는 채색 목판본으로,
  ○ 여기에는 일본 본토와 부속 땅을 같은 색으로 칠해 구분하고 있는데, 조선의 두 섬은 오키국과는 달리 채색되어 있지 않으므로,
  ○ 이것이 오히려 울릉도와 독도를 일본 영토 외로 인식하고 있었음을 드러내는 증거가 됨.
  ○ 일본은 한국 지도상의 우산도의 위치를 트집 잡아 독도임을 부정하지만, 일본 고지도에는 울릉도·독도가 표기되지 않은 지도가 수없이 많음.

일본의 주장에 대한 비판 1. 한국 문헌의 '우산도'는 독도를 가리킨다.

□ 일본은 독도 관련 한국측 고문헌의 기록을 거의 다 부정하며 한국이 독도의 존재를 모르고 있었다고 주장함.
  ○ 일본은 『삼국사기』와 『동국문헌비고』, 『증보 문헌비고』, 『신증 동국여지승람』의 부속 지도인 팔도총도의 우산도(독도) 기록을 문제 삼지만,
  ○ 울릉도 외에 우산도가 따로 있다는 '2도' 의식은 『세종실록』, 『동국여지승람』, 『증보 문헌비고』를 비롯한 여러 문헌에 보이며 안용복 사건을 겪으면서 박세당에 이르면 우산도를 명확히 구분하여 구체적으로 기술함.

□ 일본은 한국 문헌상의 우산도를 독도가 아니라고 반박하지만, 한국에서 우산도는 독도를 가리키는 것임.
  ○ 일본이 인용한 『여지지』에서 '울릉도와 우산도가 동일한 섬'이라고 한 것은 일설에 지나지 않는데, 두 섬을 별개의 섬으로 본 본설을 취하지 않고 일설을 취하는 것은 아전인수적인 해석임.

□ 『신증 동국여지승람』의 부속지도에 울릉도·우산도 위치가 틀린 것은 일종의 회도(繪圖)이기 때문임.
  ○ 회도는 지도와 달리 부정확한데, 16세기의 과학기술을 감안한다면 이는 당시 동해에 두 섬이 있다는 공간인식을 그린 것으로 보아야 함.

- ○ 위치가 틀렸다고 해서 우산도의 존재에 대한 인지 자체를 부정하는 근거로 할 수는 없음.
- ○ 조선 시대는 울릉도에 가는 것조차 허락하지 않았는데 그보다 떨어진 독도에 일부러 가는 일은 드물었기 때문에 현지답사에 의한 지도 작성이 힘들었다는 사실을 알 필요가 있음.

□ 『신증 동국여지승람』에 첨부된 팔도총도에 울릉도와 우산도의 위치가 바뀐 것을 가지고 우리 선조들의 독도 인식을 부정하나,

- ○ 정상기의 동국대전도(東國大全圖) (1757) 이후부터는 독도를 울릉도의 동쪽에 정확히 표시하고 있음.
- ○ 오히려 야마무라(山村清助)의 대일본 분견 신도(大日本分見新圖) (1878) 등에서 보이듯, 일본측 문헌과 지도에서 명칭과 위치에 대한 혼란은 19세기까지 계속되고 있음.

일본의 주장 2. 일본은 17세기 중엽에 독도 영유권을 확립했다(3).

□ 일본은 요나고의 주민이 돗토리 번주로부터 울릉도 도해면허를 1618년에 받은 이래 울릉도에 가서 전복과 강치 포획, 대나무 등을 벌채한 것이 독도에 관한 영유권을 확립한 것이라고 주장하고 있음.

- ○ 울릉도에서 어업을 하고 전복을 장군에게 헌상한 것은 이 섬에 대한 독점적 경영이며 막부의 공인을 받은 것이라고 해석하고 있음.
- ○ 독도가 울릉도로 가는 길목에 있으므로 도중에 정박장 내지 강치 또는 전복을 채취하는 어장으로 이용되었음.

□ 이 같은 사실이 적어도 일본이 17세기 중엽에는 독도에 관한 영유권을 확립한 것을 말해준다고 주장함.

- ○ 또한 쇄국령이 내려진 1635년에도 이 두 섬에 대한 일본인의 도항금지 조치를 취하지 않은 사실이 외국영토로 인식하지 않았음을 말해준다고 강변하고 있음.

일본의 주장 3. 울릉도 도항금지와 독도 도항금지는 별개다(4).

□ 울릉도 도항이 금지된 1696년에도 독도 도항은 금지된 것이 아니라고 주장.

- ○ 1692년 울릉도에서 조업 중이던 일본 어민이 조선 어민과 만나 충돌하고, 이듬해 또다시 만나자 조선인을 일본으로 연행해가는 사건이 발생.

○ 그 후 일본이 조선 어민을 송환하고 조선인의 울릉도 도항을 금지해줄 것을 요청했으나 교섭 과정에서 결국 막부에 의해 일본인의 도항이 금지되는 것으로 결정.
○ 이른바 '다케시마 일건(一件)'인데, 일본은 이때 독도에 관한 도항이 금지되지 않았다고 보고 있는데, 그 이유는 일본이 독도를 자국령으로 생각했기 때문이라고 밝히고 있음.

일본의 주장에 대한 비판 2.
울릉도 도항 금지령에는 당연히 독도도 포함된다.

□ 일본은 죽도(울릉도)에 대한 도항을 금했지만, 송도(독도)에 대한 도항은 금지하지 않았다고 주장하고 있으나,
○ 이는 독도가 울릉도에 부속하는 섬이므로 도해면허도 부여하지 않은 독도에 대해 특별히 언급할 필요가 없었기 때문임.
○ 일본에게 독도는 울릉도의 왕복 도중에 바라보거나 들르는 섬이므로, 울릉도 도해가 금지되었는데 독도를 목적지로 하여 도해하는 사람은 없었다는 사실이 이를 말해주고 있음.
○ 더구나 도해면허는 외국에 나가 고기잡이를 할 때 발급되는 것이므로 일본이 도해면허를 내주어 어로활동을 허가했다는 사실 자체가 울릉도와 독도를 자국 영토로 인식하지 않고 있었음을 입증하는 것임.
□ 1695년 막부는 돗토리번에 "다케시마(울릉도)가 언제부터 이나바와 호키국에 부속된 섬인가"를 물은 적이 있는데,
○ 이에 대한 회답에서 돗토리번은 "다케시마(竹島=울릉도)와 마츠시마(松島=독도), 둘 다 이나바와 호키국에 속하지 않는다"고 회답한 사실이 있음.
○ 일본 사료에는 '다케시마 부근의 마츠시마', '다케시마 내 마츠시마'로 기록되어 있는 데에 유의할 필요가 있음.
○ 이는 당시 일본인에게 마츠시마(독도)가 다케시마(울릉도)의 부속도서로서 언제나 한 쌍으로 인식되고 있었다는 사실을 증명함.

일본의 주장에 대한 비판 3.
일본은 태정관 지령에서 독도가 일본 영토가 아니라고 밝혔다.

□ 메이지 유신 후 일본 정부는 조선에 외무성 관리를 파견, 울릉도(竹島)와 독도(松島)가 조선에 부속하게 된 경위를 조사하게 한 결과, 조선국 교제 시말내탐서(朝鮮國交際始末內探書) X(1870)라는 제목의 보고서를 받았음.

○ 이때 '조선에 부속하게 된 시말'이라고 한 것 자체가 조선령임을 인정하는 것인데, 보고서에도 '송도(독도)는 죽도(울릉도)의 속도(屬島)'라고 기재하여 조선령으로 인식하고 있었음.

□ 일본은 1876년 지적(地籍)편찬사업에 임하여 울릉도와 독도를 시마네현에 포함시킬 것인지를 두고 조사 · 의논한 결과, 두 섬이 일본 영토와 관계없다는 것으로 결론을 내렸음.

○ 1877년 국가 최고기관인 태정관에서 '죽도 외 일도, 즉 송도가 일본과 관계가 없다'는 것으로 최종 결정하여 하달.

○ 일본은 현재 '죽도 외 일도'는 두 개의 울릉도(다줄레/아르고노트)를 가리키며 독도와는 관계가 없다는 억지를 펴는 자도 일부 있으나,

○ 이번 팸플릿에서는 '태정관 지령' 자체를 언급하지 않고 있어 자국에게 불리한 사료는 홍보자료를 제작하면서 배제한 것으로 판단됨.

□ 숙종 시대에 일본에 왔다가 돌아간 안용복은 조선에서 취조를 받는데, 이때의 진술이 한국 독도 영유권 주장의 근거가 되고 있음을 비판하고 있음.

○ 안용복은 진술에서, 첫 번째 도일 때 에도 막부로부터 서계를 받았으며 1696년 당시 울릉도에 다수의 일본인이 있었다고 진술하였으나, 일본은 이는 사실이 아니라고 반박.

○ 안용복은 막부의 서계를 받은 적이 없고, 1696년 당시에는 이미 울릉도 도항금지령이 내려졌기 때문에 울릉도에는 일본인이 없었다고 반론.

○ 일본은 안용복의 진술은 법을 어긴 상태에서의 진술이므로 믿을 수가 없는데 한국은 이런 자의 주장을 영유권의 근거로 인용한다고 비판.

일본의 주장에 대한 비판 4.
오키섬 사료의 발굴로 안용복 진술의 신빙성은 더 커졌다.

□ 일본은 안용복의 공술 자체를 모두 위증으로 몰아붙였으나 최근 일본에서 발견된 사료가 안용복 공술의 신빙성을 더해주고 있음.

○ 2005년 5월 일본 오키에서 발견된 안용복 취조기록인 겐로쿠 9병자년 조선주착안 한권의 각서元祿「九丙子年朝鮮舟着岸一巻之覚書」가 대표적임.

○ 이 사료로 안용복이 취조에서 일본에서 '다케시마(울릉도)·마츠시마(독도)'로 부르는 섬이 조선국 강원도에 속하며 우리나라 땅임을 분명히 했다는 사실이 밝혀졌음.

□ 안용복이 에도 막부로부터 서계를 받았는데 쓰시마주 태수에게 빼앗겼다고 한 사실에 대해서는 이론(異論)이 있으나,

○ 안용복이 이나바를 에도로 착각한 것임이 새로 밝혀졌으며, 소송을 목적으로 호키로 간 것도 사실임이 드러났음.

○ 또한 1696년 다시 도일했을 때 당시 일본에는 울릉도 도항금지령이 내려져 있었으므로 안용복이 울릉도에서 일본인을 만났을 리가 없다고 주장하고 있으나,

○ 1월에 내려진 도항금지령이 돗토리에 전해진 것은 8월이고 조선에는 1697년 2월에 전해지므로 1696년 당시 울릉도에 일본인이 있었을 가능성이 높은 것으로 최근 일본 연구자의 연구를 통해 드러남.

○ 따라서 안용복의 진술에 일부 과장된 면은 있으나 기록 자체가 허위라는 일본의 주장은 설득력이 없음.

일본의 주장 5. 시마네현 고시로 독도 영유권을 재확인하였다 (6)

□ 일본은 1905년 시마네현 고시를 통해 독도 영유권을 재확인한 것이라고 주장.

○ 일본이 영토 편입을 도모하게 된 시발은 1900년대 초기 독도에서 강치잡이를 독점하고자 한 나카이 요사부로가 일본 정부에 영토 편입 및 10년간의 임대를 청원한 것에서 시작.

○ 이에 일본 정부는 시마네현의 의견을 듣고 난 후 1905년 각의 결정으로 다케시마에 대한 영유의사를 재확인한 것이라고 주장.

○ 이 결정은 시마네현 지사에 의해 고시됨과 동시에 당시 신문에도 게재되어 널리 일반에 알려졌으므로 합법적이라는 것이 일본의 주장.

□ 일본은 조선이 1900년 대한제국 칙령 제41호를 공포하고 여기 나오는 '석도'가 지금의 독도라고 주장하는 데 대해서도 의문을 제기.

○ 일본은 석도가 오늘날의 독도라면 왜 칙령에서 독도라고 하지 않았으며 우산도라는 명칭은 왜 사용하지 않았는가에 대해 의문을 제기.

○ 또한 일본은 이 같은 의문이 해소되더라도 칙령 공포를 전후하여 조선의 실효적 지배를 증명할 수 없으므로 한국에 영유권이 없다고 주장.

일본의 주장에 대한 비판 5.
일본의 시마네현 고시는 무주지 선점의 논리이자 고유영토론을 포기한 것이다.

□ 일본이 1905년 시마네현 고시를 통해 일본의 영토로 편입했다는 주장은 지금까지 일본이 주장해온 고유 영토론과 모순되고 있음.

○ 일본이 강치잡이를 하던 나카이 요사부로(中井養三郎)라는 자의 청원을 받아들여, 일본 정부가 1905년 1월에 이를 각의를 통해 결정을 하였고,

○ 독도가 무인도로서 국제법상 타국이 점령했다고 인정할 만한 형적이 없으므로 시마네현에 편입시켰다고 주장하는 것은,

○ 17세기 중반 이래 일본의 고유영토였던 독도를 1905년에 돌연 무주지로 간주한 것이므로 이것이 영유권의 재확인이라는 것은 모순임.

□ 또한 독도는 시마네현에 편입되기 이전부터 이미 한국의 고유영토이지 무주지가 아니므로 일본의 영토 편입 결정은 국제법상 무효임.

○ 영토 편입을 신청한 나카이 요사부로 역시 독도가 한국령일지도 모른다는 생각에 한국 정부에 임대 신청을 할 예정이었음.

○ 그리고 내무성 역시 초기에는 한국 영토로 의심되는 불모의 땅을 편입하게 되면 외국에게 한국 병합의 야심이 있다고 오해받을 것을 우려했음.

○ 일본이 독도의 시마네현 편입을 관계국인 대한제국에 통보도 안하고 관보에도 공시하지 않은 것은 독도가 한국령이라는 것을 알았거나 그러한 경우를 우려한 것으로 볼 수 있음.

○ 대한제국이 일본의 이러한 조치를 알고 항의하려 하였으나 을사조약에 의해 이미 외교권이 박탈된 상태였으므로 가능하지 않았음.

일본의 주장에 대한 비판 6.
대한제국 칙령 제41호의 '석도'는 '독도'다.

□ 대한제국은 1900년 칙령 제41호에서 관할 구역을 '울릉 전도와 죽도, 석도'라고 했는데, 여기 나오는 석도가 독도임은 석도를 관음도로 볼 수 없는 정황에 의해 가능해짐.

○ 우산도나 독도라 하지 않고 석도라 한 것은 문헌상의 우산도가 울릉도 현지 주민에게 통용되던 호칭이 아니었으므로 현지 주민의 호칭대로 불린 데서 연유하는 것임.

- ○ 울릉도에는 당시 전라남도 사람이 많았는데, 이들의 방언에 '돌'을 '독'이라 하므로 독도를 '독섬' 혹은 '돌섬'으로 부르던 것이 1900년 칙령에 한자로 표기되는 과정에서 '석도'로 된 것임.
- ○ 일본은 이런 우리나라의 주장을 인용, 그 의문이 해소되더라도 한국이 실효적으로 지배한 것이 아니므로 인정하지 못한다고 했는데, 이는 석도가 독도일 가능성을 우려한 발언으로 해석됨.

□ '독도'라는 명칭은 울릉군수 심흥택의 보고서로 인해 알려짐.

- ○ '독도'라는 명칭의 유래가 1906년 4월 심흥택의 보고서로 알려졌다는 것은 이미 1954년 9월 일본 정부에 보낸 한국 정부의 문서에서 밝힌 바 있음.
- ○ 그러나 '독도' 명칭이 1904년 일본 군함의 일지에도 나오고 있으므로 1904년 이전에 사용되고 있었음을 알 수 있음.
- ○ 시마네현 고시 당시 일본은 스스로 독도영유권이 확립되지 않았다고 보았기 때문에 무주지 선점의 논리로 '편입'한 것이고,
- ○ 우리나라는 1900년 대한제국 칙령 제41호를 반포할 때 이미 독도영유권이 확립되어 있었다고 보았기 때문에 관할구역과 명칭만을 명시한 것임.

일본의 주장 6. 미국은 샌프란시스코 평화조약에서 독도를 일본령으로 인정하였다(7).

□ 일본은 1951년 서명된 샌프란시스코 평화조약에서 일본이 포기해야 할 지역에 독도가 포함되지 않았음을 강조.

- ○ 초안에 독도가 포함되지 않음을 알게 된 한국이 미국에 항의서한을 보냈으나, 미국은 한국측 주장을 명확히 부정했다고 주장.
- ○ 또한 밴 플리트 대사의 귀국 보고서에도 다케시마는 일본의 영토임을 인정한 것이 미국의 결론이었다고 주장.

일본의 주장에 대한 비판 6.
샌프란시스코 평화조약에서 '독도'조항 삭제는 당시 냉전구조의 산물이다.

□ 제2차 세계대전 후 소련의 원폭 보유, 중화인민공화국의 성립, 한국전의 발발 등 미소(美蘇) 대립적인 구도가 형성되자, 미국은 일본을 포섭할 필요가 생겼는데 평화조약은 이러한 점이 고려되어 작성되었음.

○ 협상 당시 1947년 3월부터 1949년 11월 미 국무부 초안에서 독도는 한국령으로 포함되어 있다가,

○ 윌리암 시볼드 주일 미(美) 정치 고문이 1949년 11월 초안을 문제 삼고 독도가 1905년 이래 일본령이라고 로비한 것이 효과를 거두어, 결국 1952년 최종 조인된 평화조약에서는 빠지게 된 것임.

□ 특히 평화조약에서 일본이 포기해야 할 영토로 독도가 포함되지 않은 것을 놓고 일본의 영토로 인정했다고 주장하는 것은 일본의 자의적인 해석에 불과함.

○ 1947년 초안을 비롯하여 여러 차례 독도가 한국령으로 명시적으로 규정되었던 정황으로 볼 때 연합국은 독도를 한국령으로 인정했으나 최종 단계에서는 독도관련 사안을 결정하지 못한 것으로 해석하는 것이 타당함.

일본의 주장 7. 일미행정협정에 의해 미국은 일본 영토인 독도를 미국 폭격 연습장으로 사용하였다(8).

□ 일본은 1952년 미국이 일미행정협정에 의거하여 미국이 독도를 폭격훈련구역으로 사용한 것을 놓고도 미국이 독도를 일본 영토로 인정한 것이라고 주장.

○ 연합국 총사령부는 1950년 7월 독도를 미군의 해상 폭격연습지구로 지정했고, 이후 1952년 주일 미군의 사용구역으로 결정되었다고 주장.

□ 일본은 1950년 7월 연합군 총사령부 각서(SCAPIN) 2160호로 독도가 미군의 해상 폭격연습지구로 지정되었다고 주장.

○ 이어 1952년 7월에 미국이 계속 독도를 훈련장으로 사용하기를 희망함에 따라 일미행정협정에 의해 지정하면서 외무성이 이를 고시.

○ 일·미간 합동위원회에서 협의되고 주일 미군 사용기지로 결정된 사실이 바로 독도가 일본 영토임을 보여주는 것이라고 주장.

일본의 주장에 대한 비판 7.
SCAPIN 2160호는 영유권과는 관계없는 행정명령에 지나지 않는다

□ 미국은 연합군 최고사령부 훈령(SCAPIN) 제677호(1946)를 통해 일본 정부의 행정권 행사가 정지되는 지역에 독도를 포함시켰고,

○ 다시 SCAPIN 제1033호를 통해 일본 선박들을 독도의 12해리 이내에 진입하지 못하도록 했던 것을 볼 때, 미국이 독도를 한국령으로 인식했던 정황으로 해석됨.

□ 미일합동위원회가 1953년 5월 19일 독도를 연습지에서 제외하기로 결정한 것은 한국측 주장을 수용한 것으로,
- ○ 한국 정부가 독도의 사격장 지정에 항의를 하자, 1953년 2월 27일 독도를 연습장에서 제외한다는 사실을 미 공군 사령관이 공식 통고해 온 것임.
- ○ 결국 SCAPIN 2160호는 영유권 문제와는 관련이 없는 행정명령이며, 1951년 이래 한국 항공방공 식별구역(Korea Air Defense Identification Zone; KADIZ) 내에 독도가 위치하고 있음.
- ○ 외국 항공기는 24시간 전 우리 합참에 허가를 요청해야 함을 볼 때, 미일합동위원회의 결정으로 독도가 일본령으로 될 수 없었음은 명백한 것임.

일본의 주장에 대한 비판 7.
미국의 최종 입장은 독도문제에 개입하지 않는 데 있다.

□ 미국은 SCAPIN을 통해 처음에는 한국의 독도영유권을 인정하였다가, 나중에는 일본의 독도영유권을 인정하는 듯한 조치를 취한 것으로 볼 때,
- ○ 미국의 입장은 궁극적으로는 독도문제에 개입하지 않으려는 것이며, 추후 이를 명시적으로 밝힌 바 있음.

일본의 주장 8. 한국은 독도를 불법적으로 점거하고 있다(9).

□ 일본은 한국이 1952년 1월 이승만 대통령이 '해양주권 선언'을 발표하면서 독도를 불법점거한 데 대하여 엄중 항의했다고 주장.
- ○ 1953년 주일미군 폭격훈련구역에서 해제된 후 한·일 양국 어민의 조업이 있었는데, 불법 어업을 하는 한국 어민의 철수를 요청한 일본의 해상보안청 순시선에 한국이 총격을 가했다고 주장.
- ○ 1954년 한국은 독도에 해안경비대 주둔부대를 파견한다고 발표했는데 다시 일본 순시선에 총격을 가하는 사건이 생김으로써 이 사실이 확인되었다고 주장.

□ 일본은 또한 한국이 현재도 계속하여 경비대원을 상주시키고 숙사와 감시소, 등대, 접안시설 등을 구축하고 있다고 비판.
- ○ 일본은 이를 우리나라가 독도를 불법 점거한 것으로 보고, 이는 국제법상 아무 근거나 법적 정당성을 지니지 못하는 것이라고 주장.
- ○ 일본은 한국의 이런 행위를 용인하지 않으며, 한국의 조치가 있을 때마다 엄중

히 항의하고 철회를 요구해왔다고 강조.

일본의 주장 8. 한국은 독도문제를 국제사법재판소에 회부하는 것을 거부하고 있다(10).

□ 일본은 한국의 독도에 대한 일련의 조치에 대하여 누차 항의해왔고,
- ○ 이 문제를 평화적으로 해결하고자 국제사법재판소에 회부할 것을 요청해왔으나, 한국은 1954년에 이 제안을 거부한 이래 현재까지 거부하고 있다고 주장.

□ 1954년 한국을 방문했던 밴 플리트는 귀국 보고서에서 국제사법재판소에 회부할 것을 권장했었다고 주장.
- ○ 미국은 이 제안을 우리나라에 비공식적으로 제안했으나 한국이 반론했다는 내용이 보고서에 나와 있다고 주장.

일본의 주장에 대한 비판 8.
독도에 대한 우리나라의 주권 행사는 당연하다.

□ 1952년 이승만 대통령의 '평화선' 선언과 그에 따른 주권 행사가 정당하다는 점은 비판의 여지가 없음.
- ○ 영토 주권을 수호하는 것은 주권 국가의 정당한 권리 행사이며, 등대시설과 접안시설, 독도 경비대의 주둔은 모두 합법적인 것임.

□ 일본의 국제사법재판소 제소 제안은 일본의 정치적 주장을 법적 권리로 만들려는 시도로, 영유권이 확립된 우리나라 영토를 국제 재판할 이유가 없음
- ○ 일본의 식민통치를 종결시키기 위한 카이로 선언과 포츠담 선언, 샌프란시스코 평화조약 등은 모두 대한민국의 독립을 이미 승인한 바 있으므로,
- ○ 일본의 독도영유권 주장은 '대한민국의 완전한 해방과 독립을 부정하는 행위'이며,
- ○ 국제사법재판소 회부 제의는 일본의 과거 제국주의 침탈을 정당화하고, 영유권 주장을 정당화하려는 것에 지나지 않음

〈해설〉

1952년 1월 18일 "국무원고시 제41호"로 "인접해양의 주권에 대한 대통령 선언"을 하자 동 선언에 의해 설정된 인접해양의 경계선인 평화선이 독도의 외측에 설정된 것을 주된 이유로 1952년 1월 28일 일본정부의 구술서를 통한 항의를 해옴으로써 한일 간에 독도영유권 외교전이 시작되었다. 구술서를 통한 한일간의 외교전은 1962년 7월 13일의 일본정부의 견해(4)에 대해 한국정부는 1962년 12월 17일 "독도를 역사적으로나 국제적으로나 우리의 영토이다. 한일간에 영유권 분쟁은 존재하지 아니한다."라는 항의 구술서를 일본정부에 보냄으로써 더 이상의 논쟁을 배제했다. 이로써 구술서를 통한 외교전을 종지되게 되었다.

일본 외무성이 2008년에 "다케시마 10포인트"를 온라인과 오프라인을 통해 공포했으나 1950년대와 1960년대에 전개되었던 것과 같은 구술서를 통한 외교전은 전개되지 아니했으나 독도의 영유권에 관해 일본이 주장하는 것이 무엇인지는 밝혀지게 되었고, 또 그 주장이 모두 날조된 허위임이 밝혀지게 되었다.

참조: 김명기 · 이동원, 『일본외무성 다케시마문제의 개요 비판』(서울: 독도조사연구학회, 2010)

XXI. 결론

결론으로 한국 최초의 독도 박사학위 논문을 게재하고, 편저자가 작성한 독도 요점 · 도해 독도 영유권의 근거, 그리고 편저자의 논문을 게재하기로 한다.

1. 한국 최초의 독도 박사 학위 논문

독도의 법적 지위

朴觀淑[1)]

Ⅰ. 서언

한국은 대일강화조약의 직접 당사국은 아니지만 이 조약 제21조에 의하여 제2조(독도의 승인), 제4조(재산처리), 제9조(어업협정의 체결), 제12조(통상항해조약의 체결과 과도기적 무차별대우)의 이익을 받게 되었으므로 1951년 9월 8일 상해에서 동 조약이 조인되자 이상의 제수익사항을 비롯한 현안

1) 평북출신, 일본 동경대 법문학부 졸업, 미국 선던, 에소디스트대학교 대학원 수료, 이화여대 교수, 연세대학교 교수 · 정법대학장.

의 제문제에 관하여 일본정부와 직접교섭을 할 필요를 느끼게 되었다. 이리하여 1951년 10월 20일부터 [스캪]의 찬동 하에 동경에서 제1차 한일회담이 열리게 되었으며 이 회담에서 종래부터 현안으로 되어있던 재일한국인의 법적지위문제와 선박반환문제를 비롯하여 재산 및 청구권문제, 어업문제, 국교 수립문제 등을 토의하게 되었다. 그런데 이 회담이 전반회의를 끝마치고 휴회에 들어간 후 뜻하지 않았던 새로운 문제가 발생하였으니 그것이 바로 독도문제이다.

독도문제의 발단은 1952년 1월 18일자로 한국이 「인접해양의 주권에 관한 대통령선언」을 발표하자 일본 외무성이 이에 대한 항의를 제출한 데서부터 시작되었다. 즉 동년 1월 24일 일본 외무성은 「일본 강화조약의 해석상 일본 영토로 인정된 島군현竹島(독도-필자주)를 李라인 내에 넣은 것은 한국이 독자적으로 이 섬에 대한 한국의 주권을 주장하고 있는 것이 아닌가 하고 의심되는 바이다」라는 항의 성명을 하였고 이어서 동년 1월 28일자 각서에서는 「더욱이나 이 선언에서 대한민국은 竹島(별칭 리앙쿠르)로서 알려진 일본 해상의 도서에 관한 대한민국에 의한 어떠한 가정 및 청구도 인정하지 않는다」라고 항의하였다. 이에 대하여 주일한국대표부에서는 동년 2월 12일자 각서로 이를 반박하였고 또 일본 외무성은 다시 이에 대하여 동년 4월 25일자 각서로 한국의 주장을 반박하였다. 이리하여 한일간에 독도영유권에 관한 외교전이 벌어지게 되었다. 그런데 독도의 영유권에 관한 한일간의 분쟁은 그 후 약 1년 동안 중단되었다가 1953년에 이르러 재연을 보게 되었으며 동년 5월 28일부터 7월 12일에 이르는 동안 5차에 걸친 일본선박 독도침범사건이 발생하여 한일간에는 다시 이 문제에 관한 외교전이 전개되게 되었다. 이리하여 독도문제는 오늘날까지 원만한 해결을 보지 못한 채 한일간의 중대한 문제의 하나로 되고 있다. 그러면 독도의 영유권은 한국과 일본의 어느 편에 있는 것인가. 이 문제를 국제법상의 견지에서 논하여 보려는 것이 본고의 목적이다.

II. 독도의 歷史的 유래

독도는 울릉군 동남방 약 49해리, 일본의 은기군 북방 약 86해리 해상에 있는 동해의 무인도이다. 이 섬은 울릉도와 더불어 신라시대에 우산국이라는 나라를 형성하고 있었으며 지증왕 13년 서기 512년에 이사부 군주가 이를 정복하여 신라의 영토가 되었다. 그 후 고려시대에는 본도를 울릉도라고 부르고 이 섬을 우산국이라고 부르게 되었으며 다시 이조시대에 내려와서는 정조 18년(1794년)경부터 이 섬에 가지(해려 또는 물개)가 서식하고 있는 관계로 가지島라고 불리다가 이조말 고종 18년(1881년)경부터는 독도라고 불려 오늘날에 이르렀다.

그런데 한편 일본에서는 이조당국이 세종 12년(1488년)에 울릉도의 주민을 귀환하고 이를 공도로 비워두자 因幡 伯耆의 어민들이 여기에 와서 어렵과 죽림벌채를 하게 되었으며 그들은 울릉도를 「이소다케시다」(機竹島) 또는 「다케시마」(竹島)라고 부르고 독도를 「마쓰시마」(松島)라고 부르고 있었다. 이리하여 울릉도와 독도에는 경상도 · 강원도의 어민과 일본의 因幡 伯耆의 어민들이 앞을 다투어 출어하게 되었으며 때마침 1693년(숙종 19년, 일본원록 6년)에는 대마도민 안용복 일행과 일본어민들 사이에 충돌을 보게 되었다. 이 사건이 발생하자 일본에서는 대마도주를 통하여 「竹島(울릉도)의 조선어민의 출어를 금지하여 달라」는 요구를 이조당국에 하였고 이에 대하여 이조당국에서는 「竹島는 울릉도이니 일본어민의 출어를 금지하라」고 주장하여 한동안 양국 사이에 외교전에 전개되었던 것이다. 그러던 중 숙종 23년(1697년, 일본원록 10년)에 일본은 아측의 요구를 들어 역시 대마도주를 통하여 금후는 일본어민의 울릉도 출어를 금하겠다는 공한을 전하여 왔다.

이리하여 울릉도와 독도문제는 안용복 사건을 계기로 일단 평화적 해결을 보았으며 그 후는 아측의 어민만이 출어를 계속하고 있었다. 그런데 이조당국에서는 그 후도 울릉도의 공도정책을 계속하기 때문에 일본은 明治유신으로 근대국가를 형성하여 국민의 해외진출을 적극적으로 장려하게 되자 일본어민들은 다시 울릉도와 독도근방에 진출하기 시작하였다. 그리고 이때에는 울릉도를 松島라고 하자 독도를 竹島라고 하여 그 명칭을 바꾸어 부르게 되었다. 이와 같이 일본어민들이 다시 진출하게 되자 아측에서는 고종 18년(1881년, 일본明治 14년)에 일본 외무경 대리 上野景範에게 엄중한 항의를 제출하는 한편 울릉도 空島정책을 포기하고 섬사람의 입주를 허가하였다. 이때부터 울릉도에는 많은 사람들이 입주하였으며 울릉도에 관하여서는 그 후 한일간에 분쟁도 일어나지 않았다. 그러한 입주허가가 내린 후에도 독도만은 사람이 항주하기가 곤란한 관계를 여기에 입주하는 사람이 없었고 따라서 여전히 공도로 되어 있었으며 다만 울릉도주민이 임시 假寓를 하면서 어업에 종사하는데 불과하였다. 이와 같이 독도가 여전히 공도로 남아있게 되자 일본어민들은 계속하여 여기에 출어하고 있었으며 1905년 2월에는 마침내 일본은 독도를 島根縣에 편입하였다. 그 후 동년 11월에는 한국은 일본의 피보호국이 되었고 다시 1910년에는 일본에게 합병되어 독도문제는 자연히 매몰되었으며 이러한 상태로 제2차 세계대전의 발발과 일본의 패전을 맞이하게 되었다.

Ⅲ. 독도의 法的 지위

1. 일본의 獨島編入의 부당성

앞서 말한 바와 같이 일본은 1905년(광무9년, 일본明治 38년) 2월 22일에 소위 島根縣 고시 제40호로써 독도를 島根縣에 편입하였다. 그러면 일본의 이 조치는 과연 국제법상으로 유효한 것이라고 볼 수 있는가?

이것이 국제법상으로 유효한 것으로 인정되려면 영역취득에 있어서의 선점의 요건을 구비한 것이어야만 한다. 국제법상으로 선점에 의한 영역취득의 효과가 발생하려면 첫째로 그 지역이 無主의 지역이어야만 하고 둘째로 영역취득의 국가의사가 있고 또 그 의사를 대외적으로 공표하여야 하며 셋째로 그 지역의 실효적인 점유가 있어야만 한다. 그러면 일본의 독도편입은 이 세 가지 요건을 구비하고 있는 것인가? 먼저 일본의 독도편입은 이 첫째 요건을 구비하고 있지 못하다. 즉 독도는 무주의 지역이 아니다. 앞서도 말한 것처럼 독도는 신라시대부터 울릉도와 같이 한국에 속하고 있다는 것은 엄연한 사료에 의하여 증명되고 있으며 또 그동안 한국에 의하여 포기된 일도 없다. 독도가 사람이 상주하고 있지 않는 무인도라는 것은 사실이나 이것은 결코 무주의 지역이라는 이유가 되는 것은 아니다. 무주의 지역이라 함은 아직 어느 국가나 국제기관에도 속하고 있지 않은 지역을 말하는 것이며 사람이 거주하고 있더라도 그것이 전혀 미개민이고 또 어느 국가나 국제기관에도 속하지 않는 경우에는 선점의 대상이 될 수 있는 반면에 무인도라도 그 소속이 분명한 경우에는 선점의 대상이 될 수는 없는 것이다. 따라서 일본의 독도편입은 가장 중요한 요건을 구비하지 못한 것으로 그 효력이 없는 것이다.

다음에 일본은 독도에 대하여 영역취득의 의사가 있었으며 또 그 의사를 대외적으로 공표하였는가? 영역취득의 국가의사로서 일본은 1905년 2월 22일의 각의결정을 들고 있다. 독도편입이 각의의 결정되었다는 것이 사실이라면 독도를 영역으로 취득하려는 국가의사는 있었다고 볼 수 있다. 그러면 그 의사가 대외적으로 공표되었는가? 일본은 1905년 2월 22일자의 島根縣 고시로서 그 의사가 충분히 공표된 것이라고 주장하고 있다. 그러나 선점에 의한 영역취득의 의사표시는 국가의 대외적 의사표시이며 따라서 지방자치체의 고시로서는 불충분하다. 고시는 국가기관이나 지방자치체의 결정을 그 국민이나 지방민에게 알리는 대내적 효과는 있을지언정 적어도 국가의 대외적 의사표시로서는 불충분하며 따라서 효과가 없다고 보아야만 할 것이다. 영역취득이란 국가의 국제법상의 행위 중에서도 중대한 행위인 만큼 이것을 지방자치체의 고시로서 충분하다고 주장하는 것은 도저히 이해할 수가 없다.

끝으로 셋째 요건인 실효적인 점유에 관해서는 일본은 일본관리가 독도의 현지측량을 하였고 독도지역을 정부소유토지로서 토지대장에 기입하였으며 해려 포획에 면허제를 도용했다는 점을 들고 있다. 그러나 이러한 근거만으로서는 선점에 필요한 실효적인 점유를 한 것이라고는 할 수 없을 것이다. 물론 독도는 무인도이며 소도인 만큼 선점에 필요한 실효적인 점유도 주민이 있는 큰 섬에 비하면 비교적 간단한 방법으로 할 수 있겠지만 그러나 적어도 객관적으로 보아 국가영역으로서 계속적으로 지배하고 있다는 좀 더 현저한 사실이 있어야만 할 것이다. 이와 같이 일본이 독도를 선점에 의하여 영역으로 취득하였다는 것은 국제법상의 선점의 요건을 충분히 구비한 것이라고는 할 수 없으며 따라서 그 효과를 인정할 수 없는 것이다.

더욱이 일본의 독도 편입이 정당한 것이 아니라는 것은 그 당시의 한일간의 정치적 관계를 고찰하여 보면 더욱 명백하다. 당시의 일본은 소위 明治유신에 의하여 근대국가를 형성한 이래 1895년에는 청국과의 전쟁에 승리하여 대만과 彭湖諸島를 획득하였고 또 1904년 초에는 러시아와 전쟁을 개시하여 팽창정책을 노골적으로 감행하고 있었으며 독도를 편입하기 전년인 1904년 8월 22일에는 소위 한일협약을 강요하여 사실상 한국의 실권을 장악하고 있었으며 따라서 당시의 한국은 형식상으로는 독립을 유지하고 있었으나 실질적으로는 완전히 일본의 지배를 받고 있었으며 그러기 때문에 당시의 한국정부는 일본이 독도를 島根縣에 편입하였다는 사실을 울릉도군수 沈興澤의 보고에 의하여 알면서도 일본의 외교고문인 스티븐(Steven)이 외교실권을 쥐고 있었던 관계로 아무런 항의도 제출하지 못하였던 것이다. 이와 같이 일본이 독도를 편입한 것은 이미 한국에 있어서의 모든 실권을 장악한 후의 일이었으며 따라서 「일본측에 독도를 일본이 취득한 후 어떤 외국에 의하여서도 문제된 일이 없다」고 하며 한국측으로부터 아무런 항의도 없었다는 것을 독도편입의 합법적 근거로 내세우고 있는 것은 이상과 같은 당시의 정치적 배경에 일부러 눈을 가리려는 것이라고 보아야만 할 것이다. 일본에서 임명한 외교고문이 외교실권을 잡고 있던 당시의 한국정부가 일본에 대하여 항의를 제출한다는 것은 객관적으로 보아 도저히 기대할 수 없는 일이다. 요건대 일본이 島根縣 고시 제40호로써 독도를 편입한 것은 어떠한 점으로 보나 부당한 것이며 이것은 다만 영토의 강압을 선점이라는 법적 분식으로 가장한 것에 지나지 않는다고 보는 것이 가장 공평한 판단일 것이다.

2. 카이로 선언과 일본의 영토처리

제2차 세계대전을 계기로 한국이 일본으로부터의 분리와 독립이 처음으로 약속된 것은 1943년 11월 27일의 카이로 선언에서였다. 카이로 선언에서는「전기의 3대국은 한국인민의 노예상태에 유의하고 적당한 경로를 밟아 한국을 자유독립으로 할 결의를 한다」고 규정하고 있으며 이로써 미 · 영 · 중 3개국에 의한 한국의 해방이 약속되었다. 또 이 선언에서는 다음과 같은 규정도 하고 있다. 즉「3대동맹의 목적은 1914년의 제1차 세계대전의 개시 이후에 일본국이 탈취 또는 점유한(seized or occupied) 모든 태평양제도를 일본국으로부터 박탈하는 것, 그리고 만주 대만 · 彭湖諸島 등 일본국이 청국인으로부터 악취한(taken by violence and greed) 기타 모든 지역으로부터 구축된다.」

이와 같이 이 선언에서는 한국의 해방이 약속되어 있을 뿐만 아니라 일본이 1895년에 청일전쟁에 의하여 취득한 대만과 彭湖諸島 및 1915년의 제1차 세계대전에 의하여 취득한 태평양 섬들 그리고 폭력과 강욕에 의하여 취득한 기타 모든 지역을 일본으로부터 분리시킨다는 것이 결정되었다. 이와 같이 카이로 선언의 취지는 일본으로부터 그가 1895년 이후에 여러 국가로부터 제국주의적 방법으로 탈취한 모든 식민지를 다시 분리시키려는 데 있는 것이며 요컨대 일본의 영토를 청일전쟁 이전의 상태로 환원시키려는 데 있는 것이다. 그러므로 이 선언에 의하여 일본의 영토는 청일전쟁 이전의 상태로 환원될 것이 결정된 것이다.

그런데 카이로 선언은 미 · 영 · 중 3개국에 의한 공동선언이며 따라서 그 자체가 곧 일본에 대하여 구속력을 가지는 것은 물론 아니다. 따라서 이 선언에서는 미 · 영 · 중 3개국 간에 앞으로 상기의 제 지역을 일본으로부터 분리시키겠다는 공동정책이 결정되었을 뿐이고 일본으로부터의 상기 지역의 분리가 실현된 것은 아니다.

3. 포츠담 선언과 일본의 영토처리

카이로 선언이 발표된 지 8개월 후인 1945년 7월 26일에는 역시 미 · 영 · 중 3개국에 의하여 포츠담 선언이 발표되었으며(동년 8월 8일에 소련도 가입) 이 선언에서는 일본의 항복조건이 상세하게 규정되었다. 이 선언 제8항에서는 카이로 선언의 조항은 이행되어야 하며 또 일본국의 주권은 本州, 北海島, 九州, 四國 및 우리들이 규정하는 작은 섬들에 국한된다」고 규정하고 있다. 그런데 이 선언도 그 자체는 다만 4대국간의 공동선언으로서 일본에 대하여 구속력을 가지는 것은 아니다. 그러나 1945년 8월 14일에 일본은 이 선언을 무조건으로 수락하였고 동년 9월 2일에는 항복문서의 서명에 의하여 그 수락이 성문화되었다. 이로써 포츠담 선언은 일본에 대하여 구속력을 가지게 되었으며 또 포츠담 선언 제8항에 의하여 카이로 선언도 당연히 일본에 대하여 구속력을 가지게 되었다. 그러므로 포츠담 선언 제8항에 의하여 일본의 영토는 本州, 北海州, 四國과 앞으로 연합국이 결정한 섬들에만 국한되게 되었고 잔여부분은 자동적으로 일본으로부터 분리되었음은 물론이며 따라서 독도도 당연히 일본으로부터 분리된 것이다. 그런데 독도에 관하여서는 앞서도 말한 것처럼 일본이 1905년에 선점에 의하여 취득하였다는 주장을 하고 있으므로 여기에서 그 지위를 좀 더 명백히 할 필요가 있다.

카이로 선언에서는 일본이 청일전쟁에 의하여 청국으로부터 취득한 제 지역과 제1차 세계대전에 의하여 취득한 태평양 섬들을 일본으로부터 분리하는 것 이외에 일본이 「폭력과 강욕」에 의하여 약취한 기타 여러 지역으로부터도 구축되기로 하였다. 그러면 일본이 「폭력과 강욕」에 의하여 약취한 지역이라는 것은 대체 무엇을 가리키는 것인가? 이것은 카이로 선언의 취지로 보아 일본의 1895년의 청일전쟁 이후 제국주의적 팽창정책에 의하여 취득한 모든 지역을 말하는 것임이 명백하다. 카이로 선언에서 일본이 청국으로부터 약취한 지역을 반환하여야 한다고 하였고 제1차 세계대전 개시 후에 「탈취 또는 점령」한 지역을 박탈하여야 한다고 하였으며 또 한국의 노예상태에 유의한다고 말한 것은 보더라도 청일전쟁 이후에 있어서의 일본의 영토취득방법이 제국주의적인 폭력과 강욕에 의한 것이라는 것은 의심의 여지도 없는 것이다. 그렇다면 1905년에 일본이 한국정부에 외교고문, 재정고문, 그리고 경무고문까지 배치하여 놓고 島根縣 고시라는 지방청의 고시로서 편입한 독도의 취득은 바로 폭력과 강욕에 의하여 약취한 것임이 명백하여 따라서 독도도 일본의 포츠담 선언 수락과 동시에 한국 본토와 같이 당연히 일본으로부터 분리된 것이라고 보아야만 할 것이다. 카이로 선언은 포츠담 선언 제8항에 의하여 일본에게 당연히 구속력이 있는 국제적 문서이며 결코 전쟁 중의 연합국의 히스테리칼한 문구의 나열이 아니라는 것은 명심하여야 한다.

4. 연합국의 일본점령관리 중의 영토처리

카이로 선언과 포츠담 선언에 의하여 일본의 종래의 영토 중에서 本州, 北海州, 九州, 四國은 명백히 일본에 남게 되었으나 이 4개국 본도에 부속되는 섬들의 귀속은 명백히 되지 않았으며 그 중에서 앞으로 연합국이 결정하는 것만이 일본에 남게 되고 그 외의 것들은 일본으로부터 분리되게 되었다. 그런데 일본에 무조건 항복 후에 연합국의 점령을 받게 되었으며 점령초기에 있어서의 연합국의 일련의 조치에 의하여 이 섬들의 귀속이 점차 명백해지게 되었다.

A. 항복 후에 있어서의 미국의 초기의 대일방침(1945년 9월 22일)

이것은 일본의 점령관리에 관하여 포츠담 선언과 항복문서의 제 원칙을 구체화한 미국정부의 연합국최고사령관에 대한 훈령이다. 여기에서는 군사·경제·정치·사회 전반에 걸친 일본관리의 근본원칙을 천명하고 있으며 특히 영토에 관하여서는 「일본의 주권은 本州, 北海島, 九州, 四國과 카이로 선언 및 미국이 이미 참가하였고 또 장래에 참가하는 기타협정에 의하여 결정된 「주변의 작은 섬들」(Minor outlying islands)에 국한된다」라고

하였다. 이 규정은 대체로는 포츠담 선언의 영토에 관한 규정과 동일하나 다음의 두 가지 점에 있어서 차이가 있다. 즉 첫째로는 포츠담 선언에서는 다만 「…우리들이 결정할…」이라고 되어 있던 것이 여기서는 좀 더 상세하게 「…미국이 이미 참가하였고 또 장래에 참가하는 기타협정에 의하여 결정할…」이라고 되어 있고 둘째로는 「…작은 섬들」이라고 되었던 것이 「…주변의 작은 섬들」라고 되어있는 점이다. 그런데 전자에 있어서 「미국이 이미 참가한 결정」이라는 것은 1945년 2월 11일에 미 · 영 · 소 3개국간에 서명된 얄타협정을 말하는 것이며, 이 협정에 의하여 소련이 취득하기로 약속되어 있는 南部樺太와 千島열도의 일본으로부터의 분리가 명백하여진 것이라고 볼 수 있다.

다음에 「…작은 섬들」을 「…주변의 작은 섬들」이라고 한 것은 소위 「우리들의 결정」의 대상이 될 작은 섬의 범위를 좀 더 한정한 것이며 일본의 영토를 4개 본토와 본래부터의 부속도서로 인정되었던 것에만 국한하려는 것이다. 그러므로 앞으로 일본의 영토로서 남게 될 소도는 이러한 「주변의 작은 섬들」 중의 도서에 국한되는 것이며 그 외의 도서, 즉 '비주변 소도'는 일본에게 귀속시킨다는 특별한 적극적 결정이 없는 한 당연히 일본으로부터 분리되는 것이다. 그러면 문제의 독도의 지위는 이 규정에 비추어 어떻게 보아야만 할 것인가? 즉 독도는 여기서 말하고 있는 주변의 작은 섬들에 포함되는 것인가? 이것은 독도의 역사적 유래로 보나 또 그 지리적 위치로 보나 너무 명백한 것이다. 또 지리적 위치도 한국의 울릉도로부터는 49해리밖에 되지 않지만, 일본의 隱岐島로부터는 86해리나 떨어져 있다. 따라서 독도가 여기서 말하고 있는 '주변의 작은 섬'이 아니라는 것은 명백하다. 그러므로 앞으로 독도를 일본에 귀속시킨다는 적극적인 결정이 없는 한 독도의 일본으로부터의 분리는 명백한 것이다.

B. 일본의 점령관리를 위한 연합국최고사령관에 대한 항복 후의 초기의 기본적 지령(1945년 11월 1일)

이것은 미국의 초기의 대일방침이 발표된 후 이 방침에 따라 미국정부가 연합국최고사령관에 대하여 발한 기본적 지령이다. 여기서는 이 지령의 적용상 일본의 地的 범위를 정하고 있으며 그 범위는 4개 본도 및 대마제도를 포함한 약 1천의 '인접 작은 섬(smaller adjacent island)'으로 되어 있다. 여기서는 대일방침에서 '주변의 작은 섬'이라고 되어 있던 것이 좀 더 구체적으로 되었다. 즉 먼저 대마제도가 여기에서 일본에 귀속될 것이 명백히 되었고 다음에 '주변의 작은 섬'이 '인접 작은 섬'으로 되어 좀 더 한정적으로 되었다. 여기에서 '주변'이라는 말 대신에 '인접'이라는 문구를 사용한 것은 물론 '주변'보다도 좀 더 범위를 한정한 것이며 4개 본도의 주변에 있는 모든 도서가 아니고 이에 인접하고 있는 도서만을 말하는 것이다. 이 점은 여기에서 대마제도를 특히 명문으로 규정하고 있는 점을 보아서도 분명하다. 대마제도는 그 지리적 위치나 또 크기로 보아서 주변이나 인접 소도에 포함시킬 수는 없기 때문에 특히 명문으로 규정한 것이라고 볼 수 있다. 이리하여 이 지령에 의하면 일본의 영토가 4개 본도와 대마도 그리고 약 1천의 인접 소도라는 것이 명백히 되었다. 따라서 독도는 인접 소도도 아니고 또 대마도처럼 명문으로 규정되어 있지도 않으므로 일본영토의 범주에서 제외되어 있음이 명백하다.

C. 연합국의 일본점령의 기본 목적과 연합국에 의한 그 달성 방법에 관한 맥아더 원수의 관하 부대에 보내는 훈령(1945년 12월 19일)

이것은 연합국최고사령관으로서의 맥아더 원수가 그 위하의 일본점령군에 대하여 일본 점령의 목적과 점령군에 의한 수행방식을 명백히 한 것이며 전술한 '초기의 일본방침'과 기본적 지령을 휘하 부대에 철저히 시키기 위한 훈령이다. 이 훈령에서도 일본의 주권은 4개 본도와 대마제도를 포함한 약

1천의 인접 제 소도에 국한된다고 규정되어 있으며 기본적 지령과 동일한 내용으로 되어 있다. 이 훈령은 물론 연합국 최고사령관의 그 휘하부대에 대한 훈령인 만큼 일본에 대한 법적 의미도 없고 연합국의 정책결정으로서의 의미도 없으나 기본적 지령에서는 다만 점령관리의 지적 범위로서만 규정하였던 것을 여기서는 일본의 주권의 범위로서 규정하여 일본영토의 범위라는 것을 명백히 한 점이 특히 중요하다. 이러한 점으로 보아 이 훈령을 연합국이 일본영토를 4개 본도와 대마도와 약 1천의 인접 제소도로 할 의사가 확고하여졌다는 것을 의미하는 것이라고 볼 수 있다.

D. 약간의 주변지역을 정치상, 행정상 일본으로부터 분리하는 데 관한 각서 - 스캪인 677호(SCAPIN-677 Government and Administrative Separation of Certain Outlying Areas from Japan) (1946년 1월 29일 및 3월 22일)

이것은 항복문서를 실시하기 위하여 연합국최고사령관이 일본정부에 보낸 각서이며 일본의 영토처리에 관하여 중요한 의미를 가진 것이다.

이 각서에서는 지역과 일본의 통치권으로부터 제외되어 있는 지역을 명백히 구분하고 있으며 전자로서는 '일본의 4 주요도서(北海道, 本州, 九州, 四國)와 대마도의 제도, 북위30도 이북의 琉球(南西) 제도(口之島를 제외)를 포함한 약 1천의 인접 제소도', '伊豆諸島 및 孀婦岩을 포함하는 그 이북의 남방제도'(3항 상단 및 2항)이고 후자로서는 'ⓐ 울릉도, 「독도」, 제주도 ⓑ 북위30도이남의 琉球(南西) 제도(口之島를 포함), 小笠原 流黃군도 및 大東군도, 沖之鳥島, 南鳥島, 中之鳥島를 포함하는 기타의 주변 태평양 전제도(이 ⓑ 중에서 3월 22일의 각서에 의하여 ???? 및 남방제도가 일본에 포함되는 지역으로 이전되었음)' ⓒ 千島열도, 歯舞군도(水昌 , 勇留, 秋勇留, 志發, 多樂島를 포함) 色丹島(제3항 하단)이다. 이 각서의 중요한 점은 지금까지의 '초기의 일본 방침', '기본적 지령', '관하 부대에 보내는 훈령' 등에서는 일본의 영토에 관한 규정에서 일본에 속하는 것으로서 4개 본도와 대마제도를 제외하고는 주변 또는 인접 제 소도라고만 추상적으로 규정한 데 불과하였던 것이 여기에서는 구체적으로 섬 이름을 명기하여 일본에 속하는 것과 일본으로부터 제외되는 부분을 규정하고 있다는 점이다. 즉 제 소도에 있어서 일본에게 귀속될 '인접 제 소도'와 일본으로부터 분리될 '비인접 도서'의 구분이 명백히 된 점이다. 이 각서에서 일본으로부터 분리하고 있는 도서는 '약 1천의 인접 제 소도'와 구분되는 비인접 도서이며 따라서 이들 도서는 대마제도처럼 일본에 포함시킨다는 적극적 규정이 없는 한 일본으로부터의 제외되는 부분에 포함되어 있으므로 앞으로 연합국의 적극적 결정이 없는 한 일본으로부터의 분리가 확정된 것이 명백하다. 그리고 이 각서에는 '포츠담 선언 제8항의 제소도의 최종적 결정에 관한 연합국의 정책을 표시하는 것은 아니다'(前 각서 제6항, 後 각서 제4항)라는 규정이 들어있는데 이것은 물론 이 각서의 내용이 실질적으로 제 소도의 구속을 명백히 한 것으로 앞으로의 연합국의 결정을 배제하는 것은 아니라는 점을 밝힌 것에 불과하다.

E. 일본에 대한 항복후의 기본정책(1947년 6월 19일)

이것은 연합국의 일본관리에 있어서의 최고의 정책결정기관인 극동위원회가 1947년 6월 19일에 결정하여 동년 7월 11일에 발표한 것이다. 여기에서는 일본의 영토에 관하여 「일본의 주권은 4개 본도 미 금후에 결정될 '인접' 제 소도에 국한된다」고 규정하고 있다. 그런데 극동위원회에서 결정할 이 기본 정책에서 이러한 규정을 하였다는 것은 다음의 두 가지 점에서 특히 중요한 의의가 있다. 즉 첫째로는 이 기본정책이 연합국일본관리기구의 중간집행기관인 미국정부의 지령이나 또 일본에 있어서의 직접집행기관인 연합국최고사령관의 각서가 아니고 미국을 비롯한 11개 연합국의 결정이라는 점이다. 다라시 이 결정은 바로 포츠담 선언 제8항에서 말하고 있는 '우리들의 결정'인 것이다. 더욱이 극동위원회는 영토문제에 관하여서는 권고하지 않도록 되어있으므로 이 결정은 극동위원회로서의 결정이 아니고 이를 구성하고 있는 연합국의 결정이라고 보아야만 할 것이다. 그러므로 이 결정이 포츠담 선언 제8항의 '우리들의 결정'에 해당되는 것임은 더욱 명백하다.

둘째로 이 기본정책의 영토에 관한 규정에서 '인접 제 소도'라고 한 점이다. 이것은 인접도서와 비인접도서의 구분을 연합국의 결정으로써 확인한 것이라고 보아야만 할 것이며 따라서 앞으로는 인접 도서만이 연합국의 결정의 대상이 되고 비인접도서는 그 대상으로부터 제외된 것임을 의미하는 것이다.

이와 같이 이 기본정책에 의하여 일본의 영토는 4개 본도와 연합국의 결정에 유보된 인접 10개 섬에만 국한되고 그 외의 비인접 도서로 된 독도도 일본으로부터의 분리가 확정되었다. 따라서 '스캪인' 677호에 의하여 비인접도서로 된 독도는 일본으로부터의 분리가 완전히 결정된 것이다.

5. 對日講和條約과 獨島

앞서도 말한 것처럼 일본의 영토처리는 '카이로' 선언 그리고 점령관리 중의 연합국에 의한 일련의 조치에 대하여 이미 실시를 보았으며 강화전의 패전국의 영토처리는 비단 대일강화에 있어서 뿐만 아니라 제2차 세계대전의 강화에 대체로 공통된 현상이며 이것은 전쟁종결형식의 하나의 새로운 경향이라고 볼 수 있다.

대일전쟁에 있어서도 항복문서는 종래의 휴전조약에 해당되는 것이지만 실질적으로는 예비강화조약의 성질을 가진 것이다. 항복문서에 조인함으로써 일본은 카이로 선언과 포츠담 선언의 구속을 받게 되었으며 따라서 이 두 선언에서 규정한 영토조항은 강화조약에서의 영토조항과 마찬가지로 효력을 발생하게 되었다. 뿐만 아니라 항복문서 조인 후 일본점령관리 중에 연합국이 취한 일련의 조치는 카이로 선언과 포츠담 선언에서의 영토조항을 구체화하여 실현시켰으며 이로써 일본의 영토처리 문제는 사실상 강화에 앞서 실질적 해결을 본 셈이다. 그러나 강화조약에서도 영토에 관한 규정을 하고는 있으며 한국에 관하여서는 제2조 ⓐ항에서

「일본국은 한국의 독립을 승인하고 제주도, 거문도 및 울릉도를 포함한 한국의 모든 권리, 권원 및 청구권을 포기한다.」

는 규정을 하고 있다. 그런데 이 규정은 앞서도 말한 것처럼 일본이 한국의 분리와 독립을 확인한 것에 불과하며 이 규정에 의하여 비로소 한국이 일본으로부터 분리 독립한 것은 결코 아니다. 한국은 일본이 포츠담 선언을 수락함과 동시에 일본으로부터 분리된 것이며 그 후 약 3년 동안의 연합국 점령을 거쳐 1948년 8월에 독립을 한 것이다. 요컨대 한국은 대일강화의 성립 전에 일본으로부터 이탈이 결정되었던 기타 여러 지역과 또 '스캪인' 677호에 의하여 일본의 범위로부터 제외된 제 지역도 역시 마찬가지다. 즉 1945년 10월 25일의 중화민국에 의한 대만과 彭湖諸島의 편입, 1946년 2월 3일의 소련에 의한 南樺太, 千島,열도, 齒舞군도, 色丹島의 편입, 1947년 7월 18일의 미국에 의한 구 일본 위임통치령인 南洋군도의 신탁통치 등이 그것이며 이들 지역에 관하여서도 강화조약에서는 다만 그 지위를 확인하고 있는 데 불과하다.

그런데 이 조항에서는 「…제주도, 거문도 및 울릉도를 포함한 한국…」이라고 하여 한국의 수많은 부속도서 중에서 3개 도서만을 들고 있다. 그러면 여기에서 들고 있지 않은 여러 부속도서의 귀속은 어떻게 되는가. 이것은 물론 수많은 도서를 일일이 열거하는 것이 불가능할 뿐만 아니라 그 필요도 없기 때문에 그 중에서 대표적인 것만 3개를 들고 있는 것이며 여기에서 열거하고 있지 않은 도서가 한국으로부터 제외됨을 의미하는 것은 아니다. 따라서 여기에 열거하지 않은 여러 부속도서도 본토와 같이 당연히 일본으로부터 분리된 것이다. 그런데 한국의 부속도서 중에서 독도만은 1905년에 일본이 島根縣에 편입하였던 사실이 있고 또 '스캪인' 677호에서는 울릉도, 제주도와 같이 열거되어 있다가 이 조항에서 언급이 없기 때문에 한국으로부터 제외된 것이라는 견해가 있다. 그러나 앞서도 말한 것처럼 독도는 '스캪인' 677호에 의하여 비인접 도서로서 「대마제도를 포함한 약 1천의 인접 작은 섬」과는 명백히 구별되었고 또 일본의 항복후의 기본정책에 의하여 일본의 영토는 인접도서에만 국한되었으므로 일본으로부터의 분리가 확정된 것이며 따라서 강화조약에서 독도를 일본에 포함시킨다는 적극적인 규정이 없는 한 일본으로부터 분리된 도서의 지위에는 아무런 변동이 없는 것이다. 그러므로 이 조항에서 독도에 관한 언급이 없다는 적극적 근거에 의하여 독도가 당연히 일본에 귀속된다는 주장은 명백히 부당하며 이것은 포츠담 선언으로부터 「일본의 항복 후의 기본정책」에 이르는 일련의 문서에 대한 이해의 부족을 말하는 것이다.

그리고 여기서 또 한 가지 특히 주의하여야 할 점은 한국은 대일 강화조약의 체결에 앞서 대일강화조약의 여러 조인국으로부터 정식 승인을 받고 있다는 점이다. 이 사실은 독도가 한국의 영토라는 것을 명백히 하여 주는 것이다.

Ⅳ. 결어

이상에서 논한 바와 같이 독도는 그 역사적 유래로 보나 또 카이로 선언을 위시하여 대일강화조약에 이르기까지의 일련의 국제적 약정, 기타의 문서에 비추어 보나 한국의 영토라는 것이 명백하다. 그럼에도 불구하고 오늘날까지 일본에서는 독도의 영유권을 계속 주장하고 있으며 이것이 한일간의 우호관계에 장애가 되는 하나의 큰 문제로 되고 있다는 것은 실로 양국을 위하여 유감이라고 아니할 수 없다.

그런데 일본이 독도에 대한 영유권을 주장하고 있는 이면에는 몇 가지 정치적 복선이 있는 듯하나 이 점을 논하는 것은 본고의 목적이 아니므로 여기서는 다만 지금까지의 독도의 영유권에 관한 일본측의 주장 중에서 본론에서 언급하지 않은 한 가지 점만을 들어 논급하는 데 그치겠다.

즉 일본 외무성은 1953년 7월 13일자의 「竹島에 관한 일본정부의 견해」에서 독도가 일본영토의 일부라는 것은 강화조약의 주요 주인국인 미국에 의하여서도 당연히 그렇게 생각되고 있다는 근거로 다음과 같은 주장을 하고 있다.

즉 「독도는 1952년 2월 28일에 조인된 미일안전보장조약의 제3조에 의한 행정협정에 따라 합동위원회에서 미일의 대표간에 1952년 7월 26일에 체결된 군대의 사용을 위한 편의 및 지역에 관한 협정에서 이 섬이 일본에 포함된다는 전제하에 미국안전군을 위한 연습기지의 하나로서 선정되었다. 그 후에 1953년 5월 19일자로 미 · 일 합동위원회의 소위원회는 이 섬이 일본영토의 일부라는 사실에 기초를 둔 것이다」라고.

그러나 독도가 미 · 일합동위원회에 의하여 미군의 연습기지의 하나로 선정되었다가 그 후에 제외되었다는 것이 독도를 일본영토의 일부라는 전제하에 취하여진 것이라고 하는 것은 다만 일본의 일방적인 그리고 희망적인 견해에 불과하며 그로 말미암아 법적으로나 사실상으로나 한국의 영토로 확정되어 있는 독도의 지위가 변동되는 것은 결코 아니다. 그리고 미국의 의도가 독도를 일본의 영토로 인정하지 않고 오히려 한국의 영토로 인정하고 있다는 다음과 같은 사실이 있음을 주의하여야 한다. 즉 1948년 6월 30일 미공군기가 폭격연습 중 독도에 출어 중인 한국인 어부 30명을 사상케 한 사건이 있었으며 이 때에 한국의 조회에 대하여 미국 제5공군에서는 1950년 5월 4일자로 「독도와 그 근방에 출어가 금지되었다는 사실이 없었다는 것과 또 독도는 극동공군의 폭격연습의 목표로 되어 있지 않다」는 공식 회한이 있었다. 또 독도가 미 · 일합동위원회에 의하여 미군의 연습기지로 선정되었다는 사실에 대하여 대한민국 정부가 미공군총사령관에게 제출한 항의에 응답하여 1953년 2월 27일자로 「독도는 미공군을 위한 연습기지로 선정됨으로부터 제외되었다」는 공한이 있었다. 이러한 사실을 보더라도 일본의 견해가 일방적이라는 것은 명백한 것이다.

끝으로 독도문제를 비롯한 일본의 영토처리문제 전반에 걸쳐서 특히 유의하여야 할 점은 카이로 선언으로부터 대일강화조약에 이르는 일련의 문서를 통하여 엿볼 수 있는 연합국의 일본영토 처리에 대한 근본정신과 태도이다.

일본의 본토처리 문제에 관한 한 연합국의 근본태도가 '카이로' 선언에서 표시된 것처럼 일본을 청일전쟁 이전의 상태로 환원시키려는 데 있다는 것은 의심의 여지가 없으며 따라서 이러한 연합국의 근본태도로 미루어 본다면 독도의 지위도 스스로 명백하여질 것이라는 점을 부언하는 바이다.

2.

요점 · 도해 독도 영유권의 근거

머리말

우리 국민 모두가 독도는 우리 한국의 영토임을 알고 있다. 그러나 독도가 한국의 영토인 근거에 관해서는 아는 이가 의외로 적음을 안다. 국민의 영토의식을 고양하기 위해서는 국민 모두가 독도가 한국의 영토인 타당한 근거, 즉 "전원"을 이해하는 것이 선결과제라고 생각된다.

어떻게 하면 가장 이해하기 쉽게, 그리고 가장 기억하기 쉽게 그 근거를 해설할 수 있을까 고민해 보았다. 우선 그 근거인 항목을 엄선하기로 했다. "영유권"은 역사적 사실에 기초한 국제법적 평가개념이므로 영역권의 근거를 "역사적 근거"와 "국제법적 근거"로 양분하는 것은 비논리적 · 비법리적이나, "독도는 역사적으로나 국제법적으로나 한국의 영토이다"라는 우리 정부의 공식적 입장에 따라 역사적 근거 5개 항목과 국제법적 근거 5개 항목 도합 10개 항목을 구별, 엄선했다. 물론 이 10개의 근거항목 중 가장 중요한 근거는 "대일평화조약"이다. 독도가 한국의 영토인 타당근거를 하나로 제시하라면 그것은 "대일평화조약"이라고 할 수 있다.

그리고 엄선된 각 근거 항목을 간략히 해설하고, 그 내용을 표로 정리해 보았다. 이는 범국민 교육자료이고 학술논문이 아니나 비재한 저자에게는 학술논문의 작성보다 더 어려운 작업이었다. 탈고하고 보니 부족한 점이 적지 않으나 장차 전문가의 조언을 폭넓게 수용하여 추후 보완하기로 하고 작성된 그대로 출간하기로 한다.

이 작은 책자가 국민 모두에게 널리 읽혀져 확고한 독도영토의식을 함양하여 독도를 수호하고 역사를 바로 잡는 길에 일조할 수 있기를 기대해본다.

목 차

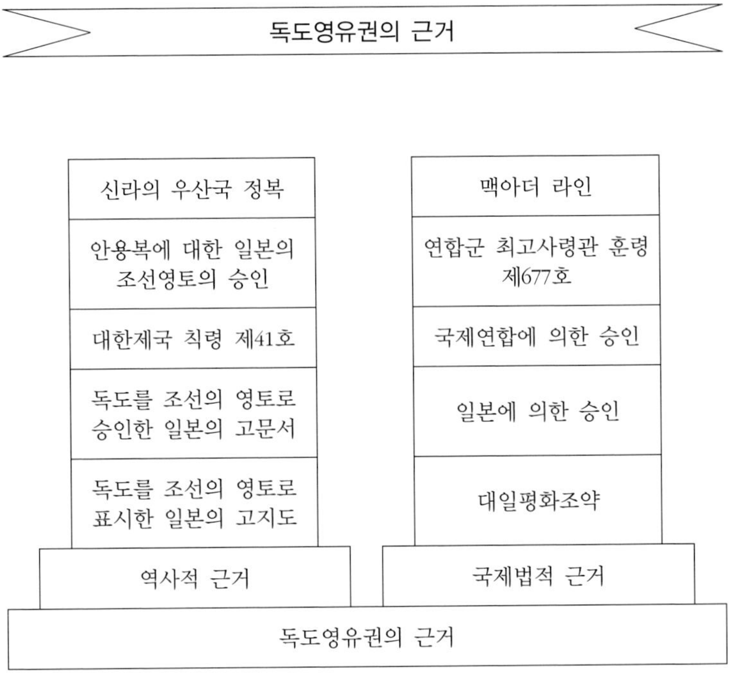
독도영유권의 근거
신라의 우산국 정복
안용복에 대한 일본의 조선영토의 승인
대한제국 칙령 제41호
독도를 조선의 영토로 승인한 일본의 고문서
독도를 조선의 영토로 표시한 일본의 고지도
역사적 근거
맥아더 라인
연합군 최고사령관 훈령 제677호
국제연합에 의한 승인
일본에 의한 승인
대일평화조약
국제법적 근거
독도영유권의 근거

Ⅰ. 독도영유권의 역사적 근거

1. 신라의 우산국 정복

가. 이사부의 우산국 정복

독도의 영유권이 한국에 귀속된다는 첫 번째의 역사적 근거는 "신라의 우산국 정복"에 있다. 신라 지증왕 14년(512년)에 이사부(異斯夫)가 우산국을 정복한 이래 독도는 한국의 영토로 되었다는 기록이 고려 인종13년(1145)에 김부식(金富軾)이 저술한 3국의 역사기록인 『삼국사기』 "신라본기 지증마립간조(新羅本紀智證麻立干條)"와 "열전이사부조(列傳異斯夫條)"에 명기되어 있다. 이와 같이 독도의 역사적 권원은 신라 이사부의 우산국 정복에 있다.

나. 우산국의 영토

『삼국사기』에는 우산국으로만 기록되어 있고 우산국의 영토가 울릉도와 독도로 구성되어 있다는 기록이 없다. 그러므로 일본은 우산국에 독도는 포함되지 아니한다고 주장한다. 그러나 조선 단종 2년(1454년)에 정인지(鄭麟趾) 등이 편찬한 세종대왕의 실록인 「세종실록지리지」에는 "우산도(울릉도)와 무릉도(독도)라는 두 섬이 날씨가 청명하면 서로 바라볼 수 있다"고 기록되어 있고, 조선 순조 8년(1808)에 서영보(徐榮輔)와 심상규(沈象奎) 등이 편찬한 「만기요람」(萬機要覽)에는 "울릉도와 독도는 모두 우산국의 땅이다"라고 명기되어 있으므로 이사부가 정복한 우산국에는 독도가 포함되어 있음이 명백하다.

다. 역사적 권원의 성립

이사부의 우산국 정복으로 한국의 독도영유권의 "역사적 권원"이 성립되어 고려, 조선, 대한제국을 거쳐 오늘에 이르고 있는 것이다. 그러므로 "신라의 우산국 정복"은 독도가 한국의 영토인 역사적 근거가 된다.

라. 역사적 권원의 대체

신라 이사부의 우산국 정복에 의한 역사적 권원은 1900년 "대한제국 칙령 제41호"에 의해 현대국제법상 권원으로 "권원의 대체"가 이루어졌다.

신라의 우산국 정복

이사부의 우산국 정복

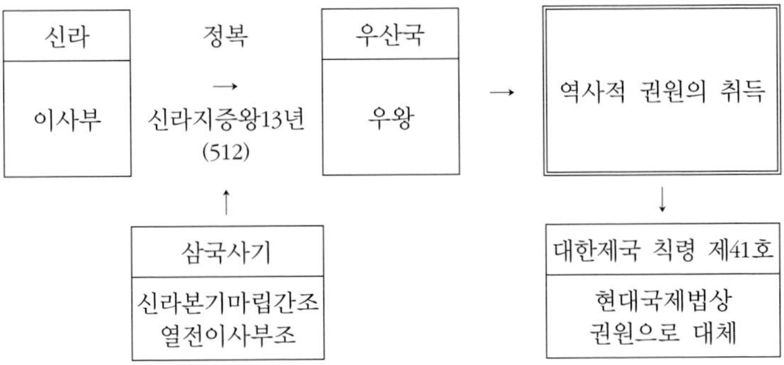

우산국의 영토

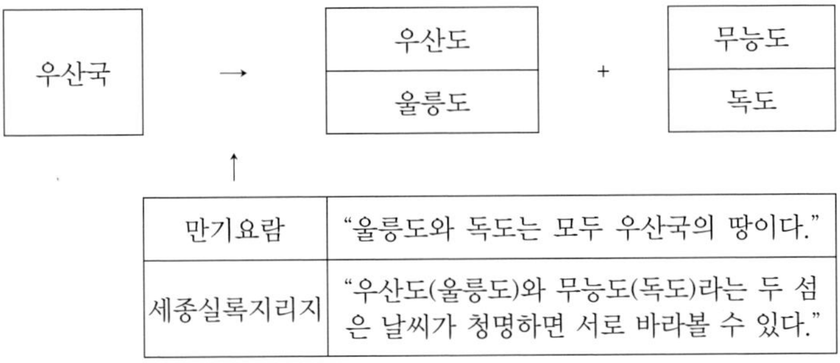

2. 안용복의 도일활동에 의한 일본의 조선 독도영유권의 승인

독도의 영유권이 한국에 귀속된다는 두 번째의 역사적 근거로 "안용복(安龍福)의 도일 활동에 의한 일본의 조선 독도 영유권의 승인"을 들 수 있다.

안용복은 두 차례에 걸쳐 일본에 건너가 일본 관헌으로부터 독도가 조선의 영토라는 영유권의 승인을 받아왔다.

가. 제1차 도일

숙종19년(1693년) 4월 동래 어부 안용복이 제1차로 도일하여 백기주 태수(伯耆州 太守, 호오키쥬 타이슈)로부터 "울릉도는 일본의 영토가 아니다"라는 「서계」(書契)를 받은 바 있다.

나. 제2차 도일

숙종22년(1696년) 3월에 안용복은 제2차 도일하여 울릉자산양도감세장(鬱陵子山兩島監稅將)이라는 기를 들고 백기주 태수에게 가서 그로부터 "양도(송도, 죽도)가 이미 당신네 나라에 속한 이상 만일 다시 월경하는 자가 있으면 무겁게 처벌할 것이다"라는 약속을 받았다.

다. 영유권의 승인과 금반언

이와 같이 안용복의 2차에 걸친 도일활동에 의해 조선은 일본관헌으로부터 울릉도와 독도가 조선의 영토라는 명시적인 승인을 받은 바 있다. 안용복은 사인(私人)이였으나 그의 행위는 사후적으로 조선의 조정으로부터 추인을 받아 조선의 행위로 추인된 것이다. 이는 일본관헌 스스로가 울릉도와 독도의 영유권이 조선에 귀속되어 있음을 승인한 것으로 영토주권의 승인은 "국제법상 금반언(禁反言)"의 원칙에 따라 일본정부는 오늘에 와서 이와 저촉되는 주장을 할 수 없는 것이다. 따라서 이 분명한 역사적 사실에 의거, 독도의 영유권은 한국에 귀속되어 있는 것이다.

안용복에 의한 일본의 조선독도영유권 승인

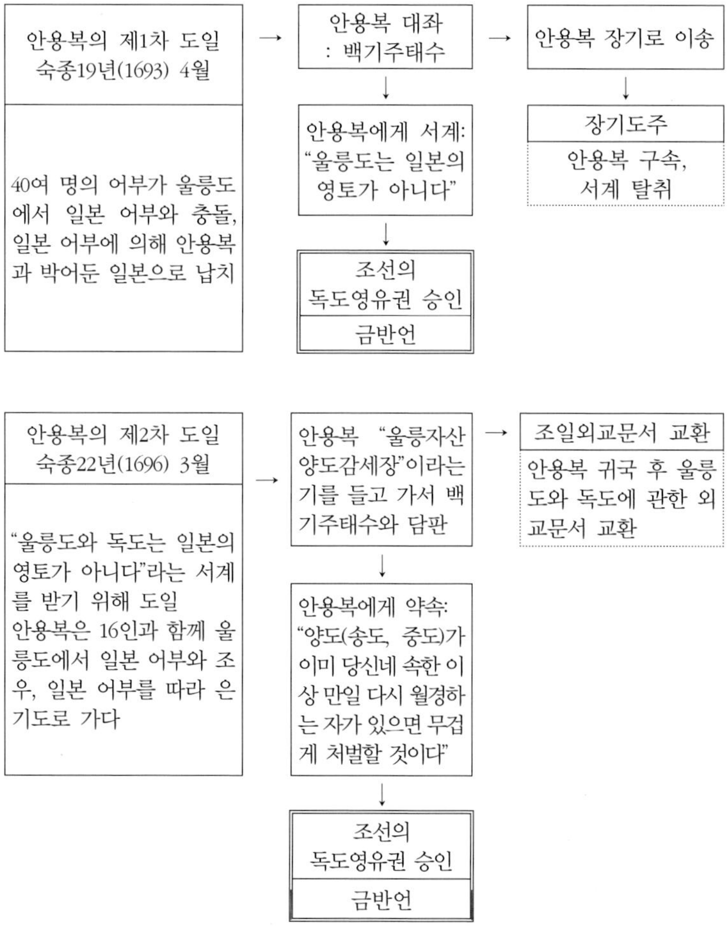

3. 대한제국 칙령 제41호에 의한 실효적 지배

가. 제정배경과 경위

독도가 한국의 영토라는 세 번째의 역사적 근거로 "대한제국 칙령 제41호"를 들 수 있다. 1900년 고종은 일본인의 울릉도와 독도 침범과 벌목에 대해 대한제국 정부는 일본 정부에 항의했으나 일본 정부가 거부함에 따라 쇄환정책(공도정책)을 폐지하고 울릉도와 독도에 대한 실효적 지배를 강화하기 위해 입법적, 행정적 통치권을 행사했다. 고종은 내부대신의 청의에 따라 의정부회의의 결의를 거쳐 "대한제국 칙령 제41호"를 제정·공포(1900.10.25)하였다.

나. 내용

제2조는 "군청의 위치를 대하동으로 하고 구역은 울릉전도와 죽도, 석도로 한다"라고 규정하여 울릉도와 석도(독도)를 울릉군의 관할로 정했다. 동 칙령은 당시 「관보(제1716호)」에 게재(1900.10.27)하여 공포했다.

다. 효과

동 칙령은 독도가 대한제국의 영토임을 선언하고 또한 독도가 대한제국의 실효적 지배하에 있음을 세계만방에, 특히 일본에 대해 선언한 것으로 독도가 대한제국의 영토라는 역사적 증거가 된다. 그리고 동 칙령은 일본의 "시마네현고시 제40호"보다 5년 앞선 것이고, 또 관보에 게재하여 공포한 것이므로 일본이 "시마네현고시 제40호"로 무주지인 독도를 선점한 것이라는 주장을 할 수 없게 하는 중요한 의미를 갖는다.

라. 역사적 권원의 대체

"역사적 권원"은 현대국제법상 권원으로 대체됨을 요하며, 대체되지 아니한 역사적 권원은 국제법상 효력이 없다. 그러므로 "대한제국 칙령 제41호"는 신라 지증왕 13년(512) 우산국의 귀복에 의해 성립된 독도영유권에 관한 "역사적 권원"을 현대국제법상 권원으로 "권원의 대체"를 한 국제법상 중대한 의미를 갖는다.

대한제국 칙령 제41호

<table>
<tr><td>제정배경</td><td colspan="2">일본인의 울릉도 침범, 벌목
대한제국의 합의와 일본의 거부</td></tr>
<tr><td>지정경위</td><td colspan="2">내부대신의 청의서(1900.11.22.)
의정부회의의 결의(1900.11.24.)
의정부의 반포(1900.11.25.)
관보(제1716호) 게재(1900.11.27.)</td></tr>
<tr><td rowspan="3">내 용</td><td>명칭</td><td>울릉도를 울도로 개칭하고 도감을 군수로 개칭하는 건</td></tr>
<tr><td>구성</td><td>6개조</td></tr>
<tr><td>제2조</td><td>“군청의 위치를 대하동으로 하고, 구역은 울릉전도와 죽도, 석도로 한다”</td></tr>
</table>

↓

<table>
<tr><td rowspan="2">효 과</td><td>독도가 대한제국의 실효적 지배하에 있음을 선언</td></tr>
<tr><td>역사적 권원을 현대국제법상 권원으로 “권원의 대체”</td></tr>
</table>

4. 독도를 조선의 영토로 승인한 일본의 고문서

독도가 한국의 영토라는 네 번째의 역사적 근거로 “독도를 조선의 영토로 승인한 일본의 공문서”를 들 수 있다.

독도를 조선의 영토로 승인한 일본측의 공문서는 수없이 많다. 이들 공문서는 독도를 조선의 영토로 기록한 한국측의 공문서가 아니라 “일본측”의 공문서인 것이다. 그 중 중요한 3건만을 제시해 보기로 한다.

가. 은주시청합기

은주시청합기(隱州視廳合記)는 1667년에 운주(雲州, 운슈)의 관리인 제등풍선(齊藤豊仙, 사이도요노리)이 번주(藩主)의 명에 따라 은기도(隱岐島, 오끼시마)를 순시하고 작성 · 제출한 보고서이다. 이에는 “일본의 동쪽 경계는 이주(오끼시마)를 경계로 한다.”라고 기록되어 있다. 즉 독도는 일본의 경계 외에 있는 것으로 보고되어 있다. 이는 독도는 일본의 영토가 아니라는 것이다.

나. 조선국교제시말내탐서

조선국교제시말내탐서(朝鮮國交際始末內探書)(1870)는 일본 외무성 관리가 조선을 탐사하고 작성 · 제출한 보고서이다. 이에는 “송도의 건에 관하여는 지금까지 기재된 서류가 없다”라고 기록되어 있다. 이는 독도는 일본의 영토가 아니라는 기록인 것이다.

다. 태정관 지령문

태정관(太政官)의 지령문은 1877년 3월 29일 태정관이 내무성의 질의에 대한 지령문으로, 여기에는 “죽도 외 1건에 관하여는 일본과 관계가 없다는 것을 명심할 것”이라고 지시되어 있다. 이는 태정관이 독도는 일본의 영토가 아니라고 확인 · 승인한 것이다.

상기 세 개의 일본 공문서에 의해 일본은 조선의 독도영토주권을 승인한 것이다. 이 영토주권의 승인의 효과로 금반언의 효과가 발생한다. 따라서 일본이 이후 영토주권의 승인과 모순 · 저촉되는 주장을 할 수 없는 것이다.

독도를 조선의 영토로 승인한 일본의 고문서

은주시청합기	조선국교제시말내탐서	태정관 지령문
1667년 은주의 관리 제등풍선이 번주의 명에 따라 은기도를 순시하고 제출한 보고서	1870년 일본외무성 관리가 조선을 탐사하고 작성, 제출한 보고서	1877년 태정관의 내부성의 질의에 대한 지령문
↓	↓	↓
"일본의 동족경계는 이주(오끼시마)를 경계로 한다"	"송도의 건에 관하여도 지금까지 기재된 서류가 없다"	"죽도의 1건에 관하여는 일본과 관계가 없다는 것을 명심할 것"
↓	↓	↓

조선의 독도영유권의 승인

금반언

5. 독도를 조선의 영토로 표시한 일본의 고지도

독도의 영유권이 한국에 있다는 다섯 번째 근거로 "독도를 조선의 영토로 표시한 일본의 고지도"를 들 수 있다. 독도를 일본의 영토로 표시한 한국의 고지도는 하나도 없는 반면 독도를 한국의 영토로 표시한 일본의 지도는 수 없이 많다. 이는 독도가 일본의 영토가 아니라는 명백한 증거이다. 이하 독도를 일본의 영토가 아닌 것으로 표시한 일본의 고지도 중 세 개만을 제시해 보기로 한다.

가. 일본여지로정전도

일본여지로정전도(日本與地路程全圖)는 1773년 장구보적수(長久保赤水, 나가쿠보 세키스이)가 제작한 일본 지도로 여기에는 일본영토는 착색되어 있으나 울릉도와 독도는 착색되어 있지 아니하다.

나. 삼국총도

삼국총도(三國總圖)는 임자평(林子平, 하야시 시헤이)이 저술한「삼국통람도설(1785)」에 들어 있는 지도이다. 이에는 동해 가운데 2개의 섬을 그려 넣고 그 중 큰 섬은 죽도로 표기하고 큰 섬과 작은 섬 모두 조선의 영토로 명기되어 있다.

다. 일본국전도

일본국전도(日本國全圖)는 1831년 대교신태랑(大橋新太郎, 오하시 신타로)이 제작한 일본지도이다. 이에는 일본 영토는 착색되어 있으나 울릉도와 독도는 착색되어 있지 아니하다.

이와 같이 일본의 고지도가 독도를 일본의 영토로 표시하고 있지 아니한 것은 독도가 조선의 영토라는 역사적 근거가 된다.

독도를 조선의 영토로 표시한 일본의 고지도

일본여지로정전도
1773년 나가쿠보 세키스이

↓

일본영토 착색
울릉도, 독도 무착색 → 독도의 조선영유권 승인

삼국총도
1785년 하야시 시헤이

↓

동해의 2개섬
모두 조선의 영토로 표시 → 독도의 조선영유권 승인

일본국 전도
1831년 오하시 신타로

↓

일본열도 착색
울릉도, 독도 무착색 → 독도의 조선영유권 승인

II. 독도영유권의 국제법적 근거

1. 맥아더라인

독도가 한국의 영토인 국제법상 첫 번째 타당근거로 "맥아더라인"(Mac Arthur Line)을 들 수 있다.

가. 최초명령

1945년 8워 15일 일본천황은 "무조건 항복"을 선언했다. 그로부터 5일밖에 안 되는 8월 20일에 연합군 최고사령관은 일본의 모든 수역에 있어서 어선의 활동을 전면 금지하는 명령을 일본정부에 하달했다.

나. 맥아더 라인

연합군 최고사령관은 일본정부의 수정 제의에 따라 9월 22일 일정한 어로수역을 설정하여 이 경선 내에서만 어로활동을 허가하는 명령을 일본정부에 하달했다. 이 어로수역의 경계선을 연합군 최고사령관의 이름을 따라 "맥아더 라인"이라 부른다. "맥아더 라인"은 동해에 있어서 한국 측에서 보아 독도의 외측에 설정되어 있다. 이는 연합국이 독도의 영토주권이 한국에 있음을 확인, 선언한 것이다.

다. 훈령1033-1

그 후 1948년 12월 23일 연합군 최고사령관은 "훈령 제1033-1호"를 일본정부에 하달했다. 동 훈열 제3항은 "일본의 선박과 승무원은 독도의 12해리 이내에 접근하지 못하며 또한 독도에 대한 어떠한 접근도 하지 못한다."라고 규정하고 있다. 이는 독도의 영토주권이 한국에 있음을 재차 확인, 승인한 것이다.

연합군최고사령부는 연합군의 대표기관이므로 연합군 최고사령관이 설정한 "맥아더 라인"은 독도의 영토주권이 한국에 있음을 연합군이 승인한 것이다. 따라서 이는 독도의 영토주권이 한국에 있다는 명백한 국제법적 근거의 하나인 것이다.

맥아더 라인

연합군 최고사령관	연합군 최고사령관	연합군 최고사령관	연합국
1945.8.20.	1945.9.22.	1948.12.23.	
		훈령 제1033-1호	
일본의 모든 어선, 모든 수역에서 어로 활동 전면 금지	어로수역설정 어로수역 내에서 어로활동허용 어로수역 독도의 외측에 설정	일본의 선박과 승무원은 독도의 12해리 이내에 접근하지 못하며, 독도에 대해 어떠한 접근도 하지 못한다(제3항).	한국의 독도 영유권 승인
최초명령	맥아더 라인	수정 맥아더 라인	

2. 연합군 최고사령관 훈령 제677호

가. 훈령의 하달

독도가 한국의 영토인 두 번째의 국제법상 근거로 "연합군 최고사령관 훈령 제677호(SCAPIN No.677)"를 들 수 있다. 연합군 최고사령관은 1945년 1월 29일 "연합군 최고사령관 훈령 제677호"를 일본정부에 하달했다.

나. 훈령 제3항

동 훈령 제3항은 "울릉도 · 독도 및 제주도는 일본의 정의에서 제외된다." 라고 규정하고 있다. 동 항의 규정에 의해 독도는 연합국에 의해 일본의 영토로부터 분리되게 되었다.

다. 대일평화조약에 의한 효력승인

동 훈령은 1951년의 "대일평화조약" 제19조 (d)항의 규정에 의해 계속 효력이 있는 것으로 48개 연합국과 일본에 의해 승인 · 확인되었다.

따라서 독도가 한국의 영토라는 것은 동 훈령의 규정 자체에 의해서라기보다 "대일평화조약" 제19조 (d)항의 규정에 의거, 동 훈령에 의한 것으로 볼 수 있다.

라. 현상유보의 원칙

그리고 평화조약에 규정이 없는 사항은 평화조약체결 당시의 상태대로 효력이 인정된다는 "현상유보의 원칙"에 따라 1951년의 "대일평화조약"에 독도는 이미 분리된 그대로의 상태대로 한국의 영토로 인정되는 것이다.

SCAPIN 제677호

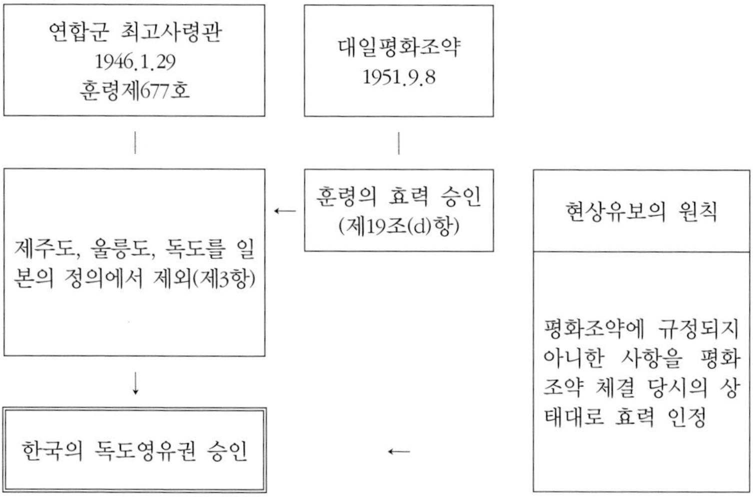

3. 국제연합에 의한 한국의 독도영유권의 승인

독도가 국제법상 한국의 영토라는 세 번째 근거는 "국제연합에 의한 한국의 독도영유권의 승인"이다.

가. 한국방공식별구역

「방공식별구역」(Air Defence Identification Zone)이란 영공을 보호하기 위하여 영공의 외측에 설정하는 범위의 공역을 말한다. 1951년 3월 22일에 국제연합군사령관의 관할 하에 있는 미태평양 공군사령관은 한국방공식별구역(KADIZ)을 설정했다.

동 식별구역 공역은 독도의 상공을 포함하고 있다.

국제연합사령관(Commander-in-chief, Nations Command)은 국제연합의 기관으로, 그 주체는 국제법상 법인격자인 국제연합이다. 따라서 국제연합군사령관이 승인한 한국방공식별구역은 국제연합이 독도의 영유권이 한국에 귀속된다는 것을 공식적으로 확인 · 승인한 것이다.

나. 독도폭격기지 사용중단

1952년 9월 5일 미군폭격기가 4발의 폭탄을 독도에 투하하여 어로 중이던 어민 20여명이 피해를 받았다. 이에 대해 한국정부는 1952년 11월 10일 주한미 대사에게 재발방지항의를 제기한 바 1953년 1월 2일 국제연합군사령관이 폭격기지사용을 즉시 중단지시했다는 취지의 공문을 우리 정부에 보내왔다. 만일 독도를 일본의 영토로 본다면 이러한 공문을 한국정부에 보내올 리가 없다. 이는 국제연합군사령관은 국제연합의 기관이므로 법인격자인 국제연합이 한국의 독도영토주권을 묵시적으로 승인한 것이다.

국제연합에 의한 한국의 독도영유권 승인

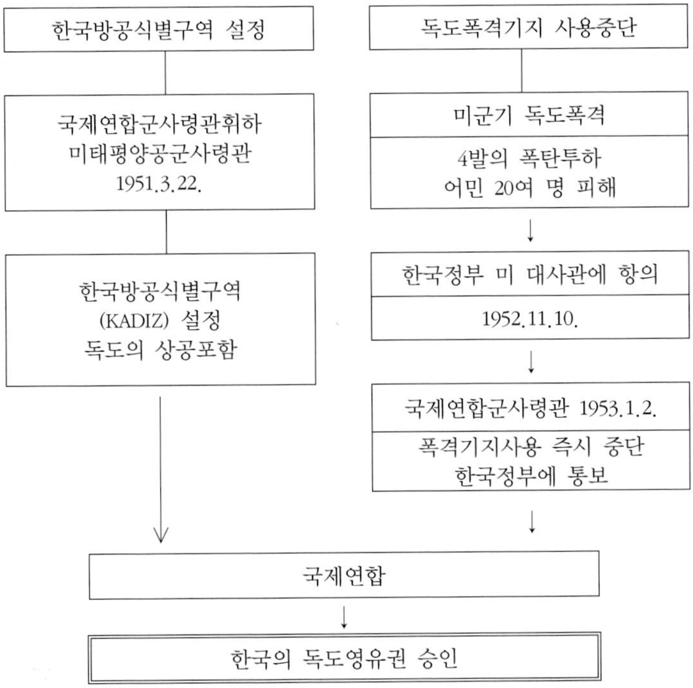

4. 일본정부에 의한 한국의 독도영유권의 승인

독도가 국제법상 한국의 영토라는 네 번째 근거로 "일본에 의한 한국의 독도영유권의 승인"을 들 수 있다.

가. 대장성령 제4호

일본정부는 1951년 2월 13일 "대장성령 제4호"를 제정 · 시행한바 동 성령의 명칭은 "구령에 의한 공제조합 등에서 연금을 받는 자를 위한 특별조치법 제4조 제3항의 규정에 의거, 부속도서를 정한 성령"이다. 동 성령은 특별조치법 제4조 제3항에 규정하는 부속도서로 독도를 제외한 도서라고 다음과 같이 규정하고 있다. 구령에 의한 공제조합으로부터의 연금수급자를 위한 특별조치법 제4조 제3항에 규정하는 부속도서로 다음에 언급하는 도서외의 도서를 말한다.

1. (생략)
2. 울릉도, 독도(竹島) 및 제주도(제2호)

일본정부는 동령 제2호를 통해 한국의 독도영토주권을 묵시적으로 승인한 것이다.

나. 총리부령 제24호

일본정부는 1951년 6월 6일 "총리부령 제24호를 제정 · 시행한바" 동 총리부령의 명칭은 "조선총독부 교통국 공제조합의 본방에 있는 재단의 정리에 관한 총리부령"이다. 동 총리부령은 정령 제291호를 적용하는 경우에 부속도서는 울릉도, 독도(竹島), 제주도를 제외한 도서라고 다음과 같이 규정하고 있다. "칙령 제14조의 규정에 의거 정령 제291호 제2조 제1항 제2호의 규정을 준용하는 경우에 있어서는 부속도서란 다음에 드는 도서 이외의 도서를 말한다.

1. 생략
2. 생략
3. 울릉도, 독도(竹島) 및 제주도"(제2조)

일본정부는 동 총리부령 제 24호를 통해 한국의 독도영토주권을 묵시적으로 승인한 것이다.

일본에 의한 한국의 독도영유권 승인

대장성령 제4호 1951.2.13.	총리부령 제14호 1951.6.6.
구령에 의한 공제조합 등에서 연금을 받는 자를 위한 특별조치법 제4조 제3항의 규정에 의거 부속도서를 정하는 성령	조선총독부 교통국 공제조합의 본방에 있는 재산의 정리에 관한 정령의 시행에 관한 총리부령
↓	↓
"부속도서는 다음에 언급하는 도서 이외의 도서를 말한다. 1. 생략 2. 울릉도, 독도(竹島) 및 제주도 "(제2호)	"부속도서란 다음에 드는 도서 이외 도서를 말한다. 1. 생략 2. 생략 3. 울릉도, 독도(竹島) 및 제주도 "(제2조)
↓	↓

일본

↓

한국의 독도영유권 승인

5. 대일평화조약

독도가 국제법상 한국의 영토라는 다섯 번째 근거로 "대일평화조약"을 둘 수 있다. 독도영유권의 근거를 하나로 제시하라면 "대일평화조약"을 제시할 수 있다. 즉 독도영유권의 권원은 "대일평화조약"이다.

가. 체결

"대일형화조약"은 1951년 9월 8일 48개 연합국과 일본간에 체결되었으며, 한국은 체약당사국이 아니다. 다만 한국은 제21조의 규정에 의해 제2조, 제4조, 제9조 및 제12조의 이익을 향유할 권리를 가진다.

나. 제2조의 규정과 해석

(1) 규정

한국의 독립과 그 영토를 사후적으로 확인한 "대일평화조약" 제2조 (a)항은 "일본은 한국의 독립을 승인하고 제주도, 거문도 및 울릉도를 포함하는 한국에 대한 권리, 권원 및 청구권을 포기한다"라고 규정하고 있다. 한국은 동 조약의 체약당사자는 아니지만 한국은 동 조약 제21조의 규정에 의거 제2조의 이익을 향유할 권리를 갖는다(shall be entitled to be the benefits of the Articles).

(2) 해석

한국은 제2조 (a)항에 독도는 일본에 의한 포기의 대상으로, 즉 독도는 한국의 영토라는 명시적 규정도 또 포기의 대상이 아닌 것으로, 독도는 일본의 영토라는 명시적 규정이 없으므로 한국의 영토라고 주장하고, 일본은 동 조약에 독도가 한국의 영토라는 명시적 규정이 없으므로 독도는 일본의 영토라고 주장하고 있다. 결국 독도의 영유권이 한국에 귀속되느냐 일본에 귀속되느냐는 동 조항의 해석문제를 귀착되어 있다.

(가) 해석규칙

조약의 해석은 몇 가지 해석원칙(규칙)에 따라 해석되어야 한다. "조약법에 관한 비엔나 협약"(Vienna Convention on the Law of Treaties, 이하 "조약법 협약"이라 한다)은 조약의 해석원칙(규칙)을 다음과 같이 규정하고 있다.

첫째로, 해석의 일반규칙(general rules of interpretation)으로 다음과 같은 규칙을 규정하고 있다.

(i) 통상적 의미의 해석(ordinary meaning of interpretation) 규칙 (제31조 제1항) : 조약에 별도의 특별한 규정이 없는 한 평범한 일반적 의미로 해석하는 규칙
(ii) 목적론적 해석(teogical interpretation) 또는 실효적 해석(sffective interpretatiion) 규칙 (제31조 제2항) : 조약의 체결목적에 적합하도록 해석하는 규칙
(iii) 체계적 해석(sytemic interpretation)또는 통합적 해석(intergration interpretation) 규칙 (제31조 제3항) : 한 조항이 아니라 전체로서의 조학 또는 관련된 조약 이외의 사항을 종합적으로 고려하여 해석하는 규칙

둘째로, 해석의 보충적 수단에 의한 해석(supplementary means of interpretation) 규칙(제32조) : 해석의 일반규칙에 의한 해석이 애매모호하거나 불합리한 경우 "조약의 준비작업" 또는 "체결의 사정"에 의존하여 하는 규칙

(나) 제2조 (a)항의 해석

이상의 해석 원칙(규칙)에 따라 동 조약 제2조 (a)항을 해석해 보면 다음과 같다.

첫째로, 통상적 의미의 해석 규칙으로 해석할 때, 한국에는 "제주도 · 거문도 · 울릉도" 이외에 4천여 개의 도서가 포기의 대상으로 되며 동 조항의 "제주도 · 거문도 · 울릉도"는 "한정적 규정(enumerotic prorision)"이 아니라 "예시석 규성(illustrative provision)"이므로 "제수노 · 거문도 · 울릉도" 이외의 4천여 도서에 속하는 독도는 포기의 대상에 포함될 수 있는 것으로 해석된다. 또한 통상적 의미로 독도는 울릉도의 속도이므로 동 조항의 울릉도에는 당연히 독도가 포함되어 독도는 한국의 영토인 것으로 해석된다.

둘째로, 목적론적 해석규칙으로 해석할 때, 동 조약의 체결목적은 "항복문서의 형식화"에 있으므로(1947년 1월 19일 극동위원회의 "일반정책") 이는 "포츠담 선언"의 형식화, "카이로 선언"의 형식화에 있으므로, "카이로 선언"의 "일본은 그가 폭력과 탐욕에 의해 약취한 영토로부터 축출될 것"의 형식화에 있으므로 독도는 일본이 폭력과 탐욕에 의해 약취된 영토로부터 축출될 것"의 형식화에 있으므로 독도는 일본이 폭력과 탐욕에 의해 약취한 영역"이므로 동 조약에 의해 일본은 독도로부터 축출되는 것이므로 동 조약 제2조 (a)항에 포기의 대상인 도서에 독도가 포함된다. 따라서 독도는 한국의 영토로 해석된다.

셋째로, 체계적 해석 규칙으로 해석할 때, 동 조약 제19조는 "일본은 점령기간 중에 점령당국의 지령에 의하거나 또는 그 결과로서 행하여진... 효력을 승인하며"라고 규정하고 있다. 동 조의 "점령당국의 지령" 중에는 독도를 일본의 정의에서 배제한 "연합군 최고사령관 훈령 제677호"가 포함되므로, 독도는 일본의 영토가 아니라 한국의 영토인 것이다. 따라서 독도는 한국의 영토로 해석된다.

넷째로, 해석의 보충적 수단에 의한 해석규칙에 의할 때, "조약의 준비작업"에는 독도는 한국의 영토로 규정한 제1차에서 제5차까지의 미국측 초안, 제1차에서 제3차까지의 영국측 초안, 그리고 연합국의 구 일본영토 처리에 관한 합의서 등에 의한 때 독도는 한국의 영토인 것으로 해석된다.

끝으로, 또한 평화조약에 특별히 규정되지 아니한 사항은 평화조약 체결 당시의 현 상태로 효력이 인정된다는 "현상유보의 원칙"(principle of uti possideties)이 관습국제법상 인정되어 있다. 동 원칙에 의할 때 동 조약이 체결될 당시 독도는 "연합군 최고사령관 훈령 제677호"로 한국의 영토로 인정되어 있었으므로 독도는 한국의 영토인 것이다.

대일평화조약

체결	대일평화조약 1951.9.8 48개 연합국과 일본, 한국은 체약 당사자 아님	→	"한국은 본 조약의 제2조, 제4조, 제9조 및 제12조의 이익을 향유할 권리를 가진다"(제21조).

제2조의 규정	"일본은 한국의 독립을 승인하고, 제주도, 거문도 및 울릉도를 포함하는 한국의 모든 권리, 권원 및 청구권을 포기한다."	→	독도는 일본의 영토로도 한국의 영토로도 규정되어 있지 아니하다.

제2조의 해석	통상적 의미의 해석	조약에 특별한 규정이 없는 한 평범한 의미로 해석
		한국에 "제주도, 거문도 및 울릉도" 이외의 4천여 개의 도서가 있으며, 그 중 독도는 제외된다는 특별규정이 없으므로 독도는 4천여 개의 도서와 함께 한국의 영토에 포함된다. 따라서 독도는 일본의 포기의 대상이 된다.
	목적론적 해석	조약의 체결목적에 적합하도록 하는 해석
		"대일평화조약"의 체결목적을 "항복문서"의 성문화에 있으며, 이는 "포츠담 선언"과 "카이로 선언"의 성문화를 포함한다. "카이로 선언"은 "일본은 그가 폭력과 탐욕에 의해 약취한 영토로부터 축출된다"라고 규정하고 있다. 독도는 일본의 폭력과 탐용에 의해 약취한 영토이므로 독도는 제2조의 표기의 대상이 된다.
	체계적 해석	한 조항이 아니라 조약전체를 종합적으로 고려하는 해석
		동 조약 제19조에는 "일본은 점령기간 중 점령당국의 지령에 의하거나 그 결과로서 행하여진 효과를 승인하며…"라고 규정되어 있다. 동 조의 지령에 "SCADIN 제677호"가 당연히 포함되므로 독도는 일본의 영토가 아니다.

↓

연합국과 일본

↓

한국의 독도영유권 승인

맺음말

이상에서 한국의 독도영유권의 역사적 근거와 국제법적 근거 10개 항목을 항목별로 개관했다. 그러나 오늘 이 시점에서 독도영유권의 근거 중 가장 중요한 것을 묻는다면 그것은 "대일평화조약"이라 할 수 있고, 여타의 근거들은 "대일평화조약"을 보완하는 근거라 할 수 있다.

따라서 한국이 독도를 실효적으로 지배하고 있는 근거는 "대일평화조약"이며, 그것은 "권원의 취득"을 위한 것이 아니라 "대일평화조약"에 의해 기취득한 "권원의 유지"를 위한 것이다.

그러므로 독도영유권의 "권원의 유지"를 위해 일본이 독도영유권 문제를 국제분쟁화하여 이를 국제연합안보리에 회부하거나 국제사법재판소에 제소하려는 전략에 대비하여야 한다. 또한 자위대 병력이나 민간인의 살육에도 대비하여야 한다.

일본의 독도침략 야욕으로부터 독도는 단순한 물리적으로 방위되는 것이 아니라 비교우위의 법리력(法理力)으로 보존하는 것이다.

부록

독 도 현 황

1. 지리적 현황

위치	동도	북위 37°14' 26.8" 동경 131° 52' 10.4"
	서도	북위 37°14' 30.6" 동경 131° 51' 54.6"
면적	동도	73,297㎡
	서도	88,638㎡
	부속도서	25,517㎡
	계	187,452㎡(약 56,416평)
높이	동도	98.6m
	서도	168.5m
둘레	동도	2.8㎞
	서도	2.6㎞
거리	독도-울릉도	87.4㎞
	독도-죽변	216.8㎞
	독도-이끼도	157.5㎞
	죽변-울릉도	130.3㎞
	동도-서도	151m
행정구역	경상북도 울릉군 울릉읍 독도리 1번지-37번지 울릉군 의회 "독도리 신설과 관련된 조례" (2000.4.7 발효)	
천연보호구역	문화재청고시 제1999-25호(1999.12.10)	

2. 근무인원현황

독도경비대원	41명(2개월마다 41명씩 교대근무)
독도등대요원	6명(3명씩 2교대 근무)

3.

독도영유권의 중단권원의 회복

목 차

Ⅰ. 서론

신라 지증왕 13년(512년) 6월 우산국의 신라에의 귀복으로 수립된 독도의 역사적 권원은 대한제국에 이르러 1900년 10월 25일의 "대한제국 칙령 제41호"에 의해 현대국제법상의 권원으로 권원의 대체(replacement of title)가 이루워질 수 있었다. 그러나 불행하게도 그로부터 10년이 되는 1910년에 와서 8월 22일의 "한일합방조약"의 체결로 독도를 포함한 한국의 모든 영토가 일본에 사실상 병합되게 되어 현대 국제법상 권원으로 대체된 대한제국의 독도 영유권의 새로운 권원은 사실상 중단되게 되었다.

그러나 1945년 일본의 패망으로 사실상 중단되었던 권원은 1910년에 소급하여 회복되게 되었고, 이 회복된 권원이 오늘 대한민국의 독도영유권의 권원을 이루고 있는 것이다.

이하 (ⅰ) 권원의 회복과정, (ⅱ) 권원의 회복시기, (ⅲ) 권원의 회복내용 순으로 기술하기로 한다.

II. 권원의 회복과정

1. 한국의 자주독립선언과 대한민국 임시헌법

1910년 "한일합방조약"에 의해 일본에게 국권을 강탈당한 한민족은 1919년 3월 1일 자주독립을 선언했으나 일제의 총검에 좌절되어 선조들은 상해에 대한민국 임시망명정부를 수립한 1919년 4월 11일 "대한민국 임시헌장"을 선포했다.[1)]

가. 독립선언문

1919년 3월 1일 선포된 "독립선언문"은 "오등은 자에 아 조선의 독립국임과 조선인의 자주민임을 선언하노라"라고 선언했다. 이 선언의 "조선"에서 "조선"의 영토에 독도가 포함됨은 물론이다. 요컨대, "독립선언문"은 "조선의 독립국임"을 선언하여 조선의 영토에 독도가 포함됨을 선언한 것이다.

나. 대한민국 임시헌법

대한민국 임시정부는 1919년 4월 11일 "대한민국 임시헌장"을 선언했으며, 동 헌장은 1919년 9월 11일 "대한민국 임시헌법"으로 대체되었다. 동 헌법은 "대한민국의 강토는 구 한국의 판도로 한다"라고 규정했다(제3조). 이 규정 중 "구한국의 판도"에 "대한제국 칙령 제41호"에 의한 석도(독도)가 포함됨은 물론이다.

"독립선언"과 "대한민국 임시헌법"은 "한일합방조약"에 의한 일본의 한국에 대한 침략통치를 배제할 수 없었다. 따라서 대한제국의 국가로서 사실상 중단되고 대한제국의 영토인 독도의 사실상 중단된 영유권은 회복될 수 없었다.

---

1) B. Camings, "American Policy and Korean Liberation", F. Baldwin(ed.), *Without Parallel*(New York: Random House, 1974), pp.51~52)

2. 연합국의 조치

한국의 자주독립선언과 임시정부의 수립에 영향을 받은 연합국은 제 2차 대전 말기에 한국에 관해 다음과 같은 정책선언을 하게 되었다.

가. 카이로 선언

1943년 12월 1일 미 · 영 · 중은 카이로에서 "카이로 선언"(Cairo Declaration)을 선포했으며 동 선언에서 3대국은 다음과 같이 결의했다.

> 일본은 그가 폭력과 탐욕에 의하여 약취한 다른 영토로 부터 축출될 것(Japan will also be expelled from all her territory which she has taken by violence and greed) … 정당한 과정을 거쳐 한국이 해방되고 독립될 것(in due course Korea shall become free and independent)[2)]

동 선언은 3대 연합국의 일방적인 정책의 선언이며, 일본에 대해 법적 구속력을 가진 것이 아니었다.[3)] 따라서 동 선언에 의해 한국이 일본으로 부터 분리 · 독립된 것이 아니며 독도의 영유권이 회복된 것도 아니다.

나. 포츠담 선언

"카이로 선언" 이후 1945년 2월 26일 영 · 미 · 중은 "포츠담 선언(Potsdam Declaration)"을 선포했으며, 소련은 동년 8월 8일 대일선전포고와 함께 동 선언에 가담했다. 동 선언은 "카이로 선언"의 이행을 확약하고 일본으로 부터

---

2) U. S. Department of State, *Foreign Relations of the United States Diplomatic Papers, Conference at Cairo and Tehean 1943* (Washington, D. C. : USGPO, 1961), pp.399~404.

3) Shabtai Rosenne, "The Effect of Change of Sovereignty upon Municipal Law", *BYIL,* Vol.27, 1950, p.268, n.3.

분리되는 지역에 한해 다음과 같이 선언했다.

> 카이로 선언의 제 조항은 이행될 것이며(the terms of the Cairo Declaration shall be carried out) … 일본국의 주권은 본주 · 북해도 · 구주 · 사국과 우리들이 결정하는 소도에 극한될 것이다(Japanese sovereignty shall be limited to the islands of Honshu, Hokkaido, Kyushu and such minor islands as we determine).[4)]

동 선언 역시 4대 연합국의 일방적인 정책의 선언이며, 일본에 대해 법적 구속력을 가진 것이 아니었다.[5)] 따라서 동 선언에 의해 한국이 일본으로 부터 분리 독립된 것이 아니며 한국의 독도영유권의 권원이 회복될 것도 아니다.

다. 항복문서

1945년 8월 6일 히로시마에 역사적인 원자폭탄이 투하되었고 8월 9일 나가사끼에 또 다시 원자폭탄이 투하되어 8월 15일 일본천황은 라디오 방송을 통해 "무조건항복선언"을 했다. 동 선언을 성문화하기 위한 "항복문서(Instrument of Surrender)의 서명이 연합국측과 일본측간에 있었다.[6)] 동 문서에서 일본은 "포츠담 선언"의 규정을 성실히 수행할 것을 다음과 같이 확약했다.

> 우리는 이후 일본정부와 그 승계자가 포츠담 선언의 규정을 수락한다. … 우리는 무조건 항복을 선언하다.(We hereby accept the provisions set torth in the declaration 85 issued … at Potsdam … we proclaim the unconditional surrender).

동 문서에 일본이 서명했으므로 동 문서는 일본에 대해 법적 구속력을 갖

---

4) US, Senate Committee on Foreign Relations, *A Decade of American Policy : Basic Documents, 1941-1949* (Washington, D. C.: USGPO, 1950), p.50.

5) Rosenne, *supra* n.3., p.268.

6) Walter C. Langsam, *Historic Documents of World War II*(West Point : Greenwood, 1958), p.152.

게 되었고 동 문서의 확약내용에 따라 포츠담 선언과 동 선언의 내용에 따라 카이로 선언도 일본에 대해 법적 구속력을 갖게 되었다. 그리고 "대일평화조약"에 의해 한국의 독립이 재확인되었다.[7] 그러나 이 "항복문서"는 연합국과 일본이 합의한 "정책의 선언"이며 조약체결의 의사를 가진 "조약"으로 보기 어렵다.

라. 항복문서의 시행

(1) 항복 후 미국의 초기 대일정책

"항복문서"의 시행을 위해 미국은 1945년 9월 6일 "항복 후 미국의 초기대일정책"(United States Initial Post-Surrender Policy for Japan)이라는 문서를 연합군최고사령부에 하달했다.[8] 동 문서는 일본의 영토에 관해 다음과 같이 규정하고 있다.

> 일본의 주권은 북해도 · 본주 · 구주 · 사국과 카이로 선언 및 미국이 이미 당나라이거나 또는 장래에 당사자가 되는 기타 협정에 의하여 결정되게 되는 주변의 제 소도(minor outlying islands)에 한정된다(will be limited)(궁극의 목적 a항).[9]

(2) 항복 후 초기 기본지침

1945년 11월 3일 미국은 연합국최고사령부에 "항복 후 초기 기본지침"(Basic Initral Post-Surrender Directive)이라는 문서를 하달했다.[10] 동 문서는 일본의 영토에 관해 다음과 같이 규정하고 있다.

---

7) J. A. S. Grenville, *The Major International Treaties 1914-1973* (London : Methuen, 1974), p.270.

8) F. C. Jones, . Boaton and B. R. Peam, *Survey of International Affairs, The Far East, 1924-1946* (London : Oxford University Press, 1955), p.500.

9) *Ibid.,* pp.500~501.

10) *Ibid.,* p.510.

본 지침상 일본은 다음과 같은 것을 포함하는 것으로 한정된다. 일본의 4개 본도, 즉 북해도 · 본주 · 구주 · 사국과 대마도를 포함한 약 1천여의 인접제소도(about 1000 smaller adjacent islands including the Tsuchimd Islands)(제1항).[11]

(3) 연합군 최고사령관 훈령 제677호

1946년 1월 29일 연합군 최고사령관은 "연합군 최고사령관 훈령 제677호"(SCAPIN NO.677)를 일본 정부에 하달했다.[12] 동 훈령은 일본의 통치권으로부터 제외되는 지역을 다음과 같이 열거하고 있다.

(a) 울릉도, 독도, 제주도
(b) 생략
(c) 생략 (제3항)[13]

동 훈령의 규정에 따라 독도는 일본의 정의로 부터 제외되는 부분에 포함되게 되었다.

이와 같이 "항복 후 미국의 초기대일 정책"에 표시된 "주변의 제소도(minor outlying islands)"는 "항복후 초기 기본지침"에 의해 "인접한 제소도(smaller adjacent islands)"로 변경표시 되었으며, 동 지침에 표시된 "인접한 제소도"는 "연합국최고사령관 훈령 제677호"에 의해 "울릉도, 독도 및 제주도를 제외한 지역"으로 규정되게 되었다.

동 훈령에 의거 일본의 정의(definition)로 부터 제외된 울릉도 · 독도 · 제주도(제3항)와 한국(제 4항)은 일본의 영유권(dominium)과 영역권(imperium)[14]

---

11) *Ibid*.
12) M. M. Whiteman, *Digest of International Law,* Vol.3 (Washington, D. C. : USGPO, 1964), p.499.
13) *Ibid*.
14) 국가의 영토는 *dominium*과 *imperium*의 두 개의 요소로 구성된다. 전자는 로마법상 소유권의 개념이고, 후자는 점유권의 개념이다(M. N. Shaw, "Territory in international Law", *NYIL*, Vol.13, 1982, p.74; G. I. Tunkin, *International Law*(Mosow: Progross Publisher, 1984, pp.401~402; Myung-Ki Kim, *The Korean War and International Law* Claremont, CA: Paige Press, 1991), pp.35~36).

구별하지 아니하고 막연히 영토로 부터 분리되었다고 기술하는 것이 일반적이다. 동 훈령에 의해 분리된 것은 영유권이 아니라 영역권인 것이다. 그 근거는 다음과 같다.

(ⅰ) 동 훈령의 제목이 "일본으로부터의 특정 주변 지역의 정치적 · 행정적 분리"(Governmental and Administrative Separation of Certain Outlaying Areas from Japan)이다. 이 제목에 지역(area)으로 표시되어 있고 영토(territory) 또는 영토주권(territorial sovereignty)으로 표시되어 있지 아니하다. 그리고 분리(seperation)되는 것은 정치적 · 행정적(governmental and administrative)인 것이며 주권(sovereignty)이 아니다.

(ⅱ) 제1항에서 중단을 지시하는 것은 정치적 · 행정적 권한(governmental and administrative authority)으로 표시되어 있으며 영토주권(territorial sovereignty)으로 표시되어 있지 않으며, 지역(area)으로 표시되어 있고 영토(territory)로 표시되어 있지 아니하다.

(ⅲ) 제2항에서 일본 외에서 금지되는 것은 의사소통(communication)이며 영토주권(territorial sovereignty)이 아니다.

(ⅳ) 제3항에서 일본의 정의(Japan is defined)로 표시하고 있고 일본의 영토주권(teritorial sovereignty)으로 표시하고 있고 영토(territory)로 표시하고 있지 않으며, 영역(drea)으로 표시하고 있고 영토(territory)로 표시하고 있지 아니하다.

(ⅴ) 제4항에서 영역(area)으로 표시하고 있으며 영토(territory)로 표시하고 있지 않으며, 정치적 행정적 관할권(governmental and administrative jurisdiction)으로 표시하고 있으며 정치적 · 행정적 영토주권(territorial sovereignty)으로 표시하고 있지 않다.

(ⅵ) 제5항에서 일본의 정의(Japan is defined)으로 표시하고 있고 일본의 영토주권(territorial sovereignty)으로 표시하고 있지 아니하다.

(ⅶ) 제6항에서 최종적 결정(altimate determination)이 아닌 것으로 표시되어 있다. 어떠한 규정도 그 규정에 의한 규정의 변경은 가능한 것이

므로 그 규정의 변경곤란성을 부여하여서는 경우가 아니한 그 규정은 변경할 수 있다는 규정을 두지 아니하는 것이 일반적이다. 그것은 불필요한 것이기 때문이다.

(viii) 제7항에서는 영역(area)으로 표시되어 있고 영토(territory)로 표시되어 있지 아니하다.

(ix) 점령군은 영역권만을 취득하고 영유권은 평화조약으로 규정하는 것이 국제관습법이다.

(x) 1948년 8월 11일의 "한미간 한국정부에의 통치권이양 및 미점령군대의 철수에 관한 협정"에 의해 미 점령군사령관이 대한민국정부에 이양한 것은 권한(authorit)이고 주권(sovereignty) 또는 영토주권(territorial sovereignty)이 아닌 것은[15] 1946년 1월 29일의 "연합군 최고사령관 훈령 제677호"에 의해 한국점령군사령관이 연합군 최고사령관으로부터 인수받은 것은 "영유권(*dominium*)"이 아니라 "영역권"(*imperium*)임을 의미한다. 이 영역권(*imperium*)의 분리는 1910년 "한일합방조약"이 부존재 · 무효이므로 사실상 분리이다. 법적 분리가 아닌 것이다. 따라서 권원의 사실상 회복이고 법적 회복이 아닌 것이다.

마. 한미통치권이양협정

1945년 9월 2일의 "항복문서"의 부록으로 첨부된 "일반명령 제1호"(General oder No.1)에 의거 남한에는 미군이, 북한에는 소련군이 각각 점령하여 일본군의 항복을 받게 되었으며,[16] 동년 9월 7일 태평양미군사령부 맥아더(Douglas MacArthur) 대장은 "태평양미군사령부포고 제1호"(U. S. Army Forces, Pocific Proclamation No.1)로 남한영역의 점령을 선포했다.[17] 따라서 1945년 9월 6일

15) *Infra* n.20.

16) James F. Schnabel, *United States Army in the Korean War* (Washington, D. C. : USGPO, 1972), pp.10~11.

17) E. G. Moade, *American Military Government in Korea* (New York: King's Crown Press, 1951), p.251.

의 "항복 후 미국의 초기대일정책"에 의해 일본으로부터 분리되도록 되어 있는 독도를 포함한 한국의 영토는 "한국"으로 분리된 것이 아니라 "미군정"의 통치권, 즉 미군정의 점령지역으로 분리되도록 된 것이었다.

1947년 11월 14일 국제연합총회는 한국정부를 수립하고 점령군의 철수를 보장하기 위해 "한국임시위원단"(Temporavy Commission on Korea)을 창설하는 결의를 채택했다.[18] 동 위원단은 1948년 1월에 한국에 도착했으며 소련의 반대로 북한지역에 둘이 갈 수 없었다. 이때 1948년 2월 26일 국제연합 소총회는 "국제연합한국위원단"(UN Commission on Korea)을 구성하여 남한만의 총선거를 실시한다는 결의를 채택했다.[19] 동 결의에 따라 1948년 5월 10일 남한에 역사적이 총선거가 실시되고, 7월 17일 "대한민국헌법"이 제정 · 공포되었으며 8월 15일 대한민국정부가 정식으로 수립되게 되었다. 대한민국정부가 정식으로 수립되기 직전인 8월 11일 "한미간의 한국정부에의 통치권이양 및 미점령군대의 철수에 관한 협정"(Agreement Between Government of the Republic of Korea and Government of the United States of America Concering the Transfer of Authority to the Government of the Republic of Korea and the Withdrawal of United States Occupation Forces)이 체결되게 되었다.[20] 동 협정에 의거 미군의 남한점령은 법적으로 종료되게 되고 대한민국이 통치권을 행사하게 되었다. 따라서 1946년 1월 29일의 "연합군 최고사령관 훈령 제677조"에 의거 미 점령군의 통치권으로 분리되었던 독도에 대한 영역권(*imperium*) 모두 대한민국에 귀속될 수 있게 되었다.

---

18) UN GA Resolution 112(Ⅱ).
19) US, Department of State, *Korea, 1945 to 1948*(New York : Greenwood Press, 1948), pp.70~71.
20) *Ibid.*, p.19.

바. 대일평화조약의 체결

1951년 9월 8일 48연합국과 일본간에 샌프라시스코에서 “대일평화조약”(the Peace Treaty with Japan)이 체결되게 되었다.[21] 그러나 버마, 중국, 체코슬로바키아, 인도, 폴랜드, 소련은 동 평화조약에 서명하지 아니했다.[22] 동 조약은 1952년 4월 28일에 효력을 발생하게 되었다.[23] 한국은 대일전쟁의 당사국이 아니라는 연합국의 주장에 따라 동 조약의 당사자가 될 수 없었다.[24]

동 조약은 한국의 독립과 영토에 관해 다음과 같이 규정하고 있다.

> 일본은 한국의 독립을 승인하고 제주도, 거문도 및 울릉도를 포함하는 한국에 대한 모든 권리, 권원 및 청구권을 포기한다(Japan recognizing the independence of Korea, renounces all right, title and claim to Korea including the islands of Quelpart, Pot Hamilton and Dagelet)(제2조).[25]

그리고 동 조약은 동 조약의 당사국이 아닌 한국에 대해 이익을 향유할 권리에 관해 다음과 같이 규정하고 있다.

> 한국은 본 조약의 제2조, 제4조, 제9조 및 제21조의 이익을 향유할 권리를 가진다(shall be entitled to the benefits)(제21조)[26]

---

21) Whiteman, *supra* n.12, pp.555~556 ; Werner Moray, “Peace Treaty with Japan”, *EPIL*, Vol.4, 1982, p.125. ; UN, *UNTS*, Vol.136, 1952, pp.45~164.

22) Whiteman, *supra* n.12, p.555~556.

23) Morray, *supra* n.21., p.125.

24) 일본과 투쟁한 한국인은 개인이고 승인된 정부가 아니였다(they were individuals not recognized government)는 것이 미국의 입장이였다(1951년 9월 5일 제2차 전체회의에서 미국대표 J. F. Dulles의 발언(M. M. Whiteman, *Digest of International Law*, Vol.2, (Washington, D. C. : USGPO, 1963), p.182).

25) Whiteman, *supra* n.12, p.556.

26) *Ibid.*, p.557. 한국은 동조의 이익을 수락하는 선언을 했다(Morray, *supra* n.21., p.127).

또한 동 조약은 점령당국의 지령의 효력승인에 관해 다음과 같이 규정하고 있다.

> 일본은 점령기간 중에 점령당국의 지령에 의거하거나 또는 그 결과로서 행하여 진... 모든 작위 또는 부작위의 효력을 승인하며 ...(Japan recognizes the validity of all acts and omissions done during the period of occupation under or in consequence of directives of the occupation authorities…)(제19조 (d))[27]

전기한 바와 같이 동 조약 제21조의 규정에 의거 한국은 제2조의 이익을 향유할 권리를 가진다. 문제는 동 제2조의 규정에 의거 한국은 제2조의 이익을 향유할 권리를 가진다. 문제는 동 제2조에 일본의 포기 대상인 도서에 독도가 명시되어 있지 아니하므로 일본정부는 독도는 포기대상이 아니라고 해석하고 한국정부는 포기 대상이라고 해석하는 데 있다.

여하간 이상의 연합국에 의한 일연의 제 조치의 과정을 거쳐 1910년 "한일합방조약" 이래 사실상 중단되었던 한국의 독도영유권의 권원을 회복하게 되었고, 이는 "대일평화조약"에 의해 최종적으로 결정이 승인 · 확인되게 되었다.

Ⅲ. 권원의 회복시기

상술한 바와 같이 1910년의 "한일합방조약"에 의해 "사실상" 일본에 병합되었다. 독도를 포함한 한국의 영토는 상술한 과정을 거쳐 분리되게 되어 사실상 중단되었던 영유권의 권원의 회복에 되었다. 그러면 상술한 과정 중 어느 시기에 분리, 즉 권원이 회복되었느냐에 관해 많은 논의가 있다. 이를 다음과 같이 "무조건 항복시설", "연합군 최고사령관훈령 제677호 하달시설" 그리고 "평화조약효력발생시설"로 대별해 볼 수 있다. 이 권원의 회복시기는 권원의 회복 근거와 연관된 문제이다. 다음 학설에 명시된 국내학자 이외의 학

27) UN, *supra* n.21, pp.45~164.

자는 어느 설을 따르는지 명백하지 아니한 점이 유감이다.

1. 무조건 항복시설[28)]

무조건 항복시설(1945년 8월 15일 또는 동년 9월 2일)은 다음과 같은 몇 가지 점을 설명할 수 없다.

첫째로, 무조건항복을 일종의 휴전으로 보는 것이 일반적인 견해인 바, 이에 의하면 무조건 항복 즉 휴전으로 점령지역의 영유권문제를 정하는 것으로 된다. 이는 점령지역의 영유권귀속은 평화조약으로 규정한다는 일반국제관습법에 반한다.

둘째로, 무조건 항복으로 한국의 영토가 분리되었다면 1946년 1월 29일의 "연합군 최고사령관 훈령 제677호"에 의한 한국영역의 분리는 불필요한 것으로 된다. 동 훈령에 의해 *imperium*이 분리되었는데 무조건 항복에 의해 *dominium*이 분리되었는데 추후에 *imperium*만의 분리는 불필요한 것이다.

2. 연합군 최고사령관 훈령 제677호 하달시설[29)]

연합군 최고사령관 훈령 제677호 하달시설(1946년 1월 29일)은 다음과 같은 점을 설명할 수 없다.

첫째로, 점령지역의 영유권의 귀속은 평화조약으로 규정한다는 일반국제

---

28) P. B. Potter, "Legal Aspeat of the Situation in Korea", *AJIL,* Vol.44, 1950, p.309 ; H. Borton, "Japan under the Allied Occupation", in F. C. Jones, H. Borton and B. R. Peam(eds.), *Survey of International Affairs, 1942-1946* (London : Oxford University Press, 1955), p.419 ; S. Rosenne, "The Effect of Change of Sovereignty upon Municipal Law", *BYIL*, Vol.27, 1950, p.268, n.3 ; 박관숙, "독도의 법적 지위에 관한 연구", 「독도」(서울 : 대한공론사, 1966), pp.60~61 ; 이한기, 「한국의 영토」(서울: 서울대학교출판부, 1969), pp.268~269.

29) 나홍주, "SCAPIN 제677호(1946.1.29)의 국제특별법령의 성격", 독도보전협회, 2011년 학술대토론회, 「한국의 독도영유권증명과 일본의 독도침탈정책비판」, 2011. 10. 15, pp.75~117.

관습법에 반한다.

둘째로, 동 훈령으로 분리된 것은 영역권(*imperium*)인데 영유권(*dominium*)이 동 훈령에 의해 분리되었다는 것은 동 훈령의 성격과 내용에 반한다.

3. 대일평화조약효력발생시설30)

"대일평화조약효력발생시설"(1952년 4월 28일)은 다음과 같은 점을 설명할 수 없다.

첫째로, "대일평화조약"의 효력발생시설에 분리된 것이라면 일본이 무조건 항복으로 "포츠담 선언"을 수락하여 "카이로 선언"에 의해 한국에 대한 주권을 포기 한 것을 설명할 수 없다.

둘째로, "대일평화조약"에 의해 분리된 것으로 보면 그 이전 1948년 8월 15일에 대한민국정부가 수립된 것을 설명할 수 없다.

---

30) D. P. O'Connell, "The Status of Fomasa and the Chinese Recognition Problems", *AJIL*, Vol.50, 1956, p.407 ; J. Stone, *Legal Controls of Armed Conflict*(New York : Holt, 1954), p.645 ; H. Lawterpacht(ed.), *Oppenheim's International Law*, Vol. 2, 7th ed.(London : Longmans, 1952), p.552 ; G. V. Glahn, *Law Among Nations*, 3rd ed.(New York : Macmillan, 1976), p.573 ; J. G. Starke, *An Introduction to International Law,* 5th ed,(London : Butterworth, 1958), p.381 ; S. Oda, "The Normalization between Japan and Korea", *AJIL*, Vol.61, 1967, p.39 ; Kim, *supra* n.14, pp.8~9 ; Great Britain, War Office *The Law of War on Land,* Part Ⅲ(London : HMSO, 1958), p.132 ; Myung-Ki Kim, *Territorial Soverrignty over Dokdo and International Law*(Claremont, CA ; The Paige Press, 2000), pp.70~71 ; 김명기, "독도의 영유권과 제2차대전의 종료", 「대한국제법학회논총」, 제30권 제1호, 1985.6 ; 이동원, "지정토론문", 한국독도연구원 · 국회독도지킴이 공동주최, 「한국의 독도 어떻게 지킬 것인가」 2011. 10. 4, 국회도서관, p.113 ; 김석현, "독도영유권과 SCAPIN 677", 대한국제법학회 · 한국해양수산개발원, 「독도문제와 국제법」, 2006. 9. 30, p.40 ; 이상면, "독도영유권의 증명", 독도보전협회, 「한국의 독도영유권 연구사」(서울 : 독도보전협회, 2003), p.30(단, "대일강화조약이 발효한 시점에 현상대로 유지" -대일평화조약 효력발생시설인지 불명확).

4. 사견

다음과 같이 "대일평화조약효력발생시설"을 발전적으로 따르기로 한다. (i) 무조건항복은 법적 의무를 창설하는 것이 아니라 연합국이 한 일방적인 정책의 선언을 일본이 수락한 정책으로 보고, (ii) 독일의 경우는 무조건항복으로 독일이라는 국가가 소멸한 것이지만 일본의 경우는 무조건 항복으로 일본이 국가로서 소멸한 것이 아니므로 점령에 관한 헤이그 육전법이 적용된다. (iii) 무조건 항복의 일본은 연합군 최고사령관이 지시에 복한다는 규정에 따라 동 사령관이 말한 "연합군 최고사령관 훈령 제677호"의 조치에 따라 독도를 포함한 한국에 대한 일본의 관할권, 즉 *imperium*이 분리되어 연합군 최고사령관의 관할권으로부터 한국점령군사령관에 이전되었고, (iv) 한국에 대한 영유권, 즉 *dominium*은 "대일평화조약"의 규정에 의해 일본으로부터 분리되어 대한민국에 귀속된 것으로 보고, (v) 그 이점은 대한민국정부가 수립된 1948년 8월 15일까지 소급되는 것으로 봄이 타당하다고 본다.[31] 이는 무조건 항복은 휴전의 성격을 갖고 휴전은 전쟁상태의 종료를 가져오지 못한다는 일반적인 견해에 합치되고, 점령군사령관인 연합군 최고사령관이 "연합군 최고사령관 훈령 제677호"로 *imperium*만을 점령 영토의 *dominium*을 처분할 수 없다는 일반적인 국제관습법에 합치되는 것이다.[32] 전술한 바

---

31) "국가가 존재한다고 말하기 위해서는 국가가 특정 영토에 대해 독립적인 공권력을 실제로 행사하는 것으로 충분하다"(*Deutsche Continental Gas Gesellschaft v. Polish State* Case(1929) ; J. Crawford, *The Credtion of States in International Law* (Oxford : Clarendon, 1979), p.38). 신생국이 성립할 경우 그리고 신정부가 수립할 경우 특정영토에 대해 *imperium*의 행사로 국가 · 정부를 수립한 후에 *dominium*을 취득하게 된다. 국가 · 정부가 수립되기 이전에 영토에 대한 *dominium*의 주체인 국가 · 정부가 없으므로, *dominium*은 국가 · 정부가 수립한 이후에 취득하게 되는 것이 일반적이다. 국가 · 정부 수립의 경우에 *uti Possidetis* 원칙이 적용된다(Frank Wooldridge, "Uti Possidetis Dootrine", *EPIL*, Vol.10, 1986, pp.519~520 ; *Frontier Dispute* Case(1986): ICJ, *Reports*, 1986, pp.565~567 ; Art.3(3) of the OAU Charter).

32) 김명기, 전주 30 ; (i) 무조건항복은 조약이 아니라 정책선언이다(O'Connell, supra n.30 ; 横田喜三郎, 國際法(東京 : 有斐閣, 1958), p.300). (ii) 무조건 항복

와 같이 상시학설에 명시된 학자 이외의 학자는 어느 설을 따른 것인지 명백히 표시하지 못하고 있음은 유감이다.

결국 "대일평화조약" 제19조 (d)항의 규정에 의해 "SCAPIN 제677호"에 의홰 분리된 것이 승인되므로 독도의 직접적으로 "대일평화조약"에 의한 것이며 간접적으로 "SCAPIN 제677호"에 의한것이다. 그리고 "대일평화조약" 제2조(a)항의 "한국의 독립은 승인하고"의 규정에 의해 1948년 8월 15일 까지 승인의 효력이 소급되는 것이다.

Ⅳ. 권원의 회복내용 : 대일연합조약 제2조의 해석

상술한 바와 같이 1910년 이래 사실상 중단되었던 한국의 독도영유권 권원은 연합국의 일연의 제조치에 의해 회복되었고 이는 "대일평화조약"에 의해 최종적으로 결정 승인·확인 되었다. 동 조약에 의해 회복된 한국의 독도영유권의 권원의 내용은 결국 동 조약의 해석에 의해 규명되게 된다.

동 조약 제2조 (a)항의 규정은 다음과 같이 해석된다.

1. 조약해석의 규칙

가. 조약해석의 일반규칙

조약의 해석은 몇 가지 해석 원칙(규칙)에 따라 해석된다. "조약법에 관한 비엔나협약"(Vienna Convention on the Law of Tredties, 이하 "조약법협약"이라 한다)은 조약의 해석원칙(규칙)을 다음과 같이 규정하고 있다.

은 전쟁의 종료방법이 아니라 휴전의 일종이다(Stone, *supra* n.30, p.645 ; Glahn, *supra* n.30, p.573). (iii) 점령지역의 영토의 귀속은 평화조약으로 정한다(Lauterpacht, *supra* n.30, pp.432~434 ; US, Department of the Army, *FM 27-10,* 1957, para.358 ; ICJ, *Reports,* 1956, pp.10~11 ; ICJ, *Reports*, 1959, p.278).

(1) 통상적 의미의 해석규칙

통상적 의미의 해석규칙(rule of ordinary meaning of interpretation)이란 조약에 특별한 규정이 없는 한 신의성실에 따라 평범한 일반적 의미로 해석하여야 하는 규칙을 말한다(조약법 협약 제31조 제1항).[33] 이를 자연적 의미의 해석(natural meaning of interpretating)규칙 이라고도 한다.[34] 통상적 의미가 아닌 특별한 의미(special meaning)로 해석하기 위해서는 특별한 규정이 있다는 것을 입증하여야 한다.[35] 이 규칙은 국제 판례와[36] 학설에[37] 의해 승인되어 왔다.

(2) 목적론적 해석규칙

목적론적 해석규칙(rule of teleogical interpretation)이란 조약을 체결한 목적에 적합하도록 해석하여야 하는 규칙을 말한다(제31조 제2항).[38] 이를 실효적 해석규칙(rule of effective interpretation)이라고도 한다.[39] 즉 조약은 선언되거나 또는 추정된 목적을 참고하여 해석하여야 한다는 규칙을 말한다. 이 규칙은 국제판례[40]와 학설[41]에 의해 승인되어 왔다.

---

33) Robert Jennings and Arthur Watts(eds.), *Oppenheim's Interntional Law*, Vol., 9th ed.(London : Longman, 1992), p.1273.

34) Ian Brownlie, *Principles of Public International Law,* 5th ed.(Oxford : Oxford University Press, 1998), p.634.

35) *Ibid.,* p.635.

36) *Polish Postal Service in Danzig* : PCIJ, *Series* B, No.11, 1925, p.37 ; *Eastern Greenland Case* ; PCIJ, *Series A/B,* No.53, 1933, p.49 ; *Free Zones* Case : PCIJ, *Series A/B*, No.46, p.140 ; *Admissions* Case: ICJ, *Reports,* 1950, p.8.

37) Brownlie, *supra* n.34, p.634 ; Junnings and Wstts, *supra* n.33, p.1273 ; J. G. Starke, *Introduction to International Law,* 9th ed.(London : Butterworth, 1984), p.457.

38) G. Fitzmaurice, "The Law and Procedure of the International Court of Justice", *BYIL*, Vol.28, 1985, p.8.

39) *Ibid.* Brownlie, *supra* n.34, p.637.

40) *Competence of the General Assembly for the Admission of a State to the United Nations* Case : ICJ, Reports, 1950, p.23 ; *Interpretation of Peace Treaty with Bulgaria, Hungary and Rumania*(Second Advisory Opinion) : ICJ, *Reports,* 1950,

(3) 체계적 해석규칙

체계적 해석규칙(rule of systemic interpretation)이란 한 조항이 아니라 전체로서의 조약 또는 관련된 조약 이외의 사항을 종합적으로 고려하여 해석하여야 하는 규칙을 말한다(제31조 제3항).[42] 이를 통합적 해석규칙(rule of integration interpretation)이라고 한다.[43] 이 규칙은 국제판례[44]와 학설[45]에 의해 승인되어 왔다.

나. 해석의 보충적 수단에 의한 해석규칙

해석의 보충적 수단에 의한 해석규칙(rule of supplenentary means of interpretation)은 해석의 일반규칙에 의한 해석이 애매모호하거나 불합리한 경우 "조약의 준비작업" 또는 "조약의 체결사정"에 의존하여야하는 해석규칙을 말한다(제32조).[46] 이는 국제판례[47]와 학설에[48]의해 승인되어왔다.

---

p.227 ; *United States Nations in Morocco* Case : ICJ, *Reports,* 1952, pp.183~184 ; *Golder* Case : *ILR*, Vol.57, pp.213~214 ; *Ambatielos* Case : ICJ, *Reports,* 1952, p.45.

41) T. O. Elias, *The Modern Law of Treaties* (Leiden : Sijthoff, 1974), p.72 ; Jennings and Wstts, *supra* n.33, p.1273 ; Brownlie, supra n.34, p.678 ; Werner Levi, *Contemporary International Law*(Bowlder : Westview, 1979), pp.225~226 ; Paul Reuter, *Introduction to the Law of Treaties*(London : Pointer, 1989), p.75.

42) R. Bernhardt, "Interpretation in International Law", *EPIL,* Vol.10, 1984, p.322.

43) *Ibid.*

44) *South-West Africa* Case : ICJ, *Reports*, 1950, p.187 ; *Peace Treaty* Case : ICJ, *Reports,* 1950, p.209 ; *Morocco* Case : ICJ, *Reports*, 1950, p.30 ; *Western Sahara* Case : ICJ, *Reports*, 1950, p.55.

45) Jennings and Watts, *supra* n.33, p.1274, n.18 ; Lev;, *supra* n.41, p.227 ; Bernhardt, *supra* n.42, p.322 ; Ian Sinclair, *The Vienna Convention on the Law of Treaties,* 2nd ed.(Manchester : Manchester University Press, 1984), p.127 ; Lond MaNair, *The Law of Treaties* (Oxford : Clarendon, 1961), pp.381~382.

46) Peter Malanczuk(ed.), *Akehurst's Modern Introduction to International Law,* 7t ed.(London : Routlage, 1987), p.366.

47) *Lotus* Case : PCIJ, *Series A*, No.10, 1927, pp.16~17 ; *Light House* Case : PCIJ, *Series A/B*, No.62, 1934, p.13 ; *Iranian Oil* Case : ICJ, *Reports,* 1952, pp.117~118 ; *Manquiers* Case : ICJ, *Reports,* 1953, p.87.

48) Sinclair, *supra* n.45, p.141 ; Elias, *supra* n.41, p.180 ; Jennings and Watts, *supra* n.33, p.1276 ; Bernhardt, *supra* n.42, p.323.

2. 제2조(a)항의 해석

가. 조약해석의 일반규칙에 의한 해석

"조약법 협약"이 규정한 해석의 일반규칙(제31조)에 따라 해석할 때, 즉 통상적의미의 해석 규칙(제31조 제1항), 목적논적 해석규칙(제31조 제2항) 그리고 체계적 해석규칙(제31조 제3항)에 따라 "대일평화조약" 제2조(a)항 후단의 "일본은 제주도, 거문도 및 울릉도를 포함한 한국의 권리, 권원 및 청구권을 포기한다"는 규정을 해석해 보기로 한다.

(1) 통상적 의미의 해석규칙에 의한 해석

통상적 의미의 해석규칙으로 해석할 때 (ⅰ)한국에는 "제주도, 거문도 및 울릉도" 이외에 4천여 개의 도서가 있으므로 동 조항의 "제주도 거문도 및 울릉도"는 그것에 한정하는 "한정적 규정"(enumerotic provision)이 아니라 "예시적 규정(illustrative provision)으로 보는 것이 통상적 의미에 합당하며 따라서 제주도, 거문도 및 울릉도"이외의 4천여 도서가 포기의 대상으로 봄이 통상적 의미에 합당하다. 4천여 도서 중에는 독도가 포함되지 아니한다는 특별규정에 없으므로 독도는 4천여 도서 중에 포함되어 포기의 대상인 도서에 포함되어 한국의 영토로 해석된다. 또한 (ⅱ)통상적 의미로 울릉도에는 그의 속도인 두도가 당연히 포함되므로 독도는 포기의 대상인 도서에 포함되어 한국의 영토로 해석된다.

(2) 목적론적 해석규칙에 의한 해석

목적론적 해석규칙에 의해 해석할 때 "대일평화조약"의 체결목적은 "항복문서의 형식화"에 있으며,[49] "항복문서"의 형식화에는 "포츠담 선언의 형식화"에 있으며 "포츠담 선언의 형식화"는 궁극적으로 "카이로 선언의 형식화"에 있다. "카이로 선언의 형식화"는 "일본은 그가 폭격과 탐욕에 의해 약취한 영토로 부터 축출(Japan will also be expelled from all her territory which she

49) 1947년 1월 19일 극동위원회의 "일반정책".

has taken by violence and greed)"하는 데 있다. 독도는 일본이 폭력과 탐욕에 의해 약취한 영토이므로 동 조약에 의해 일본은 독도로 축출되는 것이므로 동 조약 제2조(a)항 후단의 포기의 대상인 도서에는 독도가 당연히 포함된다. 따라서 독도는 한국의 영토로 해석된다.

(3) 체계적 해석규칙에 의한 해석

체계적 해석규칙에 의해 해석할 때, 동 조약 제19조에는 "일본은 점령기간 중에 점령당국의 지령에 의하거나 또는 그 결과로서 행하여진...훈령을 승인하며"라고 규정하고 있다. 동 조의 규정 중 "점령당국의 지령"중에는 독도를 일본의 정의에서 배제한다는 규정을 둔 "연합군 최고사령관 훈령 제677호"가 포함되므로 독도는 일본의 영토가 아니라 한국의 영토인 것을 일본은 승인한 것이다. 그러므로 독도는 한국의 영토로 해석된다.

나. 해석의 보충적 수단에 의한 해석

해석의 보충적 수단에 의한 해석, 즉 "조약의 준비작업" 및 "조약의 체결사정"에 의해 해석할 때(제32조), "준비작업"에는 독도를 한국의 영토로 규정한 제1차에서 제5차까지의 미국측 초안, 제1차에서 제3차까지의 영국측 초안 그리고 연합주의 일본영토의 처리에 관한 합의서 등에 의할 때 독도는 한국의 영토로 해석된다. "체결사정"에 의할 때 정치고문 시볼트(william Sebolt)가 미국측과 적극적 교섭을 할 수 있었던 사정, 일본은 동 조약의 체약 당사국이나 한국은 동 조약의 체약당사국이 아니므로 한국이 독도를 한국의 영토로 규정하는 데에는 한계가 있었다는 사정 등을 고려한 때 독도는 한국의 영토로 해석된다.

다. 현상유보의 원칙에 의한 해석

현상유보의 원칙(principle of *uti possidefis*)은 "조약법 협약"에 규정된 해석의 원칙이 아니라 국제관습법에 의해 인정된 원칙이다.[50]는 평화조약에 특

50) Wooldridge, *supra* n.31, p.545.

별히 규정되기 아니한 사항은 그 평화조약체결 당시의 현상대로 효력이 인정된다는 원칙이다. 이는 국제판례[51]와 학설[52]에 의해 일반국제관습법상 원칙으로 인정되어 있다. 동 원칙에 의할 때 "대일평화조약"에 특별히 규정되지 아니한 사항은 동 조약이 체결된 1951년 당시의 현상대로 효력이 인정되므로 1946년의 "연합군 최고사령관 훈령 제677호"에 의해 독도는 일본의 영토가 아닌 것으로 규정되어 있는 현상대로 효력이 인정되므로 독도는 일본의 영토가 아니라 한국의 영토인 것으로 해석된다.

요컨대, "512년", "1900년", "1910년", "1945년"이 아니라 "오늘"의 시점에서 독도영유권의 권원을 "대일평화조약"인 것이며, "우산국의 귀복", "대한제국 칙령 제41호", "카이로 선언", "포츠담 선언", "항복문서", "연합군 최고사령관 훈령 제677호"도 아닌 것이다. 이들은 모두 "대일평화조약"의 해석의 근거 자료를 인용될 수 있을 뿐인 것이다.

V. 결론

첫째로 상술한 바를 다음과 같이 요약정리하기로 한다.

(i) "한일합방조약"에 의해 사실상 중단되었던 독도영유권의 권원은 연합국의 일연의 조치에 의해 회복되게 되었고, 1951년 "대일평화조약"에 의해 이는 결정·승인·확인 되게 되었다.

(ii) 따라서 1951년 이후의 오늘의 시점에서 독도영유권의 권원은 "대일평화조약"이며, 그 이전의 "항복문서", "카이로 선언", "포츠담 선언", "연합군 최고사령관 훈령 제677호"가 아니다. 이들은 "대일평화조약"의

---

51) *Frontier Dipute* Case : ICJ, *Reports,* 1986, p.554 ; *El Salvador/Honduras* Case : ICJ, *Reports,* 1992, p.635.

52) Wooldridge, *supra* n.50, p.519 ; Storke, *supra* n.37, p.545 ; David H. Oft, *Public International Law In the Modern World*(London : Pitman, 1987, p.109 ; G. Schwarzenberger, *International Law,* Vol.2(London : Stevens, 1968), p.346.

해석의 근거로 원용될 수 있을 뿐 그 자체 독도영유권의 권원으로 보기 어렵다. *Imperium*은 동 훈령에 의해, *dominium*은 “대일평화조약”에 의해 각각 회복된 것으로 본다. 오늘 독도영유권의 권원은 “대일평화조약”이다.

둘째로 정부당국에 대해 다음과 같이 정책건의를 하기로 한다.

(ⅰ) 역사적 권원 주장에서 1945년 이후 권원 주장으로 정책전환을 검토할 것

(ⅱ) “항복문서”, “연합군 최고사령관 훈령 제677호”에 근거한 권원 주장에서 “대일평화조약”에 근거한 권원주장으로 정책 전환을 검토할 것

(ⅲ) “대일평화조약” 제2조의 조항 한정 해석에서 목적논적 · 통합적 · 유보원칙 해석으로 정책 전환을 검토할 것

(ⅳ) 상기(ⅰ), (ⅱ) 및 (ⅲ)을 위한 학자의 연구를 적극 지원할 것을 검토할 것

4.
한일간 해양경계획정에 있어서 독도존재의 법적 효과*

목 차

Ⅰ. 서론

한국과 일본 간에 독도의 영유권 귀속문제와 동해의 표기문제 이외에 동해에서 배타적 경제수역과 대륙붕의 경계획정(delimitation) 문제가 현안난제로 제기되어 있다. 그 중 한국과 일본의 배타적 경제수역과 대륙붕의 경계획정문제가 난제로 되어 있는 것은 첫째로, 독도의 영유권이 한국은 한국에 귀속된다고 주장하는데 반해 일본은 일본에 귀속된다고 주장하여 경계획정에 있어서 독도의 존재를 효과를 평가할 수 없다는 점에서, 둘째로, 해양경계

* 본 논문은 2015년 교육부 정책 중점연구소 지원에 의해 연구되었음.

획정에 있어서 도의 존재가 어떠한 효과를 갖느냐에 관해 해양법상, 특히 1958년의 "대륙붕에 관한 협약"(Convention on Continental Shelf, 이하 "대륙붕 협약"이라 한다)과 1982년의 "UN해양법협약"(United Nations Convention on the Law of the Sea, 이하 "해양법협약"이라 한다) 상 명백한 규정이 없다는 점에 있다.

Ⅱ. 해양경계획정에 관한 일반적 고찰

1. 해양경계획정의 개념과 원칙

가. 해양경계획정의 개념

해양경계획정(delimitation of maritime)은 인접(adjacent) 또는 대향(opposite)한 해안연안국의 공동중첩해역(common overlaping zone)의 한계를 획정하는 것을 말한다.[1)]

나. 해양경계 구획과 구별

해양경계 획정은 해양한계 구획(drowing of maritime limits)과 구별된다. 전자는 서로 다른 연안국가의 해양으로부터 분리선(line separating from each other)을 구획하는 것이나, 후자는 단일 연안국가(a sinple coastal state)의 해양의 경계를 구획하는 것이다. 전자는 공동중첩 해역(common overlaping zone)의 경계획정이나, 후자는 공동중첩을 대상으로 하는 것이 아니다.[2)]

---

1) D. P. O'Connell, *The International Law of the Sea,* Vol.2(Oxford : Clarendon, 1984), p.667; E.D. Brown, *The International Law of the Sea*, Vol.1(Brookfield: Dartmouth, 1994), p.159: Y.Tanaka, *The International Law of the Sea*(Cambridge: Cambridge University Press, 2012), p.187.

2) Lucius Catlisch, "Maritime Boundaries, Delimitation," *EPIL,* Vol.11, 1989, p.212 ; Tanaka, *supra* no.1, p.187..

(1) 해양경계획정의 구분

(ⅰ) 해양경계획정은 공동중첩해양을 대상으로 영해의 경계획정(delimitation of territovial sea), 접속수역의 경계획정(delimitation of contiguous zone), 배타적 경제수역의 경계획정(delimitation of exclusive ecomomic zone) 그리고 대륙붕의 경계획정(delimitation of continental shelf)으로 구분된다.

여기서는 배타적 경제수역의 경계획정과 대륙붕의 경계획정에 관해서만 논하기로 한다.

(ⅱ) 해양경계획정의 해안연안국의 위치를 기준으로 인접(adjacent) 해양의 경계획정과 대향(opposite) 해양의 경계획정으로 구분된다.

다. 해양경계획정의 원칙

대륙붕의 경계획정과 배타적 경제수역의 경계획정의 원칙·규칙에 관해 "등거리-특별한 사정 규칙"(rule of equidistance-special circumstances) 또는 "균형의 원칙"(principles of equality) 등이 제시되고 있다.

전자는 1958년의 "대륙붕협약"의 규정에, 후자는 동 협약 이후 국제판례와 1982년의 "해양법협약"의 규정에 각각 의거한 것이지만 양자는 실질적으로 동일한 것이다.[3]

"등거리-특별한 사정 규칙"과 "균형의 원칙"에 관한 국제협약, 국제판례 그리고 학설을 다음 항에서 보기로 한다.

2. 해양경계획정에 관한 국제협약

가. 1958년의 대륙붕 협약

(1) 규정

1958년의 "대륙붕협약"은 동일한 대륙붕의 연안이 서로 대향하고(opposite) 있는 2개 국가 이상의 영토에 인접하고 있는 경우의 대륙붕의 경계획정에

3) Calfisch, *infra* n. 7, p.484; Brown, *supra* n.1, p.166.

관해 다음과 같이 규정하고 있다.

> 동일한 대륙붕의 연안이 서로 대향하고 있는 2개 국가 이상의 영토에 인접하고 있는 경우에는 당해 국가에 속하는 대륙붕의 경계는 당해 국가 간의 합의에 의해 결정된다. 합의가 없으며 또한 특별한 사정에 의해 다른 경계선이 정당화되지 않는 경우에는 경계는 중간선으로 한다(where the same continental shelf is adjacent to the territories of two or more States whose coasts are opposite each other, the boundary of the continental shelf appertaining to such states shall be determined by agreenent between them. In the absence of agreement, and unless another boundary line is justified by special cirumstances, the boundary is the median line)(제6조 제1항).

동일한 대륙붕의 연안이 서로 인접하고(adjacent) 있는 경우 경계에 관해 특별한 사정이 없는 한 등거리원칙에 의한다고 규정하고 있다(제6조 제2항).

(2) 해석

동 제6조의 규정은 대향 또는 인접한 대륙붕의 경계획정은 당사국의 합의가 없는 한 원칙적으로 전자의 경우는 중간선(median line)으로, 후자의 경우는 등거리선(equidistance line)으로 하며, 예외적으로 양자 모두 특별한 사정(special circumstances)이 있는 경우에는 중간선 또는 등거리선에 의하지 아니한다는 것이므로 이를 "등거리-특별 사정 규칙"(equidistance-special circumstances rule)이라 부른다.[4] 동 협정은 어떠한 경우가 "특별한 사정"이 있는 경우 이냐에 관해 아무런 기준을 제시하고 있지 아니한다.

나. 1982년의 해양법협약

1982년의 "해양법협약"은 배타적 경제수역의 경계획정과 대륙붕의 경계획정에 관해 "합의의 균형적 해결", "잠정협정의 체결", "분쟁의 해결" 등의 규정을 두고 있다.

---

4) O'Connell, *supra* n.1, p.699 ; Louis B. Sohn and Kristen Gustafson, *The Law of the Sea* (ST. Paul : West, 1984), p.69 ; Caflisch, *supra* n.2, p.216.

(1) 합의의 형평적 해결

(가) 규정

"해양법협약"은 배타적 경제수역의 경계획정도 합의에 의한 형평한 해결을 하여야 한다고 다음과 같이 규정하고 있다.

> 서로 마주보고 있거나 인접한 연안을 가진 국가 간의 배타적 경제수역의 경계획정은 형평한 해결에 이루기 위하여 국제사법재판소규정 제38조에 언급된 국제법을 기초로 하는 합의에 의하여 이루어진다(the delimitation of the exclusive economic zone between States with opposite or adjacent coasts shall be effected by agreement on the basis of international law, as referred to in Article 38 of the Statute of the International Court of Justice, in order to achieve an equitable solution)(제74조 제1항).

"해양법협약"은 대륙붕의 경계획정에 관해서도 배타적 경제수역의 경계획정과 전혀 동일한 규정을 두고 있다(제83조 제1항).

(나) 해석

가) 당사국 간의 합의

위의 제74조 제1항은 "합의에 의하여 이루어진다"라고 경계획정의 제1규칙을 "국가 간의 합의"로 규정한 것이다.[5] 이는 경계획정은 연안국의 일반적 선언으로 할 수 없음을 의미한다.[6] 합의는 국제법의 현존규칙(existing rules of international law)과 형평적 해결(equifable solution)에 따라야 한다.[7]

---

5) Sohn and Gustafson, *supra* n.4, p.63; Brown, *supra* n.3, p.158.

6) Shigeru Oda, "Exclusive Ecomonic Zone," *EPIL,* Vol.11, 1989, p.107.

7) Lucius Caflisch, "The Delimitation of Marine Spaces between States with Opposite or Adjacent Coast," in Rene-Jean Dupuy and Daniel Vignes(eds.), *A Handbook of the New Law of the Sea,* Vol.1(Dordrecht : Martinus, 1991), p.482 ; Brown, *supra* n.3, p.158 ; Donald R. Rothwell and Tim Stephens, *The International Law of the Sea*(Oxford Hart, 2010), p. 398 ; Brown, *supra* no. 5, pp.166~167 ; Tanaka, *supra* no. 1, p.191. ICJ, *Reports,* 1969, para 101(C);

합의는 절대적 (absolute)인 것이 아니다.[8] 합리적 기간 내에 합의에 도달하지 아니하면 사법적 해결에 의하게 된다. 그러나 동 협약은 합의의 수용가능한 정확한 공식(precistion of formula)을 제시하지 못하고 있다.[9] 동 협약에는 특별한 기준(specific criterion)의 제시가 없다.[10]

나) 형평한 해결

위의 제74조 제1항의 규정 중 "형평한 해결에 이루기 위하여…"는 1958년의 "대륙붕협약"의 특별한 사정(special circumstances)에 의해 다른 경계선이 정당화되지 아니하는 한 중간선(median line) 또는 등거리선(equidistance line)에 의한다는 규정(제6조)과 동일한 의미이다.[11] 그리고 이는 *North Sea Continental Shelf* Case(1969)에서 "등거리-특별사정규칙"(equidistance-special circomstances rule), *France-United Kingdom Continental Shelf* Case(1979)에서 "형평의 원칙"(equitable principles), 그리고 *Tusihia-Libya Continental Shelf* Case(1982)에서 "형평한 결과"(equitable result)와 동일한 의미이다.[12] 경계획정의 균형적 합의는 균형적 경계를 구체화하는 것이어야 한다.[13]

다) 국제사법재판소규정

위의 제74조 제1항의 규정 중 "국제사법재판소 규정 제38조에 언급된 국제법을 기초로 …"는 조약, 국제관습법, 법의일반원칙, 사법판결과 국제법학자의 학설 그리고 형편과 선을 기초로 라는 뜻이다.

"조약"에는 1958년의 "대륙붕협약"과[14] 당사자가 체결한 2변적 조약이[15] 포함된다.

---

8) Caflisch, *supra* n.7. p.483.
9) *Ibid.*, p.480.
10) O'Connell, *supra* n.1, p.690.
11) Caflisch, *supra* n.7, p.484 ; Brown, *supra* no. 5, p.163.
12) *Ibid.*
13) *Ibid*; Brown, *supra* n.3, p.158.
14) O'Connell, *supra* n. 1, p.684 : Caflisch, *supra* n.2, p.217.
15) Sohn and Gustafson, *supra* n.4, p.75.

"관습법"은 배타적 경제수역에 관해서는 형성된 것이 없다.[16] 관습법은 기 체결된 경계획정조약에서 도출될 수 있다.[17] "법의 일반원칙"의 역할을 제시하기는 어렵다고 본다.[18] "판결"에 특히 의존할 수 있고[19] 중요한 역할을 할 수 있다.[20] "공평과 선"은 법외적 고려(extra-legal consideration)로 될 뿐이다.[21]

요컨대, "국제사법재판소 규정 제38조에 언급된 국제법"은 장차의 법학과 조약의 발전(future jurisprudental and treaty development)에 따른 충분한 융통성이 있는 것이다.[22]

제83조 제1항의 대륙붕에 관한 규정의 해석은 상술한 제74조 제1항의 배타적 경제수역의 해석과 동일하다.

(2) 잠정협정의 체결

(가) 규정

"해양법협약"은 경계획정의 합의에 이루는 동안 잠정협정을 체결하도록 노력하여야 한다고 다음과 같이 규정하고 있다.

> 제1항에 규정된 합의에 이루는 동안 관련국은 이해와 상호협력의 정신으로 실질적인 잠정점령을 체결할 수 있도록 모든 노력을 다하며, 과도적인 기간동안 최종합의에 이루는 것을 위태롭게 하거나 방해하지 아니한다. 이러한 약정은 최종적인 경계획정에 영향을 미치지 아니한다(Pending agreement as provided for in paragraph 1, the states concerned, in a sprit of understanding and co-operation, shall make every effort to enter into provisional arrangements of a practical nature and, during this transitional period not

16) Caflisch, *supra* n. 7, p.481.
17) *Ibid.,* n.170.
18) *Ibid.,* p.479.
19) Sohn and Gustafson, *supra* n.4, p.75.
20) Caflisch, *supra* n.7, p.479. n.165.
21) *Ibid.,* p.485 ; *North Sea Continental Shelf* Case(1969), ICJ, *Reports,* 1969. para. 88; *Tunisia-Libya Continental Case*(1982), ICJ, *Reports,* 1982, para.70.
22) Caflisch, *supra* n.2, p.217.

to jeopardize or hamper the reaching of the final agreement such arrangements shall be without prejudice to the final delimitation) (제74조 제3항).

대륙붕에 관해서도 위의 배타적 경제수역의 경우와 동일한 규정을 두고 있다(제83조 제3항).

(나) 해석

위의 제74조 제3항의 규정 중 "모든 노력을 다하여(shall make every effort)", "이해와 상호협력의 정신으로(in a sprit of understanding and co-operation)" 등의 규정은 품위조항(clause de style)으로[23] 규범적 내용(normative conteut)을 포함하고 있지 아니하므로,[24] 이러한 규정은 불만족스럽고 모호하다.[25]

동 조항은 비록 비규범적인 것이기는 하지만 이는 다음과 같은 두 가지 의무를 관련 당사국에 부과하고 있다.

(ⅰ) 경계획정의 합의가 이루어 지지 않는 동안 실질적인 잠정협정을 체결할 수 있도록 모든 노력을 다할 의무이다. "합의가 이루어 지지 않는 동안"의 기간은 얼마인가? "실질적인 잠정조치"는 어떠한 조치인가? "모든 노력"은 어떠한 노력을 의미하느냐? 등은 구체적인 경우에 제반사정을 고려하여 합리적으로 결정될 수밖에 없는 비규범적 과제이다.[26]

(ⅱ) 과도적인 기간 동안 최종적 합의에 이르는 것을 위태롭게 하거나 방해하지 않을 의무이다. 어떤 행위가 위태롭게 하는 행위이냐? 방해하는 행위냐도 구체적인 경우에 제반사정을 고려하여 합리적으로 결정할 수밖에 없는 비규범적 과제이다.[27]

동 규정은 1958년의 "영해협약" 제15조 제1항과 "해양법협약" 제12조는 합의가 없는 한 중간성을 넘어 영해를 측정할 수 없다는 규정과 대조적이다.[28]

---

23) Caflisch, *supra* n.7, p.459.
24) Caflisch, *supra* n.2, p.219.
25) Caflisch, *supra* n.7, p.495.
26) *Ibid.*
27) *Ibid.*

최근 각국의 입법례를 보면 잠정적 조치에 관한 합의가 이루어 지지 아니할 경우 중간선, 또는 등거리선을 경계로 정하는 입법예가 있다.[29]

동 조항의 규정에 따라 1998년 11월 28일 "한일어업협정"이 체결되어 있다(부속서 Ⅰ, 제1항). 동 협정은 한국의 독도의 영유권을 침해하는 많은 규정을 포함하고 있다.

대륙붕에 관한 제83조 제3항의 해석은 상기 배타적 경제수역에 관한 제74조 제3항의 해석과 동일하다.

(3) 분쟁의 해결

(가) 규정

"해양법협약"은 배타적 경제수역의 경계확정에 관한 분쟁의 해결에 관해 다음과 같이 규정하고 있다.

> 상당한 기간 내에 합의에 이루지 못할 경우 관련국은 제15부에 규정된 절차에 회부한다(if no agreement can be reached within a reasonable period of time, the State concerned shall resort to the procedures provided for in Part XV)(제74조 제2항).

"해양법협약"은 대륙붕의 경계획정에 관한 분쟁의 해결에 관해서도 배타적 경제수여의 경우와 전혀 동일한 규정을 두고 있다(제83조 제2항).

(나) 해석

위의 제74조 제2항에 규정된 "제15부 규정된 절차"의 주요 내용은 다음과 같다.

가) 분쟁해결의 원칙적 규정

(ⅰ) 분쟁해결수단의 합의에 의한 선택 : "이 부의 어떠한 규정도 당사국이

---

28) *Ibid* ; Tanaka, *supra* no. 1, p.214 ; Brown, *supra* no. 5, p.172.

29) Sweden : Sweden's Act on Economic Zone(December 3, 1992) ; Belize : Maritime Area Act(June 24, 1992) ; Netherlands : Act on Miritime Area(July 6, 1993) ; 대한민국, "배타적 경제수역법"(1996년 8월 8일)

언제라도 … 분쟁을 스스로 선택하는 평화적 수단에 의하여 해결하기로 합의할 수 있는 권리를 침해하지 아니한다"라고 규정하여(제280조) 분쟁해결 수단의 선택권을 인정하고 있다.

(ii) 사법적 해결 수단의 선택선언: "체약당사국은 … 언제라도 다음의 네 가지 사법절차 중 하나 또는 그 이상을 서면으로 선택한다. 국제해양재판소, 국제사법재판소, 특별중재재판소(제7부), 중재재판소(제8부)"(제287조 제1항). "선택선언이 없으면 특별중재재판소(제7)를 선택한 것으로 본다"(동제3항).

나) 경계획정분쟁의 특별규정

(i) 사법적 절차의 수락배제선언 : "체약당사국은 언제라도 … 해양경계획정에 관한 분쟁에 관해 사법적 절차를 수락하지 아니하는 선언을 할 수 있다"(제298조 제1항).

(ii) 강제조정절차 회부 : "해양경계획정에 관한 분쟁에 관해 당사자간 합리적인 기간 내에 합의가 이루어 지지 아니하는 경우 당사자의 요청이 있으면 조정에 회부할 것을 수락하여야 한다"(제298조 제1항 (a)(i)).

조정판정은 법적 구속력이 없는 것이므로 강제조정규정은 추후의 당사자간에 사법적 해결 후 합의가 없는 한 법적으로 별의미가 없다고 할 수 있다.[30] 그러나 이는 없는 것보다 낫다(better than nothing).[31]

지금까지의 대부분의 해양경제의 사법절차에 회부된 것은 다음과 같이 당사자의 합의에 의한 것이다.

(i) *North Sea Continental Shelf* Case(1969)[32]

(ii) *France-United Kingdom Continental Shelf* Case(1979)[33]

(iii) *Tunisia-Libya Continental Shelf* Case(1982)[34]

(iv) *Canada-United States, Gulf of Maine* Case(1982)[35][36]

---

30) John and Gustafson, *supra* n.4, p.77.

31) Caflisch, *supra* n.2, p.219.

32) ICJ, *Reports,* 1969, p.3.

33) UN, *RIAA,* Vol.8, 1956-1958, p.3.

34) ICJ, *Reports,* 1982, p.3.

그리고 조정에 회부된 사건으로 *Conciliation on the Continental Shelf of Jan Mayen(Iceland-Norway)*이 있다.[37]

대륙붕의 경계획정의 분쟁 해결에 관한 제83조 제2항의 해석은 배타적 경제수역의 경계획정의 분쟁해결에 관한 상기 제74조 제2항의 해석과 동일하다.

3. 해양경계획정에 관한 국제판례

가. *North Sea Continental Shelf*(1969)

North Sea Continental Shelf Case(1969)에서 국제사법재판소 네델란드와 덴마크의 등거리-특별사정 규칙이 인접국가 간의 대륙붕의 경계획정에 적용되는 관습법으로 되었다는 주장을 거부하고[38] 대륙붕의 경계획정은 형평의 원칙에 따라 결정된다고 다음과 같이 판시했다.

> 경계획정은 형평의 원칙에 따른 합의와 모든 관련사정을 고려하여 달성되게 된다(delimitation is to be effected by agreement in accordance with equitable principles, and taking account of all relevant circumstances).[39]

그리고 재판소는 관련 사정(relevant circumstances)의 요소로 다음과 같은 사항이 고려된다고 판시했다.

> (i) 당사자의 연안의 일반적 형태 또한 특수 혹은 비통상적 형태의 존재
> (ii) 알려지거나 또는 이미 확인할 수 있는 한 연유된 대륙붕 지역의 물리적 지질학적 구조와 천연자원
> (iii) 형평의 원칙에 따라 시행되는 경계획정의 분배의 합리적인 정도의 요소
> (i) the general configuration of the coasts of the parties

35) ICJ, *Reports,* 1982, p.3.
36) Sohn and Gustafson, *supra* n.4, p.77.
37) *ILR*, Vol.62, p.108.
38) ICJ, *Reports,* 1969, p.41.
39) ICJ, *Reports,* 1969, p.53.

(ii) so far as Known or readily ascertainable, the pysical and geological structure, and hatural vesources, of the continental shelf area involved
(iii) the element of a reasonable degree of proportionality, which a delimitation carried out in accordance with equitable principles.[40]

이와 같이 재판소는 동 사건에서 "대륙붕협약" 제6조에 규정되어 있는 "등거리-특별사정규칙"은 국제관습법이 아니므로 동 협약에 비준하지 아니한 독일에 동 협약 제6조는 적용되지 아니하며, 모든 관련 사정을 고려한 "형평의 원칙"이 국제관습이고, "관련 사정"의 요소로 연안의 일반적 형태, 대륙붕의 물리적 지질학적 구조, 분배의 합리적 정도 등을 제시했다.

나. *France–United Kindom Continental Shelf* Case(1977)

Fromce-Unifed kingdom Comtinental Shelf Case(1977)에서 영불 두 당사국은 모두 1958년의 "대륙붕협약"의 당사자이므로 동 협약 제6조가 이들에게 적용된다. 동 제6조의 "등거리-특별한 사정" 규칙은 형평의 원칙에 따라 결정되는 것이라고 다음과 같이 판시했다.

합의가 없는 경우에 동일한 대륙붕에 대해 인접한 국가간의 경계는 형평의 원칙에 따라 결정되어야 한다는 일반적인 규범의 특별한 표현이다(…particular expression to general norm that, tailling agreement, the boundary between states abutting on the same continental shelf is to be determined on equitable principles).[41]

다. *Tunisa–Libya Continental Shelf* Case(1992)

Tunisia-Libya Continental Shelf Case(1982)에서 국제사법재판소는 1958년의 "대륙붕협약"의 당사자가 아닌 국가에 대해 관습법의 기초를 결정하면서 균형적 결과에 도달하여야 한다고 다음과 같이 판시했다.

---

40) ICJ, *Reports,* 1969, p.54.
41) *ILR,* Vol.54, 1977, p.48.

원칙들은 목적에 종속된다. 그리고 지적되어질 원칙은 형평적 결과에 도달하기 위한 그들의 적절성에 따라 선택되어져야 한다(the principles are subordinate to the goal and the priniciples to be indicafed … have to be selected aceoding to their appropriateness for reaching equitable result).[42)]

라. *Gulf of Maine* Case(1984)

Gulf of Maine Case(1984)에서 국재사법재판소의 재판부는 미국과 캐나다 간의 대륙붕과 어업수력의 경계획정에 있어서 두 개의 원칙을 제시했다 그 하나는 합의의 원칙이고, 다른 하나는 형평의 원칙이다. 재판부는 균형의 원칙에 관해 다음과 같이 판시했다.

경계획정은 균형적 표준의 적용에 의해 그리고 지역의 지리적 특성과 기타 관련사정, 균형적 결과의 고려를 확보할 수 있는 실질적인 방법의 사용에 의해 이루어져야 한다(delimitation is to be effected by the application of equitable criteria and by the use of practical methods capable of ensuring, with regard to the geographic configuration of the area and other relevant circumstances, and equitable result).[43)]

마. *Guinea/Guinea–Bissau Maritime Delimitation* Case(1985)

Guinea/Guinea-Bissau Maritime Delimitation Case(1985)에서 재판소는 경계획정을 관련 제사정을 고려 균형적 해결을 하는 것이라고 다음과 같이 강조한 바 있다.

어떤 경계획정과정 과정에 목표는 관련 사정들을 고려하여 형평적 해결을 달성하는 것이였다(aim of any delimitation process was to achieve an equitable solution having regard to the relevant circumstances).[44)]

---

42) ICJ, *Reports,* 1982, p.59.
43) ICJ, *Reports,* 1984, pp.299~300.
44) *ILM,* Vol.25, 1986, p.289.

바. *Jan Mayen(Denmark v. Norway)* Case(1993)

Ian Mayen Case(1993)에서 국제사법재판소는 "대륙붕협약" 제6조에 규정된 특별한 사정을 관련사정과 동일한 것이라고 다음과 같이 판시한 바 있다.

> 제6조에 규정된 "특별한 사정"의 범위는 관습법속에 의해 발전되어 온 "관련 사정"의 범위와 실질적으로 동일한 것이다. 양자는 모두 형평적 해결을 달성하기 위해 고안된 것이기 때문이다(the category of "speaial cirwomstances" incorporated in Article 6 was essentially the same as the category of "relevant cirumstances" developed in customary international law since both were designed to achieve an equitable solution).[45]

4. 해양경계획정에 관한 학설

가. Janatan T. Charney

Charney는 해양경계획정은 모두 관련사정을 고려하여 형평의 원칙에 따라 결정되어야 한다고 다음과 같이 기술하고 있다.

> 국제법은 해양경계획정은 어떠한 특별한 방법에 따라 획정된다기 보다 오히려 형평적 결과를 도출하기 위해 사건의 모든 관련 사정을 고려하여 균형의 원칙에 따라 획정될 것을 요구하고 있다(international law does not require that maritime boundaries be determined in accordance with any particular method ; rather, it requires that they be delimited in accordance with equitable principles, taking into account all of the relevant circumstances of the case so as to produce an equitable result).[46]

나. Louis B. Sohn과 Kristen Gustafson

Sohn과 Gustafson은 1982년의 "해양법협약"은 형평의 원칙을 채택했다고 다음과 같이 논하고 있다.

---

45) ICJ, *Reports* 1993, p.62.

46) Jonathan I. Charney "Progress in International Maritime Boundary Delimitation Law," *AJIL,* Vol.88, 1994, p.230.

경계획정은 모든 관련사정을 고려하여 형평의 원칙에 따른 합의에 의해 이루어 져야 한다. … 협약은 등거리의 직접적 언급을 포함하고 있지 아니하다. "균형적 해결"이 "균형의 원칙"을 대신하고 있다(delimitation is to be effected by agreement in accordance with equifably principles, and taking account of all the relevant circumstances … The Convention contain no direct mention of eguidistance, and "equitable solution" took the place of "equitable principles").[47]

다. Lucius Catlisch

Caflisch는 대륙붕의 경계획정에 관한 형평의 원칙이라는 것이 판례에 의해서도 확인되었다고 다음과 같이 논하고 있다.

North Sea Continental Case에 관한 1969년의 국제사법재판소의 판결에 의해 확인된 형평의 원칙은 Continental Shelf Case(Tunisia-Libya)에 관한 1982년의 동 재판소의 재판에 의해 확인되었다(the equitable principles indentitied by the International Court of Justice in its 1969 Judgement relating to the North Sea Continental Shelf Cases have been confirmed, in essence, by the decision taken in 1982 by that same conrt with rgard to the Continental Shelf Case(Tunisia-Libya)).[48]

라. Robert Jennings와 Arthur Watts

Jennings와 Watts는 대륙붕경계획정의 제1의 법원칙은 형평의 원칙에 따른 합의라고 다음과 같이 기술하고 있다.

대륙붕의 경계에 관한 제1법원칙은 가능하면 그 경계는 형평의 원칙에 따른 합의에 의해 해결되는 것이다(the first legal principle concerning Continental Shelf boundaries is that it possible they are to settled by agreement in accordance with equitable principles).[49]

---

47) Sohn and Gustatson, *supra* n.4, pp.66, 74~75.
48) Caflisch, *supra* n.7, p.476.
49) Robert Jennings and Arthur Watts(eds.), *Oppenheim's International Law,* Vol.1, 9th ed.(London : Longman, 1992), pp.776~777.

마. Ian Brownlie

Brownlie는 1958년 "대륙붕협약" 제6조에 규정된 등거리 특별한 사정규칙은 일반규제법상 규칙이 아니며 "형평의 원칙"이 일반국제법이라고 다음과 같이 논하고 있다.

> 등거리/특별한 사정 규칙은 North Sea Continental Case(1969)에서 일반국제법을 표시하는 것이 아니라고 판시되었다. … 관습법에 관련규칙은 국제사법재판소와 기타 재판소의 재판과정에서 완성된 "균형의 원칙"의 형태를 취해왔다. … 이들 "형평의 원칙"은 일반국제법의 한 부분으로서 규범적 성격을 갖고 이들의 적용은 형평과 선의 재판으로부터 구별된다(the equidistance / special circumstances rule was held not to represent general internationtional law in the North Sea Continental Shelf case(1969)··· the velevant rules of customary law have taken the form of equitable principles as elaborated in the course of the decisions of the International Court and other tribunals. These equitable principles have a normative character as a part of general international law, and their application is to be distinguished from decision ex aequo et bono).[50)]

바. Valerie Epps.

Epps는 "해양법협약"이 공평한 해결에 의하여 이루어져야 한다고 규정하고 있다고 하여 해양경계획정은 형평의 원칙에 의해 이루어져야 함을 다음과 같이 기술하고 있다.

> 1958년의 대륙붕협약은 경계획정은 합의에 의하여 이루어져야 하고 만일 그것이 불가능할 경우 등거리 원칙의 적용에 의하여야 한다고 규정하고 있다. 그러나 국제사법재판소는 등거리 원칙은 동 협약의 비 당사자에게 구속력 있는 관습법을 표시한 것이 아니라고 판결했다. 1982년의 협약은 경계획정은 … 국제법에 기초하여 공평한 해결에 이루기 위하여 합의에 의해 이루어져야 한다고 규정하고 있다(the 1958 Convention on the Continental Shelf stated that determination shoud take place by agreement or it that was not possible by using the equidistance principle, but the International Court of Justice

---

50) Ian Brownlie, *Principles of Public International Law,* 5th ed.(Oxford : Oxford University Press, 1998) pp.222~223.

had ruled that the equidistcrnce principle did not represent binding customary law for non-parties to the Convention. The 1982 Convention states that delimitation shall be effected by agreement on the basis of international law … in order to achieve an equitable solution).[51]

사. Malcolm N. Shaw

Shaw는 대륙붕의 경계 분쟁은 형평의 원칙에 따른 합의에 의해 해결된다고 다음과 같이 기술하고 있다.

이 영역에 있어서 많은 분쟁이 실제로 합의에 의해 해결된다. … 대륙붕의 경계에 관한 분쟁은 형평의 원칙에 따른 합의에 의해 해결되어야 한다(most difficulties in this area are indeed resolved by agreement … disputes over continental shelf boundary are to be settled by agreement in accordance with equitable principles).[52]

이상 이외에 "형평의 원칙"에 의한 해결의 견해는 Peter Malanczuk,[53] David H. Ott,[54] 등에 의해서도 표시되고 있다.

이와 같이 국제협약, 국제판례, 학설에 의해 "형평의 원칙"에 의한 해결이 일반적으로 수락되어 있다.

5. 해양경계획정의 한일 공동 경계선

"해양법협약"상 대륙붕과 배타적 경제수역은 구별되는 별개의 법적 체계(legal regime)이다. 양자는 다음과 같은 점에서 구별된다.

(i) 배타적 경제수역은 연안국의 선언에 의해 설정되나(제75조 참조), 대

---

51) Valerie Epps, *International Law,* 4th ed. (Druham : Carolina, 2009), p.200.

52) Malcolm N. Shaw, *International Law* 4th ed.(Cambridge : Cambridge University Press, 1997), pp.436~437.

53) Malcolm N. Malanczuk(ed.), *Akehurst's Modern Introduction to International Law,* 7th ed. (London : Routledge, 1987), pp.196~197.

54) David H. Ott, *Public International Law in the Modern World* (London : Pitman, 1987), pp.220~226.

륙붕은 연안국의 선언을 요하지 아니하고, 당연히 인정된다(제77조 제3항).

(ii) 배타적 경제수역의 관할권은 해저의 상부수역(waters superjacent to the sea-bed)에도 미치나(제56조 제1항 a), 대륙붕의 관할권은 해저의 상부수역에 미치지 아니한다.

(iii) 배타적 경제수역의 폭은 영해의 기선으로부터 200해리를 초과할 수 없으나(제57조), 대륙붕의 폭은 200해리를 초과하는 경우도 인정될 수 있다(제76조 제1항).

이와 같이 양자는 별개의 법적 체계이고, 양자의 경계획정에 있어서 형평적 요소인 형평의 차이(differences in balancing up of equitable factors)가 있을 수 있고,[55] 양경계선은 동일한 규칙에 따라 구획되지만 모든 경우에 동일한 경계선이 일치된 해결(idential solution)을 제공하는 것은 아니다.[56] 대륙붕에 균형적인 것이 반드시 배타적 경제수역에 균형적일 수 있는 것은 아니다.[57] 그러므로 이론적으로 양자의 경계선은 별개로 설정되어야 한다.[58]

그러나 경계획정에 있어서 단일의 공동경계선이 당사국에게 편리한 경우가 많으며, 실제로 단일의 공동경계선이 설정되는 것이 일반적이다. *Gulf of Maine* Case(1984)에서 미국과 캐나다는 대륙붕과 어업관할 수역의 공동경계획정을 요구했으며 재판소는 공동경계 획정의 판결을 했다.[59] *Jan Mayen* Case(1983)에서 덴마크는 공동경계선의 획정을 요구했으나[60] 노르웨이는 대륙붕과 어업수역의 경계획정에 별개의 기준을 적용할 것을 주장하여 재판소는 공동경계선을 획정하지 못하고 각각의 별개의 경계선을 획정했다.[61]

---

55) Brownlie, *supra* n.49, p.228.

56) Caflisch, *supra* n.7, p.481.

57) *Ibid.*

58) *Tunisia-Libya Continental Shelf* Case(1982)에서 Oda 재판관의 반대의견(ICJ, *Reports,* 1982, p.157), Arechago 재판관의 별도의견(*ibid.,* p.100), Evensen 재판관의 반대의견(*ibid,* p.278)

Gnlf of Maine Case(1984), ICJ, *Reports* 1984, p.246.

59) ICJ, *Reports,* 1984, p.246.

60) ICJ, *Reports,* 1993, para.9.

61) ICJ, *Reports,* 1993, paras. 41-49.

Guinea/Guinea-Bissau Case(1985)에서 중재재판소는 관련된 해양영토(maritime terrifory concerned)가 영해, 배타적 경제수역 그리고 대륙붕이라는 점에 관해 당사자의 다름이 없었다고 하고, 단일 경계선에 의해 경계획정이 되어야 한다고 판정했다.[62] St. *Pierre and Miquelon* Case(1992)에서 당사자는 해양수역(maritime areas)의 경계획정은 요구했고,[63] 중재재판소는 특별협정에 의해 요구된 단일경계선을 구획했다.[64]

해상(sea-bed)과 그 상부수역(waters above)의 경계를 달리하는 것은 비현실적(impractical)이다. 이는 생물자연자원(living natural resources)과 비생물자연자원(non-lioing natural resources)의 분배의 균형에 관한 문제이다.[65] 200해리의 대륙붕을 갖는 경우에 있어서 대륙붕의 경계와 배타적 경제수역의 경계를 달리하는 것은 적합하지 아니한(not feasible)것이다.[66] 복잡성을 피하기 위해 국가는 단일 경계선에 합의할 수 있는 것이다.[67]

6. 해양경계획정과 도의 존재

가. 특별한 사정

도의 존재는 해양경계획정에 있어서 "특별한 사정"(special circumstances)[68] 또는 "관련 사정"(relative circumstances)을[69] 이룬다. 해양경계획정에 있어서 "특별한 사정"과 "관련사정"은 동일한 의미를 가지는 것이므로[70] 도의 존재

---

62) *ILM,* Vol.25, 1986, para.42 ; Malcolm D. Evans, "Delimitation and the Common Maritime Boundary," *BYIL,* Vol.64, 1993, p.309.

63) Special Agreement, para.2.

64) Decision, para.37 ; Evans, *supra* n.62, p.319.

65) O'Connell, *supra* n.1, p.729.

66) *Ibid.,* p.730.

67) Caflisch, *supra* n.2, p.218.

68) O'Connell, *supra* n.1, pp.713, 731 ; D. W. Bowett, "Islands," *EPIL,* Vol.11, 1986, p.166; D.R.Rothwell and Tim Stephens, *The International Law of the Sea*(Oxford, Hart, 2010), p.403; Brown, *supra* n.3, p.163, 176, 182 ; Rothwell and Stephens, *supra* no. 7, p.403 ; Brown, *supra* no. 5, p.163.

69) Brownlie, *supra* n.49, p.228 ; Caflisch, *supra* n.7, p.497 ; Tanaka, *supra* n.1, p.204.

가 "특별한 사정"을 이룬다는 견해와 "관련 사정"을 이룬다는 견해의 실질적인 차이는 없는 것이다. 도의 존재는 지리적 특성(geographical features)으로 인정되어 왔다.

D. P. O'Connell은 "특별한 사정"의 범위로 지질학적 사정(geographical circumstances), 공동광물매장(common mineral Deposite), 항해와 어업권(navigation and fishing rights), 역사적 특수사정(historical special circumstances) 그리고 도(islands)를 들고 있다.[71]

그리고 그는 경계획정에 영향을 주는 요소로 비례성(proportionality) 근접성(proximity) 그리고 지리형태적 불연속성(geomorphological discontinuities)을 두고 있다.[72] D. W. Bowett는 후술하는 바와 같이 해양경계획정에 있어서 몇 가지 일반적 규칙을 제시하고 있다.[73]

나. 선례

도의 존재가 해양경계획정에 미치는 전부효과(full effect), 반분효과(half effect) 그리고 영분효과(zero effect)를 인정한 판결과 협정을 보면 다음과 같다.

(1) 판결

(가) 전부효과

France-United Kingdom Continental Shelf Case(1977)에서 (Island of Uahant)[74]

Qatar/Bahrain Case(2001)에서(Hawar Island와 Japan Island)[75]

---

70) O'Connel supra n.1, p.708 ; ICJ, Reports, 1993, p.62; Rothwell and Stephens, supra n.68, p.404.
특별한 사정(special circumstances)은 Geneva 법의 개념이고, 관련 사정(relevant circumstances)은 판례법안의 개념이다(Rothwell and Stephens, supra n.7, pp.402~404.).

71) O'Connell, *supra* n.1, pp.707~714.

72) *Ibid.*, pp.724~726.

73) Bowett, *supra* n.68, p.166.

74) *ILR*, Vol.54, 1977, para.248.

75) ICJ, *Reports*, 2001, p.109, paras.222.

Nigaragua/Donduras Case(2007)에서(Hudra Island)[76]

(나) 반효과

Tunisia-Libya Continental Shelf Case(1982)에서 (Kerkennah Islands),[77]

France-United Kingdom Continental Shelf Case(1977)에서 (Scilly Islets),[78]

Gulf of Maine Case(1984)에서 (seal Island)[79]

(다) 감축 내지 영분효과

France-United Kingdom Case(1977)에서 (Channel Islands)[80]

Tunisia/Libya Case(1982)에서(Jerba Island)[81]

Guined/Guiend-Bissa Case(2001)에서(Bijagos Island)[82]

Qatar/Bahrain Case(2001)에서(Oit'at Jaradah)[83]

Romania/Ukrain Case(2009)에서(Serpents Island)[84]

(2) 협정

(가) 전부효과

Agreement on the Delimitation of the Continental Shelves Malaysia-Indonesia, Oct. 12, 1969(Natuna Island, Anambas Island),[85]

(나) 감축효과

Agreement between the Socialist Republic of the Union of Berma and the Republic of India on the Delimifation of the Maritime Boundary in the Andaman Sea, in the Coco Channel and in the Bay of Benegal, December 23, 1986[86]

---

76) ICJ, *Reports*, 2007, p.752, paras, 304~305.
77) ICJ, *Reports,* 1982, paras.128-29.
78) *ILR,* 1984, Vol.54, 1977, paras.243-51.
79) ICJ, *Reports,* para.222.
80) *ILR,* Vol.54, 1977, paras.189-203.
81) ICJ, *Reports*, 1982, p.85, para.120.
82) Tanaka, *supra* n.1, p.204.
83) ICJ, *Reports*, 2001, pp.104~109, para.219.
84) ICJ, *Reports*, 2009, pp.109~110, para.418.
85) E.D.Brown, "Sea-bed Energy and Minerals", *The International Legal Regime*, Vol1, 1992. Chap.10, Section Ⅱ, 2.

(다) 영분효과

Agreement between India and Sri Lanka on the Boundary in historic waters between the Two Contries and Related Matters, June 26, 1974(kachaitivu Is land)[87)]

다. 판례에 표시된 일반적 규칙

해양경계획정에 있어서 도의 존재가 어떠한 효과를 갖느냐에 관해 판례에 표시된 일반적인 규칙을 다음과 같이 제시해 볼 수 있다.

(ⅰ) 규칙 제1 : 도국가(island state)인 도는 속도(island dependancy)보다 넓은 대륙붕과 배타적 경제수역을 갖는다.[88)]

(ⅱ) 규칙 제2 : 본토(mainland)에 접근한 도는 영분효과 또는 반분효과 보다 작은 효과를 갖는다.[89)]

(ⅲ) 규칙 제3 : 그의 주권하에 있는 국가로부터 멀리 떨어져 있는 도는 독자적인 대륙붕과 배타적 경제수역을 가지나 그 범위는 모든 관련요소(all the relevant factors)에 의존한다. 다른 국가에 인접한 도는 그의 범위를 감축시킨다.[90)]

86) *ILM,* Vol.27, 1988, p.1144.

87) *ILM,* Vol.13, 1974, p.1442.

88) The Court of Arbitration's discussion of the Channel Islands in *the France-United Kindom Continental Shelf Case(1977), ILR,* Vol.54, 1977, p.1 ; *Libya-Maltol Continental Shelf* Case(1985), ICJ, *Reports,* 1985, para.72 ; Bowett, *supra* n.68, p.166.

89) *Tunisia-Libya Continental Shelf* Case(1982), ICJ, *Reports* 1982, p.18, with regard to the treatment of Djerba and Kerkennahas ; *Gulf of Marine* Case(1984), ICJ, Reports, 1984, p.246, with regard to the treatment of Seal Island ; *Libia-Malta Continental Shelf* Case(1985), ICJ, *Reports* 1985, p.48, with regara to the ignoring of the Island of Filfla ; Bowett, *supra* n.68, p.166.

90) *France-Unitad Kingdom Continental Shelf* Cose(1977), paras. 185-88, with regard to the treat ment of the Channel Is lands ; Bowett, *supra* n.68, p.166.

Ⅲ. 한국과 일본의 배타적 경제수역과 대륙붕의 경제획정의 문제해결과 독도의 존재효과

1. 문제의 제기

가. 한국과 일본의 배타적 경제수역의 중첩

(1) 한국의 배타적 경제수역의 설정

"해양법협약"이 1982년 12월 10일에 채택되고 1994년 11월 16일에 효력을 발생하게 됨에 따라 대한민국은 동 협약에 1996년 1월 29일에 비준서를 기탁하여 동 협약은 대한민국에 대해 1996년 2월 28일에 효력을 발생하게 되었다.

배타적 경제수역의 설정은 연안국의 선택적 권리(optional right)이므로[91] 선언을 요하는 것은 국제관습이라 할 수 있다.[92]

대한민국은 1996년 8월 8일 "배타적 경제수역법"(법률 제5151호)을 제정·공포하여 200해리 배타적 경제수역을 설정했다(제2권 제1항). 동 법은 "포괄적 규정(comprehensive stipulation)주의"에 따라 한국의 모든 영토의 해안에 포괄적으로 설정했고, "개별적 규정(individual stipulation)주의"에 따라 한국의 특정 영토, 특히 특정 도를 개별적으로 지정하여 설정한 것이 아니다. 따라서 한국의 영토인 독도에도 당연히 배타적 경제수역이 설정된 것이다.

(2) 일본의 배타적 경제수역의 설정

일본은 1996년 6월 20일 "배타적 경제수역 및 대륙붕에 관한 법률"(법률 제74호)을 제정·공포하여 200해리 배타적 경제수역은 설정했다(제1조 제2항).

(3) 한국의 배타적 경제수역과 일본의 배타적 경제수역의 중첩

(가) 동해에서의 중첩

동해에서 한국의 해안과 일본의 해안의 폭이 전반적으로 400해리에 미치

---

91) Jennings and Watts, *supra* n.48, p.791.

92) Brownlie, *supra* n.49, p.221.

지 못하므로 동해에서 양국의 배타적 경제수역은 중첩된다.

(나) 대향한 배타적 경제수역의 중첩

동해에서 한국의 연안과 일본의 연안은 대향하고(opposite) 있으므로 이는 "대향한" 연안의 배타적 경제수역의 중첩인 것이다. 한반도와 일본열도, 울릉도와 일본열도, 울릉도와 오끼도, 독도와 오끼도의 해안이 대향(opposite) 해안이냐 인정(adjacent) 해안이냐의 문제가 제기될 수 있다. 그러나 1958년의 "대륙붕협약"은 전자와 후자를 부별하여 전자는 원칙적으로 중간선에 의해, 후자는 원칙적으로 등거리선에 의한다고 규정하고 있으나(제6조), 1982년의 "해양법 협약"은 양자를 구별하고 있지 아니하므로(제74조 제1항, 제83조 제1항) 이 문제는 "해양법협약"상 실익이 없는 문제인 것이다.

나. 한국과 일본의 대륙붕의 중첩

(1) 한국의 대륙붕의 설정

대륙붕은 배타적 경제수역과 같이 연안국에 의한 설정을 요하는 것("해양법 협약" 제75조)이 아니라, 처음서부터 당연히 존재하는(exist ipso facto and ab inito) 것이므로[93] 연안국의 대륙붕의 설정을 표시함을 요하지 아니한다.[94] 1982년의 "해양법협약"은 "대륙붕에 대한 연안국의 권리는 … 명시적 선언에 의존하지 아니 한다"라고 규정하고 있다(77조 제3항). 그러므로 연안국에 의한 대륙붕설치에 관한 선언은 동 협약상 의미가 없는 것으로 국내법상 "선언적 효과"만 있을 뿐 "창설적 효과"는 없는 것이다.

한국은 1970년 1월 1일 "해저광물자원개발법"(법률 제2184호)을 제정·공포하고 동 년 5월 30일 "해저광물자원개발법 시행령"(대통령령 제5020호)를 제정·공포하여 대륙붕을 선언했다(제3조, 별표 1). 동 법은 대륙붕의 범위를 "…

---

93) ICJ, *Reports,* 1969, p.22.

94) John and Gustatson, *supra* n.4, p.159 ; Rene-Jean Dupuy, "Continental Shelf Definition and Rules applicable to Resources," in Dupuy and Vignes, *supra* n.7, p.370 ; ICJ, *Reports,* 1969, p.22.

대한민국이 행사할 수 있는 모든 권리가 미치는 대륙붕"으로 규정하고 있다(제1조).

따라서 동령에 의해 표시된 광구이외의 해역에도 대륙붕은 설정한 것이다. 그리고 동법은 "… 대한민국이 행사할 수 있는 모든 권리가 미치는 대륙붕"으로 규정하고 있다(제1조). 따라서 동령에 의해 표시된 광구이외의 해역에도 대륙붕을 설정한 것이다. 그리고 동법은 "… 대한민국의 영토인 한반도와 그 부속도서의 해안 …"으로 규정하여(제1조), 동 조의 "부속도서"에 독도가 포함되므로 당연히 독도에도 대륙붕은 설정한 것이다.

(2) 일본의 대륙붕의 설정

전술한 바와 같이 일본은 1996년 6월 1일 "배타적 경제수역 및 대륙붕에 관한 법률"(법률 제74호)를 제정·공포하여 배타적 경제수역과 대륙붕을 동시에 선언했다. 동 법에 의하며 대륙붕의 범위를 200해리로 규정하고 있다(제2조 제1항).

(3) 한국의 대륙붕과 일본의 대륙붕의 중첩

한국의 대륙붕과 일본의 대륙붕의 중첩은 상술한 "한국의 배타적 경제수역과 일본의 배타적 경제수역의 중첩"(1, 다)을 그대로 인용하기로 한다.

2. 문제의 해결

가. 문제해결의 절차적 방안

(1) 합의

전술한 바와 같이[95] 해양경계획정의 제1 해결방안은 당사국 간의 "균형적 합의"이다. 한국과 일본간의 배타적 경제수역과 대륙붕의 경계획정의 제1해결방안은 한국과 일본간의 "균형적 합의"이다. 이 방안이 최선의 방안이나

95) *Supra* Ⅱ. 2. 나. (1).

실질적 합의에 이루기는 어려울 것이다.

(2) 국제조정

전술한 바와 같이[96] 해양경계획정의 제2 해결방안은 국제조정이다. 당사국 간에 합의가 이루어 지지 아니할 경우 어느 당사국도 국제조정에 회부할 수 있으며 국제조정위원회는 강제적 관할권을 갖는다.[97] 따라서 한국과 일본 간에 합의가 이루어지지 아니할 경우 한국은 일본의 동의 없이 일본은 한국의 동의 없이 각기 배타적 경제수역과 대륙붕의 경계획정문제를 국제조정위원회에 회부할 수 있다. 그러나 국제조정 결정은 법적 구속력이 없으므로 이 방법은 사실상 거의 무의미한 것이다.

(3) 국제재판

전술한 바와 같이[98] 해양경계획정의 제3 해결방안은 국제재판이다. 당사국은 합의에 이루지 못한 경우 국제조정에 회부한 다음에 또는 그 전에 국제재판소에 제소할 수도 있다. 이 제소는 국제중재재판소, 국제해양재판소, 국제사법재판소에 제소하는 것이든 불문하고 이들 국제재판소는 강제적 관할권을 가지지 아니하므로 당사국간의 합의를 요한다.[99] 한국과 일본은 이들 재판소에 합의에 의해 배타적 경제수역과 대륙붕의 경계획정의 분쟁을 제소할 수 있다. 이 제소는 경계획정에 적용되는 원칙과 규칙이 무엇이냐를 청구할 수도 있고,[100] 구체적인 경계획정의 구획선을 청구할 수도 있다.[101]

한국과 일본간의 배타적 경제수역과 대륙붕의 경계획정문제는 상기 세 개

---

96) *Supra* Ⅱ. 2. 나. (3) (나) 1) 가).

97) "해양법협약" 제298조.

98) *Supra* Ⅱ. 2. 나. (3) (나) 1) 가).

99) 대한민국은 "해양법협약" 제298조 제1항에 따른 선언, 즉 재판소의 강제적 관할권을 배제하는 선언을 했다(2006.4.18).

100) *North Sea Continental Shelf* Case(1969)에서 당사자들은 북해대륙붕의 경계획정에 적용되는 원칙과 규칙이 무엇이냐를 청구했다(ICJ, *Reports,* 1969, pp.6~9.

101) *France-United Kingdom Comtinental Shelf* Case(1977)에서 당사자들은 경계선 자체를 결정해 줄 것을 청구했다(Arbitration Agreement, Art.2).

의 방안 중 제1해결방안이 최선의 방안이나, 한일간에 합의가 이루어지지 아니할 경우 차선의 방안으로 제3의 해결방안을 선정할 수밖에 없으며 이 방안은 한국과 일본 간의 제소합의를 요하므로 이 합의가 이루어지지 아니할 경우 한일간의 배타적 경제수역과 대륙붕의 경계획정문제(분량)는 영원히 미해결 상태로 방기될 수 있다. 양국의 정치적 결단이 요구된다.

나. 문제해결의 실질적 방안

(1) 선결과제

한일간의 배타적 경제수역과 대륙붕의 경계획정문제의 실질적 방안은 결국 "균형적 해결"이다. 이 "균형적 해결"의 선결과제는 (i) 독도의 영유권의 귀속문제와 (ii) 독도는 "해양법협약" 제121조 제3항의 암석이 아니다 라는 것을 전제로 한다.

(2) 실질적 과제

한일간 배타적 경제수역과 대륙붕의 경계칙령에서 실질적으로 해결하여야 할 핵심 과제는 (i) 독가 경계획정에 전부효과(full effect), 반분효과(hald effect), 감축 또는 영분효과(reduced or zero effect) 중 어떤 효과를 갖느냐의 독도의 가치 부여 과제와, (ii) 배타적 경제수역과 대륙붕의 경계획정 선을 공동 단일로 할 것이냐 개별 별개로 할 것이냐의 공통경계선 과제이다.

(가) 독도의 가치부여

독도의 존재가 "특별한 사정" 또는 "관련 사정"으로 경계획정에 어느 정도 영향을 줄 것이냐는 한국의 입장에서는 전부효과를 주장할 것이고 일본의 입장에서도 전부효과를 주장할 것이다(독도가 일본의 영토이므로) 구체적으로 … 한국은 독도와 오끼도의 중간선을, 일본은 울릉도와 독도의 중간선을 주장할 것이다(독도가 일본의 영토이므로). 한국과 일본이 각기 주장을 양보하면 울릉도와 오끼도의 중간으로 합의할 수도 있을 것이다. 이 중앙선은 한국측에서 보아 독도의 외측에 설정된다.[102] 이는 양국의 정치적 결단의 문제

로 남는 것이다.[103)]

그러나 만일 재판소에 제소되게 될 경우 한국은 진술한 판례에 표시된 "규칙 제2"에 의거 독도는 본토인 한반도로부터 멀리 떨어져 있으므로 독도는 전부효과를 갖는다. 그리고 동 "규칙 제3"에 의거 독도는 일본에 접근해 있지 아니하므로 전부효과를 갖는다는 판례에 입각한 주장을 할 수 있고 또 그러한 효과를 충분히 기대할 수 있다. 즉 독도와 오끼도의 중간선을 주장할 수 있고 또 그러한 판결을 기대할 수 있다. 그러나 재판소가 독도의 영유권이 일본에 귀속되는 것으로 판단할 때 그러하지 아니함은 물론이다.

(나) 공동경계선 설정

한국과 일본의 배타적 경제수역과 대륙붕이 모두 각각 200해리를 초과하지 아니하고 전술한 바와 같이 (ⅰ) 대륙붕과 배타적 경제수역이 각각 200해리를 초과 하지 아니하는 경우,[104)] (ⅱ) 생물자연자원과 미생물자연자원이 분배가 특별한 차이가 없는 경우.[105)] 그리고 (ⅲ) 배타적 경제수역과 대륙붕의 별개의 경계선이 실제랑 복잡성을 갖고 있는 경우[106)]는 공동단일경계선이 바람직한 것으로 인정되어 있다.

한국과 일본의 배타적 경제수역과 대륙붕이 각각 200해리를 초과하지 아니하고, 200해리 범위 내에서 생물자연자원과 비생물 자연자원의 분배에 특별한 차이가 없고, 각각의 두 개의 경계선인 실제상 불편할 것이므로 한국과 일본은 공동단일경계선의 설정에 참의할 가능성이 높다고 본다.

---

102) 필자는 이 절충선을 주장하는 것이 아니라 그러한 절충방안도 있을 수 있다는 것을 조심스럽게 제시할 뿐이다.

103) 필자는 몇 년 전에 동북아역사재단이 아카데미 하우스에서 주최하는 학술행사에서 일본이 독도의 영유권을 포기할 경우 울릉도와 오끼도의 중간선을 경계 획정의 "안으로 검토될 수도 있다"고 발표했다가 학술행사의 참가자들로부터 봉변을 당할 일이 있음을 기억하고 있다. 당시 발표문은 모두 회수 파기처분되었다.

104) See *supra* n.66.

105) See *supra* n.65.

106) See *supra* n.67.

VI. 결론

1. 요약

상술한 바른 다음과 같이 요약하기로 한다.

(i) 한국과 일본이 각기 200해리 배타적 경제수역과 대륙붕을 설정 선언하여 한반도와 일본열도 간의 거리가 전반적으로 400해리에 미치지 못하므로 한국과 일본간에 해양경계획정문제가 제기되어 있다.

(ii) 해양 경계획정에 관한 국제협약, 특히 1982년의 "해양법협약"과 국제판례, 그리고 학설에 의해 "형평의 원칙"에 따라 해양경계획정을 한다는 것을 일반적으로 승인되어 있다.

(iii) "형평의 원칙"은 특별한 사정(special cirumstances) 또는 관련 사정(relevant circumstances)을 고려하도록 하며, 도의 존재는 "특별한 사정" 또는 "관련사정"으로 인정되어 있다.

(iv) 경계획정에 있어서 "도의 존재"의 효과에 관해 국제 판례로부터 3개의 일반규칙의 도출되며, 이 규칙에 의하면 한국영토인 독도의 존재는 한일간 배타적 경제수역과 대륙붕의 경계획정에 한국에 유리할 수 있다.

2. 정책 대안의 제의

정부관계 당국에 대해 다음과 같은 정책 대안을 제의하기로 한다.

(i) 한일간의 해양경계획정문제는 가능한 한 합의에 의해 해결한다. 합의는 교섭에 의한 상호 양보로만 가능한 것이므로 독도는 전부효과 이하의 효과도 융통성 있게 수용한다.

(ii) 일본이 독도의 영유권주장을 포기할 경우 울릉도와 오끼도의 중간선을 경계로 해도 독도는 경계선 내측에 위치함을 고려한다.

(iii) 어떠한 경우도 독도가 "해양법협약" 제121조 제3항의 암석이라는 입장은 배제한다.

(iv) 국제재판소에 제소하게 될 경우에 대비하여 국제판례에 표시된 도의 존재 효과에 관한 규칙의 연구를 적극 추진하여 정책결정의 기초로 삼는다.

〈국문초록〉

한국과 일본간의 배타적 경제수역과 대륙붕의 경계획정문제가 한일간에 난제로 대두되어 있다. 1982년의 "UN해양법협약" 제74조 제1항과 제83조 제1항의 규정에 따라 한국과 일본은 "국제사법재판소규정" 제38조에 규정된 국제법에 기초하여 공평한 해결에 이루도록 합의에 의해 문제를 해결하여야 한다. 지금까지의 관행에 의하면 도는 공편한 결과에 도달하기 위한 특별한 취급을 요하는 지리적 특성으로 인정되어 왔다. 즉 "특별한 사정" 또는 "관련사정"으로 인정되어 왔다.

국제재판소의 판결로부터 도의 존재에 관한 다음과 같은 3개의 규칙을 도출할 수 있다.

제1규칙 : 섬나라는 속도보다 광범한 배타적 경제수역과 대륙붕을 갖는다.

제2규칙 : 본토에 밀접히 접근하고 있는 도는 "영분효과"(zero effect) 또는 "반분효과"(half effect)보다 적은 효과가 부여된다.

제3규칙 : 국가로부터 멀리 떨어져 있는 도는 "전부효과(full effect)"를 가질 수 있다.

상기 제2규칙과 제3규칙에 따라 한국과 일본간의 배타적 경제수역과 대륙붕의 경계획정에 있어서 독도는 전부효과를 부여 받을 수 있다.

〈주제어〉 해양경계획정, 1982 해양법협약, 특별한 사정, 관련사정, 균형의 원칙, 독도

⟨Abstract⟩

Study on The Legal Effect of the Existence of Dokdo in Delimitation of the Maritime Boundary between Korea and Japan

Myung-Ki Kim

The delimitation of the exclusive economic zone and the continental shelf between Korea and Japan has become one of the difficult issues. Pursuant to Article 74(1) and Article 83(1) of the 1982 UN Convention on the Law of the Sea exclusive economic, zone and continental shelf between korea and Japan shall be delimited "by agreement on the basis of international law is referred to in Article 38 of the Statute of the International Court of Justice in order to achieve an equitable solution."

The practice bas been to regard islands as geographical features generally requiring special treatment in order to reach a result in accordance with equitable principle, that is to say, islands have been regarded as typical form of "special circumstances" or "relevant circumstances".

From the judgements and awards of the courts and tribunals following three rules applicable to delimit maritime boundary may be made :

(i) Rule 1 : An Island State is likely to attract a greater area of exclusive economic zone or continental shelf than an island dependancy.

(ii) Rule 2 : Islands in close proximity to a mainland State they lie may be given either zero effect or less than half effect.

(iii) Rule 3 : Islands remote from the State under whose sovereignty they lie may have full effect.

In accordance with the above-mentioned Rule 2 and Rule 3, Dokdo may be given full effect in the delimitation of exclusive economic zone and continental shelf between Korea and Japan.

〈Key Words〉 delimitation of maritime boundary, UN Convention on the Law of the Sea, special circumstances, relevant circumstances, equitable principle, Dokdo

참고문헌

Bowett, D. W., "Islands," *EPIL*, Vol.11, 1986.

Brown, E. D., The International Law of the Sea, Vol.1, Brookfield: Dartmouth, 1994.

Brown, E. D., The International Legal Regime, Vol.1, 1992.

Brownlie, I., *Principles of Public International Law*, 5th ed., Oxford : Oxford University Press, 1998.

Charney, Jonathan I., "Progress in International Maritime Boundary Delimitation Law," *AJIL*, Vol.88, 1994.

Claflisch, Lucius, "Maritine Boundaries Delinitation, *EPIL*, Vol.11, 1986.

Epps, Valerie, *International Law*, 4th ed., Druham: Carolina, 2009.

ICJ, Reports, 1969.

———, *Reports*, 1982.

———, *Reports*, 1984.

———, *Reports*, 1985.

———, *Reports*, 1993.

Evans, M. D., "Delimitation and the Common Maritime Boundary," *BYIL*, Vol.64, 1993.

O'Connell, D.P, *The International Law of the Sea* Vol.2, Oxford : Clarendon, 1984.

Ott, David. H., *Public International Law in the Modern World*, London : Pitman, 1987.

Malanczuk, M. N., *Akehurst's Modern Introduction to International Law*, 7th ed., London : Routledge, 1987.

Rothwell, D.R., The International Law of the Sea, Oxford:Hart, 2010.

Shaw, M. N., *International Law*, 4th ed., Cambridge : Cambridge University Press, 1997.

Sohn, Louis B., and Kristen Gustatson, *The Law of the Sea*, St. Paul : West, 1984.

Tonaka, Yoshifumi, *The International Law of the Sea*, Cambridge : Cambridge University Press, 2012.

5. 일본자위대의 독도상륙의 위법성

전쟁법상 일본자위대의 독도상륙의 위법성

목차

Ⅰ. 서론

독도는 한국의 영토이고, 오늘 독도에 대한 점유에 의한 실효적 지배 또한 한국이 행사하고 있다.

반면, 일본정부는 독도는 일본의 영토이며 한국이 이를 불법적으로 점거하고 있다고 주장하면서 독도영유권문제를 국제분쟁화하여 국제사법재판소에 제소하여 해결하려는 기본전략을 수립하고 이를 추진하고 있다. 그러나 독도는 일본영토를 한국이 불법점거하고 있으므로 자위권을 행사하며 이를 탈취·회복하여야 한다는 일본의회에서 의원들의 주장 또는 계속적·반복적으로 제기되고 있다.

그러므로 언제 일본자위대 병력이 독도를 기습공격하여 상륙해 올런지 알 수 없다. 이 연구는 일본자위대의 독도에 대한 기습공격에 대하여 전술·전략상 대응책을 논하려는 것이 아니라 일본자위대의 독도에 대한 기습·공격이 정전법(正戰法, ius ad bellum)상 그리고 좁은 의미의 전쟁법(戰爭法, ius in bello)상 위법성 여부를 검토해 보려 시도된 것이다. 전자는 주로 "국제연합헌장"(the Charter of the United nations)상 위법성의 문제이고, 후자는 주로 "1949년 8월 12일자 제네바협약에 대한 추가 및 국제적 무력충돌의 희생자 보호에 관한 의정서"(제1의정서)(Protocol Addition to the Geneva Convention of 12 August 1949 and Relations to the Protection of Victims of International Armed Conflicts(Protocol 이하 "추가의정서"라 한다)상의 의법성 문제이다.

이 연구는 전자보다 후자에 중점을 둔 것이다.

이하 (i) "일본자위대의 독도상륙의 정전법상 위법성"을 먼저 검토하고 논하고, 그 뒤에 (ii) "일본자위대의 독도상륙의 전쟁법상 위법성"을 논급하기로 한다. 그리고 (iii) "결론"에서 정부당국에 대한 정책대안을 제의하기로 한다.

II. 일본 자위대의 독도상륙의 정전법상 위법성

일본자위대의 독도상륙의 정전법(ius ad bellum)상 위법성은 다음과 같이 구분하여 논급하기로 한다.

1. 국제연합헌장상 위법성

1945년의 "국제연합헌장"은 국제연합의 원칙의 하나로 무력의 행사 금지의 원칙을 제2조 제4항에 다음과 같이 규정하고 있다.

> 모든 회원국은 그 국제관계에 있어서 다른 국가의 영토보전이나 정치적 독립에 대하여 또는 국제연합의 목적과 양립하지 아니하는 어떠한 방식으로도 무력의 위협이나 무력의 행사를 삼간다(All Members shall refrain in their international relations from the threat or use of force against the territorial integrity or political independence of any state, or in any other manner inconsistent with the purpose of the United Nations).

위의 규정 중 (i) "국제연합의 목적"은 "국제평화와 완전의 유지"이므로 (제1조 제1항)[1] 일본 자위대의 공격은 국제평화와 안전의 유지를 침해한 것이고, (ii) "무력의 행사"에 독도에 대한 공격에 해당됨을 물론이다.

일본자위대의 독도상륙은 독도의 영유권이 한국에 있는 경우는 물론 그것이 일본에 있는 경우도 "헌장"상 위법한 것이다. 왜냐하면 "헌장"은 국제연합의 목적의 하나로 국제평화와 안전의 유지(to maintain international peace and security)를 규정하고(제1조 제1항), 국제연합의 원칙의 하나로 분쟁의 평화적 해결(by peaceful means)을 규정하고(제2조 제3항) 있기 때문이다.

2. 국제관습법상 위법성

개별국가에 의한 무력의 위협 또는 무력의 행사의 금지는 국제관습법화된 것이므로[2] 일본 자위대의 독도 공격은 국제관습법을 위반한 것이다.

일본 자위대의 독도에 대한 공격은 "국제연합헌장" 제2조 제4항과 무력의 행사를 금지하는 국제관습법을 위반한 것이다.

3. 한일기본관계조약상 위법성

일본의 독도상륙은 1965년 6월 22일에 한일간 체결된 "한일기본관계에 관한 조약"(Treaty on Basic relations between the Republic of Korea and Japan, 이하 "한일기본관계조약"이라 한다)상 위법한 것이다.

가. 주권의 상호존중

"한일기본관계조약" 전문은 동조약이 주권의 상호존중의 원칙에 기초한 것임을 다음과 같이 규정하고 있다.

주권의 상호존중의 원칙에 기초하여 상호선린과 양국 관계의 정상화를 상호희망에 기초하여(their mutual desire for good neighbor and for the normalization of their relation

1) Leland M. Goodrich, Edvard Hambro and Anne P. Simons, *Charter of the United Nations,* 3rd ed.(New York : Columbia University, Press. 1969), pp.27~29.

2) A.C.Arend and R.J.Beck, *International Law and the Use of Force by States*(Oxford : Clarendon, 1963), pp.100~111 ; Gerhard von Glohn, *Law Among Nations,* 9th ed.(London : Longman, 2010), p.568.

on the basis of the principle of mutual respect for sovereignty)

위의 규정 중 "선린과 정상화를 위한 상호희망"에 일본자위대의 독도상륙은 반하는 것이고 "주권상호존중의 원칙"에 일본자위대의 독도상륙이 반하는 것임은 논의의 여지가 없다.

나. 국제연합의 원칙에 따른 협조(제4조)

동 조약의 당사국은 국제연합의 원칙에 따라 협조한다고 다음과 같이 규정하고 있다.

양 체약당사국은 양국 상호관계에 있어서 국제연합의 원칙을 지침으로 한다(the right contraction parties will cooperate in conformity with the principles of the Charter of the United Nations in promoting their mutual welfare and common interest)(제4조)

상기 규정 중 "국제연합헌장 원칙에 따른 협조"에 일본자위대의 독도상륙이 해당됨은 물론이다. 따라서 일본자위대의 독도상륙은 동 조약 제4조에 위배됨은 논의의 여지가 없다.

요컨대, 일본자위대의 독도상륙은 "한일기본과계조약"저문, 제4조를 위반하는 것임은 검토의 여지가 없다. "한일기본관계조약"은 한일간의 국교정상화조약이며 그 자체 형식상 "정전법"은 아니다. 실질상으로 정전법에 관한 규정을 두고 있다.

III. 일본 자위대의 독도상륙의 전쟁법상 위법성

일본자위대의 전쟁법(ius in bello)상 위법성을 "추가의정서"를 중심으로 논하기로 한다.[3)]

---

3) 대부분의 전쟁법은 특히 "육전규칙"의 대부분은 "추가의정서"에 흡수되어 있기 때문이다.

1. 추가의정서의 적용범위

일본 자위대 병력의 독도 상륙 작전의 적대 행위와 한국 경찰 경비대의 방어 작전의 적대행위에 "추가의정서"의 적용 여부를 검토해 보기로 한다.

가. 인적 적용 범위

먼저, 인적 적용 범위(personal field of application)에 관해 보기로 한다.

"추가의정서"는 동 의정서의 인적 적용범위에 관해 "체약 당사자는 모든 경우에 있어서 본 의정서를 존중할 것과 본 의정서의 존중을 보장할 것을 약정한다"라고 규정하여 (제1조 제1항), "추가의정서"가 "체약당사자"(contracting parties)에게 적용됨을 명시하고 있다.

일본은 4개의 "제네바 협약"에 1953년 4월 21일에 가입하였고, "추가의정서"에는 2004년 8월 31일에 가입한 "제네바 협약"과 "추가의정서"의 체약당사자이므로 일본에 대해 "추가의정서"가 적용됨은 논의의 여지가 없다. "추가의정서"는 1907년의 "헤이그협약"과 달리 충돌 당사자의 쌍방이 모두 협약의 체약당사자국일 경우에만 협약이 적용된다는 이른바 총가입조항(general participation Clause)을 배제하였음으로 (제96조 제2항) 대한민국이 "추가의정서"의 체약당사자가 아니라 할지라도 "추가의정서"는 일본에 적용되게 된다. 물론 대한민국은 4개의 "제네바협약"에 1966년 8월 16일에 가입하였고, "추가의정서"에 1982년 1월 15일에 가입했다. 그러므로 일본 자위대의 상륙작전의 절대행위와 한국독도경찰경비대의 방어 작전의 적대행위에 "추가의정서"가 적용됨은 논의의 여지가 없다.

나. 물적 적용범위

다음으로, 물적 적용범위(material field of application)에 관해 보기로 한다.

"추가의정서"는 물적 적용범위에 관해 "전쟁희생자 보호를 위한 1949년 8월 12일자 제네바 협약을 보완하는 본 의정서는 이들 협약의 공통 조항인 제2조에 규정된 사태에 적용된다"라고 규정하여(제1조 제3항), "추가의정서"가 적용되는 사태를 "제네바 협약"이 적용되는 사태와 동일한 것으로 규정하고 있다. "제네바 협약" 공통 제 2조는 "… 모든 선언된 전쟁 또는 기타 무력충돌의 모든 경우에 대하여 당해 체약당사자의 하나가 전쟁상태를 승인하거나 아니하거나를 불문하고 적용된다"라고 규정하여(제2항), "제네바 협약"은 "무력충돌"(armed conflict)의 모든 경우에 적용되는 것으로 규정하고 있다. 따라서 "추가의정서"는 "무력충돌"에 적용되게 된다. 무력충돌을 정의한 일반 실정법 규정은 없다. 무력 충돌은 무장 병력에 의한 모든 행위(any act committed by force of arms)[4] 또는 적대행위를 범하는 무력의 행사(uses arms to commit a hostile act)[5]를 의미하며 사실상 적대행위의 발생으로 충분하다(the occurrence of de facto hostilities is sufficient).[6] 적대행위는 한 교전자에 의한 적에 대한 폭력행위(act of violence by a belligerent against an enemy)를 말한다.[7] 무력충돌은 어느 일방(either side)에 의한 적대행위로 족하고[8] 무력 투쟁이 계속됨을 요치 않으며(even if the armed struggle did not continue), 많은 희생자의 발생을 요하는 것도 아니다.[9] 단순한 국경사건(mere frontier incident)도 무력충돌이다.[10] 무력충돌은 사실상의 사태(de facto situation)를 지칭하는 것이며,[11] 당사자의 의도라기보다 객관적인 기준(objective criteria rather than intention of parties)인 것이다.[12]

일본 자위대 병력의 독도 상륙 작전과 한국독도경찰경비대의 방어 작전은 그것이 비록 계속된 것이 아니고 1인의 희생자를 발생시키고 또 한국 경찰경비대의 병력이 대항하지 아니하는 일본 자위대의 일방적인 적대행위인 경우에도 그것은 "무력충돌"로 이 예는 "추가의정서"가 적용되게 된다.

---

4) Jean Pictet, *Commentary Geneva Convention II*(Geneva " ICRC, 1960), p.33.
5) Jean Pictet, *Commentary Geneva Convention III*(Geneva " ICRC, 1960), p.23.
6) *Ibid.*
7) Pietro Verri, *Dictionary of the International Law of Armed Conflict*(Geneva ICRC, 1982), p 57.
8) Pictet, *supra* n.1, p.33.
9) Jean Pictet, *Commentary Geneva Convention IV*(Geneva " ICRC, 1958), p.59.
10) *Ibid.*
11) Karl Josef Partsch, "Armed Conflict", *EPIL*, Vol.3, 1982, p.26.
12) *Ibid.*

다. 시간적 적용범위

다음으로, 시간적 적용범위(temporal field of application)에 관해 보기로 한다.

"추가의정서"는 동 의정서의 시간적 적용범위의 개시 시에 관해 "제 협약 및 본 의정서는 본 의정서 제1조에 규정된 사태가 개시된 때부터 적용된다"라고 규정하여(제3조 제1항), 무력충돌 사태의 개시 시부터 "추가의정서"가 적용됨을 규정하고 있다. "사태가 개시된 때"(the beginning of any situation)란 사실상 무력충돌이 시작된 시인 첫 폭력행위가 범하여지자마자(as soon as the first acts of violence were committed)를 뜻한다.[13] 즉 최초의 총성이 울렸을 때부터 "제네바 협약"과 "추가의정서"가 적용되게 된다.

"추가의정서"는 동 의정서의 시간적 적용범위의 종료 시에 관해 "제 협약 본 의정서의 적용은 … 군사작전의 일반적 종료시에 … 끝난다"라고 규정하여(제3조 제2항), 군사작전의 일반적 종료(general close of military operations) 시에 "추가의정서"의 적용이 종료된다고 규정하고 있다. 군사작전의 일반적 종료는 사실상 무력충돌이 종료 시를 말하며 법률상 무력충돌의 종료 시를 의미하지 아니한다.[14]그러므로 마지막 총탄이 발사되었을 때(when the last shut has been fired)[15] "추가의정서"의 적용은 끝나게 된다. 일본 자위대 병력의 독도 상륙 작전과 한국 독도 경찰 경비대의 방어 작전은 첫 총격의 개시 시에 "추가의정서"는 적용이 시작되고 마지막 총격으로 동 의정서의 적용은 종료되게 된 것이다.

2. 추가의정서의 위반 내용

가. 일본 자위대 병력의 독도 상륙 작전상 적대 행위의 위법성

일본 자위대 병력의 독도 상륙 작전상 적대 행위가 "추가의정서"의 어떤 규정을 위반한 것인지를 살펴보기로 한다.

---

13) Pictet, *supra* n.6, p.59.

14) *Ibid.*, p.62.

15) Final Record of the Diplomatic Conference of Geneva of 1949, Vol. Ⅱ-A, p.815.

(1) 민간인에 대한 공격의 금지 위반(제51조 제2항)

"추가의정서"는 "민간 개인(individual civilians)은 물론 민간 주민(civilian population)은 공격의 대상(object of attack)이 되지 아니한다"라고 규정하고(제51조 제2항), 한걸음 더 나아가 "공격의 대상은 엄격히 군사목표(military objectives)에 한정된다"라고 규정하여(제2조 제2항), 민간인은 개인이건 주민이건 불문하고 공격할 수 없음을 선언하고, "민간인은 ... 전투원이 아닌 모든 사람(any person)을 말하여 어떤 사람이 민간인인지의 여부가 의심스러울 경우에는 민간인으로 간주한다(shall be considered to be a civilian)"라고 규정하여(제50조 제1항), 민간인을 넓게 포괄적으로 정의하고 있다. 따라서 한국 독도 경찰 경비대원은 그것이 민간인이지만 민간인인지 전투원인지 불명확하다고 할지라도 이들을 민간인으로 간주한다. 한국 정부는 경찰을 민간인으로 보고 있다.[16] 이와 같이 "추가의정서"는 전투원이 아닌 민간인은 공격의 대상이 아니라고 규정하여, 전투원과 평화적 인민의 구별의 원칙을 선언하고 있다. 그리고 "추가의정서"는 이 원칙의 위반을 "추가의정서"의 중대한 위반(grave breaches)의 하나로 "민간 주민이나 민간 개인을 공격의 대상으로 하는 것"을 규정하고 있다(제85조 제3항 a). 그리고 "추가의정서"의 "중대한 위반행위"는 전쟁범죄(war crime)로 간주된다(제85조 제5항). 전투원과 민간인의 구별의 원칙은 전쟁법의 기본원칙의 하나이다.[17] "추가의정서"는 이 원

16) 대한민국 국방부, 「전쟁법해설서」(서울 : 국방부, 2010), p.222. "경찰관 소방관 등은 적에게 해로운 행동을 하지 아니하는 한 직접 공격의 대상이 되지 아니 한다"(*ibid*). 이는 경찰을 민간인으로 대한민국이 공식적으로 보고 있는 견해이다. "민간인이 적대행위에 직접 가담하는 경우 직접적인 공격으로부터 보호를 받을 권리를 상실할 수 있다"(전게서, pp.173~174). 독도경비대는 경상북도 지방경찰청 울릉경비대 산하 경찰군력이다. 동도의 정상부에 위치하고, 2개의 초소, 1개의 레이더기지, 1개의 헬리콥터 착륙장, 9개의 숙소 등으로 구성되어 있다. 독도 의용수비대와 울릉경찰서 독도순라반이 독도경비대의 전신이다. 1996년 6월 27일 울릉도 경비를 담당하는 제318전투경찰대와 독도경비대를 합쳐 경상북도 지방경찰청 상설중대로 울릉경비대가 울릉경찰서로부터 경비임무를 인수받아 활동하고 있다. 울릉경비대장은 4명으로 1인당 2개월씩 독도에서 순환근무를 한다. 이 연구에서 독도경비대를 "한국독도경찰경비대"라 칭하기로 한다.

17) Albrecht Ranelzhofer, "Civilian Objects," *EPIL*, Vol.3, 1982, p.93.

칙을 기본규칙(basic rule)이라고 규정하고 있다.(제48조).[18]

민간인에 대한 공격금지는 국제연합 총회의 결의로 반복되어 왔다.[19]

일본 자위대 병력의 독도 상륙 작전에 있어서 한국 독도경찰경비대원에 대한 공격은 그들이 전투원인지 민간인인지 구별하기 어렵다 할지라도 그들은 민간인으로 간주되므로(제 50조 제1항) 그들에 대한 공격은 "중대한 위반행위"이며(제85조 제3항 a), 이는 "전쟁범죄"를 구성한다(제 85조 제5항).

(2) 인류양심의 명령 위반(제1조 제2항)

"추가의정서"는 "본 의정서 또는 다른 국제협약의 적용을 받지 아니하는 경우에는 민간인 및 전투원은 확립된 관습, 인도의 원칙(principle of humanity) 및 공공양심의 명령(dectates of public conscience)으로부터 연원하는 국제법원칙의 보호와 권한 하에 놓인다"라고 규정하여(제1조 제2항), 이른 바 "마텐스 조항"(Martens' Clause)을 두고 있다.[20] 이 조항은 전쟁법 외에 평시에도 확장 적용된다. [21]

일본 자위대 병력의 독도 상륙작전에 있어서 적대행위가 만일 상술한 민간 개인에 대한 공격의 금지 위반에 명백히 해당되지만 만일 해당되지 아니한다고 가정한다 할지라도 동 적대행위는 "공공양심의 명령"으로부터 연원하는 국제법원칙에 반하는 것이 명백하므로 이는 "추가의정서"의 위반행위(제1조 제2항)인 것이다. 일본 자위대에 적용되는 국내법을 이유로 조약인 "추가의정서"상의 국제법상 의무를 면할 수 없음은 논의의 여지가 없다.

---

18) Alfred M. De Zayas, "Civilian Population, Protection," *EPIL*, Vol.3, p.92.

19) 1970. 1. 21; GA / Res. 3603 (ⅩⅩⅣ), 1971. 12. 20; GA / Res. 3825 (ⅩⅩⅥ), 1975. 12. 11; GA / Res. 3466 (ⅩⅩⅩ) ; *ibid.*, p.100.

20) Helmut Strebel, "Martens' Clause," *EPIL*, Vol. 3, 1982, p.252.

21) *Ibid.*, p.253.

Ⅳ. 결론

1. 요약정리

상술한 바를 다음과 같이 요약·정리하기로 한다.

(i) 일본자위대의 독도상륙은 “정전법상” “국제연합헌장”제2조 제4항을 위반한 것이고, “한일기본관계조약” 전문과 제4조를 위반하는 것이다. 그리고 국제관습법을 위반한 것이다.

(ii) 일본자위대의 독도상륙은 “전쟁법”상 “추가의정서” 전문과 제51조 제3항, 그리고 제1조 제2항을 위반한 것이다.

(iii) 일본의 독도 상륙작전의 전쟁법(ius in bello) “추가의정서” 제1조 제2항, 제51조 제2항을 위반하는 것이다.

(iv) 일본 자위대의 독도 상륙작전에 대해 한국 경찰경비대의 적대행위는 민간인의 전투원에 대한 적대행위로 “추가의정서” 제1조 제2항, 제5조 제3항을 위반하는 것이다.

(v) 독도경찰경비대의 규모는 소대규모로 일본 자위대의 독도 상륙작전의 방어작전을 하기에는 역부족이라는 문제가 제기된다. 또한 독도경찰겨이대의 일본 자위대에 대한 적대행위는 민간인의 전투원에 대한 적대행위로 이는 “추가의정서”를 위반한 전쟁범죄를 구성한다는 문제가 제기된다.

(vi) 독도에 해병 경비대의 주둔은 일본 민간인의 독도상륙에 부적절하다. 해병대는 전투원이고 민간인은 비전투원으로 해병대가 독도에 상륙하는 민간인에 대해 적대행위를 하는 것은 전투원이 민간인에 대해 적대행위를 하는 것으로 이는 전쟁범죄를 구성한다. 그러므로 해병대의 독도주둔은 일본 자위대의 독도상륙에만 유용한 것이다.

(vii) 독도에 경찰경비대의 주둔은 일본자위대의 독도상륙에는 부적절하다. 경찰은 민간인으로 독도에 상륙하는 일본자위대에 대한 적대행위는 민간인의 전투원에 대한 적대행위로 이는 전쟁범죄를 구성한다. 그러므로 경찰경비대는 일본민간인의 독도상륙에 유용할 것이다.

(viii) 일본은 “국제연합헌장”을 위반하여 안보리로부터 제재조치를 받으면

서 독도에 자위대를 상륙시킬 가능성이 거의 없으므로 독도에 경찰경비대의 주둔이 유용·적절한 것으로 본다.

2. 정책대안

정부관계당국에 대해 다음과 같은 정책대안을 제기하기로 한다.

(i) 독도경찰경비대가 독도에 상륙하는 일본자위대에 대해 적대행위를 하는 것은 독도경찰경비대는 민간인이므로[22] 민간인에 의한 전투원에 대한 적대행위로 이는 전쟁범죄를 구성하는 행위이므로[23] 일본자위대의 독도상륙에 대비하여 독도에 전술항공기에 의한 전술방어를 검토한다.

(ii) 일본극우파 민간인이 독도에 상륙에 대비 이들은 민간인이므로 전투원이 이들에 대한 적대행위는 전투원이 민간인에 대한 적대행위로 이는 금지되므로 현재의 독도경찰경비대는 민간인이므로 이들의 배치를 그대로 유지할 것을 검토한다.

(iii) 이상과 같이 자위대의 독도상륙에 대비 전술항공기에 의한 전술방어 계획을 수립을 검토한다. 극우파 민간인의 독도상륙에 대비 현 독도경찰경비대의 배치를 그대로 유지할 것을 검토한다.[24]

---

22) 우리정부는 경찰은 민간인으로 보고 있다. "경찰과 소방관 등은 적에게 해로운 행동을 하지 않는 한 직접적인 공격의 대상이 되지 아니한다(대한민국 국방부, 「증보판 전쟁법해설서」(서울; 국방부, 2010), p.222). 따라서 경찰을 민간인으로 본 것이다.

23) 민간인의 전투원에 대한 적대행위는 금지되며, 이는 전쟁범죄를 구성한다.(British War Office, *The Law of War on Land*(London; HMSO, 1858), paras. 626, 175; U.S. Department of the Army, *the Law of Land Warfare*(Washington, D.C.; USGP.O. 1958), paras. 498, 72; ICRC, Ferederic De Muline, *Handbook of the Law of War for Armed Forcese*(Geneva: ICRC, 1987), para. 208.)

24) 독도경찰경비대와 전술항공대 간의 행정상·전술상 긴밀한 협조가 요구된다.

〈국문초록〉

독도의 영유권 문제를 해결하기 위한 일본정부의 기본전략은 이 문제를 국제 분쟁화하여 국제사법재판소에 제소하는 것이다. 그러나 자위대의 독도상륙 가능성이 완전히 배제되는 것은 아니다.

만일 일본 자위대가 독도에 상륙작전을 시행하는 것은 전쟁법, 즉 정전법(正戰法, ius ad bellum)뿐만 아니라 좁은 의미의 전쟁법(戰爭法, ius in bello)을 위반하는 것이다.

정정법상(ius ad bellum)상 독도에 상륙하는 일본자위대는 "국제연합헌장"전문, 제1조 제2항, 제2조 제4항의 규정을 위반하는 것이다. 그리고 일본자위대는 "한일기본관계조약" 전문과 제4조의 규정을 위반하는 것이다.

전쟁법(ius in bello)상 독도에 상륙하는 일본자위대는 "제네바협약 제1추가의정서" 제1조 제2항 그리고 제51조 제2항의 규정을 위반하는 것이다.

일본자위대의 독도상륙작전을 위한 적대행위를 방지하기 위해서는 독도에 군 수비대를 주둔시킬 필요가 있다. 반면에 일본시민단체의 독도상륙작전을 위한 적대행위를 방지하기 위해서는 독도에 경찰경비대의 주둔이 요구된다. 그러므로 현 독도경찰경비대를 군 경비대로 대체하는 것이 아니라 현 독도경찰경비대의 주둔은 그대로 유지하고 전투기에 의한 전술 방어가 요구된다. 한국과 미국간 뿐 아니라 일본과 미국 간에도 상호방위조약이 체결되었다. 이에 한국과 일본 뿐 아니라 미국도 한국과 일본 간의 전면전쟁을 원하지 아니한다. 따라서 군 경비대의 독도 주둔은 필요치 않다고 말할 수 있다. 경찰경비대가 최선이다.

〈주제어〉 독도, 자위대, 국제연합헌장, 정전법, 전쟁법, 제2추가의정서

〈Abstract〉

The Illegalities of the Landing Operations on Dokdo by the Japanese Self Defense Forces in Law of War

Nyung-Ki Kim

The Japanese Government's fundamental Strategy to resolve the issue of the territorial sovereignty over Dokdo is to submit the issue to the ICJ. However, the possibility to use force of the Self Defense Forces for landing on Dokdo is not entirely excluded.

If Japanese Self Defense Forces exercise the landing operations on Dokdo, it may be said that the Forces may be violated the law of war, not only ius ad bellum but also ius in bello.

In ius ad bello, The Japanese Self Defense Forces may be violated the Stipulations of the preamble, Article, Paragraph 2, Article 2 Paragraph 4 of the Charter of the United Nations. And the Forces may be violated the stipulations of the preamble and Article 4 of the Treaty on Basic Relations between the Republic of Korea and Japan.

In ius in bello, The Japanese Self Defense Forces ay be violated the stipulation of Article 1 Paragraph 2 and Article 51 Paragraph 2 of the Protocol Ⅰ to Geneva conventions.

For the purpose of the prevention, the Japanese Self Defence Forces hostilities for Landing operation on Dokdo. It is necessary to be stationed military garrison on Dokdo. On the other hand in order to prevent the Japanese civilian forces hostilities for Landing operations on Dokdo . It is necessary to be stationed police garrison(civil garrison) on Dokdo.

Not only between the Republic of Korea and the United States but also between Japan and the United States the mutual defense treaties were concluded, not only the Republic of Korea and Japan but also the United States do not desire the total war between Republic of Korea and Japan. Therefore, It may be said it is not necessary to be stationed military garrison on Dokdo. The police garrison is the best on Dokdo.

〈Key Words〉 Dokdo, Self Defense Forces, the Charter of the United Nations, ius ad bellum, ius in bello, Additional Protocol I

참고문헌

1. 내국문헌

대한민국 국방부, 「전쟁법해설서」, 서울: 국방부, 2010.

_______________, 「증보전쟁법해설」, 서울: 국방부, 2012.

2. 외국문헌

Arend A.C. and R.J.Beck, International Law and the Use of Force by States, Oxford : Clarendon, 1963.

British War Office, The Law of War on Land, London; HMSO, 1858.

Final Record of the Diplomatic Conference of Geneva of 1949, Vol. Ⅱ-A.

GA / Res. 3603 (ⅩⅩⅣ) 1970.1.21.

GA / Res. 3825 (ⅩⅩⅥ) 1971.12.20.

GA / Res. 3466 (ⅩⅩⅩ) 1975.12.11.

Glohn Gerhard von, Law Among Nations, London : Longman, 2010.

Goodrich Leland M., Edvard Hambro and Anne P. Simons, Charter of the United Nations, 3rd ed., New York : Columbia University, Press. 1969.

ICRC, Ferederic De Muline, Handbook of the Law of War for Armed Forcese, Geneva: ICRC, 1987.

Partsch Karl Josef, "Armed Conflict", EPIL, Vol.3, 1982.

Pictet Jean, Commentary Geneva Convention Ⅰ, Geneva ICRC, 1960.

__________, Commentary Geneva Convention Ⅱ, Geneva ICRC, 1960.

__________, Commentary Geneva Convention Ⅲ, Geneva ICRC, 1960.

__________, Commentary Geneva Convention Ⅳ, Geneva ICRC, 1958.

Ranelzhofer Albrecht, "Civilian Objects," EPIL, Vol.3, 1982.

Strebel Helmut, "Martens' Clause," EPIL, Vol. 3, 1982.

U.S. Department of the Army, the Law of Land Warfare, Washington, D.C.;

USGP.O. 1958.

Verri Pietro, Dictionary of the International Law of Armed Conflict, Geneva ICRC, 1982.

Zayas Alfred M. De, "Civilian Population, Protection," EPIL, Vol.3.

6. 독도영유권 연구 사학자에게 고함.
-역사적 권원의 대체를 중심으로-

목 차

Ⅰ. 서론

"역사적으로나 국제법적으로나 독도는 한국의 땅이다"라는 주장 중 "국제법적으로 독도는 한국의 땅이다"라는 주장은 국제법상 독도의 영유권이라는 "권리"가 한국에 귀속된다는 의미이다. "권리"는 "법"에 의해 부여되는(authorized by the law) 법적 힘(legal power)[1]으로 법을 떠나 권리를 관념화 할 수 없는 것이다. 국내법상 토지 "소유권"이라는 권리가 "민법"이라는 법에 의해 부여되는 것과 같이 국제법상 영토의 "영유권"이라는 권리는 국제법에 의해 부여되는 것으로 국제법을 떠나 영토의 영유권은 논의될 수 없는 것이다. 그러므로 한국의 독도 "영유권"은 국제법에 의해 부여되는 것으로 국제법을 떠나 그 영유권의 귀속을 주장할 수 없는 것이다. 물론 "영유권"이라는 권리로서

1) Hans Kelsen, Principles of International Law, 2nd ed,(New York : Holt, 1967), pp.7~8.

가 아니라 일본이 독도를 침탈한 역사적 사실을 바로 잡기 위한 사실로서의 독도에 관한 기록과 근거는 국제법을 떠나 얼마든지 논의될 수 있음은 논의의 여지가 없다.

독도에 관한 우리 사학자들의 연구는 각 분야에 걸쳐 일본 사학자들의 주장을 압도할 수 있는 성과를 축적해 왔다. 이에 비해 우리 국제법학자의 독도영유권에 관한 연구는 사학자들의 연구경지에 미흡함을 국제법학자의 한 사람으로서 자성해본다. 그러면서 사학자들의 독도에 관한 연구는 국제법 측면에서 볼 때 거의 무의미한 역사적 사실을 대상으로 하고 있는 것도 적지 아니하게 접할 수 있다. 그 중 특히 이 글에서 논하려는 "역사적 권원"에 관한 사실의 연구를 지양하여야 한다고 사학계에 권고하여 학제 연구의 필요성을 제의해 보려는 것이 이 글이 기도하는 목적이다.

II. 사학과 국제법학의 관계

독도영유권을 연구하는 국제법학자의 임무는 사학자의 연구에 의해 제시되어진 확정된 역사적 사실에 국제법을 적용하여 독도의 영유권이 한국에 귀속된다는 결론을 도출하는 것이다. 그러므로 사학자들의 연구에 의해 확정된 사실 없이 국제법학자들은 어떠한 연구도 판단도 할 수 없는 것이다.

국제법의 적용(application of international law)은 확정된 특정사실(fact)에 국제규범(norm)을 정합(整合, combine)하여 결론(conclusion)을 도출하는 논리적 주급작용이다. 이는 국제법을 대전제(major premise)로 하고 확인된 사실을 소전제(minor premise)로 하여 이들을 결합하여 결론(conclusion)을 도출하는 3단논법(syllogism)의 과정을 거치게 된다. 소전제인 사실의 인정을 "사실 확인"(establishment of fact)이라 한다. 예컨대, 백기주태수(白耆州太守)가 안용복에게 "독도는 한국의 영토이다"라는 서계(書契)를 써 주었다는 "사실"을 여러 문헌과 기타 사료를 근거로 입증하는 것을 말한다. 이 확정된 사실(소전제)에 영토주권의 승인에 관한 "국제법"(대전제)을 정합하여 "독도의 영유권은 한국에 귀속된다"라는 "판단"(결론)을 도출하는 것이다. 그러므로 사학자들의 연구에 의해 제시된 역사적 사실의 확정을 전제로만 국제법의 적용이 가능한 것이다. 그렇다고 역사적 사실의 확정만으로 독도의 영유권이 한국에 귀속된다는 결론을 내릴 수 없는 것이다. 확정된 역사적 사실에 국제법을 적용하여서만 "독도의 영유권이 한국에 귀속된다"는 결론의 도출이 가능하다는 것이다. 흔히 사학자에 의한 역사적 사실의 확정만으로 독도의 영유권이 한국에 귀속된다고 사학자들이 주장하는 경우를 접하게 된다. 이 사학자들의 속단은 명백한 법적 과오라 아니할 수 없다. 예컨대, 독도를 한국의 영토로 표지한 영국의 저명한 지리학자가 제작하는 지도를 발견하고 이 지도를 근거로 독도 의 영유권이 명백히 한국에 귀속된다고 주장하는 경우, 이 주장을 조약과 같은 법적 문서에 첨부된 지도가 아니면 지도는 제1차적 증명력이 인정되지 아니한 국제 판례법(국제관습법)을[2] 이 지도에 의해 확정된 사실에 적용하면 명백히 법적 타당성이 없는 것이다.

사학자들에 의해 확정된 사실에 적용하여야 할 국제법의 법원(source of international law)에는 "국제조약", "국제관습법", 그리고 "국제판례"가 있다. 전2자의 법원성 여부에 관해서는 거의 논의가 없으나 "국제판례"의 법원성 여부에 관해서는 논의가 있다.

왜냐하면 "국제사법재판소규정" 제38조 제1항 (d)는 사법적 재판(judicial decisions)은 제59조(재판소의 재판은 당사자와 그 특정사건에 관하여서만 구속력을 갖는다)의 규정을 따를 것을 조건으로 법칙결정의 보조적 수단(subsidiary means for the determination of rules of law)으로 된다고 규정하고 있기 때문이다.

그러나 국제재판소가 선판결을 인용하는 관행에 의해 판례의 "사실상"(de

---

2) Shati Rosenne, *The Law and Practice of The International Court of Justice*, Vol.3, 3rd ed. (Hague : Martinus, 1997), pp.1280~1281 ; D.V.Sandifer, *Evidence before International Tribunals* re.ed. (Chicago : Chicago Univ. Press. 1975), p.203 ; G. Weissberg, "Maps as Evidence in International Boundary Disputes", *AJIL*, V.57, 1963, p.785 ; C.C.Hyde, "Maps as Evidence in International Boundary Disputes", *AJIL*, Vol.27, 1933, p.315 ; PCIJ, *Series B*, No.8, 1923, pp.32~33.

facto) 법원성이 일반적으로 승인되어 있다.[3] 이 판례의 사실상 법원성을 판례는 관습법의 존재의 증거로, 즉 국제판례는 국제관습법으로 인정되어 있다. *Maritime Delimitation* Case(1995)의 판결에서 국제사법재판소는 13개의 선 판결을 인용했고, *Pedra Branca* Case(2008)의 판결에서는 10개의 선 판결이 국제사법재판소에 의해 인용되었다. 이는 판례의 사실상 법원성을 실증하는 것이다.

요컨대, 사학자들에 의한 특정 사실의 확인 없이는 국제법학자는 그 특정 사실에 국제 법을 적용하여 어떠한 법적 판단도 내릴 수 없는 것이며, 국제법학자들에 의해 적용하여야 할 국제법에는 국제조약, 국제관습법, 국제판례 등이 있다. 그러므로 "독도는 한국의 영토이다"라는 결론을 도출하기 위해서는 사학과 국제법학의 긴밀한 학제적 연구가 요구되는 것이다.

Ⅲ. 역사적 권원의 대체의 법이론

1. 역사적 권원의 개념

가. 권원의 의의

영토주권의 권원(title to territorial sovereignty)이란 타 국가에 대한 영토주권의 주장 근거 (the validity of claims to territorial sovereignty against other states)를 의미한다.[4]

---

3) *Anglo-Iranian Oil Co.* Case(1952) : ICJ, *Reports*, 1952, p.143 ; *Barcelona Traction* Case (1970, second phase) : ICJ, *Reports*, 1970, p.40 ; Peter Malanczuk(ed.), *Akehust's Modem Introduction to International Law*, 7th ed.(London : Routledge, 1987), p.51 ; Rosenne, *supra* n.2, p.1610 ; Valerie Epps, *International Law*, 4th ed. (Druham : Coralina Academic, 2009), p.69 ; Ian Brownlie, *Principles of Public International Law*, 5th ed. (Oxford : Oxford University Press, 1998), p.19.

4) Ian Brownlie, *Principles of Public International Law*, 5th ed. (Oxford: Oxford University Press, 1998), p.121.

나. 역사적 권원의 의의

영토에 대한 주권의 현시(display of sovereignty), 즉 실효적 지배(effective control)가 요구되는 것은 "권원의 대체"(replacement of title), "권원의 취득"(acquisition of title) 또는 "권원의 유지"(maintenance of title)를 위해서 이다.

영토주권의 권원은 시간의 경과의 축에서 구분해 볼 때, "현대국제법상 권원"과 그 이전 의 "역사적 권원"으로 구분된다. 그 중 역사적 권원(historical title)은 고전적 권원(ancient title), 본원적 권원(original title), 봉건적 권원(feudal title) 등 현대국제법 이전의 영토주권의 타당 근거를 말한다. 역사적 권원은 전법적 주권(pre-legal sovereignty)의 권원, 즉 국제법 이전의 권원을 뜻한다.[5] 따라서 역사적 권원은 엄격한 의미에서 법적 권원이라 할 수 없다. 물론 역사적 권원이 성립할 당시에 타당한 현대국제법 이전의 규범으로 관렴하면 역사적 권원도 법적 권원이라 할 수 있으나 그것은 현대국제법상 권원이라고는 할 수 없다. 현대국제법은 1648년의 웨스트파리아 조약(Treaty of Westphalia) 이후에 성립된 것으로 보는 것이 일반적인 견해이므로[6] 결국 역

---

5) G. Schwarzenberger and E. D. Brown, *A Manual of International Law*, 6th ed. (Miton : Professional Book, 1972), p.96.

6) Stephan Verosta, "History of Law of Nations, 1648 to 181" *EPIL,* Vol.7, 1984, pp. 160~162; B. S.
Chimni, *International Law and World Order* (London : Sage, 1993), p.226 ; John Westlake, *International Law* (Cambridge:CUP, 1895), p.59 ; Triggs, *Infra* n.13, p.10 ; D. P. O'connell, "A Cause Celebre in the History of Treaty Making," *BYIL*, Vol.42, 1967, pp.71~90 ; Antonio Cassesse, *International Law* (Oxford : OUP, 2001), p.19.; John O'Brien, *International Law* (London : Cavendish, 2001), p.15 ; Turan Kayaglu, *Legal Imperialism* (Cambridge: CUP, 2010), pp.14, 27 ; Steven Wheatley, *The Democratic Legitimacy of International Law* (Oxford : Hart, 2010), p.124 ; Leo Gross, The Peace of Westphalia 1648-1948, *AJIL*, Vol.42, 1948, pp.20, 29 ; J. R. Strayer, *On the Medieval Origins of Modern State* (Princeton : PUP, 1979), pp.9~10 ; Mark W. Zocher, "The Territorial Integrity Norm," in B. A. Simmons and R. H. Steinberg(eds.), *International Law and International Relations* (Cambridge : CUP, 2006), p.260 ; Alind Kaczorowska, *Public International Law*, 4th ed.(London : Routledge, 2011), pp.11~12 ; Rechard Joyce, "Westphalia : Event, Memory, Myth," in F. Johns, R. Joyce and S. Papahuja (eds.), *Events : The Force of International*

사적 권원은 1648년 이전 근대국가성립 이전의 권원을 의미한다고 할 수 있다. 이는 특정 국가가 국가로서 성립한 이후에 후속적으로 증가된(subsequent increase) 권원과 구별된다.[7)]

2. 역사적 권원의 대체의 의의

시제법(時際法, intertemporal law)상 권리 획득시의 법과 권리 존재시의 법은 다른 것이 다. 권리의 취득에 관해서는 그 취득 당시에 타당한 법이 적용되는 것이며 권리의 존재에 관해서는 오늘 평가 시에 타당한 법이 적용되는 것이다. "권원의 대체"란 역사적 권원을 현 대국제법에 의해 타당한 다른 권원(another title valid by modern International law)으로 대체(replacement)하는 것을 말한다.[8)] 즉 역사적 권원이 그 후의 역사적 발전의 효과에 의해 대체(superseded)되는 것을 뜻한다.[9)] 요컨대, 고전적 권원, 본원적 권원, 봉건적 권원 등 역사적 권원을 현대국제법에 의해 타당한 새로운 권원으로 변경하는 것을 역사적 권원의 대체라 한다. 이를 "권원의 교체"(supersede of title), "권원의 변경"(change of title) 또 는 권원의 변형(transformation of title)이라고도 한다.

권원의 대체는 새로운 권원을 취득하는 "권원의 취득"과 구별되고, 기 취득한 권원의 현상을 유지하는 "권원의 유지"와 구별된다.

3. 역사적 권원의 대체의 필요성

권원의 대체는 "권원의 객체의 현대화", "권원의 주체의 현대화", 그리고 "권원의 시간의 현대화"를 위해 요구된다.

Law(London : Routledge, 2011), pp.55~56 ; Paul F. Diehl and Charlatte Ku, *The Dynamic of International Law* (Cambridge : CUP, 2012), p.28.

7) Antonio Tores Bernordez, "Territory, Acquisition," *EPIL*, Vol. 10, 1987, p.498.

8) ICJ, *Reports*, 1953, p.56.

9) David H. Ott, *Public International Law in the Modem World* (London : Pitman, 1987), p.109.

가. 권원의 객체의 현대화

권원의 대체의 필요성은 권원의 객체의 현대화를 위해 요구된다. 역사적 권원의 객체는 사법상의 토지 소유권이었다. 이를 현대 국제법상의 객체로 변경하기 위해 권원의 대체가 요구된다. 주로 유럽에 있어서 왕(king) 또는 제후(prince)가 지배하는 영토에 대한 소유권으로 당시 로마법에 의해 인정된 사법상의 권원이 영토에 대한 국제법상 권원으로 인정될 수 있느냐의 문제이다.[10] 근대국가(modern state)의 형성에 의해 군대국제법이 성립되었으며, 근대국제법 사회는 1648년 10월의 웨스트파리아 회의(Conference of Westphalia)를 그 시발점으로 하여 형성되었다.[11] 이 회의는 중세 이래 존속하여 온 유럽의 전통적인 봉건적 사회조직의 종말을 선언하고 근대국가로 형성되는 근대국제법 사회의 출발점을 제시했다. 이에 따라 근대국제법의- 체계가 형성되게 되었다.[12] 그러므로 근대국제법 체계의 형성 이전에 성립된 봉건적 권원, 즉 로마법상 소유권은 국제법상 권원으로 인정될 수 있느냐의 문제가 제기되는 것이다. 이 문제를 해결하기 위해 권원의 대체가 요구되는 것이다.

나. 권원의 주체의 현대화

권원의 대체의 필요성은 권원의 주체의 현대화를 위해 요구된다. 역사적 권원의 주체는 왕 또는 제후였다. 이를 현대국제법의 주체인 국가로 변경하기 위해 권원의 대체가 요구된 다. 봉건적 사회에서 왕 또는 제후가 지배하는 영토와 그 영토 내의 주민으로 구성된 공동체(community)의 로마법에 의한 법인격자가 국제법상 권원의 주체가 될 수 있는 국제법상 국가로 인정될 수 있느냐의 문제이다.[13] 전술한 바와 같이 봉건국가(feudal state)를 대체한

---

10) Peter Malanczuk, Akehurst's *Modern Introduction to International Law*, 7th ed. (London : Routledge, 1987), p.155.

11) Stephan Verosta, "History of the Law of Nations 1648 to 1815", *EPIL*, Vol.7, 1984. 8, p.160~162.

12) Leo Gross, "The Peace of Westphalia", *AJIL*, Vol.42, 1948, pp.20~41.

13) James Crawford, *The Creation of States in International Law* (Oxford : Clarendon, 1979), pp.5~15, 176~184.

근대국가(modern state)의 형성으로 국제법 체계가 형성되었으므로 그 이전의 봉건적 권원 의 주체가 국제법상 권원의 주체인 국가로 인정될 수 있느냐의 문제가 제기되는 것이다. 이 문제를 해결하기 위해 고전적 권원, 원시적 권원, 봉건적 권원 등 역사적 권원은 국제법상 권원으로 인정될 수 없는 것이다. 역사적 권원을 국제법상 권원으로 대체하기 위해, 즉 역사적 권원의 주체인 왕 또는 제후를 국가로 변경하기 위해 권원의 대체가 요구되었다.

다. 권원의 시간의 현대화

권원의 대체의 필요성은 권원의 적용시간의 현대화를 위해 요구된다. 역사적 권원에 적용되는 법은 그 권원이 창설될 당시의 법이며 오늘의 현대국제법이 아니다. 권원의 성립 당시의 법을 권원의 평가 당시의 오늘의 국제법으로 변경하기 위해 권원의 대체가 요구된다.

4. 역사적 권원의 대체의 효과

가. 대체된 권원의 발효

역사적 권원의 대체로 효력이 인정되지 않았던 역사적 권원은 대체된 당시의 법에 따라 새로운 권원이 성립·발효되게 된다.

나. 역사적 권원의 실효

역사적 권원의 대체로 역사적 권원은 법적으로 실효되게 된다. 그러므로 역사적 권원은 대체 이후 법적 권원으로 주장될 수 없게 된다.

5. 역사적 권원의 대체를 인정한 판례와 학설

역사적 권원을 현대국제법상 타당한 새로운 권원으로 대체하지 아니하면 현대국제법상 효력이 없으며, 역사적 권원은 대체된 이후에는 법적 효력을 상실하게 된다는 것은 판례와 학 설에 의해 일반적으로 승인되어 있다.

그 판례와 학설을 보면 다음과 같다.

가. 판례

(1) *The Island of Palmas* Case(1928)

The Island of Palmas Case(1928)에서 Huber 중재관은 권리의 창조와 권리의 존속에 적용되는 법은 각기 다르다고 전제한 다음 법의 존재에 적용되는 법은 법의 발전에 의해 요구되는 조건에 따라야 한다고 하여 역사적 권원의 대체라는 용어는 사용하지 아니했으나 다 음과 같이 간접적으로 역사적 권원의 대체 필요성을 판시했다.

> 법적 사실은 그 사실과 같이 이는 현재의 법의 관점에서 평가되어야 한다. … 권리의 창조행위가 권리가 발생되는 때에 효력이 있는 법을 따라야 한다는 동일한 원칙은 권리의 존속, 다시 말해 권리의 계속적인 현시는 법의 발전에 의해 요구되는 요건을 따라야 한다는 것을 요구한다 (a judicial fact must be appreciated in the right of the law contemporary with it, …the same principle which subjects the act creative of a right to the law in force at the time the right arises, demands that existence of the right, in other words its continued manifestation, shall follow the conditions required by the evolution of law).[14)]

(2) *Minquiers and Ecrehos* Case(1953)

Minquiers and Ecrehos Case(1953)에서 국제사법재판소는 봉건적 권원은 대체 당시의 법에 따라 유효한 권원으로 변경되지 않으면 효력이 없다고 다음과 같이 판시하였다.

---

14) UN, *RIAA,* Vol.2, 1949, p.839.

재판소의 의견으로는 본 건을 재판하기 위하여 그러한 역사적 논쟁을 해결할 필요가 없다. (…not necessary to solve these historical controversies). …프랑스 왕이 Channel Island에도 고유의 봉건적 권원을 가졌었다 할지라도 그러한 권원은 1204년 및 그 이후의 사건의 결과 실효(失效)되었음이 분명하다.
그렇게 주장된 고유의 봉건적 권원은 대체 당시의 법에 따라 다른 유효한 권원으로 대체된 것이 아니면 오늘에 어떤 법적 효과도 발생하지 아니한다. 그 대체의 입증 책임은 프랑스 정부에 있다(such an alleged original feudal title could today produce no legal effect, unless it had been replaced by another title valid according to the law of the time of replacement. It is for the French Government to establish that il was so replaced).[15)]

(3) *Western Sahara* Case(1975)

Western Sahara Case(1975)의 권고적 의견에서 국제사법재판소는 권원의 전환 (transforming title)에 있어서 합의서의 기능을 다음과 같이 승인했다. 종전까지는 "권원의 대체"에 있어서 "실효적 지배"의 기능을 인정해 온 것에 비해 특별한 의미를 갖는다. 동권 고적 의견은 다음과 같다.

그러한 영토의 사건에 있어서 주권의 취득은 무주지의 본원적 권원에 의한 무주지의 선점을 통해 일방적으로 영향을 받는 것으로 일반적으로 생각되지 아니했다. 그러나 지방적 지배자와 체결된 합의서를 통해 …그러한 합의서는 권원의 파생적 근거로서 인정되었고 무주지의 선점에 의해 취득된 본원적 권원이 아닌 것으로 인정되었다(in the case of such territories the acquisition of sovereignty was not generally considered as effected unilaterally through the occupation of terra nullius by original title but through agreements concluded with local readers … such agreements … were regarded as derivative roots of title, and not original titles obtained by occupation of terra nullius).[16)]

(4) *Land, Island and Maritime Frontier Dispute* Case(1992)

Land, Island and Maritime Frontier Dispute Case(1992)에서 국제사법재판소는 *Minquiers and Ecrehos* Case(1953)의 판결을 인용하여 동 판결은 모든 고전

15) ICJ, *Reports,* 1953, p.56.
16) ICJ, *Reports*, 1975, p.39.

적 권원이 단순히 무시되는 것이 아니라 대체되지 아니한 권원이 무시되고 대체된 최근의 권원에 기초하여 재판한 것이라고 다음과 같이 판시한 바 있다.

이 사건에서 재판소는 고전적 권원을 단순히 무시하지 아니했고, 더 최근의 주권의 현시에 기초하여 재판한 것이다(the Court in this case did not simply disregard the ancient titles and decide on a basis of more recent display of sovereignty).[17]

(5) *Territorial and Maritime Dispute in the Carbean Sea* Case(2007)

Territorial and Maritime Dispute in the Carbean Sea Case(2007)에서 온드라는 역사적 기초(historical basis)에 근거한 전통적 경계선(traditional boundary line)의 확인을 요구했다. 재판소는 전통적 경계선을 용인하지 아니했다.[18] 전통적 경계선은 역사적 권원에 근거한 것이다.

(6) *Pedra Branca* Case(2008)

Pedra Branca Case(2008)에서 말레이시아는 "태고로부터"(forme time immemorial) Pedra Branca는 조오르왕국의 주권 하에 있었다고 주장했고,[19] 재판소는 역사적 권원(historical title)은 말레이시아에 귀속되나 실효적 지배를 해온 싱가포르에 권원이 이전되었다고 판시했다. 재판소는 판결문에서 역사적 권원(historical title)이란 용어를 사용했다. 이상 이외에 역사적 권원은 *Rann of Kuch Arbitration* (1968)호 판결에서 인정되었다.[20]

이와 같이 국제사법재판소는 역사적 권원은 대체 당시에 유효한 법에 의해 대체되지 아니 하면 효력이 없고, 대체된 이후에는 역사적 권원은 법적으로 실효되게 된다고 판시했다.

---

17) ICJ, *Reports,* 1992, paras. 343~344.
18) ICJ, *Reports,* 2007, para.259.
19) ICJ, *Reports,* 2008, para.48.
20) ILR, Vol.50, P.494.

나. 학설

역사적 권원은 대체되지 아니하면 현대 국제법상 효력이 없고, 대체된 이후에는 법적 효력이 없다는 것이 학설에 의해서도 일반적으로 수락되어 있다.

(1) Gillian D. Triggs

Triggs는 *The Island of Palmas* Case에서 Max Huber 중재관의판정을 인용하여 본원 적 봉건적 권원은 그 후에 발전된 실효적 선점의 법에 따라 취득되게 된다고 하여 역사적 권원의 대체를 다음과 같이 기술하고 있다.

> 후속적인 국제재판소는 시제법에 관한 후버의 접근을 채택해왔다. Palmas Island Case에서 후버 판사는 발견에 기초한 스페인 선행자의 권원은 홀랜드에 의한 실효적 인 선점의 추후 행위에 우선할 수 없다는 것을 발견했다. 국제사법재판소는 Minguiers and Ecrehos Case에서 어떠한 본원적 봉건적 권원은 1204년 이후의 사 건의 결과로서 소멸되었다. 그리고 그 권원은 실효적 선점의 관습법의 발전에 따라 후 속적으로 취득되었다. subsequent international tribunals have adopted the Huber approach to intertemporal law. In Island of Palmas Case, Judge Huber found that the prior Spanish title based on discovery could not prevail over the late acts of effective occupation by the dutch. The ICJ in the Minquiers and Eclehus Case also Found that any original feudal title had lapsed as a consequence of events of after 1204 and that title was subsequently acquiaced in accordance with the developing customary law of effective occupation).[21]

(2) Richard K. Gardiner

Gardiner는 *Island of Palmas* Case에서 Huber 중재관의 판정을 인용하고 권리의 창조 와 권리의 존재 간에 기본적인 차이가 있다고 하면서 국제법규칙의 발전을 배경으로 한 사 가의 연속적 고리의 문제는 시제법의 원칙으로 해결할 수 없으며 본원적 권워을 귀속시키는 계속적인 실효적 주장에 주목하여야 한다고 하며 다음과 같이 역사적 권원의 대체를 승인하고 있다.

---

21) Gillan D. Triggs, *International Law* (Australia: Butterworth, 2006), p.225.

이 원칙(시제법의)은 의미 있는 법적 효과를 갖는 행위는 그 행위가 야기된 때의 국제법의 관점에서 판단되어야 한다고 한다. … 시제법은 한 특정 시간에 있어서 권리의 식별을 가능하게 하는 반면 국제법의 발전적 규칙의 배경에 대해 주장되어 온 계속적 사건의 연쇄가 있는 경우 문제를 해결하지 아니한다. … 본원적 권원이 계속적인 선점 자에게 정확히 귀속될 수 있을 경우에 법적 지위는 안정적으로 보여줄 수 있다 (this principle states that acts which have a significant legal effect must be judged in the light of international law at the time that they occurred while the intertemporal law may enable identification of rights at one particular time, it does not resolve the problem where there is a continuous chain of event to be asserted against a background of developing rules of international law. … where the original title can be correctly ascribed to the continuous occupant the legal position can be seen as secure).[22]

(3) David H. Ott

Ott는 고전적 권원은 그 후의 역사적 발전에 의해 대체되게 될 경우 그 대체 전의 고전 적 권원은 거의 의미가 없다고 하여 고전적 권원의 대체의 필요성을 다음과 같이 논하고 있다.

고전적 권원과 그와 유사한 개념(ancient title and similar concept)은 그들이 그 후의 역사적 발전의 효과에 의해 사실상 오랜 기간 대체되어 온 영토(territory which has in fact long been superseded by the effects of later historical development)에 대한 역사적 관련(historic connection)을 소홀히 한 청구의 기초를 의미할 경우 이는 거의 의미가 없다는 것이다.[23]

이와 같이 Ott는 고전적 권원이 그 후의 역사적 발전에 의해 대체되게 된 경우 이는 의미 가 없는 것으로 되며, 대체된 권원아 의미를 갖게 된다고 하여, 고전적 권원은 역사적 발전 에 따라 새로운 권원으로 대체되어야 권원으로 인정될 수 있다고 논하고 있다. 즉, 고전적 권원의 대체의 필요성을 강조하고 있다.

---

22) Richard K. Gardiner, *International Law* (London Longman, 2003), p.177.
23) Ott, *supra* n. 6, p.109.

(4) Santiago Terres Bernardez

Bernardez는 역사적 권원의 평가는 그 권원이 발단된 때의 국제법에 의해 평가되어 왔다고 주장한다. 그러나 그는 다음과 같이 불소급의 원칙은 *Island of Palmas* Case (1928) 이후 제한되게 되었다고 하여, 즉 역사적 권원은 그 "권원의 발생 당시의 법"이 아니라 그 권원의 "대체된 평가 당시의 법"에 의해 평가되게 된다고 하여 역사적 권원의 변경의 필요성을 제의하고 있다.

역사적 권원에 대해 사례법(case-law)은 시제법의 원칙(intertemporal law principle)을 적절히 고려할 필요성을 강조하고 있다. 이에 따르면 관계권원의 평가는 권원이 주장된 발단의 시기에 효력이 있는 국제법(international law in force at the time of its alleged inception)의 기초 위에 이루어져야 한다. 그러나 이 불소급의 원칙은 *Island of Palmas* Case에서 Max Huber의 중재 판정에 의해 제한되게 되었다.[24)]

이와 같이 Bernardez는 역사적 권원의 평가는 그 권원이 발생할 당시의 국제법이라는 원 칙이 변경되어, 역사적 권원은 평가 당시의 국제법상 권원으로 변경되어야 함을 제의하고 있다.

(5) Peter Malanczuk

Peter Malanczuk는 영토의 권원의 타당성을 결정하는 법은 취득의 순간에 효력이 있는 법이라고 하면서도, 이는 *Island of Palmas* Case 이후 훼손되고 말았다고 하여, 고전적 권원은 발전된 법의 요건을 구비하여야 한다고 다음과 같이 논하고 있다.

영토의 취득을 지배하는 규칙은 세기를 거쳐 변화되어 왔다. 어느 시기의 법이 영토권원의 타당성을 결정(determine the validity of title to territory)하는 데 적용되어 야 하는가? 그것은 주장되는 취득의 순간에 효력이 있는 법(law enforce at the moment of the alleged acquisition)이다. 이는 법은 소급해서 적용될 수 없다는 일반 원칙의 한 예에 불과하다. 그러나 이러한 견해는 Palmas Isand Case에 의해 훼손되었다.[25)]

24) Bernordez, *supra* n. 4, p.499.

(4) Georg Schwarzenberger

Schwarzenberger는 역사적 권원은 법 이전의 권원이라고 다음과 같이 논하고 있다.

> 영토권원의 역사적 출발점은 전(前) 법적 주권이다(The historical starting point of titles to territory is pre-legal sovereignty). 즉 제후가 그 자신의 이름으로 영토를 방위할 권한을 갖고 영토에 대한 실효적 지배를 한 것이다.[26]

위의 기술 중 "전(前) 법적"이란 "전(前) 국제법적"이라는 의미임은 물론이다. 위의 기술은 봉건적 권원(feudal title)은 "국제법 이전의 권원"이라는 것이다. 이는 "국제법 이전의 권원"인 봉건적 권원은 국제법으로 평가할 수 없는 권원이라는 것을 의미하며, 이는 봉건적 권원은 "국제법 이후의 권원"으로 대체되지 않으면 국제법으로 평가될 수 없다는 것을 당연히 전제로 한 설명인 것이다. 요컨대, Schwarzenberger는 봉건적 권원은 국제법적 권원으로 대체되어야 국제법상 효력이 있는 것으로 보고 있다.

(5) Ian Brownlie

Brownlie는 역사적 권원에 적용될 법에 관해 시제법의 원칙에 따라 역사적 권원이 성립 한 당시에 존재한 법이라는 원칙은 더 이상 유지될 수 없게 되었다고 다음과 같이 기술하고 있다.

> 많은 경우에 있어서 이 원칙은 작용할 수 없다. 즉 그의 이론적 한계(theoretical extent)는 승인, 묵인, 금반언, 시효의 효과에 의해(by the effect of recognition, acquiescence, estopper, prescription) 감소하게 되었다.[27]

---

25) Peter Malanczuk(ed.), *Akehurst's Modern Introduction to International Law*, 7th ed. (London: Routledge, 1987), p.155.

26) Schwarzenberger and Brown, *supra* n. 2, p.96.

27) Brownlie, *supra* n. 1, p.129.

이와 같이 Brownlie는 역사적 권원에 적용되어야 할 법은 그 권원이 성립할 당시의 법이 라는 원칙은 승인, 묵인, 금반언에 의해 새로운 권원으로 변경된다는 것을 인정한 것이다. 즉, 역사적 권원은 승인, 묵인, 금반언 등의 권원의 근거(root)에 의해 오늘의 국제법상 다른 권원으로 대체되어야 법적 효력이 있음을 승인하고 있다.

이상의 주장 이외에 역사적 권원의 대체 필요성은 P. C. Jessup,[28] F. C. Wade,[29] R. Y. Jennings,[30] M. N. Shaw,[31] D. H. N. Johnson[32] 등에 의해 주장되고 있다.

Ⅳ. 독도의 역사적 권원의 대체

1. 독도의 역사적 권원의 변천과 대체

국가의 특정 영토의 영유권에 대한 권원은 시간의 발전축에서 볼 때 변화의 과정을 거치게 된다. 따라서 권원은 그 권원을 주장하는 시점에 따라 다를 수밖에 없는 상대적인 개념인 것이다. 한국의 독도 영유권의 권원도 그를 주장하는 시점에 따라 다를 수밖에 없는 상대적인 것이다.

(i) 신라시대에 독도 영유권의 권원은 지증왕 13년(512년) 이사부의 우산국 정복에 의해 취득된 역사적 권원이었다.

(ii) 고려시대에 독도 영유권의 권원은 신라로부터 승계된 독도 영유권의 권원의 유지를 위한 적극적인 통치권의 행사에 의한 유지된 역사적 권원과

---

28) P. C. Jessup, "The Palmas Island Arbitration", *AJIL*, Vol.22, 1928, pp.739~740.

29) E. C. Wade, *The Minquiers and Ecrehos* Case, Grotius Society transactions for year 1954, Vol.40, 1954, pp.98~99.

30) Robert Y. Jennings, *The Acquisition of Territory in International Law* (Dobbs Ferry : Oceana, 1963), pp.28-31.

31) Malcolm N. Shaw, *International Law*, 4th ed. (Cambridge : CUP, 1997), p.347.

32) D. H. N. Johnson, "Acquisitive Prescription in International Law", *BYIL*, Vol.27, 1950, p332.

실효적 지배에 의한 권원이었다.

(iii) 선시대에 독도영유권의 권원은 고려시대와 마찬가지로 고려로부터 승계한 역사적 권원의 유지를 위한 소극적인 통치권의 행사를 역사적 권원과 실효적 지배에 의한 권원이었다.

(iv) 한제국시대에는 1900년 10월 "대한제국 칙령 제41호"에 역사적 권원을 현대 국제법상의 권원으로 권원의 대체를 이루었다.[33] 따라서 대한제국시대에 독도 영유권의 권원은 "대한제국 칙령 제41호"였다.

이와 같이 독도의 역사적 권원은 대한제국시대에 이르러 현대국제법상의 권원으로 대체되게 되었다.

2. 독도의 역사적 권원의 대체의 효과

가. 역사적 권원의 실효

진술한 바와 같이 역사적 권원은 현대국제법상 권원으로 대체되게 되면 이는 법적 효력을 상실하게 된다.[34] 따라서 "대한제국 칙령 제41호"에 의해 대체된 역사적 권원은 1900년 10월 이전에는 독도 영유권의 권원으로 효력이 있었으나 1900년 10월 이후에는 그 효력을 상실하게 되었다. 그러므로 "오늘" 독도 영유권의 권원을 신라 이사부의 우산국 정복에 의한 역사적 권원에 있다고 주장할 수 없게 되고 만 것이다.

나. 대체 이후의 권원

(1) 대체된 권원과 그 중단 대체 이후의 권원은 말할 것도 없이 "대한제국 칙령 제41호"이다.

그러나 불행히 1910년 8월 "한일합방조약"에 의해 이 권원은 사실상 중단되고 만다. 동 조약이 원초적으로 부존재 또는 무효이므로 "대한제국 칙령

---

33) 김명기, "대한제국 칙령 제41호에 의한 역사적 권원의 대체에 관한 연구", 독도조사 연구학회, 「독도논총」, 제5권 제 1 · 2 통합호, 2010, pp.13~27.

34) *Supra* III, 2.

제41호"에 의한 권원은 원초 적으로 중단되지 아니했다고 할 수 있으나 동 조약의 부존재[35]는 광복 이후에 와서 1910년에 소급하여 인정되는 것이므로[36] 광복이전에는 동 조약은 사실상 부존재 또는 무효로 취급된 것이 아니므로 이 권원의 중단은 사실상(de facto) 중단인 것이며 법상(de jure) 중단이 아닌 것이다. 이 권원을 "소멸"이라 쓰지 아니하고 "중단"이라 표현하는 것은 이권원은 연합국의 일련의 조치에 의해 회복되게 되기 때문이다.

(2) 중단권원의 회복

사실상 중단되었던 권원은 연합국의 일련의 조치에 의해 회복되게 된다. 그 회복된 권원은 "대한제국 칙령 제41호"이고, 그 회복의 권원의 근거(root)는 연합국의 일연의 조치인 "카이로 선언", "포츠담 선언", "항복 문서", "SCAPIN 제677호", "대일평화조약"이다.

회복된 권원의 근거에 관해 "항복문서설",[37] "SCAPIN 제677호설",[38] 그리고 "대일평화조약설"[39] 등으로 학설이 나누어져 있다.

(i) "항복문서설": "항복문서"는 연합국과 일본간의 정책선언의 합의이고 조

---

35) 김명기, "한일합방조약의 부존재와 독도영유권", 독도조사연구학회, 전주 26, p.281.

36) 1965년의 "한일 기본관계에 관한 조약" 제2조의 "이미 무효"에 관해 한국 정부는 "원초적으로 무효"로 보는데 반해 일본 정부는 "1948년부터 무효"라고 주장한다(Myung-Ki Kim, *The Korean War and International Law* (Elaremont, CA : The Paige Press, 1991). pp.10-11; S. Oda, "The Normalization of Relations between Japan and the Republic of Korea," *AJIL*, Vol.61, 1967, pp.40~41).

37) P. B. Potter, "Legal Aspects of the Situation in Korea," *AJIL*, Vol.44, 1950, n.709 ; 박관숙, "독도의 법적 지위에 관한 연구," 대한공론사, 「독도」(서울: 대한공론사, 1905), pp.60~61; 이한기, 「한국의 영토」(서울: 서울대 출판부, 1969), pp.268~269.

38) 나홍주, "SCAPIN 제677호의 국제특별법령의 사격," 독도보전협회, 「한국의 독도 영유권 증명과 일본의 독도 침탈정책 비판」, 2011년 학술대토론회, 2011.10.15, p.37 이하 ; 대한민국 정부, 1952.2.12, 구술서

39) D, P. O'Connell, "The Status of Formasa and the Chinese Recognition Problem," *AJIL*, Vol.50, 1956, p.407 ; 김명기, "독도의 영유권과 제2차 내선의 종료", 대한국제법학회, 「대한국제법학회 논총」 제30권 제1호, 1985.6; 김석현 "독도의 영유권과 SCAPIN 677," 대한국제법학회 · 한국해양수산개발원, 학술세미나, 「독도문제와 국제법」, 2006.9.30 ; 이동원, "지정토론문", 한국독도연구원 · 국회독도지킴이, 「한국의 독도 어떻게 지킬 것인가」 2011.11.4, p.113.

약으로 보기 어렵고,[40] 항복은 일종의 절대행위의 종료방법이고 전쟁 상태의 종료 방법이 아니므로[41] 이를 독도와 한국의 분리의 근거로 보기 어렵다.

(ii) "SCAPIN 제677호설": "SCAPIN 제677호"는 점령군 사령관의 지령으로 동 지령을 독도를 포함한 한국의 분리의 근거로 보는 것은 교전 점령자는 점령 영토의 영토주권을 취득하는 것이 아니며 영토주권의 귀속은 평화조약으로 규정되게 된다는 국제관습법에[42] 반하고, "SCAPIN 제677호"의 내용상 동 지령의 명칭과 각 항에 영토(territory), 주권(sovereignty) 또는 영토주권(territorial sovereignty)의 분리라는 표현은 없고 영역(area)이란 표현만이 있고 정치적 행정적 관할권(governmental and administrative jurisdiction)이라는 표현만이 있으므로 동 지령에 의해 분리되는 독도(제3항)와 한국(제4항 c)의 분리는 영토의 영유권(dominium)이 아니라 영역권(imperium)의 분리인 것이다.[43]

(iii) "대일평화조약설": 한국 정부가 "대일평화조약"이 효력을 발생한 1952년 4월 28일 이전인 1948년 8월 15일에 수립되었으므로 이에 저촉되는 것이 보이나 1946년 1월 29일의 "SCAPIN 제677호"에 의해 분리된 영역권(imperium) 위에 대한민국정부가 수립된 것이므로 이는 문제되지 아니한다. 정부의 수립 시 영토는 영유권(dominium)이 아니 라 영역권(imperium)이기 때문이다.[44]

---

40) O'Connell, *supra* n.32, p.407.

41) H Lauterpacht (ed.), *Oppenheim's International Law*, Vol.2, 7th ed. (London : Longmans, 1952), p.562.

42) US, Department of the Army, *Law of Land Warfare*, FM 27-10, 1956, para. 358 ; British War Office, *Law of War on Land*, Part HI, 1958, para.510 ; *Ottmon Debt Arbitratiork* (1925) : *R1AA*, Vol.l, 1948, pp.554~555.

43) "SCAPIN 제677호 제6항"은 이를 명시적으로 규정하고 있다. "SCAPIN 제677호"에 의한 분리를 영유권(*dominiunim*)의 분리로 보면 동 지령에 의한 분리가 한국에 대한 분리가 아니라 한국점령군사령관에 대한 분리였으므로 한국점령군사령관이 독도와 한국의 영유권을 취득했었다는 모순이 있다.

44) 정부승인의 기초는 "새로운 실체 효과적인 영토적 통제 하에 있는 영역(area under the effective territorial control of the new entity)이다"(Schwarzenberger and Brown *supra* n.5, p.58); 정부승인의 요건인 영토는 "그들이 통제를 행사하는 영역(area which they exercise control)이다"(Ott, *supra* n.9, p.54); 정부승인의 요건은 "영토의 통제 하에 있는 정부(government be in control of the territory)이다"(Jochen Abr. Frowein, "Recognition," *EPIL*, Vol.10, 1987, p.334).

1948년 8월 15일의 대한민국 정부의 수립을 "국가의 수립"으로 본다 할지라도 식민통치로부터 신국가가 수립되는 경우는 영역권(imperium)위에 신생국이 독립을 선언하고 다음 차후에 영토권(dominium) 취득하게 되는 것이 일반적이므로[45] 특히 제2차 대전 이후 탈식민 과정은 모국으로부터 분리되는 독립국이 "일방적인 독립선언"을 하고 그 후 모국과 분리 독립되는 신생국 간에 "이변적 독립 조약"을 체결하여 신생국은 모국과 동등한 국가의 지위를 획득하는 것이 일반적이므로 대한민국이 1948년 8월 15일에 영역권(imperium) 위에 수립되고 1952년 4월 28일에 "대일평화조약"에 의해 영유권(dominium)을 1948년 8월 15일에 소급하여 취득한 것으로 봄에 별 문제가 없다. 1948년 8월 15일에 대한민국이 국가수립을 선언하고 1952년 4월 28일에 효력을 발생한 "대일평화조약"에 의해 일본과 대등한 국가의 지위를 1948년 8월 15일에 소급하여 취득한 것으로 봄이 타당하다. 대한민국과 일본 간에 이변적 독립조약을 체결하지 아니한 것은 대한민국이 일본으로부터의 분리는 연합국의 조치에 의한 것이었으므로 이는 부득이한 역사적 제약으로 이해할 수밖에 없다.[46]

요컨대, 신라 지증왕 13년(512년)에 이사부의 우산국 정복에 의해 신라가 취득한 독도 영유권의 역사적 권원은 고려에 승계되어 적극적 실효적 지배로 강화 유지되었고, 이는 조선에 승계되어 소극적 실효적 지배로 유지되었다. 대한제국에 와서 1900년 10월 25일 "대한제국 칙령 제41호"에 의해 독도 영유권의 역사적 권원은 현대 국제법상의 권원으로 "권원의 대체"를 이룩하여 독도 영유권의 역사적 권원은 실효되게 되고 대체 된 현 대국제법상의 권원은 1910년 "한일 합방조약"에 의해 불행히도 "사실상" 중단되고 말았다. 연합국의 일연의 조치에 의해 중단되었던 권원은 회복되게 되었으며 그 권원

45) Albert Bleckmann, "Decolonization," *EPIL*, Vol.10, 1987, pp.75~79.

46) "대일평화조약"으로부터 한국이 일본으로부터 분리된 것으로 보아야 할 것이나 또는 "한일기본관계조약"으로부터 분리된 것으로 보아야 할 것이냐는 검토의 여지가 있다. 한국을 전자의 당사자는 아니나 후자의 당사자이고, 전자는 연합국에 의한 승인의 의미를 가지나 후자는 일본과의 관계 정상화의 의미를 갖기 때문이다.

의 근거는 "대일평화조약"으로 봄이 타당하다고 본다. 따라서 오늘 독도 영유권의 권원의 근거를 신라 이사부의 우산국 정복, 고려 태종의 중앙집권 통치와 덕종의 요새화통치에 의한 적극적 실효적 지배, 조선 태종의 쇄환정책, 안용복의 도일활동 등 소극적 실효적 지배에 있는 것이 아니라 "대한제국 칙령 제41호"와 "대일평화조약"에 있다고 본다.[47] 따라서 "오늘" 독도 영유권의 권원은 역사적 권원에 있는 것이 아니라 중단되었다가 회복된 "대한제국 칙령 제41호"와 회복의 근거인 "대일평화조약"에 있으므로 "대한제국 칙령 제41호"와 "대일평화조약"의 심층적 연구가 요구된다.

V. 독도영유권 연구의 기본방향 제의

1. 역사적 권원에서 대체된 권원으로

역사적 권원은 새로운 현대국제법상 권원으로 대체되지 아니하면 법적 효력이 없고, 대체된 이후에는 실효되게 되므로 독도영유권의 정책과 연구의 기본방향을 역사적 권원에서 대체된 권원으로, 즉 신라의 우산국 정복에서 "대한제국 칙령 제41호"로, 1900년 이전에서 1900년 이후로 전환하여야 한다. 특히 동 칙령 이후의 석도에 대한 실효적 지배에 중점을 둘 것이 요구된다.

2. 중단된 권원에서 회복된 권원으로

"대한제국 칙령 제41호"가 제정·공포된 이후 10년이 되는 1910년에 역사적 권원을 대체한 동 칙령에 의한 권원은 "한일합방조약"에 의해 사실상 중단되고 말았다. 그러나 중단된 권원은 연합국의 일연의 조치로 회복되게 되었다. 소극적인 권원의 중단보다 적극적인 권원의 회복이 진취적 의미를 가

47) "대한제국 칙령 제41호"는 "대일평화조약"에 의해 회복된 권원이므로 오늘 독도 영유권의 권원은 양자 중 "대일평화조약"이라고 말할 수 있다고 본다. 여하간 전자는 후자에 의한 결과인 것이다. 즉 전자는 결과적 권원이고 후자는 원인적 권원이다.

지므로 권원의 중단 과정에서 권원의 회복과정으로 연구 의 기본방향을 전환하여야 한다. 특히 "대일 평화 조약"의 체결과정에 중점을 둘 것이 요구된다.

3. SCAPIN 제677호에서 대일평화조약으로

진술한 바와 같이 "SCAPIN 제677호"에 의해 영역권(*imperium*)만이 분리되었고 "대일평화조약 제2조 (a)항 진단의 규정"에 의해 영유권이 소급적으로 분리된 것이므로 연구의 기본 방향을 "SCAPIN 제677호"에서 "대일평화조약"으로 전환하여야 한다. 특히 "대일평화조약"의 해석에 중점을 둘 것이 요구된다.

VI. 결론

첫째로, 상술한 바를 다음과 같이 "요약"하기로 한다.

(i) 역사적 권원은 현대 국제법상 권원으로 대체되지 아니하면 현대 국제법상 효력이 없고, 현대 국제법상 권원으로 대체되게 되면 그 이후 역사적 권원은 법적으로 실효되게 된다는 것이 국제 판례와 학설에 의해 일반적으로 수락되어 있다.

(ii) 512년 신라 이사부의 우산국 정복에 의해 취득된 독도 영유권의 역사적 권원은 1900년 "대한제국 칙령 제41호"에 의해 현대 국제법상 권원으로 대체되었고 이에 따라 역사적 권원은 "오늘" 법적으로 실효되게 되었다.

(iii) 따라서 독도영유권의 연구는 실효된 역사적 권원에서 대체된 현대 국제법상 권원으로 대전환이 요구된다. 특히 "대한제국 칙령 제41호" 이후의 실효적 지배의 연구가 요구된다.

(iv) 독도 영유권의 연구는 1910년 "한일합방조약"에 의한 권원의 중단과정에서 연합국에 의한 권원의 회복과정으로 전환이 요구된다. 특히 "대일평화조약"의 체결 과정에 관한 연구가 요구된다.

(v) "오늘" 독도영유권의 권원의 근거는 "대일평화조약"에 있으므로 동 조약의 해석의 폭 넓은 연구가 요구된다.

둘째로, 사학계에 대해 다음과 같은 "권고"를 하기로 한다.

(i) 독도의 영유권에 관해 국제법 학계와의 친밀한 실천적 학제 연구를 단계적으로 추진한다.

(ii) 독도의 역사를 바로잡는 민족적 사업은 독도 영유권의 역사적 권원의 대체와 관계없이 지속적으로 추진한다.

셋째로, 정부 당국에 대해 다음과 같은 정책대안을 "제의"하기로 한다.

(i) 역사적 권원의 대체의 법리에 따라 상술한 독도 연구의 기본방향에 맞추어 독도 정책의 방향을 과감히 전환한다. 즉 역사적 권원 주장[48]에서 대체된 권원 주장으로, "SCAPIN 제677호"에 근거한 주장[49]에서 "대일평화조약"에 근거한 주장으로 정책전환을 한다.

(ii) 사학과 국제법학의 학제연구의 중장기 총괄 계획을 수리하고 이를 주도적으로 추진·진원하고, 그 결과를 정책에 적극 반영한다.

(iii) 학제연구의 활성화를 위해 관학 컨소시움을 형성하여 연차적으로 발전을 도모한다.

(iv) 학제연구의 중장기 총괄 계획을 시민단체에 보급하여, 참여를 독려하고 기대효과를 증폭시킨다.

---

48) 1953.7.13 한국정부구술서(한국정부견해1), I .a.b.b.

49) 1959.1.7 한국정부구술서(한국정부견해3), VI.

독 도 연 표

연도	한국	일본	역사적 사건	관련 사료
512년	신라 지증왕 13		6월. 신라의 이찬(伊湌) 이사부(異斯夫), 우산국을 정복. 이 정복에 의해 신라는 독도의 역사적 권원을 취득했다.	삼국사기 권4, 신라본기 4, 지증마립간 13년조; 삼국사기 권44, 열전 4, 이사부
930년	고려 태조 13		8월 15일. 우릉도(芋陵島)에서 사자(使者) 백길(白吉)과 토두(土豆)를 고려에 보내 토산물을 진상.	고려사 세가 1, 태조 13년 8월 병오조; 고려사 권58, 지리3, 동계 울진현조
1004년	목종 7	寬弘 元年	고려인 11인, 이나바(因幡, 현재의 돗토리 현 동부 지역)에 표류. 울릉도가 우루마 섬으로 알려짐.	大日本史 券二三四, 列傳 五
1018년	현종 9		11월. 우산국이 동북 여진족의 침략을 받아 농사에 큰 피해를 입음.	고려사 세가 4, 현종 9년 11월 병인조
1032년	덕종 1		11월 8일. 우릉 성주(羽陵城主)가 아들 부어잉다랑(夫於仍多郎)을 고려에 보내 토산물을 진상.	고려사 세가 5, 덕종 원년 11월 병자조
1141년	인종 19		명주도(강릉) 감창사 이양실, 사람을 시켜 울릉도 과실과 나무를 바치게 함.	고려사 세가 5, 인종 19년 7월 기해조
1145년	인종 23		김부식, 『삼국사기』 편찬, 512년 신라의 우산국 복속 사실을 기록	삼국사기
1157년	의종 11		5월 12일. 우릉도(羽陵島)에 파견되었던 명주도 감창 전중내급사(溟州道監倉殿中內給事) 김유립(金柔立), 주민의 우릉도 거주가 어렵다고 복명.	고려사 세가 18, 의종 11년 5월 병자; 고려사 절요, 의종 11년 5월

1243년	고종 30		최이, 울릉(蔚陵)에 사람을 살게 하려 했으나 풍랑으로 익사자가 많아 이주 정책을 중지함.	고려사 권129, 열전, 반역3, 최의
1246년	고종 33		5월 27일. 국학의 학유 권형윤과 급제 사정순을 울릉도(蔚淩島) 안무사(安撫使)에 임명.	고려사 권23, 세가23, 고종 33년 5월 갑신조
1379년	우왕 5		7월. 왜(倭)가 무릉도(武陵島)에 들어와 15일간 머물다 감.	고려사 권134, 열전47, 辛禑 5
1392년			조선 건국.	
1407년	조선 태종 7	應永 14	3월 16일. 쓰시마 수호(守護) 소 사다시게(宗貞茂), 무리들을 데리고 무릉도(茂陵島)로 와서 살기를 요청.	태종실록, 7년 3월 경오조
1416년	태종 16		9월 2일. 조선 정부, 김인우(金麟雨)를 무릉등처 안무사(武陵等處安撫使)에 임명. 울릉도에 사는 두목을 데리고 오게 함.	태종실록, 16년 9월 경인조
1417년	태종 17		2월 5일. 안무사 김인우, 우산도(于山島)의 거주민을 데리고 나오고 태종에게 토산물을 바침.	태종실록, 17년 2월 임술조
			2월 8일. 태종, 공조판서(工曹判書) 황희(黃喜)의 건의를 받아들여 무릉에 사는 거주민의 쇄출(刷出) 정책을 확정.	태종실록, 17년 2월 을축조
1425년	세종 7		8월 8일. 조선 정부, 김인우를 우산무릉등처 안무사(于山武陵等處安撫使)로 파견하여 거주민을 쇄출함.	세종실록, 7년 8월 갑술조
			10월 20일. 우산무릉등처 안무사 김인우, 복명. 역(役)을 피해 무릉도에 피신해 있던 남녀 20명을 찾아내어 데리고 돌아옴.	세종실록, 7년 10월 을유조
1432년	세종 14		1월 19일. 『신찬 팔도지리지(新撰八道地理志)』 편찬.	신찬 팔도지리지
1451년	문종 2		8월 25일. 『고려사』 편찬.	
1452년			『고려사』 「지리지」 우산도와 무능도는 본래 두 섬으로 서로 거리가 멀지 않아 날씨가 밝으며 서로 바라볼 수 있다고 서술.	권58 울진현조
1454년	단종 2		『세종실록』 「지리지」 편찬.	세종실록 권153, 지리지, 강원도 삼척도호부 울진현조

1472년	성종 3		6월 12일. 박종원을 삼봉도 경차관으로 삼아 무릉도에 보냄.	성종실록, 3년 6월 정축조
1476년	성종 7		10월 27일. 김자주와 김한경 등에게 삼봉도 조사를 명함.	성종실록, 7년 10월 정유조
1481년	성종 12		『동국여지승람(東國輿地勝覽)』 50권 완성.	팔도총도
1499년	연산군 5		『동국여지승람』「강원도」에 우산도와 울릉도 표기.	
1511년	중종 6		5월 21일. 강원도 관찰사에게 무릉도를 조사하여 보고하게 함.	중종실록, 6년 5월 경오조
1531년	중종 26		8월. 『신증 동국여지승람(新增東國輿地勝覽)』 편찬.	신증 동국여지승람
			『신증 동국여지승람』 부도 「팔도총도」에 우산도를 울릉도 안쪽에 표기.	신증 동국여지승람 팔도총도
1592년	선조 25		4월 14일. 일본군 부산포 상륙. 임진왜란 시작.	
1598년	선조 31		11월. 일본군 철수, 임진왜란 종료.	
1603년	선조 36	慶長 8	도쿠가와 이에야스(德川家康), 에도(江戸)에 막부 설치. 에도 시대 시작(1603~1868).	
1613년	광해군 5		6월 15일. 동래부사 윤수겸에게 왜인을 잘 경계하라고 지시함.	광해군일기, 5년 6월 임인조
1614년	광해군 6		9월 2일. 비변사가 왜인의 울릉도 왕래 금지를 쓰시마 섬 도주에게 알릴 것을 건의.	광해군일기, 6년 9월 신해조
1617년	광해군 9	元和 3	오야 규에몬(大谷九右衛門), 울릉도에 표착.	竹島渡海由來記拔書控
			이케다 미쓰마사(池田光政), 돗토리 번(鳥取藩: 因幡·伯耆)에 입부(入府).	
1625년	인조 3	寛永 2	5월 16일. 에도 막부, 호키 국(伯耆國) 태수(太守)에게 오야(大谷)·무라카와(村川) 양가(兩家)의 다케시마(울릉도) 도해를 허락.	
1635년	인조 13	寛永 12	에도 막부, 쇄국령을 내림.	
1667년	현종 8	寛文 7	이즈모 국(出雲國) 번사(藩士) 사이토 도요노부(斎藤豊宣), 오키에 파견되어 조사 뒤 지은 저술에서 일본의 서북 한계를 오키 섬으로 기술.	隱州視聽合紀

1692년	숙종 18	元祿 5	3월 26일. 무라카와가(家)의 어부들, 울릉도에서 조선 어부들과 부딪힘.	竹島七個條返答書
1693년	숙종 19	元祿 6	3월. 안용복(安龍福)과 박어둔(朴於屯), 울릉도에서 오야가의 어부들에게 잡혀 일본으로 끌려감.	숙종실록, 19년 11월 정사, 계유조; 20년 2월 신묘조
1694년	숙종 20		9월 19일~10월 3일. 삼척영장(三陟營將) 장한상(張漢相) 일행, 울릉도를 조사하고 그 결과를 복명.	蔚陵島事蹟, 邊例集要 권17
1695년	숙종 21	元祿 8	12월 24일. 에도 막부, 다케시마(울릉도) 도해면허와 관련하여 돗토리 번에 다케시마(竹島)와 다케시마 외에 이나바(因幡)·호키(伯耆)에 부속한 섬이 있는지를 문의.	
			12월 25일. 돗토리 번, 막부에 다케시마(竹島)·마쓰시마(松島)는 이나바와 호키에 부속한 섬이 아니라고 회답.	竹嶋之書附
1696년	숙종 22	元祿 9	1월 28일. 에도 막부, 다케시마(울릉도) 도해금지령을 쓰시마 번과 돗토리 번에 내림.	
			5월 15일. 안용복 등, 울릉도에 출어한 일본 어선을 추격하여 쫓아 버리고 자산도(독도)에서도 내쫓음.	숙종실록, 22년 9월 무인
1696년	숙종 22		5월 18일. 안용복 등, 오키 섬에 도착.	朝鮮通交大紀 權8
			5월 20~22일. 안용복 등, 돗토리 번 관리의 조사를 받음. 안용복, 『조선팔도지도(調鮮八道之圖)』를 지참. 다케시마와 마쓰시마는 조선 강원도 소속의 울릉도와 자산도임을 밝힘.	元祿九丙子年朝鮮舟着岸一券之覺書
1697년	숙종 23		4월. 조선 정부, 울릉도에 3년마다 정기적으로 수토관을 보내 조사하고 관리하기로 결정함.	숙종실록, 23년 4월 임술
1699년	숙종 25		6월. 월송포 만호 전회일이 울릉도를 수토하고 돌아와 지도와 토산물을 바침.	
		元祿 12	쓰시마 번주가 '다케시마 일건'이 모두 끝났다고 막부에 보고.	公文錄, 內務省之部 1
1702년	숙종 28		5월 28일. 삼척영장 이준명(李浚明), 울릉도를 수토하고 돌아와 울릉도의 지도와 토산물을 바침.	숙종실록, 28년 5월 기유조

1714년			강원도 어사 조석명(趙錫命)의 보고서	
1724년	경종 4	享保 9	돗토리 번, 막부의 명령에 따라 오야·무카라와 양가의 다케시마 도해 어업을 보고.	竹島考圖說 중 竹島松島之圖
1726년	영조 2	享保 11	쓰시마 번, 1696년의 안용복의 활동을 기록한 『다케시마기사(竹嶋紀事)』 편찬.	竹嶋紀事
1740~50년 사이			정상기, 『동국지도』 제작, 우산도를 울릉도 동쪽에 표기함(18세기 중반으로 추정).	동국지도
1756년	영조 32		신경준, 『동국문헌비고(東國文獻備考)』 지리지 부분을 맡아 '우산도가 일본이 말하는 송도'임을 밝힘.	강계고(疆界考)
1770년	영조 46		8월 5일, 『동국문헌비고』 편찬.	동국문헌비고
1779년	정조 3	安永 8	나가쿠보 세키스이(長久保赤水), 개정 지도에서 울릉도와 독도가 일본의 경위도선 밖에 조선 본토와 함께 채색되지 않은 상태로 그려 조선 영토임을 나타냄.	改正日本與地路程全圖
1785년	정조 9	天明 5	하야시 시헤이(林子平), 『삼국통람도설(三國通覽圖說)』부도에서 울릉도와 독도가 조선 본토와 같은 노란색으로 그려짐.	三國通覽圖說 부도 三國接壤之圖
1787년	정조 11		5월 27일(양). 프랑스 해군 대령 라페루즈(La Pérouse)가 이끄는 부솔(Boussole)함, 울릉도 발견.	
			5월 28일(양). 라 페우즈, 새로 발견한 섬(울릉도)을 첫 목격자 다줄레(Joseph Lepaute Dagelet) 교수의 이름을 따 다줄레(Dagelet)로 명명.	
1791년	정조 15		영국의 탐험가 제임스 콜넷(James Colnett), 새로 발견한 섬을 아르고노트(Argonaut) 섬으로 명명.	
1794년	정조 18		6월 8일. 월송만호(越松萬戶) 한창국(韓昌國), 울릉도를 수토하고(4월 21일 출발) 돌아옴.	정조실록, 18년 6월 무오조
1800년	정조 24	寬政 12	이노 다다타카(伊能忠敬), 일본 실측 지도 작성을 위한 제1차 측량을 개시.	

1808년	순조 8		『만기요람(萬機要覽)』 편찬.	
1821년	순조 21	文政 4	이노 다다타카의 제자들, 『대일본연해 여지전도(大日本沿海與地全圖)』 완성하여 막부에 헌상. 울릉도와 독도는 빠져 있음.	
1828년	순조 28	文政 11	돗토리 번으 번사 오카지마 마사요시(岡嶋正義), 『다케시마고(竹島考)』 편술.	竹島考
1836년	헌종 2	天保 7	에도 막부, 하마다 번(浜田藩)의 이마즈야 하치에몬(今津屋八右衛門)을 울릉도에 밀항한 죄로 처형.	竹嶋渡海一件記
1837년	헌종 3	天保 8	2월. 에도 막부, 다케시마(울릉도) 도해금지령을 내림.	
1840년	현종 6	天保11	시볼트의 「일본전도」. 아르고노트 섬을 다케시마, 다줄레 섬을 마쓰시마로 기록.	
			오카지마 마사요시[岡嶋正義], 「인부연표[因府年表]」 편찬. 안용복에 관해 기술함.	因府年表
1849년	현종 15	天保	1월 27일. 프랑스의 포경선 리앙쿠르[Liancourt]호, 독도를 발견. 리앙쿠르 섬[Liancourt Rocks]으로 명명.	
1854년	철종 5		4월 6일. 러시아 함정 올리부차[Olivutsa]호, 독도를 발견. 서도를 올리부차[Olivutsa], 동도를 [Menelai]로 명명.	
			러시아 군함 팔라다[Pallada]호, 동해안과 울릉도의 위치를 측정.	
1855년	철종 6		4월. 영국 군함 호넷[Hornet], 독도를 관찰하고 호넷 섬[Hornet Rocks]으로 명명.	
1867년	고종 4	慶應 3	가쓰 가이슈[勝海舟], 「대일본연해략도[大日本沿海略圖]」 제작. 울릉도를 akTM시마, 독도를 리앙쿠르 암으로 표기.	大日本沿海略圖
1868년	고종 5	明治 1	메이지유신.	
1870년	고종 7	明治 3	4월. 조선에 파견되었던 일본 외무성 출사[出仕]사다 하쿠보[佐田白茅]·모리야마 시게루[森山茂]·사이토 사	朝鮮國交際始末内探書

			카에[齋藤榮], 외뭄성에 「조선국 교제시말내탐서[朝鮮國交際始末內探書]」를 제출. 그중에 '다케시마[울릉도]와 마쓰시마[독도]가 조선령이 된 경위'란 제목으로 독도와 울릉도에 대해 기술.	
1874년	고종 11	明治 7	태정관[太政官] 정원[正院] 지지과[地誌課], 「일본지지제요[日本地誌提要]」 간행.	日本地誌提要
1876년	고종 13		2월 2일. 조일수호조규[朝日修好條規, 강화도조약] 성립.	
		明治 9	7월. 아오모리[青森]현의 무토 헤이가쿠[武藤平學], 「마쓰시마 개척지의[松都開拓地議]」를 외무성에 제출. 울릉도의 거목을 벌채하여 블라디보스토크에 수출하거나 시모노세키에 보내 판매할 계획을 밝힘.	
1876년	고종 13		7월 13일. 고다마 사다아키[兒], 「마쓰시마 개척원[松島開拓願]」을 외무성에 제출.	
			10월 5일, 일본 내무성 지리료[地理寮]에서 시마네현 앞으로 다케시마[울릉도]의 소속에 관한 질의서를 보냄.	
			10월 16일, 시마네현, '일본해 내 다케시마[竹島]외 일도 지적 편찬 방사'를 내무성에 질의.	
			12월. 지바[千葉]현의 사이토 시치로베[齋藤七郎兵衛], 「마쓰시마 개도 원서 및 건언[松島開島願書并建言]」을 외무성에 제출.	
1877년	고종 14	明治 10	1월. 시마네현의 사족[士族] 도다 다카요시[戸田敬義], 「다케시마 도해지원[竹島渡海之願]」을 제출.	公文錄, 內務省之部 1
			3월 17일. 일본 내무성, '일본해 내 다케시마 외 일도 지적 편찬 방사'를 태정관에 제출하고 그 소속에 대한 최종 결정을 요청.	公文錄, 內務省之部 1
			3월 29일. 일본 태정관[太政官] 우대신[右大臣] 이와쿠라 도모미[岩倉具視], 지적[地]籍편찬상 문제가 된 다	公文錄, 內務省之部 1

			케시마[竹島]와 그 밖의 한 섬, 즉 마쓰시마[松島가 일본령이 아님을 내무성에 지령.	
1877년	고종 14	明治 10	4월 9일. 내무성, 태정관 결정을 시마네현에 지령.	
1878년	고종 11	明治 11	8월 15일. 시모무라 린하치로[下村輪八郎]와 사이토 시치로베[齋藤七郎兵衛], 「마쓰시마 개척원[松島開拓願]」을 외무성에 제출.	松島開拓願
1880년	고종 13	明治	9월. 일본 군함 아마기[天地], 마쓰시마[松島]측량조사. 마쓰시마를 울릉도, 다케시마를 죽서[죽도]로 판단.	
1881년	고종 18		6월. 조선 정부, 일본인의 울릉도 도항 금지를 요구.	승정원일기, 18년 5월 22일
		明治 14	8월 20일. 일본 외무성 기타자와 마사노부[], 한국·일본·중국의 문헌과 군함 아마기 [天地]의 현지 조사 결과를 검토하여 「다케시마고증[竹島考證]」 3권을 작성, 마쓰시마는 울릉도로서 일본 판도 밖에 있는 땅임을 밝힘. 그 요약문 다케시마판도소속고」[竹島版圖所屬考]를 외무성에 제출.	≪竹島考證≫「竹島版圖所屬考」
1882년	고종 19		4월 29일. 울릉도 검찰사 이규원[李奎遠]일행, 울릉도로 향함.	
			6월 5일. 이규원 복명. 울릉도 개척과 일본 정부에 항의할 것 등을 건의.	이규원, 울릉도 검찰일기
1883년	고종 20	明治 16	1월 9일. 일본공사 다케조에 신이치로[竹添進一郎], 예조판서 이병문[李秉文]에게 일본인의 울릉도 벌목 금지를 약속.	
			3월 1일. 일본 태정대신[太政大臣] 산조 사네토미[三條 實美], 일본인의 울릉도 도항금지령을 내림.	
			3월 16일. 조선 정부, 김옥균[金玉均]을 동남제도 개척사[東南諸島開拓使]에 임명.	승정원일기, 20년 3월 16일
			울릉도에 첫 이주민이 두 차례에 걸쳐 16호, 54명이 들어옴.	

			일본 해군성 수로국[水路局], 「환영수로지[寰瀛水路誌」 제2권 「노한편[露韓編」을 간행. 마쓰시마[울릉도]와 함께 리앙쿠르 섬[독도]을 포함.	寰瀛水路誌
1884년	고종 21		12월. 이규원을 도안ㅁ제도 개척사에 임명.	
1889년	고종 26		9월 19일. 독판교섭통상사무 민종묵[閔種默], 일본공사관에 일본 어민들의 울릉도에서의 불법 행위를 항의하고 그 처벌과 배상을 요구.	
			10월 20일. 조일통어장정[朝日通漁章程]성립. 22조, 어업허가증을 가진 일본 어선은 전라 경상 강원 함경4도 근처에서의 어업을 허가.	
1893년	고종 30		조선 정부, 조종성[趙鐘成]을 수토관[搜討官]에 임명, 울릉도에 파견.	
1894년	고종 31		12월 27일. 조선정부, 수토제[搜討制] 폐지.	
1894년	고종 31	明治 27	6월 23일. 일본 해군, 서해풍도[豊島] 해상의청국 군함을 공격.	
			8월 1일. 일본, 청국에 선전포고.	
			일본 해군, 「조선 수로지[朝鮮水路誌」를 간행, 울릉도와 독도를 수록.	朝鮮水路誌
1895년	고종 32		8월 16일. 울릉도에 도장 대신 도감을 두기로 하고 배계주[裵季周]를 임명.	고종실록, 32년 8월 갑신
		明治 28	5월 4일. 일본, 삼국간섭에 의해 요동반도 [遼東半島]반환을 결정.	
1897년	광무 원년		10월 2일 조선, 칭제건원[稱帝建元] 대한제국 성립 선포.	
1899년	광무 3		울릉도 도감 배계주, 밀반출된 목재를 찾고자 일본 시마네현 마쓰에[松江]에서 재판.	황성신문 5월 16일 접보, 可任一隅
1899년	광무 3		정부, 배계주와 세무사 브라운 및 라포테를 시켜 울릉도 조사하게 함.	황성신문 9월 16일, 잡보, 鬱島日人
		明治 32	일본해군, 「조선 수로지[朝鮮水路誌」 2판 간행. 울릉도와 독도를 수록.	朝鮮水路誌
1900년	광무 4		내부에서 파견한 시찰위원 우용정 6월 1~5일간 울릉도 시찰 후 보고.	

		明治 33	아카쓰카 쇼스케[赤塚正助]도 울릉도 시찰에 관한 복명서 제출.	
			10월 2일. 광무[光武] 4년 칙령[勅令] 제41호를 반포함. 제2조에서 울도군[鬱島郡]의 관할 구역으로 울릉 전도[鬱陵全島], 죽도[竹島]와 함께 석도[石島]를 규정함. 11월. 초대울도 군수에 도감 배계주를 임명. 등 칙령에 의해 독도의 역사적 권원은 현대 국제법상 권원의 대체를 이룩했다.	관보 1716호 [10월 27일]
1902년	광무 6	明治 35	1월 30일. 영일동맹 성립. 영국, 한국에 대한 특수권익을 일본에 승인.	
			4월. 내부에서 울도군 관할 구역에 대한 행정 지침 「울도군 절목」을 임명.	鬱島郡節目
1903년	광무 7		1월 26일. 조선 정부, 심흥택[沈興澤]을 울도 군수[鬱島郡守]에 임명.	
			4월 20일. 울도 군수 심흥택 부임.	황성신문 7월 20일: 8월 10일: 11월 17일
1904년	광무 8	明治 37	2월 8일. 일본군, 뤼순[流順]을 기습 공격. 러일전쟁 시작.	
			2월 23일. 한일의정서[韓日議定書] 체결.	
			7월 5일. 일본 해군, 울릉도에 망루[望樓]건설을 결정.	
			나카이 요지부로, 강치[海驢]잡이를 위해 울릉도에서 독도로 출어.	
			8월 22일. 제1차 한일협약[韓日協約] 체결.	
			9월 25일. 일본 해군, 죽변만[竹邊灣]과 울릉도 망루를 연결하는 해저전신부설 완성.	
			일본 군함 니타카[新高]의 「행동일지」. 독도에 대해 "한인들은 독도[獨島]라 쓰고, 일본 어부들은 랑코 섬이라 부른다."라고 기록.	
			9월 29일. 나카이 요자부로, 「랑코도[독도]」영토 편입 및 대하원[リヤンコ島領土編入及貸下願]을 내무 · 외무 · 농상무상 앞으로 제출.	リヤンコ島領土編入及貸下願

1905년	광무 9	明治 38	1월 10일. 일본 내무성, 내각에 '무인도[無人島]소속에 관한 건'제출. 독도를 일본 영토로 편입. 다케시마[竹島]로 명명하여 시마네현 오키도사[隱岐島司]의 소관으로 할 것을 청의[請儀].	
			1월 28일. 일본 각의[閣議], 내무성에서 청의한 '무인도 소속에 관한 건'을 승인.	
			2월 15일. 일본 내무성, 시마네현 지사에게 훈령 2p87호로 각의 결정을 관내에 고시할 것을 지령.	
			2월 22일. 일본 시마네현 지사 마쓰나가 다케요시[松氷武告], 시마네현 고시 제40호로 량코도[독도]의 영토 편입을 고시.	島根縣告示 第40號
1905년	광무 9		5월 27일. 일본 함대, 쓰시마 동북해 해전에서 러시아 함대를 대파.	
			6월 5일. 시마네현 지사, 나카이 요자부로 외 3명에게 독도에서의 강치 어업을 허가.	
			7월 22일. 일본 해군 소속 인부 38명, 독도에 상륙, 가설 망루를 건설.	
			8월 19일. 시마네현 지사 마쓰나가 다케요시, 수행원 3명과 해군 용선[海軍用船]교토 []호에 승선, 독도 시찰.	極秘明治三十七入年海軍史 4部 4卷 附錄
			9월 5일. 러시아와 일본, 포츠머스 조약 체결.	
			11월 17일. 을사조약[乙巳條約: 제2차 한일협약]체결. 일본이 한국의 외교권을 접수, 통감[統監]파견이 주요 내용.	
1906년	광무 10	明治 39	3월 27일 시마네현 사무관 진자이 요시타로[神西由太郎]가 인솔하는 조사대, 독도를 조사.	
			3월 28일. 진자이 요시타로 등 일본 시찰단, 울도 군수 심흥택[沈興澤]을 방문하여 독도가 일본 영토로 편입되었음을 통보.	황성신문, 5월 9일, 잡보, 鬱倅報告內部

			3월 29일. 울도 군수 심흥택, 강원도 관찰사 서리 춘천 군수 이명래[李明來]에게 3월 28일 일본 관인[官人]일행이 '본군 소속 독도[獨島]'가 '일본 영지[領地]'로 편입되었음을 알려온 사실을 보고.	각 관찰도안 1
			4월 29일. 이명래, 의정부 참정대신에게 '보고서 호외[報告書號外]'로 심흥택의 보고를 송부.	각 관찰도안 1
			5월 1일. 「대한매일신보[大韓每日申報]」(207호), 「잡보[雜報]」란에 울도 군수 심흥택의 보고와 이에 대한 내부의 지령을 보도.	대한매일신보, 5월 1일, 접보.
			5월 7일. 강원도 관찰사 서리 춘천 군수 이명래의 '보고서 호외', 의정부와 외사국[外事局]에 접수.	
			5월 9일. 「황성신문[皇城新聞]」(2175호), 「잡보」란에 5월 1일자 「대한매일신보」 「잡보」란의 기사와 같은 내용을 보도.	황성신문, 5월 9일, 잡보, 鬱倅報告內部
			5월 20일. 의정부 참정대신 박제순, 강원도 관찰사에게 지령 제3호로 독도의 일본 '영지지설[領地之說]'을 부인하고 독도의 형편과 일본인들이 어떻게 행동하였는지 다시 조사 보고할 것을 지시.	각 관찰도안1, 지령 3호
			9월. 울릉도와 독도의 관할권이 강원도에서 경상남도로 이관됨.	
1908년	융희 2		「증보문헌비고[增補文獻備考]」 편찬. 우산도[芋山島]를 울도군[鬱島郡] 소속으로 기록.	증보문헌비고[增補文獻備考]
1908년			대한제국상공부 「한국수로지」	
1910년			8월 22일. 한일병합조약 체결.	
1914년			울릉도와 독도의 관할권이 경상남도에서 경상북도로 이관됨.	
1939년		昭和 14	4월 24일. 시마네현 오키군[隱岐郡] 고카무라[五箇村] 의회, 독도를 고카무라 구역에 편입할 것을 의결.	
1940년			8월. 시마네현, 독도를 해군용지로 마이즈루 진수부[舞鶴 鎭守府]에 인계.	시마네현, Web竹島問題研究所 HP

1943년			11월 27일. 카이로 선언. 적절한 시기에 한국을 해방하고 독립시킬 것을 선언.	
1945년			7월 26일. 포츠담 선언 제8항에서 "카이로 선언의 모든 조항은 이행되어야 하며, 일본의 주권은 혼슈[本州] · 홋카이도[北海道] · 규슈[九州] · 시코쿠[四國]와 장래 연합국이 결정하는 작은 섬들에 국한될 것"으로 명시.	
			8월 15일. 일본은 포츠담 선언을 수락하고 항복, 한국은 식민지에서 해방.	
1946년			1월 29일. 연합국 최고사령관 지령(SCAPIN) 제677호 '일본으로부터 일정 주변 지역의 통치 및 행정상의 분리'로 독도를 일본에서 분리. 다만, 등 지령에 의해 독도가 분리된 것이 아니라 대일평화조약에 의해 독도가 분리되었다는 견해가 있다. 우리 정부의 견해는 SCAPIN-677호에 의해 독도가 분리되었다는 입장을 취하는 것 같다.	SCAPIN-677
			6월 22일. 연합국 최고사령관 지령(SCAPIN) 제1033호 '일본의 어업 및 포경업 허가 구역의 설정', 이른바 맥아더라인이 설정됨. 독도를 일본의 조업 허가 구역에서 제외.	SCAPIN-1033
1947년			3월 20일. 미국, 샌프란시스코 강화조약 초안 개요, 독도를 한국령으로 기술.	
			8월 5일. 미국, 샌프란시스코 강화조약 초안, 독도를 한국령으로 기술.	
			8월 16일~25일 한국산악회 주최로 학술조사단 파견, 울릉도 · 독도 학술조사 실시.	
1948년			1월 12일. 미국, 샌프란시스코 강화조약 초안, 독도를 한국령으로 기술.	
			6월 8일. 미군 공군기, 독도 폭격. 한국 어민이 다수 희생.	
			8월 15일. 대한민국 정부 수립.	

1949년			10월 13일. 미국, 샌프란시스코 강화조약 초안, 독도를 한국령으로 기술.	
			11월 2일. 미국, 샌프란시스코 강화조약 초안, 독도를 한국령으로 기술.	
			11월 14일. 윌리엄 시볼드 GHQ 외교국장, 국무장관에게 독도를 일본령으로 하도록 초안 수정을 건의.	
			12월 29일. 미국, 샌프란시스코 강화조약 초안, 독도를 일본령으로 기술.	
1950년			6월 25일. 한국전쟁 발발.	
			8월 7일. 미국, 샌프란시스코 강화주약 초안, 독도에 대한 기술 삭제.	
			9월 11일. 미국, 샌프란시스코 강화조약 초안 및 대일 강화 7원칙 발표.	
1951년			2월 28일. 영국, 샌프란시스코 강화조약 제1차 초안, 제주도, 울릉도, 독도를 일본령으로 기술.	
			3월 23일. 미국, 샌프란시스코 강화조약 최종 초안, 독도 기술 삭제하여 한국에 제시.	
			3월. 영국, 샌프란시스코 강화조약 제2차 초안, 제주도, 울릉도, 독도를 한국령으로 기술.	
			4월 7일. 영국 최종[잠정] 초안, 제주도와 울릉도, 독도를 한국령으로 기술.	
			5월 3일. 제1차 미영 합동초안, 독도 기술 없앰.	
			6월 1일. 미영 합동초안의 미국 주석서, 독도에 관한 언급 없음.	
			6월 14일. 제2차 미영 합동초안, 독도와 일본 북방 4도에 관한 기술 탈락.	
			7월 9일. 양유찬 대사와 델레스[John Foster Dulles]의 1차 회담.	
			7월 13일. 미 국무성 정보조사국 지리담당관 보그스[Samuel W. Boggs], 샌프란시스코 강화조약 준비 중인 극동아시아과 로버트 피어리[Robert A. Fearey]에게, 독도는 한국 영토이므로 영토 분쟁을 방지하기 위해 샌	

			프란시스코 강화조약 본문에 독도의 명칭을 넣을 것을 제언.	
1951년			7월 19일. 양유찬 주미 대사, 미 국무성에 일본이 포기하는 영토에 독도를 포함할 것 등 5항목을 요구.	
			7월 26일. 한국, 맥아더라인의 존속 등 3항목을 요구.	
			8월 10일. 미국, 양유찬 주미 대사에게 국무차관보 딘 러스크[Dean Rusk]의 서한을 보내 한국의 독도 관련 조항 수정 요구를 거부.	
			8월 16일. 샌프란시스코 강화조약 최종 초안, 독도와 북방 4도에 관한 기술 탈락.	
			9월 8일. 샌프란시스코 강화조약 조인. 등 조약에 의해 독도가 일본으로부터 분리되었는가, 또는 SCAPIN-677호에 의해 분리되었는가에 대한 논의가 있다.	
1952년			1월 18일. 한국 이승만 대통령 '인접 해양에 대한 주권에 관한 선언', 이른바 평화선 선언.	
		昭和 27	1월 28일. 일본 외무성, '인접 해양에 대한 주권에 관한 선언'에 항의, 독도에 대한 한국의 영유권을 부정.	
			2월 15일. 제1차 한일회담 개회, 4월 21일 폐회.	
			4월 25일, 맥아더라인 폐지.	
			4월 28일. 샌프란시스코 강화조약 발효.	
			7월 26일. 미일 안전보장조약의 실시를 위해 설립된 미일합동위원회, 독도를 미군의 폭격훈련 구역으로 지정.	
1953년			3월 19일. 미일합동위원회, 독도를 연습 구역에서 제외.	
			4월 15일. 제2차 한일회담 개회, 7월 23일 폐회.	
1953년		昭和 28	5월 28일. 시마네현의 수산 시험선	

			시마네호, 독도 부근에 출몰. 한국인 어부 30여 명이 독도에 상륙하고 있는 것을 발견.	
			6월 2일. 일본 외무성, 독도 문제에 관해 관계성청회의를 연이어 주최. 다케시마 문제 대책 요강 결정.	
			6월 27일. 시마네현과 일본 해상보안청, 독도를 합동 조사. 한국인 어부 6명에게 퇴거 명령. 「일본 시마네현 오키군 고카무라 다케시마」라고 쓴 표주를 세움.	
			7월 8일. 한국 국회, 일본 관헌의 독도 불법 점거에 관한 결의안 가결.	
			7월 10일. 일본의 독도침범에 대한 경상북도 의회의 결정.	
			7월 12일. 한국, 일본 측이 세운 표주를 철거. 한국 경관이 독도에 700m 정도 접근한 일본 해상보안청 순시선 헤쿠라호의 퇴거를 요청, 총격.	
			7월 13일. 일본, 독도 영유권 문제에 관해 제1회 견해 보내 옴.	
			7월 23일. 제2차 한일회담 종료[4월 15일 시작]. 청구권과 어업 문제로 대립, 휴회.	
			8월 7일. 일본 해상보안청 순시선, 독도에 두 번째 일본 영토 표식.	
			9월 7일. 한국 군함, 평화선 침범한 일본 어석 3척 나포.	
			9월 9일. 한국, 일본의 독도 영유권 문제에 관한 제1회 견해에 대해 반론하는 구상서 송부.	
			10월 1일. 한미상호원조조약 워싱턴에서 조인.	
			10월 6일. 제3차 한일회담 개회[21일 폐회]	
			10월 6일. 일본 해상보안청 순시선, 독도에 세 번째 일본 영토 표식.	
			10월 23일. 일본 해상보안청 순시선 2척, 독도에 상륙해서 한국의 영토	

			표식을 철거하고, 네 번째 일본 영토 표식.	
			11월 30일. 주일 미국대사관 공사참사관 윌리엄 터너[William T.Turner] 조서 「독도 논쟁에 관한 각서(Memorandum in regard to the Liancourt Rocks[Takeshima Island] Controversy)」에서 미국이 독도 문제에서 중립적 정책을 유지할 것과 한국에 대하여, 일본과의 사이에서 해결을 희망. 만약 한국이 러스크 서한으로 표명된 견해를 받아들일 수 없다면 중재재판이나 국제사법재판소 회부 조치를 취해야 할 것이라고 전달했음을 보고.	
1954년			1월 18일. 한국, 독도에 영토 표식을 설치.	
1954년		昭和 29	2월 10일. 일본, 독도 영유권 문제에 관한 제2회 견해 송부.	
			5월 23일. 한국, 일본 어선에 의한 영해 침범에 항의.	
			6월 17일. 한국 내무부, 독도에 연안 경비선을 파견할 것을 발표.	
			7월 29일. 한국 내무부, 독도에 경비대 상주시키기로 발표.	
			8월 10일. 독도 무인 등대 운용 시작.	
			8월 23일. 독도에 접근한 일본 해상보안청 순시선 오키, 총격 받음. 일본 외무성이 26, 27일 항의.	
			9월 15일. 한국, 독도 도안의 우표 발행.	
			9월 25일. 한국 정부, 일본의 독도 영유권 문제에 관한 제2회 견해에 대해 반론하는 구상서 송부.	
			9월 25일. 일본 정부, 독도 영유권 문제의 국제사법재판소 부탁을 한국 측에 제의.	
			10월 20일. 독도 등대 및 제시설 설치에 관한 교환 공문.	
			10월 28일. 한국 정부, 일본 측의 국제사법재판소 제의를 거부.	

			11월 29일. 일본 정부, 한국의 독도 우표 발행에 항의.	
			12월 13일. 독도 도안우표발행에 관한 교환 각서.	
1955년			8월 8일. 한국 정부, 일본 정부에 신등대 설치를 통보.	
1956년			3월. 덜레스 미 국무장관, 한일 양국을 방문. 한일회담의 재개를 조정.	
1956년		昭和 31	9월 20일. 일본, 독도 영유권 문제에 관한 제3회 견해 송부.	
1961년			1/3,000 독도지형도 제작[국립건설연구소, 현 국토지리정보원]	
1962년		昭和 37	7월 13일. 일본, 독도 영유권 문제에 관한 제4회 견해 송부.	
1963년		昭和 38	1월 9일. 자민당 부총재 오노 반보쿠[大野伴睦], 독도 한일 공유론을 제창.	
1965년			3월. 울릉도 주민 최종덕, 독도에서 어로 활동 시작. 4월 3일. 한일회담, 어업, 청구권, 재일 한국인의 법적 지위 등의 합의사항에 가조인	
			6월 22일. 한일기본조약 조인.	
			12월 18일. 한일기본조약 발효.	
1968년			12월. 울릉도 주민 최종덕, 독도에 거주하기 시작.	
			12월 18일. 한일어업협정 발효.	
1973년			독도종합개발계획 수립.	
1974년			1월 30일. '대한민국과 일본 간 양국에 인접한 대륙붕의 북부 구역의 경계 획정에 관한 협정' 체결.	
1977년		昭和 52	3월 19일. 시마네현 의회, 독도의 영토권 확립 및 안전 조업의 확보에 대해 결의.	
1980년			1/1,000, 1/5,000 독도지형도 제작[국토지리정보원]	
1982년			11월 16일. 독도를 천연기념물 제336호 해조류 번식지로 지정.	

1987년		昭和 62	3월 11일. 시마네현, 다케시마·북방 영토 반환 요구 운동 시마네현 민회의 설립.	
1990년			울릉도 주민, 푸른 독도 가꾸기 모임 결성.	
1991년			김성도·김신렬 부부, 독도로 주민등록 이전.	
1994년			11월 UN해양법협약 발효.	
1996년			2월 7일. 한국 정부, 독도에 경비정과 어선을 위한 접안 시설 건설 계획 발표.	
1996년		平成 8	2월 9일. 이케다 유키히코[池田行彦] 외상, 독도는 '일본 고유의 영토'이며, 한국의 독도 접안 시설 공사는 '일본의 주권을 침해하는 것'이라고 강조. 상주 경비대의 즉시 철퇴도 요구.	
			2월 14일. 이케다 외상, 김태지 주일대사와 회담. UN해양법협약의 배타적 경제수역 설정에 따르는 어업 문제는, 독도 영유권 문제와는 별도로 해결을 모색하기로 합의.	
			3월 2일. 김영삼 대통령과 하시모토 수상, 방콕에서 회담. 독도의 영유권 문제와는 별도로 UN해양법협약의 배타적 경제수역 설정에 따르는 새로운 어업 협정 교섭을 빠른 시기에 시작하기로 합의.	
			4월 29일. 독도 항만 시설 공사 착공.	
1997년			11월 7일. 독도 접안 시설의 낙성, 기념비 제막식 개최.	
			12월 13일. '독도 등 도서 지역의 생태계 보전에 관한 특별법' 제정	
1998년			9월 25일. 신한일어업협정. 독도 주변의 중간수역을 '동경 135도 30분 이서, 양국 연안으로부터 35해리'로 설정하고, 공동 자원 관리 등에 기본 합의.	
1999년			1월 22일. 신한일어업협정 발효 [1998년 11월 28일 체결].	

			12월. 독도를 천연기념물 제336호 독도 천연보호구역으로 변경·지정	
2000년		平成 12	5월 9일. 일본 외무성, 2000년판 외교청서에서 독도가 일본의 고유 영토임을 주장.	
			9월 5일. 환경부, 독도를 '독도 등 도서 지역의 생태계 보전에 관한 특별법'에 따른 특정도서 제1호로 고시.	
			9월 19일. 모리 요시로[森喜朗] 수상, KBS와의 단독 인터뷰에서 '독도는 일본의 고유 영토'라고 발언.	
2002년		平成 14	4월 9일. 일본 문부과학성, 한국이 시마네현의 다케시마에 대한 영유권을 주장한다고 기술한 명성사판[明成社版] 고교 역사 교과서『高校日本史B』검정 통과.	
			6월 7일. 노무현 대통령과 고이즈미 준이치로[小泉純一郎] 수상, 도쿄에서 한일수뇌회담.	
2004년			1월 16일. 한국, 독도우표를 발행.	
2004년		平成 16	10월 25일. 시마네현, '다케시마의 날' 제정을 중앙 정부에 요청.	
2005년		平成 17	3월 16일. 시마네현, 2월 22일을 '다케시마의 날'로 하는 조례 제정.	
			3월 17일. 한국국가안전보장회의[NSC], 대일 정책기조 성명 발표.	
			4월 18일. 한국 정부, 대통령 직속 역사·영토 문제 전담 기구인 '동북아평화를 위한 바른역사정립기획단' 설립.	
			5월 18일. 한국, '독도의 지속 가능한 이용에 관한 법률' 제정.	
			6월 28일. 독도의 일반 현황, 정부 표준 고시.	
			9월. 일본 방위백서, 독도를 일본 영토라고 주장하기 시작.	
			12월 30일. 영남대학교 독도연구소『독도연구』창간호 발행.	
2006년			1월 27일. 국립해양조사원, 7월 3일	

			에서 17일 사이에 독도 부근 수역의 해류 관층 실시를 항행통보에 공시.	
2006년		平成 18	2월 23일. 다카노 도시유키[高野紀元] 일본 대사, 외신기자클럽 초청 기자간담회에서 독도는 일본 영토라고 주장.	
			4월 14일. 한국 정부, 일본 해상보안청이 한국 측 배타적 경제수역[EEZ] 내에서 수로 측량을 실시할 계획임을 확인하고 항의.	
			4월 22일. 유명환 외교통상부 1차관과 야치 쇼타로[谷内正太郎] 일본 외무성 사무차관, 일본 측은 해저 지형 조사 계획 철회, 한국 측은 국제수로기구[IHO] 회의에 동해상 해저지형의 한국명 등록 추진을 잠정 보류, 중단된 한일 배타적 경제수역[EEZ] 경계 획정 협상 재개 등 3개 항에 합의.	
			4월 25일. 노무현 대통령, '한일관계에 대한 특별담화문' 발표. "일본이 독도에 대한 권리를 주장하는 것은 제국주의 침략전쟁에 의한 점령지 권리, 나아가 과거 식민지 영토권을 주장하는 것"이라며, 강경 대응 방침을 천명.	
			8월 20일. "동북아역사재단 설립운영에 관한 법률"에 의거, 동북아역사재단 설립.	
2007년			7월 12일. 시마네현 다케시마문제연구회, 최종 보고서를 일본 외무성에 제출.	
			12월 13일. 독도에 최초 부대지 투표실시.	
2008년			2월 29일. '독도의 지속 가능한 이용에 관한 법률' 일부 개정. 독도 지속가능 이용위원회의 참여 범위와 기능을 확대 · 강화하고, 독도의용수비대 지원법 제정.	
			8월 4일 국무총리훈령 제517호로 정부 합동 독도영토관리대책단 설치.	

2008년		平成 20	7월 14일. 일본 문부성, 중학교 사회과 『학습지도요령 해설서』에 '독도 영유권' 문제 명기하기로 밝힘.	
2010년			9월 10일. 일본 방위성, 『방위백서』에 독도를 일본의 고유 영토로 기술.	
2011년			3월 30일. 일본 문부과학성, 중학교 사회과 교과서 검정 결과 발표, 모든 지리(4종), 공민(7종) 교과서에 독도가 일본 영토로 기술됨.	
			11월 한국해양수산개발원, 『독도사전』 발간.	
2012년			8월 1일 이명박 대통령 독도 방문.	
			8월 21일. 일본 정부 국제사법재판소에 단독제소 가능성 언급.	
			8월 24일. 노다 총리 국제사법재판소에 제소 합의 요구.	
			9월 11일. 기라[吉良] 외부차관 일본이 국제사법재판소에 단독제소 가능성 언급.	
2014년			11월 1일. 독도입도지원시설 공사중단	

참고문헌

1. 논문

가. 영남대학교 독도연구소, 「독도연구」

(1) 제1호(창간호) / 2005년 12월 30일 발행, 총 317p

〈논문〉

독도에 대한 역사·지리적 인식 / 김정숙 1

소위 "독도문제"의 본질 / 이승진 45

안용복의 2차 도일 활동에 관한 연구 / 김화경 73

일본·프랑스의 고지도가 증명하는 한국의 독도영유 / 호사카유지 97

일본 메이지 시대 문헌에 나타난 울릉도와 독도 인식 / 윤소영 115

일본의 영토분쟁과 독도의 지위에 관한 고찰 / 최장근 159

동북아의 島嶼分爭과 근대 일본의 팽창 정책 / 錢明 209

(2) 제2호 / 발행 : 2006. 12. 30, 총 383p

〈특집〉 북한의 독도 연구

독도는 우리나라의 신성한 영토 / 전영률 1

일본 반동들의 독도 강탈 행위와 그 부당성 / 렴춘경 19

1905년 독도의 시마네현 편입은 일제의 조선 강점정책과 영토 야망의 범죄적 산물 / 황면철 39

우리나라 동해(東海) 이름에 대한 역사 지리적 고찰 / 리호·강헌창 73

〈2006년도 국제학술대회 발표 논문〉

교과서와 독도문제 / 신주백 87

1883년 울릉도 재개척령 공포 전후의 독도 / 김호동 109

Острова Токточном море / В.В. Глушков 159
〈번역〉 동해상의 독도(獨島) / Valery Glushkov 183
К проблеме острова Токто / Р.Л. Казаръян 197
〈번역〉 독도(獨島)의 문제점에 관하여 / Ruben Kazariyan 215
韓·日 獨島紛爭에 대한 중국의 인식 / 손춘일 227

(3) 제3호 / 2007. 12. 30. 발행.
끝없는 위증의 연속 : 시마네현 죽도문제연구회 최종보고서에 대한 검토 / 김화경 1
〈번역〉 죽도문제보유/ 나이토 세이쮸 37
竹島問題補遺 / 內藤正中 81
〈일제강점기의 울릉도연구〉
인류고고학 상에서 본 울릉도 / 도리이 류죠 (鳥居龍藏) 115
울릉도 기사 / 이마무라 토모에(今村鞆) 137
〈2007년도 국제학술대회 발표논문〉
독도문제의 평화적 해결을 위한 제언 / 김영구 171
일본자료에서 본 독도의 귀속문제(에도기) / 나이토 세이쮸 187
日本資料から見た獨島の歸屬問題(江戶期) / 內藤正中 195
메이지時代의 자료에서 본 독도의 歸屬問題 / 박병섭 201
明治時代の資料からた獨島の歸屬問題 / 朴炳涉 211
국제정세 차원에서 보는 독도 문제 / 쿠르바노프 219
근대 중국의 「질서와 영토」관 / 꿔 리엔유우(郭連友) 235
近代中國の「秩序と領土」觀 / 郭連友 259
국경 문제의 타개를 위해서 / 하타노 스미오 279
國境問題の打開のために / 波多野澄雄 295

(4) 제4호 / 2008년 6월 30일 발행
〈일본의 독도 영유권 주장의 허구성〉
竹島問題の問題点 - 日本外務省「竹島」批判 / 內藤正中 7
다케시마의 문제점-일본 외무성「다케시마」비판 / 나이토 세이쮸 35
下條正男の論說を分析する / 朴炳涉 67
시모조 마사오(下條正男)의 논설을 분석한다 / 박병섭 95
독도 강탈을 위한 궤변의 허구성 / 김화경 125

〈울릉도 연구〉
일제시대 도리이 류조(鳥居龍藏)의 눈에 비친 울릉도 / 김호동 157

(5) 제5호 / 2008년 12월 30일 발행
일본외무부성의 다케시마 문제를 이해하기 위한 10개의 포인트에 대한 반박 / 나홍주 5
국제법상 일본의 독도영유권주장에 대한 대일 항의에 관한 연구 / 김명기 83
독도문제와 국제재판의 Mixed Case에 관한 고찰 / 정갑용 107
독도영유권 공고화를 위한 조선시대 수토제도의 향후 연구방향 모색 / 김호동 141
독도문제의 수학적 접근 - 독도는 왜 지리적, 역사적으로 우리 땅이 될 수 밖에 없는가? / 정태만 167
〈조어도 문제 특집〉
近十年來国内钓魚島问題研究综述 / 刘中民 · 刘文科 203
최근 10년 동안 국내(中國) 조어도 문제에 관한 연구성과 / 刘中民 · 刘文科 215
钓魚島争端的由来 / 姜华 233
조어도 논쟁의 유래 / 강화 241
钓魚島与中日东海大陸架划界 / 張万彬 · 張敏 251
조어도와 중일동해대륙붕 경계선확정 / 장만빈 · 장민 259
从国际法视角看中日钓魚島主权争端 / 王德水 269
국제법 시각에서 본 중 · 일 조어도 주권분쟁 / 왕덕수 279
〈일본인의 독도인식〉
「竹島問題」とはなにか / 吉岡吉典 293
〈다케시마(竹島) 문제〉란 무엇인가? / 요시요카 요시노리 311
再び「竹島問題」について / 吉岡吉典 329
다시 〈다케시마(竹島) 문제〉에 대하여 / 요시오카 요시노리 341

(6) 제6호 / 2009년 6월 30일 발행
〈특집〉 독도영유권과 국경분쟁의 해결 방향
독도문제의 실체와 그 대응책 / 나홍주 7
일본측 독도영유권 주장의 비판적 검토 / 오상학 49
독도와 울릉도사람들의 생활환경 / 박성용 93
다각적 측면에서 본 독도/다케시마 분쟁의 재고 / Kimie Hara 111

독도-다케시마 분쟁의 시각차이 / 권현익 125
동중국해에서의 영토분쟁 / Reinhard Drifte 139
독도, 식민지 유산과 동아시아에서의 지역적 화해 전망 / Mark Selden 163
江戸時代における竹島およぴ凇島の認識について / 池内 敏 181
일본 에도시대의 다케시마-마츠시마 인식 / 이케우치 사토시 199
이케우치의 '일본 에도시대 다케시마 · 마츠시마 인식'에 대한 문제제기 / 김호동 223
〈논문〉
'페드라 브랑카 사건(2008)'의 판결취지와 독도 영유권 / 김명기 253
안용복사건과 돗토리 번 / 박병섭 281

(7) 제7호 / 2009년 12월 30일 발행
김화경 : 「섬의 소유를 둘러싼 한 · 일 관습에 관한 연구」 5
김호동 : 「울릉도의 역사로서 '우산국' 재조명」 47
박병섭 : 「시모죠 마사오(下條正男)의 논설을 분석하다(2)」
김명기 : 「국제법상 지도의 영토권원 인정 증거에 관한 연구」
〈특집〉 중국의 독도연구
从獨島之争看韓日關係 / 祁怀高 195
독도분쟁에서 본 한일관계
獨島主权纠纷与韓日關係 / 金万甲 209
독도 주권 분쟁과 한 · 일관계
韓日獨島之争溯源 / 张琏瑰 225
한 · 일 독도 분쟁의 역사적 근원
韓日獨島(竹島)之争美國的關係 / 陈刚华 237
한 · 일 독도(죽도) 분쟁과 미국의 관계

(8) 제8호 / 2010년 6월 30일 발행
〈특집〉 독도교육을 어떻게 할 것인가
독도 교육의 내용과 방향을 위한 제언 / 김화경 7
한국과 일본 역사교과서의 독도에 관한 기술의 변화 / 신주백 49
「동아시아사」 서술에서 영토문제를 어떻게 기술할 것인가 /김정인 75
일본의 북방영토 문제와 독도 문제의 차이점 / 김호동 97
초등학교 독도교육의 현황과 문제점 / 박진숙 121

〈논문〉
한말의 울릉도 어업과 독도 영유권 문제 / 박병섭 153
竹島(=獨島)問題の歷史學的一考察 / 藤原隆失 233

(9) 제9호 / 2010년 12월 30일 발행
〈특집〉 일본제국주의의 한국 침략과 독도 강탈
일제의 외침야욕과 울릉도·독도 점취 / 최문형 7
조선전기(1392-1592) 강원도의 섬과 행정, 그리고 일본의 영향(Island, Administration, and Japanese Interaction in Kangwŏn Province, 1352-1592 / 케네스 로빈슨(Kenneth R. Robinson) 39
영토문제와 역사, 그 비판적 성찰 / 방호범 95
〈논문〉
1910년 '韓日併合條約' 有效論과 獨島 領有權 문제 / 김영구 125
일본 총리부령 제 24호와 재장성령 제4호에 의한 한국의 독도 영토주권의 승인 / 김명기 177
'Critical Date' 에 관한 국내 선행연구와 ICJ판결 분석 / 정갑용 201
일본의 새 논조와 일제시대의 독도 어업 / 박병섭 231
독도의용수비대 정신 계승을 위한 제안 / 김호동 257
超巨大 浮游構造物(VLFS) 適用 開發을 通한 獨島領有權 鞏固化 方案 硏究 / 조계현 279

(10) 제10호 / 2011년 6월 30일 발행
〈특집〉 일본 '죽도의 날' 제정의 허구성
고지도를 통해 본 독도의 영유권 / 이상태 7
한국의 독도영유권에 대한 법사학적 쟁점과 식민지배 / 유하영 63
독도의 '실효적 지배' 에 관한 국제법 판례와 사료적 증거 / 김영수 85
독도의 울릉도를 둘러싼 러·일의 각축과 조선의 대응 / 김호동 115
'죽도의 날' 제정 이후 일본의 독도 연구 동향 -이케우치 사토시의 '석도' 논의를 중심으로- / 김수희 171
〈논문〉
러일전쟁과 독도의 가치 / 박병섭 203
국제법상 쇄환정책에 의한 독도영토주권의 포기여부 검토 / 김명기 235

(11) 제11호 / 2011년 12월 30일 발행, 총 323p

〈특집〉 바람직한 독도교육의 방안
일본의 사회과 교과서와 독도문제 / 박병섭 7
초등학교 독도 수업의 운영 실태와 개선 방안 / 박진숙 25
바람직한 학교급별 독도교육의 강화 방안 / 진재관 55
체계적인 학교급별 독도교육의 방안 검토 / 김호동 77
〈일반논문〉
'양코도'와 독도무주지설 / 김수희 111
독도 영유권에 관한 법적 논리의 완벽성을 위한 제언(Ⅱ) / 김영구 151
국제법상 지리적 근접성의 원칙과 독도 / 김명기 205
〈자료〉 일본의 독도 연구
죽도=독도 문제와 일본국가2 / 가지무라 히데키 277
「우산도(于山島)」에 대하여 / 다가와 고죠 267
죽도 분쟁(竹島紛爭) / 다이쥬도 카나에 281

(12) 제12호 / 2012호 6월 30일 발행

〈특집〉 일본 독도영유권 주장의 허구성 비판
끝없는 위증의 반복 -시마네현 제2기 죽도문제연구회 보고서의 문제점을 중심으로- / 김화경 7
明治 10년 太政官指令-竹島外一島件에 대하여 本邦과 관계없다-를 둘러싼 제문제(杉原隆)의 비판 / 김호동 35
「1898(明治31)年 韓國船 遭難事件에 대한 일고찰(山崎佳子)」 비판 / 송휘영 61
"죽도 영유권 분쟁의 초점 -국제법의 견지에서(塚本孝)-" 비판 / 정갑용 93
해방 후 독도 주변 수역의 어업실태 -후지이 켄지 「島根縣 어업자와 한일 어업분쟁」을 중심으로- / 김수희
〈논문〉
근대기 독도의 영유권 문제 -새 자료 및 연구를 중심으로- / 박병섭 157
1877年 太政官指令 「日本海內 竹島外一島ヲ 版圖外ト定ム」 解說 / 岡田卓己 199
한국령 독도에 관한 일본의 청구에 대한 국제법적 고찰 / 나홍주 243
사법적 재판의 사실상 법원성과 독도영유권의 역사적 권원의 대체 / 김명기 301

(13) 제13호 / 2012년 12월 30일 발행
〈기획특집〉 동아시아의 평화를 위한 상호소통과 이해
동아시아의 갈등과 화해 : 유럽의 관점 / B.C.A. Walraven 7
환동해 문화권 설정과 한·일간의 교류 / 김화경 29
영토 문제 넘어서기 : '독도 문제' 해법 시론 / 현대송 59
공통의 토대에서 논의하는 독도/죽도 논쟁 / 池內 敏 99
안용복사건 이후의 독도 영유권 문제 / 박병섭 135
쿠릴열도를 둘러싼 러시아와 일본간의 영토문제 / Bella B. Pak 167
일본의 다오위다오 '국유화'에 대한 중국의 인식 및 대응 / 尹虎 219
〈일반논문〉
우리나라 2011년도 언론분야 독도 주제 연구의 '현황과 과제' / 김신호 247
SCAPIN 제677호에 관한 한국정부의 견해 검토 / 김명기 277

(14) 제14호 / 2013년 6월 30일 발행
〈특집〉 해양경계와 영토분쟁
일본 아베정권의 영토정책과 역사정책 / 김영호 7
동북아 국제정세의 변화와 댜오위다오 분쟁 / 강용범·윤후 37
동북아 해양 레짐의 가능성: 이론과 현실 / 배규성 61
쿠릴열도 분쟁에 대한 러시아 정권의 시대별 정책 / 김정훈 103
러시아-노르웨이 해양분쟁과 바렌츠해 조약 / 예병환 145
〈연구〉
독도문제와 관련한 '스기하라(杉原隆) 보고서' 재검토 / 이태우 187
독도영유권 분쟁의 국제연합 안보리에 의한 평화적 해결 / 김명기 215
독도문재의 ICJ제소 대비론 비판 / 나홍주 249
한국 국민의 독도 영유권 인식에 대한 연구 / 서운식 297
〈특별기고〉
「태정관지령」 부속 지도 「기죽도약도(磯竹島略圖)」 발견 경위와 그 의의 / 漆崎英之 329
영토주의적 시각을 넘어 한일 연대와 평화 확립의 가능성을 말하다 / 박노자 343

(15) 제15호 / 2013년 12월 30일 발행
〈특집〉 고지도가 증명하는 독도 영유권
한국 고지도가 증명하는 독도 영유권 / 김호동 7

일본 고지도가 증명하는 독도 영유권 / 이상태 57
중국 고지도가 증명하는 독도 영유권 / 이명희 97
서양 고지도가 증명하는 독도 영유권 / 서정철 123
17세기 일본인의 독도 어업과 영유권 문제 / 박병섭 145
맥아더 라인의 독도영토주권에 미치는 법적 효과 / 김명기 173
이명박 대통령의 독도방문에 대한 일본 언론의 보도 분석 / 김 영 197
이명박 대통령의 독도방문과 보고 경향 분석 -≪매일신문≫과 ≪영남일보≫를 중심으로- / 김병우 225
아베정부의 대외정책과 영토문제 / 곽진오 271
죽도문제연구회와 일본 독도정책의 현황 / 배병일 293
댜오위다오(釣漁島) 영유권 문제에 대한 중국의 반응 / 吕秀一 329

나. 독도조사연구학회, 「독도논총」

(1) 제1호(창간호)

〈논문〉

신한일 어업협정과 금반언의 효과 /김명기 11
독도문제와 그 해결책 고찰 / 나홍주 23
한국 강점 과정의 불법성 연구 / 유하영 77
독도 영유권의 실효적 지배역사 -대한제국의 울릉도 편제와 그 과정/ 이동원 107
해양법에 관한 국제연합협약의 제298조 제1항에 따른 한국선언의 의미 /김영주 · 이동원 147

(2) 제2호

〈논문〉

독도를 기점으로 하지 아니한 신한일어업협정 비판 -독도를 암석으로 본 정부주장 비판 / 김명기 13
대일평화조약 제2조의 해석과 Critical Date / 김명기 29
일본에 의한 독도 침탈과정과 연합국에 의한 독도 분리과정에 관한 고찰/ 김진홍 45
“중간수역의 법적 성격은 공동관리수역” 고찰 / 나홍주 65

교과서 기록의 국제법상 의미 / 유하영 93
신한일어업협정 폐기 이유와 원인 / 유하영 113
신한일어업협정을 통해 본 독도문제와 경계획정 / 이동원 135
신한일어업협정과 禁反言의 원칙 적용 검토 / 이장희 151
〈특별기고〉
독도문제는 한국과 일본사이의 영토분쟁이다 / 김봉우 165

(3) 제3호
〈논문〉
국제법 학자 41인의 "독도영유권과 신한일어업협정에 대한 우리의 견해 (2005. 4. 5)"에 대한 의견 / 김명기 13
제주도 남부 공동관리 수역 남측 한계선은 허구(虛構)의 선이다 / 김영구 57
A Study On the Documents To Justify the Korean Sovereignty Over Dokdo Islets In Light of International Law / 나홍주 87
독도의용수비대의 활약에 대한 법적 고찰 / 엄정일 · 이동원 127
바다명칭과 독도영유권 / 유하영 153

(4) 제4호
〈논문〉
「대한민국 국가지도집」 중 "영토와 해양"의 동측해양 경계선의 오류 / 김명기 11
Brief Review of Korean Successive Governments' Dokdo Islets Policies / 나홍주 25
한일어업협정상 중간수역에서의 추적권 / 엄정일 49
근대 조약을 통한 한일 기본관계와 어업관계 / 유하영 63
독도의 실효적 지배역사 -분쟁의 발단과 원인에 대하여 / 이동원 95

(5) 제5호
〈논문〉
1954년 한국정부의 독도 도안우표 발행의 국제법상 효과에 관한 연구 / 김명기 11
독도디자인 연하장의 발행 제안 / 김진홍 27
일본학계의 소위 "독도문제해결방안"과 국내 일부 반응에 관한 국제법적

고찰 / 나홍주 51
국제법상 독도의 실효적 지배 강화의 필요성과 고려 요소에 관한 연구 / 엄정일 75
독도의 지속가능한 개발 이용 -독도와 리기탄·시파단 섬 사례를 비교하여 / 유하영 89
일본 외무성 독도 홍보자료 비판「竹島 - 다케시마 문제를 이해하기 위한 10의 포인트」중 제1포인트 비판 / 이동원 109

(6) 제6호

〈논문〉

대한제국 칙령 제41호'에 의한 역사적 권원의 대체에 관한 연구 / 김명기 13
독도왜곡일본초등학교 교과서(사회과 5년) 일률적 사용의 문제점 고찰 / 나홍주 29
대한제국 칙령 제41호에 의한 역사적 권원의 대체이론 보완 / 엄정일 57
국가문서의 국가승계와 한국의 공문서 제도 / 유하영 69
독도의용수비대의 활동에 대한 법적 고찰 -비판 견해를 중심으로 / 이동원 97

■ 2010년 정기 학술대토론회에 발표된 논문 ■

독도연구의 새로운 논리개발

- 일본외무성 '다케시마 문제의 개요' 검토-

1. '東國文獻備考'가 獨島領有權에 미친 影響研究 / 이동원 131
2. 스카핀(SCAPIN) 677호(1946.1.29)와 독도 / 나홍주 181
3.「1910년 韓日倂合條約」有效論과 獨島領有權문제 / 김영구 223
4. 한일합방조약의 부존재와 독도영유권 / 김명기 281
5. 한일 합방조약의 부존재와 독도영유권의 토론문 / 이동원 313

(7) 제7호

〈논문〉

독도영유권의 중단권원의 회복에 관한 연구 / 김명기 13
지금은 한일(韓日) 외교관계의 새로운 지평(地平)을 열어야 할 때다 -한일 기본관계의 법적 쇄신을 위한 제언 / 김영구 37
증언을 통해 본 1948년 독도폭격사건 / 김응학 65
소위 "독도문제"의 ICJ회부 불가피성에 대한 일부논해양분쟁과 독도문제 -

일본의 제국주의 침탈과정에서 발생된 도서분쟁을 중심으로 / 이동원 173
독도영유권 관련 국제법적 쟁점에 대한 검토 / 이장희 211

■ 2011년 정기 학술대토론회에 발표된 논문 ■
독도영유권과 해양주권에 관한 심포지움
1. 독도영유권과 그 주변해역의 어업권 / 이상면 239
2. 역사적 권원의 대체와 독도연구의 기본방향 / 김명기 261
3. 독도영유권과 그 주변 해역의 지하자원 / 양희철 283
4. 독도의 실효적 지배와 국제분쟁 방지책 /김현수 299
5. 해양과학조사와 독도문제 / 이석용 339
6. 한국의 독도영유권의 국제적 승인 / 엄정일 363

(8) 제8호
〈논문〉
국제법상 독도의 영유권강화사업의 법적 타당성 검토 / 김명기 11
일본 방위백서의 독도 관련 기술에 대한 대응방안 / 김영기 33
General Rules consideration of Maritime Boundary Delimitation based on the United Nations Convention on the Law of the Sea(UNCLOS) /Dong-won LEE 77
유엔해양법협약상 해양경계획정의 일반적 기준(역본) / 이동원 105
UN 안보리의 ICJ 제소 권고와 독도영유권 문제 / 이장희 127

다. 한국 이사부 학회, 「동해와 이사부」

(1) 제1호(창간호)
〈기획논문〉
유재춘, 「동해안의 수군유적연구-강원도 지역을 중심으로」
유하영, 「독도와 한일해양경계」
윤명철, 「연해주 및 동해 북부 항로에 대한 연구 -고대를 중심으로」,
천진기, 「신라 나무인형사자 고찰」
홍영호, 「6~7세기 고고자료로 본 동해안과 울릉도」

〈일반논문〉

강봉룡, 「이사부 생애와 활동의 역사적 의의」

손승철, 「조선시대 '空島政策'의 허구성과 '搜討制' 분석」

(2) 제2호

〈논문〉

김명기, 「국제법상 신라 이사부의 우산국 정복의 합법성에 관한 연구」

유재춘, 「삼척 지역 일대의 성곽 및 수군 유적 연구」

윤명철, 「삼척지역의 海港도시적 성격과 金異斯夫 선단의 출항지 검토」

이상수, 「유적을 통해서 본 이사부 출항지 검토」

장동호, 「동해안 항포구의 자연환경 및 GIS 분석을 통한 우산국 정복의 출항지 연구」

(3) 제3호

〈논문〉

강봉룡, 「이사부와 장보고의 해양활동과 국가발전」

김명기, 「이사부의 우산국 복속에 의한 독도의 고유영토론 검토」

김태수, 「삼척 '이사부(異斯夫) 테마파크'조성 기본구상」

신형식, 「제2회 전국 해양문화대회를 맞이하여 -이사부 장보고 활동과 독도문제를 중심으로」

유하영, 「일본 교과서 기술의 국제법상 제문제」

이상태, 「고지도에 나타난 삼척과 우산국」

최명환, 「해양 인물 이야기의 대중적 확산을 위한 스토리텔링 방안 -장보고와 이사부를 중심으로」

(4) 제4호

〈연구논문〉

김명기, 「국제법상 신라의 독도영유권의 역사적 권원 취득과 그의 대체에 관한 연구」

이동원, 「신라의 우산국 취득에 대한 일본외무성 주장의 법적 검토」

이재완, 「삼척 이사부 축제의 현대적 창출과정 -이사부의 목사자와 사자연행예술을 중심으로」

김호동, 「독도연구기관의 현황과 과제」

〈특집논문〉 이사부의 날 제정을 위한 전문가 포럼
윤명철, 「'김이사부의 날' 제정의 배경과 의미」
전영철, 「이사부의 날 어떻게 기릴 것인가」
유하영, 「이사부의 날 조례 제정 방안」

(5) 第5호
〈특집논문〉
김희만, 「異斯夫의 新羅領土擴張과 于山國」
손승철, 「울릉도 수토와 삼척영장 장한상」
유하영, 「울릉도 부속 섬으로서 독도의 법적 지위」
윤천수, 「월송포 진성 발굴 의의와 울릉도 수토 출발지 변천사」
이상태, 「금석문에 표기된 동해 명칭」
장순순, 「17세기 후반 안용복의 피랍·도일사건과 의미」

(6) 第6호
〈특집논문〉
김도현, 「삼척 관련 地理誌와 古地圖를 통해 본 울릉도와 독도」
김영수, 「근대 러시아의 독도와 동해를 포함한 한국 해양탐사」
박미현, 「1920~30년대 울릉도 관련 신문기사를 통해 본 강원도」
박선희, 「울릉도·독도 관광현황과 과제」
백인기, 「조선후기 울릉도 수토제도의 주기성과 그 의의」
윤동환, 「동해안 의례의 지속과 변화」
〈논문〉
김명기, 「대일평화조약 제2조의 해석과 Critical Date」
이동훤, 「사법(私法) 측면에서의 독도권리 현황연구」

(7) 第7호
〈특집논문〉
죠셉 스톨트만, 「동해의 울릉도와 독도 : 지리학적 관점에서 본 정착과 영유권 문제」
김명기, 「국제법으로 본 한국의 독도영유권 -중단권원의 회복을 중심으로 -」
윤 호, 「댜오위다오를 둘러싼 중국과 일본의 영토분쟁과 한국의 역할」
박벨라, 「러시아 쿠릴열도의 영토정치학」

〈연구노트〉

황용식, 「독도문제와 동아시아의 평화」

이상태, 「고지도를 통해 본 독도의 영유권」

손승철, 「이사부, 동해의 해양영웅과 그 후예들」

2. 단행본

김교식, 『독도수비대』, 서울: 선문출판사, 1979.

김명기, 『독도와 국제법』, 서울: 다물, 1998.

_____, 『독도의 영유권과 국제법』, 안산: 투어웨이사, 1999.

_____, 『독도의 영유권과 신한일어업협정』, 서울: 우리영토, 2007.

_____, 『독도의 영유권과 국제재판』, 서울: 한국학술정보, 2013.

_____, 『독도의 영유권과 권원의 변천』, 서울: 독도조사연구학회 / 책과사람들, 2013.

_____, 『독도의 영유권과 국제해양법』, 서울: 도서출판 선인, 2014.

김명기 편, 『독도연구』, 서울: 법률출판사, 1997.

________, 『독도특수연구』, 서울: 독도조사연구학회, 2001.

김병렬, 『독도냐, 다께시마냐』, 서울: 다다미디어, 1996.

_____, 『독도』, 서울: 다다미디어, 1998.

_____, 『일본 정부의 독도침탈사』, 서울: 바른역사정립기획단, 2006.

김영구, 『독도영토주권의 위기』, 부산: 다솜출판사, 2006.

김원식, 『독도 논문집』, 서울: 일삼사, 1968.

김학준, 『독도는 한국땅』, 서울: 해맡이, 2005.

나홍주, 『일본의 독도영유권 주장과 국제법상 부당성』, 서울: 금광, 1996.

_____, 『독도의 영유권에 관한 국제법적 연구』, 서울: 법서출판사, 2000.

노계현, 『한국외교사 연구』, 서울: 갑인출판사, 1983.

_____, 『조선의 영토』, 서울: 한국방송대학교출판부, 1997.

대한항공론사, 『독도』, 성루: 대한공론사, 1965.

독도박물관, 『독도 그리고 울릉도』, 울릉군: 울릉청, 2005.

독도본부, 『독도는 한국땅인가』, 서울: 백산서당, 2003.

_______, 『독도학술 토론회』, 전10권, 서울: 독도연구보전협회, 1998~2003.

동북아시아역사재단, 『영원한 우리 땅 독도』, 서울: 동북아시아역사재단, 2011.
_______, 『독도바로알기』, 서울: 동북아시아역사재단, 2011.
_______, 『우리 땅 독도를 만나다』, 서울: 동북아시나역사재단, 2012.
_______, 『독도분교재활용, 교수 · 학습과정안 및 학습지』, 서울: 동북아시아역사재단, 2013.
바른역사정립기획단, 『독도 -6세기 이래 대한민국의 영토』, 서울: 바른역사정립기획단, 2005.
박경래, 『독도의 사법적 연구』, 서울: 일요신문사, 1965.
서대구JC, 『독도가 한국을 살린다』, 서울: 백산서당, 2004.
신용하, 『독도, 보배로운 한국영토』, 서울: 지식산업사, 1996.
______, 『독도의 민족영토사 연구』, 서울: 지식산업사, 1996.
양태진, 『한국변경사연구』, 서울: 법경출판사, 1989.
외무부, 『독도문제 개론』, 서울: 외무부 정부국, 1955.
이부균, 『한국독도 어떻게 지킬 것인가』, 서울: 한국독도연구원, 2010.
이석우, 『일본의 영토분쟁과 샌프란시스코 평화조약』, 인천: 인하대학교출판부, 2003.
이용원, 『독도의용수비대』, 서울: 범우사, 2014.
이한기, 『한국의 영토』, 서울: 서울대학교출판부, 1996.
지철근, 『평화선』, 서울, 범우사, 1979.
한국해양연구소, 『독도생태계 등 기초조사연구』, 서울: 해양수산부, 2000.
황상기, 『독도영유권 해설』, 서울: 근로학생사, 1954.
Myung-Ki Kim, *Territorial Sovereignty over Dokdo and International Law*, Claremont, California: Paige Press, 2000.

저자의 독도연구 목록

I. 독도연구 저서목록

1. 『독도와 국제법』, 서울: 화학사, 1987.
2. 『독도연구』(편), 서울: 법률출판사, 1997.
3. 『독도의용수비대와 국제법』,서울: 다물, 1998.
4. 『독도의 영유권과 국제법』, 안산: 투어웨이사, 1999.
5. Territorial Sovereignty over Dokdo, Claremont, California: Paige Press, 2000.
6. 『독도특수연구』(편), 서울: 법서출판사, 2001.
7. 『독도의 영유권과 신한일어업협정』, 서울: 우리영토, 2007.
8. 『독도의 영유권과 실효적 지배』, 서울: 우리영토, 2007.
9. 『독도의 영유권과 대일평화조약』, 서울: 우리영토, 2007.
10. 『독도강의』, 서울: 독도조사연구학회 / 책과사람들, 2009.
11. 『독도 100문 100답집』, 서울: 우리영토, 2008.
12. 『독도영유권의 역사적 · 국제법적근거』, 서울: 우리영토, 2009.
13. 『일본외무성 다케시마문제의 개요 비판』(공저), 서울: 독도조사연구학회 / 책과사람들, 2010.
14. 『안용복의 도일활동과 국제법』, 서울: 독도조사연구학회 / 책과사람들, 2011.
15. 『독도의 영유권과 국제재판』, 서울: 한국학술정보, 2012.
16. 『독도의 영유권과 권원의 변천』, 서울: 독도조사연구학회 / 책과사람들, 2012.
17. 『독도 객관식문제연습』, 서울: 한국학술정보, 2013.
18. 『간도의 영유권과 국제법』, 서울: 한국학술정보, 2013.
19. 『독도영유권 확립을 위한 연구』(공저) (영남대 독도연구소 독도연구총서9), 서울: 서인, 2014.
20. 『독도의 영유권과 국제해양법』, 서울: 도서출판 선인, 2014.

II. 독도연구 논문목록

1. "독도의 영유권 귀속", 육군사관학교, 육사신보, 제185호, 1978.6.30.
2. "국제법상 독도의 영유권", 국가고시학회, 『고시계』 上 제23권 제9호, 1978.9.
3. "The Minquiers and Ecrehos Case의 분석과 독도문제", 지학사, 『월간고시』 제6권 제3호, 1979.3.
4. "독도의 영유권문제에 관한 국제사법재판소의 관할권"(상), 국가고시학회, 『고시계』 제6권 제3호, 1979.3.
5. "독도의 영유권문제에 관한 국제사법재판소의 관할권"(하), 국가고시학회, 『고시계』 제24권 제11호 1979.11.
6. "독도 문제에 관한 국제사법재판소의 관할권에 관한 연구", 대한국제법학회, 『국제법학회논총』 제27권 제2호, 1982.12.
7. "독도에 대한 일본의 선점 주장과 통고 의무", 국가고시학회, 『고시계』 제28권 제8호, 1983.8.8- "국제법상도근현고시 제40호의 법적 성격", 『법지사/월간고시』 제10권 제11호, 1983. 11.
8. "독도의 영유권과 제2차 대전의 종료", 대한국제법학회, 『국제법학회논총』 제30권 제1호, 1985.6
9. "국제법상 일본으로부터 한국의 분리에 관한 연구", 대한국제법학회, 『국제법학회논총』 제33권 제1호, 1988.6.
10. "한일 간 영토분쟁(독도): 독도의 영유권에 관한 일본정부 주방에 대한 법적 비판", 광복 50주년 기념사업회, 『청산하지 못한 일제시기의 문제』, 서울: 광복 50주년기념사업회, 1995.6.30.
11. "한일간 영토분쟁", 광복50주년기념사업회 · 학술진흥재단, 『일제식민정책 연구논문』, 서울: 학술진흥재단, 1995. 8.
12. "자존의 땅- 독도는 우리의 것", 경인일보사, 『메트로포리스탄』 제26호, 1996.2.
13. "한일 배타적 경제수역 설정과 독도 영유권", 자유총연맹, 『자유 공론』 제348호, 1996.3.
14. "국제법상독도영유권과 한일 경제수역", 국제문제연구소, 『국제문제』 제27권 제4호, 1996.4.
15. "독도의 영유권에 관한 한국과 일본의 주장 근거", 독도학회, 『독도의 영유권과 독도 정책』, 독도학회 창립기념 학술심포지움, 1996.4.

16. “독도에 대한 일본의 영유권 주장의 부당성”, 도서출판 소화, 『지성의 현장』 제6권 제7호, 1996.7.
17. “독도에 대한 일본의 무력행사시 제기되는 국제법상 제문제”, 한국군사학회, 『군사논단』 제7호, 1996.7.
18. “한국의 독도 영유권 주장 이론”, 한국군사문제연구소, 『한국군사』 제3호, 1996.8.
19. “독도의 영유권 문제와 민족의식”, 한국독립운동사연구소 · 독도학회, 제10회 독립운동사 학술심포지움, 1996.8.8.
20. “국제법 측면에서 본 독도문제”, 국제교과서연구소, 국제역사교과서 학술회의, 프레스센타, 1996.10. 23-24.
21. “국제법으로 본 독도영유권”, 한국독립운동연구소, 『한국독립운동사연구』 제10집, 1996.
22. “독도의 영유권과 한일합방 조약의 무효”, 한국외교협회, 『외교』 제38호, 1996.
23. “독도와 대일 강화조약 제2조”, 김명기 편, 『독도연구』, 서울: 법률출판사, 1996.
24. “대일 강화조약 제2조에 관한 연구”, 대한국제법학회, 『국제법학회논총』 제41권 제2호, 1996.12.
25. “독도와 조어도의 비교 고찰”, 국제문제연구소, 『국제문제』 제28권 제1호, 1997.1.
26. “독도에 대한 일본의 영유권 주장에 대한 소고”, 명지대학교, 『명대신문』 제652호, 1997.11.7.
27. “A Study on Legal of Japan's Claim to Dokdo”, The Institute of Korean Studies, Korea Observer, Vol.28, No.3, 1997.
28. “독도의 영유권에 관한 연구: 독도에 대한 일본의 무력행사의 위법성”, 대한국제법학회, 『국제법학회논총』 上 제42권 제2호, 1997.6.
29. “독도에 대한 일본의 무력행사시 국제연합의 제재”, 아세아 사회과학연구원 연구논총 『한일 간의 국제법 현안문제』 제7권, 1998.4.
30. “The Island of Palmas Case(1928)의 판결요지의 독도문제에의 적용”, 판례월보사, 『판례월보』 제336호, 1998.9.
31. “독도문제 해결을 위한 새 제언”, 한국외교협회, 『외교』 제47호, 1998. 10.
32. “독도문제와 조어도 문제의 비교고찰”, 강원대학교 비교법학연구소, 『강원법학』 제10권(김정후교수 회갑기념 논문집), 1998.10.

33. "The Clipperton Island Case(1931) 판결요지의 독도문제에의 적용", 판례월보사, 『판례월보』 제346호, 1999.7.
34. "독도에 대한 일본정부의 주장과 국제사법재판소의 관할권에 관한 연구", 명지대학교 사회과학연구소, 『사회과학논총』 제15집, 1999.12.
35. "독도영유권과 신한일어업협정", 독도학회, 한일어업협정의 재개정준비와 독도 EEZ 기선문제 세미나, 2000.9.
36. "한일 간 독도영유권 시비의 문제점과 대책", 한국군사학회, 『한국의 해양안보와 당면 과제』(국방 · 군사세미나논문집), 2000.10.
37. "독도의 영유권과 신한일어업협정 개정의 필요성", 독도학회, 『독도영유권연구논집』, 서울: 독도연구보전협회, 2002.
38. A Study an Territioral Sovereignty over Dokdo in International Law-Refutation to the Japanese Gerenment's "Assertions of the Occupied Territory", 독도학회, 『독도영유권 연구논집 서울: 독도연구보전협회, 2002.
39. "헌법재판소의 신한일어업협정의 위헌확인 청구에 대한 기각 이유 비판", 판례월보사, 『쥬리스트』, 2002.3.
40. "독도영유권에 관한 일본정부 주장에 대한 법적 비판", 독도학회, 『한국의 독도영유권 연구사』, 서울: 독도연구 본전 협회, 2003.
41. "독도개발 특별법에 관한 공청회를 위한 의견서", 국회농림해양수산위원회, 『독도개발특별법안에 관한공청회』 2004.2.12. 국회의원회관.
42. "한일어업협정 폐기의 법리", 한겨레신문, 2005.5.13.
43. "독도의 실효적 지배 강화와 신한일어업협정의 폐기", 국제문제연구소, 『국제문제』 제36권 제6호, 2005.6.
44. "한일어업협정과 독도영유권 수호정책", 한국영토학회 『독도 영유권수호의 정책방안』, 한국영토학회주최학술토론회, 국회헌정기념관별관 대회의실, 2005.11.
45. "독도문제와 국제재판/국제재판소의 기능과 영향력", 자유총연맹 『자유공론』 제464호, 2005.11.
46. "독도의 실효적 지배 강화와 역사적 응고 취득의 법리", 국제문제연구소, 『국제문제』 제36권 제11호, 2005.11.
47. "독도의 영유권분제에 대한국제사법재판소의 관할권", 국제문제연구소, 『국제문제』 제37권 제1호, 2006.1.
48. "독도와 연합군 최고사령부 훈령 제677호에 관한 연구", 한국외교협회, 『외교』 제76호, 2006.1.

49. “신한일어업협정과 금반언의 효과”, 독도조사연구학회, 『독도논총』 제1권 제1호, 2006.4.
50. “제2차 대전 이후 한국의 독도에 대한 실효적 지배의 증거”, 독도조사 연구학회, 『독도논총』 제1권 제1호, 2006.4.
51. “맥아더 라인과 독도”, 국제문제연구소, 『국제문제』 제37권 제5호, 2006.5.
52. “대일 평화조약 제2조 (a)항과 한국의 독도 영유권에 관한 연구”, 한국외교협회, 『외교』 제78호, 2006.7.
53. “독도 영유권에 관한 대일 평화조약 제2조에 대한 일본정부의 해석 비판”, 국제문제연구소, 『국제문제』 제37권 제7호, 2006.7.
54. “Sovereignty over Dokdo Island and Interpretation of Article 2 of the Peace Treaty with Japan”, The Institute for East Asian Studies, *East Asian Review,* Vol.18, No.2, 2006.
55. “독도를 기점으로 하지 아니한 신한일어업협정 비판”, 독도조사연구학회, 『독도논총』 제1권 제2호, 2006.9.
56. “대일 평화조약 제2조의 해석과 Critical Date”, 독도조사연구학회, 『독도논총』 제1권 제2호, 2006.9.
57. “독도의 실효적 지배 강화와 Critical Date”, 법조협회, 『법조』 통권 제602호, 2006.11.
58. “국제연합에 의한 한국의 독도영유권승인”, 한국외교협회, 『외교』 제81호, 2007.4.
59. “한일어업협정 제9조 제2항과 합의 의사록의 위법성, 유효성”, 독도본부, 제15회 학술토론회(토론), 2007.1.16.
60. “한일공동관리수역의 추적권 배제는 독도영유권 침해행위”, 독도본부, 제16회 학술토론회, 2007.2.24.
61. “한일어업협정 폐기해도 금반언의 원칙에 의한 일본의 권리는 그대로 남는다”, 독도본부, 제17회 학술토론회, 2007.3.31.
62. “한일어업협정은 어업협정인가?”, 독도본부, 제18회 학술토론회, 2007.4.18.
63. “대일평화조약상 독도의 영유권과 uti possidetis 원칙”, 한국외교협회, 『외교』 제81호, 2007.5.
64. “국제법학자 41인의 ‘독도영유권과 신한일어업협정에 대한 우리의 견해’(2005.4.5)에 대한 의견”, 독도본부, 제19회 학술토론회, 2007. 5.23.
65. “한일어업협정 폐기 후 이에 국제법상 대책방안 모색”, 독도본부, 제20회

학술토론회, 2007.6.20.
66. “한일어업협정 폐기 후 대안 협정 초안 주석”, 독도본부, 제21회 학술토론회, 2007.7.18.
67. “한일어업협정 폐기 후 대안 협정 초안 주석(I)”, 독도본부, 제22회 학술토론회, 2007.8.21.
68. “국제연합과 독도영유권”, 국제문제연구원, 『국제문제』 제38권 제10호, 2007.10.
69. “독도연구의 회고와 전망”, 동북아역사재단주최, 주제강연(2007.11.7, 아카데미 하우스)
70. “국제연합에 의한 한국독도영유권의 승인에 관한 연구”, 외교협회, 『외교』 제85호, 2005.4.
71. “대한민국국가지도집중 영토와 해양의 동측 경계의 오류”, 독도조사연구학회, 2008년도 정기학술세미나(2008.6.28, 독도본부 강당).
72. “The Territorial Sovereignty over Dokdo in The Peace Treaty with Japan and the Principle of uti possidetis”, *Korean Observation of Foreign Relations,* Vol.10, No.1, August 2008.
73. 『독도 100문 100답집』, 서울: 우리영토, 2008.8
74. “독도연구의 회고와 전망”, 동북아역사재단, 『독도시민사회백서 2006-2007』, 2008.4.
75. “국제법상 일본의 독도영유권 주장에 대한 대일항의에 관한 연구”, 영남대학교 독도연구소, 『독도연구』 제5호, 2008.12.
76. “일본의 기망행위에 의해 대일평화조약 제2조에서 누락된 독도의 영유권”, 외교통상부 『국제법 동향과 실무』 제7권 제3, 4호, 2008.12.
77. “패드라 브랑카 사건(2008) 판결과 독도영유권”, 법률신문사, 법률신문, 제3714호, 2009.1.15.
78. “페드라 브랑카 사건과 중간수역 내의 독도”(상), 한국국제문화연구원, 『국제문제』 제40권 제3호, 2009.3.
79. “독도영유권문제와 국제법상 묵인의 법적 효과”, 한국외교협회, 『외교』 제89호, 2009.4.
80. “페드라 브랑카 사건과 중간수역 내의 독도”(하), 한국 국제문화연구원, 『국제문제』 제40권 제4호, 2009.4.
81. 『독도영유권의 역사적 · 국제법적 근거』, 서울: 우리영토, 2009.6.
82. “독도의 실효적 지배강화 입법정책 검토”, 동북아역사재단발표, 2009.6.5.

83. “독도의 실효적 지배강화 입법정책의 국제법상 검토”, 법률신문사, 법률신문, 제3757호, 2009.6.25.
84. “페드라 브랑카 사건(2008)의 판결취지와 독도영유권문제에 주는 시사점”, 영남대학교 독도연구소,『독도연구』제6호, 2009.6.
85. “한일 해양수색 및 구조훈련과 독도영유권”, 법률신문사, 법률신문, 제3778호, 2009.9.17.
86. “정부의 독도시책과 학자의 독도연구 성찰”, 동북아역사재단 독도연구소 콜로키음, 제천, 2009.10.15.
87. “다케시마 10포인트 대일평화조약 관련조항 제3항 비판”, 한국해양수산개발원,『독도연구저널』제17권, 2009. 가을.
88. “국제법상지도의 증명력”, 독도보전협회, 서울역사박물관, 토론발표, 2009.10.11.
89. “간도영유권회복, 대책 시급”, 자유총연맹,『자유공론』제7호, 2008.8.
90. “조중국경조약과 간도”, 북한연구소,『북한』제441호, 2008.9.
91. “간도영유권 100년 시효실의 긍정적 수용제의”(상) 천지일보사, 천지일보 제11호, 2009.11.18.
92. “안용복의 도일활동의 국제법상 효과에 관한 연구” 동북아역사재단 위촉연구, 2009.12.20.
93. “안용복의 도일활동과 국제법”,『독도저널』, (08-09) 2009.9.
94. “국제법상 대한제국 칙령 제41호에 의한 역사적 권원의 대체”, 한국해양수산개발원,『독도연구저널』제9권, 2010.3.
95. “독도영유권과 porum progatum”, 외교협회,『외교』제94호, 2010.7.
96. “독도를 일본영토가 아닌 것으로 규정한 일본법령 연구”, 동북아역사재단 독도연구소,『제6회 독도연구 골로키움』, 2010.7.6-8.
97. “한국의 대응전략은 어떻게 세울 것인가?”, 한국독도연구원,『한국독도 어떻게 지킬 것인가?』, 2010.6.17. 전쟁기념관.
98. “한일합방조약의 부존재와 독도영유권”, 독도조사연구학회, 2010년 정기학술토론회의,『독도영유권의 새로운 논리개발』, 2010.10.28., 서울역사박물관.
99. “한일기본조약 제2조의 해석”, 법률신문, 제3863호, 2010.8.12.
100. “일본총리부령 제24호와 대장성령 제4호에 의한 한국의 독도영토주권의 승인”, 영남대 독도연구소,『독도연구』제9호, 2010.12.
101. “국제법상 한국의 독도영유권의 근거”, 독도문화 심기운동본부,『한민족

의 구심점』(서울: 독도문화심기운동본부, 2010.12.)
102. “국제법상 신라이사부의 우산국 정복의 합법성에 관한 연구”, 이사부학회,『이사부와 동해』 제2호, 2010.12.
103. “국제법상독도영유권의 법적 근거”, 법률신문, 제3899호, 2010.12.28.
104. “한일합방조약 체결 100년, 성찰의 해”, 천지일보, 제99호, 2010.12.29.
105. “국제법상 신라 이사부의 우산국 정복의 합법성에 관한 연구”, 강원일보 · 강원도 · 삼척시,『이사부총서』(Ⅲ), 2010.12.
106. “대한제국 칙령 제41호에 의한 역사적 권원의 대체에 관한 연구”, 독도조사연구학회,『독도논총』 제5권 제1-2 통합호, 2010.12.
107. “한일합방조약의 부존재에 관한 연구”, 법조협회,『법조』, 통권 제655호, 2011.4.
108. “대일민족소송 기각결정의 국제법상효과에 관한 연구”, 대한변호사협회,『인권과 정의』 제417호, 2011.5.
109. “국제법상 쇄환정책에 의한 독도영토주권의 포기여부 검토”, 영남대학교 독도연구소,『독도연구』 제10호, 2011.6.
110. “이사부의 우산국 부속에 의한 독도의 고유영토론 검토”, 한국이사부학회,『2011년 전국해양문화 학자대회』 주제발표, 2011.8.4.
111. “페드라 브랑카 사건판결과 중간수역 내에 위치한 독도의 법적 지위”, 동북아역사재단 독도연구소,『제17회 정기 독도연구 콜로키움』 2011.8.4.
112. “통일 이후 한국의 국경문제와 조중국경조약의 처리문제”, 법제처,『2011년 남북법제연구 보고서』, 2011.8.
113. “독도영유권 강화사업의 필요성 검토”, 법률신문사, 법률신문, 제3639호, 2011.8.29.
114. “일본 자위대의 독도 상륙의 국제법상 문제점과 법적 대처방안”, 한국독도연구원, 국회 독도 지킴이『한국 독도 어떻게 지킬 것인가』, 국회 도서관 회의실, 2011.10.4.
115. “독도의 역사적 연구의 기본방향”, 세계국제법협회 한국본부 독도 조사연구학회,『독도의 영유권과 해양주권에 관한 심포지엄』, 코리아나 호텔, 2001.12.13.
116. “일본 자위대 독도 상륙시 국제법상 문제점과 법적 대처 방안”, 해병대 전략연구소,『전략논단』 제14호, 2011. 가을.
117. “국제법상 독도의용수비대의 법적 지위에 관한 연구”, 대한적십자사인도법연구소,『인도법논총』 제31호, 2011.

118. "국제법상 지리적 접근성의 원칙과 독도" 영남대 독도연구소, 『독도연구』 제11호, 2011.12.
119. "대마도 영유권 주장의 국제법적 근거는 무엇인가?", 독도연구원, 『대마도를 어떻게 찾을 것인가?』, 2012.9.18., 국회의원회관.
120. "국제법상 이어도의 법적 지위에 관한 기초적 연구", 해양문화연구원 『제3회 전국 해양문화학과 대회』, 2012.8.2.~4, 여수세계박물관회의장.
121. "독도영유권의 중단권원의 회복에 관한 연구", 독도조사연구학회, 『독도논총』 제6권 제1호, 2012.
122. "사법적 판결의 사실상 법원성과 독도영유권의 역사적 권원의 대체", 영남대 독도연구소, 『독도연구』 제12호, 2012.6.
123. "독도의 배타적 경제수역", 해양문화연구원, 『제4회 전국해양문화학자대회』, 2013.8.22~24, 여수 리져트.
124. "대일평화조약 제2조의 해석과 Critical Date", 이사부학회, 『이사부와 동해』 제6호, 2013.
125. "독도영유권 문제/분쟁에 대한 국제사법재판소의 강제적 관할권", 독도시민연대, 『국제사법재판소의 강제적 관할권 어떻게 대항할 것인가?』, 독도시민연대, 2013.10. 국회의원회관.
126. "시마네현 고시 제40호의 무효확인소송의 국제법상 효과에 관한 연구", 독도연, 『소위 시마네현고시 제40호에 의한 독도편입의 허구성 검토 학술대회』, 독도연, 2013.12.01, 서울역사박물관.
127. "국제법상 독도의 영유권 강화사업의 법적 타당성 검토", 독도조사연구학회, 『독도논총』 제7권 제1호, 2013.11.
128. "맥아더라인의 독도영토주권에 미치는 법적 효과", 영남대 독도연구소, 『독도연구』 제15호, 2013.12.
129. "국제법에서 본 한국의 독도영유권", 이사부학회, 『동해와 이사부』 제7호, 2014.
130. "한국의 독도영유권을 훼손한 한일어업협정에 관한 연구", 영남대학교 독도연구소, 『독도연구』 제16호, 2014.6.
131. "일본정부의 역사적 권원 주장의 변화추이에 관한 연구", 대한국제법학회, 『국제법학회논총』 제59권 제3호, 2014.9.
132. "국제연합에 의한 한국의 독도영유권 승인의 효과", 대한국제법학회, 『국제법학논총』, 제60권 제1호, 2015.

찾아보기

〈ㄱ〉

〈ㄴ〉

〈ㄷ〉

〈ㄹ〉

〈ㅁ〉

〈ㅂ〉

〈ㅅ〉

〈ㅇ〉

〈ㅈ〉

〈ㅊ〉

〈ㅋ〉

〈ㅌ〉

〈ㅍ〉

〈ㅎ〉

〈Etc〉

저자 ▌김 명 기

배재고등학교 졸업
서울대학교 법과대학 졸업
육군보병학교 졸업(갑종간부 제149기)
단국대학교 대학원 졸업(법학박사)
영국 옥스퍼드대학교 연구교수
미국 캘리포니아대학교 객원교수
중국 길림대학교 객원교수
대한국제법학회 회장
세계국제법협회 한국본부 회장
화랑교수회 회장
행정고시 · 외무고시 · 사법시험 위원
외무부 · 국방부 · 통일원 정책자문위원
주월한국군사령부 대외정책관
명지대학교 법정대학장 · 대학원장
육군사관학교 교수(육군대령)
강원대학교 교수
천안대학교 석좌교수
대한적십자사 인도법 자문위원장
현) 독도조사연구학회 명예회장
명지대학교 명예교수
상사중재위원
영남대학교 독도연구소 공동연구원